DER NEUE WEINATLAS

HUGH JOHNSON
DER NEUE WEINATLAS

LÄNDER · LAGEN
QUALITÄTEN · TRAUBEN · TRADITIONEN
PRODUZENTEN · ETIKETTEN

HALLWAG

Inhalt

Diese Ausgabe ist dem Gedächtnis
dreier Männer gewidmet,
die die Welt des Weins verändert
haben:
Julio Gallo
Baron Philippe de Rothschild
Max Schubert

Zum besseren Verständnis der Karten
Dieser Atlas enthält Karten in verschiedenem Maßstab
und unterschiedlicher Detaillierung. Zu jeder Karte wird
der Maßstab und der jeweils angewendete Höhenlinienabstand angegeben. Namen und Orte, die mit dem
Wein in Zusammenhang stehen, erscheinen in Normaldruck, sonstige Informationen in Schrägdruck. Am Rand
der Kartenseiten befindet sich ein Raster (Buchstaben
und Zahlen). Im Ortsregister (Seiten 306–319) sind die
Namen von Orten, Châteaux, Weingütern, Kellereien
usw. mit der Seitenzahl und der Rasterbezeichnung
versehen, um das Auffinden zu erleichtern.

Autor und Herausgeber haben sich nach Kräften
bemüht, die Karten in diesem Atlas auf den neuesten
Stand zu bringen. Für Hinweise, die in künftigen
Ausgaben noch größere Vollständigkeit gewährleisten,
sind sie stets dankbar.

Alle statistischen Angaben stammen aus der
Broschüre *The State of Vitiviniculture in the
World and the Statistical Information in 1991*
von R. Tinlot und M. Rousseau, Office
International de la Vigne et du Vin (OIV),
November/Dezember 1992.

Die englische Originalausgabe ist 1994
unter dem Titel «The World Atlas of Wine IV»
Im Verlag Mitchell Beazley (Teil der
Verlagsgruppe Reed Consumer Books Limited),
London, erschienen.

Copyright © Reed International Books Limited
Text copyright © Hugh Johnson 1994
Maps and graphics copyright © Mitchell Beazley
International Limited
All rights reserved

Deutsche Übersetzung: Wolfgang Kissel,
Dr. Jürgen Schwab
Lektorat: Eva Meyer
Umschlaggestaltung: Robert Buchmüller
Satz: Jung Satzcentrum GmbH, Lahnau-Waldgirmes
Fotolithos: Mandarin Singapore
Produced by Mandarin Offset
Printed in China
26. Auflage, 1995
374.–388. Tausend
25., vollständig überarbeitete Auflage, 1994
© Hallwag Verlag, Bern und Stuttgart
Alle deutschen Rechte vorbehalten

ISBN 3-444-10428-6

Hallwag

1 ALLGEMEINER TEIL

Vorwort 7
Einleitung 8
Die Welt des Weins 10
Die Antike 12
Das Mittelalter 14
Die Entwicklung der heutigen Weine 16
Die Rebe 18
Die Konzeption eines Weinbergs 20
Terroir 22
Die Wahl der Traube: 1 24
Die Wahl der Traube: 2 26
Der Wein und das Wetter 28
Das Jahr des Winzers 30
Die Weinbereitung 32
Die Kunst des Kellermeisters 34
Das klassische Château 36
Der moderne Weinbaubetrieb 38
Der Wein und die Zeit 40
Weinprobe und Weinsprache 42
Notizen und Noten 44
Die Pflege des Weins 46
Das Servieren des Weins 48
Die richtige Temperatur 50

2 FRANKREICH

Einführung 52
Burgund 54
Côte d'Or: Qualitätsfaktoren 56
Côte d'Or 58
Côte de Beaune: Santenay 59
Côte de Beaune: Meursault 60
Côte de Beaune: Beaune 62
Côte de Nuits: Nuits-St-George 64
Côte de Nuits: Gevrey-Chambertin 66
Côte Chalonnaise 68
Mâconnais 69
Beaujolais 70
Die Beaujolais-Crus 72
Chablis 73
Das Herz von Chablis 74
Champagne 76
Das Herz der Champagne 78
Bordeaux: Einführung 80
Bordeaux: Qualitätsfaktoren 82
Das untere Médoc 84
St-Estèphe 86
Pauilllac 88
St-Julien 90
Das mittlere Médoc 92
Margaux und das südliche Médoc 94
Graves und Entre-Deux-Mers 96
Pessac-Léognan 98
Sauternes und Barsac 100
Libournais 102
St-Emilion 104
Pomerol 106
Bourg und Blaye 108
Bergerac 109
Cognac 110
Der Wein im Südwesten 112
Loire-Tal und Muscadet 114
Anjou 116
Chinon und Bourgueil 117
Vouvray 118
Pouilly und Sancerre 119
Elsaß 120
Das Herz des Elsaß 122
Die nördliche Rhône 124
Côte Rôtie und Condrieu 126
Hermitage 127
Die südliche Rhône 128
Châteauneuf-du-Pape 130
Roussillon, Corbières und Minervois 132
Languedoc – die Ebene im Süden 134
Provence 136
Savoyen und der Jura 137
Vins de Pays 138
Korsika 140

3 DEUTSCHLAND

Einführung 142
Die Qualitätsfaktoren 144
Saar 146
Ruwer 148
Die mittlere Mosel: Piesport 150
Die mittlere Mosel: Bernkastel 152
Nahe 154
Rheingau: Rüdesheim 156
Rheingau: Eltville 158
Pfalz 160
Rheinhessen 162
Baden-Württemberg 164
Franken 166
Sachsen und Saale-Unstrut 167
Weingesetz und Weinetikett 168

4 SÜD- UND OSTEUROPA UND DIE MITTELMEERLÄNDER

ITALIEN 170
Der Nordwesten Italiens 172
Piemont 174
Barbaresco und Barolo 176
Lombardei: Valtellina und Oltrepò Pavese 177
Der Nordosten Italiens 178
Veneto und Friuli-Venezia Giulia 180
Verona 182
Collio 183
Trentino 184
Südtirol 185
Mittelitalien 186
Chianti 188
Die südliche Toskana 190
Bolgheri 191
Umbrien 192
Die Castelli Romani 193
Süditalien 194
SPANIEN 196
Jerez de la Frontera 199
Sherry 200
Rioja 202
Katalonien 204
Rueda und der Duero 206
Montilla, Málaga und die Kanarischen Inseln 207
PORTUGAL 208
Lissabon 209
Bairrada 210
Minho und Dão 211
Der obere Douro 212
Portwein 214
Alentejo 215
Madeira 216
SCHWEIZ 218
Wallis und Waadt 220
ÖSTERREICH 222
Wien 224
Wachau 225
UNGARN 226
Tokaj 228
TSCHECHISCHE UND SLOWAKISCHE REPUBLIK 230
SLOWENIEN 231
DAS EHEMALIGE JUGOSLAWIEN 232
BULGARIEN 234
RUMÄNIEN 236
GRIECHENLAND 238
RUSSLAND, KRIM 240
MOLDOVA 241
DAS ÖSTLICHE MITTELMEER 242
ZYPERN 244
NORDAFRIKA 245
ASIEN 246
JAPAN 247

5 DIE NEUE WELT

NORDAMERIKA 250
Kalifornien 252
Sonoma Valley 254
North Sonoma 255
Mendocino und Lake County 256
Carneros 257
Napa Valley 258
Napa: Qualitätsfaktoren 261
Südlich der San Francisco Bay 262
South Central Coast 264
Central Valley 266
Der Südwesten 268
Mexiko 269
Der Pazifische Nordwesten 270
Yakima 272
Willamette 273
New York, der Osten und Ontario 274
AUSTRALIEN 276
Neusüdwales 278
Victoria 280
Südaustralien 1: Barossa, Clare 282
Südaustralien 2: Southern Vales, Coonawarra 284
Westaustralien 286
Tasmanien 287
NEUSEELAND 288
SÜDAFRIKA 290
Paarl und Stellenbosch 292
SÜDAMERIKA 294
Chile 296
ENGLAND UND WALES 298

Allgemeines Register 300
Ortsregister 306
Dank 320

«Weinprobe in den Londoner Docks» von George Cruikshank, 1821.

INSTITUT NATIONAL DES APPELLATIONS D'ORIGINE

138 Champs Elysées   75008 PARIS

Welche zutiefst bewegende Ehre, das Vorwort zu dieser vierten Ausgabe des «Großen Weinatlas» schreiben zu dürfen, denn dieses bemerkenswerte Werk von Hugh Johnson ist eine Institution; im übrigen erlegt die Tatsache, daß es sich um einen weltweiten Atlas handelt, dem Franzosen in mir eine besondere Verantwortung auf. Ich muß versuchen, ihr gerecht zu werden.

Der Wein ist seinem Wesen und seiner Natur nach ökumenisch. Aus Vielfalt geboren, zu mannigfachen Facetten imstande, spricht der Wein einen weit offenen Kreis von Verbrauchern in allen Winkeln unseres Planeten an. Er versteht es, eine geteilte Welt in sich zu vereinigen. Die Weinbaugebiete unserer Welt sind durch die Kulturgeschichte auf uns gekommen – sie sind aus Geschichte und Kultur entstanden. Der Sachverstand meist aus Tradition hervorgegangener Menschen vollbringt es, aus dem Schoß der Erde Weine hervorzuzaubern, die eine so phantastische Komplexität zum Ausdruck bringen, daß der Liebhaber ständig auf neue Entdeckungen ausgehen kann. Wie sollten wir Hugh Johnson, der uns mit diesem Werk die Welt des Weins in all ihrem Reichtum und in all ihrer Vielfalt erschließt, nicht tiefste Verehrung entgegenbringen.

Es ist eine bestimmte Art von Vielfalt, die uns beim I. N. A. O. am Herzen liegt, die Vielfalt im «*Terroir*». Das Terroir ist ein Komplex aus Geographie, Geschichte, Geologie, Klimatologie, Soziologie und Ethnologie; er wird gebildet durch die Symbiose des Menschen mit seiner Umwelt.

Empirische Erfahrung hat es dem Menschen möglich gemacht, die Rebsorte oder Rebsorten zu selektieren, die dem Terroir durch die in unserer Weinbauwelt entwickelten Weine besten Ausdruck verleihen.

Vergessen wir nie, welchen Anteil das Terroir am Ausdruck unserer Weine hat; würdigen wir das Terroir nicht dadurch herab, daß wir es durch Standardisierungstechniken ersetzen, denn aus ihm kommt uns der Reichtum und die Vielfalt unserer Weine, weil es selbst reich und vielfältig ist.

Der Weinmarkt ist weltweit, die Konkurrenz auf ihm scharf. Doch der Verbraucher in aller Welt hegt von Nord bis Süd, von Ost bis West mannigfache Bindungen zum Wein, deren Vielfalt wir achten müssen. Hierin liegt ein Reichtum, der uns viel Hoffnung gibt und den wir wahren müssen, indem wir ein Weinangebot aufrechterhalten, das die Vielfalt respektiert.

Großen Dank Hugh Johnson, der mit diesem schönen Werk die Kenntnis unserer Weinbaugebiete fördert; jedes stellt sich uns in seiner besonderen Eigenart dar, und aus dem Mosaik aller dieser Weinbaugebiete erhebt sich die ungeheuer reiche Palette unserer Weine. Wieviel Erkenntnis gilt es nicht aus dem Universum des Weins für unsere auseinanderstrebende und dennoch jederzeit zur Flucht in die Standardisierung bereite Welt zu schöpfen.

Paris, im Februar 1994

ALAIN BERGER

DIRECTEUR DE L'INSTITUT NATIONAL DES
APPELLATIONS D'ORIGINE

Einleitung

Dieser Atlas entstand 1970 aus dem Grundgedanken, für das so erfreulich faszinierende Studium des Weins ein Hilfsmittel zu schaffen, durch das es einfacher, klarer und genauer werden sollte. Wer immer dem feinen Unterschied in der verwirrenden Vielfalt der Weine dieser Welt auf die Spur zu kommen und sie in Erinnerung zu behalten versucht, wird Landkarten als seine logischen, ja unerläßlichen Bundesgenossen betrachten. Landkarten machen Unterschiede und Beziehungen klar, Namen stehen nicht mehr allein da, sondern bilden Steinchen eines Mosaiks, Geschmackseigenarten formen sich zu einem Gesamtbild, das besser im Gedächtnis haftet als einzelne Eindrücke.

Bei der Überarbeitung für die nunmehr vorliegende vierte Ausgabe ist mir aufgefallen, wie sehr sich in diesen 23 Jahren der Wandel beschleunigt hat. Die erste Ausgabe kam 1971, die zweite 1977 und die dritte 1986 heraus. Jede neue Version brachte mir Wagenladungen neuer Informationen und mit ihnen die Erkenntnis, daß die Welt des Weins weit von jedem geruhsamen Verweilen entfernt war, sondern vielmehr stetig einem goldenen Zeitalter hoher Qualität und Vielfalt zuzustreben schien.

Die vierte Ausgabe erscheint nun in einem ungewisseren Klima. Die 1990er Jahre wurden von Revolutionen eingeleitet, die der politischen Landkarte Europas ein neues Gesicht gegeben, aber auch unsere Begriffe von Tradition, unsere Methoden der Datenerfassung und -analyse und die weltweite Ausbreitung neuer Technologien zutiefst beeinflußt haben.

Das Ende des kalten Kriegs versetzte dem gewohnten Stabilitätsgefühl einen Stoß, traf aber auch mit dem Anfang einer Depression zusammen, die viele sicher fundierte Unternehmen bedrohte und auch die Wohlhabenden der Welt dazu veranlaßte, auf den Pfennig zu schauen. Diese Verhältnisse haben Spannungen, ja Risse in der über lange Zeit gewachsenen Welt des Weins hervorgerufen. Es haben sich grundsätzliche Debatten darüber entsponnen, wie Wein zu beschreiben, zu definieren, zu bewerten ist. Will man die heutige Situation verstehen, dann geht man am besten von dem Punkt aus, an dem ich mich 1970 in einer Welt akzeptierter Konventionen, gewissermaßen im Stand der Unschuld, befand.

Damals war Frankreich das einzige Land mit umfassenden Weingesetzen auf geographischer Basis – das Ergebnis der Gründung des Institut National des Appellations d'Origine in den 1930er Jahren.

Die neuen Appellations wurden in den 40er Jahren von Louis Larmat kartographisch hervorragend ausgearbeitet. Larmats Weinlandkarten blieben die einzigen detaillierten Darstellungen dieser Art, bis dieser Atlas zum ersten Mal erschien. Seither hat ein Land nach dem anderen die Grenzen seiner Weinanbauflächen auf Landkarten festgehalten oder neu definiert.

Italien begann damit in den 60er Jahren, Spanien folgte 1970, Deutschland 1971, Österreich und Südafrika 1972. Später kamen dann Portugal, Griechenland, das ehemalige Jugoslawien, Neuseeland, Argentinien, Chile, Bulgarien und seit 1980 auch die USA hinzu. 1993 schaffte es sogar Australien noch ins Ziel, wenigstens mit einer langen Liste von Weinbaubereichen – wenn auch die Karten dazu noch fehlten. Als starke Motivation steht hinter allem der Harmonisierungsdrang der EG.

Die Karten in diesem Atlas beruhen ursprünglich weitgehend auf inoffiziellen Quellen, mehr auf altem Herkommen als auf amtlicher Festlegung. Ein Jahr nach dem anderen brachte genauere Daten, neue Bezeichnungen und weitere Verfeinerungen bereits bestehender Bezeichnungssysteme.

Während nun die Staaten aufgebrochen sind, ihre jeweiligen Traditionen mit den zuerst von Frankreich geschmiedeten Waffen zu verteidigen, treibt der bekannte Effekt der ach so klein gewordenen Welt alles in die entgegengesetzte Richtung. Die Appellationsbehörden, vor allem die französischen, sehen dem 21. Jahrhundert mit einiger Besorgnis entgegen.

Das mit ebensoviel Mühe wie Erfolg auf der Grundlage der *terroirs* bestimmter Orte aufgebaute Bezeichnungssystem hat fast religiöse Kraft, doch wie jede Religion verlangt es Glauben – Ketzerei aber wirkt ansteckend. In den 1980er Jahren erstarkte das Ketzertum – zwar nicht in Frankreich, wohl aber in der Neuen Welt, die doch Frankreich verehrt und nachahmt. Die Behauptung lautet, daß es allein auf die Rebsorte ankomme.

Der «Varietalismus», um ihn mit einem Namen zu belegen, ist eine bequeme Sache. Er braucht keinen historischen Hintergrund, es kommt lediglich darauf an, dem Verbraucher einzureden, daß einzig und allein Geschmack und Aroma der einzelnen Traubensorten den Charakter und die Qualität eines Weins bestimmen.

Ist einmal akzeptiert, daß Chardonnay aus Oregon, Südafrika oder sonstwoher geschmackliche Gemeinsamkeiten mit Chardonnay aus Burgund besitzt (um so mehr wenn man ihm auch noch den kostbaren Geschmack in Frankreich gewachsener Eichen mitgibt), dann kann man sich auf den Standpunkt stellen, daß die Sache sonst nichts auf sich hat.

Das ist zunächst für alle, deren Weinberge außerhalb des geheiligten Kreises der «Klassiker» liegen, ein verlockendes Argument. Es will besagen, daß das Konzept des *terroir* nur Hokuspokus sei, mit dem lediglich etablierte Interessen gewahrt werden sollen. Freilich entzieht es sich in zweierlei Hinsicht selbst den Boden: zunächst und vor allem weil die Unterschiede zwischen den *terroirs* nun einmal da sind. Niemand kann im Ernst die Ansicht vertreten, daß Tal oder Hang, Kreide oder Sand, Nordlage oder Südlage keine Wirkung auf den Wein hätten. Man kann diesen Atlas aufschlagen, wo man will, die Beweise liegen überall auf der Hand.

Zweitens erweist sich das *terroir*-feindliche Argument als fortschrittsfeindlich. Jeder Fortschritt zu besserem Wein bedingt die Suche nach besseren Stellen für den Anbau der Weinrebe – also nach neuen, bevorzugten *terroirs*. Sie macht das spannende Moment in der sich entwickelnden neuen Weinwelt aus und bildet den geraden Gegensatz zur langweiligen Welt der «Varietals». Sie durchforscht den Globus nach Stellen, die neue Vielfalt versprechen.

Welche sind nun die neuen Stellen, um die es uns geht, die Regionen, die ihr eigenes *terroir* entweder zum ersten Mal oder aber mit neuem Schwung und neuer Entschlossenheit durchforschen? Italien dürfte hier im Vordergrund stehen, denn 1992 wurden seine immer stärker veraltenden DOC-Vorschriften durch ein ganz neues System ersetzt, das genau das verkörpert, was ich soeben zu sagen versuchte: die an klare Bedingungen geknüpfte Anerkennung neu definierter *terroirs* und die Ablehnung von Appellationen, die vorwiegend auf Rebsorten beruhen.

In Spanien und Portugal sind viele neue Weinbauregionen geschaffen worden – doch man wird hier das Gefühl nicht los, daß sie mehr auf der Erwartung als auf der Realisierung großer neuer Entdeckungen beruhen. Dasselbe gilt für Griechenland – und auch für viele AVA-Bereiche, die sich inzwischen in den USA aufgetan haben.

Auch Frankreich entwickelt sich weiter, insbesondere im Kernland seines Bestsellers Vin de Pays, im Midi (übrigens eine Gegend, wo der Streit zwischen *varietals* und *terroir* mit am heftigsten tobt). Dem Elsaß, Beaujolais und Chablis wird in dieser Ausgabe mehr Platz eingeräumt als bisher.

Die deutschen Behörden verpassen inzwischen beharrlich jeden Zug zu einem Weingesetz, das von den eigenen Winzern und der übrigen Welt ernst genommen werden könnte. Da es in Deutschland an amtlicher

Entschlußkraft fehlt, ergreift unser Atlas die Initiative und zeigt in seinen Karten erstmals auf, was die zuständigen Stellen bisher nicht anzuerkennen bereit sind: die besten *terroirs* der besten Regionen. Diese Darstellungen gehen zwar ganz auf meine eigene Verantwortung und sind durchaus als nur provisorisch anzusehen, doch ich hoffe damit den absurden Stillstand zu überwinden, der es der Welt unmöglich macht, die größten Weine Deutschlands zu erkennen.

In dieser Ausgabe sind erstmals auch die Lagen der Premiers Crus von Bordeaux exakt aufgezeichnet – und ebenso die von Tokaj, der großartigsten Weinbauregion Osteuropas, die endlich wieder die Freiheit besitzt, ihren einmaligen großen Wein zu produzieren.

Weitere Regionen, denen in Anerkennung ihrer Fortschritte bei der Definition des eigenen Potentials in der vorliegenden Ausgabe zusätzlicher Raum und neue Karten gewidmet werden, sind der Nordwesten, der Südwesten und der Nordosten der USA, Teile Australiens und Neuseelands, Chile, Slowenien, Ostasien und die ehemalige UdSSR.

Dem Verbraucher zuliebe
Dieser Atlas legt den Schwerpunkt auch weiterhin auf den Verbraucher. Ich verstehe mich als einen Weinliebhaber der westlichen Welt mit einer Vorliebe für bestimmte Länder oder Regionen nur insoweit, als die Güte ihrer Weine es rechtfertigt.

Es geht nicht darum, einen bestimmten Stil oder eine bestimmte Reihe von Kriterien zu finden, die sich auf alle Karten in diesem Atlas gleichermaßen anwenden ließen. Es gibt ja keine zwei Regionen, für die ein und dasselbe gilt oder die auch nur auf dieselben Dinge Wert legen. Burgund hat das strengste System von Rangstufen: Alle Lagen, ja selbst Teile von Lagen sind in eine feste Hierarchie gegossen. In Bordeaux gibt es zum Teil eine formelle Klasseneinteilung des Grunds und Bodens, die nicht unbedingt mit der Lage des Lands zu tun hat, sondern mehr mit dem Rang der Güter, die darauf stehen. Deutschland kennt keine Klassifizierung nach Grund und Boden, daher habe ich versucht, eine eigene aufzustellen. In der Champagne sind ganze Dörfer zu einer Klasse zusammengefaßt, in Jerez bildet die Art des Bodens die Grundlage, in Italien werden manche der besten Weinbauzonen erfaßt, andere dagegen nicht.

Hinter all diesem Gewirr von Benennungen und Qualitätseinstufungen steht das *terroir*, die Gestalt der Berge und Täler, auf und in denen die Rebe wächst. Ich habe mich in allen Fällen bemüht – wenigstens soweit ich mir selbst Klarheit darüber verschaffen konnte –, nicht nur darzulegen, an welcher Stelle einer Landschaft der beste Wein wächst, sondern auch, warum das so ist, welche glücklichen Zufälligkeiten der Natur dazu geführt haben, daß sich ein klassischer Geschmack entwickelt hat.

Gemälde gibt es in Reproduktionen, die Musik hat ihre Noten, Gedichte kann man drucken, Architektur läßt sich in Zeichnungen wiedergeben – der Wein aber ist ein flüchtiges Ding. Wenn man über Wein schreibt oder genauer gesagt zwischen Worten und Begriffen herumstolpert, die ihn beschreiben sollen, möchte man am liebsten dem Leser ein Glas in die Hand drücken und sagen: «Den hier mußt du probieren!» Denn nicht jeder Nuit-St-Georges oder Napa-Cabernet entspricht auch wirklich der Beschreibung, die man mit begeisterten Worten von ihm gibt.

Hier liegt auch der Sinn dessen, daß als unmittelbarste Vergleichsmöglichkeit die Etiketten von über 1000 Erzeugern wiedergegeben werden, deren Wein der Materie dieses Buchs am wahrhaftigsten entspricht. Unter den vielen Tausenden, die man ebensogut hätte aufnehmen können, wählen zu müssen, ist eine fast unlösbare Aufgabe. Es liegt in der Natur der Sache, daß die Wahl zum Teil nach persönlichen Kriterien ausfallen muß, zum anderen Teil aber auch durch den begrenzten Raum bestimmt wird.

Mein Dank
Ein Buch wie dieses könnte ohne die Hilfe von Autoritäten jeglicher Art gar nicht erst in Angriff genommen werden. Ihr Beistand und ihre Sorgfalt haben es erst ermöglicht. Auf Seite 320 ist eine Liste von staatlichen und örtlichen Behörden sowie eine Auswahl aus Hunderten anderer Helfer – Winzer, Weinhändler und Gelehrte – abgedruckt, denen ich soviel von den Informationen zu verdanken haben, die in den Landkarten ebenso wie im Text enthalten sind. Die Fakten stammen von ihnen; was die Meinungen angeht, so muß ich verantwortlich zeichnen, sofern ich nicht ausdrücklich Quellen zitiere.

Ich möchte hier aber auch besonderen Dank denen abstatten, die in vorderster Linie dazu beigetragen haben, dieses Buch druckreif zu machen: Das Zeichnen von Karten ist eine hohe Kunst. Ich schulde Bob Croser und den Thames Cartographic Services für die vielen tausend Stunden, die sie mit Zeichnen und Prüfen zugebracht haben, großen Dank. Zoë Goodwin ist die fröhlichste und zugleich sorgfältigste kartographische Beraterin, die man sich nur wünschen kann.

Stephanie Horner vereint Verständnis und Ausgleichsfähigkeit, Geduld, Takt und Intuition in dem hohen Maße, wie es für die redaktionelle Bearbeitung aller Aspekte eines solchen Buchs erforderlich ist. Darüber hinaus hat sie sich um vieles verdient gemacht, was von Rechts wegen die Aufgabe des Autors gewesen wäre. Paul Drayson hat das Design so vieler meiner Bücher geschaffen, daß ich Gefahr laufe, die untadelige Frische und Eleganz seiner Arbeit als Selbstverständlichkeit zu nehmen. Anne Ryland hat über allem ihre ruhige Hand gehalten und uns durch die Terminklippen gesteuert, die es nicht nur bei der Produktion der englischen, sondern auch bei der Koordinierung der deutschen und der französischen Ausgabe, die gleichzeitig erscheinen sollen, zu bewältigen galt.

Ihnen allen, meiner Frau Judy, die mehr von den Dingen erfahren hat, als sie eigentlich wissen wollte, und meiner Sekretärin Hanne Evans bekenne ich hiermit gern und freimütig, daß der Autor eines Buchs, wie es dieses ist, weit mehr an Anerkennung dafür einheimst, als ihm eigentlich zusteht.

Die Keller des aus dem 12. Jahrhundert stammenden Zisterzienserklosters Eberbach im Rheingau beherbergen schon seit 700 Jahren den Wein aus dem Steinberg, der zusammen mit dem Clos de Vougeot in Burgund die Bedeutung des Christentums für die Geschichte des Weins.

Die Welt des Weines

Die Weinbaufläche der Welt beträgt rund 8,5 Millionen ha. Im Jahr erbringt sie über 25 Milliarden Flaschen Wein; bei einer Weltbevölkerung von 5 Milliarden reicht das für fünf Flaschen pro Kopf und Jahr.

Aber der Wein – Nahrungsmittel und Tröster in einem – ist weit davon entfernt, als weltweites Phänomen gelten zu dürfen. Er ist Teil eines kulturellen und landwirtschaftlichen Gesamtbilds, das für die gemäßigten Zonen zutrifft, wo der mediterrane oder «westliche» Mensch sich entwickelt hat. Weinbau und Weintrinken sind von der Wurzel auf unlösbar mit der verbreitetsten und langlebigsten Zivilisation verbunden, die es auf der Erde je gab, aber nie haben sie andere Kulturen in stärkerem Ausmaß durchdrungen.

Die Karte zeigt die Verteilung des Weinanbaus und der Weinproduktion über unsere Erde. Mehr als drei Viertel der Erzeugung entfallen allein auf Europa. Viele Länder im Osten verfügen über eine beträchtliche Rebfläche, erzeugen aber kaum Wein. Hier schlägt sich die Anbaufläche für Tafeltrauben in den Zahlen nieder. Italien und Frankreich sind nach wie vor die größten Erzeugerländer (Spanien steht inzwischen an dritter Stelle), aber nicht mehr mit dem einstigen gewaltigen Vorsprung auch die größten Verbraucherländer. Zwischen 1968 und 1991 ist der durchschnittliche Verbrauch in Frankreich von 150 auf 67 Flaschen pro Kopf und Jahr gefallen. In Italien geht der Weinkonsum in ähnlicher Weise zurück. In einer Welt voller Autos ist es unabänderlich, daß weniger Wein getrunken wird – dafür aber besserer. Die Ausgaben für Wein sind bei fallendem Verbrauch gestiegen.

In einigen Ländern wächst der Verbrauch noch (freilich nicht stark genug, um den Überschuß zu vertilgen), weil dort der Wein bisher nicht als Alltagsgetränk galt: in den USA, Großbritannien, Japan (in diesen dreien hat allerdings die Rezession dämpfend gewirkt), Deutschland, Australien, Kanada, Südafrika, Belgien, der Schweiz, den Niederlanden und Skandinavien. Ausnahmen bilden Spanien, Portugal und Ungarn: Sie sind große Erzeugerländer, in denen auch der Verbrauch noch etwas steigt.

In den 60er und 70er Jahren ist die Rebfläche der Welt rasch angewachsen. 1980 erreichte sie den Höhepunkt; seither ist sie stetig geschrumpft. Zugleich war die Produktivität gestiegen: zwischen 1950 und 1980 wuchs die Rebfläche um 13 %, die Produktion jedoch um 35 %. Zukunftsweisend ist, daß immer mehr Wert auf Qualität gelegt wird. Die neuen Weinfreunde in Nordamerika, Nordeuropa und Australasien lernen allmählich, einen besser bereiteten Wein zu schätzen.

Seit undenklichen Zeiten gibt es eine Flut drittklassigen Weins auf der Erde. Aber vor unserer Zeit des wissenschaftlichen Fortschritts und der hochentwickelten Kontrolltechniken hat es noch nie eine solche Fülle an gutem Wein gegeben.

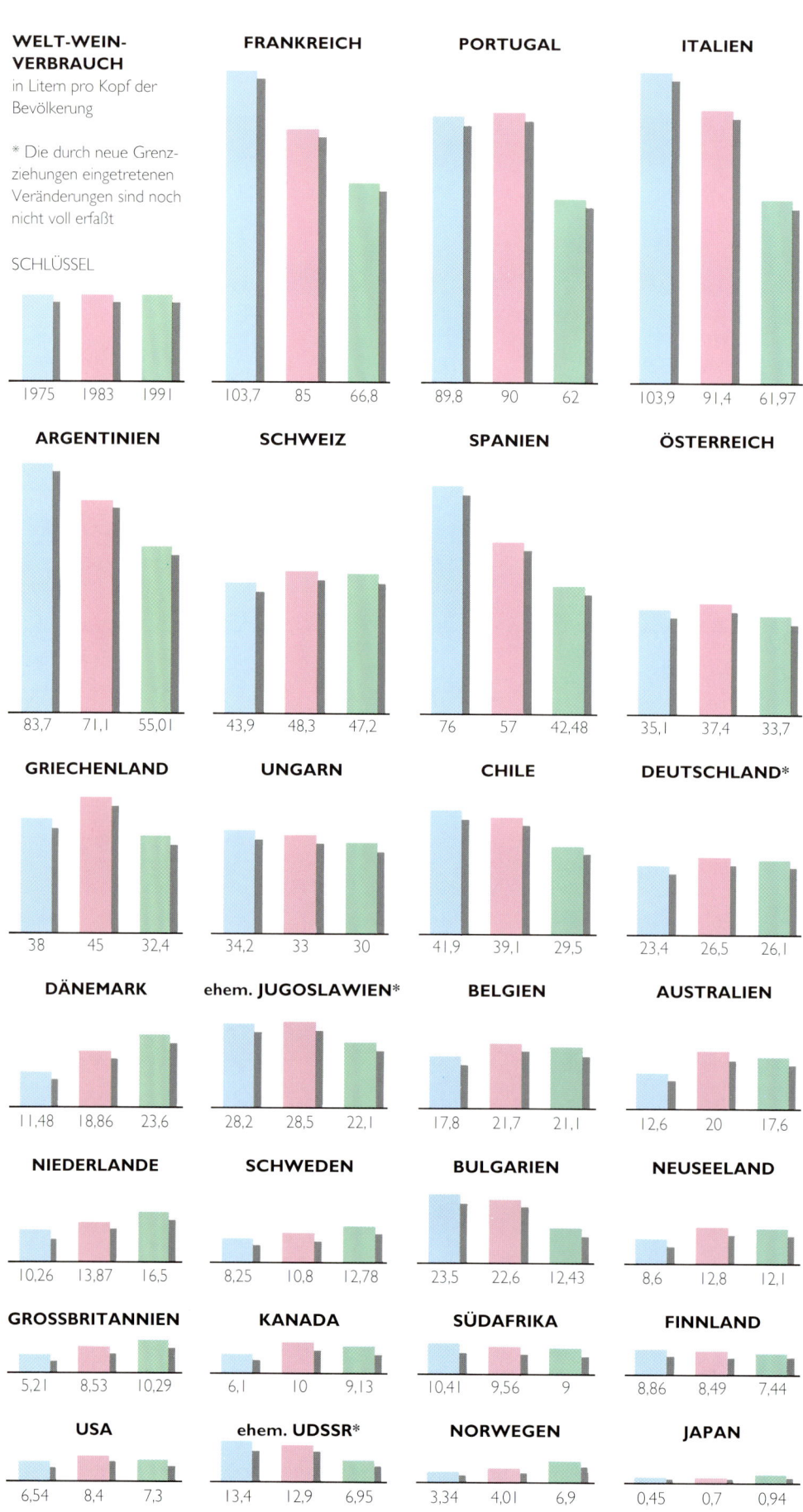

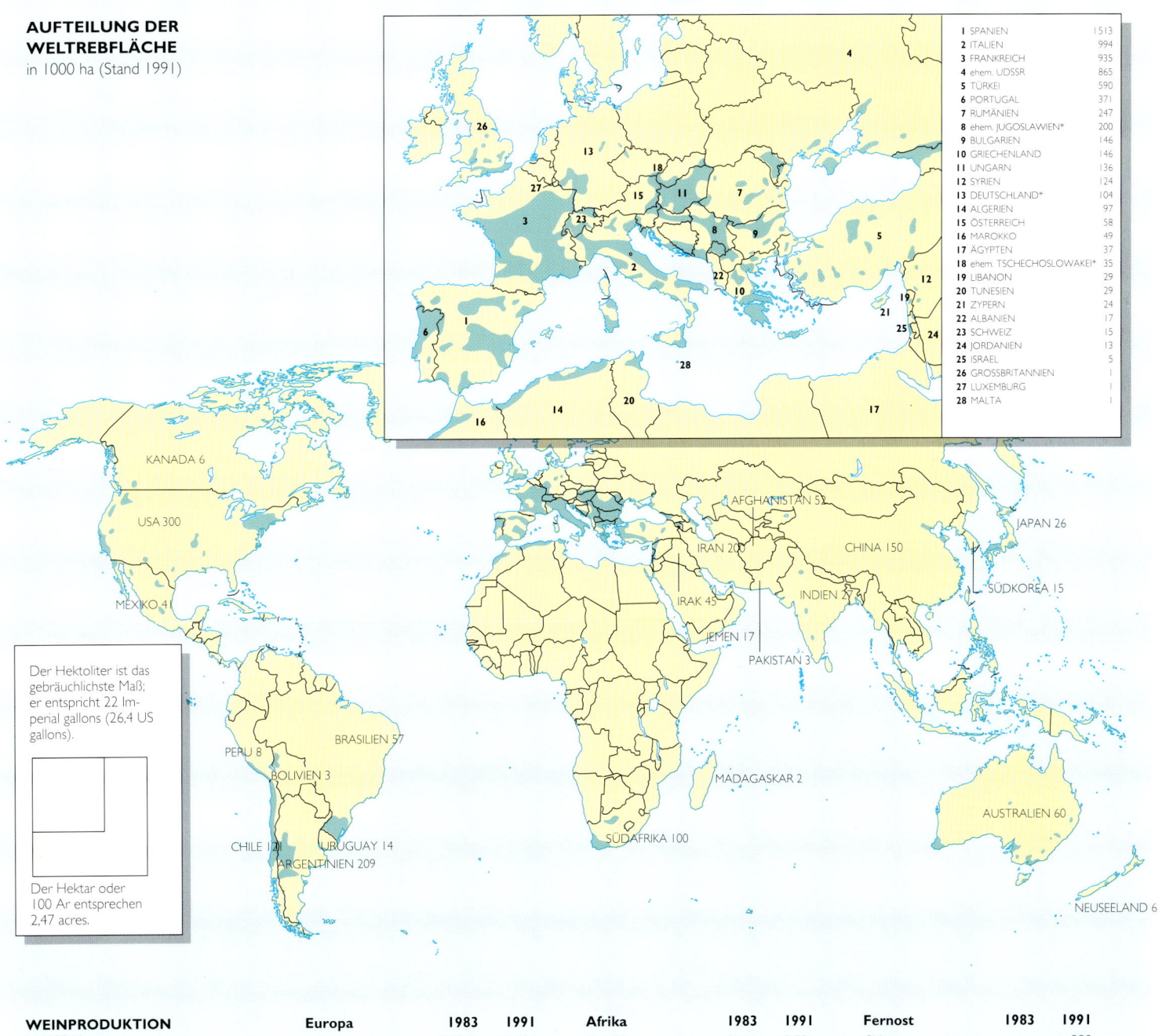

AUFTEILUNG DER WELTREBFLÄCHE
in 1000 ha (Stand 1991)

1	SPANIEN	1513
2	ITALIEN	994
3	FRANKREICH	935
4	ehem. UDSSR	865
5	TÜRKEI	590
6	PORTUGAL	371
7	RUMÄNIEN	247
8	ehem. JUGOSLAWIEN*	200
9	BULGARIEN	146
10	GRIECHENLAND	146
11	UNGARN	136
12	SYRIEN	124
13	DEUTSCHLAND*	104
14	ALGERIEN	97
15	ÖSTERREICH	58
16	MAROKKO	49
17	ÄGYPTEN	37
18	ehem. TSCHECHOSLOWAKEI*	35
19	LIBANON	29
20	TUNESIEN	29
21	ZYPERN	24
22	ALBANIEN	17
23	SCHWEIZ	15
24	JORDANIEN	13
25	ISRAEL	5
26	GROSSBRITANNIEN	1
27	LUXEMBURG	1
28	MALTA	1

Der Hektoliter ist das gebräuchlichste Maß; er entspricht 22 Imperial gallons (26,4 US gallons).

Der Hektar oder 100 Ar entsprechen 2,47 acres.

WEINPRODUKTION
in 1000 hl

Nordamerika	1983	1991
USA	14 762	15 500
Kanada	470	504

Südamerika		
Argentinien	24 719	14 500
Brasilien	2 750	3 110
Chile	4 384	2 895
Mexiko	147	1 669
Uruguay	810	796
Peru	90	100
Bolivien	20	20

Europa	1983	1991
Italien	82 200	60 086
Frankreich	68 123	42 689
Spanien	30 320	31 200
ehem. UdSSR*	35 100	13 000
Deutschland*	13 040	10 170
Portugal	8 303	10 033
ehem. Jugoslawien*	7 877	5 800
Ungarn	6 275	4 607
Rumänien	8 700	4 450
Griechenland	4 800	4 021
Österreich	3 698	3 093
Bulgarien	4 476	2 190
ehem. Tschechoslowakei*	1 379	1 343
Schweiz	1 612	1 326
Albanien	220	175
Luxemburg	185	86
Malta	19	28
Großbritannien	13	15
Belgien	4	2

Afrika	1983	1991
Südafrika	9 174	9 704
Algerien	1 750	460
Tunesien	576	425
Marokko	436	380
		415

Asien/Nahost		
Zypern	830	415
Türkei	390	240
Israel	190	120
Libanon	–	105
Jordanien	6	10
Syrien	–	5

Fernost	1983	1991
China	–	950
Japan	592	583

Australasien		
Australien	4 026	3 943
Neuseeland	580	499

* Die durch neue Grenzziehungen eingetretenen Veränderungen sind noch nicht voll erfaßt.

Die Antike

Der Wein ist weit älter als die urkundlich belegte Geschichte. Wie die Kultur überhaupt ist er aus dem Osten gekommen. Mit den auf Tafeln, Papyrusrollen und in Grabstätten zu findenden Beweisen hierfür lassen sich Bände füllen. Der Mensch, wie wir ihn kennen, tritt als arbeitendes, streitendes, liebendes und geplagtes Wesen mit einem Krug Wein in der Hand auf die Bildfläche.

Der Wein der Pharaonen ist uns zu fern, um uns etwas zu bedeuten. Unser Weinzeitalter beginnt erst mit den Griechen und Phöniziern, die etwa ab 1500 v. Chr. den Mittelmeerraum besiedelten. Damals kam der Wein in jene Länder, die seine wahre Heimat werden sollten: Italien, Frankreich und Spanien. In Nordafrika, Südspanien, der Provence, auf Sizilien, dem italienischen Festland und am Schwarzen Meer entstanden die ersten Weinberge zur Zeit der Griechen und Phönizier.

Die eigenen Weine Griechenlands, heute nicht besonders bemerkenswert, wurden von seinen Dichtern überschwenglich besungen und beschrieben. In Athen war es sogar ein beliebtes, «Kottabos» genanntes Spiel nach Tisch, die letzten paar Schluck Wein aus dem Becher im hohen Bogen in eine auf einer Stange ausbalancierte Schale zu schleudern. Dieser Umgang mit Wein und die Überlieferung, daß er stets mit Kräutern, Gewürzen und Honig versetzt und mit Wasser (manchmal sogar Meerwasser) vermischt getrunken wurde, scheint nicht gerade für seine Qualitäten zu sprechen. Unbestreitbar ist jedoch, daß die Weine verschiedener ägäischer Inseln ihres besonderen Charakters wegen hoch gepriesen wurden. Ob sie uns heute schmecken würden, können wir nicht beurteilen.

Die Griechen betrieben den Weinbau in großem Stil in Süditalien, die Etrusker in der Toskana und weiter im Norden, die Römer folgten ihrem Beispiel. Im alten Rom wurde so viel über den Weinbau geschrieben, daß eine ungefähre Karte der Weine des frühen Römerreichs aufgestellt werden kann (rechts).

Die größten Autoren, selbst Vergil, schrieben Abhandlungen über den Weinbau. Der Satz aus seiner Feder «Reben lieben einen offenen Berg» ist vielleicht der beste Ratschlag, den man einem Winzer überhaupt geben kann.

Berechnendere Gemüter machten sich Gedanken darüber, wieviel Nahrung und Schlaf ein Sklave mindestens braucht, um für die Arbeit in Form zu bleiben. Der römische Weinbau erreichte nämlich bereits großen Umfang, da war Kostenkalkulation eine Kernfrage. Er breitete sich über das ganze Imperium aus, und schließlich importierte Rom Schiffsladungen von Wein in Amphoren aus den Kolonien in Spanien, Nordafrika – aus dem ganzen Mittelmeerraum.

Wie gut aber war der Wein der Römer? Zum Teil war er offenbar erstaunlich langlebig, und das läßt auf hohe Qualität der Bereitung schließen. Oft wurde er durch Erhitzen konzentriert oder auch geräuchert, was ihm Madeira-ähnliche Art verliehen haben muß. Übrigens empfiehlt Plinius, dessen Naturgeschichte ein vollständiges Lehrbuch über den Weinbau enthält, das Einkochen des Mosts in Gefäßen aus Blei, «um ihn zu süßen». Die darauf zurückzuführenden Bleivergiftungen müssen eine Plage gewesen sein. Die großen Jahr-

Oben: Diese altägyptische Darstellung von Traubenaustretern in einer Weinlaube stammt aus der Grabstätte des Nahkt, eines im 15. Jh. v. Chr. verstorbenen Thebener Würdenträgers.

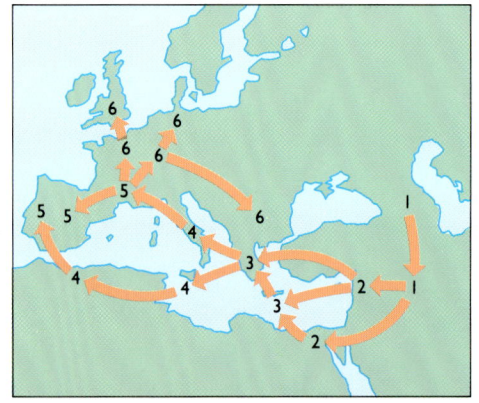

Links: Die frühe Wanderschaft der Rebe. Nachdem sie um 6000 v. Chr. in Kaukasien oder Mesopotamien **1** angebaut worden war, wurde sie um 3000 v. Chr. in Ägypten und Phönizien **2** heimisch. Um 2000 hatte sie Griechenland **3**, um 1000 v. Chr. Italien, Sizilien und Nordafrika **4** erreicht. In den folgenden 500 Jahren zog sie zumindest nach Spanien, Portugal und Südfrankreich **5**, vielleicht auch nach Südrußland. Schließlich gelangte sie mit den Römern nordwärts **6** bis nach Britannien.

Rechts: Festmahlszenen sind eines der beliebtesten Sujets der griechischen Vasenmalerei. Auf dieser Weinschale aus dem 5. Jh. v. Chr. ist dargestellt, wie der in einem *krater* gemischte Wein feierlich in die Weinschale, den *kylix*, geschöpft wird. Ein «Symposion» war einfach ein abendliches Weingelage.

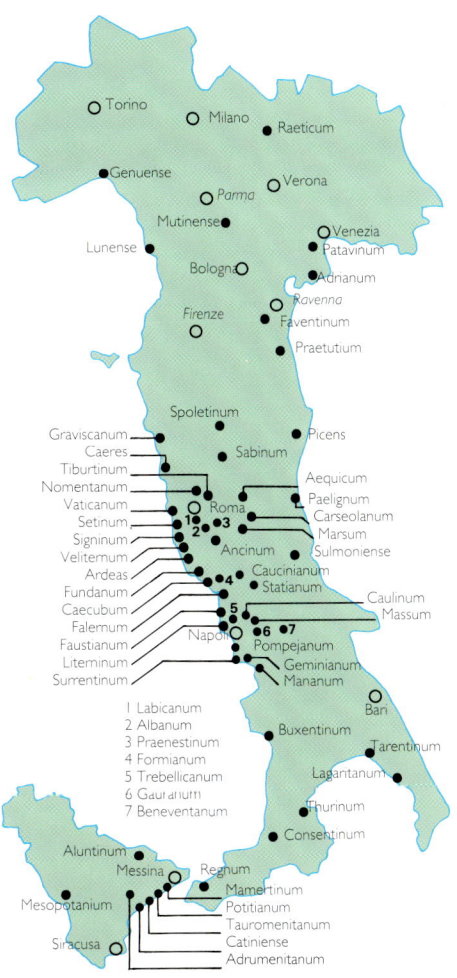

Oben: Die Weine des alten Rom – Rekonstruktion des um 100 n. Chr. in Italien betriebenen Weinbaus. (Heutige Ortsnamen *kursiv*)

Links: Die Römer verstanden den griechischen Weingott Dionysos als eine eher fleischliche Kreatur; in diesem Mosaik, aus Pompeji, reitet er auf seinem traditionellen Tier, dem Löwen, und trinkt aus einem riesigen Topf. Oben: Die Römer verwendeten bereits Fässer. Dieses hier wurde in Südengland gefunden.

gänge wurden länger gerühmt und sogar getrunken, als dies offensichtlich möglich ist: Den berühmten Opimian von 121 v. Chr. trank man noch, als er bereits 125 Jahre alt war.

Sicherlich verfügten die Römer über alles, was zur Weinalterung erforderlich ist. Sie hatten nicht nur irdene Amphoren wie die Griechen – sie hatten auch schon Fässer und Flaschen, die unseren heutigen recht nahe kamen. Die Kunst der Glasherstellung war aus Syrien nach Rom gekommen. Man darf durchaus annehmen, daß die Bewohner Italiens vor 2000 Jahren einen sehr ähnlichen Wein tranken wie ihre Nachfahren heute: jung und, je nach dem Jahrgang, scharf oder stark. Die Mengen, die damals vertilgt wurden, waren allerdings beträchtlich. Das römische Verfahren, die Reben baumhoch und zu Girlanden zu erziehen, wird hier und da noch praktiziert, vor allem in Süditalien und Nordportugal.

Die Griechen oder vielleicht auch die Etrusker brachten die Rebe nach Gallien, und die Römer machten sie dort heimisch. Als sie sich dann im fünften Jahrhundert aus dem heutigen Frankreich zurückzogen, hatten sie die Grundlagen für fast alle berühmten Weingebiete der Neuzeit geschaffen.

Von der Provence aus, deren Weinberge von den Griechen angelegt worden waren, zogen sie zur Zeit Cäsars das Rhône-Tal hinauf, in das Languedoc – die Provincia Narbonensis – und hinüber nach Bordeaux. Alle frühen Anbauflächen lagen in Flußtälern, die als natürliche Kommunikationswege von den Römern gerodet und kultiviert wurden. Außerdem waren Schiffe ja die für schwere Güter, also auch für Wein, am besten geeigneten Transportmittel. Bordeaux, Burgund und Trier (wo im Museum ein in Stein gehauenes, voll bemanntes und mit Wein beladenes Römerschiff zu sehen ist) waren vermutlich zuerst Umschlagplätze für römischen oder griechischen Wein, bis dort selbst Weinberge angelegt und schließlich bessere als die importierten Weine gekeltert wurden.

Im zweiten Jahrhundert wurden in Burgund Reben angebaut, im dritten Jahrhundert auch an der Loire, im vierten sogar bei Paris, in der Champagne sowie an der Mosel und am Rhein. Damit waren die Fundamente für den Weinbau, wie wir ihn heute kennen, gelegt.

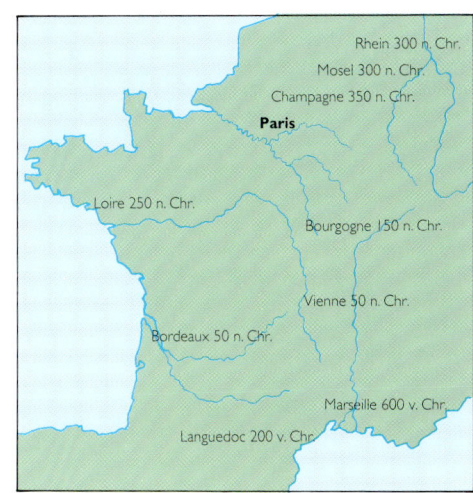

Oben: Die Weinbaugebiete Frankreichs und Deutschlands zur Zeit des Zusammenbruchs des Römischen Imperiums. Die Weinberge im Languedoc und um Marseille (Daten v. Chr. in *Kursivschrift*) wurden durch die Griechen angelegt; die übrigen durch die Römer in der Blütezeit des römischen Gallien. Das Elsaß (nicht auf der Karte) entstand vermutlich um 800 n. Chr.

Das Mittelalter

Obskur bleiben uns die Jahrhunderte nach dem Zusammenbruch des Römischen Reiches, und erst das Mittelalter sehen wir wieder in strahlendem Licht: Auf seinen schön bemalten Blättern finden wir Szenen, die uns ganz vertraut vorkommen und sich im wesentlichen bis heute gleich geblieben sind. Im Frühmittelalter war die Kirche das Zentrum der zivilisatorischen Arbeit und führte eigentlich die Verwaltung des römischen Imperiums in anderer Gestalt weiter. Karl der Große rief das römische Reich wieder ins Leben zurück und tat viel für besseren Wein. Da die Klöster Berge rodeten und die Kahlschlagflächen ummauerten, da viele Winzer und Kreuzfahrer ihnen Weinberge vermachten, setzte man die Kirche mit dem Wein gleich – der nicht nur als das Blut Christi, sondern auch als Luxus und Trost in dieser Welt galt.

Rechts: Der Wein spielte im jüdischen wie im christlichen Gottesdienst des Mittelalters eine große Rolle. Diese Darstellung eines jüdischen Passahfestes stammt aus dem 14. Jahrhundert.

Kirchen und Klöster in wachsender Zahl besaßen oder schufen den größten Teil der berühmten Weinlagen Europas.

Die Benediktiner zogen aus ihren Stammklöstern Monte Cassino und Cluny hinaus in die Welt und kultivierten die schönsten Weinberge; schließlich aber gerieten sie in Verruf, weil «sie sich mit vom Wein geschwollenen Adern und erhitzten Köpfen von der Tafel erhoben». Als Reaktion hierauf trennte sich 1112 der junge Bernhard von Clairvaux von den Benediktinern und stiftete den asketischen Zisterzienserorden, benannt nach der neuen Abtei Cîteaux, ganz nahe bei der Côte d'Or. Er breitete sich rasch aus, gründete nicht nur die großen ummauerten Weinberge Clos de Vougeot in Burgund und den Steinberg beim Kloster Eberbach im Rheingau, sondern auch viele herrliche Klöster in ganz Europa – und wurde schließlich ebenso wegen seiner Schwelgerei verschrieen wie die Benediktiner.

Das blühende Weinbaugebiet Bordeaux dagegen entstand aus rein kommerziellen Ursprüngen. Von 1153 bis 1455 war das Herzogtum Aquitaine, also der größte Teil Westfrankreichs, durch Heirat mit der Krone Englands verbunden, und alles dort drehte sich allein darum, jedes Jahr große Weinflotten mit Fässern voll Claret, dem *vin nouveau,* den die Engländer so liebten, zu füllen.

Unter der Ägide der Kirchen und Klöster aber nahmen Werkzeuge, Begriffe und Techniken feste Gestalt an, und viele uns heute vertraute Rebsorten kamen damals auf.

Rechts: Das prächtigste aller Gebetbücher des Mittelalters: die für Jean, Herzog von Berry, um 1416 von Pol Limbourg und seinen Brüdern gemalten *Très Riches Heures.* Hier die Weinlese unterhalb der großartigen Festung Saumur an der Loire.

Unten: Ein Gobelin aus dem späten 15. Jh., im Musée de Cluny in Paris, zeigt einen Besuch des Hofes bei der Weinlese am Loire-Ufer.

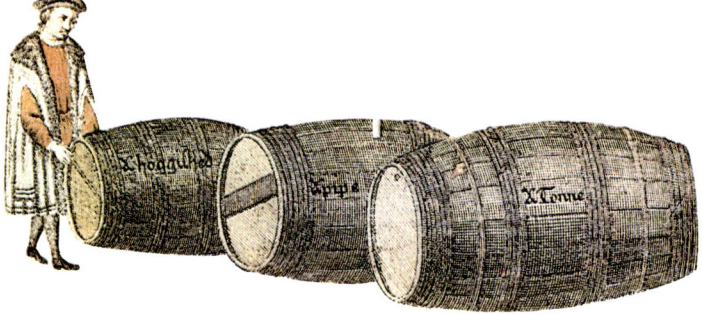

Rechts: Als englische Maßeinheiten für Wein gab es 1497 ein hogshead (63 gallons), eine pipe (2 hogsheads) und eine tonne (2 pipes).

Die Entwicklung der heutigen Weine

Bis zum Anfang des 17. Jahrhunderts hatte Wein den Vorzug, das einzige gesunde und – bis zu einem gewissen Punkt – haltbare Getränk zu sein. Wasser zu trinken war mindestens in den Städten sehr gefährlich. Das Bier, soweit es ohne Hopfen gebraut war, verdarb rasch. Es gab weder Spirituosen noch koffeinhaltige Getränke.

Europa trank damals Wein in Mengen, die man sich heute nur noch schwer vorstellen kann; eigentlich müssen alle ständig berauscht gewesen sein. Auf Wertbeurteilungen aus der Zeit vor 1700 kann man nicht allzuviel geben. Mit Ausnahme der anschaulichen Shakespearschen Beschreibung «Ein herrlich durchdringender Wein, und er parfümiert einem das Blut» beziehen sich die meisten Wertungen auf königliche Empfehlungen oder Wunderkuren, weniger auf den Geschmack und die Eigenschaften des Weins.

Im 17. Jahrhundert wurde alles anders – zuerst durch Schokolade aus Mittelamerika, dann durch Kaffee aus Arabien und schließlich durch Tee aus China. Zur gleichen Zeit entwickelten die Holländer die Kunst des Destillierens. Das Bier wurde durch Hopfen haltbar, und in großen Städten gab es sauberes Wasser aus Leitungen wie einst bei den Römern.

Wenn der Weinbau nicht auf neue Ideen kam, stand ihm eine Katastrophe bevor. Es ist kein Zufall, daß wir die Entstehung der meisten Weine, die heute als Klassiker gelten, auf die zweite Hälfte des 17. Jahrhunderts zurückverfolgen können. Freilich wäre alles unmöglich gewesen, wäre nicht zur rechten Zeit die Weinflasche aus Glas erfunden worden.

Seit der Römerzeit hatte Wein sein ganzes Leben im Faß zugebracht. Flaschen oder vielmehr Krüge, meist aus Steingut oder Leder, dienten nur dazu, ihn auf den Tisch zu bringen. Zu Beginn des 17. Jahrhunderts ermöglichten Neuerungen in der Technik der Glasherstellung solidere und billigere Flaschen. Um etwa dieselbe Zeit brachte ein unbekannter genialer Kopf die Flasche, den Korken und den Korkenzieher unter einen Hut.

Nach und nach stellte es sich heraus, daß Wein in einer verkorkten Flasche viel länger haltbar blieb als in einem Faß, in dem er jederzeit nach dem Anzapfen wieder «losgehen»

Oben: Philippe Merciers «Le Jeune Dégustateur», um 1740 in London entstanden, zeigt eine der frühesten Darstellungen des Korkenziehers.

konnte. Außerdem entwickelte er sich anders – er entfaltete ein «Bukett». So entstand der *vin de garde* und mit ihm die Chance, für langlebigen Wein den doppelten oder gar dreifachen Preis zu erzielen.

Es war der Besitzer von Château Haut-Brion, der als erster den Gedanken der «Reserve», einer besonders spät geernteten, kräftigeren, langgereiften Auslese aufnahm. Um 1660 eröffnete er in London das erste Restaurant unter seinem Namen, Pontac's Head, um diesen Wein publik zu machen.

In der Champagne verfolgte der Mönch und große Kellermeister Dom Pérignon denselben Gedanken, indem er durch Mischen einen luxuriösen Wein hervorbrachte, um den sich die vornehme Welt riß. Durch Zufall – genauer gesagt infolge der dem Wein der Region eigenen Art – begann dieser nach dem Abfüllen in Flaschen zu perlen und Schaum zu entwickeln. Dem Kellermeister mißfiel das zwar, seinen Kunden aber nicht.

Auch der Burgunder veränderte sich zu Beginn des 18. Jahrhunderts. Einst waren die zarten *vins de primeur* aus Volnay und Savigny die Favoriten gewesen. Nun wurden sie von langvergorenen, dunklen *vins de garde,* insbesondere von der Côte de Nuits, verdrängt.

Im Jahre 1866 veröffentlichte A. Jullien den Alkoholgehalt zweier Jahrgänge seiner Zeit. Nach heutigen Begriffen waren die Burgunder außerordentlich mächtig: Corton 1858: 15,6 %, Montrachet 1858: 14,3 %, Clos de Bèze 1858: 14,3 %, Volnay 1859: 14,9 %, Richebourg 1859: 14,3 %. Dagegen schwankten die Bordeaux dieser Jahrgänge zwischen 11,3 % (St-Emilion Supérieur) und 8,9 % (Château Lafite).

Die geringe natürliche Stärke der Bordeaux-Weine macht eine heute seltsam anmutende Praxis des Weinhandels des 19. Jahrhunderts verständlich. Bis etwa zur Jahrhundertmitte wurde Bordeaux häufig nach dem sogenannten *travail à l'anglaise* behandelt:

Die Entwicklung der Portweinflasche aus der Karaffenform (1708) zu ihrer heutigen Gestalt (1812) spiegelt die Entstehung des Vintage Port. Als man die Vorzüge der Flaschenreife entdeckte, wurde eine Form gewählt, die liegende Lagerung ermöglichte.

1708　1719　1739　1741　1753　1780　1793　1807　1812

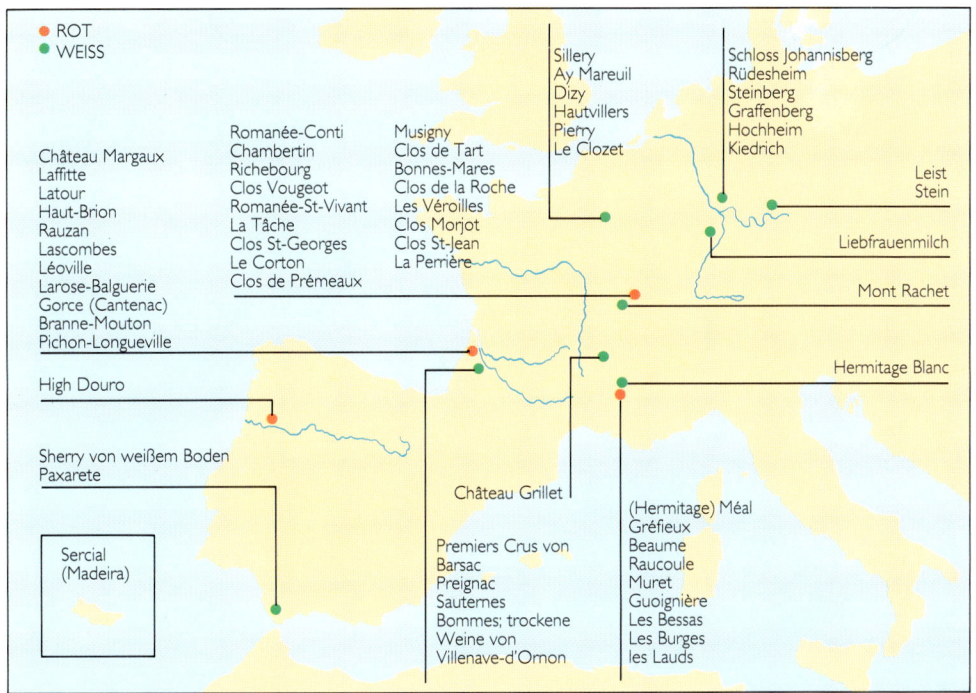

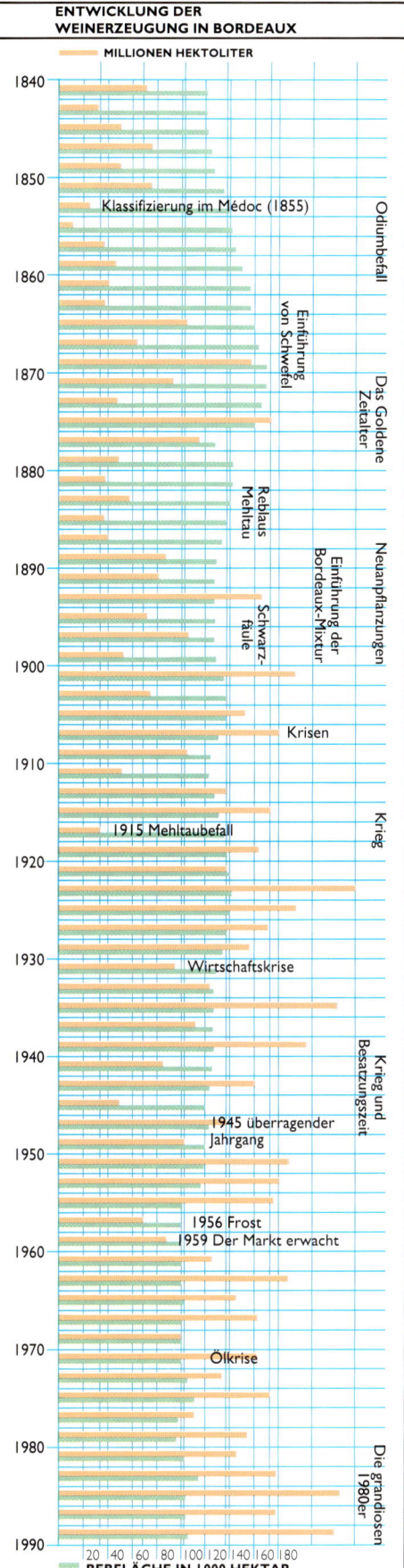

Einem Faß Bordeaux wurden 30 l Alicante oder Benicarlo, 2 l unvergorener weißer Most und eine Flasche Brandy zugesetzt. In dem auf die Lese folgenden Sommer wurde der auf diese Weise verschnittene Wein erneut vergoren und dann wie anderer Wein vor dem Versand mehrere Jahre faßgelagert. Das Ergebnis war ein kräftiger, gut schmeckender Wein, der allerdings «leicht in den Kopf stieg und sich nicht für jeden Magen eignete».

Auch die deutschen Weine des vergangenen Jahrhunderts kämen uns heute kaum vertraut vor. Es ist zweifelhaft, ob damals auch nur einer dieser hellen, recht süßen und bukettreichen Weine bereitet wurde.

Auch der Champagner war süßer und in Farbe und Geschmack voller – sonst aber ähnlich wie heute. Portwein und Sherry hatten ebenfalls schon ihre Vollendung erreicht. Damals gab es viel mehr starken Süßwein als heute: Es war die große Zeit des Malaga und Marsala. Und der Madeira, der Constantia und der Tokajer waren so angesehen wie bei uns die deutschen Trockenbeerenauslesen.

Der Weinhandel blühte. In den Anbauländern war die Wirtschaft in ungesundem Maße vom Wein abhängig: 1880 schätzte man in Italien den mehr oder weniger vom Wein lebenden Bevölkerungsteil auf 80%. Und diese Welt suchte nun die Reblaus wie eine Pest heim (s. Seite 18). Sie brachte es soweit, daß in ganz Europa und in der Neuen Welt kaum noch ein Weinstock am Leben blieb – die Welt des Weins schien am Ende.

Dennoch hat die Weinwirtschaft sich wieder erholt und ungeahnten Aufschwung genommen. Besonders in den letzten 40 Jahren machte die Wissenschaft vom Weinbau solche Fortschritte, daß sich heute vieles mühelos erreichen läßt, was man früher für

Oben: A. Julliens Klassifizierung der großen Weine der Welt von 1866 (in der damaligen Schreibweise) ist seiner *Topographie de Tous les Vignobles Connus* entnommen. Rechts: Philippe Roudié von der Universität Bordeaux hat die Entwicklung der Rebfläche und Weinproduktion im Zusammenhang mit Kriegen, Krankheiten, Schädlingen, Krisen und der Witterung aufgezeichnet. Die Einführung von zwei bedeutenden Spritzmitteln, und zwar von Schwefel gegen Oidium-Befall und der «Bordeaux-Brühe» (Kupfersulfat und Kalk) gegen Mehltau, läßt sich an den Auswirkungen unmittelbar ablesen. Die Blütezeit der 1980er Jahre brachte Ertragssteigerungen.

unmöglich gehalten hatte. Die Kühltechnik ermöglichte in den 1940er Jahren die Produktion von Qualitätstischwein im warmen Klima der Neuen Welt. Da Australien und Kalifornien keine Traditionen und Konventionen kannten, kamen dort die Weinwissenschaft und die Experimentierfreude besonders rasch voran. Der moderne Kellermeister steht vor der Qual der Wahl zwischen den Möglichkeiten, die für ihn offen sind. Zugleich ist die Versuchung groß, die Qualität der Spitzenweine zu vernachlässigen und dafür lieber größere Mengen zu erzeugen.

Andererseits hat auch die Alte Welt Neues hinzugelernt. Unser Atlas macht nun den Versuch, ein Porträt der Welt des Weins in dem Augenblick zu zeichnen, da sie das 20. Jahrhundert hinter sich läßt. Die große Gefahr aber besteht heute in dem unseligen Hang, aus einer beschränkten Palette von Rebsorten neutralen, sicheren Wein ohne Charakter zu bereiten, der einem Allerweltsgeschmack entgegenkommt. Deshalb müssen die Weinfreunde unbeirrt individuelle Weine mit intaktem Lokalcharakter verlangen. Es liegt an uns, darauf zu achten, daß das Schönste am Wein – sein Abwechslungsreichtum – erhalten bleibt.

Die Rebe

Das knorrige Holz des Weinstocks treibt im nördlichen Europa schon im April (in der südlichen Hemisphäre im September) zartes Grün.

Innerhalb von 10 Tagen haben sich Rappen, Blätter und Ranken entwickelt – und sind bis Ende Mai anfällig gegen Nachtfröste.

Im Mai bilden sich Knospen, die wie winzige Trauben aussehen und an deren Stelle die Beerentrauben später wachsen.

Gegen Ende Mai kommt die wichtige Blütezeit, die 10 bis 14 Tage dauern muß; Regenfälle sind jetzt äußerst gefährlich.

Entgehen die Blüten dem Regen und Frost, wachsen im Juni an ihrer Stelle kleine Beeren, die sich im August rot oder durchscheinend gelb verfärben

– das Zeichen beginnender Reife. Zwischen der Blüte und der Lese im September/Oktober liegen rund 100 Tage (s. Seite 28).

Der Wein ist der Saft der Traube. Jeder Tropfen ist von der Rebe aus dem Boden gefördertes Regenwasser. In ihren ersten Lebensjahren ist die Rebe zu sehr damit beschäftigt, sich ein Wurzelwerk zu schaffen und einen stark verholzten Stamm aufzubauen, als daß sie bereits Trauben tragen könnte. Sich selbst überlassen, würde sie zwar Früchte tragen, aber weit mehr Kraft darauf verwenden, neue Triebe schießen zu lassen und in weitem Umkreis neue Wurzeln zu schlagen.

Diese *provignage* genannte Vermehrung wurde in der Antike zur Anlage von Weinbergen genutzt. Wuchs die Rebe in der Nähe eines Baumes, so kletterte sie mit ihren Ranken an ihm bis in schwindelerregende Höhen. Die Römer pflanzten eigens dafür Ulmen. Für die Lese holte man Tagelöhner; die eigenen Sklaven wollte man nicht riskieren.

Im heutigen Weinbau läßt man es jedoch nicht zu, daß die Rebe ihren kostbaren Saft auf die langen Triebe vergeudet. Man schneidet sie regelmäßig bis auf wenige Augen zurück, um bessere Frucht zu erzielen. Dieser jährliche Rebschnitt findet in der Mitte des Winters statt, weil dann die ruhende Pflanze am wenigsten Saft verliert.

Die Rebe läßt sich, wie fast alle anderen Pflanzen auch, durch Samen vermehren. Bei hochgezüchteten Pflanzen aber haben die Sämlinge oft nicht mehr die gewünschten Eigenschaften. So verwendet man Samen vorwiegend für Experimente mit Kreuzungen zwischen schon bestehenden Sorten. Will man dagegen einen neuen Weinberg anlegen, nimmt man abgeschnittene Triebe entweder als Stecklinge oder als Pfropfreiser auf schon bewurzelten Stöcken anderer Sorten. Edelreiser werden nur von gesunden, virusfreien Pflanzen geschnitten und für eine Saison in Rebschulen in Sandboden gesetzt, wo sie Wurzeln treiben. Wenn Verdacht auf Virusinfektion besteht, wird in «Meristem-Kultur»

Einige Schädlinge der Rebe: Oben links die Raupe des einbindigen Traubenwicklers, der Blütenblätter frißt. Oben rechts die winzige Rote Spinne, die den Saft aus den Blättern saugt.
Unten links der falsche Mehltau, der alles angreift, was grün ist – er läßt Pflanzen nicht ausreifen und gibt einen lästigen Beigeschmack.
Unten rechts der echte Mehltau, oft gefährlicher – als er 1852, kurz vor der Reblaus-Invasion, Madeira überfiel, begann der Stern dieser Insel zu sinken. Er läßt die Stiele verfaulen, die Blätter welken und greift die Trauben an, vernichtet die Ernte und den ganzen Weinstock.

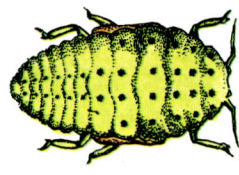
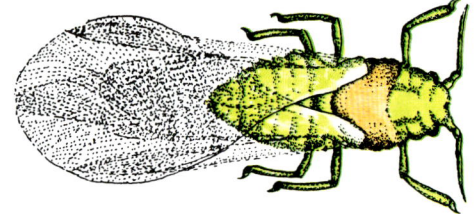

Links unten: Der tödlichste Feind der Rebe, die *Phylloxera vastarix*, in ihrer wurzelsaugenden und fliegenden Form.
Unten rechts: Larven und Eier. Vor 100 Jahren vernichtete die Reblaus fast alle europäischen Weinberge und auch etliche in der Neuen Welt. Im 20. Jh. gibt sie in Kalifornien neuerlich Anlaß zu ernster Sorge.

Europäische Reben werden heute auf reblausfeste amerikanische Unterlagen gepfropft. Ob der Wein früher besser war, weiß kaum noch jemand.

nur die virusfreie Triebspitze im Labor zu einer bewurzelten Pflanze herangezogen. Danach pflanzt man sie in Rebzeilen um, die in herkömmlichen Weinbergen einen Abstand von einem Meter, heute aber oft von 1,5, 2 oder 3 m haben. Der Gesamtertrag kann gleich bleiben, auch wenn nur die halbe Zahl Pflanzen das gleiche Bodenvolumen nutzen.

Je älter ein Weinstock wird, desto tiefer treibt er seine Hauptwurzeln. Solange die Pflanzen jung sind und dicht unter der Oberfläche wurzeln, schaden ihnen unter Umständen Trockenheit, Nässe oder sogar Düngung. Wein von jungen Reben ist stets leicht und ausdrucksschwach. Seine volle Lebenskraft entwickelt ein Weinstock mit 12 bis 40 Jahren.

Am besten sind Böden (siehe rechts), die das Wasser rasch bis in die Tiefe durchlassen, so daß die Rebwurzeln weit hinunterwachsen müssen, um eine gleichmäßige Wasserversorgung zu gewährleisten. Gleichzeitig vermehren sich aber auch die Saugwurzeln nahe der Oberfläche. Wo Bewässerung unerläßlich ist, erfolgt sie am besten tropfenweise nahe beim Stamm, um tiefgreifende Wurzelbildung in einem engen Umkreis zu fördern.

Die Rebe hat unzählige Feinde. Am schlimmsten sind die Krankheiten und Schädlinge, die erst vor so kurzer Zeit (meist aus Amerika) eingeschleppt wurden, daß sich noch keine natürliche Resistenz ausbilden konnte. Im 19. Jahrhundert befiel zunächst der falsche Mehltau, dann der viel ernster zu nehmende echte Mehltau (Oidium) die europäischen Reben – auch die in der Neuen Welt gepflanzten. Zwar wurden bald Gegenmittel für beide Krankheiten entdeckt, aber auch noch heute müssen sie nur allzuoft durch Spritzen bekämpft werden.

Eine schreckliche Plage ist die *Phylloxera* oder Reblaus. Dieses kleine Tier lebt von den Wurzeln der Rebe und zerstört sie. Ab den 1870er Jahren vernichtete es fast alle Reben in Europa, bis man herausfand, daß die Wurzeln der in Amerika heimischen Reben (die Reblaus kam von dort) resistent sind. Es mußten alle Weinstöcke herausgerissen und durch mit europäischen Reisern veredelte amerikanische Wurzelstöcke ersetzt werden.

Damit war die Laus überlistet – oder es schien doch wenigstens so. In Amerika durchgeführte Versuche mit Hybridunterlagen verleiteten jedoch die Winzer dazu, Sorten anzupflanzen, deren Resistenz noch nicht ausreichend erwiesen war. Dadurch ist die Plage wieder aufgeflammt, vielleicht in gefährlicherer Form als je zuvor. Sie verwüstet die Weinberge Kaliforniens und Neuseelands und treibt viele Winzer in den Ruin. Niemand kann die Kosten für die unumgängliche Neubepflanzung auch nur schätzen.

Auch die oberirdischen Partien der Rebe stehen auf dem Speisezettel einer ganze Menagerie. Die Rote Spinne, der Heu- und der Sauerwurm und viele Käfer, Milben und Läuse lassen es sich weidlich schmecken, wenn man ihnen nicht mit Spritzmitteln zu Leibe rückt.

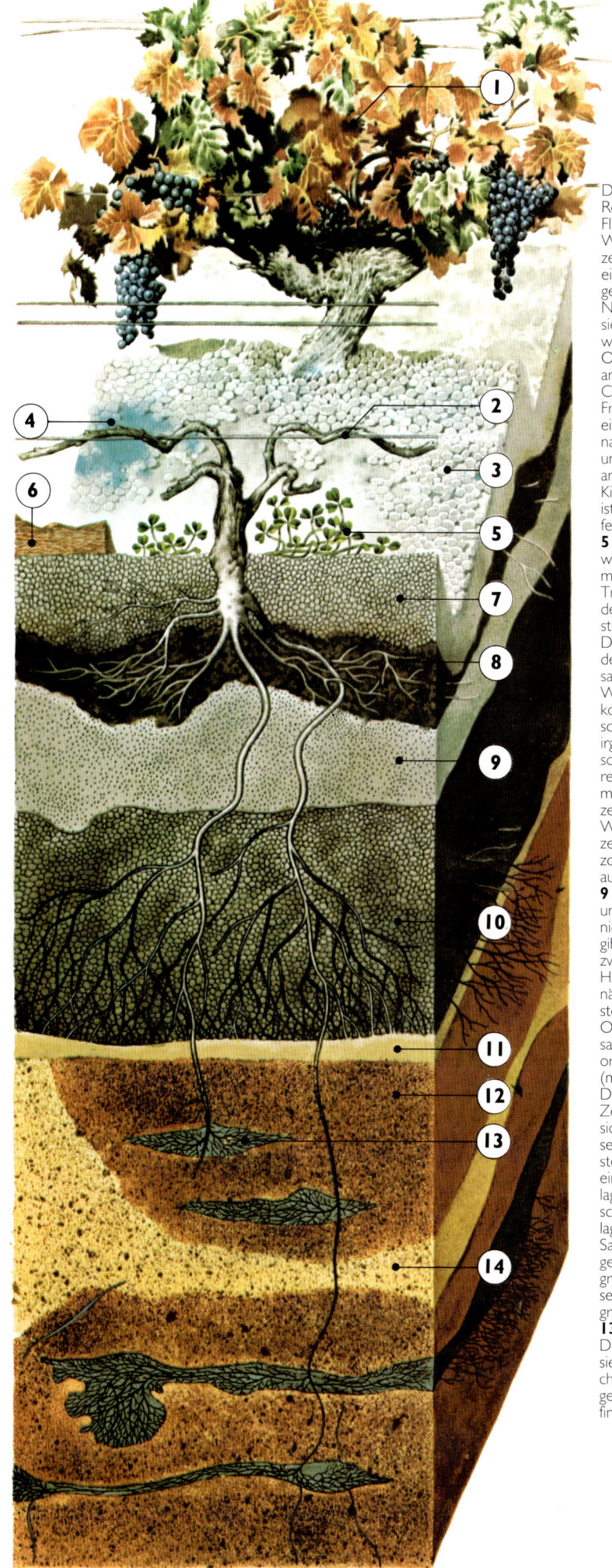

Dieser Längsschnitt eines Rebstocks in einem in Flußnähe gelegenen Weinberg in St-Julien zeigt, wie die Pflanze in einem kargen Boden genug Feuchtigkeit und Nährstoffe findet, indem sie tief und ausladend wurzelt.

Oben eine 50 Jahre alte, an Drähten erzogene Cabernet-Rebe **1** mit Früchten. Im Vordergrund eine 20jährige Rebe **2** nach dem Winterschnitt und mit zu ihrem Schutz angehäufelter Erde. Der Kies **3** an der Oberfläche ist stellenweise vom Kupfervitriol **4** verfärbt. Klee **5** und andere Pflanzen werden oft zur Düngung mit untergepflügt. Auch Trester **6** (s. S. 31) werden auf dem Boden verstreut.

Die 30 cm tiefe Oberbodenschicht **7** ist kiesig und sandig und enthält wenig Wurzelwerk. Dann kommt eine Mergelschicht **8**, die man von irgendwoher herangeschafft und vor vielen Jahren von Hand verteilt hat, möglicherweise beim Setzen der Reben. Kräftige Wurzeln und kleine Würzelchen breiten sich horizontal in diesem Mergel aus. Die nächsten 30 cm **9** sind sandig, aber dicht und hart und haben nichts anzubieten: Hier gibt es keine Wurzelverzweigungen, lediglich Hauptwurzeln, die in die nächste Schicht **10** vorstoßen, die wie der Oberboden kiesig und sandig, aber etwas stärker organisch angereichert ist (möglicherweise von der Düngung vergangener Zeiten): Hier verzweigt sich das Wurzelwerk sehr. Diese Wurzeln stoßen dann wieder an eine in 1,20 m Tiefe lagernde kompakte Sandschicht **11**. Darunter lagert verschiedenfarbiger Sand, rostfarben **12** und gelb **14**, in klar abgegrenzten Schichten mit seltsam eingestreuten grauen Sandablagerungen **13**. Offenbar sind dies die Drainage-Schichten, denn sie sind voller Würzelchen, die in den umliegenden Schichten nicht zu finden sind.

Nach Untersuchungen von Gérard Seguin, veröffentlicht in dessen *Etude de Quelques Profils des Sols du Vignoble Bordelais*, Bordeaux 1965.

Die Konzeption des Weinbergs

Für einen Winzer, dessen Erbteil ein Schieferhang an der Mosel oder eine Kiesbank im Médoc ist, wäre es absurd, seinen Weinberg neu konzipieren zu wollen. Seine Vorfahren jedoch, die über Generationen hinweg nach der besten Art der Bepflanzung für ihr *terroir* suchten, hatten vieles zu bedenken. Die ideale Pflanzdichte, die Art der Erziehung, die Höhe der Pfähle (später der Drähte), die Zahl der Augen beim Rebschnitt, ob der Boden zwischen den Zeilen nackt oder mit Gras bewachsen sein sollte, ob die sommerliche Laubfülle gestutzt werden mußte... alles das waren Steinchen in einem Mosaik, dem wir Weinberge und Weine verdanken, die Winzern in aller Welt als Vorbild dienen.

Wer in einer neuen Region neu begann, mußte zunächst die Rebsorten, dann aber vor allem die Weinbereitungsmethode bedenken. In den 1950er Jahren drehte sich alles um die Gärtemperaturregelung – konzipiert werden mußte also in erster Linie der Gärraum. In den 1970er und 80er Jahren verlagerte sich der Schwerpunkt auf den Einsatz von Eichenholz zur Geschmacksbeeinflussung.

In den 1990er Jahren befassen sich die Erwägungen nun erneut mit dem Weinberg. Verschiedene Aspekte der Weinbereitung haben den Weinerzeuger von heute wieder zu der Erkenntnis gebracht, daß die Qualität der Trauben maßgeblich über Erfolg oder Mißerfolg entscheidet.

Die Kostenrechnung wirft von Anfang an die (wenigstens oberflächlich betrachtet) einfache Frage auf: mehr oder besser? Dem Winzer schwebt stets die Kurve vor Augen, an der er das Verhältnis von Flaschenzahl zu Flaschenpreis ablesen kann. Ein Erzeuger in der Neuen Welt wünscht sich tadellose Trauben in unwahrscheinlich großen Mengen (und braucht sie wohl auch, wenn er im Geschäft bleiben will). Die Weisheit der Franzosen, die Qualität über Quantität setzt, straft er mit Verachtung. Sein Grundsatz muß lauten, daß ein voll leistungsfähiger Weinstock viele und gute Trauben hervorbringen muß.

Sowieso steht der Glaube an Ertragsbeschränkung auf schwachem Grund. Mancher berühmte Jahrgang scheint seine Güte der Konzentration zu verdanken, die, wie uns die Logik sagt, aus kleinen Erträgen stammt. Dieselbe Logik sagt uns weiter, daß in einem Weinstock oder einem Weinberg ein gewisses Geschmackspotential steckt, das um so mehr verdünnt wird, je mehr Flüssigkeit im Spiel ist. Hiermit ist allerdings ein Jahrgang wie der 1970er in Bordeaux schwer zu erklären. Er war nämlich reichlich und sehr gut. Und das gilt auch für 1982 und 1990.

In letzter Zeit hat die Wissenschaft vom Weinbau gewaltige Schritte vorwärts getan. Bis noch vor kurzem wurden bei Neuanlagen die Weinberge einfach wieder so bestockt wie zuvor. Die Weinproduktionsmengen stiegen, die Rebfläche jedoch schrumpfte; gesündere Pflanzen und stärkerer Gebrauch von Düngemitteln brachten höhere Erträge.

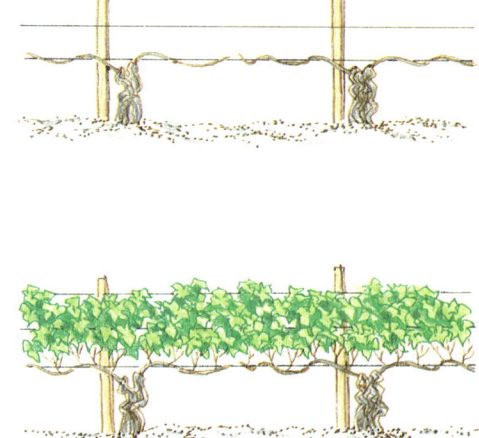

Das doppelte Guyot-System ist in Bordeaux, Burgund und in vielen nördlichen Weinbaugebieten üblich. Dem Weinstock werden zwei Fruchttriebe belassen, die auf dem unteren von zwei bis drei Drähten gezogen werden, während die oberen die Jungtriebe tragen.

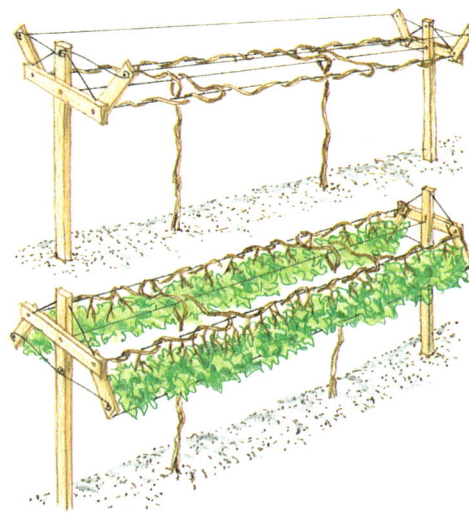

Geneva Double Curtain nennt sich ein für große Pflanzabstände auf triebkräftigen Böden entwickeltes System. Die Jungtriebe werden auf herunterklappbare Außendrähte geleitet; auf diese Weise kann die Wuchskraft gehemmt und der Lichteinfall verbessert werden.

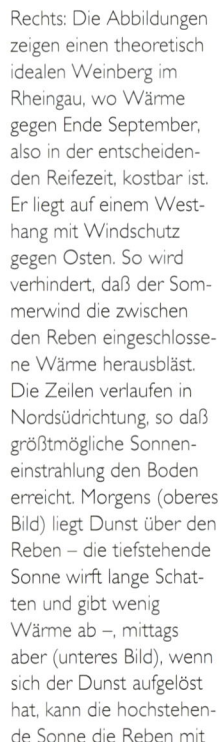

Rechts: Die Abbildungen zeigen einen theoretisch idealen Weinberg im Rheingau, wo Wärme gegen Ende September, also in der entscheidenden Reifezeit, kostbar ist. Er liegt auf einem Westhang mit Windschutz gegen Osten. So wird verhindert, daß der Sommerwind die zwischen den Reben eingeschlossene Wärme herausbläst. Die Zeilen verlaufen in Nordsüdrichtung, so daß größtmögliche Sonneneinstrahlung den Boden erreicht. Morgens (oberes Bild) liegt Dunst über den Reben – die tiefstehende Sonne wirft lange Schatten und gibt wenig Wärme ab –, mittags aber (unteres Bild), wenn sich der Dunst aufgelöst hat, kann die hochstehende Sonne die Reben mit Wärme überschütten.

In den 1970er und 80er Jahren führte dann die verstärkte Nachfrage nach mehr und besserem Wein zu einer Neupflanzungswelle; gleichzeitig begannen die Erzeuger, die traditionelle Konzeption des Weinbergs in Frage zu stellen. Es geht nicht mehr allein um die Rebsorte, sondern auch um Pflanzabstände, Veredelungsunterlagen, hohe oder flache Erziehung, die Anlage der Rebzeilen mit dem Hang oder quer zu ihm. Neu angelegte Weinberge (sie finden sich in diesem Atlas in Fülle) verkörpern moderne Überlegungen zu den Voraussetzungen für gesunde, reife Trauben.

In ihrer Wildform ist die Weinrebe eine Kletterpflanze in den Niederungswäldern des Mittelmeergebiets. Sie braucht viel Licht – deshalb klettert sie ja –, ein warmes Klima, reichlich Wasser (deshalb wächst sie in Niederungen mit relativ hohem Grundwasserspiegel) und relativ hohe Luftfeuchtigkeit.

Nun fällt auf, daß die beiden letzten Punkte im Widerspruch zur klassischen Formel des Weinbaus stehen, denn Wein in bester Qualität wächst bekanntlich auf trockenem (zumindest sehr durchlässigem) Boden bei relativ niedriger Luftfeuchtigkeit. Was also gut ist für die Pflanze, ist vielleicht schlecht für ihre Frucht. Die Aufgabe des Winzers ist nicht nur, für das Gedeihen des Weinstocks zu sorgen, sondern auch, ihn dazu zu bringen, daß er möglichst viel reife Trauben trägt.

Dr. G. Horney unternahm in den 1970er Jahren im Rheingau eine berühmt gewordene Studie, in der er nachwies, daß die Rebe in diesen nördlichen Breiten alles, was sie braucht, reichlich zur Verfügung hat – außer Wärme. Das Wachstum und alle anderen Funktionen der Pflanze sind eng mit Bodentemperaturen über 10 °C verbunden. Assimilation und Transpiration (die Aufnahme von Feuchtigkeit und Nährstoffen aus dem Boden und das «Atmen» durch die Blätter) gehen bei Wärme besser vor sich. Bei 28 °C jedoch «überholt» die Verdunstung die Assimilation: Die Rebe verlangt von ihren Wurzeln mehr, als sie aus dem Boden ziehen können. Wachstum und Reifevorgang verlangsamen sich und halten inne. Die optimale Temperatur liegt also im Bereich von 25 bis 28 °C. Im Rheingau erreichen die Temperaturen diesen Bereich jedoch nur selten, sie kommen oft nicht einmal für längere Zeit über 20 °C hinaus. Daher muß die Fähigkeit bestimmter Lagen, sich zu erwärmen und warm zu bleiben, entscheidenden Anteil an der Qualität haben. Das «Mikroklima» hängt weitgehend vom Windschutz ab. Die Reben schützen sich gegenseitig, oder eine Hecke oder ein Hügel halten den Wind ab.

In mediterranem Klima dagegen, wo es oft eher zu heiß wird, ist der entscheidende Faktor die Wasserversorgung; so erklärt es sich, daß in südlichen Weinpflanzungen niedriggehaltene Büsche in großen Abständen stehen. So können sie auch die sommerlichen Winde besser aushalten.

Nach Dr. Horney hat in nördlichen Breiten ein Weinberg die besten Chancen, wärmer zu

> **Eine Anmerkung zum Thema Kosten**
> Guter Wein läßt sich nur herstellen, wenn man den Ertrag der einzelnen Rebe (z. B. durch Schneiden) begrenzt, und ein großer Wein entsteht nur, wenn man sie stark beschneidet.
> Unglücklicherweise muß der Winzer sich entscheiden, bevor er erkennen kann, ob die Natur (durch Frost, Hagel oder Dürre) ihm die Entscheidung abnimmt. Die nachstehende Tabelle weist die Kosten für die Produktion von Bordeaux-Wein auf drei Ebenen aus. Die erste bezieht sich auf «großen» Wein mit einer Ertragsmenge von 27 hl/ha bei der traditionellen Pflanzdichte von 10 000 Reben/ha und unter Einsatz von jeweils 50 % neuen Fässern sowie unter Berücksichtigung einer Schwundmenge von 20 %. Die zweite Ebene gilt für «guten» Wein mit einer Ertragsmenge von 45 hl/ha bei einer Pflanzdichte von 6600 Reben/ha, bei 20 % neuen Fässern und 20 % Schwund. Die dritte Ebene betrifft kostengünstigen Wein mit 63 hl/ha bei einer Pflanzdichte von lediglich 2600 Reben/ha (in Bordeaux eigentlich unzulässig), bei Tanklagerung und nur 7 % Schwund.
> Die Beispiele sind extrem, werfen aber ein Licht auf die Frage, ob das Publikum bereit ist, die höheren Gesamtkosten für besseren, d. h. konzentrierteren und kostspieliger gereiften Wein mitzutragen. Offenbar entwickelt sich nun aber eine Polarisation, wobei sich die billigsten und die teuersten Weine am besten verkaufen – die teuersten vor allem deshalb, weil sie beträchtlich hohe Spekulationsgewinne versprechen. Sieht man auf echten Wert, d. h. auf den Geschmack, dann ist der preiswerteste Wein eigentlich der in der Mitte, denn er wird nahezu mit derselben Sorgfalt bereitet wie der Spitzenwein und dürfte genausoviel «Charakter» besitzen, nur fehlt es ihm am Glorienschein. Andererseits besteht für den Billigerzeuger kein Anreiz zur Qualitätsverbesserung, weil er weiß, daß sein Publikum ihm wahrscheinlich bei höheren Preisen nicht zu folgen bereit ist. Die unten aufgeführten Preise (in Francs) geben nur die Produktionskosten wieder ohne Berücksichtigung von Amortisierungs- und Abfüllkosten usw.
>
> | | «groß» 27 hl/ha | «gut» 45 hl/ha | «einfach» 63 hl/ha |
> |---|---|---|---|
> | Weinbaukosten je hl Francs | 2 851 | 1 100 | 471 |
> | Lagerungskosten je hl Francs | 474 | 290 | 15 |
> | Mengeneinbuße durch Verdunstung, Abziehen, Filtrieren (20 % im Faß, 7 % im Tank) Francs | 570 | 220 | 33 |
> | Lohnkosten für Abziehen und Filtrieren Francs | 152 | 152 | 8 |
> | Kosten pro hl Francs | 4 047 | 1 762 | 527 |

sein als seine Umgebung, wenn man die Reihen quer zur Hauptwindrichtung in der wärmsten Zeit anlegt – im Rheingau ist es der Ostwind –, so daß der Wind das kostbare Kleinklima nicht wegwehen kann. Zudem wird der Boden in den Zeilen von der Mittagssonne erwärmt. Diese Regel, die Rebzeilen in Nordsüdrichtung möglichst mit Windschutz anzulegen, gilt freilich nur für den Rheingau und Gegenden mit ähnlichen Voraussetzungen.

Heute werden in warmen Gegenden weit mehr neue Weinpflanzungen angelegt als in kühlen, zudem oft auf fruchtbarem, noch unberührtem Boden, der die Reben zu reichlich nährt, dabei aber oft bewässert werden muß. Das alles trägt zu übermäßiger Wuchskraft bei. Lange Triebe werfen tiefen Schatten auf das Herz der Pflanze und ihre Frucht.

Neuere Studien für die Anlage eines wirtschaftlichen Weinbergs stammen von dem australischen Wissenschaftler Dr. Richard Smart, der regelmäßig mit üppigen, kopflastigen Reben («kalifornischem Wildwuchs») zu kämpfen hat, die zwar herrlich gesund wirken, aber nur mittelmäßige, unausgereifte Frucht bringen. Dr. Smart geht bei seiner Analyse von den besten europäischen Lagen aus, die stets auf magerem (er spricht von «triebschwachem») Boden liegen. Die Wuchskraft der Reben ist hier von Natur aus schwach. Die Pflanzabstände sind gering; in Bordeaux und Burgund beträgt die Pflanzdichte üblicherweise 10 000 pro ha, das entspricht 1 m Pflanzabstand. Jeder einzelne Weinstock ist klein (und wird durch entsprechenden Sommerschnitt streng in Grenzen gehalten).

Die meisten Weinanpflanzungen der Neuen Welt stehen, wie Dr. Smart meint, jedoch auf «triebkräftigem» Boden; außerdem betragen die Zeilenabstände bis zu 3 m, so daß an Pflanzen gespart und die maschinelle Bearbeitung und Ernte erleichtert wird. Dadurch aber entwickeln die Weinstöcke mächtige, kaum zu bändigende Triebe: Je mehr sie zurückgeschnitten werden, desto mehr wird die Pflanze zu neuem Wuchs angeregt, bis ein Dschungel entsteht, den kein Licht mehr durchdringen kann. Nicht nur können die Trauben in tiefem Schatten nicht ausreifen, auch das Holz, das die Ernte des nächsten Jahres bringen soll, kann es nicht. Die Augen am jungen Trieb brauchen Sonnenlicht, um fruchtbar zu werden. So kommt ein Teufelskreis zustande, der Jahr um Jahr geringere Ernten und mächtigeres Laubwerk hervorruft.

Nebenan sind einige Erziehungssysteme abgebildet, die es ermöglichen, ein kräftiges Laubwerk so zu leiten, daß die Sonne hereinscheinen kann. Bei manchen wird der Effekt ausgenutzt, daß ein Trieb, der gezwungen wird, abwärts zu wachsen, an Wuchskraft einbüßt. Doch das jeweils richtige Erziehungssystem hängt auch von der Rebsorte ab. Bei Cabernet und Sauvignon beispielsweise ist der Wuchs aufrecht, beim Riesling dagegen überhängend. Die eigenartig herzförmige Bogenerziehung an der Mosel hat sich entwickelt, weil dabei die Trauben nicht so schwer abwärts ziehen und die einzeln stehenden (nicht durch Spanndrähte verbundenen) Weinstöcke so viel Sonne wie nur möglich erhalten. Außerdem kann sich der Winzer in seinem steilen Weinberg nicht nur quer zum Hang, sondern auch an ihm auf- und abwärts bewegen.

Terroir

Château Latour hat das privilegierteste Terroir im Médoc. Der Hof mit den *chais* befindet sich an der Stelle einer mittelalterlichen Festung über der Gironde. Der steinige Hang ringsum fällt zum Flußufer hin ab. Frostschäden gibt es hier selten, der Boden ist durchlässig, der Reifevorgang verläuft stetig.

Eine wirklich exakte Übersetzung für das Wort *terroir* ist schwierig. Terrain ist ihm ähnlich, hat aber doch einen anderen Begriffsinhalt. Manche Weinfreunde sehen darin nur einen Versuch gallischer Mystifizierung, die das Besondere am Boden und der Landschaft Frankreichs hervorheben und ihre unergründlichen Wirkungen auf die Qualität des französischen Weins verklären soll.

Im engsten Sinn bedeutet das Wort «Boden», im weiteren, gebräuchlicheren Sinn beinhaltet es jedoch mehr. Die Erde selbst ist damit gemeint, aber auch der Unterboden, die physikalische Beschaffenheit und ihr Zusammenwirken mit dem Lokalklima, beispielsweise wie durchlässig der Boden ist, ob er das Sonnenlicht reflektiert oder als Wärme in sich aufnimmt. Auch die Lage eines Stücks Land gehört dazu: die Neigung, die Himmelsrichtung und die Eigenheiten des Mikroklimas, die aus dem Standort und seiner Umgebung entstehen.

Eine frostgefährdete Stelle am Fuß eines Berghangs ist zum Beispiel ein Aspekt, der zum Terroir gehört. Ein anderer ergibt sich durch Wärme oder Dunst aus einem nahegelegenen Gewässer, der Edelfäule hervorrufen und dadurch herrlich süße Weine ermöglichen kann. Ein Osthang, auf den die Morgensonne fällt, und ein Westhang, der sich erst später am Tag erwärmt, können dieselbe Bodenzusammensetzung haben, und doch ist ihr Terroir verschieden, und die Trauben, die auf ihnen wachsen, zeigen subtile Unterschiede. Dasselbe gilt für zwei von der Natur völlig gleich ausgestattete Grundstücke, von denen das eine sorgfältig gepflegt, das andere jedoch vernachlässigt worden ist. Kultivierung hat bedeutende Auswirkungen auf das Terroir, daraus erklärt sich zum Teil der höhere Preis für Spitzenlagen.

Eine Erweiterung dieses Aspekts ist die Ansicht organischer Anbauer, daß sich Terroir auch auf die sichtbare und mikroskopische Flora und Fauna eines Stücks Land erstrecken müsse. Nicolas Joly, der Besitzer der großartigen Lage Coulée de Serrant in Anjou, behauptet sogar, daß jede chemische Behandlung, die die Mikrofauna abtötet, auch das Terroir denaturiert. Er geht so weit, allen Winzern, die eine chemische Behandlung vornehmen, das Recht auf die Appellation abzusprechen. Ein bisher noch wenig untersuchter Aspekt des Terroir besteht in den in ihm heimischen Hefen, die dem jeweiligen Wein einen eigenen, an den Boden gebundenen Charakter verleihen.

Die erste methodische Untersuchung und Definition verschiedener Terroirs wurde unseres Wissens von den Mönchen des Mittelalters vorgenommen, insbesondere von den fanatischen Zisterziensern in Burgund, die den Boden «kosteten», um seine Geheimnisse zu ergründen. Ihr Streben galt nicht allein dem besten Wein, sondern ihre Passion galt den Unterschieden zwischen den Lagen und damit Weinen, die möglichst deutlich voneinander verschieden waren. Das hat sich in dem für die Côte d'Or charakteristischen Mosaik der Crus bis auf uns überliefert. Selbst dort, wo es darum ging, einheitlichen Wein zu erzeugen, bemerkten die Winzer doch bald die Unterschiede im Terroir. Aus den vor kurzem veröffentlichten, in ihrer Vollständigkeit über 300 Jahre hinweg einmaligen Archiven von Château Latour geht hervor, wie sich dieses privilegierte Terroir im 17. und 18. Jahrhundert erschloß. Das damals rund 40 ha große Gelände war nach dem Boden (insbesondere nach der Größe der Steine, die ihn bedeckten), der Durchlässigkeit, der Himmelsrichtung und der Ertragsleistung in 19 Parzellen von 1,5 bis 5 ha aufgeteilt.

Wie die anderen Premiers Crus trennte auch Latour seinen Ertrag in einen Grand Vin und einen Second Vin – so ist es heute noch üblich. Der Zweitwein stammte immer von den weniger günstigen Terroirs, vom Fuß der Hügel, wo es mehr Lehm und kleinere Steine gibt und wo Nässe und Kaltluft stärker stauen. Es hat sich bald herausgestellt und seither immer wieder bestätigt, daß die Lage von Latour insgesamt einzigartige Qualitäten aufweist. Die Kiesbank, die fast bis zum Ufer der Gironde abfällt, ist die am wenigsten frostgefährdete Stelle im Médoc. Dazu trägt zweifellos der unaufhörliche Wechsel von Ebbe und Flut an der Gironde-Mündung bei, der die Luft in ständiger, wenn auch kaum merklicher Bewegung hält. Aus unerklärlichen Gründen scheint sogar der Hagel den Enclos, wie der flache Hügel am Ufer heißt, zu meiden.

Aus den alten Urkunden geht aber auch hervor, wieviel die Besitzer aufgewendet haben, um ihre Weinberge in Spitzenform zu halten. So wurde regelmäßig Erde aus den Gräben und von den Wegen auf die Weinberge verteilt, die nur alle 20 Jahre einmal gedüngt wurden. Zu Beginn des 19. Jahrhunderts schienen die Weinberge Schwächen zu zeigen – die Monokultur begann sich auszuwirken. 13 Jahre lang wurden jährlich 1000 Wagenladungen frische Erde von benachbarten Feldern herbeigefahren und unter den Reben ausgebracht. Man kann sich nun natürlich fragen, ob dadurch nicht das Terroir verändert wurde.

Die modernen Weinerzeuger in der Neuen Welt kümmerten sich bis in die 1980er Jahre kaum um den Boden. Das Wort Terroir kam in ihrem Wortschatz nicht vor. Freilich konnten sie nicht umhin, ein gewisses «Makro-Terroir» zu erkennen, z.B. in Form der fruchtbaren, aber frostgefährdeten Talsohle im Napa Valley gegenüber den gut durchlüfteten Bergen mit ihrer flachen Krume. Dennoch befassen sie sich nach wie vor in erster Linie mit dem Klima. Da es ihnen bei der Erzeugung von Chardonnay und seiner Behandlung mit französischer Eiche vor allem darum ging, die vielbewunderten Charakteristiken eines fremden Landes nachzuahmen, kam ihnen nie der Gedanke, den Boden des eigenen zu «kosten».

Hierin geschieht heute rasch Wandel. Zwei Gründe sind es, bei den Weinerzeugern den Gedanken an das Terroir wecken: Einerseits sagt ihnen ein gestärktes Selbstvertrauen, daß sie in der Keltertechnik so weit gelangt sind, wie es nur geht, und andererseits wächst die Konkurrenz. Kalifornien hat mit seinen nicht ganz spezifischen Appellationen so viel an Wertsteigerung geschaffen, wie ihm möglich war. Was wäre nun als nächster Schritt logischer, als hinauszugehen in den Weinberg und es den Zisterziensern gleichzutun?

«Wein wächst im Weinberg», diese Erkenntnis führt aus dem Keller heraus und hin zum Boden. Ermutigende Vorbilder weisen den Weg. Der Cabernet, den Joseph Heitz in den 1960er Jahren aus Martha's Vineyard im Napa Valley hervorbrachte, war der unverwechselbarste und bald auch der teuerste in ganz Kalifornien. Man erkannte ihn am balsamischen Duft, der an die am Rand des Weinbergs stehenden Eukalyptusbäume erinnerte. Terroir ist die Summe aus vielen Dingen – an uns ist es, sie zu ergründen.

Oben: Das Terroir der Côte Rôtie im Rhône-Tal ist weitgehend künstlich geschaffen. Um den Boden festzuhalten, mußten Terrassen übereinandergeschichtet werden. Jeder Weinstock hat seinen eigenen Pfahl. In der Sommerhitze werden die Trauben fast gedörrt, und im Frühjahr weisen die Felsen den eisigen Mistral ab.

Unten: Die Weinberge bei Auckland in Neuseeland leiden unter Regen zur Lesezeit. Waiheke Island vor der Küste bietet ein günstiges Terroir mit durchlässigem Boden, weit geringeren Niederschlägen und gleichmäßigeren Temperaturen. Hier wachsen besonders reife und harmonische Cabernet- und Merlot-Weine.

Die Wahl der Traube: 1

Die Weinrebe, *Vitis vinifera,* ist nur eine Spezies einer Gattung einer umfangreichen Pflanzenfamilie, zu der ein riesiges japanisches Schlinggewächs ebenso gehört wie der uns vertraute Wilde Wein. Die Zahl ihrer Varietäten geht in die Tausende. Der Weinfreund dürfte es allerdings nur mit etwa 50 von ihnen zu tun haben, von denen wir hier und auf den nächsten Seiten 25 zeigen. Es sind dies die Rebsorten, deren Namen auch ihre Weine bezeichnen, zumeist wenigstens dort, wo sie nicht ursprünglich selektiert und vervollkommnet worden waren.

In der Alten Welt hat man im Verlauf der Jahrhunderte jeweils die Sorte selektiert, die beste Qualität in Verbindung mit ausreichendem Ertrag und hinlänglicher Widerstandsfähigkeit gegen Rebkrankheiten bietet. Der Pinot Noir und der Gamay traten im 14. Jahrhundert in Burgund in Erscheinung, der Riesling in Deutschland nicht viel später, dagegen der Cabernet Sauvignon in Bordeaux erst im 18. Jahrhundert. An vielen Stellen (z. B. am Douro in Chianti, Bordeaux und Châteauneuf-du-Pape) ist es nicht eine Sorte, die die gewünschten Trauben liefert, sondern verschiedene Rebsorten werden im gemischten oder getrennten Satz gepflanzt und ihre Weine untereinander verschnitten.

Manche Rebsorten sind mit ihrer Heimat schon so lange und eng verknüpft, daß beispielsweise Chablis und Chardonnay oder Beaune und Pinot Noir gleichbedeutend sind. Eine fast ebenso selbstverständliche Kombination ist Bordeaux und Cabernet. Es stimmt zwar, daß Bordeaux ein Verschnitt ist, in dem Cabernet Sauvignon, Cabernet Franc oder Merlot den Hauptanteil ausmacht, es wäre aber pedantisch, dies im einzelnen angeben zu wollen. Bordeaux steht für einen Weintyp von Trauben einer bestimmten Gruppe, die in bestimmten Lagen gewachsen sind.

Deshalb gibt es viele wichtige Rebsorten, die üblicherweise nur den Weinerzeuger interessieren: die Palomino und die Pedro Ximénez des Sherry, die Tintas des Portweins, die Furmint des Tokajers, die Airén aus Südspanien, die eine größere Anbaufläche besetzt als irgendeine andere Rebsorte Europas, der Rkatsiteli in Rußland und Osteuropa, dessen Rebfläche nicht viel kleiner und dessen Qualität beträchtlich besser ist, die Bonarda und Garganega Norditaliens, die Schiava Südtirols und die Sangiovese des Chianti, die Melon (oder Muscadet), die Folle Blanche und Ugni Blanc des Cognac, die Chasselas der Schweiz, die Merlot, Malbec und Petit Verdot in Bordeaux, die Savagnin des Jura, die Arinto und Alvarinho Portugals.

Die Weinliebhaber lernen gern das Aroma und den Geschmack dieser Traubensorten kennen und würdigen. So ist es eine der erfreulichsten Entwicklungen des letzten Jahrzehnts im 20. Jahrhundert, daß die Erzeuger in der Neuen Welt sich bereitfinden, mit Rebsorten zu experimentieren, deren Namen nur in einem kleinen Abnehmerkreis vertraut sind.

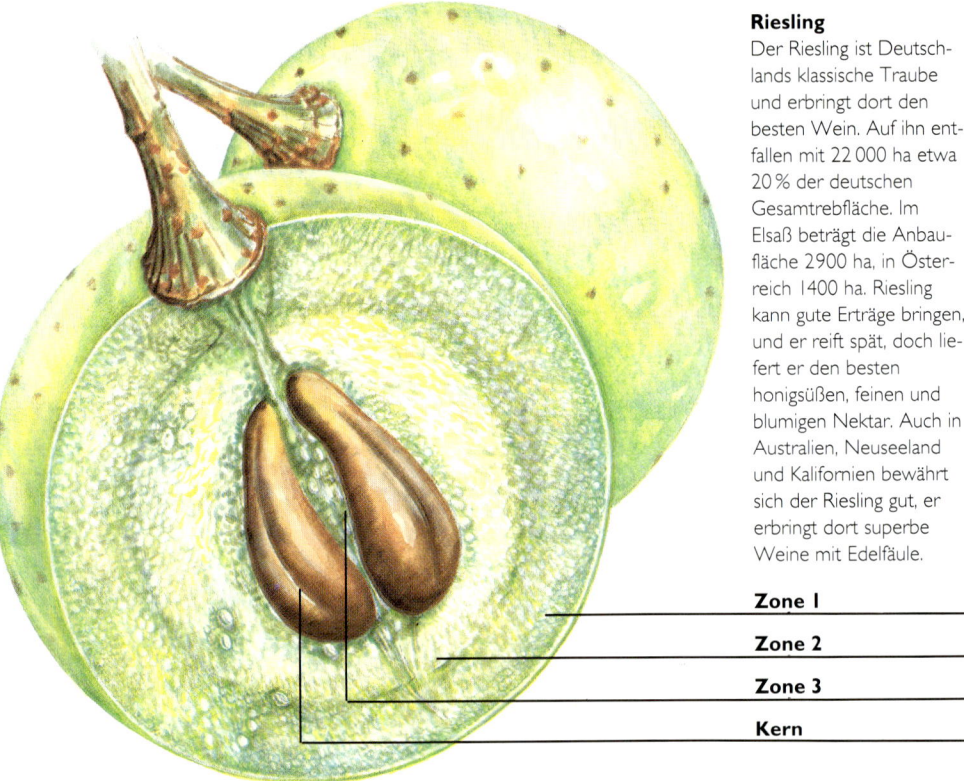

Riesling
Der Riesling ist Deutschlands klassische Traube und erbringt dort den besten Wein. Auf ihn entfallen mit 22 000 ha etwa 20 % der deutschen Gesamtrebfläche. Im Elsaß beträgt die Anbaufläche 2900 ha, in Österreich 1400 ha. Riesling kann gute Erträge bringen, und er reift spät, doch liefert er den besten honigsüßen, feinen und blumigen Nektar. Auch in Australien, Neuseeland und Kalifornien bewährt sich der Riesling gut, er erbringt dort superbe Weine mit Edelfäule.

Zone 1
Zone 2
Zone 3
Kern

Oben: Vergrößerte Darstellung einer Riesling-Beere einen Monat vor der Lese. Sie ist noch grün und hat erst die Hälfte ihres endgültigen Umfangs erreicht. Beim Reifen wird sie transparent goldfarben und ihre Hülse deutlich dunkel gesprenkelt. **Die Stiele** werden heute meist vor der Kelterung entfernt. **Das Fruchtfleisch** läßt sich in drei Zonen einteilen: Zone 2 gibt in der Kelter als erste ihren Saft ab, vor den Zonen in der Nähe der Kerne und der Hülse. Deshalb wohl gilt der Vorlauf schon immer als der Most, der den besten Wein ergibt.

Die Ampelographie oder Rebsortenkunde ist eines der kompliziertesten und schwierigsten Gebiete der Weinbauwissenschaft. Häufig gehen die Auffassungen der Experten über die Merkmale einer Rebsorte auseinander. Daß viele Sorten unter mancherlei Synonymen bekannt sind, macht das Verständnis um so schwieriger. Dem Liebhaber, der seine Kenntnisse auf diesem Gebiet erweitern möchte, sei hier ein Werk empfohlen, das eine ideale Ergänzung zu diesem Atlas bildet: *Reben, Trauben, Weine* von Jancis Robinson.

Verbreitung zehn führender Rebsorten in Frankreich

Rotwein
- 🟡 Cabernet Sauvignon
- 🔴 Carignan
- 🟢 Gamay
- 🟠 Grenache
- 🔵 Pinot Noir

Weißwein
- 🟢 Chenin Blanc
- 🟡 Chardonnay
- 🟠 Riesling
- 🔴 Sauvignon Blanc
- 🔵 Ugni Blanc

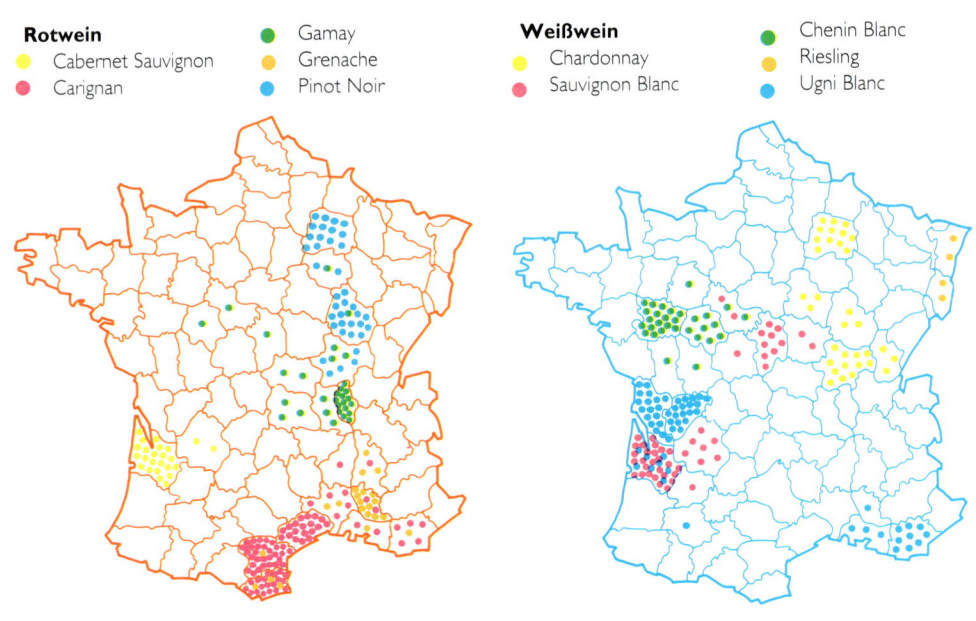

Gamay
Nur in den Granithügeln des Beaujolais mit ihrem sandigen Boden bringt diese Traube erstklassigen Wein. Im übrigen Burgund ist sie nicht hoch angesehen, obwohl sie in bestimmten anderen Teilen Frankreichs (Loire, Auvergne und Ardèche) und in der Schweiz recht guten Wein liefert. Der beste Gamay ist unvergleichlich leicht und spritzig, fruchtig und süffig, meist hellrot, in besonderen Fällen aber auch dunkel und dann über 6–7 Jahre gut haltbar. In Burgund heißt eine Mischung aus Gamay und Pinot Noir «Passe-Tout-Grain».

Chardonnay
Die Traube des weißen Burgunder (Chablis, Montrachet, Meursault, Pouilly-Fuissé) und des Champagner. Ergibt einen festen, vollen und kräftigen Wein mit Blume und Charakter – auf Kalkboden fast üppig, aber nicht süß. Er entwickelt sich mit und ohne Eichenholzwürze durch Gärung und/oder Ausbau im Faß stets gut. Die Sorte ist bequem im Anbau, immer ansprechend und bringt auch in Italien, Kalifornien, Australien, Neuseeland und Südafrika beste Resultate.

Muskateller
Die verschiedenen hellen und dunklen Muskatellersorten sind alle leicht an ihrem an Tafeltrauben erinnernden Aroma erkennbar. Die beste ist der Muscat Blanc à Petits Grains. Von der Ägäis aus gelangte die Traube zur Krim, nach Sizilien, Italien usw. Außer im Elsaß, in Bulgarien und teilweise in Australien ist Muskateller stets süß, z. B. der französische Beaumes-de-Venise und der einst berühmte Constantia vom Kap, der im australischen «Liqueur Muscat» ein modernes Gegenstück gefunden hat.

Sémillon
Wie der Riesling neigt auch der Sémillon zur Edelfäule. Bei warmfeuchtem Wetter entwickelt sich ein Schimmelpilz (Botrytis cinerea) und läßt die Schalen der Beeren mürbe und durchlässig werden, so daß das Wasser im Saft verdunsten kann. Das führt zur Konzentration des Zucker- und Extraktgehalts, und es entsteht ein üppig voller, dickflüssiger Wein. Die großen, goldenen Weine von Sauternes werden auf diese Weise bereitet. Sémillon hat auch bedeutenden Anteil an den trockenen Weißweinen von Graves und erbringt im Hunter Valley in Australien langlebigen Wein.

Cabernet Sauvignon
Diese kleinbeerige, hartschalige Traube verleiht – stets mit Merlot und/oder Cabernet Franc verschnitten – dem roten Bordeaux Tannin, Körper und Aroma. Die besten Lagen im Médoc sind bis zu 80 % mit Cabernet Sauvignon besetzt. Inzwischen wird er in aller Welt angebaut, mit besonderem Erfolg in Kalifornien, Australien, Südafrika, Chile, Argentinien, Bulgarien usw. Alle Cabernet-Weine entfalten sich im Faß und in der Flasche immer weiter.

Sauvignon Blanc
Die weiße Haupttraube von Bordeaux wird zusammen mit Sémillon und ein wenig Muscadelle zu trockenem Graves und süßem Sauternes gekeltert. Der Geschmack ist hocharomatisch, rauchig und erinnert oft an Stachelbeeren. Die Traube gedeiht in Pouilly und Sancerre und in der ganzen Touraine, in der Dordogne bei Chablis, in Nordostitalien, in Chile und in Kalifornien. Neuseeland bringt überaus pikante, Australien und Südafrika reifere Geschmacksnoten hervor.

Chenin Blanc
Die weiße Traube von Anjou und aus der Touraine bringt kräftige, intensive Weine mit feiner Honigsüße, jedoch stets mit hohem Säuregehalt; daher halten sie sich großartig, in Bestform auf unabsehbare Zeit. Die feinsten Weine dieser Sorte sind Vouvray, Côte du Layon, Savennières; in Vouvray und Saumur wird sie auch zu Schaumwein verarbeitet. Oft heißt der Chenin Blanc auch Pineau de la Loire, und eine «Steen» genannte Art ist die beliebteste Weißweintraube Südafrikas. Auch in Kalifornien gedeiht Chenin Blanc gut.

Pinot Noir
(Spätburgunder)
Die einzige und einzigartige Rotweintraube der Côte d'Or in Burgund und – am rechten Ort – die beste der Welt. In der Champagne wird sie weiß gekeltert und ist wichtiger Bestandteil feinster Champagner. Bei einem wirklich guten Pinot Noir sind Duft, Geschmack, Extraktgehalt und Körper ein reines Vergnügen. In Deutschland und Osteuropa bringt die Traube leichtere Weine. In Kalifornien, Oregon, Victoria, Tasmanien, Neuseeland und am Kap werden zunehmend gute Erfahrungen mit ihr gemacht.

Grenache
Eine süße Traube, die starken, charaktervollen, aber nicht sehr dunklen Rotwein liefert. Sie gehört mit anderen Sorten zusammen in den Châteauneuf-du-Pape; für sich allein wird sie zum Tavel-Rosé gekeltert. In Rioja ist sie die wichtigste Rotweintraube; sie heißt dort Garnacha, auf Sardinien Cannonau. In Banyuls, nahe der französisch-spanischen Grenze, wird sie zu Dessertwein verarbeitet. In Kalifornien und Australien ist sie vor allem für Verschnittzwecke beliebt. Es gibt auch eine weiße Abart.

Die Wahl der Traube: 2

Seit drei Jahrzehnten kümmert man sich in der Welt des Weins immer mehr um die Traubensorten. Das begann damit, daß Kalifornien seine besseren Weine mit dem Namen der Rebsorte bezeichnete. Im Elsaß und in großen Teilen Mittel- und Osteuropas war das freilich schon länger üblich gewesen, Kalifornien aber machte es zur Methode.

Weintrauben lassen sich ungefähr in fünf Kategorien einteilen. Die größte (der Anbaumenge nach) umfaßt Trauben ohne besonderen Geschmack oder Charakter. Es handelt sich meist um Rebsorten des Mittelmeergebiets. So ist die Garnacha Tina aus Spanien (Grenache in Südfrankreich) wahrscheinlich die meistangebaute Rotweintraube, doch für den Ungeübten ist sie nicht unterscheidbar.

Die zweite Kategorie befindet sich dagegen im Aufwind: Trauben mit ausgeprägtem Eigengeschmack, deren Heimat meist die kühleren Anbaugebiete im nördlichen Europa sind. Zu ihnen zählen alle, die auf den Etiketten von Sortenweinen erscheinen – vom Cabernet Sauvignon bis zum Riesling. Eine Kategorie für sich bilden die Muskatellertrauben mit ihrem unverwechselbaren Geschmack.

Die vierte Kategorie besteht aus den Wildreben Nordamerikas und ihren Abkömmlingen, die alle einen mehr oder weniger starken «fuchsigen» Geschmack aufweisen, und die fünfte aus der wachsenden Zahl von Hybridreben sowie von Neuzüchtungen, also Kreuzungen von *Vitis-vinifera*-Arten.

Das ursprüngliche Ziel der Züchtung von Hybriden, also der Kreuzung amerikanischer Reben mit französischen, war, eine von sich aus reblausfeste Pflanze zu schaffen, die aber dem europäischen Geschmack entsprach. Solche französisch-amerikanischen Hybriden, zuerst in Frankreich von Züchtern wie Seyve-Villard und Seibel entwickelt, werden jedoch in ihrer Heimat wenig geschätzt; sie sind aus sämtlichen Appellation-Contrôlée-Bereichen verbannt, werden außerhalb dieser Gebiete aber noch vielfach angebaut. In vielen anderen Ländern jedoch wurden sie wegen ihrer Widerstandsfähigkeit freudig begrüßt. Am meisten werden sie im Osten der USA und in Kanada sowie in England angebaut.

Deutsche Züchter arbeiten seit einem Jahrhundert an der Rieslingrebe; sie versuchen ohne Einbußen an Widerstandskraft und an Ausgewogenheit im Geschmack einen früheren Reifezeitpunkt zu erreichen. Dr. Müller aus Thurgau gelang die erste berühmte Kreuzung zwischen der spätreifenden Rieslingrebe und dem frühen, ertragreichen Silvaner. Heute gibt es eine ständig wachsende Palette von Kreuzungen, häufig zwischen zwei oder mehr ausgewählten Klonen der Rieslingrebe.

Zu den besten gehören der Reichensteiner (der auch französisches «Blut» in sich hat), der Ehrenfelser (ebenfalls Riesling × Silvaner), der Kerner (Roter Trollinger × Riesling, ergibt einen sehr fruchtigen und vollmundigen Wein), Bacchus und Optima (beide Riesling × Silvaner × Müller-Thurgau).

Inzwischen wurden auch in Kalifornien von Dr. H. Olmo in Davis vielversprechende neue Rebsorten entwickelt. Sein Emerald-Riesling und Ruby Cabernet wurden 1948 eingeführt, um im heißen San Joaquin Valley Trauben mit kräftiger Säure erzielen zu können. Aber keine andere Züchtung hat sich als so originell und brauchbar erwiesen wie der Pinotage, eine 1925 in Südafrika entstandene Kreuzung zwischen Pinot Noir und Cinsaut.

Die Suche nach idealen Traubensorten geht unablässig weiter. In Montpellier beschäftigt sich das Institut National de Recherche Agricole mit dem Problem immer höherer Erträge (dank gesünderer Reben auf fruchtbaren Böden), die immer länger zum Reifen brauchen und deshalb im Herbst durch Nässe fäulnisgefährdet sind. So wurden unter anderem speziell als Ertragsreben für den Midi die Kreuzungen «Chasan» aus Chardonnay und Listan (Palomino), «Ekigaina» aus Cabernet Sauvignon und Tannat sowie «Marselan» aus Cabernet Sauvignon und Grenache entwickelt. Man vergißt nur zu leicht, daß eine Rebsorte wie der Pinot Noir (oder der Riesling), die schon seit Jahrhunderten kultiviert wird, sich bereits durch natürliche Vorgänge in verschiedene «Klone» aufgespalten hat, von denen die einen mehr Wuchskraft haben, die anderen früher reifen und wieder andere mehr Aroma abgeben.

Das Klonen ist im Weinbau ein ebenso umstrittenes Thema wie auf anderen Gebieten. Die Befürworter genetischer Vielfalt bringen gute Gründe dagegen vor, doch anderen erscheint es unsinnig, auf die Selektion und Vermehrung nur solcher Pflanzen, die bestimmte erwünschte Eigenschaften zeigen, verzichten zu wollen.

Die erfolgreichste Arbeit auf diesem Gebiet ist wohl in Deutschland durch Klonselektion bei Riesling geleistet worden, wodurch die Ertragskraft ohne erkennbare Geschmackseinbußen um ein Mehrfaches gesteigert werden konnte. Als einzige Frage ist die Langlebigkeit der Weine ertragskräftiger Klone noch offen. Sie macht allerdings nur wenigen Kopfzerbrechen, weil der moderne deutsche Wein sowieso meist für baldigen Verbrauch bestimmt ist. Am wenigsten sind Pinot-Noir-Klone gelungen, die vor lauter Saft und Kraft keinen Geschmack mehr besitzen, sowie Cabernet-Klone mit dickschaligen Beeren, die zwar nicht faulen, aber auch nicht reifen.

MASSEINHEITEN FÜR ZUCKERGEHALT

Spezifisches Gewicht	1,060	1,065	1,070	1,075	1,080	1,085	1,090	1,095	1,100	1,105	1,110	1,115	1,120	1,125
Grad Öchsle	60	65	70	75	80	85	90	95	100	105	110	115	120	125
Baumé	8,2	8,8	9,4	10,1	10,7	11,3	11,9	12,5	13,1	13,7	14,3	14,9	15,5	16,0
Brix	14,7	15,8	17,0	18,1	19,3	20,4	21,5	22,5	23,7	24,8	25,8	26,9	28,0	29,0
Alkoholpotential	7,5	8,1	8,8	9,4	10,0	10,6	11,3	11,9	12,5	13,1	13,8	14,4	15,0	15,6

Jedes Land hat sein eigenes System zum Messen des Reifegrads (oder Mostgewichts). Das Schaubild setzt das französische, das deutsche und das amerikanische System in Beziehung zueinander, zum spezifischen Gewicht und zum Alkoholpotential, wenn der gesamte Zuckergehalt vergoren wird.

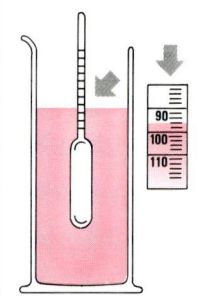

Der Zucker- und Extraktgehalt der Trauben, gemessen mit einem Hydrometer (rechts), ist ein wesentlicher Qualitätsmaßstab für den Wein. Das Hydrometer ist ein geeichter Schwimmer, der das spezifische Gewicht einer Zuckerwasserlösung bei einer bestimmten Temperatur anzeigt.

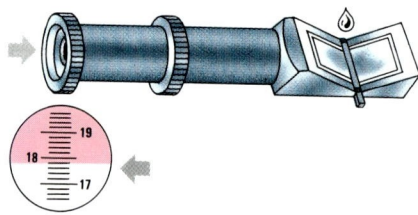

Der Reifegrad der Trauben wird oft mit einem Refraktometer gemessen. In einem zwischen zwei Prismen eingeschlossenen Tropfen Saft wird Licht je nach dem Zuckergehalt gebeugt. Auf der Skala (links) wird der Zuckergehalt in Prozenten abgelesen.

Wasser	70–85 %
Extrakt	15–30 %
Kohlehydrate	12–27 %
Pektine	0,01–0,10 %
Pentosane	0,01–0,05 %
Inosit	0,02–0,08 %
Säuren insgesamt	0,3–1,5 %
Apfelsäure	0,1–0,8 %
Weinsäure	0,2–1,0 %
Zitronensäure	0,01–0,05 %
Tannin	0,0–0,2 %
Stickstoff	0,01–0,20 %
Asche	0,2–0,6 %

Dieses Schaubild zeigt, in welchem Verhältnis die verschiedenen Bestandteile des Traubensafts zueinander stehen und wie es bei mehr oder weniger hohem Reifegrad variieren kann. Für den Kellermeister sind Zucker und Säure am wichtigsten, aber auch der «Extrakt» – das sind andere lösliche Stoffe. Ein ideales Gleichgewicht von Zucker und Säure ist nach einer deutschen Faustregel ein Gramm auf ein Tausendstel Säure für je 10 Grad Öchsle.

Silvaner (oder Sylvaner) Die in Deutschland nach Müller-Thurgau und Riesling bekannteste Rebe. Sie reift früh, bringt gute Erträge, hat aber nur wenig Aroma: es fehlt ihr die fruchtige Säure des Rieslings. Die besten Leistungen erbringt sie in Franken, wo ihr Wein ganz superb ausfallen kann. Auch im Elsaß, in Norditalien, im Wallis und in Osteuropa wird sie angebaut.

Sangiovese (auch Sangioveto). Die verbreitetste rote Traube in der Toskana, also auch für den Chianti. Bringt mäßige Erträge, reift ziemlich spät, ohne tiefe Farbe, aber mit gutem Säuregleichgewicht und angenehmem Bukett. Eine Abart, der Brunello, wird allein zur Bereitung des legendären Brunello di Montalcino verwendet, der anscheinend unbegrenzt haltbar ist.

Müller-Thurgau Der historische Vorläufer vieler Kreuzungen des Rieslings mit anderen Traubensorten (hier dem Silvaner) ist noch immer eine der besten deutschen Varietäten. In Rheinhessen, der Pfalz, an der Nahe, in Baden und in Franken ist er heute die Hauptsorte. Sein reichhaltiger Wein ist sehr würzig, eher weich, d. h. säurearm, reicht an den Riesling nicht heran.

Syrah (auch Sérine) ist die beste rote Traube an der Rhône, ergibt dunklen, gerbstoffreichen, lang haltbaren Hermitage und Côte Rôtie. Als Shiraz in Australien höchst erfolgreich; dort ist das größte Anbauareal (6150 ha); in Verschnitten und auch allein zu Tafel- und Dessertweinen verwendet. Petite Syrah in Kalifornien dürfte z. T. dieselbe Sorte sein; wenn das zutrifft, hat sie eine große Zukunft.

Pinot Blanc (Weißburgunder). Eine weiße Variante des Pinot Noir; mit Chardonnay nicht verwandt, liefert aber ähnlichen Wein, allerdings mit weniger Substanz und Aroma. Pinot Blanc wird in Norditalien (wo er feinen trockenen Schaumwein erbringt), im Elsaß, in Deutschland und in Osteuropa angebaut. Sein enger Verwandter Pinot Gris (Ruländer oder Grauburgunder) hat mehr Persönlichkeit.

Merlot Edler Vetter des Cabernet in St-Emilion und Pomerol; reift früher als die Cabernet-Traube und ergibt einen weicheren, körperreicheren Wein, der schneller ausreift. Im Médoc mit Cabernet und anderen Trauben verschnitten. Liefert in Nordostitalien und in der italienischen Schweiz gute, leichte Weine. Bewährt sich in kühleren Lagen Kaliforniens sowie in Australien und Südafrika.

Gewürztraminer Die hochwürzige Spezialität des Elsaß (nimmt dort 20 % der Gesamtanbaufläche ein). Sie ist die pikanteste Weintraube, früh reifend, mit kleinen Erträgen; manchmal stark und ölig, meist aber unwiderstehlich duftig. In Deutschland wird sie wenig, in Osteuropa stärker angebaut. In Kalifornien, Oregon und insbesondere in Neuseeland bringt Gewürztraminer oft ausgezeichnete Ergebnisse.

Palomino (auch Listan) Die große Sherry-Traube, liefert große Mengen ziemlich neutralen Weins mit wenig Säure, leicht oxidierend. Verbreitet angebaut in Australien, Südafrika (unter dem Namen White French) und Kalifornien für die Sherry-Herstellung sowie auch in Jerez (90 % des Rebenareals).

Nebbiolo Die spätreifende Traube für Barolo und Barbaresco, die großen Rotweine von Piemont, die sich durch brillante Kontur, kraftvolles Tannin und fabelhafte Finesse auszeichnen; lange Ausbauzeit ist stets erforderlich. In Norditalien auch als Spanna und Chiavennasca bekannt, sonst nur in Kalifornien und Mexiko erfolgreich erprobt.

Zinfandel Ausgezeichnete rote Traube, in Kalifornien heimisch, ist aber wohl dieselbe Traube wie der Primitivo in Apulien. Gibt einen guten, frischen, jung trinkbaren Wein, kann aber auch erstklassigen, sehr vollen Wein für lange Lagerung abgeben, der nach 50 Jahren wie großer Bordeaux schmecken kann. Liebt trockenes Klima und liefert in kühlen Lagen z. B. im nördlichen Sonoma beste Qualität.

Welschriesling (auch Wälschriesling oder italienischer Riesling). Der «Riesling» Österreichs, Sloweniens, Norditaliens und Osteuropas, liefert gute Standardweine, erreicht aber niemals die Qualität des echten Rieslings. Früh reifend bei mäßigen Erträgen. Nach den EG-Vorschriften ist die Bezeichnung «Riesling» für diesen Wein unberechtigt und seit 1981 untersagt.

Carignan Bei weitem die verbreitetste Rebe in Frankreich – 167 000 ha, vor allem im Süden. Liefert ungeheure Mengen harmloser, unauffälliger Rotweine, arm an Säure, Extrakt und Tannin, aber gut geeignet für Verschnitte. Neigt bei nassem Wetter zu Fäulnis, wird aber in Algerien, Spanien und Kalifornien viel angebaut. Ruby Cabernet ist eine erfolgreiche Neuzüchtung Carignan x Cabernet.

Kerner Eine deutsche Rebe der neuen Generation, gezüchtet in der Weinbauschule Geisenheim. Eine Kreuzung zwischen Riesling und rotem Trollinger. Ergibt einen würzigen, sehr fruchtigen Wein mit guter Säure. Weniger markant als der Riesling, aber eine gesunde, zuverlässige Rebe, in Rheinhessen mehr und mehr angebaut, um spritzigeren Wein als den Müller-Thurgau zu erzielen.

Seyval Blanc (Seyve-Villard 5/276). Eine der erfolgreichsten Hybriden zwischen französischen und amerikanischen Reben des Züchters Seyve-Villard. Die Rebe ist sehr widerstandsfähig und der Wein angenehm fruchtig ohne dumpfigen Beigeschmack. Aus den Appellation-Contrôlée-Gebieten verbannt, gewinnt er in östlichen Staaten und in England ständig neue Anhänger.

Catawba Vielleicht die berühmteste einheimische amerikanische Weintraube, eine Zufallskreuzung zwischen *Vitis labrusca* und einem unbekannten Partner, liefert Massen von fruchtigem, aber scharf-dumpfigem Wein, sowohl weiß als auch blaßrot. Hauptgrundstoff für den im 19. Jahrhundert weltberühmten Sparkling Catawba aus Ohio. Nur die berüchtigte Concord ist noch verbreiteter.

Der Wein und das Wetter

Das Wetter ist die große Variable im Weinbau. Alle anderen wichtigen Faktoren, auch das Klima, der durchschnittliche Witterungsverlauf in der Region, sind mehr oder weniger konstant und im voraus bekannt.

Die Ruhezeit der Rebe dauert in der nördlichen Hemisphäre von November bis zum März. Nur ungewöhnlich starker Frost, unter –15° C, kann ihr in dieser Zeit schaden. Doch von der Knospung bis zur Lese wirkt sich jeder Tropfen Regen, jede Stunde Sonnenschein und jedes Grad Wärme auf die Qualität und den Charakter der Ernte aus.

Am meisten werden die feinen Weine des nördlichen Europa durch Unregelmäßigkeiten der Witterung beeinflußt. Im Süden und in den meisten Weinbaugebieten der Neuen Welt fallen die Jahrgänge etwas einheitlicher aus.

In der Tabelle unten ist der Ablauf des Jahreszyklus einer Rebe in Bordeaux in seinen Hauptpunkten dargestellt und über 15 Jahre hinweg verglichen. Beginn und Ende dieses Zyklus schwanken maximal um 38 Tage, und dazwischen sind je nach Wetter unendlich viele Abweichungen möglich.

Auf der Seite gegenüber sind die durchschnittlichen Niederschlagsmengen, Temperaturen und Strahlungsmengen für vier französische Weingebiete dargestellt. Beweisen läßt sich damit zwar nichts, doch ist es faszinierend, anhand dieser Werte zu spekulieren, welches Wetter in welchem Stadium eines Rebenzyklus wohl einen guten oder großen Jahrgang ausmacht. Eine gründliche Untersuchung dieser Frage wurde in Burgund von Rolande Gadille in ihrem Buch *Le Vignoble de la Côte Bourguignonne* dargelegt, dem unser Atlas vieles verdankt. Die beiden unteren Diagramme zeigen, wodurch sich in einem Zeitraum von 17 Jahren gute, mittelgute und durchschnittliche Jahrgänge unterschieden und wo das Wetter zum Vorteil oder Nachteil des Weins umschlug.

Unten: Für den Winzer bedeutet Frost eine schlimme Gefährdung. Hier wird die eisige Nachtluft mit gigantischen Flammenwerfern erwärmt.

In der Neuen Welt werden gewaltige Gebläse eingesetzt, um Frostschäden an Jungreben durch Luftbewegung zu verhindern.

In der Champagne ist Frost eine häufige Bedrohung; oft wird versucht, ihr über Nacht mit Feuern im Weinberg zu begegnen.

Sonnenschein im Mai und Juni ist offenbar für die Blüte wesentlicher als die Temperatur, denn eine verregnete Blüte behindert die Pollenbildung. Außerdem zeichnen sich gute Jahrgänge auch durch gleichmäßigere Sonneneinstrahlung von Februar bis November aus, während die Temperaturen im Mai und im Oktober anscheinend nicht so viel ausmachen.

Spätfröste im Frühjahr und Hagelschlag sind der Alptraum des Winzers. Hagel tritt meist nur stellenweise auf – einer der Gründe dafür, daß Weinbauern gern kleine, über die ganze Gemarkung verteilte Parzellen bewirtschaften. Ein einziges Gewitter kann nicht nur einen Jahrgang vernichten, sondern das Holz der Rebstöcke so beschädigen, daß auch noch der folgende Jahrgang leidet.

Ausschlaggebend für die Qualität eines Weinjahrgangs in nördlichen Breiten ist ein gleichmäßiger Reifegrad der Trauben. Deshalb ist Sonne zur Blütezeit wichtig; Regen ruft *millerandage* hervor, d. h. ein Teil der Trauben bleibt bis zur Ernte grün und sauer. Im Reifeverlauf sinkt in der Beere der Säuregehalt, während der Zuckergehalt steigt. Der richtige Lesezeitpunkt ist erreicht, wenn sich beide im Gleichgewicht befinden. Früher veranlaßte die Gefahr eines Wetterumschlags (Septemberregen brachte Fäule) die Winzer oft zu verfrühter Lese, während heute meist mit Fungiziden Abhilfe geschaffen und die ideale Reife abgewartet werden kann.

Die Rangfolge der Bedeutung des Regens, der Sonne, der Temperatur und der Feuchtigkeit ist nie genau ermittelt worden. Was jedem Jahrgang sein eigenes Gepräge gibt, ist das Zusammenspiel dieser Faktoren: Strahlender Sonnenschein bewirkt frühe Reifung, bedeckter Himmel verlangsamt das Wachstum, reichert andererseits aber manchmal die Beeren mit Mineralien an, die dem Wein Langlebigkeit und Nuancenreichtum verleihen; Wärme senkt den Säuregehalt.

Unabhängig vom Reifegrad spiegeln die Trauben das hinter ihnen liegende Jahr: das Vertrocknen durch Sonne oder Wind, das zu starke oder zu schwache Wachstum (Blätter

Jahreszyklus einer Cabernet-Rebe in Château Latour, Pauillac			
(Die Ziffern in Klammern bedeuten die Wochen des jeweiligen Monats)			
Jahr	**Austrieb**	**Blüte**	**Lese**
1978 ■	März (4)	Juni (1 → 3)	Oktober (2 → 3)
1979 ■	März (4)	Juni (1 → 3)	Oktober (1 → 3)
1980 ▼	April (1)	Juni (1) → Juli (1)	Oktober (2 → 3)
1981 ■	März (4)	Juni (2)	September (4) → Oktober (2)
1982 ▲	März (4)	Juni (1)	September (3 → 4)
1983 ■	März (3)	Juni (2)	September (4) → Oktober (2)
1984 ▼	April (2)	Juni (3 → 4)	Oktober (1 → 2)
1985 ▲	April (1)	Juni (1 → 2)	September (4) → Oktober (2)
1986 ▲	April (2)	Juni (3)	September (4) → Oktober (3)
1987 ▲	April (2)	Juni (1 → 4)	Oktober (1 → 3)
1988 ▲	April (1)	Juni (2 → 3)	September (4) → Oktober (2)
1989 ▲	März (4)	Mai (4)	August (4) → September (3)
1990 ▲	März (1)	Mai (4) → Juni (2)	September (2) → Oktober (1)
1991 ■	März (4)	Juni (1 → 3)	September (4) → Oktober (2)
1992 ■	März (4)	Juni (1)	September (3) → Oktober (2)
1993 ■	März (3)	Juni (1)	September (4) → Oktober (1)
▼ schwierig　■ gut　▲ sehr gut			

Links: Ende März oder Anfang April brechen die Knospen auf; die Blüte findet zwischen Ende Mai und Mitte Juni statt; zwischen Mitte Juli und Mitte August wandelt sich die Farbe der Trauben von Grün in Rot. 100 Tage nach der Blüte sollen die Trauben reif sein. Aus der Tabelle geht jedoch hervor, welche Schwankungen möglich sind. Die besten Jahrgänge wurden sämtlich früh gelesen. Der Wachstumsverlauf schlägt sich in der Eigenart der Jahrgänge nieder.

und Stiele), die Schimmelbildung aufgrund von Bodennässe, Hagelschäden. Der Winzer kann meist schon bei der Lese aus Erfahrung am Reifegrad abschätzen, wie sein Wein ausfallen wird. Freilich können sich Wetterfaktoren auswirken, die ihm entgangen sind, und deshalb birgt die erste Weinprobe im Frühling oft auch für ihn Überraschungen.

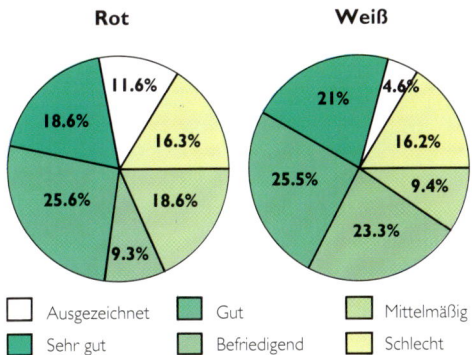

Oben: Weißer Burgunder ist offenbar weniger wetterabhängig als roter. Von 43 Jahrgängen waren bei den weißen nur die Hälfte, bei den roten etwa zwei Drittel außergewöhnlich gut oder schlecht.
Unten: Die Monatstemperaturen und -strahlungsmengen in Burgund in ihrer Relation zu guten, durchschnittlichen und schlechten Jahrgängen. Entscheidend kommt es offenbar auf die Mittsommertemperaturen und die Frühjahrssonne an. Kälte zur Blütezeit zieht einen schlechten Jahrgang nach sich.

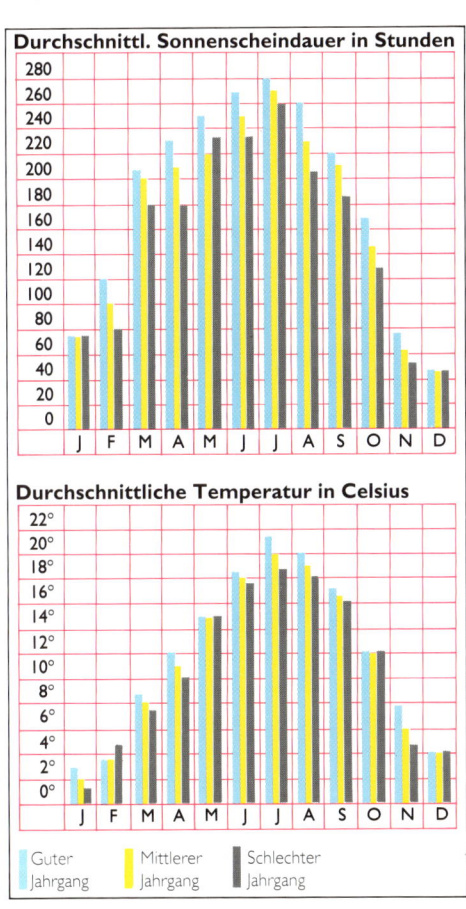

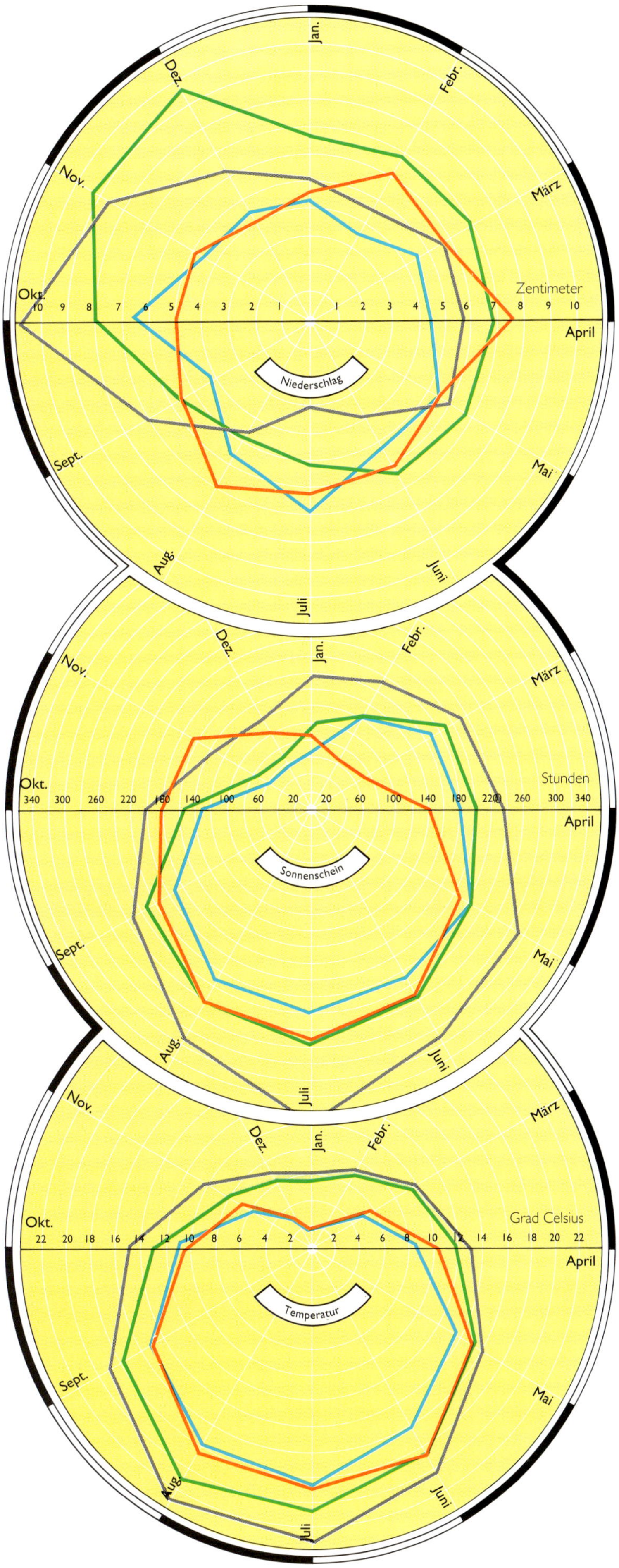

- CHAMPAGNE
- BORDEAUX
- MONTPELLIER
- BURGUND

Links: Isoplethen-Diagramme stellen die Jahreswitterung der vier oben gezeigten französischen Weingebiete als fortlaufenden Prozeß dar.

Niederschlag (oberstes Diagramm). Sonneneinstrahlung und Temperaturen erreichen überall im Hochsommer ihre Höchstwerte; die Niederschlagsmengen sind dagegen schwankend. Bordeaux hat sehr feuchte Winde, eine vergleichsweise regenreiche Blütezeit Ende Mai, aber einen langen trockenen Sommer, während es zur Lesezeit, Ende September, wieder feuchter wird. Burgund ist im Frühjahr trocken, hat feuchtere Sommer als Bordeaux, ist aber Anfang September ebenso trocken. Die Champagne hat einen feuchten Juli, aber eine trockene Lesezeit.

Sonneneinstrahlung (links) Der Juli bringt allen Gebieten die größten Strahlungsmengen. Bordeaux und Burgund erleben einen recht ähnlichen Sommer von Mai bis August, dann klingt diese Jahreszeit in Bordeaux merklich sonniger aus. Die Champagne hat einen guten Mai, was wichtig für die Rebenblüte ist.

Temperatur (links) Die Temperaturen hängen in erster Linie von der geographischen Breite ab. Lediglich im Juni ist es in Burgund genauso warm wie in Bordeaux. Im September wird es in der Champagne kühl, im November in Burgund und in der Champagne richtig kalt. In Bordeaux bleibt es im Winter über fast so mild wie im Süden. Die regionalen Durchschnittstemperaturen unterliegen starken Schwankungen in Abhängigkeit vom Mikroklima.

Das Jahr des Winzers

An jedem Tag des Jahres gibt es für den Winzer im Haus und draußen in den Reben etwas zu tun. Jeder Weinbezirk hat, neben den neuen Verfahren und Techniken, seine eigene Methoden und seinen eigenen Zeitplan. Hier zeigen wir den Jahresablauf eines typischen Winzers irgendwo im Herzen Frankreichs.

JANUAR

Rebschnitt. Früher begann der Rebschnitt am St.-Vinzenz-Tag oder 22. Januar. Heute fängt man schon im Dezember damit an. Fällt kein Schnee, ist der Boden oft gefroren. Reben vertragen Temperaturen bis –18°C.

Fässer mit neuem Wein ständig auffüllen und Spunde jeden zweiten Tag mit Schwefeldioxydlösung abwischen. Ist das Wetter schön und trocken, kann der ältere Wein abgefüllt werden.

FEBRUAR

Rebschnitt abschließen und Pfropfreiser zur Veredelung schneiden. Edeltriebe auf Wurzelreben aufpropfen und sie in eine Sandkiste im Vortriebraum setzen.

Abstechen. Bei klarem Wetter, Neumond und Nordwind (d. h. bei hohem Luftdruck) jungen Wein auf saubere Fässer abstechen, um ihn vom Trub zu trennen. Den jungen Wein aus den verschiedenen Fässern im Mischbottich ausgleichen.

MÄRZ

Pflügen. Etwa Mitte März ist die Ruhezeit der Reben zu Ende, der Saft beginnt zu steigen, und die braunen Knospenschuppen fallen ab. Erstes tiefes Umpflügen.

Ersten Abstich vor Monatsende beenden
Eine geheimnisvolle Wechselwirkung zwischen Rebe und Wein soll die Nachgärung auslösen, sobald der Saft steigt. Die Fässer ständig auffüllen. Den restlichen Wein abfüllen.

JULI

Reben regelmäßig mit Bordelaiser Brühe besprühen (Kupfervitriol, gelöschter Kalk und Wasser). Dritte Bodenbearbeitung zur Unkrautvernichtung. Lange Triebe schneiden, damit die Reben ihre Kraft auf die Frucht konzentrieren.
Kein Versand bei warmer Witterung. Den Keller so kühl wie möglich halten. Bei Hitzeperioden und schwülem Wetter müssen die Türen nachts geschlossen bleiben, und eine Schwefelkerze muß angezündet werden.

AUGUST

Weinberge unkrautfrei halten und Reben ausputzen. Rotweintrauben nehmen Farbe an. Vorbereitung der Geräte für die Lese.
Bottiche und Fässer reinigen.
Das Rebenwachstum (und die Gärung) setzen gegen Mitte des Monats wieder ein: Deshalb darf dann nicht mehr abgefüllt werden. Leichter (und somit weniger stabiler) Wein kann bei warmer Witterung umschlagen und ist deshalb sorgfältig zu beobachten.

SEPTEMBER

Weinlese. Kleine Jungen und Vögel vom Weinberg fernhalten. Trauben ausdünnen; beten, daß die Sonne scheint. Etwa in der dritten Woche sind die Trauben reif, und die Lese kann beginnen.

Vor der Lese den Gärkeller gründlich reinigen. Alle Metallteile der Pressen usw. mit Rostschutzmitteln behandeln. Die Gärfässer mit Wasser füllen, damit das Holz aufquillt.

APRIL

Bodenbearbeitung abschließen, Weinberg aufräumen, Reisholz verbrennen und verfaulte Stützpfähle ersetzen. Beten, daß die Wachstumsperiode spät beginnt, da Frost noch häufig und Hagelschlag möglich ist.

Weiter auffüllen. In den Fässern darf es keinen Leerraum geben. In jedem Jahr verdunsten 5% des Weins durch das Holz.

MAI

Größte Frostgefahr. In klaren Nächten müssen die Weinberge gegebenenfalls mit Öfen gewärmt werden, was bedeutet, daß man aufbleiben und diese Öfen beschicken muß. Zweite Bodenbearbeitung: zur Unkrautvernichtung. Gegen Mehltau spritzen.

Angebote an Kunden schicken. Gegen Ende Mai, kurz vor der Rebenblüte, mit dem zweiten Abstich anfangen und auf saubere Fässer abziehen.

JUNI

Rebenblüte Anfang Juni, wenn die Temperaturen 18–20 °C betragen. Entscheidend ist das Wetter: je wärmer und ruhiger, desto besser. Nach der Blüte: Triebe ausgeizen und die besten an die Drahtanlagen heften. Gegen Mehltau spritzen.

Zweiten Abstich des jungen Weins abschließen und alle alten Weine im Keller abstechen. Das warme Wetter beschleunigt die Verdunstung: Alle Fässer auf Tropfstellen hin überprüfen.

OKTOBER

Die Weinlese dauert etwa zwei Wochen (s. S. 36–37). Danach Weinberg mit Trester und Kunstdünger düngen. Für Neuanpflanzungen den Boden tief umpflügen.

Der neue Wein gärt. Einjähriger Wein sollte noch einmal abgestochen, dann fest verspundet werden. Die Fässer kommen in den Zweitjahres-Keller, wo sie so gelegt werden, daß ihr Spund seitlich ist.

NOVEMBER

Lange Rebtriebe abschneiden und sie als Brennmaterial aufheben. Düngung abschließen. Weinberg umpflügen, um Erde um den Fuß der Reben anzuhäufeln.

Abfüllen. Abstechen und «Schönen» (Filtrieren durch Zusatz geschlagenen Eiweißes, das sich am Boden absetzt) des abzufüllenden Weins. In guten und reifen Jahren jetzt den jungen Wein abstechen, in weniger guten einen weiteren Monat auf dem Trub belassen.

DEZEMBER

Ist Erdreich fortgeschwemmt worden, muß es wieder auf den Hang hochgeschafft und verteilt werden. Der Rebschnitt kann vor Weihnachten, etwa am 15. Dezember, beginnen.

Die Fässer oft auffüllen. Auf gleichmäßige Kellertemperatur achten, um gutes Ausgären zu erreichen. Ältere Weine abfüllen. Mit alten Freunden den jungen Wein probieren.

Die Weinbereitung

Um Traubensaft in Wein zu verwandeln, ist nichts anderes als der ganz natürliche Vorgang der Gärung erforderlich – also die chemische Umsetzung von Zucker in Alkohol und Kohlensäure, die durch Hefen, auf den Traubenhülsen (wie auch anderswo) lebende Mikroorganismen, bewirkt wird. Man braucht ihnen nur die Hülsen aufzubrechen, damit sie den Zucker bearbeiten können, aus dem das Fruchtfleisch zu etwa 30% besteht.

Normalerweise arbeitet die Hefe, bis der ganze Traubenzucker in Alkohol verwandelt ist oder der Alkoholgehalt des Weins rund 15% seines Volumens beträgt – in den seltenen Fällen, in denen die Trauben so süß sind, daß der Wein diese Stärke erreicht, ist an diesem Punkt die Hefe besiegt und die Fermentation gestoppt. Sich selbst überlassen, fielen also fast alle Weine trocken aus.

Doch kann man die Gärung anhalten, bevor der ganze Zucker umgesetzt ist, und zwar entweder, indem man Alkohol zusetzt und den Stärkegrad auf 15% steigert oder, indem man schwefelt – in beiden Fällen wird die Hefe betäubt – oder aber, indem man den Wein über ein sehr feines Filter gibt und auf diese Weise entheft. Verschiedene Verfahren zur Beeinflussung des Gärungsprozesses können weitere Unterschiede ausmachen; sie entscheiden über weiß, rot oder rosé, über lieblich oder trocken, über still oder schäumend. Nebenan ist gezeigt, wie aus weißen bzw. roten Trauben sechs voneinander ganz verschiedene Arten von Wein entstehen können.

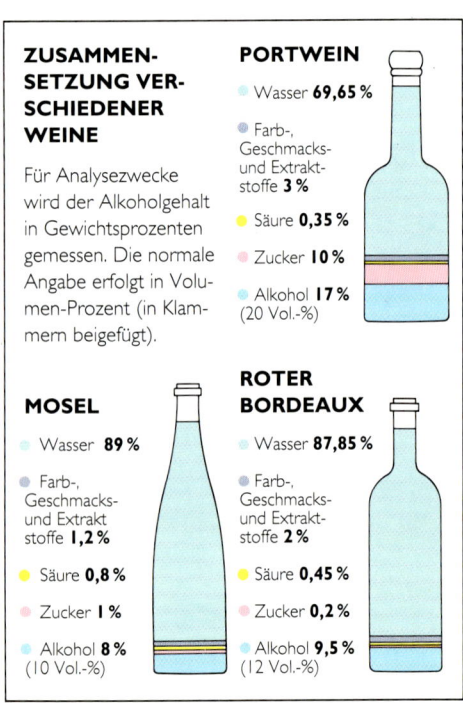

ZUSAMMENSETZUNG VERSCHIEDENER WEINE

Für Analysezwecke wird der Alkoholgehalt in Gewichtsprozenten gemessen. Die normale Angabe erfolgt in Volumen-Prozent (in Klammern beigefügt).

PORTWEIN
- Wasser **69,65 %**
- Farb-, Geschmacks- und Extraktstoffe **3 %**
- Säure **0,35 %**
- Zucker **10 %**
- Alkohol **17 %** (20 Vol.-%)

MOSEL
- Wasser **89 %**
- Farb-, Geschmacks- und Extraktstoffe **1,2 %**
- Säure **0,8 %**
- Zucker **1 %**
- Alkohol **8 %** (10 Vol.-%)

ROTER BORDEAUX
- Wasser **87,85 %**
- Farb-, Geschmacks- und Extraktstoffe **2 %**
- Säure **0,45 %**
- Zucker **0,2 %**
- Alkohol **9,5 %** (12 Vol.-%)

Oben: Das Verhältnis der verschiedenen Bestandteile zueinander in drei Weinen. Der Mosel ist ein fast trockener Weißwein. Der Bordeaux ist ein naturreiner Rotwein. Beim Portwein wird Branntwein zugegeben, so daß sein Alkoholgehalt auf 17% angereichert ist.

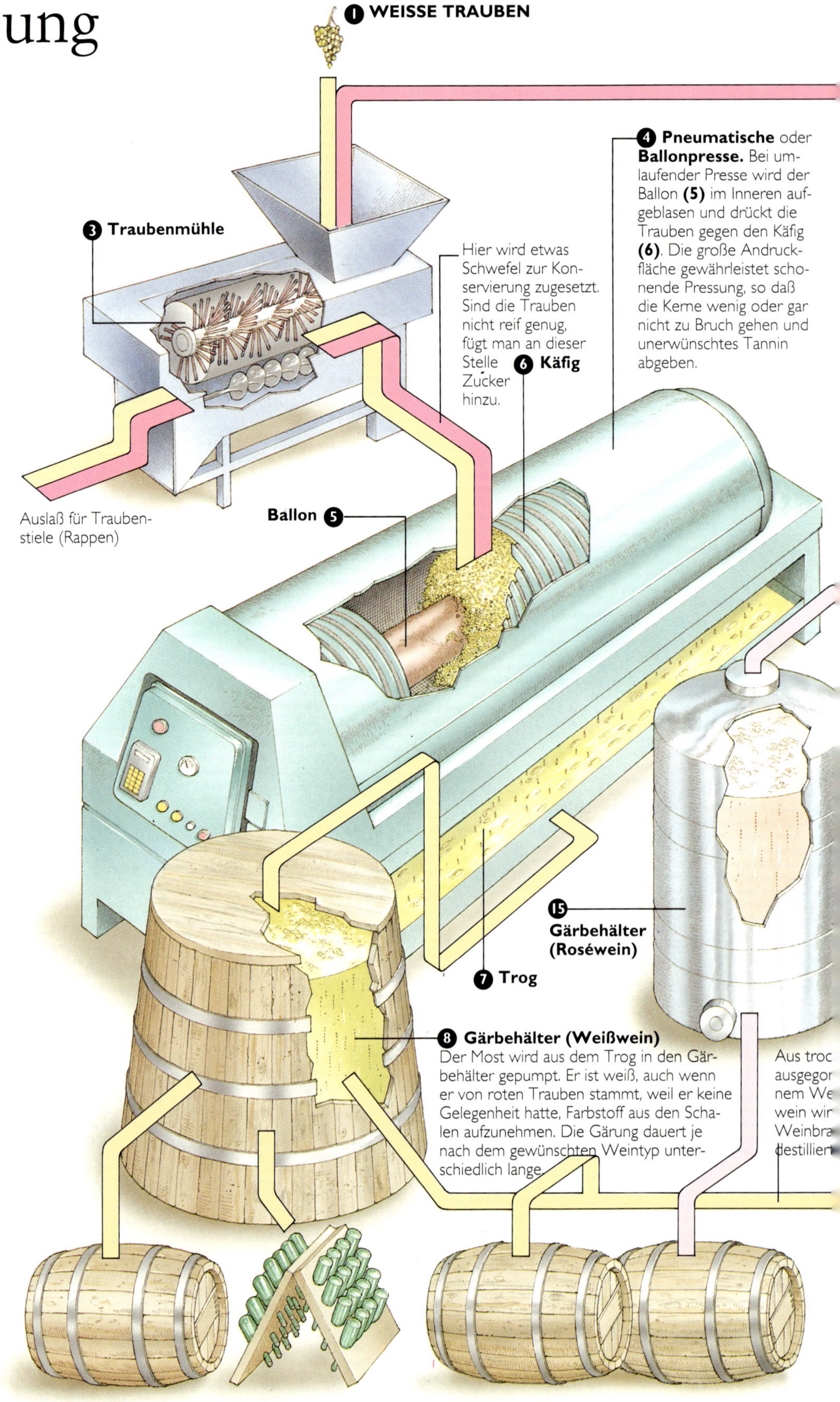

❶ WEISSE TRAUBEN

❸ Traubenmühle

Auslaß für Traubenstiele (Rappen)

❹ Pneumatische oder **Ballonpresse.** Bei umlaufender Presse wird der Ballon **(5)** im Inneren aufgeblasen und drückt die Trauben gegen den Käfig **(6)**. Die große Andruckfläche gewährleistet schonende Pressung, so daß die Kerne wenig oder gar nicht zu Bruch gehen und unerwünschtes Tannin abgeben.

Hier wird etwas Schwefel zur Konservierung zugesetzt. Sind die Trauben nicht reif genug, fügt man an dieser Stelle Zucker hinzu.

❻ Käfig

Ballon ❺

❼ Trog

❽ Gärbehälter (Weißwein)
Der Most wird aus dem Trog in den Gärbehälter gepumpt. Er ist weiß, auch wenn er von roten Trauben stammt, weil er keine Gelegenheit hatte, Farbstoff aus den Schalen aufzunehmen. Die Gärung dauert je nach dem gewünschten Weintyp unterschiedlich lange.

⓯ Gärbehälter (Roséwein)

Aus trocken ausgegorenem Wein wird Weinbrand destilliert

Süßer Wein
Die Gärung wird bei einem gewissen Restzuckergehalt abgestoppt. Trocken ausgegorener Wein kann mit unvergorenem Traubenmost gesüßt werden.

Schaumwein
Wein, der schäumend sein soll, wird vor dem endgültigen Abschluß der Gärung aus dem Behälter gepumpt und abgefüllt.

Trockener Wein
Bleibt der Wein bis zur völligen Vergärung im Gärbehälter, wird der gesamte Zuckergehalt in Alkohol umgesetzt.

Roséwein
ist grundsätzlich aus roten Trauben bereiteter Weißwein, der kurze Zeit mit den Traubenhülsen vergoren wird.

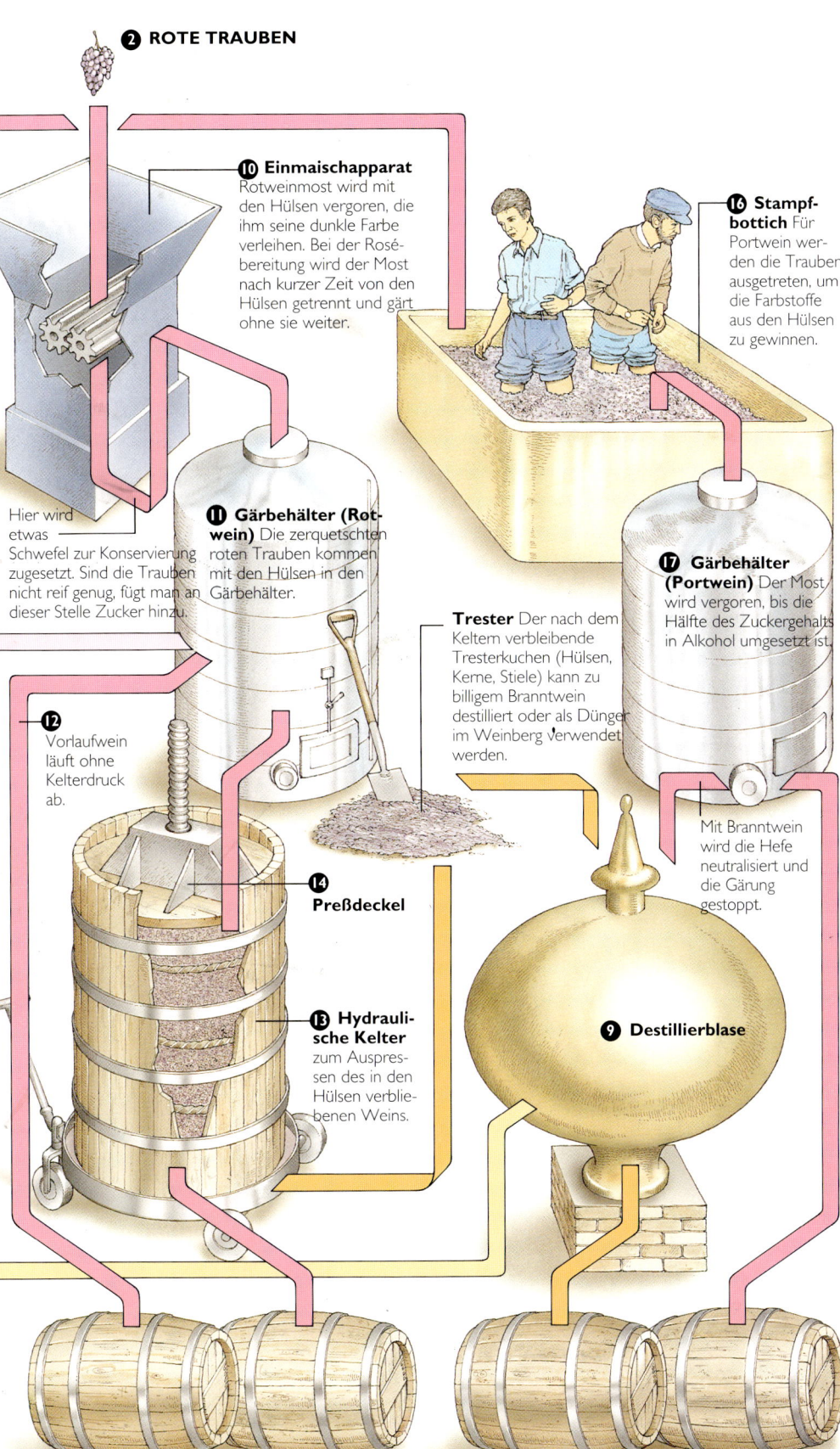

❷ ROTE TRAUBEN

❿ Einmaischapparat Rotweinmost wird mit den Hülsen vergoren, die ihm seine dunkle Farbe verleihen. Bei der Rosébereitung wird der Most nach kurzer Zeit von den Hülsen getrennt und gärt ohne sie weiter.

⓰ Stampfbottich Für Portwein werden die Trauben ausgetreten, um die Farbstoffe aus den Hülsen zu gewinnen.

Hier wird etwas Schwefel zur Konservierung zugesetzt. Sind die Trauben nicht reif genug, fügt man an dieser Stelle Zucker hinzu.

⓫ Gärbehälter (Rotwein) Die zerquetschten roten Trauben kommen mit den Hülsen in den Gärbehälter.

⓱ Gärbehälter (Portwein) Der Most wird vergoren, bis die Hälfte des Zuckergehalts in Alkohol umgesetzt ist.

Trester Der nach dem Keltern verbleibende Tresterkuchen (Hülsen, Kerne, Stiele) kann zu billigem Branntwein destilliert oder als Dünger im Weinberg verwendet werden.

⓬ Vorlaufwein läuft ohne Kelterdruck ab.

Preßdeckel

⓭ Hydraulische Kelter zum Auspressen des in den Hülsen verbliebenen Weins.

Mit Branntwein wird die Hefe neutralisiert und die Gärung gestoppt.

❾ Destillierblase

Vorlaufwein «Vin de goutte» (etwa 4/5 des Gesamtmostertrages) ist der vor dem Auspressen des Gärguts frei ablaufende Wein.

Scheitermost (vin de presse) ist sehr dunkel und herb. Er wird manchmal dem Vorlaufwein beigemischt, um Tanningehalt und Farbe zu kräftigen.

Branntwein Wein wird durch Destillieren zu Branntwein; brennt man die Preßrückstände, dann entsteht Tresterschnaps, Marc oder Grappa.

Portwein und die meisten gespriteten Weine sowie *vin doux naturel* entstehen durch Abstoppen der Gärung mit Alkohol. In der Reifezeit können die verschiedenen Elemente verschmelzen.

Dieses Schaubild stellt schematisch die Bereitungsverfahren aller Grundweintypen dar. Der Weg für Weißwein ist gelb, für Rosé rosa, für Rotwein purpurrot und für gespriteten Wein ocker gekennzeichnet. Spiralen deuten die Gärung an. Die Ziffern beziehen sich auf den Text unten, der das Verfahren im einzelnen erläutert.

Weißwein

Weiße **1** oder rote **2** Trauben werden in eine Traubenmühle **3** gegeben, die sie von den Stielen befreit, und die aufgebrochenen Trauben in eine pneumatische Presse **4**. In der umlaufenden Presse wird ein Ballon aufgeblasen, der die Trauben gegen den Käfig **6** drückt. Die Hülsen (Trester) bleiben zurück, und der Most (frischer Traubensaft) läuft in einen Trog **7**, aus dem er in einen Gärbehälter **8** gepumpt wird. Danach gibt es verschiedene Bereitungsverfahren: Süßer Wein wird gewonnen, indem man die Gärung durch Schwefelzusatz oder Herausfiltrieren der Hefe unterbricht, solange der Zucker noch nicht ganz in Alkohol verwandelt ist, Schaumwein durch Abfüllen des Weins vor Abschluß der Gärung. Wird der gesamte Zucker in Alkohol umgesetzt, gewinnt man einen trockenen Wein. Dieser trockene Wein schließlich kann zu Weinbrand destilliert werden **9**.

Rotwein

Rote Trauben **2** werden durch einen Einmaischapparat **10** (oft auch eine Traubenmühle **3**) gegeben und in einen Bottich **11** gepumpt, wo sie auf ihren Hülsen fermentieren. Früher hat man auch die Stiele mit vergoren, doch macht man das heute kaum noch. Der Wein entzieht den Hülsen allmählich Farbe und Gerbstoff. Man läßt so lange (bis zu 14 Tagen) gären, bis der ganze Zucker umgesetzt ist. Dann wird der Spund geöffnet, und der «Vorlaufwein» **12** läuft ab. Zur Bereitung eines leichteren, schneller reifenden Weins trennt man heute die Hülsen nach wenigen Tagen ab und läßt den Wein allein weitergären. Die Hülsen werden in einer hydraulischen Kelter **13** von einem Preßdeckel **14** zusammengepreßt, und der Wein fließt durch Schlitze in der Kelterwandung ab. Dieser tief dunkle und tanninreiche «Vin de presse» wird gewöhnlich mit dem Vorlaufwein vermischt.

Roséwein

Rote Trauben **2** werden durch einen Einmaischapparat **10** gegeben und von dort mit den Hülsen in einen Gärbehälter **11** gepumpt. Dort nimmt der Most schnell seine hellrosa Farbe von den Hülsen an, wird dann aber unverzüglich zur weiteren Vergärung auf einen anderen Behälter **15** abgezogen. Gewöhnlich stoppt man die Gärung nicht ab, und der Wein fällt völlig trocken aus.

Portwein

(traditionelle Methode) Rote Trauben **2** werden in einen Steinbottich **16** gegeben, wo sie zwölf Stunden ununterbrochen mit bloßen Füßen ausgetreten werden, damit der Saft die Farbe der Hülsen annimmt. In einem Behälter **17** vergärt der Saft, bis sein halber Zuckergehalt in Alkohol umgesetzt ist; dann wird ihm in der Destillierblase **9** gewonnener Branntwein zugesetzt, um den Alkoholgehalt auf über 15 % zu erhöhen. Dadurch wird die Gärung gestoppt, und es entsteht starker, süßer Wein.

Die Kunst des Kellermeisters

Auf den beiden vorigen Seiten sind die einfachen, immer gleichen Schritte der Weinbereitung dargestellt. Noch vor 30 Jahren war sonst nicht viel zu tun: Man bereitete den Wein mit mehr oder weniger Sorgfalt und Sachkunde, mit besseren oder schlechteren Trauben, und harrte der Dinge, die da kommen würden.

Die besten Weine aus den klassischen Gegenden Frankreichs und Deutschlands werden alles in allem noch heute in diesem Geist bereitet. Es ist ja einer der Hauptgründe dafür, daß diese Gegenden zu klassischen geworden sind, daß eben die Natur (z. B. mit kühlen Herbst- und Wintertemperaturen) selbst für eine Regulierung sorgt.

Der Weinerzeuger in wärmeren Gegenden muß dagegen ganz anders vorgehen. Er kann nicht einfach nur zuschauen, er muß handelnd eingreifen. Die moderne Technik gibt ihm verschiedene Möglichkeiten an die Hand, und so muß er sich bei jedem Schritt entscheiden.

Das beginnt schon mit der Frucht im Weinberg. Wann soll gelesen werden und wie – von Hand oder maschinell? Abgesehen von den Einflüssen der Witterung, verändert sich während der Reife tagtäglich das Gleichgewicht von Zucker, Säure, Extrakten und Wasser. Die Verhältnisse zwingen den Kellermeister oft, das Lesegut so zu nehmen, wie er es bekommen kann (vor allem, wenn er es kauft und nicht selbst anbaut). Ein Winzer, der die Möglichkeit hat, seine Vorstellung von dem Wein, den er haben will, zu verwirklichen, die Trauben zu analysieren, solange sie noch am Stock hängen, und zu beurteilen, wie der Wein wird, wenn er ihn heute – oder morgen – liest, weiß, wie er weiter verfahren muß.

Hat er den Zeitpunkt für die Lese gewählt und auch die Tageszeit (die Lese am frühen Morgen erlaubt es bei heißem Wetter, die Trauben kühler einzubringen, was für Frische und Aroma viel bedeuten kann), dann besieht er sich die eingebrachten Trauben genau. Stellt er fest, daß viele davon nicht voll ausgereift oder überreif oder angefault sind, dann muß er sich entscheiden, ob er sie mitverwerten oder aussortieren will.

Beim Weißwein will er vielleicht den Saft sofort von den Hülsen trennen; vielleicht hält er es aber auch für besser, die Trennung sanft und natürlich vor sich gehen zu lassen; oder er will beide eine Weile beieinander halten, allerdings bei niedriger Temperatur, um vorzeitige Gärung zu verhindern.

Im ersten Fall kann er die Trauben gleich keltern (mit oder ohne Stiele) und dann die klare Flüssigkeit von den übrigen Trubstoffen in einer Zentrifuge trennen; das ist kostspielig und, wie manch einer meint, auch zu grob.

Rechts: Nackte Männer brechen den Schalenhut im Gärbehälter auf. Dieses Foto (aus dem Musée des Arts et Traditions Populaires in Paris) wurde in den 1950er Jahren in Burgund aufgenommen. Heute geschieht diese Arbeit meist maschinell, in kleinen Familienbetrieben aber ist als einzige Veränderung gegenüber früher etwas mehr Bekleidung üblich geworden.

Im zweiten Fall kann man die (gekühlten) Trauben zerquetschen, preßt sie aber nicht aus, sondern läßt sie in einer Bütte mit einem Abzug am Boden stehen und den Saft von selbst ablaufen; dann preßt man die zurückgebliebenen festen Teile aus. Viele halten diesen frei abgelaufenen Wein für besser. Sicher ist er leichter, klarer und reift schneller aus.

Die dritte Methode ist in warmen Gegenden, wo es den Trauben an Säure fehlt, die übliche. Durch das Maischen des Mosts (mancherorts läßt man ihn sogar kurz gären) geben die Hülsen Gerbsäure und Aromastoffe an den Wein ab, der sonst zu weich ausfallen und zu schnell oxidieren würde. Die Frage, ob man den Most völlig gegen Sauerstoff abschirmen oder eine gewisse Oxidation zulassen soll, verlangt eine weitere Entscheidung, die Auswirkungen auf den endgültigen Wein hat.

Die nächste Stufe ist die Gärung. Bei bestimmten kräftigen und stark würzigen Weinen (Weißer Burgunder) geht sie in kleinen Eichenfässern vor sich, die dem Wein einen deutlichen Beigeschmack von Eichenholz verleihen. Die üblichere (und weit weniger kostspielige) Methode besteht darin, die Gärung in Edelstahltanks oder in mit Glas oder Fliesen ausgekleideten oder auch unausgekleideten Betonbottichen ablaufen zu lassen.

Nun muß entschieden werden, welche Hefe verwendet werden soll. In der neuen

Rechts: Moderne Computer ermöglichen es, daß ein einziger Mann eine ganze Weinkellerei durch Knopfdruck steuert. Auf den Anzeigen ist die Gärtemperatur in jedem Tank und der Zustand jeder verarbeiteten Partie abzulesen. Deutlicher läßt sich der Wandel in den letzten 30 bis 40 Jahren kaum darstellen.

Ballonpresse

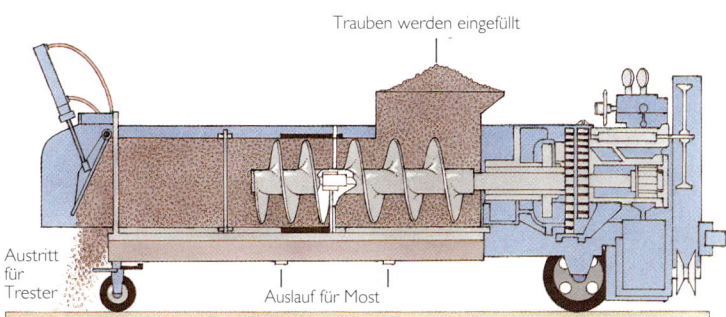

Schneckenpresse

Schönen und Abstechen

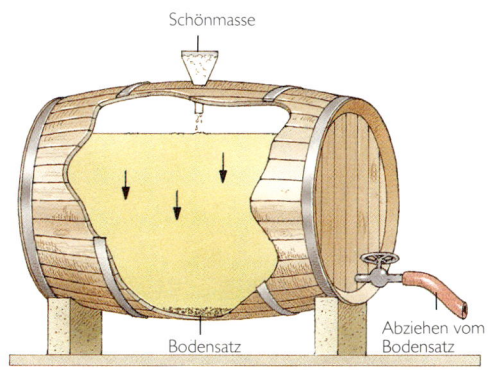

Welt verhindert man fast immer durch Schwefeln, daß die Gärung durch «wilde» Hefen, die sich auf den Trauben befinden, in Gang kommt. Statt dessen wird eine Reinhefekultur zugegeben. In den Weinbergen Europas gibt es meist genügend natürliche Hefen, so daß die Gärung ohne Nachhilfe einsetzt. Außerdem bilden die natürlichen Hefen auch einen Teil der Persönlichkeit einer Lage.

Die nächste Entscheidung betrifft die Gärungstemperatur. In einem warmen Klima erwärmt sich der gärende Wein ohne Kontrolle mehr und mehr, bis die Hefen sich nicht mehr vermehren können und die Gärung stehenbleibt. In der Neuen Welt ist es üblich, Weißwein sehr kühl (zwischen 10 und 15 °C) gären zu lassen. Kühle Gärung dauert lange – 4 bis 6 Wochen, zuweilen sogar länger. Im nördlichen Europa bestimmen oft alte Keller von sich aus die Gärzeit und -temperatur.

Will der Kellermeister einen zarten, fruchtigen Wein erzielen, dann tut er alles, was er kann, um Sauerstoff von ihm fernzuhalten. Beispielsweise kann er CO_2-Gas in den Tank füllen, ehe er den Wein hineinpumpt. Das hat dazu noch den Vorteil, daß das im Wein nach der Gärung als natürliche Kohlensäure gelöste CO_2 nicht entweichen kann. Etwas Kohlensäure verleiht Weißwein Frische und Prickeln auf der Zunge, was sich besonders bei säurearmen Weinen wohltuend auswirkt. In wärmeren Gegenden ist es heute üblich, dem Säuregehalt dadurch nachzuhelfen, daß man entweder vor der Gärung Weinsäure oder nach der Gärung Zitronensäure beigibt.

Wenn die Gärung beendet ist, muß der Wein vom Geläger, den toten Hefezellen und anderen Rückständen am Boden des Behälters, abgezogen («abgestochen») werden – manche Kellermeister lassen ihn aber auch noch eine Weile darauf ruhen (*sur lie*), um ihm eine besondere Geschmacksnote zu verleihen. Die meisten Weine neigen von Natur aus dazu, bald danach nochmals zu gären. Diese sekundäre oder «malolaktische» Gärung beruht auf der Wirkung von Bakterien, die sich von der Apfelsäure ernähren und sie in laktische (Milch-)Säure umwandeln, die weniger scharf schmeckt. In kühlen Gegenden mit säurehaltigen Weinen ist diese Säureumwandlung vorteilhaft – sie mildert die Schärfe und

Oben: Die pneumatische Presse, bei der ein riesiger Ballon aufgeblasen wird, der der die Trauben gegen die Lattenwand eines Zylinders drückt, arbeitet sanft, aber langsam. Die Qualität ist hoch, jedoch muß die Presse von Hand beschickt und entleert werden. Die Durchlaufpresse arbeitet schneller, aber es kann vorkommen, daß Hülsen und Kerne zermahlen werden.
Rechts: Guter Wein «setzt sich ab» (er klärt sich von selbst): Die traditionelle Art, ihm den letzten Schliff zu verleihen, ist das «Schönen» und «Abstechen». Das Schönen geschieht u. a., indem man geschlagenes Eiweiß, Ochsenblut oder Gelatine (früher Hausenblase) in das Faß gießt. Beim Niedersinken nehmen diese Substanzen alle Trubstoffe mit. Der klare Wein wird dann vom Bodensatz abgezogen. Eine moderne Methode zum Entfernen von Trubstoffen ist das Zentrifugieren.

trägt zur allgemeinen Harmonie bei. In den säurearmen Weinen warmer Länder muß man freilich die vorhandene Säure bewahren. Der Umwandlungsprozeß muß dann durch einen hohen SO_2-Spiegel oder häufiges Abstechen unterbunden werden.

Hat der Wein genug Kraft und Gehalt, um zu Fülle und Tiefe heranreifen zu können, dann braucht er ein Faß, das gerade genug Wechselwirkung zwischen Wein und Luft gewährt. Inzwischen sind die Auswirkungen verschiedener Eichenhölzer aus Frankreich, vom Balkan und aus Amerika auf den Wein eingehend untersucht worden.

Wird der Wein lieblich gewünscht, so hat man die Wahl, die Gärung zu stoppen, ehe der Zucker ganz aufgebraucht ist. Dann gibt es auch noch die Alternative, einem herben Wein süßen unvergorenen Traubensaft beizumengen.

Bei der Rotweinbereitung ist ausschlaggebend, wie lange Most und Hülsen zusammen gären. Der heutige Trend geht dahin, aus den Hülsen möglichst viel Farbe bei möglichst wenig Gerbsäure herauszuholen. Gerbsäure ist eine wenig erfreuliche Beigabe, zugleich aber das natürliche Konservierungsmittel, das zwar hart und streng schmeckt, ohne das aber kein Rotwein lange genug hält, um ausreifen zu können. Es sind Experimente mit einer Gärdauer von nur drei Tagen zusammen mit den Hülsen gemacht worden (oft im Vinomatic-Tank). Allmählich aber sieht man ein, daß es einen bequemen kurzen Weg nicht gibt.

Zwei oder drei Tage mögen ausreichen, um dem Most eine schöne rote Färbung zu verleihen (sogar eine «Wärmebehandlung» zum raschen Ausziehen der Farbe wird praktiziert), aber zehn Tage langsamer Gärung bei rund 24 °C sind nötig für eine tiefe Farbe und befriedigenden Wein.

Eine Alternativmethode der Rotweingärung wird seit langem im Beaujolais und inzwischen verbreitet praktiziert – manchmal (z. B. in Burgund) auch in Verbindung mit «normaler» Gärtechnik. Dabei werden die ganzen Trauben unzerquetscht mit Stielen und allem in einen geschlossenen, mit Kohlensäure gefüllten Tank gebracht. Hier vollzieht sich nun in den einzelnen Trauben eine eigene Art von Gärung, bei der die Farbe der Hülse nach innen ausgezogen und schließlich die Beere aufgesprengt wird. Das «Kohlensäure-Maischen» ergibt ohne weitere Gärung gut durchgefärbten, sehr aromatischen, weichen Wein, der jung getrunken sein will.

Soll beim Abfüllen ein klarer, glanz heller Wein zustande kommen, dann läßt sich das durch Feinfiltrieren erzielen. Die Filter entziehen ihm aber nicht nur Verunreinigungen und Schwebeteilchen, sondern auch Aromastoffe. Im Idealfall klärt sich der Wein im Faß einfach durch Absetzen, zumindest aber nach dem «Schönen», etwa mit Eiweiß. Hierbei wie in allen anderen Phasen der Weinbereitung ist es um so besser, je weniger der Wein manipuliert wird. Die höchste Kunst des Kellermeisters ist, zu wissen, wann er nichts tun soll.

Das klassische Château

Die Vorgänge in einem Château von Bordeaux bilden ein gutes Beispiel dafür, daß die Technik der Weinbereitung im wesentlichen einfach ist, wenn sie rein darauf abzielt, die Besonderheiten des Bodens und der Lage zum Ausdruck zu bringen. Die Trauben werden lediglich gelesen, abgebeert und gekeltert, den Rest besorgt die Natur … allerdings unter sorgfältiger Beobachtung mit diskreter Nachhilfe, wenn es nötig ist.

Château Langoa in St-Julien im Médoc ist der Prototyp eines großen Bordeaux-Weinguts, das seit zweieinhalb Jahrhunderten seine Funktion beständig erfüllt. Es ist das einzige Cru Classé im Médoc, dessen Besitzer noch derselben Familie angehören, die es um die Zeit der berühmten Klassifizierung von 1855, ja sogar bereits 30 Jahre davor, besaß und bewohnte.

Langoa benutzt immer noch seine altehrwürdigen Bauten und Gärbehälter, setzt aber die guten Einkünfte der letzten Jahre dafür ein, seine Weinbereitungsmethoden vor allem im Hinblick auf Raum, rationelles Arbeiten, Sauberkeit und exakte Regelung zu modernisieren.

Die altbewährte Technik ist einfach. Der Most wird in Eichenbottichen im *cuvier* eingemaischt, gärt darin etwa 10 Tage lang und wird dann von den Schalen abgezogen. Diese werden anschließend in einer fahrbaren hydraulischen Vaslin-Presse direkt am Bottich abgepreßt. Steigt bei zu warmem Wetter die Gärtemperatur über 30 °C, dann werden Kühlplatten aus Stahl in die Bottiche gesenkt. Bleibt die Witterung dagegen zu kühl, dann dienen dieselben Platten zum Anwärmen der Gärung.

Im Gärfaß bleibt der Wein bis zum Abschluß der malolaktischen Säureumwandlung, die ihm viel von der anfänglichen Härte nimmt. Früher setzte dieser Vorgang erst im März ein, durch moderne Techniken kann er jedoch beschleunigt werden. Im November wird der Wein in das gewünschte Mischungsverhältnis gebracht und in *barriques* im Erstjahres-*chai* (Lagerhaus) gepumpt, die ständig aufgefüllt werden müssen. Alle drei Monate wird der Wein in frische Fässer «abgestochen» und im folgenden November in das Zweitjahreslager gebracht, verspundet und bis zum nächsten Sommer ruhen gelassen. Das Abfüllen geschieht von Mai bis Juli (im August sind Betriebsferien, bevor man sich für die nächste Lese rüstet).

Allerdings besteht Langoa eigentlich aus zwei Châteaux: dem 3ᵉ Cru Langoa-Barton und dem 36 ha großen 2ᵉ Cru Léoville-Barton. Das bedeutet, daß zwei Weine getrennt produziert werden, also zwei Erstjahres- und zwei Zweitjahres-*chais* erforderlich sind. Die Weinberge beider Güter haben den gleichen Rebenbestand, zu 70 % Cabernet Sauvignon. Es spricht für die Exaktheit der alten Klassifizierung, daß der 2ᵉ-Cru-Wein stets besser, etwas konzentrierter und auf jeden Fall harmonischer ausfällt.

Für die Lese werden oft Studenten engagiert, die für 220 Franc netto und freie Station zwei Wochen lang harte Arbeit leisten. Die Trauben werden in großen Bütten gesammelt. Schlepper transportieren die Bütten auf den Hof **1**, wo die Trauben mit Förderbändern in die Traubenmühle gefüllt, entrappt und gemahlen werden. Die Maische wird in einen Bottich gepumpt.

Der *cuvier* **2** mit seinen 26 Gärbottichen aus Eichenholz mit je 20 000 l Fassungsvermögen ist ein stolzer Anblick. Viele Châteaux haben auf Edelstahltanks umgestellt. Die wenigen, die noch mit Eichenholzbottichen arbeiten, glauben, daß sich der zusätzliche Pflegeaufwand durch das besondere Gepräge, das sie dem Wein verleihen, lohnt.

Der Gärbottich wird nur zu 4/5 gefüllt, um Platz für das Wallen des gärenden Weins zu lassen.

Remontage. Morgens und abends wird der gärende Most hochgepumpt und über den obenauf schwimmenden «Hut» aus Schalen gesprüht, in guten Jahren läuft er zur Belüftung durch eine offene Wanne.

Nach beendetem Gärprozeß wird der «Vorlauf-Wein» abgezogen. Dann wird eine Horizontalpresse **3** herangefahren und die restliche Maische hineingepumpt.

In der Hydraulikpresse **4** wird den Trestern das letzte Fünftel an dunklem *vin de presse* entzogen, der bis zur *assemblage* des endgültigen Weins getrennt gehalten wird.

Der Vorlauf- und der Preßwein bleiben bis nach der malolaktischen Säureumwandlung, also bis etwa November, im Gärfaß. Im Winter werden die Fässer durchprobiert und die Weine für die *assemblage* ausgewählt, bei der die bis dahin getrennt gehaltenen Sorten (Cabernet Sauvignon und Franc, Merlot, Petit Verdot) zu den Weinen der beiden Châteaux zusammengestellt werden. Dabei wird auch der Preßwein beigemischt und der Verschnitt in großen Fässern oder den für Überschußmengen angeschafften Edelstahltanks **5** zwischengelagert.

Von dort aus gelangen die beiden Weine in die *barriques* aus Tronçais-Eiche in den Erstjahres-*chais* **6** für Léoville-Barton und **7** für Langoa. Die jährlich zur Hälfte erneuerten *barriques* werden mit losen Glasstopfen versehen, um das Auffüllen *(ouillage)* zu erleichtern.

In die Zweitjahres-*chais*, **8** für Léoville, **9** für Langoa, werden die *barriques* nach einem Jahr mit dem Gabelstapler umgelagert. Im zweiten Winter wird der Wein mit Eiweiß geschönt, um alle Schwebeteilchen daraus zu entfernen. Im Mai wird er zur Abfüllung in Bottiche oder Edelstahltanks gepumpt, um eine gleichmäßige Mischung zu gewährleisten.

Im Abfüllraum **10** wird der Wein vor dem Abfüllen schonend filtriert.

Die *cuisine de vendange* **11** sorgt für das leibliche Wohl der Leser. Nebenan, im Büro des Verwalters *(régisseur)*, werden die Werte des neuen Jahrgangs ermittelt.

Nach dem Abfüllen wird der Wein hier im Château etikettiert und in Holzkisten zu je 12 Flaschen bzw. 6 Magnumflaschen oder einer entsprechenden Zahl von Flaschen je nach Größe verpackt. Im Probierraum **12** werden Besucher, Makler und Händler empfangen, die den neuen Jahrgang probieren wollen.

Gewöhnlich wird etwa die Hälfte des Weins in einer ersten *tranche* schon im Frühjahr nach der Ernte verkauft. Bis er in die Flasche gelangt, hat er zum größten Teil schon den Besitzer gewechselt und wird diesem dann auch prompt zugestellt.

Auf der anderen Straßenseite sind in den Scheunen **13** die landwirtschaftlichen Geräte des Châteaus abgestellt, darunter auch die hochbeinigen Traktoren, die eine Rebzeile zwischen die Räder nehmen können. Auch das wärmeisolierte Lager für den versandbereiten Wein befindet sich dort.

Der frühere Faßkeller **14** unter dem Château enthält 50 Jahrgänge eigener Weine sowie von Weinen aus Nachbargütern. Das Château ist ein vollständig erhaltenes Beispiel einer *chartreuse* aus dem 18. Jh.; es besteht aus zwei nebeneinanderliegenden Empfangsräumen sowie zwei Pavillons, der eine für die Familie, der andere für Gäste.

Der moderne Weinbaubetrieb

Den schlechthin typischen modernen Weinbaubetrieb gibt es nicht, dafür sind die Varianten zu zahlreich: vom Kleinbetrieb wie in Burgund mit einer Produktion von ein paar tausend Flaschen im Jahr bis hin zur Großkellerei, die fast wie eine Erdölraffinerie aussieht. Die meisten dürften jedoch einem größeren Weingut entsprechen und im Gegensatz zu dem auf den vorigen Seiten beschriebenen Château nicht nur einen einzigen Wein, sondern eine ganze Reihe unterschiedlicher Weine im Programm haben.

Der wichtigste Grundsatz des modernen Weinbaubetriebs, vor allem in Kalifornien, ist Flexibilität. Er muß verschiedene Traubensorten aus verschiedener Herkunft gleichzeitig zu verschiedenen Weinen verarbeiten können. Vor allem die reinen Kellereien gestalten ihren Betrieb so vielseitig wie nur möglich, um sich rasch an den Markt anpassen zu können. Die besten beschränken sich inzwischen auf höchstens ein halbes Dutzend Weine. Die Spezialisierung ist auf dem Vormarsch.

Der hier als Beispiel beschriebene mittelgroße kalifornische Weinbaubetrieb ist Trefethen, der erste größere dieser Art, dem der Besucher Kaliforniens begegnet, wenn er von Napa City aus nordwärts fährt. Sein Merkmal ist die hundertjährige hölzerne Halle, die mitten in den Weinbergen steht. Als sie 1886 gebaut wurde, war die damalige Eshcol Winery (so benannt nach dem alttestamentarischen Tal, wo die riesigen Trauben wuchsen) hochmodern. Die Anlage beruhte auf dem Schwerkraftprinzip, d.h. die Trauben wurden oben eingeführt und gekeltert, im Mittelgeschoß spielte sich der Gärprozeß ab, und die Abfüllung geschah am kühlsten Punkt, im Erdgeschoß.

Trefethen ist gleichzeitig das Heim der Familie mit einem schöngepflegten Garten und befindet sich inmitten eines größeren Weinbergbesitzes – also so etwas wie ein «Château» der neuen Welt.

Wenn die Kellerei rationell arbeiten will, so muß sie eine möglichst lange Produktionssaison haben, damit ihre Pressen und Gärtanks vom Eintreffen der ersten bis zu den letzten Trauben – vom Frühherbst bis in den Winter hinein – gleichmäßig ausgelastet sind. Trefethen ist eine «Estate Winery»; sie baut die im eigenen Betrieb benötigten Trauben selbst an, beliefert aber auch Abnehmer wie die Domaine Chandon (die 1973 ihren ersten kalifornischen Schaumwein in diesem Gebäude produzierte). Da sie nur eigenes Lesegut verarbeitet, hat sie bestmögliche Kontrolle über Zeitpunkt und Umstände der Lese – was aber nicht bedeutet, daß die Erntekampagne ohne Hektik verlaufen würde.

Heute bietet die moderne Technik die (bei Trefethen allerdings nicht genutzte) Möglichkeit, die frischgelesenen Trauben gekühlt zu lagern und nach und nach zu verarbeiten. Sie zieht hohe Stromkosten nach sich, erlaubt aber auch Einsparungen bei der zur Erntezeit immer knappen Gärkapazität.

1 Die Trauben werden mit dem Schlepper aus dem Weinberg in Kisten oder Mulden angeliefert und zunächst gewogen sowie auf ihren Zustand und Zuckergehalt kontrolliert.

2 Nun werden die Trauben in einem Schacht abgekippt und mit Förderschnecken oder Bändern weitergeleitet, und zwar die Weißweintrauben in das Walzenmahlwerk, in dem sie nur leicht angequetscht werden, und die Rotweintrauben in die Traubenmühle **3** mit Entrappvorrichtung, wo die Stiele entfernt werden.

4 Die Stiele und ausgepreßten Schalen laufen auf einem anderen Förderband zur Trestermulde und werden abtransportiert.

5 Die gemahlenen weißen Trauben wandern direkt in eine Bucher-Ballonpresse, von wo aus der Most in die Gärtanks im nächsten Gebäude **6** gepumpt wird. Die gemahlenen und entrappten Rotweintrauben werden in Schläuchen in Tanks hinter den Pressen geleitet, wo sie 7–10 Tage mit den Schalen eingemaischt bleiben.

7 Schließlich wird der rote Most gepreßt und in die im Freien stehende Gärtankbatterie gepumpt; die Trester werden abtransportiert und destilliert oder zu Düngemitteln verarbeitet.

8 Nach dem Vergären werden die Rotweine und bestimmte Weißweine (z.B. Chardonnay) einige Monate bis zwei Jahre in Fässern aus französischer oder amerikanischer Eiche in der alten Halle

(Erd- und Mittelgeschoß) aufgebaut, je nachdem, in welcher Art und Stärke sie Eichenholzwürze erhalten sollen. Oft wird Chardonnay in neuen französischen Fässern vergoren, Trefethen möchte jedoch übermäßig starken Eichenholzgeschmack vermeiden und nimmt die Gärung deshalb in Edelstahltanks vor und baut auch nur einen Teil des Chardonnay in zu 15% neuen Eichenfässern aus.

So entsteht ein Wein mit frischem Geschmack, der sich in der Flasche langsam, aber schön entfaltet.

9 Im Laboratorium kontrolliert der Kellermeister jeden einzelnen Posten Wein auf seine Entwicklung. Auch eine genaue chemische Analyse gehört dazu. Vor dem Abfüllen gilt es zu entscheiden, ob filtriert werden soll oder nicht. Eigentlich sollte der Wein von sich aus so stabil und klar sein, daß er nur einer sehr leichten Filtration bedarf. Die Frage, ob diese Behandlung den Geschmack des Weins beeinträchtigt, wird oft und heftig debattiert.
Manchmal wird etwas ungefilterter Wein für Liebhaber aufbewahrt, denen Geschmacksfülle über höchste Klarheit geht.

10 In der Abfüllanlage werden bis zu 55 Flaschen in der Minute abgefüllt. Die leeren Flaschen kommen im Karton an, werden herausgenommen, gefüllt, in den Karton zurückgepackt und versandfertig auf Paletten gestapelt.

11 Reserve und «Archivweine» aus besonders guten Jahrgängen ruhen hier unter günstigsten Bedingungen bis zu sechs Jahre lang.

12 Empfangs- und Probierräume sowie ein schattiger Garten laden Besucher zum Verweilen ein und sollen sie zum Kaufen verlocken.

Die verschiedenen Partien Wein werden vom Eingang bis zum Versand mit dem Computer erfaßt.

13 Edelstahltanks lassen sich ganz nach Bedarf für Gärung und Lagerung nutzen. Dadurch wird die Kapazität der Kellerei stark vergrößert.
Tanks in unterschiedlichen Größen ermöglichen Flexibilität in der Verarbeitung großer und kleiner Partien und bei der Zusammenstellung von Verschnitten.

Der Wein und die Zeit

Manche Weine können gar nicht früh genug getrunken werden. Andere gewinnen unendlich bei einer bis zu fünfzigjährigen Lagerung. Im allgemeinen sind diese *vins de garde* die besseren Weine. Warum eigentlich? Und wieso schwebt um eine alte Flasche Wein soviel Mystik?

Die meisten Weißweine, Rosés, einfache, billige Weine gleich welcher Farbe und leichte, tanninschwache Rotweine wie Beaujolais und Valpolicella wollen jung getrunken sein. Der Hauptgenuß ist ihre Frische und das, was an primärem Duft und Geschmack unmittelbar aus der Traube kommt.

Die großen Weißweine und die meisten Spitzen-Rotweine sind dagegen darauf ausgelegt, möglichst viel an ganz eigenem Charakter aufzuweisen. Solange sie jung sind, enthalten sie viele scheinbar widerstreitende Elemente: Säuren und Zucker, Mineralien und Pigmente, Phenole und Tannine.

Diese Elemente, die primären – aus der Traube stammenden – und die sekundären – aus Gärung, Hefe und Faß resultierenden – Aromen, brauchen allerdings Zeit (und Sauerstoff), um sich zu einem harmonischen Ganzen zu vereinen und das unverkennbare Merkmal der Reife zu entwickeln, das man Bukett nennt.

Erst nachdem Napoleon III. 1863 Louis Pasteur beauftragte zu untersuchen, warum soviel Wein verderbe, wurde entdeckt, welche Rolle der Sauerstoff spielt. Pasteur fand heraus, daß zuviel Luftberührung die Ausbreitung von Essigbakterien fördert. Andererseits, so entdeckte er, besorgen sehr kleine Sauerstoffmengen die Entwicklung der Weine; dieser Sauerstoff wirkt langsam, und eine Flasche Wein enthält genug für einen jahrelangen Alterungsprozeß.

Mit versiegelten, ganz bzw. halb mit Wein gefüllten Reagenzgläsern bewies Pasteur, daß der in der Luft des halbvollen Glases enthaltene Sauerstoff innerhalb weniger Wochen die gleiche Depotmenge hervorrief, wie sie in sehr alten Flaschen zu finden ist, und sich auf die Farbe genauso wie eine extreme Alterung auswirkte. Pasteur demonstrierte also im Zeitraffer, was in der Flasche geschieht. Auch gegen die Berührung mit Luft geschützter Wein nimmt Sauerstoff auf, beim Abstich oder durch die Faßdauben.

Nicht nur allmählicher Oxidation ist der Wein im Faß ausgesetzt, auch das Holz wirkt an seiner Umwandlung mit. Eichenholz verleiht ihm bestimmte Merkmale: zusätzlichen Gerbstoff und einen Vanillegeschmack. Heutzutage wählen die Kellermeister das Holz für ihre Faßdauben mit großer Sorgfalt aus – selbst der Wald, in dem es gewachsen ist, spielt eine Rolle –, um bestimmte Aroma- und Geschmacksnuancen in den Wein zu bringen.

Das stärkste, manchmal übermäßige Aroma kommt aus schnellgewachsenem, porösem Holz. Amerikanische Eiche vermittelt Wein (z. B. Rioja), aber auch Whisky (z. B. Bourbon) kräftige Würze und Süße. In Frankreich wächst im Limousin das aromatischste Eichenholz, das manchmal für Weine der Spitzenklasse schon zu aromatisch ist. Die Tronçais-Eiche aus einem 10 000 ha großen Wald im Département Allier wächst langsam und gilt oft als am besten geeignet. Eichenholz aus den kühlen Wäldern des Baltikums zeichnet sich durch geringe Porosität und delikates Aroma aus.

Louis Pasteur war der erste Wissenschaftler, der sich mit dem Wein beschäftigte. Er entdeckte, daß Bakterien die Gärung verursachen, und fand Antwort auf viele andere weinbauliche Fragen.

Wird leichter Rotwein zu lang im Faß gelagert, dann verblaßt er rasch. Derselbe Wein kann, wenn er nach höchstens einem Jahr in die Flasche kommt, seine Frucht, seinen Körper und seine Säure bewahren und sich noch ein paar Jahre lang halten (oder gar entwickeln). Früher lagen viele Weine länger als nötig im Faß, manchmal nur, weil niemand sie haben wollte. In der Flasche hätten sie ihren Geschmack zwar besser beibehalten, aber Flaschen bedeuten Mehrkosten.

Der Reifeprozeß in der Flasche verläuft ganz anders, eigentlich sogar entgegengesetzt. Anstatt Sauerstoff aufzunehmen, büßt der Wein ihn allmählich ein. Seine sämtlichen Bestandteile leben von der ganz geringen Menge, die im Wein gelöst und im Luftraum unter dem Korken vorhanden ist. Dieser Sauerstoffvorrat reduziert sich ständig; man spricht auch von «reduktiver Alterung».

In der Flasche bilden die Tannine in Wechselwirkung mit Pigmenten und Säuren neue Verbindungen. Rotweinpigmente werden abgebaut, so daß der Wein Farbe verliert, dabei aber an Komplexität zunimmt und ein Sediment abwirft. Gleichzeitig mildert sich die Strenge der Tannins. Die Säuren und der Alkohol reagieren aber auch mit dem Sauerstoff und bilden mit ihm Ester und Aldehyde.

Der entsprechende Prozeß bei Weißwein, der ja wenig Tannin und Phenole enthält, verläuft komplexer, führt aber zu einer allmählich dunkler werdenden Goldfärbung, während sich zugleich die primären und sekundären fruchtigen und weinigen Aromen und frischen Säuren zu honig- oder nußwürzigen bis öligen Nuancen mildern. Während im Rotwein das Tannin als wichtigstes Konservierungsmittel wirkt, ist es im Weißwein die Säure. Weißweine mit genug Säure (aber auch entsprechender Substanz als Gegengewicht) reifen und entfalten sich ebenso lange wie Rotweine – ja manche deutschen Rieslinge und manche Chenin Blancs von der Loire sogar länger.

Nun drängt sich dem Weinliebhaber natürlich die Frage auf, wann sein Wein am besten sein wird. Bei den allermeisten Weinen der Welt lautet die Antwort: jetzt. Wenn Frische und Fruchtigkeit den Charme eines Weins ausmachen (wie es bei den meisten modernen Weinen ja der Fall ist), dann hat es keinen Sinn, ihn lange aufzubewahren – außer man will herausfinden, was sich anstelle der Frische einstellt, wenn sie einmal schwindet.

Es wäre logisch, ja sogar wünschenswert, wenn der althergebrachte Korken bei dieser Klasse von Weinen aufgegeben und durch einen Schraubverschluß ersetzt würde, der

Anhand dieser handkolorierten Illustrationen demonstrierte Pasteur die Einwirkung von Zeit und Sauerstoff auf Wein. Von links: Rotwein ohne Luftberührung veränderte seine Farbe nicht; durch eingeschlossene Luft verblaßte seine Farbe; Weißwein ohne Lufteinwirkung blieb unverändert; unter Lufteinwirkung verfärbte er sich braun.

von vornherein als Hinweis gelten könnte, daß der Wein verbrauchsreif ist. Da guter Kork knapp ist, sollte man ihn solchen Weinen vorbehalten, die ihn auch brauchen.

Die Franzosen kennen den Begriff *vin de garde* für einen Wein, der noch «liegen» muß, bis er hergibt, was in ihm steckt. Welche Weine das sind, weiß man aus Erfahrung und Tradition – und man erkennt sie am Preis. Ein hoher Preis berücksichtigt bereits eine mögliche lange Lebensdauer, während der die Investition an Wert gewinnen kann.

Den bei weitem größten Bestand an *vins de garde* bilden die Crus Classés aus Bordeaux. Noch vor einer Generation wurden solche Weine für mindestens 7 bis 8, wenn nicht gar 15 Jahre Aufbewahrungszeit ausgelegt. Der moderne Geschmack bevorzugt allerdings sanfteres Tannin, das schon nach 5 Jahren vollen Genuß gewährt. Doch vieles hängt weiterhin von der Natur ab: Der 1986er Bordeaux beispielsweise ist ausgesprochen altmodisch, ein Wein für mindestens 10 Jahre.

Die besten Cabernets Kaliforniens verhalten sich ähnlich – nur verlieren einige extrem tanninreiche (über-extrahierte) Weine ihre Süße lange bevor die finstere Strenge weicht. Australische Cabernets sind freundlicher.

Rote Burgunder haben selten so aufdringliches Tannin, daß lange Geduld erforderlich wäre. So mancher wird schon zum Genuß nach 5 Jahren empfohlen, dessen Fähigkeit zur Entfaltung magischer Nuancen selbst nach 25 Jahren noch nicht erschöpft sein dürfte. Dasselbe gilt für die feinsten weißen Burgunder und noch mehr für große Rieslinge von der Mosel und aus dem Rheingau.

Wann ein Wein getrunken werden soll, ist auch eine Sache des persönlichen, manchmal des landesüblichen Geschmacks. Die Briten bevorzugen *vin de garde* «gut abgehängt», während die Franzosen ihn oft schon trinken, wenn er sich kaum zu mildern begonnen hat. Als ganz vage konventionelle Empfehlung darf gelten: «Der Höhepunkt liegt zwischen 5 und 15 Jahren.» Jeder Jahrgang und jeder Wein hat aber seinen eigenen Fahrplan. Die entscheidenden Faktoren sind der Reifezustand und die Konzentration.

Zeichnet man eine Kurve auf, um die Entfaltung des Geschmacks zum Ausdruck zu bringen, dann kann diese am Anfang steil ansteigen, sich sodann abflachen, wieder ansteigen und sich erneut abflachen ... ja sie kann sogar an bestimmten Punkten über mehrere Jahre hinweg fallen. Für einen anderen Jahrgang des gleichen Weins kann der Verlauf ganz anders sein. Selbst nach 20 Jahren ist die Zukunft noch immer nicht gewiß.

Bei echten Vins de garde, vor allem bei den großen Weinen von Bordeaux, steht das Urteil erst fest, wenn die allerletzte Flasche entkorkt ist.

Rechts: Eine römische Flasche mit römischem Wein, heute im Museum zu Speyer. Auf dem Wein schwimmendes Öl schützt den Wein vor der Luft.

Eichenholz aus Frankreich

Frankreich gilt nicht nur als das Mutterland des Weins, sondern auch der Eiche. Ein Drittel des Landes ist mit Wald bedeckt, der wiederum zu einem Drittel aus Eichenwald besteht, der sich in einem unterbrochenen Gürtel von Südwesten nach Nordosten zieht. Weiter südlich weichen die beiden für den Faßbau wertvollsten Eichenarten, die Steineiche (*Quercus petraea*) und die Stieleiche (*Q. robur*), mediterranen Typen.

Die beste Qualität liefert *Q. petraea*, die ungestielte Eiche, aus dem Val de Loire, der Mitte und Burgund. Ihr dichtgemasertes, aromatisches und tanninarmes Holz ist für feine Weißweine ideal.

Der Ruhm der Limousin-Eiche stammt wohl daher, daß sie ganz in der Nähe der beiden Hauptverbrauchsgebiete Cognac und Bordeaux wächst. Es handelt sich vorwiegend um *Q. robur*, relativ schnellwüchsig, offenporig und tanninreich, für Rotwein besser geeignet als für Weißwein.

Vogesen-Eiche (aus der Champagne, Lothringen und dem Elsaß) ist ebenfalls relativ stark tanninhaltig und daher für Rotwein günstiger als für Weißwein.

Wichtig ist aber auch, wie stark das Holz vom Faßbauer geräuchert oder angeröstet wird – was sich besonders bei Chardonnay bemerkbar macht.

1 Loire-Tal
(mit Orne und Allier) 13 % des Eichenwaldbestands, nur 18 % des Jahreseinschlags, jedoch 35 % Spitzenqualität für Fässer usw.

2 Burgund
(mit Nièvre und Franche Comté) 17 % des Eichenwaldbestands, 14 % des Jahreseinschlags, jedoch nur 8 % Spitzenqualität.

3 Champagne, Elsaß, Lothringen
19 % des Eichenwaldbestands, 28 % des Jahreseinschlags, 22 % Spitzenqualität

4 Limousin und Poitou
13 % des Eichenwaldbestands, 14 % des Jahreseinschlags, nur 8 % Spitzenqualität.

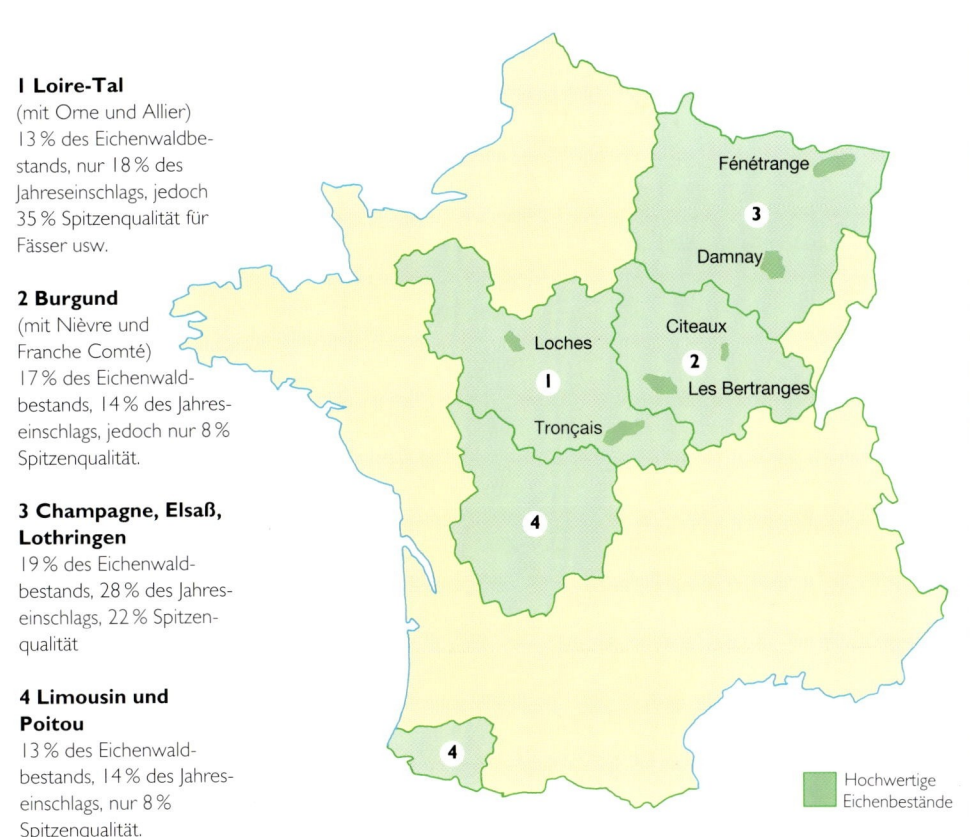

Hochwertige Eichenbestände

Weinprobe und Weinsprache

Der überwiegende Teil des guten, ja sogar des großen Weins wird vergeudet. Er fließt über die Zunge und durch die Kehle von Menschen, die sich nicht auf ihn eingestimmt haben oder unempfänglich sind für das, was in ihm steckt. Vielleicht sind sie mit den Gedanken nicht bei der Sache, vielleicht haben sie etwas Scharfes gegessen oder getrunken, oder eine Erkältung beeinträchtigt ihr Geschmacksempfinden, vielleicht aber auch haben sie keinen Sinn für den Unterschied zwischen Wein und feinem Wein. Ohne Aufgeschlossenheit und Interesse beim Weintrinker ist aber alle Kellermeisters Mühe vergeblich.

Wäre der Geschmackssinn im Munde zuhause (wie uns die Geschmacksreize suggerieren), dann würde jeder, der einen Mundvoll Wein heruntergeschluckt, auch all die Empfindungen erleben, die er auslösen kann. Wie uns aber das Modell des Bacchus zeigt, liegen die Nerven, die differenziertere Wahrnehmungen als die Grundreize des Süßen, Sauren, Salzigen und Bitteren registrieren, weiter oben im Kopf und im Gehirn.

Tatsächlich riechen wir Geschmacksempfindungen, statt sie mit Lippen, Zunge und Gaumen zu schmecken. Das eigentliche Unterscheidungsorgan liegt in der oberen Nasenhöhle, wohin beim normalen Atmen keine Luft gelangt. Und die einzigen Reize, die dorthin vordringen können, sind die flüchtiger Substanzen. Um vom Gehirn registriert zu werden, müssen die Geruchsstoffe des Weins (durch Nase und Mund) in den oberen Ausschnitt der Nasenhöhle inhaliert werden. Hier nehmen fadenförmige Riechzellen die Reize auf und vermitteln sie weiter an das Geruchszentrum im Bereich der obersten Nasenmuschel und von dort ins Gehirn.

Oft wird behauptet, man könne sich an bestimmte Gerüche schneller und lebhafter als an andere Wahrnehmungen erinnern. Die Lage des Geruchszentrums gleich neben dem Schläfenlappen, in dem die Erinnerungen gespeichert werden, läßt auch darauf schließen, daß der Geruch, der primitivste unserer Sinne, eine bevorzugte Stellung einnimmt und direkten Zugang zu den Gedächtnisinhalten hat. Erfahrene Weinkoster verlassen sich häufig auf die unmittelbare Reaktion ihres Gedächtnisses auf das erste Schnuppern am Wein. Wenn sie das dann nicht sofort an früher verkostete Weine erinnert, müssen sie auf ihr im Scheitellappen des Gehirns lokalisiertes analytisches Vermögen zurückgreifen. Im Stirnlappen bildet sich ihr Urteil über den Wein (das dann im Schläfenlappen gespeichert wird).

Weine unterscheiden sich in Farbe, Konsistenz, Stärke, Struktur, Körper und Nachhaltigkeit sowie im Duft und im Geschmackskomplex. Ein Weinkoster muß all diese Merkmale berücksichtigen.

Weit schwieriger als das Einschätzen eines Weins ist es jedoch, die durch ihn ausgelösten Sinneseindrücke zu kommunizieren. Mit Ausnahme von süß, salzig, sauer und bitter sind sämtliche Bezeichnungen in der Sprache des Geschmacks von anderen Sinnen entlehnt. Indem sie sich mit bestimmten Empfindungen verknüpfen, helfen sie aber, die Geschmackswahrnehmung zu differenzieren.

Links: Michelangelos Kopf des Weingotts Bacchus in einer Nachbildung mit den offengelegten, den Weingenuß vermittelnden Geschmacks- und Geruchsorganen sowie ihrer Verbindung zu den Urteils- und Gedächtnisfunktionen des Gehirns. Die Zunge registriert lediglich, ob ein Wein süß (an der Zungenspitze **1A**), sauer (an den Rändern **C**), salzig (Vorderzunge **B**) oder bitter (Zungenhintergrund **D**) ist. Aber die ätherischen Bestandteile des Weins (vor allem Ester und Aldehyde) steigen in verflüchtigter Form durch die Nasenlöcher und hinter dem weichen Gaumen **2** in den oberen Teil der Nasenhöhle **3**. Dort schlagen sie sich an der feuchten Schleimhaut nieder, und feine Riechzellen leiten die Reize an das Geruchszentrum **4** im Gehirn. Gleich hinter dem Geruchszentrum liegt der Schläfenlappen **5**, der Sitz des Erinnerungsvermögens. Das Geruchserlebnis wird im Scheitellappen **6** analysiert und im Stirnlappen **7** bewertet. Der im Wein enthaltene Alkohol beflügelt zunächst die Gehirnfunktionen und das Wiedererkennungsvermögen. Dann aber wirkt er sich nachteilig aus und stört die feine Abstimmung der Gehirnarbeit. Professionelle Weinkoster spucken deshalb stets den Wein wieder aus, wenn sie ihm alle erforderlichen Informationen entnommen haben.

Die Farbe eines vor einem weißen Hintergrund im Glas hin und her geschwenkten Weins gibt dem Koster den ersten Aufschluß. Große Weine zeichnen sich durch eine auffällig satte und frische Farbe aus. Ist der Weißwein sehr hell, hat er einen Hauch jugendliches Grün?

Die Blume eines Weins sagt nahezu alles über seine Eigenschaften aus. Der erste Geruchseindruck ist der wichtigste. Gibt es einen «fremden», «falschen» Beigeruch? Riecht der Wein nach frischen Trauben, oder hat er bei der Lagerung ein komplexes Bukett entwickelt?

Der Koster nimmt nicht nur einen kleinen Schluck, sondern einen guten Mundvoll Wein und spült ihn im Munde hin und her. Jetzt prüft er den Körper oder die Weinigkeit. Ist er vollmundig oder mager? Ist er durch seinen Gerbstoffgehalt so herb, wie junge Rotweine sein sollten?

Die Wärme der Mundhöhle trägt dazu bei, daß sich der Wein verflüchtigt, und eine deutlichere Geschmacksempfindung tritt ganz hinten am Gaumen ein. Ist der Nachgeschmack nach dem Herunterschlucken (oder Ausspucken) kurz oder anhaltend?

Aussehen

Blaurot – sehr junge Rotweine haben oft einen bläulichen Schimmer
Braun – außer bei Sherry und Madeira ein Zeichen für zu hohes Alter
Glanzhell – völlig klar
Gris – sehr heller Rosé, in Kalifornien «Blush»
Intensität – kräftige Farbe; am besten zu beurteilen, indem man versucht, durch ein volles Glas hindurch zu lesen
Maderisiert – infolge von Oxidation eintretende bräunliche Färbung
Pelure d'oignon – «Zwiebelschale»: ins Orange spielende Farbe provenzalischer Rosés bzw. Altersfärbung bei Burgunder
Pétillant – perlender Wein mit feinen, am Glas haftenden Bläschen
Purpur – Farbe der Jugend: schimmernd bei jungem Beaujolais, dunkel bei Rotweinen, die noch Reifezeit brauchen
Rosé – sehr heller Rotwein
Rubinfarben (bes. für Portwein) – das volle Rot des jungen Weins
Schwärzlich – junger, wahrscheinlich gerbstoffreicher Wein, der lange reifen muß
Tawny (bes. für Portwein) – die dunkle Bernsteinfarbe des alten Weins
Ziegelrot – Farbe eines reifen roten Bordeaux

Geruch

Aroma – der primäre Trauben- und Gärungsgeruch des jungen Weins
Bukett – die Gesamtheit der Duftstoffe eines reifen Weins
Fuchsig – der Geruch amerikanischer Reben, erinnert eigentlich mehr an Seife als an Füchse
Hefig – bei jungem Wein oft ansprechend, weist aber auf Instabilität hin; im Duft von Champagner ein wesentliches Element
Komplex – Duft mit Anklängen an vielerlei Früchte, Blumen usw.
Korken – unangenehmer Geruch von einem schimmeligen Korken
Lebendig – der frische, saubere Duft eines jungen Weins mit schöner Zukunft
Muffig – unangenehmer Modergeruch, evtl. von einer faulen Faßdaube
Rancio – Kennzeichen oxidierter gespriteter Weine, Spezialität Südwestfrankreichs und Kataloniens
Saftig – frischer, lebendiger Duft eines jungen Weins, insbesondere Burgunder
Schwefel – scharfer Geruch bei zu stark geschwefelten Weinen; verliert sich mit der Zeit bzw. an der Luft
Stichig – Geruch eines durch Essigbakterien irreparabel verdorbenen Weins

Geschmack

Vielfach werden Begriffe herangezogen, die Analogien zu Geschmacksempfindungen bilden, die sich nicht anders fassen lassen

Apfel – junge Weißweine enthalten oft Apfelsäure; ausgeprägt bei Moselweinen
Blumig – an Blüten erinnernde Duft- und Geschmacksnote
Erdig – je nach Eigenart ein Vorzug oder Fehler; als Bodengeschmack z. B. bei Graves positiv gemeint
Eichenholz – aus dem Faß stammende Würze; oft wichtig und angenehm, darf aber die Frucht nicht übertönen
Feuerstein – in manchen Weißweinen, z. B. Pouilly Fumé, anzutreffende Duft- und Geschmacksnote
Gewürz – besonders ausgeprägt bei Gewürztraminer
Himbeere – in guten Rotweinen, v. a. aus Bordeaux und von der Rhône, häufige Geschmacksnote
Honig – Geschmacksnote vor allem in süßen Weinen mit Edelfäule, aber auch in Rotweinen und Weißweinen, z. B. Chablis, als feine Würze anzutreffen
Nuß – Nußwürze findet sich in reifen Weinen, z. B. Meursault, und besonders in altem Sherry vor
Petroleum – eine Duft- und Geschmackskomponente, die oft im Zusammenhang mit Zitrone in reifen Rieslingen vorzufinden ist
Pfirsich – mit fruchtiger Säure verbundener Geschmackseindruck, z. B. in Loire-Weinen
Rappen – Geschmack nach grünem Holz; kann bei einem nicht voll ausgereiften Jahrgang auftreten
Rauch – Nuance in vielen Weißweinen, z. B. Bernkasteler
Schwarze Johannisbeere – Duft- und Geschmacksnote in vielen Rotweinen, v. a. Cabernets
Traubig – guter Wein erinnert oft nicht nur an die Traube, sondern an vielerlei Früchte
Trüffel – eine von sehr feinen Zungen gelegentlich in Burgunder, Barolo und Hermitage entdeckte Nuance
Vanille – aus dem Eichenholz von Fässern stammende Duft- und Geschmacksnote
Veilchen – markante Duft- und Geschmacksnote, insbesondere in feinen Burgundern
Volatil – auffällige Säure; eigentlich ein Fehler, kann aber in Maßen herrlich pikant wirken

Diese Liste ließe sich noch lange fortsetzen. Manche Weinkoster lassen ihre Assoziationskraft spielen und notieren «Gummi», «Birne», «Wolle» usw.

Allgemeine Weinbeurteilungen

Abgang – Nachgeschmack; bei gutem Wein bleibt der volle Geschmack ziemlich lange im Mund
Adstringierend – durch Tannin verursachtes «pelziges» Gefühl im Mund, gehört zum Charakter z. B. von Chianti
Ausgewogenheit – das wesentliche Gleichgewicht aller Elemente
Derb – sehr schlicht bereitet
Dicklich – fleischig; nicht unbedingt ein wünschenswertes Merkmal
Edel – Rasse, Körper und Reife in harmonischer Vollendung – mit Zurückhaltung zu gebrauchen
Elegant – undefinierbar, wie bei einer Frau
Fest – junge, entschiedene Art
Feurig – in Maßen eine erfreuliche Qualität
Finesse – feine Art
Flach – Gegensatz zu fest
Fruchtig – voller, an Früchte erinnernder Geschmack
Gedörrt – eine durch große Sonnenhitze hervorgerufene Geschmacksnote
Geschmeidig – Gegensatz zu hart, jedoch nicht als «weich», d. h. säurearm, zu verstehen
Hart – Tannin ruft bei jungen Rotweinen und Säure bei Weißweinen einen Eindruck von Härte hervor
Körper – der Gehalt eines Weins, u. a. an Alkohol
Kurz – rasch abklingender Nachgeschmack
Lang – anhaltender Nachgeschmack
Nervig – kräftig und fein – wie ein gutes Pferd
Rasse – lebendiger, erregender Zusammenklang aller feinen Elemente im Wein
Rauh – unerfreulich, dürftig bereitet
Sauber – fehlerfrei, frisch
Säurereich – Weinsäure ist das wichtigste, erfrischende und konservierende Element im Weißwein. In Deutschland gilt «fruchtige Säure» als höchst wünschenswert; die Säure muß jedoch stets mit anderen Komponenten im Gleichgewicht stehen
Seidig – das richtige Wort für die Konsistenz eines feinen Beaujolais
Steif – ähnlich wie stumpf
Stumpf – ohne Ausdruck (oft bei zu jungem oder zu kaltem Wein)
Trocken – Gegensatz zu süß; bei alten Weinen auch Anzeichen für Verblassen
Unfertig – noch nicht alt genug, um alle Komponenten harmonisch abgestimmt aufzuweisen
Vital – frisch, lebendig, kräftig

Notizen und Noten

Vom Reden über eine Sache bis zum Schreiben darüber ist – auch beim Wein – nur ein kleiner Schritt, aber nur wenige tun ihn. Und doch spricht vieles dafür, daß man sich auch beim Weintrinken in mehr oder weniger wohlorganisierter Weise Notizen machen soll. Erstens fördert es die Konzentration, wenn man etwas zu Papier bringen will, und das ist doch die Voraussetzung dafür, daß man den Wein aufmerksam goutiert. Zweitens beginnt man zu analysieren und die Empfindungen, die die Zunge aufnimmt, beim Namen zu nennen. Drittens ist es eine Gedächtnisstütze. Viertens schließlich kann man Weine über längere Zeit besser vergleichen.

Aus diesen Erwägungen heraus bat ich Michael Broadbent, den Direktor der Weinabteilung bei Christie's in London, dessen Buch «Wine Tasting» das Standardwerk über dieses Thema ist, mir dabei zu helfen, eine für den Liebhabergebrauch geeignete Weinprobenkarte zusammenzustellen.

Die nebenstehende Broadbent-Johnson-Karte sieht eine Punktwertung vor für alle, die so etwas mögen. Man kann es freilich genausogut auch lassen.

Die Anmerkungen rechts unten auf der Karte sind Erläuterungen zu ihrem Gebrauch. Die linke Spalte teilt die drei Hauptmerkmale des Weins (Aussehen, Duft und Geschmack) in Teilaspekte auf, die sich voneinander isolieren und prüfen lassen. Unter den beschreibenden Ausdrücken in der ersten Spalte dürf-

te sich für jeden Wein ein passender finden lassen.

Die mittlere Spalte ist einfach eine Liste von Vorschlägen für Eigenschaften, die Sie in dem Glas, das vor Ihnen steht, entdecken mögen. Es sind Ausdrücke (s. a. Seite 43), die häufig verwendet werden, wenn man von Wein spricht. Vielleicht paßt keines dieser Wörter auf einen bestimmten Wein – und damit sind wir beim Zweck der rechten Spalte: Hier können Sie Ihre eigenen Eindrücke eintragen, wiederum gegliedert nach Aussehen, Duft und Geschmack. Der Aromakreis gegenüber kann dazu gute Anregungen liefern.

Nach der Analyse kommt das Urteil. In der Spalte «Charakter» ist Raum, in dem Sie der objektiven Beurteilung Ihr persönliches Empfinden entgegenstellen können, das ja schließlich den Ausschlag gibt und geben soll.

Sind Punkte und Noten überhaupt sinnvoll für die Beurteilung von Wein? Bei Prämierungen oder auf Ausstellungen sind sie wohl unentbehrlich. Ich selbst habe sie in 30 Jahren als Weinkommentator nur in ein paar Fällen als unerläßlich empfunden.

Theoretisch sieht die Sache ganz einfach und exakt aus. Die 20-Punkte-Wertung auf der abgebildeten Karte kann als Beispiel dienen. Nehmen wir an, der zu prüfende Wein hat gute Farbe und ist schön klar. Sein Aussehen trägt ihm also 3 Punkte ein. Der Geruch ist sauber und ansprechend, ein deutlich erkennbarer, aber einfacher fruchtiger Duft –

Oben: Eine Weinprobe bei Christie's in London vor der Versteigerung. Bei einem solchen Andrang ist Konzentration schwierig, hier muß man sich Notizen machen.

Unten: Eine analytische Methode, nach der man Weine kennenlernen, beurteilen und im Gedächtnis behalten kann. Die Punktwertung ist natürlich freiwillig.

Name/Lage: Jahrgang: Anbaugebiet/Rebe:		Kaufdatum: Lieferant/Abfüller: Preis:	
AUSSEHEN Punktzahl (max. 3) KLARHEIT trüb, Schwebeteilchen enthaltend, stumpf, klar, funkelnd FARBINTENSITÄT wäßrig, blaß, mittel, tief, dunkel FARBE (Weißweine) grünlich, blaßgelb, gelb, golden, braun (Rotweine) purpur, rötlichpurpur, rot, bräunlichrot KONSISTENZ spritzig, dünn, normal, dick, ölig		glanzhell, verschleiert, goldgelb, bernstein, tawny, ziegelrot, rubinrot, granat	**Bemerkungen:**
DUFT Punktzahl (max. 6) ALLGEMEINER EINDRUCK neutral, sauber, ansprechend, groß, stichig FRUCHTAROMA fehlend, schwach, kräftig, deutlich, z. B. Riesling BUKETT fehlend, angenehm, mannigfaltig, stark		Korkgeruch, Faßgeruch, Zitronenduft, Birnenduft, Zedernholz, blumig, honigsüß, würzig, ausdruckslos, rauchig, schweflig	**GEBRAUCH DER KARTE** Der Wein spricht drei Sinne an: Auge, Nase und Zunge. Diese Karte vermittelt eine Anleitung zur Analyse des Eindrucks und dient als Gedächtnisstütze für die verschiedenen Weine. Markieren Sie in der linken Spalte für jeden Teilaspekt ein Wort und eine der Bezeichnungen, die Ihrem Eindruck entspricht. Punkte können Sie nach dem Gesichtspunkt geben, ob und wie sehr Ihnen ein Wein zusagt. In der rechten Spalte können Sie Ihre Bemerkungen eintragen.
GESCHMACK Punktzahl (max. 8) SÜSSE (Weißweine) trocken, herb, mittel, lieblich, süß GERBSÄURE (Rotweine) adstringierend, hart, herb, weich SÄURE flach, erfrischend, ausgeprägt, hart KÖRPER schwach und dünn, leicht, mittel, körperreich, schwer ABGANG schwache Nachempfindung, erfreulich, anhaltend, nachhaltig AUSGEWOGENHEIT unausgewogen, gutes Gleichgewicht, fein und rund, vollendet		Apfelgeschmack, schwarze Johannisbeere, Nußgeschmack, Karamel, Feuersteingeschmack, Holzbeigeschmack, erdig, fest, mild, fruchtig, samtig, würzig, gehaltvoll, bitter, scharf, ausdruck<Keines>slos, unreif, saftig, wässerig	
CHARAKTER Punktzahl (max. 3) rauh, charakterarm, erfreulich, fein, vorzüglich		frisch, feine Art, rassig, elegant, harmonisch, wuchtig, zart	
PUNKTZAHL INSGESAMT (Höchstwertung 20)		DATUM DER WEINPROBE	

kein komplexes, voll entfaltetes Bukett. Es dürfte angemessen sein, unter «Duft» die halbe Punktzahl, also nochmals 3, einzutragen; bisherige Gesamtnote demnach 6. Unser Wein ist trocken, hat ausgeprägte Säure, mittelschweren Körper bei annehmbarer Nachhaltigkeit und gutem Gleichgewicht. Auch hier dürfte die halbe Punktzahl angebracht sein. Die Gesamtnote erreicht damit 10.

Wie steht es nun um den Charakter? Der Wein ist zwar nicht fein, aber durchaus akzeptabel, andernfalls hätte er keinen Punkt verdient; hier geben wir ihm einen, er hat also 11 von 20. Vielleicht kommt Ihnen das etwas kleinlich vor, und Sie gönnen ihm noch einen Punkt: 12/20.

Hat Ihnen die Punktwertung bei der Beurteilung des Weins geholfen? Zumindest haben Sie darüber nachdenken müssen. In der Praxis sind viele Degustatoren oft nicht so objektiv; sie geben einfach den Weinen, die ihnen am meisten zusagen, die höchste Punktnote. In Zweifelsfällen werden die Punkte auch halbiert; auf diese Weise kommen bis zu 40 Notenstufen zustande.

Viele professionelle Degustatoren vertreten die Meinung, daß eine Punktwertung das Urteil um so genauer wiedergibt oder das Urteilsvermögen um so mehr schärft, je knapper sie gehalten ist; deshalb sind Systeme mit 5, 7 oder 10 Punkten regelmäßig im Gebrauch.

Das am wenigsten angemessene oder zuverlässige Verfahren ist seltsamerweise das in den USA gebräuchliche und stark publizierte 100-Punkte-System. Bei ihm bekommt jeder Wein von vornherein 50 Punkte allein dafür, daß er dabei ist – wie bei Schulprüfungen in Amerika üblich. Eigentlich handelt es sich also um ein 50-Punkte-System (und kommt daher der auf 40 Punkte erweiterten Version des oben beschriebenen Systems ganz nahe). Der vielgepriesene Vorteil der Methode mit den hohen Punktzahlen ist ihre Genauigkeit. Ihr großer Nachteil besteht darin, daß diese Genauigkeit fast stets nur scheinbar ist – oder zumindest keiner sachlichen Prüfung standhält.

Ein einzelner Weinkoster wie Robert Parker, der das 100-Punkte-System populär gemacht hat und dessen persönliche Vorlieben seinem Publikum (und den Weinerzeugern) bekannt sind, kann durch die Veröffentlichung so detaillierter Punktbewertungen Brauchbares leisten. Es ist aber zumindest zweifelhaft, daß bei einer zweiten Verkostung derselben Weine erneut das gleiche Urteil zustande kommt.

Weit weniger erfreulich stellt sich die Sache dar, wenn der Mittelwert aus dem Urteil mehrerer Degustatoren gezogen wird. Dabei ist die scheinbare Exaktheit irreführend. Vielleicht ist das auch einer der Gründe, weshalb sich die Mode von der Punktbewertung bei Weinen abwendet und beschreibenden Worten den Vorzug gibt – oft mit einer blühenden Bildersprache, neben der sich unser Aromakreis dürr und nüchtern ausnimmt.

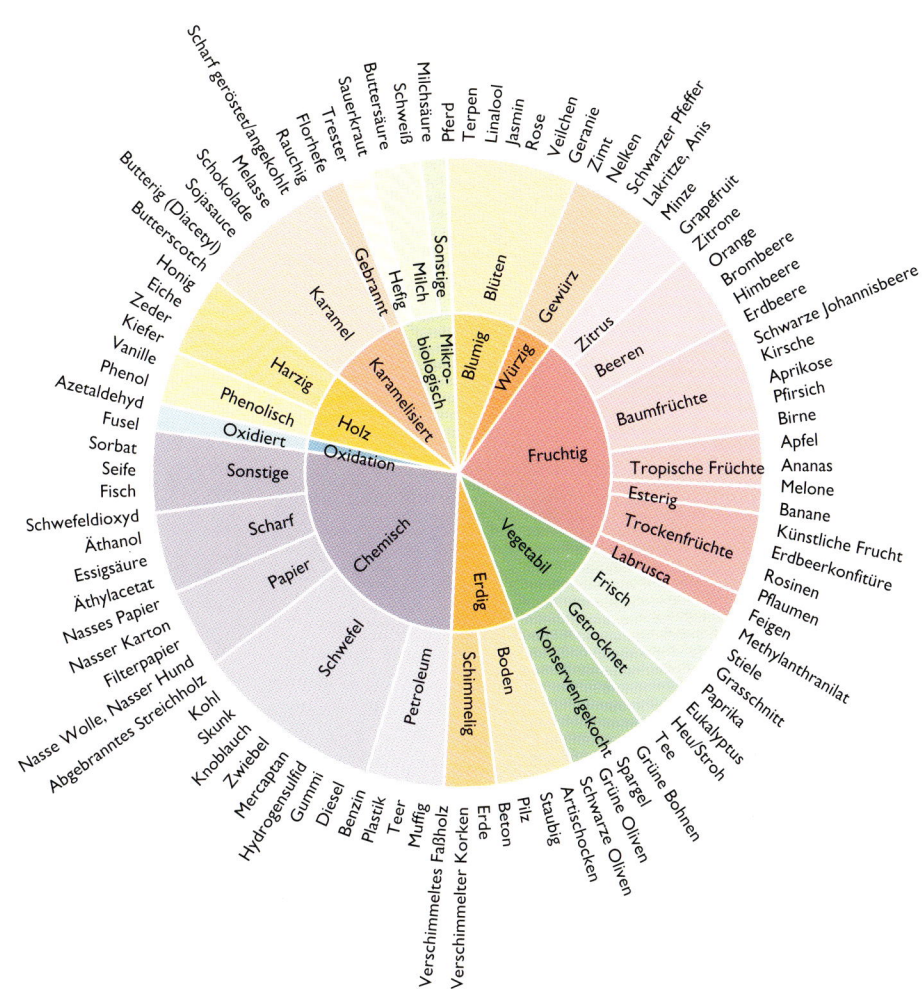

Der Aromakreis
mit Begriffen der ersten, zweiten und dritten Ebene nach Noble u.a.
(© American Society of Enologists and Viticulturists)

Die Weinbaufakultät der University of California in Davis hat Ordnung in die verschiedenen Aromen des Weins gebracht. Dr. Ann Noble und ihre Kollegen entwickelten hierzu den Aromakreis in Analogie zu dem berühmten Farbtonkreis des französischen Wissenschaftlers Chevreul.

Den inneren Kreis bilden breite Aromabegriffe wie fruchtig und erdig, aber auch die spezifischere Oxidation. Im zweiten Kreis ordnen sich schärfer eingegrenzte Begriffe ein; z. B. ist «fruchtig» in Zitrus, Beeren, Baumfrüchte, tropische Früchte, Ester, Trockenfrüchte und *labrusca* (die fuchsige amerikanische Rebe) aufgegliedert. Um den Umfang herum wird dann noch weiter aufgefächert, z. B. Beeren in Brombeere, Himbeere, Erdbeere und schwarze Johannisbeere.

Der Aromakreis läßt sich auch in umgekehrter Richtung benutzen. In der Praxis kann ein Weinkoster auch mit einem Begriff auf dem Kreisumfang beginnen, weil ihm ein spezifischer Duft auffällt, und sich zu allgemeineren Eindrücken durcharbeiten. Die räumliche Verteilung innerhalb des Kreises und um ihn herum ist daher nicht das Wesentliche an diesem System. Indessen kann eine dergestalt logische Einordnung hilfreich sein, wenn es darum geht, ein Aroma zu analysieren und festzuhalten, das sich der Beschreibung ansonsten entzieht.

Die Pflege des Weins

Guten Wein zu kaufen und ihn dann nicht pfleglich zu behandeln wäre dasselbe, wie wenn man einen Rembrandt in eine dunkle Ecke hängen, ein edles Rennpferd nicht bewegen oder einen Rolls-Royce nicht polieren würde. Wenn man schon für einen guten Wein teures Geld bezahlt, dann ist er es auch wert, ordnungsgemäß gelagert und – vor allem – serviert zu werden.

Es ist nichts Mysteriöses oder Schwieriges um die pflegliche Behandlung eines guten Weins. Er verlangt nur zweierlei: ruhig an einem dunklen und kühlen Platz zu liegen und in ausreichender Menge, nicht hastig, sondern mit viel Zeit und Raum zum Atmen, ausgeschenkt zu werden.

Die Lagerung stellt fast jeden vor ein Problem. Keller wie der auf der rechten Seite gezeigte werden heute kaum noch gebaut. Die meisten Weinfreunde müssen sich mit einem Schrank behelfen. Doch auch ein Schrank kann die einfachen Anforderungen der Dunkelheit und Erschütterungsfreiheit erfüllen und – wenn auch nicht die ideale Kühle – eine gleichbleibende Temperatur gewährleisten. Wein ist nicht allzu temperaturempfindlich – zwischen 7 und 21°C ist ihm alles recht.

Eine besondere Ausrüstung braucht man weder für den Keller noch für den Schrank. Die Flaschen werden stets liegend gelagert, damit die Korken nicht austrocknen und Luft eintreten lassen. Flaschen derselben Sorte kann man aufeinanderstapeln; verschiedene Sorten lagert man besser in Regalen, so daß man sie alle gut erreichen kann.

Hat man genug Platz, dann spricht alles dafür, jungen Wein zum Einführungspreis zu kaufen und ihn «hinzulegen», bis er voll ausgereift ist. Weinhändler weisen gern darauf hin, daß solche Weine in ihrem finanziellen und gastronomischen Wert außerordentlich steigen können. Das ist zwar bei Spitzenge-

So serviert man einen Bordeaux auf die feine englische Art: Über einer Kerzenflamme in eine Karaffe dekantiert – ein uralter, fest eingewurzelter Weinritus, der doch immer wieder zu Kontroversen Anlaß gibt.

wächsen ein nicht zu vernachlässigender Aspekt, bei bescheideneren Weinen jedoch kommt es vor allem darauf an, daß man sie dann genießen kann, wenn sie die dem eigenen Geschmack gemäße Reife erlangt haben.

Pasteur war es, der die Auswirkungen der Luft auf den Wein entdeckte. Auf denselben Wirkungen beruht die Sitte des Dekantierens oder Umgießens des Weins in eine Karaffe, bevor man ihn serviert. Über das Dekantieren wird viel diskutiert, und doch weiß man nicht viel davon, vor allem, weil seine Auswirkung auf einen bestimmten Wein nicht vorhersehbar ist. Da hört man die irrige Auffassung, zu dekantieren brauche man lediglich sehr alte Flaschen mit starkem Depot. Aller Erfahrung nach gewinnt jedoch gerade junger Wein beim Dekantieren am meisten. Der in ihm enthaltene Sauerstoff hat noch nicht viel Gelegenheit gehabt zu wirken. Aber im dekantierten Wein arbeitet er schnell. Innerhalb weniger Stunden kann er zur vollen Blüte bringen, was nur als Knospe angelegt war. Manche starken jungen Weine sollte man nach dem Dekantieren 24 Stunden offen stehenlassen, andere brauchen nur eine Stunde.

Erstaunlicherweise ist die Wirkung des Belüftens auf verschiedene Weine bisher noch kaum untersucht worden. Beispielsweise kann ein feiner ausgereifter Beaujolais Cru ausdruckslos erscheinen, wenn die Flasche geöffnet wird; eine halbe Stunde nach dem Dekantieren aber erwacht er plötzlich zu duftigem, saftigem Leben.

Die Technik des Dekantierens wird unten gezeigt. Man braucht dazu nicht mehr als eine Karaffe und einen Korkenzieher, doch läßt sich mit einem Dekantierkörbchen die Flasche gut in fast der gleichen Lage halten wie im Regal – so daß ein möglicher Bodensatz in der Flasche bleibt. Ein Korkenzieher, der sich gegen die Flaschenöffnung stemmt, macht es einem leicht, die Flasche nicht zu rütteln.

Man entfernt den Stanniolverschluß vollständig und zieht den Korken vorsichtig heraus. Dann wischt man die Flaschenöffnung ab, nimmt die Flasche (mit oder ohne Körbchen) in die eine, das Dekantiergefäß oder die Karaffe in die andere Hand und gießt so lange um, bis man am unteren Flaschenhals das Depot (falls vorhanden) sieht. Dann hört man auf zu gießen. Hält man eine Taschenlampe unter oder hinter den Flaschenhals, dann sieht man leichter, wann die Ablagerungen in Bewegung geraten. Freilich paßt eine Kerze besser zu diesem vergnüglich-sinnlichen Ritual.

Ein Dekantierkörbchen sollte nie auf den Tisch kommen. In ihm soll lediglich die Flasche ruhig und möglichst waagerecht liegen, bevor sie geöffnet und dekantiert wird.

Der Schraubspindelkorkenzieher ermöglicht ruhigen, gleichmäßigen Zug, indem er sich gegen die Flaschenöffnung abstützt. Das Gewinde ist mit Teflon beschichtet.

Hält man den Flaschenhals über eine brennende Kerze, sieht man besser, wann der Bodensatz wie ein schwarzer Strich zur Mündung wandert: höchste Zeit, die Flasche abzusetzen.

Oben: Weinzubehör für das 21. Jahrhundert: Der «Leverpull» ist der schnellste Korkenzieher der Welt, der silberne «Champagne Star» packt festsitzende Sektkorken, und das bizarre Probierglas «Impitoyable» intensiviert das Aroma des Weins bis zum Äußersten.

Oben rechts: Das Kellerbuch dient der Buchführung über die eigenen Weinbestände. Es bietet Raum für Eintragungen über Jahrgang, Lage, Lieferquelle usw. Nützlich sind auch Notizen über Speisen, zu denen der Wein getrunken wurde, über die Gäste, die ihn mit genossen haben, und wie er geschmeckt hat. Geeignete Vermerke erinnern auch daran, wann ein Jahrgang seine Bestform erreicht und schließlich ausgetrunken werden muß.

Rechts: In diesem englischen Landhauskeller befinden sich gemauerte Verschläge, die früher jeweils dem Inhalt eines ganzen Fasses Platz boten. Heute sind doppelt tiefe Regale eingebaut, in denen je etwa 150 Flaschen auch verschiedener Weine leicht zugänglich und übersichtlich untergebracht werden können. Das Gestell an der Stirnwand faßt nochmals 12 Dutzend Flaschen, und auf dem Boden können unausgepackte Kisten abgestellt werden.

Anstatt direkt in den Dekanter zu gießen, kann man diesen silbernen Trichter mit Siebeinsatz und abgewinkeltem Auslauf benutzen, der dafür sorgt, daß der Wein in stetigem Strom an der Wand herunterläuft.

Das Servieren des Weins

Wie man Wein serviert und die Trink- und Tischsitten können die Stärken oder Schwächen eines Weins zwar kaum beeinflussen, seinen Genuß aber um ein Vielfaches steigern. Wenn man verschiedene Gläser, Dekantiergefäße und sogar unterschiedliche Rituale für einzelne Weine entwickelt hat, so besteht dazu keinerlei physikalische Notwendigkeit – vielmehr ist dies Ausdruck der jeweils anders gearteten Sinnenfreuden, die uns die verschiedenen Weine bereiten.

Auf dieser Doppelseite stellen wir eine Reihe der praktischsten und zugleich hübschesten Glasformen vor, die geeignet sind, jeweils den Charakter eines Weintyps ins beste Licht zu rücken. Einiges haben sie alle gemeinsam: eine reichliche, aber nicht übertriebene Größe (so daß ein gutes Maß sie nur zu einem Drittel oder halb füllt), klares ungefärbtes Glas, damit die Farbe des Weins unverfälscht bleibt, und einen leicht nach innen gewölbten Rand, damit man den Wein im Glas schwenken kann, ohne ihn zu verschütten, so daß er seinen Duft besser abgibt. Das Glas soll dünnwandig sein, aber nicht zerbrechlich wirken.

Die einzigen geschliffenen Gläser auf dem Bild sind für deutschen Wein bestimmt. Es gibt Fanatiker, die geschliffene Gläser grundsätzlich ablehnen. Es ist aber nicht zu übersehen, daß das an der Mosel übliche Trierer Glas in dem blaßgrünen Wein funkelnde Lichtreflexe entstehen läßt und ihm so Brillanz verleiht. Auch scheint mir nichts Ungehöriges dabeizusein, wenn man durch eingeschliffene Weintrauben hindurch seinen Riesling betrachtet.

Manche Dinge, die um den Wein getrieben werden, sind nur Spielerei, andere dagegen

1 Das «offizielle» ISO-Probierglas ist ein Vorbild an Funktionalität und Form. Es ist für eine kleine Menge Wein gedacht, die ihr Aroma entfalten und der Nase zuleiten können soll. Alles in allem ähnelt es einer vergrößerten Sherry-Copita (**7**).

2 Ein «Tastevin» aus Burgund. Das Silber schimmert im dunklen Keller durch den Wein hindurch und erlaubt eine sicherere Beurteilung von Farbe und Klarheit als ein Glas.

3 Eine Dekantierflasche für Port, Sherry und Madeira. Das aus der Zeit um 1800 stammende Gefäß ist ein Beispiel klassischer englischer Glasbläserkunst.

4 Gut und praktisch sind die früher gebräuchlichen und jetzt wieder in Mode kommenden Umhängeschildchen aus Silber oder Gold für Dekantiergefäße.

5 Ein englisches Weinglas aus Bleikristall vom Anfang des 18. Jh. Bei aller klassischen Schönheit hat es doch den Nachteil, daß der nach außen geschweifte Rand das Aroma des Weins zerstreut.

6 Ein mundgeblasenes Cognac-Glas in schwedischem Kristall. Der übliche Schwenker wird von Experten in Cognac nie benutzt.

7 Die Sherry-Copita: eines der bestgeformten Probiergläser: Es führt den Duft des Weins der Nase zu. Zu zwei Dritteln gefüllt hat es gerade das rechte Maß für Sherry.

8 Silberne Dekantiertrichter sind Sammlerstücke. Ungewöhnlich an diesem englischen Beispiel von 1790 ist die Magnumgröße. Der Siebeinsatz hält Korkreste und Bodensatz zurück.

9 Magnum-Dekanter aus dem 20. Jh. mit elegantem Schliff. Eine Magnumflasche ist nicht für das Reifen des Weins günstig, sie versorgt auch 12 Personen mit demselben Wein.

10 Roter Burgunder wird meist in rundlichen Gläsern serviert, bei denen die große Oberfläche des Inhalts viel Bukett abgeben kann.

11 In den 1980er Jahren waren übergroße Gläser in Mode, wie man sie in Restaurants oft sieht. 1/4 Flasche dürfte eine normale Füllung darstellen.

12 Dieses dem klassischen Bordeaux-Glas nachempfundene Rotweinglas enthält, wenn es zu einem Drittel gefüllt ist, gerade die ideale Menge.

(vor allem das Dekantieren, siehe Seite 46) können unter Umständen den bloßen Genuß zur reinen Freude steigern.

Jeder gute Wein gewinnt durch Vergleich mit anderen. Es ist nicht Snobismus, sondern einfach das Bestreben, aus dem Guten das Beste zu machen, wenn man zu einer Mahlzeit mehr als einen Wein auf den Tisch bringt. Ein junger Wein, zuerst serviert, rückt die Qualität eines älteren erst ins rechte Licht; ein weißer Wein bringt einen roten besser zur Geltung (wenigstens meistens); ein leichterer Wein einen schwereren; ein herber Wein einen lieblichen. Andersherum wären alle diese Kombinationen für den später servierten Wein katastrophal. Ebenso stellt ein wirklich guter Wein einen geringeren, der nach ihm serviert wird, in den Schatten, und dasselbe geschieht einem trockenen Weißwein, wenn er nach einem Roten auf den Tisch kommt.

Schwieriger ist die Frage, welche Mengen man ausschenken soll. Eine Normalflasche füllt gut sechs Weingläser (d.h. zu einem Drittel gefüllte große, nicht randvoll gefüllte kleine Gläser). Bei einem leichten Mittagsimbiß genügt womöglich ein Glas pro Person, während bei einem ausgedehnten Abendessen fünf oder sechs Glas nicht zuviel sein können. Für die meisten Menschen und Anlässe ist eine halbe Flasche insgesamt (etwa ein Glas Weiß- und zwei Glas Rotwein) ein vernünftiges Richtmaß – doch hängt die richtige Menge entscheidend von der Stimmung bei der Mahlzeit, vor allem aber von ihrer Dauer ab. Eine Flasche pro Person ist für einen langen Abend sicherlich nicht zuviel. Die goldene Regel für den Gastgeber lautet: großzügig anbieten, doch niemandem etwas aufdrängen. Auch Wasser sollte auf dem Tisch stehen.

13 Es ist üblich, Weißwein in etwas kleineren Gläsern zu servieren als Rotwein. Aufeinander abgestimmte Formen schmücken den festlich gedeckten Tisch.

14 Der von Henshall erstmals patentierte Korkenzieher hat sich bis heute bewährt. Die geriefte Scheibe am Schaft faßt und lockert den Korken, so daß er sich leichter ziehen läßt.

15 Die heute beliebteste Form eines Sektglases. Es läßt die Perlen schön erkennen und ist innen leichter zu polieren als das Glas daneben.

16 Die «Flöte»: das traditionsreichste und schönste Sektglas. In ihm sieht man die Perlen hochschießen wie Raketen.

Auch die «Tulpe» ist ein gutes Sektglas, aber nicht die flache Schale.

17 Der Champagner ist, wie jeder andere Weißwein, gut gekühlt am besten. Der mit Wasser und Eiswürfeln gefüllte Sektkübel ist dafür das ideale Hilfsmittel, vorausgesetzt, daß er tief genug ist. Bei zu flachen Kübeln muß man die Flaschen einige Minuten kopfüber hineinstellen, damit auch der Hals genügend gekühlt wird.

18 Der traditionelle «Römer» besitzt einen gerieften, oft mit Verzierungen versehenen Stil aus braunem Glas, der Farbe in den Wein reflektieren soll. Diese Glasform ist auch als Souvenir beliebt.

19 Dieses graziöse Glas, das man in fast allen Weinstuben an der Mosel finden kann, läßt durch seinen hübschen Schliff feine Glanzlichter im hellen, klaren Moselwein spielen, so daß er noch einladender wirkt.

20 Untersetzer für Dekantiergefäße und Flaschen sind praktisch, weil sie verhindern, daß auf dem Tisch Ringe entstehen. Es gibt sie aus Gold, Silber, Holz, ja sogar Preßpappe. Eine zwar kleine, aber nützliche Nebensache beim Weinservieren.

21 Die hölzerne «Portwiege» ermöglicht es, den Korken aus der liegenden Flasche zu ziehen, ohne den Bodensatz aufzurühren.

Die richtige Temperatur

Nichts hat größeren Einfluß auf den Weingenuß als die Temperatur. Eiskalter Rotwein und lauwarmer Rheinwein sind etwas Gräßliches – und das hat gute Gründe. Unser Geruchssinn (damit aber auch zum großen Teil unser Geschmackssinn) ist ja nur für flüchtige Stoffe empfänglich. Rotwein hat ein höheres Molekulargewicht, ist also weniger flüchtig als Weißwein. Wenn man daher Rotwein «chambré», d.h. bei Raumtemperatur, serviert, dann hat das den Zweck, ihn so weit zu temperieren, daß seine Duftstoffe sich zu verflüchtigen beginnen. Je kräftiger und gehaltvoller der Wein ist, desto höher muß die Temperatur sein. Ein leichter Beaujolais kann wie Weißwein behandelt werden; sein Duft ist auch dann noch fast überwältigend, wenn er kalt ist. Ein voller Rotwein dagegen braucht die Wärme des Zimmers, der behutsam um das Glas geschlossenen Hand, ja selbst der Mundhöhle, um seine Mannigfaltigkeit zur Geltung zu bringen.

Andererseits servieren die Franzosen roten Burgunder meist kühler als roten Bordeaux. Der Grund dafür ist, daß die Pinot-Noir-Traube von vornherein ihren Duft leichter abgibt; deshalb wirkt auch junger Burgunder ansprechender als junger Bordeaux. Im übrigen muß man bedenken, daß der Begriff *chambré* zu einer Zeit erfunden wurde, als die Temperatur in französischen Eßzimmern kaum über 15–16 °C gelegen haben dürfte.

Kühlung ist nötig für sehr süße Weine, um einen gewissen Ausgleich für deren Fülle zu schaffen. Auf dem Schaubild stehen deshalb auch die süßesten Weißweine an der «kältesten» Stelle. Es ist zweckmäßig, solche Weine sehr kalt einzuschenken und sie während des Trinkens etwas wärmer werden zu lassen. Dabei entfalten sich Aroma und Bukett. Überalterte, oxidierte Weißweine kann man ebenfalls durch sehr starke Kühlung präsentabel machen.

Auf dem Schaubild ist dargestellt, welche Temperaturen verschiedene Weine am besten zur Geltung bringen. Die Zusammenstellung beruht auf persönlicher Erfahrung, oft im Gespräch (auch in hitziger Debatte) mit vielen Weinfreunden revidiert.

Weißwein läßt sich leichter auf die richtige Temperatur bringen als Rotwein – man braucht dazu nur einen Kühlschrank. Am schnellsten ist eine Flasche gekühlt, wenn man sie in einen Eimer mit Eis und Wasser stellt (nicht mit Eis allein). In einem sehr warmen Raum und, bei warmem Wetter, auch im Freien stellt man die Flasche auch nach dem Einschenken wieder in den Eimer. Hohe Rheinweinflaschen stellt man zunächst ein paar Minuten kopfüber ins Wasser, damit der Wein im Flaschenhals gut gekühlt ist.

Roten Wein auf die richtige Temperatur zu bringen ist schon schwerer. Gerade aus dem Keller geholt, braucht er im Zimmer einige Stunden, um ein paar Grad wärmer zu werden. Man könnte ihn zum Aufwärmen in die Küche stellen – möglichst am Tag vorher –, oft aber ist es in der Küche weit wärmer als 18 °C, vor allem wenn das Essen auf dem Herd steht. Bei solchen Temperaturen muß auch der beste Rotwein umkippen. Der Alkohol beginnt zu verdampfen, und es macht sich ein aufdringlicher Geruch bemerkbar, der den Charakter des Weins untergehen läßt. Die praktischste Methode, einen Rotwein rasch aufzuwärmen, ist noch immer, ihn zu dekantieren und den Dekanter in lauwarmes Wasser – etwa 21 °C – zu stellen. Es schadet nichts, wenn man den Dekanter vorher ein wenig anwärmt.

Rechts: Eine Auswahl von Gefäßen zum Kühlen von Wein. Eine große chinesische Fischschüssel eignet sich hervorragend für mehrere Flaschen. Eisstücke in Wasser sind besser als Eis allein. Im irdenen Kühlgefäß wird die Weintemperatur durch Verdunstung herabgesetzt, während der durchsichtige Vakuumcontainer eine bereits gekühlte Flasche lange kühl hält. Das Schaubild bringt Vorschläge für empfehlenswerte Temperaturen verschiedener Weine. Raumtemperatur ist für moderne Begriffe etwas niedrig – für feinen Wein aber nur um so besser.

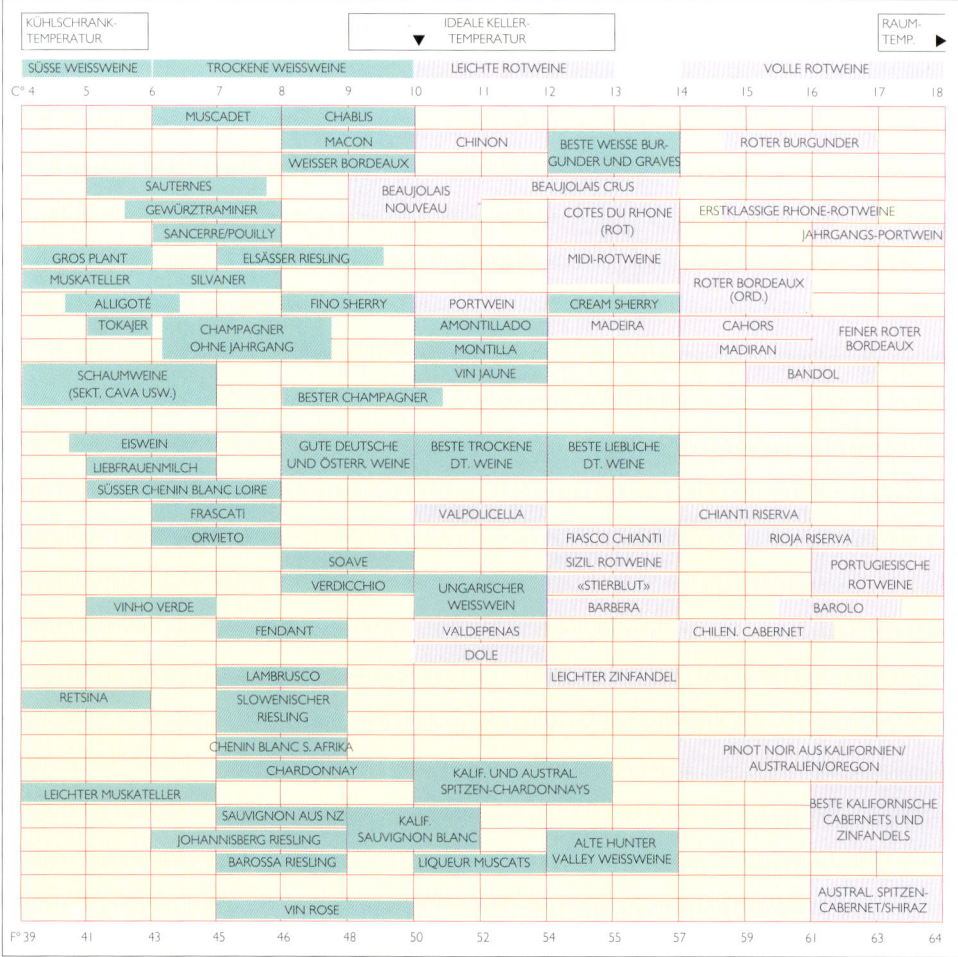

Frankreich

Frankreich

Links: Neue Tronçais-Eichenfässer warten im Zweitjahres*chai* von Château Margaux im Médoc auf die Füllung. Tronçais-Eiche aus dem Département Allier ist das wertvollste Faßholz.

Auch wenn man jeden Regentropfen gezählt und den letzten Stein umgewälzt hat, bleibt immer noch die unwägbare Frage des Nationalcharakters, der Frankreich unbestreitbar das Lieblingskind der Rebe sein läßt, das weit mehr und verschiedenartigere große Weine hervorbringt als jedes andere Land.

Frankreich ist aber nicht nur sinnenfreudig und fleißig – es ist auch systematisch. Es hat nicht nur gute Weinberge, sondern klassifiziert und kontrolliert sie auch. Seit rund 200 Jahren gibt es eine Rangordnung der besten Lagen, und seit etwa 70 Jahren ist sie in jeder Hinsicht Gesetz.

Es begann mit der Appellation d'Origine Contrôlée, die zunächst den Namen Roquefort einem Käse vorbehielt, der in einer bestimmten Gegend auf bestimmte Art aus Ziegenmilch gewonnen wird. Dasselbe Prinzip wurde auch auf den Wein ausgedehnt: Herkunftsgebiet, Methode und Rebsorte(n) sind exakt festgelegt. Daneben bestimmt das Gesetz den höchstzulässigen Hektarertrag und die Mindeststärke. Das AOC-(kurz AC-) System wird vom Institut National des Appellations d'Origine (INAO) verwaltet.

1973 wurde als zweitumfangreichste Rangstufe der Vin de Pays eingeführt. Er bildet den gelungenen Versuch, Lokalstolz und Qualitätsbestrebungen bei Erzeugern des ehemaligen Vin de Table zu fördern. Der Vin de Pays bietet größere Spielräume (siehe Seiten 138/139) als die AC, ist aber dennoch das Sprungbrett zur Spitzengruppe. Zwischen diesen beiden Rangstufen liegt die zahlenmäßig kleinere Gruppe der Vins Délimités de Qualité Supérieure (VDQS). Sie stellt praktisch die Bewährungsstufe für Weine, oft ehemalige Vins de Pays, dar, die den AC-Status anstreben. Nicht alle gelangen zu diesem Ziel; auch legt mancher gute Winzer Wert auf mehr Bewegungsfreiheit, als ihm die AC läßt.

Unser Atlas verzichtet darauf, alle Grenzen im Detail aufzuzeigen. Uns kommt es mehr auf die Freude am Wein als auf den Rechtsstatus an.

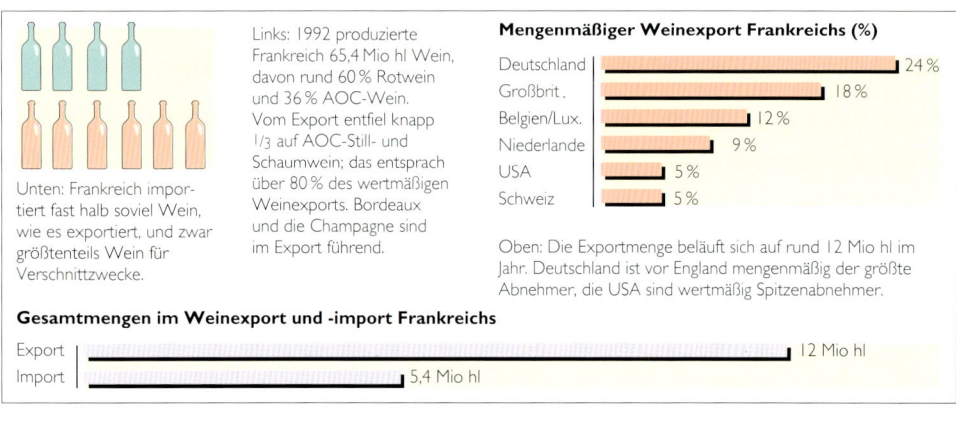

Links: 1992 produzierte Frankreich 65,4 Mio hl Wein, davon rund 60 % Rotwein und 36 % AOC-Wein. Vom Export entfiel knapp 1/3 auf AOC-Still- und Schaumwein; das entsprach über 80 % des wertmäßigen Weinexports. Bordeaux und die Champagne sind im Export führend.

Unten: Frankreich importiert fast halb soviel Wein, wie es exportiert, und zwar größtenteils Wein für Verschnittzwecke.

Mengenmäßiger Weinexport Frankreichs (%)

Deutschland	24 %
Großbrit.	18 %
Belgien/Lux.	12 %
Niederlande	9 %
USA	5 %
Schweiz	5 %

Oben: Die Exportmenge beläuft sich auf rund 12 Mio hl im Jahr. Deutschland ist vor England mengenmäßig der größte Abnehmer, die USA sind wertmäßig Spitzenabnehmer.

Gesamtmengen im Weinexport und -import Frankreichs

Export — 12 Mio hl
Import — 5,4 Mio hl

— · — · — Staatsgrenze
— — — — Departementsgrenze
○ Departements-Hauptstadt
● Zentrum des VDQS-Gebietes
Côte Roannaise VDQS-Name (ein Führer zu den VDQS-Weinen, die nicht auf einer andern Karte aufgeführt sind, findet sich auf Seiten 138/139)

- Champagne (Seite 76)
- Loire-Tal (Seiten 114/115)
- Burgund (Seite 55)
- Savoyen und Jura (Seite 137)
- Rhône (Seiten 125 und 129)
- Südwesten (Seiten 112/113)
- Cognac (Seiten 110/111)
- Bergerac (Seite 109)
- Bordeaux (Seite 80)
- Midi (Seiten 133–135)
- Provence (Seite 136)
- Elsaß (Seite 115)
- Sonstige Weinbaugebiete

Proportionalkreise

44 Weinbaufläche pro Departement in 1000 ha

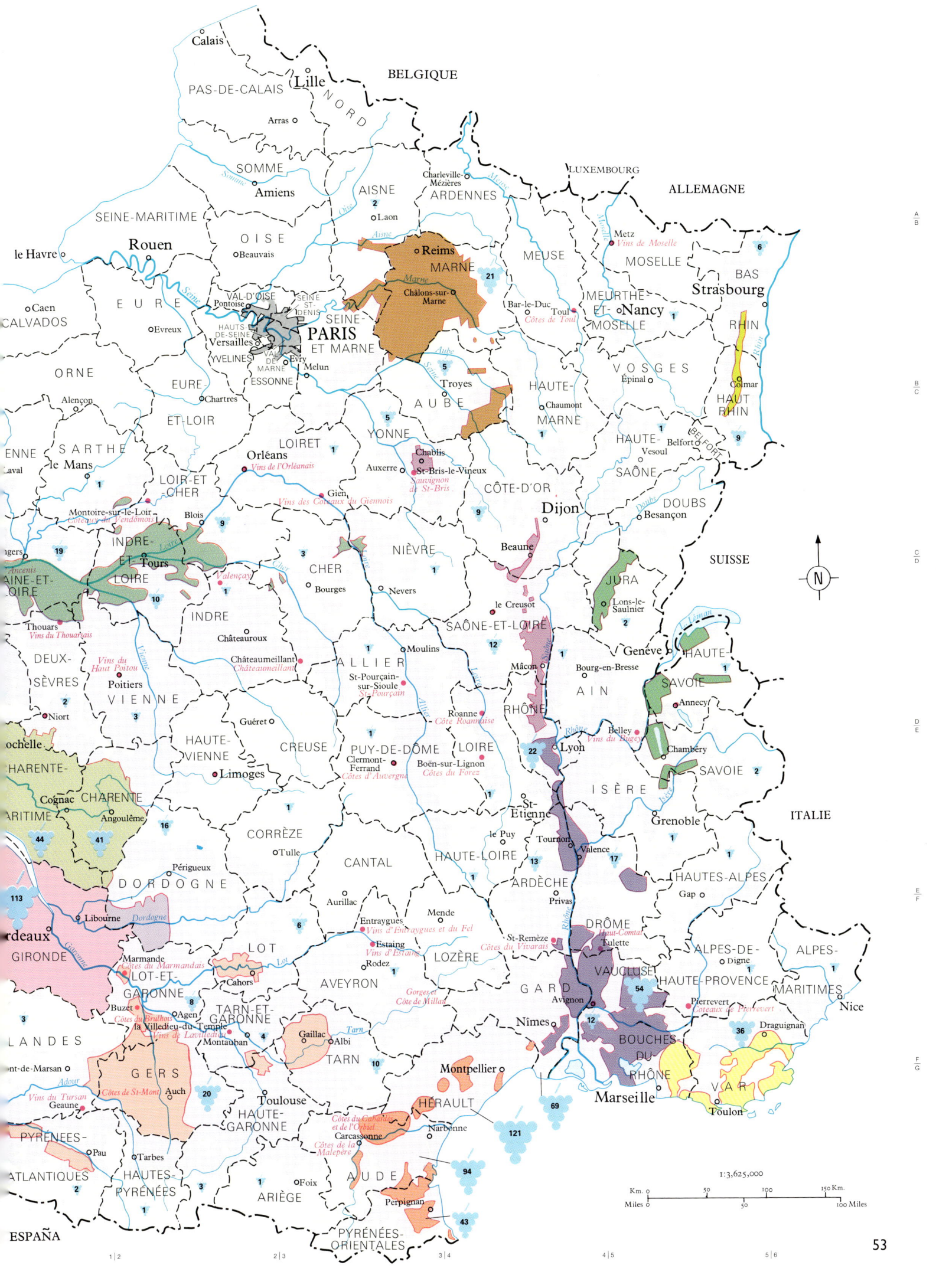

Burgund

Schon der Name Bourgogne klingt wie ein voller Glockenton, der zur Kirche, aber auch zur Tafel ruft. Ist Paris der Kopf und die Champagne die Seele Frankreichs, dann ist Burgund sein Magen. Es ist das Land der ausgedehnten Mahlzeiten, bei denen der Tisch mit dem Besten wohlbestellt ist (Rindfleisch aus dem Charolais im Westen, Geflügel aus Bresse im Osten, Fisch aus den Flüssen und Schnecken aus den Weinbergen). Schon bevor das Christentum nach Frankreich kam, war Burgund für seinen Wein berühmt.

Es ist kein großes, geschlossenes Weingebiet, vielmehr eine Provinz, in der mindestens drei der besten französischen Weinbaugebiete liegen. Das bei weitem reichste und bedeutendste ist die in der Mitte gelegene Côte d'Or, die sich wiederum aus der Côte de Beaune und der Côte de Nuits zusammensetzt. Aber auch die Bereiche Chablis, Beaujolais und Mâconnais haben einen guten alten Ruf.

Trotz seines Ruhms und Reichtums wirkt Burgund noch erstaunlich schlicht und ländlich. An der ganzen Côte d'Or findet man kaum imposante Gebäude oder vornehme Landsitze, wie sie zum Beispiel dem Médoc das Gepräge geben. Die meisten der sowieso wenigen großen Besitzungen, nämlich die der Kirche, wurden von Napoleon aufgeteilt. Und heute ist die Côte d'Or einer der zersplittertsten französischen Weinbaubereiche. Auf einen Winzer entfallen im Mittel nur 4 ha.

Diese Zersplitterung Burgunds ist die Ursache des einen großen Nachteils, den seine Weine haben: Sie sind unberechenbar. Denn selbst wenn man einen Wein nach Ort, Lage und Jahrgang bestimmt hat, kann er immer noch von bis zu sechs oder sieben Winzern bereitet sein, die sich mit kleinen Parzellen in diese Lage teilen, und bis zu sechser- oder siebenerlei verschiedene Kellerbehandlungen erfahren haben. «Monopoles», d. h. Lagen im Alleinbesitz eines Erzeugers, sind seltene Ausnahmen. Selbst der kleinste Weinbauer besitzt Parzellen in zwei oder drei verschiedenen Weinbergen. Größeren Erzeugern können insgesamt 20 bis 40 ha gehören, die aus jeweils kaum 1 ha großen Anteilen an zwanzig Weinbergen bestehen. In die 50 ha des Clos des Vougeot teilen sich 80 Besitzer.

Die Straße von Monthélie nach Volnay verläuft zwischen Mauern durch das Premier Cru Taillepieds. Die Reben links gehören den Hospices de Beaune; sie erbringen die Cuvée Blondeau.

Unten: 1991 belief sich die Weinproduktion von Burgund und Beaujolais auf knapp 2,4 Mio hl, davon über 75 % Rotwein. In den Export gingen etwa 42 %, also knapp 1 Mio hl. Vor zehn Jahren nahmen die Schweiz und die USA zusammen über die Hälfte des Exports ab. Seither haben Deutschland und die USA die Plätze getauscht.

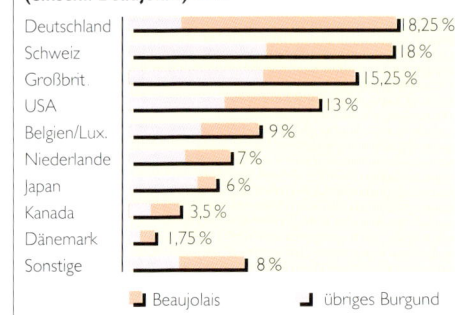

Mengenmäßiger Export Burgund (einschl. Beaujolais) in %

Land	%
Deutschland	18,25 %
Schweiz	18 %
Großbrit.	15,25 %
USA	13 %
Belgien/Lux.	9 %
Niederlande	7 %
Japan	6 %
Kanada	3,5 %
Dänemark	1,75 %
Sonstige	8 %

■ Beaujolais   ■ übriges Burgund

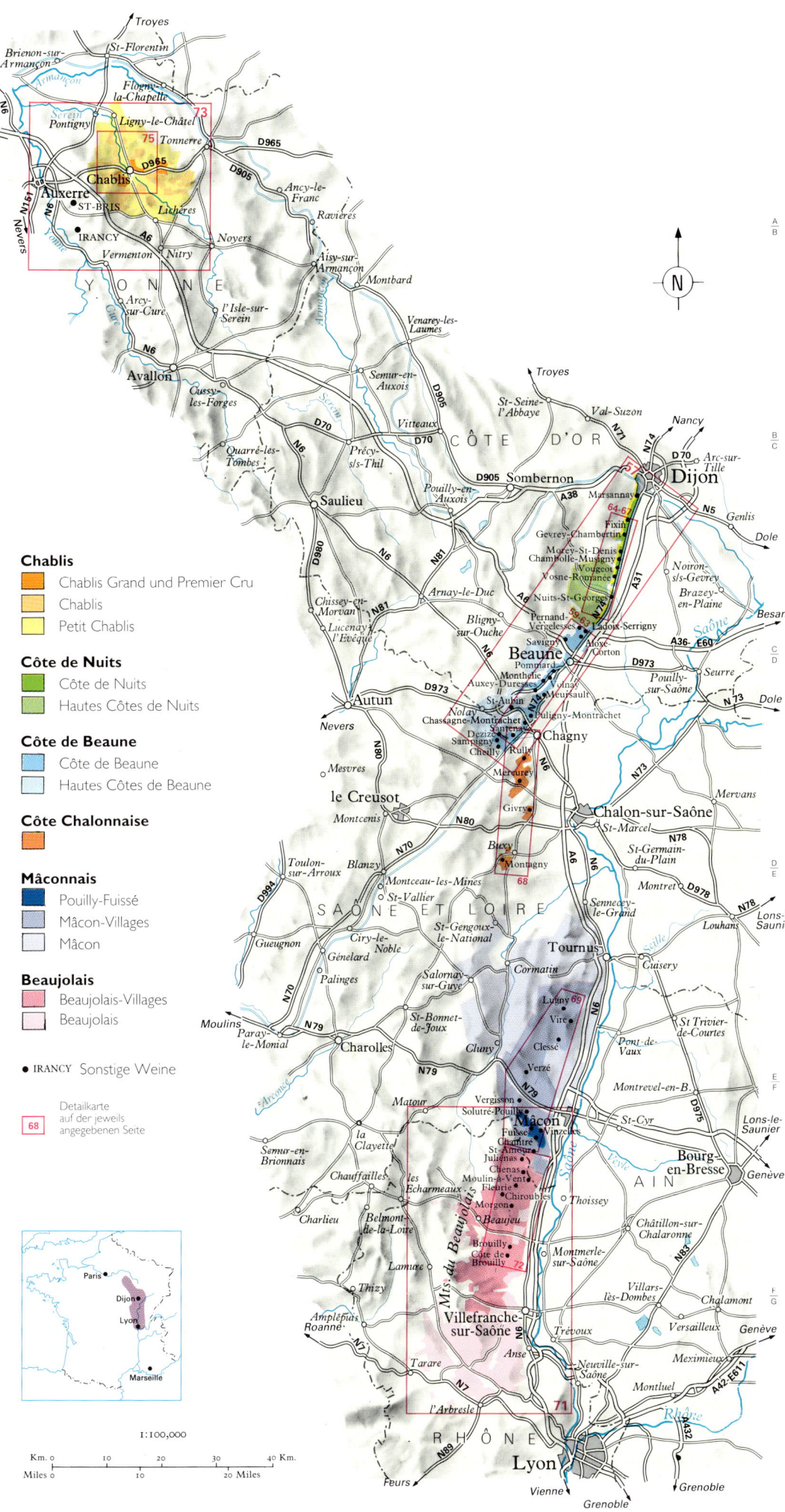

Aus diesem Grund werden noch heute rund 65 % des Burgunders faßweise vom Erzeuger an Weinhändler verkauft, die ihn mit anderen Weinen des Gebiets verschneiden und so Standardweine in marktgerechten Mengen gewinnen. Verkauft wird er nicht als Erzeugnis eines bestimmten Weinguts, sondern als Wein eines bestimmten Areals (das eine einzelne Lage oder aber eine ganze Gemarkung sein kann), den das Weinhandelshaus ausgebaut («élevé») hat. Das Renommee dieser *négociants-éleveurs* (zumeist selbst auch Erzeuger) schwankt zwischen himmelhoch und ausgesprochen irdisch. In jedem Fall kommen die feinsten Weine mit einer möglichst genauen Bezeichnung ihrer Herkunft und der Angabe, daß es sich um Erzeugerabfüllungen handelt, auf den Markt.

Die Karte auf dieser Seite zeigt das ganze burgundische Weinland, die Ausdehnung und Lage der im Süden gelegenen Gebiete Beaujolais und Mâconnais, Chablis im Norden, der kleineren Côte Chalonnaise sowie des schmalen Streifens der Côte d'Or und ihres wenig bekannten Hinterlands, der Hautes Côtes de Beaune und der Hautes Côtes de Nuits (Näheres auf Seiten 59–67). Die Legende verweist auf die Einzelkarten dieser Gebiete.

Insgesamt gibt es in Burgund etwa 200 ACs. Die meisten sind geographisch definiert und werden auf den folgenden 20 Seiten behandelt. Eingebaut in diese geographischen Appellationen gibt es noch eine Klassifizierung nach der Qualität, die allein schon so etwas wie ein Kunstwerk ist. Auf Seite 58 wird sie erklärt. Die Appellationen Bourgogne, Bourgogne Aligoté (für Weißwein), Bourgogne Passe-Tout-Grain und Bourgogne Grand Ordinaire können jedoch für Weine verwendet werden, die aus entsprechenden Trauben aus beliebigen Teilen Burgunds bereitet sind.

DIE SPRACHE DES ETIKETTS

Climat Einzellage
Commune Ort oder Gemarkung
Grand Cru Ein Spitzengewächs mit eigener Appellation Contrôlée
Premier Cru Die zweite Stufe der burgundischen Lagenbewertung
Mise (oder **Mise en bouteilles**) **du** (oder **au**)
Domaine (Gutsabfüllung)
Mise par le propriétaire oder **à la propriéte** Erzeugerabfüllung
Mise dans nos caves Kellereiabfüllung (nicht unbedingt in der Kellerei des Erzeugers)
Négociant-Eleveur Händler, der erstjährigen Wein beim Erzeuger aufkauft und ihn in eigener Kellerei verschneidet und weiter reifen läßt
Monopole Weinberglage im Alleinbesitz
Propriétaire-Récoltant Weingutsbesitzer und Erzeuger
Récolte Ernte, Lese, Jahrgang
...Village Wein mit der einfachen AC der jeweils genannten Orte
...Villages Wein aus bestimmten Orten innerhalb der genannten Region

Côte d'Or: Qualitätsfaktoren

Dem Höhenzug der Côte d'Or zollen die Menschen Burgunds soviel Respekt wie einst die Athener einer Gottheit. Man muß sich aber auch wirklich wundern, warum bestimmte Parzellen an diesen Hängen überragend gute Weine hervorbringen, andere hingegen nicht. Gewiß, man kann feststellen, worin sich die einzelnen Lagen physikalisch unterscheiden – warum sie Trauben mit höherem Zuckergehalt, dickeren Hülsen und mineralhaltigerem Fruchtfleisch produzieren.

Das kann man – und kann es doch wiederum nicht. Immer wieder hat man Boden und Unterboden analysiert, Temperaturen, Feuchtigkeit und Windrichtung gemessen, den Wein mit Gaschromatographen untersucht... und doch das Geheimnis nicht aufgedeckt.

Burgund ist die nördlichste Landschaft der Erde, in der großer Rotwein gedeiht. Ihr Sommerklima ist seltsamerweise dem Bordelaiser recht ähnlich, doch in Burgund kommt es häufiger vor, daß ganze Jahrgänge mißraten. Mit den allgemeinen Klimabedingungen läßt sich die hervorragende Qualität des Weins allerdings nicht erklären.

Das Bild ist an sich einfach: Die Côte stellt eine geologische Bruchlinie dar, wo die von den Schalen abgestorbener Meerestiere mit Kalzium angereicherten Ablagerungsschichten verschiedener geologischer Epochen wie ein aufgeschnittenes Tortenstück freiliegen. Senkrecht zur Côte verlaufende lokale Verwerfungen bringen Abwechslung in diese Tortenschichten.

Die Höhe des mittleren Hangs ist mit rund 250 m ziemlich konstant. Darüber, auf dem mit dünnem Mutterboden überzogenen Felsenkamm, ist das Klima rauher, und die Trauben reifen später. Weiter unten liegt vorwiegend Schwemmland – dort kommen Nebel und Spätfröste häufiger vor.

Die Côte besteht aus leicht südwärts versetzten Ostlagen, an manchen Stellen (vor allem an der Côte de Beaune) schwenkt sie ganz nach Süden oder gar nach Westen um.

Die Côte de Nuits fällt steiler ab als die Côte de Beaune. In ihrem unteren Abschnitt, etwa bis zu einem Drittel der Hanghöhe, verläuft eine schmale Schicht Mergel, die einen kalkig-lehmigen Boden ergibt. Mergel allein wäre ein zu fetter Boden für den edelsten Wein, doch in Verbindung mit dem von dem härteren Kalkstein weiter oben heruntergeschwemmten Geröll ist er ideal. Die Erosion besorgt je nach dem Hangwinkel eine weitere Vermischung.

An der Côte de Beaune ist der Mergelstreifen (Argovien) breiter und verläuft höher am Hang: Anstelle eines schmalen Weinberggürtels unter überhängender Kalksteinwand gibt es hier einen ausgedehnten und sacht ansteigenden Hang. Stellenweise reichen die Reben fast bis an den Kamm heran.

Am Einzelberg Corton sind die besten Lagen die mit Mergelboden, der bis an den bewaldeten Kamm aus hartem Kalkstein heranreicht. In Meursault tritt der Kalkstein unterhalb der Mergelschicht wieder am Hang zutage und bildet einen sehr steinigen unteren Hügelrücken, der sich ausgezeichnet für Weißwein eignet.

Das alles zeigt nur stichprobenartig auf, wie unterschiedlich die Struktur der Côte ist. Jede Verschiedenartigkeit des Bodens bringt auch Unterschiede in der Drainage, der Bodentem-

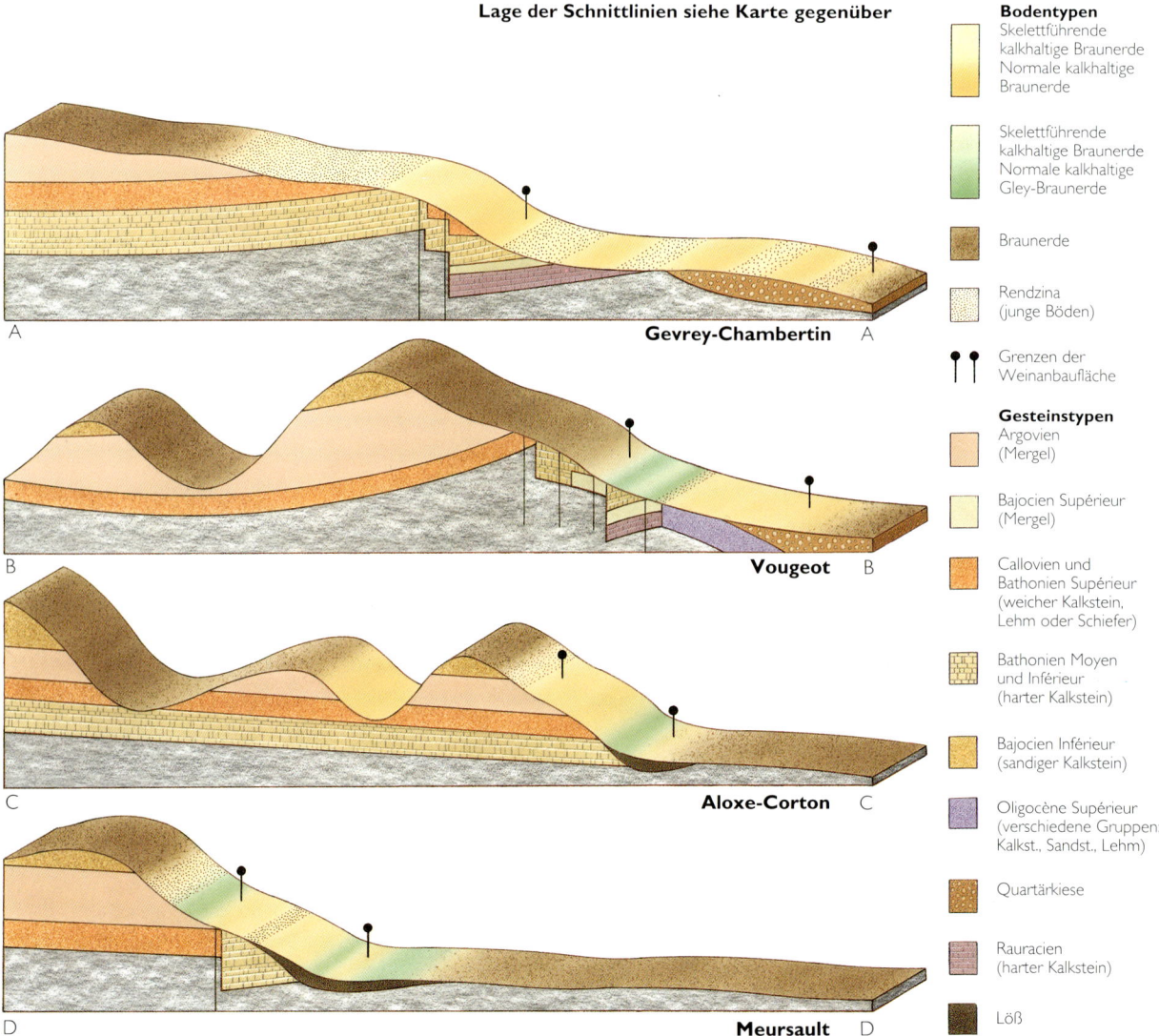

Lage der Schnittlinien siehe Karte gegenüber

Bodentypen
- Skelettführende kalkhaltige Braunerde / Normale kalkhaltige Braunerde
- Skelettführende kalkhaltige Braunerde / Normale kalkhaltige Gley-Braunerde
- Braunerde
- Rendzina (junge Böden)
- Grenzen der Weinanbaufläche

Gesteinstypen
- Argovien (Mergel)
- Bajocien Supérieur (Mergel)
- Callovien und Bathonien Supérieur (weicher Kalkstein, Lehm oder Schiefer)
- Bathonien Moyen und Inférieur (harter Kalkstein)
- Bajocien Inférieur (sandiger Kalkstein)
- Oligocène Supérieur (verschiedene Gruppen: Kalkst., Sandst., Lehm)
- Quartärkiese
- Rauracien (harter Kalkstein)
- Löß

Links: Querschnitt durch vier führende Weinbezirke der Côte d'Or. In Gevrey-Chambertin reichen junge Böden oder Rendzinen noch bis zur Mergelschicht hinunter. Auf und unterhalb dieser Mergelschicht findet sich gute kalkhaltige Braunerde auf Kalkstein in geschützter Lage (Chambertin). Von dort bis zur Talsohle treten verschiedene Bodengruppen auf, die gutes Rebland abgeben. Bei Vougeot tritt der Mergel an zwei Stellen zutage. Unterhalb des oberen Mergelaustritts liegt Grands Echézaux, auf und unterhalb des zweiten der Clos de Vougeot. Um den Corton-Berg zieht sich bis fast zum Gipfel hinauf ein breiter Mergelgürtel, auf dem die besten Weinberge liegen. Doch müssen die Winzer an diesem steilen Hang ständig die Erde wieder hinaufschaffen. Wo Kalksteinschutt von den Höhen abgelagert ist, wird Weißwein gezogen (Corton-Charlemagne). Um Meursault steht der Mergel wiederum hoch und breit an, er wirkt sich aber am günstigsten weiter unten aus. Auf dieser Rampe finden sich die besten Lagen.

peratur, ja in hundert anderen Faktoren, die ihren Einfluß auf die Reben haben. Wahrscheinlich hat das Mikroklima in Verbindung mit der physikalischen Struktur die entscheidendsten Wirkungen. Die besten Lagen der Côte sind die Ostlagen. Sie fangen schon am Morgen die Sonne auf, die den Boden dann den ganzen Tag über durchwärmt. Nach Südwesten hin sind sie gegen den feuchten Wind abgeschirmt – gegen den Frost in stillen Nächten aber nicht so gut.

Der andere, in Karten nicht erfaßbare Qualitätsfaktor liegt darin, für welche Reben sich der Winzer entscheidet, wie er sie schneidet und wie er sie düngt. Es gibt in den klassischen Sorten mehr oder weniger wuchskräftige «Klone». Wählt der Winzer davon den produktivsten, schneidet ihn falsch oder überdüngt den Boden, dann ist eine Qualitätseinbuße unvermeidlich.

In dieser Region wird schon am längsten größte Mühe auf die Weinqualität verwendet – in ununterbrochener Folge mindestens seit dem 12. Jahrhundert, als sich Zisterzienser und Benediktiner hier an die Arbeit machten. Es heißt, sie hätten in dem Bestreben, das Potential des Bodens zu ergründen und die «Crus» voneinander zu unterscheiden, sogar die Erde «gekaut». Das Wort Cru bezeichnet sowohl den Grund und Boden als auch den Wein, der auf ihm wächst, als ein vom nächsten Cru auf demselben Berg abgegrenztes Ganzes. Wo die Grenzen gezogen werden sollten, versuchten die Mönche unermüdlich zu erforschen.

Die Herzöge von Burgund aus dem Haus Valois taten im 14. und 15. Jahrhundert alles, um den Wein, der ihnen unter den Potentaten der Region einmaliges Ansehen verlieh, zu fördern. Seither hat eine Generation um die andere zur Summe der Erfahrungen beigetragen, die in den *climats* und *crus* von Dijon bis Chagny zum Ausdruck kommen.

Die Karte vermittelt einen Überblick. Auf den nicht gerade imposanten Hügeln dehnt sich ein vielfach unterbrochenes Plateau mit Steilhängen überall dort, wo geologische Bruchlinien zutage treten. Es sind dies die Hautes Côtes von Beaune und von Nuits, die sich bis 400 m erheben und kühlerer Witterung derart ausgesetzt sind, daß die Lese hier oben eine Woche später stattfindet als an den Côtes selbst.

Das hindert den Pinot Noir und Chardonnay jedoch nicht daran, in geschützteren Ost- und Südlagen zwar etwas leichten, aber doch mit echtem Côte-d'Or-Charakter versehenen Wein hervorzubringen. Die besten Weinorte in den von Chardonnay beherrschten Hautes Côtes de Beaune sind Nantoux, Echevronne, La Rochepot und Meloisey, und in den Hautes Côtes de Nuits, wo Rotwein dominiert, halten Marey-les-Fussey, Magny-les-Villers, Villers-Fontaine und Bévy die Spitze. Im Süden schließen die Hautes Côtes de Beaune mit der neuen AC Maranges ab, die drei Orte westlich von Santenay umfaßt.

Die Côte d'Or selbst bietet im Norden geschützte Lagen in dichter Folge auf einem ununterbrochenen, ziemlich gleichmäßigen Osthang. Südlich von Nuits werden um die Orte Comblanchien und Corgoloin die Weinberge abrupt von Marmorsteinbrüchen abgelöst, formieren aber ihre Reihen wieder südlich und westlich vom Oval des Corton-Bergs in einer sanfteren Landschaft, die mehr Südhänge aufweist. An der Côte de Beaune wächst fast doppelt soviel Wein wie an der Côte de Nuits; knapp die Hälfte davon ist Weißwein. Die Côte de Nuits dagegen konzentriert sich einzig und allein auf Pinot Noir.

Côte d'Or

Die Côte d'Or, bestehend aus der Côte de Beaune und der Côte de Nuits, ist ein etwa 50 Kilometer langer unregelmäßiger Steilabbruch einer bewaldeten Hochfläche, an dessen Fuß sich die Talebene der Saône anschließt. Die Breite des Hanges schwankt zwischen 2500 und wenigen hundert Metern – und die guten Lagen finden sich ausschließlich auf diesem schmalen Streifen.

Nirgends auf der Erde ist Land jemals so genau nach seiner Anbaueignung bewertet worden wie hier, und zwar vom Institut National des Appellations d'Origine (INAO), auf der Grundlage von über 100 Jahre alten Klassifizierungen. Erst 1984 wurden die Grenzen endgültig festgelegt und in Karten erfaßt. Die Lagen sind in vier Stufen eingeteilt und dürfen laut Gesetz nur entsprechend etikettiert werden. Die erste Stufe umfaßt Grands Crus; davon gibt es 32 – jede mit eigener Appellation. Der allein, ohne Ortsnamen stehende Lagenname – Musigny, Corton, Montrachet oder Chambertin – ist das Patent für den höchsten burgundischen Adel.

Der nächste Rang, die Premiers Crus, führt den Ortsnamen und danach die Lagenbezeichnung (oder, falls der Wein aus mehreren Lagen kommt, den Gemeindenamen mit dem Zusatz Premier Cru).

Die dritte Stufe heißt Appellation Communale; sie darf den Namen der Gemeinde führen. Solche Weine tragen nach dem Ortsnamen den Zusatz Villages (z.B. Meursault-Villages). Lagenangaben sind zulässig, aber in einem viel kleineren Schriftgrad als die Gemeinde. Einige dieser Lagen, die oft Clos de... heißen, sind im Besitz guter Erzeuger.

Viertens gibt es geringere Lagen, deren Wein lediglich als Bourgogne bezeichnet werden darf.

Überdies gibt es eine Klasse von Lagen, die im System nicht ausdrücklich enthalten ist und etwa Premiers Crus Supérieurs genannt werden könnte, denn nur an der Côte de Nuits und in fünf Gemeinden an der Côte de Beaune gibt es Grands Crus; alle anderen Spitzenlagen sind lediglich Premiers Crus, obwohl manche stets viel Besseres erbringen als andere Premiers Crus.

Das INAO legt die Qualitätsbestimmungen fest, denen zufolge nur die klassischen Rebsorten (Pinot Noir für Rotwein, Chardonnay für Weißwein) angebaut und nur beschränkte Erträge (für Spitzenweine 40 hl/ha, für einfachere 60 hl/ha) erzielt werden dürfen. Der Mindestalkoholgehalt muß 12 % für die besten Weißweine, 11,5 % für die besten Rotweine und bis zu 10 % für die einfachsten Rotweine betragen. Oft wird an den Ortsnamen (Vosne, Gevrey, Chassagne usw.) der Name der besten Lage in der Gemeinde angehängt. Der Unterschied zwischen einem Chevalier-Montrachet (aus einer berühmten Einzellage) und einem Chassagne-Montrachet (irgendwo in der Gemarkung gewachsen) ist dem Unkundigen nicht ohne weiteres klar; seine Bedeutung aber ist nicht zu unterschätzen.

In Beaune steht eines der bekanntesten Krankenhäuser der Welt, die Mitte des 15. Jh. gebauten und bis heute arbeitenden Hospices de Beaune, in denen die Kranken der Stadt unentgeltlich behandelt werden. Gegründet wurde das «Hôtel Dieu» 1443 von Nicolas Rolin, Kanzler des Herzogs von Burgund, und seiner dritten Frau Guigone de Salins, und es wurde mit Weinbergen in der Umgebung ausgestattet. Seit dieser Zeit haben immer wieder Weinbauern ihr Land der Stiftung vermacht. Die Erlöse aus dem jährlichen Verkauf der Weine unterhalten das Krankenhaus mit allen modernen Einrichtungen, die es benötigt.

Links: das Gründerehepaar. Oben: ein Blick über die Dächer der Hospices auf Beaune. Im Hintergrund die Weinberge der Côte de Beaune.

Die Weinhandelshäuser in Beaune

Beaune ist immer noch von seiner Stadtmauer umgeben, deren Türme vielfach als Weinkeller benutzt werden. Viele der besten Händler Burgunds haben ihren Sitz in der Altstadt.

1. Chanson Père & Fils
2. Bouchard Aîné & Fils
3. Patriarche Père & Fils
4. Caves de la Reine Pédauque
5. Calvet
6. Albert Morot
7. Jaffelin
8. Joseph Drouhin
9. Les Cordeliers
10. Léon Violland
11. Louis Latour
12. Remoissenet Père & Fils
13. Bouchard Père & Fils
14. Louis Jadot

Côte de Beaune: Santenay

Die Karten auf dieser und den folgenden acht Seiten stellen den Endstand der ersten vollständigen amtlichen Vermessung und Klassifizierung der Weinlagen der Côte d'Or durch das INAO dar. Die verschiedenen Karten bilden eine Folge, die von Süden nach Norden verläuft.

Die Côte de Beaune fängt ohne einen Paukenschlag klangvoller Namen an: bei den kaum bekannten Dörfern Sampigny, Dézize und Cheilly, die sich in die einzige namhafte Lage, Les Maranges, teilen (alles außerhalb dieses Kartenausschnitts, s. Seite 57), und setzt sich dann in der Gemeinde Santenay (einem Kurort mit Spielcasino und sonstigen Annehmlichkeiten) fort. Dahinter schwenkt die Côte nach Norden und nimmt ihre charakteristische Osthanglage ein.

Dieser Südzipfel ist der geologisch verwirrendste Teil der Côte de Beaune. Starke Verwerfungen der Gesteinsschichten führen in Santenay zu einem abrupten Wechsel in Boden und Unterboden. An manchen Stellen gleicht diese Gemarkung Teilen der Côte de Nuits und liefert tiefen, wenn auch nicht exquisiten, so doch langlebigen Rotwein, an anderen wächst ein mehr für die Côte de Beaune typischer leichter Wein.

Les Gravières und La Commune sind die besten Lagen von Santenay; der bekannte Clos de Tavannes ist Teil von Les Gravières. Der Charakter dieser hervorragenden Rotwein-Lagen setzt sich weiter bis nach Chassagne-Montrachet hinein fort, wenngleich der Name Montrachet so fest mit Weißwein verknüpft ist, daß kaum jemand dort Rotwein vermutet. Doch in allen Weinbergen südlich des Dorfes Chassagne wächst zumindest etwas Rotwein; Morgeot, La Boudriotte und Clos St-Jean sind die bekanntesten Lagen. Hier wachsen feste, langlebige Weine von tiefer Farbe, die mit Gevrey-Chambertin enger verwandt sind als etwa mit Volnay.

Tatsächlich weiß niemand so recht, weshalb sich der Weißwein in dieser Gegend überhaupt durchgesetzt hat. Thomas Jefferson berichtet nämlich zur Zeit der Französischen Revolution, die Weißweinbauern hätten hier hartes Schwarzbrot essen müssen, während sich die Rotweinbauern weiches Weißbrot leisten konnten. Vielleicht wollten die Winzer von Santenay dem schon seit langem berühmten weißen Le Montrachet nacheifern. Auch eignet sich Chardonnay gut für steinigen Boden – der sich besonders in Meursault findet. Was auch immer der Grund gewesen sein mag: Chassagne-Montrachet ist vor allem für seinen zugleich trockenen, saftigen, goldfarbenen und blumigen Weißwein weltbekannt.

Das Südende der Côte de Beaune ist insbesondere durch die robusten Rotweine von Santenay und die gehaltvollen Weißweine von Chassagne-Montrachet berühmt. Maranges ist eine neue Appellation bei Santenay, und Hautes-Côtes de Beaune gilt für das Hügelland.

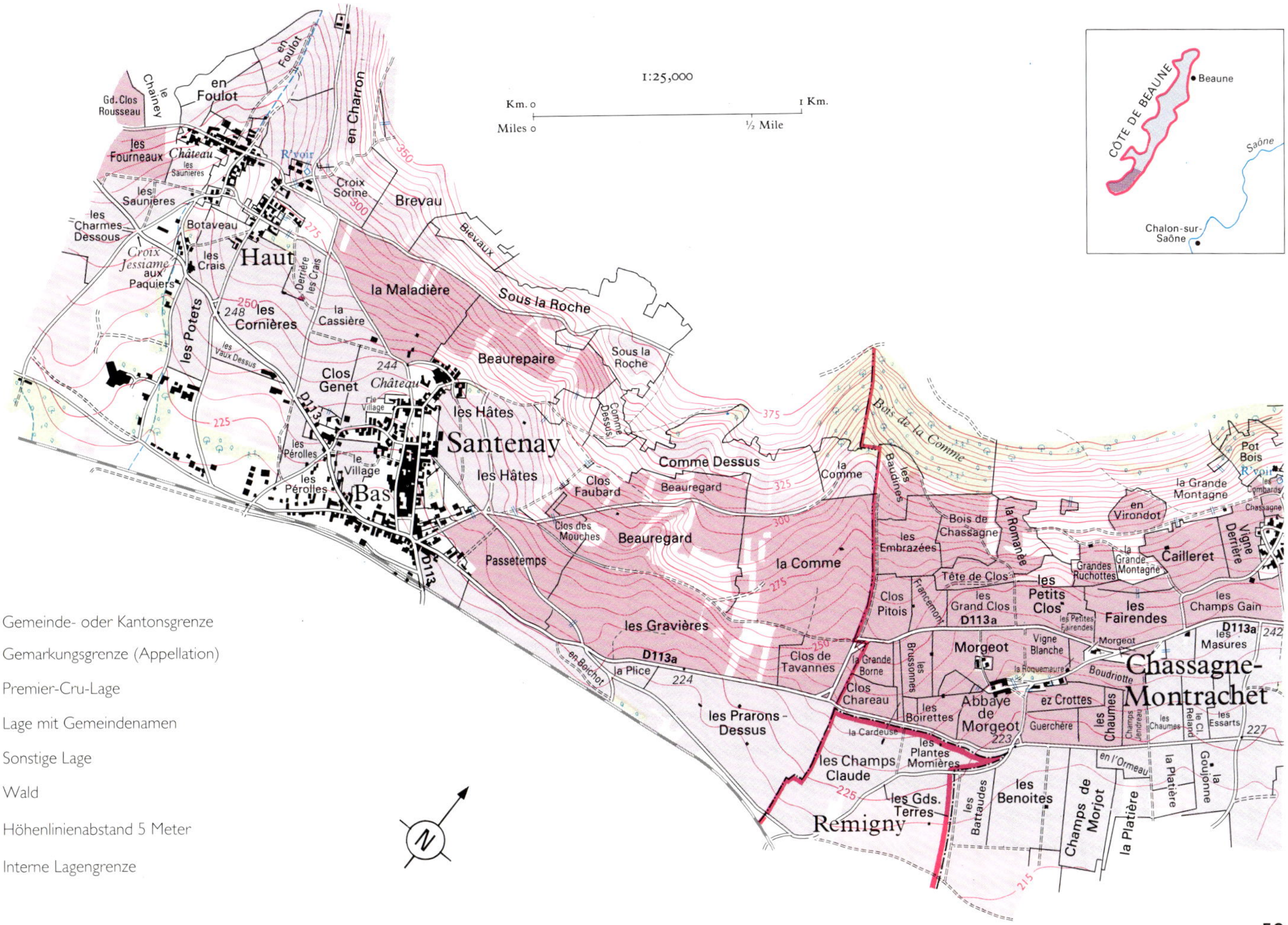

Côte de Beaune: Meursault

Ein Seitental unmittelbar nördlich Chassagne, das zu dem Dörfchen Gamay hinaufführt, teilt die Gemarkung in zwei Hälften. Im nördlichen Teil, an der Grenze zur Gemarkung Puligny, gedeiht der beste Weißwein Burgunds, wenn nicht der Welt. Dieser Grand Cru Montrachet verdankt seinen Ruf einer fast unglaublichen Konzentration guter Eigenschaften: Er hat (läßt man ihn 10 Jahre ruhen) ein stärkeres Bukett, ein strahlenderes Gold, einen längeren Abgang und ein Höchstmaß von Rasse und Finesse. Eine ideale Ostlage, dennoch in einem Winkel, der das Sonnenlicht im Sommer noch abends um neun durch die Rebzeilen fluten läßt, und ein plötzlich zutage tretender Streifen sehr kalkreichen Bodens zeichnen ihn gegenüber seinen Nachbarlagen aus: Der Chevalier Montrachet hat oft weniger Tiefe (er kommt von steinigerem Grund; sein bester Boden wurde für die

Oben: Chassagne-Montrachet verdankt zwar seinen Ruhm dem weißen Grand Cru Montrachet, produziert aber größtenteils Rotwein, Puligny hat dagegen nur wenig Pinot Noir.

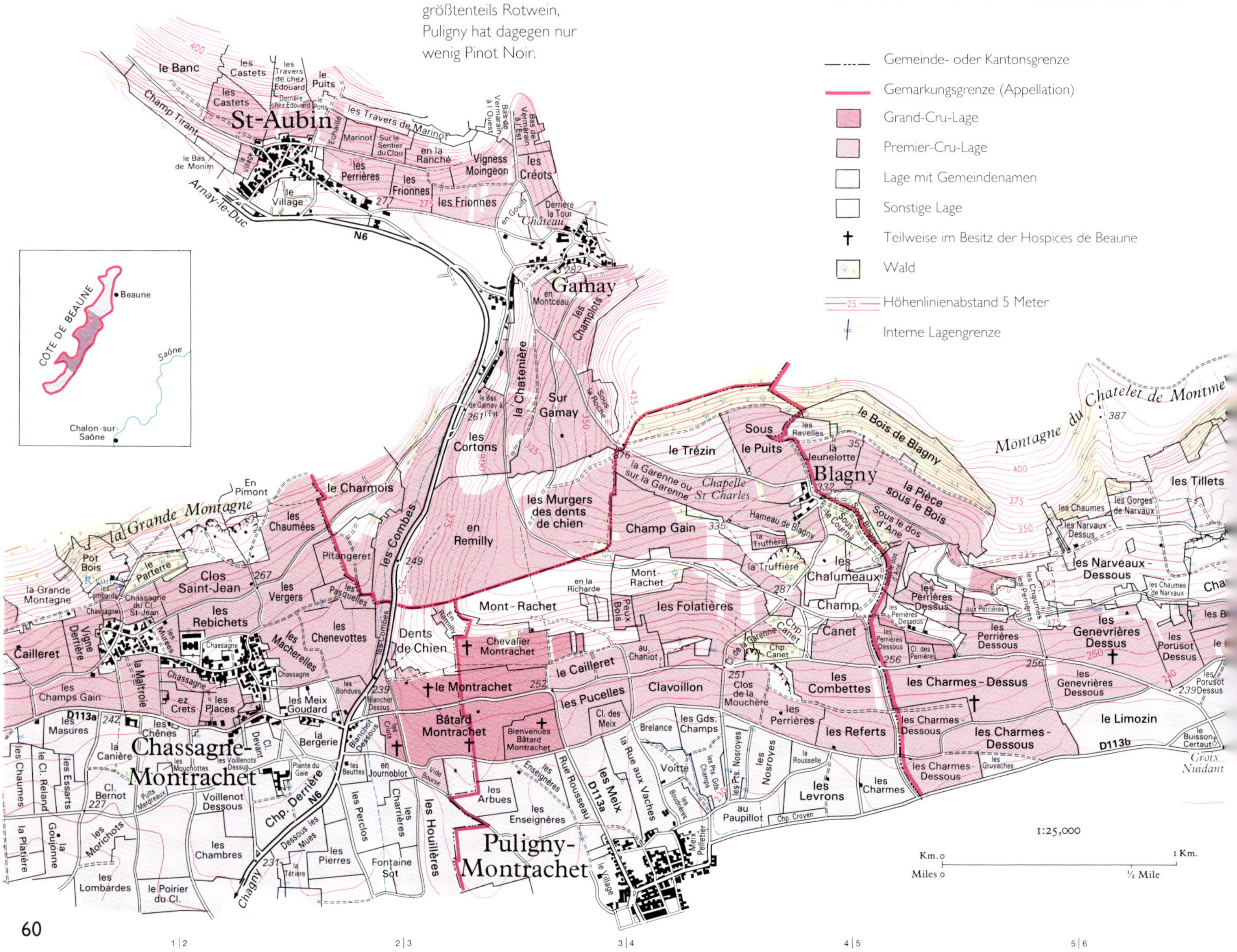

- ――――― Gemeinde- oder Kantonsgrenze
- ――――― Gemarkungsgrenze (Appellation)
- Grand-Cru-Lage
- Premier-Cru-Lage
- Lage mit Gemeindenamen
- Sonstige Lage
- † Teilweise im Besitz der Hospices de Beaune
- Wald
- Höhenlinienabstand 5 Meter
- Interne Lagengrenze

Erneuerung des Le Montrachet verwendet), der Bâtard-Montrachet wächst auf schwererem Boden und erreicht meist nicht die gleiche Finesse, wohl aber ähnliche Langlebigkeit. Die gleiche Klasse zeigen Les Criots (in Chassagne) und Bienvenues und ebenso – in Bestform – die Premiers Crus von Puligny, Les Pucelles, Les Combettes, Les Folatières und Le Cailleret sowie Les Perrières in Meursault.

Der Unterschied zwischen einem Puligny-Montrachet und einem Meursault ist für viele Kenner recht eindeutig. Ihre Weinberge gehen auch nahtlos ineinander über, und das Dörfchen Blagny, das hoch oben auf steinigem Boden einen erstklassigen Wein zieht, hat Anteil an beiden Lagen und stellt einen klassischen Fall komplizierter Klassifizierung dar: Premier Cru in der Gemarkung Meursault, Blagny Premier Cru in Puligny-Montrachet und AC Blagny (selten) nur für Rotwein.

Der Meursault ist eine Idee weicher, voller, jedoch nicht so ausgeprägt fein, lebendiger und fruchtiger als der Puligny-Montrachet. In Meursault gibt es zwar nicht so brillante Weine (auch keine Grands Crus), aber weithin sehr hohe und gleichmäßige Qualität. Die oberen Teile von Les Perrières, Les Genevrières und Les Charmes erbringen die am stärksten Puligny-ähnlichen Weine, Poruzots und Goutte d'Or eine nußwürzigere, breitere, Meursault-typischere Art. Die hochgelegenen Meursault-«Climats» Narvaux und Tillets sind zwar keine Premiers Crus, hier kommen aber oft auch intensive, langlebige Weine zustande.

Der große, betriebsame Ort liegt an einer Senke, in der Straßen nach Auxey-Duresses und Monthélie hinaufführen; beide sind Quellen für sehr guten Rotwein. Hinter den beiden Orten (s. Karte Seite 59) liegt das meist vergessene St-Romain, ein durch seine leichten, aber erstklassigen Rot- und Weißweine zu höheren Ehren gekommenes Dorf der Hautes Côtes. Meursault wiederum geht in die Gemeinde Volnay über, die in diesem Teil sehr viel Rotwein zieht, der jedoch als Volnay-Santenots und nicht als Meursault bezeichnet wird. Demgegenüber trägt Weißwein aus Volnay die Bezeichnung Meursault.

Der Volnay und der Meursault sind einander so ähnlich, wie sich ein Weißer und ein Roter nur ähnlich sein können. Volnay liefert die zwar leichtesten, aber oft brillantesten Weine der Côte; ihre Lebensdauer ist gering: etwa zehn Jahre, nur für die großen Namen von Volnay, Clos des Chênes und Caillerets ist mehr zu erwarten. La Bousse d'Or und Taille Pied rangieren dicht dahinter, und die kleine Steillage Clos des Ducs ist das beste *climat* auf der Nordseite des Orts.

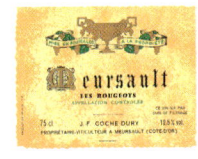

Links: Eine Handvoll der vielen bekannten Erzeuger in diesem Teil der Côte. St-Romain in den Hügeln hinter Auxey-Duresses ist nicht mehr auf der Karte.

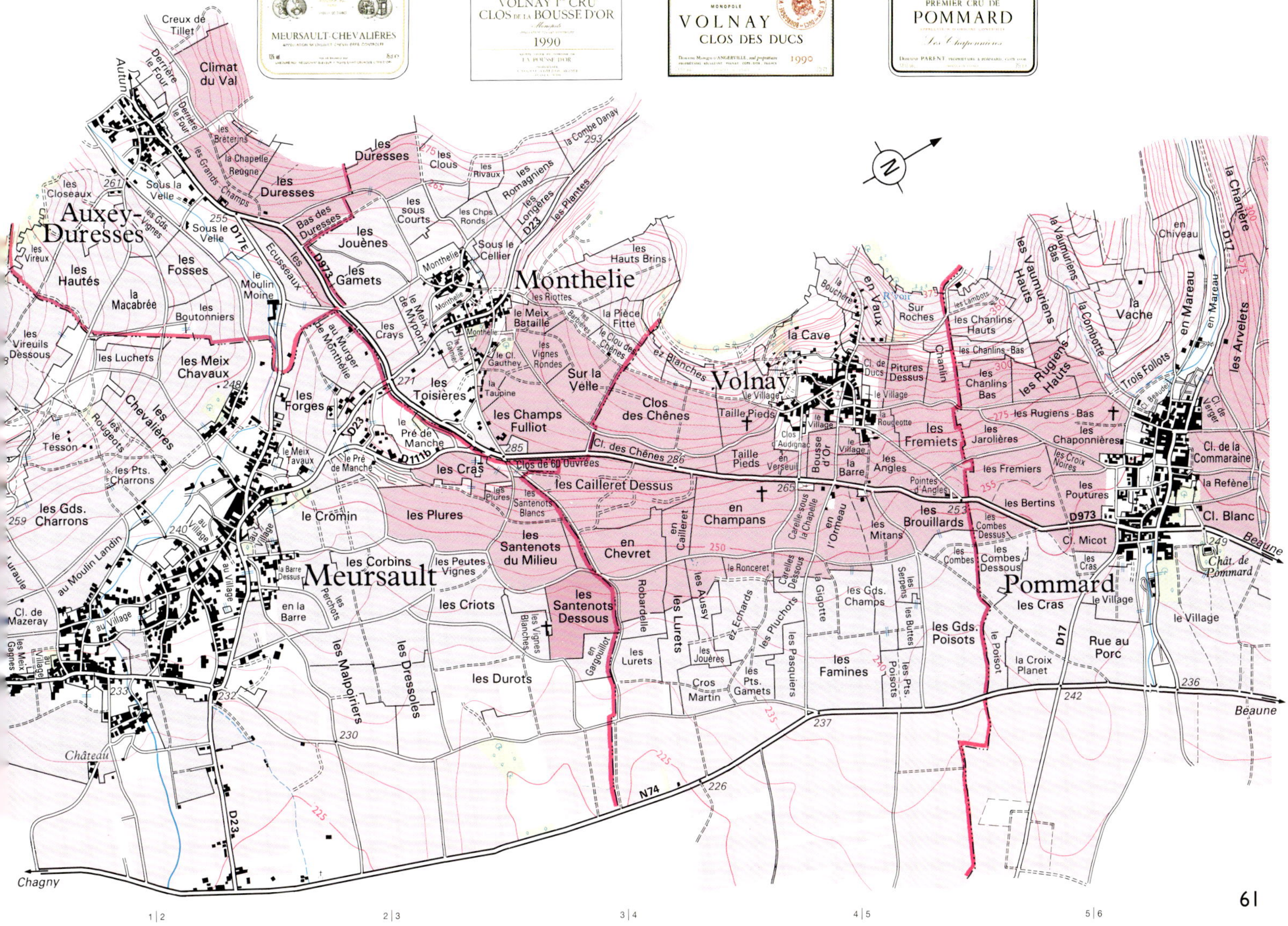

Côte de Beaune: Beaune

Man sollte es für logisch halten, daß die Weinberge von Pommard, die ja gleich neben denen von Volnay liegen, auch ganz Volnay-ähnliche, duftige, ätherische Weine hervorbringen müßten. Weit gefehlt. Die Gemarkungsgrenze bildet zugleich eine Grenze im Bodentyp, und so wird die Lage Les Rugiens (rötlich – wie der Name besagt – mit Eisen durchsetzt) zum Bannerträger Pommards für einen ganz anderen Stil: dunkel, schwer und herb. Es ist das Mißgeschick Pommards, daß es seinen Weinen zudem größtenteils an Anmut und Vornehmheit gebricht (vor allem den Villages-Lagen, die 80% der Gemarkung ausmachen). Mit Ausnahme von zwei oder drei Premiers Crus, v. a. Rugiens und Epenots, sowie von vier oder fünf guten Erzeugern bildet Pommard das flache Tal zwischen den Höhepunkten Volnay und Beaune. Man darf freilich nicht vergessen, daß in Burgund der Winzer so viel zählt wie die Lage.

Die angesehenste Lage in Pommard ist der untere Teil von Les Rugiens (Karte S. 63). Eine der besten Cuvées der Hospices de Beaune, Dames de la Charité, stammt von Rugiens und Epenot gemeinsam. Der Clos de la Commaraine und die Weine der Erzeuger Courcel, Armand, Gaunoux und de Montille sind die feinsten Pommards: robuste Gewächse, die zehn Jahre brauchen, um die köstliche, kraftvolle Art bester roter Burgunder zu entfalten.

Die bekanntesten Weinberge am Hang oberhalb von Beaune in 250 m Höhe gehören größtenteils ortsansässigen *négociants*. Der verstorbene Maurice Drouhin war einer der jüngeren in der jahrhundertealten Stifterliste der Hospices de Beaune. Berühmt ist der Drouhin-Teil des Clos des Mouches, auf dem ein saftiger weißer und ein superber roter Beaune wachsen. Ein dem Haus Bouchard Père et Fils gehörender Abschnitt der Lage Grèves ist unter dem Namen Vignes de l'Enfant Jésus bekannt. Kein einziger Beaune ist als Grand Cru eingestuft, vielleicht weil es zu schwierig wäre, eines der Premiers Crus herauszuheben. Der Beaune ist meist ein milder Wein, der sich zwar gut hält, aber im Gegensatz zum Romanée oder Chambertin nicht gelagert zu werden braucht.

Hinter Beaune führt die Straße durch eine Ebene; allein der Corton mit seinem bewaldeten Gipfel ragt mächtig auf und läßt die Côte de Beaune endlich zu Grand-Cru-Ehren auch für Rotwein kommen. Sein gewaltiger Hang, bis oben mit Reben bepflanzt, neigt sich nach Osten, Süden und Westen und ist überall hervorragend. Tatsächlich trägt er zwei Grands Crus, je einen für Weiß- und für Rotwein. Der weiße Corton-Charlemagne wächst an den oberen Hängen in Süd- bis Westlage, wo sich der Schutt des Kalksteingipfels abgelagert hat und die braune, mergelreiche Erde weißlich färbt. Merkwürdigerweise ist die Lage Charlemagne erst etwa in den letzten 100 Jahren mit Chardonnay bestockt worden. Der heutige massive, oft unvergleichliche Weißwein – in Bestform ein Rivale des Montrachet – ist also eine recht neue Ausdrucksform.

Der schwere, herbe Rotwein namens Corton wächst in einem breiten Gürtel um den ganzen Berg herum. Roter Corton der Spitzenklasse kommt nur aus den Lagen le Corton, les Bressandes, le Clos du Roi und les Renardes. Verwirrend ist, daß auf dem in der Karte mit Corton-Charlemagne bezeichneten Teil sowohl Weißwein (oben) als auch Rotwein (nämlich Corton, unten) wächst.

Der meistgeschätzte Erzeuger in Corton ist Louis Latour, dessen nobles Kellerhaus in einem alten Steinbruch in Les Perrières steht. Aloxe-Corton ist die Appellation für die «geringeren» Rot- und Weißweine, die am Fuß des Berges wachsen.

Wenn Savigny und Pernand hier etwas in den Hintergrund geraten, dann nur deshalb, weil der Vordergrund ein so imposantes Format hat. Die besten Erzeuger in diesen beiden Orten bringen Weine hervor, die dem höchsten Standard von Beaune gerecht werden. Pernand verfügt teilweise über die Appellationen Corton und Corton-Charlemagne.

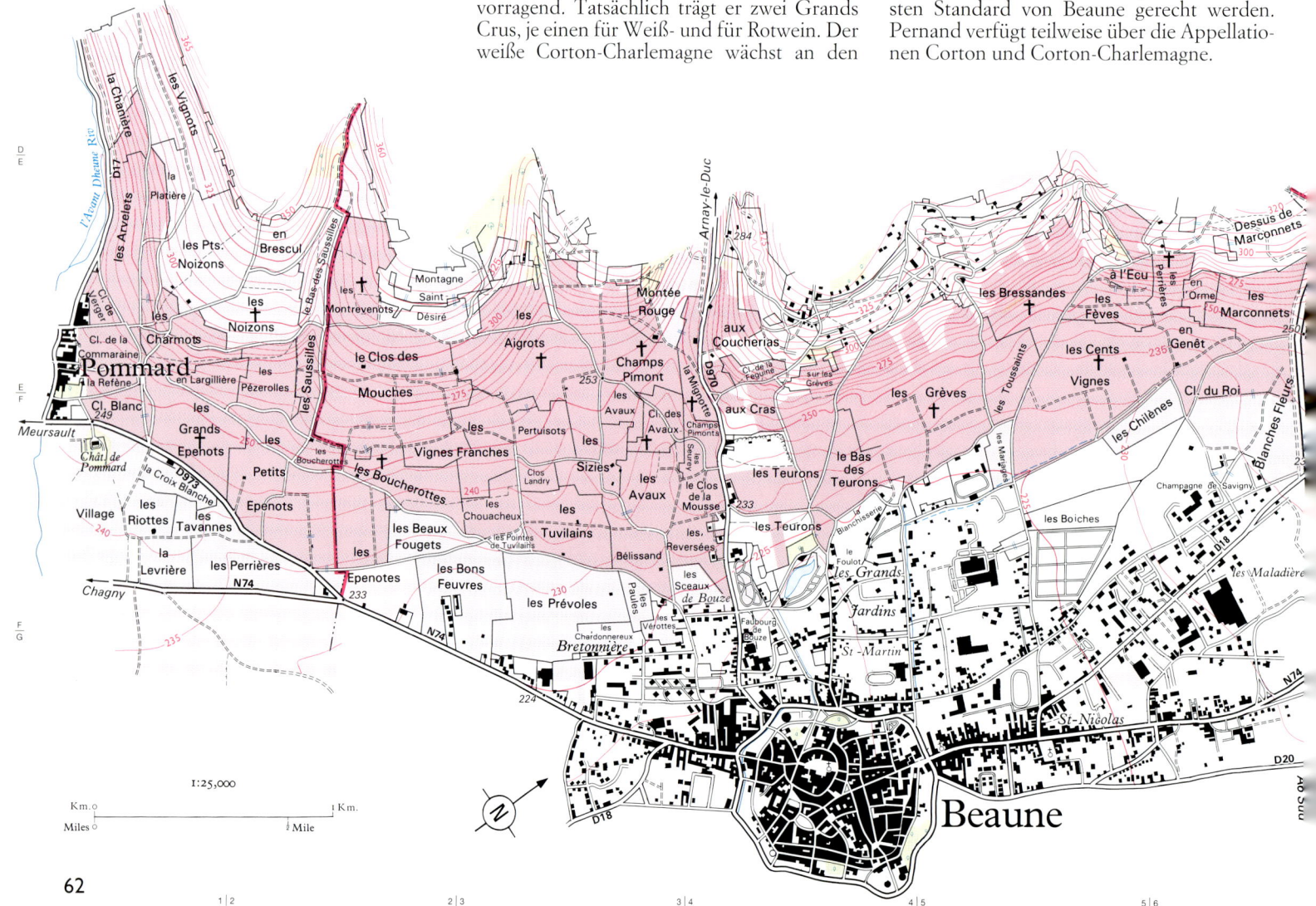

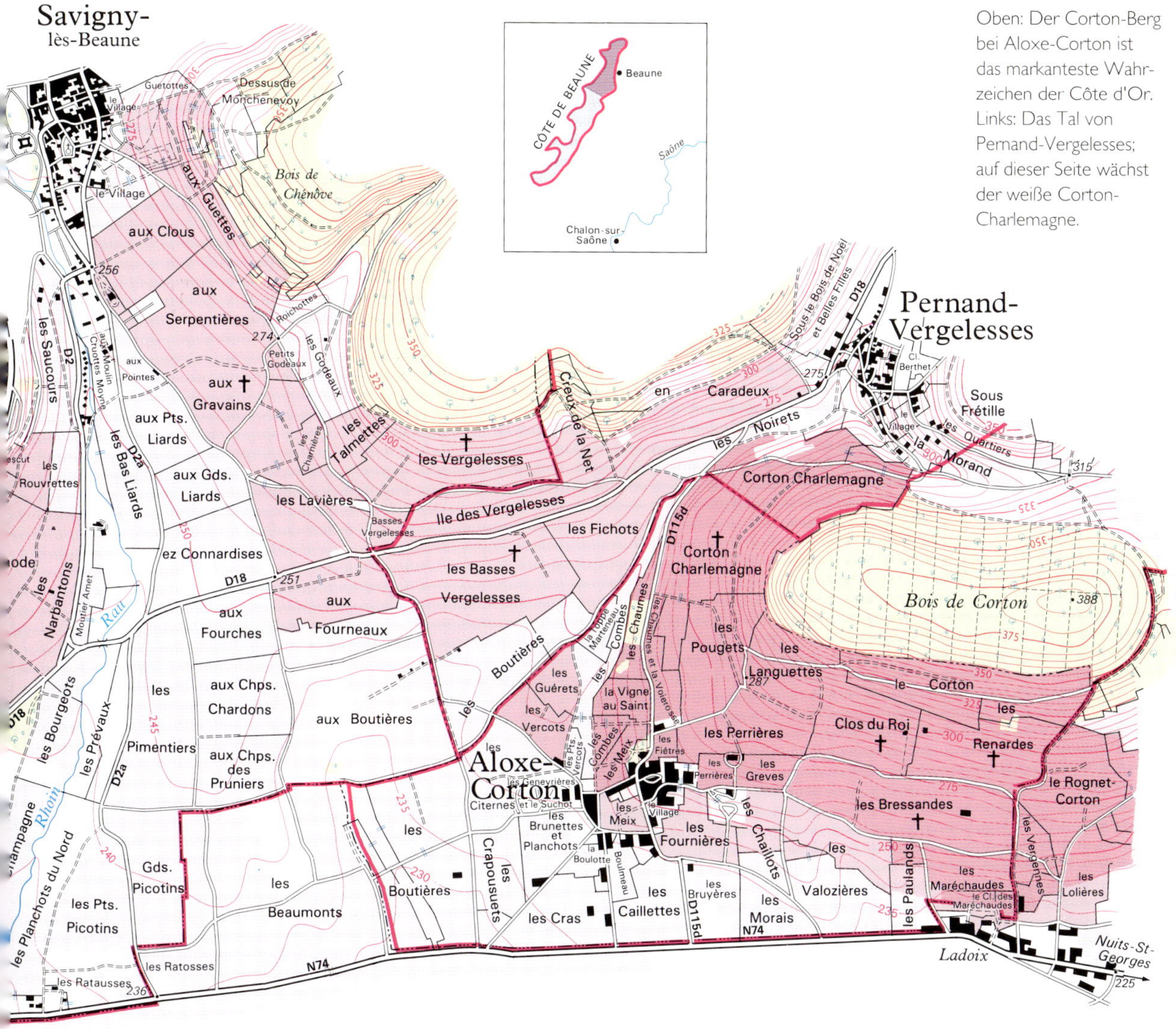

FRANKREICH

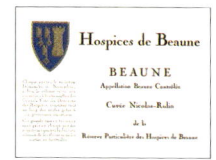
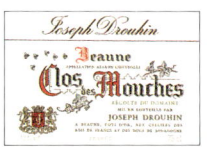

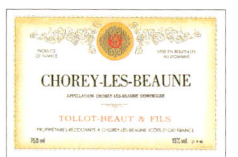

Oben: Der Corton-Berg bei Aloxe-Corton ist das markanteste Wahrzeichen der Côte d'Or. Links: Das Tal von Pernand-Vergelesses; auf dieser Seite wächst der weiße Corton-Charlemagne.

Rechts: Das Etikett oben steht für Cuvées der Hospices de Beaune; die übrigen bilden eine Sammlung illustrer Namen aus Beaune und der führenden Erzeuger von Corton-Charlemagne.

- ---- Gemeinde- oder Kantonsgrenze
- —— Gemarkungsgrenze (Appellation)
- Grand-Cru-Lage
- Premier-Cru-Lage
- Lage mit Gemeindenamen
- Sonstige Lage
- † Teilweise im Besitz der Hospices de Beaune
- Wald
- —300— Höhenlinienabstand 5 Meter
- Interne Lagengrenze

63

Côte de Nuits: Nuits-St-Georges

Mehr «Stoff», größere Langlebigkeit und eine dunklere Farbe im Vergleich zum Volnay oder Beaune sind die Kennzeichen des Weins von der Côte de Nuits. Hier ist Rotweinland – Weißwein kommt nur selten vor.

Das Band der Premiers Crus, das sich an den Hängen hinzieht, ist mit Grands Crus durchwirkt. Diese Weine bringen die unnachahmlich saftige Vollmundigkeit des Pinot Noir zur höchsten Ausbildung. Das Band folgt der Mergelschicht unterhalb des harten Kalksteinkamms, doch die Qualität erreicht die höchsten Höhen erst dort, wo über dem Mergel eine sandige Geröllschicht lagert. Zum Glück kommt das immer wieder dort vor, wo zugleich auch optimale Schutz- und Einstrahlungsbedingungen gegeben sind.

Die Weine aus Prémeaux kommen als Nuits-St-Georges auf den Markt. Es sind schwere Weine, die in Bestform fast an Chambertin heranreichen. Der Clos de la Maréchale ist *monopole* des Hauses Faiveley, ebenso der Clos Arlot; beide sind makellos, auch wenn der Qualitätshöhepunkt erst jenseits der Gemarkungsgrenze in den Lagen Les St-Georges und Vaucrains erreicht wird. Ihre Weine sind lediglich dem Namen nach keine Grands Crus; ihre Geschmacksfülle fordert lange Flaschenreife – was man von den meisten Nuits-Villages-Weinen nicht sagen kann.

Ein Bach durchschneidet Nuits. Nördlich seines Laufs bilden die nach Vosne-Romanée überleitenden Premiers Crus eine würdige Ouvertüre zu dieser außerordentlichen Gemarkung.

Nuits ist ganz anders als das betriebsame Beaune. Jedoch haben hier viele Négociants ihren Sitz, und manche von ihnen nutzen den nicht so gelungenen Wein jedes Jahr zur Herstellung von schäumendem rotem Burgunder. Er ist auf alle Fälle probierenswert.

Vosne-Romanée ist ein bescheidenes Dörfchen, in dem nichts darauf hindeutet, daß vor seinen Toren der teuerste Wein der Welt wächst. Seine Reben stehen auf einem langen Abhang mit rötlicher Erde. Dem Dorf am nächsten gelegen ist Romanée-St-Vivant, mit einem tiefen lehm- und kalkreichen Boden. Der mittlere Hang heißt Romanée-Conti. Weiter oben schließt sich die steilere Lage La Romanée an, die offenbar trockener und nicht so lehmig ist. Rechts davon beschreibt die große Lage Richebourg einen Bogen nach Ostnordost. An der linken Flanke zieht sich als schmaler Streifen La Grande Rue hinauf, daneben der lange Abhang La Tâche. Sie alle liefern Burgunder der höchsten Preisklasse. Die Lagen Romanée-Conti, La Tâche, Richebourg und Romanée-St-Vivant gehören ganz oder teilweise der Domaine de la Romanée-Conti oder werden von ihr bewirtschaftet. Der Markt bezahlt offenbar jeden Preis für die Finesse und die samtige Wärme dieser Weine, die sich durch einen Hauch Würzigkeit und eine fast orientalische Opulenz auszeichnen. Am vollkommensten ist Romanée-Conti, doch die ganze Lagengruppe besitzt große Familienähnlichkeit – das Resultat kleiner Erträge, alter Weinstöcke, später Lese und sorgfältigster Pflege. Selbstverständlich findet man in den Nachbarlagen Weine ähnlichen Charakters zu weniger horrenden Preisen.

Die 30 ha große Lage Echézeaux und die kleinere Grands-Echézeaux gehören eigentlich zur Gemarkung von Flagey, die weinbautechnisch in Vosne aufgegangen ist. Hier bereiten einige bekannte Erzeuger besonders zarte, feine Weine, die man oft günstig kaufen kann. Der Grands Echézeaux ist beständiger und hat mehr von jenem intensiven Abgang, der die größten Burgunder auszeichnet.

Um die 50 Hektar des Clos de Vougeot zieht sich eine hohe Mauer, das sichere Zeichen für einen klösterlichen Weinberg. Heute ist er so unterteilt, daß man sich auf sein Flaschenetikett kaum noch verlassen kann. Trotzdem gilt die *ganze* Lage als Grand Cru. Die Zisterzienser mischten einst den Wein, der ganz oben am Hang wuchs, mit dem von der Mitte und manchmal auch von ganz unten und brachten so – man muß es wohl glauben – einen der feinsten Burgunder aller Zeiten hervor. Es gibt Weine aus den oberen Lagen, z.B. La Perrière unmittelbar außerhalb des Clos de Vougeot, die fast so großartig sein können wie ein Musigny.

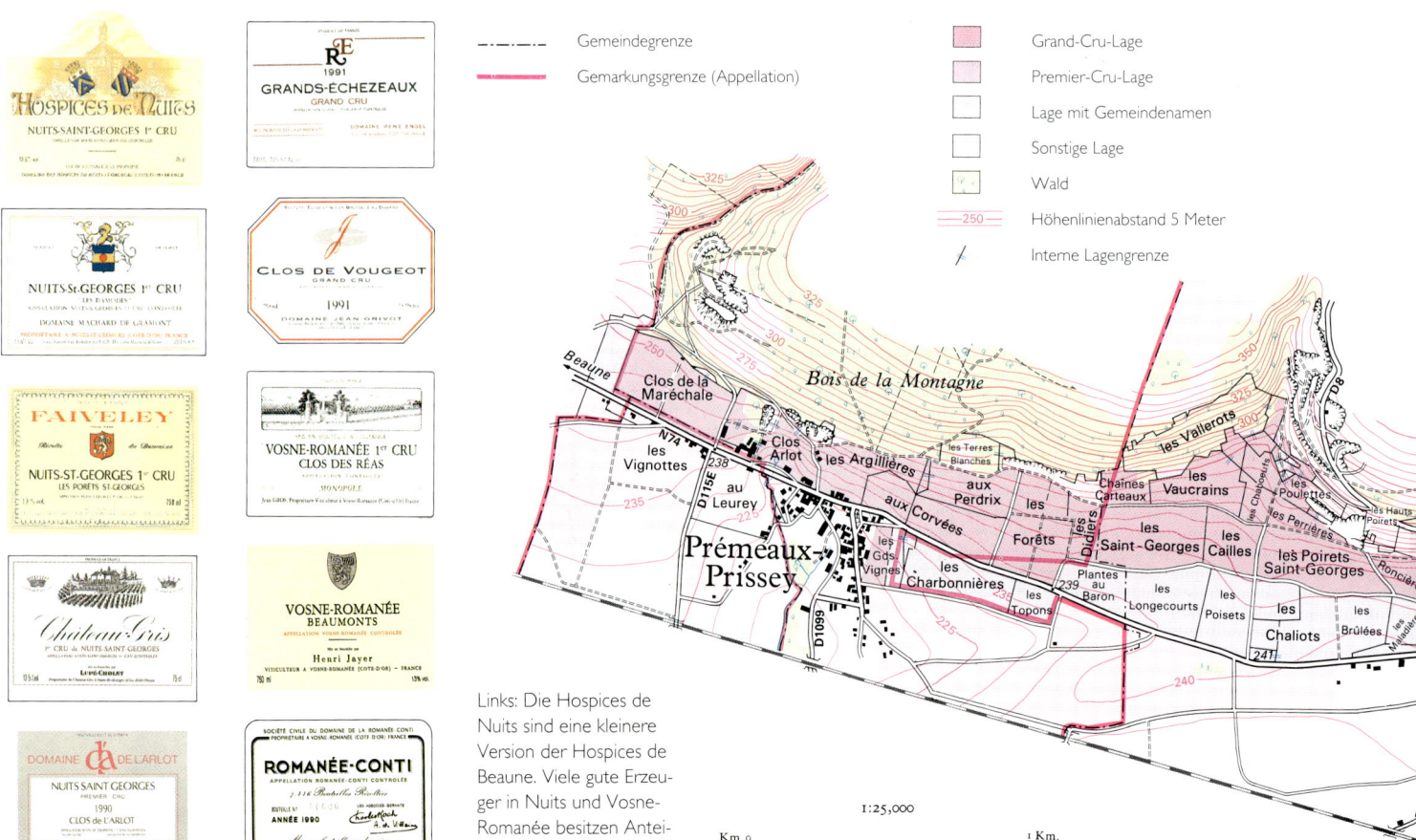

Links: Die Hospices de Nuits sind eine kleinere Version der Hospices de Beaune. Viele gute Erzeuger in Nuits und Vosne-Romanée besitzen Anteile am Clos de Vougeot.

FRANKREICH

Innerhalb weniger Kilometer in Richtung Westen wandelt sich die Weinbaulandschaft von der strengen Ordnung des Grand Cru Romanée-Conti (oben) zu einem munteren Durcheinander von Reben und Wald in den Hautes Côtes de Nuits (links) bei Arcenant.

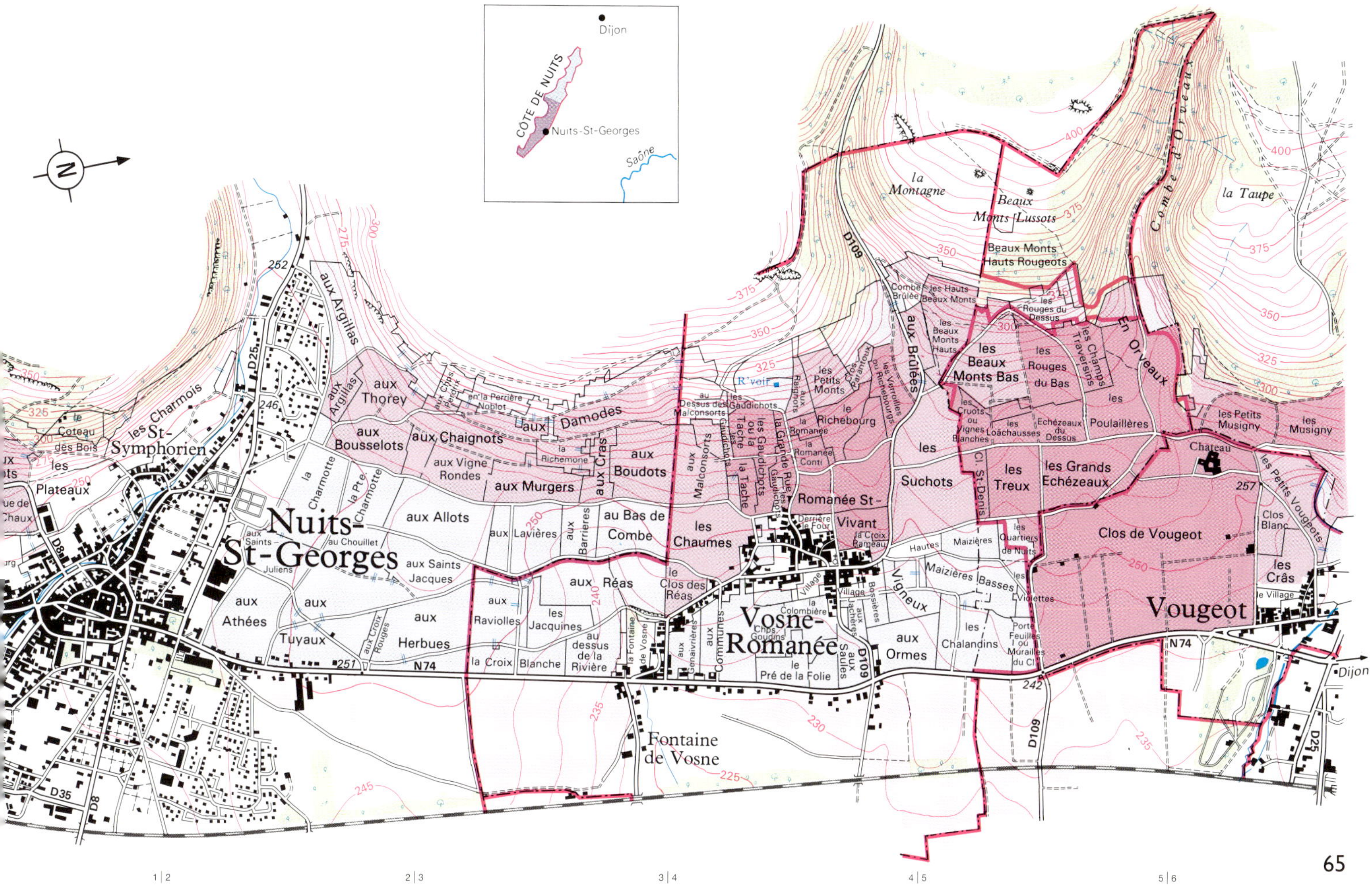

Côte de Nuits: Gevrey-Chambertin

Links: Die Confrérie des Chevaliers du Tastevin ist bekannt für feucht-fröhliche Bankette im Château du Clos de Vougeot, an denen bis zu 600 Gäste von fern und nah teilnehmen.
Oben: Das Etikett der Confrérie dürfen nur Weine tragen, die von dem ständigen Geschmacksprüfungskomitee der Weinbruderschaft genehmigt worden sind.

Hier, am Nordrand der Côte d'Or, bereitet man die vollmundigsten, langlebigsten und oft auch samtigsten aller roten Burgunder. Die Hügel mit ihren fruchtbaren Böden bieten ein perfektes Zusammenspiel von natürlichem Schutz und Sonneneinstrahlung. Die unteren Hänge bestehen aus kalkreichem Mergel und darüber geröllhaltigem Sandboden. Diese Kombination verleiht dem Chambertin und den Grands Crus aus Morey und Chambolle Wucht und Kraft; jung sind sie unzugänglich, erlangen schließlich aber mehr Tiefe und Komplexität als manche anderen.

Das unter dem Kalksteinkamm eingeklemmte Grand Cru Musigny zeigt Verwandtschaft mit dem oberen Teil des Clos de Vougeot und bildet eine Klasse für sich. Der Hang ist so steil, daß die Weinbauern den braunen, kalkigen und stark mit Kiesgestein durchsetzten Lehmboden immer wieder vom Fuß des Abhangs hinaufschaffen müssen.

Seine unbestreitbare Wucht überlagert der Musigny mit herrlich delikatem Bukett und einzigartigem Geschmack, in dem sich hinreißende Nuancen entfalten. Er ist zwar nicht so stark wie der Chambertin und nicht so würzig wie der Romanée-Conti, doch derjenige, der ihn «feminin» genannt hat, muß größte Hochachtung vor Frauen gehabt haben.

Les Bonnes-Mares ist das zweite Grand Cru von Chambolle. Der Wein ist anfangs härter als der Musigny und reift langsamer als dieser, ohne dessen zarte Anmut je zu erreichen. Les Amoureuses und Les Charmes zählen zu den besten Premiers Crus in Burgund.

Die Gemeinde Morey selbst ist nicht so bekannt wie ihre fünf Grands Crus. Clos de la Roche und Clos St-Denis sind wie der Chambertin Weine von großer Haltbarkeit, Kraft und Tiefe, die auf kalkreichem Grund wachsen. Das «*monopôle*» Clos de Lambrays wurde 1981 in den Grand-Cru-Rang erhoben; auf den Wein darf man gespannt sein. Der Clos de Tart, «Monopôle» des Hauses Mommessin, ist fein und intensiv, jedoch nicht wuchtig.

Morey weist über 20 winzige Premiers Crus auf, aber nur wenige davon sind zu großem Ruf gelangt, obwohl der Qualitätsstand sehr hoch ist. Die Weinberge ziehen sich weit an den Hängen hinauf. Die sehr hoch gelegenen, steinigen Monts-Luisants werden sogar noch für Weißwein genutzt.

Die Gemeinde Gevrey-Chambertin verfügt über eine erstaunlich große Zahl guter Lagen. Geeigneter Boden erstreckt sich viel weiter als anderswo in die Ebene hinein, so daß hier sogar Lagen jenseits der Hauptstraße die Appellation Gevrey-Chambertin beanspruchen dürfen. Die beiden besten Weinberge, Chambertin und Clos de Bèze, liegen unterhalb des Waldes an einem sanft abfallenden Hang nebeneinander. Das Prädikat Grand Cru wurde ihnen zu einer Zeit verliehen, als die Einwohner von Gevrey mit den würdigen Herren von Beaune im Streit lagen. Sonst wäre wohl auch den angrenzenden Lagen das Prädikat Grand Cru zugesprochen worden. Statt dessen hat man ihnen einen Zwischenstatus gegeben, der ihnen zwar erlaubt, den Zusatz «-Chambertin» zu führen, nicht jedoch «Chambertin-» vor ihren Namen zu setzen. Dem Premier Cru Combottes käme eigentlich derselbe Rang zu.

Zur Gemarkung gehört auch ein höher gelegener Hang in bester Südostlage. Die dortigen Premiers Crus Cazetiers, Lavaut, Clos St-Jacques und Les Varoilles sind den Grands Crus durchaus ebenbürtig.

Dieser Ort hat mehr berühmte Einzellagen aufzuweisen als irgendein anderer in Burgund. Für manche ist der kraftvolle Rotwein, der hier erzeugt wird, der Inbegriff des Burgunders.

Die nördlichen Hänge wurden früher Côte de Dijon genannt und bis zum vergangenen Jahrhundert zu den besten gezählt. Dann aber erlagen die dortigen Weinbauern der Versuchung, Massenwein für die Stadt zu produzieren, und sie bauten sogar die «ungetreue» Gamay-Traube an.

Die Nachbargemeinde Fixin dagegen hat sich ihre Qualitätstradition bewahrt. Die recht preiswerten Premiers Crus Perrière, Hervelets und Clos du Chapitre können sich durchaus mit einem Gevrey messen. Marsannay (außerhalb der Karte) ist auf Pinot Noir rosé spezialisiert.

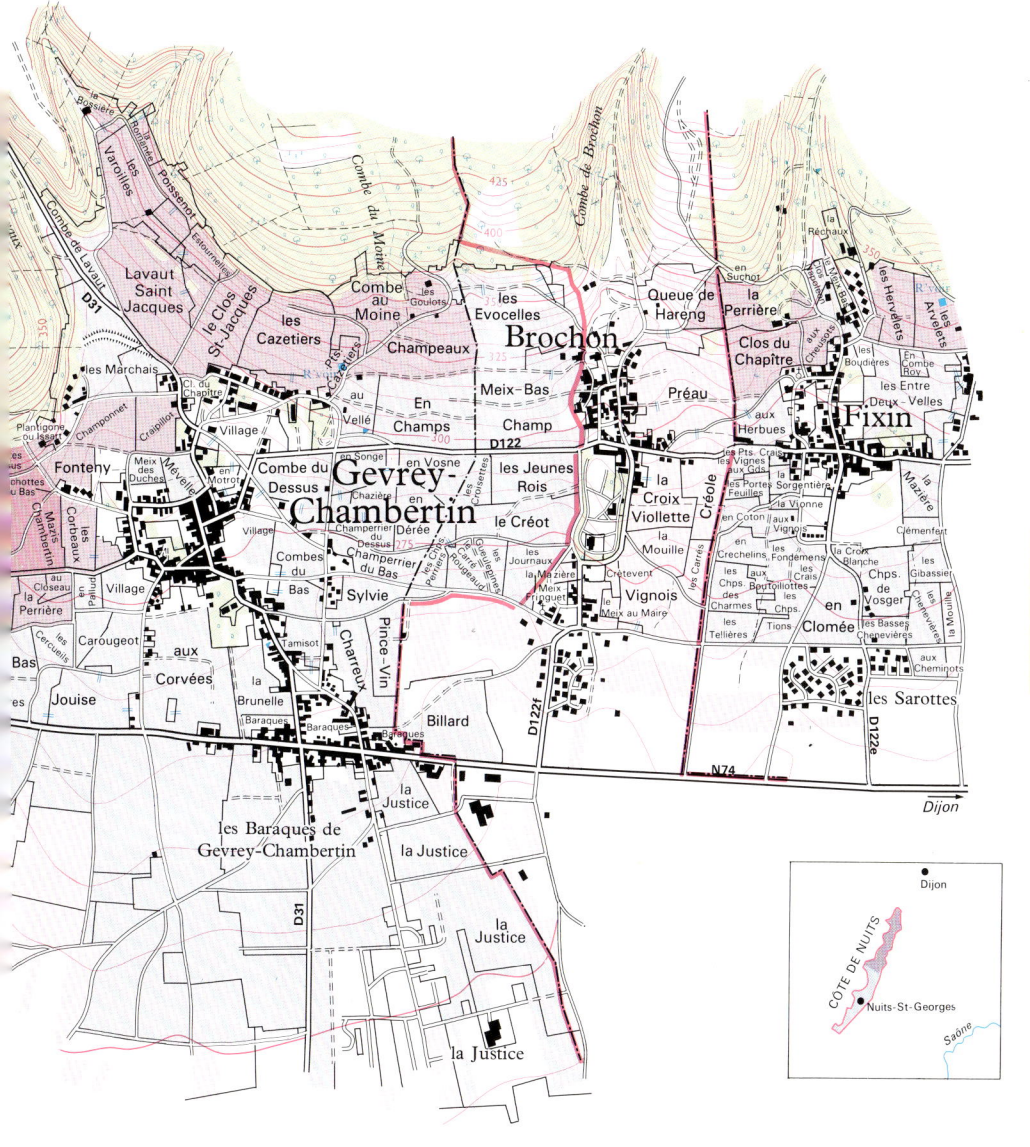

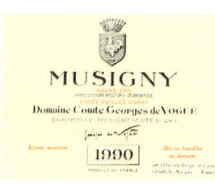 

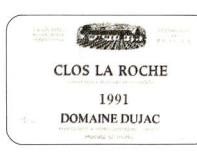 

Oben: Gevrey-Chambertin ist ein großer Weinort mit über 500 ha Rebfläche, von der fast ein Fünftel auf Grands Crus entfällt. Viele berühmte Erzeuger haben hier Besitzungen. Die Spezialität von Marsannay (außerhalb der Karte, im Osten) ist delikater Pinot Noir rosé (letztes Etikett).

Côte Chalonnaise

Die Hügel südlich von Chagny bilden in vielerlei Hinsicht die Fortsetzung der Côte de Beaune. Allerdings weicht der zusammenhängende Höhenzug hier einer Folge von Kalksteinhängen, auf denen sich Weinberge zwischen Obstgärten und Weiden einfügen. Diese Weinberge erheben sich bis rund 50 m, also höher als an der Côte de Beaune; daher liegt die Lese später, und der Reifegrad ist etwas geringer. Die «Côte Chalonnaise» erhielt ihren Namen nach der Hafenstadt Chalon-sur-Saône. Heute nennen die Ortsansässigen sie gern die «Région de Mercurey».

Die Karte zeigt die nach Osten und Süden gewandten Hänge der Côte mit den vier wichtigsten Weinorten mit eigener Appellation: Rully, Mercurey, Givry und Montagny.

In Mercurey wird weitaus am meisten erzeugt, zu 90% Rotwein; der Pinot Noir gerät hier gut. Er ist fest, solide und fast rauh, solange er jung ist, reift aber mit der Zeit schön heran. Die *négociants* Rodet und Faiveley zählen zu den bedeutendsten Erzeugern. Der Nachbarort Givry widmet sich in fast gleichem Maß dem Rotwein, der hier in seiner Jugend oft leichter, gefälliger und ansprechender ist.

Aus Rully kommt etwas mehr Weißwein als Rotwein. Der Weißwein ist frisch, hat kräftige Säure und in guten Jahren lebendige, apfelsaftige Burgunderart – und das sehr preiswert. Die Rotweine aus Rully sind gelegentlich etwas karg, aber es mangelt ihnen nicht an Klasse.

Montagny bildet die einzige nur für Weißwein geltende Appellation und zieht Vorteil aus der Regel, daß Weine mit einem natürlichen Alkoholgehalt von über 11,5° als Premiers Crus bezeichnet werden dürfen. Der Nachbarort Buxy gehört mit dazu. Die hier gewonnenen Weißweine sind voller, gelegentlich etwas schwerfällig. Das Haus Louis Latour hat ihren Wert jedoch längst erkannt.

1979 wurde Bouzeron die einzige Appellation für einen Aligoté-Village-Weißwein in Burgund zugesprochen. Diese Auszeichnung ist der Lohn für gewissenhafteste Bemühungen um den Wein.

Die ganze Gegend, einschließlich Bouzeron, ist eine gute Quelle für einfachen Bourgogne rouge. Eine hochwillkommene Spezialität aber ist hier der Crémant, ein Schaumwein, der selbst eingefleischten Champagner-Liebhabern Anerkennung abnötigt.

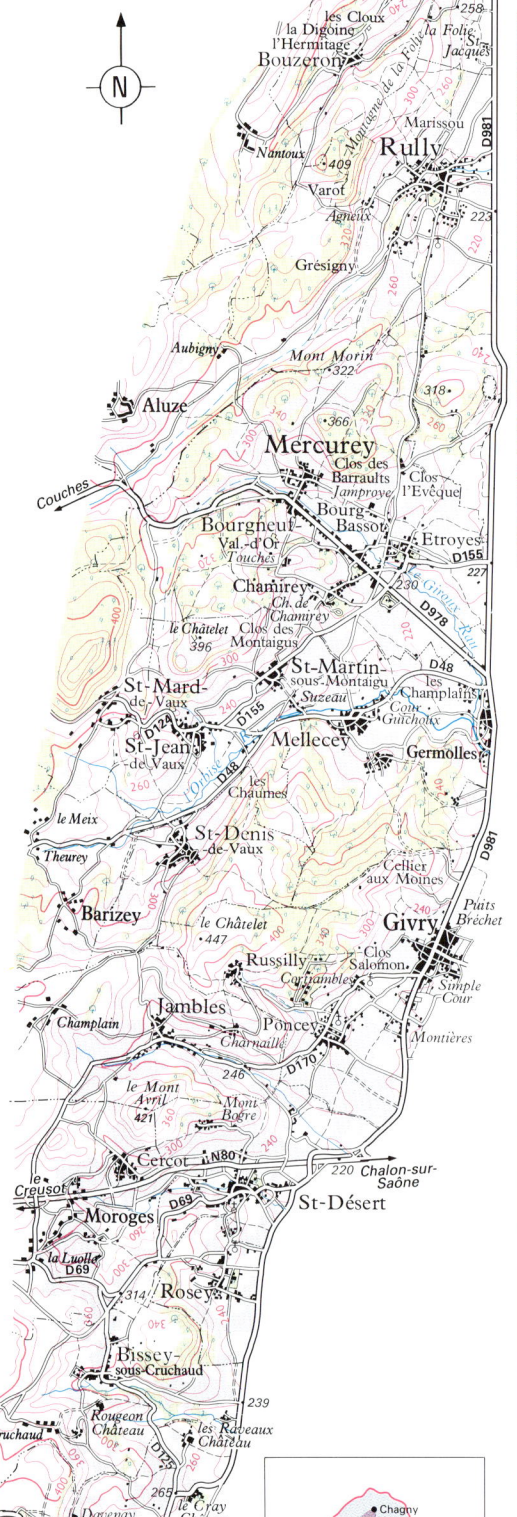

Das einzigartige Panorama der Landschaft Pouilly-Fuissé. Der Felsberg Solutré türmt sich wie eine Riesenwoge vor dem Dorf Pouilly auf. In vorgeschichtlicher Zeit pflegten die Jäger das Wild über den Felsrand zu hetzen. Unten, links: Etiketten von der Côte Chalonnaise (für Rot- und Weißwein); rechts: eine Auswahl aus dem Mâconnais, dessen beständige, reife Weißweine in der Fülle von Pouilly-Fuissé gipfeln.

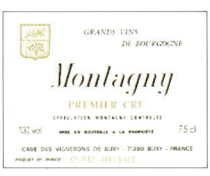
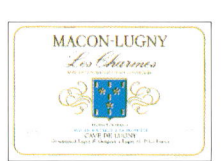
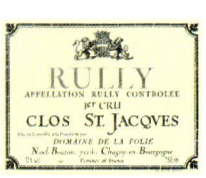

Mâconnais

Die Stadt Mâcon an der Saône gibt einem weiten, hügeligen Weinbaugebiet den Namen, das weder der Côte Chalonnaise im Norden noch dem Beaujolais im Süden gleichkommt. Der rote Mâcon (vorwiegend Gamay) ist gerade noch als Burgunder zu erkennen; der weiße ist unverwechselbar Burgunder, aber ohne besondere Raffinesse.

An der Grenze zum Beaujolais allerdings liegt ein Gebiet besonderer Art. Die Gegend von Pouilly-Fuissé ist eine jäh aufsteigende Reihe von welligen Kalksteinhügeln, deren Lößboden der Chardonnay-Rebe besonders behagt. Guter Pouilly-Fuissé ist mild und kräftig und entwickelt mit der Zeit üppige Saftigkeit. Ein rundes Dutzend kleiner Erzeuger bringt häufig Weine in solcher Güte zustande, vor allem das Château de Fuissé. Leider bleiben die übrigen meist weit dahinter zurück – außer bei den Preisen.

Pouilly-Vinzelles und Pouilly-Loché könnten gute Alternativen bieten, wenn es von ihrem Wein mehr gäbe. Die AC St-Véran ist am preiswertesten; der Mâcon-Prissé schlägt oft in dieselbe Art.

Im ganzen Mâconnais sind sehr gut geführte, aber leider zur Überproduktion neigende Winzergenossenschaften die Haupterzeuger. Die Genossenschaftskellerei in Chaintré ist der größte Lieferant von Pouilly-Fuissé, andere – weiter im Norden (z. B. Viré, Lugny, Clessé) – haben Weine von ähnlich ausgeprägtem Charakter zu bieten. Die beste Rotweingegend liegt auf Sandboden westlich von Pouilly-Fuissé um Pierreclos. Die Genossenschaftskellerei Igé ist ein beliebter Erzeuger.

Wenn man weißen Mâcon kauft, schaut man am besten zunächst nach dem Ortsnamen auf dem Etikett. Findet man nicht «-Prissé» oder «-Clessé», dann sollte man auf den Zusatz «-Villages» achten. Es gibt anderswo nur wenige bescheidenere Weine, die soviel verläßliche Frische und Bekömmlichkeit bieten können.

Beaujolais

Beaujolais-Villages-Lagen ziehen sich an den Hängen im Westen bis 450 m Höhe empor. Jede Gamay-Rebe wächst an einem eigenen Pfahl, ohne Spanndrähte.

Jedesmal im November wird ein paar Wochen lang der neue Beaujolais-Jahrgang zum Lieblingsgetränk der Welt und löst sozusagen ein weltweites Weinlesefest aus. In einer von den Franzosen gern in mystischer Weise beschworenen Vermählung von Rebe und Boden bringt die Gamay-Traube einen einzigartig frischen, hellen, aber fruchtigen, ziemlich kräftigen und unendlich süffigen Wein hervor – und sie bringt rasch bares Geld, wie jeder Weinbauer es sich wünscht.

Das Weinbaugebiet Beaujolais umfaßt eine 55 km lange, vorwiegend aus Granit bestehende Bergkette südlich von Mâcon im Süden Burgunds und bringt rund zwei Drittel aller Burgunder Weine hervor. Allerdings ist es bei weitem nicht einheitlich; der Boden weist um das Tal des Flüßchens Nizerand nördlich der Hauptstadt Villefranche eine scharfe Trennungslinie auf. Südlich davon herrscht im «Bas» Beaujolais Lehmboden vor; hier wächst der einfache Beaujolais. Aus dieser höchst profitablen Quelle strömt jährlich eine Million Hektoliter unmittelbar in durstige Kehlen.

Der frische neue Wein ist (in naturreiner Form) ideal für den Ausschank in den Bistros von Lyon. Zu oft aber wird er übermäßig mit Zucker angereichert, so daß er nur noch rauh und alkoholstark wirkt. Einfacher «Bas» Beaujolais ist selbst in guten Jahren kaum haltbar. Im nördlichen Teil, dem «Haut» Beaujolais, liegt über Granit unterschiedlich stark sandiger Boden, der gut wasserdurchlässig und warm ist und der Gamay-Traube oft zu vollendet schöner Reife verhilft. 39 Orte in diesem Bereich dürfen die Appellation Beaujolais-Villages führen. Es lohnt sich fast immer, für Villages-Weine selbst *en primeur* einen höheren Preis zu zahlen, weil sie größere Konzentration bieten. Andererseits sind die Villages-Weine fast nie schon Ende November in Bestform. Sie verlangen und verdienen mindestens drei Monate Flaschenreife. Auf unserer Karte sind die 39 «Villages» hervorgehoben, doch nur einzelne selbstabfüllende Winzer benutzen die Ortsnamen häufiger. Zum größten Teil wird der Beaujolais von Handelshäusern auf den Markt gebracht, die jeweils einen Beaujolais-Villages so zusammenstellen, wie er ihren Kunden schmeckt.

Zehn dieser Dörfer dürfen ihren Namen als Ursprungsbezeichnung verwenden und versprechen damit deutlich eigenständige Art. Sie sind die in der Karte auf der nächsten Seite eingezeichneten Grands Crus.

Die Grand-Cru-Dörfer finden sich auf Bergvorsprüngen, vulkanischen Einzelkuppen und den Beaujolais-Bergen selbst. Diese Landschaft ist weitaus bergiger als die Côte d'Or. Die Straße windet sich empor, bis die Wälder dichter werden und Bergbäche vorüberbrausen. Rückwärts schauend sieht man das breite Band der Weinberge schwinden, und die Ebene an der Saône dehnt sich vor dem Blick.

Bei klarer Sicht erkennt man den Montblanc weit im Osten. Das Land wird hier zumeist von kleinen Weinbauern oder Pächtern bewirtschaftet, doch gibt es auch einige große Weingüter. Ihr Wein zählt zum allerbesten Beaujolais. Allen gemeinsam aber ist der Grundcharakter, der sie mehr zu einem köstlichen Getränk als zum Grand Vin stempelt.

Hier ist die Gamay-Rebe in ihrem Element. Ein Gamay-Weinstock lebt ein ganzes Menschenalter. Nach zehn Jahren wird er nicht mehr «erzogen», sondern nur noch im Sommer aufgebunden.

Traditionell wird Beaujolais durch Kohlensäure-Maischung bereitet (s. Seite 33). Bei dieser Technik werden die Trauben unzerkleinert in den Gärbehälter gefüllt, und die Gärung setzt im Inneren der Beeren ein – ein gedämpfter Gärprozeß, der Geschmack und Duft der Frucht besonders zur Geltung bringt, während Gerbstoff und Säure in den Hintergrund treten. Nach drei bis vier Tagen werden die Trauben dann gepreßt, und der Gärprozeß geht ohne Beisein der Traubenschalen zu Ende. Einen Monat nach der Ernte ist der Wein fertig zum Abfüllen und Pasteurisieren (besser: Sterilfiltern) und geht dann zum Verbraucher.

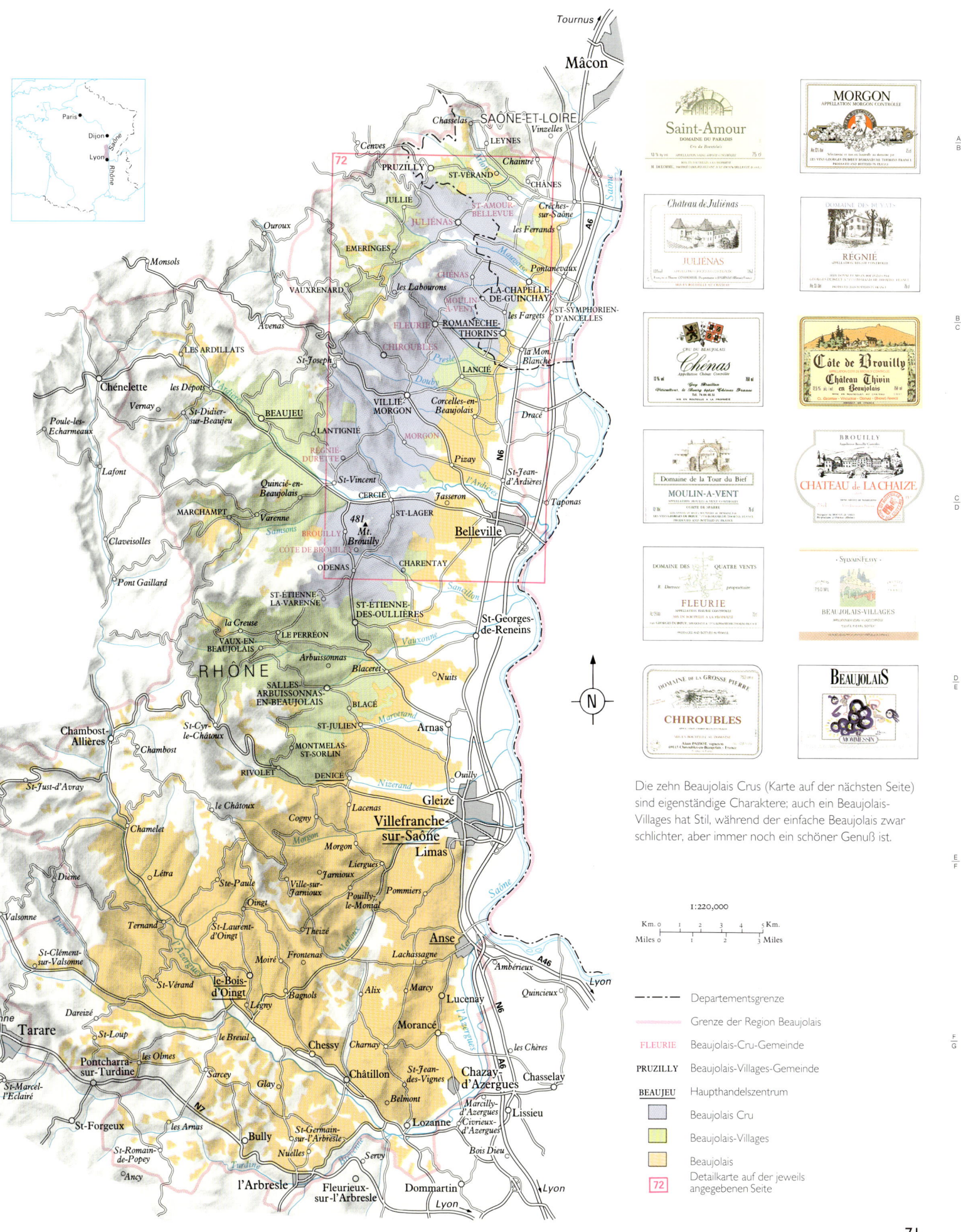

Die zehn Beaujolais Crus (Karte auf der nächsten Seite) sind eigenständige Charaktere; auch ein Beaujolais-Villages hat Stil, während der einfache Beaujolais zwar schlichter, aber immer noch ein schöner Genuß ist.

1:220,000

	Departementsgrenze
	Grenze der Region Beaujolais
FLEURIE	Beaujolais-Cru-Gemeinde
PRUZILLY	Beaujolais-Villages-Gemeinde
BEAUJEU	Haupthandelszentrum
	Beaujolais Cru
	Beaujolais-Villages
	Beaujolais
72	Detailkarte auf der jeweils angegebenen Seite

Die Beaujolais-Crus

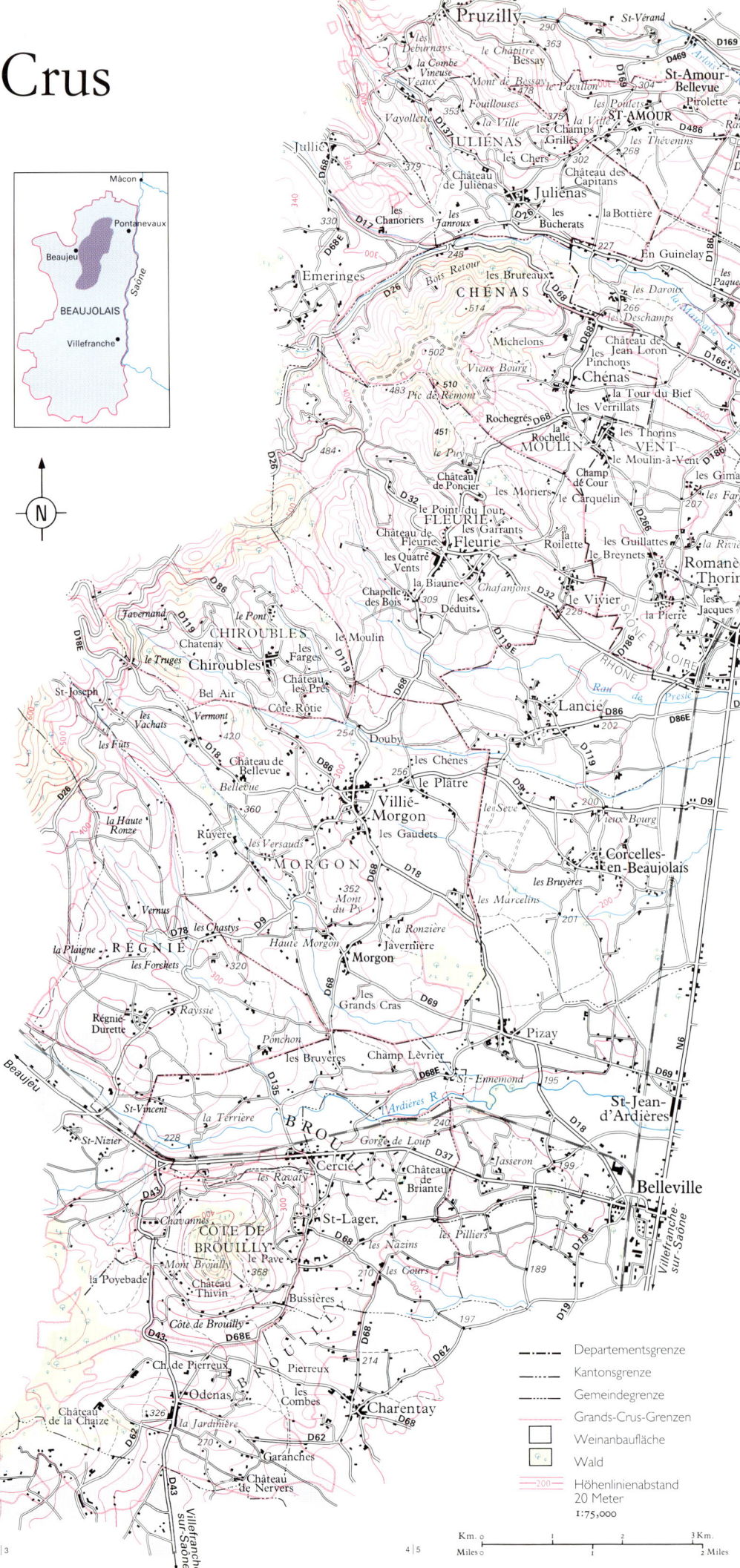

Die zehn Beaujolais-Crus liegen alle in einem Bereich voll steiler Hügel mit bewaldeten Kuppen und rebenbedeckten Hängen. Seine gesamte Ausdehnung beträgt in der Länge 24 km und in der Breite halb soviel. Bei den Weinen wird der Einfluß des *terroir* auf die Traube, in diesem Fall also Gamay, überaus anschaulich. Es sind einerseits frische, duftige Weine, die jung getrunken sein wollen, und andererseits füllige, tiefgründige, die bis zu sieben Jahre brauchen, bis sich ihre kräftige, pikante Art entfaltet.

Die Cru-Weinberge liegen alle so hoch, daß Frostschäden selten vorkommen; die besten Lagen befinden sich an Ost- und Südhängen, vor den lebhaften Westwinden geschützt, auf Böden von verwittertem Schiefer (in Morgon) bis zu Kalkstein (in Teilen von St-Amour). Den Untergrund bildet bei allen der Granit erloschener Vulkane.

Brouilly ist das größte dieser Crus. Die Produktion von manchmal bis zu 1 Million Kästen Brouilly kann nur als unterschiedlich bezeichnet werden. Selbst die Spitzenreiter (am bekanntesten ist Château de la Chaize) sind eher süffig als denkwürdig. Der Côtes de Brouilly kann sich zu entsprechend größeren Höhen aufschwingen, insbesondere der Wein aus den Südosthanglagen (z. B. Château Thivin).

Morgon auf dem Nordufer der Ardière ist das zweitgrößte Cru. Sein Zentrum, der Pont de Py, eine Felsformation aus mürbem Schiefer, verleiht dem Wein mehr Farbe, Breite und Substanz, als bei den anderen Crus mit Ausnahme von Moulin-à-Vent zu finden ist. Die Auslesen von Georges Dubœuf gehören wie gewohnt zu den besten Beispielen.

Im Westen schließt Régnié an, das erst seit 1988 über Cru-Status verfügt. Das Bild dieses Weins ist noch verschwommen; nach Morgon hin ähnelt er diesem, weiter im Norden nähert er sich dem helleren, duftigeren Stil von Chiroubles, der oft als «Damen-Beaujolais» bezeichnet wird – mit gutem Grund, denn Chiroubles ist Beaujolais in seiner hübschesten Form, als Wein ebenso wie als Ort.

Fleurie nimmt in jeder Hinsicht die Mitte ein. Guter junger Fleurie ist mit seinem kräftigen Duft, seiner fruchtigen, seidigen Art und seiner brillanten Eingängigkeit der Inbegriff des Beaujolais – einfach ein Hochgenuß. Der Übergang zum strengen Moulin-à-Vent ist leicht nachvollziehbar. Der hellrötliche Sandboden dort hat hohen Gehalt an Eisen und Mangan, was wahrscheinlich zur über 10 Jahre verlaufenden Entfaltungsfähigkeit des Fleurie beiträgt.

Chénas, das kleinste Cru, scheint mehr oder weniger ein Ableger von Moulin-à-Vent zu sein. Ein echter Übergang vollzieht sich dann wieder zum Juliénas: Die früh ansprechende Art erinnert an Fleurie, doch in Bestform ist der Juliénas vollmundiger und würziger und hat genug Rückgrat für fünf Jahre Lebensdauer. St-Amour im Osten bildet schließlich den letzten Übergang – nämlich vom Beaujolais nach St-Véran und zum Mâconnais.

Chablis

Chablis ist so gut wie der letzte Rest einer einstmals blühenden Weinbauregion, die – nur 100 km nordwestlich von Paris gelegen – die Hauptstadt reichlich versorgte. Noch vor einem Jahrhundert verfügte das Département Yonne über eine Rebfläche von 50 000 ha (vorwiegend für Rotwein) und spielte damit die Rolle, die in späterer Zeit der Midi übernahm.

Die Reblaus und die Eisenbahn erwiesen sich den Winzern an der Yonne gleichermaßen feindlich: Die eine verwüstete ihre Weinberge, die andere fand nicht den Weg zu ihnen. Was blieb, war eine der ärmsten Landwirtschaftsregionen Frankreichs. 1945 verfügte Chablis nur noch über eine Rebfläche von 470 ha. Der wenige Wein, der hier noch wuchs, glich einem Tropfen gegenüber der Flut aus aller Welt, die den Namen Chablis durch Mißbrauch lebendig erhielt.

In der zweiten Hälfte des 20. Jahrhunderts kam dann die große Renaissance. Der Chablis ist nun einmal ein unnachahmliches Original. Auf dem kalten, kalkreichen Lehmboden seiner Weinberge bringt die Chardonnay-Rebe Geschmacksnuancen hervor, die niemand reproduzieren kann.

Der Chablis bringt einen bei der Suche nach charakterisierenden Beschreibungen noch mehr in Verlegenheit als andere Weine. Doch hat er etwas, auf das man fast mit dem Finger deuten kann: Er ist hart, aber nicht herb, erinnert an Steine und Mineralien, zugleich aber auch an frisches Heu.

Ein Chablis Grand Cru schmeckt wuchtig, stark, fast unvergänglich. Und tatsächlich hält er sich auch bemerkenswert lange. Nach etwa zehn Jahren kommt in ihm eine eigentümliche, überaus köstliche säuerliche Note auf, und der goldgrüne Schimmer blinkt bedeutungsvoll.

Weinlagen in einem kühlen Klima brauchen besondere Voraussetzungen. Chablis liegt 160 km nördlich von Beaune – eigentlich näher an der Champagne als am übrigen Burgund. Das Geheimnis steckt in der geologischen Formation: Hier tritt der Rand eines großen unterirdischen Kalksteinbeckens zutage. Das andere Ende dieses Beckens befindet sich jenseits des Ärmelkanals in Dorset. Von dort stammt der Name Kimmeridge für diese prähistorische Ablagerung von Austernschalen: So scheinen Austern und Chablis seit alters miteinander verknüpft zu sein.

Es gibt noch zwei Regionen – die eine in Frankreich, die andere in Deutschland –, wo auf ähnlichen Böden Weine von einzigartiger Qualität wachsen. Die eine Region ist Sancerre, wo der Sauvignon Blanc auf kalkhaltigem Ton zu würziger Vollendung gelangt, die andere ist Franken, wo der Silvaner auf Muschelkalk eine Qualität und Langlebigkeit erzielt wie nirgendwo sonst.

Gemeinsam ist allen dreien eine Art von Frische, Festigkeit und Konturenschärfe, in der sich die jeweilige Traube selbst übertrifft und die das Produkt der hellen Böden und der rauhen Klimabedingungen sein muß.

Als einzige Rebe wächst hier der widerstandsfähige Chardonnay, allerdings unter dem Namen Beaunois. Dort, wo sich die Hänge mit Kimmeridge-Lehmboden der Sonne zuwenden, reift er einmalig schön.

Chablis ist aber nicht die einzige Appellation an der Yonne. Es gibt noch Rumpfbestände des einstigen umfangreichen Weinbaugebiets Auxerre um Irancy, wo der Pinot Noir Unterstützung durch die Lokalrebsorte César erhält. Ebenso steht es um Coulanges-la-Vineuse, während in St-Bris-le-Vineux und Chitry-le-Fort die alten Rotweintrauben von Auxerre neben ein wenig Chardonnay, Aligoté und Sauvignon Blanc (VDQS Sauvignon de St-Bris) mit einigem Erfolg angebaut werden. Auch in Tonnerre bestehen noch Reste der früheren Rebfläche.

Der grüne Schimmer gehört zu einem Glas Chablis ebenso wie der reine, volle Geschmack. Beim Betrachten diese Fotos, das ich 1965 aufgenommen habe, bekomme ich immer unwiderstehlichen Durst.

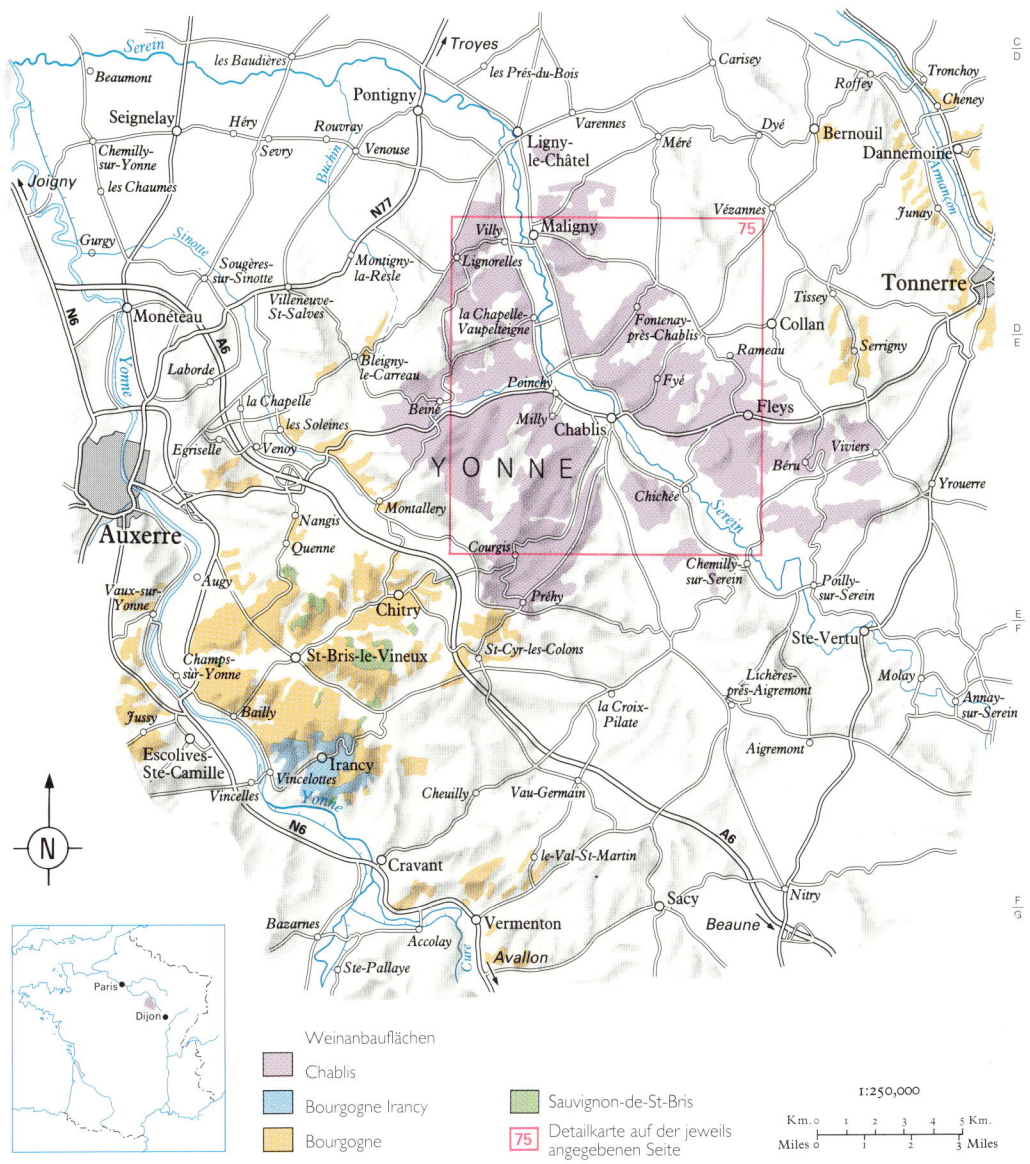

Das Herz von Chablis

Blick auf die Grands-Crus-Lagen von Chablis im Winter (links) und im Sommer (oben). Der Haupthang wird von Valmur und Les Clos eingenommen. Im Vordergrund das exzellente Premier Cru Vaillons.

Die Klassifizierung des Chablis in vier Qualitätsstufen spiegelt deutlicher als anderswo die Bedeutung der südwärts geneigten Lagen wider: Grand-Cru-Weine schmecken stets voller als die Premiers Crus, die Premier Crus wieder voller als der einfache Chablis und dieser schließlich voller als der Petit Chablis – übrigens eine Bezeichnung, die allmählich verschwinden dürfte.

Alle Grand Crus liegen in einem großen Block, der, nach Süden und Westen gewendet, über den Ort und den Fluß hinwegschaut. Jedes der sieben Spitzengewächse hat seine Eigenart; wichtiger aber ist, was sie alle gemeinsam haben: eine intensive, spannungsreiche Geschmacksfülle mit der Ausdruckskraft der besten Weißweine von der Côte de Beaune, jedoch mit ausgeprägterer Art, die sich im Alter zu nobler Komplexität wandelt.

Les Clos ist die bekannteste und mit 24 ha die umfangreichste Grand-Cru-Lage, nach verbreiteter Meinung steht ihr Wein auch in Geschmacksfülle, Stärke, Kraft und Lebensdauer an erster Stelle. Feine Les-Clos-Jahrgänge entwickeln mit der Zeit eine fast Sauternes-ähnliche Duftigkeit. Les Preuses dürfte sehr reif, rund und vielleicht am wenigsten «steinig» ausfallen, während sich Blanchot und Les Grenouilles durch hocharomatische Art auszeichnen. Das Ideal mancher Kenner ist Valmur: voll und duftig. Andere bevorzugen die Konturenschärfe und Finesse von Vaudésir. Bougros wird meist an die letzte Stelle gesetzt – es bleibt aber zu bedenken, daß die Handschrift des Erzeugers oft mehr bedeutet als die exakte Lage auf diesem relativ homogenen Hang.

Die Zahl der Premier-Cru-Lagen ist zurückgegangen, seitdem es sich eingebürgert hat, daß die minder guten unter dem Namen von einem Dutzend bekannteren mitlaufen. Unsere Karte weist sowohl die alten als auch die heute gängigen Namen aus. Die Ausrichtung dieser Lagen nach Süden hin und ihre Hangneigung ist stark unterschiedlich; am günstigsten sind sicherlich die auf dem Nordufer des Flüßchens Serein, unmittelbar neben den Grands Crus im Nordwesten (z. B. Fourchaume) und im Osten (z. B. Montée de Tonnerre, Mont de Milieu) gelegenen.

Ein Chablis Premier Cru hat mindestens ein halbes Prozent Alkohol weniger als ein Grand Cru und fällt entsprechend weniger eindrucksvoll in Duft und Geschmack aus. Dennoch sollte auch ein solcher Wein durchaus stilvoll und nicht, wie es heute leider vorkommt, durch Übererträge verwässert sein. In den 1970er und 80er Jahren fand eine beträchtliche Erweiterung der Rebfläche von Chablis statt – wenn auch nicht bis zu dem einstmaligen Umfang. Dadurch ist die Anbaufläche für Chablis Premier Cru um 50 % und die für den einfachen Chablis auf das Doppelte gewachsen. Noch 1960 gab es mehr Chablis Premier Cru als einfachen Chablis. Heute dagegen gibt es doppelt soviel einfachen Chablis wie Premier Cru und davon wiederum fünfmal soviel wie Grand Cru.

Die meisten Erzeuger bevorzugen heute im Tank vergorene frische Weine und benützen keine Fässer mehr. Nur ein paar Traditionsgebundene beweisen, daß Eichenholz (jedoch nur selten frisches) nach wie vor besondere Nuancen in den Wein bringt. Durch malolaktische Gärung wird die Säure gemildert, und die Weine reifen meist früher. Alles in allem ist der Chablis so gut wie eh und je – vielleicht sogar besser.

Viel unberechenbarer ist die Menge, die ein Herbst einbringt – die Gefahr von Frostschäden ist unverändert groß – und infolgedessen auch der Preis. Mit ihm geht es ziemlich stark auf und ab, und dadurch wird der Markt verunsichert. Das sollte nicht sein. Ein Chablis Grand Cru ist noch heute nur halb so teuer wie ein Corton-Charlemagne, dabei wären gleiche Preise eher gerechtfertigt.

    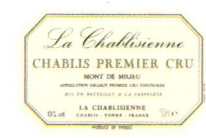 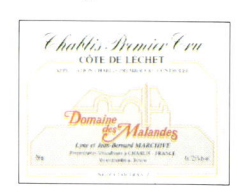

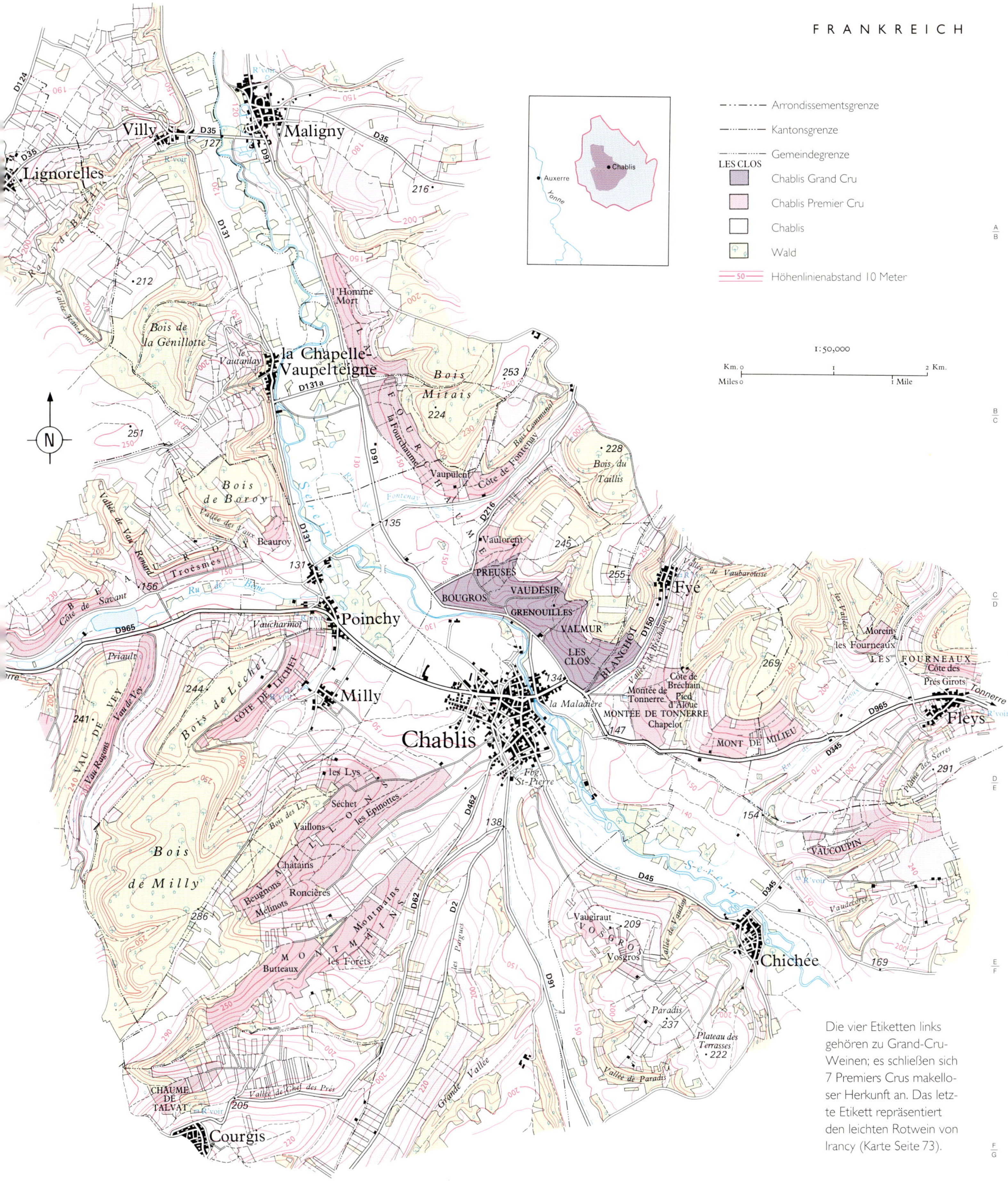

FRANKREICH

- — · · — Arrondissementsgrenze
- — · — Kantonsgrenze
- ——— Gemeindegrenze

LES CLOS
- Chablis Grand Cru
- Chablis Premier Cru
- Chablis
- Wald
- Höhenlinienabstand 10 Meter

1:50,000

Die vier Etiketten links gehören zu Grand-Cru-Weinen; es schließen sich 7 Premiers Crus makelloser Herkunft an. Das letzte Etikett repräsentiert den leichten Rotwein von Irancy (Karte Seite 73).

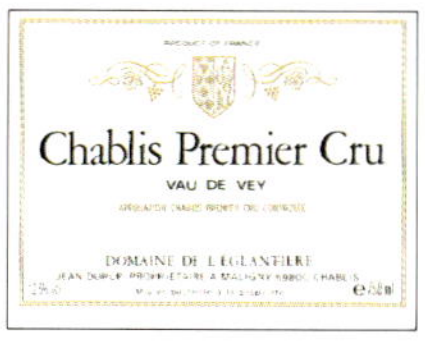

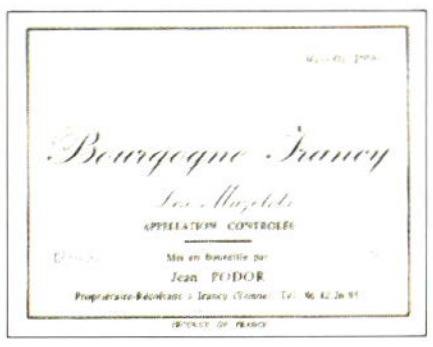

Champagne

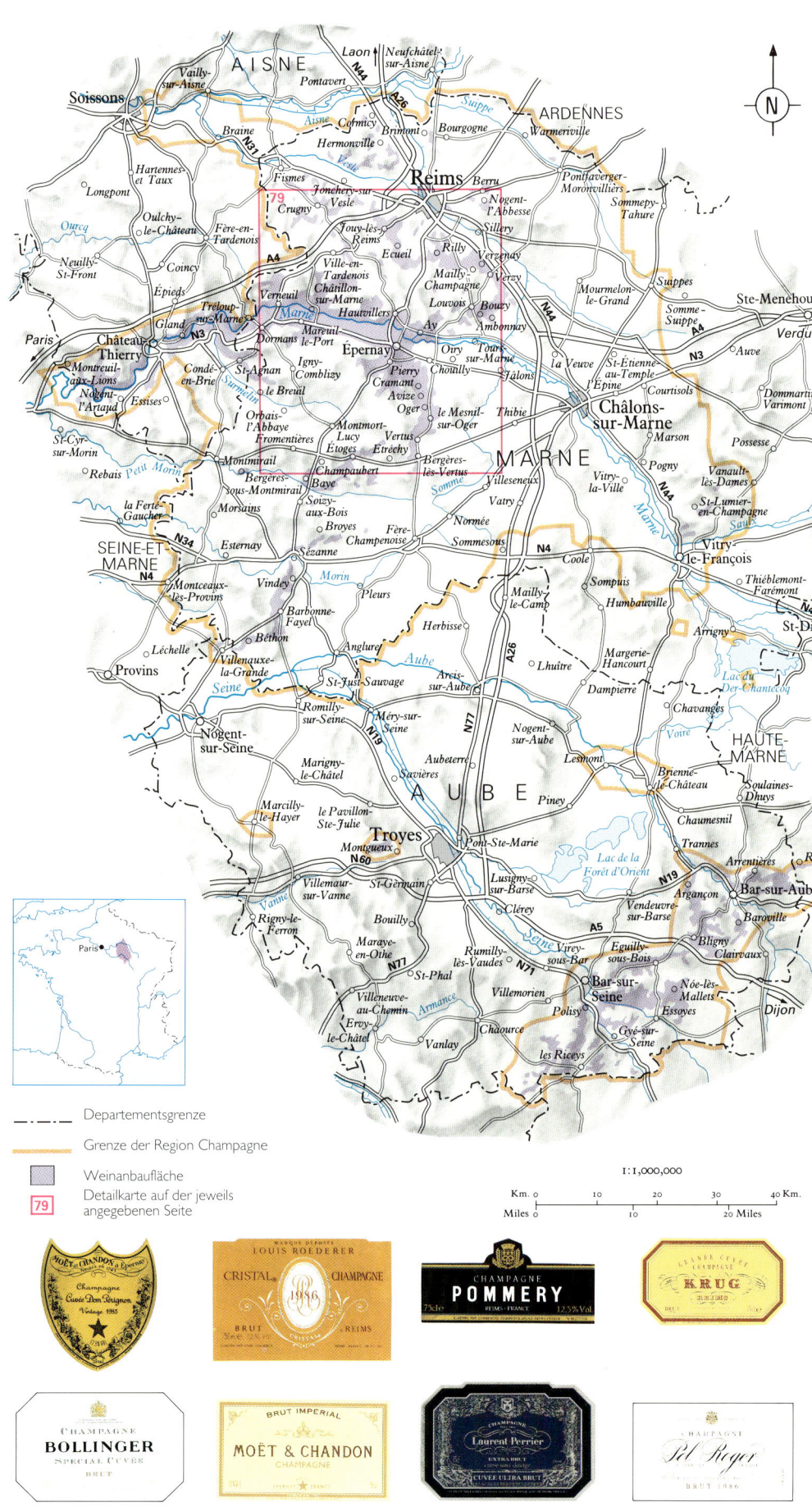

Der Name Champagne steht nicht nur für ein Weinbaugebiet, sondern auch für ein Verfahren, das jeder Tropfen Wein über sich ergehen lassen muß, bevor er den großen Namen führen darf. In manchen Ländern außerhalb Europas wird der Name so gebraucht, als sei nur die Methode gemeint – sie aber bringt lediglich den Schaum hervor, die Einmaligkeit beruht auf der Herkunft. Guter Champagner vereint in sich Frische, Fülle, Delikatesse und Rassigkeit und eine sanft anregende Kraft, wie man es in keinem anderen Wein findet.

Das Gebiet, dessen Boden und Klima für soviel eigene Art bürgt, liegt knapp 145 km nordöstlich von Paris; sein Herz wird von ein paar flachen, aus einer Kreide-Ebene aufsteigenden Erhebungen gebildet, in die sich der Fluß Marne tief hineingeschnitten hat. Die Karte auf den folgenden Seiten zeigt das Herz der Champagne.

Insgesamt erstreckt sich die Region auf Teile von fünf Départements, aber nur ein kleines Stück davon darf die Appellation Champagne rechtmäßig führen – es kommt auf ganz bestimmte Böden in bevorzugten Lagen an. Drei Viertel dieser Lagen befinden sich im Département Maine, größere Flächen liegen aber auch im Département Aube (15 %) im Süden und im Département Aisne (rund 10 %) im Norden.

Die Rebfläche der Champagne (27 500 ha) verteilt sich auf 19 000 Besitzer. Nur 10 % der Anbaufläche sind Eigentum der großen Exportfirmen, denen der Champagner sein weltweites Renommee verdankt. 8000 Einzelbesitzungen sind höchstens 1 ha groß, und über die Hälfte der 20 000 im Weinbau Beschäftigten dürfen wenigstens ein paar Weinstöcke ihre eigenen nennen.

Was sich in den Kellern der Champagne abspielt, betrifft uns ebensosehr wie das, was in den Weinbergen geschieht. Das Verfahren der Champagnerherstellung beginnt ja erst nach der Lese und dem Keltern in Pressen von nur hier anzutreffender Bauart, die aus jeweils 4 t Trauben den Saft überaus schonend gewinnen. Der Most gärt zunächst lebhaft, und wenn er sich dann schließlich zu beruhigen beginnt, werden die Türen geöffnet, um die herbstliche Kühle hereinzulassen, die den Gärvorgang zum Stillstand bringt (heute übernehmen das freilich Klimaanlagen). Nun ruht der Wein in der Winterkälte, obgleich in ihm noch Potential zu weiterer Gärung steckt. In diesem Zustand wurde er früher in die Welt hinausgesandt. Im 17. Jahrhundert ging dieser unstabile, ziemlich saure Wein faßweise nach England. Dort wurde er dann in Flaschen abgefüllt, die stärker waren als die in Frankreich damals üblichen. Im darauffolgenden

Die Grandes Marques haben den Stil, die Qualität und das Renommee des Champagners entwickelt und bilden noch heute die Spitze. Oben rechts: Die Spezialität von Les Riceys im Département Aube (am unteren Rand der Karte).

Frühling setzte nun eine Nachgärung ein, und bald knallten die Korken.

Ob nun wirklich den Engländern diese Entdeckung zu verdanken ist oder nicht, jedenfalls war frühzeitige Abfüllung in Flaschen ein wesentlicher Schritt in dem Verfahren, das den einstigen Hauswein von Paris zur Primadonna unter den Weinen werden ließ.

Zu Unrecht wird Dom Pérignon, im 17. Jahrhundert Kellermeister der Abtei Hautvillers, die Urheberschaft am nächsten Entwicklungsschritt zugeschrieben: das Befestigen der Korken in verstärkten Flaschen – allerdings waren sie immer noch nicht stark genug, denn rund die Hälfte platzte. In Wahrheit tat Dom Pérignon vielmehr alles, um die Schaumbildung zu verhindern; er verdient dagegen alle Ehre für die Entwicklung der Kunst, die Weine aus verschiedenen Gegenden des Gebiets so miteinander zu mischen, daß der bestmögliche Geschmack entsteht.

Die Champagnerkeller von Reims wurden einst von den Römern als Steinbrücke angelegt. Die Clicquot-Keller sind mit in das weiche Kalkgestein gehauenen Reliefs geschmückt.

Der Hauptunterschied zwischen den einzelnen Champagnern liegt ja in der Zusammensetzung dieser sogenannten *cuvée*. Allgemein gilt, daß das Endergebnis um so feiner ausfällt, je unterschiedlicher die Komponenten sind. Wer ausschließlich Trauben aus einer einzigen Lage verwendet, kann nur einen schlichten Champagner hervorbringen. Die von *récoltants-manipulants* angebotenen preiswerten Champagner fallen so ziemlich alle in diese Kategorie.

Das Renommee eines etablierten Hauses beruht auf seinen jahrgangslosen Champagnern, bei denen durch das Verschneiden dafür gesorgt wird, daß von Jahr zu Jahr keine merklichen Unterschiede eintreten. Die Stile sind verschieden – von tiefgründiger Konzentration bei Krug oder Bollinger bis zur verführerischen Delikatesse bei Taittinger und zur vorbildlichen klassischen Ausgewogenheit bei Pol Roger, Clicquot und Roederer.

Die Industrialisierung des Champagners geht zurück auf die Witwe Clicquot in den ersten Jahren des 19. Jahrhunderts. Ihre große Errungenschaft war es, den Champagner von seinem (bei der Nachgärung in der Flasche unvermeidlichen) Bodensatz zu befreien, ohne die Schaumkraft zu beeinträchtigen. Sie erfand einen hölzernen «Pult» mit Löchern in der Platte, in die nach der Reifezeit die Flaschen kopfüber (*sur point*) hineingesteckt werden konnten. Tag für Tag mußten die Kellerarbeiter jede einzelne Flasche ein wenig rütteln und drehen (*remuage*), bis der Bodensatz vollständig hinter den Korken gerutscht war. Nun wurde der Korken herausgezogen, etwas Wein mit Bodensatz entnommen (*dégorgement*), dann die Flasche mit gesüßtem Wein wieder aufgefüllt und ein neuer Korken hineingetrieben. Heute wird der Flaschenhals zunächst eingefroren. Beim Öffnen der Flasche schießt ein Pfropfen trübes Eis heraus, und der klare Champagner bleibt zurück.

Nach der zweiten Gärung ist der Champagner von Natur aus völlig trocken – viel zu trocken für fast jeden Geschmack. Es wird deshalb ein wenig Wein mit Zucker beigemischt: bei Brut unter 2%, bei Extra Dry 1,5–2,5%, bei Sec 2–4%, bei Demi-Sec 4–6%, bei Doux über 6%. Die beiden letzteren Arten sind echte Dessertweine – der Brut gerade das Gegenteil.

DIE SPRACHE DES ETIKETTS

Vintage (z. B. 1976, 1979) Wein eines besonders guten Jahrgangs
Non-vintage (ohne Jahrgang) Verschnitt aus Weinen verschiedener Jahrgänge
Cuvée Verschnitt; alle Champagner sind Verschnitte
Blanc de Blancs Nur aus weißen Trauben erzeugt
Crémant Leicht schäumend
Rosé Durch Zusatz eines kleinen Anteils Rotweins hergestellter Champagner
Réserve Jeder Wein kann als Réserve bezeichnet werden
Reserved for England Bedeutet, daß der Wein trocken ist, denn die Engländer bevorzugen trockenen Champagner
Récemment dégorgé Vor kurzem degorgiert
Brut Sehr trocken
Extra Sec (oder **Extra Dry**) Trocken
Sec Eher lieblich
Demi-Sec Süß
Doux Sehr süß
Magnum Flasche mit 2fachem Fassungsvermögen
Jeroboam Flasche mit 4fachem Fassungsvermögen
Rehoboam Flasche mit 6fachem Fassungsvermögen
Methusalem Flasche mit 8fachem Fassungsvermögen
Nebukadnezar Flasche mit 20fachem Fassungsvermögen

Die großen Champagner-Häuser von Reims

1 Heidsieck Monopole
2 GH Mumm
3 Irroy
4 Krug
5 Lanson
6 Veuve Clicquot Ponsardin
7 Louis Roederer
8 Piper-Heidsieck
9 Charles Heidsieck
10 Taittinger
11 Ruinart
12 Pommery
13 Henriot
14 Abel Lepitre

Die großen Champagner-Häuser von Epernay

1 A Charbaut & Fils
2 Moët & Chandon
3 Perrier-Jouët
4 de Venoge
5 Pol Roger
6 de Castellane
7 Mercier

Das Herz der Champagne

Das kristalline Funkeln des Rauhreifs an einem kalten Morgen bei Cramant ist wie ein Abbild des Charakters der Weine dieser Landschaft. Hier wird ausschließlich die Chardonnay-Traube angebaut, die einen Champagner von höchster Brillanz und Finesse erbringt.

Schon lange bevor die Weine aus der Champagne zu ihrem Schaum kamen, waren sie in Paris als *vins de la rivière* und *vins de la montagne* hoch geschätzt. Mit «rivière» war die Marne und mit «montagne» die knapp 300 m hohe bewaldete Erhebung gemeint, die den Fluß von der geheiligten Stadt Reims, wo die Könige Frankreichs gekrönt wurden, trennt. Am höchsten geschätzt wurden die Weine von Ay, fast in der Mitte der Karte, wo ein herrlich gelegener Südhang gegenüber Epernay zum Fluß abfällt.

Alle Weinberge sind auf tiefgründigem, an einem Fossil namens Belemnit besonders reichen Kreideboden angelegt. Kreide ist sehr wasserdurchlässig; außerdem reflektiert sie das Sonnenlicht (eine in diesem Klima relativ rare Gottesgabe) auf die Weinstöcke, muß aber ständig mit organischem Dünger beschickt werden, damit sie fruchtbar bleibt. Dom Pérignon ist die Entdeckung zu verdanken, daß hier keine einzelne Lage oder Rebsorte ideale Ergebnisse bringen kann. Zu seiner Zeit wurde noch ein Dutzend Rebsorten angebaut (er gab dem Pinot Noir den Vorzug vor allen anderen).

Heute beherrschen drei Trauben das Feld. Den größten Anteil an der Anbaufläche hat mit 40% der Pinot Meunier. Er liefert den Grundwein für alle, mit Ausnahme der allerfeinsten Champagner. Auf den Pinot Noir entfällt etwa ein Drittel und auf Chardonnay etwa ein Viertel der Anbaufläche. Großer Champagner entsteht durch sinnvolle Vereinigung der besten Trauben aus den drei markantesten Teilen der Region.

Die Montagne de Reims ist mit Pinot Noir und (in geringerem Umfang) mit Pinot Meunier bestockt; die dunklen Trauben beider Sorten müssen sehr rasch abgepreßt werden, damit weißer Most ohne die geringste Spur von roter Farbe gewonnen wird.

Das Marne-Tal weist eine Folge von Südhängen auf, an denen sich die Sonnenwärme fängt und die vollsten, rundesten und reifsten Weine mit viel Aroma gedeihen läßt. Auch in diesen Lagen wachsen vorherrschend dunkle Trauben, vor allem Pinot Noir, doch inzwischen setzt sich hier immer mehr der Chardonnay fest.

Der Côte des Blancs genannte Osthang südlich von Epernay (topographisch der Côte de Beaune nicht unähnlich) ist mit Chardonnay besetzt, der in die Mischung Frische und Finesse einbringt und die Perlenbildung fördert. Oft wird Champagner aus dieser Gegend ohne den traditionellen Zusatz von Pinot Noir hergestellt und als Blanc de Blancs verkauft. Die Orte Cramant, Avize und Le Mesnil haben sich seit langem mit unverschnittenem Champagner dieser Art einen guten Namen gemacht.

Für diese Lagen (wie für alle der Appellation Champagne) gilt gewissermaßen eine verdeckte Rangordnung – verdeckt deshalb, weil sie auf den Etiketten nicht in Erscheinung tritt. Auf der *échelle* (Skala) des *crus* nimmt das Lesegut aus den einzelnen Orten eine bestimmte, in Prozent angegebene Wertstufe ein. Die Winzer in den entsprechend bewerteten Grand-Cru-Orten erhalten stets 100%. Die Premiers Crus bekommen je nach ihrem Platz auf der Stufenleiter 99 bis 90% angerechnet, und so geht es weiter abwärts bis 80% für bestimmte Randgebiete.

Aus der Karte gehen die *échelle*-Bewertungen für die Orte im Herzen der Region hervor, wo fast alle feineren Weine wachsen. Die hochluxuriösen «Prestigemarken» wie Dom Pérignon von Krug, Sir Winston Churchill von Pol Roger, Roederer Cristal, Belle Epoque von Perrier Jouet, La Grande Dame von Clicquot oder Comtes de Champagne von Taittinger beruhen selbstverständlich auf Grundweinen der höchsten Wertstufe.

Solche Champagner sollten niemals sehr kalt und auf gar keinen Fall eiskalt serviert werden. Sie sollten auch nicht zu jung sein. Große Champagner können 20 Jahre und länger reifen und dabei eine ungeahnte Geschmackstiefe erlangen. Die meisten Jahrgangs-Champagner sind dagegen im Alter von 8 bis 15 Jahren am besten, und auch ein jahrgangsloser Champagner aus einem guten Haus gewinnt über 4 bis 5 Jahre.

	Legende
MAILLY	Gemeinde mit einer Durchschnittsbewertung von mind. 99 %
MONTBRÉ	Gemeinde mit einer Durchschnittsbewertung von 90–98 %
	Sonstige Weinanbaufläche
	Wald
— — —	Departementsgrenze
— · —	Arrondissementgrenze
· · · ·	Kantonsgrenze
—200—	Höhenlinienabstand 20 Meter

1:157,000

Bordeaux

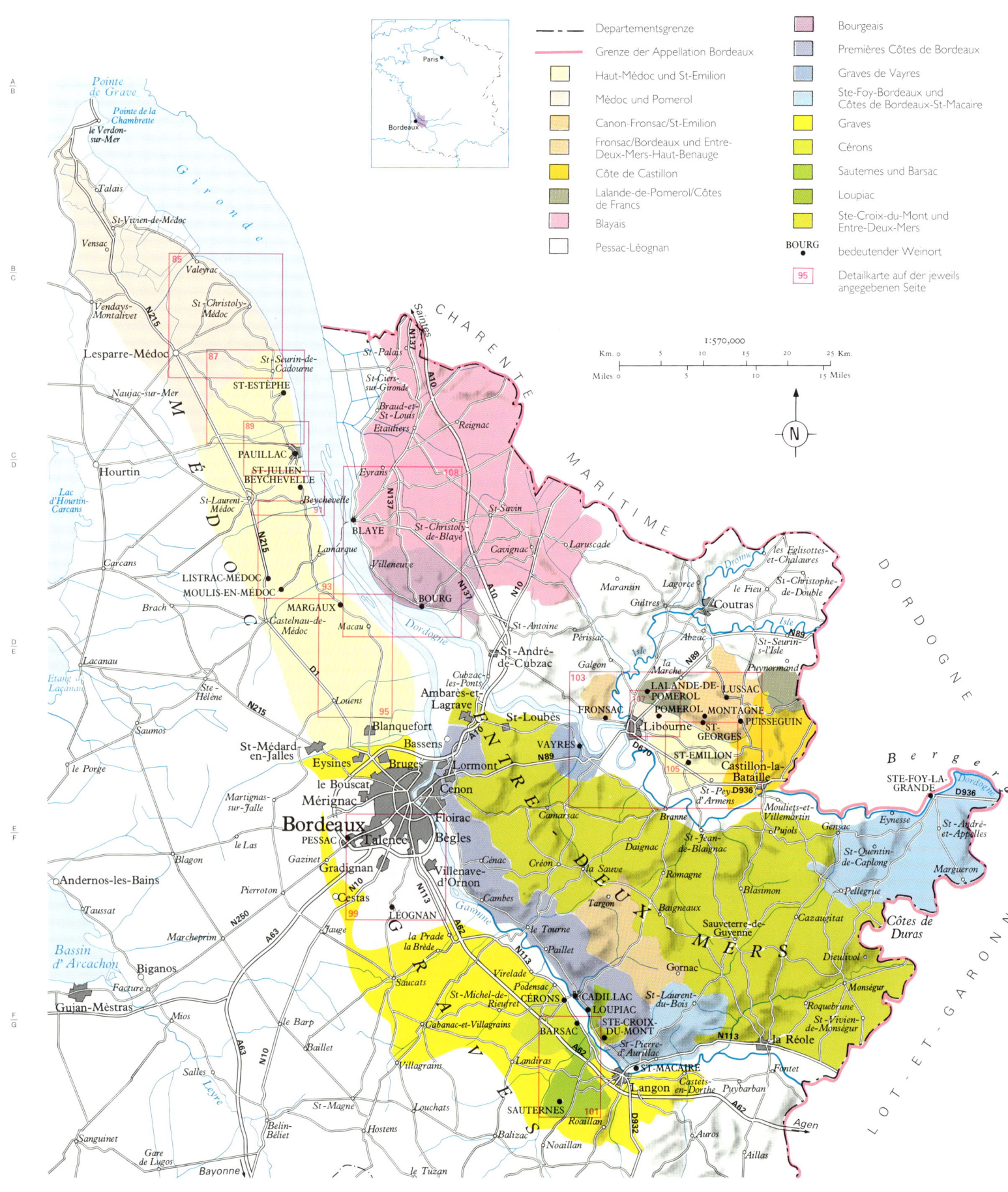

Verspricht der Name Burgund Vollmundigkeit und Reichtum, so verbindet sich mit Bordeaux mehr als bloß eine Andeutung von Eleganz. Die Eigenschaften des Bordeaux sprechen den Ästheten, die des Burgunders den Sinnenfreund an. Da ist auf der einen Seite die besondere Art dieses Weins, oft geradezu unbeschreiblich delikat in Nuancenreichtum und Komplexität, und auf der anderen Seite steht die Aufgabe, die so übermäßig viele Regionen und Subregionen mit ihrer Unzahl von Weingütern dem ordnenden Geist stellen.

Bordeaux ist das größte Qualitätsweinbaugebiet der Erde. Das ganze Département Gironde treibt Weinbau. Und alle diese Weine heißen Bordeaux. Der Ertrag stellt die burgundische Ernte weit in den Schatten (1992: 7 Mio Hektoliter). Hier wächst viermal soviel Rotwein wie Weißwein.

Das große Rotweingebiet Médoc liegt nördlich der Stadt Bordeaux, Graves schließt sich unmittelbar südlich an die Stadt an, und auch in der Landschaft am Nordufer der Dordogne und gegenüber dem Médoc auf der anderen Seite der Gironde wird vor allem Rotwein angebaut. Das Gebiet zwischen den beiden Flüssen heißt Entre-Deux-Mers. Hier ist der Wein zumeist weiß, nur in den Premières Côte de Bordeaux wird neben weißem auch roter Wein erzeugt. Das ganze Gebiet im unteren Drittel der folgenden Karte produziert vorwiegend Weißwein.

Den großen Ruhm von Bordeaux machen die guten bis grandiosen Rotweine, die in geringen Mengen produzierten goldenen Süßweine von Sauternes und in noch kleiner, aber wachsender Zahl die trockenen Sauvignon/Sémillon-Weißweine von Graves aus.

Im Vergleich zu Burgund ist das Appellationssystem von Bordeaux einfach. Die Karte gegenüber gibt nähere Auskunft. Innerhalb der Appellationen sorgen die einzelnen Châteaux schon selbst für die eigene Identität. Die in das Burgunder System eingebaute Form der Qualitätseinstufung fehlt in Bordeaux. Statt dessen gibt es hier eine Vielzahl lokaler Klassifizierungen.

Die bei weitem bekannteste davon ist die 1855 festgelegte Klassifizierung der Médoc-Weingüter; sie basierte auf den Preisen, die die Weine in den vorausgegangenen hundert oder mehr Jahren erzielt hatten. Die Einteilung in erste, zweite, dritte, vierte und fünfte «Crus», zu denen später die Crus Exceptionnels, die Crus Bourgeois Supérieurs, die Crus Bourgeois und später die Crus Artisans und Crus Paysans hinzukamen, stellt das anspruchsvollste Einstufungssystem dar, das jemals für die Erzeugnisse eines Landes geschaffen worden ist.

Die überragende Bedeutung der Lage für die Qualität wird dadurch bewiesen, daß diese Crus Classés die besten Lagen einnehmen. Wo der heutige Qualitätsstand nicht mit dem Rang übereinstimmt, ist der Grund dafür meist leicht zu finden: 1855 gab sich der

Die Stadt Bordeaux kann sich schöner Bauten rühmen. Oben: Die Garonne mit dem alten Pont de Pierre. Links: Handelshäuser aus dem 18. Jh. am Quai des Chartrons. Rechts: Das mittelalterliche Stadttor.

Besitzer mehr Mühe als der gegenwärtige. Außerdem wurde oft Land hinzugekauft oder getauscht.

Dennoch wird heute der alten Klassifizierung mehr Gewicht beigemessen, als es das System tatsächlich rechtfertigt. Die superluxuriösen Premiers Crus erzielen regelmäßig doppelt so hohe Preise wie die 2ᵉ Crus, sonst aber kommt es durchaus vor, daß beispielsweise ein 5ᵉ Cru mehr herausholt als ein 2ᵉ Cru, wenn es besser geführt ist. Die relativen Qualitäten der verschiedenen Chateaux bedürfen schon einer subtileren Unterscheidung als allein durch die Angabe, daß der eine Wein immer «besser» sei als ein anderer. Daher unterscheidet das für die folgenden Karten verwendete System lediglich zwischen Crus Classés (wo es solche gibt) und Crus Bourgeois.

Château nennt man in Bordeaux ein Weingut. Vorstellungen von einem Schloß oder Herrensitz sind selten zutreffend. Meist ist das größte Gebäude eines solchen Châteaus der *chai,* eine lange Scheuer, oft halb in den Boden hineingebaut, in der der Wein gelagert wird – neben dem *cuvier,* wo er gekeltert wird. (Ein Bordeaux-Château ist auf den Seiten 36/37 geschildert.)

Das Château liegt manchmal inmitten seiner Weinberge, häufiger aber sind diese weit verstreut und mit denen des Nachbargutes vermischt. Die besten Lagen erbringen maximal 5000 Liter pro Hektar, die weniger guten eher mehr. Auf einem Hektar stehen zwischen 5000 und 10 000 Weinstöcke.

Der *maître de chai* spielt eine wichtige Rolle auf dem Weingut. Er begrüßt die Besucher, läßt sie den neuen Wein, kalt, dunkel und ungenießbar, aus den seiner Obhut anvertrauten Fässern probieren. Dann gilt es, sich mehr eingeweiht als begeistert zu zeigen, denn der Wein wird frühestens zwei Jahre nach der Flaschenabfüllung trinkfertig sein – vielleicht sogar erst zwanzig Jahre danach.

Bordeaux: Qualitätsfaktoren

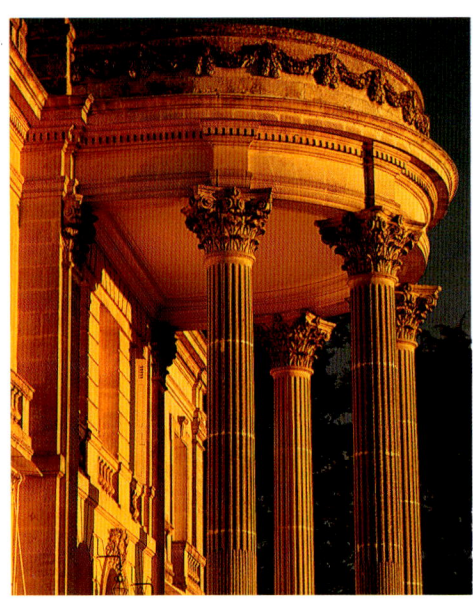

Die besondere Eignung der Region Bordeaux für den Weinbau läßt sich recht einfach erklären. Das nahe Meer und die vielen Flußläufe sorgen für ein gemäßigtes und stabiles Klima. An der Küste und im Süden schirmen Europas größte Wälder das Gebiet gegen starke salzhaltige Winde und zuviel Niederschlag ab. Das Muttergestein ist reich an Mineralien, doch die Bodenkrume im allgemeinen recht dürftig und oft sehr tief.

Man hat überaus gründlich die Frage untersucht, warum ein bestimmtes Fleckchen Erde der ihm benachbarten Lage überlegen ist. Alle diese Untersuchungen definieren zunächst einmal genau die geologischen, bodenkundlichen und klimatologischen Bedingungen, die eine gute Lage ausmachen – bloß um dann festzustellen, daß dieselben Voraussetzungen auch auf die Nachbarlage zutreffen.

Links: Château de Marbuzet ist der Zweitwein von Cos d'Estournel. Das Schloß in St-Estèphe verkörpert mit seiner mächtigen neo-palladianischen Eingangshalle die herrschaftlichen Ambitionen der Weingutsbesitzer am Ende des 19. Jh. Allgemein bleibt die Architektur der Châteaux hinter der Qualität ihrer Weine weit zurück.

In Bordeaux gibt es jedoch noch mehr, was die Unterschiede erklären hilft: So wird der rote Bordeaux nicht von einer einzigen immer gleichen Traubensorte gewonnen wie etwa der Rotwein der Côte d'Or, vielmehr sind an ihm drei bis vier Traubensorten beteiligt, wobei das Mischungsverhältnis je nach dem Bereich und dem Geschmack des Erzeugers unterschiedlich ist. Es wäre also voreilig, den Schluß zu ziehen, daß beispielsweise der Boden des Château Lafite einen leichteren Wein ergäbe als der des Château Latour, ohne zu berücksichtigen, daß in Lafite sehr viel Merlot, in Latour jedoch fast ausschließlich Cabernet Sauvignon angebaut wird.

Ein weiterer Faktor ist der Status des Grundbesitzes. Erfolg bedeutet auch mehr Geld, das man für teure Pflegemaßnahmen

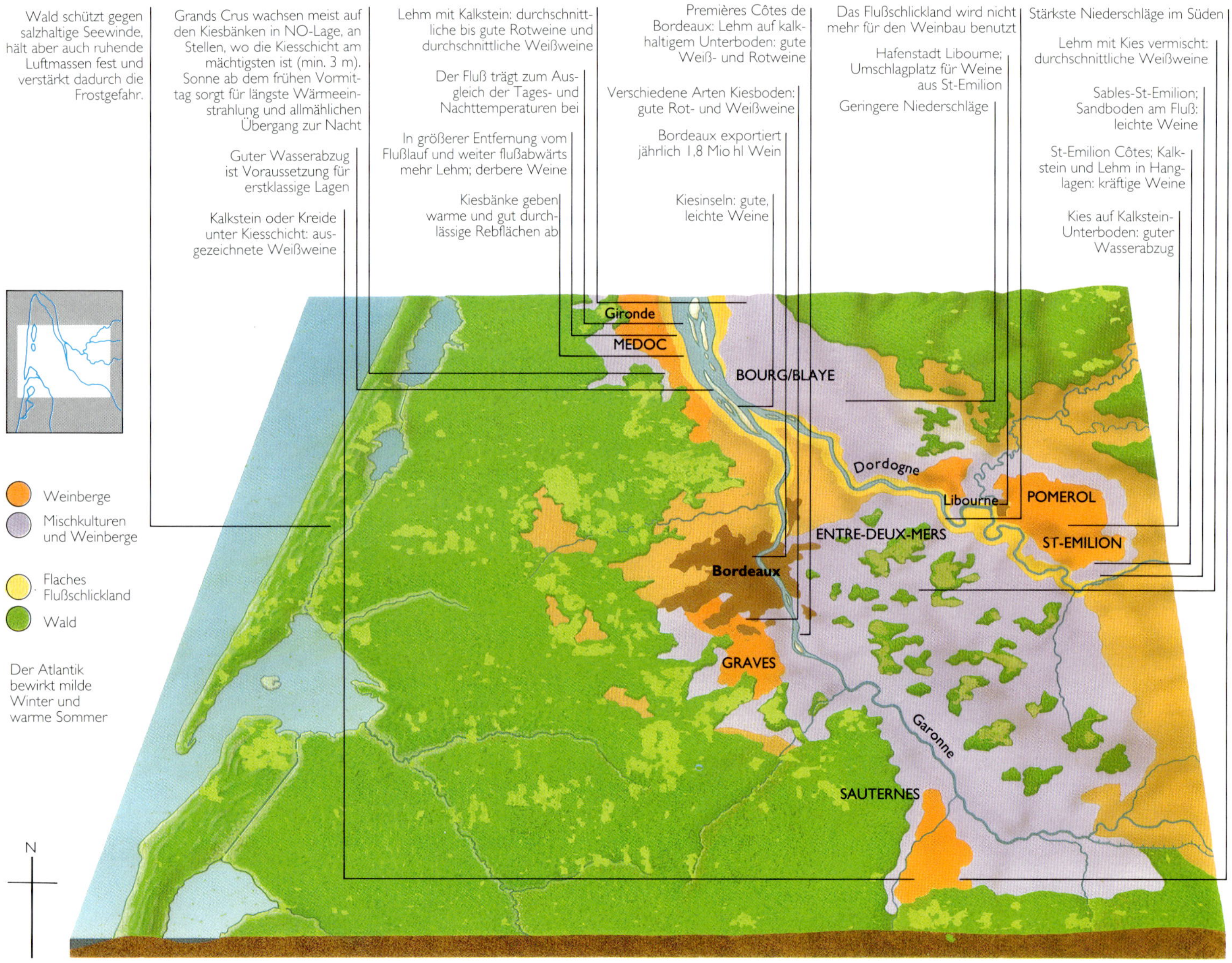

Wald schützt gegen salzhaltige Seewinde, hält aber auch ruhende Luftmassen fest und verstärkt dadurch die Frostgefahr.
Grands Crus wachsen meist auf den Kiesbänken in NO-Lage, an Stellen, wo die Kiesschicht am mächtigsten ist (min. 3 m). Sonne ab dem frühen Vormittag sorgt für längste Wärmeeinstrahlung und allmählichen Übergang zur Nacht
Guter Wasserabzug ist Voraussetzung für erstklassige Lagen
Kalkstein oder Kreide unter Kiesschicht: ausgezeichnete Weißweine
Lehm mit Kalkstein: durchschnittliche bis gute Rotweine und durchschnittliche Weißweine
Der Fluß trägt zum Ausgleich der Tages- und Nachttemperaturen bei
In größerer Entfernung vom Flußlauf und weiter flußabwärts mehr Lehm; derbere Weine
Kiesbänke geben warme und gut durchlässige Rebflächen ab
Premières Côtes de Bordeaux: Lehm auf kalkhaltigem Unterboden: gute Weiß- und Rotweine
Verschiedene Arten Kiesboden: gute Rot- und Weißweine
Bordeaux exportiert jährlich 1,8 Mio hl Wein
Kiesinseln: gute, leichte Weine
Das Flußschlickland wird nicht mehr für den Weinbau benutzt
Hafenstadt Libourne: Umschlagplatz für Weine aus St-Emilion
Geringere Niederschläge
Stärkste Niederschläge im Süden
Lehm mit Kies vermischt: durchschnittliche Weißweine
Sables-St-Emilion; Sandboden am Fluß: leichte Weine
St-Emilion Côtes; Kalkstein und Lehm in Hanglagen: kräftige Weine
Kies auf Kalkstein-Unterboden: guter Wasserabzug
Gironde
MEDOC
BOURG/BLAYE
Dordogne
Libourne
POMEROL
ENTRE-DEUX-MERS
ST-EMILION
Bordeaux
GRAVES
Garonne
SAUTERNES
Weinberge
Mischkulturen und Weinberge
Flaches Flußschlickland
Wald
Der Atlantik bewirkt milde Winter und warme Sommer
N

oder für den Zukauf weiteren Besitzes verwenden kann.

Außerdem heißt es, der Boden des Médoc beispielsweise sei «mit jedem Schritt» anders. Noch niemandem ist es allerdings bislang gelungen, den aus einer bestimmten Rebe gewonnenen Wein zu isolieren und ihn mit dem Ertrag einer zwei Schritte davon entfernten Pflanze zu vergleichen.

Es ist verständlich, daß sich die Universität von Bordeaux trotzdem weiter bemüht, diese Zusammenhänge aufzudecken. Die Theorie, die die meisten Anhänger hat, besagt, die Geologie habe (entgegen der herkömmlichen Auffassung) kaum Einfluß auf die Qualität, zumindest nicht in Bordeaux. Ein Weinstock finde seine Nährstoffe fast überall, und je dürftiger der Boden, desto tiefer und ausladender treibe er sein Wurzelwerk – daher das Paradoxon, daß auf kargem Boden guter Wein wächst. Denn je tiefer die Wurzeln reichen, desto konstanter sei deren Umgebung und um so weniger seien sie anfällig für Überflutung, Trockenheit und Schwankungen der Nährstoffzufuhr.

In Erweiterung dieser Theorie vertritt Dr. Gérard Seguin von der Universität Bordeaux die These, je besser der Unterboden entwässert werde und je trockener er sei, desto tiefer drängen die Wurzeln vor. Er behauptet, die Premiers Crus stammten aus Weinbergen, die den Entwässerungskanälen am nächsten gelegen seien, die Deuxièmes Crus aus etwas weiter entfernten Lagen und so fort. In Bordeaux gibt es einen alten Spruch, der besagt, die Reben müßten «auf den Fluß schauen»; die Theorie bestätigt nun die Richtigkeit dieser Regel. Auch erklärt sie, warum alte Weinstöcke den besten Wein ergeben: Ihre Wurzeln reichen am weitesten in die Tiefe. Man kann sich von dieser Theorie ein Bild machen, wenn man auf den Landkarten die Wasserläufe im Zusammenhang mit den Crus Classés und den übrigen Weingütern studiert.

Also, besagt die Theorie weiter, sei es nicht die chemische Zusammensetzung des Bodens, sondern seine physikalische Beschaffenheit, die es zu berücksichtigen gelte. Schlecht entwässerte schwere Lehm- oder Sandböden seien für den Wein am wenigsten geeignet – Kies und größere Steine dagegen am besten.

Im Médoc sind es die starken Kiesschichten, die in Margaux, St-Julien und Pauillac Dünen bilden und beste Durchlässigkeit bieten. Weiter nördlich nimmt der Lehmanteil zu, so daß in St-Estèphe trotz steiler Hänge der Boden weniger gut entwässert wird. Das bedeutet zwar nicht, daß alle Weine von Margaux Premiers Crus sind und alle Weine von St-Estèphe nur Cinquièmes Crus, wohl aber erklärt es den höheren Säure- und Tanningehalt, die dunklere Farbe und den weniger ausgeprägten Duft im St-Estèphe. Freilich hat das nicht allein mit Qualität, sondern vor allem mit Charakter zu tun.

Links: Das Diagramm des aus dem Zusammenfluß der Dordogne und der Garonne gebildeten Gironde-Mündungsbeckens zeigt einige Faktoren auf, die die Qualitäts- und Charakterunterschiede der Bordeauxweine bewirken. Bodenkrume und Unterboden haben zwar Einfluß auf den Wein, doch ist umstritten, wie bedeutsam dieser für seine Güte und seinen Charakter ist. Faktoren wie Niederschlagsmenge, Morgen- oder Nachmittagssonne und vor allem die schnelle Drainage können von ebenso großer Bedeutung sein. Im Süden dieses Gebiets fällt der meiste Niederschlag, im Norden der geringste. Weißwein wächst im Süden, Rot- und Weißwein im Zentrum und mehr Rot- als Weißwein im Norden. Zwar kann kein Zusammenhang nachgewiesen werden, doch spricht vieles dafür, daß sich der Nebel in dem feuchten Gebiet im Laufe der Jahre vorteilhaft auf die weißen Trauben ausgewirkt hat, während er bei den roten Fäulnis bewirkte.

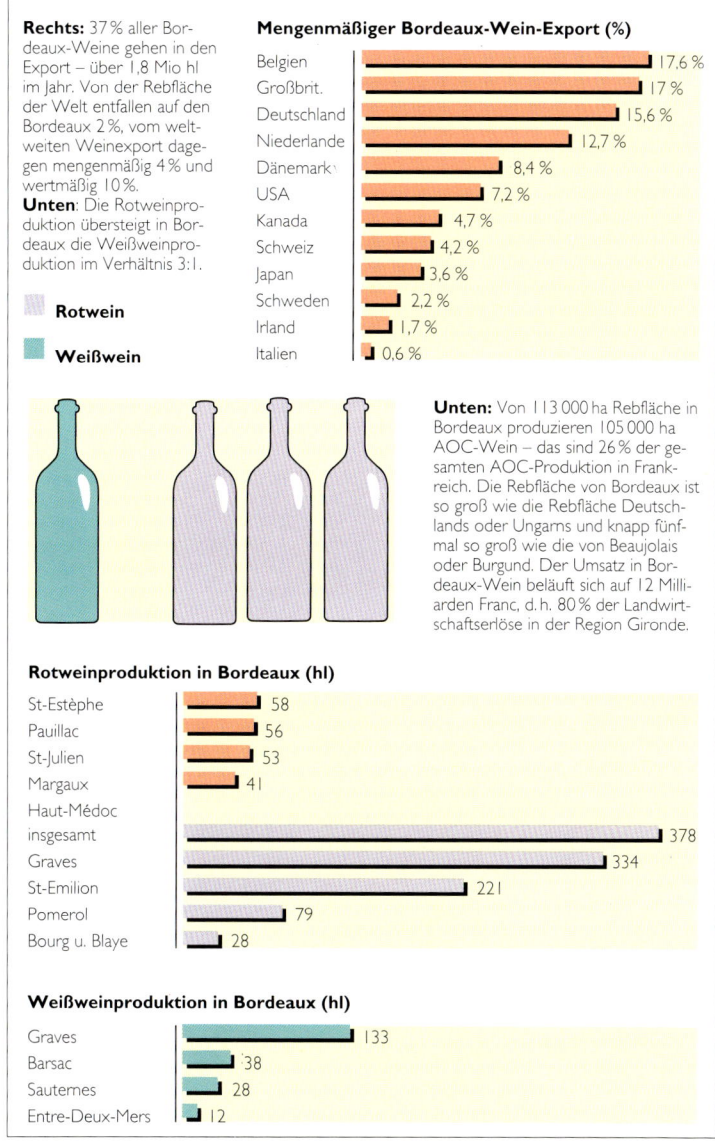

Rechts: 37% aller Bordeaux-Weine gehen in den Export – über 1,8 Mio hl im Jahr. Von der Rebfläche der Welt entfallen auf den Bordeaux 2%, vom weltweiten Weinexport dagegen mengenmäßig 4% und wertmäßig 10%.
Unten: Die Rotweinproduktion übersteigt in Bordeaux die Weißweinproduktion im Verhältnis 3:1.

Mengenmäßiger Bordeaux-Wein-Export (%)
Belgien 17,6 %
Großbrit. 17 %
Deutschland 15,6 %
Niederlande 12,7 %
Dänemark 8,4 %
USA 7,2 %
Kanada 4,7 %
Schweiz 4,2 %
Japan 3,6 %
Schweden 2,2 %
Irland 1,7 %
Italien 0,6 %

Rotwein
Weißwein

Unten: Von 113 000 ha Rebfläche in Bordeaux produzieren 105 000 ha AOC-Wein – das sind 26% der gesamten AOC-Produktion in Frankreich. Die Rebfläche von Bordeaux ist so groß wie die Rebfläche Deutschlands oder Ungarns und knapp fünfmal so groß wie die von Beaujolais oder Burgund. Der Umsatz in Bordeaux-Wein beläuft sich auf 12 Milliarden Franc, d.h. 80% der Landwirtschaftserlöse in der Region Gironde.

Rotweinproduktion in Bordeaux (hl)
St-Estèphe 58
Pauillac 56
St-Julien 53
Margaux 41
Haut-Médoc insgesamt 378
Graves 334
St-Emilion 221
Pomerol 79
Bourg u. Blaye 28

Weißweinproduktion in Bordeaux (hl)
Graves 133
Barsac 38
Sauternes 28
Entre-Deux-Mers 12

DIE SPRACHE DES ETIKETTS

Château Weingut
Récolte Jahrgang
Mis (oder **Mise**) **en bouteille au Château** Erzeugerabfüllung
Grand Vin «Großer Wein», oft zum Unterschied von einer Zweitsorte
Cru Classé Eine der offiziellen fünf Stufen des Médoc; ferner alle klassifizierten Gewächse anderer Bezirke, unabhängig von ihrem Rang. Die Médoc-Klassifizierungen nach dem System 1855:
Premier Cru
Deuxième Cru
Troisième Cru
Quatrième Cru
Cinquième Cru
} Gewächs eines Guts der ersten bis fünften Rangstufe; erscheint selten auf Etiketten
Cru Exceptionnel Im Médoc die zweite Stufe nach den Crus Classés
Cru Bourgeois Supérieur Die dritte Stufe
Cru Bourgeois Die vierte Stufe – manchmal ebenso gut wie die Crus Classés. Die Cru-Bourgeois-Kategorien sind inzwischen nicht mehr gültig
Cru Artisan Eine Stufe unter dem Cru Bourgeois
Cru Paysan Eine Stufe unter Cru Artisan; beide nicht mehr gebräuchlich
Premier Grand Cru Classé Die erste Stufe der klassifizierten St-Emilion-Gewächse (Klassifizierung 1954)
Grand Cru Classé Die zweite Stufe der klassifizierten St-Emilion-Gewächse (System 1954)
Supérieur (hinter den Namen Graves oder Bordeaux) bedeutet, daß der Wein ein Volumenprozent Alkohol mehr als das zulässige Minimum enthält
Haut Außer in der Bezeichnung Haut-Médoc lediglich schmückendes Beiwort
Négociant Handelshaus; Handelshäuser kaufen oft junge Weine auf und bauen sie (meist in Bordeaux selbst) bis zur Abfüll- und Versandreife aus. Zu den bekanntesten Négociants zählen: Borie-Manoux, Cordier, Duclot, Dulong, Nathaniel Johnston, Alexis Lichine, de Luze, Mestrezat, Moueix, Quancard und Sichel
Propriétaire Besitzer
Société Anonyme Aktiengesellschaft
Société Civile Handelsgesellschaft
Héritiers Erben

Das untere Médoc

Geographisch betrachtet ist das Médoc eine große, flache oder kaum gewellte Landzunge, die durch die breiten braunen Wasser der Gironde-Mündung vom Hauptteil Aquitaniens getrennt ist.

Im allgemeinen Sprachgebrauch bezeichnet der Name dieser Landschaft feinen Wein, und zwar mehr feinen Wein als sonst ein Name auf der ganzen Welt. Margaux, St-Julien, Pauillac, St-Estèphe und die umliegenden Orte gehören nach Lage und Art sämtlich zum Médoc. Die Appellation Médoc ist jedoch stärker eingeschränkt und auch weniger prestigeträchtig. Klarer eingegrenzt war sie unter ihrem früheren Namen Bas- (d.h. unteres) Médoc. Der Zusatz «Bas» wurde aus Gründen der – wollen wir sagen – Diplomatie abgeschafft, aber das ändert nichts an der Sache. Das untere Médoc, die Spitze der Landzunge und äußerster Ausläufer der Region, hat weder die physikalischen noch die gastronomischen Höhepunkte des weiter südlich gelegenen Haut-Médoc aufzuweisen.

Die gut entwässerten Dünen von Flußkies wichen nördlich von St-Estèphe einem tieferen und schwereren Boden. Nördlich und westlich davon erstreckt sich fruchtbares, tiefgründiges Land. Seine Hauptstadt ist schon seit der englischen Herrschaft vor sechs Jahrhunderten der Marktflecken Lesparre. Bis vor kurzem hatten hier die Weingärten ihren Platz zwischen Weideland und Wäldern. Inzwischen bedecken sie fast den gesamten höhergelegenen Grund mit durch Kies aufgelockertem Lehmboden um die Orte St-Yzans, St-Christoly, Couquèques, By und Valeyrac am Ufer der Gironde und auch bei St-Germain-d'Esteuil, Ordonnac, Blaignan und Bégadan.

Es gibt hier keine Crus Classés, aber eine eindrucksvolle Anzahl würdige Crus Bourgeois. Ein Dutzend Châteaux hat heute einen guten Ruf; sie arbeiten mit den kostspieligen Methoden des Haut-Médoc und lassen ihre Weine in neuen Fässern reifen. Bis vor kurzem wurde dem höheren Qualitätsstand durch Erhebung in den Rang eines Cru Bourgeois Supérieur Rechnung getragen, doch die EG hat mit typischer Sturheit dieses nützliche Unterscheidungsmerkmal beseitigt.

Auf dem Lehmboden gedeiht der Merlot besser als der Cabernet, und dadurch erhält der Wein hier sanftere Kontur – fast eine flüchtige Ähnlichkeit mit St-Emilion. Am deutlichsten erkennt man den Unterschied zum Haut-Médoc, wenn man einen der besseren Weine aus dem Bas-Médoc etwa mit einem Cru Bourgeois aus St-Estèphe vergleicht. Solange sie jung sind, unterscheiden sie sich wenig: beide sind kraftvoll, trocken und «très Bordeaux». Nach fünf Jahren jedoch stellt sich im Haut-Médoc jene feingezeichnete Persönlichkeit, jene klare Transparenz im Geschmack ein, die sich dann noch weiter entfaltet. Der Bas-Médoc dagegen beginnt zwar milder zu werden, bleibt aber ein fester, rustikaler Wein, oft von tiefer Farbe und eher voll und kräftig im Geschmack als anregend und inspirierend.

Die Aufzählung der Châteaux, die sich bereits am meisten eine Reputation geschaffen haben, beginnt mit Loudenne in St-Yzans, das auch guten trockenen Weißwein erzeugt. Das höchste Prestige haben Château Potensac (auch unter dem Namen Galais-Bellevue, Cru Lassalle), dessen auf Perfektion bedachten Besitzern auch Château Léoville-Las Cases in St-Julien gehört, und das von (Lafite)-Rothschild bewirtschaftete Château La Cardonne auf demselben Plateau.

Die Châteaux Livran in St-Germain, Greyssac in St-Christoly und Laujac haben sich einen guten Namen gemacht, obwohl man einen Wein der moderneren Art, mit mehr Frucht und Charakter, in den Châteaux La Tour de By, La Clare, Monthil und Vieux Châteaux Landon in Bégadan sowie in den Châteaux La Tour St-Bonnet und Les Ormes-Sorbet in St-Christoly und Couquèques finden kann.

Bégadan ist der bedeutendste Weinort der Gegend. Die dortige Winzergenossenschaft verarbeitet die Trauben von 560 ha zu 300 000 Kisten sehr anständiger Weine verschiedener Marken.

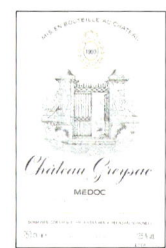
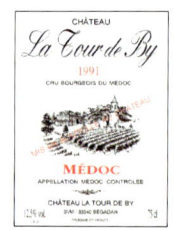
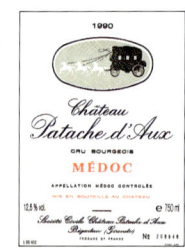

Oben: Preiswerte, volle Rotweine sind typisch für das Bas-Médoc. Rechts: Château Loudenne in St-Yzans.

St-Estèphe

Die Kiesbänke, die dem Médoc und seinem Wein den besonderen Charakter verleihen, erstrecken sich an den Ufern der Gironde entlang, gegen den Ozean im Westen durch Wälder geschützt, und laufen bei St-Estèphe langsam aus. St-Estèphe ist der nördlichste der vier berühmten Orte, die das Herz des Médoc bilden. Ein «Jalle» – so nennt man hier einen Bach – ist die Grenze zu Pauillac und dient auf der einen Seite dem Château Lafite und auf der anderen den Châteaux Cos d'Estournel, Lafon-Rochet und Cos Labory von St-Estèphe als Wasserabzug.

Der Boden von Pauillac und der von St-Estèphe unterscheiden sich deutlich: Der von der Gironde flußabwärts gespülte Kies wird dünner, dafür findet sich in ihm eine stärkere Beimischung von Lehm. Weiter flußaufwärts in Margaux ist davon nicht so viel zu finden. In St-Estèphe ist der Boden schwerer, und der Wasserabzug geht langsamer vor sich. Der Wein weist deshalb mehr Säure auf, ist voller, robuster, oft nicht so duftig, aber durchaus kräftig im Geschmack.

Das spektakulärste unter den Crus Classés ist Château Cos d'Estournel. Es ist ein exzentrischer Bau in Gestalt einer chinesischen Pagode. Zusammen mit Château Montrose, ebenfalls auf der Höhe über dem Fluß, produziert es die besten St-Estèphe-Weine, voller Kraft, tiefdunkel und ungeheuer langlebig. Der «Cos», wie man ihn einfach nennt, hält hier seit vielen Jahren die Spitze. Mit seinem saftigen, nachhaltigen Geschmack ist er viel verführerischer als sein Rivale Montrose. Will man einen Eindruck von einem blühenden Weingut der altmodischen Art bekommen, dann besucht man am besten Château Montrose. Sein ziemlich düsterer «Chai» mit den prachtvollen Gärfässern aus Eichenholz hat ebenso wie der dunkle, gerbstoffherbe Wein das Gepräge der Dauerhaftigkeit. Klassische Montrose-Jahrgänge brauchen 20 Jahre zum Reifen.

Die beiden anderen Crus Classés in der Nähe von Cos, die Châteaux Lafon-Rochet und Cos Labory, haben sich in den vergangenen Jahren nicht besonders hervorgetan. Lafon-Rochet wurde in den 1960er Jahren von dem Cognac-Händler M. Tesseron übernommen und als erstes Médoc-Château im 20. Jahrhundert wieder aufgebaut. Doch der Wein ist und bleibt hart. Cos Labory dagegen gefällt sich in fruchtiger Geschmacksfülle schon in recht jungen Jahren. Calon-Ségur, das nördlichste Crus Classé im Médoc, liegt in der Art etwa zwischen Cos d'Estournel und Montrose: fest und langlebig, jedoch nie aufdringlich.

Vor allem aber ist St-Estèphe durch seine Crus Bourgeois bekannt geworden. Auf dem Plateau südlich und westlich des Orts sind sie wie gesät. Die Châteaux Phélan-Ségur und de Pez bringen Jahr für Jahr besonders feinen Wein hervor. Pez blickt auf eine außergewöhnliche Geschichte zurück: Da es ein Weingut der Pontacs von Haut-Brion war, kam sein Wein vermutlich als der allererste Médoc schon im 17. Jahrhundert in London als «Pontac» auf den Markt.

Unter den vielen würdigen Crus Bourgeois der Gemeinde ist Château Meyney auf klösterliche Ursprünge zurückzuführen – das ist im Médoc ungewöhnlich. Seine Lage am Fluß neben Montrose verleitet dazu, hier einen feineren Wein mit mehr Entwicklungspotential zu vermuten. In Wirklichkeit ist er robust und zuverlässig, jedoch ohne besonderes Flair.

Lebhaftere Weine entstehen im Château Les Ormes de Pez unter der Hand des Besitzers von Château Lynch-Bages in Pauillac. Die Château Tronquoy-Lalande, Beau-Site und Capbern-Gasqueton, südlich, westlich bzw. östlich des Orts, haben sämtliche ihren guten Ruf wohl verdient. Unter dem Namen Château de Marbuzet segelt der zweite Wein von Cos d'Estournel; dagegen sind die Châteaux Haut-Marbuzet, Chambert-Marbuzet und MacCarthy-Moula Eigentum des hochtalentierten Henri Duboscq, dessen vollmundiger Stil zum Zuverlässigsten gehört, was es in der Gegend gibt. Andron Blanquet, Le Crock und Lavillotte vervollständigen die Liste der St-Estèphes, die dem *terroir* mit Kraft und Stil Ausdruck verleihen, während Lilian-Ladouys gegen Ende der 1980er Jahre als Neuling mit fülligen Weinen auftrat. Auch die Winzergenossenschaft liefert mit dem «Marquis de St-Estèphe» einen Wein von typischer Art.

Nördlich von St-Estèphe zieht sich die Kiesbank zu einem Bergvorsprung zusammen, der aus der Talsohle hervortritt, auf der kein hochwertiger Wein mehr wächst. Auf diesem Vorsprung liegt das kleine Dorf St-Seurin-de-Cadourne mit einem Dutzend Crus Bourgeois. Hier wächst der sanfte Château Coufran, der herbere Verdignan, der vollblütige Sociando-Mallet und der bewundernswürdige Bel Orme Tronquoy de Lalande; sie bilden zusammen mit dem Wein einer großen Genossenschaft die Spitze.

Hinter St-Seurin ist das Haut-Médoc zu Ende; alle Weine, die jenseits seiner Grenzen wachsen, haben nur noch Anspruch auf die einfache Appellation Médoc (siehe Seiten 84/85). Das schöne Château Loudenne liegt dort auf dem ersten Flecken Kiesboden.

Im Hinterland von St-Estèphe gibt es ein paar verstreute Crus Bourgeois. Cissac und Vertheuil haben kräftigeren, nicht so stark kieshaltigen Boden. Der Château Cissac steht an der Spitze, seiner Kraft nach könnte er ein Pauillac sein. In Cissac lohnen die Châteaux du Breuil und Hanteillan und in Vertheuil die Châteaux Le Bourdieu und Le Meynieu zumindest gelegentliche Beachtung.

Links: Cos d'Estournel hat kein Château, nur pagodenähnliche *chais* im grünen Tal bei Château Lafite. Oben und rechts: In St-Estèphe gibt es neben fünf Crus Classés ein Dutzend hervorragende Crus Bourgeois. Château Meyney am Fluß hätte einen höheren Rang verdient.

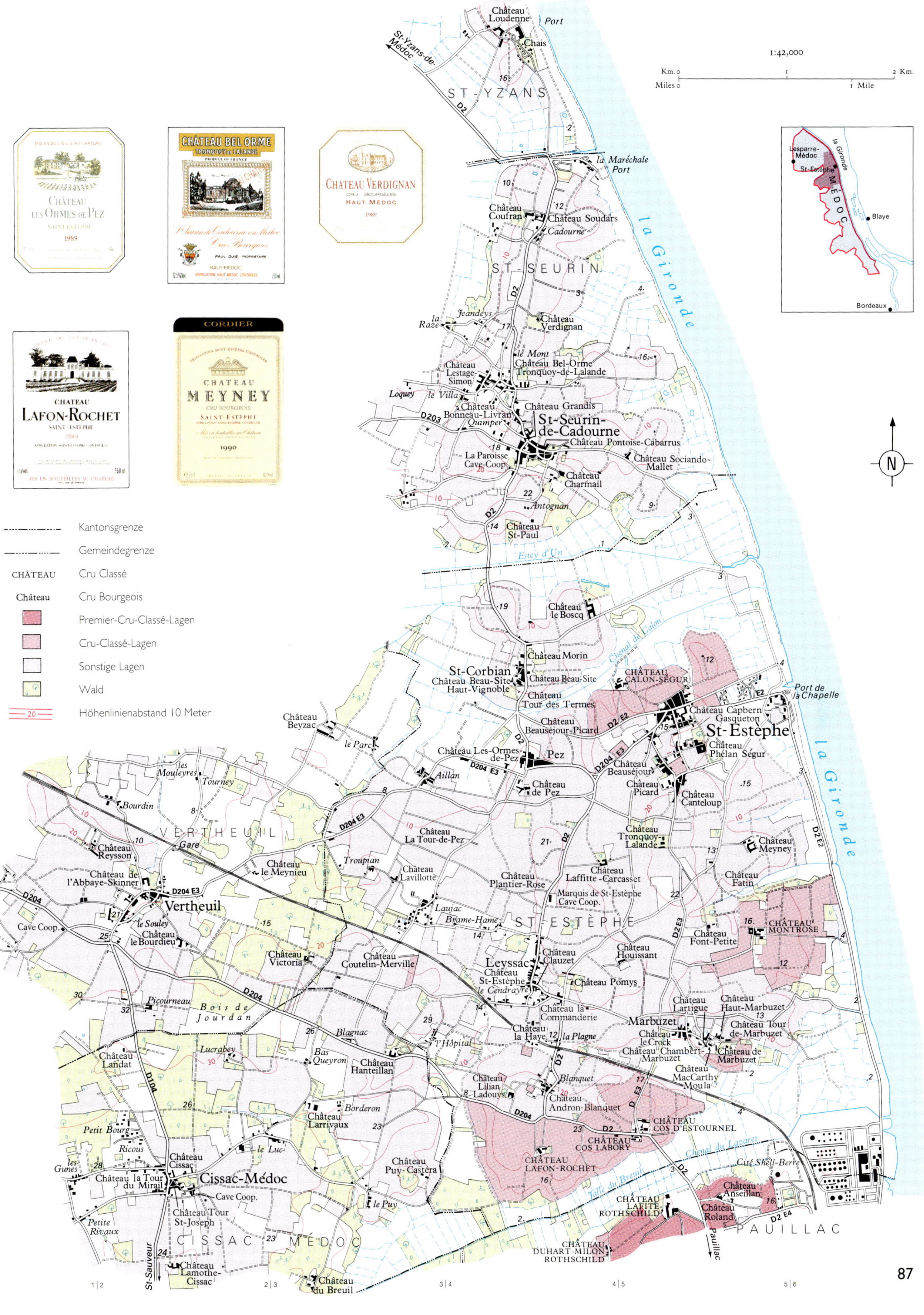

FRANKREICH

1:42,000

	Kantonsgrenze
	Gemeindegrenze
CHÂTEAU	Cru Classé
Château	Cru Bourgeois
	Premier-Cru-Classé-Lagen
	Cru-Classé-Lagen
	Sonstige Lagen
	Wald
—20—	Höhenlinienabstand 10 Meter

87

Pauillac

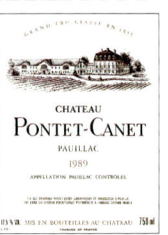
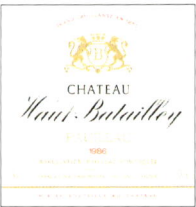

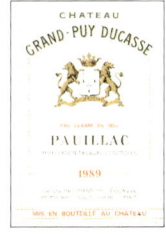

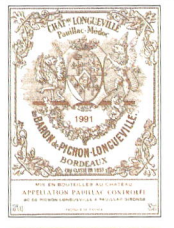

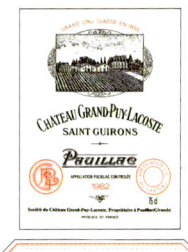

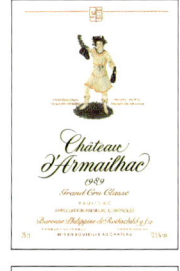
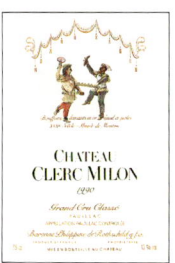

Die Crus Classés von Pauillac haben recht nüchterne Etiketten. Einzige Ausnahme: Mouton-Rothschild beauftragt jedes Jahr einen anderen Künstler.

Wollte man eine Bordeaux-Gemeinde an die Spitze der Liste stellen, dann gäbe es hierüber keinen Streit. Es wäre Pauillac. Die Châteaux Lafite, Latour und Mouton-Rothschild, drei der führenden fünf Médoc- und Graves-Weingüter, rechtfertigen diese Herausstellung ohne weiteres. Und viele Rotweinfreunde würden sagen, die Weine aus Pauillac hätten genau den Geschmack, den sie von einem Bordeaux erwarten – eine Kombination aus frischer, zarter Fruchtigkeit, Eichengeschmack und Herbheit in einem feinen Zusammenklang mit erlesener Finesse, Körperreichtum, einem Hauch Zigarrenkiste, einer Spur Süße, vor allem aber Saft und Kraft.

In Pauillac erreichen die Kieskuppen des Médoc bis zu 30 Meter über dem Meeresspiegel – was in dieser Küstengegend, wo eine bloße Bodenwelle schon ein Aussichtspunkt ist, einiges bedeutet.

Die Weinberge sind in Pauillac im allgemeinen großflächiger als sonst im Médoc. Während sich in Margaux die Châteaux in der Stadt zusammendrängen und ihre Parzellen unentwirrbar im Umland verstreut liegen, gehören in Pauillac ganze Hänge, Hügel und Plateaus einem Besitzer. Man darf also schon aufgrund des *terroir* mit größeren Stilunterschieden bei den Weinen rechnen – und wird nicht enttäuscht.

Die drei großen Weine von Pauillac sind ausgeprägte Individuen. Lafite-Rothschild und Latour liegen an entgegengesetzten Grenzen der Gemarkung; ersteres fast in St-Estèphe, letzteres fast in St-Julien. Merkwürdig ist, daß ihre Weine in die jeweils andere Richtung tendieren – der Lafite eher zur Geschmeidigkeit eines St-Julien, der Latour mehr zur festen Kernigkeit des St-Estèphe.

Lafite ist mit seinen 90 Hektar eines der größten Weingüter des Médoc und erzeugt etwa 1000 Faß seines phantastisch teuren Weins, einer bukettreichen, eleganten, vornehmen Kreszenz. Das Zweietikett lautet Carruades.

Der kräftigere und kernigere Latour bringt seine überaus bevorzugte Lage auf dem Hügel unmittelbar am Fluß durch robuste Tiefe zum Ausdruck, die sich mit den Jahren zu großer Komplexität wandelt. Der größte Vorzug des Latour ist seine Gleichmäßigkeit über unterschiedliche Jahrgänge hinweg. Sogar der Zweitwein des Châteaus, Les Forts de Latour, der aus eigenen Parzellen westlich der Landstraße D2 stammt, genießt ein so hohes Ansehen wie ein 2^e Cru und erzielt entsprechende Preise. Eine schlichtere, aber dennoch oft sehr vollmundige Auslese wird einfach als Pauillac angeboten.

Die Baronne Philippine de Rothschild erzeugt in Mouton eine dritte Pauillac-Variante: kräftig, dunkel, voll vom Aroma reifer schwarzer Johannisbeeren. Wenn man sie die erforderlichen zehn oder zwanzig Jahre altern läßt, dann erreichen diese Weine einen seltenen Grad der Vollendung. Doch zuviel davon wird allzu jung getrunken.

Wenn man die Fülle des Cabernet Sauvignon riecht und die Kraft seiner Weine spürt, dann findet man es merkwürdig, daß er erst vor 200 Jahren als die für das Médoc bestgeeignete Rebsorte entdeckt wurde. Bis dahin hatten selbst die Premiers Crus die Besonderheit ihres jeweiligen *terroir* mit einem Gemisch geringerwertiger Trauben, vor allem Malbec, zur Geltung bringen müssen.

Kein Besucher Pauillacs sollte übrigens versäumen, sich im Château Mouton-Rothschild das Museum mit Kunstwerken aus der Welt des Weins und auch die sehr schönen *chais* anzusehen.

Im Süden von Pauillac gab es zu Anfang der 1990er Jahre dramatische Entwicklungen. Die alte Rivalität zwischen den beiden Hälften des historischen Pichon-Besitzes, deren 2^e-Cru-Châteaux einander über die Straße hinweg gegenüberstehen, nahm eine neue Dimension an. Jahrelang hatte Pichon-Lalande mit seinem einzigartig vollen, sinnlichen Wein den besseren Namen. Dann kaufte die Versicherungsgruppe AXA das Gut Pichon-Baron und unternahm dort ein geradezu aggressives Bauprojekt mit festungsähnlichen Außenwerken beiderseits der Straße. Man muß zugunsten von AXA zugeben, daß auch der Wein unter der Hand des Besitzers von Château Lynch-Bages, Jean-Michel Cazes, ebenso dramatisch besser wurde.

Lynch-Bages ist zwar «nur» ein 5^e Cru, sein Wein ist aber vor allem in England schon lange wegen seiner reichduftigen Fülle beliebt – eine Art Mouton für Nicht-Millionäre. Mit dem im Besitz von AXA befindlichen Cru-Bourgeois-Château Pibran und dem Zweitwein von Lynch-Bages, Haut-Bages-Averous, befehligt Cazes nun eine ganze Flotte mustergültiger moderner Pauillacs.

Rätselvoll bleibt indessen, warum der Wein von Pontet-Canet, dem umfangreichsten aller Crus Classés, trotz der herrlichen Lage neben Mouton so ganz anders, nämlich herb und karg ausfällt, anstatt opulent wie dieser.

Château Duhart-Milon ist Eigentum der Rothschilds von Lafite, und Château d'Armailhac (früher Mouton-Baronne) gehört zu Mouton. Beiden kommt zweifellos der Reichtum ihrer Besitzer und das Fachwissen ihrer Verwalter zugute. Auch das benachbarte Cru Classé Clerc Milon ist im Besitz der Rothschilds (von Mouton).

Die Châteaux Batailley und Haut-Batailley liegen vom Fluß entfernt am Rand der Wälder. Zu Haut-Batailley gehört auch das großartige Ducru-Beaucaillou in St-Julien; La Couronne fungiert als Château und *chai*. Bei diesen Weinen kann man nicht dieselbe Finesse voraussetzen wie bei den Großen, die näher am Fluß wachsen. Haut-Batailley ist der feinere von beiden. Die Châteaux Grand-Puy-Lacoste und -Ducasse haben einen sehr guten Ruf; das erstere ist am bekanntesten und bringt ständig die lebendigsten und köstlichsten Weine von Pauillac hervor. Ein schöner zusammenhängender und hochgelegener Weinberg um-

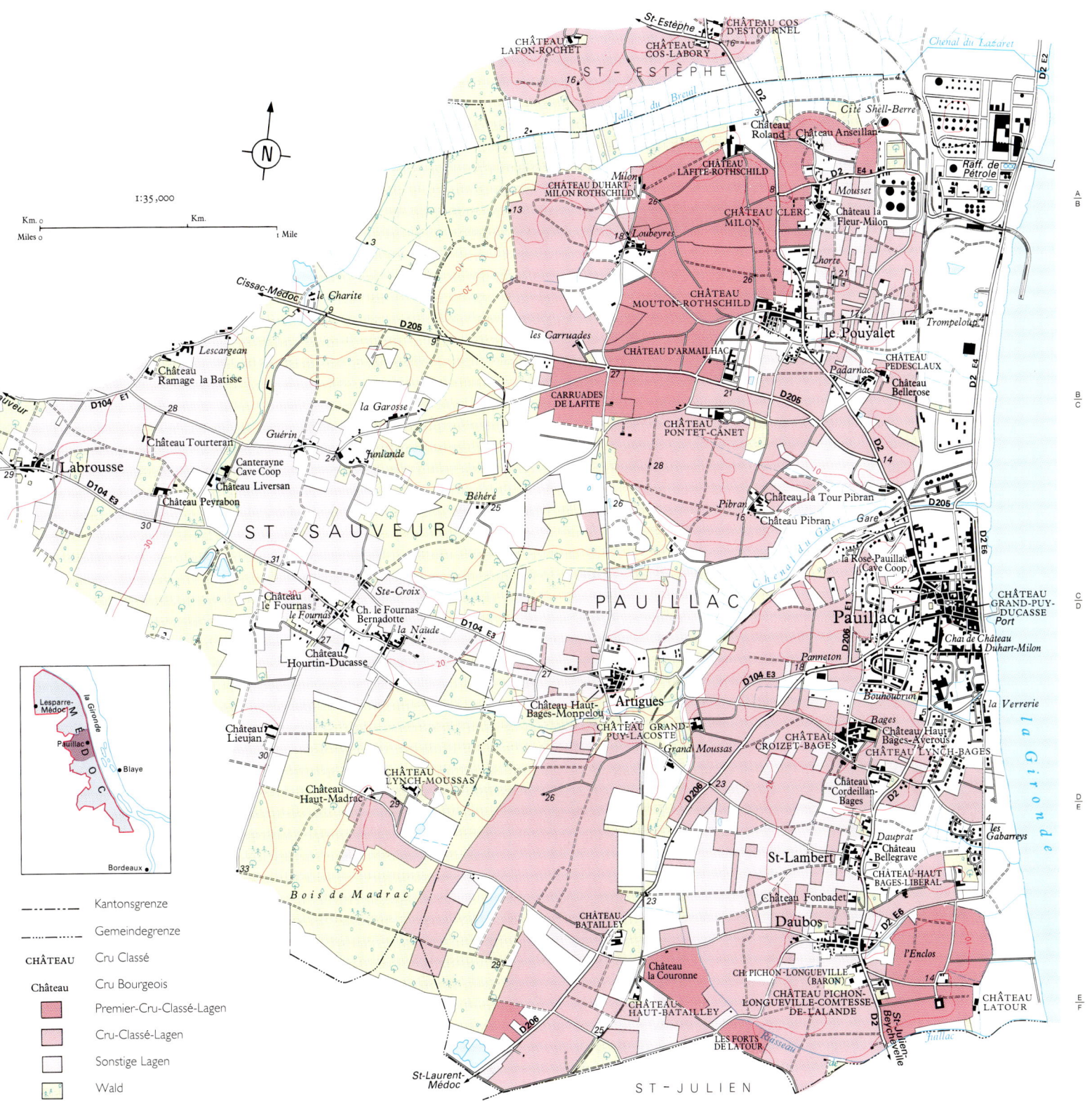

gibt Lacoste, während Ducasse drei verstreute Parzellen nördlich und westlich von Pauillac besitzt.

Von den übrigen Crus Classés ist Croizet-Bages wohl das beste. Haut-Bages-Libéral mit schönsten Weinberglagen in St-Lambert hat sich ein neues Anwesen geleistet. Lynch-Moussas steht unter gleicher Leitung wie Batailley und bietet ständig guten Wein zu mäßigen Preisen. Croizet-Bages und Pédesclaux bleiben standhaft konservativ, und daran ist nichts auszusetzen.

In Pauillac gibt es, anders als in St-Estèphe, vorwiegend große Weingüter. Das einzige kleine Cru Exceptionnel, La Couronne, wurde bereits erwähnt. Von den Crus Bourgeois befinden sich Pibran und Haut-Bages-Averous in mehr als nur tüchtigen Händen, Fonbadet – abseits unter Bäumen in St-Lambert – hat alte Reben und seriösen Wein, und Haut-Bages-Monpelou gehört zum gleichen Besitz wie Château Batailley. Auch die Winzergenossenschaft bringt beachtlichen Wein unter dem Namen La Rose Pauillac hervor.

Die Karte zeigt ebenfalls einen Teil der westlichen Nachbargemeinde St-Saveur. Dort gibt es keine großartigen Weine, doch sind die besonders markierten Crus Bourgeois achtenswert und anständig. Château Liversan (einschließlich Fonpiqueyre) gehört der Familie Polignac, Peyrabon ist ein großer, gut geführter Betrieb, und Ramage la Batisse zeichnet sich durch duftige, stilvolle Art aus.

St-Julien

Château Beychevelle liegt hinter prächtigen schmiedeeisernen Gittern am südlichen Ortseingang von St-Julien. Dahinter erstrecken sich Gärten und Parklandschaften über das fette *palus* (Uferland) bis zur Gironde. Palus-Wein war im 17. Jh. hochgeschätzt; heute ist er von jeder AC ausgeschlossen. Der Médoc-Charakter beruht allein auf kargem Kiesboden.

Keine andere Gemeinde im Gebiet Bordeaux hat einen so großen Anteil Crus Classés wie St-Julien. Es weist unter den vier berühmten Médoc-Gemeinden den kleinsten Ertrag auf, doch ist hier fast die gesamte Anbaufläche hervorragendes Weinland. Die typischen Kiesdünen sind zwar nicht so tief wie in Pauillac, liegen aber alle entweder nahe beim Fluß oder auf dem Südhang der (nach Médoc-Maßstäben) beachtlichen Talsenke, durch die der Jalle du Nord und der Chenal du Milieu fließen.

Die großen Châteaux fallen dementsprechend in zwei Gruppen: die Weingüter am Fluß, typisch vertreten durch die Léovilles um den Ort St-Julien, und die Weingüter am Südrand um den Ort Beychevelle, an ihrer Spitze Château Beychevelle und die Châteaux Gruaud-Larose und Lagrange weiter im Binnenland. Noch weiter landeinwärts liegen dann in der Gemeinde St-Laurent nochmals drei Crus Classés, die jedoch der Appellation Haut-Médoc angehören und einen bei weitem nicht so fein abgestimmten Stil aufweisen. Die wenigen Crus Bourgeois in St-Julien gruppieren sich um Beychevelle; ihre Spitze bildet das hochrenommierte Château Gloria.

Wenn Pauillac den erregendsten und rassigsten, Margaux den feinsten und vornehmsten Wein des Médoc liefert, dann liegt St-Julien in der Mitte zwischen beiden Orten. Mit ein oder zwei Ausnahmen ergeben seine Weinberge nach angemessener Faßreife recht milden Wein, der freilich anfangs etwas hart ist.

Die größte Zierde der Gemeinde ist das riesige Weingut Léoville, das einmal das größte im Médoc war und jetzt in drei Teile aufgegliedert ist. Es liegt an der Pauillac-Grenze, und man muß schon mutig sein, wenn man behaupten will, man könne einen Léoville stets von einem Longueville unterscheiden. Château Léoville-Las Cases verfügt mit 80 ha über die größte Weinbergfläche von den dreien und wahrt nun schon seit Jahren einen ebenso guten Ruf wie Pichon-Lalande in Pauillac mit untadeligem Wein, der aller-

St-Julien hat mehr Crus Classés als jede andere Gemeinde aufzuweisen, zwar keine Premier Crus, aber fünf Deuxième Crus. Château Larose-Trintaudon, das größte Gut im Médoc, liegt außerhalb der Gemarkung St-Julien in der AC Haut-Médoc.

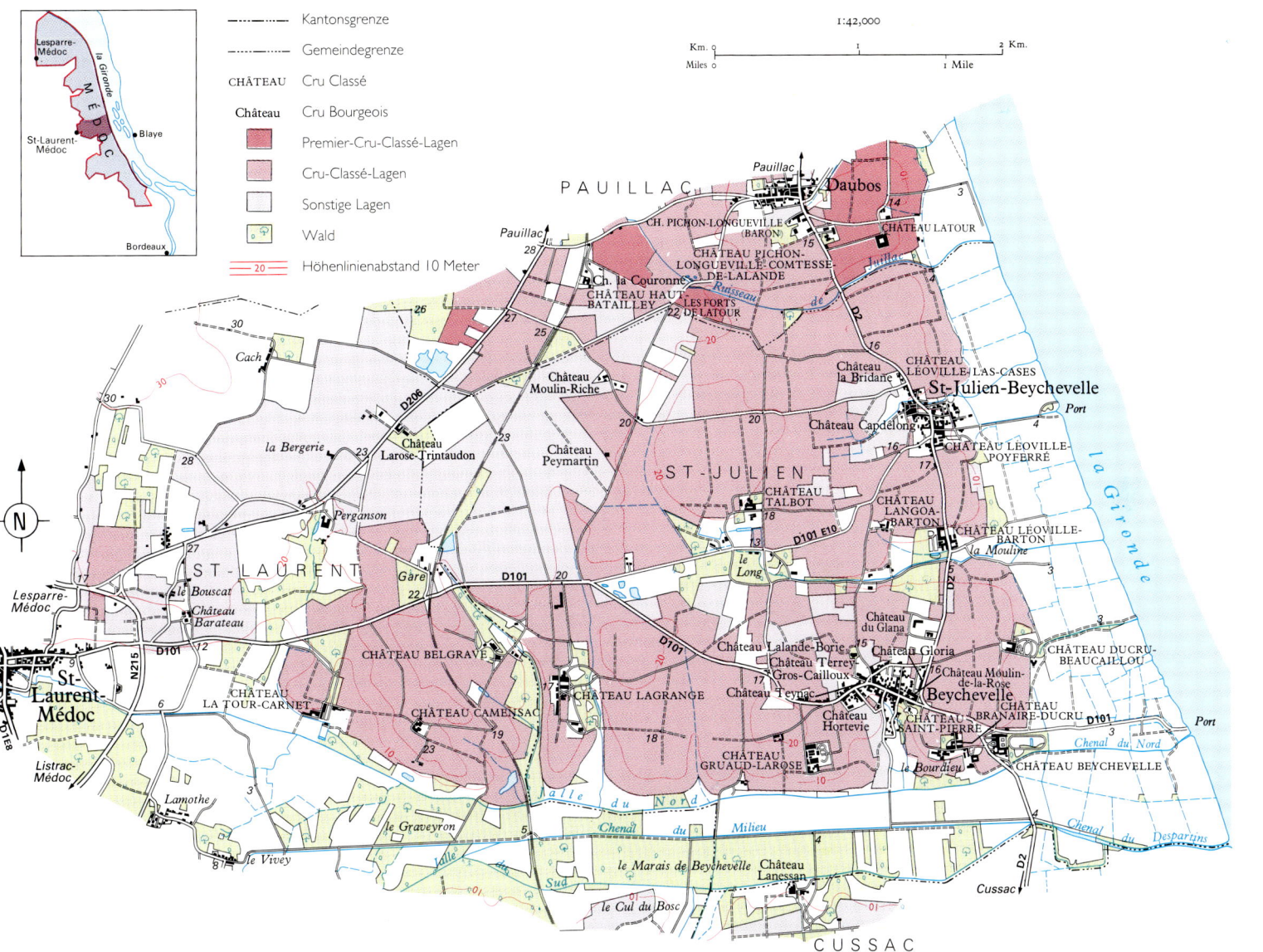

dings in seiner Art zurückhaltender, trockener, karger und klassischer wirkt und sehr lange Reifezeit braucht. Léoville-Barton kommt ihm sehr nahe. Das Château gehört zusammen mit dem Nachbargut Langoa der alten irischen Familie Barton. Anthony Barton bereitet seine beiden Weine nebeneinander in demselben *chai*. Der Langoa ist voller und gerbstoffreicher und gilt gewöhnlich als der weniger gute, doch beide gehören zu den feinsten roten Bordeaux der traditionsgebundenen Art und sind selbst in ungünstigeren Jahren stets wertvoll.

Léoville-Poyferré hat mehr Auf und Ab erlebt, rechtfertigte in den 1980er Jahren jedoch seinen großen Namen mit ausgezeichneten, kraftvollen Weinen. Wie mag der Wein des vereinigten Guts Léoville wohl einmal gewesen sein?

Etwas weiter südlich hat sich am Fluß das Château Ducru-Beaucaillou mit seinem großen italienisch anmutenden Gutshaus einen eigenen Stil hochgradiger Finesse aufgebaut, während das Nachbargut Branaire-Ducru eher vierschrötig erscheint. Château Beychevelle und sein Nachbar St-Pierre vereinen Finesse und Eleganz mit einer höchst verführerischen, gefälligen Art.

Château Gruaud-Larose leitet mit Weinen, deren Fülle und Schwung sie in den höchsten Rang erhebt, die landeinwärts gelegene Gruppe ein. Es gibt in ganz Bordeaux kaum ein zuverlässigeres Weingut als dieses sowie sein sehr großes Schwester-Château Talbot im hochgelegenen Zentrum der Appellation. Vielleicht ist Talbot um eine Schattierung weniger fein, dafür aber gleichmäßig konzentriert, geschmeidig und saftig, was dem Können der Familie Cordier wohl ebensosehr zu verdanken ist wie der guten Lage. Beide Châteaux haben mit «Sarget» bzw. «Connétable» auch ausgezeichnete Zweitweine zu bieten.

Das große Cru-Bourgeois-Nachbargut Château du Glana hat in den letzten Jahren nicht soviel Glück gehabt wie Hortevie, Moulin de la Rose, Terrey-Gros-Cailloux und Lalande-Borie, letzteres eine Neuschöpfung des Besitzers von Ducru-Beaucaillou. Das Cru-Classé-Gut Château Lagrange war früher für seinen kräftigen, gehaltvollen Wein hoch angesehen. Eine neue (japanische) Leitung ist seit 1984 gewiß mit Erfolg bemüht, es wieder in die Höhe zu bringen. Es liegt weit draußen im verschlafenen Hinterland an der Grenze zu St-Laurent, das zur Appellation Haut-Médoc gehört, und bildet mit den anderen Crus Classés, die sich sämtlich in verschiedenen Phasen des Wiederaufbaus befinden, eine Gruppe für sich. Von diesen Gütern ist La Tour Carnet am weitesten vorangekommen, sein Wein ist inzwischen sehr ansprechend. Camensac ist einige Jahre später vom Besitzer des großen populären Cru Bourgeois La Rose-Trintaudon neu angepflanzt worden. Sein Wein gewinnt allmählich an Substanz und dementsprechend an Anerkennung. Château Belgrave wurde als letztes restauriert. Seine ersten 90er Weine versprechen für die Zukunft durchaus Gutes.

Das mittlere Médoc

Hier ist die verbindende Brücke des Médoc, das Mezzoforte zwischen dem Andante von St-Julien und dem Allegro von Margaux. Die Kiesdünen überragen hier weniger stolz den Flußlauf, und deshalb müssen vier Orte ohne Crus Classés auskommen. Die Gemeinde Cussac hat noch etwas von dem Schwung von St-Julien, es verdankt ihn dem hervorragenden Cru-Bourgeois-Château Lanessan und seinem Nachbargut La Caronne Ste-Gemme.

Ansonsten hat Cussac wenig von dem so wichtigen Kiesboden aufzuweisen. Château Beaumont belegt die besten Vorkommen; sein Wein ist gefällig, duftig und früh genußreif. Dagegen bildet das Château Tour du Haut-Moulin in Vieux Cussac mit seinem dunklen, altmodischen Wein den krassen Gegensatz – er braucht jahrelang, lohnt aber die Geduld.

Das Flußufer hier ist einen Besuch wert; man sollte sich das schöne zinnenbewehrte Fort Médoc aus dem 17. Jahrhundert anschauen, das einst als Festung gegen die englischen Eindringlinge erbaut wurde. In Lamarque hat sich eine noch ältere Burg, das herrliche Château de Lamarque, mit sorgfältig gepflegtem, wunderbar vollem und kräftigem Wein einen guten Namen gemacht. Lamarque ist das Bindeglied zwischen dem Médoc und Blaye jenseits der Gironde: Eine Autofähre verkehrt regelmäßig zwischen den beiden Ufern.

Das alte Foto läßt einen Hauch der früheren Zeit spüren, als selbst mit so altmodischem Gerät großartige Weine entstanden.

Umfangreiche Neupflanzungen geben diesem Gebiet einen zielbewußten Anstrich, der ihm vor zehn Jahren noch fehlte. Château Malescasse wurde als eines der ersten restauriert. Im nächsten Ort in Richtung Süden, in Arcins, sind die großen alten Besitzungen Château Barreyres und Château d'Arcins von den Castels, deren Castelvin für die Franzosen fast so etwas wie eine Ernährungsgrundlage ist, neu angepflanzt worden. Diese beiden und das Nachbargut Château d'Arnauld sowie die Winzergenossenschaft Chevalier d'Ars machen den Namen Arcins immer besser bekannt.

Allerdings steigen die Kieshügel nicht schon am Fluß, sondern erst westlich von Arcins wieder an und fächern sich landeinwärts auf. Sie erreichen ihren Höhepunkt bei Grand Poujeaux (in Moulis) sowie bei Listrac. Beide Orte wurden einer eigenen Appellation gewürdigt und finden in letzter Zeit zunehmend Anerkennung.

Unmittelbar hinter der Gemarkungsgrenze schließt sich Château Chasse-Spleen als eines der Crus Exceptionnels Bourgeois an, deren Weine dank ihrer Geschmeidigkeit und Zugänglichkeit gewissermaßen als St-Juliens ehrenhalber gelten dürfen. Château Maucaillou kann fast denselben Grad der Feinheit erreichen, und um Grand Poujeux herum liegt eine ganze Reihe hervorragender Crus Bourgeois, die auch das «Poujeaux» im Namen führen, alle zuverlässig, mit kraftvollen, langlebigen Rotweinen.

Listrac verfügt über ein höheres Plateau, unter dem Kiesboden findet sich Kalk. Dieser Boden bringt sehr feste, herbe Weine hervor, die viel Zeit zum Reifen brauchen. Der große Name ist hier Fourcas. Die beiden Châteaux, die ihn tragen, Hosten und Dupré, gehören schon seit langem zu den besten. Seit 1973 hat Baron Edmond de Rothschild hier Château Clarke mit über 130 ha geschaffen; die Zwillings-Châteaux Fonréaud und Lestage verfügen über zusammen 92 ha; Château Mauvezin hat 60 ha neu bestockt. In diesen wiederaufgebauten Gütern besteht die Neigung, den Listrac zu mildern und dadurch rundere Weine hervorzubringen.

Das große Château Citran, das unter japanischen Besitzern in eine neue Ära eingetreten ist, und das kleinere Villegeorge (nicht mehr auf der Karte) liegen in der Gemarkung Avensan. Beide kommen dem Margaux in der Art nahe.

Soussans gehört zu den Gemeinden, deren Appellation Contrôlée nicht einfach nur Haut-Médoc, sondern Margaux lautet. Das dortige Château La Tour de Mons hat bereits so feine Weine hervorgebracht, daß manche Kenner die Aufstufung zum Cru Classé anregen. Auch Tayac ist ein bedeutendes Cru-Bourgeois-Gut. Château Paveil de Luze war ein Jahrhundert lang der Landsitz einer der vornehmen Kaufmannsfamilien aus Bordeaux; es entstanden dort gefällige, elegante Weine der Art, wie die Familie sie liebte.

Moulis, Listrac und Grand-Poujeaux haben viele besonders gute Crus Bourgeois aus Lagen auf landeinwärts verlaufenden Kiesbänken zu bieten.

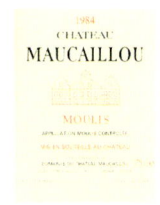

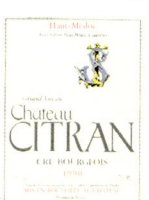

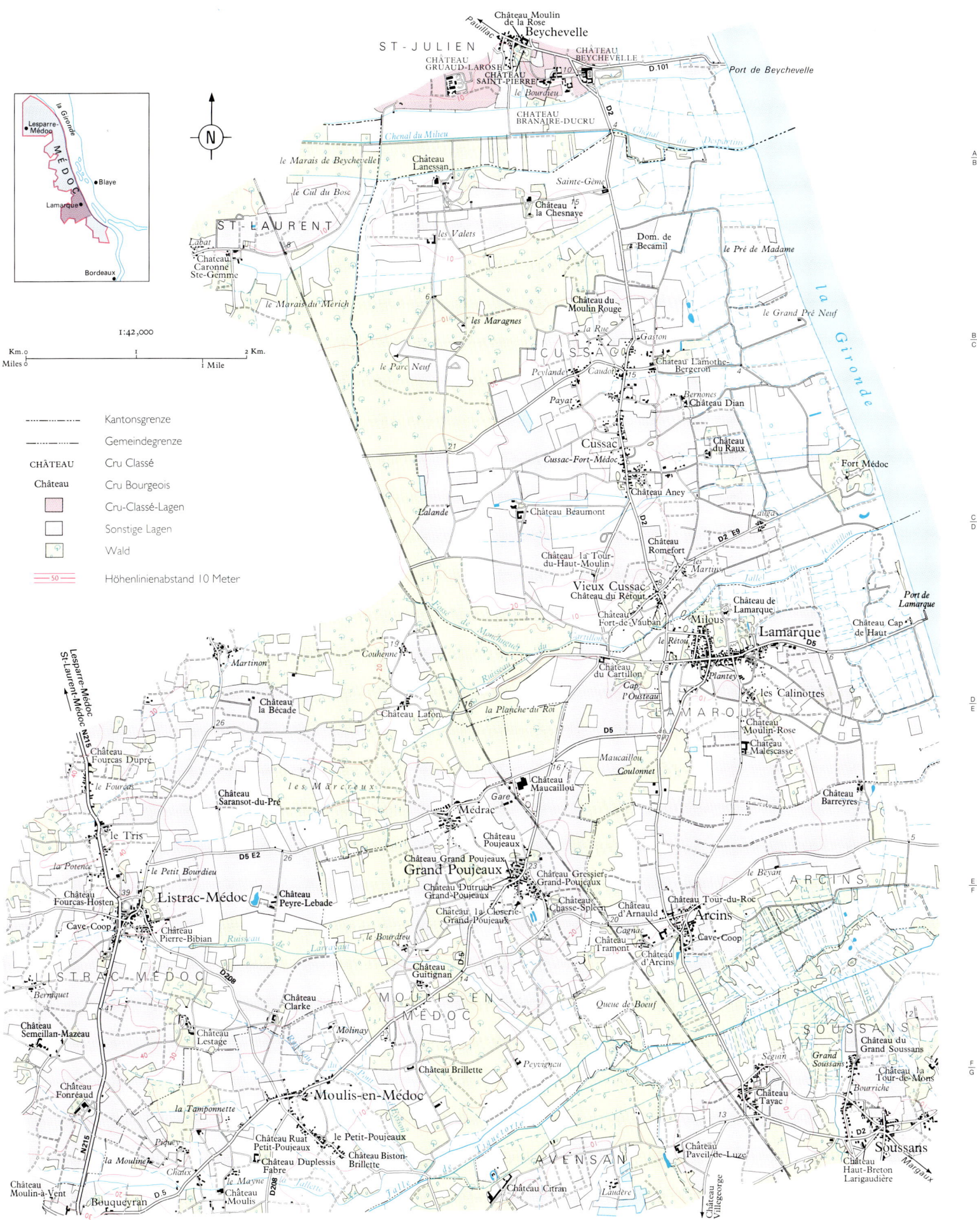

Margaux und das südliche Médoc

Aus Margaux und seinen «Satelliten» kommt angeblich der ausgefeilteste, duftigste Wein des Médoc. Das mag früher einmal so gewesen sein – die Gegenwart sieht anders aus: Es gibt hier mehr 2e und 3e Crus als sonstwo, doch mit den meisten von ihnen ist es längst kläglich abwärtsgegangen. Zwar ist der Erholungsprozeß im Gang, er war aber auch wahrhaftig überfällig. Die Karte zeigt hier ein ganz anderes Bild als in den Gegenden von Pauillac oder St-Julien. Die Châteaux sind nicht gleichmäßig über die Landschaft verstreut, sondern noch stärker ineinander verschachtelt als beispielsweise in Pauillac.

Der Boden von Margaux ist der magerste und grobkörnigste im ganzen Médoc. An Nährstoffen hat er dem Wein am wenigsten zu bieten, entwässert dafür aber gut. In guten und hervorragenden Jahren bewahrheiten sich all die Geschichten von den Vorzügen des Kiesbodens: Ein guter Margaux besitzt dann eine Delikatesse und eine untergründige Süße im Bukett, die ihn zum exquisitesten Bordeaux überhaupt machen können.

Zu solchen Höhen schwingen sich am häufigsten Château Margaux und sein Nachbar Château Palmer auf. Château Margaux ist nicht nur eines der Premier Crus im Médoc, es ist auch dasjenige, das am meisten danach aussieht: ein klassischer Säulenvorbau am Ende einer Allee, ein stattliches Schloß und *chais*, die seiner würdig sind. Nach über einem Jahrzehnt des Niedergangs begannen 1978 neue Besitzer, wieder Wein zu bauen, der nur mit Superlativen zu beschreiben ist. Das Troisième Cru Palmer macht ihm jedoch scharfe Konkurrenz.

Château Lascombes (von Alexis Lichine restauriert und stark vergrößert, heute im Besitz der englischen Brauerei Bass Charrington) ist ein Musterbeispiel dafür, wie durch den Zukauf von Land die 2e-Cru-Qualität verwässert wird. Anstelle einer strikten Auslese entschied man sich für die Produktion großer Mengen an Rosé. Seit 1985 hat Lascombes zu seriöser Art zurückgefunden.

Von den Bestandteilen, die früher einmal das große Gut Rausan ausmachten, ist Rausan-Ségla heute, nach Reformen in den 1980er Jahren, bei weitem der bessere. Das kleinere Rauzan-Gassies liegt noch immer unter dem 2e-Cru-Standard.

In Margaux gibt es mehrere vornehme Güter, die als Paare auftreten. Die beiden Deuxièmes Crus Brane-Cantenac und Durfort-Vivens sind gemeinsam im Besitz der Familie Lurton, bringen jedoch ganz unterschiedliche Weine hervor: Der Brane ist duftig, fast schmelzend, der Durfort sehr viel weniger vollmundig. Das kleine Troisième Cru Desmirail wurde in letzter Zeit wieder aufgebaut und ist als Dritter im Bund dazugekommen. Pouget ist das Schwestergut von Boyd-Cantenac. Ferrière gehört zu Lascombes. Malescot St-Exupéry (oft ein wunderbar duftiger Wein und einer der besten von Margaux) und das sehr kleine 3e-Cru-Château d'Alesme (vormals Marquis d'Alesme) gehören zwei Brüdern.

Immer noch im eigentlichen Margaux liegen auch das Château Marquis de Terme, das guten, etwas altmodischen Wein erzeugt, und das Château d'Issan. Es ist vielleicht das schönste Haus im Médoc: ein befestigter Herrensitz aus dem 17. Jahrhundert, umgeben vom vollständig erhaltenen Wall eines alten *château-fort*. Sein Weinberg ist eine der besten Lagen von Margaux. Zu den Crus Bourgeois zählen zwei Châteaux, deren Namen Variationen des Themas Labégorce sind und im Gedächtnis haften wie ein Kinderreim. Das bekannteste ist Labégorce-Zédé – in belgischem Besitz –, doch das Château Labégorce ist ihm hart auf den Fersen.

Die Gemarkungen Cantenac, Labarde, Arsac und Soussans wurden zum größten Teil in die Appellation Margaux aufgenommen, da ihr Wein in Stil und Qualität ganz ähnlich, in Cantenac und etwas weiter südlich allenfalls kräftiger und dafür weniger duftig ist.

In Cantenac selbst liegt Alexis Lichines Gut Prieuré, das seinen Ruhm als Erzeuger eines der stets hervorragenden Rotweine aus dem Margaux sehr wohl verdient. Château Kirwan stand bis in die 1980er Jahre im Schatten, ist jetzt aber wieder restauriert worden.

Wiederaufstieg kann auch das in Arsac liegende Château du Tertre melden. Seit den 60er Jahren ist es unter dem Besitzer von Château Calon-Ségur neu aufgeblüht; die letzten Jahrgänge waren ausgezeichnet.

Château Cantenac-Brown, unmittelbar neben Brane-Cantenac, ist wie Pichon-Baron in Pauillac vor einiger Zeit in den Besitz des Versicherungskonzerns AXA übergegangen, wodurch ihm eine gedeihlichere Zukunft sicher sein dürfte.

Noch drei weiteren bedeutenden Crus Classés begegnen wir, ehe wir die Grenze des Haut-Médoc erreichen: Giscours, dessen hohe, halb aus Holz bestehenden Gebäude im überladenen Stil von Deauville oder Le-Touquet auf eindrucksvolle Rebflächen blicken und in sich tiefen, edlen, gehaltvollen Wein bergen; Cantermerle, ein wahrhaftes Dornröschenschloß, tief zwischen riesigen Bäumen und hinter stillen Teichen verborgen – sein Wein ist eher für Eleganz bekannt; und dann das zu den ganz Großen zählende Château La Lagune, ein schöner Bau aus dem 18. Jahrhundert nahe der Straße nach Bordeaux. Der Weinstil von La Lagune zeichnet sich durch einzigartige Fülle und Sanftheit aus.

Dauzac, das vierte unter den Crus Classés in diesem südlichen Bereich, hat inzwischen seinen Qualitätsstand verbessert, aber das Nachbargut Siran, nominell nur ein Cru Bourgeois, bringt schon seit langem noch Besseres hervor. Siran und Château d'Angludet – das Heim eines der besten Köpfe von Bordeaux, Peter Sichel – befinden sich beide in schöner Lage am Ufer eines Flüßchens und bieten beständig Wein in Cru-Classé-Qualität an.

Unten und rechts: In und um Margaux sind viele Crus Classés mit den klangvollsten Namen versammelt. Sie pflegen ihr Prestige mit mehr Gold auf den Etiketten, als es sonst im Médoc üblich ist.

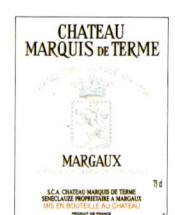

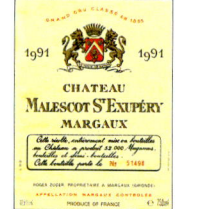
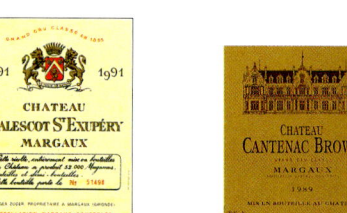
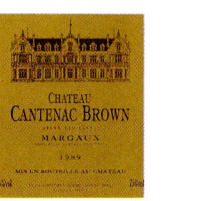

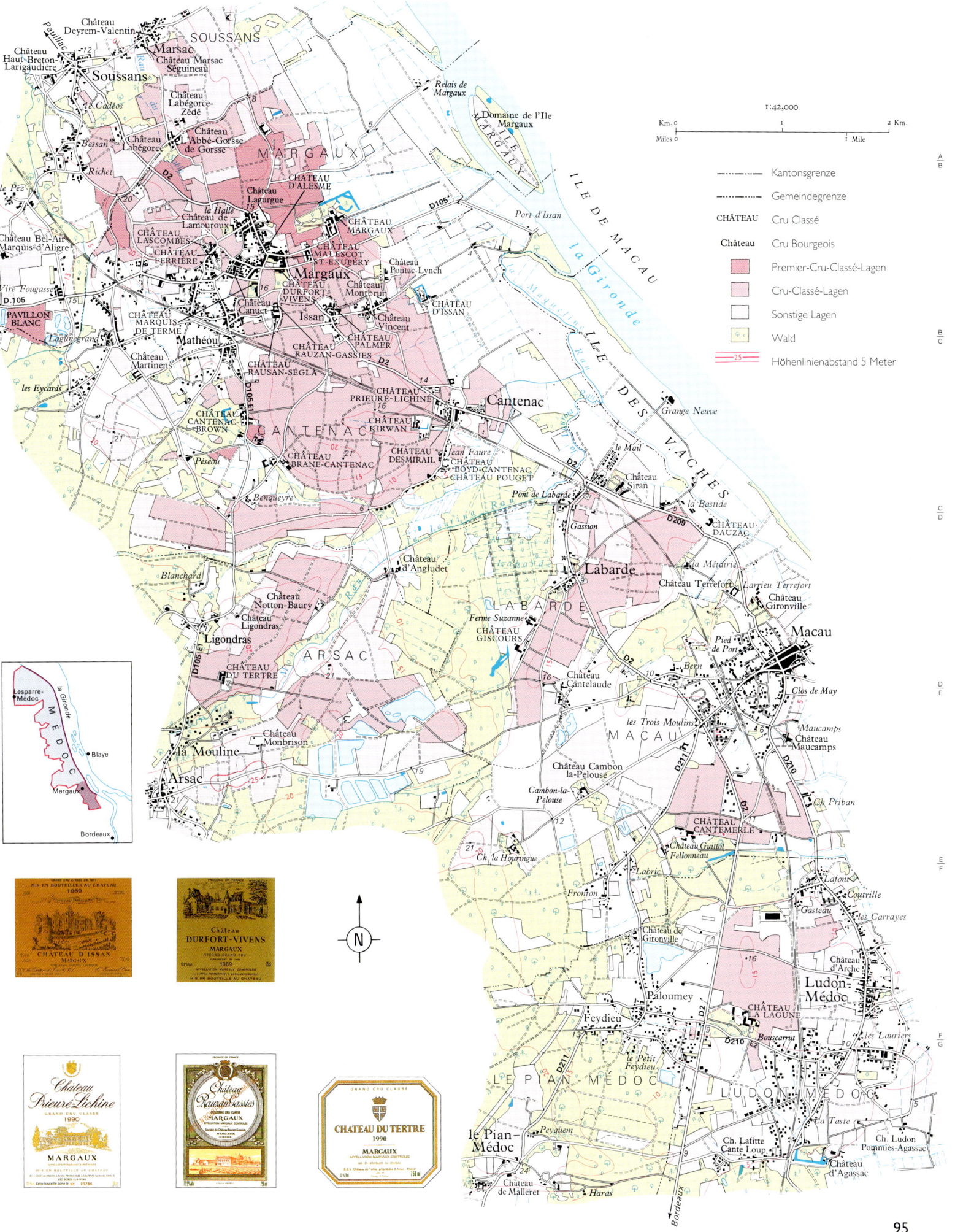

Graves und Entre-Deux-Mers

Noch vor zehn Jahren hätte für eine detaillierte Karte der südlichen Hälfte des Weinbaugebiets Bordeaux kaum ein sinnvoller Grund bestanden. Im Süden hatten sich lediglich die Crus Classés in Graves, die heute die Appellation Pessac-Léognan bilden, sowie die abgelegenen Bereiche Sauternes und Barsac einen guten Ruf bewahrt.

Das Gebiet zwischen der Garonne und der Dordogne, Entre-Deux-Mers genannt, gab dagegen nur eine generelle Bezeichnung für einen harmlosen, trockenen Weißwein ab. Auch das hügelige rechte Ufer der Garonne gegenüber Graves von Langon bis Cadillac und Langoiran bis nach Bordeaux hinein, d. h. also die Premières Côtes de Bordeaux, hatten keinen großen Ruf. Die einzigen Namen, bei deren Klang die Kenner mit der Zunge schnalzten, waren Ste-Croix-du-Mont und Loupiac.

Inzwischen hat sich vieles grundlegend verändert. Am südlichen Ende der Region Graves ist es lebendig geworden. Der bisher nichtssagende Weißwein ist frischen, lebendigen trockenen Versionen und zutiefst fruchtigen, nicht mehr so gerbstoffreichen Rotweinen der neuen Welle gewichen. Langon ist ein Zufluchtsort für Weinliebhaber geworden, die nach Geschmacksfülle und Preiswürdigkeit suchen. Alte Weingüter im mittleren Graves, vor allem in den einst berühmten Gemarkungen Portets, Landiras und St-Pierre-de-Mons, verfügen über neue Besitzer mit neuen Auffassungen. Auch die Premières Côtes bringen viel besseren Wein zuwege, wobei die bisherige Art leicht lieblicher Weißweine zugunsten von Rotwein und sauberen, modernen Weißweinen aufgegeben wurde.

Es wäre zuviel gesagt, wenn man behaupten wollte, daß der Ste-Croix-du-Mont als wahrhaftiger «Liquoreux» wieder die lohnenden Aussichten böte wie einst, aber in den Châteaux Loubens, de Tastes und Lousteau-Vieil bemüht man sich sehr um ihn, und im benachbarten Loupiac sind auch die Châteaux de Loupiac-Gaudiet und Ricaud bereit, das Risiko auf sich zu nehmen, das mit der Erzeugung eines echten, süßen Weins verbunden ist. Auch Cérons, eine lang vergessene eigene Appellation, ist mit einfachem Weiß- und Rotwein der Appellation Graves (z. B. Château d'Archambeau) zu neuem Wohlstand gelangt, wobei der traditionelle Stil (etwa in der Mitte zwischen Graves und Barsac) aufgegeben wurde: Die Süße ist heute sanft und nicht mehr klebrig.

Daß auf dem Boden von Graves roter und weißer Wein gleich gut gedeiht, erweist sich an den Châteaux Rahoul und Chantegrive in Portets sowie an Weingütern um Arbanats und Castres. Auch mehrere kleine Güter bei Langon führen den Beweis. Einige, u. a. die Châteaux Chicane und Gaillat, erbringen unter der Leitung von Pierre Coste (Négociant in Langon) fruchtigen, etwas staubigen, saftigen Rotwein, der jung getrunken sein will. Neben Château Magence in St-Pierre-de-Mons produzieren auch die Nachbargüter Respide, St-Pierre und Toumilon lebendigen, trockenen Sauvignon-Weißwein sowie guten, robusten Rotwein. Inzwischen tritt auch das alte Château Landiras in den Wäldern westlich von Sauternes mit konzentriert duftigem Sémillon-Weißwein und langlebigem Rotwein wieder hervor.

Eine Reihe von Weingütern an den Premières Côtes zeichnen sich seit einiger Zeit besonders aus. Château Reynon in Béguey bei Cadillac bringt gelungenen Sauvignon-Weißwein und sehr fruchtigen Rotwein zuwege. Mit zusammen 60 ha sichern die Châteaux Gardera und Tanesse dem Haus Cordier eine

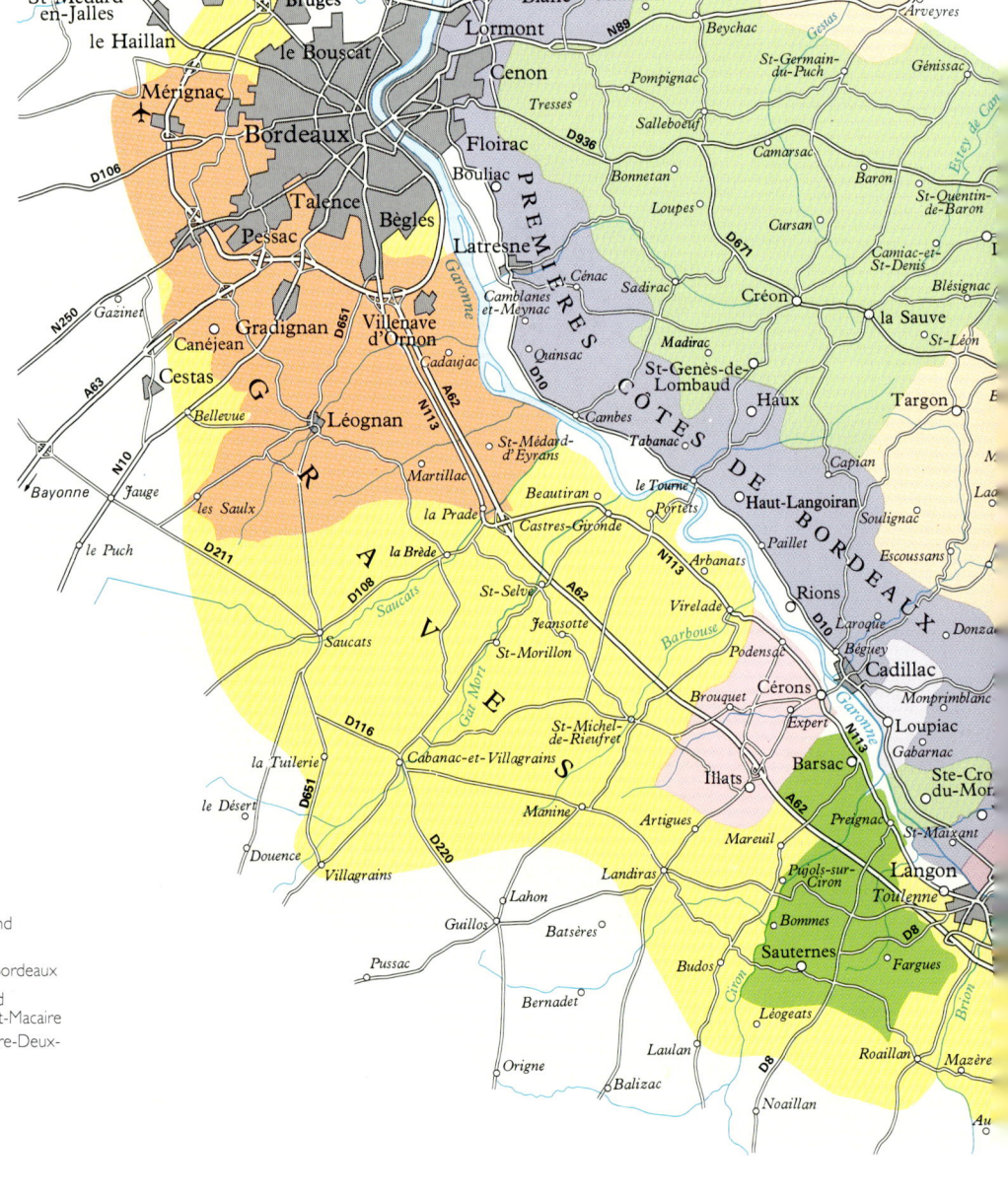

- Graves
- Cérons
- Sauternes und Barsac
- Loupiac
- Ste-Croix-du-Mont und Entre-Deux-Mers
- Premières Côtes de Bordeaux
- Ste-Foy-Bordeaux und Côtes de Bordeaux-St-Macaire
- Graves de Vayres/Entre-Deux-Mers-Haut-Benauge
- Pessac-Léognan
- Côtes de Duras
- —·—·— Departementsgrenze

bedeutende Position. Die dänischen Besitzer von Château de Haux produzieren durchaus überzeugende Rot- und Weißweine, und die neuen finnischen Besitzer von Château Carsin erweisen sich als Perfektionisten. Château Fayau in Cadillac hält mit süßem, fruchtigem Weißwein die Lokaltradition aufrecht.

Entre-Deux-Mers steht für anständigen, jedoch nicht gerade glanzvollen, trockenen Weißwein, ist inzwischen aber auch zu einer der Hauptquellen für roten Bordeaux oder Bordeaux Supérieur geworden. Eine Reihe von ansehnlichen Châteaux hat die Region verändert. Zu den größten zählen das im Besitz der Familie Lurton befindliche exzellente Château Bonnet in Grézillac sowie Launay in Soussac und Toutigeac in der wenig benutzten Appellation Haut-Benauge.

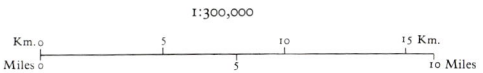

Oben: Entre-Deux-Mers ist ein sanftes Hügelland mit schönen Landhäusern und angenehmen Weinen. Der Rebzeilenabstand in diesem Weinberg ist doppelt so groß wie üblich, um die maschinelle Ernte zu erleichtern.

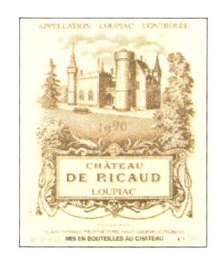

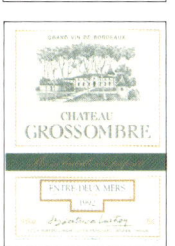
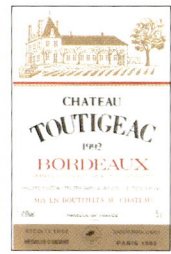

Rechts: Graves und der AC-Bereich ihm gegenüber am anderen Garonne-Ufer machen sich mit Rot- und Weißwein zunehmend einen guten Namen.

Pessac-Léognan

Hier in den südlichen Außenbezirken der Stadt Bordeaux nahm um 1660 die Konzeption des großen Bordeaux-Weins unter den Händen des Besitzers von Château Haut-Brion Gestalt an. Im kargen Sand- und Kiesboden dieser Gegend wuchsen schon mindestens seit 1300 die besten Rotweine für die nähere und weitere Umgebung; damals legte ein Erzbischof, der spätere Papst Klemens V. (in Avignon), ein Weingut – das heutige Château Pape Clément – an.

Kiefernholz war früher die wichtigste Einkommensquelle von Graves. Die Weinberge liegen in oft weit voneinander entfernten Lichtungen in dem dichtbewaldeten, von flachen Flußtälern durchzogenen Gebiet. Aus der Karte geht hervor, wie die Stadt und ihre ältesten Weinberge in die Wälder der «Landes» hinausgreifen, die sich bis ins Baskenland in den Ausläufern der Pyrenäen hinziehen.

Inzwischen hat die Stadt alle Weinberge verschlungen, die ihr im Weg lagen; übriggeblieben sind nur wenige auf dem tiefgründigen Kiesboden von Pessac gelegene Weingüter der Spitzenklasse: Haut-Brion, das kleine Les Carmes Haut-Brion und weiter außerhalb die erzbischöfliche Gründung Pape Clément.

Die Châteaux Haut-Brion und La Mission (mit dem Zweitetikett La Tour-Haut-Brion und der herrlichen Weißweinlage Laville-Haut-Brion) liegen sich zu beiden Seiten der alten Straße nach Arcachon gegenüber. Haut-Brion ist das vollkommene Premier Cru, ein delikates Gleichgewicht aus Kraft und Finesse mit Nuancen von Erde, Farn, Tabak und Karamel, wie sie einen großen Graves auszeichnen. La Mission schmeckt konzentrierter, reifer, vollblütiger – oft jedoch ebenso hochfein. 1984 kaufte Haut-Brion den alten Rivalen auf – aber nicht, um die Lagen miteinander zu vereinigen, sondern um den Wettstreit weiterzuführen. Dieses Paar zeigt eindeutig, was das *terroir* wirklich bedeutet.

Die Karte zeigt das ehemalige Haut-Graves, seit 1987 die AC Pessac-Léognan. Hier wächst vorwiegend Rotwein, aber in kleinen Mengen auch Weißwein von oft unvergleichlicher Qualität; meist kommt er aus Châteaux mit hohem Rang als Rotweinerzeuger. Die zuletzt 1959 überarbeitete Klassifizierung umfaßt 15 Châteaux, davon sechs für Rot- und Weißwein und zwei nur für Weißwein. Die nächste Revision ist im Jahr 2000 fällig.

Die tief im Wald gelegene Gemeinde Léognan bildet den Mittelpunkt dieser Appellation. Die Domaine de Chevalier ist trotz ihres bescheidenen Aussehens hier das Spitzengut. Ein Château hat sie nie besessen. Obwohl *chais* und *cuvier* vorbildlich neu aufgebaut und die Weinberge erweitert worden sind, gleicht sie doch eher einem Bauernhof in einer Waldlichtung. Der kleine Weinbaubetrieb mit seinen zwei verschiedenen, aber stets brillanten Geschmacksrichtungen hat geradezu etwas Kalifornisches. Leider erzeugt er jährlich nur etwa 800 Kisten von dem herrlichen faßvergorenen Sauvignon/Sémillon-Weißwein.

Oben: Die kleine Domaine de Chevalier westlich von Léognan blühte in den 1980er Jahren auf. Der neugebaute runde *cuvier* steht symbolhaft für das moderne Bordeaux. In einer neuen Klassifizierung würde dem Gut der Rang eines Deuxième Cru zukommen.
Rechts: Crus Classés aus Pessac und Léognan: sechs von ihnen gehören in die Klassifizierung für Rot- und Weißwein; Laville Haut Brion und Couhins gelten nur für Weißwein, die übrigen nur für Rotwein.

Das zweite führende Cru Classé von Léognan ist Château Haut-Bailly; anders als in der Gegend üblich, produziert es nur Rotwein, jedoch von großer Tiefe und Überzeugungskraft. Mit dem restaurierten Château de Fieuzal ist ihm inzwischen ein Konkurrent und dazu für die Welt auch noch ein feiner Weißwein – leider nur in winzigen Mengen – entstanden. Malartic-Lagravière (jetzt im Besitz von Laurent-Perrier) bietet ähnlichen, höchstens etwas härteren Wein. Anders steht es um Château Carbonnieux; der alte Benediktinerbesitz ist seit eh und je für zuverlässigen, feinen Weißwein berühmter als für Rotwein. Auch Château Olivier ist als Weißweinspezialist bekannt.

In Graves ist heute keine Familie rühriger als die Lurtons. Die Châteaux La Louvière, Rochemorin, Cruzeau, Bouscaut und teilweise Couhins gehören zu ihrem Besitz; sie alle streben nach höheren Ehren (Bouscaut, derzeit nicht einmal das beste von ihnen, ist bisher das einzige Crus Classé).

Die AC Pessac-Léognan endet in Martillac, wo zwei Crus Classés allerdings jahrelang den Beweis ihrer Qualität schuldig geblieben sind: das (für Graves-Verhältnisse) große Château Smith Haut-Lafitte vorwiegend mit Rotwein und das weniger bekannte La Tour-Martillac. In den letzten Jahren ist aber wie allgemein in Graves auch bei ihnen der Aufbruch in eine bessere Zukunft erkennbar.

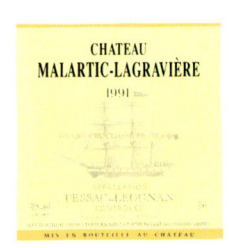

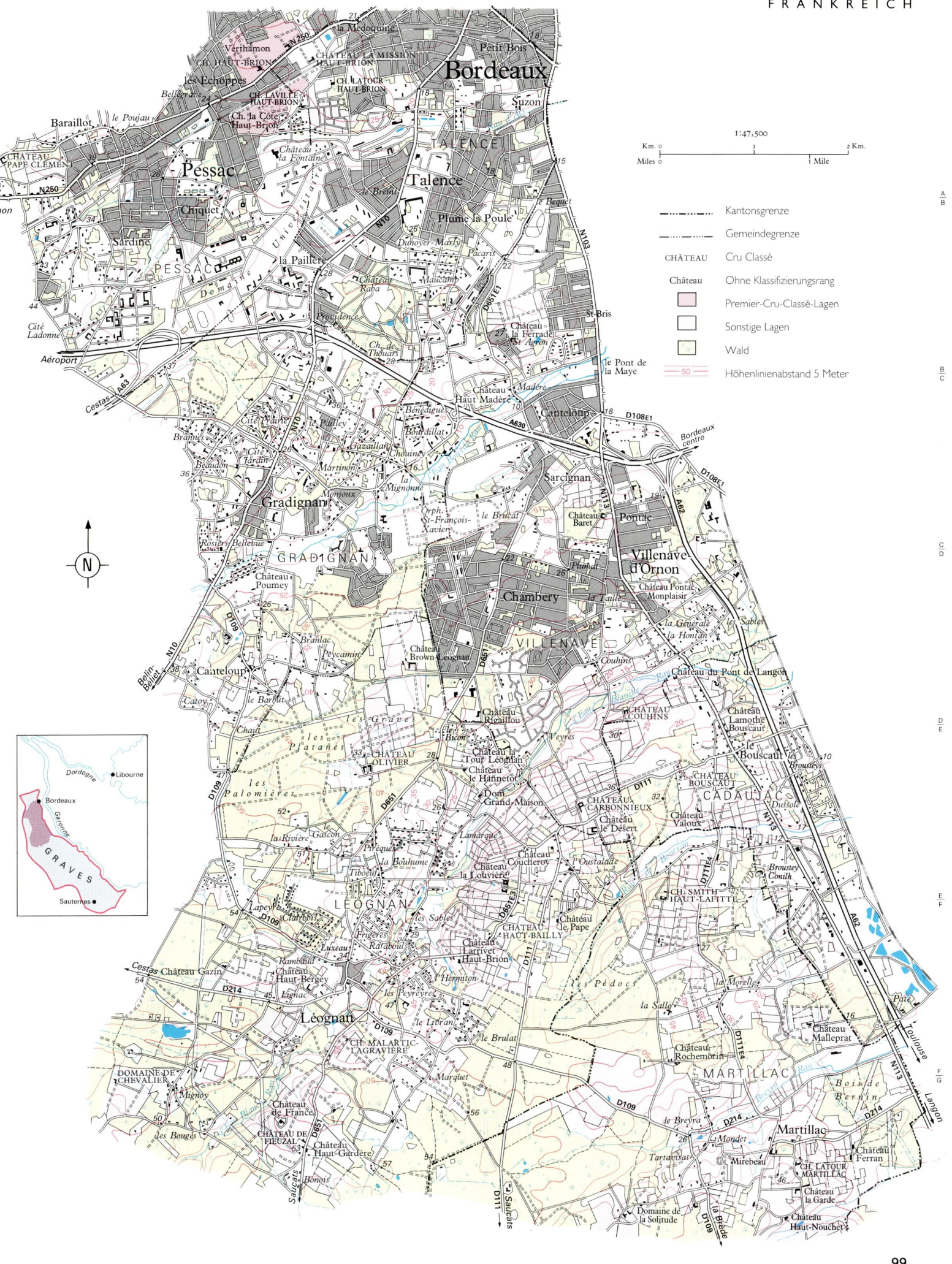

Sauternes und Barsac

Links: Yquem, das Herz von Sauternes, befindet sich seit zwei Jahrhunderten im Besitz der Familie Lur Saluces. Doch selbst hier gibt es undurchlässigen, für den Weinbau wenig geeigneten Boden und spätfrostgefährdete Lagen.
Oben und rechts: Sauternes-Etiketten passen zum schimmernden Goldton dieses Weins.

Alle hier kartographisch erfaßten Bordeaux-Bezirke lassen sich mehr oder weniger miteinander vergleichen. Nur Sauternes ist unvergleichlich: Seine Spezialität findet Ebenbürtiges nirgendwo in Frankreich, sondern allein in Deutschland und im legendären Tokajer Ungarns. Sie beruht auf örtlichen Lagebedingungen und einem sehr ungewöhnlichen Verfahren.

Zu den Verhältnissen in diesem warmen Winkel Aquitaniens gehört es auch, daß sich an Herbstabenden am Ciron Nebel bilden, die bis in die Frühe liegenbleiben. Nun können es sich aber nur die größeren Châteaux leisten, ab September bis oft in den November hinein die Weinberge acht- oder neunmal durchzulesen. Allein auf diese Weise aber kommt man zu dem Geschmackserlebnis, das einem Schimmelpilz – der Wissenschaftler nennt ihn *Botrytis cinerea,* poetischere Gemüter sprechen von «Edelfäule» – zu verdanken ist. Er bildet sich in den milden Nebelnächten auf den Trauben aus, greift in der Wärme des Tages rasch um sich und verwandelt die Beeren in eine weiche, braune Masse. Allerdings verursacht er keinen Fäulnisgeschmack, sondern entzieht den Trauben einen Teil des Wassers, so daß sich Zucker und Extraktstoffe im Traubensaft stärker konzentrieren. Das Resultat ist ein Wein mit einer Intensität des Geschmacks, des Buketts und einer fast öligen Konsistenz, wie er anders nicht bereitet werden kann. Voraussetzung ist aber, daß man die Trauben, Beere für Beere, dann erntet, wenn sie zu schrumpfen anfangen.

Die Erträge sind äußerst gering. Château d'Yquem, das bekannteste Sauternes-Weingut, gewinnt aus jedem seiner insgesamt 100 Hektar nur etwa 7 hl (933 Flaschen) Wein. Eine erstklassige Médoc-Lage würde etwa fünf- bis sechsmal soviel Ertrag bringen.

Das Risiko ist außerordentlich groß, denn ungünstiges Wetter im Oktober kann dem Winzer alle Chancen auf einen süßen Wein, manchmal den Wein überhaupt, verderben. Die Kosten sind dementsprechend hoch, und der zwar inzwischen steigende Preis, der selbst für den feinsten Sauternes (mit Ausnahme von Yquem) gezahlt wird, macht ihn für den Erzeuger zu einem der unrentabelsten Weinen. Nur wenigen Liebhabern ist klar, wie preiswert er eigentlich ist.

Sauternes war der einzige Bezirk außerhalb des Médoc, der 1855 klassifiziert wurde. Château d'Yquem wurde zum Premier Grand Cru ernannt – dieser Rang kam damals in Bordeaux sonst nicht vor. Trotz seiner Lage auf einem Berg verfügt er über einen hohen Grundwasserstand, der dem Wachstum der Reben auch bei Dürre zugute kommt. Elf Châteaux wurden als Premiers Crus, zwölf weitere als Deuxièmes Crus eingereiht. Aber die alte Rangfolge ist heute überholt. Inzwischen zählen vor allem Fleiß und Tüchtigkeit.

Außer dem Ort Sauternes selbst dürfen vier weitere Gemeinden diese Ursprungsbezeichnung führen. Barsac ist die größte davon und hat das Recht, ihren nicht so üppigen, sondern eher zu sauberer Süße und Finesse tendierenden Wein entweder Sauternes oder Barsac zu nennen. Die Art der Weine ist fast ebenso unterschiedlich wie der Gütestandard. Château Suduiraut in Preignac ist in guten Jahren füllig und üppig; Château Rieussec (1984 von den Rothschilds auf Lafite übernommen) fein ausgebaut und elegant; Château Guiraud (neu restauriert) reicht fast an die Klasse von Yquem heran. Die Château Lafaurie-Peyraguey, Sigalas-Rabaud, Fargues, Raymond-Lafon, Bastor-Lamontagne und Gilette sind heute die Namen, die es in Sauternes zu beachten gilt. In Barsac haben Coutet, Climens, Nirac und die drei Châteaux mit Doisy im Namen die Führung übernommen.

In wirtschaftlicher Hinsicht steht der Sauternes immer auf des Messers Schneide. Jahrzehntelang war es unmöglich, ihn mit Gewinn zu erzeugen: Es gab einen schlechten Jahrgang nach dem anderen, die Nachfrage schwand. So wurden die Weinberge gerodet und mit Rotweinreben neu bepflanzt, oder die Trauben wurden zu trockenem Weißwein verarbeitet – der übrigens nicht einmal als Graves, sondern einfach nur als Bordeaux bezeichnet werden darf.

Zum guten Glück hat es inzwischen eine Renaissance gegeben. Es stellte sich eine Reihe guter Jahre ein, neue, idealistische Besitzer sind auf den Plan getreten, und der Sauternes ist wieder in Mode gekommen. In Frankreich schätzt man ihn sehr als Getränk zu Leberpastete. In der angelsächsischen Welt trinkt man ihn ebenso wie in Deutschland und Skandinavien gern als vollkommenen Abschluß eines reichhaltigen Mahls.

Libournais

Die Franzosen nennen die Gegend nach ihrer Hauptstadt Libourne das Libournais. Angelsachsen mit Bordeaux im Blut sprechen vom «rechten Ufer» – der Garonne und Dordogne nämlich –, doch niemand sagt etwa zum Médoc «das linke Ufer».

Die berühmten Gemeinden Pomerol und St-Emilion sind jeweils das Herzstück eines weitaus größeren und verzweigteren Weinbaugebiets. Den Namen St-Emilion dürfen sieben kleine Dörfer im Süden und Osten der Stadt führen, und weitere fünf im Nordosten können St-Emilion als Zusatz zu ihrem eigenen Namen verwenden. Pomerol ist von Fronsac, Néac und Lalande umgeben.

Mit ihrem Wechselspiel von Rebgärten, Wäldern und Wiesen und ihren kleinen Hügeln und Tälern sind diese Landschaften reizvoller als die monotone Weinbaufläche im Zentrum. Es ist fast unmöglich, alle die kleinen Châteaux hier zu nennen. Bislang stützte sich ihr Absatz auf Privatkunden in Frankreich, Belgien und den Niederlanden. Neuerdings ist jedoch sowohl ihr Bekanntheitsgrad als auch ihr Qualitätsstand kräftig gestiegen.

Die in der Karte verzeichneten Châteaux sind zumeist die größeren und bekannteren der Umgebung sowie von Fronsac, das als eigenständiger Bereich gilt. Die dortigen Weine sind herrlich fruchtig und charaktervoll, in der Jugend tanninherb, im Stil – im Vergleich zum Hochglanz von Pomerol – ein wenig rustikal, doch mit zunehmender Modernisierung werden sie von Jahr zu Jahr besser. Investitionen tätigt hier vor allem Jean-Pierre Moueix, das führende Handelshaus in Libourne, dessen Anstrengungen dramatische Wirkungen zeitigen, insbesondere in Canon-Fronsac mit seinen Kalksteinhängen am Fluß.

Nördlich von Pomerol liegt Néac; es gehört zur Appellation Lalande de Pomerol. Der dortige Wein ist dem Pomerol ähnlich, jedoch nicht ganz so fein, nur die Châteaux de Bel-Air, des Annereaux und Siaurac haben auch Finesse zu bieten.

An die Spitze der beachtenswerten Châteaux im Hinterland nördlich von St-Emilion hat sich das hoch auf einem Hügel gelegene St-Georges gesetzt, doch auch viele andere haben exzellenten Wein zu bieten. Aus Montagne kommen gute St-Emilion-«Satelliten», ebenso aus Lussac und Puisseguin. Die Familienähnlichkeit reicht nach Osten hin bis zu den Côtes de Castillon und Francs. Château Puygueraud ist das führende Gut an der Côte de Francs, doch die ganze Gegend lohnt genauere Beachtung.

Ganz anders steht es dagegen mit den Dörfern östlich von St-Emilion. In St-Laurent ist Château Larcis-Cucasse ein Grand Cru, ein Wein, der unter die 25 besten von St-Emilion gehört. In derselben Gemarkung liegt auch das sehr bekannte Château Bellefont-Belcier. Weiter nörlich in St-Christophe ist Château Haut-Sarpe ebenfalls ein Grand Crus Classé, und auch Château Fombrauge hat einen guten Namen. In St-Hippolyte am Rande der Côtes erzeugt Château de Ferrand guten Wein; unmittelbar östlich davon, in St-Etienne, ein Name mit besonders gutem Klang: Château Puy-Blanquet. Alle genannten und noch weitere Güter erzielen in diesem Gebiet Preise wie die St-Emilion-Grands-Crus aus dem mittleren Bezirk in der Karte auf Seite 105.

Links: Auf seinem Hügel in der Nachbargemarkung St-Georges beherrscht Château St-Georges das Plateau von St-Emilion. Es wurde 1774 von Victor Louis gebaut, dem Architekten des Theaters von Bordeaux.

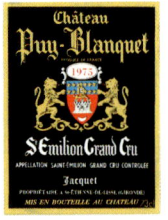
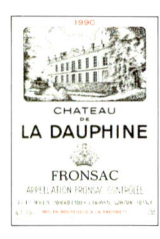
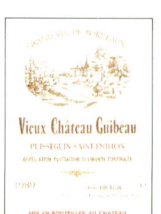

Oben: Etiketten aus der Gegend östlich von St-Emilion.
Rechts: Einige Spitzen-Châteaux von Fronsac.

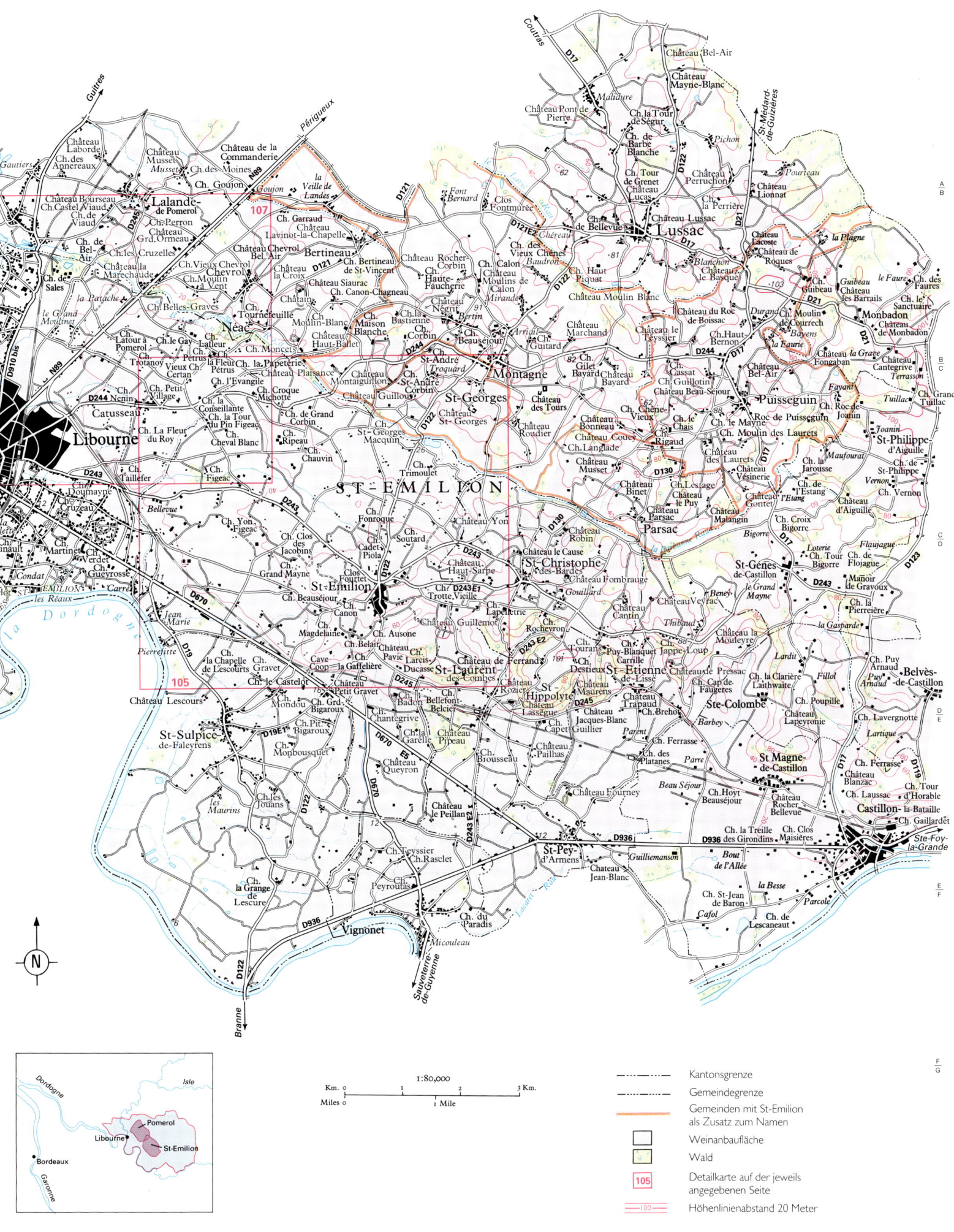

St-Emilion

Das schöne alte Städtchen St-Emilion schmiegt sich in einen Winkel an der Dordogne. Es ist ganz und gar von Kellern unterhöhlt. Sogar die Kirche in St-Emilion ist ein Weinkeller, wie alle anderen aus dem Kalkfelsen herausgehauen.

Der St-Emilion ist ein vollmundiger Rotwein. Mancher findet, bevor er sich mit der trockenen, leicht spröden Art der Weine aus dem Médoc befreunden kann, Geschmack am kräftigen, ansprechenden St-Emilion. In reifen, sonnigen Jahrgängen erlangt er mit der Zeit fast eine gewisse Süße.

Die Trauben von St-Emilion sind der Merlot und der Cabernet Franc. Der später reifende Cabernet Sauvignon hat es schwer, in diesem vom mäßigenden Einfluß des Ozeans etwas weniger verwöhnten Klima voll zur Entwicklung zu gelangen. Alles in allem brauchen die hiesigen Weine nicht so lange wie ein Médoc, aber etwas länger als ein Pomerol, bis sie zur Vollkommenheit reifen: Etwa vier Jahre bei nicht so guten Jahrgängen, acht Jahre und mehr bei guten.

Eine Gruppe von Châteaux liegt an der Grenze zur Gemarkung Pomerol auf der sandigen und kieshaltigen Hochebene. Das bekannteste Weingut dieses Plateaubezirks und der Gemeinde St-Emilion überhaupt ist Château Cheval Blanc, ein schmuckes, in einem kleinen Gehölz verstecktes, cremefarben getünchtes Haus, das man gar nicht in Verbindung bringt mit dem großartigen Rotwein, einem der vollblütigsten der Welt, der hier wächst. Unter den Nachbargütern von Cheval Blanc kommt ihm das große Château Figeac in der Qualität am nächsten, allerdings verleiht der noch stärker kieshaltige Boden und ein gewisser Cabernet-Sauvignon-Anteil seinem Wein leichtere, duftigere Art. Als hervorragend sind auch die Châteaux La Dominique, La Tour Figeac und Corbin zu nennen.

Die Côtes St-Emilion umsäumen die Ausbuchtung, in der die Stadt liegt. Am jäh abfallenden Rand des Plateaus kann man sehen, daß der weiche, aber kompakte Kalkstein nur mit einer recht dünnen Schicht Erdreich bedeckt ist. Im Château Ausone, dem Juwel der Côtes in schönster Lage über dem Dordogne-Tal, liegt der Eingang zu dem in diesen Felsen getriebenen Keller gewissermaßen unter einem von Reben bewohnten Parterre.

Die Côtes-Weine mögen zwar nicht so fruchtig sein wie die «Graves»-Weine von der

Oben: Die Jurade de St-Emilion, die alte Winzerzunft des Bezirks, zieht mit ihren scharlachroten Roben durch die Straßen der Stadt.
Unten: Vom Château Ausone blickt man auf die Côtes und in das Tal der Dordogne hinunter.

Hochebene (den Namen Graves, der leicht zu Verwechslungen führen kann, tragen sie wegen ihres Kiesbodens), doch finden sich darunter die vollmundigsten und duftigsten Bordeauxweine, meist um 1% Alkohol stärker als die aus dem Médoc. Die Côtes gewähren Schutz gegen Norden und Westen, eine der Sonne zugewendete Hanglage und relativ hohe Frostsicherheit. Auf dem Plateau um das Château Cheval Blanc herum kann schon eine kleine Bodenvertiefung als Becken wirken, in dem sich in klaren Winternächten frostige Luft sammelt. In einer eisigkalten Nacht im Februar 1956 fiel das Thermometer auf –24°C. Es gingen so viele Rebstöcke zugrunde, daß es fünf bis sechs Jahre dauerte, bis die volle Erzeugung wieder erreicht wurde.

Château Ausone ist für die Côtes, was Cheval Blanc für die Graves bedeutet. Château Belai liegt nur einen Schritt weiter unten. Die Châteaux Canon, Magdelaine, La Gaffelière, Pavie und Clos Fourtet würden auch auf der kürzesten Liste der Spitzengewächse von den Côtes ihren Platz finden. Das Gute an St-Emilion aber ist für den normalen Weinliebhaber, daß so viele andere Châteaux mit bescheidenerem Ruf einen gleichmäßig hohen Qualitätsstand haben und außerordentlich erfreulichen und dennoch relativ erschwinglichen Wein bieten.

St-Emilion hat keine so vielschichtige Klasseneinteilung wie das Médoc. Hier werden die Châteaux lediglich in Premiers Grands Crus, Grands Crus Classés und einfache Grands Crus eingeteilt (1991 aktualisiert). Die erste Klasse besteht aus 11 Gütern, angeführt von Cheval Blanc und Ausone in einer Kategorie für sich, der zweite Rang umfaßt 63 Güter. Die einfachen Grands Crus gehen in die Hunderte.

Auf der Karte sind die Grands Crus, die gewöhnlich die höchsten Preise erzielen, besonders hervorgehoben.

FRANKREICH

‒‒‒‒‒	Kantonsgrenze
············	Gemeindegrenze
CHÂTEAU	Premier Grand Cru Classé
Château	Grand Cru Classé
Château	Grand Cru
	Premier-Grand-Cru-Classé-Lagen
	Sonstige Lagen
	Wald
—25—	Höhenlinienabstand 5 Meter

Die meisten Spitzen-Châteaux von St-Emilion liegen auf den «Côtes» um die Stadt. Ausnahmen von dieser Regel bilden Cheval Blanc und Figeac auf dem «Plateau».

1:34,250

Pomerol

Pomerol ist, relativ ausgedrückt, der neue Stern am Firmament von Bordeaux, denn obwohl schon die Römer hier Weinbau trieben, war dieser Ort vor hundert Jahren lediglich für «guten, einfachen Wein» bekannt. Noch vor fünfzig Jahren hätte man ihn nicht zur Spitzenklasse gerechnet. Heute jedoch erzielen seine besten Weine den gleichen Preis wie mancher erstklassige Médoc, und eine für dieses Gebiet erstaunlich große Zahl kleiner Weingüter gehören anerkanntermaßen zu den besten in Bordeaux.

Pomerol befindet sich in einem so entlegenen Winkel, daß es schwer ist, überhaupt hinzufinden. Einen richtigen Dorfkern gibt es hier nicht: Die Landschaft ist gesprenkelt mit bescheidenen Häusern – die aber alle stolz den Titel «Château» führen. Auch die Kirche steht seltsam für sich allein da. Mehr gibt es in Pomerol nicht zu sehen – aber in jedem Haus lebt eine Winzerfamilie.

Pomerol liegt auf einer Kiesbank, genauer: einem Kiesplateau. Im westlichen und im südlichen Teil ist der Boden eher sandig, im Osten und Norden an der Grenze zu St-Emilion mit Lehm angereichert. Hier steht alles unter Reben. Die besten Lagen befinden sich im östlichen Teil so dicht bei St-Emilion, daß man überrascht ist, wirkliche Unterschiede herausfinden zu können, aber es besteht völlige Übereinstimmung, daß die Pomerols die sanftesten, vollsten und am unmittelbarsten ansprechenden Bordeaux-Rotweine sind. Ihre Farbe ist tiefdunkel, doch fehlt ihnen die oft damit verbundene Säure und Gerbstoffherbheit, der Duft erinnert an reife Pflaumen und Sahne.

Pomerol ist eine Demokratie: Es kennt keine Klassifizierung, und es wäre auch wirklich sehr schwierig, hier eine vorzunehmen. Die Châteaux sind kleine Familienbetriebe und daher an Personen gebunden. Auch die Komplexität des Bodens, der von Kies zu kieshaltigem Lehm und lehmhaltigem Kies oder von sandigem Kies zu kieshaltigem Sand wechselt und dies in den Lagengrenzen ausdrückt, bietet keine Anhaltspunkte.

Über die Frage, welche die hervorragendsten Weingüter in Pomerol sind, herrscht weitgehende Einmütigkeit. Alle nennen Pétrus an erster Stelle. Das daneben gelegene Trotanoy gehört vielleicht auf den zweiten Platz, doch könnte ihm Vieux Château Certan diesen Rang streitig machen. Dann folgen La Fleur-Pétrus, La Conseillante, La Fleur, L'Evangile, Latour à Pomerol, Petit-Village, Certan-de-May. Es wäre aber falsch, die eine Gruppe zu sehr von der anderen abzuheben: Auch Clinet, L'Eglise-Clinet, Le Gay, Clos L'Eglise, La Croix-de-Gay, Clos René, La Grave Trigant de Boisset, L'Enclos liefern alle sehr gute Qualität. Die Châteaux de Sales (mit 47 ha das weitaus größte Gut), Rouget, Vraye Croix de Gay, Lafleur-Gazin, La Pointe, Feytit-Clinet und Moulinet produzieren typische Weine, so gut, wie man sie sich nur wünschen kann. Auf der Karte haben wir

Oben: Pomerol hat keinen echten Ortskern, sondern als Wahrzeichen nur seine Kirche, um die herum viele kleine Châteaux verstreut liegen. Dennoch steht hinter den abgebildeten Etiketten eine solche Fülle üppiger, luxuriöser Rotweine, wie sie in ganz Bordeaux kaum noch einmal auf einem Flecken beisammen zu finden ist.

durch Großbuchstaben diejenigen Lagen hervorgehoben, die heute gewöhnlich die höchsten Preise erzielen.

Angesichts dieser komplizierten Verhältnisse ist es beruhigend, daß der Qualitätsstand im Durchschnitt hier sehr hoch ist. Der Name Pomerol bürgt für Verläßlichkeit. Billig einkaufen kann man hier allerdings kaum. Die *négoces,* die Handelshäuser von Libourne, an ihrer Spitze das Familienunternehmen Jean-Pierre Moueix, haben starken Einfluß in Pomerol – ein großer Teil der besten Weingüter befindet sich in ihrem Besitz oder wird von ihnen geleitet.

Ein Vorteil, der bestimmt der Popularität dieses Landstrichs zugute gekommen ist, darf darin gesehen werden, daß sein Wein für einen Bordeaux bemerkenswert früh reift. Die Haupttraube ist hier nicht der Cabernet Sauvignon, dessen Wein lange Reifezeit braucht, sondern der Merlot, der im Médoc an zweiter Stelle steht. Große Pomerols bestehen zu 70–80 % aus Merlot und zu rund 20 % aus Cabernet Franc, der hier Bouchet heißt. Der größte aller Pomerols, der Pétrus, ist ein fast reiner Merlot und wächst auf fast reinem Lehmboden, der die Ausbreitung der Rebwurzeln einschränkt. Die Wirkung ist erstaunlich: Selbst der beste Pomerol hat sein ganzes Bukett und seine endgültige Feinheit bereits nach zwölf oder fünfzehn Jahren entwickelt, und die meisten sind schon mit fünf Jahren ansprechend.

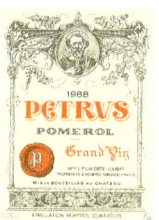

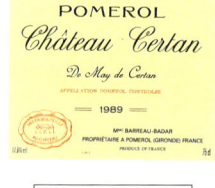

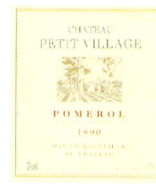

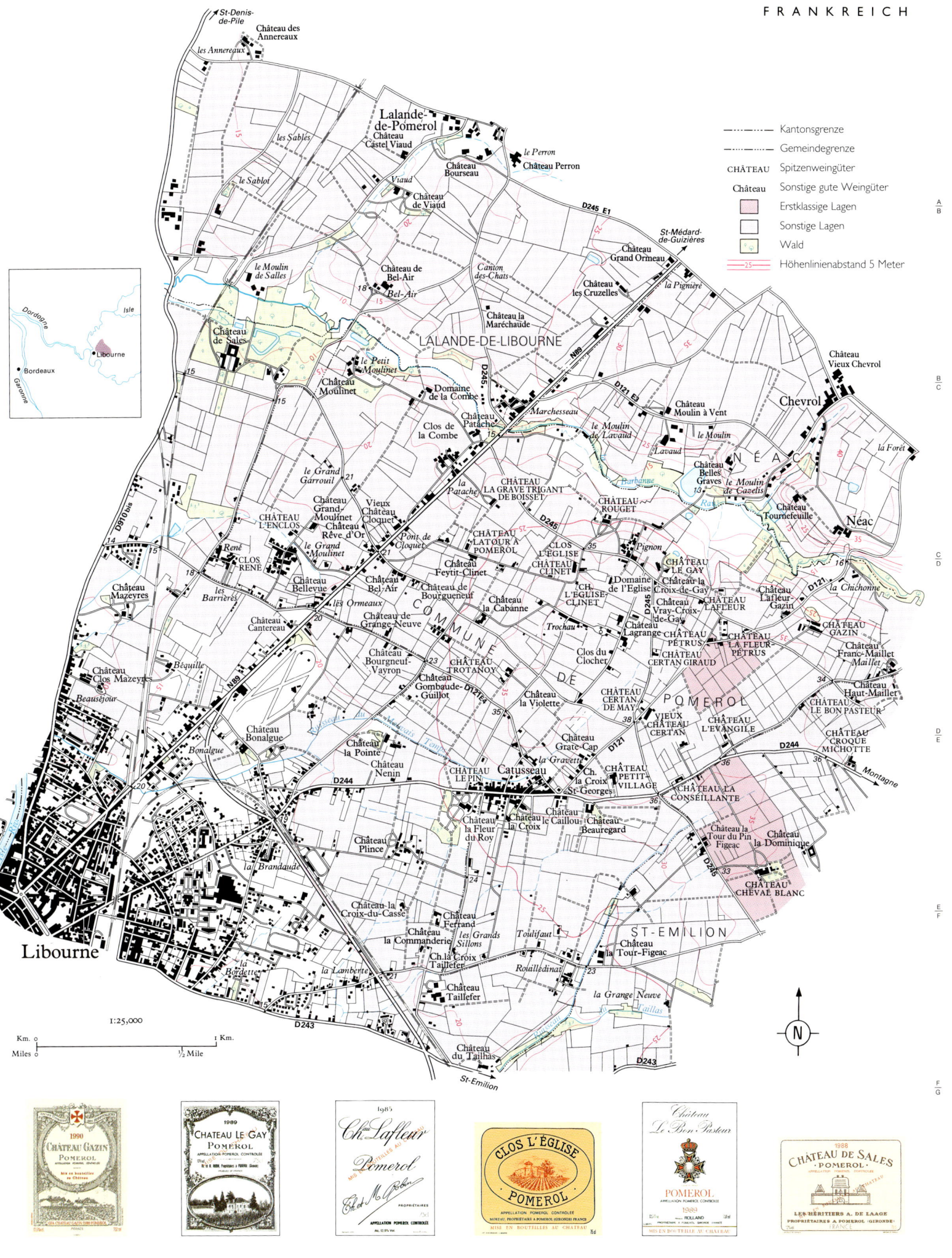

Bourg und Blaye

Bourg und Blaye liefern einen Wein, wie ihn jeder mag: zuverlässig, ansprechend und preiswert. Ihre Rotweine sind besser als die weißen.

Das Geschick hat sich Bourg und Blaye, den leistungsstarken kleinen Weinbaubereichen dem Médoc gegenüber auf der anderen Seite der Gironde, nicht gnädig gezeigt; sie exportierten nämlich Wein, schon lange bevor im mächtigen Médoc überhaupt Reben wuchsen. Der Hafen von Bourg verlandete jedoch und verlor dadurch seine Vorrangstellung vor Bordeaux.

In mancher Hinsicht ist die Beschaffenheit der Weine und des Bodens St-Emilion ähnlicher. In Bourg sind die Weinberge meist in gleichem Verhältnis mit Cabernet, Merlot und Malbec bestockt; der Boden besteht weitgehend aus Lehm über Kalkstein. Die Weine sind kräftig in Farbe und Körper und verlangen drei bis sechs Jahre Reifezeit. Auf jeden Fall lohnen sie näheres Kennenlernen.

Bourg und Blaye verfügen über eine Rebfläche von je 7000 ha. In Blaye wächst zwar viel Weißwein, doch besser ist der Rotwein der AC Premières Côtes de Blaye. In beiden Bereichen wird Schaumwein hergestellt, und zwar in Kalksteinhöhlen (wie in St-Emilion), die als Steinbrüche für Bordeaux dienten.

Die besten Châteaux liegen hier – wie im Médoc – nahe an der Gironde. Die führenden Namen in Blaye sind die Châteaux Le Menaudat, Segonzac, Bourdieu, l'Escadre und vor allem Barbé. Der Bereich Bourg beginnt an dem Flüßchen Brouillon. Das berühmteste Weingut ist hier Château de Barbe, es folgen Château de Thau in Gauriac, dann weiter südlich La Croix-Millorit, Falfas, Eyquem, Mendoce, Caruel, Laurensanne und zwischen Bourg und Tauriac die Châteaux Brûle-Secaille, du Bousquet, Guerry und Labarde. Weiter landeinwärts liegen die ebenfalls hochgeschätzten Châteaux Launay und Rousset. Die Winzergenossenschaft von Bourg produziert außer Rotwein auch gefälligen Rosé.

Bergerac

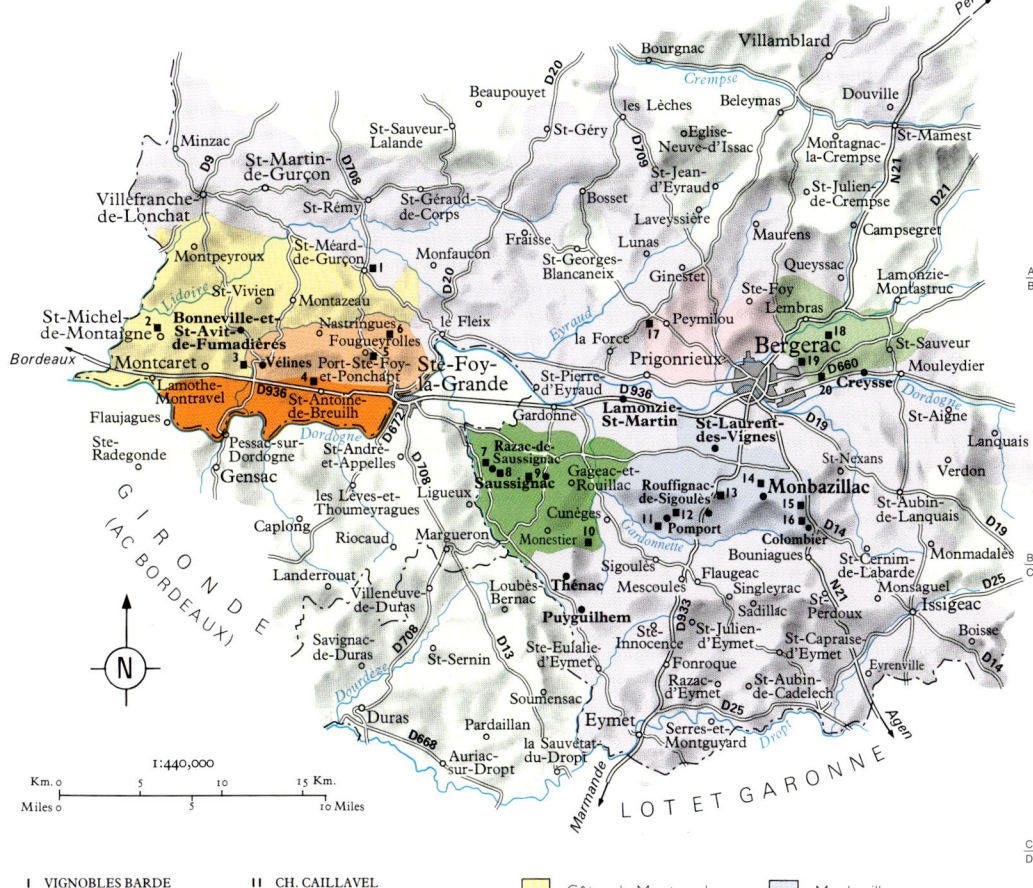

Das schöne Hinterland von Bordeaux hatte unter den «Hauts Pays», deren Weine früher ebenfalls als «Bordeaux» auf den Markt kamen, eine bevorzugte Stellung. Da es aber auf der «falschen» Seite der Grenze des Departements Gironde liegt, genießt es dieses Privileg heute nicht mehr. Dennoch, die besseren Rotweine dieser Gegend sind kaum von einfachem Bordeaux zu unterscheiden, und die besten stehen auf weit höherem Niveau. «Leichter Bordeaux» ist eine durchaus treffende Beschreibung für den weitgehend von Merlot und Cabernet Sauvignon bereiteten Bergerac Rouge, und auch der Bergerac Rosé ist weithin beliebt.

Die Auswahl an Weißweinen ist zwar verwirrend, lohnt aber näheres Erforschen. Es beginnt mit dem frischen, trockenen Bergerac Sec von der Sauvignon-Blanc-Traube und setzt sich fort mit halbtrockenen bis lieblichen, durch Sémillon und Muscadelle gemilderten Weinen. Côtes de Saussignac heißen meist körperreichere trockene Weißweine; als Montravel, Côtes de Montravel und Haut-Montravel präsentieren sich verschiedenartige liebliche bis süße Weine.

Der berühmteste Bergerac ist der Monbazillac von der nach Norden gerichteten linken Talseite. Leider hängt ihm das Etikett «Sauternes des kleinen Mannes» an. Freilich erreicht er nicht die üppige Pfirsichfülle eines feinen Sauternes, vielmehr entwickelt er sich zu goldener, nußwürziger Süße. Der führende Erzeuger ist Château Monbazillac.

Besserer Rotwein hat Anspruch auf die Appellation Côtes de Bergerac, und allein die deutlich dunkleren, tieferen und festeren Weine aus einer Enklave am rechten Ufer dürfen den besonders guten Namen Pécharmant führen.

1 VIGNOBLES BARDE
2 CH. MICHEL-DE-MONTAIGNE
3 LES VIGNOBLES DE PAGNON
4 CH. LE BONDIEU
5 DOM. DE MAYAT
6 CH. PIQUE-SEGUE
7 CH. LE PAYNAL
8 CH. COURT LES MÛTS
9 CH. LES MIAUDOUX
10 CH. DE PANISSEAU
11 CH. CAILLAVEL
12 CH. BELINGARD
13 CH. LE CAILLOU
14 CH. DE MONBAZILLAC
15 CH. DE LA JAUBERTIE
16 DOM. DE L'ANCIENNE CURE
17 CH. COMBRILLAC
18 DOM. DU HAUT PÉCHARMANT
19 CLOS LES CÔTES
20 CH. DE TIREGAND

- Côtes de Montravel
- Haut-Montravel
- Montravel
- Bergerac
- Monbazillac
- Rosette
- Pécharmant
- Côtes de Saussignac

■ BARDE   Bekannter Erzeuger
● Thénac   Gemeinden mit bekannten Weingütern
- - - -   Departementsgrenze

Unten links: Das Château de Monbazillac beherrscht das Dordogne-Tal oberhalb von Bergerac. Sein süßer, goldener Wein wird von der Genossenschaftskellerei bereitet.

Unten rechts: Trockener Weißwein und Bordeaux-ähnliche leichte Rotweine aus Bergerac haben sich schon einen guten Namen gemacht.

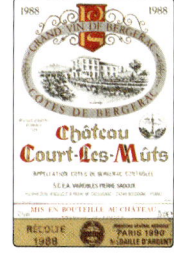
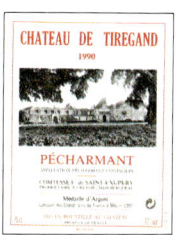

Cognac

Rechts: Jedes Haus kennzeichnet die verschiedenen Qualitäten auf eigene Weise, immer aber bedeuten drei Sterne die preiswerteste, VSOP die mittlere Sorte. Jahrgangsangaben unterliegen beim Cognac strengen Vorschriften.

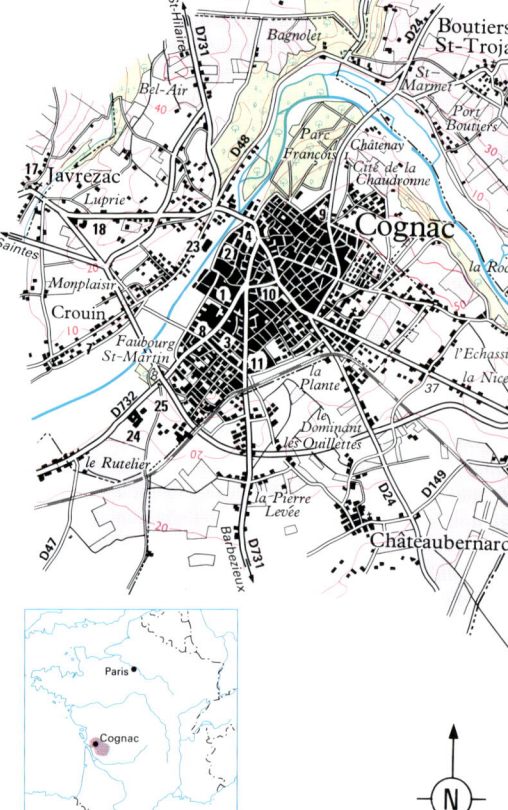

Oben: Eine von vielen modernen Hennessy-Destillerien in der Region. Hunderte von Anbauern brennen ebenfalls ihren Wein selbst und verkaufen ihn dann an die Handelshäuser. Cognac wird stets zweimal in der charakteristischen Brennblase destilliert.

In Frankreich gibt es zwei Regionen, deren Weinbau eine eigene, auf der Destillation des Traubenguts beruhende Industrie hervorgebracht hat. Branntwein läßt sich zwar von jedem Wein brennen, doch Cognac und Armagnac sind in ihren Qualitäten ebenso genau festgelegt und in ihrem jeweiligen *terroir* so tief verankert wie der Bordeaux oder der Champagner. Die AC Cognac erstreckt sich fast über zwei ganze Départements nördlich vom Mündungsgebiet der Gironde: auf das ganze, weitgehend flache Becken der Charente sowie auf einige kleine Inseln vor der Küste des Golfs von Biskaya.

Guter Cognac zeigt eine unverkennbare Traubensüße. Aber nicht nur einfach an Wein erinnert er, sondern an großen Wein – er besitzt dieselbe schwer faßbare Komplexität, dieselbe rassige, ausdruckskräftige Fülle.

Die Weinberge an der Charente, die heute exklusiv für den Cognac da sind, belieferten früher englische und holländische Kauffahrer, die hier Salzhandel trieben, mit billigem Wein. Erst im 17. Jahrhundert machten sich diese Fremden daran, den Wein zu «brennen». Was dabei herauskam, machte freilich bald von sich reden. Es kamen Mr. Martell von den Kanal-Inseln, Mr. Hennessy aus Irland und Mr. Hine aus Dorset – und der Cognac trat seinen Weg in die Welt an.

Rund 15 000 Winzer bauen in dieser Gegend weiße Trauben, vorwiegend Ugni Blanc – hier St-Emilion genannt – für die Cognacherstellung an. Für ihren Wein gibt es auch kaum andere Chancen: Er enthält nur etwa 7 % Alkohol bei 10 g/l Säure.

Die Qualität des davon gebrannten Cognacs beruht fast ganz auf dem Boden. Im Herzen des Anbaugebiets Charente (kleine Karte, Seite 111) liegt derselbe Kreideboden vor wie in der Champagne. Über 80–90 % Kreide schon in einer Tiefe von knapp 20 cm liegt in der Grande Champagne eine Mutterbodenschicht mit 35 % Kreidegehalt, in der Petite Champagne sind es nur noch 25 % und in den Borderies schließlich 15 %. Jenseits der Borderies findet sich dann in den Fins Bois, Bons Bois und Bois Ordinaires stärker gelblicher, fruchtbarer Boden vor, der einen ausgeprägten *goût de terroir* abgibt.

Die Cognac-Firmen

- ▲ 1 Martell
- ▲ 2 Hennessy
- ▲ 3 Rémy Martin
- ▲ 4 Otard-Dupuy
- ● 5 Courvoisier
- ● 6 Ricard-Bisquit Dubouché
- ▲ 7 Hardy
- ▲ 8 JG Monnet
- ▲ 9 Camus
- ▲ 10 Salignac
- ▲ 11 Prince de Polignac
- ▲ 12 Castillon
- ▲ 13 Larsen
- ▲ 14 Hine
- ● 15 Tiffon
- ● 16 Frapin
- ● 17 Croizet-Eymard
- ● 18 Dist. de Segonzac (Martell)
- ● 19 Dist. de Galienne (Martell)
- ● 20 Dist. de St-Martin (Martell)
- ● 21 Moulineuf (Martell)
- ▲ 22 Hennessy
- ▲ 23 Viticulteurs Réunis
- ▲ 24 Coop de Cognac et Vins Charentais
- ▲ 25 Hennessy
- ▲ 26 Hennessy
- ▲ 27 Martell
- ▲ 28 Hennessy
- ▲ 29 Hennessy
- ▲ 30 Hennessy
- ▲ 31 Delamain

● Brennerei ▲ Handelshaus

FRANKREICH

Oben: Cognac ist in sechs Bodenzonen unterteilt. Die beste Qualität entsteht in den mittleren Zonen.
Unten: Der Ferne Osten ist Hauptabnehmer für Spitzencognac. Gesamtexport 1992: 134 Mio Flaschen.

Cognac-Export (%)

	1983	1992
USA	19,1%	20,8%
Japan	8%	16,3%
Hongkong	7,1%	9,5%
Großbrit.	7,8%	12,7%
Deutschland	6%	7,7%
Taiwan		3%

Cognac wird in den Wintermonaten möglichst bald, nachdem der Wein zu gären aufgehört hat, in Destillierblasen doppelt gebrannt. Jeweils zehn Faß Wein ergeben ein Faß Cognac.

Faßreife gehört ebenso untrennbar zum Herstellungsverfahren wie das Destillieren. Jeder Cognac muß der Vorschrift nach mindestens drei Jahre im Faß reifen, während die Sorte VSOP (Very Special Old Pale) fünf Jahre und länger lagert. Die luftigen *chais*, in denen die Fässer liegen, erkennt man überall an ihren schwärzlichen Dächern; die Verfärbung rührt von einem Pilz her, der vom Cognac-Dunst lebt. Die Verdunstungsrate ist nämlich enorm: Jahr für Jahr verliert sich ebenso viel Cognac in die Luft, wie in ganz Frankreich getrunken wird.

Sieben Jahre ist heutzutage das Höchstalter, das von Gesetzes wegen auf dem Etikett genannt werden darf, auch wenn der Inhalt in Wahrheit älter sein sollte. Die frühere Praxis, unverschnittene Jahrgangs-Cognacs zu führen, ist nicht mehr zulässig.

Nach dem Brennen wird Cognac mit destilliertem Wasser meist auf 40% Alkoholgehalt verdünnt, und seine Farbe und Süße wird mit Zucker und Karamel abgestimmt. Jedes Haus hat seinen eigenen Stil und seine eigenen Geheimrezepte sowie Vorräte an sehr altem Cognac zur Verwendung in seinen Premium- und Luxusmarken.

Die große Karte zeigt das Herz der Cognac-Region: das Land und die blühende Hauptstadt Cognac und die Orte Jarnac und Segonzac. Die Gegend südlich der Charente ist die Grande Champagne, nördlich davon liegen hauptsächlich die Fins Bois, und im Nordwesten – Cognac gegenüber – befinden sich die Borderies. Die bedeutendsten Brennereien und Handelshäuser sind eingezeichnet. Der Cognac wird zum größten Teil von Bauern gebrannt und an die Handelshäuser zur Weiterbehandlung verkauft.

Die Region Armagnac (Karte auf Seite 113) beginnt ca. 130 km von der Charente entfernt. Doch der Armagnac und der Cognac liegen in Stil und Herstellungsmethode himmelweit auseinander.

Die besten Gegenden der Armagnac-Region heißen Ténarèze und Bas-Armagnac – letzteres könnte man auch die Grande Champagne von Armagnac nennen, nur besteht der Boden nicht aus Kreide, sondern aus Sand.

Der Armagnac ist von Anfang an in Geschmack und Duft stärker als der Cognac. Bei Vergleichen wird der Armagnac stets als «rustikal» apostrophiert, dabei ist das besondere Merkmal des Armagnac seine samtige Geschmeidigkeit, und er ist trocken, denn ihm wird üblicherweise kein Zucker beigemischt. Armagnac hat auch einen kraftvolleren Duft, der im Mund wie im geleerten Glas lange spürbar bleibt. Was ihm gegenüber einem Cognac fehlt, ist die brillante, champagnerhafte Finesse.

Der Südwesten

Südlich des großen Weinbaugebiets Bordeaux und westlich vom Midi gedeiht die Weinrebe, durch die Wälder des Landes gegen den Atlantik geschützt, in verstreuten Gegenden, stets an Flüssen – den alten Verbindungswegen zu fremden Märkten. Hier war das «Haut Pays», vor dem die Kaufleute in Bordeaux ihren Hafen streng abschirmten, bis der eigene Wein verkauft war.

Der Reputation nach ist der Cahors der Spitzenreiter dieser Gegend. Anerkennung als Appellation Contrôlée erlangte er allerdings erst 1971. In Cahors spricht man heute noch davon, daß vor Jahrhunderten in Bordeaux eben dieser «schwarze Wein» und nicht der magere Médoc bei den Einkäufern aus dem Ausland am meisten gefragt war.

Neuerdings ist der Cahors wieder groß im Kommen – als ein körperreicher, kraftvoller Rotwein mit ausgeprägtem Biß in der Jugend, der heutzutage ziemlich rasch zu einer Ausgewogenheit und Komplexität heranreift, die einem St-Emilion zur Ehre gereichen würde.

Die Haupttraubensorte für den Cahors ist der Auxerrois – hinter ihm verbirgt sich der Malbec, der früher auch in Bordeaux vorherrschte. Es gibt den Cahors in jeder nur denkbaren Schattierung von Farbe und Wucht. In seiner Heimat wird er ziemlich kühl getrunken.

Die Berge am Tarn unterhalb von Albi und der grandiosen Schlucht, die sich der Fluß in die Cévennes gegraben hat, bilden eine noch unverfälschte Landschaft mit schönen Städten und Dörfern, von denen 73 in die Appellation Gaillac fallen. Sie ist eine allgemeine Bezeichnung für Rot- und Roséweine aus einer Mischung von einheimischen sowie von Bordeaux und der Rhône her bekannten Rebsorten und für Weißwein von der Mauzac-Traube.

In der enger gefaßten Appellation Premières Côtes de Gaillac werden die letzten Reste einer Lokaltradition an süßen (eigentlich eher lieblichen) Weißweinen gepflegt. Unmittelbar westlich davon schließen sich zwischen Tarn und Garonne die Côtes du Frontonnais mit dem Hauswein von Toulouse an. Hier regt sich unter der Führung von Château Bellevue La Forêt neuer Unternehmergeist und macht aus der einheimischen Négrette-Traube in Mischung mit Cabernet, Syrah und Gamay einen beachtenswerten, süffigen, fruchtigen Rotwein. Die führenden Orte der Gegend sind Fronton und Villaudric.

Nördlich von Armagnac erstreckt sich auf dem linken Garonne-Ufer die Appellation Buzet, deren Produktion ganz in den Händen einer gut organisierten Winzergenossenschaft liegt. Ihr Spitzenwein namens Cuvée Napoléon kann sich mit einem guten Médoc durchaus messen. Die sich nördlich anschließenden Côtes du Marmandais verfügen ebenfalls über eine sehr gute Genossenschaftskellerei (in Cocumont), und das gilt auch für die wiederum nördlich anschließenden Côtes du Duras, wo der weitgehend auf Sauvignon beruhende Weißwein sich mit Entre-Deux-Mers vergleichen läßt, während der Rotwein eher dem östlichen Nachbarn Bergerac ähnelt. Alle Weine dieser Gegenden richten sich auf Bordeaux als Markt oder als Vorbild aus.

Es bleibt noch die baskische Provinz Béarn zu erwähnen, deren allgemeine Appellation für Rot-, Weiß- und Roséweine besserer Qualität gilt, die nicht unter die beiden bekanntesten ACs Madiran und Jurançon – die echten Juwele des Südwestens – fallen.

Die Weinberge von Madiran liegen auf den Hängen am linken Ufer des Adour, unmittelbar südlich von Bas Armagnac, der Heimat des feinsten französischen Weinbrands nach dem Cognac. Die rote Lokaltraube Tannat führt einen durchaus treffenden Namen, denn ihr Wein ist dunkel und tanninherb, etwas rauh, aber voll Saft und Kraft. 20 Monate Faßreife braucht er mindestens, und auch danach ist er beim Abfüllen noch immer streng, insbesondere wenn in einem Anfall fehlgeleiteter Begeisterung neue Fässer benutzt wurden. Nach sieben oder acht Jahren jedoch erweist sich der Madiran als bewundernswert süffig und lebendig mit schöner Geschmacksfülle. Der robuste Geist von Armagnac hat sich in dem überaus populären, weitgehend auf der Colombard-Traube beruhenden weißen Vin de Pays des Côtes de Gascogne eine zweite Ausdrucksform geschaffen.

Jurançon ist nach wie vor ein ganz besonderer Name, obgleich nur wenige je den Grund dafür selbst gekostet haben. Aus den steilen Vorbergen der Pyrenäen um Pau kamen einst mit die besten süßen Weine Frankreichs. Heute erzeugen die meisten Winzer trockenen Weißwein. Auch er bietet große Geschmacksfülle, jedoch zugleich kräftige Säure, der selten gewordene *vin liquoreux* dagegen vereint die Üppigkeit des Sauternes mit einem Bukett von Wildblumen.

Schließlich bildet die winzige Appellation Irouléguy die letzte baskische Bastion, die hartnäckig Rosé-, Rot- und Weißweine von Lokaltrauben, vor allem Tannat, hervorbringt. Auf dem Etikett des Rosé stehen einige Worte, die sich ausnehmen wie ein baskisches Kriegsgeschrei: «Hotx Hotxa Edan». Sie bedeuten allerdings lediglich: kühl servieren.

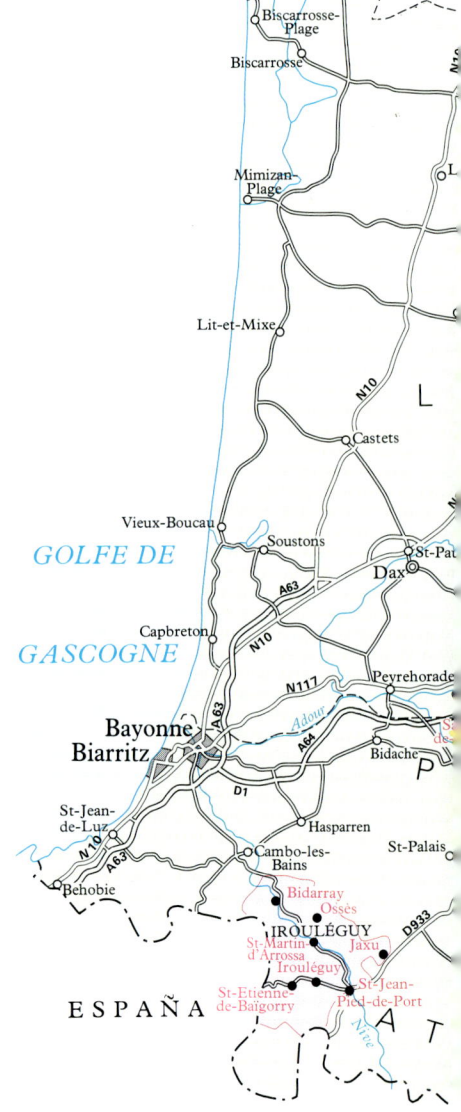

Die Weinbauregionen des Südwestens sind nach der Verheerung durch die Reblaus wieder zu neuem Leben erwacht und verdienen größte Beachtung.

FRANKREICH

Cahors ist der traditionsträchtigste Wein und der Armagnac der gute Geist des Südwestens. Madiran, Jurançon und Gaillac sind tiefverwurzelte alte Namen mit urwüchsigen Rebsorten und großen Zukunftsaussichten.

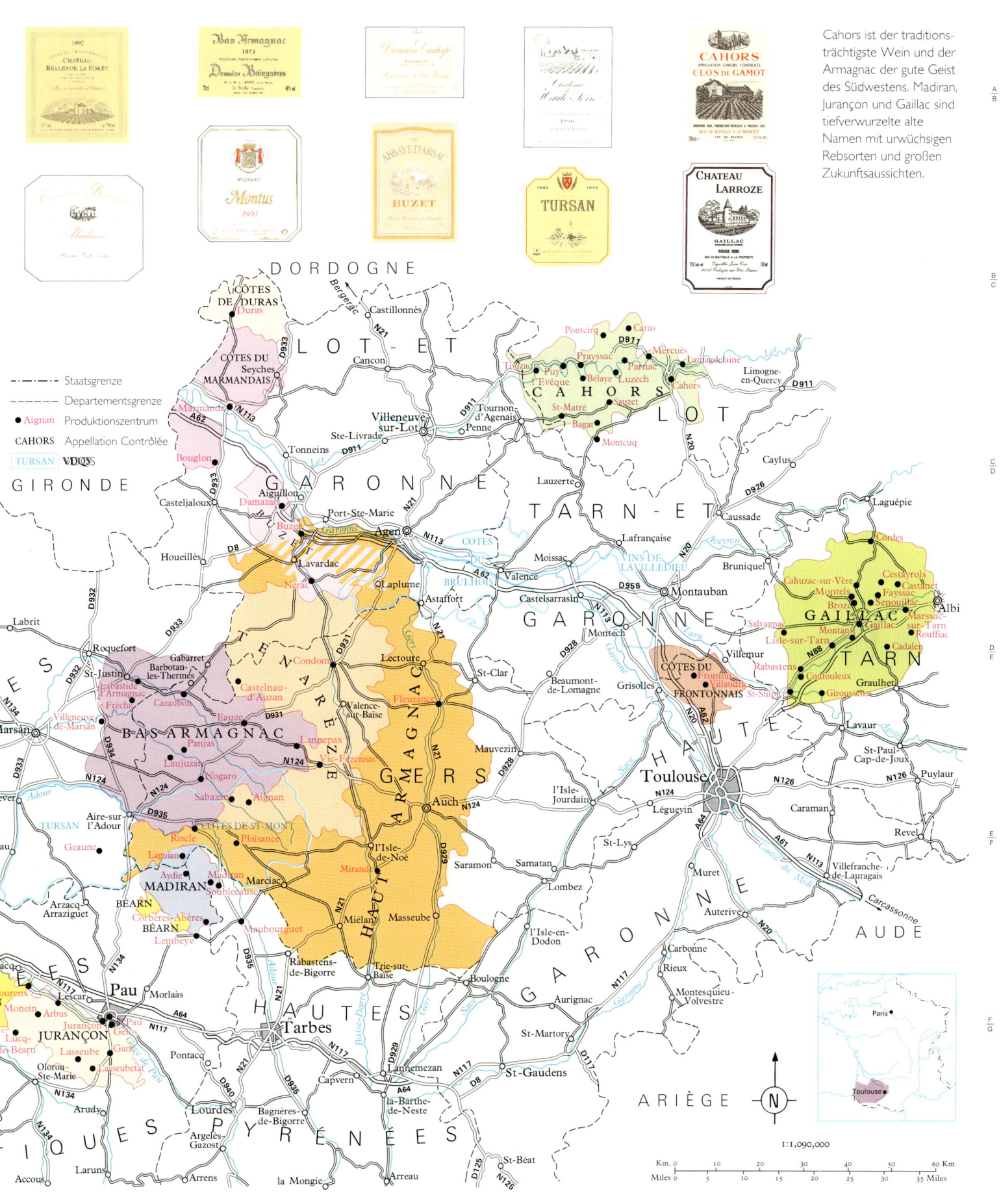

Das Loire-Tal und Muscadet

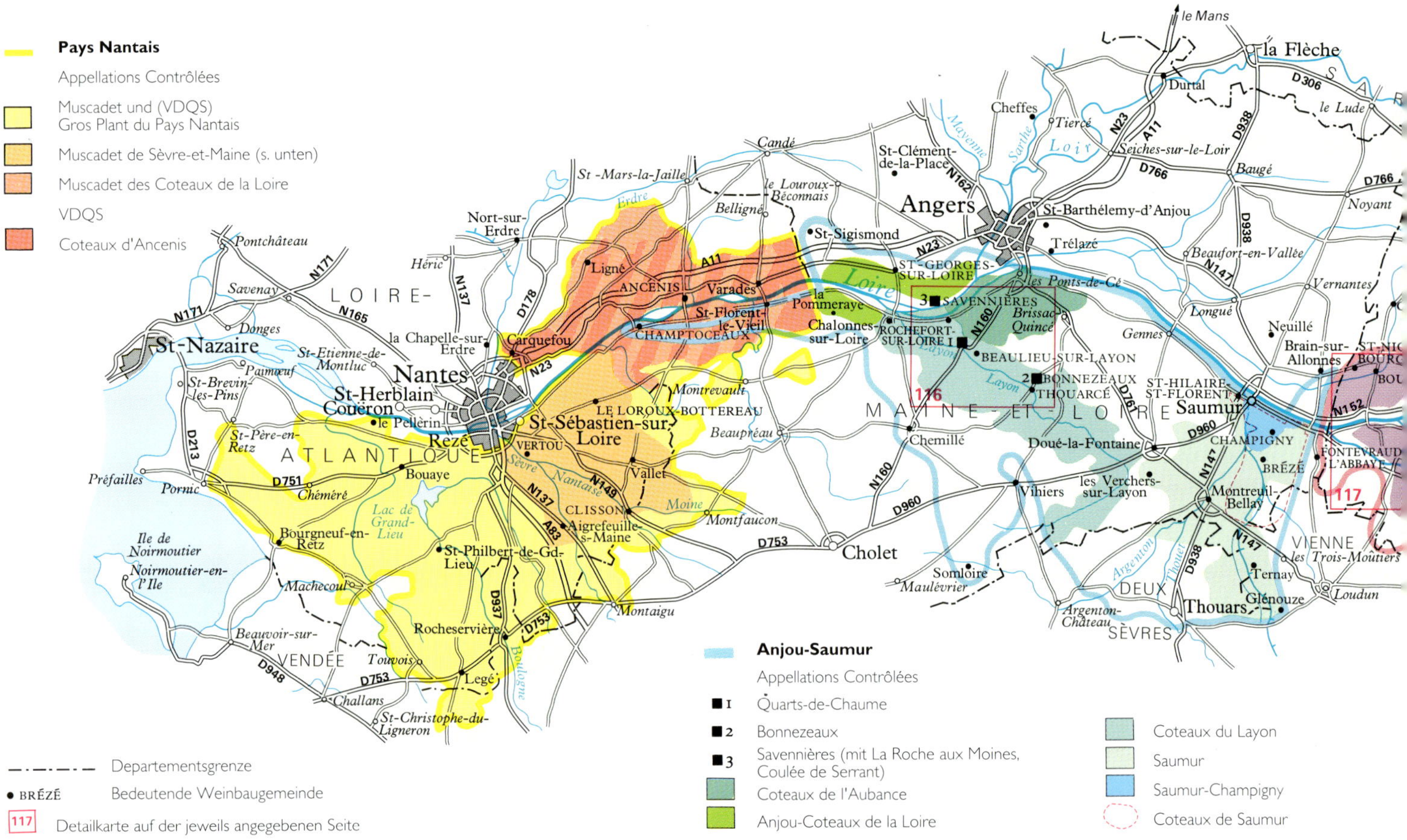

Pays Nantais
Appellations Contrôlées
- Muscadet und (VDQS) Gros Plant du Pays Nantais
- Muscadet de Sèvre-et-Maine (s. unten)
- Muscadet des Coteaux de la Loire
- VDQS
- Coteaux d'Ancenis

Anjou-Saumur
Appellations Contrôlées
- 1 Quarts-de-Chaume
- 2 Bonnezeaux
- 3 Savennières (mit La Roche aux Moines, Coulée de Serrant)
- Coteaux de l'Aubance
- Anjou-Coteaux de la Loire
- Coteaux du Layon
- Saumur
- Saumur-Champigny
- Coteaux de Saumur

— · — · — Departementsgrenze
● BRÉZÉ Bedeutende Weinbaugemeinde
117 Detailkarte auf der jeweils angegebenen Seite

Trotz ihrer Vielfalt tut man gut daran, die Loire mit allen ihren Weinen auf einer einzigen Karte zu versammeln; denn obwohl der Weinbau hier sehr weit auseinandergezogen ist und große Unterschiede in Klima, Boden, Tradition und vier bis fünf Hauptrebsorten beinhaltet, tritt doch eine Familienähnlichkeit zutage. Die Weine sind leicht, besitzen wohlschmeckende Säure, traubige und erfrischende Art; der klassische Begriff für sie lautet «charmant».

Der Löwenanteil entfällt auf Weißwein. Dabei ist klar zu trennen zwischen den trockenen Weinen aus dem Osten (Sancerre und Pouilly) und dem Westen (Muscadet) sowie den lieblicheren, von der klassischen Loire-Traube Chenin Blanc gewonnenen Weinen aus Anjou und der Touraine in der Mitte. In der Touraine gibt es auch Rotweine, und aus Anjou kommt viel, freilich nicht sehr bemerkenswerter Rosé. Die besten Gegenden des Anbaugebiets Loire sind auf dieser und den nächsten vier Seiten einzeln durch Karten vertreten.

Das Weinbaugebiet der Bretagne ist das Pays Nantais, die Heimat des Muscadet. In den letzten 30 Jahren hat sich die Anbaufläche mehr als verdoppelt. Muscadet ist billig und doch auf seine Weise vollkommen: sehr trocken, aber eher fest und nicht sauer. Ein französischer Kenner schrieb einmal: «Er wirft seinen blaßgoldenen Schein auf das Purpur des Hummers, den Perlmuttschimmer der Auster, das Rosa der Garnele und das Rot der Barbe.»

Die Loire zieht sich wie ein silbernes Band aus der gebirgigen Mitte Frankreichs zum Meer. Die sanft wellige Landschaft ist Sinnbild der gelinden, frühlingshaften Art ihrer Weine.

Muscadet heißt der Wein, aber es gibt keinen Ort dieses Namens. Im Département Sèvre-et-Maine (Karte auf Seite 115) liegen 90 % seiner Anbaufläche. Das Herz des Bereichs befindet sich um Vertou, St-Fiacre, Vallet und La Chapelle-Heulin – hier wachsen die reifsten und duftigsten Muscadets. Traditionell werden sie direkt aus dem Faß abgefüllt. Der Hefesatz macht den Geschmack pikant.

Der zweite Wein der Region, der Gros Plant, ist dem Muscadet nicht unähnlich, hat aber kräftigere Säure. Um Ancenis werden von Gamay und Cabernet auch einfache Rotweine produziert, aber mit den oft köstlichen Cabernet-Rotweinen von Saumur-Champigny in Anjou können sie sich nicht vergleichen.

Die Weine von der oberen Loire sind mit Ausnahme von Pouilly und Sancerre (Seite 119) schon fast Sammlerstücke. Aus den alten Weinbergen um Quincy und Reuilly und einem wieder anwachsenden Restbestand bei Ménétou-Salon kommen Sancerre-ähnliche, feuersteinwürzige, fruchtige Sauvignon Blancs und helle Pinot Noirs. Schließlich kommt aus Cheverny ein frischer, trockener Weißwein von einer Traube namens Romorantin, die man sonst nirgends findet.

Weiter im Westen findet die große Appellation Touraine ihren besten Ausdruck in den Weinen der Genossenschaft Oisly et Thésée bei Contres mit ihren preiswerten Sauvignon-Weißweinen sowie Gamay- und Cabernet-Rotweinen. Amboise, Azay-le-Rideau, Mesland und Valençay arbeiten mit Chenin Blanc und anderen Trauben, während weiter nördlich Jasnière und die Coteaux du Loir sowie der VDQS-Bereich Coteaux du Vendômois Weißwein in der Art von Vouvray und leichten Rotwein von der Lokaltraube Pineau d'Aunis erzeugen. Die Winzer dieser nördlichen Gegenden haben mit ungleichmäßiger Qualität zu kämpfen, was erklärt, weshalb die Schaumweinindustrie mißratene Weine von Vouvray und Saumur als Grundlage für nach dem Champagner-Verfahren hergestellten Crémant de la Loire nutzt.

Anjou

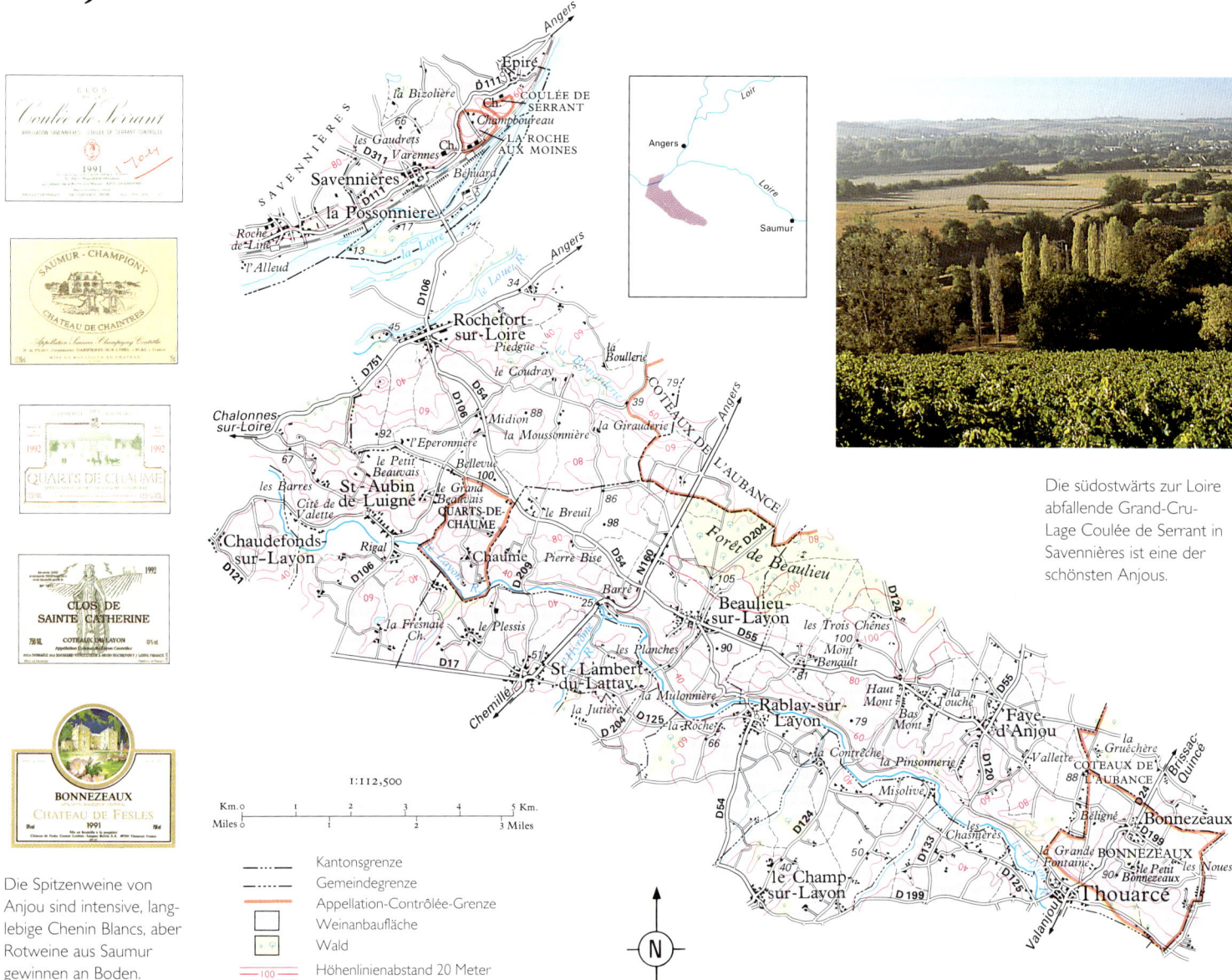

Die südostwärts zur Loire abfallende Grand-Cru-Lage Coulée de Serrant in Savennières ist eine der schönsten Anjous.

Die Spitzenweine von Anjou sind intensive, langlebige Chenin Blancs, aber Rotweine aus Saumur gewinnen an Boden.

Die Weißweine aus Anjou und der Touraine haben eines mit dem deutschen Wein gemeinsam: In Spitzenjahren erreichen sie grandiose Süße und entfalten sich zu Dessertweinen mit samtigem, geschmeidigem Gefüge und mit vollem und doch frischem Duft; im Geschmack geben sich Trauben, Pfirsiche, Aprikosen und Haselnüsse ein Stelldichein, und alles ruht auf einer pikanten Feuersteinwürze, die jeder Klebrigkeit entgegenwirkt.

Die Traube, die uns alles das zu bescheren imstande ist, heißt Chenin Blanc oder in der Gegend auch Pineau de la Loire. In der Karte ist der Bereich gezeigt, wo sie ihre schönste Reife erlangt. Der nordwestwärts zur Loire fließende Layon hat sich so tief eingegraben, daß sein rechtes Ufer geschützte Hanglagen in günstiger Ausrichtung bietet.

Ein großer Teil seines Laufs fällt unter die Appellation Coteaux du Layon, aus der süße Weine (*moelleux*) in deutlich besserer Qualität als der Durchschnitt in Anjou kommen. Die Lagen Quarts de Chaume (knappe 50 ha) und Bonnezeaux (doppelt so groß) verfügen über genügend Eigenständigkeit für eigene Appellationen. Orte mit besonders guten Weinen sind ferner Beaulieu, Rablay, Rochefort, St-Aubin, Faye und Thouarcé. Der führende Erzeugerbetrieb ist Touchais in Doué-la-Fontaine südlich von Thouarcé; der Moulin Touchais ist eine cremig-süße Kostbarkeit.

Am parallel zum Layon etwas weiter nördlich verlaufenden Flüßchen Aubance wachsen ähnliche Weine, und an beiden Flüssen wird auch die Cabernet-Traube für guten leichten Rotwein sowie den berühmten, delikaten Cabernet Rosé d'Anjou und den noch helleren, blaßrötlichen *vin gris* kultiviert.

Südlich von Angers befinden sich gegenüber von Rochefort auf dem Nordufer der Loire einige kleine Appellationen mit erstaunlicher Qualität, die wiederum der Chenin-Blanc-Traube zu verdanken ist; doch – um alles auf den Kopf zu stellen – ist ihr bester Wein hier trocken. Savennières heißt die Appellation für den kleinen Bereich (der ansonsten in die umfassendere AC Coteaux de la Loire fällt). Die Vorschriften beschränken den Höchstertrag streng auf nur 20 hl/ha. In der AC Savennières gibt es zwei Grand Crus: La Roche aux Moines mit 30 ha und die nur 5 ha große Lage La Coulée de Serrant, die das Musterbeispiel aller Voraussetzungen für herausragenden Wein bildet: Sie ist auf einem steil abfallenden Südosthang in einem Seitental noch geschützter gelegen als an den Hängen des Haupttals. Das alte steinerne Kelterhaus dort hat ein geradezu geistliches Gepräge. Der Blick über die Loire mit ihren bewaldeten, blühenden Inseln wirkt wie der Hintergrund zu einer mittelalterlichen Tapisserie aus Angers.

Der Wein von Savennières hat ein so starkes Bukett von Honig und Blumen, daß der trockene Geschmack zunächst überrascht. Die Genußreife ist nach drei bis vier Jahren erreicht; volle Größe aber stellt sich im Alter von 20 Jahren ein. Lachs paßt angeblich perfekt zu diesem Wein, dessen Nachhaltigkeit jedoch so großen Genuß bietet, daß es schade ist, ihn mit irgendwelchem Beiwerk zu stören.

FRANKREICH

Chinon und Bourgueil

Aus Chinon, Bourgueil und St-Nicolas-de-Bourgueil kommen die besten Rotweine der Touraine. Nur der Saumur-Champigny reicht ab und zu einmal an sie heran. Auf Kiesboden am Fluß und auf Tuffstein an den oberen Hängen wächst der Cabernet Franc, der hier Le Breton heißt und einen Wein mit der Himbeerfruchtigkeit eines sehr guten Beaujolais liefert. In einem Durchschnittsjahr schmeckt dieser purpurrote Wein schon einige Monate nach der Lese, kühl serviert, ganz ausgezeichnet. In hervorragenden Jahren wie 1990 verfügt er sogar über genug Substanz für ein Jahrzehnt Lebensdauer. Trotzdem wird er unglaublich unterbewertet.

Aus Chinon kommt der feinste und zarteste Wein der Gegend; in Bourgueil nimmt er auf steileren, kalksteinhaltigeren Hängen die Art eines leichten Médoc an, die sich bis zu 10 Jahre lang in der Flasche noch steigert. St-Nicolas-de-Bourgueil ist ähnlich – es kommt wohl mehr auf den Erzeuger an als auf den Ort. Audebert, Lamé-Delille-Boucard, Marc Delaunay und Clos de l'Abbaye sind Namen, die es in Bourgueil zu beachten gilt. In St-Nicolas bilden Clos de la Contrie, Taluau, Jamet und wiederum Audebert die Spitze. In Chinon dürfen Joguet, Couly und Raffault als zuverlässige Erzeuger genannt werden.

In Chinon lebte einst Rabelais, der vom Weißwein aus Ligré einmal sagte, er sei «wie Taft». Weißwein wird dort heutzutage nicht mehr viel produziert, dafür aber mit der beste Rosé von der Loire.

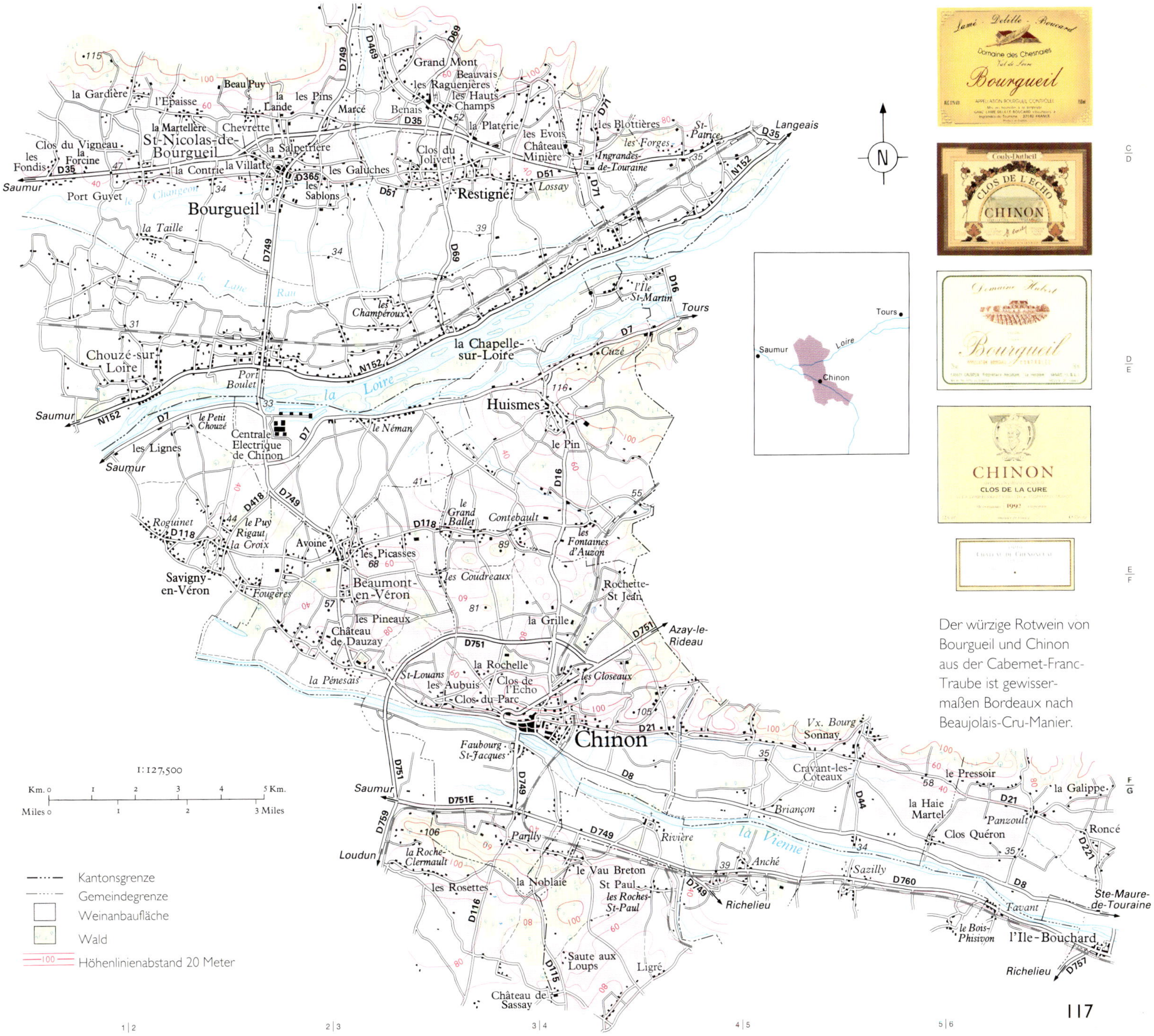

Der würzige Rotwein von Bourgueil und Chinon aus der Cabernet-Franc-Traube ist gewissermaßen Bordeaux nach Beaujolais-Cru-Manier.

- Kantonsgrenze
- Gemeindegrenze
- Weinanbaufläche
- Wald
- Höhenlinienabstand 20 Meter

Vouvray

Wie Savennières fast vor den Toren von Angers liegt, so findet man Vouvray und Montlouis auf dem Weg nach Amboise gleich hinter Tours. Alles Königliche und Romantische in Frankreich versammelt sich in dieser Landschaft voller Renaissance-Schlösser und alter Städte am mächtigen Strom.

Niedrige Kreidefelsen flankieren ihn auf der Strecke zwischen Noizay und Rochecorbon. Seit Jahrhunderten haben die Winzer die Höhlen darin nicht nur für Keller, sondern auch für Wohnungen genutzt. Der Chenin Blanc fällt hier trockener aus als in Anjou, besitzt in Bestform aber feine Honigsüße. Was ihn jedoch besonders stark hervorhebt, ist seine erstaunlich lange Lebensdauer. Jedermann weiß, daß Portwein ein halbes Jahrhundert überlebt, doch bei einem hellen, eher zarten Wein trifft man diese Fähigkeit außer hier nur gelegentlich noch in Deutschland an.

Beim Vouvray gilt es, zwischen trocken, lieblich und süß *(moelleux)* sowie zwischen *pétillant* und vollschäumend zu unterscheiden: Der Vouvray ist im Charakter von einem Jahr zum anderen grundverschieden; seine natürliche Neigung zum Nachgären in der Flasche hat zur Entstehung einer ganzen Industrie geführt, die jeden minderen Jahrgang zu sehr gutem Schaumwein verarbeitet. So treten normalerweise nur die gehaltvolleren Jahrgänge unter dem Namen einer der berühmten Hanglagen in Erscheinung. Am bekanntesten ist Le Haut-Lieu von Gaston Huet, dem Bürgermeister und prominentesten Sprecher von Vouvray. Ihm gehört auch der Clos de Bourg und Le Mont; Les Clos Baudoin ist Besitz des Fürsten Poniatowski, Quarts de Moncontour Eigentum der Domaine Freslier, und der Familie Allias gehört Le Clos du Petit Mont im Vallée Coquette. Das größte Handelshaus in Vouvray, Marc Brédif – heute im Besitz der Ladoucettes von Château du Nozet in Pouilly-sur-Loire – zeichnet sich durch hohen Qualitätsstand aus. Abgesehen von den besten Vouvray-Lagen an der Loire, sind in Montlouis die Verhältnisse sehr ähnlich. Hier wächst ein Wein mit sanfter Lieblichkeit.

Etwa 40 km von Montlouis liegt Cher-aufwärts die kleine Stadt Thésée, die zusammen mit dem Nachbarort Oisly einer der bestgeführten Winzergenossenschaften Frankreichs den Namen gibt. Seit den 1970er Jahren hat die Confrérie des Vignerons de Oisly et Thésée den ehemals säuerlichen und blassen Sauvignon, Gamay und Cabernet der Gegend zu überaus ansprechendem Wein für Restaurants gewandelt und damit dem schwachen Ruf der Touraine sehr auf die Füße geholfen.

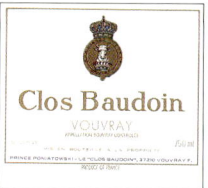

Ein paar Winzer erzeugen in guten Jahren noch die großen süßen Weine von Vouvray und Montlouis. Ansonsten erbringen die Trauben vielfach Schaumwein nach der klassischen Methode.

FRANKREICH

Pouilly und Sancerre

Die Weine aus Pouilly und Sancerre an der oberen Loire gehören vielleicht mit zu den am eindeutigsten erkennbaren ganz Frankreichs. Auf den Kreidehängen am tief eingeschnittenen Strom läßt der Sauvignon Blanc noch immer besseren Wein entstehen als sonst irgendwo in der Welt. Er ist rauchig, etwas grün, leicht würzig und mundet mit seiner sommerlichen, anfangs sehr intensiven Art fast jedermann. Der Sancerre wie der Pouilly Fumé schmecken bei Tisch vor allem zu Schalentieren ganz herrlich. Besonders stolz ist Sancerre aber auch auf seinen hellen Pinot Noir.

Der Wein von Pouilly-sur-Loire heißt, soweit er rein von Sauvignon Blanc gekeltert wird, Pouilly-Fumé. Ohne den Zusatz Fumé ist er ein leichter, meist offen ausgeschenkter milder Weißwein von der Chasselas-Traube. (Keiner von beiden hat etwas mit dem Pouilly-Fuissé, dem Weißwein aus Mâcon, zu tun.)

Es gibt keine großen Unterschiede zwischen dem Pouilly-Fumé und dem Sancerre; letzterer ist vielleicht nur ein wenig vordergründiger. In schlechten Jahren sind beide gelegentlich ziemlich sauer. Nach drei Jahren kommen die Qualitäten der besseren Weine recht zum Vorschein, viel länger aber sollte man sie nicht aufbewahren.

Aus dem Ort Bué und seiner besten Lage Clos du Chêne Marchand kommt der rundeste, festeste Sancerre. Der Chavignol (insbesondere aus der Lage Monts Damnés) ist dagegen oft feiner, während in Ménétréol eher stahliger Wein wächst. In Pouilly sind das schöne Château du Nozet und Château de Tracy die bekanntesten Weingüter.

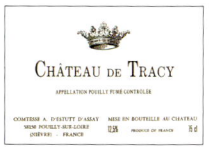

Die Loire zieht in weiten Windungen in nordwestlicher Richtung an den Weinbergen von Pouilly vorüber, die sich auf dem rechten Ufer bis zur Stadt Sancerre auf einem steilen Hügel erstrecken. Die Sancerre-Weinlagen befinden sich dahinter an einer Reihe von Kalkhängen, die nach Osten und Süden abfallen.

Oben: Die besten Sancerres kommen aus Chavignol und Bué. Pouilly wird von zwei großen Weingütern, du Nozet und de Tracy, beherrscht. Nur die besten Pouillys werden als Fumés bezeichnet. Die schlichteren Chasselas-Weine heißen Pouilly-sur-Loire.

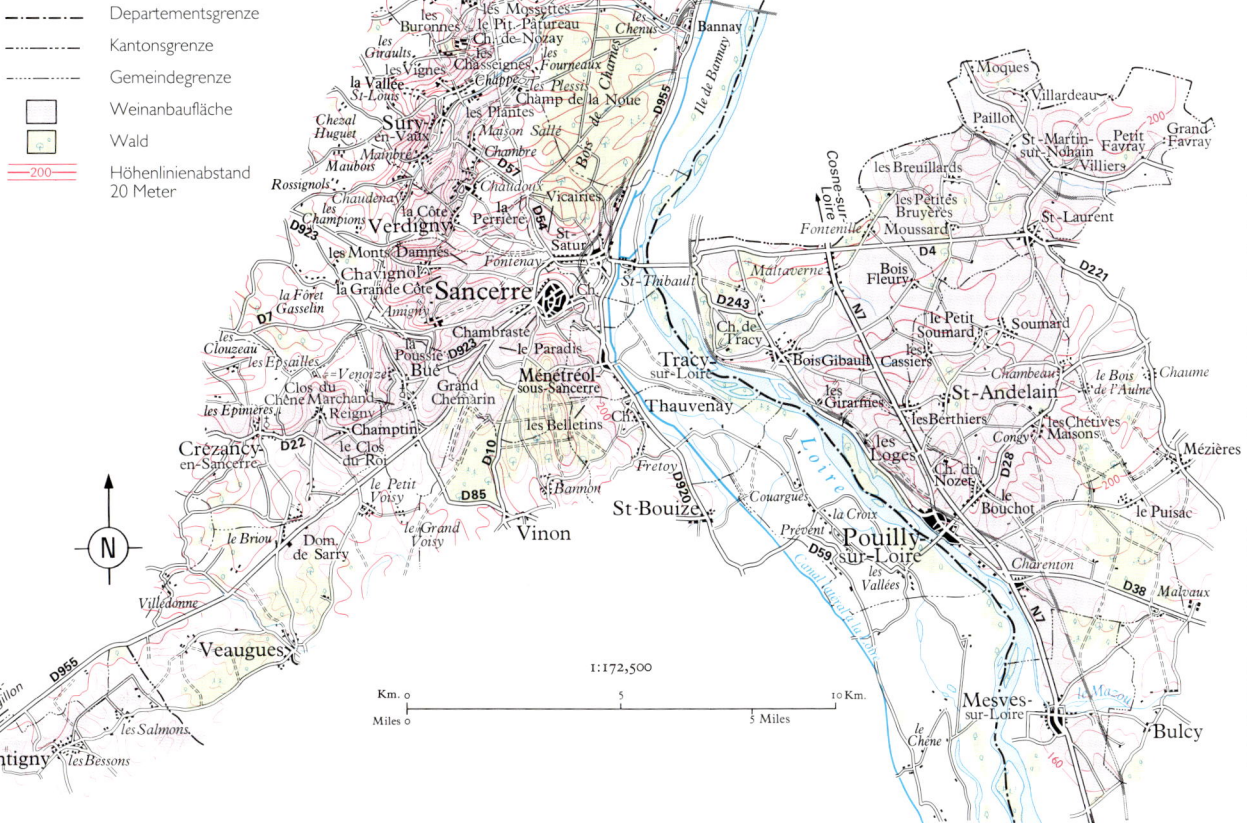

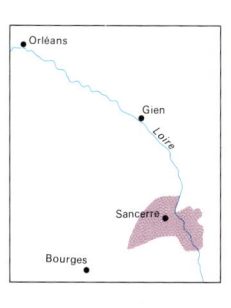

Elsaß

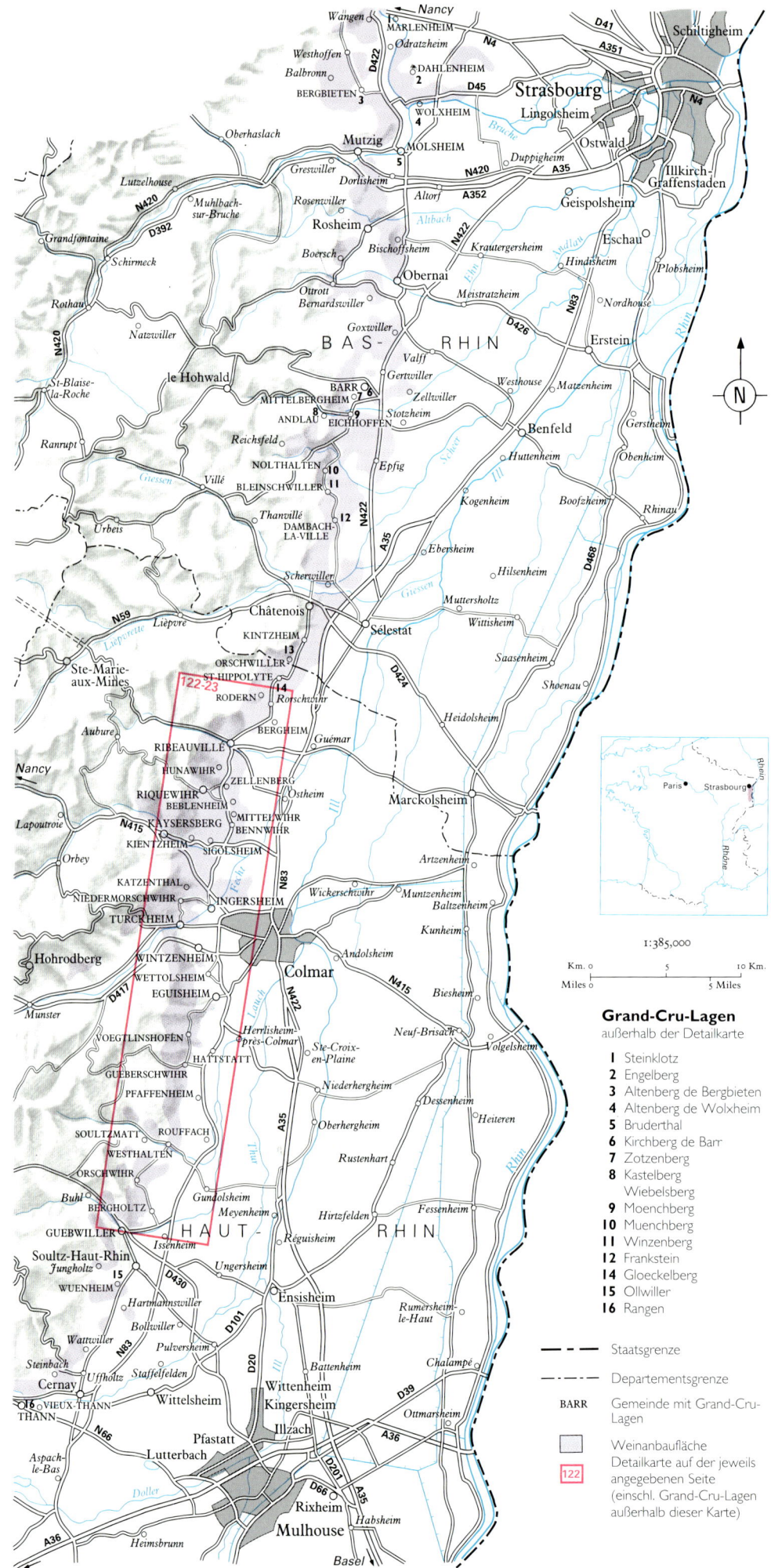

Das Elsaß und der Midi hatten lange Zeit unter allen Weinbauregionen Frankreichs die schlechtesten Karten. Aus unterschiedlichen Gründen war das 19. Jahrhundert beiden nicht günstig gewesen; sie waren eher auf Quantitäts- als Qualitätserzeugung angewiesen. Aus dem Appellationssystem blieben sie bis in die 1960er Jahre mehr oder weniger ausgeschlossen. Beide Weinbauregionen sind nun dabei, den verlorenen Boden wiedergutzumachen.

Der Wein aus dem Elsaß ist das Spiegelbild dieser zweigesichtigen Grenzregion. Man kann ja den Rhein, aber auch die 25 km weiter im Westen parallel zu ihm verlaufenden Vogesen als die physische Grenze zwischen Frankreich und Deutschland auffassen. Der Rhein bildet seit langem weitgehend die politische Grenze, das Gebirge dagegen die klimatische, stilistische und sprachliche Scheidelinie. Historisch gilt der Elsässer Wein als Rheinwein. Seine Absatzmärkte lagen in Deutschland, der Schweiz und in den über den Rhein und die Nordsee erreichbaren Ländern Nordeuropas.

Die Elsässer sprechen nun zwar ursprünglich Deutsch, tiefinnerlich aber sind sie Franzosen, und der Wein aus dem Elsaß ist zwar deutschstämmig, jedoch nach französischer Art bereitet. Den Ton geben Klima, Boden und die Rebsorten an: Diese drei Komponenten sind eng verwandt mit dem, was man in den Weinbaugebieten etwas weiter rheinabwärts – also in Deutschland – vorfindet. Der Unterschied liegt in der Umsetzung dieser Komponenten.

In Deutschland gilt natürliche Ausgewogenheit als das Höchste. Die besten Weine dort – ob lieblich oder trocken – sind Balanceakte zwischen Süße und Säure, wobei die Alkoholstärke fast als Nebensache gilt. Deutscher Wein ist nicht unbedingt auf den Tisch, sondern für das Wohnzimmer oder den Garten gedacht. Der Elsässer Wein dagegen ist unlösbar mit der feinen Küche seiner Heimat verbunden, die zu den exquisitesten Frankreichs zählt. Das Elsaß verleiht den blumigduftigen Trauben Deutschlands jene Substanz und Ausdruckskraft, wie sie zum Beispiel weißer Burgunder als Begleitung für kräftige, gehaltvolle Speisen aufweist.

Anstelle einer delikaten Traubensüße wünscht der Elsässer Winzer einen trockenen, festen, sauberen Geschmack und bringt dafür jedes Gramm Zucker, das der lange, trockene Elsässer Sommer in den Trauben reifen läßt, zum Ausgären. Auf diese Weise werden die Essenzen der würzigen deutschen Traubensorten zu manchmal überwältigend vollmundigem Geschmack konzentriert.

Die Rebsorten, die den Elsässer Weinen ihren Namen und ihre besonderen Eigenschaften aufprägen, sind der Riesling, der hier wie in Deutschland die besten Weine erbringt, dann Silvaner, Muscat, Pinot Blanc und Pinot Gris und der unvergleichlich duftende Gewürztraminer.

Der Gewürztraminer bildet die vollkommene Einführung in das Elsaß. Man kann es einfach nicht fassen, daß einem so klaren, sauberen Wein ein so fruchtiger Duft entströmen kann. Gewürz ist eigentlich nicht der richtige Begriff, viel eher möchte man von Rosen, Grapefruit, ja Litschifrucht sprechen.

Für Routiniers kann ein Wein mit so ausgeprägtem Charakter mit der Zeit an Interesse verlieren. Den meisten Elsässern gilt daher eigentlich der Riesling als der echte *grand vin*. Er bietet schwerer Faßbares: ein Gleichgewicht zwischen Härte und Sanftheit, Blumigkeit und Stärke, das nie seinen Reiz verliert.

Diese beiden, dazu der Pinot Gris (ehemals Tokay d'Alsace) und der Muscat gelten im Elsaß als die vier edlen Rebsorten. Nur sie dürfen in den 50 Spitzenlagen, die den Ehrentitel «Alsace Grand Cru» führen (25 seit 1983 und 25 seit 1992), angebaut werden.

Diese Grands Crus bringen allmählich Wandel in das Image des Elsässer Weins. Durch stärkere Ertragsbeschränkung und höheren Reifegrad bieten sie ein gehobenes Niveau und schaffen den Übergang vom lediglich sortenreinen Wein zu echter Appellation-Qualität – die spezifische Vereinigung von *terroir* und Rebsorte auf der Basis des Bodens, der Lage und in gewissem Maß der Tradition.

Im übrigen bleibt der Elsässer Wein gegenwärtig vor allem auf Sortenreinheit abgestellt. Heute erneut sich das Interesse am Pinot Gris, der den zwar an Körper, nicht aber an Bukett reichsten Wein der Region erbringt; er hat seinen natürlichen Platz bei Tisch als Ersatz für einen «großen» und daher teuren weißen Burgunder. Der Muscat ist eine Überraschung für jeden, der weiß, wie der fast immer süße Wein der Muskatellertraube in anderen Weltgegenden schmeckt. Hier dagegen liefert sie bei aller charakteristischen traubigen Duftigkeit einen trockenen, überaus sauberen Wein – sehr gut als Aperitif.

Weit mehr Bedeutung kommt dem Pinot Blanc zu – dieser Name steht sowohl für den frischherben Weißburgunder als auch für den milderen Pinot Auxerrois, der auch den Namen Klevner führt (die beiden Sorten werden oft miteinander verschnitten). Früher spielte der Pinot Blanc eine große Rolle in den besseren Edelzwickern. Heute wird sein leichter, lebendiger Wein als Aperitif hoch geschätzt und gibt oft auch die Grundlage für den nach dem Champagner-Verfahren hergestellten Crémant d'Alsace ab.

In einer Klasse über den einfachen Rebsorten, aber selbst nur bedingt als edel anerkannt, befindet sich der Sylvaner. Elsässer Sylvaner ist leicht, oft mit angenehm säuerlicher Herbheit versehen. Häufig bereitet er als erster Wein bei einem elsässischen Diner dem Riesling den Weg.

Die einfacheren Rebsorten – Chasselas, Knipperlé und andere – werden auf dem Etikett meist nicht erwähnt. Sie stellen auch häufig die Weine für den offenen Ausschank. Sehr jung getrunken, insbesondere im Sommer nach einem schönen Jahr, sind sie so gut, daß man als Besucher des Landes sich an ihnen laben sollte, anstatt auf einem «besseren mit Namen» zu bestehen. Edelzwicker heißt eine Mischung aus mehreren Traubensorten; es müssen nicht unbedingt nur «edle» sein – der alte Name *gentil* war eigentlich viel hübscher.

Allen diesen Weinen gemeinsam ist der fast fanatisch auf Natürlichkeit ausgerichtete Elsässer Stil. Die Winzer im Elsaß verarbeiten ihren Wein ohne Schönen und ohne Beimengungen irgendwelcher Art, außer – leider – von Zucker: Auch das Elsaß ist der französischen Passion der *chaptalisation* verfallen – ob der Wein es nun nötig hat oder nicht. Die Traditionalisten lassen ihn ansonsten ungestört in mächtigen Holzfässern ruhen; Abstechen und Filtern wird auf das unumgänglich nötige Maß beschränkt. Die Flaschen werden möglichst hoch gefüllt und mit besonders langen Korken verschlossen, um den Wein weitgehend vor der Berührung mit Luft zu schützen. Durch solche Sorgfalt wird ein erstaunliches Gleichgewicht an Stärke und Frische, Frucht und Säure erreicht.

Wenn aber ein wahrhaft schöner Herbst einem guten Sommer auf den Fersen folgt und besonders volle Reife bringt, dann können selbst die Elsässer nicht der Versuchung widerstehen, wie ihre deutschen Kollegen auch das letzte Quentchen Süße in den Trauben einzufangen. Die spätgelesenen Weine wurden früher mit den deutschen Begriffen Auslese und Beerenauslese bezeichnet. Heute wird der Ausdruck «Vendange tardive» (Spätlese) gebraucht. Das Pendant zur Beerenauslese, bei der ja tatsächlich besonders reife und möglichst von Edelfäule befallene Beeren einzeln ausgesucht werden, heißt im Elsaß «Sélection des Grains Nobles». Ein spätgelesener Gewürztraminer oder Muscat weist oft den exotischsten Duft auf, den man sich nur vorstellen kann, und bleibt dabei doch bemerkenswert sauber und voll Finesse. Süße spielt nicht die Hauptrolle, eher steht Intensität im Vordergrund.

Rotwein wird im Elsaß von der Pinot-Noir-Traube gewonnen, er erlangt aber nur selten viel tiefere Farbe als ein Rosé und kaum je ausgeprägten Geschmack. Den Rouge d'Alsace, manchmal auch den sehr hellroten *vins gris* trifft man in Paris und andernorts in den *brasseries* an, wo zu Elsässer Spezialitäten freilich oft Bier getrunken wird.

Riquewihr mit seiner Häuserkulisse aus dem 16. Jh. ist das Juwel des Elsaß. Die Grand-Cru-Lage Schoenenberg im Vordergrund fällt nach Süden hin bis zur alten Stadtmauer ab; hier wächst langlebiger Riesling von großer Geschmacksfülle.

DIE SPRACHE DES ETIKETTS

Cuvée Verschnitt (im Elsaß ein übliches Verfahren)
Grand Vin, Réserve Exceptionnelle, Grande Réserve Wein mit mehr als 11% Alkohol
Grand Cru Die neue Appellation Contrôlée für Weine aus den edelsten Sorten und den besten Einzellagen
Mise d'Origine Für alle Elsässer Weine ist Abfüllung im Elsaß gesetzlich vorgeschrieben
Vendange Tardive Spätlese, meist gehaltvoller und süßer
Sélection des Grains Nobles Wein aus von Hand ausgelesenen, hochreifen Trauben.

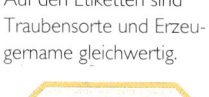

Auf den Etiketten sind Traubensorte und Erzeugername gleichwertig.

Das Herz des Elsaß

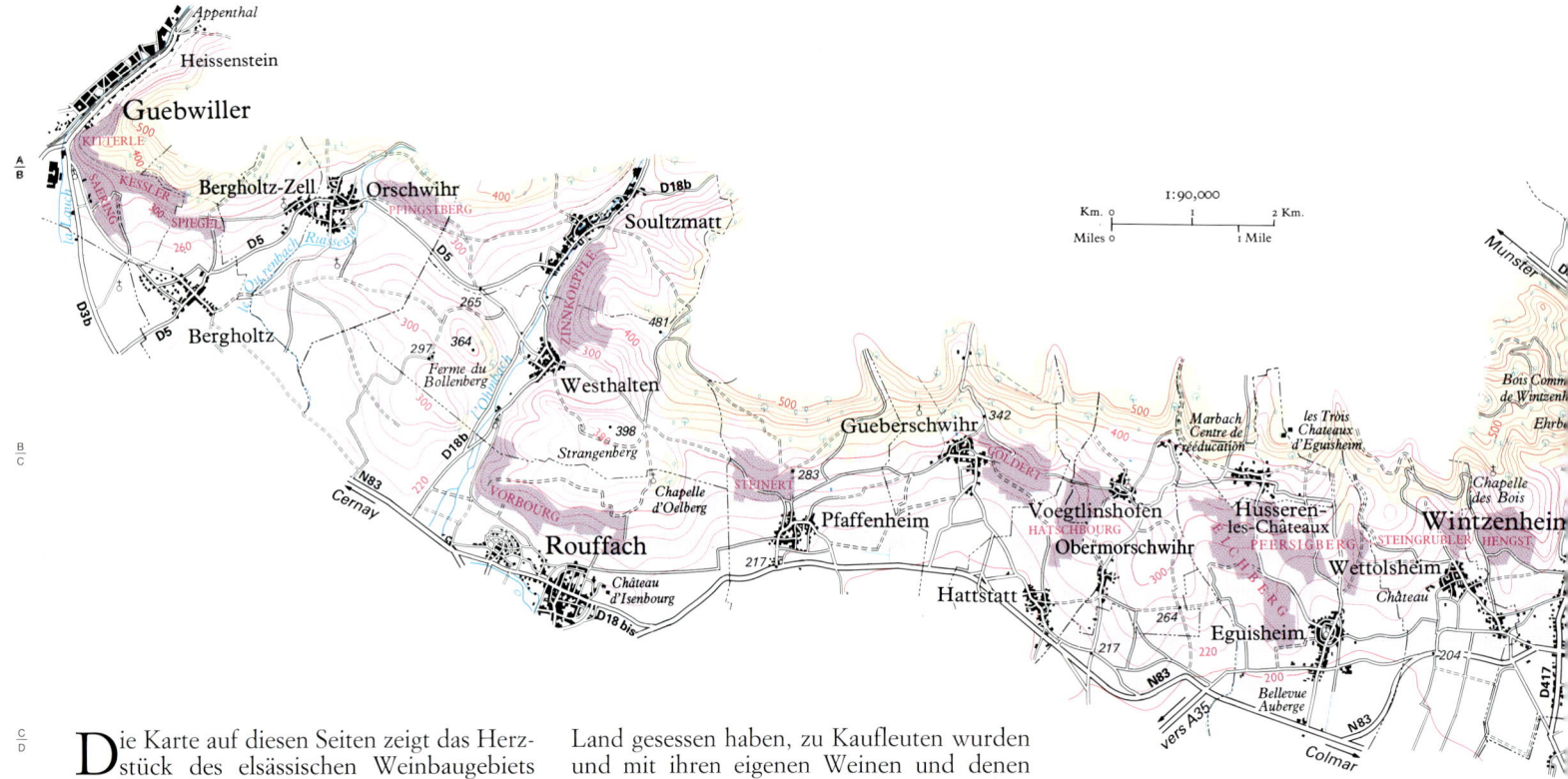

Die Karte auf diesen Seiten zeigt das Herzstück des elsässischen Weinbaugebiets auf der Seite liegend, damit es unmittelbar mit der Côte d'Or vergleichbar wird – ausnahmsweise ist also Norden rechts. Wie in vielen anderen großen Weinbauregionen Europas bieten auch hier viele Osthänge in den Vorbergen ideale Voraussetzungen für die Rebe. Vorsprünge und Einschnitte gewähren zusätzlichen Schutz. Jede Geländefalte wiederholt sich im Linienspiel der Rebzeilen, so daß keine Minute Sonnenschein ungenutzt bleibt.

Und Sonne hat das Elsaß in Hülle und Fülle. Das Geheimnis der guten Weinlagen ist der Höhenzug der Vogesen in ihrem Rücken, im Westen. An seiner Flanke ziehen sich in einer Höhe von 180 bis 360 m die Weinberge wie ein Band entlang, das kaum breiter ist als eineinhalb Kilometer.

Je höher das Gebirge aufsteigt, desto trockener bleibt das Land, das es gegen die feuchten Westwinde abschirmt. Im Norden sind die Berge niedriger, und ihr Einfluß wird geringer; die Weine vom Bas-Rhin sind oft nicht ganz so vollreif, obschon kaum weniger duftig und fein. Die Karte zeigt das Mittelstück der Weinberge am Haut-Rhin, die sich nördlich und südlich von Colmar zusammendrängen, wo der hohe Gebirgskamm oft wochenlang für wolkenlosen Himmel sorgt.

Hier sind die Voraussetzungen für den Weinbau so ideal, daß das Elsaß über lange Zeit hinweg in Frankreich – ähnlich wie einst Algerien – als Quelle für billigen Massen- und Verschnittwein galt. Daher hat sich hier auch nicht wie an der Côte d'Or eine Hierarchie guter, besserer und bester Lagen herausbilden können.

Der moderne Weinbau verdankt in diesen Gegenden seine Entwicklung dem Unternehmergeist der Winzer, deren Vorfahren oft schon seit dem 17. Jahrhundert auf demselben Land gesessen haben, zu Kaufleuten wurden und mit ihren eigenen Weinen und denen ihrer Nachbarn handelten, wobei Unterscheidungen lediglich auf der Rebsorte beruhten. So schälen sich berühmte Namen wie Hugel, Dopff, Trimbach, Humbrecht, Becker, Kuehn oder Muré heraus. Im Elsaß wurde 1895 auch die erste Genossenschaftskellerei Frankreichs gegründet, und heute stehen beispielsweise die Winzergenossenschaften Eguisheim, Kientzheim, Beblenheim und Westhalten als Qualitätserzeuger hoch im Ansehen.

Die Weinorte im Elsaß schmiegen sich ähnlich wie die an der Côte d'Or an die Osthänge, dort wo die Weinberge in Wälder übergehen. Hier in Hunawihr zieht sich die Lage Rosacker zur Kirche hinauf.

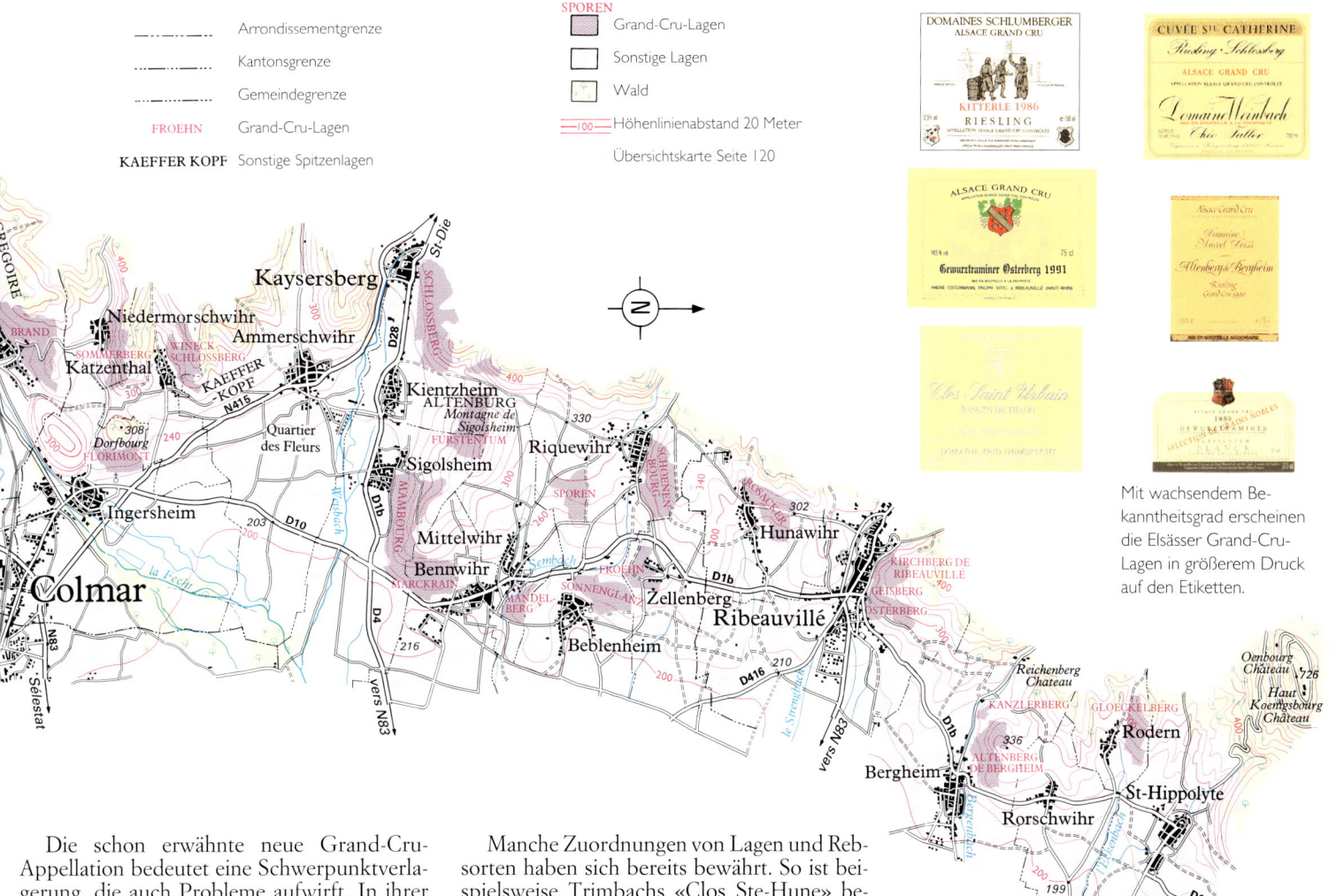

Mit wachsendem Bekanntheitsgrad erscheinen die Elsässer Grand-Cru-Lagen in größerem Druck auf den Etiketten.

Die schon erwähnte neue Grand-Cru-Appellation bedeutet eine Schwerpunktverlagerung, die auch Probleme aufwirft. In ihrer zwanzigjährigen Entwicklungszeit hat es viel Hin und Her gegeben. Vor allem ist der Weinhandel auf Marken- und Sortenweine ausgerichtet, nicht aber auf Weinberglagen. Der frühere Begriff Grand Cru bedeutete gewissermaßen einen Reserve-Status und war insofern außerordentlich zweckdienlich; die Handelshäuser wiesen aber stets darauf hin, daß sie – abgesehen von ihren eigenen kleinen Domänen – keine Kontrolle darüber ausüben könnten, woher eine bestimmte Wagenladung Trauben wirklich stammte. Anders gesagt, geht durch die neue Grand-Cru-Regelung Macht von den Handelshäusern auf die Erzeuger über.

Hinzu kommt, daß nach und nach durch Verordnungen geregelt wird, in welchen Grand-Cru-Lagen welche der edlen Rebsorten angebaut werden dürfen. Manche Lagen gelten als am besten für Riesling geeignet, andere für Gewürztraminer oder Pinot Gris. Hat nun ein Winzer ein schönes Stück Sylvaner beispielsweise in der Grand-Cru-Lage Zotzenberg in Mittelbergheim (dort gedeiht die Sorte ganz hervorragend), dann bleibt es dennoch ausgeschlossen, denn der Sylvaner ist keine «edle» Rebsorte. Deshalb müssen viele Winzer ihren Sortenbestand umstellen, um den Bestimmungen gerecht zu werden.

Manche Zuordnungen von Lagen und Rebsorten haben sich bereits bewährt. So ist beispielsweise Trimbachs «Clos Ste-Hune» berühmt für seinen Riesling, Hugels «Sporen» für Gewürztraminer, Blancks «Schloßberg» für Riesling, Dopff & Irions «Clos des Amandiers» für Muscat, Zind-Humbrechts «Clos St-Urbain» in Thann für Riesling und Willms «Clos Gaensbroennel» in Barr für Gewürztraminer.

An weiteren hervorragenden Grand-Cru-Lagen wäre zunächst Rangen bei Thann ganz im Süden zu nennen, wo auf vulkanischem Boden Riesling, Pinot Gris und Gewürztraminer zu großartiger Reife gelangen. In Guebwiller ist sodann die sandige Lage Kitterlé ebenfalls für die vollen, üppigen Weine derselben – dort vom Haus Schlumberger angebauten – drei Rebsorten berühmt. In Westhalten erbringt die Südlage Zinnkoepfle feinen Gewürztraminer, Riesling und Muscat.

Bei Voegtlinshofen reift in der herrlichen Lage Hatschbourg mit ihrem Kalksteinboden festgefügter Pinot Gris und Gewürztraminer. In der Lage Eichberg bei Eguisheim wächst feiner Gewürztraminer und Riesling, und die Lagen Brand und Hengst bei Turckheim bzw. Wintzenheim sind berühmt für dieselben Rebsorten. In Riquewihr bringt die sandige Lage Schoenenbourg exquisiten Riesling hervor, und der Bergheimer Altenberg eignet sich großartig für alle Sorten.

Während nun aber das Konzept des Grand Cru oder des *clos* als Einzellage in einem Grand Cru vielen Erzeugern durchaus zusagt, produzieren andere ebenfalls sehr feine Auslesen als «Cuvées» ihrer besten Trauben.

Eine ausgeschilderte Route des Vins führt den Besucher auf verschlungenen Wegen durch das Weinland Elsaß in seiner ganzen Länge. Unterwegs berührt sie einige der schönsten Weinorte der Welt. Die reichste Gotik gehört hier überall zum reizvollen, von vorspringenden Giebeln, blumengeschmückten Innenhöfen, Brunnen, kopfsteingepflasterten Gassen, Butzenscheiben und reichgeschnitztem Fachwerk geprägten Bild. Am allerschönsten sind Riquewihr und Kaysersberg. In Colmar, der Hauptstadt des Elsässer Weins, findet man die prachtvollsten Fachwerkhäuser beieinander, die zum Teil noch aus dem 15. Jahrhundert stammen.

Dazwischen versperren hohe Weinstöcke den Blick durch die Gassen, bis man schließlich irgendwo auf eine Anhöhe gelangt und plötzlich vor sich ein Meer aus schimmerndem Grün gegen die im Dunst der Ferne verschwimmenden Berge anbranden sieht.

Das nördliche Rhône-Tal

Die Rhône strömt an Condrieu und den Weinbergterrassen von Château Grillet vorüber. Das kleine Weingut ist eine AC für sich, obwohl kaum jemand behauptet, sein Wein sei besser als andere Viogniers aus Condrieu.

Das Loiretal und das Tal der Rhône sind wie die beiden Seiten einer Medaille. Sie bieten jeweils das Beste der nord- bzw. südfranzösischen Weinkultur. Der Loire-Wein ist vorwiegend weiß, der Rhône-Wein meist rot.

Die Rotweine von der Rhône sind recht unterschiedlich: die einen intensiv, konzentriert und tanninreich, tief dunkelrubinrot bis schwärzlich purpurrot in ihrer Jugend, die anderen ziemlich undefinierbare Erzeugnisse. Die besten haben ebensoviel Tiefe, Nachhaltigkeit und verhaltene Harmonie wie die größten Weine von Bordeaux. Der alltägliche Côtes du Rhône hat mit ihnen sehr wenig gemein. Zum größten Teil stammt er aus dem ausgedehnten südlichen Bereich. Weißweine gibt es weit weniger, aber einige verdienen ebensoviel Beachtung wie die Rotweine.

Mit dem Lauf der Rhône wandelt sich die Landschaft von Eichenwäldern, wo die Reben neben Pfirsich- und Nußbäumen auf den Feldern stehen, bis zum Buschwerk und den Olivenhainen der Provence. Im Norden wächst der Wein auf Terrassen von verwittertem Granit, im Süden ebenfalls auf Terrassen, jedoch sehr breiten, sonnendurchwärmten, voll runder Steine.

Die edle Traube von der Rhône ist die Syrah – in Australien heißt sie Shiraz. Die Legende, daß sie aus Shiraz in Persien über Griechenland an die Rhône gekommen sei, klingt durchaus nicht unwahrscheinlich. Weiter im Süden dominiert die nicht ganz so edle, doch höchst vielseitige Grenache.

Rhône-Weine werden, im Gegensatz zum Burgunder, nicht grundsätzlich aus einer bestimmten Traube gewonnen, sondern aus zwei bis dreizehn verschiedenen Sorten. So wird dem sehr dunklen Syrah etwas Weißwein zugesetzt, um den Côte Rôtie und Hermitage mehr Geschmeidigkeit und Finesse zu verleihen, und der Châteauneuf-du-Pape setzt sich aus einer ganzen Reihe roter und weißer Traubensorten zusammen.

Die Weinbaubereiche im Rhône-Tal unterteilen sich wie von selbst in zwei Gruppen: Der Norden trägt zur Gesamterzeugung nur 5%, jedoch fast ausschließlich feinen Wein bei; im Süden dagegen sind die feinen Weine in der Minderzahl. Die Trennungslinie liegt bei Montélimar, wo sich der Weinbau auf eine kurze Strecke aus dem Rhône-Tal zurückzieht.

Die Appellation Côtes du Rhône gilt für roten, weißen und Roséwein aus etwa 150 Gemeinden vorwiegend im Süden. Die Bezeichnung Côtes du Rhône-Villages dagegen dürfen nur die 16 besten Orte im Süden führen. Weitere 18 Bereiche haben eigene Appellationen. Mit Ausnahme von Châtillon-en-Diois und Die sind sie alle in der Karte eingezeichnet.

Auf den folgenden Seiten sind die besten Bereiche der nördlichen und südlichen Rhône im Detail in Karten wiedergegeben. Côte Rôtie, Condrieu und Hermitage, die feinsten aller Rhône-Weine, kommen sämtlich aus dem nördlichen Teil. Um sie herum entstehen kraftvolle Lokalcharaktere mit alter Tradition und wachsender Reputation. Der beste ist der Cornas, ein ländlicher Vetter des Hermitage mit genausoviel Ausdruckskraft, nur etwas weniger Finesse, ebenfalls von der Syrah-Traube gekeltert. Die AC gilt nur für 80 ha vor dem Mistral geschützte, terrassierte Steillagen, doch der Ruhm dieses Weins ist so groß, daß die Verlockung zur Überproduktion ihn inzwischen im Kern bedroht. Clape, de Barjac und Jaboulet produzieren den Cornas jedoch so, wie er sein soll.

Der Versuchung, einen guten Namen bis zum Zerreißen zu strapazieren, ist St-Joseph, die AC auf dem Westufer nördlich von Cornas, leider bereits erlegen. Bis 1969 galt die Appellation für sechs Gemeinden mit Mauves an der Spitze, dann aber wurde sie auf insgesamt 45 Orte ausgedehnt und wuchs dadurch von 100 auf 650 ha. Der St-Joseph ist so zu einem Côtes du Rhône aus dem Norden geworden, der nun nicht mehr allein auf den Granithängen, sondern auch unten im Tal wächst. Die Namen der sechs ursprünglichen Orte, Glun, Mauves, Tournon, St-Jean-de-Muzols, Lemps und Vion, sowie die Genossenschaft in St-Désirat bilden die Wegweiser zu den besten Weinen der AC, die nach etwa fünf Jahren auf den Höhepunkt gelangen. Aus St-Joseph kommt auch einer der am wenigsten bekannten, jedoch überzeugendsten Weißweine von der Rhône – er ist oft besser als der Rotwein.

Champagnerhafte Beschwingtheit wirkt in dieser südlich-rustikalen Umgebung zwar irgendwie fehl am Platz, aber St-Péray, südlich von Cornas, hat einen guten Namen für seinen schweren, goldenen Schaumwein von den Lokaltrauben Roussanne und Marsanne (auch als nichtschäumender Wein zu haben), während weiter im Osten aus Clairette und Muscat auch ein Schaumwein, Clairette de Die, aber in der entgegengesetzten Art, nämlich leicht und blumig, gewonnen wird.

Inzwischen steuert eine neue, 1974 entstandene Appellation östlich von Montélimar gute, lebendige Rotweine zu der Kategorie Côtes du Rhône bei. In den Coteaux du Tricastin gibt die dunkle, gerbsäurereiche Syrah das Rückgrat für einen runden, vollmundigen Rotwein ab.

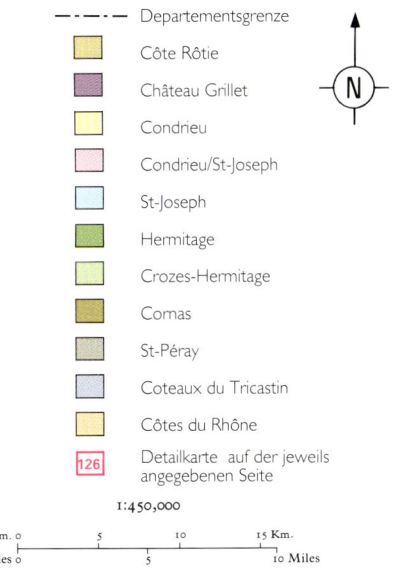

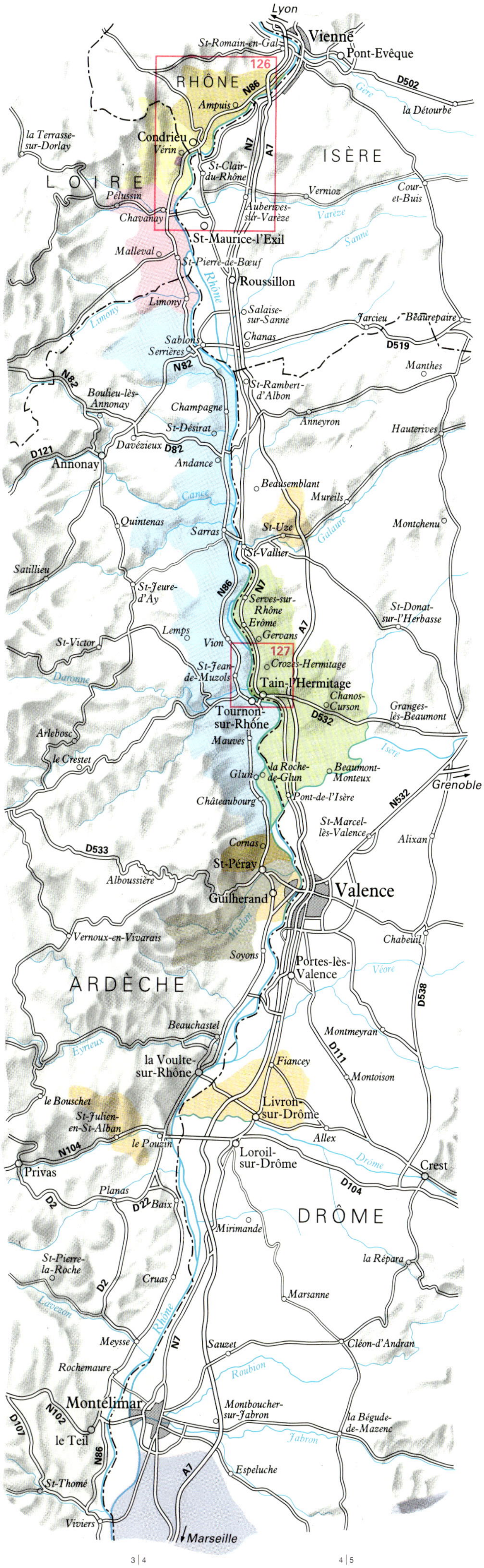

Karte der südlichen Rhône Seite 129

FRANKREICH

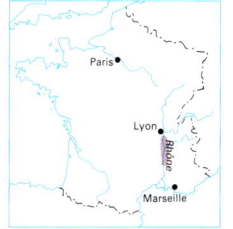

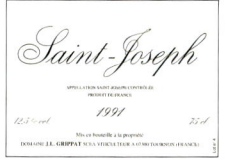

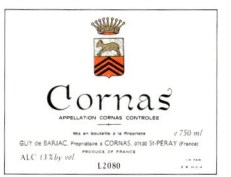

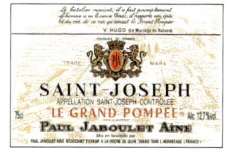

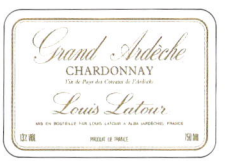

Cornas ist der Geheimtip von der Rhône; Die und St-Péray sind Schaumweinspezialitäten. Große Klasse ist Chardonnay als Vin de Pays de l'Ardèche.

Côte Rôtie und Condrieu

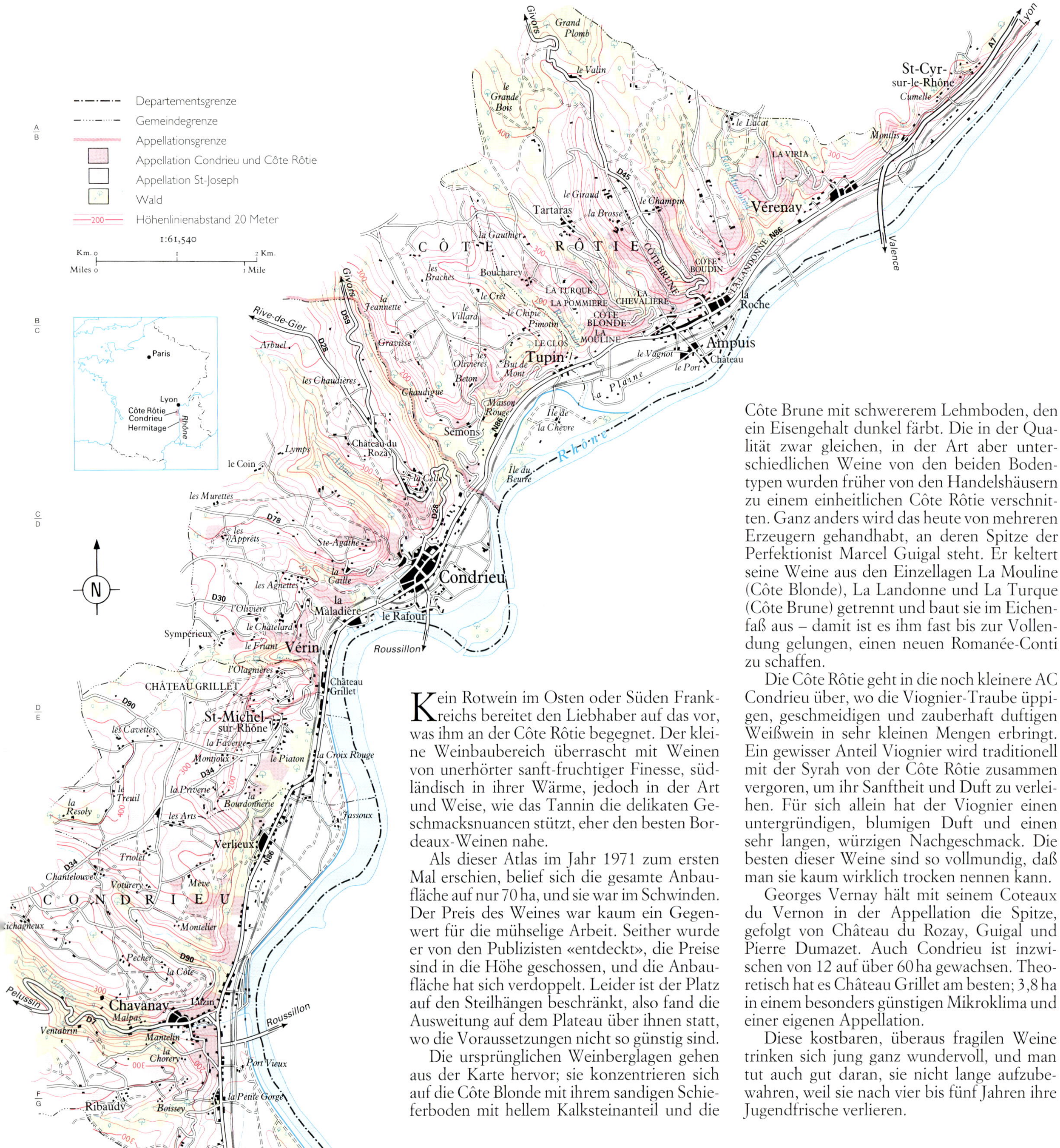

–·–·–	Departementsgrenze
– – –	Gemeindegrenze
——	Appellationsgrenze
▨	Appellation Condrieu und Côte Rôtie
☐	Appellation St-Joseph
▨	Wald
—200—	Höhenlinienabstand 20 Meter

1:61,540

Kein Rotwein im Osten oder Süden Frankreichs bereitet den Liebhaber auf das vor, was ihm an der Côte Rôtie begegnet. Der kleine Weinbaubereich überrascht mit Weinen von unerhörter sanft-fruchtiger Finesse, südländisch in ihrer Wärme, jedoch in der Art und Weise, wie das Tannin die delikaten Geschmacksnuancen stützt, eher den besten Bordeaux-Weinen nahe.

Als dieser Atlas im Jahr 1971 zum ersten Mal erschien, belief sich die gesamte Anbaufläche auf nur 70 ha, und sie war im Schwinden. Der Preis des Weines war kaum ein Gegenwert für die mühselige Arbeit. Seither wurde er von den Publizisten «entdeckt», die Preise sind in die Höhe geschossen, und die Anbaufläche hat sich verdoppelt. Leider ist der Platz auf den Steilhängen beschränkt, also fand die Ausweitung auf dem Plateau über ihnen statt, wo die Voraussetzungen nicht so günstig sind.

Die ursprünglichen Weinberglagen gehen aus der Karte hervor; sie konzentrieren sich auf die Côte Blonde mit ihrem sandigen Schieferboden mit hellem Kalksteinanteil und die Côte Brune mit schwererem Lehmboden, den ein Eisengehalt dunkel färbt. Die in der Qualität zwar gleichen, in der Art aber unterschiedlichen Weine von den beiden Bodentypen wurden früher von den Handelshäusern zu einem einheitlichen Côte Rôtie verschnitten. Ganz anders wird das heute von mehreren Erzeugern gehandhabt, an deren Spitze der Perfektionist Marcel Guigal steht. Er keltert seine Weine aus den Einzellagen La Mouline (Côte Blonde), La Landonne und La Turque (Côte Brune) getrennt und baut sie im Eichenfaß aus – damit ist es ihm fast bis zur Vollendung gelungen, einen neuen Romanée-Conti zu schaffen.

Die Côte Rôtie geht in die noch kleinere AC Condrieu über, wo die Viognier-Traube üppigen, geschmeidigen und zauberhaft duftigen Weißwein in sehr kleinen Mengen erbringt. Ein gewisser Anteil Viognier wird traditionell mit der Syrah von der Côte Rôtie zusammen vergoren, um ihr Sanftheit und Duft zu verleihen. Für sich allein hat der Viognier einen untergründigen, blumigen Duft und einen sehr langen, würzigen Nachgeschmack. Die besten dieser Weine sind so vollmundig, daß man sie kaum wirklich trocken nennen kann.

Georges Vernay hält mit seinem Coteaux du Vernon in der Appellation die Spitze, gefolgt von Château du Rozay, Guigal und Pierre Dumazet. Auch Condrieu ist inzwischen von 12 auf über 60 ha gewachsen. Theoretisch hat es Château Grillet am besten; 3,8 ha in einem besonders günstigen Mikroklima und einer eigenen Appellation.

Diese kostbaren, überaus fragilen Weine trinken sich jung ganz wundervoll, und man tut auch gut daran, sie nicht lange aufzubewahren, weil sie nach vier bis fünf Jahren ihre Jugendfrische verlieren.

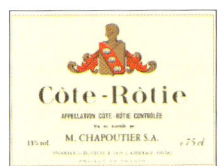

FRANKREICH

Hermitage

Frankreichs große Nord-Süd-Schlagader, die Rhône, windet sich um die übereinandergetürmten Terrassen des Hermitage-Bergs herum, und so ist die herrliche Lage dieser flußabwärts blickenden Weinberghänge für viele zum vertrauten Anblick geworden.

Es sind 126 ha Granit-Terrassen, nicht so steil wie an der Côte Rôtie, mit einer Auflage aus Sandboden und im mittleren und östlichen Teil etwas Lehm. Vor 100 Jahren wurden die *mas* – so heißen die Einzellagen am Hermitage – mit Château Lafite und Romanée-Conti in einem Atemzug genannt, wenn von den besten Rotweinen der Welt die Rede war.

Junger Hermitage aus einem guten Jahrgang schmeckt so verschlossen und gerbstoffreich wie jeder andere große Rotwein, nichts aber kann den überreichlich hervorströmenden Duft und die gewissermaßen mit Gewalt in das Glas gepackte Fruchtigkeit zurückdämmen. Wird der Wein älter, dann schwindet die Unmittelbarkeit dieser Wucht durchaus nicht, aber ihr jugendliches Ungestüm wandelt sich zu herrlicher Reife. So etwas kann man nicht trinken, ohne tief beeindruckt zu sein.

Wie die meisten anderen großen Weine hat auch er seine Schattenseiten. Der Crozes-Hermitage steht zum Grand Cru wie ein Gevrey-Chambertin-Village zum Le Chambertin oder ein Vosne-Romanée zum Romanée-Conti. Crozes heißt das Dorf auf der Rückseite des Bergs, und unter seiner Appellation versammelt sich eine recht gemischte Gesellschaft von Weinbergen nördlich und südlich von Tain und von Hermitage. Nur ein Wein aus Crozes, Domaine de Thalabert von Paul Jaboulet, ist mit dem echten Hermitage vergleichbar. Die meisten anderen sind zwar voll und fruchtig, haben aber nicht den klassischen Biß und die große Fülle. Manche sind auch ausgesprochen blaß.

Die besten Crozes-Hermitages sind tatsächlich die Weißen, und schließlich ist der Hermitage-Berg ja auch von früher her durch seinen Weißwein – auf den heute ein Viertel der Produktion entfällt – fast ebenso berühmt geworden wie durch seinen Rotwein, der seinerseits bis zu 15 % der weißen Traubensorte Marsanne enthalten kann.

Der Weinhändler A. Jullien nannte im 19. Jahrhundert den «Raucoule» als den besten weißen Hermitage; heute ist der Chante-Alouette der bekannteste. Das ist nicht nur der Name einer «Mas», sondern auch die Marke des Hauses Chapoutier. Der Wein ist golden, trocken, vollmundig, hat bemerkenswert delikaten, nußwürzigen Geschmack und hält sich wie der rote Hermitage mindestens ein Jahrzehnt.

Côte Rôtie, Condrieu und Hermitage zeichnen sich durch Qualität und Charakter aus. Chante-Alouette (weiß) und La Chapelle (rot) sind Inbegriffe für Hermitage.

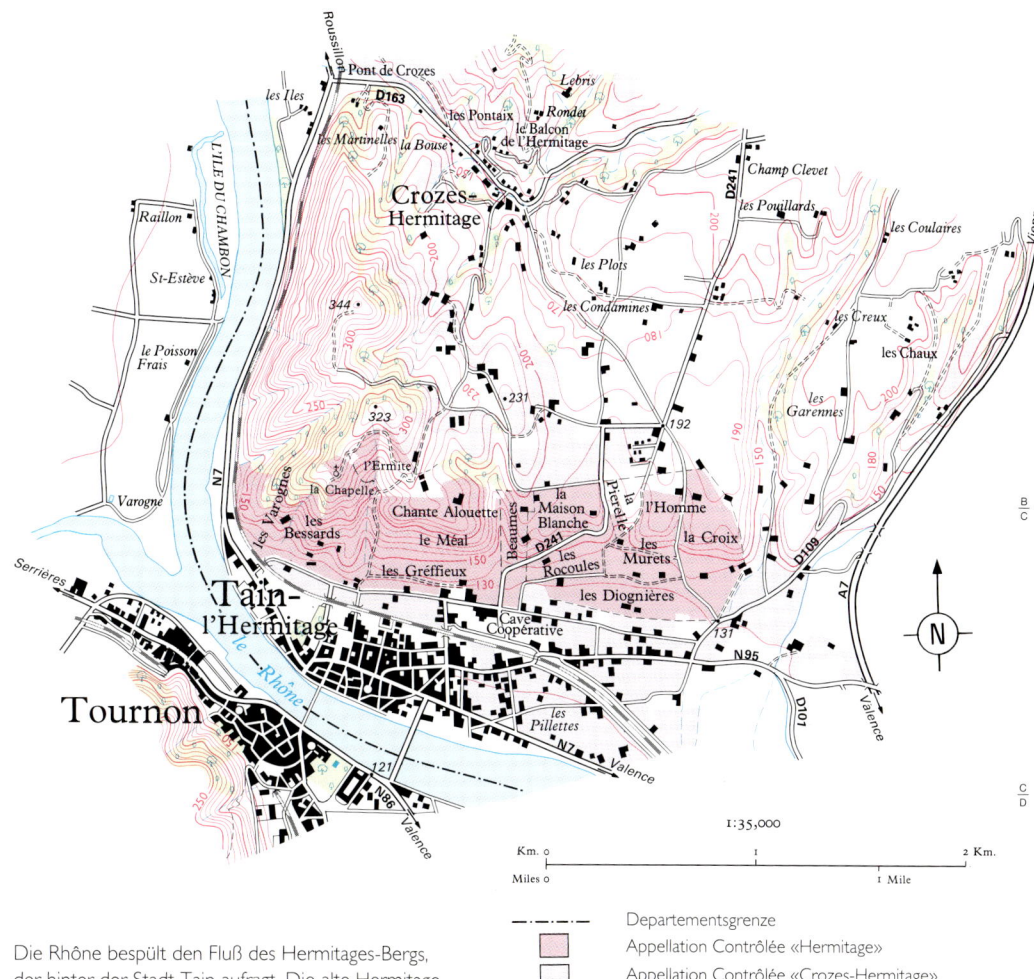

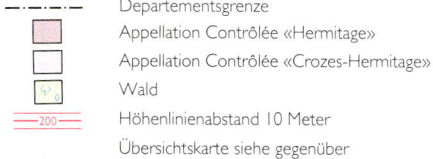

Die Rhône bespült den Fluß des Hermitages-Bergs, der hinter der Stadt Tain aufragt. Die alte Hermitage-Kapelle steht noch immer zwischen den Rebstöcken auf der Höhe in einem Weinberg, aus dem einer der kraftvollsten Weine kommt.

—·—·— Departementsgrenze
▨ Appellation Contrôlée «Hermitage»
▢ Appellation Contrôlée «Crozes-Hermitage»
▨ Wald
—200— Höhenlinienabstand 10 Meter
Übersichtskarte siehe gegenüber

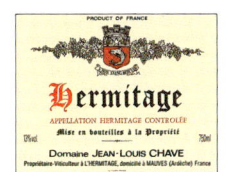

Das südliche Rhône-Tal

Das südliche Ende des Rhône-Tals hinterläßt im Gemüt eines jeden Reisenden unauslöschliche Eindrücke. Geschichte und Natur wetteifern miteinander, dieses Land mit einer Fülle von Reizen auszustatten. Wer sähe sie nicht lebhaft vor sich, die gewaltigen Bauten der Römer, die huschenden Eidechsen auf sonnenerwärmten Steinen, die Gemüsefelder, die Pinien und Mandelbäume und die Olivenhaine – und überall, auf Hügeln und in der Ebene, Weinreben wie mit Kreuzstich auf sandgelben oder kalkweißen Grund gestickt.

Das Herz der Region ist Châteauneuf-du-Pape, das Weinbaugebiet, das die Summe aller Qualitäten dieses Landes bildet. Die allgemeinere Appellation Côtes du Rhône erstreckt sich über fast 33 500 ha mit mehr als 100 Gemeinden nördlich von Avignon auf niedrigen Hügeln. An den Côtes du Rhône wächst rund dreimal soviel Wein wie im Beaujolais und beinahe soviel wie in ganz Bordeaux. Fast alles ist Rot- oder Roséwein – mild, leicht fruchtig, voll sanfter Wärme; zumeist wird er heute nach Beaujolais-Art bereitet, um die bescheidenen Geschmackseigenschaften möglichst gut herauszuholen.

Die mittlere Zone, wo die meisten «Villages» beieinanderliegen, ist aus den Karten auf Seiten 130/131 zu ersehen. Die beiden nördlichsten «Villages», Rousset-les-Vignes und St-Pantaléon-les-Vignes, brachten ihren Wein früher unter dem Namen Haut-Comtat auf den Markt. Zwischen hier und der Rhône liegt die aufstrebende AC Coteaux du Tricastin, eine ausgedörrte Landschaft, die bislang eher für Trüffel bekannt war. Die besten, mit Syrah ausgepolsterten Tricastin-Weine brauchen höchstens drei Jahre Reifezeit.

Östlich von den «Villages» erstreckt sich ein weiterer Bereich, der seit 1973 als AC Côtes du Ventoux hervorgetreten ist. Die althergebrachte Art ist hier ein heller, jung zu trinkender Wein. Die bekannteste Marke heißt La Vieille Ferme; sie ist ein Vorposten des großen Beaucastel von Châteauneuf.

Im Süden schließt sich die Montagne de Lubéron an der nördlichen Grenze zur Provence an. Sie hat Rotweine zu bieten, die dem Côtes du Ventoux gleichkommen, aber auch frische Weißweine und einen sehr preiswerten Schaumwein aus der «Cave coopérative».

Auf dem Westufer der Rhône ist die Auswahl noch größer. Im Norden beginnt es mit einem Vin de Pays aus den Coteaux d'Ardèche (s. Seite 139), die neuerdings auch mit sortenrein nach Art der neuen Welt gekelterten Weinen von Syrah und Cabernet große Erfolge feiern. Auch Gamay, Chardonnay und Merlot werden angebaut.

Südlich davon schließt der VDQS-Bereich Côtes du Vivarais an, dessen Wein einem sehr leichten Côtes du Rhône ähnelt. Weiter südlich liegen die beiden ausgezeichneten Côtes du Rhône-Villages Chusclan und Laudun mit ihren Rot-, Rosé- und Weißweinen. Rosé ist auch die historische Spezialität von Lirac und Tavel.

In den dürren «Causses» um Les Baux treffen das Languedoc und die Provence aufeinander. Die 1985 geschaffene AC Les Baux-de-Provence wird von der hervorragenden Domaine de Trévallon angeführt. Westlich davon bilden die Costières de Nîmes (früher du Gard) eine große, rührige Appellation vor allem für Rot- und Roséwein sowie für einen etwas schwachen Weißwein, der früher den Namen Bellegarde trug. Hier steht das Château de la Tuilerie unbestritten an der Spitze. Weiter westlich folgen die etwas abgelegenen Orte der Coteaux du Languedoc – man sollte sie keinesfalls übersehen (s. Seite 135).

Einer der größten Erzeuger der Region (ja sogar ganz Frankreichs) ist die außergewöhnliche Domaine Viticole des Salins du Midi, deren «Listel»-Weine auf 1700 Hektar Sanddünen unmittelbar am Strand wachsen. Sie sind sehr sauber, fruchtig, charmant und gut gepflegt: eine ganz außerordentliche Leistung.

Alles in allem kann man sagen, daß auf nur wenigen Landkarten soviel an Vielfalt und soviel an Zukunftsaussichten beieinander zu finden ist.

Die «Villages» der Côtes du Rhône drängen sich im Schutz der Berge von Montmirail und der Baronnies zusammen, umgeben von Obst- und Olivenpflanzungen.

 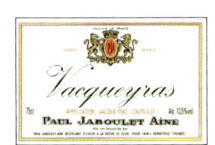  

Von der südlichen Rhône kommen die Côtes du Rhône, der Châteauneuf-du-Pape, süße Muskateller und die leichten «Sandweine» von Listel.

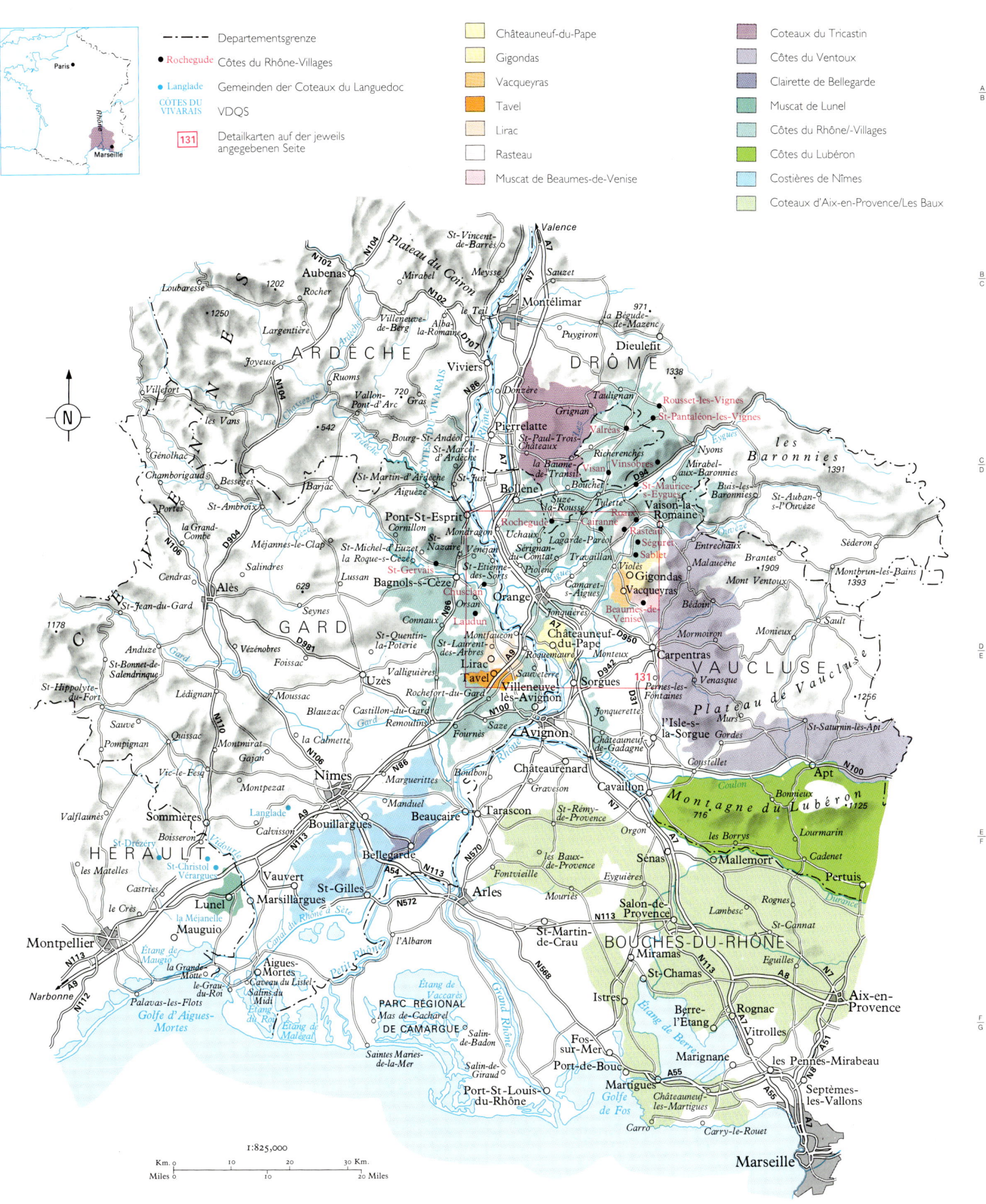

Châteauneuf-du-Pape

Links: Im 14. Jh. residierten die Päpste von Avignon in dem Schloß, dessen Ruine die steinigen Weinberge von Châteauneuf-du-Pape überragt. Hier wächst ein Dutzend Rebsorten, jeder Weinstock als ein Busch für sich. Die Weingüter – auch in Lirac und Tavel – sind stattliche Châteaux.

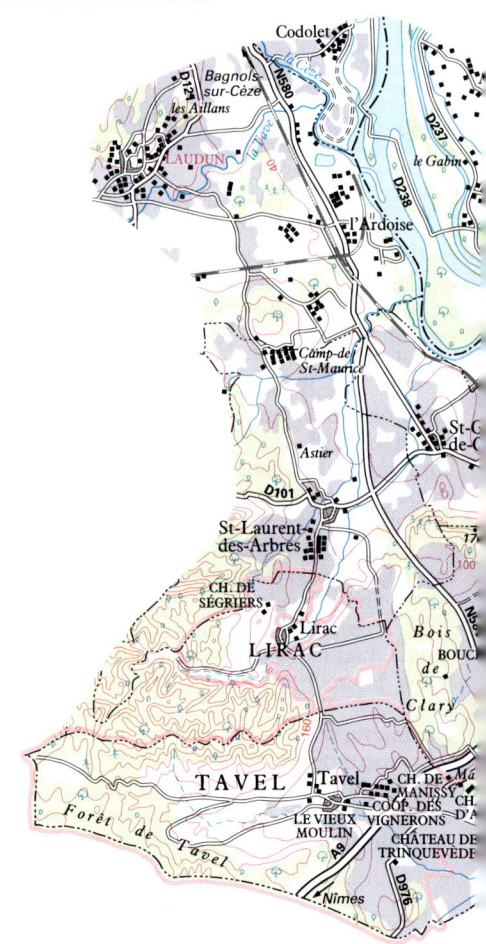

Châteauneuf-du-Pape ist das berühmte Herzstück der Rhône; es liegt nördlich von Avignon und umfaßt 3300 ha Rebfläche auf den Hügeln um die Ruine des päpstlichen Sommerpalastes. Hier stehen die Rebstöcke weit auseinander in einem Meer glatter Steine. Der dunkelrote Châteauneuf-Wein zeichnet sich dadurch aus, daß er nicht nur den höchsten Mindestalkoholgehalt (12,5 %) aller französischen Weine aufweist, sondern auch der erste war, für den eine solche Norm aufgestellt wurde. Der verstorbene Baron Le Roy gab hier den Anstoß zum späteren staatlichen System der Appellations Contrôlées. Seiner Weitsicht ist es zu danken, daß der Châteauneuf-du-Pape aus dem Dunkel der Anonymität zu einem der berühmtesten Weine der Welt aufgestiegen ist.

Es werden hier jährlich rund 100 000 hl Wein erzeugt, 97 % davon Rotwein. Er wird heute so bereitet, daß er schon nach ein, zwei Jahren trinkreif ist. Eine Reihe großer Güter bleibt dabei, den klassischen Typ des dunklen, tiefen, schweren Châteauneuf-du-Pape zu erzeugen.

Moderne Weinbereitungsmethoden verleihen dieser Appellation wieder neues Interesse. Weingüter wie die Châteaux Beaucastel, Fortia, Rayas, Le Vieux Télégraphe und La Nerthe haben heute einen Qualitätsstand, der sich mit dem Besten messen kann, was es in Frankreich gibt. Die Rotweine reifen zu üppiger, manchmal unergründlicher Tiefe und Fülle heran, und die raren, von Jugend auf saftigen Weißweine entwickeln nach sieben bis acht Jahren exotische, oft an Orangenschalen erinnernde Düfte. Die bedeutendsten Weingüter füllen ihren Wein in schwere, dunkle Schmuckflaschen ab.

Um Châteauneuf-du-Pape herum liegen über hundert Weinorte, die zur AC Côtes du Rhône gehören. In den 1950er Jahren wurden vier davon – Gigondas und Cairanne im Nordosten und Chusclan und Laudun am Westufer der Rhône – ihres Potentials wegen von den Weinbaubehörden aus der Masse herausgehoben und dazu veranlaßt, ihre Erträge zu beschränken und so die Stärke und Qualität ihrer Weine zu verbessern. Höhere Preise waren der Lohn dafür. 1966 wurde für diese vier und einige Nachbarorte – inzwischen sind es insgesamt 16 – die neue AC Côtes du Rhône-Villages geschaffen.

Gigondas erhöhte seinen Qualitätsstand weiter und erhielt 1971 eine eigene Appellation zugesprochen. Der Gigondas ist ein kräftiger, dunkler Rotwein, der fünf bis sieben Jahre Reifezeit braucht, dann aber als Rivale für den Châteauneuf-du-Pape gelten kann.

Die Weine der AC Côtes du Rhône-Villages sind es alle wert, genauer unter die Lupe genommen zu werden. Als die besten gelten allgemein Cairanne und Vacqueyras, und 1990 erhielt Vacqueyras denn auch verdientermaßen seine Appellation. Beide Weine zeichnen sich durch festes Gefüge aus (der Vacqueyras wird auch als ein robusterer Gigondas charakterisiert) und brauchen mindestens vier Jahre Reifezeit. Andere – beispielsweise Sablet, Valréas, St-Gervais und Rochegude – sind meist milder und früher genußreif. Allerdings sind die Unterschiede zwischen den Erzeugern (und Genossenschaften) ebenso groß wie zwischen den Villages, insbesondere was den Anteil der geschmacksintensiven Syrah-Traube im Verhältnis zur lediglich alkoholstarken Grenache betrifft. Aber auch außerhalb der AC gibt es einzelne Erzeuger wie Château de Fonsalette in Lagarde-Paréol, die durchaus denselben Qualitätsmaßstäben genügen.

Die historische Spezialität der Appellationen Tavel und Lirac ist Roséwein. Der starke, trockene, nach einem Jahr orangefarbene Grenache-Rosé von Tavel sollte getrunken werden, bevor er die Orangefärbung annimmt. Lirac, früher ebenfalls vor allem durch Rosé bekannt, neigt heute mehr zu sanftfruchtigen Rotweinen und frischen, sauberen Weißweinen.

Roussillon, Corbières und Minervois

In diesem Atlas waren bisher das Languedoc und das Roussillon mit ihrem 190 km langen Küstenstreifen und ihrem Hinterland in einer einzigen Karte zusammengefaßt, und nur die zunächst als VDQS-Bereiche und dann als Appellations Contrôlées bekannt gewordenen Gegenden in den Bergen wurden besonders hervorgehoben. Hier sollen sie nun alle in den Rahmen gestellt werden, der ihnen inzwischen zukommt, denn keine andere Region Frankreichs hat sich so schnell von Grund auf gewandelt wie diese.

Mehr als ein Drittel des französischen Weins wächst im Midi, der mit 350 000 ha das größte Weinbaugebiet der Welt darstellt (Bordeaux hat 100 000 ha). Die meisten der insgesamt 60 000 Weinbauern liefern ihre Ernte an 550 *coopératives*. Diese Genossenschaftskellereien produzieren zwei Drittel aller Weine der Region. Die gewaltige Produktion entfällt fast ganz auf Rotwein, vielleicht 10–15 % sind Weißwein oder Rosé. Hier ist das Land des traditionellen *vin ordinaire*, *des gros rouge* für den einfachen Mann, aber auch der starken, süßen Vins Doux Naturels.

Es ist nicht leicht, die Winzer davon zu überzeugen, daß der Weg zum Wohlstand über weniger Ertrag und dafür bessere Qualität führt. Doch in den letzten 20 Jahren hat sich im Midi der Wandel vollzogen. Der Verlust Algeriens und die Rückkehr der dortigen Weinbauern nach Frankreich gab wohl den Startschuß. Zwei unterschiedliche Bestrebungen zeichnen sich ab. Die erste ist auf die Wiedererschließung der alten Weinberge und den Einsatz der traditionellen Rebsorten der Region gerichtet, mit dem Ziel, *vin de terroir* zu erzeugen, der durch eigenständige Art eine Appellation verdient. Die zweite besteht in der (für Frankreich) revolutionären Einführung der *vins de cépage* nach dem Vorbild der *varietals* der Neuen Welt. Beide Richtungen beziehen große Ermutigung aus dem Erfolg des auf Seiten 138/139 beschriebenen Konzepts des Vin de Pays.

Die lange Küste des Midi hat ihren Angelpunkt an der Mündung der Aude bei Narbonne. Der auf dieser Karte dargestellte, nach Westen verlaufende Teil des Bogens ist gebirgiger und traditionsverhafteter, rauher und in Boden und Klima vielschichtiger. An seinem Südende treten die Pyrenäen in einer herrlichen Landschaft mit bis zu 500 m hohen Gipfeln an das Mittelmeer heran.

Hier ist das Roussillon, die Heimat des starken Vin Doux Naturel (VDN), der seinen Namen zu Unrecht trägt, denn er ist nicht von Natur aus süß, vielmehr wird seine Gärung durch Zugabe von Alkohol frühzeitig abgestoppt. Grand Roussillon lautet die allgemeine Appellation für den VDN.

Der Banyuls und der Banyuls Grand Cru wachsen auf steilen Terrassen mit dunkelbraunem Schieferboden in den südlichsten, unmittelbar an der spanischen Grenze zum Meer abfallenden Weinbergen Frankreichs. Die Haupttraube Grenache wird manchmal mit Carignan und Syrah verschnitten. Alle diese Sorten gelangen hier zu überaus hoher Reife, ja oft schrumpfen sie am Weinstock zu Rosinen ein. Heute ist guter Banyuls dunkel bernsteinfarben, intensiv, starkduftig, aber stets frisch, sauber und anhaltend im Geschmack.

Die kleine AC Maury, auf ähnlichem Boden am Nordufer des Flüßchens Agly, gilt als Banyuls ebenbürtig. Aus dem viel größeren Bereich Rivesaltes kommt dagegen ein leichter, billiger, meist weißer VDN auf Grenache-Basis. Eine weit bessere Version ist der kraftvolle weiße Muscat de Rivesaltes.

Die Welt draußen bekundet allerdings mehr Interesse an den Rotweinen aus dem Roussillon, die schon im 18. Jahrhundert in Nordeuropa bekannt und geschätzt waren. Die heutige Grundausführung Côtes de Roussillon wird mit Carignan, Grenache und Cinsaut, den Standardsorten des Midi, produziert und mit *cépages améliorateurs* (geschmacksverbessernden Sorten), also Syrah, Mourvèdre oder sogar Cabernet oder Merlot, gewürzt.

Der Côtes de Roussillon-Villages ist kräftigerer, ausdrucksvollerer Wein aus einem Drittel des Gebiets, durch Ertragsbeschränkung auf höhere Stärke ausgelegt. Es waren dies die ersten Rotweine aus dem Midi, die in den 1960er Jahren durch *macération carbonique* nach Besserem strebten. Sie entstehen im Tal des Agly – ein Fluß, der wie der Tet und der Tech der Wildheit, die aus seinem Namen spricht, alle Ehre macht. Die besten Erzeuger sind Latour-de-France und Caramany.

Nicht weniger wild ist die Landschaft von Corbières: ein geologisches Chaos von Bergen und Tälern, das vom Meer 60 km landeinwärts in das Département Aude reicht. Dieses Gebiet ist noch uneinheitlicher als das Roussillon; Kalkstein wechselt mit Schiefer, Vulkangestein und Sand ab, ebenso die Wirkung des mediterranen Klimas mit Einflüssen vom Atlantik her.

Die Region ist vor kurzem vom Syndicat de Défense in nicht weniger als 11 Bereiche eingeteilt worden, deren Charakter sich allerdings erst noch herausbilden muß. Bislang wurden vier anerkannt, deren Qualitätspotential ganz allgemein mit steigender Höhenlage zunimmt. Allerdings war bis 1985 der einzige Corbières-Wein im AC-Rang der Fitou, der für zwei Gruppen von Weinsorten – eine am Meer und eine in der Mitte von Corbières – steht; er wurde 1948, vermutlich «pour encourager les autres», eingerichtet. (Dasselbe gilt wohl auch für die ausgezeichnete kleine AC Collioure im südlichen Roussillon.)

Die Qualität des Fitou beruhte auf Ertragsbeschränkung bei Carignan, der schlichten Traubensorte des Midi (von alten Weinstöcken kommen oft exzellente Weine), und auf Grenache – am Meer mit Mourvèdre und in den Bergen mit Syrah gewürzt. Mit *macération carbonique* und normaler Vinifikation entstehen Weine mit genügend Festigkeit für eine Lebensdauer bis zu fünf Jahren.

Das Ausmaß der Kühlwirkung vom Atlantik her ist am deutlichsten in der Gegend von Carcassonne zu erkennen. Südlich der Festungsstadt gewinnt Limoux Jahr für Jahr mehr Bekanntheit mit dem exzellenten Schaumwein Blanquette. Eine neue AC legt strenge Maßstäbe an einen faßvergorenen, nichtschäumenden Chardonnay. Noch mehr überrascht, daß aus Limoux sogar feiner, leichter Pinot Noir kommt.

Auch der nördliche Nachbar Côtes de la Malepère bemüht sich, durch überzeugenden Merlot und Malbec, Cabernet Sauvignon und Cabernet Franc nachzuweisen, daß hier der Midi endet und der Südwesten beginnt.

Noch klarer wird dieser Übergang weiter nördlich jenseits der Aude, wo die Côtes de Cabardès den mediterranen Trauben des benachbarten Minervois ebensoviel Beachtung schenken wie der von Westen her vorrückenden Cabernet-Familie.

Das Minervois gelangte schon vor Corbières zu Prominenz, soweit man das hier so nennen darf, und zwar mit ganz ähnlichen, ebenfalls mit Syrah und Mourvèdre gewürzten Weinen auf Carignan- und Grenache-Basis, die jedoch eigenständige Art zeigen: fester, frischer, lebendiger.

Im tiefen Midi wachsen Weine aller Art: schwerer Banyuls und schäumender Blanquette, aber auch dunkle Rotweine wie Fitou, Collioure, Minervois und Cabardès.

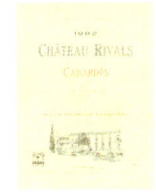

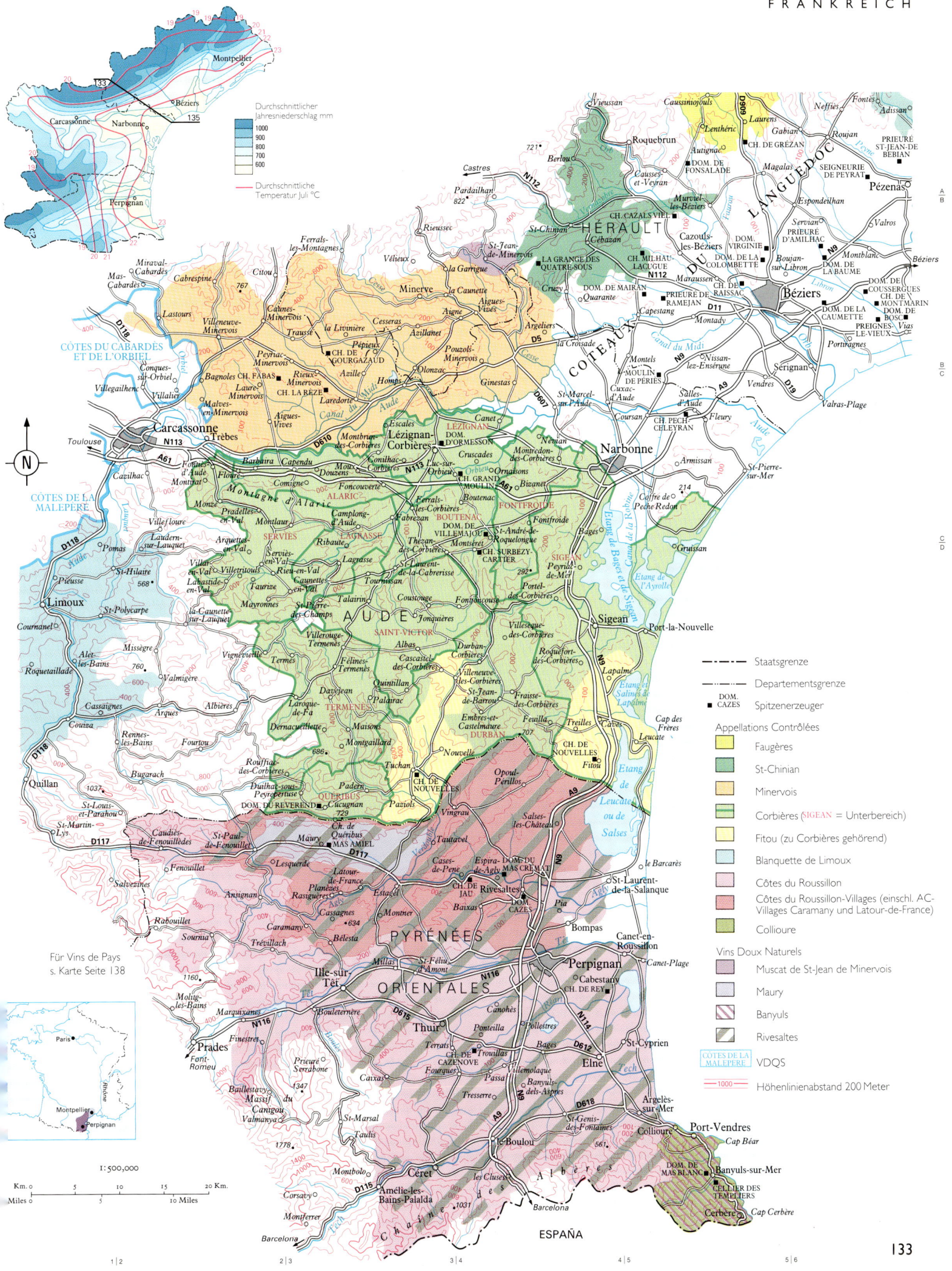

Languedoc: die Ebene im Süden

Mas de Daumas Gassac bei Montpellier verkörpert den Wandel von Quantität zu Qualität, der sich in den 1980er Jahren im Languedoc vollzogen hat. Der Boden erbringt Weine mit kräftiger Farbe und intensivem Geschmack.

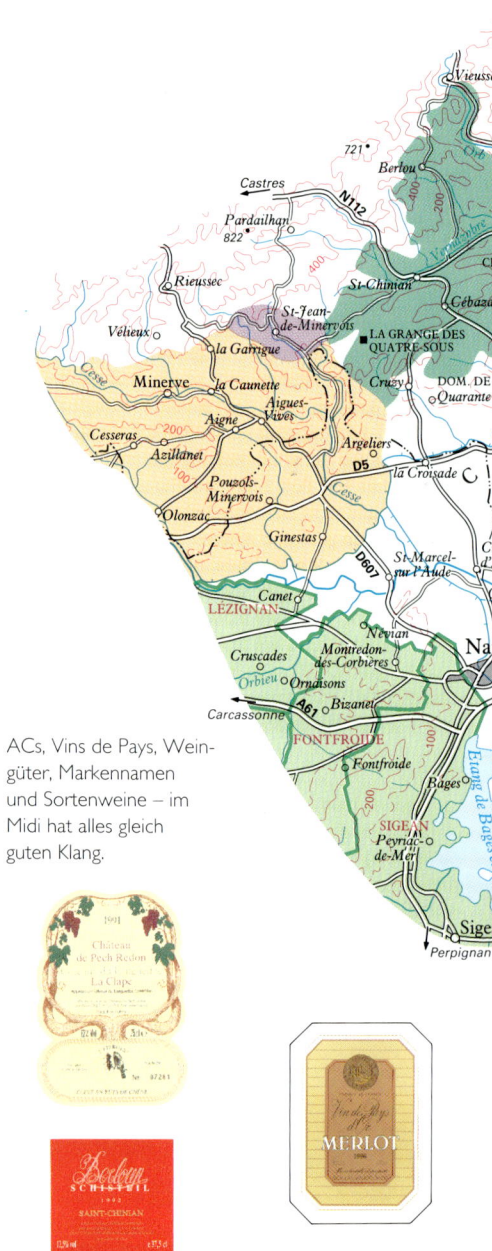

ACs, Vins de Pays, Weingüter, Markennamen und Sortenweine – im Midi hat alles gleich guten Klang.

Noch vor 20 Jahren war es schwer, über das Département Hérault, das den größten Teil dieser Karte einnimmt, etwas Positives auszusagen, ausgenommen daß der aus den Cevennen-Schluchten hervorbrechende Fluß gleichen Namens wundervolle Landschaften durchströmt. Was den Weinbau angeht, waren die einzigen Glanzlichter die Vins Doux Naturels, süße Muskatellerweine aus Frontignan und seinen Nachbarn Lunel und Mireval, sowie ein paar solide Rotweine aus den Bergen des Minervois und weiter ostwärts.

Gerade aus dem Minervois kommen bemerkenswert saubere, wohlschmeckende Rotweine mit echter Persönlichkeit und voller, erdiger Art, auch ganz kleine Mengen an Muscat aus St-Jean-de-Minervois. St-Chinian bringt nicht weniger Gutes zuwege, insbesondere auf dem eigenartig tiefen purpurroten Boden um die Stadt Berlou mit ihrer großen Genossenschaftskellerei.

Die vielleicht markanteste Persönlichkeit unter den traditionellen Weinen aus den Bergen des Hérault ist der Faugères. Voll, frisch und fast feurig beweist er, was die oft mit Geringschätzung angesehenen Traubensorten Carignan, Cinsaut und Grenache auf trockenem Schieferboden bei kleinem Ertrag leisten können. Die Coteaux setzen sich fort mit Cabrières, St-Saturnin, St-Jean-de-la-Blaquière, Montpeyroux, Pic St-Loup. Aus Villeveyrac kommen exzellente Weine von alten Cinsaut- und Carignan-Weinstöcken.

Für sich allein an der Küste liegt das Kalksteinmassiv La Clape wie eine Insel im ehemaligen Aude-Delta; hier wachsen mit die besten Rosés im Midi sowie sanfte goldene Malvoisie-Weine. Alle zusammengenommen bilden mit den alten Weißwein-Appellationen Clairette du Languedoc (meist für Wermut gebraucht) und Picpoul de Pinet (im Hérault-Tal) die bescheidene Spitze der hiesigen Weinbautradition. Wenn diese Weine mit Sorgfalt bereitet sind, stellen sie Charaktere dar, die man nur höchst ungern missen möchte – aufgeschlossen, erfreulich, ausgewogen, nicht auf aromatischen Trauben, sondern auf dem *terroir* von windgepeitschtem, mit dürren Sträuchern bewachsenem Kies beruhend.

In einem einzigen Schritt bringt der Midi seine Vergangenheit hinter sich, indem die Favoriten der internationalen Märkte, Cabernet, Merlot und Chardonnay, auf den tiefgründigen Böden der Küstenebene angesetzt werden, wo bislang ausdruckslose Traubensorten nichtssagenden Wein erbrachten.

Es stimmt, daß früher die Massenträger Cinsaut, Aramon und andere auf fruchtbaren Schwemmlandböden wuchsen, die eigentlich Getreide tragen sollten. In der Küstenebene gibt es aber auch zahlreiche Plateaus aus wasserdurchlässigem Schottergestein, wo gute Traubensorten finden, was sie brauchen.

Hierin liegt das Paradoxe im Midi von heute: Die marktgängigen Weine der allgemein bekannten Sorten haben nur den Status von *vins de pays,* während die auf stolzen alten Traditionen beruhenden *vins de terroir* mit (zugegebenermaßen neu erteilten) Appellationen sich in der Welt nur schwer zu Geltung bringen können.

Da ist es nicht verwunderlich, daß viele der größeren Weingüter im Midi sich entschlossen haben, beide Karten gleichzeitig auszuspielen. Sie bemühen sich einerseits darum, den Carignan- und Grenache-Wein ihrer jeweili-

FRANKREICH

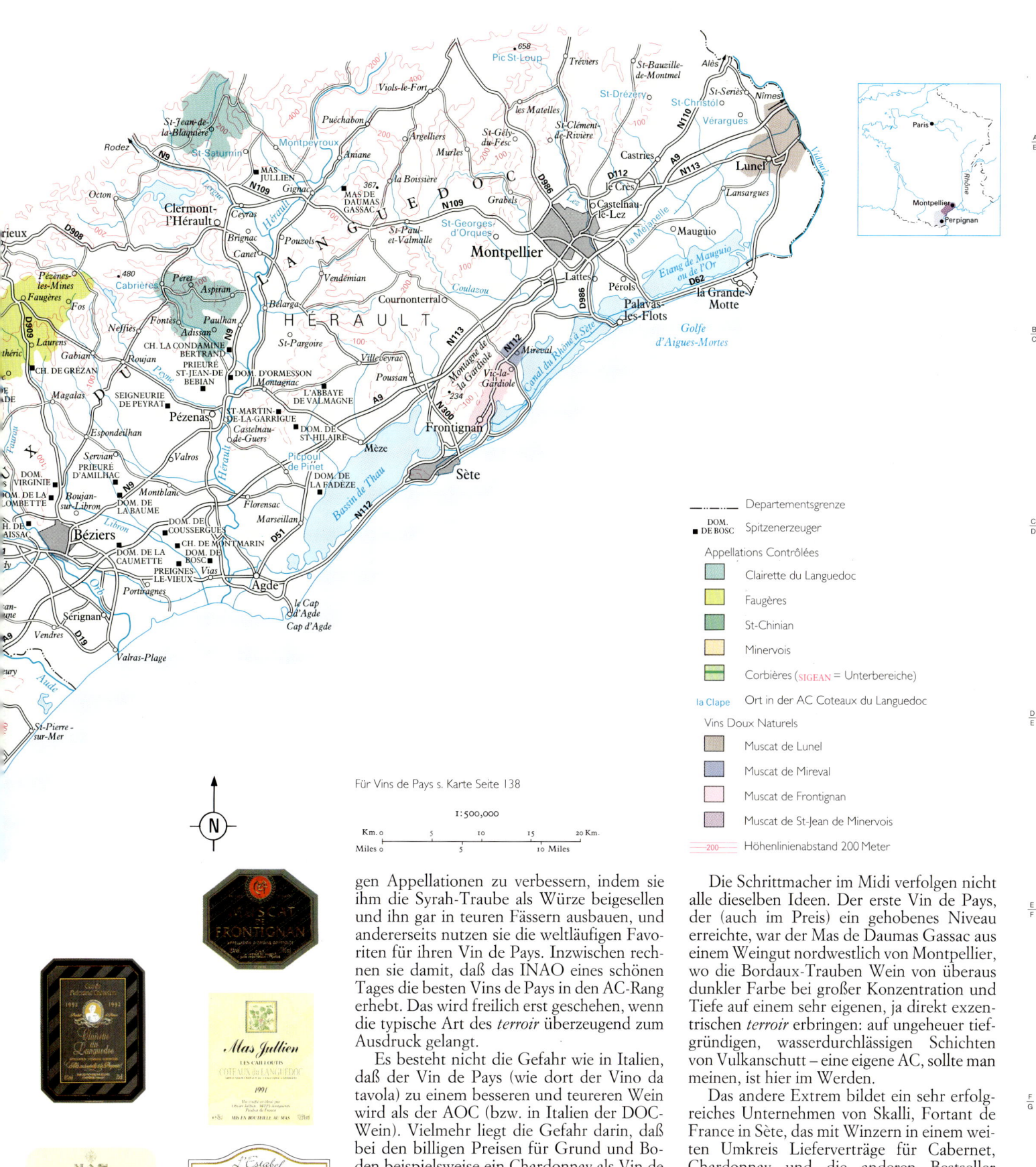

Für Vins de Pays s. Karte Seite 138

1:500,000

Legende:
- Departementsgrenze
- DOM. DE BOSC — Spitzenerzeuger
- Appellations Contrôlées
  - Clairette du Languedoc
  - Faugères
  - St-Chinian
  - Minervois
  - Corbières (SIGEAN = Unterbereiche)
- la Clape — Ort in der AC Coteaux du Languedoc
- Vins Doux Naturels
  - Muscat de Lunel
  - Muscat de Mireval
  - Muscat de Frontignan
  - Muscat de St-Jean de Minervois
- Höhenlinienabstand 200 Meter

gen Appellationen zu verbessern, indem sie ihm die Syrah-Traube als Würze beigesellen und ihn gar in teuren Fässern ausbauen, und andererseits nutzen sie die weltläufigen Favoriten für ihren Vin de Pays. Inzwischen rechnen sie damit, daß das INAO eines schönen Tages die besten Vins de Pays in den AC-Rang erhebt. Das wird freilich erst geschehen, wenn die typische Art des *terroir* überzeugend zum Ausdruck gelangt.

Es besteht nicht die Gefahr wie in Italien, daß der Vin de Pays (wie dort der Vino da tavola) zu einem besseren und teureren Wein wird als der AOC (bzw. in Italien der DOC-Wein). Vielmehr liegt die Gefahr darin, daß bei den billigen Preisen für Grund und Boden beispielsweise ein Chardonnay als Vin de Pays d'Oc (so lautet die Regionalbezeichnung) weit günstiger zu haben ist als ein klassischer Chardonnay aus Burgund und der Markt infolgedessen den Mangel an typischer Art in Kauf nimmt.

Die Schrittmacher im Midi verfolgen nicht alle dieselben Ideen. Der erste Vin de Pays, der (auch im Preis) ein gehobenes Niveau erreichte, war der Mas de Daumas Gassac aus einem Weingut nordwestlich von Montpellier, wo die Bordeaux-Trauben Wein von überaus dunkler Farbe bei großer Konzentration und Tiefe auf einem sehr eigenen, ja direkt exzentrischen *terroir* erbringen: auf ungeheuer tiefgründigen, wasserdurchlässigen Schichten von Vulkanschutt – eine eigene AC, sollte man meinen, ist hier im Werden.

Das andere Extrem bildet ein sehr erfolgreiches Unternehmen von Skalli, Fortant de France in Sète, das mit Winzern in einem weiten Umkreis Lieferverträge für Cabernet, Chardonnay und die anderen Bestseller unterhält. Hierbei liegt der Schwerpunkt auf der Produktion geographisch neutraler, allein «fruchtbetonter» Weine, wie sie den Beamten der Behörde, die über den französischen Wein wacht, ein Dorn im Auge sind.

135

Provence

Früher gab es an der Mittelmeerküste östlich der Rhône nur vier kleine vollgültige Appellations Contrôlées. Am ältesten sind Cassis für körperreichen, lebendigen Weißwein und Bandol für denkwürdigen, langlebigen Rotwein von der Mourvèdre-Traube. Palette bei Aix ist eine weitere winzige Appellation; sie bezieht sich auf einen Bereich mit Kalksteinboden, der von Château Simone allein genutzt wird. Nizza verfügt über eigene teure Rot-, Weiß- und Roséweine aus Bellet.

1977 wurde dann die weitergefaßte Appellation Côtes de Provence ins Leben gerufen. Mit Alkohol überfrachteter Rosé war hier die Regel. Seither hat sich der Qualitätsstand gebessert. Es gibt in der Region 400 Weingüter, die heute AC-Weine produzieren, zumeist süffigen, orangefarbenen Rosé oder sanften, ziemlich hellen Rotwein von Grenache und Carignan; eine rasch wachsende Minderheit experimentiert mit Syrah und Cabernet und bringt oft exzellente Weine voll Saft und Kraft zustande. Die anerkannt besten Erzeuger dürfen die Bezeichnung Cru Classé führen.

In Beschreibungen des Weins der Provence ist stets die Rede von Pinien, Thymian und Rosmarin, deren Charakter er, wie es heißt, annimmt. Man müßte hinzufügen, daß die Kalkstein- oder Schiefertonhügel und eine kühle Brise vom Meer her diesen Gewächsen einiges an Besonderheit verleihen können.

Die Statusverbesserungen gehen weiter. So wurden die alten VDQS-Bereiche Coteaux d'Aix-en-Provence und Coteaux des Baux 1985 in Anerkennung der vorzüglichen Leistungen beispielsweise der Châteaux Vignelaure und Fonscolombe in den AC-Rang erhoben. Seit 1984 erfaßt der VDQS-Bereich Coteaux Varois das Herz des landeinwärts gelegenen Var. Zu den Vins de Pays de Var zählen mehrere gute Rotweine, und der Vin de Pays des Maures deckt den Alltagsbedarf von St-Tropez. Weiter im Norden liefern die Côtes de Lubéron (Seite 129) und die Coteaux de Pierrevert (Seite 139) immer bessere Weine.

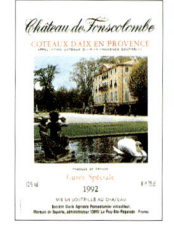

Die besten Weine der Provence sind die duftigen, frischen, aber tiefen Rotweine von Bandol, an ihrer Spitze Domaine Tempier und Château Varnières. Der Cassis (oben) ist das weiße Gegenstück. Aber auch andere Weingüter, angeführt von der Domaine Ott, bieten zunehmend bessere Qualität.

FRANKREICH

Savoyen und der Jura

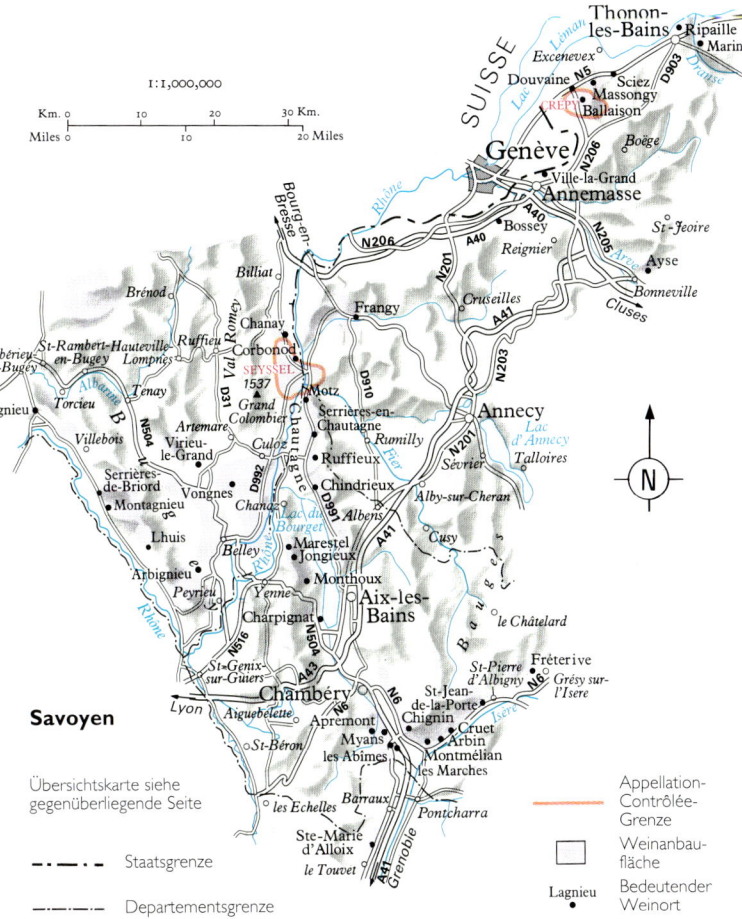

Savoyen

Übersichtskarte siehe gegenüberliegende Seite

––·––·– Staatsgrenze

––––––– Departementsgrenze

Appellation-Contrôlée-Grenze

☐ Weinanbaufläche

• Lagnieu Bedeutender Weinort

Die Savoyer Weine sind zart, erfrischend, alpin im Charakter.

Eine kleine Rebfläche, eingestreut zwischen Wald und Wiesen im wohl einsamsten Bergland Frankreichs – das ist das Weinbaugebiet Jura; die Weine sind vielgestaltig, gut und durch und durch originell. Die führenden Appellationen Arbois, Château-Chalon und l'Etoile haben sämtlich Format.

Jura-Wein gibt es nicht nur in Rot, Weiß und Rosé, sondern auch in Gelb und Grau. Am besten ist der «Gelbe» – der feste, kraftvolle *vin jaune* von der Savagnin-Traube, der mindestens sechs Jahre lang im Faß reifen muß und dabei eine Sherry-ähnliche Verwandlung durchmacht.

Der «Graue» – *vin gris* – ist ein sehr heller, etwas säuerlicher, aber sehr wohlschmeckender Rosé. Dagegen ist der aus Arbois stammende beste Jura-Rosé eher ein heller, recht seidiger Rotwein. Weißwein wird hier unter anderem von der Chardonnay-Traube gewonnen; insbesondere die AC l'Etoile kann sich mit einfachem weißem Burgunder durchaus messen.

Aus Arbois kommt auch guter Schaumwein in kleinen Mengen, in größeren dagegen der recht minderwertige, ebenfalls schäumende Vin Fou. Der *vin de paille,* ein *liquoreux* von auf dem Dachboden getrockneten Trauben, hat heute Seltenheitswert. Wie beim echten italienischen *vin santo* ist auch bei ihm der hohe Preis gerechtfertigt. Schließlich muß noch die Spezialität Macvin erwähnt werden, eine AC für ein starkduftiges Gemisch aus Traubenmost und Tresterbranntwein.

Die Weinberge Savoyens sind weit verstreut, ihre Erzeugnisse wenig bekannt. Savoyer Wein ist fast immer weiß, stammt zumeist von der Jacquère-Traube und zeichnet sich durch trockene und milde Art wie ein ätherischer Muscadet aus. Die AC Vin de Savoie gilt für Jacquère-Weine einer bestimmten Alkoholstärke. Ayse ist der bekannteste Schaumweinort, aus Apremont, Abîmes und Chignin kommt der beste Stillwein.

Die feinste Traubensorte Savoyens ist allerdings die Altesse, auch Roussette genannt. Altesse-Wein zeichnet sich durch Gewichtigkeit und Duftigkeit aus, und er bringt die Appellation Roussette de Savoie am schönsten zum Ausdruck, wenn er die Ortsnamen Monterminod, Frangy oder Marestel führt.

Die Schweizer Chasselas-Traube bildet zusammen mit Jacquère und Molette die Grundlage für den Schaumwein aus Seyssel im Rhône-Tal, der unvergleichlich trocken und delikat sein kann. Der rein von Chasselas gekelterte stille Seyssel ist allerdings noch besser.

Crépy liegt dicht an der Schweizer Grenze. Hier ist Chasselas ebenfalls die Haupttraube und die Art des Weins eher schweizerisch als französisch.

Obgleich Gamay und Pinot Noir höhere Preise einbringen, darf doch die Mondeuse als die beste Rotweintraube Savoyens gelten (in Italien heißt sie Refosco). Ihr Wein ist sanft, fruchtig und tanninherb. Weiter westwärts, in Richtung Lyon und Beaujolais, beweist der VDQS-Bereich Bugey seine Qualitäten.

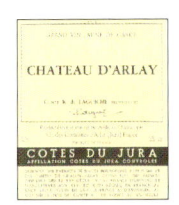

Der Stolz des Jura ist der kräftige, Sherry-ähnliche *vin jaune* (z. B. von Château-Chalon). Weiter gibt es hier sanfte, gefällige Rot- und Weißweine.

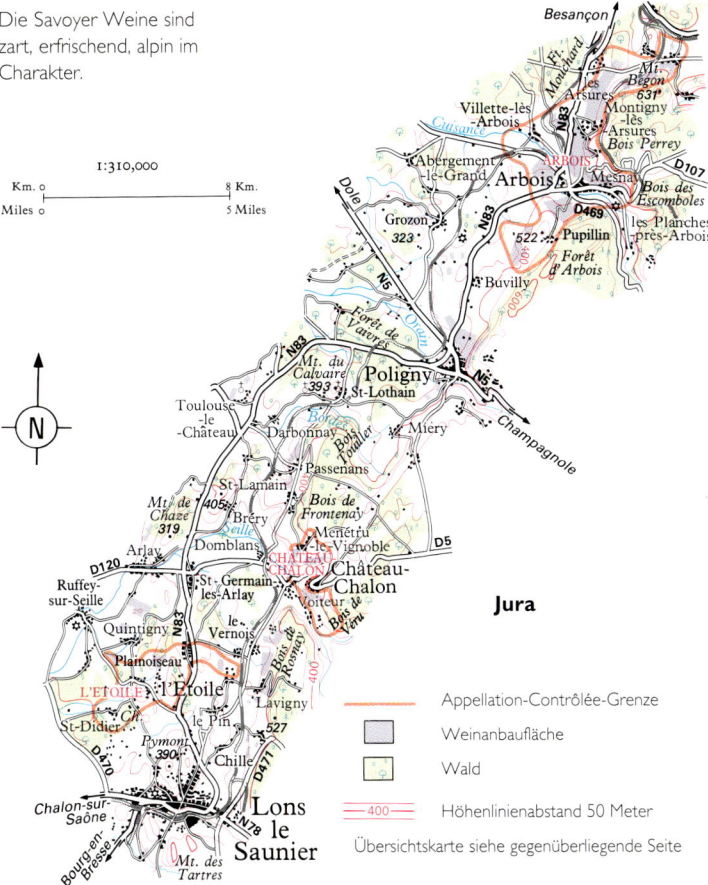

Jura

Appellation-Contrôlée-Grenze

☐ Weinanbaufläche

☐ Wald

–400– Höhenlinienabstand 50 Meter

Übersichtskarte siehe gegenüberliegende Seite

137

Vins de Pays

Selbst in den entlegensten Winkeln Frankreichs wachsen Weine, die an Charakter und Wohlgeschmack im übrigen Europa nicht leicht ihresgleichen finden. Die Franzosen sind auch auf ihre «kleinen» Weine ungeheuer stolz, sie stellen gewissermaßen ein Nachwuchspotential dar, dessen Puls ständig von einem Heer von Inspektoren des Institut National des Appellations d'Origine kontrolliert wird.

Das nach und nach in den 1920er und 30er Jahren entwickelte Appellationssystem wurde 1949 um einen zweiten Rang bereichert: Vins Délimités de Qualité Supérieure. Seit ihrer Anerkennung haben die VDQS-Weine stetige Fortschritte gemacht. Die meisten sind bereits zu AC-Würden gelangt, und man darf überzeugt sein, daß mit der Zeit alle diesen Status erreichen.

Das Gesetz sah aber von früher her noch eine als *appellation simple* bezeichnete Rangstufe vor. Die AS-Weine brauchten lediglich von «tolerierten» Rebsorten aus anerkannten Gebieten zu stammen. Da ihnen keine Förderung zuteil wurde, bildeten sie ein unrentables Auffangbecken.

In den 1970er Jahren wurden durch neue Verordnungen die charaktervollen unter diesen «Tafelweinen» mit höherem Status und klarerer Definition versehen. Gleichzeitig wurde eine neue, ONIVIN genannte Behörde geschaffen, die sich um diese Weine zu kümmern hatte. 1976 erschien dann eine Liste von 75 Vins de Pays. Sie sind in drei Kategorien eingeteilt, und zwar nach Orts- bzw. Distriktnamen, Departementsnamen und schließlich Regionalnamen, die ganze Landstriche von der Größe des Loire-Tals umfassen.

Für die Distriktweine gelten strengere, für die Regionalweine weitergefaßte Qualitätsvorschriften. Für alle aber sind Höchsterträge (zwischen 70 und 90hl/ha) und ein natürlicher Mindestalkoholgehalt vorgeschrieben sowie Ober- und Untergrenzen für den Säuregehalt und andere Komponenten festgelegt. Die Weine werden auch einer Geschmackskontrolle unterzogen und müssen von amtlich empfohlenen Rebsorten gewonnen sein. Nur die stets gern gesehenen «edlen» Rebsorten dürfen überall angebaut werden.

Zugegebenermaßen gibt es Vins de Pays mit unterschiedlicher Daseinsberechtigung. Auch werden manche Namen kaum benutzt. Sie bilden aber zugleich einen Anhalt für den Ausbau lokaler Traditionen. Vor allem bieten sie Erzeugern mit eigenwilligen Ideen die goldene Gelegenheit, mit «edlen» Reben in Gegenden ohne AC Großes zu leisten. Die erstere Form ist ein *vin de terroir,* die zweite ein *vin de cépage.* Die entscheidende Bestimmung besagt jedoch, daß kein Wein allein unter dem Namen einer Rebsorte auf den Markt kommen darf – freilich ist es erstaunlich, wie blaß Druckfarben ausfallen können, wenn jemand einen Chardonnay auf den Markt bringen will, ohne der Herkunft allzu viel Gewicht beizumessen. Mehr hierüber ist auch auf Seite 135 nachzulesen.

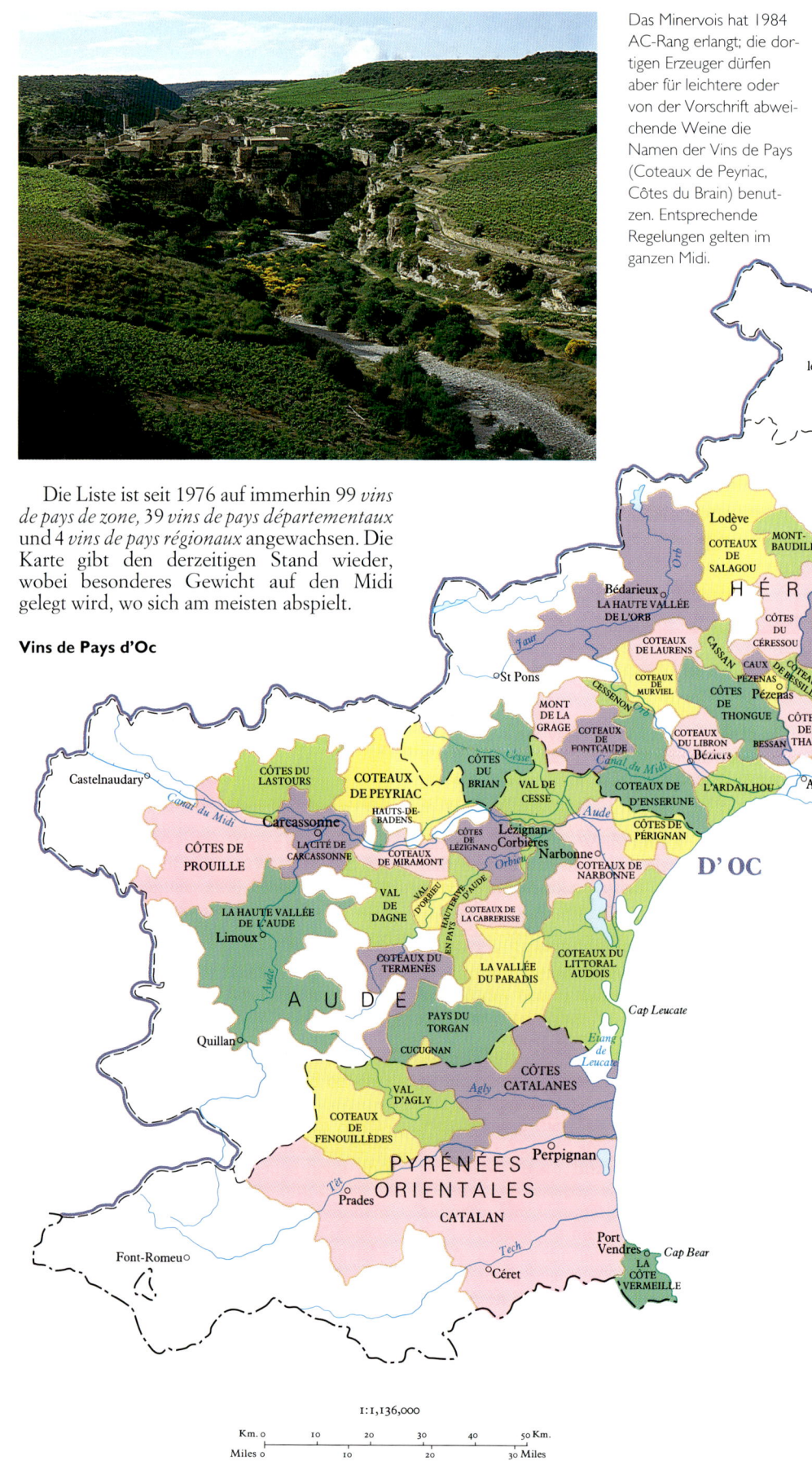

Das Minervois hat 1984 AC-Rang erlangt; die dortigen Erzeuger dürfen aber für leichtere oder von der Vorschrift abweichende Weine die Namen der Vins de Pays (Coteaux de Peyriac, Côtes du Brain) benutzen. Entsprechende Regelungen gelten im ganzen Midi.

Die Liste ist seit 1976 auf immerhin 99 *vins de pays de zone,* 39 *vins de pays départementaux* und 4 *vins de pays régionaux* angewachsen. Die Karte gibt den derzeitigen Stand wieder, wobei besonderes Gewicht auf den Midi gelegt wird, wo sich am meisten abspielt.

Vins de Pays d'Oc

FRANKREICH

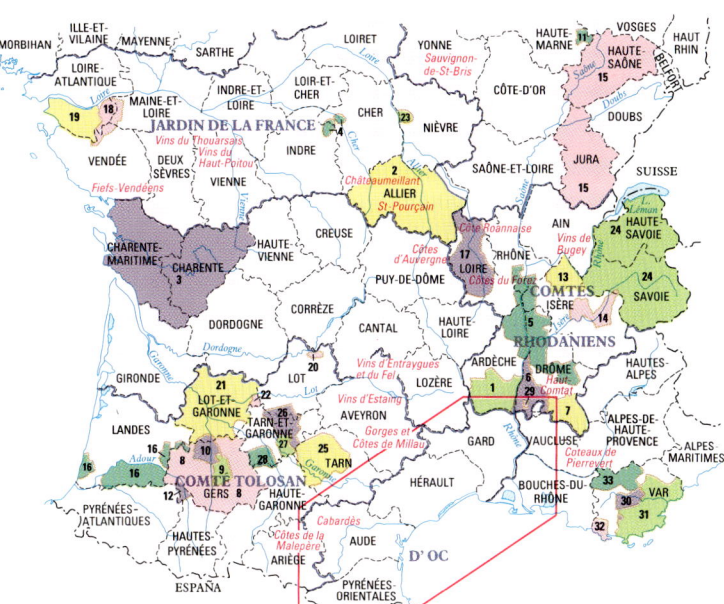

Vins de Pays

ARDÈCHE
1 Coteaux de l'Ardèche

ALLIER
2 Bourbonnais

CHARENTE/CHARENTE-MARITIME
3 Charentais

CHER/INDRE
4 Coteaux du Cher et de l'Amon

DRÔME
5 Collines Rhodaniennes (auch in Ardèche, Isère, Loire, Rhône)
6 Comté de Grignan
7 Coteaux des Baronnies

GERS
8 Côtes de Gascogne (in 9 und 10)
9 Côtes de Montestruc
10 Côtes du Condomois (auch in Lot-et-Garonne)

HAUTE-MARNE
11 Coteaux de Coiffy

HAUTES-PYRÉNÉES
12 Bigorre

ISÈRE
13 Balmes Dauphinoises
14 Coteaux du Grésivaudan (auch in Savoyen)

JURA/HAUTE-SAÔNE
15 Franche-Comté

KORSIKA
Ile de Beauté (nicht auf der Karte eingezeichnet)

LANDES
16 Thézac-Perricard

LOIRE
17 Urfé

LOIRE-ATLANTIQUE
18 Marches de Bretagne (auch in Maine-et-Loire und Vendée)
19 Retz

LOT
20 Coteaux de Glanes

LOT-ET-GARONNE
21 Agenais (10: inkl. auch in Gers und Tarn-et-Garonne)
22 Terroirs Landais

NIÈVRE
23 Coteaux Charitois

SAVOIE/HAUTE-SAVOIE
24 Allobrogie

TARN
25 Côtes du Tam

TARN-ET-GARONNE
26 Coteaux du Quercy (auch in Lot)
27 Coteaux et Terrasses de Montauban
28 St-Sardos

VAUCLUSE
29 Principauté d'Orange (auch in Drôme)

VAR
30 Argens
31 Maures
32 Mont-Caume
33 Verdon

Vins Délimités de Qualité Supérieure (VDQS)

Frankreichs VDQS (Vins Délimités de Qualité Supérieure) sind auf der Frankreichkarte auf Seite 53 oder auf anderen Karten mit größerem Maßstab eingezeichnet. Alle übrigen sind auf dieser Karte ausgewiesen und unten mit den dazugehörigen hauptsächlichen Weinen aufgeführt.

SAVOYEN

Vins du Bugey Weißer Roussette, ähnlich wie Crépy usw. Sehr leichter Rotwein, oft gut. (Bugey mit angefügtem Ortsnamen weist auf etwas höheren Gehalt und – theoretisch – bessere Qualität hin.)

LOIRE-TAL UND MITTELFRANKREICH

Châteaumeillant Traubiger Gamay-Rotwein, sehr heller «Vin gris».
Côte Roannaise Leichter Rotwein.
Côtes d'Auvergne Frischer Gamay-Rotwein (Chanturgues) und -Rosé (Corent).
Côtes du Forez Beaujolais-ähnlicher Gamay.
Fiefs Vendéens Weiße Alternativen zu Muscadet; Rot- und Roséweine von der Loire-Mündung.
St-Merd-la Breuille Ehemaliger Vin de Pays von der Creuze. Charaktervoller Chardonnay, Pinot Noir und Cabernet.
St-Pourçain-sur-Sioule Leichter Gamay-Rosé; zunehmend guter Rot- und Weißwein, u. a. Pinot Noir und Chardonnay.
Vins du Thouarsais Lieblicher Weißwein, leichter Rot- und Roséwein.
Vins du Haut-Poitou Ausgezeichnete trockene Weißweine, v. a. Sauvignon und Chardonnay, sowie Gamay-Roséweine.

LANGUEDOC-ROUSSILLON UND PROVENCE

Cabardès Zunehmend beachtenswerter Rot- und Roséwein, im Charakter eher dem Südwesten als dem Midi zugehörig (auch **Côtes du Cabardès et de l'Orbiel**).
Coteaux de Pierrevert Weine provenzalischer Art.
Cotes de la Malepère Überdurchschnittlich gute Rotweine von Merlot, Malbec, Cabernet, Grenache und Syrah.

RHÔNE-TAL

Haut-Comtat Grenache-Rot- und -Roséwein von der Drôme. Praktisch Côtes du Rhône.

SÜDWESTEN

Gorges et Côtes de Millau Rot-, Rosé- und trockener Weißwein vom Tarn.
Vins d'Entraygues et du Fel Sehr kleiner Bereich; leichter Rot- und Roséwein, nur wenig Weißwein.

Zwei VDQS-Bereiche (beide in Lothringen) erscheinen nur auf der großen Frankreichkarte auf Seite 53:
Côtes de Toul und **Vins de la Moselle** Sehr heller «Vin gris»; etwas säuerlicher Rotwein.

Legende:
—·—·— Staatsgrenze
— — — Departementsgrenze
——— Grenzen für Vins de Pays mit Regionalnamen
Fiefs-Vendéens VDQS (siehe rechts)
Vins-de-Pays-Bereiche sind farbig gekennzeichnet.

Korsika

Die Geschichte des modernen Weinbaus auf Korsika, der größten Insel Frankreichs und zugleich der gebirgigsten im Mittelmeer, begann in den 1960er Jahren mit dem Verlust Algeriens. Damals förderte Präsident de Gaulle die Ansiedlung der von dort kommenden Weinbauern an der mit Malaria-Sümpfen überzogenen Ostküste.

80 % aller korsischen Weine gehen noch immer in Verschnitte ein, deren höchste Bestimmung im Status eines Vin de Pays unter dem verführerischen Namen «L'Ile de Beauté» liegt. Die restlichen 20 % dagegen haben ihre Eigenständigkeit in den widerstandsfähigen einheimischen Rebsorten und den felsigen Hügeln, wo sie am besten gedeihen, wiederentdeckt.

Die klassische Rotweintraube Korsikas heißt Sciacarello und wird hauptsächlich an der Westküste um die Hauptstadt Ajaccio sowie bei Calvi und in der Region Sartènais um Propriano zu sanftem, aber würzigem Rot- und Roséwein verarbeitet, der trotz seiner Alkoholstärke stets lebendig bleibt.

Hinter dem oft als zweite heimische Rebsorte genannten Niellucio verbirgt sich allerdings lediglich der Sangiovese aus der Toskana. Er beherrscht die AC Patrimonio im Norden, landeinwärts vom Haupthafen Bastia; sie war die erste in Korsika geschaffene vollgültige Appellation (1968) und ist heute noch eine der besten. Sie verfügt als einzige über Kalksteinboden, der feste, Rhône-ähnliche Rotweine, ausgewogene Weißweine sowie gehaltvolle Vins Doux Naturels mit feinster Muskateller-Art hervorbringt. Süßweine von Muskateller oder Vermentino («Malvoisie de Corse») sind auch die Spezialität von Cap Corse, der langen Nordspitze der Insel. Manche guten Kenner stellen den Muscatellu und Rappu aus Rogliano (Cap Corse) als die feinsten aller französischen Muscats noch über den Beaumes de Venise und den Frontignan. Die AC heißt für diese beiden Weine Coteaux de Cap Corse. Die Vermentino-Traube bringt außerdem in derselben Gegend einen hochgeschätzten sanften, goldenen, trockenen Weißwein hervor.

In der Appellation Calvi im Nordwesten werden Sciacarello, Niellucio und Vermentino sowie auch «modernere» Traubensorten zu schweren Tafelweinen verarbeitet, und im Südosten geschieht in Figari und Porto Vecchio dasselbe.

Gegenüber diesen konzentrierten Weinen mit traditionellem Charakter ist der einfache Vin de Corse und zum großen Teil auch der Vin de Pays aus der Gegend von Aleria und Ghisonaccia kaum von Interesse.

In vielerlei Hinsicht läßt sich Korsika mit der Provence vergleichen: In beiden Gegenden schmeckt meist der Rosé am besten, und in beiden ist eine neue Winzergeneration herangewachsen, die das Beste aus dem *terroir* zu machen bestrebt ist. Es hat sich aber auch eine Anhängerschaft gebildet, die in den Weinen beider Landschaften den würzigen Kräuterduft des *maquis* zu spüren hofft.

Die besten und charaktervollsten Weine Korsikas stammen von einheimischen Rebsorten, hinzu kommen Muskateller und leichte Malvasier (namens Vermentino) vom Nordostkap.

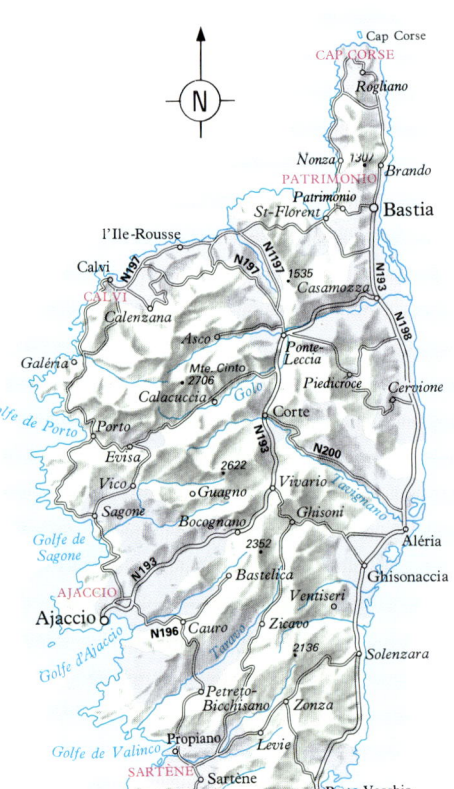

Hinter dem Pozzo di Borgo, der Anhöhe über der Hauptstadt Ajaccio, türmt sich die gebirgige Mitte Korsikas bis zu schneebedeckten Gipfeln auf. Alle Weinbaubereiche liegen in den Küstengebieten.

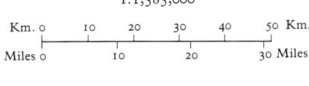

Deutschland

Deutschland

Deutschlands beste Weinberge liegen so weit im Norden, wie man überhaupt nur Trauben zur Reife bringen kann. Oft ist ihr Boden für normale landwirtschaftliche Nutzung ungeeignet: Gäbe es die Rebe nicht, wären an ihrer Stelle Wälder und kahles Bergland. Alles in allem scheinen sie kaum dazu bestimmt, den besten Weißwein der Welt hervorzubringen. Und dennoch gelingt ihnen das zuweilen, und dann verleihen sie diesem Wein einen Charakter, den kein Wein der Welt nachahmen kann.

Sein Geheimnis liegt in der Ausgewogenheit von Süße und Säure. Diese Ausgeglichenheit erlaubt die vollendete Verschmelzung der Extraktstoffe und des Bodengeschmacks, deren Zusammenspiel man gewöhnlich «Rasse» nennt. Deutsche Weine weisen dies besonders ausgeprägt auf, weil ihr Alkoholgehalt niedrig ist; sie sind nicht so körperreich, dafür aber auf der Zunge transparenter; daher entfalten sie in ihrer Mehrzahl einen großartigen Bukettfächer.

Große deutsche Weine haben so viel Charakter, Charme und Faszinationskraft, daß man sie in ihrer Herrlichkeit am besten für sich allein und nicht wie die meisten sonstigen Weine zum Essen genießt. Anstatt dies jedoch als eine Besonderheit zu schätzen, wird es heute als kommerzielles Handicap angesehen.

Seit die Mode der trockenen Weine Anfang der 1980er Jahre einsetzte, sind aus den ersten dünnen Erzeugnissen (ein völlig trockener Kabinett von der Mosel beispielsweise kann recht sauer sein) inzwischen Weine von fester, überzeugender Eleganz, vor allem bei trockenen Spätlesen, geworden. Dennoch hat sich die Welt draußen bislang nicht für sie erwärmt. Hier liegt eine Aufgabe, der sich eine neue Winzergeneration tatkräftig mit Weinen von erregender Vitalität stellt. Es ist eine Tragödie, daß sie durch die vom Staat praktizierte Bevorzugung der Massenproduktion benachteiligt und entmutigt wird. Sogar das deutsche Weinetikett, das aussagekräftigste der Welt, ist zu einem guten Teil schuld an den Problemen des Weinbaus (siehe auch Seite 168).

Die deutschen Weinberge liegen vorwiegend am Rhein und seinen Nebenflüssen. Im äußersten Süden sind sie mehr oder weniger locker in die Landschaften eingestreut, am dichtesten beieinander finden sie sich in Rheinland-Pfalz nahe der französischen Grenze. Auf den folgenden Seiten sind alle wichtigen Bereiche in Karten wiedergegeben.

Der Riesling (Seite 24) ist Deutschlands große Traube: Die meisten deutschen Spitzenweine sind Rieslinge, und die besten Lagen an Mosel, Saar, Ruwer, im Rheingau, an der Nahe und in der Pfalz sind fast ausschließlich mit dieser Rebsorte besetzt.

Als Preis für die hohe Qualität muß allerdings ein geringer Ertrag und das Risiko, das mit einer spät reifenden Traube nun einmal verbunden ist, in Kauf genommen werden. Eine größere, nicht so risikobehaftete Erzeugung versucht sich der deutsche Winzer mit Hilfe der Müller-Thurgau-Traube zu sichern, einer vor 100 Jahren entstandenen Kreuzung zwischen Riesling und Silvaner. Der Müller-Thurgau schwingt sich nur selten zu großen Höhen auf, ausgenommen bei sehr später Lese in besonders günstigen Jahren. Ihm fehlt es am herrlich reinen «Nerv», am Rückgrat aus fruchtiger Säure und am vollen, blumigen Bukett des Rieslings. Nichtsdestoweniger sind mit ihm 25 000 Hektar Rebfläche besetzt.

Der Silvaner ist weit zurückgefallen, auf etwa 9000 Hektar. Darunter befinden sich allerdings die besten Lagen Frankens, wo der Silvaner besseren Wein erbringt als der Riesling, und auch ganz ausgezeichnete Lagen in Rheinhessen und Baden.

Neuzüchtungen (siehe Seite 26) sind zu Anfang der 1980er Jahre vor allem in Rheinhessen und der Pfalz groß in Mode gewesen. Zwei Erscheinungen haben die erste Begeisterung inzwischen gedämpft: einmal ihr gelegentlich aufdringliches Aroma und andererseits die Erfahrung, daß sie in sehr kalten Wintern nicht so widerstandsfähig wie der Riesling ist.

Die Hauptquellen für Rotwein sind der Spätburgunder (der Pinot Noir aus Burgund), der Portugieser und, in Württemberg, der Trollinger. Nur im Ahrtal in der Nähe von Bonn wird mehr Rotwein als Weißwein angebaut.

Das deutsche Weingesetz sieht keine Klassifizierung der Lagen vor. Nach der amtlichen Theorie kann jede deutsche Lage Spitzenweine hervorbringen. Das Gesetz legt statt dessen das Hauptaugenmerk auf den Reifegrad: auf das Mostgewicht als Maß des Traubenzuckergehalts zur Lesezeit. Auf Seite 26 wird das System erläutert.

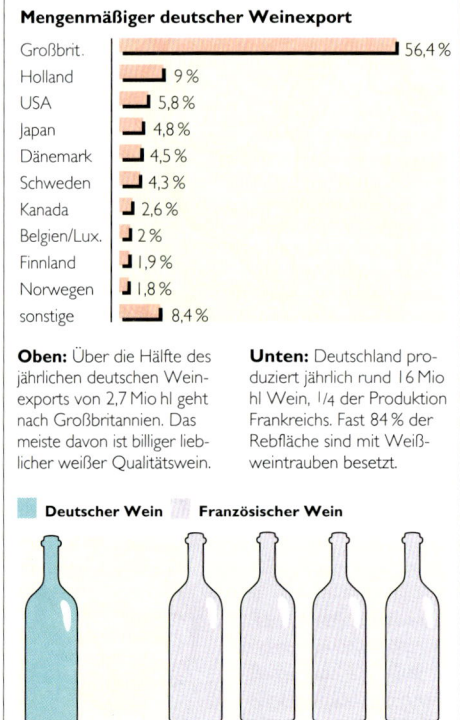

Mengenmäßiger deutscher Weinexport

Großbrit. — 56,4 %
Holland — 9 %
USA — 5,8 %
Japan — 4,8 %
Dänemark — 4,5 %
Schweden — 4,3 %
Kanada — 2,6 %
Belgien/Lux. — 2 %
Finnland — 1,9 %
Norwegen — 1,8 %
sonstige — 8,4 %

Oben: Über die Hälfte des jährlichen deutschen Weinexports von 2,7 Mio hl geht nach Großbritannien. Das meiste davon ist billiger lieblicher weißer Qualitätswein.

Unten: Deutschland produziert jährlich rund 16 Mio hl Wein, 1/4 der Produktion Frankreichs. Fast 84 % der Rebfläche sind mit Weißweintrauben besetzt.

■ Deutscher Wein   □ Französischer Wein

Freilich behauptet niemand im Ernst, daß alle deutschen Weinberge eine gleich gute Lage und gleich guten Boden hätten. Da sich das Weingesetz in diesem Punkt ausschweigt, hat sich inzwischen eine inoffizielle Klassifizierung der deutschen Weinlagen herausgeschält. In den Karten dieser Ausgabe sind die Spitzenlagen erstmals eindeutig gekennzeichnet. Der Verband Deutscher Prädikatsweingüter (VDP) hat gemeinsam mit örtlichen Organisationen und Experten wesentlich zu der Erstellung dieser ganz neuen Karten beigetragen, die in künftigen Ausgaben noch vertieft werden sollen. Verschiedene physikalische Einflüsse sind in den Karten auf den nächsten Seiten veranschaulicht. Die daran anschließenden Detailkarten zeigen die Gebiete, wo die Winzer aus jahrtausendealter Erfahrung gelernt haben, welche Rebsorten sich für welche Stellen am besten eignen. Nur selten kommt es vor, daß aus einer Gegend, von der man es nicht erwartet hatte, ein erstklassiger Wein in Erscheinung tritt.

Außer den auf Seite 168 erläuterten Bestimmungen über die Weinetiketten sind auch die folgenden Informationen für das Verständnis der Karten wichtig.

Die kleinste vom Gesetz anerkannte Einheit (selten unter 5 ha) ist die **Einzellage**. Unsere Klassifizierung berücksichtigt nur Einzellagen. Durch das Weingesetz von 1971 wurden viele stark erweitert; Meinungsverschiedenheiten über die «wahren» Grenzen machen die Klassifizierung schwierig.

Eine **Großlage** umfaßt mehrere benachbarte (aber nicht unbedingt aneinander angrenzende oder in demselben Ort gelegene) Einzellagen, deren Qualität als gleich gilt. Eine Großlage trägt gewöhnlich den Namen ihrer früher berühmtesten Einzellage. Aus dem Etikett geht nicht hervor (es ist auch nicht zulässig), ob es sich um eine Großlage oder eine Einzellage handelt. Hier liegt eine große Schwäche des deutschen Weingesetzes, denn nur von ganz wenigen kann man erwarten, daß sie im Gedächtnis behalten können, welcher von mehreren ganz ähnlichen Namen sich auf eine Einzellage bezieht und welcher nicht. Aus den Karten wird das klar. Nur selten wird ein Wein der Spitzenklasse unter einem anderen Namen als dem seiner Einzellage verkauft. Viele qualitätsbewußte Erzeuger wünschen den Großlagen ein baldiges Ende und würden deren Namen nie benutzen.

Die nächstgrößere geographische Einheit ist der **Bereich**. Beispielsweise fällt die gesamte mittlere Mosel in den Bereich Bernkastel, der gesamte Rheingau in den Bereich Johannisberg. Auch hier ist Kritik am Gesetz zu üben: Zumindest die meisten ausländischen Kunden dürften wahrscheinlich dem Irrtum verfallen, daß sie einen Bernkasteler oder einen Johannisberger erstehen.

Für den neu geschaffenen Landwein wurde ein geographisches Konzept erdacht, das die Bereiche übergreift. Der Landwein ist theoretisch dasselbe wie der französische «Vin de pays», d. h. ein besonders einfacher Wein, jedoch von sauberer Qualität.

Die größte Einheit ist das **Anbaugebiet**, z. B. Nahe, Mosel-Saar-Ruwer, Rheinhessen, Pfalz.

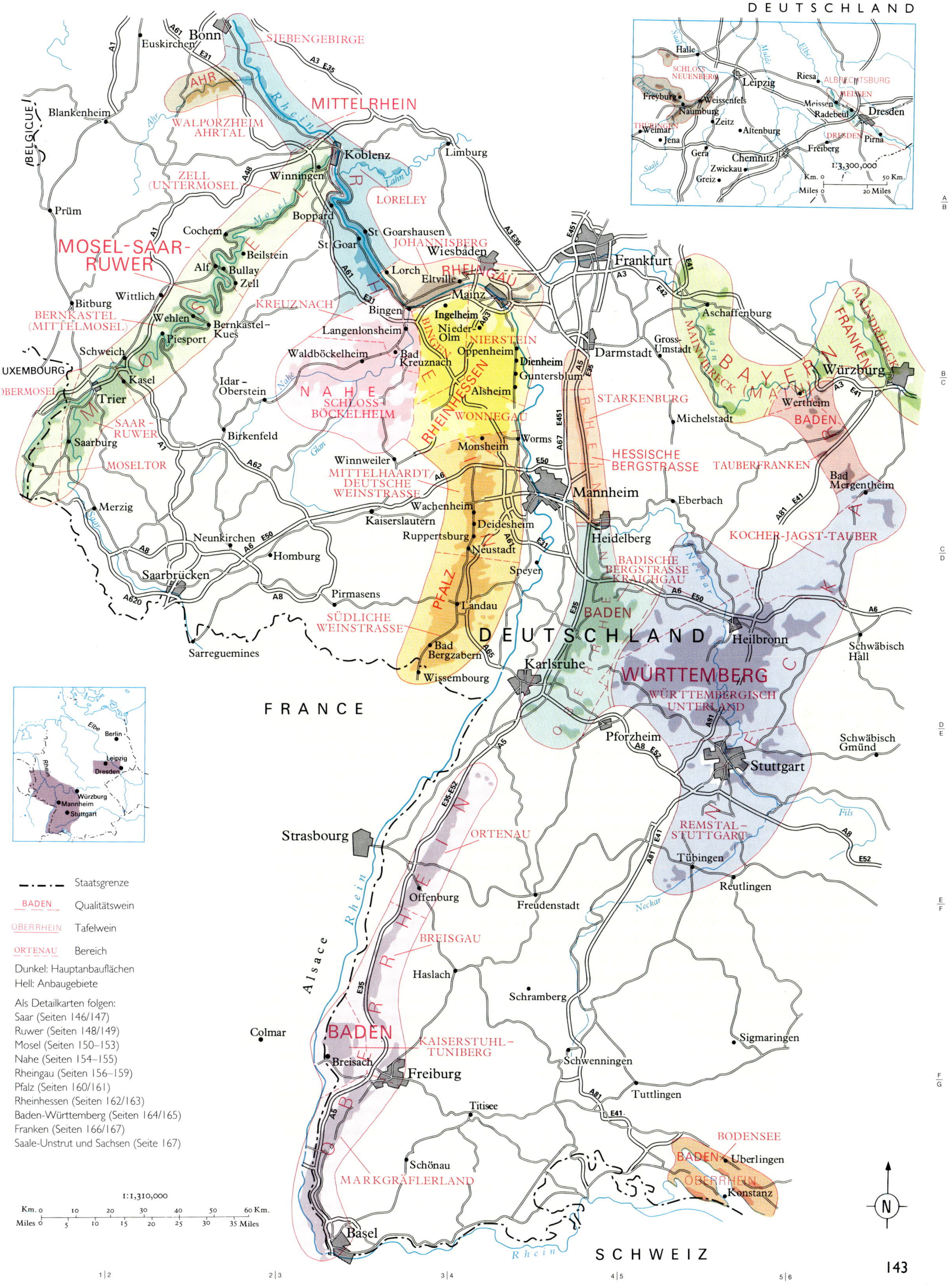

Deutschland

Weinanbaugebiete

Anbaugebiete (Qualitätswein):
- Ahr
- Mittelrhein
- Mosel-Saar-Ruwer
- Rheingau
- Nahe
- Rheinhessen
- Pfalz
- Hessische Bergstrasse
- Franken
- Baden
- Württemberg
- Saale-Unstrut
- Sachsen

Bereiche u.a.:
- Walporzheim/Ahrtal
- Siebengebirge
- Loreley
- Zell (Untermosel)
- Bernkastel (Mittelmosel)
- Saar-Ruwer
- Obermosel
- Moseltor
- Johannisberg
- Kreuznach
- Schloss Böckelheim
- Bingen
- Nierstein
- Wonnegau
- Starkenburg
- Mittelhaardt/Deutsche Weinstrasse
- Südliche Weinstrasse
- Mainviereck
- Maindreieck
- Tauberfranken
- Kocher-Jagst-Tauber
- Württembergisch Unterland
- Remstal-Stuttgart
- Badische Bergstrasse-Kraichgau
- Ortenau
- Breisgau
- Kaiserstuhl-Tuniberg
- Markgräflerland
- Bodensee
- Schloss Neuenburg
- Thüringen
- Dresden
- Meissen
- Albrechtsburg

Zeichenerklärung

- —·—·— Staatsgrenze
- BADEN — Qualitätswein
- OBERRHEIN — Tafelwein
- ORTENAU — Bereich
- Dunkel: Hauptanbauflächen
- Hell: Anbaugebiete

Als Detailkarten folgen:
- Saar (Seiten 146/147)
- Ruwer (Seiten 148/149)
- Mosel (Seiten 150–153)
- Nahe (Seiten 154–155)
- Rheingau (Seiten 156–159)
- Pfalz (Seiten 160/161)
- Rheinhessen (Seiten 162/163)
- Baden-Württemberg (Seiten 164/165)
- Franken (Seiten 166/167)
- Saale-Unstrut und Sachsen (Seite 167)

Maßstab: 1:1,310,000 (Hauptkarte); 1:3,300,000 (Nebenkarte Sachsen)

143

Deutschland: Qualitätsfaktoren

Legt man in Burgund das Hauptgewicht auf den Boden und das Mikroklima und in Bordeaux auf die Drainagebedingungen, so ist in Deutschland das Wetter entscheidend. Jeden nur erdenklichen Aspekt des Wetters untersucht man hier auf seinen möglichen Einfluß auf den Zuckergehalt der Trauben.

Die Karte unten zeigt die Niederschlagsmengen in der Vegetationszeit und die Sonneneinstrahlung der führenden deutschen Weingebiete. Auf der Seite gegenüber sind einige Ergebnisse der wohl gründlichsten Untersuchung wiedergegeben, die man jemals der Weinqualität gewidmet hat: Die hessische Landesregierung gab viel Geld für eine sich über Jahre erstreckende Untersuchung des Rheingaus aus. Die Untersuchung hat für jedes Stückchen Rebfläche den Bodentyp ermittelt, ebenso die Sonneneinstrahlung, den Wind, die Spätfröste, die im Mai die Blüte stören können, sowie die Frühfröste, die im September die Blätter vernichten und den Reifeprozeß der Trauben unterbinden können. Schließlich bestimmte man diejenigen Gegenden, in denen der Wein am besten ausfallen *müßte* (letzte Karte).

Der Rüdesheimer Berg am Ende des Rheingaus ist die einzige Lage, die im Eignungstest (Karte 5) die Note «ausgezeichnet» erreicht. In jeder Karte aber fällt eine gleichbleibende Reihe von Lagen in einer bestimmten Höhe immer wieder auf. Dazu gehören die meisten Lagen im Rheingau, die höchste Preise erzielen: der Rüdesheimer Berg, Schloß Johannisberg, Schloß Vollrads, der Steinberg, die Südhänge von Kiedrich und Rauental und auch die am meisten ins Auge fallende Lage unten am Fluß, die anerkannte Spitzenlage Marcobrunn bei Erbach. Ein Vergleich mit den Karten auf Seiten 156–159 ist recht aufschlußreich.

Schwer zu begreifen ist nun, warum Deutschland angesichts so klarer Hinweise auf die von der Natur begünstigten Lagen und einer derart langen Geschichte der nach allen Maßstäben – vom höchsten Mostgewicht bis zum höchsten Preis – feinsten Weine immer wieder vor dem logischen Schritt, seine Weinlagen in Qualitätsklassen einzustufen, zurückscheut. Man mag einwenden, daß in verschiedenen Gegenden Deutschlands unterschiedliche Kriterien gelten oder angewandt werden müssen. Man mag ferner einwenden, daß ein schlechter Kellermeister auch von den feinsten Trauben schlechten Wein machen könne, oder gar, daß ein guter Kellermeister selbst aus geringem Material Kostbares zu schaffen imstande sei.

Die heutige Abneigung des Staats gegenüber einer Klassifizierung scheint aus einem falschen Demokratieverständnis herzurühren: Klassifizieren sei elitär, undemokratisch. Nun ist aber Qualität ihrer Natur nach elitär, und die Weigerung, dies anzuerkennen, führt zu nichts als zu Fehlverständnis und Verwirrung. Es geschieht in der Hoffnung, einen Fingerzeig auf eine Klassifizierung zu geben, die vielleicht zum Nutzen der Verbraucher deutscher Weine und des Weinbaus insgesamt doch noch zustande kommen mag, daß in diesem Atlas die jeweils besten Weinlagen deutlich hervorgehoben werden.

Rechts: Eine Analyse des großartigsten deutschen Anbaugebiets. Das Hessische Landesamt für Bodenforschung verzeichnete auf diesen Karten des Rheingaus die Boden-, Sonnen-, Frost- und Windverhältnisse, d. h. die für die Weinqualität bedeutsamen Faktoren. Sie sind hier mit freundlicher Genehmigung der Standortkartierung der hessischen Weinbaugebiete wiedergegeben. Die unterste Karte stellt den ersten in Deutschland unternommenen Versuch dar, Weinberge anhand der in den übrigen Karten verzeichneten Werte zu klassifizieren.

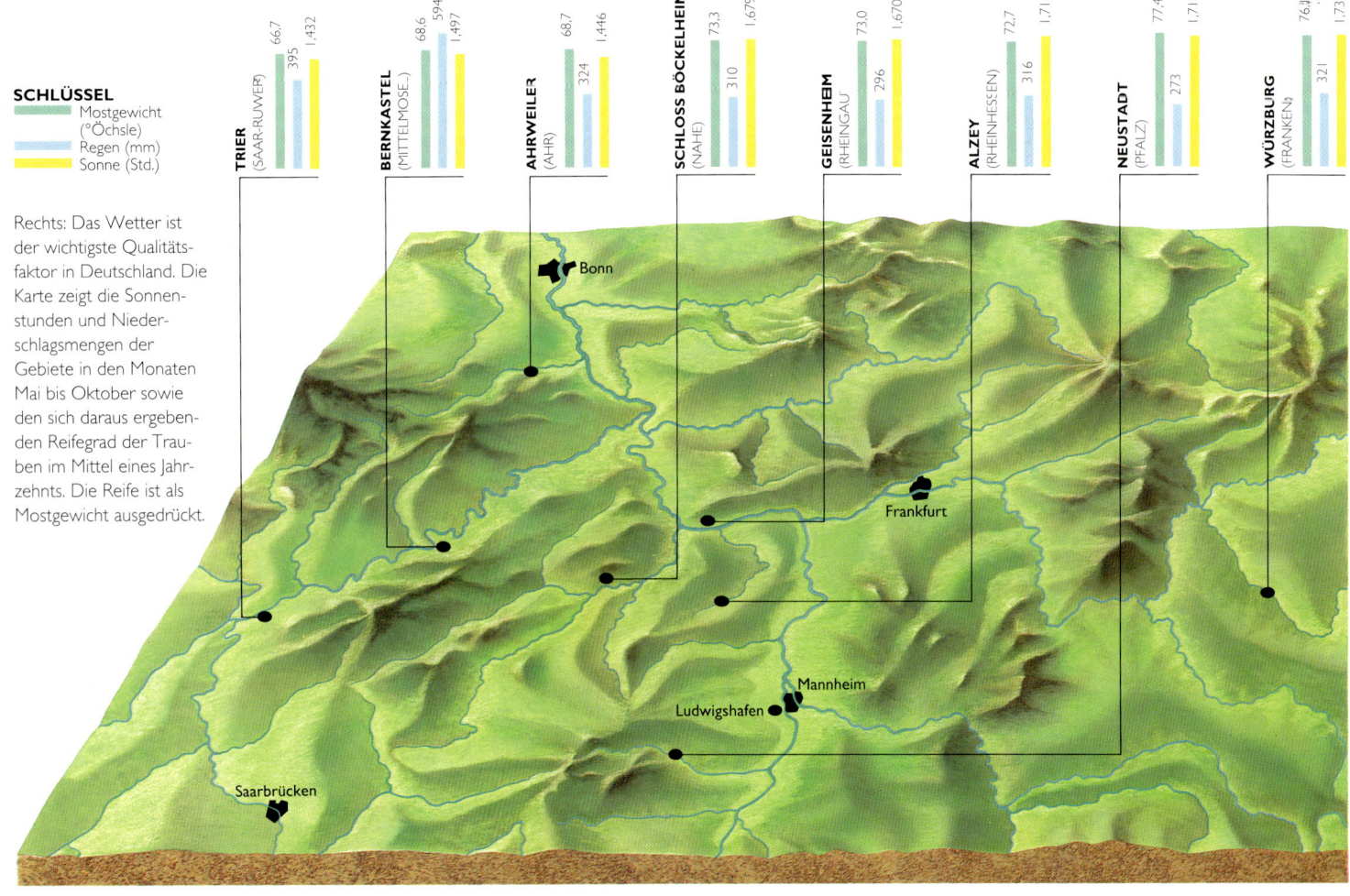

Rechts: Das Wetter ist der wichtigste Qualitätsfaktor in Deutschland. Die Karte zeigt die Sonnenstunden und Niederschlagsmengen der Gebiete in den Monaten Mai bis Oktober sowie den sich daraus ergebenden Reifegrad der Trauben im Mittel eines Jahrzehnts. Die Reife ist als Mostgewicht ausgedrückt.

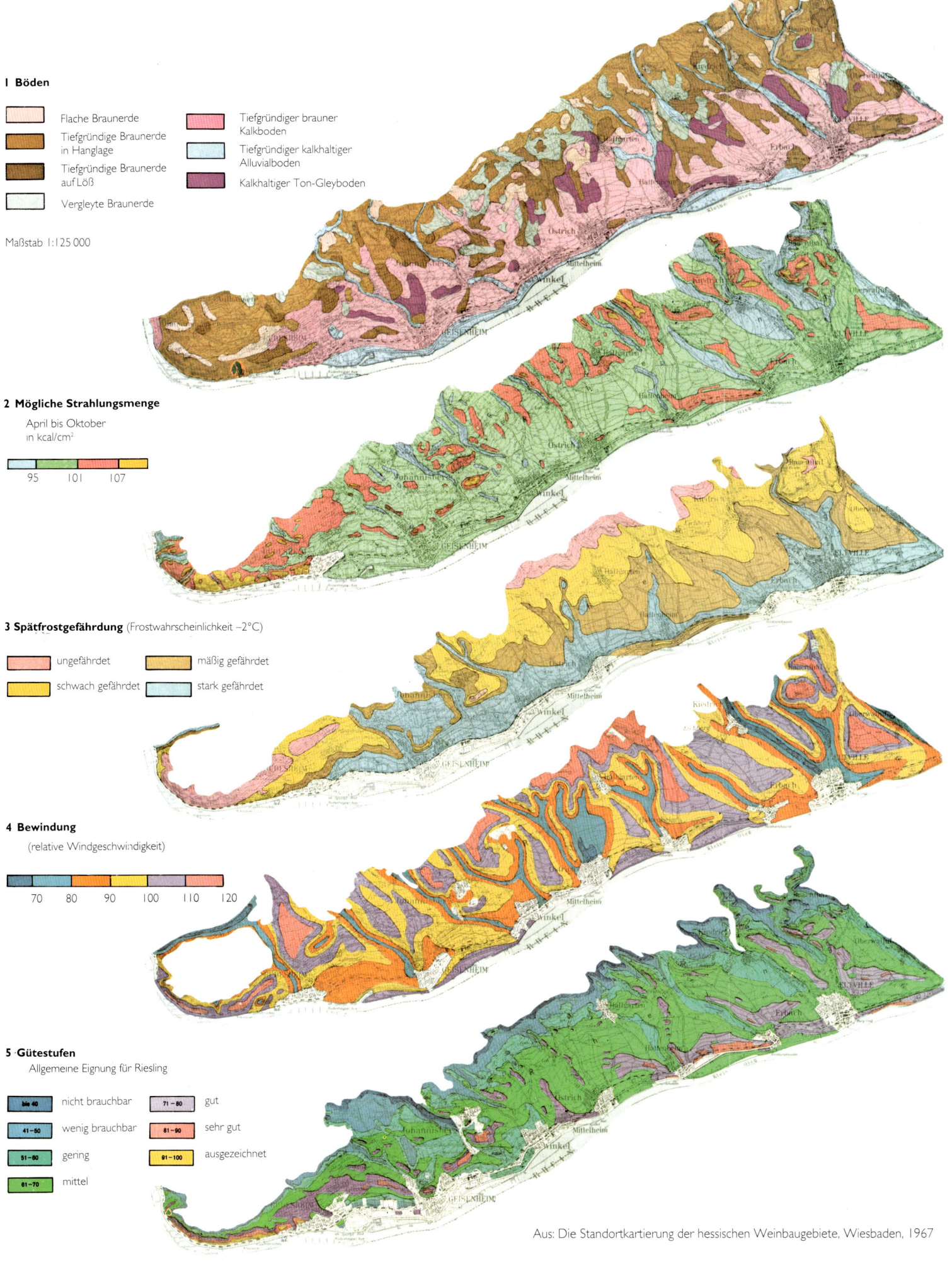

Saar

 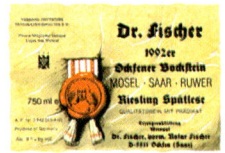
 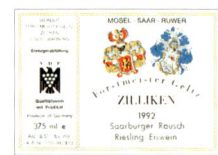

Das würdige alte Herrenhaus des Scharzhofs, des berühmten Guts von Eugen Müller, steht am Fuß der Scharzhofberge bei Wiltingen. In seinen Kellern liegen manche der exquisitesten stahlig-süßen Rieslinge der Welt: Scharzhofberger Auslese mit Goldkapsel.

Eher würdevoll als elegant sind die Etiketten einiger der berühmtesten Weingüter an der Saar. Saarweine brauchen eine gewisse Süße, um ausgewogen zu wirken; trockene Kabinett- oder Spätleseweine wären mit ihrer ausgesprochen stahligen Säure kaum ein Genuß.

Kein Anbaugebiet zeigt die Probleme und Triumphe des deutschen Weins besser auf als das Tal der Saar. Hier, in diesem kühlen Winkel Deutschlands, wird der Kampf um den Zucker in den Trauben am hartnäckigsten geführt. Und nur in drei oder vier von zehn Jahren wird er ganz gewonnen (die dichte Folge guter Jahrgänge in 1988, 1989, 1990 und 1992 war eine Ausnahmeerscheinung). Wenn es aber gelingt, dann entsteht hier einer der überragenden Weißweine der Welt, der Schluck für Schluck bezaubert.

600 Hektar Rebfläche besitzt das Tal. Es ist eine stille Bauernlandschaft, und man will kaum glauben, daß unweit flußaufwärts die Hochöfen des saarländischen Industrierreviers rauchen. Aus der Karte wird klar ersichtlich, wie die südwärts geneigten Hänge – fast alle auf Bergflanken dicht am Fluß – den Reben höchste Sonneneinstrahlung gewähren.

Wie in den besten Mosellagen wächst auch hier auf Schieferboden der Riesling. Die Eigenschaften des Moselweins – feine Säure und ein wunderbares Zusammenspiel von Honigduft und stahliger Eleganz – können im Saarwein ihren Höhepunkt erreichen, doch liegt der Akzent mehr auf dem Stahligen. In schlechten Jahren fällt er dagegen so mäßig aus, daß selbst die besten Weingüter ihren Wein nur an die Sekthersteller verkaufen können. Scheint jedoch die Sonne und reift der Riesling weit bis in den Oktober oder gar November hinein, dann käme der blumige, honigsüße Duft allzu üppig in den Vordergrund, wäre da nicht die apfelfrische Säure als kräftiges Gegengewicht. In solchen Jahren beweist die Saar ihre wahre Größe mit unwiderstehlichen Weinen.

Ganz überragende Lagen sind hier selten. Die meisten davon gehören wohlhabenden und alten Weingütern, die es sich leisten können, auf gute Jahre zu warten und daraus dann das Beste zu machen. Die Etiketten der führenden Häuser – nüchtern im Vergleich zu den blumenreichen Kreationen einiger anderer deutscher Gebiete – sind auf dieser und der folgenden Seite abgebildet. Eines der ersten staatlichen Weingüter hat hier seine Weinberge – der Verwaltungssitz befindet sich jedoch in Trier. Seine Lagen in Ockfen und Serrig sind berühmt.

Das bekannteste Weingut an der Saar gehört Egon Müller, dessen Haus auf der Karte als Scharzhof am Fuß des Scharzhofberges bei Wiltingen erscheint. Zu den anderen Besitzern von Lagen am Scharzhofberg zählt auch die «Hohe Domkirche» zu Trier, die das Wort «Dom» den Namen ihrer Weingärten hinzufügt. Egon Müller verwaltet auch das Weingut La Gallais mit seiner berühmten Lage Braune Kupp am anderen Ende von Wiltingen. Für besonders gute Weine bekannt sind auch die Lagen Ayler Kupp und Herrenberger, Ockfener Bockstein, Wawerner Herrenberger und Falkensteiner Hofberg. Die Großlage für das gesamte Gebiet der Saar heißt (Wiltinger) Scharzberg; leider gibt das Anlaß zu Verwechslungen mit dem großen Scharzhofberg.

Viele Weinberge an der Mosel und besonders an der Saar gehören einem Kreis wohltätiger und religiöser Einrichtungen in Trier. Das Friedrich-Wilhelm-Gymnasium, das Bischöfliche Konvikt, das Bischöfliche Priesterseminar, die Vereinigten Hospizien sind zusammen mit dem Dom alle bedeutende Weinerzeuger. Die beiden bischöflichen Institutionen und der Dom verwalten ihren Besitz von insgesamt 105 Hektar hier und da an der mittleren Mosel gemeinsam unter dem Namen Bischöfliche Weingüter. In ihren tiefen, feuchten Kellern in der Stadt lernt man verstehen, daß aus dem Handeln mit Wein wohltätiges Handeln erwachsen kann.

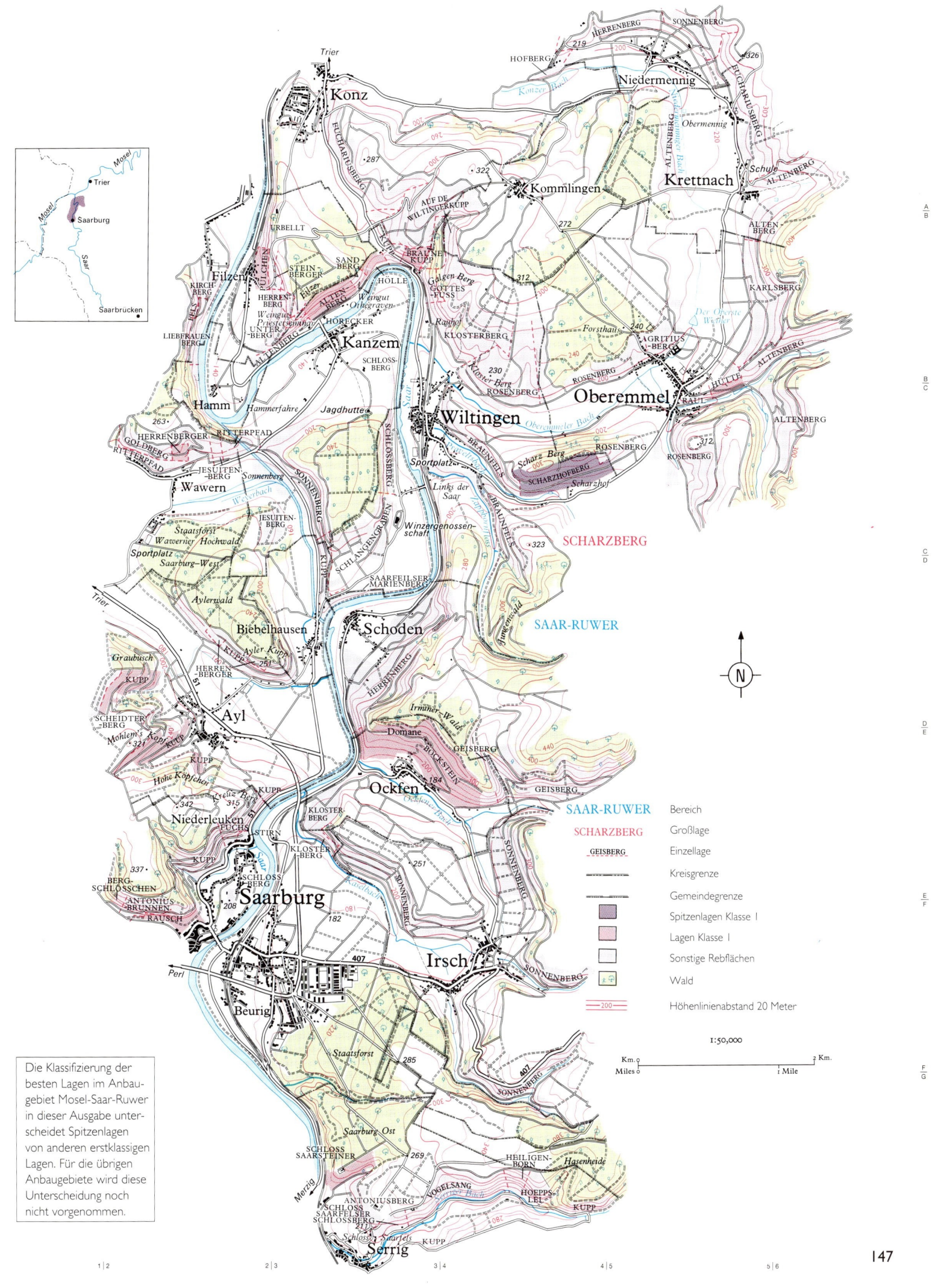

Ruwer

Die Ruwer ist nur ein Bach und ihre Anbaufläche nur halb so groß wie die einer einzigen Gemeinde an der Côte d'Or. In manchen Jahren fällt der Ruwer-Wein zum großen Teil unbefriedigend aus. Doch wenn die Voraussetzungen zusammenstimmen, entstehen hier höchst delikate, zarte, unendlich feine und subtile Weine.

Waldrach, der erste Weinort, hat guten, leichten Wein vorzuweisen. Kasel erbringt dagegen in warmen Jahren wahrhaftig große Weine; das Weingut von Kesselstatt und das Bischöfliche Weingut Trier haben hier Besitzungen. Mertesdorf und Eitelsbach sind zwar keine berühmten Namen, verfügen aber beide über je eine hervorragende Lage im Besitz eines der besten Weinerzeuger der Welt. In Mertesdorf steigt der Weinberg Maximin Grünhaus am linken Ufer auf. Der größere Teil heißt Herrenberg, der obere, bessere Teil Abtsberg und der ungünstiger gelegene Teil Bruderberg. Auf der anderen Talseite liegt der Karthäuserhofberg mit einem Gutshaus inmitten eines Parks. Die Unterteilung des Bergs geht aus der Karte hervor.

Moselaufwärts kommt man in die bedeutende, auf römische Ursprünge zurückgehende Weinstadt Trier mit Avelsbach, dessen Weinlagen der Staatsdomäne und der Hohen Domkirche gehören, sowie dem berühmten Tiergarten, einem vorzüglichen Weinberg. Der Wein von Avelsbach ist dem von der Ruwer recht ähnlich, überaus delikat, höchstens noch blumiger und ansprechender.

Das schöne altmodische Etikett (oben) und das Weingut Maximin Grünhaus (unten). Links im Hintergrund sieht man Kasel, dahinter Waldrach.

DEUTSCHLAND

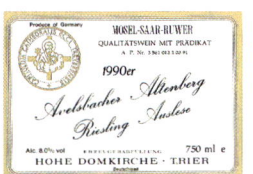  

Oben: Das Etikett des Eitelsbacher Karthäuserhofberg wird am Hals der Flasche angebracht.
Rechts: Weingüter an der Ruwer, teils in Trierer Kirchenbesitz (Avelsbach und Eitelbach gehören heute zur Stadt Trier).

Kasel an der Ruwer begrüßt wie alle Weinorte in Deutschland den Besucher und lädt zu Weinproben ein.

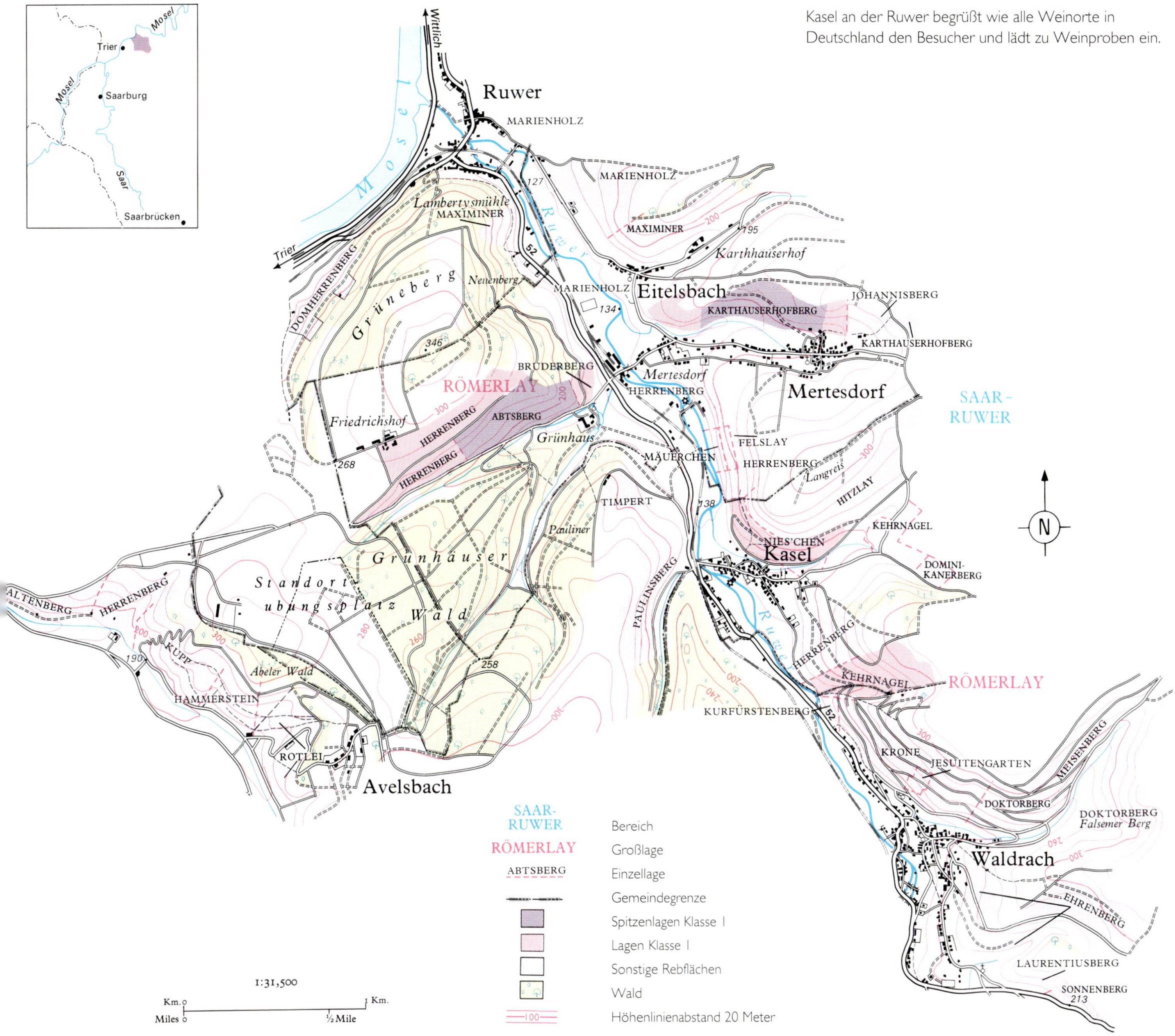

Die mittlere Mosel: Piesport

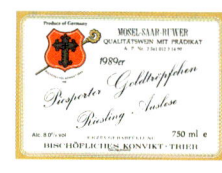

Ganz links: Blick auf Piesport aus der Lage Goldtröpfchen. Am jenseitigen Ufer befindet sich auf flachem Grund die Lage Piesporter Treppchen, deren Wein (meist Müller-Thurgau) keinen Vergleich mit den Rieslingen von den Steilhängen aushält.

Links: Piesport ist Dreh- und Angelpunkt des oberen Teils der mittleren Mosel. Viel Wein aus der näheren und weiteren Umgebung darf sich mit dem weltberühmten Namen des Weinorts schmücken. Winzer, die genug Selbstvertrauen und Stolz besitzen, um ihre Gewächse unter nicht ganz so renommierten Ortsnamen (z. B. Trittenheim, Leiwen oder Neumagen) zu verkaufen, haben oft interessanteren Wein (und obendrein noch preiswürdiger) zu bieten.

Die Mosel ist von ihrem Quellgebiet in den Vogesen bis zu ihrer Einmündung in den Rhein bei Koblenz von Reben begleitet. An der französischen Moselle wachsen nur leichte Weine ohne große Bedeutung; in Luxemburg werden größere Mengen Wein, hauptsächlich von den Sorten Rivaner und Elbling, erzeugt: leicht, oft spritzig und sehr erfrischend. Nur im mittleren Abschnitt der deutschen Mosel bieten die imposanten Talwände aus Schiefer ideale Bedingungen für die Riesling-Rebe. Hier am 65 km langen Mittelstück des in schlangengleichen Windungen dahinziehenden Flusses wachsen die großen Weine der Mosel.

Die Mosel-Weine unterscheiden sich mehr untereinander als etwa die Burgunder von der Côte d'Or. Je steiler das Ufer, desto besser gerät der Wein an den Süd-, Südost- oder Südwesthängen aus reinem Schiefer.

Das Gebiet der mittleren Mosel ist nicht offiziell abgegrenzt. Auf den Karten haben wir es über die zentralen und bekanntesten Orte hinaus erweitert und einige Weindörfer hinzugenommen, deren Weine oft unterbewertet werden. Der erste solche Ort ist Klüsserath. Die Lage Bruderschaft liefert typischen, guten Moselwein. Ihre steilen Hänge erstrecken sich von Süden nach Südwesten.

Der Landzunge mit Trittenheim an der Spitze liegt das Dorf Leiwen gegenüber, das an der sanft abfallenden Lage Laurentiuslay Anteil hat. Bis hierher heißt die Großlage St. Michael.

Die besten Lagen von Trittenheim tragen die Namen «Apotheke» und «Altärchen». Dies sind die ersten Moselweinberge, die einen wirklich rassigen Wein hervorbringen, einen Wein, der stets fein und leicht ist und doch niemals schwächlich. In einem Jahr wie 1990, wenn die Weine von Saar und Ruwer zu Deutschlands besten heranreifen, sind die Trittenheimer etwas ganz Besonderes.

Neumagen, Schiffsanlegestelle der Römer, bewahrt auf seinem kleinen Marktplatz die römische Skulptur eines mit Fässern beladenen, von Galeerensklaven gesteuerten Moselweinschiffs. Bekannter sind die Weine aus Dhron. Gerade hier am Nebenfluß Dhron findet man steilste Hänge und beste Lagen, vor allem Hofberger.

Piesport genießt einen besonderen Ruf. Es ist ideal gelegen: in einem 3 km langen und 170 m hohen «Amphitheater», das sich genau nach Süden öffnet. Der Name «Goldtröpfchen» – das ist die Lage am Hang oberhalb des Orts und um ihn herum – ist für runden Wein mit sanfter Honigsüße, zauberhafter Duftigkeit und Rasse weltberühmt. Die ausgedehnte Anbaufläche Piesporter Treppchen am gegenüberliegenden Ufer erreicht nicht ganz den Rang des Goldtröpfchens.

Die Großlage an diesem Teil des Flusses – zwischen Trittenheim und Minheim – heißt Michelsberg. «Piesporter Michelsberg» ist daher durchaus nicht unbedingt Piesporter – ein typisches Beispiel dafür, wie das Gesetz den Verbraucher irreführt. Auch aus Minheim, Wintrich und Kesten kommen feine Weine, aber auf diesem Stück des Tals gibt es keine Hänge mit vollkommener Ausrichtung auf die Sonne, außer am Beginn der großen Rampe, die gegenüber dem Ort Brauneberg zu ihrer vollen Höhe aufsteigt. In Kesten trägt sie den Namen Paulinshofberg, und in Brauneberg heißt sie Juffer – vor hundert Jahren galt ihr Wein als der großartigste Mosel, weil er dem Geschmack der Zeit entsprach.

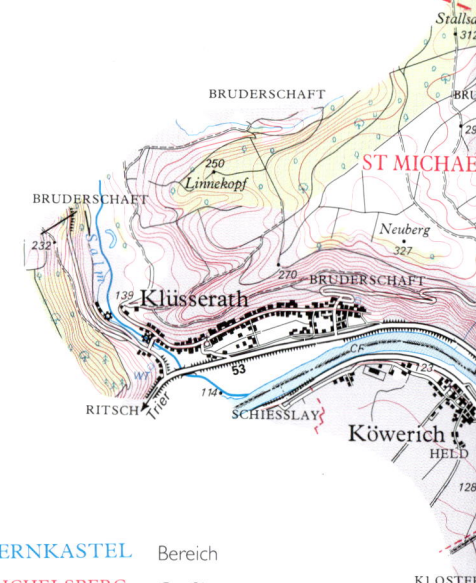

DEUTSCHLAND

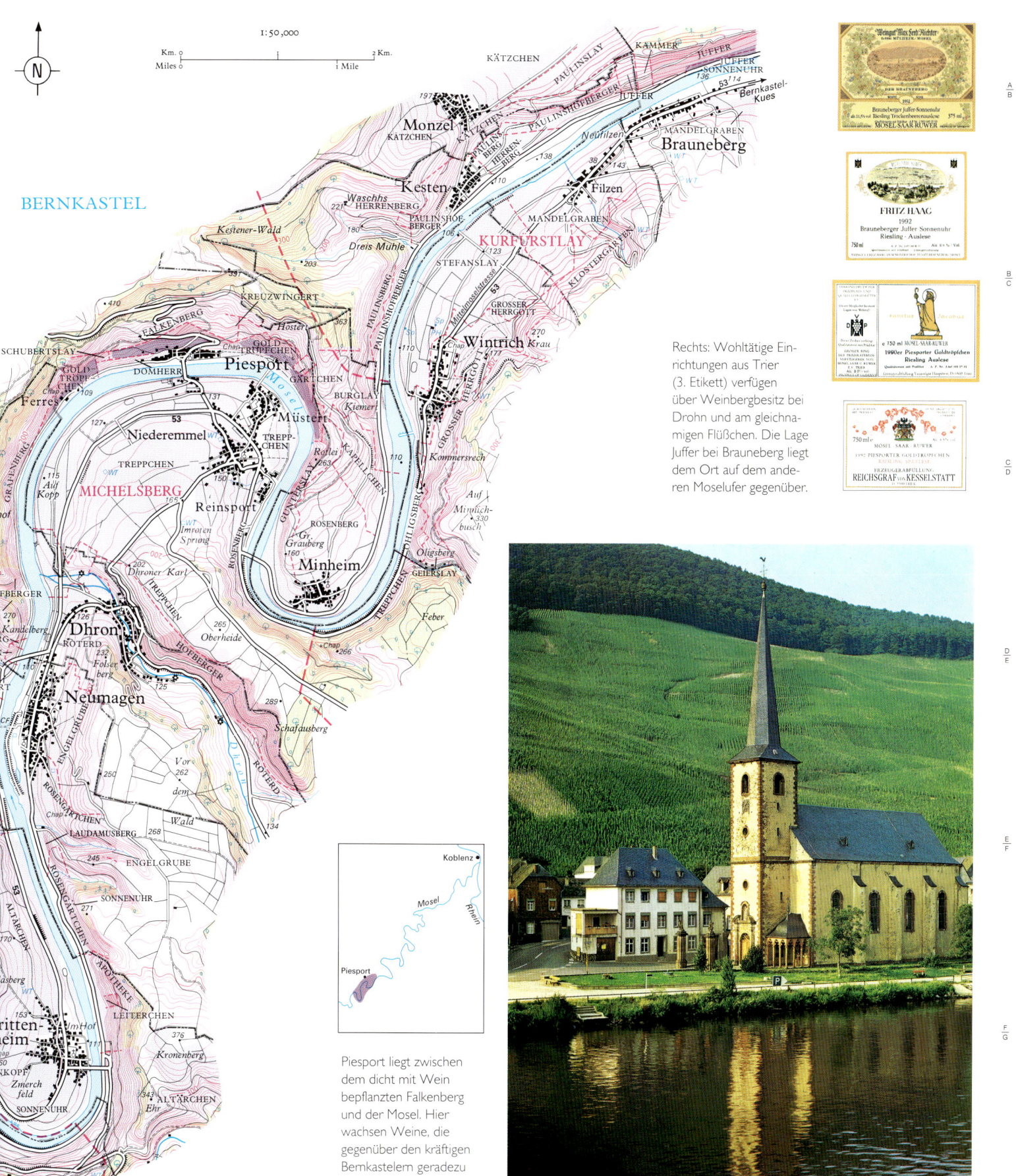

Rechts: Wohltätige Einrichtungen aus Trier (3. Etikett) verfügen über Weinbergbesitz bei Drohn und am gleichnamigen Flüßchen. Die Lage Juffer bei Brauneberg liegt dem Ort auf dem anderen Moselufer gegenüber.

Piesport liegt zwischen dem dicht mit Wein bepflanzten Falkenberg und der Mosel. Hier wachsen Weine, die gegenüber den kräftigen Bernkastelern geradezu zart wirken.

151

Die mittlere Mosel: Bernkastel

Schaut man von der Bernkasteler Brücke nach Norden, blickt man auf einen über 200 m hohen und 8 km langen Rebenwall. Zwischen Brauneberg und Kues sind die Hügel verhältnismäßig sanft. Der Kirchberg in Veldenz ist eine jener Randlagen, die wie die Trittenheimer Weinberge nach einem heißen Sommer einen herrlichen Wein hergeben.

Am bekanntesten in Lieser ist vielleicht das düstere alte Herrenhaus, das früher zum Gut der von Schorlemers am Fuß des Rosenlay gehörte. Auch hier bieten sich an den Bergen quer zum Fluß gute Südhänge dar.

Der großartigste Mosel-Weinberg erhebt sich abrupt über den Giebeln Bernkastels, der Bernkasteler Doktorberg. Auch an seiner Flanke wachsen sehr stolze Mosel-Weine, und ein Vergleich der Bernkasteler mit Graacher und Wehlener Weinen, die oft von ein und demselben Erzeuger stammen, ist faszinierend. Das Wahrzeichen des Bernkastelers ist ein Anflug von Feuerstein, der Graacher ist milder, der Wehlener voller.

Selbst der geringste dieser Weine hat eine ausgeprägte Persönlichkeit: fast wasserklar mit grünlichem Schimmer und mit Dutzenden von kleinen Bläschen auf dem Boden des Glases, dazu verströmt er einen fast überschwenglichen Traubenduft und füllt schließlich den Mund mit Säure, Süße und Wohlgeschmack zugleich. Die größten von ihnen kann man nur mit Vergleichen würdigen, die in die Welt der Musik und der Poesie gehören.

Aber der Name Bernkastel steht für sehr viel mehr Wein, als an den Hängen der Stadt tatsächlich wachsen kann. Das Gesetz deckt derlei ohne jede Scham. Bereich Bernkastel ist ein Name, der für jeden «Qualitätswein» vom mittleren Teil der Mosel erlaubt ist. Bernkastel besitzt zwei Großlagen – Badstube (ausschließlich für die fünf besten Lagen) und Kurfürstlay, die auch Weinberge in Brauneberg oder Wintrich erfaßt.

In Zeltingen hört der große Rebenwall auf; dieser Ort ist die größte Weinbaugemeinde an der Mosel und eine der besten. In Ürzig am gegenüberliegenden Ufer verleiht rötlicher Lehm, vermischt mit Schiefer, den Weinen des Würzgartens ein andersartiges, ausgeprägteres und «rassigeres» Aroma. Auf demselben Niveau wie der Ürziger steht auch der Erdener

Blick vom Schloßberg auf Bernkastel und Kues. Auf die Lage Bernkasteler Doctor folgen Graach, Wehlen und Zeltingen, alle mit intensiven, manchmal rauchigen, erdigen oder honigwürzigen Rieslingen.

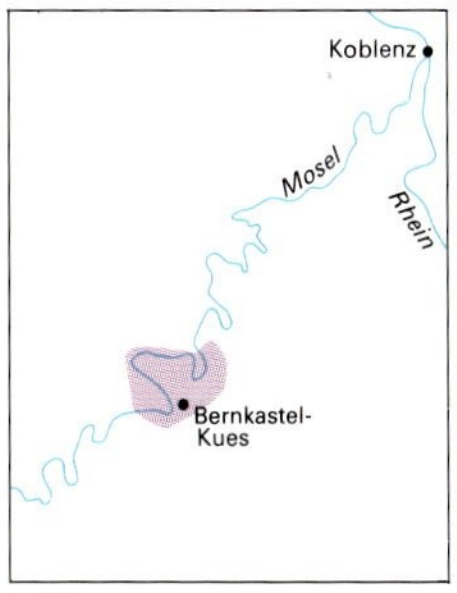

DEUTSCHLAND

(vor allem der Prälat), aber in Lösnich und Kinheim sind die Voraussetzungen schon nicht mehr so gut.

Traben und Trarbach bilden eine Gemeinde; bekannter ist der Trarbacher Wein. In Enkirch bekommt man einen runden, leichten, feinwürzigen Wein mit all der delikaten Komplexität, die den großen Ruf der Weine von der mittleren Mosel begründet hat.

Hier nun endet der mittlere Teil des Mosellaufs. Flußabwärts in Richtung Koblenz erstrecken sich weiterhin Weinberge zwischen romantischen Dörfern, doch hat hier die Symphonie des Weins einen anderen Klang.

Die Stadt Zell ist wegen ihrer Großlage Schwarze Katz überall sehr bekannt. Nicht weniger beliebt sind die Weine aus Bullay, und auch die von Neef, dessen beste Einzellage der Frauenberg ist, stehen nicht zurück. An der Untermosel wachsen viel bessere Weine, als gemeinhin bekannt ist, vor allem im Bremmer Calmont, im Merler Fettgarten und in den Winninger Lagen Brückstück und Röttgen.

Im Herzen der Mittelmosel gibt es viele erstklassige Weingüter. J. J. Prüm (unten links) ist vielleicht das angesehenste. Unten rechts: ein höchst beachtenswerter Name von der unteren Mosel bei Koblenz.

Legende:
- BERNKASTEL — Bereich
- MÜNZLAY — Großlage
- Einzellage
- Regierungsbezirk
- Kreisgrenze
- Gemeindegrenze
- Spitzenlagen Klasse I
- Lagen Klasse I
- Sonstige Rebflächen
- Wald
- Höhenlinienabstand 20 Meter

Nahe

Die Lage Kupfergrube der Staatsdomäne in Schloßböckelheim. Die Rieslinge, die hier wachsen, sind die intensivsten und doch zartesten des Nahetals.

Die Nahe wird an ihrem Lauf aus dem Hunsrück nordwärts bis zu ihrer Mündung in den Rhein bei Bingen immer wieder von Weinbergen begleitet, wo sich an ihren Ufern oder an den Zuflüssen Südhänge anbieten. An einer Stelle jedoch tritt ihr eine Sandsteinbarriere in den Weg und schafft alle Voraussetzungen für großartige Lagen.

Ihre Weine sind reintönig und fruchtig, und der Riesling entfaltet seine ganze Intensität wie an Mosel und Saar. Gleichzeitig hat er etwas von jener Geschmacksfülle, die an den Rheingau erinnert – man könnte fast meinen, seltene Mineralien, ja sogar Gold, seien in ihm gelöst.

Das Weinzentrum der Nahe ist Bad Kreuznach, die freundliche Kurstadt mit ihrem Kasino und den bizarren Salinen. In den Grenzen von Bad Kreuznach befinden sich viele der besten Weinberge und auch die meisten führenden Erzeuger. Die Südlagen Kahlenberg, Krötenpfuhl und Brückes oberhalb der Stadt bringen oft außergewöhnlichen Wein hervor. Kreuznach gibt auch dem ganzen Bereich der unteren Nahe bis an den Rhein seinen Namen. Die obere Nahe trägt den Namen Bereich Schloßböckelheim mit den Großlagen Burgweg und Kronenberg.

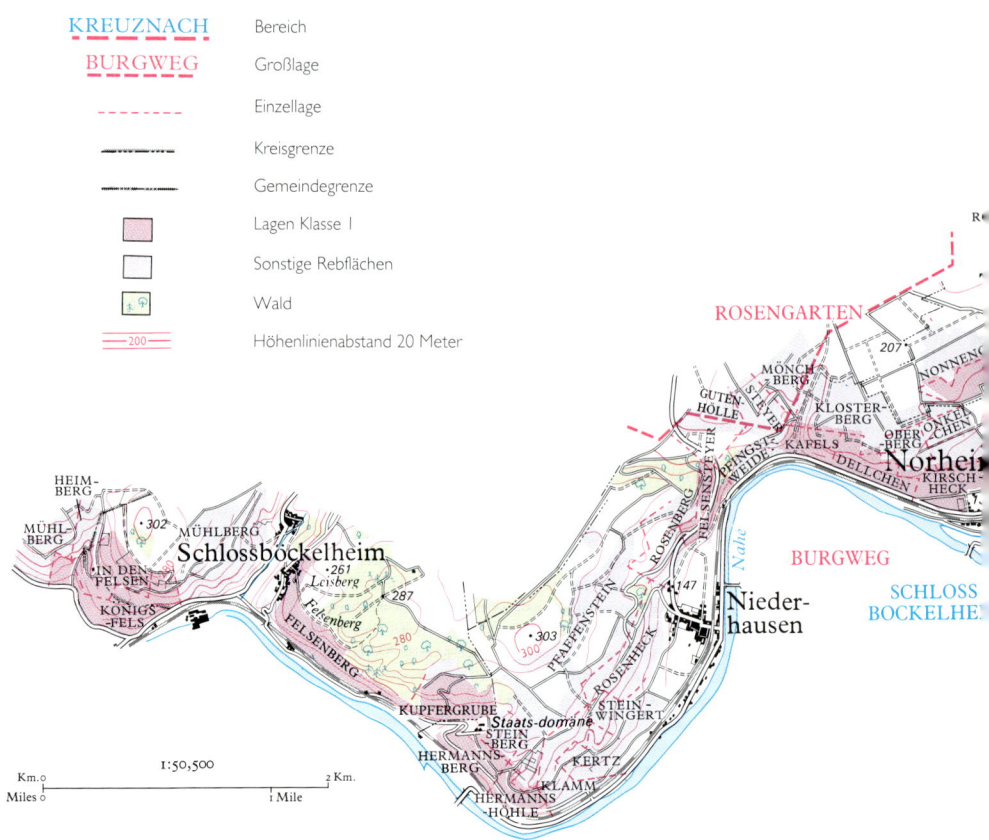

KREUZNACH	Bereich
BURGWEG	Großlage
– – –	Einzellage
▬▬▬	Kreisgrenze
▬▬▬	Gemeindegrenze
▨	Lagen Klasse 1
☐	Sonstige Rebflächen
🌲	Wald
—200—	Höhenlinienabstand 20 Meter

DEUTSCHLAND

Links: Die Staatsdomäne in Schloßböckelheim ist wohl das absolute Spitzenweingut an der Nahe, doch es gibt im Nahetal und seinen Seitentälern viele aufstrebende kleinere Weingüter. Diel auf Burg Layen, Schloß Wallhausen und Krüger-Rumpf sind Namen mit gutem Klang.

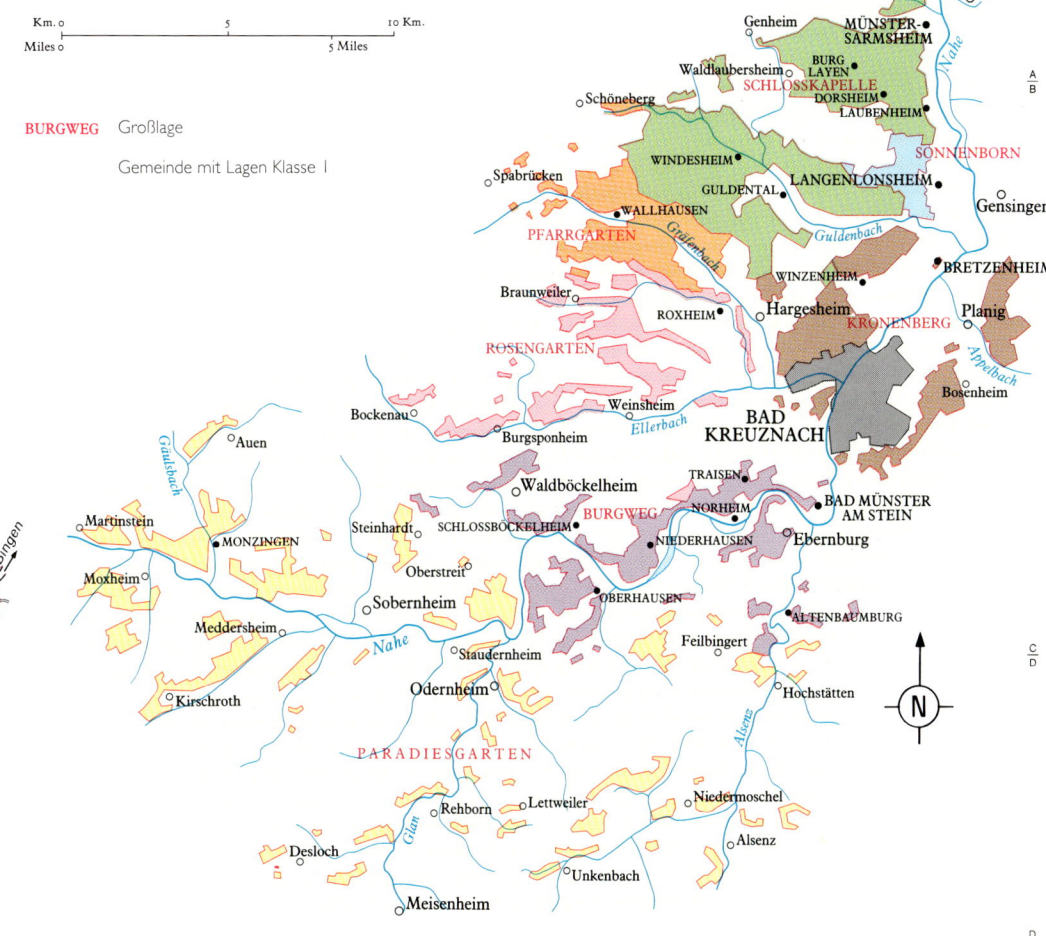

1:220,000

BURGWEG Großlage

Gemeinde mit Lagen Klasse I

Das eigentliche Feuerwerk fängt aber erst flußaufwärts an der Nahe-Schleife bei Bad Münster an. Hier versperrt ein roter Steilhang, der Rotenfels, das Flußbett. Am Fuß dieses Felsens liegt eine 30 m breite Schicht Geröll, eine kurze Rampe roter Erde. Auf diesem knappen Raum drängen sich die Reben dicht zusammen. Hier haben sie idealen Boden und eine vollkommen geschützte Sonnenlage: die Traiser (früher Rotenfelser) Bastei. Für einen so nördlichen Weinberg ist es erstaunlich, mit wieviel Würze und Feuer ein Bastei-Wein in einem guten Jahr aufwartet.

An diese Schleife schließt sich flußaufwärts eine Kette schöner Hänge an, verläuft an den Dörfern Norheim und Niederhausen vorbei bis zum großartigsten Weinberg der Nahe, der Kupfergrube am Ostrand der Gemeinde Schloßböckelheim. Das Weingut, das hier die Weinbaukunst zur höchsten Vollendung gebracht hat, liegt gegenüber der Kupfergrube am letzten Hang von Niederhausen: die Staatliche Weinbau-Domäne; sie bewirtschaftet verschiedene Niederhauser Weinberge, u. a. die großartigsten Lagen Hermannshöhle und Hermannsberg, und legte die Kupfergrube auf dem Gelände eines früheren Kupferbergwerks an. Alte Fotografien zeigen noch die Steilhänge gegenüber der Kellerei ohne Rebenbestand: Man kann sich leicht vorstellen, wie der Leiter der Staatsdomäne die Sonne den ganzen Tag über auf dem Gelände der verlassenen Kupfermine liegen sah und die Pläne zu der Anlage in ihm reiften.

Viele Kenner finden im Wein der Domäne alles, was sie sich in einem Weißwein wünschen. Alle Jahrgänge seit den 1960ern zeigen sich reintönig und frisch, fruchtig, rassig und ausgeglichen, sehr hell, mit einem Bukett fast wie Bernkasteler und mit nachhaltigem, ausgewogenem Geschmack. Auch an der unteren Nahe besitzt die Staatsdomäne Weinberge, nämlich in den Gemarkungen von Dorsheim und Münster-Sarmsheim in der Großlage Schloßkapelle.

Hier wie in Langenlonsheim trägt ein von Osten nach Westen verlaufender Hügelkamm südwärts gerichtete Hänge mit steinigem Lehmboden quer zum Flußlauf. Die besten der Rieslinge, die hier und vor allem in der Einzellage Münsterer Dautenpflänzer wachsen, sind fast so schön wie die aus den Lagen der Staatsdomäne an der oberen Nahe, aber kräftiger und vollmundiger im Geschmack. Schloß Wallhausen besitzt eine ähnlich gute Riesling-Lage. Auch die Weine dieser Orte an der unteren Nahe stehen weit über dem allgemeinen Niveau der Umgebung und gehören zur Elite des deutschen Weins überhaupt.

155

Rheingau: Rüdesheim

Im Rheingau erreicht der Weinbau seine höchste Vollendung. Von Basel her fließt der Rhein in nördlicher Richtung, bis unterhalb von Mainz, wo ihn der Taunus für eine Strecke von nur 30 km nach Westen ablenkt, bis er den Rüdesheimer Berg erreicht. Dort erzwingt er sich dann durch Felsklippen wieder seinen Weg nach Norden. Und das breite Tal, das er sich vorher gegraben hat, schenkt Deutschland seinen prächtigsten Weinberg.

Das Herz des Rheingaus ist gegenüber sowie auf den beiden folgenden Seiten wiedergegeben. Die Karte rechts zeigt sein stromabwärts gelegenes Ende, wo die Lage Schloßberg am Rüdesheimer Berg jäh zum Fluß abfällt. Nur hier ist es so steil; sonst hat der Rheingau meist sanftere Hanglagen. Hier wächst vor allem Riesling auf einem Boden (Näheres siehe Seite 144), der überraschende Analogien zu Burgund aufweist. Das Klima ist verhältnismäßig trocken und sonnig, und die Stromnähe sorgt für Temperaturausgleich und den die Edelfäule fördernden Nebel. Auch wirkt der Rhein als Spiegel, der die Sonnenstrahlen in die Weinberge reflektiert.

Der Rheingauer kann in seiner Höchstform den edelsten Charakter aller deutschen Weine erreichen. Er vereinigt in sich die duftige Blume des Rieslings mit einer großartigeren und goldeneren Geschmacksreife, als sie der Mosel aufweist. Im Charakter ist er ausgeprägter, maskuliner. Sanft und charmant sind Begriffe, die auf den Rheingauer nicht passen.

Der auf der Karte rechts am weitesten westlich gelegene Ort ist Assmannshausen; er liegt außerhalb des eigentlichen Rheingaus und stellt auch dessen Regeln sämtlich auf den Kopf, denn er ist ausschließlich für Rotwein bekannt. Dieser wird von der Spätburgundertraube gekeltert, und obwohl er nicht die Kraft und Fülle eines Pinot Noir aus Burgund erreicht, ist er vor allem in der trockenen Form, wie er vom Staatsweingut und anderen erzeugt wird, sehr begehrt. Die seltenen Trockenbeerenauslesen kosten ein Vermögen.

Der Rüdesheimer Berg unterscheidet sich von den anderen Weinbergen dieser Gemarkung dadurch, daß das Wort Berg vor sämtliche Namen seiner Einzellagen gesetzt wird. Sie können überragende, ausgeprägt fruchtige und kräftige, doch fein nuancierte Weine hervorbringen; das geschieht freilich nicht immer in den trockensten und wärmsten Jahren, weil der Wasserabzug manchmal zu gut ist. Dagegen geben dann die hinter der Stadt gelegenen Weinberge ihr Bestes her.

Zu den Erzeugern in der großen Gemarkung Rüdesheim zählt auch die Weinbauschule Geisenheim, eines der berühmtesten Weinwissenschaftszentren der Welt. Hier werden Bodenarten sowie Klimaverhältnisse untersucht und neue Rebsorten von internationaler Bedeutung gezüchtet (s. Seite 20/21).

Der gesamte Rheingau besteht seit 1971 nur aus einem Bereich, nämlich Johannisberg, profitiert also vom Namen seiner berühmtesten Gemarkung.

Schloß Vollrads ist seit dem 14. Jh. Sitz der Reichsfreiherren von Greiffenclau. Hier werden trockene Weine geschaffen.

Schloß Johannisberg, wo ein ausgezeichneter Wein wächst, wurde dem Fürsten Metternich 1816 vom österreichischen Kaiser geschenkt.

Die Geschichte des Rheingaus ist so alt und ehrwürdig wie die von Burgund. Bis zu sechs Jahrhunderte Weinbergbesitz im Rheingau sind großartiger Ausweis für uralten Weinbauadel, wie es in ganz Europa keinen überzeugenderen gibt. Wie in Burgund legten auch hier Benediktiner und Zisterzienser die Grundsteine. Kloster Eberbach (unten das Kelterhaus) ist Zeuge für über 700 Jahre kirchlichen Weinbau bis zur Säkularisation durch Napoleon. Alten Weinbauadel im Rheingau verkörpern Namen wie Landgraf von Hessen, Fürst Metternich, Fürst Löwenstein, Graf Matuschka-Greiffenclau, Graf Schönborn, Freiherr Langwerth von Simmern und Baron Ritter zu Groenesteyn, aber auch Mumm und Wegeler-Deinhard. Großen Einfluß hat im Rheingau heute die Charta, ein Zusammenschluß von Erzeugern, die sich für trockenen Riesling einsetzen.

Unten: Das Kloster Eberbach aus dem 12. Jh. ist symbolischer Sitz der hessischen Staatsweingüter, die im Rheingau rund 195 ha verwalten, darunter den berühmten Steinberg (links).

DEUTSCHLAND

Links: Die Staatsweingüter stehen in der Erzeugung von Spätburgunder-Rotweinen in Assmannshausen an der Spitze. Darunter zwei von vielen großartigen Weinen vom Rüdesheimer Berg. Rechts: Blick über den verschneiten Hang von Schloß Johannisberg zum Rhein. Der Legende nach soll Kaiser Karl der Große beobachtet haben, daß an diesem Hang die Schneeschmelze zuerst einsetzt.

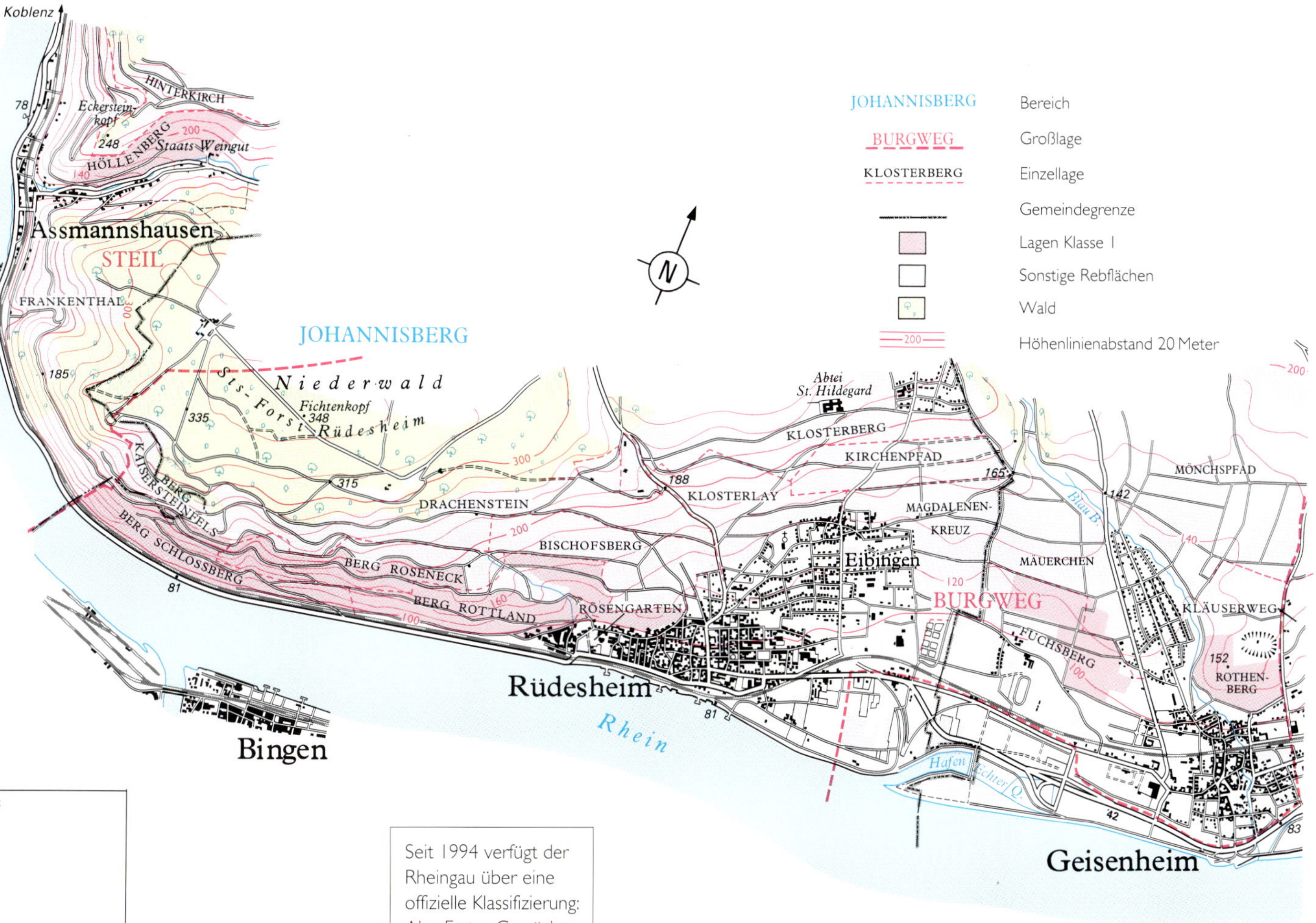

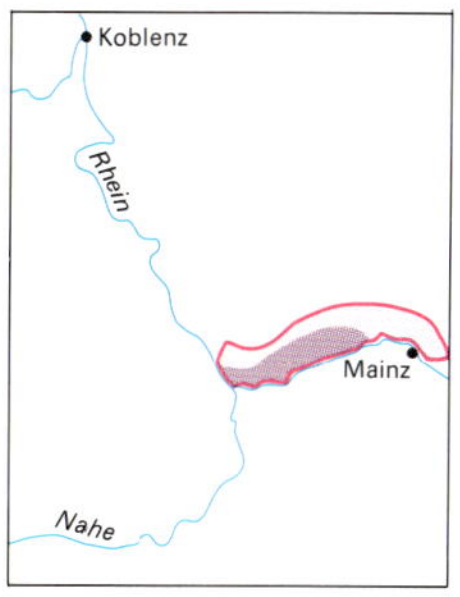

Seit 1994 verfügt der Rheingau über eine offizielle Klassifizierung: Als «Erstes Gewächs» gelten die Lagen, die auf diesen Seiten als «Lagen Klasse 1» bezeichnet werden.

JOHANNISBERG — Bereich
BURGWEG — Großlage
KLOSTERBERG — Einzellage
— Gemeindegrenze
— Lagen Klasse 1
— Sonstige Rebflächen
— Wald
— Höhenlinienabstand 20 Meter

1:37,000

157

Rheingau: Eltville

Hoch über seinem Rebengürtel beherrscht Schloß Johannisberg die Landschaft zwischen Geisenheim und Winkel. Das enorme Prestige seiner eleganten Weine überschattet die anderen ausgezeichneten Lagen Johannisbergs. Schloß Vollrads (s. Seite 156) liegt fast zwei Kilometer von Winkel entfernt und verschweigt auf seinen Etiketten den Ortsnamen – zum Leidwesen von Winkel, denn sonst wäre sein Name weit berühmter geworden. Winkels zweitbeste Lage, der Hasensprung, kann überragende Weine mit dem unendlichen Nuancenreichtum liefern, der den Rheingauer eine Klasse für sich sein läßt.

Mittelheim genießt nicht den gleichen Ruf wie Winkel oder auch Oestrich, dem man zwar vorwirft, seinen Weinen fehle es an «Rasse», doch sind sie ausdrucksvoll und köstlich; Doosberg und Lenchen heißen seine Lagen, die man sich merken sollte.

Bei Hallgarten erreichen die Rheingauer Weinberge mit dem Hendelberg ihren höchsten Punkt. Die Lagen Würzgarten und Schönhell haben mergeligen Boden, auf dem kräftige Weine von großer Langlebigkeit und reichem Bukett gedeihen.

Die Hattenheimer Gemarkungsgrenzen laufen hoch in die Berge hinauf und schließen den gepriesensten Weinberg des Rheingaus ein: den Steinberg, der wie der Clos de Vougeot von den Zisterziensern mit einer Mauer umfriedet wurde. In einer bewaldeten Senke dahinter liegt das alte Kloster Eberbach, das man mit Fug und Recht den eigentlichen Sitz des deutschen Weins nennen darf (s. Seite 156). Dieser Ort, sein erstaunlicher Wein und die Weihe des über 600 Jahre alten fleißigen Bemühens um ihn und um die reine Idee der Schönheit, die alles überhaucht, läßt hier alle Worte trivial erscheinen. Kloster Eberbach ist der Stützpunkt der «deutschen Weinakademie» (German Wine Academy), deren Kurse allen Weinliebhabern offenstehen.

Wie Hallgarten hat auch Hattenheim Mergelboden. An seiner Grenze zur Gemarkung Erbach liegt der einzige Weinberg, der unmittelbar am Rheinufer einen großen Wein hervorbringt, und zwar in einer Lage, die offenbar alles andere als eine gute Entwässerung aufweist. In Hattenheim heißt sie jetzt Mannberg, in Erbach trägt sie ihren alten Namen Marcobrunn. Beiderseits der Gemarkungsgrenze ist der Wein bei großer Geschmacksfülle fruchtig und würzig. Der Mannberg gehört vor allem dem Baron Langwerth von Simmern; in die Lage Marcobrunn teilen sich Schloß Rheinhartshausen, Schloß Schönborn, das Staatsweingut und das Weingut Knyphausen. Der neben dem Marcobrunn gelegene Erbacher Siegelsberg steht ihm kaum nach.

 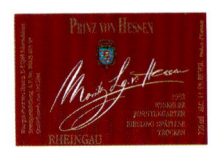  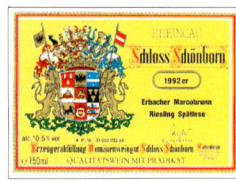  

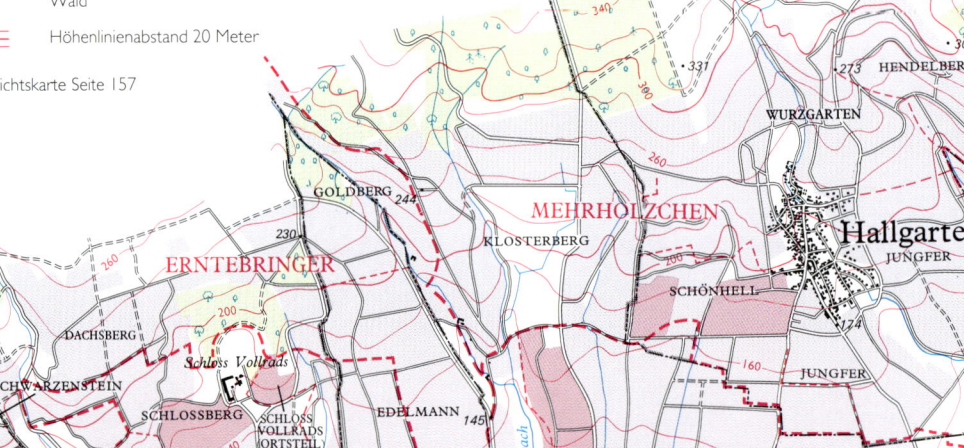

DEUTSCHLAND

Auch die Gemarkung Erbach erstreckt sich in einem schmalen Streifen bis in die Berge hinauf. Die Lage Steinmorgen dicht beim Ort liefert einen mächtigeren und denkwürdigeren Wein als die Lagen Michelmark und Honigberg.

Das nächste Wahrzeichen ist die schöne gotische Kirche von Kiedrich, dessen Weingärten einen außergewöhnlich ausgeglichenen und fein würzigen Wein liefern. Der größte Kiedricher Erzeuger ist das Weingut Dr. Weil (heute in japanischem Besitz). Der Gräfenberg gilt als die beste Lage, obwohl die Wasserros und die Sandgrub ebenso bekannt sind.

Spricht man vom Rheingau, dann häufen sich die Superlative. Doch selbst dem, der nicht zu Überschwenglichkeit neigt, gibt hier die besondere Art des Weins, der hier wächst, immer wieder Stoff zum Genießen, zum Nachdenken und zum Gespräch.

Die Weine, die die höchsten Preise erzielen, nach denen die Lagen letztlich bewertet werden, sind stets die spätgelesenen, süßen und vollaromatischen Auslesen, die mit Hingabe und möglichst für sich allein getrunken werden wollen. Allerdings hat der moderne Rheingau inzwischen mit dieser Tradition gebrochen: 62% seiner Weine sind heute trocken. An der Spitze dieser Bestrebungen steht die «Charta» mit trockenen Spätlesen und rigoros beschränkten Erträgen.

Rauenthal, das letzte am Hang liegende und am weitesten vom Strom entfernte Dorf, erzeugt eine eigene Art von Wein der Superlative: den manchmal teuersten. Die Auslesen der Staatsweingüter und der beiden Eltviller Weingüter des Freiherrn Langwerth von Simmern und des Grafen Schönborn sowie der kleineren Erzeuger am Rauenthaler Berg werden wegen ihres Zusammenklangs von Fülle, zarter Blumigkeit und würzigem Abgang gepriesen.

Eltville erzeugt größere Mengen eines nicht unbedingt zur Spitzenklasse zählenden Weins. Hier ist der Sitz der Staatsweingüter (s. Seite 156), und hier stehen die schönen, alten, mit Reben und Rosen bewachsenen Gutshäuser der Familien Eltz und Langwerth von Simmern.

Ohne den gleichen Ruf wie die Nachbargemeinden zu genießen, kommen die Orte Nieder- und Oberwalluf und Martinsthal ihnen qualitativ jedoch recht nahe.

Zwanzig Kilometer weiter gibt es unerwartet noch eine Exklave des Rheingaus: Hochheim, in sanftem Hügelland am nördlichen Mainufer in einer sonst rebenlosen Landschaft gelegen. Gute Hochheimer fügen den übrigen Qualitäten des Rheingauers als eigene Note noch eine erregende Erdigkeit hinzu.

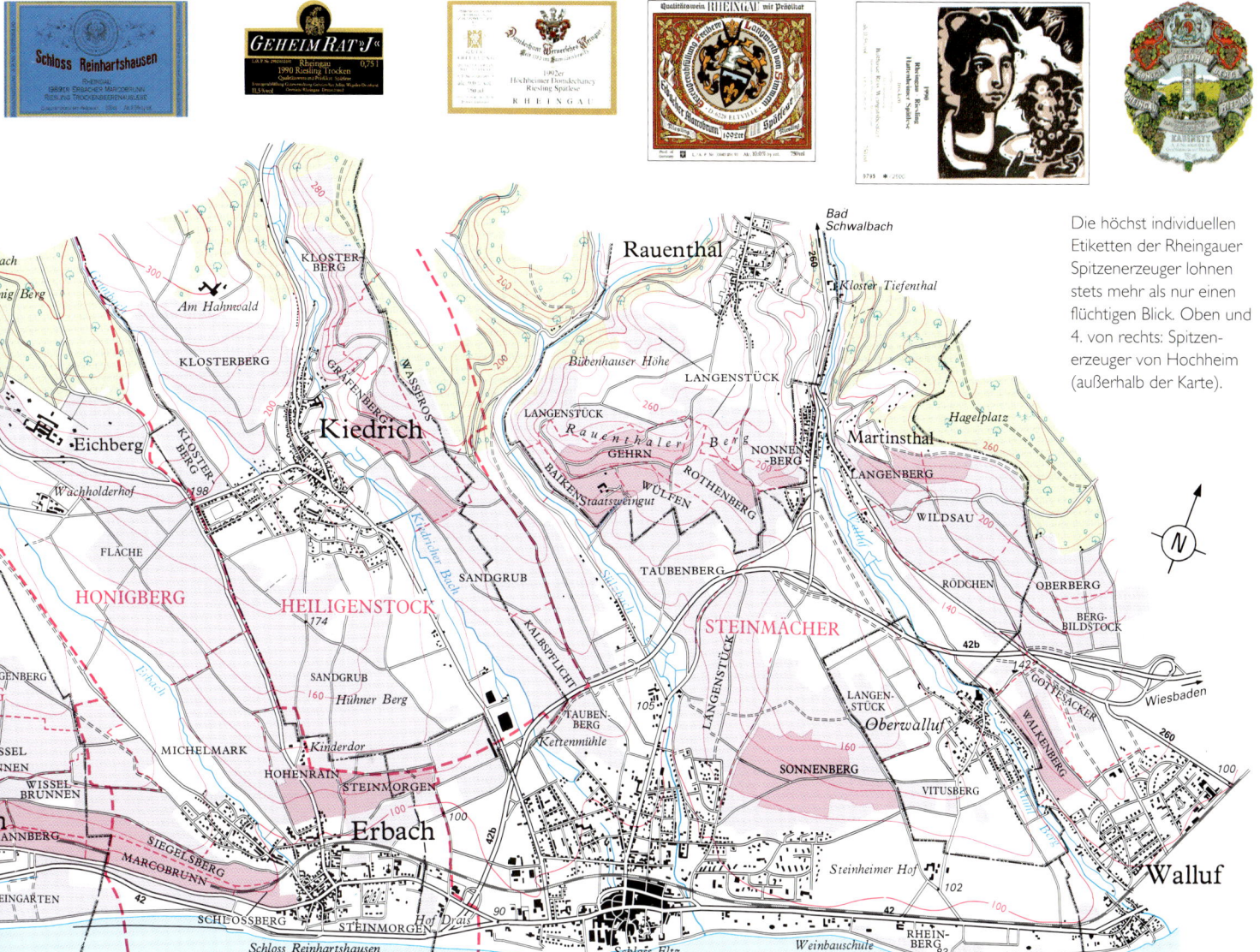

Die höchst individuellen Etiketten der Rheingauer Spitzenerzeuger lohnen stets mehr als nur einen flüchtigen Blick. Oben und 4. von rechts: Spitzenerzeuger von Hochheim (außerhalb der Karte).

Pfalz

Links: Seit den 1980er Jahren tritt die Südpfalz immer stärker mit ausgezeichneten Weinen hervor. Hier, wo sich Riesling, Grauburgunder, Weißburgunder und Blauer Spätburgunder in die Hanglagen bei Seibeldingen und Birkweiler teilen, werden die Berge der Haardt flacher. Oben: Etiketten von der Mittelhaardt legen gern heraldischen Schmuck an. Die Rieslinge dieser Gegend zeichnen sich durch Finesse, Saft und Kraft aus.

Die Pfalz, Deutschlands ertragsstärkstes Weinbaugebiet, ist ein 80 km langer Gürtel nördlich des Elsaß und im Windschatten der Haardt. Wie das Elsaß ist auch die Pfalz ein besonders sonnenreiches und trockenes Land. Eine gewundene Straße, die Deutsche Weinstraße, fängt am Tor zu Deutschland an (denn wirklich steht im Grenzort Schweigen das mächtige «Weintor») und verläuft in nördlicher Richtung durch Rebland und Weindörfer, so weit das Auge reicht. Ein großer Teil der Weine aus diesem Gebiet (Bereich südliche Weinstraße) wird von leistungsfähigen Genossenschaften bereitet, die dazu beigetragen haben, dem preisgünstigen Pfälzer Wein weithin einen guten Ruf zu verschaffen.

Riesling wird wenig angebaut. Früher dominierten Müller-Thurgau und Neuzüchtungen, und der Weinstil war lieblich und schwer. Heute ist hier die Weinbauwerkstatt Deutschlands mit Weiß- und Rotweinen aller Schattierungen. Der Nachdruck liegt auf trockenen Tischweinen, und gelegentlich wird auch Faßausbau im modernen Stil praktiziert.

Allerdings kommen die meisten Weine noch immer unter Großlagennamen auf den Markt, weil nur wenige Einzellagen ein eigenes Renommee besitzen. Inzwischen aber demonstrieren Spitzenerzeuger in einem halben Dutzend Orten die Eignung ihrer Böden für Weine, die hohe Rangeinstufung verdienen.

Bei Neustadt an der Weinstraße verlief früher die Grenze zwischen den anspruchslosen ländlichen Weinen und den in eine ganz andere Welt gehörenden Gewächsen von der Mittelhaardt, der Heimat einiger der berühmtesten und auf den Luxus- und Exportmärkten am festesten etablierten Weingüter Deutschlands. In den auf der nebenstehenden Karte eingezeichneten Weinorten der Mittelhaardt steigt der Anteil des Rieslings an der Rebfläche sprunghaft von 5 auf 75 %. Seit eh und je dominierten in diesem Kernland der Pfalz drei berühmte Weingüter: Bürklin-Wolf, von Bassermann-Jordan und von Buhl. Doch heute kommen hochfeine Weine ebenso aus Siebeldingen im Süden oder aus Gimmeldingen bei Neustadt wie aus Grünstadt im Norden.

Die Besonderheit des Weins von der Mittelhaardt ist saftige Fülle. Von der nervigen Säure der Gewächse von der Saar ist er allerdings weit entfernt. Die Einzellagen auf den Westhängen bei den Weinorten erreichen am häufigsten den Gipfel dieser saftigen Fülle. Mit die besten fallen in die Großlage Forster Mariengarten.

Im Süden beginnt die Mittelhaardt offiziell mit Ruppertsberg; die besten Lagen (Linsenbusch, Gaisböhl, Hoheburg, Reiterpfad, Nußbien, Spieß) befinden sich auf flachen Hängen und sind größtenteils mit Riesling besetzt. Es ist nicht einzusehen, daß sie den Großlagennamen Hofstück mit weit weniger guten Lagen teilen müssen. Bei Deidesheim, wo die Großlage Mariengarten beginnt, werden die Hänge steiler. Deidesheim gilt allgemein als der beste Weinort dieser Gegend und ist daneben auch einer der schönsten. Die Spitzenlagen heißen Hohenmorgen, Langenmorgen, Leinhöhle, Kalkofen, Kieselberg und Grainhübel.

Forst hat den besonderen Ruf, Wein mit so viel Saft und Kraft (auch als trockene Spätlese) hervorzubringen, daß er in Deutschland seinesgleichen sucht. Über dem Ort steht schwarzer Basalt an, der dunklen, warmen, kalireichen Boden liefert; er wird abgebaut und auch in anderen Weinbergen, insbesondere in Deidesheim, ausgebracht. Forsts bekanntester Weinberg, der Jesuitengarten, sowie das ebenso vorzügliche Kirchenstück liegen gleich hinter der Kirche. Dieses und Freundstück wie auch die oberhalb liegende Einzellage Ungeheuer sind von gleicher Güte.

Bei Wachenheim endet der historische Kern der Mittelhaardt mit einer Häufung berühmter Lagen. Die Spitzenlagen hier sind Rechbächel, Goldbächel, Pechstein und Ge-

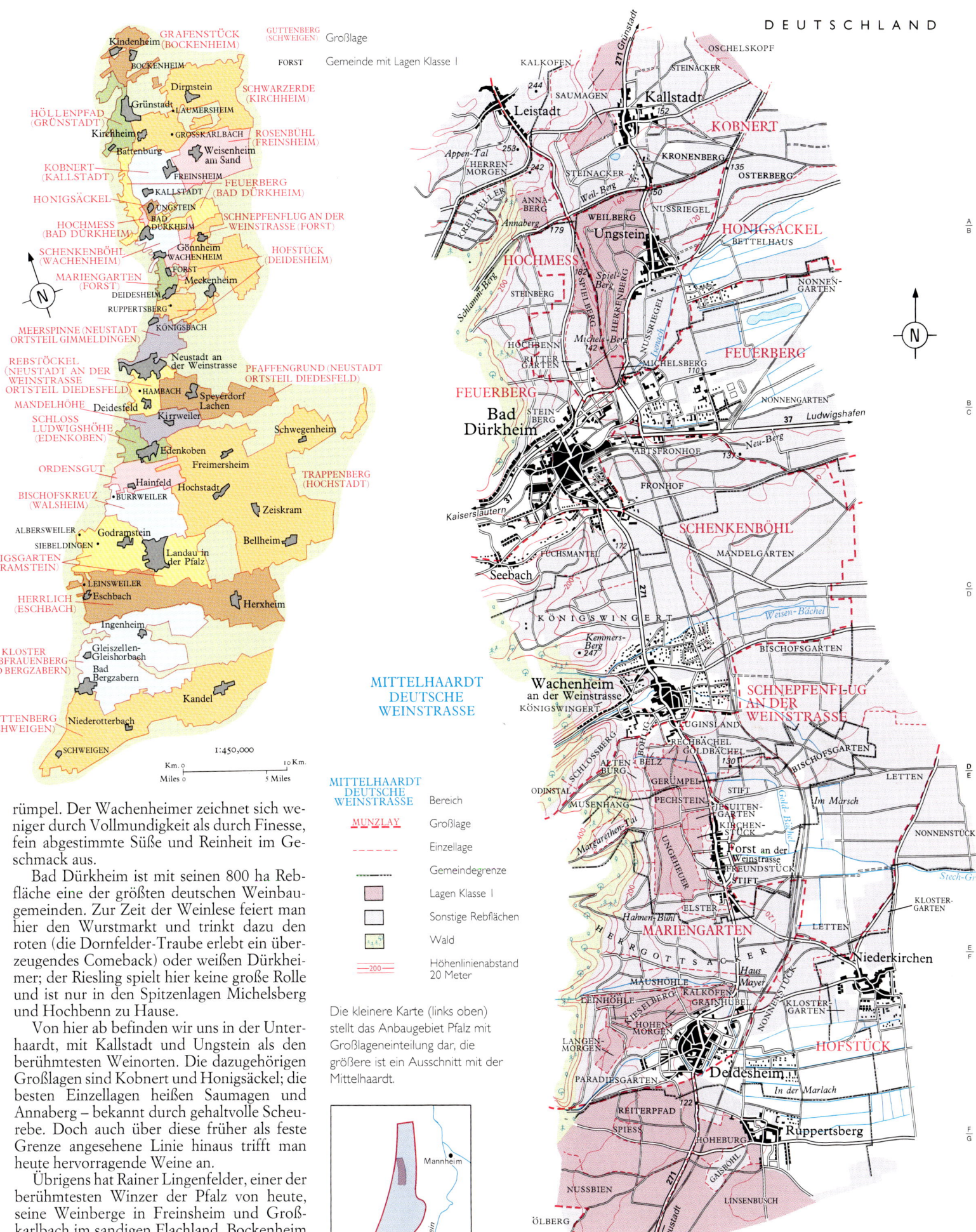

rümpel. Der Wachenheimer zeichnet sich weniger durch Vollmundigkeit als durch Finesse, fein abgestimmte Süße und Reinheit im Geschmack aus.

Bad Dürkheim ist mit seinen 800 ha Rebfläche eine der größten deutschen Weinbaugemeinden. Zur Zeit der Weinlese feiert man hier den Wurstmarkt und trinkt dazu den roten (die Dornfelder-Traube erlebt ein überzeugendes Comeback) oder weißen Dürkheimer; der Riesling spielt hier keine große Rolle und ist nur in den Spitzenlagen Michelsberg und Hochbenn zu Hause.

Von hier ab befinden wir uns in der Unterhaardt, mit Kallstadt und Ungstein als den berühmtesten Weinorten. Die dazugehörigen Großlagen sind Kobnert und Honigsäckel; die besten Einzellagen heißen Saumagen und Annaberg – bekannt durch gehaltvolle Scheurebe. Doch auch über diese früher als feste Grenze angesehene Linie hinaus trifft man heute hervorragende Weine an.

Übrigens hat Rainer Lingenfelder, einer der berühmtesten Winzer der Pfalz von heute, seine Weinberge in Freinsheim und Großkarlbach im sandigen Flachland. Bockenheim und Laumersheim, ebenfalls in der Unterhaardt, eröffnen gleichermaßen Aussicht auf klassifizierungsreifen Qualitätsstand.

Rheinhessen

Die ursprüngliche Lage der Liebfrauenmilch bei der Liebfrauenkirche in Worms heißt Liebfrauenstift. Nylonnetze schützen die Reben vor Vögeln.

In Nierstein gibt es nicht weniger als 300 Weingüter, von denen Guntrum und Balbach die größten sind. Ein weiterer sehr guter Erzeuger ist Freiherr Heyl zu Hermsheim. Das Etikett unten rechts stammt vom führenden Bingener Weingut.

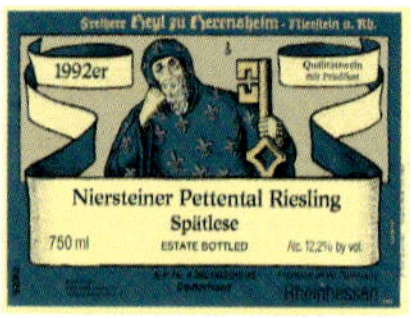

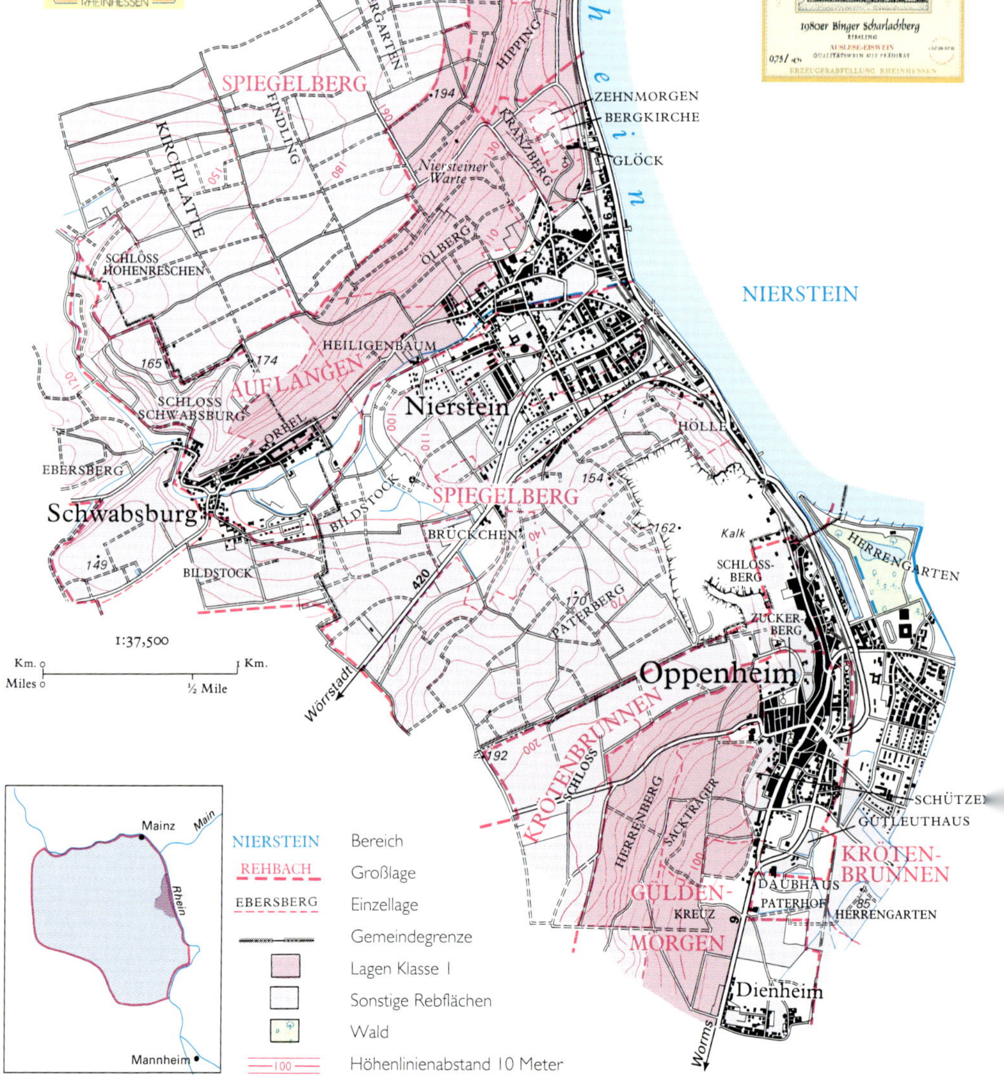

Rheinhessen liegt auf der Innenseite der Rheinkrümmung, im Osten und Norden bildet der Strom seine Grenze, im Westen die Nahe, und im Süden schließt die Rheinpfalz an. Auf seiner etwa 30 × 50 km großen Fläche bauen die Einwohner seiner rund 150 Orte Wein als Teil- oder Haupterwerbsquelle. Es ist ein sanft hügeliges, fruchtbares Land ohne landschaftlichen Reiz, außer direkt am Rhein. Der Hauptanteil seiner Weine (Müller-Thurgau und Silvaner) ist leicht und mild, gewöhnlich lieblich, manchmal ein wenig erdig. Am bekanntesten ist die Liebfrauenmilch, ein Name, der jetzt gesetzlich definiert ist als ein Qualitätswein aus den bestimmten Anbaugebieten Rheinhessen, Pfalz, Nahe oder Rheingau, gewonnen von mindestens 70 % Riesling, Silvaner, Müller-Thurgau oder Kerner und mit einem Mindestgehalt von 18 g/l Restzucker (Höchstgrenze für halbtrockenen Wein). Liebfrauenmilch wird vorwiegend für den Export produziert. Die Einheimischen haben eher Interesse an trockenen Weinen, vor allem an trockenen Silvanern, die überaus befriedigend ausfallen können.

Die Karte auf der gegenüberliegenden Seite zeigt das ganze Anbaugebiet Rheinhessen mit seinen Großlagen, deren Namen häufig auf rheinhessischen Etiketten in Erscheinung treten. Übrigens besitzen die allermeisten Winzer hier nur ein paar Hektar «Wingert», die sie im Rahmen bäuerlicher Mischbetriebe kultivieren. Daher wird der Wein vorwiegend von den Winzergenossenschaften erzeugt.

Drei Bereiche erfassen das gesamte Gebiet: Bingen im Nordwesten, Nierstein im Nordosten und der Wonnegau im Süden zwischen Alzey und Worms. Bingen besitzt ausgezeichnete Weinberglagen an den steilen Hängen des Scharlachbergs.

DEUTSCHLAND

Im Wonnegau wachsen achtbare Weine, vor allem Silvaner, in der Gegend von Alzey auf kalkreichem Boden. Aber die bei weitem besten Gewächse Rheinhessens entstehen auf dem kurzen Stück der Rheinterrasse, das in der Karte gegenüber dargestellt ist.

Nierstein ist teils durch die große Zahl der hier ansässigen Erzeuger (rund 300), teils durch die schamlose Art, wie früher sein Name weit und breit entlehnt wurde, vor allem aber wegen seiner ganz superben Weinlagen bekannt, ja sogar weltberühmt geworden. Viele Lagen der beiden Nachbarorte Oppenheim und Nackenheim sind ebenso gut wie die meisten Niersteiner, doch übertrifft keine den sandroten Uferhang nördlich Niersteins: Die Lagen Hipping, Brudersberg, Pettenthal und Rothenberg (gehört zu Nackenheim) liefern so duftigen und charaktervollen Wein wie der Rheingau, höchstens etwas milder und üppiger. Die Spitzengewächse aus Oppenheim sind ähnlich.

Jeder echte Niersteiner wird mit einem der auf unserer Karte verzeichneten Einzellagennamen etikettiert. Neben Riesling entstehen hier aber auch interessante Weine von Neuzüchtungen, z. B. Kerner; ebenfalls gut gedeiht der Gewürztraminer.

Der Name Niersteiner Domtal war einst in aller Munde – heute gibt es ihn nicht mehr. Dagegen ist Niersteiner Gutes Domtal eine Großlagenbezeichnung, die für 15 Gemeinden der Umgebung und für einen bestimmten, aber nicht den am günstigsten gelegenen Teil von Nierstein selbst gilt. Daher kann der Name nicht halten, was er verspricht.

Die führenden rheinhessischen Weindörfer außerhalb des Kartenausschnitts schließen unmittelbar nördlich (Bodenheim) und südlich (Guntersblum, Alsheim, Bechtheim) an.

Oben: Rheinhessen hat seine besten Weinberge (knapp 100 m Steilhang) an der «Rheinterrasse», nördlich und südlich von Nierstein. Hier wachsen die meisten rheinhessischen Rieslingweine.

Unten: Ein rheinhessischer Winzer mißt das Mostgewicht mit der Mostwaage. Allenthalben wird das Faß im kühlen Keller als Gärbehälter von Tanks mit Temperaturregelung verdrängt.

163

Baden-Württemberg

Man sollte meinen, daß im Süden Deutschlands mit seinem wärmeren Klima mehr Wein gebaut wird als weiter im Norden. Vor hundert Jahren war das auch noch so. Doch das eigentümliche Zusammenwirken von Boden, Klima und Bevölkerungsstruktur, das den Qualitätsweinbau an der Mosel und am Rhein möglich und lohnend macht, hat im großen Bundesland Baden-Württemberg nur wenige Parallelen. Zwar ist die Anbaufläche stark aufgesplittert, aber die Weine, die hier wachsen, sind oft so hervorragend und im eigenen Land so beliebt, daß die Welt draußen wenigstens bis vor kurzem kaum etwas davon zu sehen bekam. Inzwischen freilich hat die Rationalisierung und Modernisierung des Weinbaus nirgendwo in Deutschland raschere Fortschritte gemacht als in Baden, wo sich die Rebfläche verdoppelt und die Erzeugung vervierfacht hat. 90% der Gesamternte werden von über 100 Winzergenossenschaften verarbeitet, und über die Hälfte des gesamten Weins wird von dem riesigen Badischen Winzerkeller in Breisach, der Grenzstadt zum Elsaß, vertrieben. Am anderen Ende der Skala stehen viele kleine Winzer, die mit neuen, weltoffenen Ideen frischen Wind in das traditionelle Repertoire bringen.

Man kann den Stil des badischen Weins gewissermaßen als das Gegenstück zum Moselwein definieren. Ätherische Blumigkeit steht bei ihm nicht so sehr im Mittelpunkt als vielmehr Fülle und Gehalt. Die badischen Weinberge ziehen sich am Fuß des Schwarzwalds entlang, wo Nebel und Regen nicht unwesentlich zu einem Landschaftsbild gehören, dessen Schönheit nicht nur in Deutschland beliebt und berühmt ist. Ein schmales, etwa 130 km langes Band zwischen den Wäldern und dem Rheintal ist mit Weinbergen besetzt, von denen die besten auf bevorzugten Südhängen bis ins Gebirgsmassiv hinein oder aber auf den Vulkanfelsen des Kaiserstuhls und des Tunibergs mitten im Rheintal liegen.

Eine vorherrschende Rebsorte gibt es hier nicht. Der Müller-Thurgau trägt ein Drittel zum Gesamtertrag bei, der Spätburgunder als zweitmeist angebaute Sorte bringt leichten Rotwein und kräftigen Weißherbst, der Ruländer volle, extraktreiche Weine. Der Ruländer führt heute zwei Namen: vollmundig bereitet nennt er sich wie bisher; jedoch als trockener Wein heißt er Grauburgunder. Der Riesling erbringt klassisch elegante und langlebige Gewächse, der Weißburgunder fällt sanft und weich aus, der Gewürztraminer liefert pikanten, vollen Wein, und der Silvaner (vom Kaiserstuhl) erreicht nahezu ebensoviel Charakter wie in Franken. Die stark aromatischen Neuzüchtungen werden hier wenig angebaut.

Der Kaiserstuhl und der Tuniberg liefern ein Drittel des badischen Weins. Ihre Landschaft wurde durch gigantische Erdbewegungsarbeiten umgestaltet, und aus den alten Terrassen und Berglehnen entstand ein modernes Weinbaugebiet. Hier liebt man besonders den roten Spätburgunder; der Grauburgunder und der Silvaner geraten zuweilen ganz überragend gut und strotzen dann geradezu von Duft und Geschmacksfülle.

Weiter das Rheintal abwärts, unmittelbar südlich von Baden-Baden, liegt die Ortenau, ein kleines, für den Weinbau äußerst günstiges Gebiet, wo viel Rotwein wächst. Die herrschaftlichen Besitzungen der Markgrafen von Baden (Schloß Staufenberg) und von Graf Wolff-Metternich in Durbach erzeugen ausgezeichneten Klingelberger (so heißt der Riesling hier), Ruländer, Traminer und Spätburgunder. Noch weiter nördlich bilden der Kraichgau und die Badische Bergstraße zusammen einen Bereich. Die verstreuten Weinberge bringen ihre besten Weine von den Traubensorten Riesling und Ruländer hervor, soweit ihnen die Lagen günstig sind.

Ganz im Süden ist im Markgräflerland, an der Südwestecke Deutschlands zwischen Freiburg und Basel, die beliebteste Traubensorte der Gutedel. Er bringt sehr erfrischenden, wenn auch zurückhaltenden Wein. Der Nobling, eine Kreuzung Gutedel × Silvaner, ist kräftiger im Geschmack, und auch der Weißherbst hat viele Freunde. Neuere Versuche mit Chardonnay haben bewiesen, daß auch diese Sorte sich hier heimisch fühlen kann.

Am weitesten südlich wächst um Meersburg am Bodensee der «Seewein» – traditionell ein Weißherbst von der Spätburgundertraube. Die weiße Hauptrebe ist der Müller-Thurgau. Mit Schloß Salem hat der Markgraf von Baden hier ebenfalls einen herrlichen Besitz.

In Württemberg wird mehr Rotwein (auch Rosé) gebaut als Weißwein. Besonders beliebt sind die landeseigenen Rebsorten Trollinger, Limberger und Schwarzriesling sowie der universelle Spätburgunder. Das Klima ist den schwäbischen Weingärtnern nicht so hold, deshalb müssen die Weinberglagen am Neckar und seinen Nebenflüssen mit großer Sorgfalt gewählt werden. Der Bereich nördlich der Hauptstadt, Württembergisch Unterland, macht drei Viertel der Gesamt-Weinbaufläche aus.

Eigentlich ist alles, was in Württemberg an Wein wächst, zwischen Stuttgart und Heilbronn zu finden. Wer den Wein kosten will, etwa den hellrötlichen Schillerwein, der muß schon hinfahren. An Auswahl mangelt es wahrhaftig nicht.

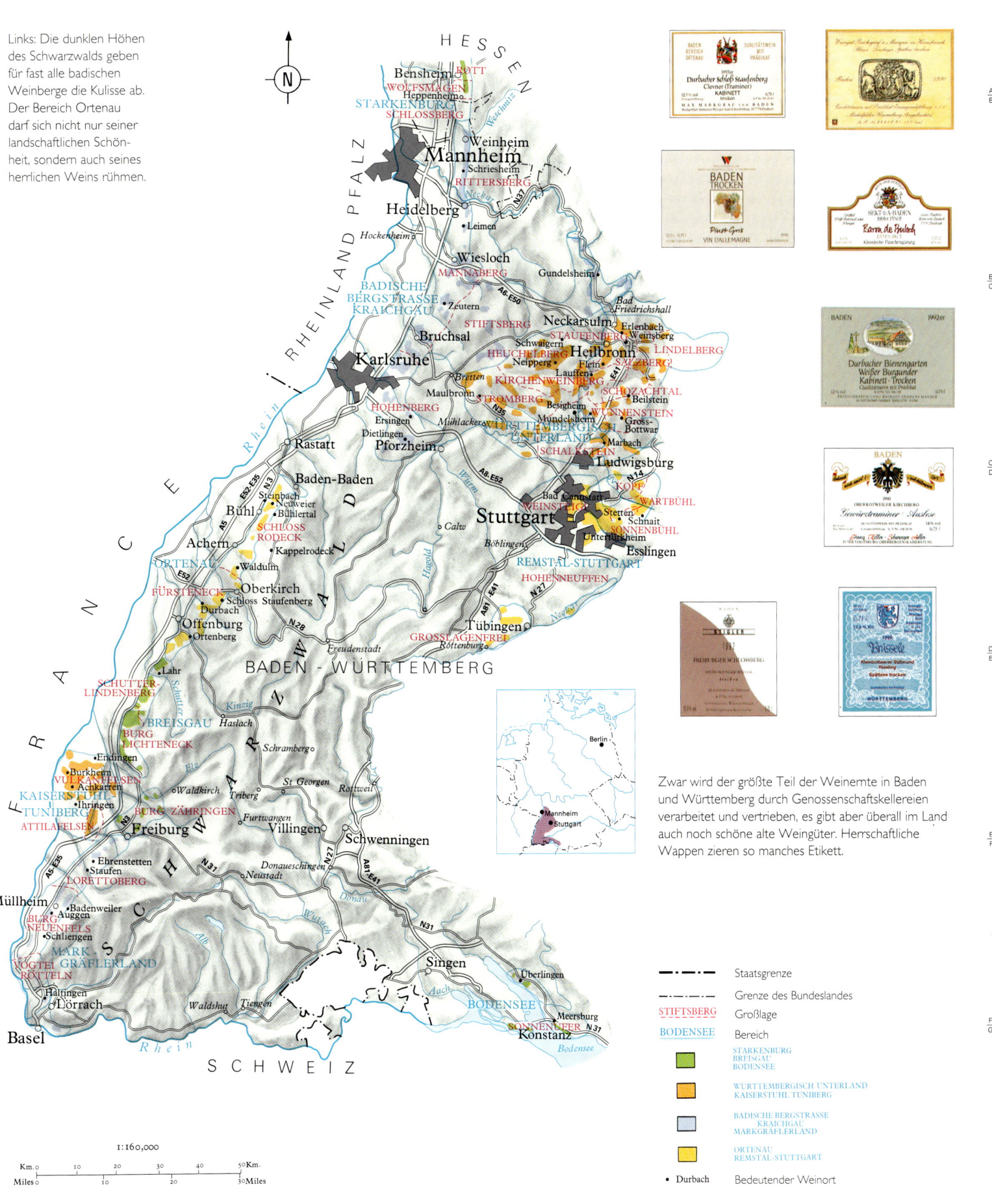

Franken

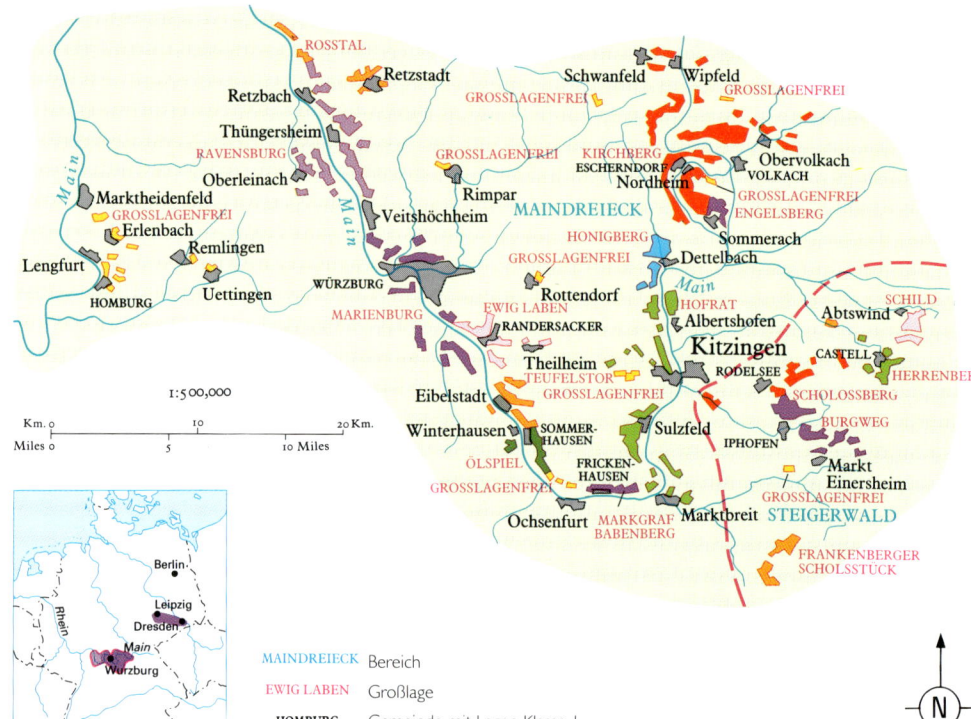

Oben: Das Wahrzeichen des Frankenweins ist die Bocksbeutelflasche. Deshalb ist sie für ihn auch gesetzlich geschützt.
Unten: Alte Fässer schimmern im Kerzenlicht in den Kellern der herrlichen barocken Residenz der Fürstbischöfe von Würzburg.

Franken nimmt im deutschen Weinbau sowohl geographisch als auch seiner besonderen Tradition wegen eine ganz eigene Stellung ein. Seine staatlichen Kellereien haben aus den königlich-bayerischen Zeiten eine Grandeur in die Gegenwart hinübergerettet, wie sie sonst in Deutschland kaum zu finden ist.

Als einziger in Deutschland wird der Frankenwein nicht in hohe, schlanke Flaschen abgefüllt, und nur er ist als Silvaner größer denn als Riesling. In seiner ganzen Art entfernt er sich von der delikaten Lieblichkeit der meisten deutschen Weine. Das ist auch der Grund, weshalb er sich von allen unter ihnen am besten zu Tisch eignet.

Häufig verwendet man den Namen Steinwein für alle Frankenweine schlechthin. Tatsächlich aber ist Stein der Name einer der beiden berühmten Lagen der Stadt Würzburg am Main, der Hauptstadt dieses Gebiets. Die andere Lage heißt Leiste. Beide haben früher unglaublich langlebige Weine hervorgebracht: Ein Steinwein aus dem prächtigen 1540er Jahrgang war in den 1960er Jahren sogar noch trinkbar. Diese Weine waren zumindest Beerenauslesen: ungeheuer süß. Heute erzeugt Franken nicht mehr viele Raritäten dieser Art. Der Wein im charakteristischen Bocksbeutel ist körperreich und ausgesprochen trocken und hat etwas vom Format eines weißen Burgunders.

Von allen deutschen Weinbaugebieten erstreckt sich Franken am weitesten nach Osten bis in Landschaften mit ausgesprochen kontinentalem Klima. Im Steigerwald, dem östlichsten der drei fränkischen Bereiche, nimmt sich der Weinstock zwischen Ackerland und prächtigen Eichenwäldern fast wie ein Fremdling aus. Der schmucke fürstlich-Castell'sche Besitz ist so etwas wie das inoffizielle Zentrum des Bereichs und bringt zusammen mit den Weinorten Iphofen und Rödelsee hier den feinsten Wein hervor.

DEUTSCHLAND

Sachsen und Saale-Unstrut

Franken ist die einzige Weinbaugegend Deutschlands, wo die Wachstumsperiode für den Riesling fast immer zu kurz ist. Aus alter Tradition wird hier deshalb der Silvaner angebaut. Damit tritt diese Traubensorte ins erste Glied vor – und bringt zwar nicht ein Feuerwerk an Duft und Geschmack, wohl aber einen Zusammenklang von Subtilität und Kraft, der höchste Achtung verdient.

Aber auch in Franken scheint, wenigstens in den nicht ganz idealen Lagen, der Müller-Thurgau – leider – bessere Erträge zu versprechen. Aus den neugezüchteten, stark aromatischen Rebsorten Bacchus und Kerner wird ebenfalls Frankenwein gewonnen. Die besten Aussichten bietet eine spät reifende Neuzüchtung namens Rieslaner (Riesling × Silvaner).

Das Herzstück des Weinbaugebietes Franken ist der Bereich Maindreieck, der dem gewundenen Lauf des Mains von Escherndorf (mit seiner berühmten Einzellage Lump) und Nordheim aus südwärts bis Frickenhausen, dann wieder nach Norden über Würzburg bis Hammelburg folgt. Gemeinsam ist allen diesen nach Süden gerichteten Berghanglagen der Unterboden aus Muschelkalk, der seinem Ursprung nach dem Kimmeridge-Boden von Chablis und auch von Sancerre gar nicht so unähnlich ist. Der viel kleinere Bereich Steigerwald im Osten hat schwereren, allerdings ebenfalls kalkreichen Lehmboden, während der dritte Bereich Mainviereck (Karte Seite 143) leichteren Lehm über Sandstein aufweist.

In der Karte links unten erscheint an manchen Stellen der Vermerk «großlagenfrei». Dort liegen die Weinorte so weit auseinander, daß sie in keine Großlage eingegliedert werden konnten. Ihre Weine laufen unter dem Namen der Einzellagen oder des Bereichs. Übrigens wird der meiste Frankenwein von Winzergenossenschaften erzeugt.

Wer von Franken spricht, darf Würzburg nicht nur nebenbei erwähnen. In seinen Mauern beherbergt es drei ganz große Weinkellereien. Es sind Besitztümer des bayerischen Staats (Staatliche Hofkellerei), einer kirchlichen (Juliusspital) und einer bürgerlichen Stiftung (Bürgerspital).

Die Staatliche Hofkellerei befindet sich unter der herrlichen Residenz, deren Deckengemälde von Tiepolo allein schon Grund genug sind, die Stadt zu besuchen, ganz abgesehen von der noblen Feste Marienberg auf ihrem rebenbestandenen Berg oder der großartigen barocken Brücke und den Weinstuben der alten Stiftungen, wo man alle ihre Weine genießen kann.

Mit der Wiedervereinigung Deutschlands treten auch die Weine aus zwei schon früher blühenden kleinen Weinbaugebieten wieder auf dem Markt in Erscheinung. Das Anbaugebiet Sachsen liegt zwischen Meißen und Dresden an den Ufern der Elbe. 50 km weiter im Westen, über Leipzig hinaus, gibt der Zusammenfluß von Saale und Unstrut dem nördlichsten Anbaugebiet Deutschlands den Namen.

Zusammen verfügen Sachsen und Saale-Unstrut über eine Rebfläche von 700 ha, die vorwiegend mit Müller-Thurgau besetzt ist, auf der man aber auch einige Lokalcharaktere antrifft, die besonderer Beachtung wert sind.

In beiden Anbaugebieten werden die meisten Weine trocken ausgebaut; Spätlesen sind in diesen kühlen Gegenden selten. Die Weine aus Sachsen, unter anderem auch Weißburgunder, Traminer und ein wenig Rotwein, sind auf fruchtige Säure und vollen Duft abgestellt. Sekt hat hier alte Tradition.

Saale-Unstrut hat viel mit Franken gemeinsam. Auch hier bieten sich Südhänge mit Muschelkalk für milde, trockene, doch pikante Gewächse an, und in diesen Hängen befinden sich herrliche alte Gärkeller. Silvaner, Weißburgunder und Gutedel erbringen saftige, Morio-Muskat, Bacchus und Kerner blumige Weine. Die Rotweine sind sehr hell.

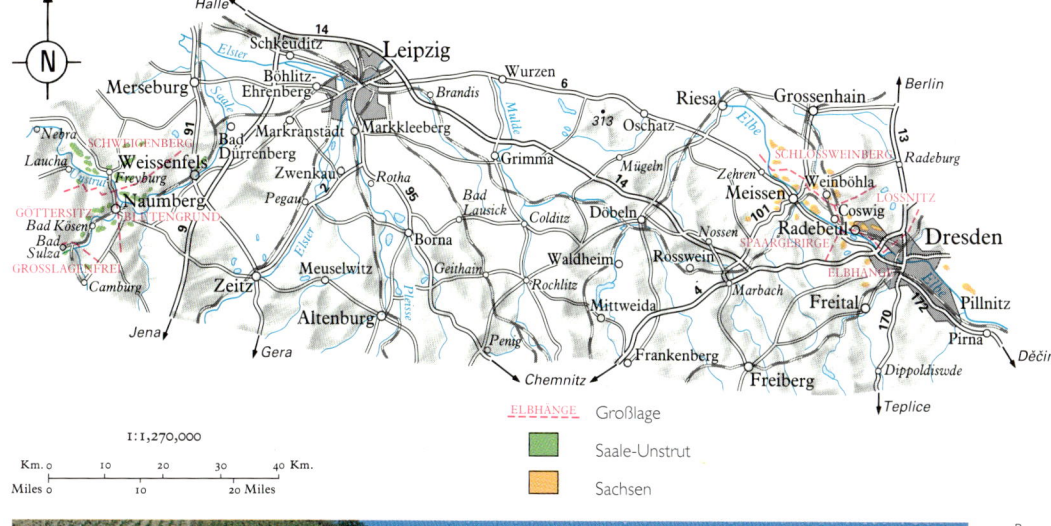

Links: Das Frankenweinetikett ist oft rund, passend zur Flasche. Rechts: Weine aus Sachsen und Saale-Unstrut sind außerhalb ihrer engeren Heimat noch nicht oft anzutreffen.

167

Weingesetz und Weinetikett

Das deutsche Weingesetz beinhaltet keine Klassifizierung der Lagen wie in Frankreich. Die in diesem Atlas vorgenommene Klassifizierung ist daher nicht amtlich. Statt dessen schreibt das Gesetz genau vor, welchen natürlichen Zuckergehalt der Most haben muß, um die Anforderungen für eine bestimmte Qualitätsstufe zu erfüllen.

Es gibt grundsätzlich vier Qualitätsstufen, und für jede gelten eigene Regeln. Sie sind im Gesetz festgelegt, werden aber von Weinerzeugern mit zukunftsgerichteten Ideen zugunsten anderer, oft älterer Bezeichnungen immer mehr außer acht gelassen. Eine gewisse Rolle spielt dabei, daß langatmige deutsche Wörter dem Ausländer Schwierigkeiten machen.

Als vereinfachte Bezeichnungen haben sich inzwischen vor allem der Ortsname (z.B. Hochheimer, Deidesheimer) oder nach dem Vorbild der Neuen Welt auch ein Sortenname in Verbindung mit einem Markennamen durchgesetzt. In den meisten Fällen werden die vom Gesetz verlangten Angaben in kleinem Druck oder auf einem Rücketikett gemacht. Dadurch soll sich der Wein selbst und seinen Erzeuger auf prägnante und stets wiedererkennbare Weise identifizieren.

Für die vier vom Gesetz festgelegten Qualitätsstufen sind jeweils bestimmte Angaben auf dem Etikett zugelassen. Die Beispiele auf dieser Seite zeigen jedoch, daß die Bestimmungen oft recht frei interpretiert werden. Es gilt nicht mehr als unabdingbar, alle gesetzlich erlaubten Angaben in der bisher üblichen Form zu machen. Der Erzeuger betont vielmehr diejenigen Informationen, die für den Verbraucher wichtig sind.

DIE SPRACHE DES ETIKETTS

Amtliche Prüfungsnummer/AP Nr. Jeder Qualitätswein muß eine solche Kennummer tragen.
Bestimmtes Anbaugebiet Die Rebfläche Deutschlands ist in 13 Qualitätsweinanbaugebiete eingeteilt.
Erzeugerabfüllung Wein, der vom Erzeuger aus eigenem Lesegut produziert und abgefüllt wurde (siehe Gutsabfüllung).
Flaschengärung Hinweis auf Sekt höherer Qualität.
Gutsabfüllung Seit 1993 ersetzt dieser Ausdruck die bisherige Angabe «Erzeugerabfüllung», wenn bestimmte Voraussetzungen erfüllt sind.
Halbtrocken Ausgewogener Wein mit feiner Süße, besonders als Kabinett, zu Tisch zu empfehlen.
Öchsle Maßeinheit für das Mostgewicht, d. h. den Traubenzuckergehalt des Mosts.
Perlwein Leicht schäumender, mit Kohlensäure versetzter Wein.
Schillerwein Roséwein aus einer Mischung von Weiß- und Rotweintrauben.
Qualitätssekt Unterliegt denselben Bestimmungen wie Qualitätswein.
Trocken Als QbA und als Spätlese etwas kräftiger im Alkoholgehalt (10,5–11 %) als liebliche Versionen; zu Tisch zu empfehlen.
Weinbaugebiet Tafelweinanbaugebiet.
Weißherbst Von roten Trauben weiß gekelterter Wein.

Deutscher Tafelwein

Einfacher Wein, der lediglich einen natürlichen Alkoholgehalt von 5 % (44° Öchsle) – in manchen Gegenden 6 % – vor der Zuckeranreicherung haben und aus zugelassenen Traubensorten gekeltert sein muß. Auf dem Etikett darf der Name eines Anbaugebiets oder Bereichs genutzt werden, jedoch kein Orts- oder Lagenname. Wird eine Traubensorte angegeben, dann muß der Tafelwein zu 85 % aus dieser Sorte bestehen. Fehlt der Zusatz «Deutscher» vor dem Wort «Tafelwein», enthält er Weine aus anderen europäischen Ländern. Auf dem abgebildeten Etikett liegt der Nachdruck auf dem Namen des (hinlänglich bekannten) Erzeugers und auf der Traubensorte: Spätburgunder. Hier deutet die Bezeichnung «Tafelwein» nicht auf einfache Qualität hin, sondern besagt vielmehr, daß der Erzeuger sich nicht nach festgefahrenen Regeln richten will.

Landwein

Der Landwein wurde 1982 als eine theoretisch über dem Tafelwein einzuordnende Kategorie mit etwas höheren und genauer festgelegten Qualitätsanforderungen, gewissermaßen als Gegenstück zum französischen Vin de Pays, eingeführt. Er muß ausschließlich aus einem der 15 Landweinbereiche stammen, 0,5 % mehr Alkohol aufweisen als Tafelwein und darf höchstens 18 g/l Zuckerrest enthalten, ist daher relativ trocken, allenfalls halbtrocken. Auf diesem Etikett wird die Betonung auf «Landwein» gelegt. Alle übrigen Informationen (Müller-Thurgau, halbtrocken) sind zweckdienlich, jedoch nicht vorgeschrieben.

Qualitätswein bestimmter Anbaugebiete (QbA)

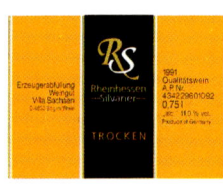

Die Bezeichnung für die umfangreichste Weinkategorie. Bei ihr ist Zuckeranreicherung gestattet, ihre Qualität wird aber so hoch eingeschätzt, daß die Herkunft ebenso vollständig angegeben werden darf wie bei Wein der obersten Qualitätsstufe (QmP). QbA muß aus einem bestimmten Anbaugebiet stammen, darf nur von zugelassenen Traubensorten gekeltert sein, muß ein bestimmtes Mostgewicht erreichen (hier trägt zur Verwirrung bei, daß die Mindestanforderungen unterschiedlich sind) und eine amtliche Prüfnummer tragen. Ein Einzellagenname darf benutzt werden, wenn mindestens 85 % der Trauben aus dieser Lage stammen, ansonsten ist ein Großlagen- oder Bereichsname (s. Seite 144) vorgeschrieben. Das abgebildete Etikett entspricht der neuen Anschauung, bei QbA keinen Ortsnamen, sondern lediglich das Anbaugebiet (Rheinhessen), die Traube (Silvaner) und die Machart (trocken) anzugeben. «RS» bedeutet Rheinhessen Silvaner.

Qualitätswein mit Prädikat (QmP)

Ort und Lage	Rebsorte
Anbaugebiet	Prädikatsstufe
Erzeuger/Weingut/Abfüller	Süßegrad
	Jahrgang
Gutsabfüllung	Anschrift des Erzeugers
Flascheninhalt	Amtliche Prüfungsnummer
Sitz des Weinguts	Alkoholgehalt

Bei dieser, der obersten Kategorie, ist keine Anreicherung mit Zucker zwecks Erhöhung des Alkoholgehalts erlaubt. Auf dem Etikett darf die Einzellage angegeben werden, auch der Reifegrad, obwohl er (vor allem bei Riesling) als ausreichend vorausgesetzt werden kann. Das Mostgewicht muß je nach Anbaugebiet 67° Öchsle (das entspricht 8,6 % Alkohol) betragen. Die Trauben müssen von der angegebenen Sorte aus der angegebenen Gegend sein, und der Wein muß eine amtliche Prüfnummer (AP-Nr.) tragen. Innerhalb einer Stufe der Prädikatweine findet eine weitere Einteilung nach dem Reifegrad der Trauben statt, allerdings gibt es auch hierbei gewisse Unterschiede, je nach Region und Traubensorte.
Kabinett: Mindestmostgewicht etwa 73° Öchsle
Spätlese: Mindestmostgewicht etwa 80° Öchsle
Auslese: Mindestmostgewicht etwa 90° Öchsle
Beerenauslese: Mindestmostgewicht etwa 120° Öchsle
Trockenbeerenauslese: Mindestmostgewicht etwa 150° Öchsle

Eiswein muß von Trauben stammen, die zum Zeitpunkt der Lese (meist lang nach der normalen Ernte) fest gefroren waren und in diesem Zustand gekeltert wurden. Das Eis (also der Wassergehalt) wird entfernt, so daß nur ein hochkonzentrierter Most mit viel Zucker- und Säuregehalt übrigbleibt. Das Mindestmostgewicht entspricht dem einer Beerenauslese, doch fehlt dem Eiswein der besondere Geschmack der «Edelfäule», der mit Beeren- und Trockenbeerenauslesen üblicherweise einhergeht.

Sekt wird von dem in so nördlichen Breiten nun einmal unvermeidlichen Überschuß an nicht voll ausgereiften Trauben hergestellt. Er kann in Flaschen- oder Tankgärung, von Trauben aus jedem beliebigen Anbaugebiet, ja sogar unter Einbeziehung ausländischer Weine produziert werden. Bessere Sekte tragen entweder die Bezeichnung «Deutscher Sekt», was bedeutet, daß er zu 100 % aus in Deutschland gewachsenen Trauben bestehen muß, oder «Sekt bA», in welchem Fall er ganz auf Trauben aus einem der bestimmten Anbaugebiete Deutschlands beruhen muß. Das abgebildete Etikett gehört der obersten Qualitätsstufe an.

Süd- und Osteuropa und die Mittelmeerländer

Italien

Die Griechen nannten Italien Oinotria, Weinland, und dieser Name paßt noch heute, denn es gibt kaum einen Winkel in Italien, in dem kein Wein wächst. Die Jahresproduktion ist heute die größte der Welt.

In diesem Atlas war in der ersten Ausgabe noch davon die Rede, daß die Einstellung der Italiener zu ihrem Wein von liebenswerter Sorglosigkeit gekennzeichnet sei. In den letzten 20 Jahren ist in allen Aspekten des italienischen Weinbaus ein radikaler Wandel eingetreten. Mit der Sorglosigkeit ist es vorbei, vielmehr haben sich tödlicher Geschäftsernst und eine peinlich genaue Beachtung internationaler Trends und Geschmacksrichtungen breitgemacht.

Von den geographischen Voraussetzungen her kann Italien einfach nicht anders, als guten Wein in großer Vielfalt hervorzubringen. Seine eigentümliche Gestalt bringt es mit sich, daß es kaum eine wünschenswerte Kombination aus Höhenlage, Breitengrad und Sonneneinstrahlung geben kann, die in Italien nicht vorkäme. Der Boden ist an vielen Stellen vulkanischen Ursprungs, Kalk- oder Tuffgestein sowie kieshaltiger Lehm sind reichlich vorhanden: Das ist wahrhaft Oinotria.

Den Konsumenten freilich verwirrt Italien mit einer ungeheuren Konfusion von Namen. So manches Etikett trägt nicht nur die offizielle DOC-Bezeichnung, den Namen der Traubensorte, des Erzeugers und seines Guts, sondern auch irgendwelche andere Namen, die oft genug nichts als reine Phantasie sind. Noch komplizierter werden die Dinge durch die Angewohnheit, die Region einfach wegzulassen. Oft bildet der Name eines obskuren Dörfchens den einzigen geographischen Hinweis. Italien hat wie Deutschland ein Etikettierungssystem dringend nötig – das hat nicht unbedingt etwas mit einem neuen Weingesetz zu tun –, durch das Klarheit darüber geschaffen wird, wer einen Wein wo erzeugt hat und wie er heißt.

In den vergangenen Jahrzehnten hat der Staat viel getan, um Ordnung in die Vielzahl der italienischen Weine zu bringen und ihnen feste Identität zu verleihen. Das System der DOC (Denominazione di Orígine Controllata) wird auf der gegenüberliegenden Seite erläutert. Allerdings hat sich inzwischen auch ein schwerwiegender Nachteil des Systems herausgestellt. Es zementiert die derzeitige Praxis so, wie sie von der Mehrzahl der Winzer in einer bestimmten Region geübt wird, ohne Rücksicht darauf zu nehmen, ob sie auch wirklich die bestmöglichen Ergebnisse zeitigt. In manchen Fällen benachteiligt es den fortschrittlichen Weinbauern, der überzeugt ist, daß gewisse Änderungen der herkömmlichen Praxis seine Erzeugnisse sehr verbessern könnten.

Als Folge davon gibt inzwischen der Vino da tavola den Prüfstand für alle neuen Ideen, importierten Traubensorten und weltweit entlehnten Techniken ab. In den 1980er Jahren wurde die Situation absurd. Schließlich kam

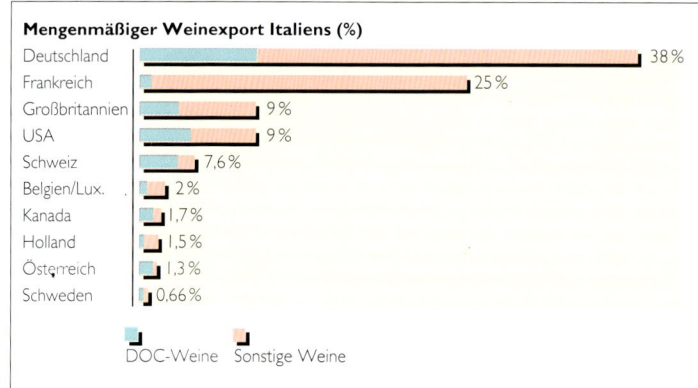

Mengenmäßiger Weinexport Italiens (%)

Land	DOC-Weine	Sonstige Weine	Gesamt
Deutschland			38%
Frankreich			25%
Großbritannien			9%
USA			9%
Schweiz			7,6%
Belgien/Lux.			2%
Kanada			1,7%
Holland			1,5%
Österreich			1,3%
Schweden			0,66%

Italien ist das größte Weinerzeugerland der Welt mit 63,8 Mio hl (1992). Davon wurden 20% (12,4 Mio hl) exportiert; das bedeutet gegenüber dem Vorjahr einen mengenmäßigen Rückgang um 5,4% bei einem wertmäßigen Anstieg um 1,75%. Die Tabelle zeigt das Verhältnis von DOC-Weinen zu sonstigen Weinen (ohne Spumante) beim Export in die 10 wichtigsten Abnehmerländer. Der Durchschnittspreis für DOC-Wein betrug 2957 Lire/l, für sonstige Weine 992 Lire/l.

ITALIEN

DAS ITALIENISCHE WEINGESETZ

Von 1963 bis 1992 waren die italienischen Weinnamen untereinander durch eine starre Konzeption abgegrenzt und fixiert, nämlich durch das System der **DOC (Denominazione d'Origine Controllata)** mit der Spitzenstufe **DOCG** (das G steht für **Garantita**). Auf diese Weise wurden bisher rund 250 Weine und die dazugehörigen Regionen fest umrissen. Als Voraussetzung wird lediglich gefordert, daß sich ein Erzeugergremium auf die «Tradition» des jeweiligen Weins, das Erzeugungsgebiet, die Rebsorten, Verarbeitungsmethoden, Erträge und Eigenschaften einigt. So hat die DOC eine gewisse Ordnung in das Chaos gebracht, aber auch den Status quo versteinert, anstatt die Qualität zu bessern oder zu gewährleisten.

Diese Starrheit ist schuld daran, daß viele Erzeuger die DOC als Behinderung ansahen und außerhalb des Systems arbeiteten. Ihnen ließ jedoch das Gesetz nur die bescheidenste Kategorie, nämlich *Vino da tavola*. So entstand in den 80er Jahren die absurde Situation, daß in manchen Regionen, vor allem in der Toskana, viele Spitzenweine nur als *Vini da tavola* rangierten, weil sie nicht den traditionellen Rebsorten und Verarbeitungsmethoden entsprachen.

1992 kam die längst überfällige Reform durch das Goria-Gesetz (benannt nach dem Minister, der es im Schnellverfahren durchpaukte), wahrscheinlich das fortschrittlichste und vollständigste Konzept der Weinbau- und Etikettierungsregulierung in der Welt. Freilich ist es derzeit eben lediglich ein Konzept, denn zum Teil tritt es erst in einigen Jahren in Kraft. Der Hauptgrundsatz lautet, daß die geographische Herkunft das wichtigste Element der Etikettierung sein soll. Die fundamentalste Neuerung besteht darin, daß die Weine oder Regionen flexibel in der Hierarchie auf- und absteigen können. Am unteren Ende der Skala bedeutet dies, daß rund 50 leistungsschwache DOC-Bereiche aufgelöst werden. Andererseits wird besonders feinen Weinen, wenn sie fünf Jahre lang hohe Qualität aufrechterhalten haben, der DOC-Status und nach nochmals fünf Jahren der DOCG-Status zuerkannt. Auch Unterbereiche und erstmals sogar Einzellagen können offizielle Anerkennung und entsprechenden Status erlangen.

Das Gesetz 164 wird oft graphisch durch eine Pyramide dargestellt, deren Basis der Vino da tavola bildet. Auf dieser Stufe dürfen keine geographischen oder Sortennamen benutzt werden, nur Markenbezeichnungen. Es folgt eine neugeschaffene Stufe: **Indicazione Geografica Tipica (IGT)** nach dem Vorbild des Vin de Pays. Auf dieser Stufe darf ein geographischer und ein Sortenname – stets in dieser Reihenfolge – benutzt werden. Über der IGT stehen DOC und DOCG. Auf diesen Stufen dürfen spezifische Details wie ein Einzellagenname *(vigna)* angegeben werden, die Voraussetzung ist jedoch der Verzicht auf Quantität zugunsten der Qualität. Ein um 20 % zu hoher Ertrag führt zur Abstufung des betreffenden Weins.

Als oberster Rang gilt also künftig ein DOCG-Wein mit vigna-Angabe. Noch radikaler ist die Neuerung, daß auch ein hervorragender Markenwein, der «Italien Ehre macht», Anspruch auf einen eigenen DOCG-Status hat.

Ein deutlicher Vorteil des Pyramiden-Systems ist der, daß es in der Hand des Erzeugers liegt, wie hoch er seinen Wein eingestuft haben will.

1992 das neue Gesetz 164 heraus, mit dem das ganze Klassifizierungssystem neu geordnet wurde.

Auf den hier folgenden Karten hat das DOC-System die Hauptlinien vorgezeichnet, denn nur die DOC-Zonen sind offiziell festgelegt. Auch die wichtigsten Vini da tavola sind berücksichtigt. Im Lauf des kommenden Jahrzehnts tritt das neue System allmählich in Funktion, aber es ändert nichts an den Karten, sondern nur am vergleichsweisen Status der Weine.

Das Kapitel Italien ist stark erweitert, um den Innovationen und den dramatischen Qualitätsverbesserungen in vielen Regionen gerecht zu werden. Die Karte auf dieser Seite soll lediglich eine Übersicht über die Lage der Regionen und damit den Schlüssel zu den detaillierteren Karten vermitteln. Alle zur Zeit bestehenden DOC- und DOCG-Zonen sind dann jeweils in den Abschnitten wiedergegeben, in denen das Land in einen nordwestlichen, einen nordöstlichen, einen mittleren und einen südlichen Teil aufgespalten ist, mit Ausnahme der Bereiche in den komplexen Zentren des Qualitätsweinbaus, denen eigene Karten in größerem Maßstab gewidmet sind.

In den 1960er Jahren hatten sich die Italiener die Technik der «modernen» Weißweinproduktion angeeignet, und in den 80er Jahren machten sie sich daran, den Charakter, der dabei verlorengegangen war, wieder hervorzuheben. Doch immer noch bevorzugt die italienische Geschmacksrichtung vollkommen trockenen Weißwein ohne jede Fruchtigkeit.

Inzwischen haben Italiens Rotweine große Fortschritte gemacht. Sie reichen von seidig und fragil bis purpurrot und wuchtig in allen Stilen und Geschmacksrichtungen von zutiefst bodenständiger bis zu höchst internationaler Art. Vor allem muß man ihre Qualitäten wie die aller italienischen Weine vor dem Hintergrund der unglaublich vielfältigen sinnlichen italienischen Tafelfreuden sehen. Der wahre Geist Italiens drückt sich im Festefeiern aus, und aus dem großen Fest, das Italien heißt, ist der Wein nicht wegzudenken.

Ein norditalienischer Winzer verläßt sich gern auf die primitive Methode zum Prüfen des Reifegrads seiner Trauben. Ein Refraktometer ist zwar genauer, vermittelt aber keinen Vorgeschmack auf den kommenden Wein.

DIE SPRACHE DES ETIKETTS

Tenuta Besitz oder Weingut
Vendemmia Jahrgang
Denominazione di Origine Controllata (e Garantita) Ähnliche Bedeutung wie Appellation Contrôlée (siehe Weingesetz)
Riserva Über eine im Gesetz festgelegte Zeit (meist drei Jahre) gelagerter Wein
Classico Aus der besten Gegend des Gebiets
Imbottigliato nello stabilimento della ditta... Kellereiabfüllung von...
Imbottigliato (oder **Messo in bottiglia**) **nell'origine** (oder **del produttore all'origine**) Erzeugerabfüllung
Fiasco Rundbauchige, strohumhüllte Flasche
Vino da tavola Tafelwein (siehe Weingesetz)
Bianco Weiß
Rosso Rot
Nero Tiefdunkelrot
Chiaretto Hellrot
Rosato Rosé
Secco Trocken
Amaro Bitter oder sehr trocken
Amabile oder **Abboccato** Mittelsüß, lieblich
Dolce Sehr süß
Spumante Schäumend
Frizzante Perlend
Gradi (oder **Gradi alcool** oder **Grado alcoolico**) Volumenprozente Alkohol
Casa Vinicola Weinhandlung
Cantina Keller, Weinkellerei oder Bar
Cantina sociale (oder **cooperativa**) Winzergenossenschaft
Consorzio Örtliche Winzervereinigung mit gesetzlichem Status
Vin oder **Vino santo** Aus über Winter unter Dach getrockneten Trauben bereiteter Wein
Passito Ähnlicher Wein
Cotto Gekochter (d. h. konzentrierter) Wein, Spezialität einiger Gebiete
Recioto Alkoholstarker, oft auch süßer Wein von vorgetrockneten Trauben
Stravecchio Sehr alt, ausgebaut, vollmundig
Vino liquoroso Gespriteter Wein

Der Nordwesten Italiens

Links: Überall im Piemont spürt man die Nähe der Alpen. In Carema, an der Straße zum Valle d'Aosta, erinnern die Häuser schon an Schweizer Chalets.

Oben: Piemont, Ligurien und die Lombardei bieten eine reiche Auswahl an Weinen in hoher Qualität, vom kraftvollen Nebbiolo bis zu frischen Schaumweinen.

Nordwest-Italien – für den Weinliebhaber heißt das Piemont. Mit seinem bittersüßen Wermut, seinem traubigen Spumante, seinen pikanten purpurnen Rotweinen zu Wild und Käse bildet es den Inbegriff feinster italienischer Tafelfreuden. Auf den folgenden drei Seiten ist das Herz des Piemont in allen Details geschildert.

Dennoch, die Langhe- und Monferrato-Berge um Alba und Asti sind nicht das einzige große Weinbaugebiet des Nordwestens. Die edle Traube, die den Barolo liefert, der Nebbiolo also, bringt auch in anderen Gegenden der Region ausgezeichneten, freilich andersartigen Wein, insbesondere zwischen Novara und Vercelli, 80 km weiter im Norden, wo er unter dem Namen Spanna in nicht weniger als sieben DOC-Bereichen auftritt – hier wäre Rationalisierung gewiß angebracht.

An der Spitze dieser Gruppe steht Gattinara (vor allem von Monsecco), neben ihm Ghemme und Lessona, und nicht weit dahinter folgt Bramaterra. Ihnen allen kommt ein subalpines Klima in Südlagen auf wasserdurchlässigem Gletschermoränenboden zugute. In der Praxis hängt alles vom Erzeuger und von der Höhe des im Verschnitt zugelassenen Anteils von Bonarda- und Vespolina-Trauben ab.

Die ganz andersartigen Weine aus dem Valtellina werden auf Seite 177 besprochen. Carema und Donnaz, zwei Nebbiolo-Weine nördlich von Turin an der Straße hinauf zum Valle d'Aosta, haben einen guten Ruf, Carema gehört noch zu Piemont (dort heißt die Nebbiolo-Traube Picutener); Donnaz liegt jenseits der Provinzgrenzen im Valle d'Aosta, also in der kleinsten Weinregion Italiens. Die alpinen Klimabedingungen lassen diese Nebbiolo-Weine leichter und heller, aber kaum weniger fein ausfallen. Es sind Raritäten und oft entsprechend teuer.

Eine zweite Rotweinrarität aus dem Aosta-Tal ist der Enfer d'Arvier. Er wird aus einer Traube gekeltert, die Petit Rouge heißt und ganz ähnlich schmeckt wie die Mondeuse in Savoyen: dunkel, frisch, kräftig, mit schönem Beerenaroma. Auch hochgeschätzte Weißweine hat das schöne Tal aufzuweisen: die sehr leichten Blancs de la Salle und de Morgex und einige volle, schwere Malvoisies.

Wo das Piemont im Osten in die Lombardei übergeht, herrschen im auf Seite 177 beschriebenen Oltrepò Pavese weniger stark alpine und extreme Voraussetzungen. Noch etwas weiter findet man im Trebbia-Tal die Colli Piacentini als Hort traditioneller Rebsorten und Weine. Hier wird soviel Wert auf das lebhafte Perlen im Weiß- und Rotwein gelegt, daß jeder, der es nicht hat, als *morto* gilt – ein guter Wein ist eben *vivace*.

Östlich von Mailand, in Sichtweite der schneebedeckten Alpengipfel, hat sich Franciacorta (s. Seiten 178/179), das Land zwischen Brescia und Bergamo, den Ruf erworben, die Quelle des besten italienischen Schaumweins nach der klassischen Methode zu sein.

Die Weinerzeugung Liguriens ist sehr klein, aber höchst individuell und eines genaueren Studiums wert. Von den Traubensorten, die hier wachsen, werden nur der Vermentino und die Malvasia auch anderswo in größerem Ausmaß angebaut. Die weißen Sorten Bosco, Pigato, Buzzetto und Albarola sind genauso esoterisch, wie sich ihre Namen anhören. Der Cinqueterre von der Steilküste bei La Spezia gilt hier als der ideale Wein zu Fisch. Es gibt ihn auch als Liquoroso, dann aber heißt er Sciacchetrà. Die anderen nicht so bekannten Weine von dieser Küste muß man probieren, wenn man Genua besucht: Man findet sie nämlich nirgendwo sonst.

Der denkwürdigste ligurische Wein ist allerdings der rote Rossese. Er duftet einladend und kann wahrhaft frisch und fruchtig, in der zarten, an Beeren erinnernden Art von Bordeaux sein.

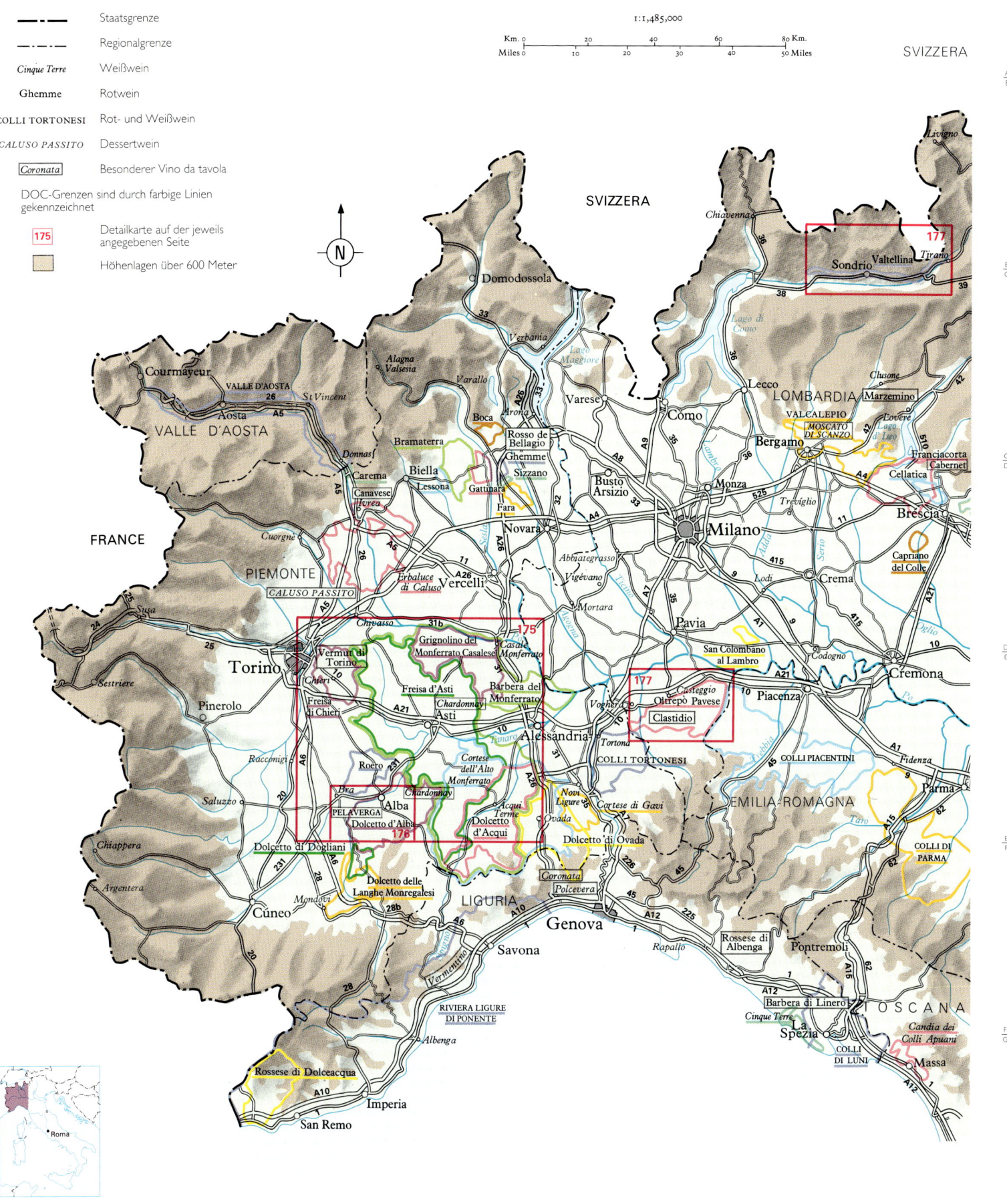

Piemont

Piemont bedeutet: am Fuß des Gebirges, der Alpen, die das Land fast umschließen und von den Monferrato-Bergen bei Alba aus gesehen eine dunkle Linie am Horizont bilden. Piemont hat ein ganz eigenes Klima mit einer sehr heißen Wachstumsperiode, gefolgt von einem kühlen, nebligen Herbst und einem feuchtkalten Winter.

Zur Zeit der Weinlese ragen die Hügel um Barolo aus dem nebelverhangenen Tal des Tanaro hervor. Es ist ein fast zauberisches Erlebnis, wenn man in Serralunga oder La Morra zuschaut, wie die dunklen Trauben eingebracht werden.

Die besten Rotweine Piemonts, der Barolo und der Barbaresco, sind nach den auf der nächsten Seite beschriebenen Weindörfern benannt. Die anderen heißen nach ihren Rebsorten: Barbera, Dolcetto, Grignolino, Freisa. Ist außer dem Traubennamen ein Distrikt angegeben (z. B. Barbera d'Asti), so bedeutet dies, daß der Wein aus einer abgegrenzten und theoretisch besseren Gegend kommt. Die Karte zeigt das mittlere Piemont, wo auch der berühmte Moscato d'Asti Spumante wächst, die überschäumende Quintessenz der süßen Muskatellertraube. Er hat den unschätzbaren Vorteil, nicht so alkoholstark zu sein wie seine Artgenossen.

Der trockene weiße Cortese di Gavi (südlich von Alessandria) ist in letzter Zeit durch moderne Techniken und intensives Marketing zu einem der prestigeträchtigsten Weine, sozusagen dem Chablis Italiens, geworden. Die Nachfrage nach Weißwein hat auch dazu geführt, daß die alte Lokaltraube Arneis nicht mehr nur zum Strecken von Nebbiolo benutzt, sondern auch zu einem eigenen milden, leichten, recht schlichten Wein verarbeitet wird. Marktbewußtere Winzer haben mit Erfolg Chardonnay in ihre Palette aufgenommen (also Vino da tavola).

Der Nebbiolo ist nach wie vor als die feinste Traube Norditaliens unumstritten und liefert nicht nur in Barolo und Barbaresco vollen, duftigen Wein.

Die Barbera gilt zwar nicht als eine edle Traube, ist aber die wichtigste Sorte der Region, denn sie gedeiht auch in nicht vollkommen idealen Lagen und Böden. Ihr Wein ist dunkel, gerbstoffreich, oft pflaumenartig und hat kräftige Säure – ein hervorragender Begleiter zu gehaltvollen Speisen. Die modernen Winzer erproben seine Eignung für den Eichenfaßausbau, aber eine bescheidenere Aufmachung (und ein entsprechender Preis) stehen ihm meist besser. Ein Rivale erwächst ihm im Dolcetto: Er ist mild, während der Barbera oft beißt, bringt aber doch ein schönes Gleichgewicht zwischen vollmundiger und trockener Art mit einem bitteren Anflug zuwege. Die besten Dolcetto-Weine kommen aus Alba, Diano d'Alba, Dogliani und Ovada (die alkoholstärkste Version). Der Grignolino stellt sich durchweg als leichter Wein dar, kann aber fein und pikant sein. Alle diese Weine wollen relativ jung getrunken sein.

Weitere Spezialitäten dieser verschwenderisch gesegneten Region sind: der Brachetto d'Acqui, ein leicht schäumender, lieblicher Rotwein; süßer Malvasia di Casorzo d'Asti in Rosé und Rot; der interessante goldgelbe «Passito» (aus halbgetrockneten Trauben) aus der DOC Erbaluce di Caluso sowie der ansprechende Rubino di Cantavenna, ein Barbera/Grignolino-Verschnitt. In Turin besonders beliebt ist der meist aus Asti stammende Freisa, ein perlender, oft lieblicher Rotwein.

In dieser selbst- und weinbewußten Gegend bedeuten Traditionen noch mehr als anderswo in Italien. Und doch beginnen auch hier die Winzer, Neuerungsgeist an den Tag zu legen, und scheuen sich auch nicht, Chardonnay und Cabernet anzupflanzen. Einer produziert sogar einen sehr feinen Verschnitt von Nebbiolo und Barbera – nichts ist mehr heilig.

An einem klaren Wintertag in Barolo erkennt man den Sinn des Namens Piemont – am Fuß des Gebirges. Auf drei Seiten erheben sich schneebedeckte Alpengipfel. Im Vordergrund ein typischer *bricco*, eine Spitzenlage.

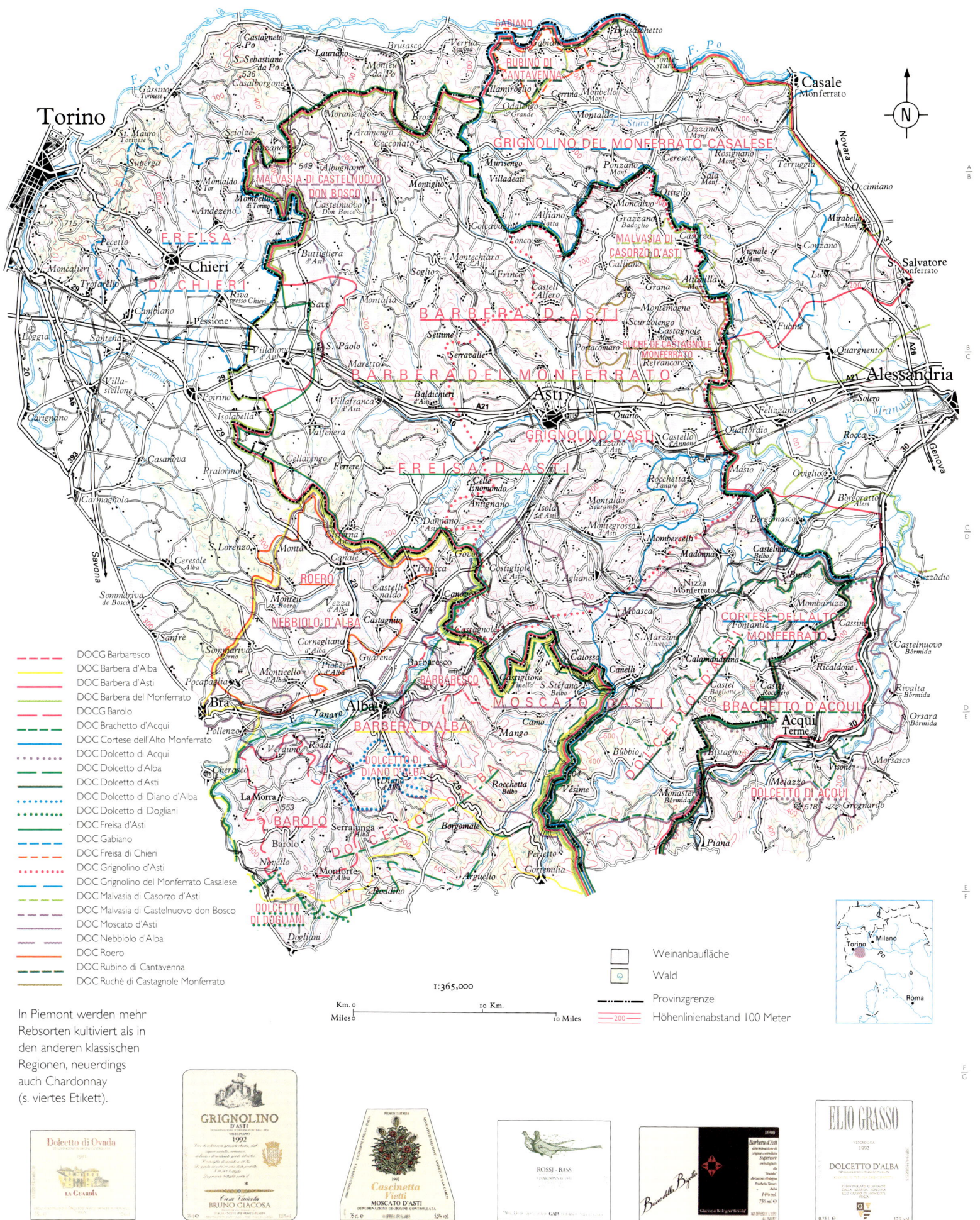

Barbaresco und Barolo

Seinen großartigsten Ausdruck findet der Nebbiolo in den Langhe-Bergen nördlich und westlich von Alba. Hier wachsen die feinsten Weine in hohen Südlagen auf Bergkämmen, die über den Oktobernebel hinausragen (der Nebbiolo reift sehr spät). Der Boden ist kalkreicher Lehm, an manchen Stellen mit höherem Eisengehalt, an anderen mit mehr Magnesium und Phosphor; diesen Spurenelementen schreiben die Winzer die oft ausgeprägten Unterschiede im Stil ihrer Weine zu.

Heute bilden der Winzer und sein Weinberg (*sorì* und *bricco* sind Begriffe für bevorzugte Lagen) den Schlüssel zu Barolo und Barbaresco. Die Vielfalt in Qualität, Aroma, Gehalt und Finesse würde an der Côte d'Or für die Erhebung zu *crus* genügen. Und doch traten diese großen Weine erst zwischen 1980 und 1990 aus dem Dämmer der Legende in das Scheinwerferlicht kritischer Würdigung.

Zum zweiten Mal in 150 Jahren erlebt die Region eine Umwälzung. Bis in die 1850er Jahre wurden die Nebbiolo-Weine süß bereitet. Der von einem reformfreudigen Grundbesitzer in Barolo berufene französische Weinbauexperte Louis Oudart demonstrierte schließlich, wie durch vollständiges Ausgären wuchtige trockene Rotweine gewonnen werden konnten. Die von ihm im 19. Jahrhundert eingeführten Techniken blieben so gut wie unverändert, bis in den 1980er Jahren ein kritischeres Publikum «Frucht» auf die Tagesordnung setzte und nun ohne Begeisterung auf Weine reagierte, die ungeheuer gerbstoffherb, überwältigend alkoholstark, aber doch vom langen Warten auf eine nie eintretende Reife oft einfach matt waren.

Moderne Vinifikationstechniken brachten bald Lösungen für das Problem: Wahl des richtigen (meist eines früheren) Lesezeitpunkts, Gärung in Stahltanks bei geregelter Temperatur, nur einige Tage Maischdauer und Ausbau in kleinen neuen oder doch wenig gebrauchten Fässern.

So entstehen noch immer tanninreiche Weine, die einer Reifezeit bedürfen – in ihnen aber gibt das Tannin einen frischen, sauberen Rahmen für eine erstaunliche Vielfalt an Geschmacksnuancen ab. Ein großer Barolo oder Barbaresco zeigt oft rauchige Waldnoten über tiefer Süße, das Aroma von Himbeeren über Leder und Gewürzen, herbe Leichtigkeit über fast dicklicher Konzentration. In älteren Weinen kommen animalische oder an Teer, manchmal auch an Wachs, Weihrauch, Pilze oder Trüffel erinnernde Nuancen auf.

Ein Besuch der Weinberge und ihrer vollkommensten Interpreten könnte in Barbaresco beginnen, dessen Ansehen durch Angelo Gaja zu höchsten Höhen geführt worden ist. Seine Weine sprechen für sich selbst und kosten ein Vermögen.

Barbaresco ist ein großes Dorf auf einem Bergkamm, der westwärts nach Alba hin führt. Bricco Asili, Martinenga und Sorì Tildin sind Synonyme für feinsten Rotwein geworden. Etwas weiter östlich liegt Neive, wo im Schloß einst Louis Oudart seine Experimente mit Nebbiolo machte, und weiter südlich die auch für erstklassigen Dolcetto bekannte Gemeinde Treiso.

Der Bereich Barolo beginnt dann 3 km weiter im Südwesten jenseits der Dolcetto-Weinberge von Diano d'Alba. Zwei Nebenflüsse des Tanaro teilen Barolo in drei Höhenzüge auf, die sich fast 50 m höher als Barbaresco erheben. Östlich davon liegt der Bereich Serralunga d'Alba mit dem großen, ehemals königlichen Gut Fontanafredda. Gaja kauft seit kurzem in Serralunga Wein, um Barolo in sein Angebot aufnehmen zu können.

Serralunga, südlich davon Monforte d'Alba und Castiglione Falletto im Herzen des Bereichs liegen auf eisenreichem Boden, wo der stämmigste Barolo wächst, wie vor allem Bussia in Monforte, der Bricco Rocche von Ceretto und der Monprivato von Mascarello in Castiglione beweisen.

Die Hügel im Westen bei Barolo und La Morra liefern nicht ganz so strammen, eher freigebig duftigen Wein. Die großen Lagen hier sind Brunate, Rocche di la Morra und Monfalletto in La Morra sowie Cannubi, die berühmteste, etwas tiefer gelegene in Barolo.

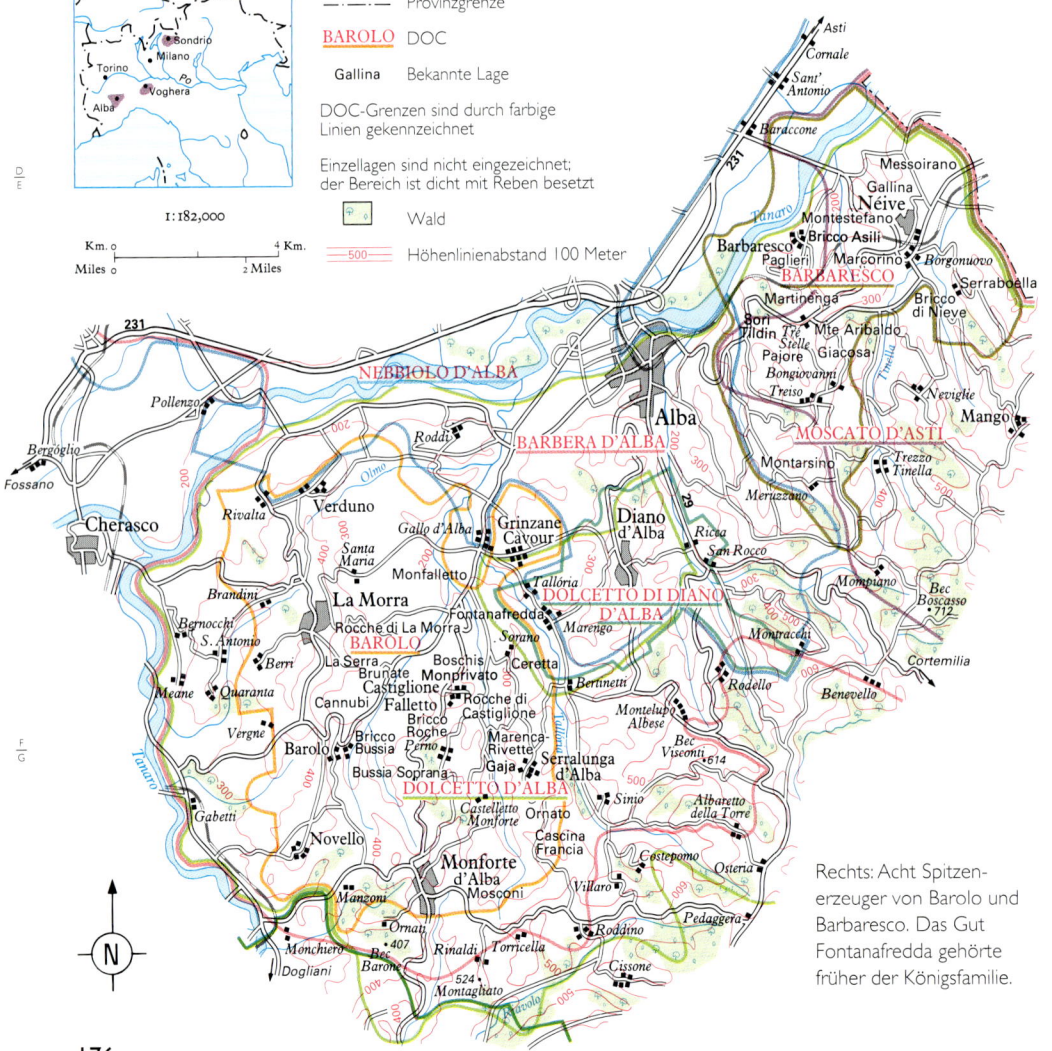

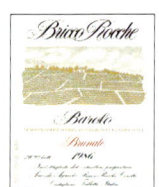

Rechts: Acht Spitzenerzeuger von Barolo und Barbaresco. Das Gut Fontanafredda gehörte früher der Königsfamilie.

ITALIEN

Lombardei: Valtellina und Oltrepò Pavese

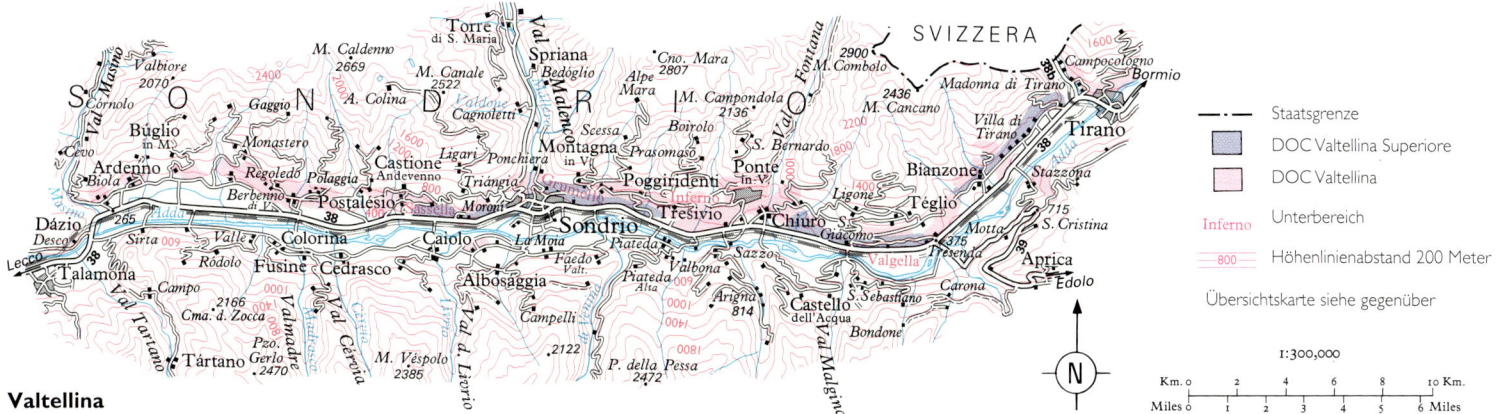

Valtellina

Die Lombardei ist das Land der Kontraste. Ein größerer Gegensatz als zwischen der weiten Po-Ebene und der tiefen Schlucht, die sich die Adda auf ihrem Weg zum Comersee gegraben hat, ist kaum vorstellbar.

Auf einer Strecke von 50 km hat sie auf ihrem Nordufer einen langen, schmalen Südhang. Dort wächst der Nebbiolo, der hier allerdings Chiavennasca heißt, und erbringt Wein der DOC Valtellina Superiore. Es gibt vier Teilbereiche mit eigenen Namen: Sassella (der beste), Valgella, Grumello und Inferno. Gemeinsam ist ihren Weinen der frische Biß, der sich entfaltende Körper und die langsam hervortretende herbstliche Duftigkeit der Nebbiolo-Traube, hier karger und weniger sinnlich als in Piemont, dabei aber kaum weniger fein.

Es lohnt sich, auf die Qualität Superiore zu achten. Die weniger begünstigten Lagen erbringen einfachen Valtellina, der in der Schweiz, vor allem im nahegelegenen St. Moritz, gern getrunken wird, mit Nebbiolo aber nicht viel zu tun hat.

Aus halbgetrockneten Trauben wird Sfursat oder Sforzato, eine lokale Abart des Recioto, gekeltert. Er ist so hoch konzentriert, daß er viele Jahre lang haltbar bleibt.

Anders als das Valtellina, wo nur ein einziger Rotwein produziert wird, hält die DOC Oltrepò Pavese nicht weniger als 14 Weine bereit.

Es ist schwer, eine Übersetzung zu finden, die so musikalisch klingt wie der Name Oltrepò Pavese, der den Teil der Provinz Pavia jenseits des Po bezeichnet.

Noch viel schwerer ist es jedoch, die Vielfalt der Weine dieser Gegend nur einigermaßen angemessen wiederzugeben. Manche sind mit einer DOC gesegnet, andere nicht, und viele werden sogar ohne Ursprungsbezeichnung gehandelt. Ein großer Teil des besten italienischen Pinot Bianco und Nero für die Herstellung von Schaumwein kommt aus dieser Gegend, ohne daß darüber ein Wort verloren wird.

Die DOC Oltrepò Pavese Rosso verlangt zwei Drittel Barbera, gemildert durch verschiedene Lokaltrauben, unter denen die Bonarda die wichtigste Rolle spielt. Sie gleicht die säuerlich fruchtige Barbera durch mildere Töne und den in Italien so beliebten bitteren Nachgeschmack aus. Trotzdem ist unverschnittener Barbera-Wein meist besser.

Der bekannteste Wein (und auch einer der besten), der diese DOC in Anspruch nimmt, ist der Frecciarossa aus Casteggio. Die perlenden Rotweine Buttafuoco und Sangue di Giuda prägen sich eher durch ihren Namen als durch ihren Geschmack ein.

Weißweine werden im Oltrepò Pavese vor allem von der Pinot-Traube, vom Bianco oder Nero (weiß gekeltert) oder auch beiden gemeinsam erzeugt. Der Pinot Grigio wird gewöhnlich nicht zu Schaumwein verarbeitet; er kommt als extraktreicher, oft ganz köstlicher Wein vor, der seine Verwandtschaft mit einem deutschen Ruländer nicht verleugnet.

Ebenfalls gut gerät im Oltrepò Pavese der Riesling (meist der italienische); der Moscato ist ausgezeichnet, und selbst der Müller-Thurgau bringt achtbare Weine hervor. Bei so guten Voraussetzungen kann ohne weiteres damit gerechnet werden, daß jede Rebe gedeiht.

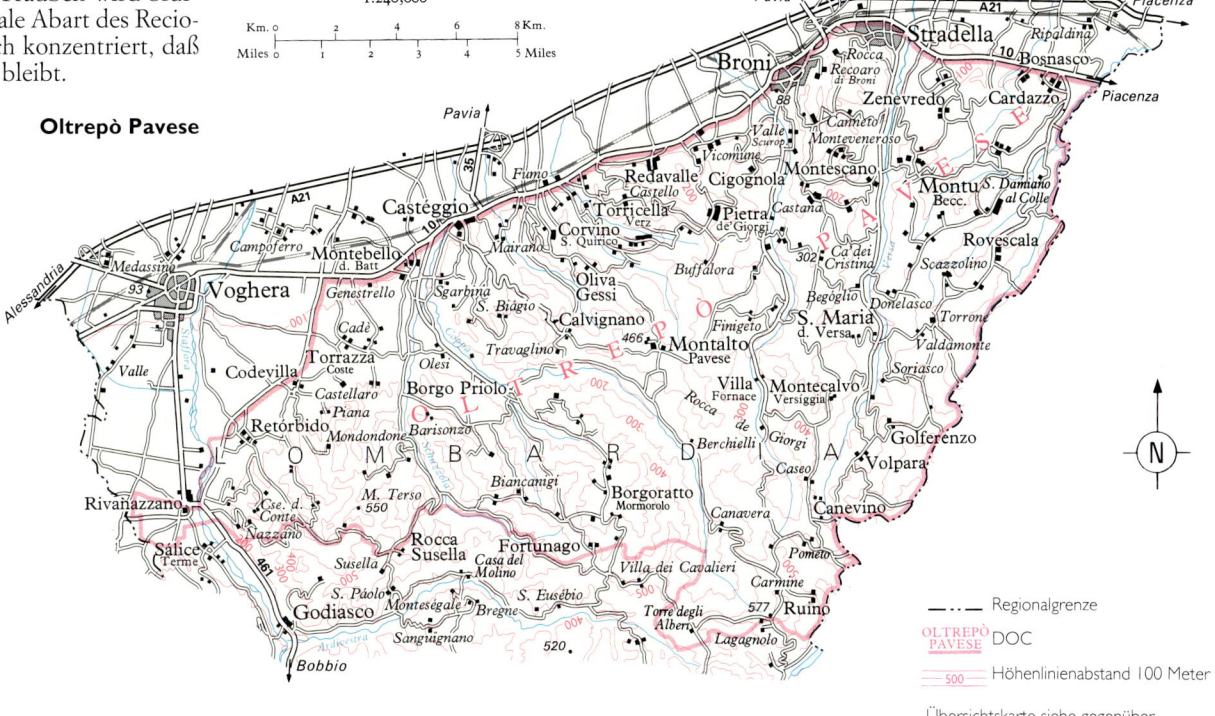

177

Der Nordosten Italiens

Die aus rötlichem Marmor erbaute, 25 000 Zuschauer fassende römische Arena in Verona ist nach dem Colosseum in Rom die größte der Welt. Die Römer nannten den frischen Wein aus den von Virgil besungenen Bergen dieser Gegend «Raeticum».

Der Nordosten hält sich weniger an die Tradition und dafür mehr an moderne Ideen als das übrige Italien. Ob es nun dem Realismus der Venezianer, dem österreichischen Einfluß, dem gemäßigten Klima oder allem zugleich zu verdanken ist, jedenfalls exportiert diese Gegend mehr Flaschenwein als jede andere, es werden mehr verschiedene Traubensorten angebaut, und in den Weinbergen weht ein professionellerer Wind.

Verona mit Valpolicella, Soave, Bardolino und den Weinen vom Südrand des Gardasees sowie Südtirol mit dem Kalterersee und dem St. Magdalener werden auf den Seiten 182/183 und das nördlich an den Gardasee anschließende Trentino auf Seite 184 näher besprochen. Dem ertragsstarken Norden Venetiens um Conegliano und dem östlichen Nachbarn Friaul-Julisch Venetien, wo vor allem seriöse Weißweine entstehen, sind die Seiten 180/181 gewidmet. Die Detailkarte für das Valtellina befindet sich auf Seite 177.

Von den lombardischen Weinen in dieser Karte kommen die von den Ufern des Gardasees den Veroneser Gardaweinen im Charakter sehr nahe. Es gibt kaum Unterschiede zwischen einem Chiaretto von der Riviera del Garda (die besten Lagen sind südlich von Salo, insbesondere um Moniga del Garda) und einem Bardolino. Beides sind Rotweine, so hell, daß sie Roséweine sein könnten, oder so dunkle Roséweine, daß sie als Rotweine gelten dürfen, mit zartem Aroma, weichem Körper und leichter Süße, durch einen Anflug von Bittermandelgeschmack, wie er den besten Rotweinen aus diesem Teil Italiens gemeinsam ist, nur um so gefälliger. Man trinkt sie am besten sehr jung.

Der Barbera-Verschnitt Botticino und der etwas hellere Cellatica sind hocherfreuliche Rotweine aus Brescia. Ihren besonderen Ruhm verdankt die Gegend allerdings dem Franciacorta, dem großen Schaumweinerfolg Italiens, der in den 1970er Jahren auf dem champagnerbegeisterten Weingut Berlucchi seinen Anfang nahm und seither in der Region südöstlich des Lago d'Iseo von einem Weingut nach dem anderen aufgegriffen worden ist. Chardonnay, Pinot Bianco und Nero gedeihen gut in diesem Klima ohne Extreme. Die feinsten Still- und Schaumweine (darunter auch *vini da tavola* nach dem Vorbild von Bordeaux und Burgund) erzeugt die Familie Zanella auf ihrem Gut Ca' del Bosco. Der weiße Lugana vom südlichen Ende des Gardasees ist ein besonders gefälliger Verwandter des Soave.

Aus dem flachen Tal des Po kommt nur ein berühmter Name – der moussierende rote Lambrusco aus der Gegend von Modena, vor allem aus Sorbara. Dieser lebendige, traubige Wein mit seiner bizarren Schaumkrone paßt vorzüglich zu üppigen Bologneser Speisen. In den USA findet er großen Anklang – die Genossenschaft Riunite in Reggio Emilia hat in einem Jahr 11 Millionen Kisten dorthin geliefert.

Im Veneto und weiter nach Osten hin ändert sich der Charakter der Weine. Bereits auf grünen vulkanischen Erhebungen in der Ebene, den Colli Berici und Euganei bei Vicenza und Padua, wachsen die Bordeaux-Trauben Cabernet und Merlot. Vor allem der letztere dominiert von Slowenien bis Südtirol und in der italienischen Schweiz immer stärker. Er und der Cabernet bewähren sich hier ganz hervorragend. Auch der Pinot Nero läßt sich vielversprechend an.

Bei den weißen Traubensorten finden sich althergebrachte wie die Garganega aus Soave, die Prosecco, die leichte, scharfe Verdiso und die gehaltvollere Tocai (Pinot Gris) neben Sylvaner, Riesling, Sauvignon Blanc und Pinot Bianco.

Die DOC-Bereiche dieser Gegend sind genau definierte Gebiete, die ganzen Gruppen von roten und weißen Weinen ihren Namen geben. Heißt es beispielsweise einfach Colli Euganei Rosso, dann handelt es sich um Standardweine in einer zugelassenen Mischung von Traubensorten. Auf besseren Weinen ist neben der DOC-Bezeichnung auch die Traubensorte angegeben – allerdings gibt es auch DOC-Zonen wie Gambellara zwischen Soave und den Colli Berici, die auf eine traditionelle Traube, in diesem Fall die Garganega, beschränkt sind.

Breganze, nördlich von Vicenza, ist wie Franciacorta als DOC von einem einzigen begeisterten Erzeuger in die Höhe gebracht worden. Fausto Maculan führt den Beweis, daß hier guter Cabernet wächst, und weckte mit seinem weißen Torcolato auch wieder die alte Vorliebe der Venezianer für süßen Wein von getrockneten Trauben.

Im Land südlich von Bologna und Ravenna wächst ein gehaltvoller Weißwein, auf den Italien offenbar besonders stolz ist (schließlich erhielt er als erster den Rang einer DOCG): der Albana di Romagna.

Wie so viele italienische Weine kann der Albana jedem etwas bringen. War er ursprünglich als «Amabile» berühmt geworden, so wird er heute viel öfter trocken (und leider oft etwas nichtssagend) bereitet. Auch eine «Spumante»-Version ist erhältlich. Will man verstehen lernen, wieso er einen so großen Ruf genießt, dann muß man die Erzeugnisse der Fattoria Paradiso oder eines ihrer wenigen Rivalen kosten: wunderbar konzentrierte Weine mit einer feinen Honigsüße.

Viel zuverlässiger, wenn auch ohne großen Anspruch, ist der rote Sangiovese aus der Romagna: An ihn kann man sich gewöhnen.

Rechts: Mehr oder weniger starkes Perlen ist ein wesentliches Merkmal vieler Weine Nordostitaliens, vom Lambrusco in der Emilia bis zum Prosecco im Veneto und dem großartigen Schaumwein Ca' del Bosco.

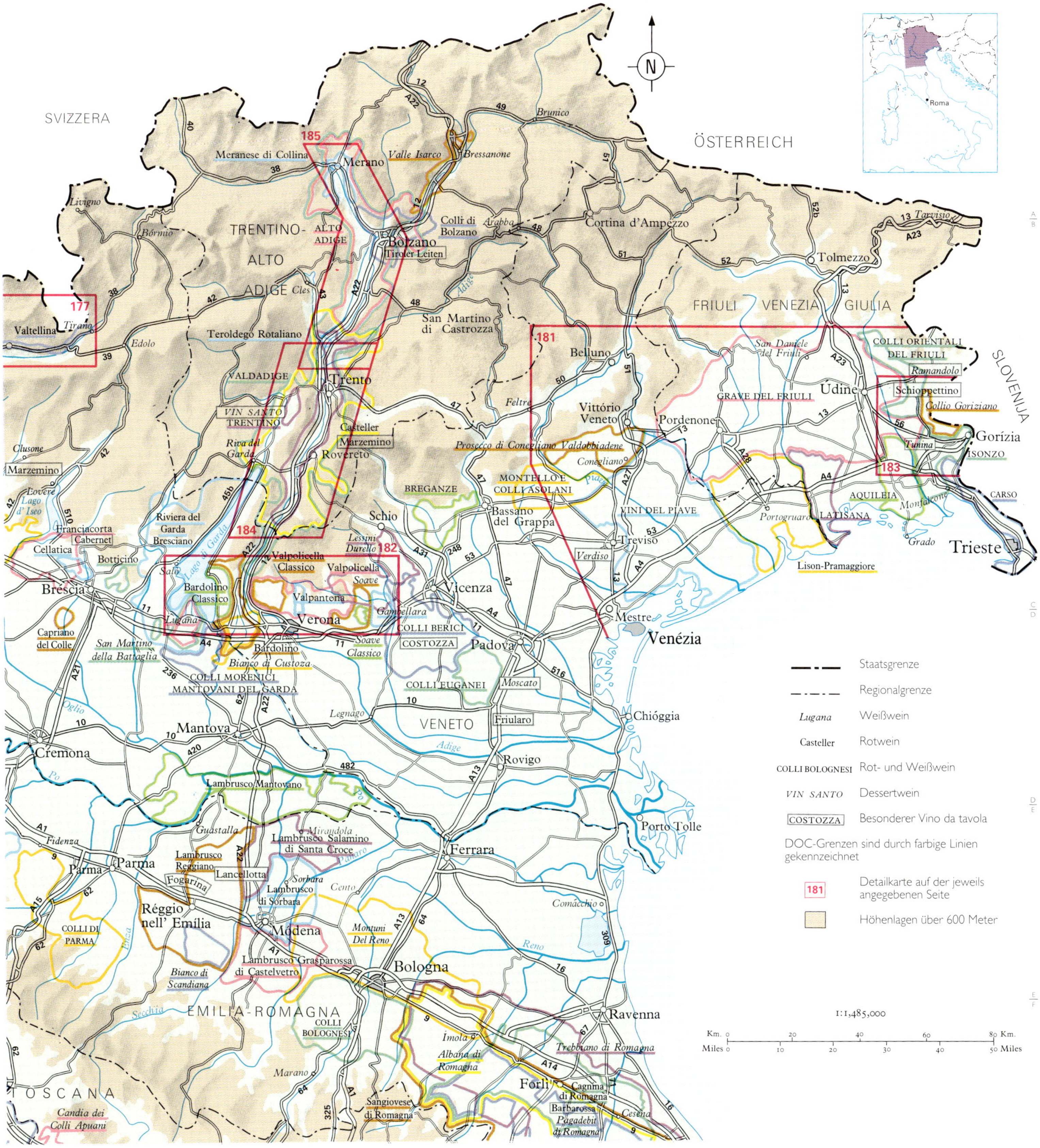

Veneto und Friuli-Venezia Giulia

Nur in der Nordostecke Italiens beherrscht der Weißwein die Erzeugung und wird hohen internationalen Maßstäben gerecht. Billig ist er freilich nicht – im In- und Ausland besteht eine sehr große Nachfrage nach diesen aromatischen, ausgewogenen, eingängigen Gewächsen. Nicht, daß Friaul und Venezia Giulia wirklich ganz neue Weinbaugebiete wären, doch ihr Potential ist erst neu entdeckt worden, seit sich die Winzer hier moderner Methoden bedienen. Bei Neuanpflanzungen fügen sie ihren hergebrachten Rebsorten die internationalen Favoriten hinzu und können deshalb eine verwirrend reichhaltige Auswahl bieten.

Ganz im Norden erstreckt sich das Veneto in die Dolomiten hinein, wo das Anbaugebiet von Conegliano, Valdobbiadene, bereits einen alpinen Anstrich aufweist. Die Lokalspezialität, die weiße Prosecco-Traube, liefert einen recht reizlosen Wein, als Grundlage für «Spumante» aber ist sie ausgezeichnet.

Darum auch ist der Prosecco der echte Sekt Venedigs. In der «Superiore»-Version ist der Cartizze aus Valdobbiadene einer der besten Italiens in der frischen, leichten Art.

Außerdem ist Conegliano in der Welt des Weins als Italiens bedeutendste Weinbauforschungsstätte berühmt. Hier werden alle Traubensorten erprobt, und in den Restaurants der schönen alten Stadt serviert man dem Besucher gern alles nur Erdenkliche, stets aus eigener Erzeugung. Dabei erweist sich dann wohl, daß der Prosecco und der nur wenig angebaute weiße Verdiso in dieser Gegend am besten gedeihen.

Auch die weite Ebene des Piave gehört noch zum Veneto. Sie ist stark mit Reben besetzt und liefert frische, trockene Verduzzo-Weißweine (diese Rebe hat im Nordosten große Bedeutung), einen nicht ganz so großartigen Tocai (in Friaul ist er besser) sowie Cabernet und Merlot. Östlich von Venedig machen die großen Bordeaux-Trauben das Rennen. Aus Massenproduktion schmecken ihre Weine manchmal grün; aber bei Weingütern wie Venegazzù und Castello di Roncade in der Provinz Treviso erlangen sie wahrhaft Bordeaux-ähnlichen Charakter. Reiner Cabernet (meistens -Franc) oder reiner Merlot bilden jedoch die Hauptmasse der DOC Piave und in fünf weiteren DOC-Zonen im Osten: Pramaggiore, Latisana, Aquileia und Isonzo und vor allem Grave del Friuli.

Alles in allem fällt der Cabernet im Westen der Region am herzhaftesten aus, besonders in Pramaggiore. Weiter im Osten gewinnt der Merlot stetig an Klarheit und Charakter, und in der DOC Grave del Friuli und in der DOC Isonzo herrscht er schließlich vor. Keine der beiden Trauben ist in den Küstenbereichen mit ihren flachen Weinbergen jedoch so gut wie in den Hanglagen der Colli Orientali del Friuli.

In der DOC Piave läßt eine einheimische Rebsorte namens Raboso den Geschmack Venetiens bei Rotwein erkennen: Er ist wie bei Weißwein entschieden auf herb und trocken gestimmt. Die Raboso-Traube wird manchmal auch mit Merlot verschnitten.

Die vereinigten DOC-Bereiche Lison und Pramaggiore, der letztere für Rotwein (Cabernet, Merlot, Refosco), der erstere für Tocai und andere Weißweine, schlagen die Brücke vom Veneto nach Friuli-Venezia Giulia. Der Tocai di Lison (mit einem Classico-Bereich um die Stadt Lison herum) bringt eine erste Andeutung jener seidigen Beschaffenheit, die diese Traube weiter im Osten in den Bergen um Gorizia an der slowenischen Grenze hervorbringen kann.

Die bei weitem größte DOC der Region Friuli-Venezia Giulia heißt Grave del Friuli. Sie umfaßt das gesamte tiefgelegene Land der Region mit seinem dem Weinbau förderlichen Kiesboden. Die Hälfte des Ertrags entfällt auf Merlot, aber auch Cabernet und Refosco tragen mit dazu bei. Die Weißweine dieser DOC sind in der Hauptsache der herbe, trockene Verduzzo und der viel gehaltvollere Tocai; auch Pinot Bianco (hier wird er oft mit Chardonnay verwechselt) wird viel angebaut. Die Namen einiger Erzeuger aus dem großen und durchaus nicht etwa homogenen Bereich verdienen hervorgehoben zu werden: Duca Badoglio, Collavini und Plozner – alle sind in der Provinz Udine in Richtung auf die Colli Orientali del Friuli beheimatet.

In den Colli Orientali del Friuli werden die Cabernet-, Refosco-, Merlot- und Schioppetino-Rotweine ebenso hoch geschätzt wie die Weißweine. Das Klima in der gegen Osten und Norden durch die Alpen geschützten Gegend zwischen Udine und der slowenischen Grenze ist ziemlich warm.

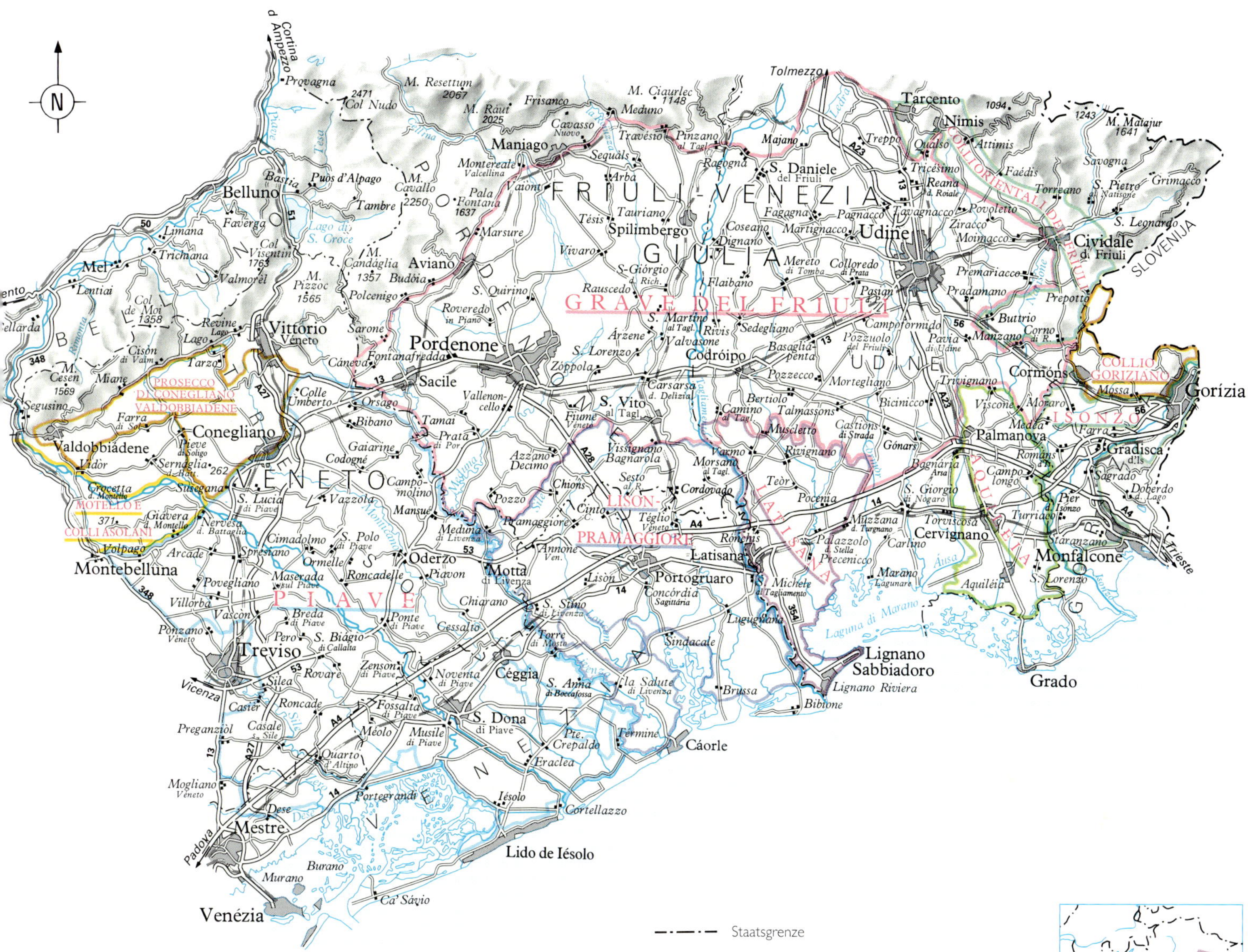

1:675,000

Km. 0 5 10 15 20 Km.
Miles 0 5 10 Miles

Staatsgrenze
Regionalgrenze
Provinzgrenze
ISONZO DOC
DOC-Grenzen sind durch farbige Linien gekennzeichnet

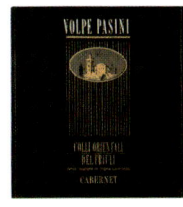

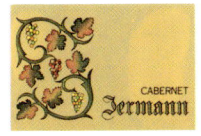

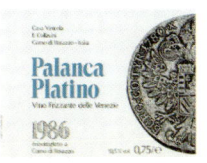

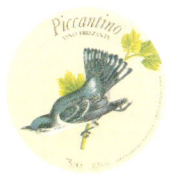

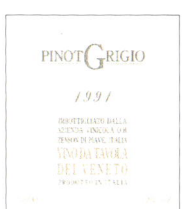

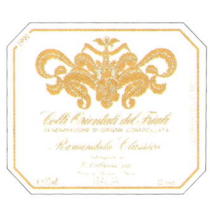

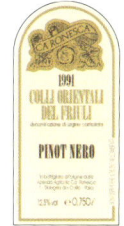

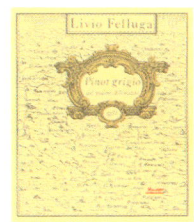

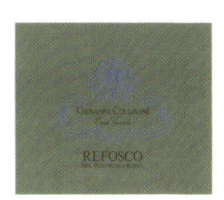

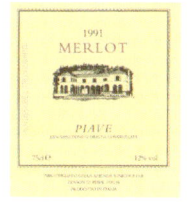

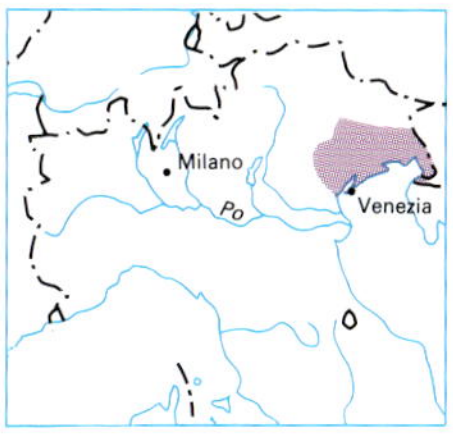

Von Venedig aus ostwärts steigt die Weinqualität stetig an. In Piave entstehen sehr annehmbare, im Collio (s. Seite 183) höchst interessante Rot- und Weißweine.

Verona

Die anmutige hügelige Gartenlandschaft um Verona von Soave bis zum Gardasee hat so fruchtbaren vulkanischen Boden, daß die Vegetation nicht zu bändigen ist: Die Reben wuchern auf Terrassen und an Pergolen zwischen Villen und Zypressen – ein Bild voll italienischem Charme.

Der Soave ist wahrscheinlich der bekannteste Weißwein Italiens. Das Gebiet wird überwiegend von seiner Cantina sociale, einer der größten Winzergenossenschaften Europas mit 630 Mitgliedern und durch das Haus Bolla mit rund 400 Zulieferern kontrolliert. Trotz der damit verbundenen Standardisierung ist ihr Wein außerordentlich gut. Produziert wird der einfache, trockene Soave von der Lokaltraube Garganega, meist mit viel Trebbiano. In seiner weichen, doch vielseitigen Schlichtheit liegt etwas, das ihm Besonderheit verleiht und ihn stets zu einem Genuß macht.

Der Bereich Soave hat seinen Schwerpunkt am östlichen Ende der Lessini-Berge. Hier befindet sich die Classico-Zone, wo Erzeuger wie Pieropan, Anselmi und Bertani aus der Garganega-Traube und einer lokalen Form des Trebbiano (nicht der toskanischen oder all-italienischen) sogar Einzellagenweine mit intensiver Vollmundigkeit zuwege bringen, die der Bedeutung des Worts *soave* (sanft) wahrhaft gerecht werden. Wein aus der Ebene im Süden (auf der Karte nicht eingezeichnet) ist zwar dem Namen nach auch Soave, daß er aber dem Wortsinn entspricht, kann man von ihm nicht verlangen.

Oben: Die Landschaft von Valpolicella ist von bewegender Schönheit. Das Heumachen unter Weinpergolen hätte Virgil gerade so beschreiben können. Rechts: Aus Valpolicella und Soave kommen Gutsweine in hervorragender Qualität. Die Etiketten rechts stammen aus dem Collio, wo Mario Schiopetto Schrittmacherdienste leistet.

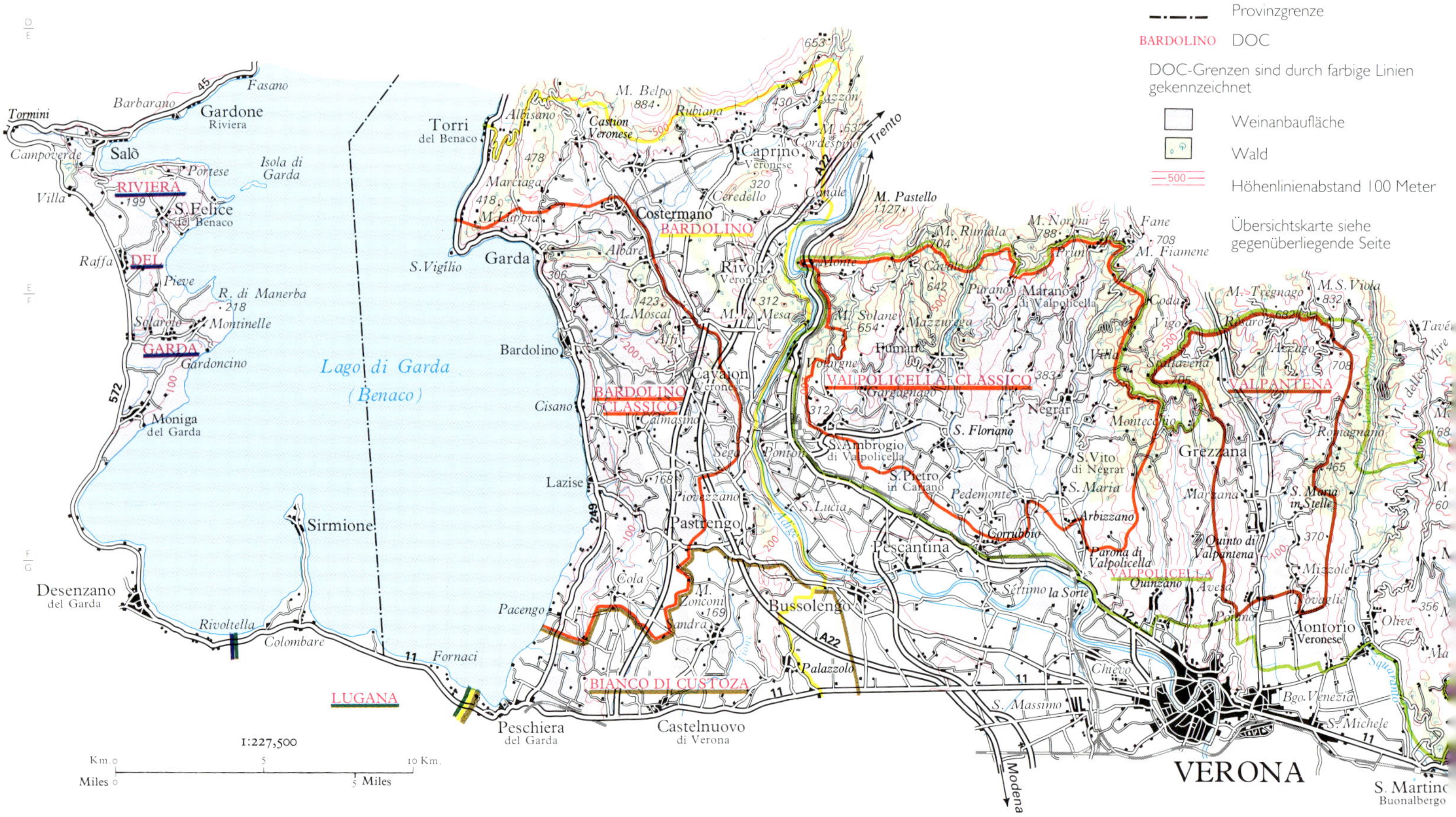

Collio

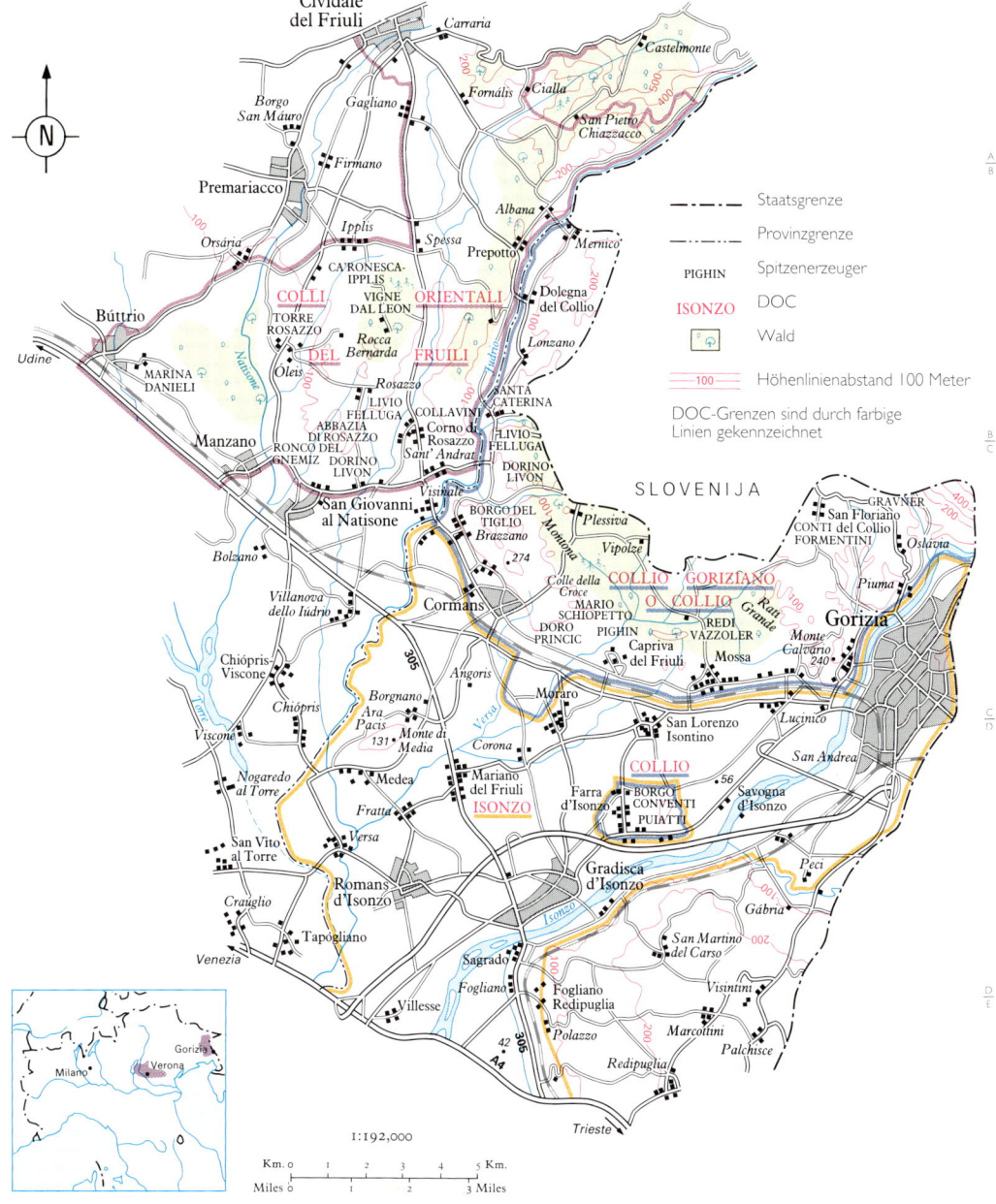

Einfacher Valpolicella zeichnet sich durch schöne kirschrote Farbe, sanften, süßen Duft, weichen, leichten Geschmack und einen bitteren Anflug aus. Als Massenwein wird er meist über die Schulter angesehen, es gibt aber Schlimmeres.

Der Valpolicella Classico aus einer genau umrissenen Gegend zwischen San Ambrogio, Fumane und Negrar zeigt dieselben Eigenschaften in intensiverer Form. Auch er erhebt keinen großartigen Anspruch, bietet aber in seiner Kirschfrucht mit Mandelnote mehr Tiefe und einen Körper, wie man ihn sich sanfter nicht wünschen kann. Die führenden Erzeuger geben sich sehr viel Mühe mit ihrem Valpolicella Classico, den sie zu Recht als einen der in jedem Sinn förderungswürdigsten Weine Italiens ansehen. Seine großartigste Form nimmt er derzeit als Recioto oder Amarone an. Hierbei handelt es sich um die süße (manchmal schäumende) und die trockene (auch bittere) Version, die von ausgewählten, spätgelesenen und unter Dach und Fach getrockneten Trauben – vor allem der besten hiesigen Sorte, Corvina – gewonnen werden und den Höhepunkt für jedes Veroneser Festessen abgeben. Sie sind direkte Nachkömmlinge der griechischen Weine, mit denen Venedig im Mittelalter Handel trieb.

Eine weitere Variante wird nach der alten *Ripasso*-Methode bereitet, bei der Valpolicella aus der normalen Ernte mit der Maische für Amarone – vorzugsweise von Corvina-Trauben – erneut vergoren wird. Der erste moderne Ripasso, der Campo Fiorin von Masi, brachte dem Valpolicella in den 1980er Jahren neuen Respekt ein. Weingüter wie Allegrini, Guerrieri-Rizzardi, Quintarelli, Tedeschi und Handelshäuser wie Bertani bauen dem Valpolicella Classico und seinen Varianten eine treue Gefolgschaft auf.

Der Bardolino vom Ufer des Gardasees ist heller und nicht so gehaltvoll – fast ein Rosé (oder *chiaretto*), der möglichst jung getrunken sein will. Ähnlich ist auch der Chiaretto del Garda, ebenfalls vom Seeufer.

Das Collio Goriziano und die Colli Orientali del Friuli liegen im äußersten Nordosten an der Grenze zu Slowenien. Die Hügel um Gorizia, meist kurz «Collio» genannt, bilden mit ihrem vom Meer beeinflußten milden Mikroklima das älteste und beste Weinbaugebiet der Region. Einfacher Collio ist ein trockener Weißwein von Tocai, Ribolla, Pinot und anderen Traubensorten, die hier in verwirrender Fülle angebaut werden.

Im Vordergrund stehen bei den Weißweinreben Welschriesling, Sauvignon, Chardonnay, Traminer, Malvasia, Pinot Bianco, Pinot Grigio und der Tocai Friulano (für den ein Duft von Akazienblüten charakteristisch sein soll) und bei den Rotweinrebsorten Cabernet Franc, Merlot und Pinot Nero.

Das Renommee des Collio beruht vor allem auf der sauberen, frischen Art des Tocai im Verein mit Pinot Bianco (manchmal Chardonnay) und Pinot Grigio. Hoher Extraktgehalt und eine der Zunge schmeichelnde Sanftheit verbinden sich mit lebhaftem Geschmack und Duft. Diese Weine sind vielleicht nicht die auffälligsten Italiens, vermitteln aber eine Vitalität, ein Gefühl großer Klasse und einen Eindruck von Fülle, wie man sie selten findet.

In den weiter landeinwärts gelegenen Hügeln kommt Ähnliches zustande, wenn auch nicht mit derselben Intensität. Die Colli Orientali del Friuli spüren weniger stark den Einfluß der Adria, dafür um so mehr den der Alpen, das Klima ist um einiges extremer. Hier werden dieselben Trauben wie im Collio angebaut, daneben aber auch der echte Riesling, Refosco und Cabernet Sauvignon. Der Refosco ist ein Original, das sich der Besucher dieser Gegend nicht entgehen lassen sollte.

Besonders stolz ist die Gegend auf den Picolit, einen weißen Dessertwein, der mit seinem Duft von Heu und Blumen eher an Jurançon als an die Honigwürze von Sauternes erinnert.

Trentino

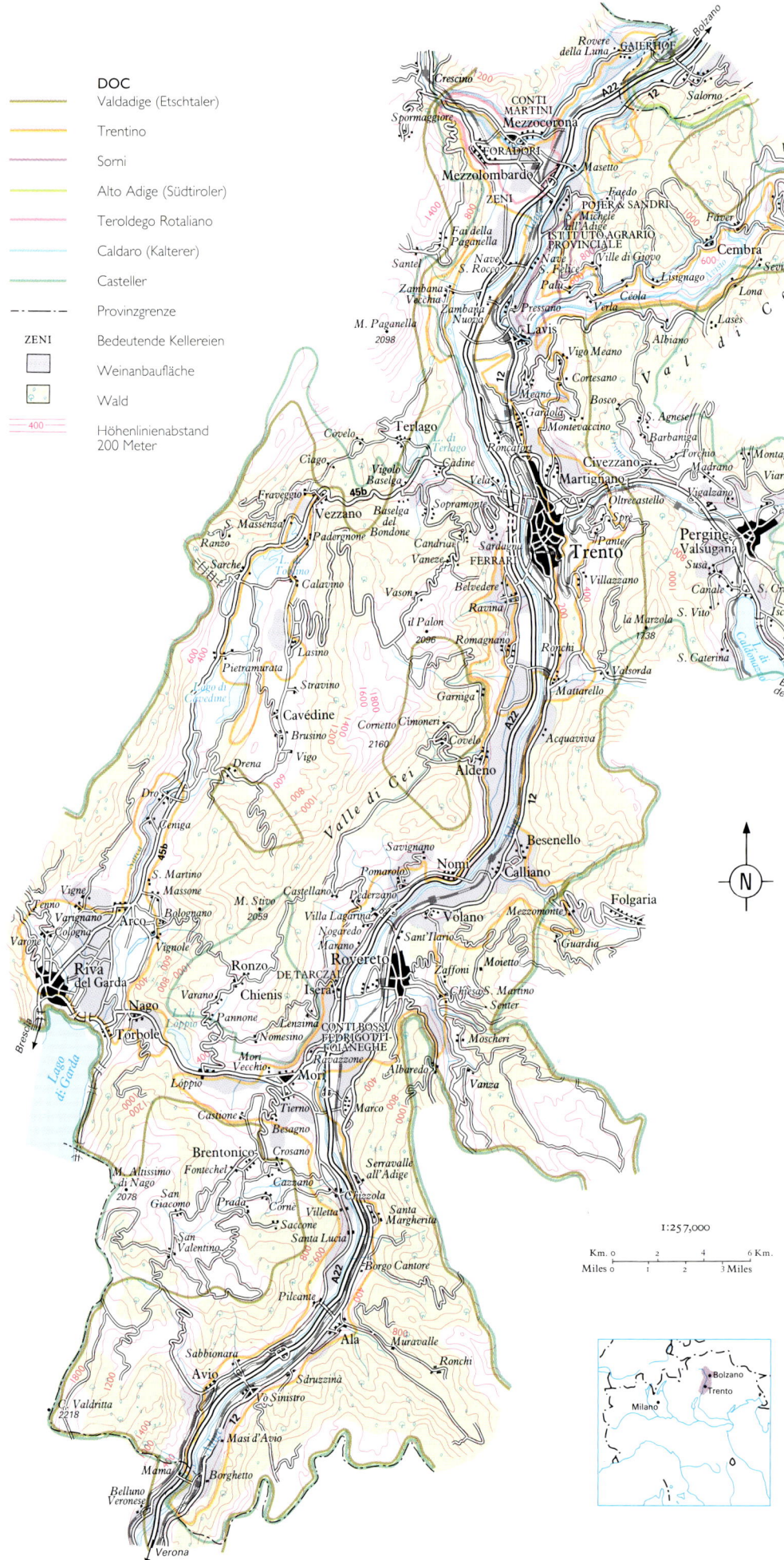

Das Etschtal bildet einen zerklüfteten Korridor in die Alpen hinein, der Österreich und Italien über den Brenner-Paß hinweg miteinander verbindet. Wie das Rhône-Tal ist es von Verkehrs- und Industrielärm erfüllt, doch die Weinberge stellen einen lieblichen Kontrast zum geschäftigen Treiben auf den Fernstraßen dar. An jedem freien Platz zwischen dem Fluß und den Felswänden schwingen sie sich in einer Folge von Pergolen empor, die von oben wie eine breite grüne Treppe wirken.

Die allesumfassende DOC heißt Valdadige (Etschtaler). Aber allenthalben im Tal trifft man auf Spezialitäten und Lokaltraubensorten. Die Wachstumsbedingungen sind für fast alle Weißweintrauben gut, und daher sind die üblichen Sorten überall verbreitet. Bei früher Lese bieten sie die nötigen Qualitäten für guten Schaumwein, die Spezialität von Trient.

Bei den Rotweintrauben sind die einheimischen Sorten viel zu beliebt (und auch zu ertragreich), als daß sie sich von Importen verdrängen ließen. Auf dem Weg von Süden her nach Trient kommt man durch das gewundene Vallagarina, wo der Marzemino daheim ist – ein dunkler, leichter Rotwein, dessen Ruhm fast ausschließlich auf dem letzten Akt der Oper *Don Giovanni* beruht. Das Nordende des Trentino ist die Heimat des Teroldego, eines vollblütigen Rotweins von der gleichnamigen Traube, die auf dem mit Pergolen überzogenen Kiesboden des Campo Rotaliano zwischen Mezzolombardo und Mezzocorona wächst. Der Teroldego Rotaliano, ein dunkler, purpurroter Wein mit hohem Extraktgehalt und guter Haltbarkeit, ist einer der großen Weincharaktere Italiens. In der Jugend zeigt er die für die Region typische (und dort hochbeliebte) bittere Note. Wer sie zu aufdringlich findet, kann oft durch Dekantieren etwas dagegen tun. Nach 24 Stunden an der Luft strömt ein vierjähriger Teroldego Leben und Frucht in Hülle und Fülle aus, jedoch ohne Campari-Note.

Auch die Südtiroler Schiava- oder Vernatsch-Traube hat etwas von diesem Bittergeschmack in ihren Rotweinen, die hier im Trentino unter zwei DOC-Namen auftreten, als leichter Casteller und als gehaltvoller Sorni (der auch Teroldego und die aus Bozen bekannte Lagrein-Traube enthält). Ihre beste Form erreicht die Schiava jedoch in dem *Vino da tavola rosato* namens Faedo.

Das Cembra-Tal und die Osthänge des Etsch-Tals um San Michele bieten gedeihliche Voraussetzungen vor allem für Weißweintrauben, die vom Istituto Agrario Provinciale (bekannt für guten Cabernet) mit Erfolg verarbeitet werden sowie auch von dem in der Gegend führenden Haus Pojer & Sandri in Faedo, das zwar keine DOC benutzt, jedoch den lokalen Charakter respektiert.

Im westlichen Arm des Tals bei Trient, der es mit drei kleinen Seen verbindet, wächst dasselbe breite Spektrum an Rebsorten, doch die Spezialität der Gegend ist erstklassiger Vin Santo von der Lokaltraube Nosiola.

Südtirol

Südtirol (Alto Adige), das nördlichste Weinbaugebiet Italiens, ist eine aktive, lebenssprühende Region, ein Schmelztiegel der Kulturen, auch der Weinbaukulturen. Es wird hier mehr Deutsch als Italienisch gesprochen, doch französische Traubensorten sind verbreiteter als deutschstämmige. Obwohl der größere Teil der Erzeugung (65 %) noch immer auf Rotwein entfällt, beruht die moderne Reputation Südtirols vor allem auf rassigen sortenreichen Weißweinen.

Der Schwerpunkt der Produktion liegt auf dem Etschtal, wo in Höhenlagen zwischen 200 und 1000 m eine unendliche Vielfalt in Mikroklima und Rebbestand herrscht. Die meisten Weine fallen unter die allgemeine DOC Alto Adige (Südtiroler) mit angefügtem Rebsortennamen.

Höhere, oft steile und terrassierte Lagen sind deutschen Traubensorten vorbehalten – Müller-Thurgau, Riesling, Sylvaner, aber auch dem Grünen Veltliner aus dem nahen Österreich –, deren Aroma durch die große Schwankungsbreite zwischen Tages- und Nachttemperaturen günstig beeinflußt wird.

In etwas tieferen Lagen erbringen Chardonnay, Pinot Bianco und Pinot Grigio fruchtigen Wein, und Terlan ist für ausgezeichneten Sauvignon bekannt. Der Gewürztraminer ist in Südtirol nicht stark vertreten.

Bei den Rotweintrauben trägt Schiava (Vernatsch, in Deutschland auch als Trollinger bekannt) die Hauptlast. Ihre Weine sind hell, mild und recht schlicht mit einem bitteren, kräuterhaften Anflug. Der beste und berühmteste ist der St. Magdalener. Die DOC-Weine Kalterersee, Bozner Leiten und Meraner Hügel werden ebenfalls von Vernatsch, für den deutschen Markt meist lieblich, produziert. Die Lokaltraube Lagrein bringt tieffruchtigen Rosé – Lagrein-Kretzer – sowie den kräftiger gefärbten Lagrein-Dunkel hervor.

Die Rotweintrauben Pinot Noir, Merlot und Cabernet erbringen hier sehr gute Ergebnisse, vor allem wo die traditionellen Pergolen aufgegeben und durch niedrige Erziehung an Spanndrähten ersetzt wurden.

Der größte Teil der Produktion entfällt auf Genossenschaften, aber auch ein halbes Dutzend Einzelbetriebe, u. a. Lageder in Margreid, haben sich internationalen Ruf erworben.

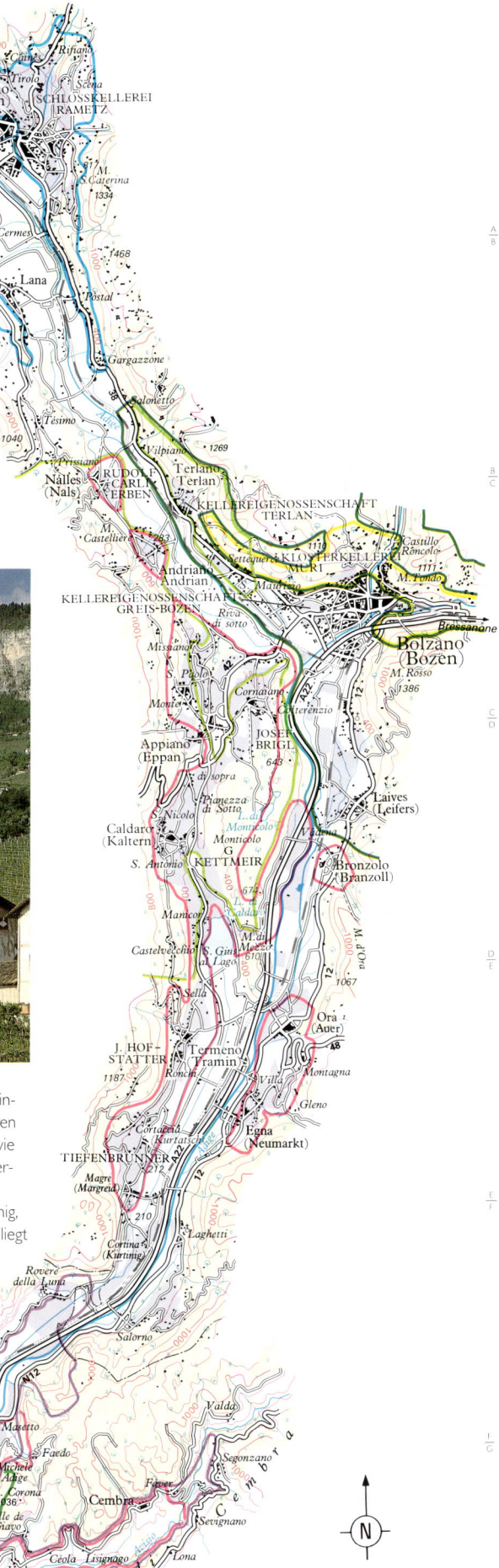

Oben: Die Etsch hat sich tief in die Alpenvorberge eingegraben. Ihren Lauf begleiten schroffe Felsen, in deren Schutz steile Hänge mit fruchtbarem Boden liegen, wie hier bei Kurtasch (Cortaccio) südlich von Tramin (Termeno), von wo die Traminer-Traube stammen soll.
Unten: In Südtirol sind die Etiketten meist zweisprachig, im Trentino überwiegend italienisch. Die Abtei Muri liegt in einem Vorort von Bozen.

Mittelitalien

Die meistgeliebten, dem Reisenden vertrautesten italienischen Weine finden sich sämtlich auf der Karte gegenüber wieder, vor allem der Chianti, dessen Anbaugebiet mit seinem Classico-Kern den größeren Teil der Toskana ausmacht.

Der Chianti und seine Blutsbrüder (das Blut ist dabei der Saft des roten Sangiovese) beherrschen im nördlichen Teil die Szene. Weiter südlich müssen sie in Latium dem Cesanese und in den Abruzzen dem Montepulciano den Platz räumen. In den Marken wirken der Sangiovese und der Montepulciano im Rosso Piceno zusammen.

Die weißen Trauben Mittelitaliens sind der Trebbiano Toscano und die Malvasia Bianca. An der toskanischen Küste und auf der Insel Elba trägt der Trebbiano den Namen Procanico, im Midi Frankreichs heißt er Ugni Blanc, und in Cognac nennt man ihn St-Emilion. Er ist dort seiner kräftigen Säure wegen willkommen, während er in Italien gerade diese Eigenschaft vermissen läßt. Für das Gleichgewicht mittelitalienischer Weißweine bringt die Malvasia den Körper und der Trebbiano den «Pfiff» mit. Leider hat keine der beiden Sorten ein ausgeprägtes Aroma. Daraus erklärt sich eine gewisse milde Einfachheit, ja Einförmigkeit, die nur bei den besten selbst so berühmter Weine wie dem Orvieto, dem Frascati, dem Est! Est!! Est!!! und dem unwiderstehlich klingenden Bianco Vergine Valdichiana überwunden werden kann.

Chianti hat zwei DOC-Zonen für Weißwein, Bianco della Lega und Galestro (ein alkoholschwacher Durststiller). Wo andere weiße Traubensorten ins Spiel kommen, wirkt sich das nur vorteilhaft aus. Der Montecarlo aus der Gegend um Lucca wird oft als der beste toskanische DOC-Weißwein genannt. Er enthält Sémillon, Sauvignon und Pinot Bianco. Der Verdicchio, der an der Adriaküste stets zu Fisch serviert wird, lebt von der Lebendigkeit der Verdicchio-Traube. Der Parrina von der Küste der Toskana wird mit der kräftiger schmeckenden Ansonica gewürzt. Der Pitigliano kann Grecchetto enthalten, eine nur wenig angebaute Traube mit großer Frische und Blumigkeit, die auch dazu beiträgt, daß der weiße Torgiano aus der Gegend um Perugia ein so erfreulicher Wein ist. Von besonderer Bedeutung ist, daß die DOC Pomino, die von der Familie Frescobaldi in Chianti geschaffen wurde, die traditionellen Sorten ganz aufgibt und einen originellen Florentiner Wein aus Sauvignon, Pinot Bianco und Chardonnay zuwege bringt.

Charakter aber kommt nicht nur von den Trauben. Der Orvieto und der Frascati (Seiten 192 und 193) können und sollen auch ohne «edle Rebsorten» eigene Art beweisen.

Die beiden berühmten Rotweine Brunello und Vino Nobile werden auf Seite 190/191 besprochen.

Die Adriaküste strotzt von DOC-Bereichen für Rotweine mit mehr oder minder lebendigem, überwiegend jedoch robustem Charakter: Sangiovese di Romagna und dei Colli Pesaresi, vollmundiger Rosso Cónero aus Ancona und leichterer Rosso Piceno aus einem größeren Bereich (es lohnt sich, nach der Version «Superiore» Ausschau zu halten), Montepulciano d'Abruzzo (er schwankt zwischen fruchtig und flach) und seine «Rosato»-Version Cerasuolo. Weiter im Süden gewinnt die wenig bekannte Region Molise rasch einen großen Ruf; das hat sie einem einzigen großen Weinerzeuger zu verdanken: Luigi Di Majo in Campomarino an der Küste. Sein Weingut Masseria Di Majo Norante brachte zunächst den robusten Montepulciano/Aglianico-Rotwein Ramitello (DOC Biferno) und dann den exzellenten Falanghina sowie andere Weißweine heraus.

Die Cesanese-Weine drüben in Latium zeichnen sich vor allem durch ihre Unberechenbarkeit aus: die einen sind still, die anderen schäumend, die einen lieblich, die anderen trocken. Ein Aleatico ist schon viel verlockender: ein roter Dessertwein mit starkem Anklang an einen Moscato.

Es gibt aber auch eigenständige Geister, die auf lange Sicht alle anderen mit sich ziehen werden. Einer von ihnen ist Dr. Giorgio Lungarotti aus Torgiano. Er hat als erster seinen Wein von Grund auf «gebaut» und dann für ihn eine DOC beantragt und auch bekommen, obwohl diese Gegend vorher keine Rotweine von einigem Ruf aufzuweisen hatte. Der Rubesco und andere Lungarotti-Weine werden auf Seite 192 näher besprochen.

Auch im toskanischen Adel gab es eigenwillige Weinerzeuger. Der Conte Bonacossi aus Carmignano führte schon vor vielen Jahren Cabernet als Zutat im Chianti-Rezept ein. Heute ist Carmignano eine eigene und ganz ausgezeichnete DOC. Das alles aber liegt inzwischen weit zurück und wurde von einer ständig anschwellenden Flut neu geprägter Weine überrollt.

Unten: Ein Kelterhaus in der Toskana – hier ist wenig davon zu spüren, daß das 21. Jahrhundert vor der Tür steht. Zwar hält die moderne Technik in Mittelitalien immer rascher Einzug, kleine Winzer bleiben aber doch gern beim Althergebrachten. Die länglichen Fässer im Vordergrund sind traditionelle *caratelli* für Vinsanto.

Links: Der helle Verdicchio paßt besonders gut zu Fisch. Vernaccia ist ein traditioneller Weißwein aus der Toskana. Montepulciano d'Abruzzo und Morellino sind beachtenswerte Rotweine.

187

Chianti

Links: Fast 600 m erreichen die höchstgelegenen Chianti-Weinberge, die zum Castello di Volpaia bei Radda gehören. Außer Chianti Classico entstehen hier hochangesehene rote und weiße *vini da tavola* von toskanischen und französischen Traubensorten.

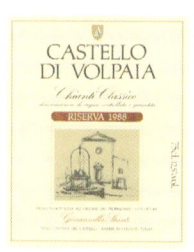     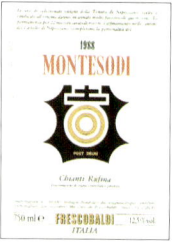 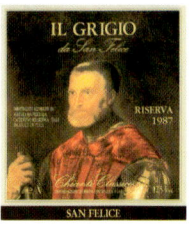 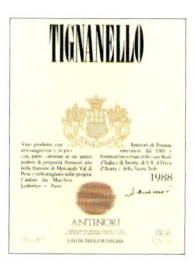 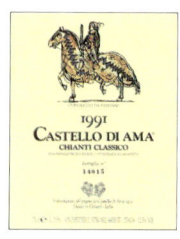  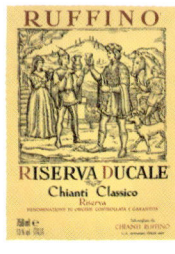 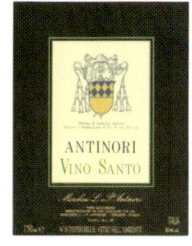

Der Wiederaufstieg des Chianti Classico in den 1980er Jahren fiel zusammen mit dem Aufkommen neuer Weintypen, z. B. des ersten «Super-Toskaners», des berühmten Sangiovese/Cabernet-Verschnitts Tignanello von Antinori.

Die Hügel zwischen Florenz und Siena kommen der Idealvorstellung römischer Dichter vom edlen Landleben so nahe wie nichts sonst auf der Welt. Uralt und tief verwurzelt ist hier die Verschmelzung von Landschaft und Architektur mit dem Menschen, der das Land bebaut. Villen, Zypressen, Reben, Felsen und Wälder fügen sich zu Bildern zusammen, die aus den Zeiten der Römer, der Renaissance oder des Risorgimento stammen könnten...

In dieser zeitlosen Szenerie sind Weingärten mit geradlinigen Rebzeilen die einzige Neuerung. Bisher war es üblich gewesen, daß Reben und Olivenbäume gemeinsam die trockenen Kies- und Sandsteinhänge bedeckten. Es ist nicht verwunderlich, daß die Olivenbäume weichen müssen.

Chianti war freilich stets geordneter, als es den Anschein hatte. Es war eines der ersten italienischen Weinbaugebiete, in denen sich ein Erzeugerkonsortium organisierte. Der Begriff des Chianti Classico für den zentralen und besten Teil des Gebiets wurde, neben sechs weiteren Bereichen (der beste ist der Chianti Rufina) lange vor den jetzt geltenden DOCG-Bestimmungen eingeführt.

Vor über 100 Jahren stellte der illustre Barone Ricasoli – eine Zeitlang war er Premierminister Italiens – in seinem Schloß Brolio das Rezept für den Chianti zusammen. Sein Wein bestand aus vier oder fünf Traubensorten, unter denen der Sangiovese die Hauptrolle spielte. Auch etwas weißer Malvasia-Most war als Bestandteil zugelassen. Leider ist der Anteil an weißen Trauben, deren Anbau weniger Schwierigkeiten macht, immer mehr gestiegen – und der Trebbiano hat sich eingeschlichen. Als 1963 die DOC-Bestimmungen festgelegt wurden, erlaubte man als weißen Bestandteil bis zu 30% – und damit viel zuviel. So wurde ein bläßlicher Chianti die Regel. Vielen, darunter auch der alten Familie Antinori in Florenz, wurde klar, daß etwas geschehen müsse.

Der ausgezeichnete Tignanello von Antinori entstand 1978 als Rebellion; er enthält anstelle der weißen Trauben 10% Cabernet. Als Verstärkung für ihn kam dann bald der Solaia heraus, bei dem das Verhältnis von Cabernet zu Sangiovese umgekehrt ist. Inzwischen gibt es wohl kaum noch ein Schloß oder Weingut in Chianti, das nicht diesem Beispiel mit einem eigenen, oft ganz ausgezeichneten *Vino da tavola* gefolgt wäre. Freilich will niemand den echten Chianti zum alten Eisen werfen.

Der traditionelle Chianti wird, nachdem der Wein selbst vergoren ist, mit einem Schuß unvergorenem Most von getrockneten Trauben belebt (man nennt dies «Governo»); das bringt ein zartes Prickeln in den Wein und macht ihn ein Jahr nach der Lese herrlich erfrischend.

Der 1984 zur DOCG erhobene Chianti Riserva muß allerdings drei Jahre im Eichenfaß reifen, bevor er in Bordeaux-Flaschen, nicht in die gewohnten strohumflochtenen *fiaschi,* abgefüllt wird.

Jeder der beiden Chianti-Typen, der einfache und die Riserva, kann auf seine Art hervorragend sein. Der Hauswein, den man in einer Trattoria in Florenz zu einem wundervoll zarten Steak trinkt, ist oft ebenso verführerisch süffig wie ein Beaujolais – mit leichter Süße, etwas spritzig, voll Traubenduft und mit köstlicher, feiner Säure. Eine zehn Jahre alte Flasche Riserva dagegen besitzt die verführerische Wärme des italienischen Weins, vereint mit einer ganz eigenen delikaten Herbheit.

Unsere Karte zeigt die Landschaft Chianti und die Kellereien der führenden Chianti-Classico-Erzeuger, die sämtlich das Etikett mit dem schwarzen Hahn benutzen.

— · · — · · —	Provinzgrenze
———	Grenze der DOCG Chianti Classico
RUFINA	Sonstige Chianti-Gebiete
POMINO	Sonstige DOC-Zonen
CASALINO	Bedeutende Kellereien
☐	Weinanbaufläche
☐	Nicht zu Chianti gehörende Weinanbaufläche
☐	Wald
═250═	Höhenlinienabstand 50 Meter

Die südliche Toskana

Das bedeutendste Randgebiet des großen Chianti-Bereichs bilden die Colli Senesi, ein Hügelland, das sich 65 km südlich von Siena in stattlichen Wellen ausbreitet, die Bergkuppen von Wäldern gekrönt, dazwischen hier und da ein Dorf, eine Burg oder eine nackte Tuffsteinklippe.

Bis in die 70er Jahre hörte man wenig von diesem Teil des Chianti-«Putto»-Lands. Nur in der Umgegend wußte man, daß das Klima hier gleichmäßiger ist als etwas weiter nördlich und daß die Sommer hier wärmer und außerordentlich trocken verlaufen. Unmittelbar südlich erhebt sich der Monte Amiata bis auf eine Höhe von 1700 m und hält die aus dieser Richtung heraufziehenden sommerlichen Gewitter zurück. Auch wußten nur wenige, daß die Sieneser Form der toskanischen Rotweintraube Sangiovese sich von dieser stark unterscheidet und größere Früchte hat. Sie heißt hier auch anders, nämlich Sangioveto Grosso, und weiter im Osten, in Montepulciano, hat sie den Namen Prugnolo Gentile.

In einer Enklave in den Colli Senesi um die kleine Stadt Montalcino macht man den Unterschied noch deutlicher und nennt die Traube dort Brunello. Auch ihr Wein ist andersartig, denn er wird ohne die üblichen Chianti-Zutaten bereitet. Zu derselben Zeit, als Ricasoli das Idealrezept für den Chianti aufstellte, schuf Clemente Santi (heute heißt das Haus Biondi-Santi) in seinem Weingut Il Greppo das Modell für den Brunello di Montalcino. Das Rezept ist ganz einfach: Die spät reifende Brunello-Traube wird Mitte Oktober von sehr alten Weinstöcken mit geringem Ertrag geerntet. Der entstehende starke, dunkle Wein gärt lange mit den Schalen und erhält dadurch ein Höchstmaß an Farb- und Geschmacksstoffen. Anschließend lagert er mindestens vier Jahre in großen

   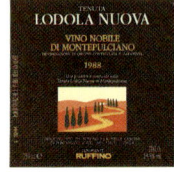

Montalcino hat wärmeres und trockeneres Klima als Chianti. Seine Weine sind wie die von Montepulciano eigenständig und von den Traditionen der Toskana unabhängig.

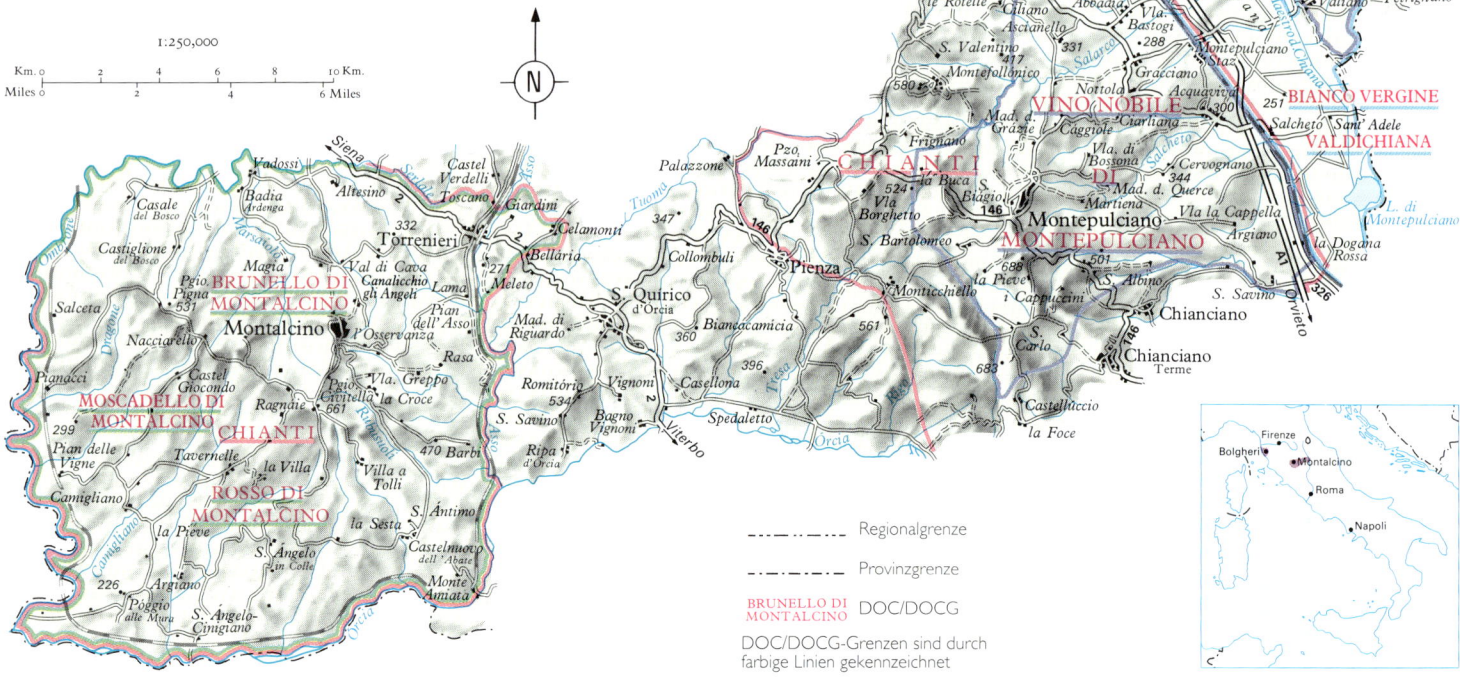

Bolgheri

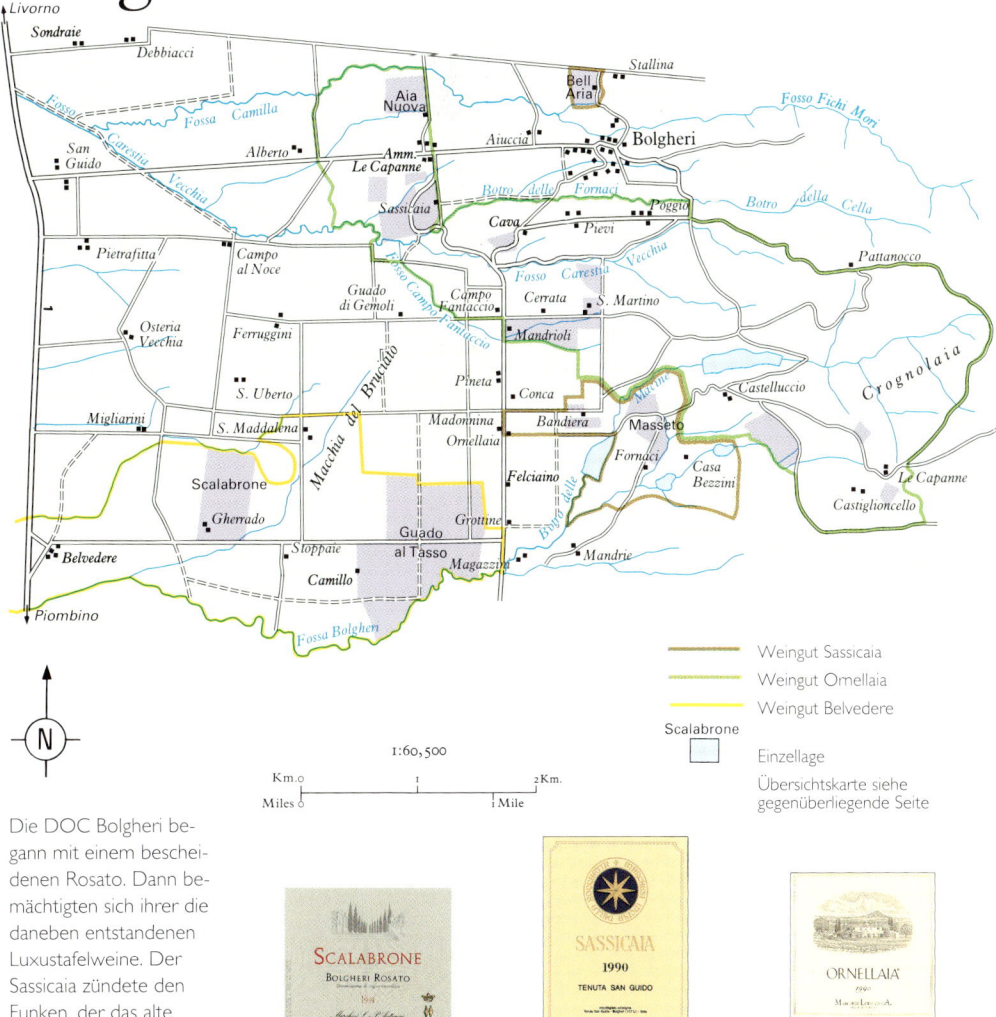

Die DOC Bolgheri begann mit einem bescheidenen Rosato. Dann bemächtigten sich ihrer die daneben entstandenen Luxustafelweine. Der Sassicaia zündete den Funken, der das alte DOC-System sprengte.

toskanischen Fässern. Was dabei herauskommt, ist das italienische Gegenstück zum spanischen Vega Sicilia (der um dieselbe Zeit entstand): ein Wein für harte Männer, überladen mit Geschmacksfülle, Extrakt, Tannin, Säure und Wucht.

Die Welt draußen erfuhr vom Brunello erst in den 70er Jahren dieses Jahrhunderts. Damals wurden sehr alte Biondi-Santi-Flaschen geöffnet, probiert und für ganz außergewöhnlich befunden.

Im 19. Jahrhundert machte man sicherheitshalber den Wein überstark. Moderne Methoden, bei denen ebenso kraftvolle Weine früher auf Flaschen gefüllt werden, solange ihr fruchtiger Geschmack noch erhalten geblieben ist, bewähren sich besser.

Zu den Befürwortern dieser Richtung gehört auch der oft als Italiens größter Kellermeister bezeichnete Ezio Rivella, der heute für das Weingesetz zuständig ist. Er wurde von Villa Banfi, dem größten Importeur italienischer Weine in den USA, beauftragt, sich in Mittelitalien nach dem Standort für ein großes, mustergültiges Weingut umzusehen. Rivella entschied sich für Montalcino, nicht nur wegen der Brunello-Traube, sondern wegen des Bodens und des Klimas und weil hier in Sant'Angelo Scalo rund 3000 Hektar Land in großen unzerstückten Flächen zu haben waren. Der berühmte Brunello sollte von hier aus in alle Welt gehen, aber es sollten in diesem bevorzugten Klima auch Experimente mit anderen Traubensorten gemacht werden. Der Brunello hat sich als großer Erfolg erwiesen, und das hat viele andere Erzeuger dazu veranlaßt, auf diesem Gebiet zu konkurrieren.

Doch der Brunello steht nicht allein. Die Nachbarn im Osten haben seit jeher eigene Vorstellungen, die sich in ihrer DOCG Vino Nobile di Montepulciano verkörpern. Montepulciano ist ein Bergstädtchen voller Charme, umgeben von Weinbergen im Chianti-Stil, in denen ein Mischsatz der eigenen Sangiovese-Abart namens Prugnolo mit den üblichen Sorten zusammen wächst. Für einen guten, echten Vino Nobile ist in der Jugend eine anfängliche Tintenhaftigkeit, eine herbe Härte charakteristisch, die nur langsam wärmere und sanftere Töne aufkommen läßt. (Zwei Jahre im Faß sind das gesetzlich vorgeschriebene Mindestalter; für Riserva gelten drei Jahre.)

Um sich die Wartezeit zu vertreiben, bringen dieselben Erzeuger einen milden Chianti und weiter nördlich im Val die Chiana einen sehr sanften Bianco Vergine hervor. Mit höherem Anspruch werden unter der Führung des Hauses Avignonesi höchst erfolgreich «Super-Toskaner» von Merlot und Cabernet entwickelt und auch Chardonnay und Sauvignon Blanc vergessen.

Doch der größte Erfolg Montepulcianos ist – jedenfalls nach Meinung des Autors – der in vielen Teilen Italiens leider verschwundene üppige Vinsanto. Hier präsentiert er sich orangefarben, rauchig, sehr süß, intensiv und nachhaltig.

Man kann darüber streiten, ob seit dem «Chianti-Erfinder» Ricasoli noch jemand so starken Einfluß auf den italienischen Weinbau genommen hat wie der Begründer eines abgelegenen kleinen Weinbergs, dessen Wein namens Sassicaia das ganze DOC-System durcheinanderbrachte, weil er zwar superb, jedoch traditionswidrig war und deshalb als simpler Vino da tavola eingestuft wurde.

Als der Médoc-begeisterte Marchese Incisa della Rochetta in den 1940er Jahren ein steiniges Stück seines großen Guts San Guido aussuchte und mit Cabernet-Reben von Château Lafite bepflanzte, war das nichts als seine Privatsache. Es gab meilenweit ringsum keine Weinberge.

Das Gut liegt 10 km vom Meer entfernt auf den ersten Hängen des als Colline Metallifere bekannten mineralreichen Höhenzugs, der ein hervorragendes Mikroklima bietet. Hier reifen die Trauben Anfang September. Als die ersten Weine ihr Tannin abzustreifen begannen, kamen Geschmacksnuancen zum Vorschein, wie Italien sie bis dahin noch nicht gekannt hatte. Der Marchese ließ weitere Weinberge anlegen und hatte schließlich bis zu 23 ha seiner steinigsten Böden bestockt.

Nachdem seine Neffen, Piero und Lodovico Antinori, den Wein probiert hatten, sprach Piero in Bordeaux mit Professor Peynaud. 1968 begann Antinori den Sassicaia auf den Markt zu bringen, und um die Mitte der 1970er Jahre war er bereits weltberühmt.

Castiglioncello, die erste Anlage, befindet sich im Osten des Gutsgeländes in 300 m Höhe. Ein Teil des Lands gehört den Incisa, ein anderer fiel durch Heirat an die Eltern der Antinori, die auf ihrem Gut Belvedere die kleine DOC Bolgheri für Rosato und Bianco von den üblichen toskanischen Traubensorten schufen.

In den 1980er Jahren bestockte Lodovico Antinori einige ausgewählte Parzellen auf unterschiedlichen Böden seines Guts Ornellaia mit Cabernet Sauvignon, Merlot und Sauvignon Blanc.

Inzwischen verbesserte sein Bruder Piero den Rosato aus seiner Lage Scalabrone und brachte 1990 einen Cabernet/Merlot-Verschnitt namens Guado al Tasso aus dem höhergelegenen Weinberg Al Tasso hervor.

Die Lage Ornellaia hat ihre Leistungsfähigkeit bereits mit einem weiteren sehr feinen Rotwein nach dem Vorbild von Bordeaux unter Beweis gestellt. Die Grenzen der in voller Entwicklung befindlichen DOC Bolgheri sind noch nicht ausgeschöpft; für das neue Weingesetz von 1992 bildet sie einen Prüfstein. Der Vino da tavola aber, der das System einst aus den Angeln hob, ist nun darin aufgenommen.

Umbrien

Umbrien ist als einzige Region Mittelitaliens ringsum von Land eingeschlossen und besitzt ein ausgesprochenes Hochlandklima: kühler und niederschlagsreicher als in der Toskana. In seinen Traditionen ist es rückständig, es fehlt ihm am Selbstbewußtsein der Toskana.

Dabei sind seine Weintraditionen uralt. Orvieto war eine bedeutende Etruskerstadt. Die herrlichen Keller, die vor 3000 Jahren hier in die Vulkanfelsen getrieben wurden, sind einzigartige prähistorische Bauleistungen und waren für lange kühle Gärung zur Erzielung süßer Weine hervorragend geeignet. Klassischer Orvieto ist *amabile* – süß und mit so viel Edelfäule, wie sie die Herbstnebel in den Weinbergen nur hervorbringen können.

Leider gab es auf dem Markt der 1950er Jahre keine große Nachfrage nach Wein mit ausgeprägter Süße. Nachdem nun gewichtige Weinerzeuger wie Antinori (dessen Castello della Sala allerdings auch weit von klassischem Orvieto entfernt ist) ins Spiel gekommen sind, sieht die Zukunft hoffnungsvoller aus. Inzwischen aber hat sich das Scheinwerferlicht auf andere, interessantere Dinge gerichtet, die bei Perugia von einem der großen Pioniere des italienischen Weinbaus, Dr. Giorgio Lungarotti, mit dem Rubesco und der DOC Torgiano (1968) geschaffen worden sind.

Lungarotti machte sich in den 1950er Jahren an die selbstgewählte Aufgabe, einen umbrischen Rotwein hervorzubringen, der dem toskanischen ebenbürtig sein sollte. Sein Rubesco stellte sofort fast jeden damaligen Chianti in den Schatten. Auch Experimente mit Cabernet und Chardonnay erwiesen sich als überaus erfolgsträchtig.

Seit Lungarottis Initiative wurden in mehreren neuen DOC-Bereichen die Eigenheiten der höheren, kühleren Colli Perugini, der niedrigeren, wärmeren Colli Martani um den Trasimenischen See (insbesondere für weißen Grechetto) und vor allem von Montefalco für die ausdrucksstarken Rotweine der einheimischen Sagrantino-Traube berücksichtigt.

Oben: Die von den Etruskern gegründete Bergstadt Orvieto steht über den Weinbergen, die ihren goldenen Wein hervorbringen. Unten: Umbrien bringt sich mit Vielfalt und Qualität in Erinnerung. Vorreiter ist Dr. Giorgio Lungarotti.

Castelli Romani

Im Garten der päpstlichen Sommervilla Castel Gandolfo befindet sich ein langer, luftiger, halb unterirdischer Arkadengang. In diesem Ambulatorium erging sich an heißen Tagen der Kaiser Domitian, dessen Sommersitz einst auch hier lag.

Die Villa liegt auf dem Rand eines erloschenen Vulkans – und das sind die Albaner Berge alle. 30 km von Rom (und ebenso weit von der Küste entfernt) steigen sie bis zu einer Höhe von 900 m auf und bilden heute wie in den alten Zeiten ein wunderbares Refugium aus tiefgrünem Wald und lichtgrünen Reben. Villen aus allen Wohlstandsperioden der Geschichte machen sich in ihnen breit – und ebenso breit machen sich in ihnen die Römer von heutzutage.

Der Frascati und seinesgleichen müssen wohl der Binsenweisheit, daß es Weine gibt, die «nicht gern reisen», zugrunde gelegen haben. Er besteht aus den Weißweintrauben Trebbiano und Malvasia, die so übermäßig anfällig für Oxidation sind, daß der Wein rasch braun wird und flach schmeckt. Die traditionelle Methode, ihn zu keltern (mit den Schalen wie beim Rotwein), läßt oft einen ganz herrlichen Wein mit einer geradezu öligen Fülle und dem vollen Duft der Malvasia-Traube entstehen.

In tiefen, kalten Kellern im vulkanischen Felsgestein hält sich der Frascati lange genug frisch, bis die sommerlichen Gäste ihn trinken. Wird er auf andere Art behandelt, dann leidet seine Eigenart. Er kann heute durch kalte Gärung ohne Beisein der Schalen bereitet werden. Gute Erzeuger erzielen auf diese Art einen feinen, vollen und würzigen Wein. Es ist aber faszinierend, einmal in einer «Osteria» am Berg oder in einer Taverne in Trastevere, deren Wirt sich auf Wein versteht, einen Frascati aus der Flasche mit einem direkt aus dem Faß zu vergleichen.

Es werden immer wieder Unterschiede zwischen den Weinen von Frascati und denen seiner Nachbarn in den Castelli Romani vermerkt. Dabei hört man meist, daß der Marino ein wenig mehr Substanz habe als die übrigen. In Velletri findet man auch Rotwein, und die Weißweine aus der im Süden angrenzenden DOC Colli Lanuvini könnte man mit den besseren Erzeugnissen der Castelli Romani durchaus verwechseln.

Seit der Antike suchen die Römer in den Castelli Romani Erholung. Die päpstliche Sommerresidenz Castel Gandolfo am Albaner See steht an der Stelle einer römischen Villa.

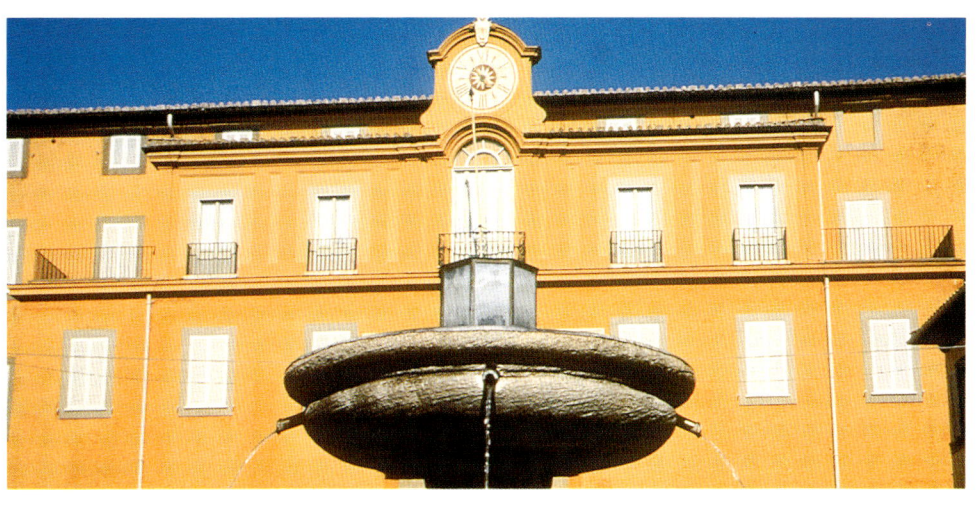

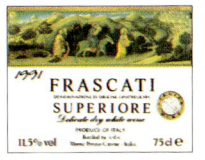

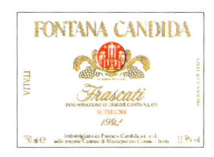

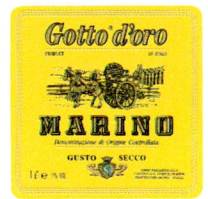

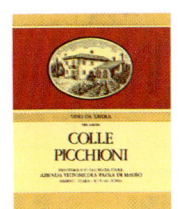

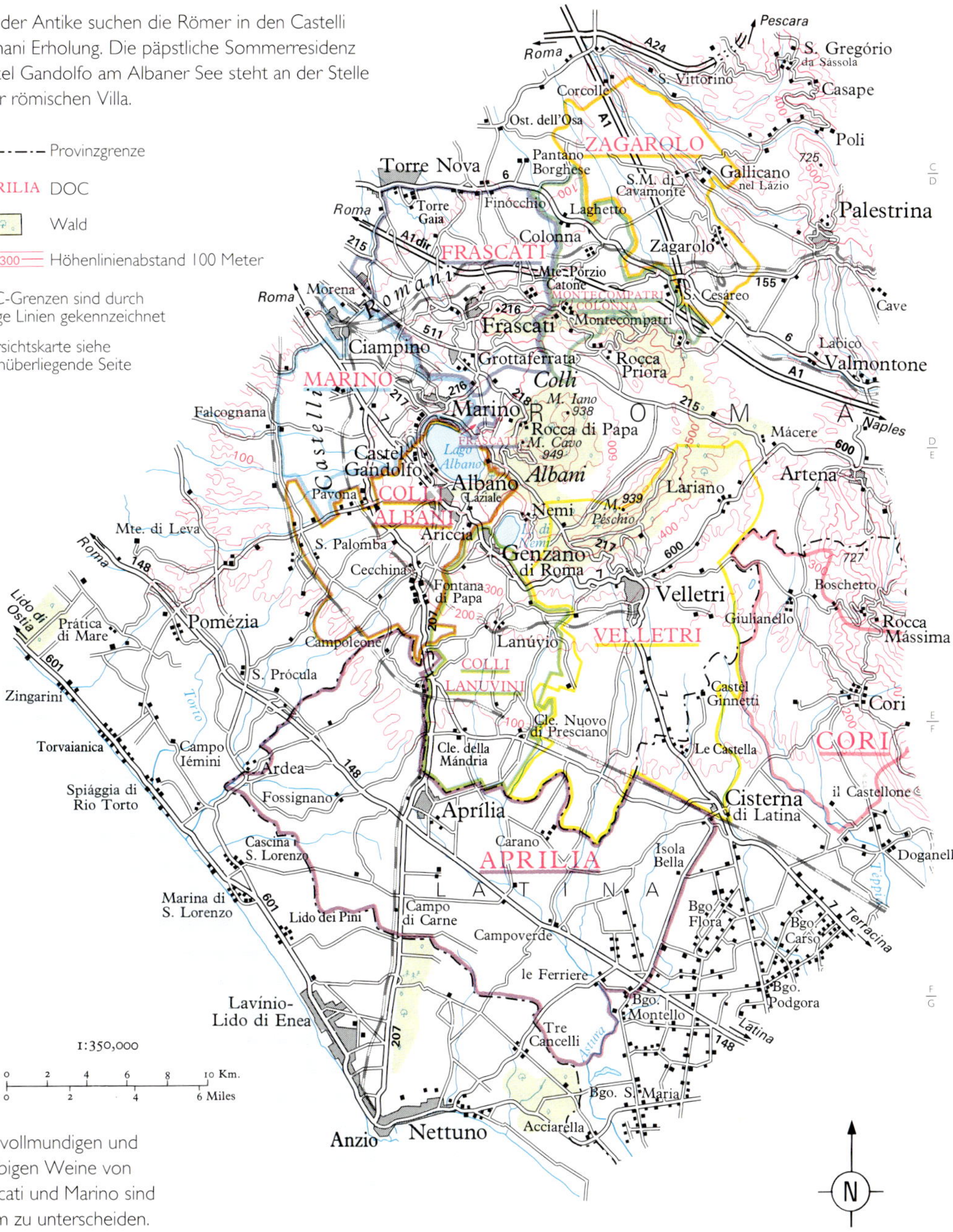

Provinzgrenze

APRILIA DOC

Wald

300 Höhenlinienabstand 100 Meter

DOC-Grenzen sind durch farbige Linien gekennzeichnet

Übersichtskarte siehe gegenüberliegende Seite

Die vollmundigen und traubigen Weine von Frascati und Marino sind kaum zu unterscheiden.

Süditalien

Jede Aufzählung italienischer Weine hat jetwas Irreales: Der Namen sind ungeheuer viele – stehen dahinter aber auch genauso viele Identitäten? Vor allem im Süden verschwindet eine ganze Reihe würdiger Lokalcharaktere Jahr für Jahr im Verschnittank; nur eine Handvoll Weine hat sich dort behauptet, und allmählich kommen weitere hinzu.

Jahrelang waren die einzigen vertrauten Namen diejenigen, die dem Touristen in der Umgebung Neapels begegnen. Ischia war eines der ersten Gebiete, die 1966 eine DOC für ihre Weine erlangten – für eine Insel eine einfache Sache. Heute hat der D'Ambra, der dortige Spitzenerzeuger, keine DOC mehr nötig, um seine guten Weißweine Biancolella und Forastera an den Mann zu bringen. Capri ist ein Weinname eigener Art – auf der Insel ist kaum Platz für Reben. Der Lacrima Christi war zwar berühmt, seine Reputation aber dubios, bis er 1983 in der DOC Vesuvio aufging.

Die Ravello-Weine, vor allem die von der Familie Caruso, sind ausgeglichen und frischer als die meisten Weine aus dem Süden (die Höhenlage von Ravello sowie der vom Meer herrührende Dunst erweisen sich offenbar als hilfreich).

Der Qualitätsstand der nicht so bekannten Weine aus dem Landesinneren Kampaniens ist höher angesetzt. Ihr majestätischer Spitzenreiter ist der Taurasi, ein tiefdunkler, gerbstoffherber, duftiger, langlebiger Wein. Die Traube, aus der er gekeltert wird, stammt, wie die ganze Kultur dieses Landstrichs, aus Griechenland. Sie heißt Aglianico (= ellenico) und liefert auch den guten, aber leichteren roten Aglianico del Vulture aus den Weinbergen der Basilikata. Auch der Greco di Tufo verdankt seinen Namen den Griechen und dem Tuffgestein, auf dem er wächst.

In der hügeligen Provinz Avellino bringt der große Kellermeister Mastroberardino einen noch bemerkenswerteren Weißwein, den Fiano, hervor: leicht, lebendig, nachhaltig mit tiefem Nußgeschmack. Ein bekannter Wein der Basilicata (ohne DOC) ist der Asprinio, der von der Firma Potenzan hell und frisch zuwege gebracht wird.

Kalabrien hat nur einen schweren Rotwein mit großem Ruf aufzuweisen, den Ciró (es gibt ihn auch in Weiß), darüber hinaus aber auch mehrere DOC-Bereiche, u.a. Donnici, Savuto, Lamezia und Pollino. Der originellste Wein Kalabriens ist der süßduftige Greco di Gerace aus Bianco an der äußersten Südspitze.

Apulien verfügt über zahlreiche DOC-Weine, die früher nur als Massenware abgesetzt wurden. Einige haben sich inzwischen einen eigenständigen Ruf geschaffen, beispielsweise der Primitivo aus der Gegend von Taranto. Diese Traubensorte liefert einen sehr haltbaren, vollmundigen Rotwein.

Die bedeutendste Rotweintraube heißt Negroamaro. Sie liefert bei Salento (als Salice Salentino) sowie unter den DOC-Bezeichnungen Leverano, Copertino und Squinzano hochkonzentrierte Rotweine.

Locorotondo und Martinafranca sind typisch für eine Art schwerer, milder Weißweine, aus denen oft Wermut gewonnen wird. Recht ungewöhnlich erscheinen dagegen die Erzeugnisse des Weinguts Favonio bei Foggia, wo Pinot Bianco, Chardonnay und Cabernet angebaut und zu fast kalifornisch anmutenden Weinen verarbeitet werden. Der einzige Rivale in der Umgebung ist das Weingut Torrebianco. Daneben sind die traditionellen Rosés und die neuen Pinots und Sauvignons von Castel del Monte derzeit die attraktivsten Gewächse in der Region. Es gibt aber auch überall gute Moscato- und Aleatico-Dessertweine.

Mehr aber als der apulische macht sich seit zehn Jahren der sizilianische Wein einen Namen. Der stark süße, dunkle Marsala ist nach tiefem Fall, der ihn zum reinen Kochwein erniedrigte, zu neuer Respektabilität aufgestiegen, ja in Mode gekommen. Der beste Name lautet Samperi. Auch der sizilianische Tafelwein hat gewaltig eingeschlagen. Mit reichlichen staatlichen und EG-Mitteln ist Sizilien zum größten Erzeuger einfacher Weine für Verschnittzwecke (zu 75 % Weißwein) geworden.

Hier haben vor allem die Handelsmarken und nicht die DOC-Bezeichnungen das Rennen gemacht. Ein bedeutendes Gebiet ist die DOC Etna, zu der Tafelweine vom ungeheuer fruchtbaren vulkanischen Boden dieses berühmt-berüchtigten Bergs gehören. Die Weine des Barons Villagrande sind typische Vertreter: lebendig und ausgeglichen. Die DOC Alcamo gilt für den Tischwein aus dem Nordwesten und Cerasuolo für leichte Rotweine aus Vittoria an der Südküste.

Die besten Weine aus anderen Teilen Siziliens kommen aus den Weingütern Regaleali, Donnafugata und Rapitalà im Westen. Den bei weitem größten Erfolg verbucht der Corvo aus Casteldaccia, von dem fast eine Million Kisten jährlich offenbar an alle italienischen Restaurants der Erde verkauft werden. Die Spitzenversion ist der feine, trockene rote Duca Enrico. Die übrigen sizilianischen DOC-Weine sind zugleich eine besondere Spezialität, nämlich Dessertweine. Hervorragende Beispiele für eine der ältesten Weintraditionen Italiens sind die Moscatoweine von Noto und der kleinen Insel Pantelleria sowie der Malvasia von der windgepeitschten Insel Lipari, die durch Carlo Hauner zu einem Wallfahrtsort für Weinfreunde geworden ist.

Auch die meisten DOC-Bezeichnungen Sardiniens gelten für Süßweine. Aus Tradition sind hier die Rotweine (die bekanntesten heißen Cannonau, Monica, Girò und Oliena) alle mehr oder weniger süß. Der Cannonau, die Lokalform der Grenache-Traube, erbringt vielgestaltigen süßen oder trockenen Wein mit großem Qualitätspotential.

Die besten sardischen Weine sind der Vernaccia, der eindeutig mit dem Sherry verwandt ist, und der Nuragus, ebenfalls ein trockener Weißwein ohne übertrieben hohen Alkoholgehalt. Das Haus Sella & Mosca produziert auf weiten, neu angelegten Weinbergflächen bei Alghero im Nordwesten stilvolle, nicht allzu moderne Rot- und Weißweine. Der weiße Torbato, der rote Tanca Farrà und die Dessertweine Anghelu Ruju sind vorbildlich.

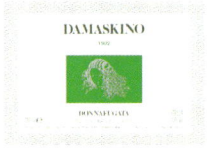

Oben: Der Monte Vulture beherrscht die nördliche Basilikata und die Aglianico- und Moscato-Weinberge der Gebrüder d'Angelo. Die Etiketten stehen für neue qualitätsvolle Weine aus Süditalien und von den Inseln.

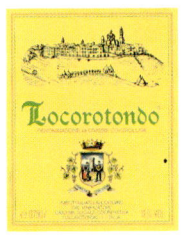

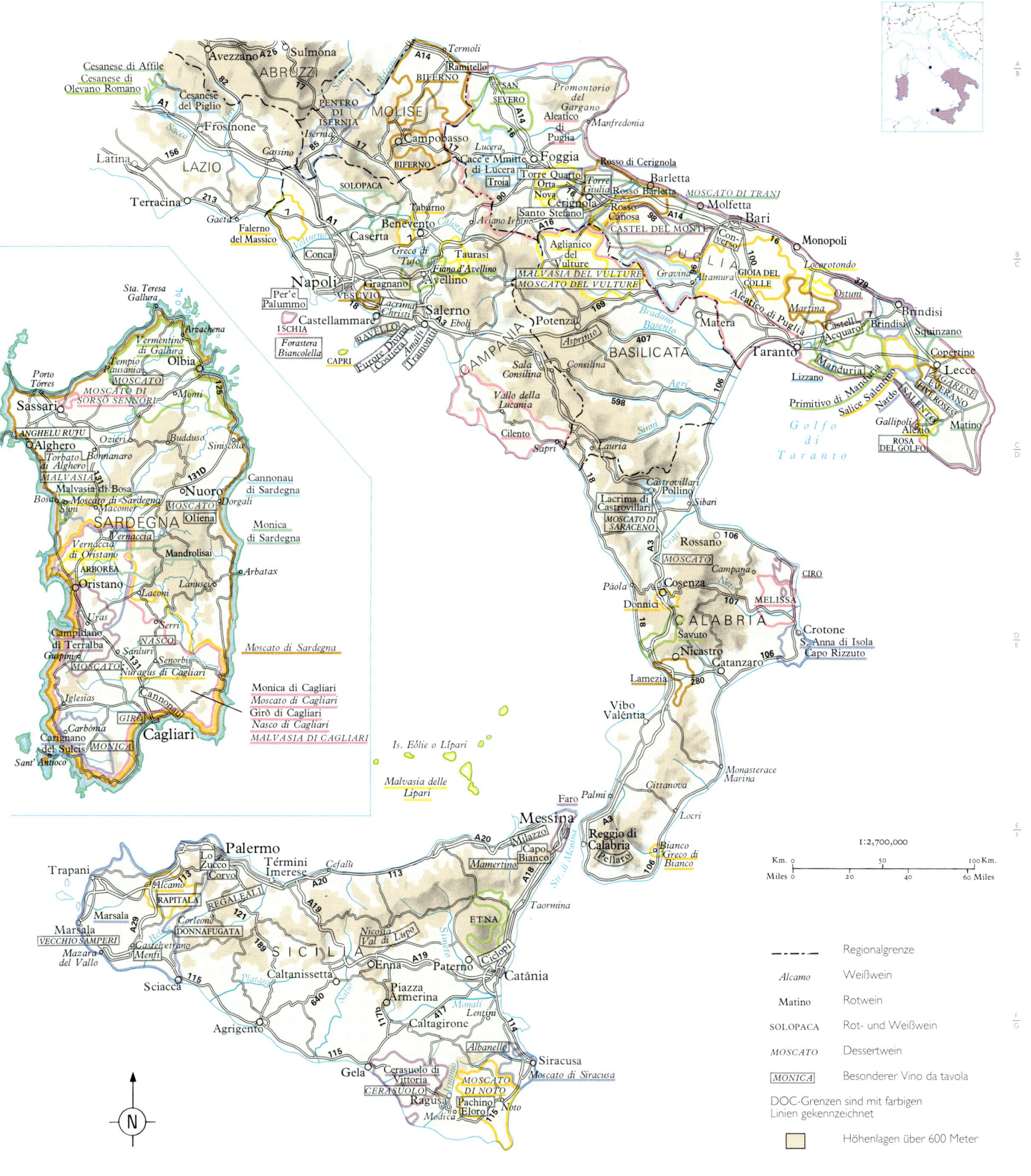

Spanien

Oben: Belüftungsschächte über den Kellern im Schloß Peñafiel. Die wuchtigen dunklen Rotweine der DO Ribera del Duero stehen im Kontrast zur Finesse bester Riojas.

DIE SPRACHE DES ETIKETTS

Con (sin) crianza Mit (ohne) Alterung
Cepa Reb- oder Traubensorte
Viña, viñedo Weinberg
Cosecha Ernte, Lese – mit Jahreszahl: Jahrgang
Vendimia Jahrgang
Denominación de Origen Ähnliche Bedeutung wie Appellation Contrôlée
Consejo Regulador Schutz-, Kontroll- und Verkaufsförderungsorgan für eine Denominación de Origen
Reserva Ausgebauter Qualitätswein (Rotwein, meist drei Jahre alt)
Gran reserva Mindestens zwei Jahre im Faß und drei Jahre in der Flasche gelagert
Fino Gut (für den trockensten Sherry gebräuchlich)
Vino de mesa (oder **de pasto**) Tischwein
Vino corriente Einfacher Wein, meist nicht abgefüllt
Vino de cosecha propia Vom Weingut bereitete Weine
Criado y embotellado por... Erzeugt und abgefüllt von...
Elaborado y añejado por... Erzeugt und gelagert bei...
Embotellado oder **Engarrafado de origen** Erzeugerabfüllung
Blanco Weiß
Tinto Rot
Rosado Rosé
Clarete Heller Rotwein
Seco Trocken
Dulce Süß
Espumoso Schäumend
4° Año (oder **4 Años**) Nach vier Jahren abgefüllt
Bodega Weinkeller

Spanien und sein Wein geben Rätsel auf. Dieses Land hat die größte Rebfläche der Welt, aber nur die drittgrößte Weinproduktion. Von allen Ländern Europas besaß Spanien als erstes Gesetze, in denen die Weinqualität definiert wurde, und dennoch ist es auf dem Qualitätsweinmarkt nicht früher als Kalifornien in Erscheinung getreten.

Was aber war mit Spanien in all den Jahrhunderten, als andere Weinländer ihren Geschmack und ihre Tradition fanden und verfeinerten? Mit Ausnahme der exportintensiven Gebiete Jerez und Málaga in Andalusien war es nahezu ins Mittelalter zurückgefallen. Rioja entfaltete sich zwar durch den Handel mit Bordeaux in der Zeit der Reblauskatastrophe, aber die stolzen Traditionen Kastiliens und Ruedas sanken in Vergessenheit. Katalonien war eine vernachlässigte Provinz, und im übrigen Land entstand entweder alkoholstarker Wein für den Massenexport, oder die eigenen Gewächse wurden gedankenlos – oft noch aus Ziegenbälgen – weggetrunken.

Die ersten Signale eines wiedererwachenden Selbstvertrauens kamen in den 1950er Jahren aus Rioja. Die brillant aromatischen, delikaten und sauberen Weine aus dieser Region forderten alle anderen in die Schranken. 1970 setzte der Staat das System der Denominaciones de Origen (DO) in Kraft. 1978 gliederte die neue spanische Verfassung die bisherigen 50 Provinzen in 17 autonome Regionen ein und regte dadurch Selbstachtung und Wettbewerbsgeist an. 1986 traten Spanien und Portugal der EG bei, und nun kam ihnen in großem Umfang technische und finanzielle Hilfe zugute, sie mußten sich aber auch den EG-Weinbauregeln anpassen.

Was im einzelnen dabei herauskommt, ist in der Hektik der Investitionen und Aufstufungen noch nicht ganz klar, doch das Muster zeichnet sich bereits ab. Inzwischen ist Spanien wenigstens zum Teil technisch so weit ausgerüstet, daß hier Weine produziert werden, so gut die Traubensorten es erlauben, von denen manche mit ihren eigenständigen Qualitäten hinter keiner anderen in der Welt zurückstehen. Wie Italien erkennt auch Spanien die Risiken des Beitritts zum Cabernet-Club ebenso deutlich wie die Vorteile. Spaniens Beitrag zur Vielfalt bei den feinen Weinen der Welt kann den Horizont nur erweitern.

Die nebenstehende Übersichtskarte zeigt, daß weite Teile Spaniens bereits mit vollgültigen DO-Bereichen oder mit der Vorstufe hierzu, den DE-Bereichen (Denominación Específica), überzogen sind. Fast die Hälfte der Gesamtrebfläche von knapp 1,5 Millionen ha hat bereits DO-Status und erbringt nahezu ein Drittel der Weinproduktion Spaniens, und davon geht wiederum ein Drittel in den Export. Der Spitzenrang – er entspricht der italienischen DOCG – heißt DOC (Denominación de Origen Calificada); 1991 erhielt ihn verdientermaßen Rioja zugesprochen.

Die übliche Aufteilung Spaniens in sieben Hauptgebiete erleichtert das Verständnis der komplizierten Zusammenhänge. An der Weinproduktion gemessen ist das kleinste dieser Gebiete der Nordwesten, das «grüne Spanien» mit Galicien, Asturien, dem Baskenland sowie Bierzo, dem westlichen Teil von León. Meer, Gebirge und Wind, dazu viel Regen, bilden die Hauptfaktoren. In dieser Gegend wächst vor allem leichter, trockener, ideal zu Meeresfrüchten passender Weißwein, vom säuerlichen Chacolí aus San Sebastián bis zum vielleicht interessantesten neuen Weintyp Spaniens, dem aromatischen, seidigen Albariño aus Rías Baixas, einst lediglich die spanische Version des portugiesischen Vinho verde, inzwischen aber größtenteils eigenständig und den besten Weißweinen Spaniens ebenbürtig.

Der Ebro fließt aus dem kantabrischen Gebirge an der Nordküste zum Mittelmeer in Katalonien. An seinem Oberlauf liegen Rioja, Navarra sowie Aragón mit dem altehrwürdigen roten Cariñena. Historische Berührungspunkte mit Frankreich sind vor allem in Rioja spürbar gewesen, bis auch Navarra mit seinem Rosado von Garnacha Tinta (der französi-

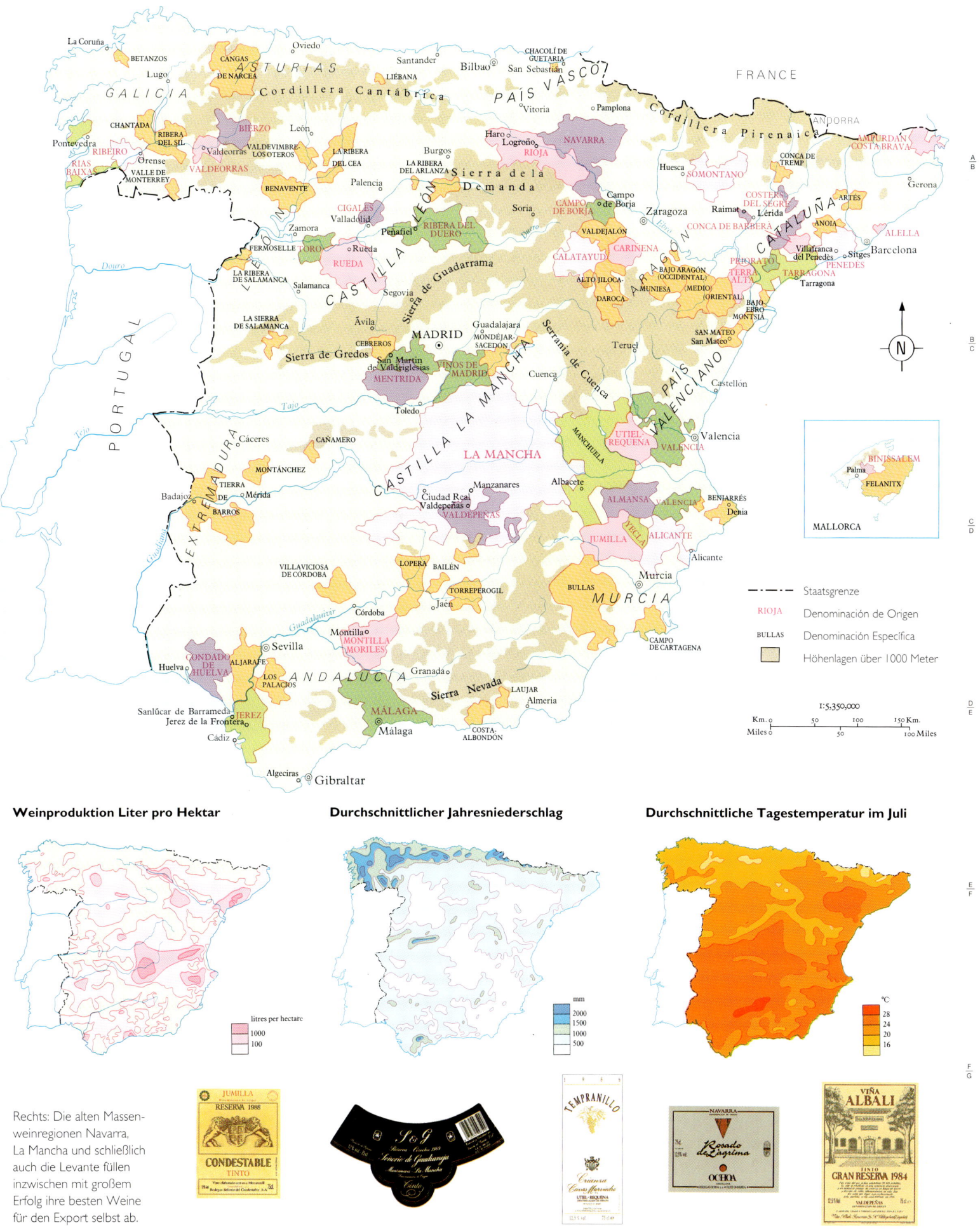

SPANIEN

Weinproduktion Liter pro Hektar

Durchschnittlicher Jahresniederschlag

Durchschnittliche Tagestemperatur im Juli

Rechts: Die alten Massenweinregionen Navarra, La Mancha und schließlich auch die Levante füllen inzwischen mit großem Erfolg ihre besten Weine für den Export selbst ab.

197

schen Grenache) Eindruck zu machen begann. Die raschen Fortschritte zeigen sich darin, daß der Rotwein aus Navarra demnächst, wenn Tempranillo und Cabernet die Garnacha-Bestände zurückdrängen, mit dem Rioja in Wettbewerb treten wird.

Inzwischen liefert die junge DO Somontano in Aragón mit ihrem fast subalpinen Klima bereits feine Viura- und Chardonnay-Weißweine sowie saubere, frische Rotweine mit kräftiger Struktur und Säure von Tempranillo, Cabernet und der einheimischen Moristel-Traube. Der wichtigste Erzeuger ist die Genossenschaftskellerei Barbastro.

Zwei große Ströme der Iberischen Halbinsel sind vor allem unter ihren in Portugal gebräuchlichen Namen bekannt, weil sie dort in den Atlantik münden: der Douro (spanisch Duero) und der Tejo (Tajo). Eine Detailkarte des oberen Duero befindet sich auf Seite 206. Die sanft mediterrane katalonische Ostküste Nordspaniens (Detailkarte Seite 204) bildet einen scharfen Gegensatz zum streng kontinentalen kastilischen Binnenland.

Die an der Ostküste weiter südwärts gelegenen Weinbaugebiete Valencia und Alicante besitzen nur bescheidene Traditionen und keinen besonderen Eigencharakter außer Alkoholstärke. Valencia, Utiel-Requena, Almansa, Yecla, Jumilla und Alicante bilden zusammen die Levante; sie alle liefern vorwiegend starke Verschnittweine für den Export. Das Heil liegt hier in der Diversifizierung und vor allem darin, den Stil so leicht zu halten, wie es in dem heißen Klima nur möglich ist.

Das zentrale Element Spaniens ist die Meseta, die Hochebene südlich von Madrid mit ihren unübersehbaren Weinfeldern. Ihren Hauptbestandteil bildet die DO La Mancha, deren Produktion hauptsächlich auf der wichtigsten spanischen Weißweintraube Airén beruht. Altbekannt ist auch Valdepeñas, dessen starker Rotwein (ca. 13%) seine helle Farbe einer Beimischung von Airén verdankt, die über eine Anbaufläche von 450 000 ha verfügt, während die Garnacha mit 240 000 ha an zweiter Stelle liegt. In La Mancha wird Airén zunehmend mit Cencibel (alias Tempranillo) verschnitten. Als beste Ergebnisse kommen dadurch fruchtige Weine zustande, die trotz ihrer Alkoholstärke fast zart wirken. Die Kellertechnik stürmt hier aus dem Stand der Antike (gekennzeichnet durch die riesigen irdenen *tinajas*) unmittelbar in das Edelstahl- und Eichenholzzeitalter, und was dabei herauskommt, ist sehr schmackhaft.

Das südliche Viertel Spaniens wird von der Sherry- und Brandyproduktion (Seiten 199–201) sowie von den Aperitif- und Dessertweinen aus Montilla und Málaga (Seite 207) beherrscht. Eine Ausnahme hiervon trifft man in der abgelegenen Tierra de Barros in Extremadura. Der größte Teil der Erzeugung geht zwar auch in den Brandy de Jerez ein, doch der Lar dos Barros läßt vermuten, daß hier ähnliches Potential wie im nahen Alentejo in Portugal vorliegt.

Oben: Das grünste Land Spaniens ist Galicien im Nordwesten, wo der Miño die Grenze zu Portugal bildet. Die leichten, duftigen Albariño-Weine aus dieser Gegend sind groß in Mode.

Unten: In Málaga im Südosten Spaniens ist der Wein so braun wie die Erde. Maultiere und Esel müssen die Trauben (hauptsächlich Pedro Ximénez und Moscatel) aus den steilen Weinbergen heraustragen.

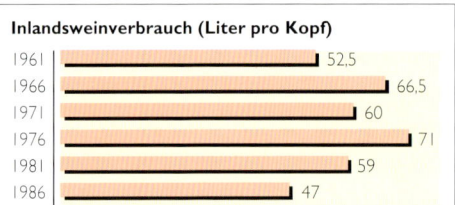

Inlandsweinverbrauch (Liter pro Kopf)

Jahr	Verbrauch
1961	52,5
1966	66,5
1971	60
1976	71
1981	59
1986	47
1991	42,4

Oben: Der Weinverbrauch ist seit Mitte der 1970er Jahre zurückgegangen, stabilisiert sich inzwischen jedoch. Spanien steht heute hinter Frankreich, Portugal, Italien, Luxemburg, Argentinien und der Schweiz an 7. Stelle.

Unten: 1991 produzierte Spanien knapp 31,2 Mio hl Wein, davon fast 1/3 (10 Mio hl) in DO-Qualität. Auf den Export entfielen rund 46% (14,4 Mio hl), davon 26,4% (3,8 Mio hl) in DO-Qualität. Deutschland ist Hauptabnehmer für DO Rioja, während die USA Hauptabnehmer für DO Cava sind – dorthin ging 1/4 des Exports.

Weinproduktion und -export Spaniens 1991 (in Mio hl)

	Export	Produktion
DO-Qualität	3,8	10
Sonstige Weine	10,6	21,2

Jerez de la Frontera

In Jerez gibt es Bars, wo die *tapas*, die kleinen Happen, ohne die kein Jerezano das Glas zum Munde führt, die Ausmaße eines Banketts annehmen: Oliven, Käse, Krabben, roher Schinken, Pfefferwürstchen, Hummerscheren und mit goldbraunen Zwiebeln belegte Steaks. Dann füllt sich die kleine copita mit einem so strohfarbigen, kühlen und so berauschend köstlichen Wein, wie man ihn noch nie getrunken hat. Er ist zugleich knochentrocken und ein klein bißchen süß und verführt immer wieder dazu, Schluck um Schluck der Traube nachzuspüren. Auf den Tisch kommt er eiskalt in halben Flaschen.

Sehenswert sind in Jerez die Bodegas, die Kellereien der Sherry-Firmen. Mit ihren weißgetünchten Hallen, dunklen Dächern und ihrem Balkenwerk erinnern sie an Kathedralen. Hier wird der junge Wein in manchmal in fünf Reihen übereinander angeordneten Fässern zur Reife gebracht. Er verläßt die Halle erst, wenn er einen komplizierten Verschnittprozeß, das sogenannte Solera-Verfahren, durchlaufen hat. Nur Wein von besonderem Charakter wird gelegentlich unverschnitten als «Almacenista» verkauft.

Hat der neue Wein seine Gärung abgeschlossen, wird er zunächst nach Güte und Gewichtigkeit in Kategorien eingestuft und kommt je nach Charakter in eine bestimmte *criadera* (Kinderstube).

Aus diesen *criaderas* wird dann eine Reihe von jeweils aus 20 bis 100 Fässern bestehenden Soleras aufgefüllt, wobei jeder Wein in die Solera gegeben wird, die seinem Typ am nächsten kommt. Der neue Wein fließt in Fässer an dem einen Ende der Solera, und der reife, zum Verschneiden geeignete Wein wird am anderen Ende abgezapft. Das Solera-Verfahren ist also einfach ein fortschreitendes Auffüllen älterer Fässer aus jüngeren mit ähnlichem Wein, so daß durch ständiges Verschneiden gleichbleibender Geschmack erreicht wird.

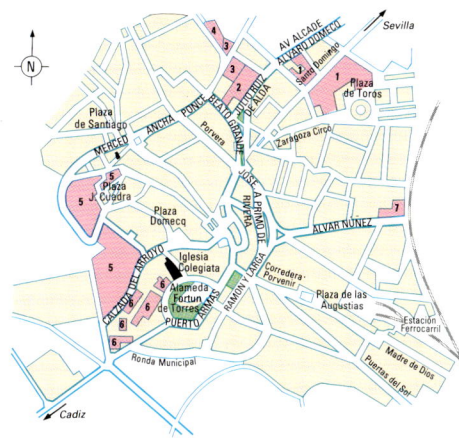

Die Sherry-Bodegas von Jerez de la Frontera

1. Williams & Humbert
2. Garvey
3. Valdespino
4. Sandeman
5. Pedro Domecq
6. Gonzalez Byass
7. John Harvey

Die Solera-Weine sind die Farbpalette des Sherry-Herstellers für seine Markenverschnitte oder die von Weinhändlern zum Verkauf unter eigenem Namen bestellten Handelsmarken. Die meisten Sherrys im Handel sind für den Publikumsgeschmack gesüßte und verstärkte Mischungen aus mehreren Sorten. Die «echten Solera»-Sherrys sind durchweg ungesüßt und somit Weine für Kenner.

Die Kategorien, in die jeder junge Sherry eingeordnet wird, fangen beim Fino an. Er ist der beste Sherry: delikat, ausdrucksvoll; Verschneiden und Süßen bleiben auf ein Mindestmaß beschränkt. Weine dieses Typs altern ausgezeichnet, sind aber schon in ihrer Jugend von ausgeprägter Eigenart. Ihre Individualität verdanken sie einer besonderen, spanisch *flor* genannten Hefe, die sich auf ihrer Oberfläche bildet. Direkt aus dem Faß mit der langstieligen *venencia* durch die Florhefeschicht entnommen, haben sie im Geschmack eine Vitalität wie frisch gebackenes Brot – sie sind zweifellos Spaniens feinste Weine.

Die nächste Stufe ist der Amontillado – ein weicherer, dunklerer Wein. Die besten Amontillados sind alte Finos, die in ihrer Jugend nicht die nötige Frische hatten. Im Handel wird der Name allerdings oft für Verschnitte mittleren Charakters benutzt. Große Amontillados direkt aus der Solera sind trocken und ausgesprochen kräftig im Geschmack mit einer schweren, vollen Note, die sich mit Worten nicht beschreiben läßt.

Die nächste Kategorie ist der Oloroso: Weine, die gut zu altern versprechen, aber zunächst ein wenig zu schwer scheinen, kommen in diese Solera und sind die Grundlage der besten süßen Sherrys, die ihrer seidig-glatten Struktur wegen oft «Milk» oder «Cream» genannt werden.

Weine zum Süßen und Färben der Verschnitte werden speziell von sonnengetrockneten Trauben hergestellt und in eigenen Soleras aufbewahrt. Weniger gute Weine, die für billigere Mischungen verwendet werden, bezeichnet man als «Rayas»; und eine besondere, seltene Art schließlich heißt «Palo cortado».

Außerdem gibt es noch die Manzanillas aus Sanlúcar de Barrameda. Der Manzanilla Fino gehört mit seinem leichten Salzgeschmack zu den feinsten seiner Art. Manzanilla Amontillado ist eine Rarität, oft aber exquisit, salzig und braun wie zerlassene Butter.

Exzellenter Fino aus der Lage Inocente von Valdespino – der einzige Sherry mit Lagenbezeichnung.

Der berühmteste aller Finos, der sich allerdings nicht Fino nennt; sehr trocken, frisch und delikat.

Duff Gordon ist im Besitz von Osborne. Bekanntester Wein: der Amontillado El Cid.

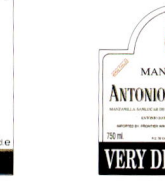

Die Bodega Marqués Real Tesoro ist berühmt durch Manzanilla, Amontillado und Tio Mateo Fino.

Barbadillo, die größte Bodega in Sanlúcar, bietet exzellente Manzanillas, u. a. dunklen alten *pasada*.

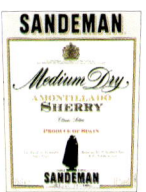

Perez Megia, eine kleinere Bodega in Sanlúcar, hat hellen Alegria und guten Jalifa Amontillado.

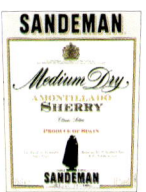

Sandeman (Seagram) fing im Port-Handel an. Guter Fino Aptiv, superbe süße alte Sherrys.

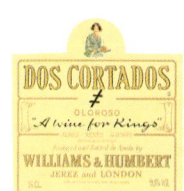

Dos Cortados ist sehr trockener, charaktervoller Oloroso – ein Wein für echte Kenner.

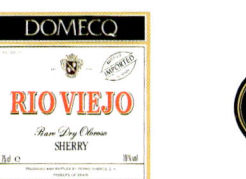

Prachtvoller alter trockener Oloroso aus Macharnudo; ein Spitzenwein aus dem Haus Domecq.

«Croft Original» ist ein heller gesüßter Fino der modernen Art. Crofts Portweine sind besser.

Der berühmteste aller Creams von einem britischen Sherry-Haus in Bristol.

Emilio Lustau ist durch eine große Auswahl Sherrys in Spitzenqualität berühmt geworden.

Sherry

Finesse zählt zu den Eigenschaften, die man normalerweise nicht bei Weinen aus sonnenversengten Landschaften findet. Wo die Sonne den Boden fast schon grillt und die Trauben wie im Backofen reifen, entwickelt der Wein oft wunderbare Kraft, Schwere und Vollmundigkeit. Aber Finesse?

Sie ist das große Merkmal des Sherry. Nicht jede Flasche Sherry weist sie nach ihrem sehr langen Weg auf, doch ein wirklicher Fino, jener selten exportierte und nicht verstärkte Tropfen von den nackten weißen Kalkdünen von Macharnudo oder Sanlúcar de Barrameda, ist ein so vollendeter Zusammenklang von Wein und Holz, wie er in der Welt nicht noch einmal zu finden ist.

Gewöhnlich denkt man nicht daran, den Sherry mit den anderen großen Weißweinen der Welt zu vergleichen – doch ist er seltsamerweise von ihnen allen der billigste, selbst originalabgefüllt, ausgereift und trinkfertig.

Jerez de la Frontera, die Stadt, die dem Sherry seinen Namen gab, lebt und atmet so für ihn wie Beaune für den Burgunder und Epernay für den Champagner. Den Vergleich zwischen dem Sherry und dem Champagner kann man noch eine Weile weiterführen. Beide sind Weißweine mit besonderen Merkmalen ihres Kalkbodens, beide brauchen eine langwierige Bearbeitung, bis sie ihren besonderen Charakter annehmen, sind belebende Aperitifs, von denen man erstaunlich viel trinken und sich dennoch lebendiger denn je zuvor fühlen kann.

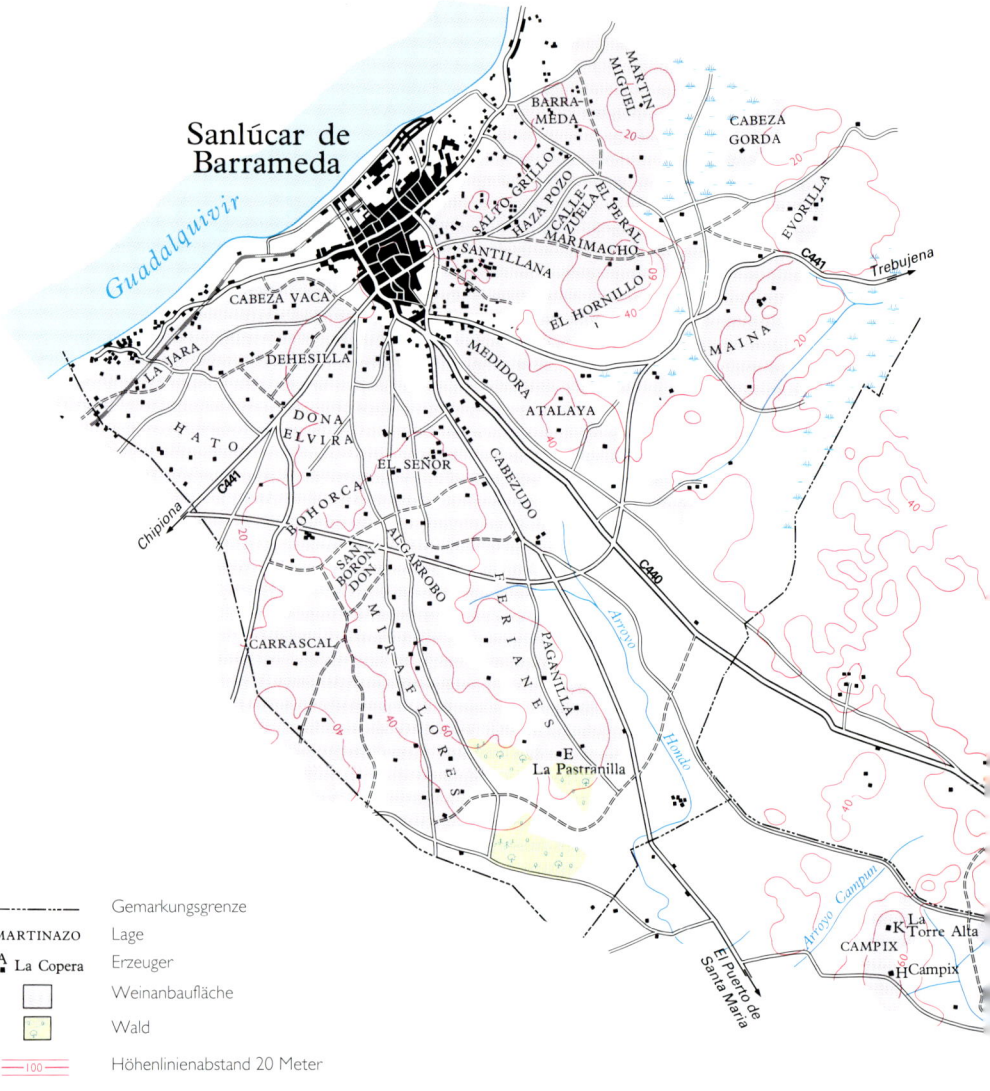

Unten: In den Bodegas von Gonzales Byass spürt man den Hauch der maurischen Vergangenheit Andalusiens.
Rechts: Der Kreideboden in den Sherry-Weinbergen reflektiert das Licht in blendendem Weiß. In der Sonnenhitze entwickelt die Palomino-Traube hohen Zuckergehalt, der starken, stabilen und doch zarten Wein ergibt.

SPANIEN

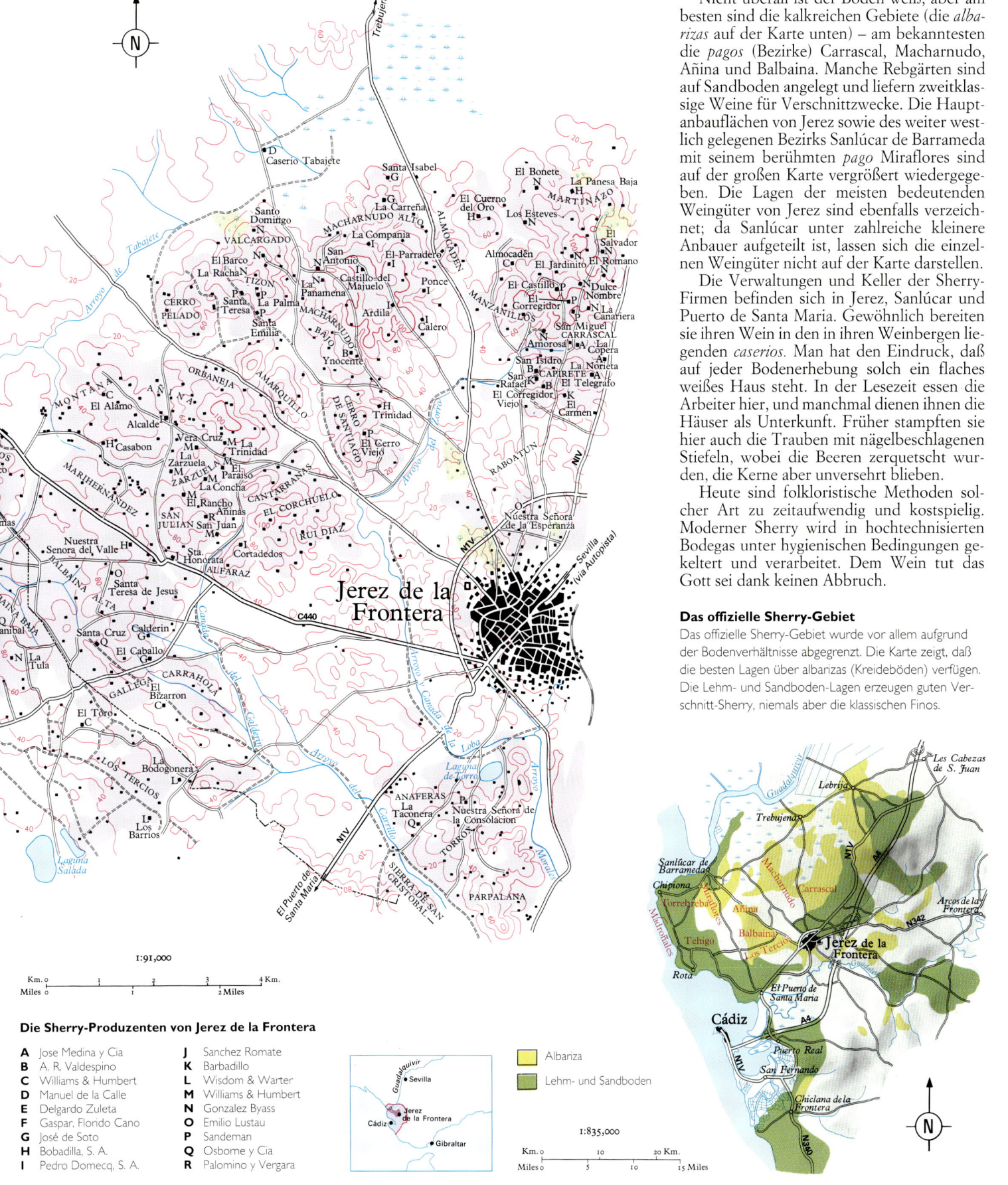

Nicht überall ist der Boden weiß, aber am besten sind die kalkreichen Gebiete (die *albarizas* auf der Karte unten) – am bekanntesten die *pagos* (Bezirke) Carrascal, Macharnudo, Añina und Balbaina. Manche Rebgärten sind auf Sandboden angelegt und liefern zweitklassige Weine für Verschnittzwecke. Die Hauptanbauflächen von Jerez sowie des weiter westlich gelegenen Bezirks Sanlúcar de Barrameda mit seinem berühmten *pago* Miraflores sind auf der großen Karte vergrößert wiedergegeben. Die Lagen der meisten bedeutenden Weingüter von Jerez sind ebenfalls verzeichnet; da Sanlúcar unter zahlreiche kleinere Anbauer aufgeteilt ist, lassen sich die einzelnen Weingüter nicht auf der Karte darstellen.

Die Verwaltungen und Keller der Sherry-Firmen befinden sich in Jerez, Sanlúcar und Puerto de Santa María. Gewöhnlich bereiten sie ihren Wein in den in ihren Weinbergen liegenden *caserios*. Man hat den Eindruck, daß auf jeder Bodenerhebung solch ein flaches weißes Haus steht. In der Lesezeit essen die Arbeiter hier, und manchmal dienen ihnen die Häuser als Unterkunft. Früher stampften sie hier auch die Trauben mit nägelbeschlagenen Stiefeln, wobei die Beeren zerquetscht wurden, die Kerne aber unversehrt blieben.

Heute sind folkloristische Methoden solcher Art zu zeitaufwendig und kostspielig. Moderner Sherry wird in hochtechnisierten Bodegas unter hygienischen Bedingungen gekeltert und verarbeitet. Dem Wein tut das Gott sei dank keinen Abbruch.

Das offizielle Sherry-Gebiet

Das offizielle Sherry-Gebiet wurde vor allem aufgrund der Bodenverhältnisse abgegrenzt. Die Karte zeigt, daß die besten Lagen über albarizas (Kreideböden) verfügen. Die Lehm- und Sandboden-Lagen erzeugen guten Verschnitt-Sherry, niemals aber die klassischen Finos.

Die Sherry-Produzenten von Jerez de la Frontera

- A Jose Medina y Cia
- B A. R. Valdespino
- C Williams & Humbert
- D Manuel de la Calle
- E Delgardo Zuleta
- F Gaspar, Florido Cano
- G José de Soto
- H Bobadilla, S. A.
- I Pedro Domecq, S. A.
- J Sanchez Romate
- K Barbadillo
- L Wisdom & Warter
- M Williams & Humbert
- N Gonzalez Byass
- O Emilio Lustau
- P Sandeman
- Q Osborne y Cia
- R Palomino y Vergara

Rioja

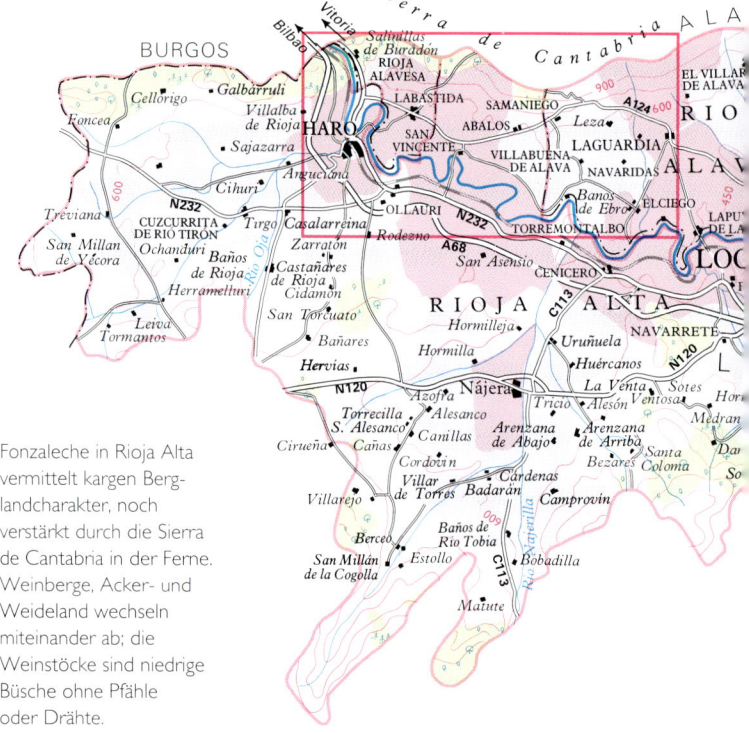

Fonzaleche in Rioja Alta vermittelt kargen Berglandcharakter, noch verstärkt durch die Sierra de Cantabria in der Ferne. Weinberge, Acker- und Weideland wechseln miteinander ab; die Weinstöcke sind niedrige Büsche ohne Pfähle oder Drähte.

Lange Zeit hatte der Rioja auf den Weinkarten guter spanischer Restaurants eine Monopolstellung. Weine der jeweiligen Gegend wurden wohl auch offen angeboten, doch wenn man Flaschenwein, vor allem Rotwein, verlangte, dann bekam man stets Rioja – er war der Bordeaux und der Burgunder Spaniens.

Die Beziehungen Riojas zu Frankreich, insbesondere zu Bordeaux, liegen zugleich in geographischer und menschlicher Nähe begründet. Nach der Reblausinvasion in den 1870er Jahren wanderten viele französische Winzer nach Spanien aus. Sie fanden in Rioja zwar recht andersartige, aber dennoch gute Bedingungen vor. Dann holte die Reblaus sie ein, und sie zogen wieder in ihre Heimat.

Rioja ist eine Berglandschaft. Gegen Norden schirmt die Sierra de Cantabria ab; die besten Lagen finden sich noch in 450 m Höhe. Statt endlos dürrer Sommer gibt es hier viel Niederschlag, einen langen Frühling und Herbst. Der Wein fällt entsprechend zart und im richtigen Alter überaus duftig und fein aus, besitzt aber eine leicht sonnengedörrte süße Wärme, die seine spanische Herkunft verrät.

Das Gebiet gliedert sich nach Terrain und Höhenlage in unterschiedliche Bereiche. Die talaufwärts gelegenen Gegenden sind kühler und feuchter. Am kühlsten ist das Klima in Rioja Alta, und der Boden besteht hier aus einem Gemisch von kalk- und eisenhaltigem Lehm und Schwemmsand. Er verleiht dem Wein Finesse, gute Säure und ein festes Gefüge. Hier wachsen die langlebigsten und potentiell besten Weine Riojas. In Rioja Alavesa findet man eher warme Hanglagen mit alkalischem Boden. Sie bringen einen duftigen, hellen Tempranillo, der schneller reift, sich aber für Verschnitte gut eignet. Rioja Baja hat stärker mediterranes Klima und schwereren Boden. Hier wird die Garnacha angebaut; sie liefert den stärksten, aber auch rauhesten Wein der drei Teilregionen, einen rechten Kraftspender für viele Verschnitte, doch selten für sich allein so gut, daß er eine Reserva abgeben würde. Die drei Zonen stoßen bei der Stadt Logroño, einem der beiden Hauptzentren des Weinhandels, zusammen.

Das eigentliche große Weinzentrum ist Haro. Das Städtchen selbst nimmt sich neben seinen Randbezirken, in denen 13 große Bodegas stehen, recht bescheiden aus. Die Umgebung hat ihren eigenen landschaftlichen Reiz. Auf der felsigen Talsohle strömt dem noch jungen Ebro der Rio Oja zu, aus dessen Namen durch Verkürzung «Rioja» entstand.

Es gibt in Rioja nur wenige Weingüter, die ihre eigenen Weine anbauen, bereiten und abfüllen. Der Einfluß von Bordeaux zeigt sich noch in vielen Techniken, doch mit Ausnahme von Castillo Ygay hat sich das Châteaux-System nicht gehalten. Eine Bodega muß hinreichend groß sein, um sich für die Herkunftsbezeichnung Rioja zu qualifizieren. Zusätzlich zu dem eigenen Anbau kaufen die großen Bodegas bei Winzern oder Genossenschaften Trauben auf und erzeugen einen Verschnittwein nach Art ihres Hauses. Lagebezeichnungen findet man häufig auf Rioja-Flaschen: Viña Tondonia, Zaco, Paceta, Pomal sind bekannte Namen.

In Rioja kommt dem Weißwein weit weniger Bedeutung zu als dem Rotwein, der aus einer Traubenmischung besteht, in der dem Tempranillo, der besten dunklen Traube Spaniens, die Sorten Garnacha mit Alkoholstärke, Graciano mit Tannin und Bukett sowie Mazuelo (alias Cariñena oder Carignan) mit Farbkraft und Säure zur Seite stehen.

Oft werden Rioja-Weine noch heute bereitet wie der Bordeaux vor 50 Jahren, nämlich für lange Faßlagerung, bis die dunkle, fruchtige Art gebändigt und durch fast bräunliche Farbe und eine weiche, trockene Vanillenote aus dem Eichenholz verdrängt ist.

Die größte Neuerung besteht in Rioja darin, die Weine früher in Flaschen abzufüllen, dadurch das Eichenholzaroma zurückzudrängen und der traubigen Frucht mehr Geltung zu verschaffen. Die Verbesserung ist unverkennbar, denn nur in wenigen Ausnahmefällen waren die Weine der traditionellen Reserva-Behandlung gewachsen. Allerdings gibt es auch heute noch Weine aus konservativen Bodegas wie Lopez de Heredia und Muga, die mit grandiosem Erfolg dazu imstande sind.

Weißer Rioja wird von der frisch-säuerlichen Viura (alias Macabeo) mit einem Anteil Malvasia Riojana bereitet, die etwas Körper und Aroma einbringt. Garnacha Blanca kann mitverwendet werden, aber sie hat nur Alkoholstärke zu bieten. Sogar die weißen Rioja-Weine wurden oft vier bis fünf Jahre lang im Faß gelagert. Erst wenn sie goldbraun und durch Oxidation dünn oder flach geworden waren, galten sie als reif, obwohl sie in jüngerem Zustand einem guten Rhône-Standard durchaus entsprachen. Heute verfallen nun aber auch viele Bodegas in das andere Extrem. Sie lassen den hocharomatischen Most der Viura-Traube in Stahltanks sehr kühl vergären und füllen ihn viel zu früh in Flaschen. Wieder andere halten sich an einen Mittelweg und lassen die Weißweine eine kurze Zeit in Holzfässern lagern. Ganz wenige finden eine klassische Lösung, und ihre Weine sind am denkwürdigsten.

SPANIEN

Oben: Heraldik und Medaillen spielen auf Etiketten in Rioja eine bedeutende Rolle. Die großen Bodegas halten bei einfachen wie bei Reserva-Weinen einen bemerkenswert hohen und gleichmäßigen Qualitätsstand. Weine und Kellereien wie Imperial, Ygay, La Rioja Alta und Lopez de Heredia gehören zu den feinsten der Region.

Katalonien

Katalonien ist anders als das übrige Spanien der Mittelmeerküste. Es hat in seinen immer höher ansteigenden Bergen, im Schutz der Pyrenäen im Osten und mit dem Meer zu seinen Füßen, ein herrlich mildes und zuverlässiges Klima. Früher waren die heißesten Bereiche am Meer mit ihren gewaltig starken Weinen am gefragtesten. Heute bringen die höher gelegenen Landstriche einer neuen, wohlausgewogenen Art von Tischwein, der die Qualitäten reifer Trauben vom Mittelmeer mit jener besonderen, bei den besten Riojas vorzufindenden Finesse verbindet, der Gegend große Anerkennung ein.

Heute umfaßt Katalonien acht Denominaciones de Origen, deren größte nicht ein Weinbaubereich im eigentlichen Sinne ist, sondern vielmehr die DO Cava mit Kern in St Sadurní d'Anoia, der Hauptstadt des spanischen Schaumweins, in den Kalksteinhügeln von Penedès.

Cava ist eine umfassende Herkunftsbezeichnung für Schaumwein nach der klassischen Methode *(metodo tradicional)* und gilt auch für bestimmte Orte in Rioja, Navarra, Aragón und im Baskenland – ebenso wie für Penedès. Zwei sehr große Firmen, Codorníu und Freixenet, beherrschen diesen Wirtschaftszweig. Sie verarbeiten die weißen Traubensorten Kataloniens, die trotz warmer Witterungsbedingungen einen gut geeigneten, säurehaltigen Wein liefern, aus dem sich frischer und schön ausgewogener Schaumwein herstellen läßt. Die Namen der wichtigsten Sorten lauten: Parellada, Xarel-lo und Macabeo (in Rioja heißt sie Viura). Aber auch Chardonnay wird in Verschnitten und für sich allein zunehmend verwendet. In der Jugend ist die schäumende Cava meist exquisit fruchtig.

Ein großer Name beherrscht seit über drei Jahrzehnten die Stillweinproduktion der Region: das Haus Torres mit Bodegas in Villafranca, die sich seit 300 Jahren im Besitz der Familie befinden. Sie haben maßgeblich dazu beigetragen, daß der Wein Kataloniens inzwischen ebenbürtig neben dem Rioja steht. Ihren Erfolg verdanken die Bodegas Torres der Tatsache, daß sie sich im Ausland umgesehen, alle Regeln in den Wind geschlagen und ganz untraditionelle Traubensorten wie Cabernet und Pinot Noir, Chardonnay und Gewürztraminer angebaut haben. Sie erschlossen neue Anbaugebiete in höheren Lagen, arbeiteten mit kühler Gärung in Edelstahltanks und lagerten die Weine mehr in der Flasche als im Faß.

Bei den traditionellen Rotweintrauben herrschen die Garnacha und der Tempranillo (Ull de Llebre) vor. Die Standardsorten von Torres, Tres Torres und Gran Sangre de Toro, haben im Vergleich mit Rioja Reservas etwas mehr Fülle und Reife. Eichenholz spielt noch immer eine bedeutende Rolle. Der Spitzenrotwein von Torres, Gran Coronas Mas la Plana, ist reiner Cabernet und schmeckt mehr wie ein Bordeaux.

Torres und anschließend auch die Nachbarn gaben den Weißweinen von Penedès ebenfalls ein neues Gepräge, indem sie die klassischen französischen und sogar deutsche Traubensorten hinzufügten. Einer der Nach-

Oben links: Die Bodega Raimat bei Lérida wurde in den 1930er Jahren gegründet und in den 1980er Jahren für die Produktion von hochwertigen Cabernets und Chardonnays unter der neuen DO Costers del Segre neu belebt. Oben: Im oberen Penedès liegt am Weg nach Lérida die Eremitage Pierola vor der Kulisse der Sierra de Montserrat. Durch die Höhenlage bieten sich hier günstige Wachstumsbedingungen.

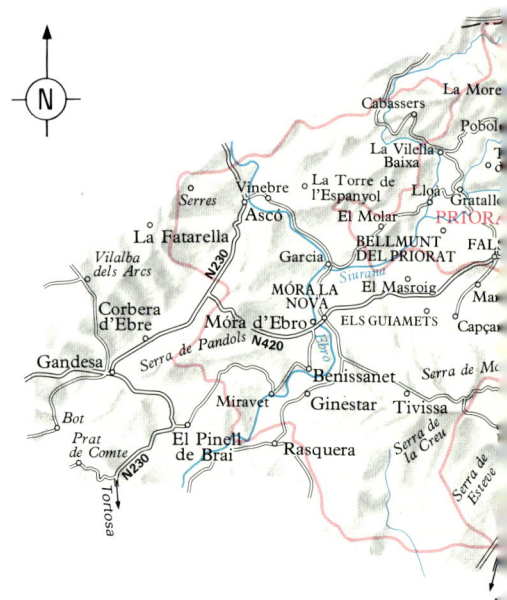

barn, Jean León, folgte gar dem kalifornischen Trend und pflanzte nur Cabernet- und Chardonnay-Reben an.

Die Besitzer von Codorníu verfolgten schon lange den Plan, die Möglichkeiten des inneren Kataloniens stärker zu nutzen. In den 30er Jahren baute die Familie Raventos in Raimat auf dem Hochplateau bei Lérida eine hochmoderne Bodega für feine Tischweine. So weit von der Küste entfernt ist das Klima eher kontinental, und es gibt kaum Niederschlag. Nach 50 Jahren Anlaufzeit hat Raimat damit begonnen, Rot- und Weißweine in vielversprechender Qualität, ebenfalls wieder aus einheimischen und französischen Traubensorten, hervorzubringen. Insbesondere der Cabernet ist ganz ausgezeichnet. 1988 wurde einem Teil der Gegend um Lérida die DO Costers del Segre zuerkannt, deren einziger Star nach wie vor Raimat ist.

Der Familie Raventos gehört inzwischen auch das extravagante Weingut Masía Bach in St Esteve Sesrovires in Penedès. Der Extrísimo Bach, früher der bekannteste Wein des Hauses, war süß und eichenfaßgereift, weitgehend im Stil der benachbarten DO Alella nördlich von Barcelona. Weiter nördlich liegt an der Costa Brava die DO Ampurdán mit ihrem Zentrum Perelada in der Provinz Gerona. Hier wird Schaumwein und in großen Mengen «Rosado» erzeugt.

Von größerer Bedeutung sind die alten Weinbaugebiete Tarragona und Priorato sowie die neugeschaffene DO Conca de Barberà, die sich mit Wein im Stil von Penedès in die kühleren Berge hinauf erstreckt, und die DO Terra Alta, eine Verlängerung der Region Tarragona nach dem Landesinneren zu.

Priorato ist das wahre Herz von Tarragona. Es ist eine heiße und steinige Gegend mit vulkanischem Boden, der Rotweine von gewaltiger Farbe und Stärke und mit brombeerähnlichem Geschmack hervorbringt. Trocken ausgegoren dienen sie mehr Verschnittzwecken denn als Getränk. Der aufgespritete süße Priorato Dulce, der viele Jahre liegen muß, bis er einen trockenen «Rancio»-Geschmack annimmt, kann ein superber Dessertwein sein. Dasselbe darf auch vom Tarragona im allgemeinen gesagt werden. Ihm sprachen schon die Römer gern und eifrig zu. Es handelt sich teils um starke trockene Rotweine für Verschnittzwecke, teils um passablen Ersatz für Portwein.

Unten: Das Fundament des Weinbaus in Penedès bildet der Schaumwein Cava. Die Codorníu-Kellerei ist wohl die größte der Welt. Auch Raimat (siehe gegenüber) gehört zum Codorníu-Besitz. Weitere Stützen sind die Gran-Coronas-Rotweine von Torres (neuerdings Mas la Plana), ihre Stallgefährten sowie einige Konkurrenzprodukte.

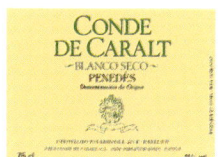

Provinzgrenze
DO-Grenze
TARRAGONA Denominación de Origen (DO)
PIERA Bedeutender Weinort

1:615,000

Rueda und der Duero

Bis zum Ende der 70er Jahre blieb Spaniens prestigeträchtigster und teuerster Rotwein geheimnisumwittert. Nur wenige hatten den Vega Sicilia je zu kosten bekommen, und noch kleiner war die Zahl derer, die wußten, wo im großen, staubigen Zentralspanien ein so bemerkenswerter Weinberg zu finden sein könnte.

Die Ebene Alt-Kastiliens, die sich meilenweit in gelbbrauner Eintönigkeit von Segovia und Avila im Norden bis zum alten Königreich León hinzieht, wird vom Duero und seinen Nebenflüssen durchquert. In den flachen Tälern um Valladolid lebt von Zamora flußaufwärts bis Aranda de Duero eine alte Weinbautradition – wohl vor allem wegen der durstigen Kehlen der Einwohner (Valladolid war im 17. Jahrhundert die Hauptstadt Spaniens und hatte bereits strenge Weingesetze), denn das Klima ist der Rebe nicht besonders günstig. Die Weine waren sehr alkoholstark, die Rotweine schwarz und die Weißweine einem primitiven Sherry ähnlich. Aber der Boden ist kreidehaltiger Lehm, der den spärlich fallenden Regen einsaugt und im Wein doch wenigstens eine Andeutung der Qualitäten spürbar machen muß, die man der Kreide zuschreibt – und in 600 m Höhe sind die Nächte doch schon recht kühl.

Vega Sicilia, ein Weingut in Valbuena am Duero, hat sich der Idee der Vollkommenheit verschrieben und bewiesen, daß hier sehr feiner Rotwein entstehen kann. Seine Reben wurden in den 1860er Jahren nach dem Vorbild von Bordeaux gepflanzt, und ihr Ertrag wird mit nur geringer Beimengung der einheimischen Sorten Garnacha und Tempranillo (hier unter den Namen Tinto Fino und Tinto del País bekannt) verarbeitet. Der Vega Sicilia Unico ist nach 10 Jahren Faßlagerung ein Wein von erstaunlicher, durchsetzungskräftiger Persönlichkeit. So manchen erscheint sein jüngerer Bruder, der nur 5jährige Valbuena aus demselben Weingut, als ein leichter zu ergründender Wein.

Anstatt Vega Sicilia und seinen Cabernet zu imitieren, hat sich der übrige Bereich inzwischen mit Tinto Fino die ersten Sporen verdient. Seit etwa 1970 hat die große Genossenschaftskellerei von Peñafiel ihre Weinbereitungsmethoden stark verbessert. Sie bringt gute Reservas, vor allem den sehr schmackhaften Protos, durch Ausbau im Eichenfaß zuwege. Alejandro Fernández in Pesquera de Duero hat sich seit Anfang der 1980er Jahre eine treue Anhängerschaft für seinen sortenreinen Tinto Fino gewonnen, dessen konzentrierte Frucht und Alkoholstärke durch eine üppige, viele Jahre Stehvermögen versprechende Art gemildert wird. 1982 erhielt die Region eine Denominación de Origen unter dem Namen Ribera de Duero zugeteilt. Gleichzeitig entstand die DO Ribera de Burgos um Aranda in der Provinz Burgos, deren Weine, beispielsweise der Torremilanos, heller und leichter ausfallen als die deftigen Rotweine von Valladolid.

Inzwischen waren die alten Weinzentren Rueda und Nava del Rey dem prüfenden Auge der berühmten Bodega Marqués de Riscal aus Rioja aufgefallen. Die weiße Lokaltraube Verdejo zog Riscals Aufmerksamkeit auf sich. Bei sorgfältiger Bereitung zeigt sie eine schöne, fruchtige Säure und entwickelt sich gut im Faß. Im Jahr 1971 baute Riscal, beraten von Professor Peynaud aus Bordeaux, eine moderne Edelstahl-Bodega. 1980 erhielt Rueda seine Denominación de Origen. Um dieselbe Zeit gingen die Bodegas de Crianza de Castilla la Vieja, die der ortsansässigen Familie Sanz gehören, eine Partnerschaft mit dem Marqués de Griñon ein, der wie Riscal (und ebenfalls mit Peynaud als Berater) einen Rueda Superior aus mindestens 60 % Verdejo erzeugt, er verkauft ihn aber ohne Faßalterung. Dieser Wein ist bemerkenswert frisch und aromatisch, sicherlich einer der besten Weißweine Spaniens.

Rechts: Vega Sicilia ist der Grange Hermitage Spaniens – sein exzentrischster Spitzenrotwein. Pesquera hat die Führung bei den Rotweinen von Ribera del Duero, Marqués de Griñon bei den Weißweinen von Rueda.

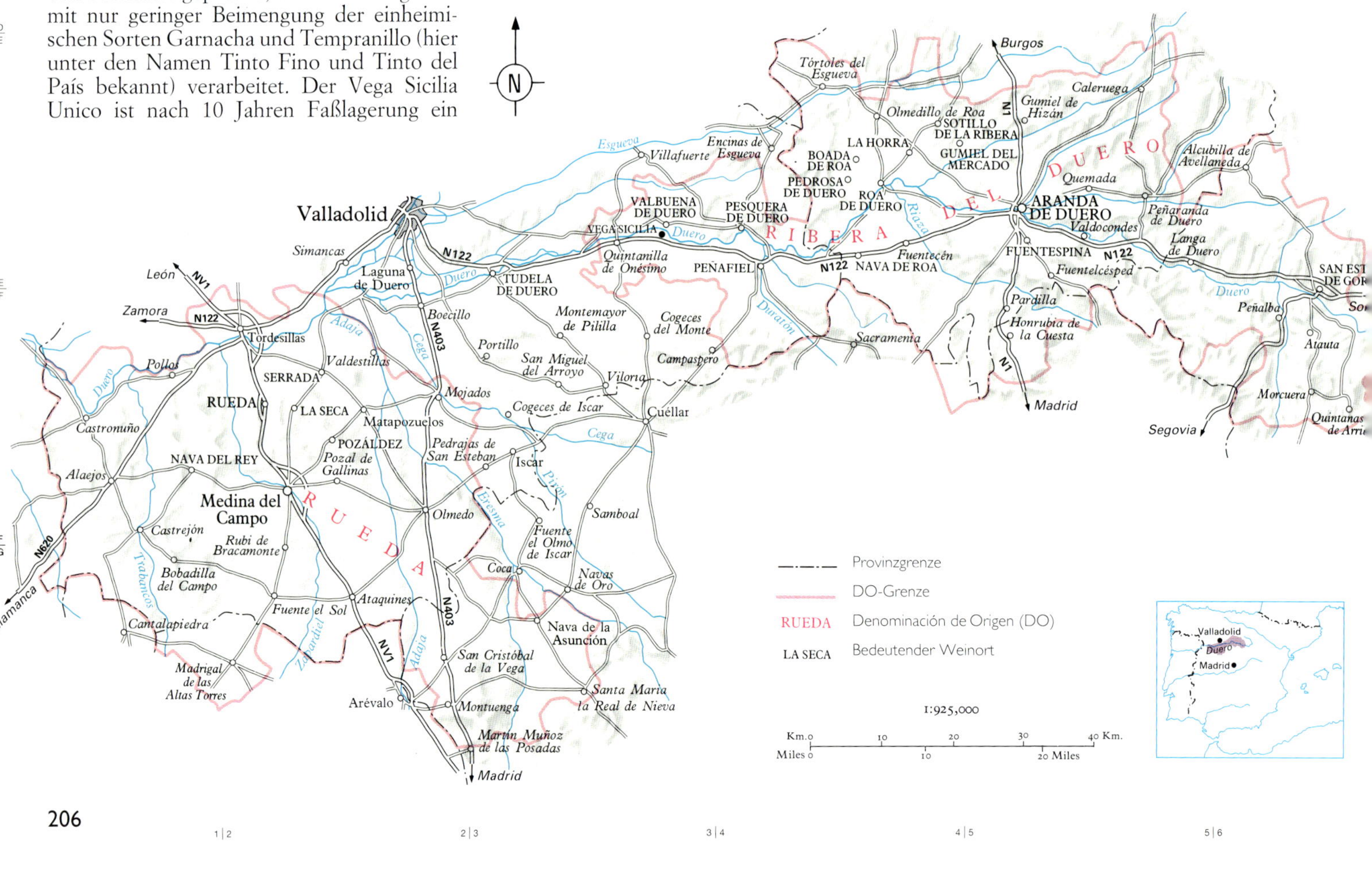

Montilla und Málaga

Andalusien ist die Provinz der «Vinos generosos», die noch gehaltvoller sind als die starken Weine aus der Mitte Spaniens und von der Mittelmeerküste. Der Sherry ist wohl der berühmteste Vertreter. Aber auch die gebirgige Ostküste, die Costa del Sol und die heißen, trockenen Berge dahinter haben ihre charakteristischen Spezialitäten.

Montilla-Moriles, um einmal den vollen Namen zu nennen, liegt unmittelbar südlich von Córdoba auf 18 000 ha desselben Kreidebodens, der auch die wunderbaren Finos und Olorosos von Jerez hervorbringt.

Noch bis vor 50 Jahren ging der ganze Ertrag nach Jerez und in die dortigen Verschnitte, so als ob die beiden Regionen eine einzige gewesen wären. Aber der Montilla hat eigene Art. Seinem hohen natürlichen Alkoholgehalt ist es zu verdanken, daß er im Gegensatz zu Sherry nicht angereichert zu werden braucht. Es hört sich paradox an, wenn man bei einem Wein mit 16 % Alkohol von Delikatesse spricht – aber gerade das ist die Besonderheit eines guten Fino, die beim Montilla schön zum Vorschein kommt.

Die Montilla-Rebe ist die Pedro-Ximénez – die in Jerez für die süßesten Weine angebaut wird. Das wärmere Klima von Montilla verleiht ihr einen höheren Zuckergehalt, der in offenen irdenen *tinajas* schnell vergärt. Auch die Flor-Hefe bildet sich rasch. Nach ein bis zwei Jahren ist der Wein trinkfertig.

Zwar ist der Montilla eigentlich jung, hell und trocken am allerbesten, aber er wird doch mit denselben Techniken wie der Sherry behandelt, so daß die Palette vom Aperitif bis zum Dessertwein reicht. Es mutet wie Ironie an, daß sich die Sherry-Händler völlig legal die Bezeichnung «Amontillado» angeeignet haben, so daß der Montilla nur mit den Bezeichnungen «Dry», «Medium» oder «Cream» auf seinem Hauptexportmarkt England auftreten darf.

Málaga, einst durch seine Dessertweine weltberühmt, bietet heute eine reiche Auswahl an «Vinos generosos», die nur eines gemeinsam haben: Das Gesetz verlangt, daß die Bodegas in der Stadt an der Costa del Sol beheimatet sein müssen. Der Wein wird in zwei Bereichen angebaut: Der kleinere liegt an der Grenze zu Montilla-Moriles bei Mollina im Norden. Dort wird von der Pedro-Ximénez-Traube der trockene Málaga Blanco Seco nach Art eines Amontillado produziert. Viel bedeutender ist die Region von Axarquia mit ihren 12 000 Hektar entlang der Küstenberge östlich von Málaga. Der Moscatel erbringt hier süße Málagas, vom Semidulce bis zum überaus öligen «Lagrima»: im Prinzip das Gegenstück zur Tokajer Essenz – der Most läuft aus überreifen Trauben von selbst ab. Die Erträge sind sehr gering, und die Weine sind überaus konzentriert und unendlich haltbar.

Der Markt verlangt heutzutage nicht nach allerfeinstem Málaga, aber es gibt ihn auch heute noch. Bodegas Scholtz ist der Name, nach dem man Ausschau halten sollte.

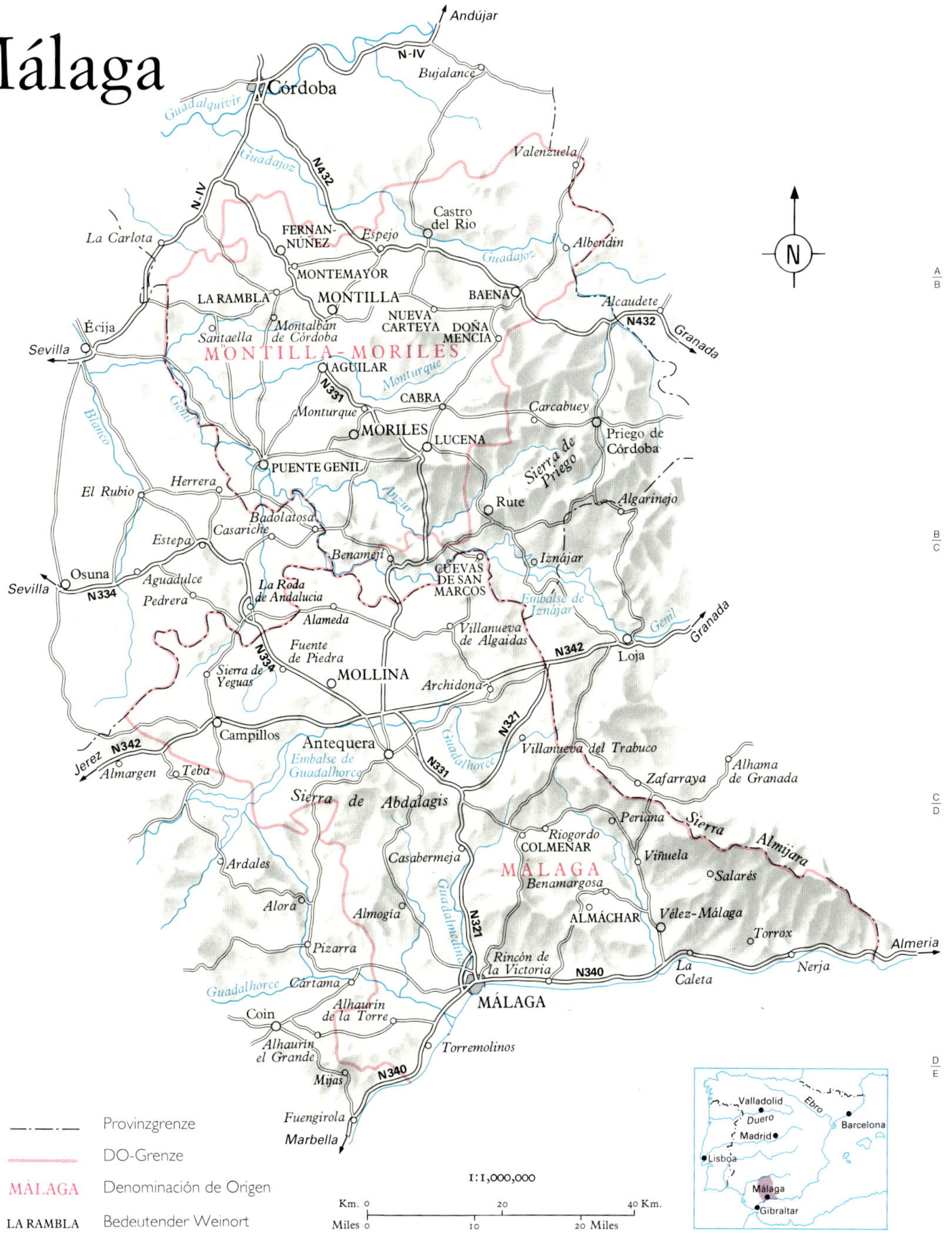

Rechts: Mit verschiedenen Traubensorten und Traditionen werden in Málaga und Montilla vinos generosos produziert, die einander stark ähneln.

Kanarische Inseln

Im 16. und 17. Jh. galt «Canary Sack» ebensoviel wie Sherry. Der Markt für diesen Süßwein hat sich inzwischen verlaufen, deshalb richten sich heute alle Bemühungen auf leichte, frische Weine, vor allem Rotweine. Auf Teneriffa entfallen 75 % der 10 000 ha Gesamtrebfläche.

Portugal

Portugal ist das richtige Land für den Weinromantiker. Mehr noch als Italien ist es die Heimat der knarrenden Ochsenkarren, des durch Rebenlaub sprühenden Sonnenlichts, des purpurroten Mosts unter stampfenden Füßen, der krügetragenden Mädchen und der seit Jahrhunderten überlieferten Lieder.

Das Klima ist ideal für Reben. Der weinbautreibende nördliche Landesteil hat außer in Alto-Douro reichlich Niederschlag und schöne, lange Sommer.

Portugals größter Wein ist der Portwein. Er wird im einzelnen auf den Seiten 212–215 behandelt. Ursprünglich wurde der Portwein für den Export konzipiert – und dasselbe gilt für die ganz andersartigen (moderneren) Bestseller Portugals, die lieblichen Rosés von Mateus und Lancers. Im übrigen blieben die Portugiesen bis weit in die zweite Hälfte des 20. Jahrhunderts hinein dabei, ihre eigenen Trauben anzubauen und auf ihre eigene Art zu verarbeiten.

Nicht daß der portugiesische Wein ohne Gesetze und Vorschriften ausgekommen wäre; schon lange vor dem Beitritt zur EG im Jahr 1986 wurden bestimmte Anbaugebiete festgelegt und ihre Weine in jeder Hinsicht kontrolliert. Das kam nicht immer der Qualität zugute und mißfiel oft den Handelshäusern und ihren Kunden, so daß die Gesetzesvorschriften gewöhnlich nach eigenem Ermessen ausgelegt wurden.

Von den ursprünglich festgelegten Weinen ist der berühmteste und eigenständigste nach wie vor der Vinho verde, der «grüne» Wein aus der Provinz Minho (s. Seite 211), auf den ein Viertel der Gesamterzeugung entfällt. Im Gegensatz zu ihm wurden alle anderen Weine als *maduro* (gereift) bezeichnet.

Bis in die 1970er Jahre waren außerdem nur die Region Dão (Seite 211), drei historische, aber kaum bedeutende Bereiche bei Lissabon (nebenstehend) und der einzigartige Moscatel de Setúbal offiziell festgelegt. 1979 kam Bairrada (Seite 210) hinzu, außerdem Algarve. Alle übrigen Weine Portugals versanken in einer anonymen Masse. Die Rotweintrauben erbringen in der traditionellen Verarbeitung robuste, anregende, tanninherbe und erdige Weine – sie sind gut, aber nicht gerade aromatisch oder komplex. Zehn Jahre Reifezeit sind meist nicht zuviel, eher zuwenig. Bessere Weine werden als Reservas, Spitzenweine als Garrafeiras bezeichnet.

Heute geht der Trend zu spezifischerer Art. Gutsweine waren früher praktisch unbekannt, inzwischen gibt es sie zu Dutzenden. Der erste und noch immer der beste wurde in den

Rechts: Portugals Spitzenweine waren früher die sogenannten Garrafeiras, Verschnittweine von Handelshäusern. Heute betonen die einzelnen Regionen mit wachsendem Erfolg ihre Individualität.

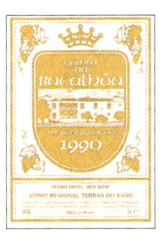

Lissabon

1950er Jahren von dem Portweinhaus Ferreira im oberen Douro lanciert. Der rare üppige Barca Velha bedeutete für Portugal bald dasselbe wie Vega Sicilia für Spanien. J. M. da Fonseca bei Lissabon ist nach wie vor der beste Erzeuger von Setúbal und produziert bewundernswerte Periquita- und Camarate-Rotweine. Anfang der 1980er Jahre brachte das Haus J. P. Vinhos einen Cabernet Sauvignon Quinta de Bacalhoa heraus, der eher einem modernen Bordeaux als einem traditionellen portugiesischen Rotwein gleichkam.

Mit dem Beitritt zur EG ging eine Flut von Herkunftsbezeichnungen einher, die in Brüssel VQPRD, in Paris VDQS und in Lissabon IPR (Indicaçãoes de Proveniência Regulamentada) genannt werden. Aus den Karten gehen die entsprechenden neuen Namen hervor. Manche der frisch ausgebrüteten Bereiche dürften sich als Spreu im Wind erweisen.

Die früher vernachlässigten Gegenden, deren Dasein sich mit dem neuen Status wohl verändern wird, beginnen im Norden mit Trás os Montes, einem abgelegenen Hochland, wo es im goldenen Herbst am schönsten ist. Die IPR-Bereiche Chaves, Valpaços und Planalto-Mirandês bieten alkoholstarke Genossenschaftsweine, aber auch Rosés, die seit langem von Sogrape für Mateus aufgekauft werden. Sogrape vertreibt auch einen trockenen Weißwein unter dem Namen Planalto.

Die beiden Gebirgsregionen namens Beira (Alta die obere, Baixa die untere) liegen südlich vom Douro an der Grenze zu Spanien, Baira-Littoral westlich davon umfaßt Bairrada. Keine der sechs dortigen IPR-Bereiche hat Besonderes zu bieten.

Die Küstenregion südlich von Beira-Littoral heißt Estremadura, inoffiziell auch Oeste, «der Westen». Hier trifft man ebenfalls sechs IPR-Bereiche an – keiner davon ist bemerkenswert. Am meisten verspricht vielleicht der IPR-Bereich Alenquer, vor allem durch die Quinta das Pancas. Hier war im 18. Jahrhundert das mächtige Zisterzienserkloster Alcobaça, das reichste seiner Art. Leider aber taten die Zisterzienser (die den Clos de Vougeot und den Steinberg anlegten) nichts für die Verbesserung der Weine dieser Gegend.

Im fruchtbaren Ribatejo, dem Tal des Tejo, liegen sechs IRP-Bereiche, von denen Cartaxo und Almeirim die besten Aussichten bieten. Die Ribatejo Garrafeiras von Carvalho, Ribeiro und Ferreira gehören seit einem Jahrhundert zu den Favoriten Lissabons; auch der auf silbernen Etiketten zu findende Name Charneco steht für dieses Gebiet.

Heute blicken alle Augen auf das Alentejo südlich des Tejo (siehe Seite 215).

Es paßt zur Reputation Portugals als einer Seefahrernation, daß hier die Rebe so nahe ans Meer gelangt wie kaum sonst irgendwo. In Colares an der Atlantikküste wächst sie am Strand im reblaussicheren Sand. Dort kriecht die Ramisco-Rebe am Boden entlang, ihre alten Äste sehen aus wie Treibholz, aber sie tragen kleine Trauben mit intensiv blauen Beeren. Ihr Wein ist entsprechend schwarz und tanninreich und braucht lange bis zur Reife. Er galt stets als der beste Tafelrotwein Portugals, allerdings wird heute nicht mehr viel davon erzeugt und erst recht nicht exportiert. Noch weniger ist von Carcavelos übriggeblieben.

Von den Weinen Lissabons ist heute der Bucelas (auf den Etiketten findet man noch die alte Schreibweise «Bucellas») am besten in Form – ein angenehmer, frischer und trockener Weißwein mit leichtem Eichenholzaroma, aber nur selten mit denkwürdigem Charakter. Mehr Bedeutung kommt dem Weinbaugebiet auf der Halbinsel Arrabida jenseits des Tejo zu, wo Fonseca mehr in die Zukunft als in die Vergangenheit blickt. Der Moscatel de Setúbal des Hauses gehört zu den besten süßen Muskatellern der Welt. Er wird leicht mit Alkohol angereichert und vor allem mit den Schalen eingemaischt, um das Aroma zu kräftigen. Anders als die Muscats aus Südfrankreich gewinnt der Setúbal über lange Zeit hinweg – exquisit ist er aber in jedem Alter.

Azenhas do Mar nördlich von Colares. Zwischen Felsklippen geduckt, suchen Fischerhütten Schutz vor den Atlantikstürmen.

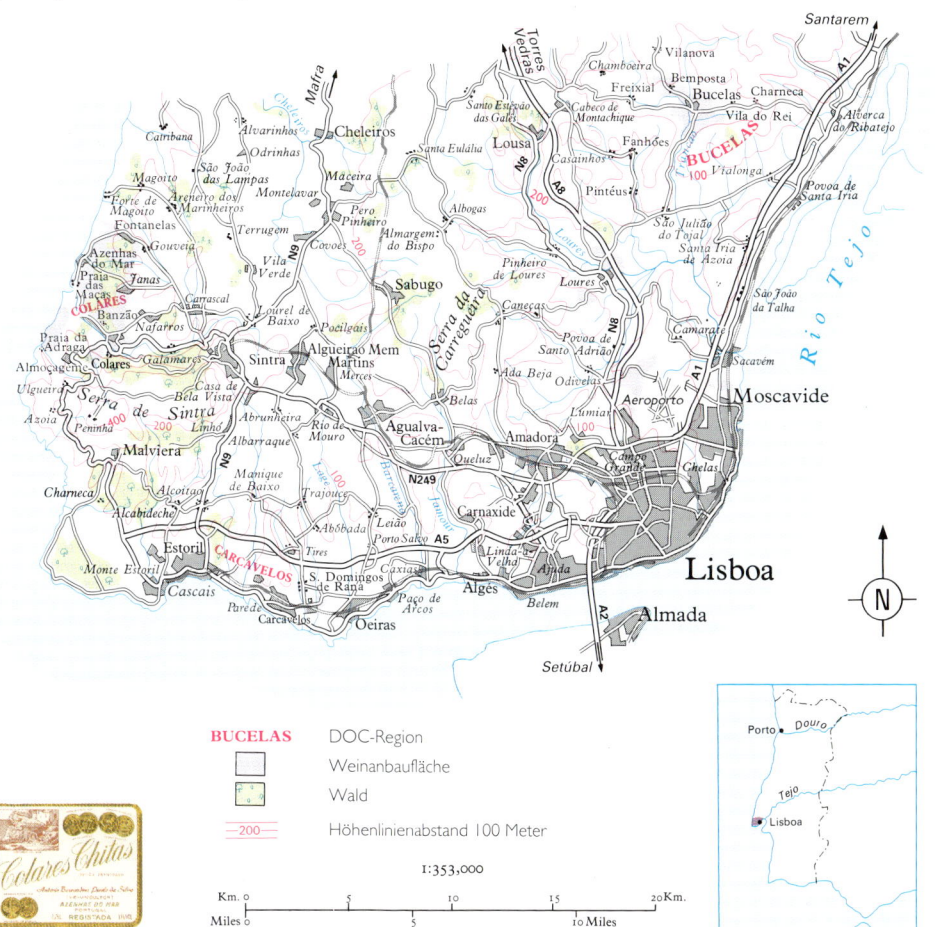

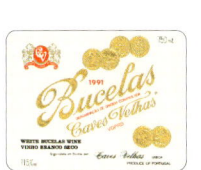 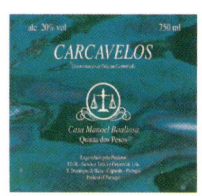

Bairrada

Die Weinbauregion Bairrada war 1979 ein bedeutender Neuzugang auf der damals kurzen Liste der «Selos de origem» Portugals. Es ist eine ländliche Gegend, welche sich zu beiden Seiten der Autobahn hinzieht, die Lissabon mit Oporto verbindet. Die flachen Hügel bestehen aus schwerem, kalkreichem Lehmboden, der in den hier gewonnenen Weinen (zu 85 % Rotwein) einen festen Körper und den typisch portugiesischen Biß einbringt. Ein gemäßigtes Klima mit viel Dunst und Nebel vom Meer her verhilft ihnen zu Ausgewogenheit und schöner Säure.

Den größten Teil ihrer Qualität haben sie allerdings der Lokaltraube Baga zu verdanken. Sie ist zwar für sich allein allzu gerbstoffherb, jedoch haben Weine mit kräftiger Beimischung von Baga eine tiefe Fruchtigkeit, eine wunderbare Farbe und Kraft und halten sich jahrelang. Neuere Jahrgänge von Handelshäusern und Erzeugern wie Caves Aliança, São João, Barracão und Messias können nur empfohlen werden.

Das wenige, was an Weißwein aus dieser Region kommt (von der Maria-Gomes-Traube, der Bical beigemischt wird), geht heute fast ganz in die Schaumweinproduktion. Alte Flaschen mit stillem Wein überzeugen jedoch durch ihre hohe Qualität.

Dafür, daß die Region sehr wohl imstande ist, bemerkenswerte Weine hervorzubringen, gibt es einen großartigen Zeugen: das Buçaco-Palast-Hotel. Seine Spezialität sind Rot- und Weißweine in vollkommen traditioneller Art. Die Trauben werden in «Lagars» mit den Füßen gekeltert, und der Wein reift jahrelang in Fässern in den tiefen Kellern. Auf der Weinkarte des Hotels stehen jahrzehntealte Weine: die weißen sind mit 20, die roten mit 30 Jahren am besten.

Oben: Das großartige Palast-Hotel am Buçaco überschaut die Region Bairrada in Richtung Osten. In seinen Kellern (rechts) reifen wahrhaft traditionelle Weine heran, die zu den besten Portugals zählen. Die Rot- und Weißweine lagern jahrelang im Faß und sind jahrzehntelang haltbar.

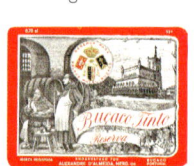

Oben: Das Etikett des Buçaco-Palast-Hotels. In Bairrada gibt es nur wenige Erzeuger, aber sie sind alle empfehlenswert.

DIE SPRACHE DES ETIKETTS

Vinha Weinberg
Quinta Weingut
Colheita Jahrgang
Denominação de Origem Controlada (DOC) Festgelegtes Anbaugebiet
Indicação de Proveniência Regulamentada (IPR) Gesetzlich abgegrenztes Gebiet
Reserva Wein besserer Qualität
Garrafeira (Privatkeller), d. h. beste Qualität
Vinho Verde «Grüner» oder junger Wein
Vinho de mesa Tafelwein
Vinho de consumo Einfacher Wein
Maduro Alt oder ausgereift
Engarrafado na origem Erzeugerabfüllung
Branco Weiß
Tinto Rot
Rosado Rosé
Clarete Hellrot oder dunkelrosé
Séco Trocken
Doce, Adamado Süß
Espumante Schäumend
Adega Kellerei
Aguardente Branntwein
Armazem Lagerkeller

Minho und Dão

Der markanteste Beitrag Portugals zu den Tafelfreuden der Welt ist der Vinho verde, eine Spezialität aus dem Norden des Landes. Sein Name Grüner Wein bezieht sich auf seine frische, leicht unreife Art, nicht auf seine Farbe, die zu drei Vierteln rot, ansonsten fast wasserklar ist.

Wegen der Bodenknappheit in der Provinz Minho werden die Reben an Bäumen hinauf und um die Felder herum an Pergolen erzogen. Im Spätsommer läßt der Anblick der traubenbehangenen Girlanden schon bacchantische Vorfreude aufkommen. So hoch über dem Boden bleiben die Trauben kühl und bewahren sich ihre schöne Säure.

Sie werden früh gelesen und gären nur kurz, damit ein Wein mit wenig Alkohol und viel Frische entsteht. Die Umwandlung der Apfelsäure in Milchsäure durch Nachgärung wird begünstigt. Roter Vinho verde ist oft trüb, aber ebenso wie im weißen steigen in ihm glitzernde kleine Bläschen auf, was ihn herrlich erfrischend macht.

Am besten schmeckt der Vinho verde direkt aus dem Faß in einer kleinen Taverne in Monção, Barcelos oder Penafiel. Die Exportversionen sind leider oft gesüßt und mit Kohlensäure versetzt.

Anspruchsvoller Wein – vielleicht der beste Weißwein Portugals überhaupt – wird um Monção von der Alvarinho-Traube erzeugt. Er hält sich einige Jahre in der Flasche, wobei er einen Freesienduft annimmt, seine prickelnden Bläschen allerdings verliert.

Basto und Amarante gelten als die nächstbesten Weinbaubereiche der Provinz Minho, sodann folgen die ertragsstärkeren Gebiete Braga und Penafiel. Aus Lima kommt ein etwas gehaltvollerer und dunklerer roter Vinho verde als aus den anderen Gebieten.

Der Name Dão ist seit langem gleichbedeutend mit massiven, zuverlässigen, aber herben und schlichten Rotweinen. Daran ist eine Vorschrift schuld, die verlangte, alle Trauben in die Hand schwerfälliger Genossenschaftskellereien zu geben. Zum Glück hat die EG dieses Monopol aufgehoben.

Dão mit seiner schönen Hauptstadt Viseu ist ein Land voller Granithügel, in denen der nackte Fels durch den Sandboden ragt. Weinberge fallen in dieser Gegend kaum ins Auge; sie sind hier und da in Rodungen der süß duftenden Pinienwälder angelegt.

Es gibt rote und weiße Dãos. Solange sie jung sind, können die Weißweine fest und duftig sein. Der rote Dão kommt meist als ein vielleicht vier Jahre alter Verschnitt eines großen Weinhändlers auf den Markt – sauberer, tanninherber, aber kaum interessanter Wein. Gute Reservas im traditionellen Stil, z.B. Porta dos Cavaleiros, brauchen oft 15 Jahre zur Entfaltung.

Eine hellere Zukunft versprechen Unternehmungen wie die große neue Quinta dos Carvalhais der Firma Sogrape unter der Marke Grão Vasco sowie die Quinta da Insua von Fonseca und das Weingut Conde de Santar.

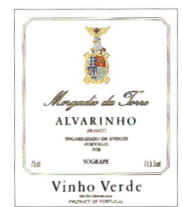

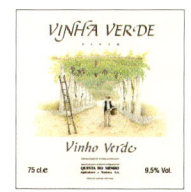

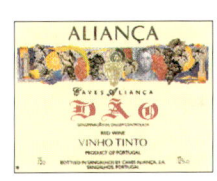

Den prickelnden Vinho verde gibt es in unendlich vielen Variationen. Guter Dão dagegen wird nur von recht wenigen Weingütern erzeugt.

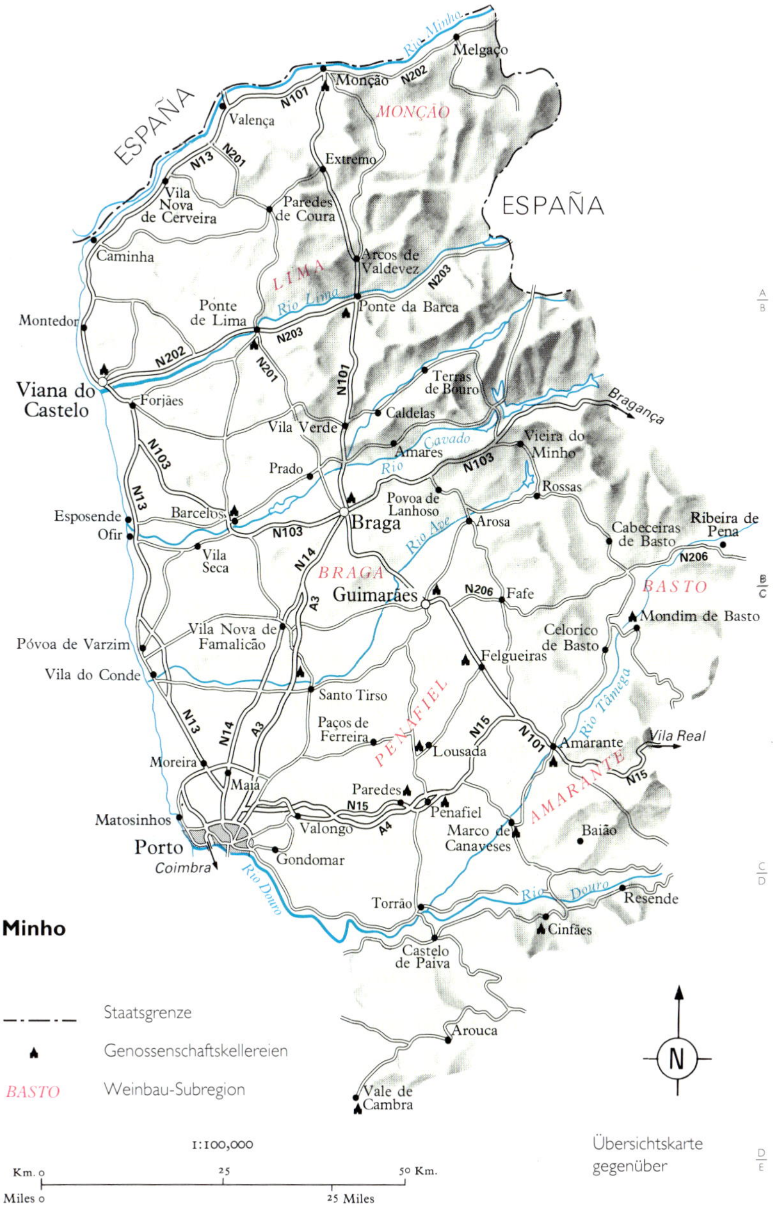

Alto Douro

Die Weinberge am oberen Douro gehören zu den spektakulärsten der Welt. Von der Quinta do Bom Retiro geht der Blick in das Tal des Nebenflusses Rio Torto bis zur Regionalhauptstadt Piñhao. Die alten Weinbergterrassen sind in neuerer Zeit entfernt worden, um die Bearbeitung zu erleichtern.

Von allen Plätzen, wo der Mensch Weinberge angelegt hat, ist der obere Douro der unwahrscheinlichste. Zunächst einmal gab es dort überhaupt keinen Boden – nur steile Schiefer- und Granithänge, die eine heiße Sonne versengte und abbröckeln ließ.

Die Rebe aber ist die einzige Nutzpflanze, die sich von solchen Bedingungen nicht völlig abschrecken läßt. Das mediterrane Klima dieser Gegend bekommt ihr gut. Erforderlich war also nur das technische Kunststück, Erdreich auf die Douro-Hänge zu schaffen und es dort zu halten. So zog man um die Berge herum Tausende von Mauern, füllte Erde auf und pflanzte Reben.

Nachdem sich die Erde gesetzt hatte und das Regenwasser nicht mehr einfach ablief, konnte sich eine Krume bilden, und Pflanzen konnten ihr organische Substanz zuführen.

Heute gedeihen dort auch Oliven, Orangen, Korkeichen und Pinien, und die Dörfer sind von Gemüse- und Obstgärten umgeben.

Treppenstufen sind der Alptraum der Weinbergarbeiter. Alle Trauben müssen auf dem Rücken den Berg hinuntergetragen werden. Deshalb profiliert man bei Neuanlagen das Gelände mit Dynamit und Planierraupen, um Stufen und Mauern nach Möglichkeit überflüssig zu machen.

Der Douro fließt aus Spanien nach Portugal in einer Wildnis, die auch heute noch nur mit dem Maultier oder Kanu zugänglich ist. Eine tiefe Schlucht hat er sich in die Felsschichten des Hochlands gefressen. Hier ist die Heimat des Portweins, die von der 1400 m hohen Serra do Marão im Westen gegen die atlantischen Regenwolken abgeschirmt wird. Oftmals fällt im Sommer überhaupt kein Regen.

Viele der ersten Terrassen aus dem 17. Jahrhundert sind in den Bergen oberhalb von Regua noch erhalten – das ist der ursprüngliche Portweinbezirk, der im Jahr 1756 als erster überhaupt offizielle Grenzen zugeteilt bekam. Auch heute noch wird hier am meisten erzeugt, doch hat das Qualitätsstreben immer weiter flußaufwärts geführt. Das Anbaugebiet ist jetzt zwanzigmal so groß wie im 18. Jahr-

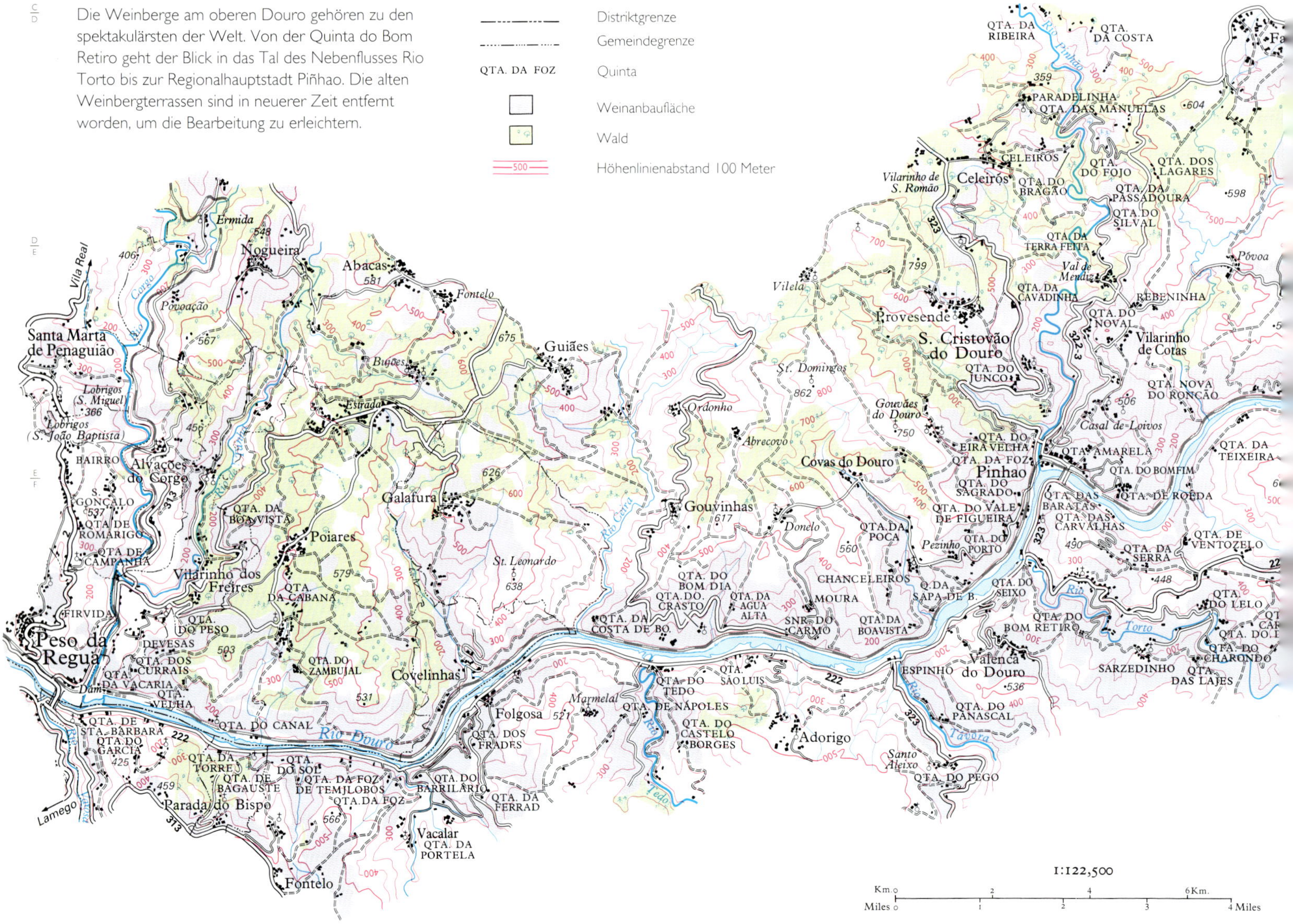

-------	Distriktgrenze
-------	Gemeindegrenze
QTA. DA FOZ	Quinta
▢	Weinanbaufläche
▢	Wald
═══ 500	Höhenlinienabstand 100 Meter

1:122,500

hundert, und der beste Teil ist verhältnismäßig neu. Unterhalb des Nebenflusses Corgo gilt der Wein als eindeutig weniger gut. Die besten Lagen sind heute die um und oberhalb von Pinhão, einschließlich der Nebentäler an den Flüssen Távora, Torto, Pinhão und Tua.

Die bekannteren Firmen haben ihre eigenen Quintas in den Bergen: rebenbewachsene weiße Gebäude, die inmitten des Staubs und gleißenden Lichts mit ihren Fliesenböden kühle Oasen bilden. Selten aber wird Wein nach einer solchen Quinta benannt. Und in dem ganzen Tal verkauft nur ein halbes Dutzend – die berühmteste davon die Quinta do Noval oberhalb von Pinhão – unverschnittenen Wein. Die Namen Taylor's Vargellas, Croft's Roeda und Graham's Malvedos stehen für Jahrgangsweine aus Jahren, in denen die Qualität nicht so fein ausfällt, daß Jahrgangsweine die Regel sind. Das Verschneiden liegt im Wesen des Portweins, und die Hauptquellen für Trauben und Weine sind nicht große Weingüter, sondern eine Vielzahl kleiner Besitzungen.

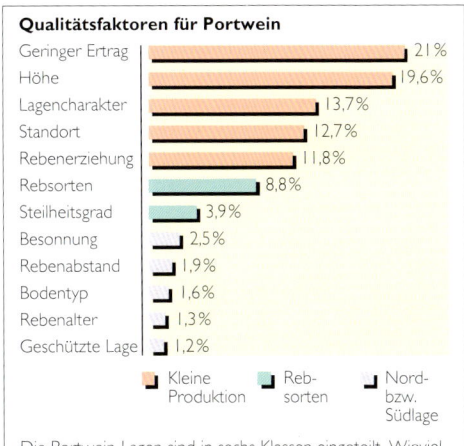

Qualitätsfaktoren für Portwein

Geringer Ertrag	21%
Höhe	19,6%
Lagencharakter	13,7%
Standort	12,7%
Rebenerziehung	11,8%
Rebsorten	8,8%
Steilheitsgrad	3,9%
Besonnung	2,5%
Rebenabstand	1,9%
Bodentyp	1,6%
Rebenalter	1,3%
Geschützte Lage	1,2%

■ Kleine Produktion   ■ Rebsorten   □ Nord- bzw. Südlage

Die Portwein-Lagen sind in sechs Klassen eingeteilt. Wieviel Wein aus ihnen als Portwein verkauft werden darf, richtet sich nach ihrer Einstufung. Die Beurteilungsfaktoren sind dieselben wie etwa in Burgund oder Deutschland, nur das Schwergewicht ist anders. Das Diagramm zeigt, welches Schwergewicht hier auf einen geringen Ertrag (nicht mehr als 600 Liter pro 1000 Reben) und auf die Höhe der Lage (möglichst unterhalb 300 Meter) gelegt wird.

Oben: Die alte Art, den Portwein mit Booten durch die Stromschnellen des Douro flußabwärts zu transportieren, fand in den 1960er Jahren mit dem Bau von Staudämmen ihr Ende. Die *barcos rubelos,* die noch auf die Phoeniker zurückgehen sollen, bringen wie hier bei der Quinta da Foz in Piñhao noch Farbtupfer ins Bild.

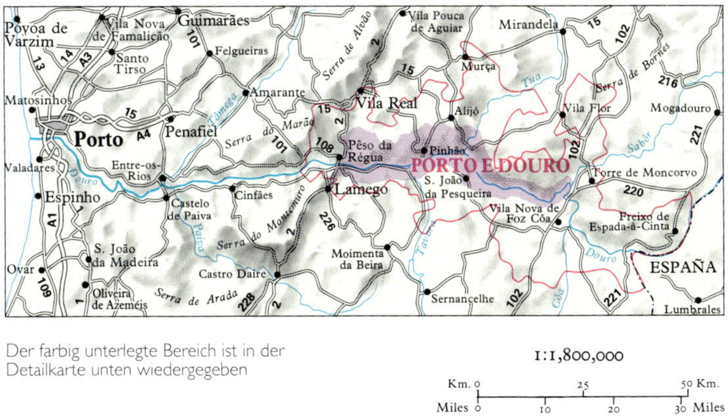

Der farbig unterlegte Bereich ist in der Detailkarte unten wiedergegeben

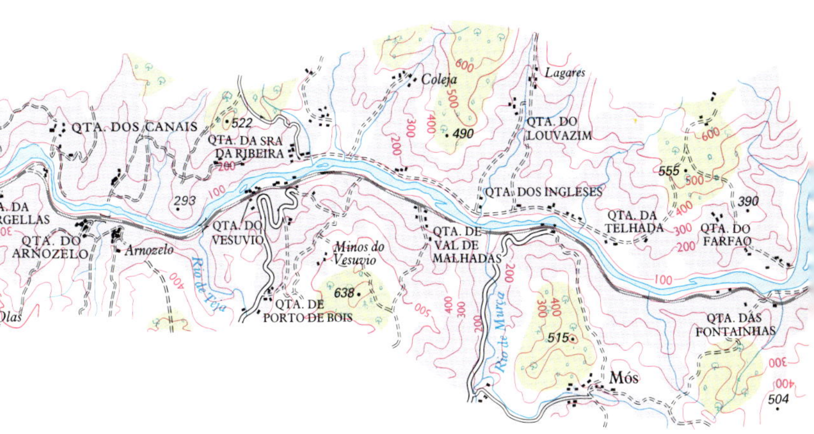

1:1,800,000

Portwein

Portwein wird gewonnen, indem man den höchstens halbausgegorenen Rotwein in ein zu einem Viertel mit Branntwein gefülltes Faß gibt. Der Branntwein stoppt die Gärung, so daß die Mischung stark und süß zugleich ist. Ferner braucht der Port die Pigmente der Traubenhülsen, damit er die richtige Färbung annimmt, sowie das in ihnen enthaltene Tannin als Konservierungsmittel. Normalerweise werden diese Stoffe bei der Weinbereitung im Verlauf der Gärung extrahiert. Da der Portwein jedoch nur eine unnatürlich kurze Gärung durchläuft, müssen sie auf andere Weise gewonnen werden – am Douro geschieht das herkömmlicherweise durch Stampfen. Dabei werden die Traubenhülsen im eigenen Saft durchgemaischt und die in ihnen enthaltenen Substanzen aufgeschlossen. Die bloßen Füße sind dafür ein perfektes Werkzeug, denn sie sind warm und zerquetschen die Kerne nicht, wodurch sonst Bitterstoffe in die Maische gelangen würden. Das rhythmische Stampfen knietief in der Maische in einem *lagar* genannten Steintrog ist die traditionelle Methode, wie dem Port Farbe und Fruchtigkeit verliehen wird und dazu die Fähigkeit, über Jahre hinweg zu lagern und ständig besser zu werden.

Sie wird jedoch immer mehr durch ein neuartiges Verfahren abgelöst. In einem geschlossenen Gärtank wird die Maische unter Kohlensäuredruck von unten her durch ein Rohr nach oben befördert und über die «Haube» aus schwimmenden Schalen gesprüht. Aber auch heute noch meinen manche Portweinhändler, das Stampfen sei am besten, und es gibt auch noch viele Quintas, wo so verfahren wird, insbesondere im besten Bereich, oberhalb des Corgo.

Am oberen Douro wird Portwein nur selten gelagert. Fast immer wird er gleich nach dem Keltern zur Weiterbehandlung talabwärts nach Vila Nova de Gaia, der Hafenvorstadt von Oporto, gebracht.

Die Lagerhäuser der Firmen in Vila Nova nennt man «lodges». Sie haben vieles mit den Sherry-Bodegas gemeinsam. Hier lagert der Portwein in den sogenannten Pipes, länglichen 520-Liter-Fässern, zwischen zwei und fünfzig Jahre lang.

In besonderen Jahren sind die Bedingungen für die Portwein-Erzeugung nahezu vollkommen. Diese Jahrgänge brauchen nicht verschnitten zu werden, denn außer der Lagerung kann nichts zu ihrer Verbesserung beitragen. Wie roter Bordeaux werden sie nach zwei Jahren abgefüllt und einfach mit Firmennamen und Datum etikettiert. Das sind dann Jahrgangs-Portweine, und davon kann es nie genug geben. Sie erlangen schließlich, vielleicht nach 20 Jahren, eine unvergleichliche Öligkeit, Duftigkeit, Fülle und Delikatesse. Ein großer «Vintage-Port» gehört unbestreitbar zu den besten Weinen der Welt.

Der Portwein, der unterhalb der Jahrgangsqualität liegt oder nur mittelmäßig ausgefallen ist, durchläuft ein Verschnittverfahren und ist danach ein Markenwein mit einem

Die Portwein-Lodges von Vila Nova de Gaia

1. Fonseca
2. Graham
3. Diez Hermanos
4. Ferreira
5. Companhia Velha
6. Gran Cruz
7. Niepoort
8. Martinez Gassiot
9. Cockburn
10. Barros
11. Instituto do Vinho e da Vinha
12. Dow
13. Burmester
14. Mackenzie
15. Ramos Pinto
16. Sandeman
17. Smith Woodhouse
18. Rozés
19. Kopke
20. Wiese & Krohn
21. Companhia do Comércio de Vinho do Porto (CCVP)
22. Rainha Santa
23. Croft
24. Taylor
25. Offley Forrester
26. Warre
27. Noval
28. Borges
29. Calem
30. Churchill
31. Osborne
32. Delaforce

Oben: Vila Nova de Gaia besteht fast ganz aus Lagerhäusern, den *lodges*, in denen der Portwein reift.

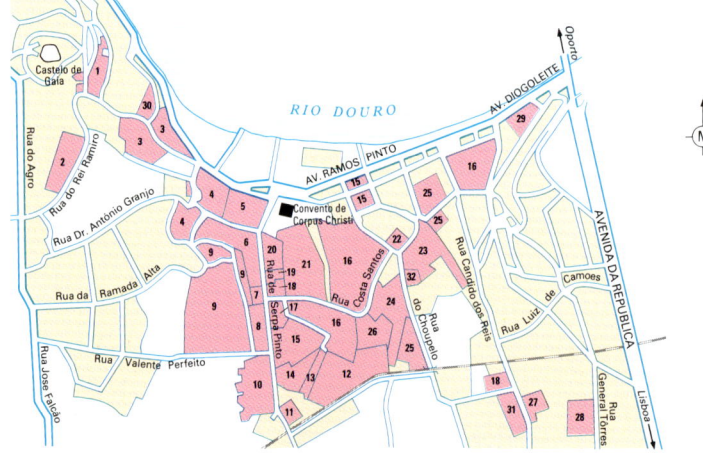

DIE SPRACHE DES ETIKETTS

Vintage Wein eines bestimmten außergewöhnlich guten Jahrgangs, früh zur Flaschenlagerung abgefüllt.
Late-bottled vintage Ähnlicher Wein, doch erst reif abgefüllt; leichter als Vintage
Crusted Guter, aber kein Jahrgangs-Port, früh zur Flaschenlagerung abgefüllt
Vintage character Hochwertiger, vier bis fünf Jahre im Faß gereifter Ruby
Tawny Viele Jahre im Faß gelagerter Port, nimmt bräunliche Farbe an; rund, leichter als alle vorgenannten. Auch preiswerter junger, heller Port.
Ruby Zwei bis drei Jahre im Faß gereifter Port; dunkler und fruchtiger
White Port Aus weißen Trauben; häufig viel trockener als roter; wird als Aperitif verkauft

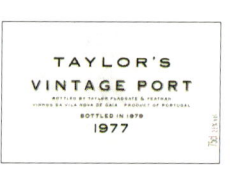
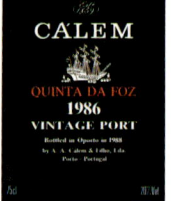

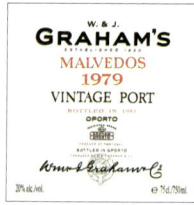

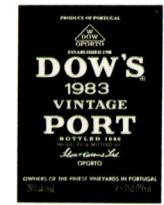

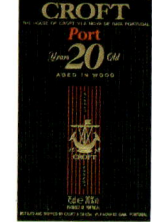

Links: Früher trugen Flaschen mit Vintage Port kein Etikett, sondern eine Aufschrift in weißer Farbe, die von dem Handelshaus Niepoort heute noch verwendet wird, weil sie dauerhafter ist als Papier. Viele bekannte Namen im Porthandel künden noch davon, daß die britische Vorliebe für süßen Wein die Branche im 18. Jh. entstehen ließ. Heute ist Frankreich das größte Abnehmerland.

Alentejo

Fischerboote halten die Erinnerung an das einstige Leben und Treiben auf dem Douro zwischen Oporto und Vila Nova de Gaia wach. Die von Eiffel erbaute Brücke überspannt den Fluß; links Bischofspalast und Kathedrale:

Verglichen mit dem dicken Rebenteppich, der den Norden Portugals bedeckt, ist das Alentejo, der Südteil des Landes, fast rebenlos. Die weiten, sonnenverbrannten Flächen sind mit silbernen Olivenbäumen und dunklen Korkeichen gesprenkelt; der von Schafen kahlgefressene Boden ist nur stellenweise vom Grün der Reben überzogen.

Kaum jemand hatte eine Ahnung von dem großen Potential nicht nur an Alkoholstärke, sondern auch an Fruchtigkeit, das in den scheinbar primitiven Weinen aus dem Alentejo steckt. Manche werden noch auf uralte Weise in irdenen Amphoren vergoren, die eine unerfreuliche Neigung zeigen, mitten im Gärvorgang zu bersten. Doch das Factory House der Weinhändler in Porto kaufte schon früher gelegentlich bei einem Weingut im Alentejo ein Faß. Nach 30 Jahren in der Flasche war der Wein dann vollmundig, duftig, beinahe fein. Ein 1979er Rotwein aus dem Gut Mouchão war 1993 großartig, allerdings noch immer sehr tanninstreng.

Inzwischen sind im Alentejo nicht weniger als acht IPR-Bereiche eingerichtet worden, davon sechs auf Genossenschaftsbasis. Wichtiger noch, einige internationale Investoren haben das Gebiet entdeckt. Die Palette der zugelassenen Rebsorten ist groß; überraschenderweise entfällt der Löwenanteil der Produktion auf Weißwein, vor allem von der gegen die Hitze unempfindlichen Roupeiro-Traube, deren Wein jung getrunken sein will.

Die besten Rotweintrauben sind die durch Fonseca berühmt gewordene Periquita und die Aragonez (in Spanien Tempranillo). Allerdings verzichten die ehrgeizigeren Weingüter auf das IPR-Etikett und bauen Alicante Bouschet an, eine in Frankreich minderwertige Traube, die aber unter dem Himmel des Alentejo offenbar Wertvolles leistet. Der Cabernet hat bislang kaum Fuß gefaßt.

Aufsehen erregte 1991 der Ankauf der Quinta do Carmo in Estremoz bei Borba durch die Domaines Rothschild. Die hier produzierten Rotweine mit 50 % Alicante Bouschet sind bereits eindrucksvoll. Auf der Karte ist ein weiteres halbes Dutzend qualitätsorientierte Weinerzeuger verzeichnet. Von den großen Genossenschaftskellereien verfügt die in Borba über die beste Ausstattung.

bestimmten Charakter. Ein solcher Wein wird im Faß gealtert, reift weitaus schneller und büßt dabei an Süße ein. Ein sehr alter Faß-Portwein ist verhältnismäßig hell und trocken, jedoch besonders rund. Man nennt ihn nach seiner Farbe Tawny. Viele mögen seine Milde und seine mäßigere Süße lieber als die ölige, blumige Fülle eines guten Jahrgangs-Ports.

Üblicher «Wood Port» wird jedoch nicht lange gelagert, es stecken in ihm auch keine Qualitäten, die dadurch zum Vorschein gebracht werden könnten. Er ist vielmehr jung, fruchtig und noch feurig am besten, wenn die Mischung im Durchschnitt etwa fünf Jahre alt ist.

Jahrgangs-Portwein hat auch Nachteile. Er muß sehr lange gelagert und mit großer Sorgfalt behandelt werden. Da dieser Wein erst nach seiner Abfüllung ausbaut, bildet das Depot eine «Kruste» in der Flasche: einen dünnen, schmutzig aussehenden Schleier. Bewegt man die Flasche nicht sehr behutsam, bricht diese Kruste und vermischt sich mit dem Wein, der dann gefiltert werden muß. Auf jeden Fall muß man einen solchen Wein dekantieren, bevor man ihn serviert – was manchen davon abhält, ihn zu kaufen.

Als einen Kompromiß zwischen dem Jahrgangs- und dem Faß-Portwein bieten manche Firmen jetzt auch einen sogenannten Latebottled Vintage an – Port aus guten (wenngleich nicht immer den allerbesten) Jahren, der nicht verschnitten, aber faßgelagert, also schon nach zwei Jahren abgefüllt worden ist. Nach acht Jahren etwa hat er sich von seiner Kruste befreit und ist so ausgereift wie nach einer doppelt so langen Flaschenlagerung. Der so beschleunigte und geklärte Wein ist so etwas wie ein Vintage-Port für moderne Leute.

Alentejo hat keine Qualitätsweintradition, aber große Hoffnungen und einflußreiche Investoren.

Madeira

Oben: Die halsbrecherischen Hänge Madeiras sind von Meereshöhen bis auf fast 1000 m mit Weinbergterrassen bedeckt. Aus dem Gebirge kommende Bewässerungskanäle sorgen für Grün und Fruchtbarkeit.

Die Gruppe vulkanischer Inseln etwa 600 Kilometer vor der marokkanischen Küste, die man in der Antike die Verzauberten Inseln nannte, heißen heute Madeira, Porto Santo und Desertas. Madeira ist die größte Insel dieses kleinen Archipels und eine der schönsten der Erde: steil wie ein Eisberg und grün wie eine Waldlichtung. Es wird berichtet, daß die Portugiesen bei ihrer Landung (1420) die dichten Wälder in Brand steckten. Das Feuer wütete jahrelang, und so wurde der ohnehin schon fruchtbare Boden noch mit Holzasche angereichert. Und fruchtbar ist Madeiras Boden wahrhaftig heute noch.

Vom Rand des Meeres bis gut halb hinauf zu dem 1800 m hohen Gipfel sind Terrassen für Wein, Zuckerrohr, Bananen und Blumengärten angelegt. Wie im Norden Portugals werden die Reben auf hohen Spalieren gezogen, so daß darunter Platz für den Anbau weiterer Kulturpflanzen bleibt. Ein viele hundert Kilometer langes Kanalnetz leitet Wasser aus der Höhe herab.

Seit vier Jahrhunderten ist der Wein das Haupterzeugnis der Insel. Anfänglich sahen die Siedler hier eine Erweiterung der Süßweingebiete des Mittelmeeres. Das Osmanische Reich beherrschte damals Kreta und die Ägäischen Inseln, von denen der Malmsey kam. Allerdings war Madeira nicht die erste Insel der Gruppe, auf der die Portugiesen Wein pflanzten. Das flache, sandige Porto Santo mit seinem nordafrikanischen Klima erschien ihnen viel ähnlicher als das hohe, grüne, regenreiche Madeira. Also pflanzten sie hier die Malvasia-Rebe für den Malmsey und trockneten ihre Trauben in der Sonne, um den Zuckergehalt zu konzentrieren (auf Zypern wird der Commandaria auch heute noch so gewonnen).

Madeira selbst wurde erst später mit Wein und Zuckerrohr bepflanzt. Die Besiedlung der amerikanischen Kolonien brachte wachsenden Durchgangsverkehr, und auf der großen Insel mit ihrem Hafen Funchal konnten sich westwärts fahrende Schiffe verproviantieren. Doch die Wachstumsbedingungen sind hier ganz anders als auf Porto Santo; es regnet häufig, und die Reben, vor allem Malvasia und Verdelho, haben es oft schwer, ihre Frucht zur Reife zu bringen.

Die unter solchen Umständen entstandenen süßsäuerlichen Weine eigneten sich gut als Ballast für die Segelschiffe und waren zudem ein wirksames Mittel gegen Skorbut. Ein, zwei Eimer voll Zuckerrohrbranntwein machten sie seefest, und während jeder normale Wein nach einer Äquatorüberquerung verdorben gewesen wäre, erwies sich der Madeira danach als herrlich mild und nach der zweiten als noch herrlicher.

Heute setzt man den Madeira nicht mehr langen Schiffsreisen, sondern einer Feuerprobe aus. Eine der tropischen Hitze ähnliche Wirkung wird dadurch erzielt, daß man den Wein lange Zeit auf 45°C erwärmt; drei bis

Verbreitung der Rebsorten

- Malmsey (Malvasia)
- Sercial
- Verdelho
- Bual und Terrantez
- Tinta Mole
- Wald

500 — Höhenlinienabstand 100 Meter

Der heutige Madeira muß völlig sortenrein sein, wenn er die traditionellen Namen Malmsey, Bual, Verdelho und Sercial tragen will. Henriques & Henriques ist gegenwärtig das größte Handelshaus; die übrigen großen Firmen sind in der Madeira Wine Association zusammengefaßt.

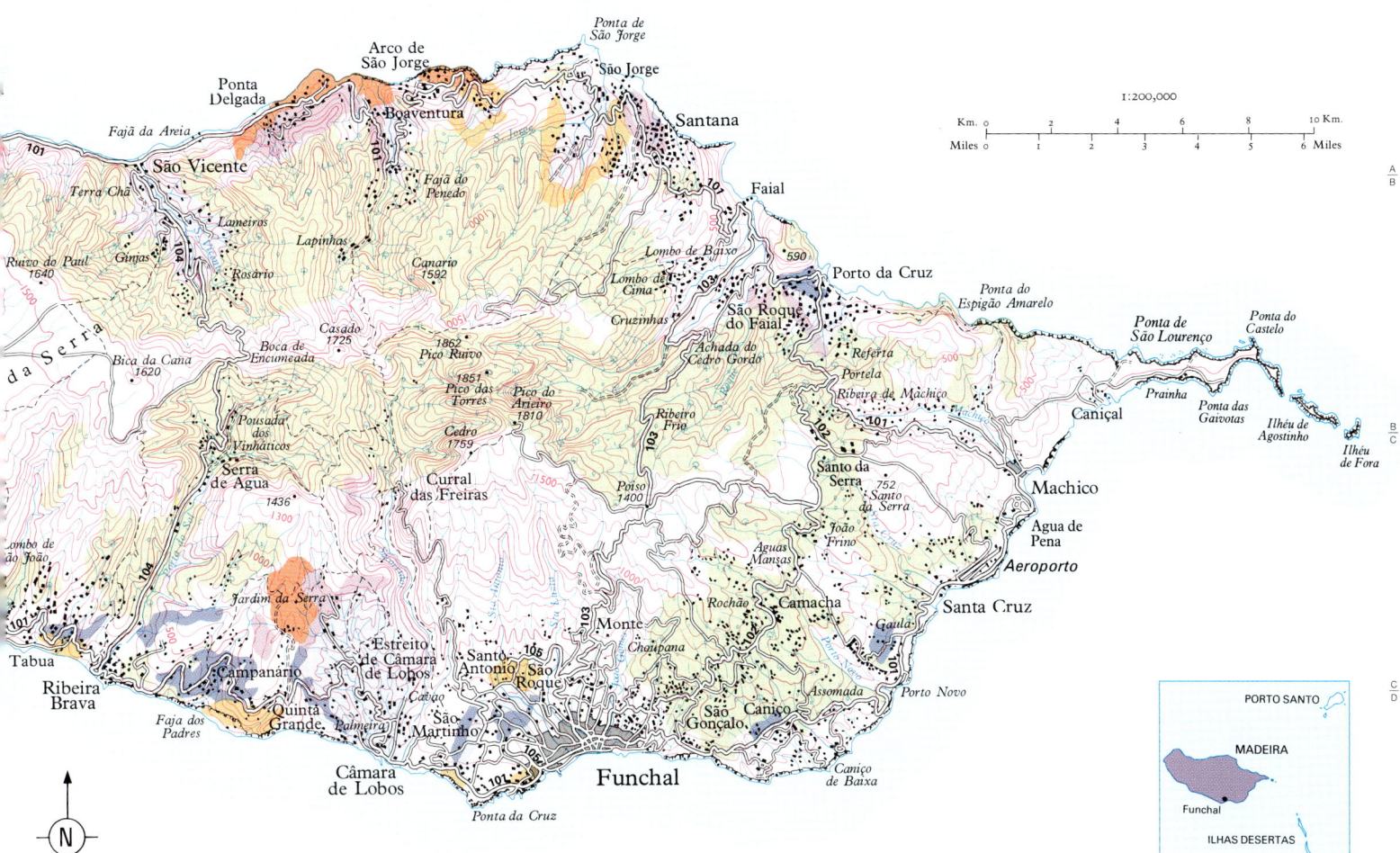

vier Monate liegt er in Warmspeichern (*estufas*) – mäßigere Temperaturen über längere Zeiträume sind besser, und am besten ist jahrelange Lagerung unter sonnenheißen Dächern ohne künstliche Erhitzung. Danach hat er den charakteristischen Karamelgeschmack.

Die heutigen Madeira-Firmen mischen ihren Wein zu gleichmäßigen Verschnitten. Früher geschah dies wie beim Sherry in einem Solera-System, das aber von der EG für über zehnjährige Weine nicht mehr zugelassen wird. Manche alten Solera-Weine sind sehr fein, jedoch kaum zu finden. Die allerfeinste Qualität stellen seit jeher die Reserven aus bestimmten Jahrgängen dar.

Die doppelte Geißel des echten Mehltaus (1850) und der Reblaus (1870), dann die russische Revolution und die amerikanische Prohibition hätten fast zum Untergang des Madeiras geführt. Viele Handelshäuser mußten schließen oder sich zusammentun, und auf lange Zeit war kein Wein in guter Qualität mehr zu haben. Die Anbaufläche wurde leider zum großen Teil mit amerikanischen Hybridreben besetzt, und die klassischen Sorten bekamen Seltenheitswert; von den *Vinifera*-Trauben wurde nur noch die Tinta Mole verbreiteter angepflanzt.

Bis zum Beitritt Portugals zur EG war es üblich, auf den Etiketten die Namen der klassischen Trauben zu nennen, gleich ob der Wein wirklich von ihnen stammte oder nicht. Es gibt vier Sorten, die etwa verschiedenen Süßegraden entsprechen. Allerdings richtet sich die Süße nicht primär nach der Traubensorte, sondern nach dem Zusatz von *vinho surdo* (tauber Wein, d. h. Most, der durch Brandy-Zusatz am Gären gehindert wird). Nicht ganz so klassische Madeiras werden wie Portwein durch Abstoppen der Gärung mit Weingeist produziert.

Der süßeste und wahrscheinlich auch beste Typ ist der Malmsey (Malvasia): ein dunkelbrauner Wein, sehr blumig und süß, voll und fett, doch mit einer leichten Schärfe, die allen Madeiras eigen ist – als Schlußpunkt eines guten Essens ist er geradezu ideal.

Der Bual-Madeira ist leichter und nicht ganz so süß wie der Malmsey – aber durchaus auch ein Dessertwein.

Der Verdelho liefert weniger süßen, aber weicheren Wein als der Bual. Feine Honigwürze und kräftiger Rauch im Geschmack machen ihn als Aperitif und als Dessertwein gleich gut geeignet.

Sercial, der trockenste Wein Madeiras, wächst in den höheren Lagen und wird als letzter gelesen. Er ist leicht, duftig, herb – in der Jugend sogar unerfreulich adstringierend, im Alter jedoch herrlich anregend.

Nach den neuen Bestimmungen sind die vier Rebsortennamen nur dann zulässig, wenn der jeweilige Wein mindestens zu 85 % von der genannten Traube gekeltert ist (auch der *vinho surdo* wird mitgerechnet). Alle übrigen Weine dürfen nur nach den vier oben beschriebenen Süßegraden mit «rich», «sweet», «medium» oder «dry» bezeichnet werden.

Auch die Vorschriften zum Jahrgangs-Madeira wurden modernisiert. Die Bezeichnung «Vintage» ist nur dann zulässig, wenn der Wein aus einem bestimmten Jahrgang und von einer bestimmten Sorte stammt und mindestens 20 Jahre im Faß ausgebaut wurde. In der Praxis können die feinsten Weine bis zu 100 Jahre im Faß zubringen, oder sie werden in Glasballons dekantiert und dann abgefüllt. In der Flasche entwickeln sie sich im Schneckentempo weiter. Hundertjährige Madeiras können in sich Intensität und Frische, Tiefe und Lebendigkeit vereinen.

Nachdem die Prohibition in den 1920er Jahren den Handel mit den USA zum Erliegen gebracht hatte, mußten die Handelshäuser ihre Ressourcen zusammenlegen, um zu überleben. Deshalb vereinigten sich 27 Firmen in der Madeira Wine Association, die heute (als Madeira Wine Company) die besten Weine unter den Traditionsnamen Blandy und Cossart vertreibt. Die Marken Leacock und Miles stehen für preiswertere Verschnitte. Als Handelshäuser für Flaschenweine sind noch Henriques & Henriques, Barbeito und H. M. Borges übriggeblieben.

Allerdings hat die EG mit ihren neuen Regeln den Weinbau in Bewegung gebracht. So kündigen neue Aktivitäten in den 1990er Jahren, u. a. Investitionen der Portwein-Familie Symington, eine bessere Zukunft an.

217

Schweiz

Die Schweiz ist ein sehr weinbewußtes Land. Die eigene Erzeugung von rund 14 000 ha, aufgeteilt in zahllose kleine Besitzungen, ist zwar nicht groß, aber makellos. Ihren eigenen heimischen Weinen halten die Schweizer die Treue, sie tun aber nicht so, als gäbe es in Frankreich nichts Besseres, und deshalb ist die Schweiz eines der größten Burgunder-Importländer der Welt, und Beaujolais ist schon fast zum Nationalgetränk geworden. Dagegen exportiert die Schweiz so gut wie keinen Wein.

Die Schweizer sind rationelle, manchmal gar unromantische Weinerzeuger. Durch sorgfältigste Pflege ihrer Reben, Düngung und Bewässerung bringen sie doppelt so hohe Erträge hervor wie in Frankreich. Durch die Erzeugung großer Mengen und Verbesserung durch Zuckern, wo es notwendig ist, wird der Weinbau trotz schwieriger geographischer Voraussetzungen und hohem Lebensstandard zum rentablen Wirtschaftszweig.

Rotwein ist wieder gefragt, eine Entwicklung der letzten 30 Jahre – inzwischen entfällt auf ihn rund ein Viertel der Gesamtproduktion. Der Anbau von Pinot Noir und Gamay hat sich in den wichtigsten Gebieten – Waadt, Wallis und Genf – stark erweitert. Das Tessin konzentriert sich auf die 1907 aus Bordeaux eingeführte Merlot-Traube. Dieser Trend hat auch den bislang im Schwinden begriffenen Weinbaugebieten in der deutschsprachigen Schweiz wieder aufgeholfen, die sich seit langem auf den Blauburgunder (Pinot Noir) spezialisiert haben.

In der Schweiz erzeugt fast jeder Kanton ein wenig Wein. Außer dem Rhône-Tal und dem Genfersee sind das Tessin, Neuchâtel (Neuenburg) und die Ostschweiz Weinbaugebiete von größerer Bedeutung.

Das Tessin exportiert noch nicht lange Wein. Mit 800 ha Rebfläche bleibt auch nicht viel dafür übrig. Nach den Verheerungen durch Reblaus und Mehltau wanderten viele Winzer aus dem Tessin nach Amerika aus und gründeten dort neue Existenzen (wovon die berühmte Italian Swiss Colony in Kalifornien Zeugnis ablegt). Dagegen kamen aus Amerika reblausfeste Reben und Hybriden ins Tessin.

Der traditionelle Rotwein der Gegend, der Nostrano, ist heute nur noch selten anzutreffen. Dagegen gedeiht der Merlot im Tessin so gut wie in Nordostitalien und liefert aromatischen, sanften, oft köstlichen Wein. Die besseren Tessiner Merlots (rund ein Drittel der Gesamtproduktion) erreichen einen Alkoholgehalt von 12% und werden heute unter der Bezeichnung «Viti» gehandelt, um sie von weniger kräftigen Erzeugnissen zu unterscheiden.

Neuchâtel ist gleichermaßen durch seine Rotweine wie seine Weißweine berühmt, obgleich drei Viertel der Ernte auf Weißweine entfallen. Das Nordufer des Sees hat ein mildes Klima, nur gelegentlich verursachen kalte Winde aus dem Jura Probleme bei der Blüte und vermindern dadurch den Ertrag. Der Pinot Noir gedeiht hier gut und liefert einen vorzüglichen, hellen, leichten Rotwein mit Charakter und Eigenständigkeit.

Der weiße Neuchâtel wird, wie die Fendant-Weine aus dem Wallis, aus der Chasselas bereitet. Er ist aber leichter als diese und ein wenig prickelnd, und zwar weil er *sur lie*, d.h. ohne Trennung von seinem hefehaltigen Depot, abgefüllt wird. In einigen Fällen wird das Verfahren auf die Bereitung oft hervorragender, voll moussierender Weine ausgedehnt. Auch etwas Müller-Thurgau und Chardonnay werden angebaut.

Von den Gestaden des unmittelbar nordöstlich gelegenen Bielersees stammen ähnliche Weine («Schafiser» oder «Twanner»). Eine besondere Rarität ist der Inselwein von der kleinen St.-Peters-Insel.

Die Weine aus anderen Kantonen kommen nicht weit herum. Die Bündner Herrschaft, ein kleiner Bezirk an der Grenze zu Österreich und Liechtenstein, baut fast ausschließlich Blauburgunder (oder Klevner) an. Die besten dieser Weine sind durchaus hervorragend; ihnen kommt der warme Föhn im Herbst zugute. In der Herrschaft wird auch die sonst-

Schweizer Glossarium

Schweizer Weine erscheinen unter Regionalnamen, die sich auf Rebsorten und Qualitäten ebenso wie auf die geographische Herkunft beziehen. Auf den Etiketten findet man folgende Bezeichnungen:

Amigne Lokale weiße Traube aus dem Wallis; liefert schweren, vollmundigen, meist trockenen Wein.
Arvine oder **Petite Arvine** Walliser Traube; liefert körperreichen, wohlschmeckenden, oft etwas säuerlichen Wein.
Blauburgunder Pinot Noir aus deutschsprachigen Kantonen.
Chasselas Haupttraube der Schweiz; der Name ist auf Etiketten selten anzutreffen.
Dôle Rotwein aus dem Wallis von Pinot Noir und Gamay in geprüfter Qualität.
Ermitage Weiße Marsanne-Rebe aus dem französischen Rhône-Tal, angebaut im Wallis; voller, körperreicher, schwerer Wein, meist herb.
Fendant Walliser Weißwein aus der Chasselas-Traube; der berühmteste Wein der Schweiz.
Gamay Traube aus dem Beaujolais, um Genf und in La Côte verbreitet angebaut.
Goron Walliser Rotwein; Dôle, der die Qualitätsprüfung nicht bestanden hat.
Johannisberg Silvaner aus dem Wallis.
Klevner Anderer Name für Blauburgunder
Malvoisie Schwerer weißer Pinot Gris aus dem Wallis; oft mit getrockneten Trauben gesüßt («flétri»).
Merlot Rote Bordeaux-Rebe; liefert den besten Tessiner Wein.
Nostrano Einfacher Tessiner Wein aus französischen und italienischen Trauben.
Œil de Perdrix Vor allem in Neuchâtel übliche Bezeichnung für leichten Rosé aus der Pinot-Noir-Traube.
Perlan Weißer Genfer (oder Mandement-)Wein aus der Chasselas-Traube.
Riesling-Silvaner Müller-Thurgau, in der Ostschweiz verbreitet.
Salvagnin Rotwein aus dem Waadtland in geprüfter Qualität.
Schafiser oder **Twanner** Leichter Wein vom Bielersee im Kanton Bern, rot oder weiß.
Viti Roter Merlot mit einem bestimmten Qualitätsstand aus dem Tessin.

Alle nicht ausgesprochen trockenen Weine müssen laut Gesetz den Vermerk «légèrement doux» oder «avec sucre résiduel» tragen.

SCHWEIZ

wo unbekannte Sorte Completer angebaut. Ihre Trauben werden im November gelesen und erbringen eine Art Beerenauslese. Die verbreitetste weiße Traube ist in der Deutschschweiz jedoch der Müller-Thurgau (Riesling × Silvaner).

Zürich, St. Gallen, Schaffhausen, Basel und auch Luzern verfügen über eigenen Weinbau, der meist auf dem Blauburgunder beruht. Kenner rühmen die Delikatesse dieser Weine, nur ist das schwer nachzuprüfen: Sie werden an Ort und Stelle so gern getrunken, daß nichts davon nach außen gelangt.

Links: Am steilen, rebenbesetzten Nordufer des Genfersees ist kaum noch Platz für Häuser. Der vom See reflektierte Sonnenschein verhilft der Chasselas-Traube zu schöner Reife. So kann sie delikaten, oft wunderbar lebendigen Wein hervorbringen. Rechts: Der Pinot Noir aus Burgund (Blauburgunder) und der Merlot aus Bordeaux sind in der deutsch- bzw. italienischsprachigen Schweiz die Hauptquelle für Rotwein. In der Gegend von Genf werden immer mehr Pinot Noir und Gamay angepflanzt.

 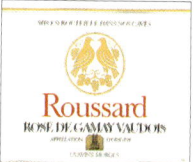  

- — — — Landesgrenze
- *Gamay* Rebsorten
- Weißwein
- Rotwein
- Weiß- und Rotwein
- **VAUD** Weinregion
- *LAVAUX* Wein-Subregion
- Höhenlagen über 2000 Meter
- 220 Detailkarte auf der jeweils angegebenen Seite

Wallis und Waadt

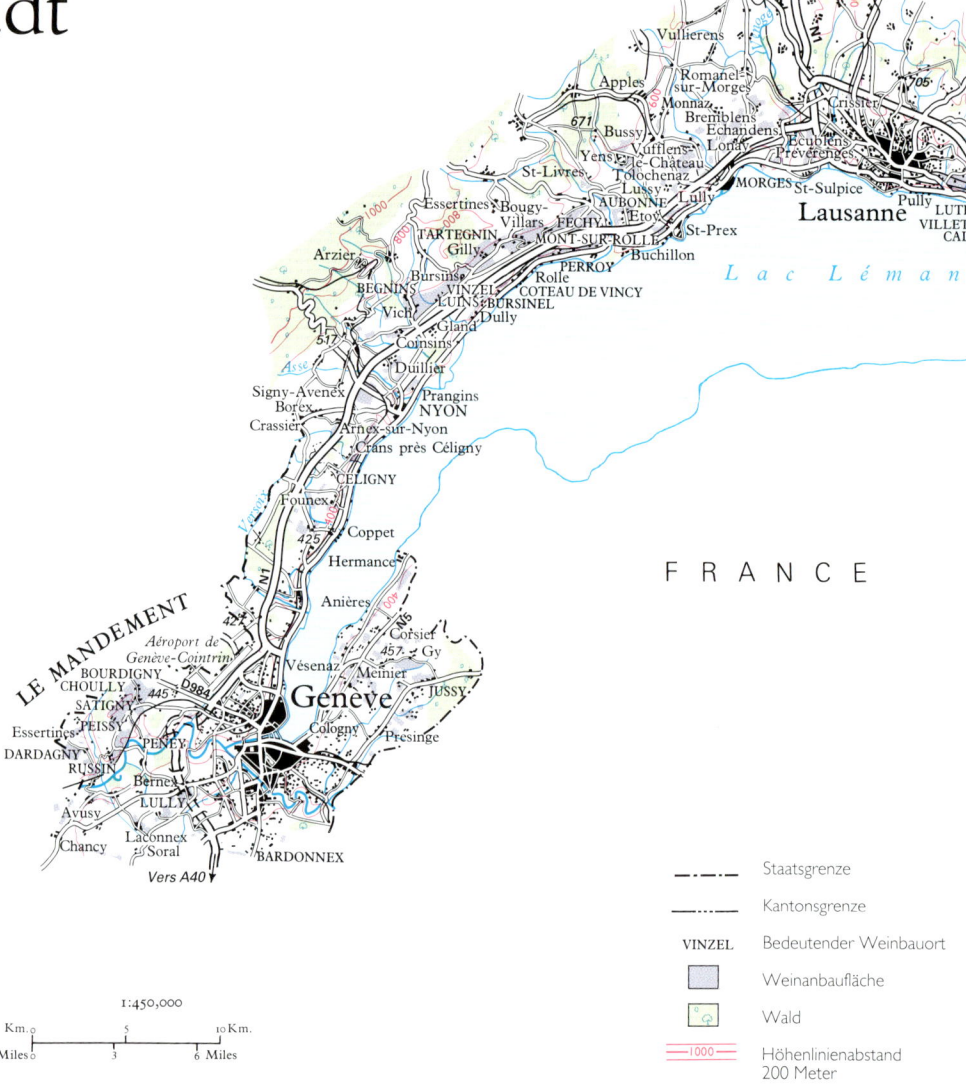

An die steilen Talwände, die sich die junge Rhône in die Alpen geschnitten hat, schließen sich, wo der Fluß in den Genfersee übergeht, sanftere Berghänge an. Bis dahin säumt ein fast ununterbrochener Gürtel von Weinbergen sein Nordufer. Die besonderen alpinen Bedingungen – trocken und sonnig – im oberen Tal sowie die Milde der Seenähe begünstigen die Rebe auf jeweils eigene Art.

Dieses Weinbaugebiet, die Kantone Wallis und Waadt, ist das größte und beste der Schweiz. Nimmt man den Genfer Wein hinzu, dann liefert das Rhône-Tal mehr als drei Viertel der schweizerischen Gesamterzeugung. Fast drei Viertel davon sind Weißwein. Der Anteil war sogar noch höher, doch baut man hier in jüngster Zeit vermehrt Pinot Noir und Gamay an. Die führende Rebe im Wallis wie im Waadtland ist die weiße Chasselas (im Wallis Fendant genannt). In Frankreich gilt sie zwar nicht als feine Weintraube, in der Schweiz aber bringt sie in Verbindung mit verschiedenen *terroirs* charaktervolle Weine hervor.

Im Mittelpunkt des Fendant-Anbaus im Wallis stehen das Städtchen Sion und die gleich westlich davon gelegenen Dörfer Conthey, Vétroz und Ardon. Hier regnet es sehr wenig, und die Sonne meint es außerordentlich gut. Entgehen die Reben den Frühjahrsfrösten, liefern sie einen mächtigen Wein mit bis zu 13% Alkoholgehalt. Bewässerung ist wichtig.

20000 Winzer teilen sich in die Rebfläche von 4800 ha. Rund 60 % der Weinproduktion entfallen auf die Union des Négociants en Vin, 30 % auf die Genossenschaft Provins und nur 10 % auf einzelne Weingüter.

Die 20 Hektar große Domaine du Mont d'Or hat die beste Lage von allen: einen steilen, am Fuß durch einen vorgelagerten Hügel geschützten Südhang. Der Silvaner («Johannisberg») übertrifft sich hier selbst und bringt herrliche, vollmundige Weine. Auch der Fendant wird voller und kräftiger. Im Wallis gibt es auch einzigartige alpine Spezialitäten, nach denen sich die Suche durchaus lohnt.

Walliser Rotwein muß, wenn er die Bezeichnung Dôle tragen will, zu mindestens 51 % aus Pinot Noir und im übrigen aus Gamay bestehen und ein bestimmtes Mostgewicht haben. Die besten Beispiele kommen von den Kalkhängen um Sierre. Was die Qualifikation für Dôle nicht erreicht, wird als Goron verkauft. Im Waadtland heißt dem Dôle entsprechender Wein Salvagnin. Hier werden Pinot Noir und Gamay auch getrennt gekeltert. Chablais, der Bezirk zwischen dem Wallis und dem Waadtland von Martigny bis Montreux, gehört zwar noch zum Waadtland, zeigt aber Übergangscharakter. Aigle, Yvorne und Bex sind hier die bekanntesten Orte. Ihre Weißweine (auch hochgeschätzte Rotweine entstehen hier) sind stark, aber trockener und nicht so voll wie der Fendant. Aus Villeneuve am Anfang des Sees bei Montreux kommt besonders erfreulicher Wein.

Das Gebiet zwischen Montreux und Lausanne nennt sich Lavaux. Die ansprechendsten Chasselas-Weine der Schweiz, trocken und zart, wachsen auf den Terrassen von Lutry, Villette, Epesses, St-Saphorin und Chardonne und kommen unter dem Ortsnamen auf den Markt. Ausnahmen hiervon bilden der Dézaley, der als der beste Wein aus der Waadt gilt, und Calamin mit ihrer lebendigen, harmonischen und nachhaltigen Art; sie verfügen über eigene Appellationen als Crus.

Hinter Lausanne hat La Côte leichteren (oder zarteren) Wein; auf ihn entfallen 40 % der Gesamtproduktion in der Waadt. Die besten, unwiderstehlich frischen und spritzigen Beispiele wachsen vor allem in Féchy und Mont-sur-Rolle. In Nyon treten dann leichte Gamay-Rotweine stärker in den Vordergrund.

Dasselbe gilt auch für die Gegend um Genf, wo Gamay inzwischen 35 % des Ertrags ausmacht; Chasselas (50 %) heißt hier Perlan. Die große Genossenschaft Vin-Union in Genf verarbeitet Trauben aus drei Bereichen. Der umfangreichste ist Mandement (Satigny ist der größte Weinbauort der Schweiz) mit dem reifsten und schmackhaftesten Perlan. Zwischen Arve und Rhône wachsen mildere, zwischen Arve und dem See eher trockene, helle Weine; sie unterscheiden sich stark von dem kräftigen Fendant aus Sion.

Die Rebhänge von Lavaux steigen halsbrecherisch steil über dem Genfersee auf. Dézaley (oben) ist für lebendige, klare, sanfte Weißweine berühmt.

SCHWEIZ

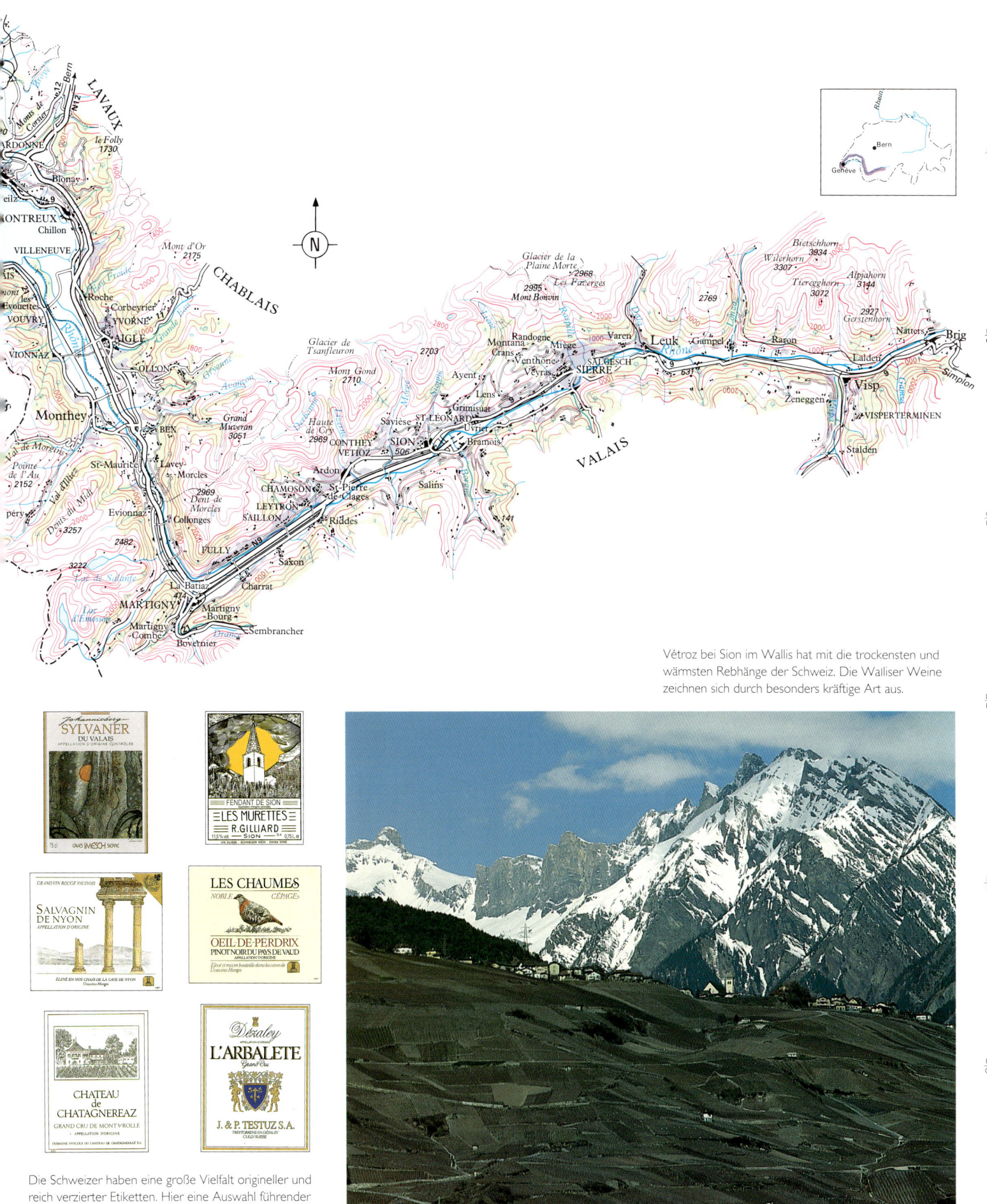

Vétroz bei Sion im Wallis hat mit die trockensten und wärmsten Rebhänge der Schweiz. Die Walliser Weine zeichnen sich durch besonders kräftige Art aus.

Die Schweizer haben eine große Vielfalt origineller und reich verzierter Etiketten. Hier eine Auswahl führender Erzeuger aus dem Wallis und der Waadt.

Österreich

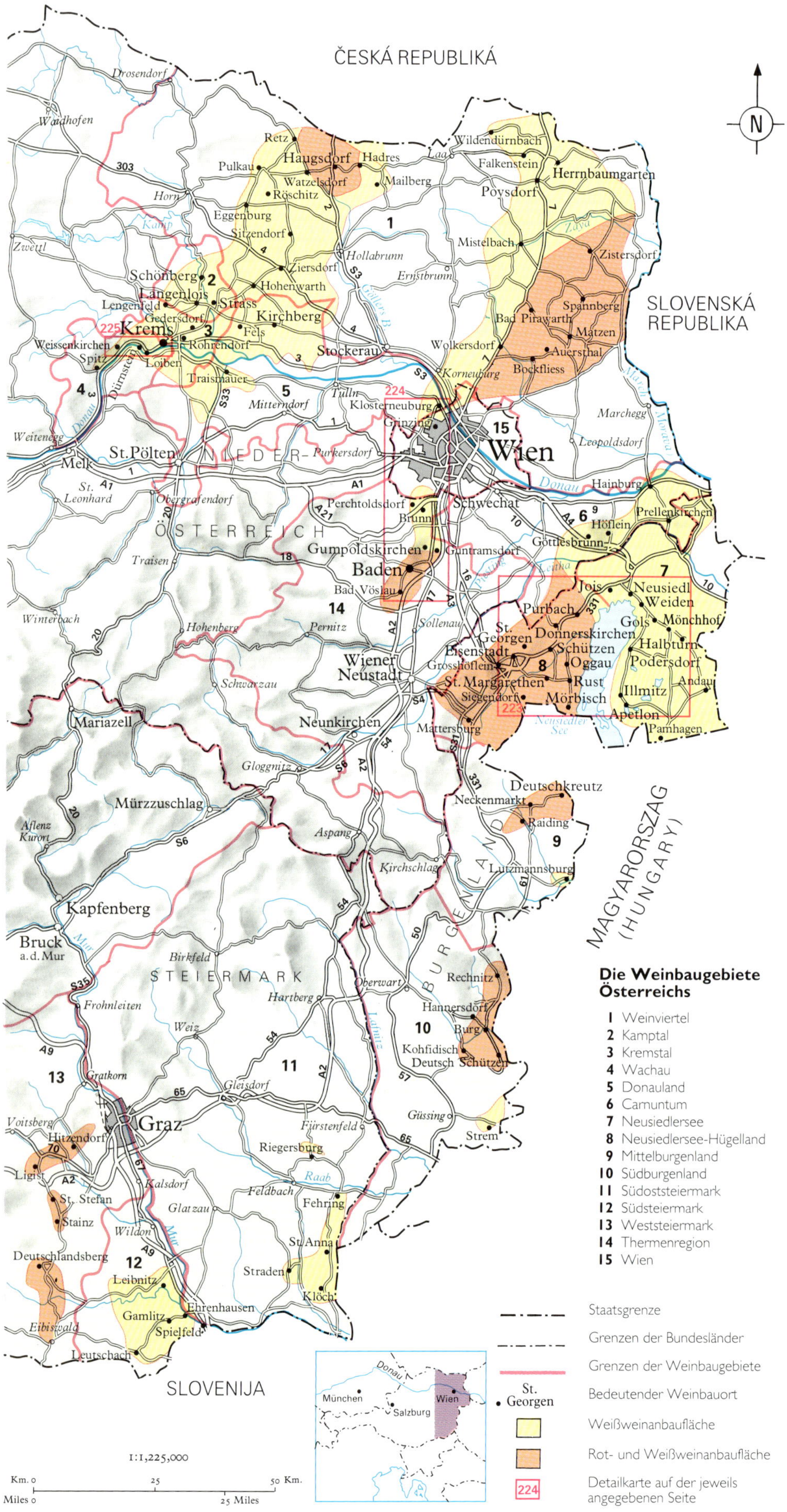

ČESKÁ REPUBLIKÁ
SLOVENSKÁ REPUBLIKA
MAGYARORSZAG (HUNGARY)
SLOVENIJA
NIEDER-ÖSTERREICH
BURGENLAND
STEIERMARK
Wien
Krems
St. Pölten
Wiener Neustadt
Graz
Die Weinbaugebiete Österreichs
1 Weinviertel
2 Kamptal
3 Kremstal
4 Wachau
5 Donauland
6 Carnuntum
7 Neusiedlersee
8 Neusiedlersee-Hügelland
9 Mittelburgenland
10 Südburgenland
11 Südoststeiermark
12 Südsteiermark
13 Weststeiermark
14 Thermenregion
15 Wien
Staatsgrenze
Grenzen der Bundesländer
Grenzen der Weinbaugebiete
Bedeutender Weinbauort
Weißweinanbaufläche
Rot- und Weißweinanbaufläche
Detailkarte auf der jeweils angegebenen Seite
1:1,225,000

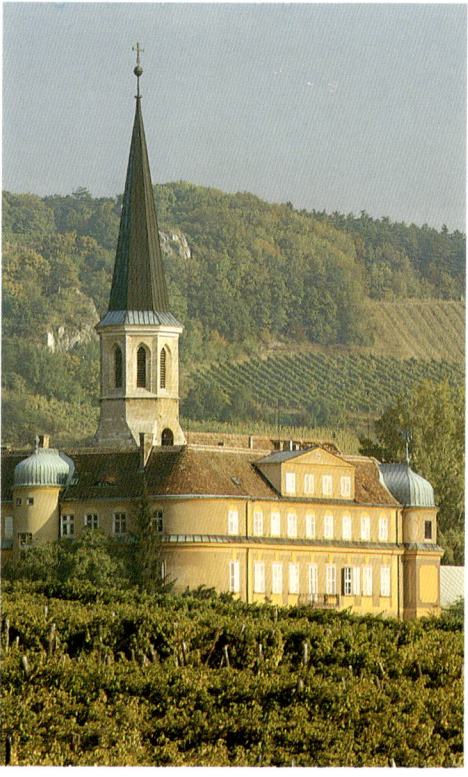

In Gumpoldskirchen südlich von Wien wurden früher viele süße Spätlesen erzeugt. Heute sind trockene Weine in Mode, darunter auch Chardonnay (alias Morillon).
Rechts: Bei Rebsorten kennen Österreichs Winzer keine Tabus.

Österreich nimmt im Weinverbrauch der Welt den 8. und in der Weinproduktion den 16. Platz ein; was aber ungebrochenen Enthusiasmus und Experimentierfreudigkeit anlangt, darf es einen hohen Rang – irgendwo zwischen Australien und Neuseeland – beanspruchen.

Kein anderes Land Europas hat im letzten Jahrzehnt seine Grundeinstellung so sehr gewandelt und seine Qualitätsmaßstäbe so stark verbessert. Das alles begann 1985 mit einem Sturm im Weinglas, einem Skandälchen, als ein paar unehrliche (kriminell wäre zuviel gesagt) Erzeuger und Händler aus Gewinnsucht ihren dünnen Weinen mit Diäthylenglykol mehr Gewicht verleihen wollten. Vergiftet wurde dadurch niemand, aber der «österreichische Weinskandal» kam derart in die Schlagzeilen, daß sogar der Generaldirektor eines großen japanischen Unternehmens deswegen gehen mußte.

Die österreichische Regierung mußte das ganze Weinkontrollsystem umgestalten, und die österreichische Weinwirtschaft verfiel in hektische Aktivität.

Nicht daß sie vorher inaktiv gewesen wäre. Leider hatten Weinhändler es fertiggebracht, Billigweine aus Osteuropa und Italien zu verschneiden und als österreichische Erzeugnisse auszugeben, ohne Rücksicht darauf, daß sie

ÖSTERREICH

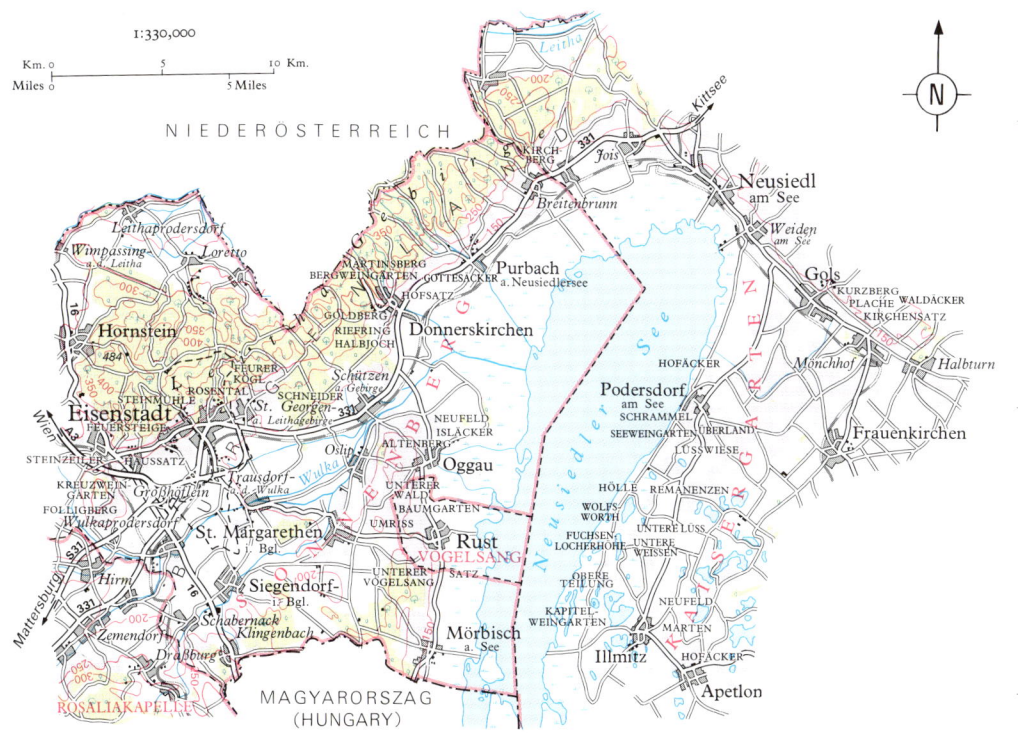

damit ihrem Land ein entsprechend billiges Image eintrugen. 1972 wurden Weingesetze nach deutschem Vorbild erlassen; dadurch stiegen Qualität und Volumen des Exports. Den eigentlichen Ruhm nahmen aber auch weiterhin die unnachahmlichen Heurigen für sich in Anspruch, die sich nicht ohne Charaktereinbuße in Flaschen abfüllen und exportieren lassen. Der Schock von 1985 brachte die Erzeuger schließlich dazu, sich mit ihren besten Weinen vermehrt dem Wettbewerb zu stellen, und nun waren sie selbst überrascht zu sehen, welche Vielfalt und Qualität in Österreich zustande kommen kann.

Österreich bietet in den Teilen, wo die Alpen in die große, bis über Ungarn hinausreichende Pannonische Ebene übergehen, überaus abwechslungsreiche Landschafts- und Bodenformen mit Granit, Schiefer, Kalkstein, Tuff, Lehm und fettem Löß, mit braunen und grünen Feldern, von den steilen Felsenbergen an der Donau bis hin zum stillen, flachen Neusiedler See.

Die besten Weine Österreichs waren früher die Weißweine – und das ist zum großen Teil heute noch so. Seine Lage zwischen den nördlichen und östlichen Weinbaugebieten Europas spiegelt sich in den Weinen des Landes: In ihnen ist etwas von der Frische des Rheins, aber noch mehr vom Feuer der Donau.

Nur der Osten Österreichs erzeugt Wein. Die Weinbaugebiete gruppieren sich mit Ausnahme des Südwestens um Wien; sie tragen die Namen Wachau, Kamptal und Kremstal (früher Kamptal-Donauland), Wien, Thermenregion (Karte auf der nächsten Seite), Carnuntum und Donauland (früher Donauland-Carnuntum), Burgenland (am Neusiedler See) und Weinviertel (früher Falkenstein und Retz).

Die Steiermark verfügt über nur 5 % der Rebfläche Österreichs, macht sich aber mit geschmacksintensiven Weißweinen von Welschriesling, Sauvignon und Morillon (Chardonnay) und – auf vulkanischem Boden bei Klöch – mit Traminer zunehmend einen guten Namen. Eine Spezialität der westlichen Steiermark ist der hellrote Schilcher.

Das Burgenland bringt wie das benachbarte Ungarn seit jeher süße Weine hervor. Die Landschaft um den See ist flach und sandig; während der langen, warmen Herbstzeit ist sie in Dunst eingehüllt, der die Edelfäule zur Regel werden läßt. Rust ist schon seit langem als Weinort besonders berühmt; Ruster Ausbruch konnte sich neben dem Tokajer immer sehen lassen. Ausbruch ist Wein aus einem Gemisch von durch Edelfäule eingeschrumpften und normalen Trauben, im Süßegrad etwa zwischen Beeren- und Trockenbeerenauslese.

Das Burgenland ist heute in vier Weinbaugebiete aufgeteilt: Südburgenland, Mittelburgenland, Neusiedler See und Neusiedlersee-Hügelland mit den Hauptorten Rust, Eisenstadt und Mörbisch. Angebaut werden Welschriesling, Müller-Thurgau, Muskat-Ottonel, Weißburgunder, Ruländer, Traminer und die ungarische Furmint (für süße Weine). Inzwischen wächst das Interesse an dem, was in diesem milden Klima an Rotweinen gedeihen kann, und zwar traditionell an Blauburgunder, Blaufränkisch und Zweigelt, aber auch an «neumodischen» Sorten wie Cabernet, Sangiovese und Nebbiolo.

Im Gegensatz zum Burgenland bietet das Weinviertel vor allem leichte und trockene Weine, in den Hauptsache von der österreichischen Lieblingstraube Grüner Veltliner, besonders typisch vertreten durch die aromatischen Falkensteiner Weine. Weiter im Westen, in Retz und Mailberg, liegt der Schwerpunkt dagegen auf Rotwein.

Grüner Veltliner ist herrlich frisch und fruchtig bei schöner Säure und würzigem Geschmack, nur will er jung und direkt aus dem Faß getrunken sein – unter Bäumen auf einer Terrasse und mit einem Stück Brot dazu. Dann steht er prickelnd und blinkend mit grüngoldenem Schimmer im Glas und sieht aus wie der Inbegriff dessen, was der Wein sein soll.

Wien

Keine Stadt ist so voll Weinseligkeit wie Wien. Sein Herzblut scheint der Heurige zu sein. Mitten in den Wohnbezirken behaupten sich Weinberge und ziehen sich an den umliegenden Hängen bis zum Wienerwald hinauf. Nach Süden setzt sich der Weinbau an der Südbahn (heute Thermenregion) fort und bedeckt dort die letzten Ausläufer der Alpenvorberge am Rand der ungarischen Ebene.

Der Wein dieser Gegend wird zumeist jung in Heurigenschenken getrunken. Jeder Winzer scheint nebenher eine solche Schenke zu betreiben. Ein guter Heuriger kann sensationell sein: ein feuriger, spritziger Wein, der einem sofort in den Kopf steigt. Er wird meist vom Grünen Veltliner gekeltert, manchmal auch von Müller-Thurgau, Weißburgunder, Riesling oder Traminer. Die besten Beispiele sind nicht übermäßig herb.

Wiener Weinfreunde kennen jeden einzelnen Winzer in Neustift, Grinzing, Sievering, Nußdorf und Kahlenberg, den Weinorten um Wien. In ihren laubbekränzten Schenken herrscht eine Stimmung, die von der Idylle bis zum Frohsinn reicht. In den meisten von ihnen hat wohl einst auch Beethoven gesessen und Inspiration gefunden. Beherrschend über dem Ganzen thront das Stift Klosterneuburg mit seinen Weinkellern und der Weinbaufachschule.

Als Inbegriff der Weine aus der Thermenregion galten früher die gehaltvollen Gumpoldskirchner, feine Spätlesen vom lebendigen Zierfandler, dem schwereren Rotgipfler oder der Lokaltraube Neuburger. Heute geht der Trend eher zu trockenem Riesling, Neuburger, auch Chardonnay, für die Traiskirchen schöne Beispiele bieten kann.

Baden und Bad Vöslau sind eher durch Rotwein bekannt: dunklen, trockenen, anregenden Portugieser, Zweigelt und St. Laurent. Höhergesteckte Ambitionen finden Ausdruck im Blauburgunder und Cabernet sowie in neuen Fässern aus französischer Eiche.

Oben: Rotgipfler und Zierfandler, die weißen Haupttrauben der Thermenregion, weichen feinen, trockenen Rieslingen.

- — · — · — Stadtgrenze
- **NUSSBERG** Großlagengrenze
- Weinanbaufläche
- Wald
- —500— Höhenlinienabstand 100 Meter

1:169,000

DIE SPRACHE DES ETIKETTS

Neben den vertrauten Begriffen finden sich auf österreichischen Weinetiketten verschiedene Besonderheiten:

Bergwein Wein aus Lagen mit über 26° Hangneigung
Eigenbauwein Wein aus dem eigenen Weinberg
Ried Einzellage
Weingarten Gebräuchlicherer Begriff als Weinberg

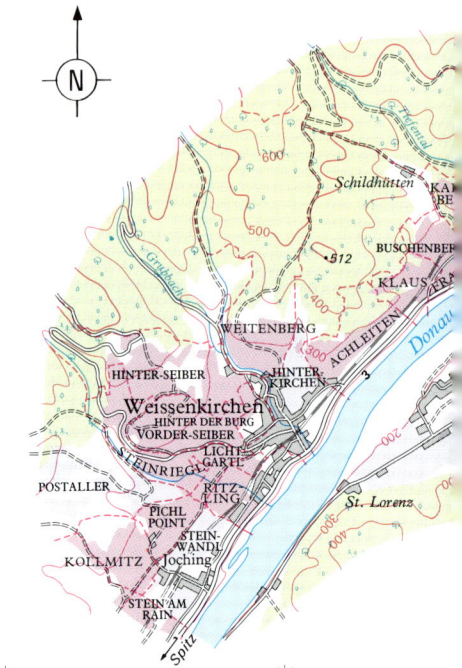

ÖSTERREICH

Wachau

Das malerische Dürnstein ist das wahre Herz der Wachau. In der alten Burg lag einst Richard Löwenherz gefangen.

Oben: In der Wachau ist die Genossenschaft der größte Abfüller, aber auch einzelne Erzeuger machen sich einen Namen.

Die Wachau ist das wohl bekannteste Weinbaugebiet Österreichs. Sie liegt westlich von Wien, an einer Stelle, wo sich die Donau ihren Weg durch bis zu 500 m hohe Berge gebrochen hat. Auf dem Nordufer, das oft so steil ist wie die Hänge an der Mosel, sieht man auf Gesimsen und Vorsprüngen kleine Rebflächen, durch die sich schmale Pfade vom Fluß hinauf zu den Wäldern schlängeln.

Da gibt es Fleckchen mit tiefem Boden und andere, wo man schon auf Fels stößt, wenn man nur kratzt. Man findet keine ausgedehnten Rebflächen, keine großen Weingüter und keine vorherrschende Weinsorte.

Die traditionelle Traube der Wachau ist der Grüne Veltliner; er bringt hier seine lebendigsten, überzeugendsten und angenehmsten Weine hervor, die oft spritzig und feurig, ja fast pfefferig ausfallen. Doch in letzter Zeit bestocken die Winzer ihre schönsten und steilsten Lagen mit Riesling, und ihre Kunden sind begeistert. Rieslinge aus der Wachau von Erzeugern wie Hirtzberger in Spitz (außerhalb der Karte), Jamek in Joching, Prager in Weißenkirchen, F. X. Pichler in Oberloiben, Alzinger in Unterloiben und den berühmten Freien Weingärtnern in Dürnstein zeigen die stahlige Kraft der Saar bei einer vollmundigen Struktur, die eher an das Elsaß erinnert.

Die Wachauer Winzer haben ein eigenes Bezeichnungssystem für Weine geschaffen, die sämtlich in den trockenen Prädikatsbereich fallen: «Steinfeder» entspricht einem leichten Kabinett, «Federspiel» einer kräftigeren Spielart und «Smaragd» mindestens einer trockenen Spätlese oder gar Auslese.

Dürnstein ist der malerischste Ort und der landschaftliche Höhepunkt der Wachau. Die barocke Stiftskirche, die alte Burgruine und die steilen Weinberge strahlen einen unwiderstehlichen Charme aus.

Krems liegt am Ende der Wachau und am Anfang des Kremstals, das in vier Teile zerfällt: zunächst Kremstal mit Krems und Stein gleich nebenan (mit dem berühmten Ried Steiner Hund). Dann führt es nordwärts bis Langenlois und zum Kamptal auf weichem Lößboden, auf dem berühmte Veltliner, aber auch körperreiche Rotweine wachsen. Der große Name hier ist Bründlmayer.

Östlich von Krems liegt Rohrendorf auf flacheren Hügeln und sandigerem Boden, und dort ist der Sitz des alten Hauses Lenz Moser, das sich als Weinbaupionier und Erzeuger feiner Weine sowohl hier als auch in Mailberg im Weinviertel und in Siegendorf in der Nähe des Neusiedler Sees verdient gemacht hat.

Schließlich überschreitet das Weinbaugebiet Kremstal die Donau und erfaßt den Besitz des Benediktinerstifts Göttweig und seiner Nachbarorte, vor allem Furth, wo sich die Namen Malat-Bründlmayer und Maier mit bemerkenswerten Rot- und Weißweinen verbinden.

Ungarn

In keinem anderen Land der Welt haben Wein und Speisen einen so ausgeprägten Nationalcharakter wie in Ungarn. Historisch steht die Weinkultur Ungarns dem Alter, der Tradition und der feinen Ausprägung nach hinter Frankreich und Deutschland an dritter Stelle. Als die meisten italienischen und iberischen Weine noch auf primitivem Stand waren, hatten die Weinbauregionen Ungarns schon jede ihren spezifischen Geschmack, verkörpert durch die jeweils eigene Rebsorte, zu sehr hoher Qualität entwickelt.

In den 1960er Jahren fing Ungarn an, den Glauben an die eigene Tradition aufzugeben, seine Weine büßten an ihrer Besonderheit ein, sie wurden preisgerecht, jedoch nicht mehr qualitätsgerecht produziert. In den 1970er und 80er Jahren wurden dann in großem Umfang internationale Rebsorten angepflanzt – ein Trend, der sich in den 1990er Jahren vermutlich mit zunehmender Privatisierung verstaatlichten Bodens noch fortsetzen wird.

Der typische ungarische Wein ist weiß – oder richtiger: warm goldfarben. Wer im Weißwein vor allem frische Fruchtigkeit sucht, sollte sich anderswo umsehen. Guter ungarischer Wein schmeckt ausgesprochen süß, ist jedoch voller Feuer. Er ist aber keineswegs ein Dessertwein, vielmehr ein Wein zu einem mit mehr Gewürzen, Pfeffer und Fett bereiteten Essen, als es ein leichter Weißwein vertragen kann.

An der Spitze stehen die kräftige, säuerliche Furmint und die mildere, duftige Hárslevelü – die Trauben von Tokaj, jedoch nicht von Tokaj allein. Es folgen die selten gewordene, wunderbare Fülle und Kraft entfaltende Kéknyelü («Blaustiel») vom Plattensee und die ebenfalls am Plattensee am üppigsten ausfallende Szürkebarát (Pinot Gris). Ganz anders geartet sind die leichte, lebendige Leányka (in Rumänien Feteasca Alba), die frische, sogar herbe Ezerjó, der in Ungarn schmackhafter als sonstwo ausfallende Olaszrizling, die volle, süße Mézesfeher («weißer Honig»), die herbe, duftige Juhfark... von Tramini, Sauvignon, Chardonnay und Pinot Blanc gar nicht zu reden.

Rote Traubensorten gibt es in Ungarn nur wenige. Die wichtigste ist die Kadarka, kein Star, sondern eine Alltagstraube. Kékfrankos ist Blaufränkisch, hier so leicht wie anderswo. Nagyburgundi (Pinot Noir) erbringt im Süden solide Weine; der Médoc Noir (Merlot) ist Bestandteil im Erlauer Stierblut. Cabernet wurde erst vor kurzem eingeführt.

Über die Hälfte der ungarischen Weinbaufläche liegt in der großen Tiefebene, dem Alföld, zwischen Donau und Theiß im Süden des Landes, auf Sandboden, auf dem außer Reben kaum etwas anderes wächst. Tatsächlich hat man Reben zur Stabilisierung von Sanddünen angepflanzt. Der Wein aus der großen Tiefebene, roter Kadarka und weißer Olaszrizling oder Ezerjó, ist der Alltagswein Ungarns.

Die andere Hälfte verteilt sich auf das Mittelgebirge, das sich vom Südwesten bis zum Nordosten des Landes erstreckt und in den Tokajhegyelja, den Tokajer Bergen, ausläuft. Im Süden bauen die Bezirke Szekszárd, Vilány und Mecsek sowohl Rot- als auch Weißwein an, doch nimmt der rote zu. Die herkömmliche Rebe ist die Kadarka; Nagyburgundi ist inzwischen fest eingebürgert und Cabernet der aufsteigende Stern; sie liefern fruchtige und leichte Weine guter Qualität.

Der Plattensee (Balaton) hat, abgesehen davon, daß er der größte See Mitteleuropas ist, für Ungarn besondere Bedeutung. In einem Land, das keine vielfältigen Landschaftsformen und keine Küste hat, ist dieser See das Meer und der schönste Landesteil. Sein Nordufer hat volle Vorzüge einer guten Sonneneinstrahlung und geschützten Lage wie auch der klimatisch ausgleichenden Einflüsse eines großen Gewässers. Zwangsläufig ist es also Weinbaugebiet.

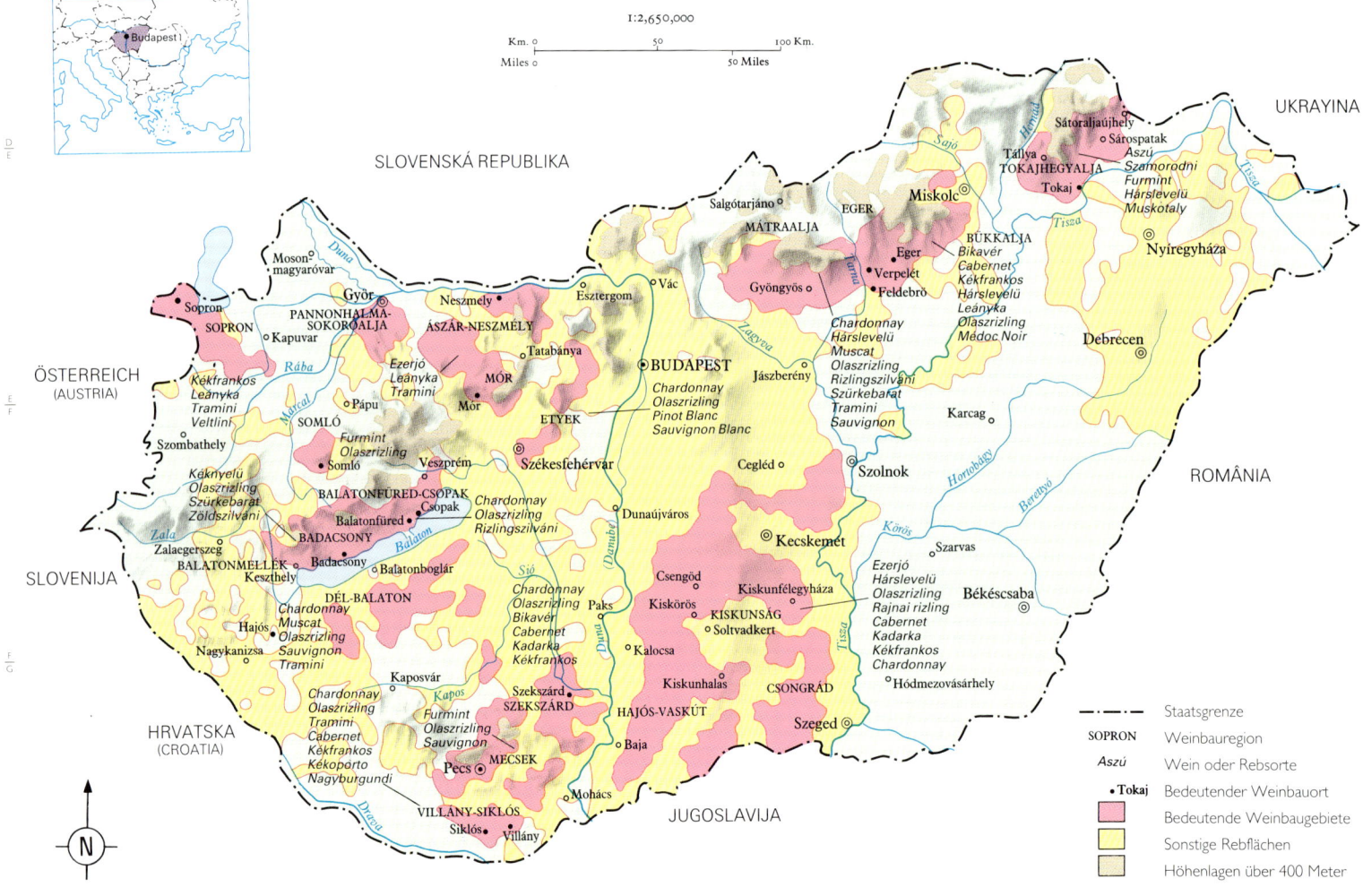

UNGARN

DIE SPRACHE DES ETIKETTS

Ungarns Weinetiketten sind wie der Weinbau selbst seit der Auflösung des staatlichen Systems 1991 in raschem Wandel begriffen. Meist ist die Beschriftung kurz und bündig.
Dem Ortsnamen mit der Endung «i» (was dem deutschen «er» entspricht) wird gewöhnlich die Traubensorte angefügt.

Aszú Entspricht der deutschen Beerenauslese: überreife, zum Süßen des Tokajers ausgelesene Trauben
Aszú Esszencia Die höchste im Handel erhältliche Tokajer-Qualität: superber, bernsteingoldener Wein, dem Yquem vergleichbar.
Szamorodni Wörtlich «wie er kommt», d. h. ein nicht mit Aszú verbesserter Tokajer, der somit mehr oder weniger trocken ist. Nicht nur für Tokajer gebräuchlich.
Különleges minöségi bor Wein feinster Qualität
Minöségi bor Qualitätswein
Tájbor Landwein
Asztali bor Tafelwein
Palackozott Abgefüllt
Fehér Weiß
Vörös rot
Száraz Trocken
Edes Süß
Pezsgö Schaumwein

Doch sind die besonderen Bedingungen nicht nur klimatischer Natur – hinzu kommt eine Kombination aus Sandboden und eigenartigen Vulkankegeln, die aus der sonst flachen Landschaft ragen; der bekannteste ist der Badacsony. Die steilen Hänge mit ihrem sandigen Basaltboden entwässern gut und speichern die Wärme.

Der Olaszriesling ist die meistangebaute Weißweinrebe. Ihr Wein ist sehr gut, wenn er ein Jahr alt ist: trocken, frisch, sauber und nicht zu stark. Die eigentlichen Spezialitäten aber sind die Trauben, die einen kräftigen, nach Honig duftenden Wein liefern: die weißen Sorten Furmint, Szürkebarát und Kéknyelü. Noch nach einem Jahr kann ein vom Faß probierter Szürkebarát so weiß wie Milch sein und ungestüm sprudelnd gären. Nach zwei bis drei Jahren haben diese Weine – unter denen der Kéknyelü als der «steifste» und beste gilt – allerdings beachtliches Format.

Die Hauptorte sind Csopak, Balatonfüred und Badacsonytomaj. Meist heißt der einfache Wein dieses Bezirks schlicht Balatoni, mit zusätzlichem Hinweis auf die Rebsorte. Der Name Badacsony auf dem Etikett kennzeichnet einen stärkeren, süßeren und für ungarische Begriffe besseren Wein.

Das eigene Aroma des Plattensees zeigt sich nicht nur in den einheimischen Traubensorten. Es werden zunehmend auch «fremde» Reben angepflanzt, und auch sie nehmen etwas von dem konzentrierten, würzigen Charakter an. Balatonboglár südlich vom Plattensee ist ein neu erschlossenes, mehr oder weniger auf importierte Rebsorten von Chardonnay bis Merlot spezialisiertes Gebiet mit Sand- und Lößboden.

Auch die abgelegenen kleinen Bergbezirke Somló im Westen mit Furmint und Olaszrizling sowie Mór im Norden mit Ezerjó-Weinbergen erzeugen Weine mit sehr ausgeprägtem Charakter: Somló einen milderen, Mór einen trockeneren und kräftigeren.

Das fast an der österreichischen Grenze gelegene Sopron ist ein Rotwein-Außenposten, der den Kékfrankos, einen lebendigen Wein, erzeugt. Azár-Neszmély weiter östlich produziert trockene Weißweine von traditionellen Rebsorten, während Etyek westlich von Budapest ein aufstrebendes Gebiet für eher untraditionelle Weißweine ist.

Dann schließt sich unterhalb des Mátra-Gebirges bis Eger das zweitgrößte Weinbaugebiet Ungarns an. Es wurde aus den alten Distrikten Gyöngyös-Visonta und Debrö gebildet. Sein großer historischer Wein ist der süße weiße Hárslevelü aus Debrö (d. h. den Orten Aldebrö, Feldebrö und Verpelét). Die traditionellen Sorten Olaszrizling und Kadarka werden von den internationalen Favoriten verdrängt; Gyöngyös Chardonnay und Sauvignon sind wichtige Exportprodukte.

Der bekannteste aller ungarischen Tischweine dürfte wohl der Bikavér oder das Stierblut aus Eger sein. Das schöne alte Eger ist einer der wichtigsten Weinhandelsplätze Ungarns. Leider ist das Stierblut neuerdings nicht mehr so bemerkenswert. Die Kadarka wurde durch Kékfrankos ersetzt und das Blut dadurch verdünnt. Der beste Wein aus Eger ist heute Leányka, ein Weißwein, der jedermann schmecken dürfte.

Oben links: Der «Balaton», Europas größter Binnensee, bietet an seinen Ufern halb Ungarn Platz für den Sommerurlaub. Hier wachsen auf warmem Vulkanboden herrliche Weißweine. Unten: Ungarns traditionelle Rebsorten sind vor internationalen Trauben auf dem Rückzug, ihre Weine sind aber höchst beachtenswert.

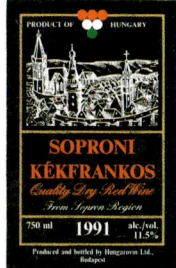
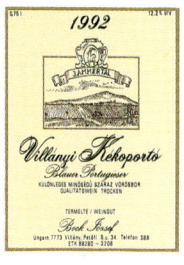

Tokajer

Das Wort Legende fällt in Verbindung mit dem Tokajer weit häufiger als mit jedem anderen Wein. Selbst in neuerer Zeit gibt es dafür gute Gründe. Nachdem 1949 in Ungarn ein kommunistisches Regime entstanden war, wurde die einmalige Qualität dieses Weins, der nach einmütiger Auffassung der beste in Osteuropa war, verdorben. Die berühmten Weinberge und Weingüter in Tokaj wurden konfisziert, ihre Weine in riesigen Kollektivkellereien vereinheitlicht. Es war so, als schickten alle Châteaux von Bordeaux ihre Weine zum Ausbau in eine einzige Kellerei. Nach 50 Jahren würden dann selbst Erinnerungen an Lafite und Latour verblassen.

Der Tokajer freilich ist schon seit 400 Jahren eine Legende. Die Geschichte überliefert uns, wie der erste üppige Tokaji Aszú entstand – nämlich durchaus nicht zufällig, sondern methodisch im Jahr 1650 durch den Kaplan Szepsi der Familie Rákóczi in deren Weinberg Oremus in Sárospatak. Sie überliefert, wie die polnischen Ritter, die 1683 die türkischen Belagerer Wiens besiegt hatten, eine Passion für Tokajer mit nach Hause nahmen, wie 1703 der große Patriot Fürst Rákóczi aus Transsilvanien mit Tokajer um die Unterstützung Ludwigs XIV. gegen die Herrschaft der Habsburger warb, wie Zar Peter und Katharina die Große eigens eine Kosakenabteilung in Tokaj unterhielten, deren Aufgabe es war, die Lieferungen zu eskortieren.

Oben: Eingeschrumpfte Aszú-Trauben bilden die Essenz des üppig süßen Tokajers, für den die Edelfäule schon lange genutzt wurde, ehe sie anderswo bekannt war. Unten: Der Tokajer mit seiner intensiven Süße hält sich ewig. Uralte Flaschen stehen in feuchten Kellern unter einer dicken Schimmelschicht. Ihre Korken werden alle 25 Jahre erneuert.

Er war der erste Wein, von dem bekannt ist, daß er von edelfaulen Trauben gewonnen wurde – über ein Jahrhundert vor dem Rheinwein und vielleicht zwei Jahrhunderte vor dem Sauternes. Die Voraussetzungen für die Edelfäule sind in den Hügeln von Tokaj – Tokajhegyalja, der südlichsten Bastion der Tatra – von Natur aus gegeben. Zwei Nebenflüsse der Theiß, Bodrog und Hernád, treffen sich an der Südspitze des unvermittelt aus der großen Tiefebene aufsteigenden, aus Vulkankegeln bestehenden Hügellands, wo sich der Kopashegy (Kahler Berg) 530 m über die Orte Tokaj und Tarcal erhebt. Die Ebene sendet warme Sommerwinde, die Berge gewähren Schutz, und aus den Flüssen quellen im Herbst Nebel auf.

Von den drei Rebsorten im heutigen Tokaj entfallen 70 % auf die spätreifende, säuerliche, dünnschalige, für Edelfäule stark anfällige Furmint, 25 % auf die nicht so anfällige, aber an Süße und Aroma reiche Hárslevelü («Lindenblättrige») und der Rest auf Muscat Blanc à Petits Grains, der entweder als Würze beigemischt oder als gehaltvolle Spezialität für sich allein verarbeitet wird.

Aus der Karte wird ersichtlich, daß die Region ein großes V bildet und infolgedessen Südost-, Süd- und Südwestlagen bietet. Die erste Klassifizierung dieser Lagen nahm Fürst Rákóczi um 1700 vor. 1804 wurden sie in Erste, Zweite, Dritte und unklassifizierte Gewächse unterteilt; daneben gab es drei Großgewächse, eines in Tokaj und zwei in Tarcal, die mit ihrem Yquem-ähnlichen Rang buchstäblich *hors concours* blieben (ihr Wein war allein gekrönten Häuptern und ihren Favoriten vorbehalten).

Eines dieser Güter – Csarfas – ist heute staatliche Forschungsstation. Die anderen hießen beide Mézesmály («Honigwabe»). Das Gut in Tokaj wurde mit anderen Erstgewächsen verschmolzen. Mézesmály in Tarcal verfügt über knapp 20 ha auf den unteren Westhängen. Tarcal sowie Teile von Tokaj und das benachbarte Mád haben Lößboden – fett, mürb, warm und so durchlässig, daß er zu Trockenheit neigt. Dagegen ist der größere Teil des Bodens im Tokajer Hügelland steiniger Lehm, der zwar schwer zu kultivieren ist, aber die Feuchtigkeit besser hält. Auf dem Löß reifen die Trauben schneller und erbringen gehaltvolle und aromatische Weine; auf Lehm kommt kräftigere Säure und möglicherweise größere Langlebigkeit zustande.

Einfacher Tokajer heißt Szamorodni («wie gewachsen»), ähnelt einem leichten Sherry und ist entweder *szaraz* (trocken) oder *edes* (süß). Der große Tokajer dagegen entsteht in einem besonderen zweistufigen Verfahren. Die eingeschrumpften edelfaulen Aszú-Trauben werden getrennt gelesen und aufbewahrt, während das normale Lesegut zu «Grundwein» gekeltert wird. Anschließend werden Aszú-Trauben in einem Verhältnis beigemischt, das sich nach «Butten» zu je 20 l Inhalt bemißt. Auf jedes der in Tokaj gebräuchlichen Göncer-Fässer mit je 140 l können je nach der

gewünschten Süße 2 bis 6 Butten Aszú entfallen. 7 Butten würden ein rein mit Aszú gefülltes Faß ausmachen. Nun bleiben die Aszú-Trauben bis zu einer Woche im Wein eingemaischt und geben Zucker und Geschmacksstoffe an ihn ab. Anschließend wird der Wein abgezogen und gärt im *gönci* in sehr kalten, feuchten Kellern – manchmal monate- oder gar jahrelang – weiter.

Ein 3buttiger Tokajer (3 *puttonyos*) entspricht etwa einer deutschen Auslese, ein 4- bis 5buttiger fällt nach Süßegrad und Konzentration eher in die Kategorie der Beeren- bis Trockenbeerenauslese. Die Faßreifezeit für Aszú-Weine wird üblicherweise nach der Zahl der Butten plus zwei berechnet: ein 5buttiger Tokajer darf deshalb erst nach sieben Jahren abgefüllt werden.

Seinen einmaligen Charakter verdankt der Tokajer noch zwei weiteren Besonderheiten: Die Fässer werden kaum je aufgefüllt, und die pechschwarzen, niedrigen Stollen, in denen sie lagern, sind dick mit Kellerschimmel, *Cladosporium cellare*, überwachsen. Daher können sich die reichlich vorhandenen Bakterien und Hefen wie Flor beim Fino Sherry von dem Wein nähren, ihn sehr langsam oxidieren und ein komplexes Netz von Geschmacksnuancen knüpfen.

In besonders guten Jahren (so 1993) bringen die besten Lagen eine Art Trockenbeerenauslese hervor. 10 Jahre ist das Mindestalter für solche «Aszú Esszencia». Nach 30 Jahren kann sich nur noch feinster alter Sauternes mit ihr vergleichen.

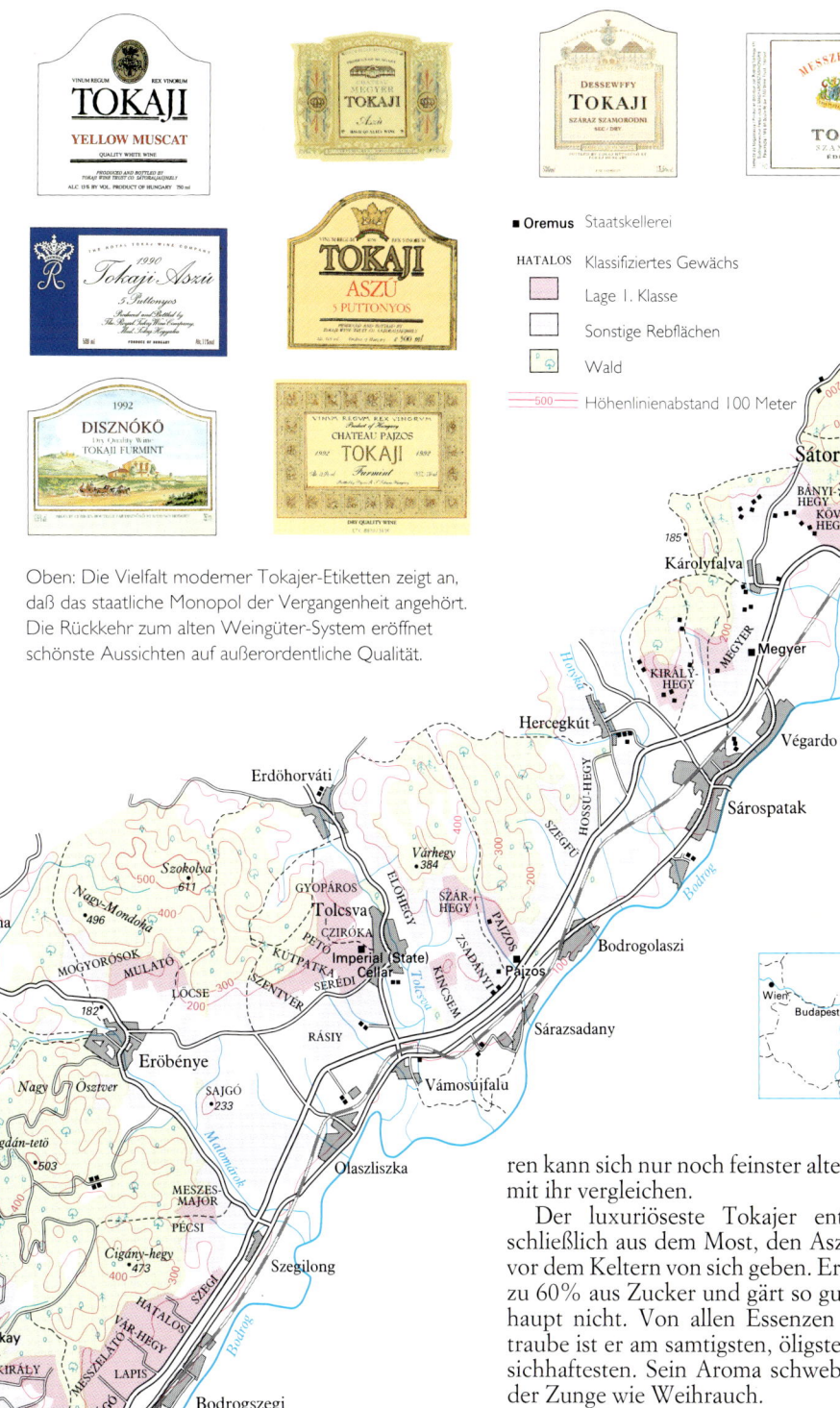

Oben: Die Vielfalt moderner Tokajer-Etiketten zeigt an, daß das staatliche Monopol der Vergangenheit angehört. Die Rückkehr zum alten Weingüter-System eröffnet schönste Aussichten auf außerordentliche Qualität.

Der luxuriöseste Tokajer entsteht ausschließlich aus dem Most, den Aszú-Trauben vor dem Keltern von sich geben. Er besteht bis zu 60% aus Zucker und gärt so gut wie überhaupt nicht. Von allen Essenzen der Weintraube ist er am samtigsten, öligsten und pfirsichhaftesten. Sein Aroma schwebt lange auf der Zunge wie Weihrauch.

Was hält nun die Zukunft bereit? Seit 1990 privatisiert der Staat Land und Keller, entweder durch Rückgabe an ihre rechtmäßigen Besitzer oder durch Verkauf. 1993 gingen sechs Gemeinschaftsunternehmen an den Start, drei davon mit französischen Versicherungsgesellschaften. Millionen sind in die Verbesserung der Weinberge, die Erneuerung der Ausrüstungen und die Erforschung der Bodenbeschaffenheit geflossen. Es gibt wieder Erzeugerabfüllungen, und die Namen der Erstgewächse erhalten wieder vertrauten Klang. Die Aussichten sind verlockend.

Tschechische und Slowakische Republik

Es wäre mehr als verwunderlich, wenn nicht auch in der Tschechischen und der Slowakischen Republik gute Weine erzeugt würden, wo sie doch direkt an so notorische Weinländer wie Österreich und Ungarn angrenzen. Wie gut ihre Weine sind, wurde erst klar, als seit 1989 die in das freie Prag strömenden Touristen feststellten, daß in den Cafés dort die Weißweine, insbesondere die unter dem Namen Moravenka, ebenso köstlich schmecken wie ihre Pendants in Wien.

Die Slowakei verfügt mit zwei Dritteln der Rebfläche und der Produktion der ehemals vereinten Republiken über den Löwenanteil, auf Mähren, die östliche Hälfte der Tschechischen Republik, entfällt fast der ganze Rest, denn Böhmen hat nur 400 ha, vorwiegend auf dem rechten Elbeufer nördlich von Prag, aufzuweisen. Dort wachsen, insbesondere bei Melník und Roudnice nad Labem, leichte Weine nach deutschem Vorbild.

Der größte Teil der tschechischen Rebfläche liegt dicht neben dem österreichischen Weinviertel. In Mähren ist sie zwischen der Hauptstadt Brünn und der österreichischen Grenze konzentriert und erstreckt sich von Znojmo etwa 110 km ostwärts bis in die friedlichen Pálava-Berge. Gute Sauvignons kommen aus den Kellereien Satov und Novy Saldorf in Znojmo, auch aus Valtice, Pavlov und Velké Pavlovice, sowie Ruländer aus Pavlov, Mikulov und Znojmo, Riesling aus Valtice, Mikolov, Bzenec und Novy Saldorf, Traminer, Müller-Thurgau und Weine der sehr schmackhaften Lokaltraube Palava aus Pavlov und Satov. Die besten Rotweine erbringt derzeit die St.-Laurent-Traube in Velké Pavlovice, Valtice und Bzenec.

Die slowakische Rebfläche erstreckt sich um Bratislava und von dort aus an der Grenze zu Ungarn entlang, wo ein etwas milderes Klima herrscht und außer dem üblichen Repertoire die Traubensorten Ezerjó und Leányka gedeihen. Raca nördlich von Bratislava ist durch herzhaften Frankovka, St. Laurent und Pinot Noir bekannt geworden. Aus Pezinok kommen gute Veltliner, Rieslinge und unter noch anderen auch ein populärer Silvaner-Verschnitt. Modra hat den besten Namen für Riesling und Ruländer; Nitra steht mit denselben Weinen nur wenig zurück. Weiter im Süden wird seit dem Beginn des 19. Jahrhunderts in Sered der Hubert-Schaumwein produziert, und die Kellerei Ruban bei Nové Zámsky hat sich mit würzigem Ruländer, Veltliner und Traminer sowie mit reifem rotem Limberger einen guten Ruf geschaffen.

Oben: In der Nähe von Prag liegen schöne Weingüter (hier Troja). Unten: Duftige Weißweine kommen aus Südmähren, vor allem von der Lokaltraube Palava, dagegen bietet die Slowakei den guten roten Frankovka und Weine aus einem kleinen Anteil an der Region Tokaj.

Slowenien

Das 1991 neu geschaffene Slowenien berührt in Istrien die Adria und erstreckt sich dann nordwärts an der italienischen Grenze entlang zu den Karnischen Alpen und weiter durch die steilen Julischen Alpen ostwärts bis zur ungarischen Grenze. Sowohl das östliche als auch das westliche Ende des Landes sind alteingeführte Weinbauregionen. Es ist nicht verwunderlich, daß im Westen trockene Weißweine nach italienischem Vorbild vorherrschen (das Collio – s. Seite 183 – reicht über die Grenze herein); aber auch stämmige Rotweine, insbesondere der Teran von der Refosco-Traube, wachsen in den karstigen Bergen Istriens. Im Osten dagegen werden gehaltvolle Weine, insbesondere Spätlesen im ungarischen Geschmack, bevorzugt. Dazwischen bringt das eher alpine Sava-Tal als dritte Weinbauregion leichteren Wein hervor, zum großen Teil Cvicek-Rosé von Blaufränkisch, hier «Modra Frankinja».

Die Karte zeigt die größte und älteste Weinbauregion Sloweniens, Podravje, das Drava-Tal sowie die Hügel zwischen Drava und Mura, die parallel zueinander nach Norden fließen.

Diese Gegend ist fast ausschließlich Weißweinland. Die Haupttraube Laski (Welsch-)Riesling gedeiht hier so gut wie nur sonstwo, doch gibt es verwirrend viele Alternativen: Pinot Blanc und Gris, Chardonnay, Sauvignon (hier Muscat-Silvaner genannt), echten Riesling, Traminer, gelben Muskateller, Rizvanec (Müller-Thurgau) und Kerner sowie die einheimischen Sorten Rebula (in Friaul Ribolla), Sipon oder Furmint und Ranina (in Österreich Bouvier), die Spezialität von Radgona, wo ihr Wein Tigermilch heißt.

Eine Auswahl zu treffen ist offenbar schwer, denn die lokalen Verschnitte scheinen eher zufällig zustande zu kommen. Halozan aus der Zentralkellerei Ptuj beispielsweise ist eine Mischung von Rhein-Riesling, Muskateller, Pinot Blanc, Sauvignon und Traminer.

Die Region ist in sechs Bezirke unterteilt: Maribor, die Haloze-Berge, Ptuj, Gornja-Radgona, Ljutomer-Ormoz (mit der seit der Zeit der Kreuzzüge bekannten Lage Jeruzalem) sowie Lendava nordöstlich der Mura.

Da die Weinproduktion in großen Zentralkellereien erfolgt, sind individuelle Unterschiede weitgehend verlorengegangen (und viel Wein fließt in Billigprodukte für den Export). Doch Slowenien sieht sich durchaus als Qualitätserzeugerland. Die Rebfläche von 20 000 ha kann nur die Hälfte des Bedarfs der eigenen Bevölkerung von 2 Millionen decken. Während Alltagswein importiert werden muß, schaffen sich aufstrebende einzelne Erzeuger einen guten Ruf.

Rechts: Die Region Sava und das Hügelland im Distrikt Bizeljsko bilden ein großes Potential für leichte, trockene Rotweine und reife Weißweine von heimischen und internationalen Traubensorten, darunter mit den besten Laski-Riesling des Landes. Im Hintergrund Schloß Bizeljski Grad.

Oben: Kraski Teran ist ein Rotwein aus Istrien. Radgona und Jerusalem sind historische Weinorte im Drava-Tal.

Das ehemalige Jugoslawien

Die kriegerischen Auseinandersetzungen der 1990er Jahre machen alle aktuellen Berichte über die Weinbauregionen der betroffenen Länder praktisch unmöglich. Slowenien hat sich 1991 zum Glück freimachen können. Das dortige Weinbaugebiet an der Drava, das bekannteste des zerbrochenen Staatsgebildes, ist auf Seite 231 beschrieben.

Hier zeigt eine Karte die wichtigsten Weinbauregionen vor dem Auseinanderbrechen Jugoslawiens im Jahr 1991 mit den Namen der meistangebauten Trauben. Der Balkan ist reich an alten Rebsorten, von denen sich rund 300 trotz der unvermeidlichen Invasion französischer Sorten dank ihres starken Charakters und ihrer Angepaßtheit an die lokalen Verhältnisse gut behaupten.

Eine Ausnahme bildet Bosnien-Herzegowina, das als gebirgiges Land mit moslemischem Erbe den Weinbau außer an der dalmatinischen Küste und um Mostar kaum rentabel macht. Die weiße Zilavka aus der Gegend von Mostar ist allerdings beachtenswert; ihr voller, trockener Wein hat einen einzigartigen Aprikosenduft. Der rote Blatina verblaßt daneben.

Nördlich der Sava befindet sich zwischen Zagreb und Belgrad vor allem Weißweinland. Die verbreitetste Traube, der Welschriesling, trägt hier den Namen Grasevina. Slawonien bietet in seinen Bergen günstige Wachstumsbedingungen, insbesondere um Kutjevo, wo viel billiger, leider recht ausdrucksloser «jugoslawischer Riesling» herkommt.

Die Woiwodina im Norden Serbiens hat wie Ungarn und Rumänien Teil an den Verhältnissen in der Pannonischen Ebene und daher auch dieselben Trauben: meist Ezerjó und Kadarka. Die besten Weißweine sind Sauvignons, Traminacs und Grasevinas aus den 450 m hohen Fruska-Gora-Bergen, die nördlich von Belgrad auf 60 km Länge Abwechslung in die flache Landschaft bringen.

Südlich von Belgrad leiht die Stadt Smederevo der nicht sehr bemerkenswerten weißen Smederevka-Traube den Namen. Obwohl inzwischen Cabernet, Gamay und auch Pinot Noir verbreitet angepflanzt wurden, ist im Süden die Prokupac die vorherrschende Rotweintraube; auf sie entfallen zwischen Smederevo und Svetozarevo, in Zupa und Kruzevac sowie bis nach Mazedonien hinein rund 80 % der Produktion auf Prokupac. Sie erbringt den guten, festen, kräftig schmeckenden Ruzica-Rosé und einen manchmal dunklen und bitteren, manchmal fruchtigen und süffigen Rotwein. In Verschnitten mit der milderen Plovdina taucht sie unter anderen Namen auf, so in Zupa als Zupsko Crno.

Kosovo dagegen hat sich mit recht gutem Cabernet sowie mit einem in Deutschland als Amselfelder vielverkauften lieblichen Pinot-Noir-Verschnitt einen profitablen Markt erobert. Von den einheimischen Rotweinen weiter im Süden ist der beste der Vranac in Montenegro und Mazedonien, ein schwerer, doch gut strukturierter Wein, der nach vier bis fünf Jahren Reifezeit sogar Klasse erlangt.

Oben: Die Adriaküste Dalmatiens ist ein Karstland. Auf der Halbinsel Peljesac entsteht der süße Prosek von der Plavac-Mali-Traube.

Nordkroatien und Serbien werden meist von Genossenschaftskellereien mit Massenproduktion beherrscht. Dagegen zeichnet sich der lange Küstenstreifen Dalmatiens durch zahllose, z. T. allerdings kaum aufzutreibende Originale aus. Von Rijeka südwärts ist die Plavac Mali die rote Hauptrebsorte. Wenn es stimmt, daß Albanien die ursprüngliche Heimat des Cabernet war, dann kann man sich gut vorstellen, daß diese dunkle, kleinbeerige Traube eine enge Verwandte ist. Besonders kräftigen Ausdruck findet sie im vollmundigen, lieblichen Dingac und Postup von der Halbinsel Peljesac nördlich von Dubrovnik. Sie taucht auch im schweren Prosek wieder auf, einem Port-ähnlichen Gewächs aus kleinen, steinigen Weinbergen unter Feigenbäumen. Helle Versionen tragen die Namen Plavina oder Opol, probierenswert aber ist Plavac überall.

Mehr oder minder helle Weißweine mit starker Persönlichkeit entstehen auf den Inseln meist in antiken Keltern. Der trockene weiße (manchmal braune) Grk aus Korcula, der helle, oft duftige Bogdanusa aus Hvar und der ähnliche Vugava aus Vis, dann Marastina sowie Posip (angeblich Furmint) sind allesamt Charaktere, die sich von einem modernen Sauvignon Blanc so stark unterscheiden, wie man es sich nur wünschen kann.

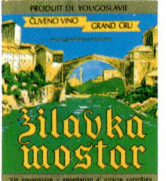
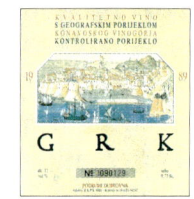

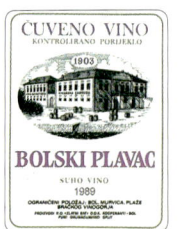

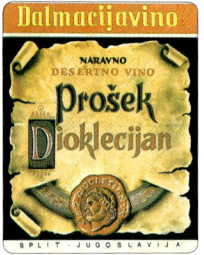

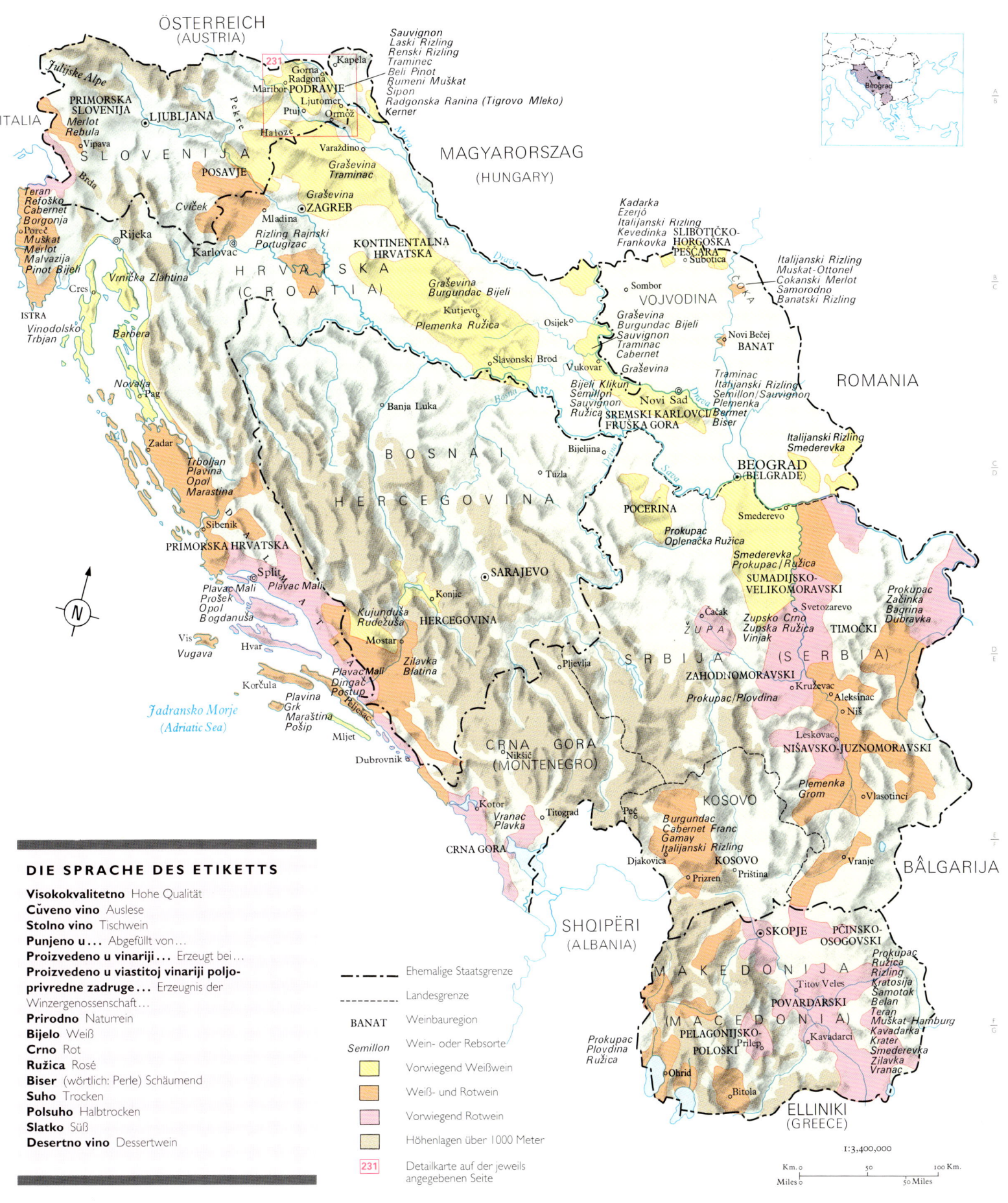

Bulgarien

Bulgarien hat von allen Ländern Osteuropas seinen Weinbau am konsequentesten auf den Export und den Devisenerwerb ausgerichtet. Im Jahr 1966 war Bulgarien bereits das sechstgrößte Weinexportland der Welt. 1978 gelang ein starker Einstieg in den britischen Markt; England ist heute noch das Hauptabnehmerland und hat bei der Ausarbeitung der neuen, an das Vorbild der EG angelehnten Weingesetze mitgewirkt. Heute ist Bulgarien wohl nach Frankreich das zweitgrößte Exportland für Flaschenwein in der Welt und exportiert 90 % des gesamten Ertrags.

Besonders gut gelingen im heutigen Bulgarien Weine von Chardonnay sowie insbesondere von Cabernet und Merlot, die sich durch Frucht, Kraft und Ausgewogenheit auszeichnen. Bulgarien hat, wenn man den offiziellen Zahlenangaben trauen darf, eine viermal so große Cabernet-Anbaufläche wie Kaliforniens.

Die einheimischen Rebsorten werden jedoch vernachlässigt, und es fehlt ihnen auch nicht an Charakter. An Rotweinen gibt es die Gamza (oder Gumza) – die lebendige Kadarka Ungarns –, dann die Pamid, die einen hellen, süffigen Wein liefert, und ihr gerades Gegenteil, die Mavrud, der Stolz Bulgariens, sowie Melnik aus der gleichnamigen Stadt in Harsovo im Südwesten. Den starken, dunklen, fast unendlich haltbaren Melnik-Wein mit seiner großen Geschmacksfülle könnte man auch den Syrah Bulgariens nennen.

Bei Weißwein herrschen die einheimischen Trauben Rkatziteli und Dimiat (in Serbien Smederevka) vor. Populär sind auch Misket (kein Muskat) und Muscat Ottonel, doch die meisten anderen traditionellen Rebsorten werden durch den Erfolg von Chardonnay, Riesling, Gewürztraminer und Aligoté verdrängt.

1978 führte die bulgarische Regierung ein nützliches und gründliches System geographischer Appellationen ein. Die Hauptkategorien bestehen zunächst in «Qualitätswein» als einfachstem Exportstandard und DGO oder «Landwein» – hierfür werden zwei Traubensorten miteinander verschnitten, um einen originären Geschmack zu schaffen. «Controliran» entspricht dann dem vollen Appellations-Status und ist vorwiegend auf sortenreine Weine aus zwei Dutzend bestimmten Anbaugebieten beschränkt. Darüber hinaus müssen «Reserve»-Weine bis zu drei oder vier Jahre in Fässern, vorwiegend aus amerikanischer Eiche, ausgebaut sein. «Special Reserve» ist als Bezeichnung für beschränkte Mengen vorbehalten, die nicht unbedingt Controliran-Status haben müssen, oft aber zur Spitzenklasse gehören.

Durch die neuen Gesetze wurde das Land den natürlichen Gegebenheiten entsprechend in fünf anstatt früher neun Regionen eingeteilt. Die nördliche Region entlang der Donau bringt hauptsächlich Rotweine hervor; das kühlere Klima verleiht dem Cabernet ebenso wie dem Gamza und auch ein wenig Pinot Noir, Gamay und Muskateller besondere Qualitäten.

Das berühmteste Gut ist hier Lovico Suhindol, Bulgariens erste Genossenschaft seit 1909 und die erste Kellerei, die 1992 nach der Revolution privatisiert wurde. Suhindol hat Controliran-Status für Gamza, doch der reife, dunkle Cabernet ist noch bekannter. In derselben Region hat Svischtov Controliran-Status für Cabernet, während Pavlikeni für Gamza und Cabernet sowie für einen Landweinverschnitt von Gamza und Merlot bekannt ist. Das Yantra-Tal hat Controliran-Status für Cabernet, Pleven bietet Pamid eine Heimstatt, und Russe ist auf Weißwein spezialisiert.

Russe liegt an der Grenze zur Ostregion, deren gemäßigtes Schwarzmeerklima weiße Rebsorten zu begünstigen scheint. Die bekanntesten Chardonnays Bulgariens kommen aus Khan Khrum und Novi Pazar, Shumen und Varna, mit und ohne Eichenfaßausbau. An die Qualität der besseren Rotweine des Landes reichen sie nicht heran, aber ihr Preis läßt keine Beschwerde zu.

Das Balkangebirge Stara Planina trennt Bulgarien mittendurch. Karlovo im Herzen des Gebirges ist Weißweinland mit Misket und Muscat – aber auch Damaszener-Rosen werden hier zur Gewinnung von *attar*, Rosenöl, angebaut.

Die warmere Südregion Haskovo ist die Heimat körperreicher Cabernets und Merlots. Oriachovitza lautet die Controliran-Bezeichnung für einen oft exzellenten Cabernet/Merlot-Verschnitt, Stambolo und Sakar gelten für Merlot, Sliven (mit der größten Kellerei des Landes) steht für Cabernet und einen Landweinverschnitt von Merlot und Pinot Noir. Die Spezialität und der Stolz von Asenovgrad und der zweitgrößten Stadt Bulgariens, Plovdiv, ist der schwere, purpurrote, gelegentlich denkwürdige Mavrud.

Melnik, die Hauptstadt der Region Harsovo im äußersten Südwesten jenseits des Rhodope-Gebirges, gibt dem originellsten Wein Bulgariens den Namen.

DIE SPRACHE DES ETIKETTS

Лозова прьчка (Lozova prachka) Rebe oder Rebsorte
Лозя (Lozia) Weinberge
Вїнопройзо дїтел (Vinoproizvodite) Weinerzeuger
Бутїлирам (Butiliram) Abfüllen
Натурално (Naturalno) Naturrein
Бяло вино (Bjalo vino) Weißwein
Червено вино (Cherveno vino) Rotwein
Сухо вино (Suho vino) Trockener Wein
С остатъчна захар (Suho ostatachna zakar) Halbtrockener oder süßer Wein
Сладко вино (Sladko vino) Süßwein
Искряшто вино (Iskriashto vino) Schaumwein
Десертно (Desertno) Dessertwein
Vinimpex Das bulgarische «Staatliche Handelsunternehmen für den Wein- und Spirituosen-Export und -Import», vormals Staatsmonopol, jetzt größte Handelsgesellschaft.

Links: Was Bulgarien an Tradition und malerischen alten Kellergewölben fehlen mag, macht es durch moderne Weinproduktionsanlagen wett. Hier bei Sliven ist Chardonnay zu den einheimischen Trauben Misket und Rkatziteli neu hinzugekommen. Rechts: Die meisten bulgarischen Exportetiketten sind in Englisch oder Deutsch abgefaßt. Auf den Begriff Controliran gilt es zu achten, weil er eine strikte Herkunftskontrolle anzeigt.

Rumänien

Rumäniens Potential für feinen Wein dürfte kaum geringer sein als das der anderen alten Weinbauländer Osteuropas. Das kommt nicht nur von der geographischen Lage – auf demselben Breitengrad wie Frankreich –, das ist auch eine Sache des Temperaments. Rumänien ist ein lateinisches Land in slawischem Umfeld. Daher hat es offensichtlich eine natürliche Affinität zur französischen Kultur – und Frankreich eine Schwäche für Rumänien. Zwar unterscheidet sich der atlantische Einfluß, der Frankreich ein mild-feuchtes Klima beschert, vom Kontinentalklima, das die rumänischen Sommer heiß und trocken macht, aber es gibt auch mäßigende Einflüsse durch das Schwarze Meer und die Karpaten.

Rumänien ist heute größer als noch vor einem Jahrhundert. Vor 1918 gehörten Siebenbürgen und das Banat zu Ungarn, die Dobrudscha zu Bulgarien. Andererseits war die alte Region Bessarabien – heute der neu geschaffene Staat Moldava – früher die Nordhälfte der rumänischen Landschaft Moldau.

Die Karpaten winden sich wie ein Schneckenhaus in der Mitte Rumäniens. Sie nehmen fast die Hälfte des Landes ein und steigen aus der Ebene zu Höhen von 2400 m auf. In ihrer Mitte liegt in über 300 m Höhe das Siebenbürger Hochland. Durch die Walachei im Süden des Landes fließt die Donau (Dunărea) durch eine sandige Ebene, wendet sich dann nordwärts zum Mündungsdelta und bildet die Trennungslinie zur Dobrudscha. Moldau und die Walachei, östlich bzw. südlich der Karpaten, sind die größten Weinbaugebiete Rumäniens.

In Rumänien wurden wie in der damaligen UdSSR in den 1960er Jahren große Flächen mit Reben bestockt. Dadurch erlangte das Land mit 427 000 ha die sechstgrößte Rebfläche Europas und verfügt über die achtgrößte Produktion. Anders als in Bulgarien wurden vorwiegend Lokalrebsorten angepflanzt.

Drei Viertel des rumänischen Verbrauchs entfallen auf Weißwein. Die meistangebauten Sorten sind Feteasca Alba (in Ungarn Leányka) und Welschriesling, doch kommt vier weiteren weißen Rebsorten mit einigem Charakter lokale Bedeutung zu: Feteasca Regala (vielleicht eine Furmint-Variante), Frîncusa, Grasa und Tamaioasa; die beiden letzteren liefern exzellente, duftige Süßweine. Auch zwei Rotweintrauben spielen in Rumänien eine wesentliche Rolle: Babeasca für die Großproduktion an leichten Weinen und Feteasca Neagra für dunklen, gehaltvollen *vin de garde*. Darüber hinaus sind Cabernet, Merlot und Pinot Noir hier seit langem akklimatisiert, und Chardonnay, Aligoté, Pinot Gris, Gewürztraminer, Sauvignon und Muscat Ottonel bewähren sich überaus gut.

Wie in Ungarn gibt es auch in Rumänien einen Wein, der einst in ganz Europa bekannt war. Doch während sich der Tokajer über den Sozialismus hinweggerettet hat und nun im alten Glanz neu ersteht, ist der Cotnari, der früher in Pariser Restaurants als «Perle de la Moldavie» angeboten wurde, untergegangen – jetzt soll er wiederbelebt werden. Der Cotnari ist ein natursüßer weißer Dessertwein wie der Tokajer, jedoch ohne Oxidation: hell, zart und aromatisch, ein Produkt der Edelfäule an den einheimischen Trauben Grasa und Frîncusa, mit schönem Duft versehen durch Tamaioasa und Feteasca. Er macht nur eine kurze Faßreife durch; bei ihm entfaltet sich die Komplexität in der Flasche. Der Cotnari kommt aus dem Teil der Moldau, der Rumänien verblieben war, nachdem zunächst die Zaren und dann die Sowjets die Nordhälfte annektiert hatten – und dadurch starke Anpflanzungen weiter südlich auslösten.

In Dealul Mare wachsen Cabernet, Merlot und Pinot zwischen Kirchen und Ölbohrtürmen. Der Weinbau erholt sich rasch von jahrelanger Tyrannei.

Heute ist Rumänien in acht Weinbauregionen unterteilt, davon ist die Moldau östlich der Karpaten mit über einem Drittel der Rebfläche des Landes die größte. Die Walachei, bestehend aus Muntenien und Oltenien, folgt mit über einem Viertel.

Die nördliche Moldau ist Weißweinland mit Cotnari als Juwel; allerdings konzentriert sich die Produktion vor allem auf Vrancea mit seiner Hauptstadt Focsani und einer Rebfläche von 40 500 ha. Die Namen der Hauptweinorte Cotesti, Nicoresti, Panciu (mit Schaumwein) und Odobesti (mit Brandy) klingen wie Musik. Das Terrain dort ist unterschiedlich, besteht jedoch wie in Ungarn größtenteils aus Sandboden. Die Reben müssen in tiefe Pflanzlöcher gesetzt werden, damit ihre Wurzeln den Unterboden erreichen, der stellenweise erst 3 m unter der Oberfläche anfängt.

Der rote Băbească aus Nicoreşti ist ein gutes Beispiel für den Landescharakter: angenehm säuerlich mit einem Gewürznelkengeschmack, frisch, originell, ansprechend.

Nach dem Karpatenbogen geht die Moldau in Muntenien über, das als Weinbaugebiet unter dem Namen Dealul Mare bekannter ist. Das gut mit Wasser versorgte Hügelland mit seinen Südlagen widmet sich ganz Cabernet, Merlot und Pinot Noir sowie körperreichem Feteasca Neagra. Besonders zu erwähnen ist eine weiße Spezialität: der ölige, aromatische Dessertwein Tamaioasa («Weihrauch») aus Pietroasa.

An der kurzen Schwarzmeerküste Rumäniens kommt die Dobrudscha in den Genuß des sonnigsten, trockensten Klimas. Murfatlar hat sich hier mit sanften Rotweinen und üppigen Weißweinen einen guten Namen gemacht, sogar süße Chardonnays werden von hochreifen Trauben erzeugt, die auf Kalkstein unter dem mäßigenden Einfluß der Küstenbrise wachsen.

DIE SPRACHE DES ETIKETTS

Vie Rebe
Viile Weinberg
Strugure Traube
Recolta Jahrgang
Vin de masă Tischwein
Vin uşor Leichter Wein
Vinexport Die staatliche Exportorganisation
Imbuteliat Abgefüllt
Vin alb Weißwein
Vin roşu Rotwein
Vin rosé Roséwein
Sec Trocken
Dulce Süß
Spumos Schäumend
Pivniţă (pl. pivniţele) Kellerei
Vinuri de Calitate Superioara (VS) Wein in gehobener Qualität
Vinuri de Calitate Superioara cu Denumire de Origine Controlata (VDOC) Wein in gehobener Qualität aus einem kontrollierten Herkunftsgebiet

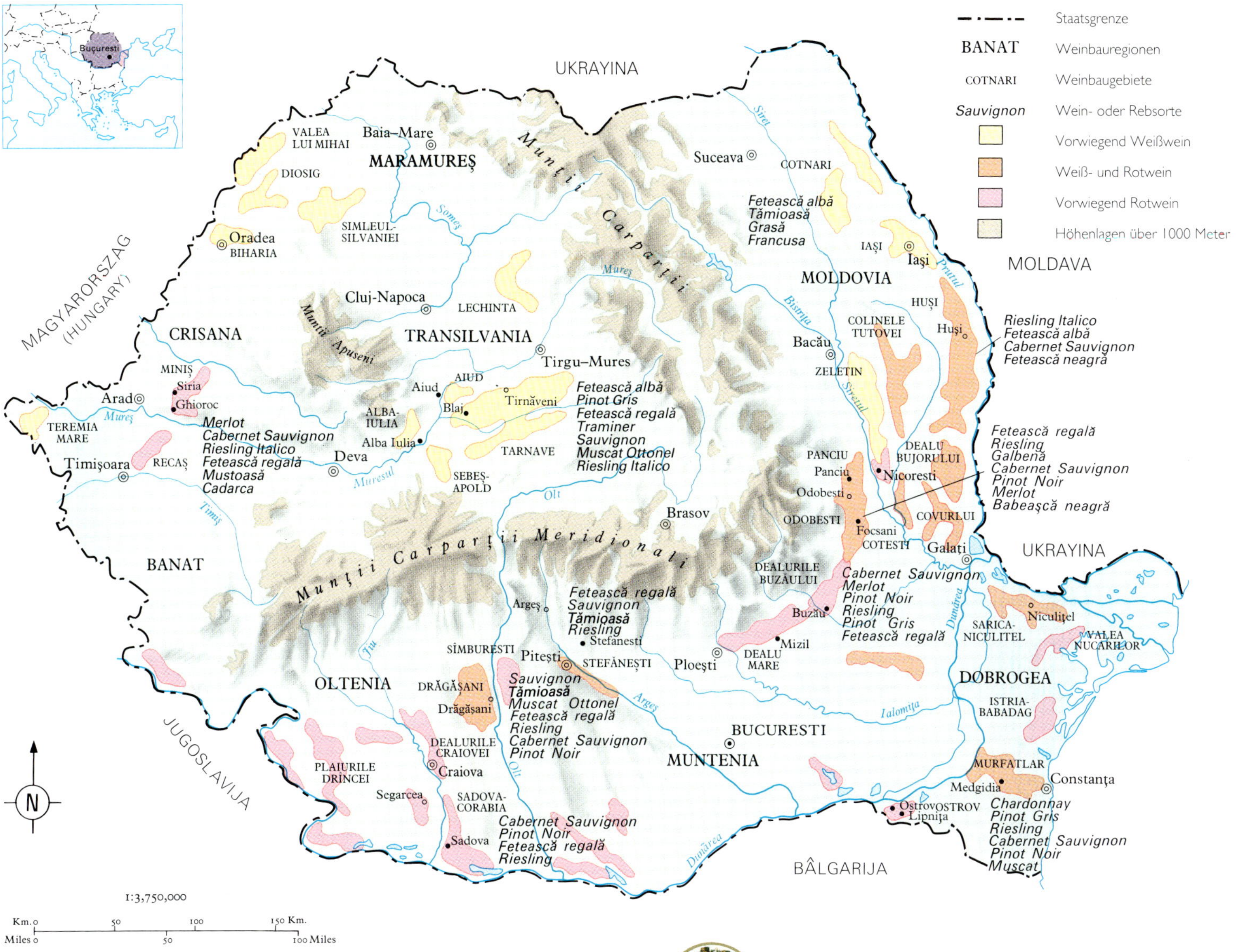

RUMÄNIEN

Die verstreuten Ausläufer der Karpaten in Muntenien und Oltenien haben jeweils ihre eigenen Spezialitäten. Pitesti ist bekannt für aromatische Weißweine (vor allem aus Stefanesti), Dragasani für Cabernet, Merlot und Pinot Gris (vor allem aus Simburesti). Weiter südlich in der Donauebene hat Segarcea einen guten Ruf für Cabernet und einen wachsenden für Pinot Noir.

In der westlichen Ecke Rumäniens ist der ungarische Einfluß spürbar. Viele Banater Rotweine werden aus der Kadarka-Traube (hier schreibt man sie Cadarca) gekeltert, die auch in der ungarischen Tiefebene wächst. Die besten stammen aus Minis. Die wichtigste weiße Traube ist der Welschriesling.

Siebenbürgen liegt wie eine Insel inmitten der Karpaten: ein kühles, regnerisches Hochland, wo viel frischere, säuerlichere Weißweine entstehen als im übrigen Rumänien. Aus Tarnave kommt der beste trockene Feteasca, aus Alba Julia der aromatischste Muscat Ottonel und Gewürztraminer.

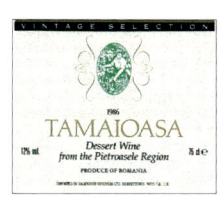

Rechts: Der Cotnari ist der edelste rumänische Weißwein: ein kräftiger, leicht trockener naturreiner Dessertwein aus der Grasă-Traube, die wie die Sémillon von der «Edelfäule» befallen wird. Auf den meisten rumänischen Etiketten wird an erster Stelle die Rebsorte genannt; am besten sind die Weißweine (Riesling, Fetească, Furmint usw.). Häufig sind die Etiketten in Französisch beschriftet.

Griechenland

Die moderne Geschichte Griechenlands ist weder den Menschen noch dem Anschluß des Weinbaus an internationale Maßstäbe förderlich gewesen. Wer jedoch der vor allen Überraschungen gesicherten internationalen Weine überdrüssig ist, findet hier ein weites Feld lebendiger und origineller Geschmackseindrücke.

Seit Griechenland sich der EG angeschlossen hat, rückt der Zwang zur bestimmungsgerechten Benennung der Weine viele Lokalspezialitäten in helleres Licht. Manche sind denkwürdig und alle probierenswert, obschon die Markenweine der großen Handelshäuser immer noch den Markt zu beherrschen scheinen. Der Demestika von Achaia-Clauss in Patras, der Lac des Roches und andere Marken von Boutari in Thessaloniki, der Kouros von Kourtakis in Attika ... das sind die Weine, die man am häufigsten in Touristenhotels und Restaurants antrifft.

Die Vorliebe für geharzte Weine ist eine griechische Tradition, die aus den Zeiten stammt, als die Götter noch auf Erden wandelten. Der Grund dafür dürfte in dem frischen, saftigen, terpentinähnlichen Geschmack liegen, den das Harz abgibt, wenn es während der Gärung beigemischt wird, so daß ein höchst erfrischendes, appetitanregendes Getränk entsteht.

Attika, die Region um Athen, und die große Insel Euböa sind die Heimat des Retsina, jedoch nicht ausschließlich. Er kommt überall vor, auf Lemnos beispielsweise als Muskateller. Meist handelt es sich um Weißwein von der Savatiano-Traube, aber auch ein Rosé *(kokkineli)* wird produziert.

Auf dem Peloponnes wächst ein Viertel aller Weine Griechenlands. Hier ist Rotweinland – obwohl 60 % der griechischen Produktion auf Weißwein entfallen. Nemea bei Mykene bringt von der einzigartigen Agiorgitiko-Traube würzigen, gut strukturierten Wein hervor. Die Genossenschaft, die den größten Teil der Produktion erbringt, nennt ihren Spitzenwein Kava Nemea. Eine ebenfalls gute Marke heißt Grand Palais.

Der Mavrodaphne aus Patras ist ein weiterer hochgeschätzter dunkler und süßer Rotwein, in der Art zwischen einem italienischen Recioto und einem Portwein, konzentriert (auch auf 15 % Alkohol angereichert) und für lange Lebensdauer und bedächtigen Genuß ausgelegt – allerdings schon in der Jugend fast unwiderstehlich. Die Weißweine vom Peloponnes sind weniger interessant. Mantinia heißt der frische Weißwein aus Arkadien; Patras lautet die Bezeichnung des reichlich verfügbaren trockenen weißen Rhoditis und für schwerer aufzufindende Muskateller-Dessertweine.

Die gebirgige Mitte Griechenlands ist am spärlichsten mit Weinen bedacht, die man mit Namen nennen kann. In Epirus wächst der oft schäumende weiße Zitsa in der Nähe der osmanischen Stadt Ioannina; an ihm labten sich einst Lord Byron und Ali Pascha. Die

Die Weinberge der Appellation Côtes de Meliton der Domaine Carras auf Sithonia, der mittleren Halbinsel von Chalkidiki. Hier wachsen einheimische und französische Rebsorten nebeneinander. Im Hintergrund der Ferienort Neos Marmaras.

höchste Weinberglage Griechenlands befindet sich ebenfalls in Epirus, bei Metsovo in fast 1200 m Höhe; aus ihr kommt auch etwas Cabernet «Katoyi» (keine Appellation) zu entsprechend hohen Preisen. In Thessalien weiter im Osten zur Ägäis hin heißt der Weißwein Ankialos und der Rotwein Rapsani.

Makedonien ist Rotweinland und wird beherrscht von der Rebsorte Xynomavro, die dem Namen nach zwar «sauer» ist, deren Weine aber zu den wohlschmeckendsten ganz Griechenlands gehören. Der Naoussa von 800 ha Rebfläche ist wohl der beste und bedeutendste dieser Art; gute Beispiele hierfür stammen von Boutari und Tsantalis sowie aus einer modernen Genossenschaftskellerei: dunkel, schwer, mit großer Geschmacksfülle und herbem Abgang.

Der Goumenissa aus einem viel kleineren Gebiet weiter im Norden ist ähnlich, aber milder; der Amindeo aus 445 ha in 650 m Höhe kommt als leichterer, oft spritziger Rot- und Roséwein vor.

Auch zu Verschnitten wird der Naoussa verarbeitet, z. B. mit Nemea im Cava Boutari; dagegen ist der Cava Tsantalis ein Naoussa mit Cabernet-Beimischung.

Der Eintritt des griechischen Weins in die moderne Welt wurde in den 1960er Jahren durch die Unternehmung von John Carras auf Chalkidiki angekündigt, bei der er 400 ha der mittleren Halbinsel, Sithonia, mit griechischen und französischen Rebsorten bepflanzte und touristische Einrichtungen schuf.

1981 erhielt der Besitz von Carras eine eigene Appellation, in der sich seine internationalen Ambitionen spiegeln: Côtes de Meliton. Die rote Haupttraube ist Cabernet, sie wird verschnitten mit Limnio (von Carras aus Lemnos eingeführt). Die Meliton-Weißweine stammen zumeist von griechischen Rebsorten, allerdings produziert Carras auch nicht in die Appellation fallende Weine, u. a. Sauvignon Blanc. Château Carras ist das Hauptetikett, Domaine Carras die Zweitmarke. Beide Weine sind sauber, allerdings nicht gerade bodenständig. Übrigens fließt auch in den Adern der Tsantalis-Agiorgitiko-Weine der Mönche vom Berg Athos fremdes Blut.

Unter den griechischen Inseln produziert Kreta – einst berühmt für seine leider längst verschwundenen süßen Malvasier – bei weitem den meisten Wein. In den Bergen der Insel wachsen heute Arhanes, Peza und Dafnes: schwere, trockene oder liebliche Rotweine. (Es gibt auch einen trockenen weißen Peza.) Aus Sitia im Osten kommen ebenfalls starke, aromatische Rotweine. Kefallinia und die Ionischen Inseln sind die nächstgrößten Erzeuger, insbesondere mit dem frischen weißen Rombola (oder Robola) und dem Verdea von Zakinthos.

Auf vielen ägäischen Inseln wird aus der Malvasia- und Muskateller-Traube süßer Wein bereitet. Der berühmteste von ihnen ist der Samos. Er wird wohl auch als einziger exportiert. Der selten gewordene Nectar (er kann gar nicht alt genug sein) stellt die wahre Essenz der Insel dar.

Auf Santorin wachsen starke, intensive, (sehr) trockene Weißweine in kleinen Nischen hoch oben an den windgepeitschten Felsen des noch nicht ganz erloschenen Vulkans. Der süße Visanto von Santorin war einst der Meßwein der russischen Kirche und eine bedeutende Einkommensquelle.

Rhodos hat ein ideales Klima und produziert neuerdings ihm angemessene Weine: den roten Chevalier de Rhodes, den weißen Ilios, einige süße Muskateller sowie einen Schaumwein, der sich in diesen elysischen Gefilden höchst erfrischend ausnimmt.

DIE SPRACHE DES ETIKETTS

Παλαιόν (Palaion) Alter Wein
Ἐνδίκως διατηρημένον (Endikos diatirimenon) Reifer Qualitätswein
Ἐπιτραπέζιο κρασί (Epitrapezio) Tischwein
Οἰνοπαραγωγάς (Oinoparagogos) Weingut
Οἰνοποιεῖον (Oinopoieion) Weinkellerei
Παραγωγή καὶ Ἐμφιάλωσις (Paragogi ke emfialosis) Erzeugt und abgefüllt
Οἶνος λευκός (Oinos lefkos) Weißwein
Οἶνος Ἐρυθρός oder Μαύρος (Oinos erythros oder mavros) Rotwein
Ροζέ oder Κοκκινέλι (Rosé) oder (Kokkineli) Roséwein
Ρετσίνα Retsina
Ξηρός (Xiros) Trocken
Ἀφρῶδες κρασί (Afrothes) Schaumwein

GRIECHENLAND

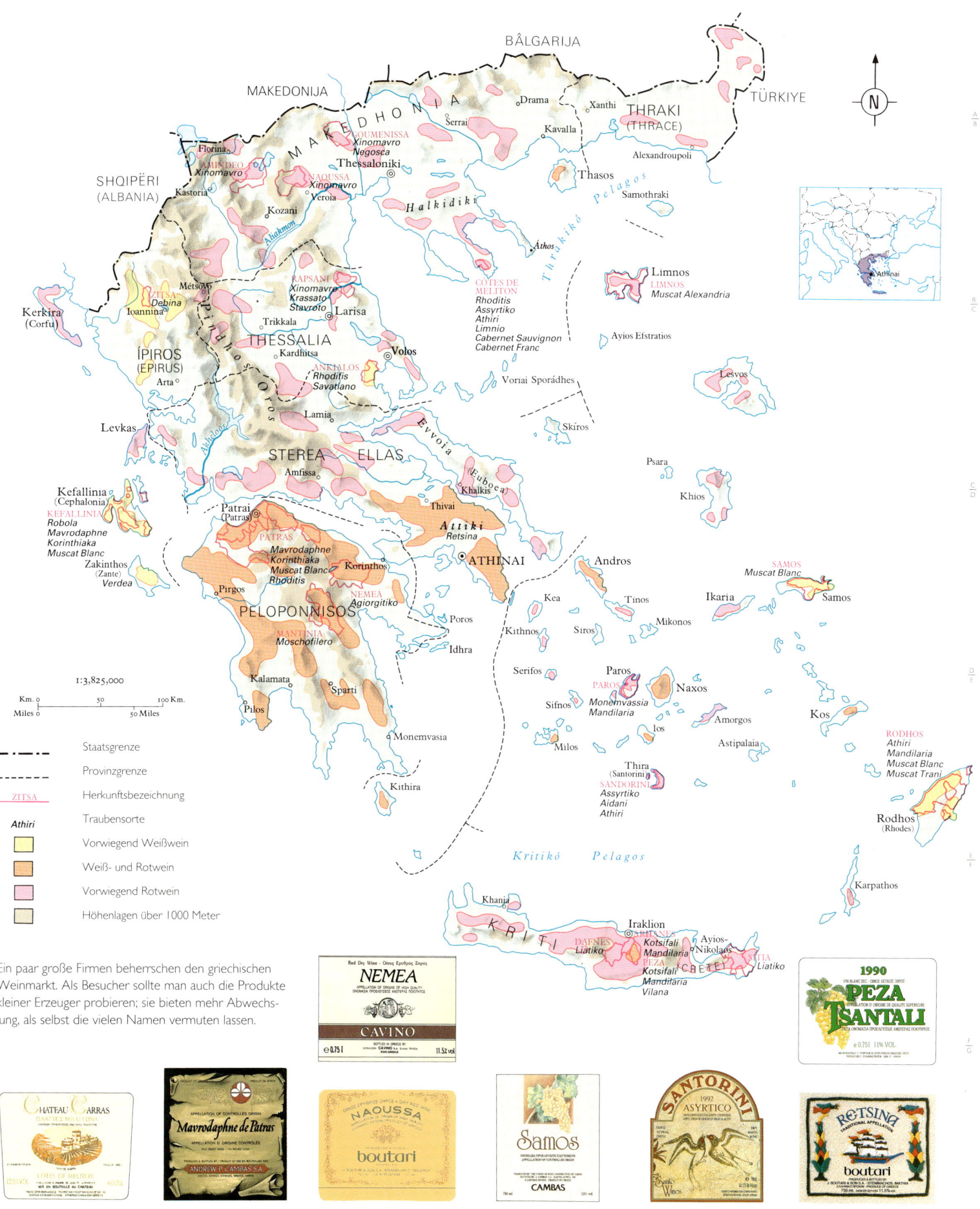

Ein paar große Firmen beherrschen den griechischen Weinmarkt. Als Besucher sollte man auch die Produkte kleiner Erzeuger probieren; sie bieten mehr Abwechslung, als selbst die vielen Namen vermuten lassen.

Rußland, Krim

Die Südküste der Krim war die Riviera des Zarenreichs und seine Hauptquelle für Dessertwein. Prachtvolle Muskateller, «Ports», «Sherrys» und «Madeiras» aus Massandra wurden 1990 bei Sotheby's versteigert. Der beste «Champagner» Rußlands kommt aus demselben Küstenstreifen.

Die Sowjetunion hatte sich in den 1950er Jahren theoretisch auf Kosten des Wodkas für den Wein entschieden. 1950 verfügte sie über eine Weinanbaufläche von 400 000 ha. 1985 waren es 1,4 Millionen ha; damit stand sie hinter Spanien der Rebfläche nach auf dem zweiten, der Weinproduktion nach hinter Italien und Frankreich auf dem dritten Platz in der Welt. Aber selbst das war nicht genug, die UdSSR blieb mit jährlich 7 Millionen hl ein unersättliches Weinimportland.

Freilich ging es bei alledem nicht um Qualität. Zur Bewältigung solcher Weinmassen wurde ein riesiges Netz von Primär- und Sekundärweinfabriken eingerichtet. In den Primäranlagen wurden die Trauben gekeltert und vergoren, dann wurde der Wein in Tankfahrzeugen in die Sekundäranlagen in den Verbrauchergebieten – vor allem nach Moskau, Kiew, Leningrad und Wladiwostok – transportiert, dort fertigbearbeitet und bei hohen Temperaturen abgefüllt.

Die zweite russische Revolution von 1989 veränderte das System nicht etwa über Nacht, ebnete aber qualitätsbewußten Unternehmen den Weg an Moskau vorbei. Die Schwierigkeiten sind chronisch – viele Kellereien haben keine Abfüllanlagen, oft nicht einmal Flaschen. Doch die Regionen, die in Rußland früher den besten Wein lieferten, stehen jetzt wieder im Scheinwerferlicht.

Die besten Aussichten bietet Moldova (gegenüber). Alle übrigen werden aus der Karte ersichtlich – die Krim und Georgien sind historisch am bedeutendsten.

Die Krim wurde am Ende des 18. Jahrhunderts unter der Herrschaft von Katharina der Großen Teil des Russischen Reichs. Die Südküste wurde dank ihres mediterranen Klimas bald zum bevorzugten Aufenthaltsort einer lebenslustigen Aristokratie. Graf Mikhail Woronzow erschloß das Gebiet in den 1820er Jahren. Der Weinbau war seine Passion, und so baute er in Alupka südwestlich von Jalta ein Weingut und gründete im nahegelegenen Magarach ein Weinbauinstitut.

In erstaunlicher Parallele zu den gleichzeitig in Australien (und eine Generation später in Kalifornien) verlaufenden Entwicklungen versuchte Woronzow anfänglich die großen Weine Frankreichs möglichst genau nachzuahmen. Damit hatte er ebensowenig Erfolg wie jene, die in Barossa Burgunder produzieren wollten. An der Südküste war es zu heiß, aber schon 10 km landeinwärts zu kalt. Im Winter sinken hier die Temperaturen bis –23 °C. Dessenungeachtet legten die Sowjets im Landesinneren große Anpflanzungen vorwiegend mit Rkatsiteli, z. T. aber auch mit winterharten Züchtungen aus Magarach an.

Eine Generation nach Woronzow ging Fürst Lev Galizin wissenschaftlich fundierter

Moldova

vor. Nach dem Krimkrieg 1854–56 baute der Zar zwischen Alupka und Jalta einen Sommerpalast, Livadia. Galizin stellte mit beträchtlichem Erfolg das zweitbeliebteste Getränk Rußlands, nämlich «Champagner», auf seinem Gut Novy Svet («Neue Welt»), 30 km weiter östlich an der Südküste, her – diese Tradition lebt heute noch fort. Die Krim war indessen eindeutig für Dessertwein prädestiniert. 1890 baute der Zar in Massandra bei Livadia «das schönste Weingut der Welt» und beauftragte Galizin mit der Erschließung der Südküste für die Gewinnung von Süßweinen aller Art.

Die Namen Massandra, Livadia, Alupka und Novy Svet sowie Aluschta, Ai-Danil und Ayu-Dag traten im Westen wieder in Erscheinung, als 1990 bei Sotheby's in London die Weine der bis 1880 zurückreichenden Sammlung von Massandra zur Auktion gelangten. Die meisten, bis auf die Muskateller, trugen die Bezeichnungen «Port» (rot oder weiß), «Madeira», «Sherry», «Tokajer», «Cahors» oder gar «Yquem». Fast alle waren sehr fein, viele sogar superb und der weiße Massandra Muscat de la Pierre Rouge und der Rosé Muscat von Livadia absolute Spitze.

Georgien dagegen wurde nicht erst vor kurzem für den Weinbau erschlossen, sondern ist vielleicht das älteste Weinbauland der Erde. Es gibt dort über 500 Rebsorten, und die vielen Täler bieten ihnen allen zwischen der feuchtwarmen Schwarzmeerküste und dem trockenen Inneren Kachetiens ein geeignetes *terroir* und Mikroklima. Georgische Bauern arbeiten noch mit vorklassischen Methoden. Sie benutzen *kwevri* genannte Amphoren, die bis zum Hals eingegraben sind, als Gärgefäße und bringen damit hocharomatische, abwechslungsreiche, wenn auch primitive Weine. Dennoch verglich Puschkin den kachetischen Wein mit dem feinsten Burgunder.

Die Georgier sind als trinkfeste Schwelger bekannt. Doch ihr stark mitgenommenes Land ist kaum in der Lage, die Qualität des Weins, der dort gegenwärtig entsteht, zu verbessern. Heute erbringt die rote Saperavi die besten Weine, die auch unter den Namen Mukuzani und Napareuli erhältlich sind. Die Weißweine Tsinandali und Ghurdjaani haben weniger zu bieten. Der Besucher Georgiens wird den unglaublich billigen und beliebten «Champanski» verlockender finden.

Das Don-Becken um Rostow hat sich auf Schaumwein spezialisiert; am bekanntesten ist der süße rote Zimlianskoje. Anapa südlich von Krasnodar hat sich mit Riesling einen Namen gemacht. Chyorniye Glaza («schwarze Augen») gilt als Rußlands Portwein.

Armenien, Aserbaidschan und die Küste des Kaspischen Meers bis Machatschkala ist Dessertweinland. Alle aufgeführten Sorten, rot, braun oder weiß, sind süß und stark. Eine beachtenswerte Ausnahme bilden die roten bzw. weißen Tischweine Matrasa und Sadilly aus der Gegend von Baku.

Während die Weinkeller der Zaren im Kreml mit Dessertweinen von der Krim versorgt wurden, kamen die bevorzugten Tischweine damals aus der Moldau (auch Bessarabien genannt). Die Geschichte des heutigen Moldova berichtet von Kriegen zwischen Rußland und Rumänien. Zum Glück für die (vorwiegend rumänische) Bevölkerung trug keine Seite den Sieg davon. 1991 errang Moldova seine Unabhängigkeit.

Noch zur Zeit der Sowjetunion erfuhr die Eignung des Landes für den Weinbau eine zweischneidige Anerkennung durch ein kolossales wahlloses Anpflanzungsprogramm im Umfang von fast 235 000 ha, die ein Fünftel der Weinproduktion der UdSSR lieferten. Eine Reihe strenger Winter in den 1980er Jahren verringerte im Verein mit Gorbatschows Antialkoholkampagne den Bestand um 55 000 ha. Doch für ein Land mit 4,3 Millionen Einwohnern sind 180 000 ha noch immer reichlich.

In Moldova wirken die geographischen Gegebenheiten (es liegt auf demselben Breitengrad wie Burgund) mit fruchtbarem Boden, Hanglagen in vielen Flußtälern und dem durch das Schwarze Meer gemäßigten Klima zusammen und lassen hochwertiges Traubengut entstehen. Die besten Lagen haben ein fast ideales Klima: im Winter feucht, im Sommer trocken.

In Moldova ist es wie im Napa Valley nach Norden hin wärmer, es hat aber kältere Winter und ist im ganzen wolkiger und feuchter. Die südliche Mitte um die Hauptstadt Chisinau bietet die günstigsten Verhältnisse. Die Romanows ließen von französischen *vignerons* in Romanesti ein 600 ha großes Weingut anlegen. Für Rotwein wurden Cabernet, Merlot und Malbec und für Weißwein neben Aligoté die beliebteste russische Rebsorte Rkatsiteli angepflanzt. Die Romanows gründeten auch die erste Weinbauschule des Landes im nahegelegenen Stauceni.

Als Lieferant der vornehmen Gesellschaft Rußlands entwickelte Moldova im 19. Jahrhundert gut ausgebildete mächtige Kellereien nicht nur für Tischwein, sondern auch für «Sherry» (in Ialeveni südlich von Chisinau), für Schaumwein (in Cricova) und für Branntwein (in Balti im Norden). Heute befindet sich das berühmteste Weinbaugebiet in Purcari im Südosten, wo Cabernet und die herrliche Saperavi-Traube aus Georgien, die dort den dunklen, pflaumenwürzigen, säurereichen und langlebigen Wein erbringt, zu einem wuchtigen, Bordeaux-ähnlichen Verschnitt verarbeitet werden. Als der 1963er Negru de Purcar 1992 in den Westen kam, war er eine Sensation. Schon 1993 hatten sich mindestens drei Gemeinschaftsunternehmen aufgetan, u. a. mit Penfold's aus Australien.

Ein Dutzend kleinerer Einzellagen sind bereits für ein grundlegendes Appellationssystem ausgewählt. Wenn die Politik es zuläßt, wird dieses Land eine der interessantesten «neuen» Weinbauregionen Europas werden.

Von der Krim bezogen die Zaren ihre Süßweine. Aus Moldova und Georgien kam im Land gewachsener «Bordeaux» und Tischwein hoher Qualität.

Das östliche Mittelmeer

 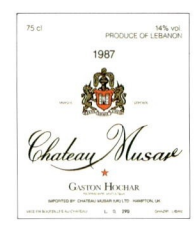

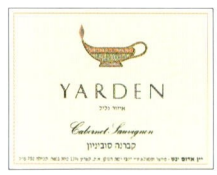 

Im Bekaa-Tal östlich vom Libanon-Gebirge stehen Weinstöcke neben Feigenbäumen. Château Musar hat hier zwei Jahrzehnten Bürgerkrieg getrotzt und hält seinen Rang unter den großen Rotweinen der Welt.

Israel hat exzellente Rot- und Weißweine zu bieten. Château Musar ist das Spitzengewächs aus dem Libanon. Die Türkei vernachlässigt in ihren frischen Weiß- und sanften Rotweinen die eigenen Rebsorten nicht.

Es besteht kein Zweifel, daß der Nahe Osten die ursprüngliche Heimat des Weins ist. Noah, Naboth, Babylon und Baalbek bezeugen, daß das östliche Mittelmeer das Frankreich und Italien der Antike war – bis zum Einzug des Islam im 8. Jahrhundert.

Dann verbot der Prophet seinen Anhängern den Weingenuß. Die Kalifen und Sultane waren aber wohl kaum völlige Abstinenzler; die Christen und Juden bereiteten jedenfalls Wein – wen ficht es an, wer ihn getrunken haben mag. Doch erst gegen Ende des 19. Jahrhunderts fand der Wein wirklich wieder in seine Heimat zurück. Als die Reblaus die europäischen Weinberge vernichtete, sprang Asien in die Bresche. 1857 gründeten Jesuiten die Kellereien von Ksara. In den 1880er Jahren brachten die Rothschilds den Weinbau wieder nach Palästina. Ein Jahrzehnt später exportierte das Osmanische Reich rund 70 Millionen Liter Wein jährlich. Bei Alexandria pflanzte Nestor Gianaclis 1903 die ersten Reben der neuen ägyptischen Weinwirtschaft.

Seit langem konzentriert sich nun das Interesse auf den Libanon, wo ein höchst bemerkenswerter Mann, Serge Hochar von Château Musar, trotz Bürgerkrieg 20 Jahre lang großartigen Wein hervorgebracht hat. Die Rebfläche von Musar liegt am Osthang des Barouk-Bergs über dem vom Krieg verwüsteten Bekaa-Tal. In 900 m Höhe erbringen auf 130 ha vor allem Cabernet und Cinsault außerordentlich aromatische Weine, die vor dem Verkauf lange reifen und sich danach noch Jahrzehnte halten. Inzwischen hat Musar einen Rivalen bekommen, der allerdings eine andere Philosophie vertritt: Der Château Kefraya ist für baldigen Verbrauch bestimmt. Das Potential für wirklich feinen Wein von der Levante, das Château Musar vorführt, gibt Anlaß zu faszinierenden Folgerungen. Schließlich importierten einst die Pharaonen ihre Lieblingsweine aus Kanaan (heute Libanon).

Die Türkei ist das größte Erzeuger- und Exportland der Levante. Sie verfügt über die fünftgrößte Rebfläche der Welt, aber nur aus 3 % der Trauben wird Wein erzeugt. Die übrigen werden frisch oder als Rosinen verzehrt. Kemal Atatürk, der Gründer der säkularen Republik, baute in den 1920er Jahren Weinkellereien in der Hoffnung, seinem Volk die Vorzüge des Weins nahebringen zu können. Damit sicherte er den alten anatolischen Rebsorten das Überleben. Doch die Türken lassen sich offensichtlich nur schwer überzeugen.

Das Land ist in neun ökologische Zonen unterteilt. Die Zonen II und III – die ägäische Küste und Thrakien/Marmara – sind die bei weitem größten Weinerzeugergegenden; sie tragen drei Fünftel zur Gesamtproduktion bei.

Das Staatsmonopol unterhält 21 Weingüter und bestreitet den Großteil des türkischen Weinexports. Obwohl starke Verschnittweine den Hauptanteil ausmachen, sind die leichteren Rotweine Trakya und Buzbag (aus Thrakien bzw. Südostanatolien) bekannt geworden. Es gibt auch einen weißen Trakya (von Sémillon).

Unter den privaten Weinerzeugern sind Doluca und Kavaklidere führend. Doluca produziert in Thrakien zuverlässigen Villa Doluca und Villa Neva. Kavaklidere bei Ankara konzentriert sich auf die Rebsorten Anatoliens: Narince, Emir und Sultanine für Weißwein und Bogazkere, Kalecik Karasi und Öküzgözü für Rotwein.

Die ansehnlichen Weinbaubetriebe in Rishon-le-Zion und Zichron-Yaakov sind ein Geschenk von Baron Edmond de Rothschild an den Staat Israel. Aus ihnen kommen über drei Viertel aller Weine des Landes, vor allem aus Weinbergen im Carmel-Tal. Bis in die 1980er Jahre ging es in Israel hauptsächlich um koscheren Wein. 1976 begannen dann Anpflanzungen auf den Golanhöhen, vom See Genezareth bis hinauf in 1200 m Höhe am Hermon; kalifornische Technologie wurde importiert, und 1987 kam ein Sauvignon Blanc heraus, der die Welt in Erstaunen versetzte. Seither bewähren sich die Spitzen-Rot- und Weißweine aus Galiläa unter der Marke Yarden sowie den Zweitetiketten Gamla und Golan. Die Rothschild Reserves bemühen sich, damit Schritt zu halten.

In Ägypten werden in den Weingärten Gianaclis bei Abu Hummus vorwiegend weiße Trauben angebaut. Der größte Teil des Ertrags wird allerdings destilliert. Die bekanntesten Weißweine heißen Cru des Ptolémées und Reine Cléopatre.

DAS ÖSTLICHE MITTELMEER

Zypern

Zypern ist nicht nur eines der ältesten Weinländer der Welt, sondern auch das bei weitem entwickeltste und erfolgreichste Anbaugebiet der östlichen Mittelmeerregion. Hier wurde (in der Zeit der englischen Herrschaft seit 1878) erstmals der Wein wieder in seine führende Rolle in der Wirtschaft eingesetzt, die er vor der moslemischen Eroberung innegehabt hatte.

Das Auseinanderbrechen der UdSSR bedeutete einen schweren Schlag: Die Sowjets hatten Rotwein und Commandaria in großen Mengen gekauft. Zypern-Sherry war lange Zeit der Bestseller; mit der schwächer werdenden Nachfrage entwickelt sich nun jedoch allmählich das Potential für guten Tischwein.

Das niederschlagsreiche Troodos-Gebirge trägt auf seiner Südseite den Weinbau Zyperns. Limassol, der Hafen an der Südküste, ist Umschlagplatz und Sitz der vier großen Weinfirmen ETKO, Keo, Laona und Loel sowie der Genossenschaft SODAP.

Der originellste Zypernwein ist der fast likörartige Commandaria, der in 14 Dörfern am Fuß des Troodos gekeltert wird. Commandaria bereitet man dort mindestens seit Ende des 12. Jahrhunderts, als die Kreuzritter mit ihrer Grande Commanderie auf der Insel Fuß faßten. Seine intensive Süße ist aber schon weitaus länger bekannt: Bereits in der altgriechischen Literatur werden solche Weine beschrieben, die stets mit Wasser (manchmal sogar mit Meerwasser) verdünnt getrunken wurden. Die Süße wird dadurch erreicht, daß man die Trauben auf Tüchern trocknet, die zwischen den Rebstöcken auf dem Boden ausgebreitet werden. Heute wird der Commandaria als einfacher Süßwein angeboten. Ab und zu gibt es ihn aber auch noch als den legendären, erstaunlich konzentrierten Commandaria der echten alten Art, in Geschmack und Konsistenz schon mehr als sirupartig, aber mit einer untergründigen frischen Traubennote.

Die Auswahl der Traubensorten, die auf Zypern wachsen, ist nicht sehr reichhaltig. Die Insel ist nie von der Reblaus heimgesucht worden, und um sich nicht dem Risiko auszusetzen, sie mit Importreben einzuschleppen, haben sich die Erzeuger an die herkömmlichen Inselreben gehalten: die schwarze Mavron (70% des Rebbestands), die weiße Xynisteri sowie Ophtalmo und Muscat of Alexandria. In den letzten Jahren ist die Anbaufläche jedoch stark vergrößert worden, und dabei wurden auch neue Rebsorten eingeführt, z.B. die Palomino aus Jerez für Sherry und Weißwein; die Grenache wird zu leichteren Rotweinen verarbeitet, als die Mavron-Traube sie abgibt (Domaine d'Ahera ist ein Beispiel). Außerdem haben Experimente mit Shiraz, Cabernet und Chardonnay Anlaß zu weiteren Anpflanzungen gegeben.

Durch frühere Lese wurde der Qualitätsstand allgemein angehoben. Man darf damit rechnen, daß von der schönen Insel Zypern bald neue, würzigere Weine kommen. Wer in einem der zahlreichen griechischen Restaurants speist, muß sich freilich vorerst noch mit den einfacheren, dabei aber sehr gefälligen Rotweinen wie Othello und Semeli, Negro oder Afames begnügen.

Von den erfrischenden Weißweinen, die unter der Sonne Zyperns gedeihen, ist an erster Stelle der perlende Bellapais von Keo zu nennen, der seinen Namen nach einer Abtei bei Kyrenia bekommen hat.

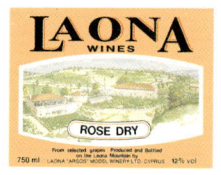

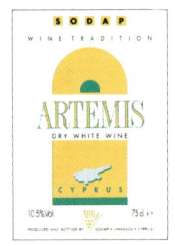

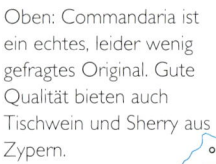

Oben: Commandaria ist ein echtes, leider wenig gefragtes Original. Gute Qualität bieten auch Tischwein und Sherry aus Zypern.

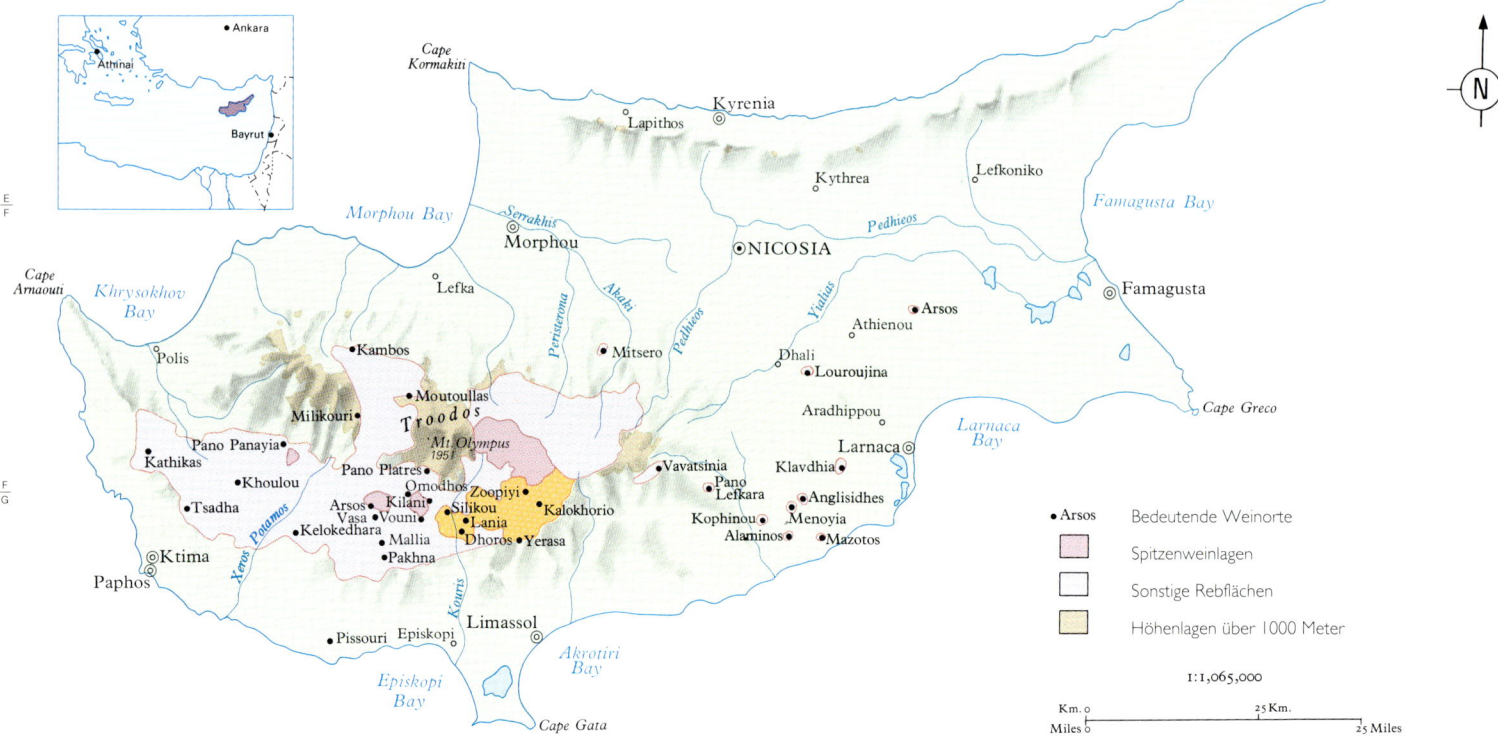

Nordafrika

Die Bedeutung der Weinerzeugung in Nordafrika sinkt seit den großen Tagen vor 40 Jahren, als Algerien, Marokko und Tunesien gemeinsam gut zwei Drittel zum internationalen Weinhandel beitrugen, stetig ab. Allein Algerien verfügte damals über 400 000 ha Rebfläche.

Fast der gesamte riesige Ertrag ging als Verschnittwein nach Europa (vor allem nach Frankreich), wo er seiner Stärke, tiefen Farbe und kraftvollen Konzentration wegen sehr geschätzt war. Algerien war bei weitem die ergiebigste Quelle. Als das Land 1962 von Frankreich unabhängig wurde, begann der Niedergang. Zwischen 1966 und 1991 schrumpfte der Ertrag von 16 Millionen auf unter 1 Million hl. 80% aller Reben sind über vierzig Jahre alt, und Neuanpflanzungen gibt es vermutlich keine.

Das alles bedeutet aber nicht, daß der algerische Wein minderer Qualität wäre oder sein müsse. Leichte Böden und viel Sonne lassen vollen Wein entstehen, und die besten Berglagen, die früher VDQS-Status hatten, sind erhalten geblieben, während in den Ebenen heute Getreide wächst.

Es gibt in den westlichen Provinzen Oran und Algier sieben Qualitätsanbaugebiete, die Coteaux de Tlemcen bringen sehr ordentliche, kräftige, trockene Rot-, Rosé- und Weißweine hervor. Der Wein aus den Monts du Tessala scheint nicht ganz so gut auszufallen, aber der aus den Coteaux de Mascara hat von früher her noch einen guten Ruf.

Taughrite, Aïn-Merane und Mazouna – das sind die heutigen Namen der ehemaligen Dahra-Güter Robert, Rabelais und Renault – liefern gute, kräftige, anständige Rotweine und sehr attraktiven leichteren Rosé, während die Coteaux du Zaccar, weil sie weiter vom Meer entfernt sind, einen nicht so fruchtigen Geschmack hervorbringen. Weiter im Osten entstehen in den Medea-Bergen in Lagen bis 1200 m Höhe und in Aïn-Bessem Bouira Weine, die zu den besten und interessantesten Algeriens gehören, vor allem die Rosés. Der Wein mit dem größten Prestige heißt Cuvée du Président.

Die Vermutung liegt nahe, daß Marokko unter dem Einfluß des Atlantiks in Nordafrika die besten Voraussetzungen für den Weinbau haben müsse. Zwar ist auch hier die Anbaufläche auf etwa die Hälfte von 1970 zurückgegangen, aber sie war auch vorher nie groß gewesen, und man hat sich stets um Qualität bemüht. Die marokkanische Appellation d'Origine Garantie wird von der Zentralorganisation SODEVI verwaltet.

Die Region von Fès-Meknès ist das wichtigste Anbaugebiet. Es bringt eindrucksvolle Rotweine hervor, die unter den Namen Tarik und Chantebled exportiert werden. Beide Weine sind gut, geschmeidig und ansprechend. Seit 1993 hat die Domaine de Sahari bei Meknès auf 1200 ha Cabernet und Merlot in ihr Programm, bestehend aus Rouge de Guerrouane (ein Verschnitt aus Cinsaut, Carignan, Grenache und Alicante Bouschet mit etwas Syrah) und einem Gris von Cinsaut, aufgenommen. Um Rabat in der Küstenebene findet man erfreuliche, milde Rotweine unter Distriktnamen: Rharb, Chella, Zemmour und Zaer. Südlich von Casablanca gibt es einen «Vin gris», der aus roten Trauben weiß gekeltert wird und eiskalt getrunken werden will. Der Gris de Boulaouane ist der einzige Wein, der östlich vom Atlantik noch von der Criolla-Traube erzeugt wird.

Tunesien ist wie Marokko um Qualitätsverbesserung für den Export bemüht. Heute gibt es hier sowohl süße als auch trockene Muskateller, doch auch einige Rot- und Roséweine dürften dem konventionelleren Geschmack durchaus zusagen.

Der größte Erzeuger ist der Genossenschaftsverband mit seinem Standardprogramm aus rotem Coteaux de Carthage, dem Rosé Château Mornag, dem trockenen Muscat de Kelibia und dem Magon, einem Rotwein mit mehr Fülle als der Coteaux de Carthage.

Die staatliche Weinkellerei liefert die Rotweine Château Thibar und Sidi Selem. Zwei der besten selbständigen Erzeuger, Lamblot und Château Feriani, haben bemerkenswerte Rotweine aus den Coteaux d'Utique zu bieten, und zwei weitere – Lavau und Tardi – bauen Wein in der Region Tébourba und in den Bergen weiter im Norden.

Tunesien kann eine Fülle anständiger, solider Rotweine, guter süßer Muskateller, sehr ansprechender Roséweine (manche davon mit herrlichem Muskateller-Aroma) vorweisen. Bisher mangelt es jedoch an gutem Weißwein. In dieser Hinsicht hat Algerien noch immer einen Vorsprung vor den sonst doch ehrgeizigeren Nachbarländern.

Unten: Zwar behält Algerien die alten französischen VDQS-Namen bei, aber in der Qualität ist es hinter Marokko und Tunesien zurückgefallen. An den hellen marokkanischen *vin gris* kann man sich rasch gewöhnen.

Asien

Die geographische Verbreitung des Weins stellt Fragen, die jeden, der den Wein als einen Segen für die Menschheit ansieht, nachdenklich machen müssen. Da ist vor allem das Rätsel, das der Osten aufgibt.

Die arabische Welt leistete im 8. Jahrhundert Verzicht auf den Wein – mindestens theoretisch: Manche Kalifen, gewiß auch die seldschukischen und osmanischen Sultane, sahen keinen Sinn darin, dieses Vergnügen auf das jenseitige Leben zu vertagen. Die Perser gaben es, wie man aus Omar Khayyáms Rubaijat sehen kann, nur höchst ungern auf. Shiraz im Zagros-Gebirge in Südpersien war bis ins 19. Jahrhundert eine große Weinbauregion, die vor allem nach Indien exportierte. Es ist sogar nachgewiesen, daß von Shiraz aus bereits 1677 Wein in Flaschen versandt wurde, was es damals in Europa kaum gab.

Im 16. Jahrhundert belieferten Weinberge in Afghanistan den Hof der Moguln. Heute wird in Poona bei Bombay in den Maharashtra-Bergen Schaumwein («Omar Khayyám» und «Pompadour») in so guter Qualität produziert, daß er sich in Europa durchaus sehen lassen kann. Bis Bangalore im Süden wächst Cabernet Sauvignon in den Dodballapur-Bergen. Grover Vineyards plant hier eine Jahresproduktion von 100 000 Kisten. Hoch oben im Hindukusch findet man noch Reste der Hounza-Weinberge, die einst die fruchtbaren Teile der Seidenstraße säumten, auf der die Weinrebe nach China gelangte.

Dort war sie den Gärtnern im 2. Jahrhundert bekannt, und sie verstanden auch Wein

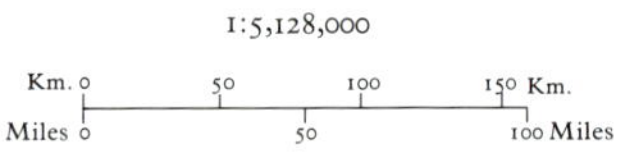

Unten: Asiens Zwiespältigkeit beim Wein ist uralt. Den indischen Moguln im 16. Jahrhundert schmeckte er, obwohl sie Moslems waren; aber heute noch steht auf dem exzellenten Schaumwein aus der Gegend von Bombay (rechts) «nur für den Export». China kennt solche Hemmungen nicht. Huadong ist in der Qualität führend.

aus ihren Früchten zu bereiten. Warum also wurde er dort nicht zum Bestandteil des Lebensstils wie in allen Ländern des Westens, in denen die Rebe gedeiht?

Edward Hyams kam in seinen Studien über den Wein in der orientalischen Literatur zu dem Schluß, daß er dem asiatischen Temperament einfach nicht entspricht. Vielleicht ist der Grund sogar noch einfacher. Die Chinesen essen stark gewürzte Speisen und brauchen deshalb eher Reisschnaps als Wein.

Wie dem auch sei, trotzdem gibt es in Nordchina zumindest seit einem Jahrhundert Weingärten von beträchtlichem Ausmaß. Im Distrikt von Tsingtau (Quindao) in der Provinz Shantung (Shandong) legten Missionare zu Beginn des Jahrhunderts Weinberge an. Die Deutschen bauten die erste Weinkellerei in Tsingtau. Sie blieben nicht lange, aber ihre alten Fässer wurden weiter benutzt, und das wirkte sich auf den Wein nicht gut aus.

In der neuerlichen Offenheit Chinas wurden nun mehrfach Schritte unternommen, um einen modernen Weinbau einzurichten. Wie es scheint, gibt es geeignete Böden. Das Klima macht schon eher Schwierigkeiten. Das Binnenland zeigt typisch kontinentale Extreme, und die Küstenbereiche haben unter Monsunen zu leiden. Die Halbinsel Shandong ist die einzige Region mit einer längeren Weinbauge-

Japan

schichte. In Yantai (früher Cheefoo; auf Etiketten heißt es heute Changyu) und Tsingtau gab es die ersten modernen Kellereien. Heute verfügt die Provinz angeblich über eine Rebfläche von 14 000 ha (vorwiegend für Tafeltrauben), und in fünf größeren Weinkellereien – in Yatai, Tsingtau, Wei Fang, He Ze und Ji Nan – werden etwa eine Million Kisten Wein erzeugt.

Die Firma Rémy Martin hat wohl als erste in Zusammenarbeit mit den Chinesen einen Weißwein aus der Lokaltraube «Drachenauge» herausgebracht, der mit Muskateller (von 1958 aus Bulgarien importierten Reben) aufgebessert wird. Dieser Wein trägt den Namen Dynasty. Sein Erfolg in chinesischen Restaurants hat zur Anpflanzung klassischer Rebsorten in der Gegend von Tianjin südöstlich von Peking ermutigt.

Ein zweites Gemeinschaftsunternehmen, ebenfalls in Tianjin, brachte «Große Mauer» heraus; ein drittes – mit der französischen Firma Pernod-Ricard – hat die Weinrebe an die Große Mauer verpflanzt, nämlich 120 km westlich von Peking in den Regenschatten des Yan-Gebirges. Die einheimische Traube «Drachenauge» erhält u. a. durch Chardonnay und Cabernet, aber auch durch den in China sehr geschätzten Muskateller Verstärkung, und die Qualität ist vielversprechend. Das Hauptproblem ist die Winterkälte, die es nötig macht, Gräben zu ziehen und die Reben darin einzuwintern.

Alles in allem scheint die Halbinsel Shandong die günstigste Stelle für den Anbau europäischer Rebsorten zu sein. Sie ist die einzige Gegend Chinas mit maritimem Klima und Südhängen mit durchlässigem Boden nahe beim Meer. Hier übernahm Michael Parry, ein Engländer aus Hongkong, die Initiative in einem Gemeinschaftsunternehmen mit der (auch durch Bier bekannten) Kellerei Tsingtao. Ein vielversprechender Start wurde durch die Vorfälle auf dem Tiananmen-Platz 1989 getrübt. Parry ist inzwischen gestorben, doch sein Mitarbeiter machte Hiram Walker auf die Sache aufmerksam, und nun tat durch die Erforschung von Südhängen auf der Halbinsel die Weinqualität in China einen Schritt vorwärts. Bisher haben bereits Riesling und Chardonnay der Marke Huadong ein internationales Niveau erreicht.

Das alles sind wohl hoffnungsvolle Anfänge. Erstaunt ist man dann freilich, wenn man erfährt, daß die größte Konzentration der chinesischen Rebenanbaufläche so weit vom Meer entfernt ist, wie es nur geht: ganz im äußersten Nordwesten, nördlich von Tibet in der autonomen Provinz Xinjan Urgur. Mitten in Asien liegt dieses Gebiet sozusagen auf dem idealen Breitengrad für die Weinrebe: auf gleicher Höhe mit Südfrankreich und Norditalien. Die Anbaufläche umfaßt 11 000 Hektar, aber leider gibt es hier keinen Wein. Die Sommer sind so ungeheuer und anhaltend heiß, daß sich die Trauben noch am Rebstock in Rosinen verwandeln.

Als die Natur Japan erbaute, dachte sie an alle Schönheiten und Freuden der Welt, nur an den Wein nicht.

Zwar liegt Honshu, die Hauptinsel des japanischen Archipels, auf demselben Breitengrad wie das Mittelmeer, das Klima aber ist ganz anders. Wie der Osten der Vereinigten Staaten (der ebenfalls in diesen Breiten liegt) leidet auch Japan darunter, daß sich im Westen ein riesiger Kontinent erstreckt. Es ist zwischen Asien und dem Pazifik, also den größten Land- und Wassermassen der Erde, sozusagen eingeklemmt, und so ergeben sich extreme Klimaverhältnisse von eigentümlich berechenbarer Art. Die Ostwinde von Sibirien her sorgen für eiskalte Winter, Monsune aus dem Pazifik und dem Japanischen Meer für klatschnasse Frühlinge und Herbste. Ausgerechnet dann, wenn die Weinrebe Sonnenschein braucht, nämlich zur Blüte im Frühsommer und zur Reifezeit vor der Ernte, setzen ihr die regnerischen Jahreszeiten «Baiyu» und «Shurin» einen Dämpfer auf. Zwischen ihnen liegt der Sommer mit seinen Taifunen.

Das vielgeplagte Land ist rauh und gebirgig, fast zu zwei Dritteln so steil, daß der saure Boden in die kurzen, wirbelnden Flüsse gespült würde, wenn ihn die Wälder mit ihren Wurzeln nicht festhielten. Der Boden der Ebenen ist gut für Reis, aber nicht für die Rebe.

Dennoch hat der Weinbau in Japan eine lange Geschichte. Im 8. Jahrhundert unserer Zeitrechnung wurde am Hof von Nara Wein gebaut. Buddhistische Missionare sorgten für die Verbreitung der Rebe über das ganze Land. 1186 wurde am Fujisan eine Sämlingsrebe mit dickschaligen Beeren (*Vitis vinifera orientalis* «Caspica») ausgewählt und auf den Namen Koshu getauft. Sie ist auch heute noch die für japanische Verhältnisse am besten geeignete Rebsorte und erbringt ordentlichen Weißwein, eine weitere ist Zenkoji – in China als «Drachenauge» bekannt.

Die Portugiesen im 15. Jahrhundert und der Heilige Franz Xaver als Prediger am Hof Yamaguchi führten roten «Tinta-Wein» ein, und 1569 hielt der große Kriegsherr Oda Nobunaga für seine Samurai-Feldherren ein berühmtes Weinfest ab. Anfang des 17. Jahrhunderts hatte sich die charakteristische Form des japanischen Weingartens entwickelt: Beim «Tanazukuri»-System wird die Rebe mannshoch gezogen, und dann werden die Triebe horizontal nach allen Seiten hin über 10 m weit fächerartig auf Stützdrähten geführt. Ein traditioneller japanischer Weingarten ist eine einzige große Pergola. Das hat den Vorteil, daß er nur ein Mindestmaß an kostbarer Bodenfläche

Unten: Japanische Weinpflanzungen des alten Stils wirken ungewohnt; die Reben werden wie ein Dach über weite Flächen gezogen und im Winter mit Strohmatten geschützt. Diese luftige Erziehung verringert Fäule. Moderne Weinberganlagen werden dagegen wie sonstwo in der Welt behandelt.

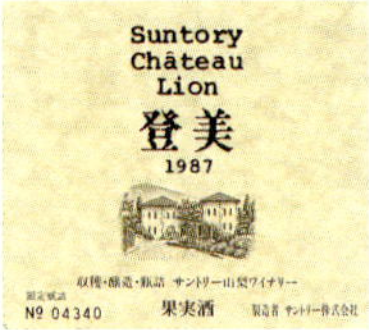

JAPAN

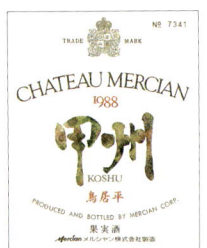

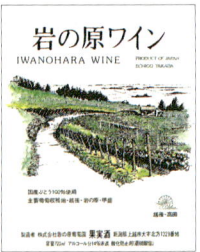

Oben: Mann's, Suntory und Mercian sind die wahren treibenden Kräfte im modernen Qualitätsweinbau Japans. Iwanohara ist ein Zweigbetrieb von Suntory.

Japans Weinbauregionen

einnimmt und um die herabhängenden Trauben ein Höchstmaß an frischem Luftzug herrscht, was der Fäulnisgefahr entgegenwirkt. Der Nachteil dieses Systems ist dagegen, daß die Pflanzen, deren Wurzeln stets in Feuchtigkeit und flachgründigem Boden stehen, gewaltige Erträge an wässerigen Trauben mit wenig Zuckergehalt und Geschmacksstoffen bringen.

Trotzdem gibt es seit über 100 Jahren eine Weinbauwirtschaft im modernen Sinne. Um 1870 reisten Forscher nach Europa, die dort die Methoden studierten und Reben mit heimbrachten. Es erwies sich bald, daß die amerikanischen Reben in Japan viel besser gediehen als die französischen und deutschen Sorten. Auch störten sich die Japaner nicht an dem «fuchsigen» Geschmack der Trauben aus dem Osten Amerikas. So wurde die Delaware-Rebe zur meistangepflanzten Sorte, während von den Vinifera-Varietäten nur die Muscat of Alexandria zu größerer Beliebtheit gelangte. Von Anfang an ließ sich der Weinbau im Becken von Kofu nieder. Die von Mercian erbaute ursprüngliche Kellerei mit ihrer wassergetriebenen Kelter und Gärbehältern aus Bambus ist noch zu besichtigen.

Bis in die 60er Jahre bereiteten viele kleine Weinbaubetriebe in Kofu möglichst süßen Wein für einen anspruchslosen Markt. Seit 1970 ist eine Handvoll größerer Betriebe entstanden, die ihren Weinabsatz über das ganze Land ausdehnen können. Nur einer von ihnen, Suntory, baut auch selbst Trauben in größerem Umfang (160 ha) an. Mercian und Mann's kaufen meist Lesegut bei Weinbauern. Alle drei experimentieren bemerkenswert erfolgreich mit den ihnen inzwischen zur Verfügung stehenden hochwertigen europäischen Traubensorten, die übrigens zum Schutz gegen Regen oft mit Folien überspannt werden. Die Cabernets und Chardonnays fallen korrekt, vielleicht etwas matt aus. Bis 1985 erzeugte Suntory einen herausragenden Wein von Riesling und Sémillon mit Edelfäule, eine wahrhaft denkwürdige (und unglaublich teure) Sauternes-Imitation. Auch der Château Lion Cabernet von Suntory ist oft beachtlich. Château Lumière tritt als weiterer Erzeuger von Chardonnay und Cabernet auf.

Aus der Karte geht die Verteilung der besten Lagen und Weinbaubetriebe im Jahr 1993 hervor. Suntory hat seine Rebfläche ausschließlich in Yamanashi. Mann's baut in Yamanashi Cabernet, in Nagano vorwiegend weiße Trauben und Merlot und in Fukushima Chardonnay an. Im Osten regnet es weniger, dafür hat Yamanashi das wärmste Klima.

Mercian bevorzugt Nagano für Merlot und Chardonnay. Der 1985er Kikyogahara-Merlot des Hauses war in Farbe und Konzentration richtungsweisend. Das wärmere Yamanashi eignet sich nach Ansicht von Mercian besser für Cabernet Sauvignon. Wer den Jyonohira-Cabernet aus neueren Jahrgängen einmal gekostet hat, kann dem nur beipflichten.

Die Neue Welt

Nordamerika

Der fruchtbarste Boden unter dem Himmelszelt – so beschrieb einer von Raleighs Männern das neuentdeckte Carolina. Mit am eindrucksvollsten war hier der Anblick der Reben, die mit Girlanden von Früchten die Wälder durchzogen. Die Trauben waren süß, freilich etwas eigentümlich im Geschmack. Auf jeden Fall erschien es als völlig gewiß, daß unter den guten Dingen, die man von der Neuen Welt erwarten durfte, auch der Wein zu finden sein würde.

Doch die 300 Jahre amerikanischer Geschichte sprechen von den zuschanden gewordenen Hoffnungen derer, die es mit dem Weinbau versuchten. Zuerst wurden diejenigen enttäuscht, die aus den vorgefundenen wilden Reben Wein machen wollten. Dann zerbrachen die Hoffnungen derer, die europäische Reben mitbrachten und sie in den neuen Kolonien pflanzten. Diese Reben gingen ein.

Aber so leicht gaben die Kolonisten nicht auf. Noch zur Zeit der Revolution unternahm Washington Versuche, und Jefferson, ein großer Weinliebhaber, reiste eigens durch Frankreich und bemühte sich mit großem Eifer. Aber nichts wollte fruchten. Der amerikanische Boden war durchsetzt mit dem tödlichsten Feind der europäischen Rebe, der Reblaus. Im Verein mit bitterkalten Wintern und feuchtheißen Sommern, die der Entstehung von Pilzkrankheiten Vorschub leisteten, machte sie alle Anstrengungen zunichte.

Dennoch blieben die Züchter hartnäckig und brachten schließlich Verbesserungen zustande. Einige Hybriden kamen zu Ruhm und Ehre. Die Catawba-Rebe entstand auf diese Weise und schließlich im Jahre 1843 die Concord-Rebe – eine der gesündesten, fruchtbarsten, ansehnlichsten und am besten schmeckenden Trauben, die es je gab.

Die Eigentümlichkeit der amerikanischen Trauben kommt erst voll zum Vorschein, wenn man Wein aus ihnen macht. Dieser Wein hat einen Beigeschmack, der als «fuchsig» bezeichnet wird – einen scharfen Geschmack und Geruch, der jede Feinheit oder Komplexität überdeckt. Am ausgeprägtesten ist dieser Fruchtgeschmack in der *Vitis labrusca*. Sie muß ihre Erbanlagen auch der Catawba- und der Concord-Rebe mitgeteilt haben. Auch wurde sie von den Züchtern, die viele andere amerikanische Reben hervorbrachten, beispielsweise die Delaware-Rebe, immer wieder verwendet.

Da nun einmal keine besseren Reben da waren, wurden sie auch angebaut. In New York, New Jersey, Virginia und vor allem in Ohio entstanden Weinberge. Cincinnati ist die Geburtsstätte des ersten kommerziell erfolgreichen amerikanischen Weins – es war Nicholas Longworths berühmter Sparkling Catawba. Longworth machte sich die Tatsache zunutze, daß der Fruchtgeschmack bei Schaumwein am wenigsten hervortritt und daher auch am wenigsten stört. 1850 hatte er bereits 485 ha Catawba-Weingärten.

Der Franziskaner-Missionar Pater Junípero Serra soll 1769 die ersten Reben in Kalifornien gepflanzt haben.

Thomas Jefferson, Weinkenner und Weinbau-Amateur, empfahl den Wein als das beste Mittel gegen den unmäßigen Alkoholgenuß.

- - - - - Staatsgrenzen
- Austin   Hauptstädte der Bundesstaaten
- ○   Rebfläche vor der Prohibition
- ·   Weinberge
- ·   Weinkellereien

Doch Rebenkrankheiten, der Bürgerkrieg und schließlich Longworths Tod im Jahr 1863 machten mit Cincinnati als Konkurrenten für Reims ein Ende. Aber die Champagner-Kellermeister Longworths fanden bald neue Brotgeber: die neuentstandene Pleasant Valley Wine Co. in Hammondsport an den Finger Lakes im Staat New York. Von hier aus hat sich der Weinbau im Osten Amerikas auf neue Gebiete ausgedehnt, so auch nach Long Island (s. Seite 274).

Nun müssen wir aber auch die Wege der anderen Weinbautradition Amerikas nachzeichnen, die unter spanischer Flagge durch die Hintertür hereinkam, während sich die Angelsachsen im Vorgarten mit den einheimischen Reben herumschlugen.

Die ersten spanischen Siedler hatten im 16. Jahrhundert die Weinrebe mit annehmbarem Erfolg in Mexiko eingeführt. Ihre ursprüngliche Rebe, die Mission, gedieh in Baja California. 1769 soll dann der Franziskaner-Pater Junípero Serra bei der Gründung der Mission San Diego den ersten Weinberg in Kalifornien angelegt haben.

Hier gab es nicht die Schwierigkeiten wie an der Ostküste. *Vitis vinifera* hatte ihr Gelobtes Land gefunden. Die Rebe zog mit den Missionsstationen nach Norden und gelangte 1805 in Sonoma an ihren nördlichsten Punkt.

Jean-Louis Vignes brachte aus Europa bessere Reben mit nach Los Angeles. Um 1850 übernahm Agoston Haraszthy die Führung und gewissermaßen die Organisation der neuen Weinbauindustrie und brachte selbst 100 000 Stecklinge unzähliger Sorten aus Europa mit.

Somit hatte Amerika um die Mitte des 19. Jahrhunderts zwei Weinbau-Industrien, zwischen denen Welten lagen. Das ist heute noch so, doch die Kluft wird immer schmaler. Beide schleppten sich durch die katastrophale Zeit der Prohibition, indem sie Meßwein (sogar Meß-Sekt) erzeugten und Traubensaft mit der unheilverkündenden Aufschrift «Achtung – keine Hefe beifügen, Inhalt gärt sonst!» verkauften. Nach dem Ende der Prohibition brauchten sie ein Jahrzehnt, um wieder auf die Füße zu kommen, und die Amerikaner brauchten mehr als eine Generation, um wie-

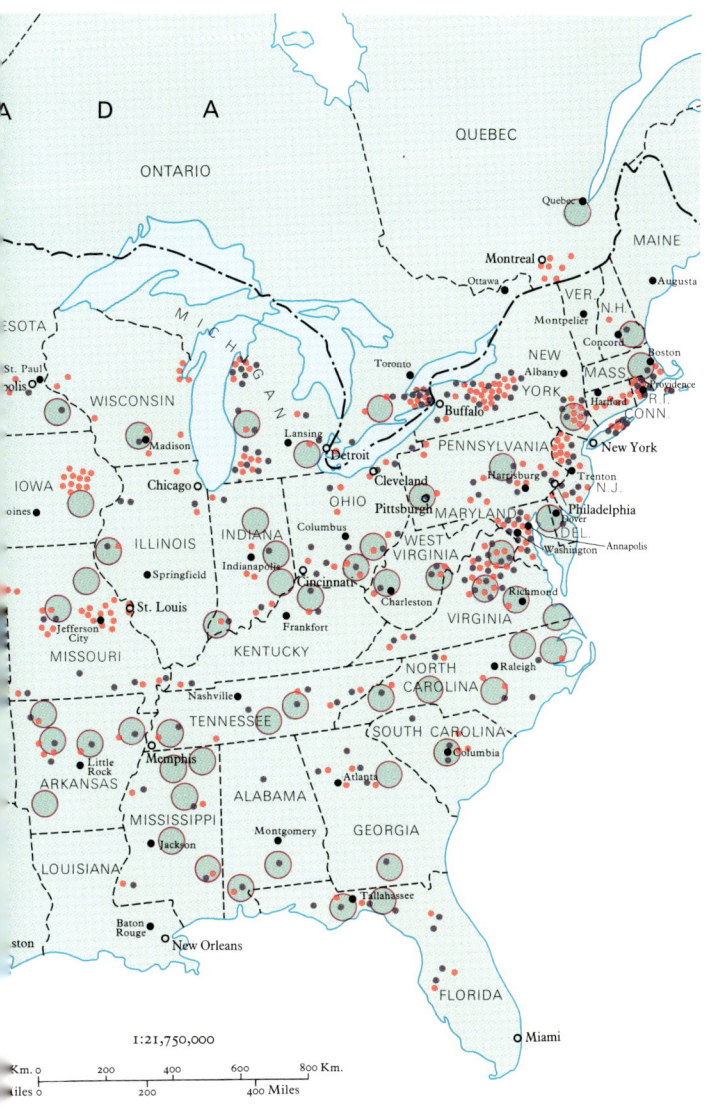

Der Ungar Agoston Haraszthy führte Unmengen neuer Rebsorten in Kalifornien ein und gab damit dem Weinbau den entscheidenden Anstoß.

Frank Schoonmaker, Schriftsteller und Weinhändler, förderte nach der Prohibition die Erzeugung sortenreiner Weine in Kalifornien.

Philipp Wagner, Schriftsteller und Weinerzeuger, führte in den Staaten im Osten der USA die Hybrid-Reben ein – eine epochemachende Tat.

In der landwirtschaftlichen Versuchsstation legte Eugene Hilgard 1880 den Grundstein zum wissenschaftlich betriebenen Weinbau in Kalifornien.

James D. Zellerbach wirkte als Pionier für die Verwendung französischer Eichenfässer. Seine Chardonnays bildeten in den 50er Jahren einen Wendepunkt.

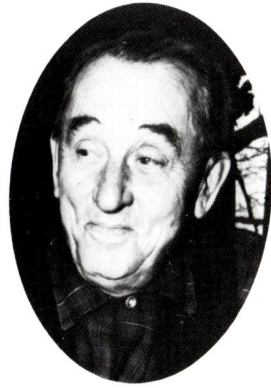

Dr. Konstantin Frank bewies, daß im Finger Lakes District von New York guter Wein auch aus europäischen Trauben erzeugt werden kann.

der zum regelmäßigen Weintrinken zurückzufinden. In fast allen Staaten der USA ist eine Welle von Experimenten und Neuanpflanzungen im Gang.

Der Süden hat einen eigenen Weinbau, der auf einer Rebe beruht, die in den warmen und feuchten Wäldern heimisch ist, *Vitis rotundifolia,* die Scuppernong. Bei dieser Art stehen die großen kirschenähnlichen Beeren in lockeren Dolden und nicht dicht beieinander, so daß keine Fäulnis entsteht. Ihr Wein ist überaus süß und eigentümlich im Geschmack.

In den meisten übrigen Staaten werden entweder die bewährten amerikanischen Reben angebaut, oder man sucht sein Heil bei den neuen französisch-amerikanischen Hybriden. Sie wurden in Frankreich gezüchtet, und man hoffte, mit ihnen das Reblausproblem lösen zu können; sie finden aber in Amerika größeren Anklang, weil man hier glaubt, sie könnten den Kampf gegen den Fuchsgeschmack gewinnen helfen. Als erster führte Philip Wagner von den Boordy Vineyards in Maryland diese Hybriden ein; vielleicht kommt seiner Tat dieselbe Bedeutung zu wie der Einführung europäischer Reben in Kalifornien. Andererseits experimentieren fast alle mit klassischen *Vinifera*-Varietäten.

Der junge Weinbau an der mittleren Atlantikküste und der ältere in New York, Ohio und Michigan werden auf Seiten 274/275 besprochen. Neu ist die Erzeugung von Qualitätswein im kanadischen Bereich Ontario, der wie Ohio und Michigan vom nahezu maritimen Einfluß der großen Seen profitiert.

An der Westküste haben inzwischen die Staaten Washington, Oregon und Idaho bewiesen, daß sie mindestens so guten Wein wie Kalifornien hervorbringen können. Der dortige Enthusiasmus ist in letzter Zeit auch über die kanadische Grenze nach British Columbia hinübergeschwappt, wo nun ein junger Weinbau im Entstehen ist (s. Seiten 270–273). Viel erstaunlicher noch sind die derzeitigen Aktivitäten in Staaten des Südens und Westens, wo die Rebe bisher noch nie zu Hause war. Im Westen von Texas wird die Sache im größten Maßstab betrieben: Bei Lubbock sind beträchtliche Anpflanzungen entstanden. Aber auch in New Mexico und Arizona gibt es inzwischen vielversprechende Weinbauanlagen (s. Seiten 268/269). Hier liegt das Geheimnis in den Höhenlagen, die für kühle Wachstumsbedingungen sorgen. Mit regelmäßigen Niederschlägen kann man freilich nicht rechnen, man muß also künstlich bewässern.

Im mittleren Westen werden in Missouri schon seit langem die amerikanischen Sorten und neuerdings auch die Hybridreben angebaut. Augusta wurde 1980 als erstes Approved Viticultural Area (AVA) anerkannt. Vor über 100 Jahren begannen Schweizer Emigranten in Arkansas mit der Anpflanzung von *Vinifera*-Reben, und ihre Nachkommen führen heute ihre Arbeit fort.

Die Frage, die bei all diesem Enthusiasmus nicht übersehen werden darf, ist die: Wird sich die Mühe denn am Ende überall lohnen? Kalifornien produziert heute fast 90 % des amerikanischen Weins unter nahezu idealen Bedingungen. Wie lange wird es da wohl dauern, bis sich für die aufstrebenden jungen Weinbaugebiete mehr als nur eine lokale Nachfrage entwickelt?

Kalifornien

Vor drei Jahrzehnten war der kalifornische Wein noch leicht überschaubar. Eine Handvoll traditionsreicher Weinkellereien um die San Francisco Bay und vor allem im Napa Valley erzeugten einige Weine von bemerkenswerter Qualität. Das Leben in den Weingärten war geruhsam. Amerika wußte noch nichts von seinem Glück. Man bekam einen herrlich reifen Beaulieu oder Martini, Krug oder Inglenook Cabernet zum Preis eines Steaks zu kaufen.

Die Weitsichtigeren wußten damals schon, daß sich eine Art von Revolution anbahnte. Alles begann mit kleinen Betrieben, fast könnte man sagen Hobby-Weinkellereien: Stony Hill im Napa Valley brachte Chardonnay in einem neuen Stil, fest und doch voll Delikatesse, hervor; Hanzell in Sonoma importierte französische Eichenholzfässer, um Chardonnay und Pinot Noir den echten Burgundergeschmack zu verleihen; Heitz in St. Helena kaufte Weine und Trauben auf, verarbeitete sie mit großer Kühnheit und verlangte überaus stolze Preise dafür; das kleine Château Souverain bei Geyserville schuf fein abgestimmten Riesling, Zinfandel und Cabernet.

1966 verließ Robert Mondavi die alte Familienfirma Charles Krug und baute sich in Rutherford einen eigenen Betrieb auf. Nun geriet alles in Bewegung. 1960 gab es im Napa Valley 25 Weinbaubetriebe. 1972 waren es 44, und zwischen 1972 und 1982 verdreifachte sich sowohl die Zahl der Betriebe als auch die Weinbaufläche; von 1982 bis 1992 verdoppelte sich die Zahl der Weinbaubetriebe nochmals. Die Gesamtziffern für Kalifornien weisen im gleichen Zeitraum einen Zuwachs an Rebfläche um 50 % und an Weinbaubetrieben um 30 % auf 820 aus.

Gleichzeitig kam man auch zu neuen Erkenntnissen in geographischer Hinsicht. Ein Blick auf die Karte zeigt noch eine grobe und einfache Unterteilung in Weinbaugebiete im Binnenland, d. h. im Central Valley hinter den Küstengebirgen, und in einige Anbaubereiche mehr oder weniger nahe an der Küste. Eine Untersuchung der Universität von Kalifornien brachte dann eine Einteilung in eine Reihe von Zonen nach der sogenannten Wärmesummierungsmethode (siehe Karte gegenüber). 1944 wurden fünf Zonen eingerichtet, deren kühlste im Klima (genauer gesagt in der Durchschnittstemperatur während der Wachstumsperiode) den Verhältnissen in Nordeuropa am nächsten kommt, während die heißeste mit Nordafrika vergleichbar ist.

Nun waren die Wissenschaftler beharrlich der Meinung, daß man am weitesten kommen müßte, wenn man an den nach der Klimadefinition richtigen Stellen die richtigen Rebsorten pflanzte. Nachdem man eine Generation lang ihren Empfehlungen gefolgt war, stellte man fest, daß nichts so einfach ist, wie es aussieht. Das Klima wirft offensichtlich alle Berechnungen über den Haufen.

Außerdem blieb der Boden unbeachtet. Es erschien sicherer, sich an das zu halten, was

Nichts hat das Selbstverständnis der Weinerzeuger in Kalifornien so stark beeinflußt wie die Entdeckung, daß französische Eichenholzfässer ihren Wein bereichern.

auf der Hand lag: Vor allem ist die Chance, daß sich die Meeresluft mäßigend auf das Klima auswirken kann, um so geringer, je mehr Berge sich zwischen einer Weinlage und dem Meer befinden.

Das Wasser unmittelbar an der Pazifikküste ist von Mendocino im Norden bis hinunter nach Santa Maria im Süden so kalt, daß den ganzen Sommer über eine ständige Nebelbank vor der Küste liegt. An jedem Tag, an dem die Temperaturen im Binnenland 32 °C erreichen, saugt die aufsteigende Warmluft den Nebel landeinwärts. Nicht nur am berühmten Golden Gate, sondern überall, wo die Berge auf unter 600 m heruntergehen, strömt der Nebel oder doch wenigstens Kaltluft vom Pazifik herein und kühlt das Land. Einige Täler, die zum Ozean hin auslaufen, lassen die Meeresluft weit ins Land eindringen.

In früheren Ausgaben dieses Buches waren Karten der Küstenregionen unmittelbar nördlich und südlich der San Francisco Bay, vom Russian River im Sonoma County bis zum Salinas Valley im Monterey County (und des Central Valley) enthalten. In der vorigen Ausgabe kamen das neugestaltete Weinbaugebiet Central Coast, der neuentdeckte Norden im Mendocino County sowie Temecula, ein damals vielversprechendes Gebiet in Südkalifornien, dazu. In unserer neuen Ausgabe wird nun das sich rasch entwickelnde Konzept der Approved Viticultural Areas (AVA) herausgestellt, das 1980 als eine Art Appellationssystem entstand und dem Verbraucher als Leitfaden und in gewisser Hinsicht auch als Schutz dienen soll. Verglichen mit der französischen Appellation Contrôlée ist dieses System freilich ein stumpfes Instrument, da es sich lediglich mit geographischen, nicht aber mit qualitativen Maßstäben befaßt. Es fordert lediglich, daß 75 % der Trauben aus dem angegebenen Bereich stammen und (gegebenenfalls) der angegebenen Rebsorte angehören müssen.

Einige dieser Weinbaubereiche sind so klein, daß sie nur für einen einzigen Weinbaubetrieb gelten. Andere wieder erstrecken sich über mehrere Countys. Beantragt werden sie von den Weinerzeugern im jeweiligen Bereich; für die Genehmigung ist seltsamerweise das Bureau of Alcohol, Tobacco and Firearms zuständig. Wie weit ein AVA-Bereich einer vorgegebenen geographischen Identität entspricht, bleibt dabei weitgehend dem Zufall überlassen.

Es gibt hervorragende Weinerzeuger, die sich um das AVA-System nicht scheren und lieber gute Trauben dort einkaufen, wo sie sie bekommen können. Andere wieder sind ganz und gar auf Einzellagen eingestellt. Inzwischen sind auf kalifornischen Weinetiketten über 300 Einzellagennamen in Gebrauch – ein überzeugender Beweis dafür, daß Kalifornien dem Stadium, in dem nur Rebsorten und Markennamen zählten, entwächst. Die Anbauregion und der Bereich sind unabweisbar ins Spiel gekommen.

In mehreren Fällen finden sich bereits Traubensorten und Bereiche paarweise zusammen. Napa Cabernet, Dry Creek Valley Zinfandel, Carneros Pinot Noir und Chardonnay sind die bisherigen Beispiele.

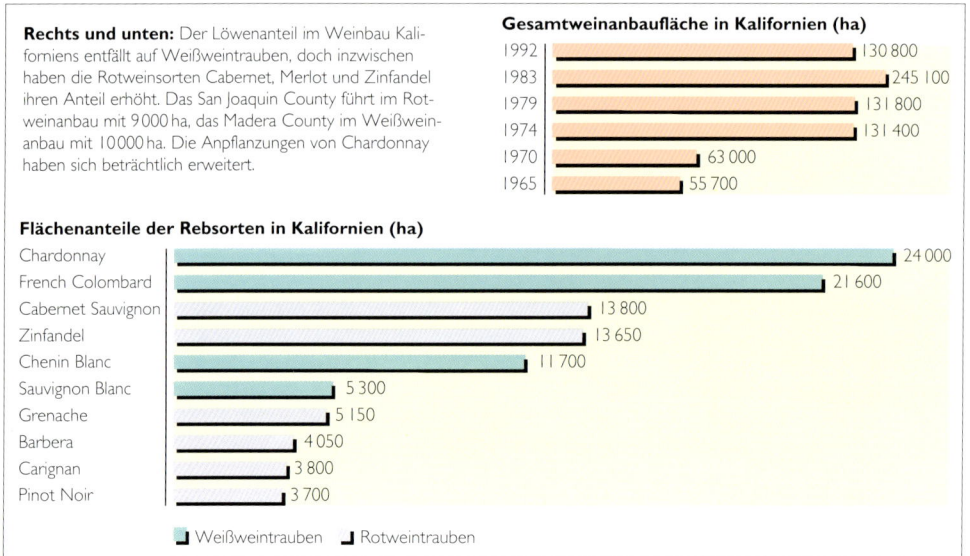

Rechts und unten: Der Löwenanteil im Weinbau Kaliforniens entfällt auf Weißweintrauben, doch inzwischen haben die Rotweinsorten Cabernet, Merlot und Zinfandel ihren Anteil erhöht. Das San Joaquin County führt im Rotweinanbau mit 9000 ha, das Madera County im Weißweinanbau mit 10000 ha. Die Anpflanzungen von Chardonnay haben sich beträchtlich erweitert.

Gesamtweinanbaufläche in Kalifornien (ha)

Jahr	Fläche
1992	130 800
1983	245 100
1979	131 800
1974	131 400
1970	63 000
1965	55 700

Flächenanteile der Rebsorten in Kalifornien (ha)

Chardonnay	24 000
French Colombard	21 600
Cabernet Sauvignon	13 800
Zinfandel	13 650
Chenin Blanc	11 700
Sauvignon Blanc	5 300
Grenache	5 150
Barbera	4 050
Carignan	3 800
Pinot Noir	3 700

■ Weißweintrauben ■ Rotweintrauben

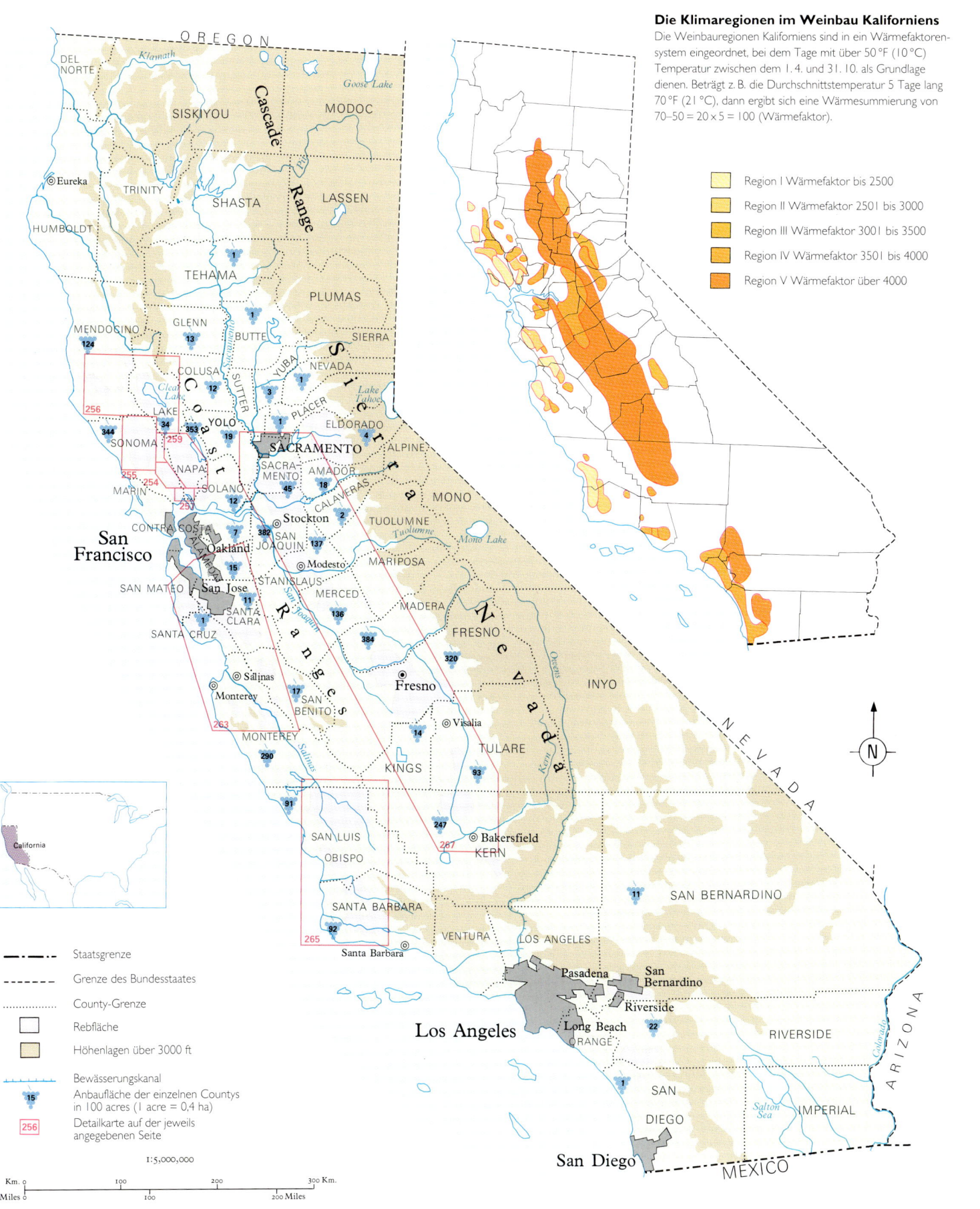

Sonoma Valley

Der Weinpilger durch Kalifornien sollte als erste Station Sonoma wählen. Der Ort hat ganz die Atmosphäre einer kleinen Hauptstadt des Weins – übrigens war sie auch die Hauptstadt eines kleinen Staats: der kurzlebigen Republik Kalifornien unter der Bärenflagge nämlich.

Die Berge, die auf die Stadt herabschauen, trugen in den 1850er und 1860er Jahren die herrlichen Besitzungen Agoston Haraszthys. Seine Buena-Vista-Kellerei ist in einem Seitental zum Teil noch erhalten. Eine weitere berühmte Weinkellerei aus dem 19. Jahrhundert, Grundlach-Bundschu, ist vor einiger Zeit an den Südhängen wiedererstanden. An der Straße nach Santa Rosa liegt Grand Cru als wiedererstandene Reminiszenz an eine hundertjährige Geschichte. Von hier aus nahm der Weinbau im nördlichen Kalifornien seinen Anfang. Heutzutage trägt Sonoma nur einen kleinen Teil zur Gesamterzeugung im Sonoma County bei – der Weinbau ist nach Norden in das Russian River Valley und seine Seitentäler ausgewandert.

Der AVA-Bereich Sonoma Valley reicht von Carneros (s. Seite 257) im Süden hinauf bis über die Wasserscheide zum Russian-River-Becken. Es gehört eine überaus feine Zunge dazu, einen identifizierbaren Sonoma-Charakter herauszuschmecken zu wollen – zuviel hängt von den drei Variablen Lage, Traube und Erzeuger ab.

Aber das Interesse an den guten alten Lagen wächst wieder. In den 1940er Jahren erwachte Buena Vista als erster der dahingegangenen Weinbaubetriebe wieder zu neuem Leben. In den 50er Jahren baute James D. Zellerbach das kleine Hanzell hoch oben in den Bergen bei Sonoma und stellte die historischen Fässer auf, in denen er den Chardonnay dazu brachte, wie ein echter Burgunder zu schmecken. In den 70er Jahren traten Kenwood und Château St. Jean ans Licht.

Der Name Kenwood steht vor allem für Cabernet und Zinfandel aus der Appellation Sonoma Valley. Château St. Jean dagegen produziert nur Weißweine in guter bis ausgezeichneter Qualität und nannte als erster Betrieb Einzellagennamen für die besten Chardonnays und Riesling-Spätlesen («Robert Young» im Alexander Valley und «McCrea» im Sonoma Valley).

Kistler, Landmark, Gundlach-Bundschuh und vielleicht vor allem die ausnehmend gute Lage «Les Pierres» von Sonoma-Cutrer mit einem der festesten Chardonnays Amerikas – er ist ohne weiteres fünf Jahre entwicklungsfähig – liefern den Beweis, daß in diesem AVA-Bereich erstklassiger Chardonnay wächst. Die ersten Beispiele für exzellenten Cabernet kamen aus der berühmten Lage Monte Rosso von Martini in den Bergen auf der Ostseite, dann auch durch hervorragende Weine von Laurel Glen aus dem Sub-AVA-Bereich Sonoma Mountain im Westen. Außerdem produziert Benziger-Glen Ellen in diesem Bereich feinen Sauvignon Blanc.

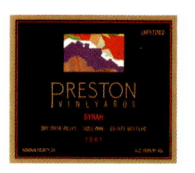
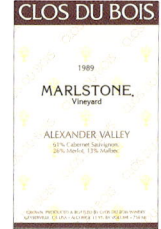
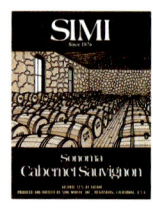

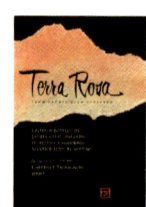

Aus den Etiketten kann man die vielfältigen Bezeichnungsmöglichkeiten ablesen, die es nach dem neuen System gibt: Sonoma County, Sonoma Valley, Russian River, Alexander oder Green Valley. Manch einer nennt lieber eine Einzellage oder «Ranch».

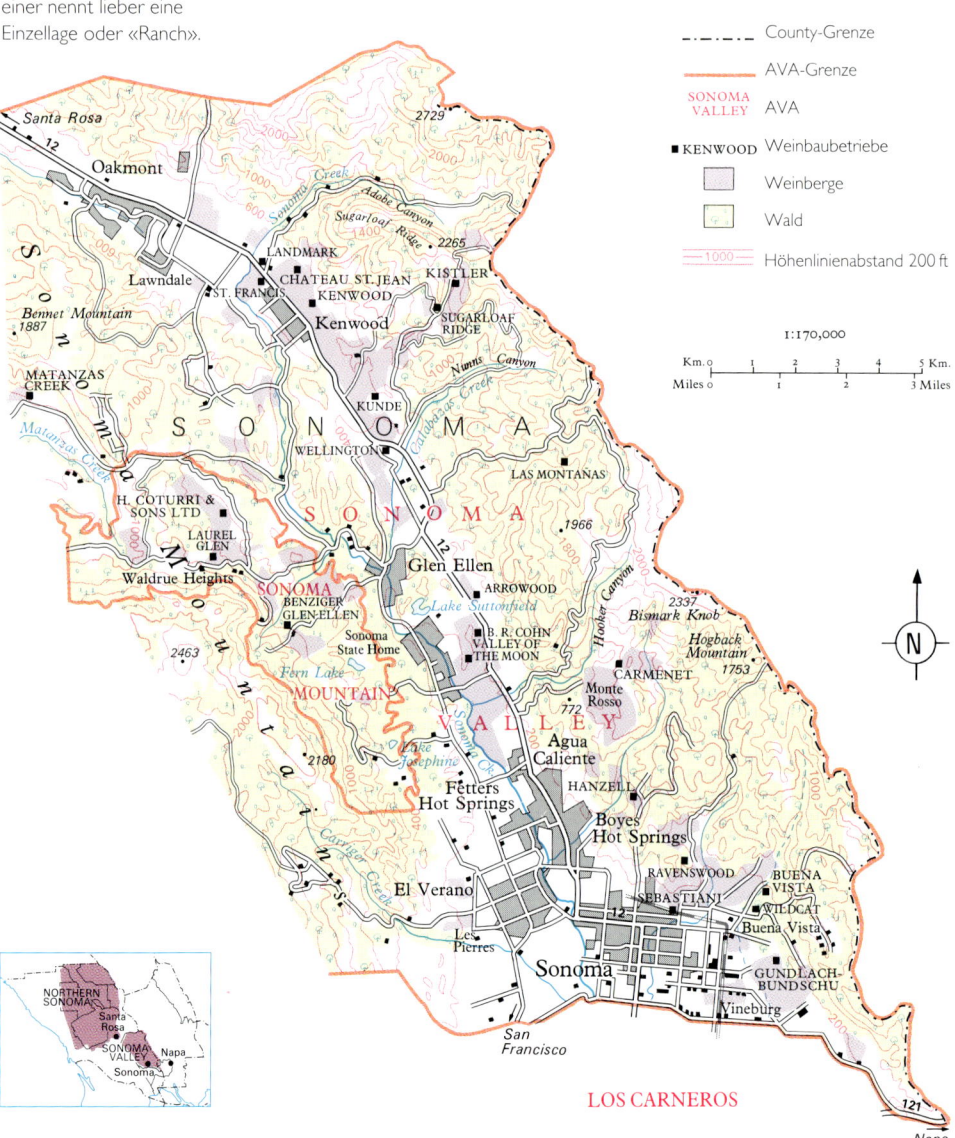

North Sonoma

Das neue System für die Weinbaugebiete in Amerika hat dem Sonoma County eine festere Form gegeben. Es erstreckt sich von der Spitze der San Francisco Bay aus nordwärts an der Küste entlang sowie zwischen dem Napa Valley und dem Meer. Seine nördliche Hälfte durchfließt der Russian River (er hat seinen Namen nach einer früheren russischen Handelsstation) mit seinen Nebenflüssen. In diesem Gebiet, zwischen Santa Rosa und Cloverdale, sind die meisten Weinberge im County konzentriert. Der ursprüngliche Kern der Weinbaupflanzungen um die alte County-Hauptstadt Sonoma herum wird aus der Karte gegenüber ersichtlich. Die eigenständige Appellation Carneros stellt den Anschluß zum Napa Valley her (s. Seite 258).

Schon seit langem ist das nördliche Sonoma eine Quelle guter Massenweine. Heute noch liefern sie den Grundstock für die Standardweine, aber auch für die anspruchsvolleren Sortenweine von Gallo. Weinbaubetriebe gibt es hier schon seit mehr als einem Jahrhundert, aber zumeist bleiben sie anonym. Ausnahmen hiervon waren die 1881 in Asti gegründete Italian Swiss Colony sowie Korbel bei Guerneville – lange Zeit Kaliforniens bekanntester Schaumweinerzeuger.

Seit 20 Jahren ist nun die Welle einer zielbewußten Begeisterung vom Napa Valley aus nach Norden übergeschwappt. Das Alexander Valley, wo die ersten Qualitätsreben gerade vor 25 Jahren gepflanzt wurden, hat sich als erste Appellation Respekt erworben. Die alte Simi Winery erwachte 1970 zu neuem Leben. Château Souverain wurde neu aufgebaut. Die Familie Pedroncelli fand für ihre Arbeit endlich Anerkennung, und überall schossen neue Weinbaubetriebe aus der Erde.

Zu den Vorreitern auf dem Schaumweinsektor gehörte auch das Haus Piper-Heidsieck aus der Champagne. Es schloß sich mit den Sonoma Vineyards zusammen und begann, Korbel den Rang abzulaufen. Iron Horse im Green Valley kam dazu. Château St. Jean holte sich vom Russian River fruchtig-säuerliche Weine für die Schaumweinherstellung.

Die kühlsten Teile Sonomas sind diejenigen, zu denen die Luft vom Pazifik her unmittelbaren Zugang hat: Carneros an der Bay im Süden und das Russian River Valley. Innerhalb des AVA-Bereichs Russian River werden zwei Sub-AVAs unterschieden: Green Valley, geschaffen durch Initiative von Iron Horse, ist auf lebendigen, hervorragend für Schaumwein geeigneten Chardonnay und Pinot Noir spezialisiert; Chalk Hill mit seinem etwas wärmeren Klima ist Weißweinland, an der Spitze stehen hier die Chardonnays von Rodney Strong.

Im Dry Creek Valley wird es dann immer wärmer und noch mehr im breiteren, offeneren Alexander Valley. Beide sind dicht bepflanzt und haben den wärmsten Punkt am Nordende, weit entfernt vom Luftstrom am Russian River bei Healdsburg. Das Knights Valley ist wärmer als das Dry Creek Valley, aber kühler als das Alexander Valley. Methodische Untersuchungen der unterschiedlichen Böden haben gerade erst begonnen.

Die Neuanpflanzungen richten sich meist nach dem Temperaturverlauf. Pinot Noir und Chardonnay haben ihren Schwerpunkt am Russian River und in den kühleren Teilen von Chalk Hill sowie am Dry Creek. Der kleine Betrieb Williams & Selyem hat gezeigt, wie fein Pinot Noir vom Russian River sein kann, aber auch Gewürztraminer, Sauvignon Blanc und Riesling fühlen sich im relativ kühlen Klima wohl. Cabernet und Zinfandel dominieren in den wärmeren Gegenden am Dry Creek.

Das Alexander Valley scheint allen Trauben, die dort wachsen, eine sanfte Note zu verleihen – besonders deutlich kommt dies in den milden Weinen von Jordan zum Ausdruck.

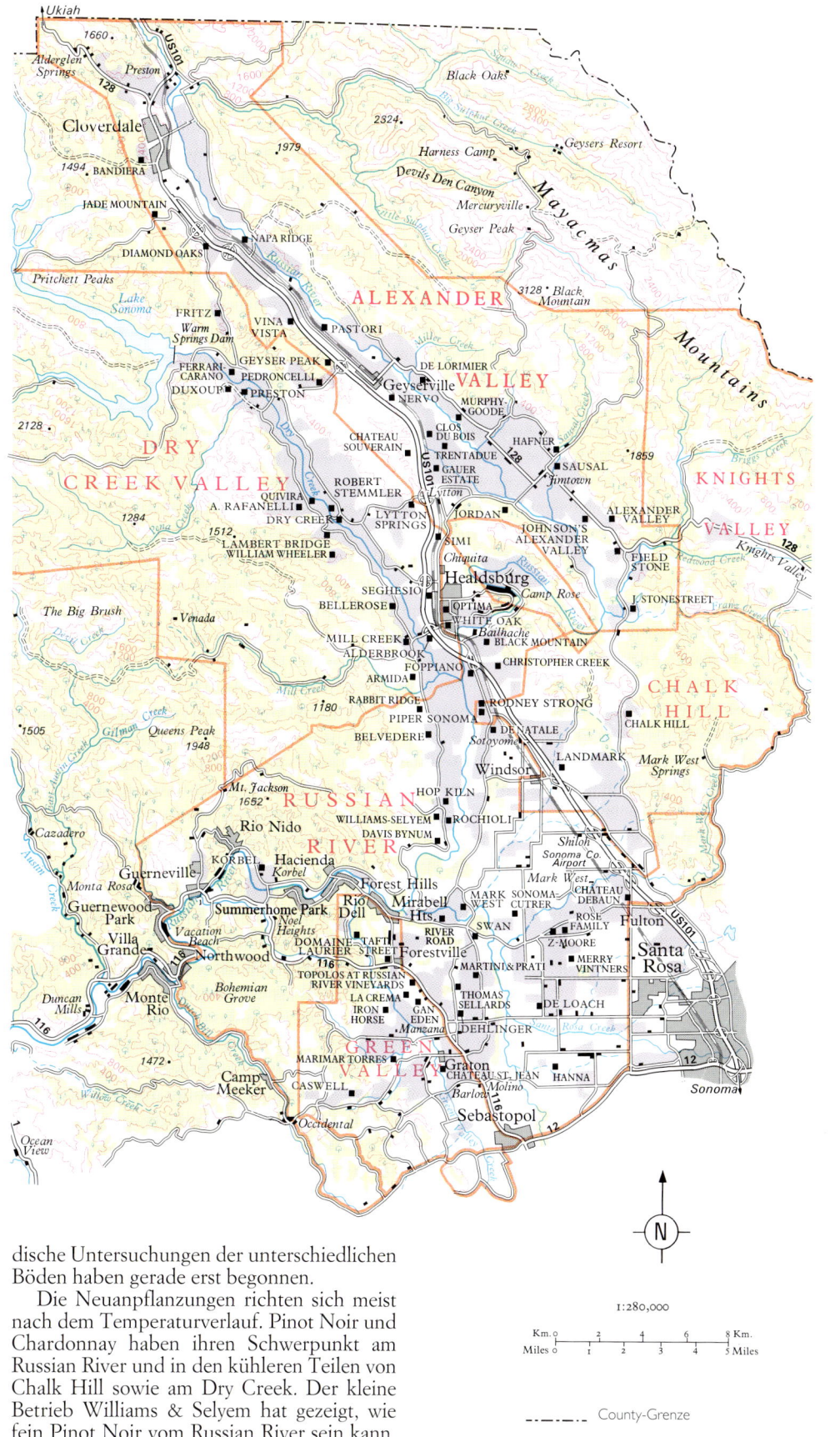

Mendocino und Lake County

Das Mendocino County ist der nördlichste Vorposten der Rebe in Kalifornien. Wem nun sein Instinkt sagt, dies müsse eine Gegend mit kühlem Klima sein, der irrt sich. Nördlich von Cloverdale und der Grenze des Sonoma County erheben sich die Küstenberge steiler und ausgeprägter.

Die meisten Weinberge von Mendocino liegen hinter einer 600 bis 900 m aufragenden Gebirgskette versteckt. Die Brise vom Meer her gelangt nicht bis Ukiah oder ins Redwood- und Potter-Tal, einem der fünf AVA-Bereiche im County. Hier ist es so warm, daß auf der Wärmesummierungsskala die Region III oder stellenweise sogar IV erreicht wird. Auf tiefgründigem Schwemmlandboden wachsen typisch körperreiche, oft ziemlich weiche Cabernet-, Pinot-Noir-, Zinfandel- und Petite-Syrah-Rotweine.

Der älteste Weinbaubetrieb dieser Gegend ist Parducci (gegründet 1931; der Gründer muß ein Hellseher gewesen sein, denn damals war die Prohibition noch in Kraft). Gegen Ende der 60er Jahre kam die Fetzer Winery hinzu; der Betrieb wuchs sich so sehr aus, daß heute der Eigenbesitz von 650 ha nur ein Fünftel des Traubenbedarfs decken kann. Mit über 2,5 Millionen Kisten (zur Hälfte unter der Marke Bel Arbors) gilt er in der Region mit berühmt zuverlässigen, vor allem weißen Weinen als führend. Weibel, der nächstgrößte Betrieb, hat sich vor dem Vordringen der Großstadt hierher geflüchtet; der Hauptteil seiner Produktion (zu 60 % Schaumwein) verbirgt sich unter Hausmarken. Als Star der Gegend erweist sich allerdings ein Brandy-Erzeuger, Germain-Robin, der als der beste in Kalifornien gilt.

Inzwischen wächst Mendocino ein besonderer Ruf für das Gebiet zu, wo die Berge sich teilen und den Nebel von der Küste wenigstens in gewissem Umfang landeinwärts einlassen. Hier ist es um die Reifezeit sehr, manchmal allzu kühl, vor allem unterhalb von Philo. In höheren Lagen über der Nebelgrenze gelangt der Zinfandel herrlich zur Reife – das haben einige italienische Familien übrigens schon lange gemerkt.

Drei neuere Pionierbetriebe, Edmeades (heute im Besitz von Kendall-Jackson), Navarro und Husch, produzierten im Anderson Valley zunächst hocharomatische Weißweine von deutschen Traubensorten. Riesling und Gewürztraminer zeigen sich großartig ausgewogen. 1982 hat sich hier das Champagnerhaus Roederer eine Schaumweinproduktion aufgebaut, und zwar neben der Kellerei Scharffenberger, die inzwischen von Pommery übernommen worden ist.

Die beiden Extreme des Klimas in Mendocino treffen im McDowell Valley aufeinander. Es ist dies eine winzige Appellation, die von den tüchtigen Besitzern der McDowell Valley Vineyards erlangt wurde.

Auch das Lake County ist ein warmes Gebiet. Seine Stille zog einst die schöne Schauspielerin Lillie Langtry hierher. Sie brachte einen Winzer aus Bordeaux mit und gründete in Guenoc mit großen Erwartungen einen Weinbaubetrieb – leider unmittelbar vor der Prohibition. Inzwischen wurde Guenoc wiederbelebt, und das neue Unternehmen läßt sich gut an. Der AVA-Bereich Clear Lake wird von Kendall-Jackson und der Winzergruppe Konocti Cellars beherrscht.

Carneros

Auf den ehemaligen Schafweiden von Carneros wiegen sich heute Reben in der kühlen Brise, die von der Bay heraufweht. Chardonnay und Pinot Noir entwickeln hier feine Säure für elegante, lebendige Weine. Die eine Hälfte von Carneros gehört zu Napa, die andere zu Sonoma.

Los Carneros (meist kurz Carneros genannt) ist ein relativ neuer, aber immer stärker gefragter Anbaubereich für Trauben höchster Qualität von Rebsorten, die eine kühle Reifezeit brauchen. Das Gebiet liegt südlich von Napa City am Nordufer der San Pablo Bay, die den nördlichen Arm der San Francisco Bay bildet. Der Boden in diesem flachen Hügelland ist lehmig und mehr oder weniger steinig, und der Wind zerrt unablässig am Weinlaub. Seit der Farmer Rene di Rosa in den 1970er Jahren mit den Trauben, die er auf seiner Besitzung Winery Lake anbaute und an verschiedene Weinkellereien verkaufte, einen guten Ruf gewann, sind andere seinem Beispiel gefolgt und haben ihre Schafweiden mit Reben bepflanzt. Winery Lake wurde inzwischen von Seagram übernommen, der Ertrag wird von Sterling verarbeitet.

Zu den ersten Weinbaubetrieben, die sich einen Namen machten, zählen Carneros Creek – seit den 70er Jahren mit ausgezeichnetem Pinot Noir hervorgetreten – und Acacia, seit 1979 Erzeuger von Pinot Noir und Chardonnay in beständiger Qualität und führend mit stets eigenständigen Einzellagenweinen. Saintsbury reserviert den eigenen Namen für die besten Auslesen.

Der berühmte alte Weinbaubetrieb Bunea Vista, Eigentum der deutschen Familie Racke, ist vom ursprünglichen Sitz in Sonoma hierher umgezogen. Sein Cabernet läßt deutlich die ausgeprägte Säure erkennen, die in Carneros in dieser Sorte entsteht. Allerdings verwenden auch viele Weinkellereien in anderen Gegenden Carneros-Trauben, z. B. Cuvaison hoch oben im Napa Valley.

Inzwischen mehren sich die Anzeichen, daß die wahre Bestimmung des Bereichs im Schaumwein liegt. Drei Neuzugänge – Gloria Ferrer und Codorníu aus Spanien sowie Domaine Carneros, ein Abkömmling des Champagnerhauses Taittinger – überzeugen sehr.

Das Gebiet Los Carneros liegt zu beiden Seiten der Countygrenze zwischen Napa und Sonoma. Als Weinbaugebiet führt es daher drei Appellationen: Carneros, Napa Valley oder Sonoma Valley.

- - - - - County-Grenze
———— AVA-Grenze
NAPA VALLEY AVA
■ ACACIA Weinbaubetrieb
Weinberge
Wald

Höhenlinienabstand:
unter 100 ft, alle 20 ft
über 100 ft, alle 100 ft

1:200,000

Übersichtskarte siehe gegenüberliegende Seite

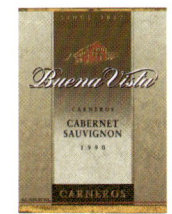
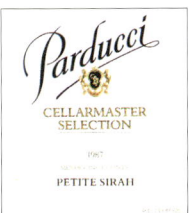
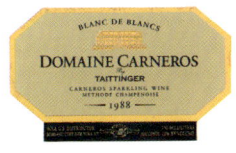

Links: Neben Parducci und Fetzer, den Weinbaupionieren von Mendocino, hat sich nun Roederer aus der Champagne eingefunden. Rechts einige Etiketten von Spitzenreitern aus Carneros. Hier hat sich mit der Domaine Carneros das Champagnerhaus Taittinger etabliert.

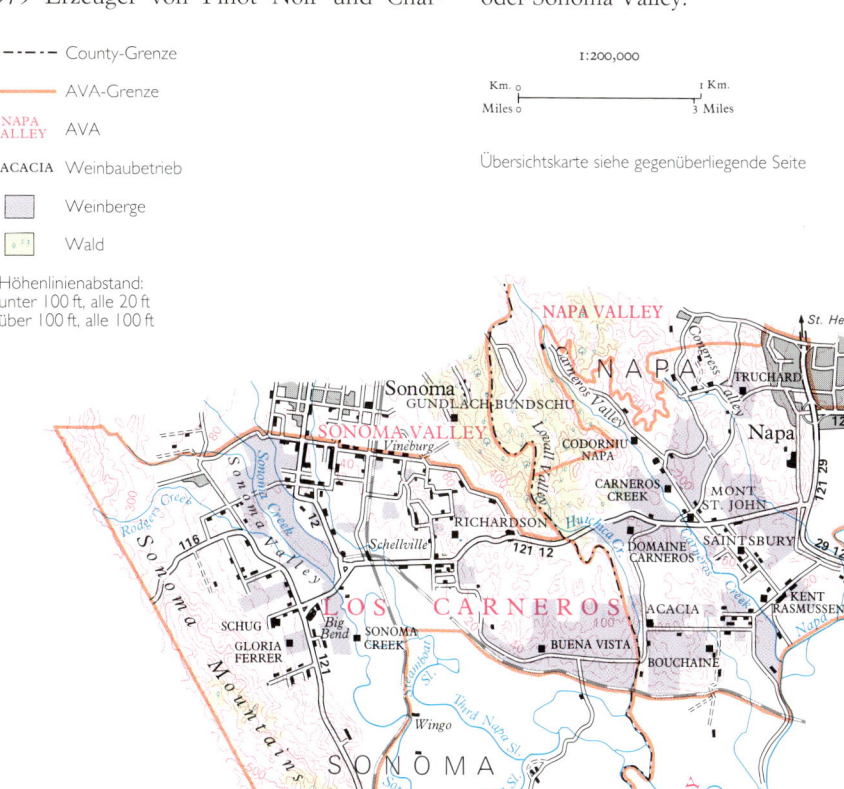

Napa Valley

Das Napa Valley ist Symbol und Zentrum des Spitzenweinbaus in Kalifornien. Es verläuft in einem flachen Bogen von der Stadt Napa aus nordwestlich. Die meisten Weingärten befinden sich auf der fast ebenen Talsohle, nur gelegentlich von bewaldeten, 60 bis 90 m hohen Hügeln unterbrochen. Die Rebpflanzungen ziehen aber auch an den Bergflanken hoch, bis auf der Ostseite der Boden zu flachgründig wird und von felsendurchsetztem Grasland bedeckt ist, während auf der Westseite die Abhänge schließlich zu steil werden und auf ihnen Wälder die Vorherrschaft übernehmen. Nur hier und dort schieben sich flache Rebhänge dazwischen bis weit hinauf in die Berge. Manche Weinbaubetriebe, z. B. Schramsberg, Mayacamas, Chappellet oder Newton Vineyard, haben sich vom Leben und Treiben der Talsohle in höhere Lagen zurückgezogen. Das Tal fällt in drei Klimazonen. Das Südende von Napa bis Oakville gehört zur Region I, d. h. zur kühlsten Zone. Von Oakville bis zum Nordrand von St. Helena gilt Region II. Die Talspitze um Calistoga, die am weitesten vom Einfluß der San Francisco Bay entfernt ist, gehört in die Region III.

Bei alledem ist das Napa Valley jedoch ein einziger AVA-Bereich und sehr darauf bedacht, die Identität zu wahren, die den Wert seiner Erzeugnisse anderen gegenüber erhöht. Allerdings erstreckt sich die Appellation nicht nur auf das Tal selbst, sondern fast auf das ganze County. Daher kann es gar keinen einheitlichen «Napa-Stil» geben. Hier liegt der Grund dafür, daß ständig neue Sub-AVAs geschaffen werden; das begann vor einer Generation mit der heiß umstrittenen Idee, daß das Uferbankland am Fuß der Berghänge von Rutherford südwärts bis Oakville auf der Westseite des Tals wegen der seit langem dort wachsenden kraft- und charaktervollen Cabernets den besonderen Namen «Rutherford Bench» verdient habe.

Die Inglenooks von John Daniel in den 1940er und 50er Jahren, die Georges de Latour Private Reserve von Beaulieu Vineyards in den 1940, 50er und 60er Jahren, Martha's Vineyard von Heitz ab 1966 und neuerdings auch sein Bella Oaks, der Cesare Mondavi Selection Cabernet von Charles Krug, der Cabernet Bosché von Freemark Abbey, der Reserve Cabernet von Robert Mondavi seit Ende der 1960er Jahre und der Opus One von Mondavi/Rothschild seit 1979 – alle diese hochberühmten Weine sind auf diesem Stück Land gewachsen und haben unverwechselbare Maßstäbe gesetzt. Bei dem Versuch, eine ihnen gemeinsame Cha-

Wenn der Morgen auf den Bergkämmen östlich von St. Helena heraufdämmert, ist die Frostgefahr auf der Talsohle am größten. Wasser aus Berieselungsanlagen schützt die jungen Austriebe mit einer Eisschicht.

rakteristik festzulegen, spielt der Begriff «Rutherford-Staub» eine gewisse Rolle.

Darüber, weshalb nun diese Gegend in der Mitte des Tals so etwas Besonderes sein soll, gibt es lange Debatten. Guter Wasserabzug ist sicherlich ein Faktor. Unterirdische Quellen könnten ebenfalls etwas beitragen, auch die sanfte Hangneigung nach Nordosten, die im Sommer die früheste Morgensonne auffängt. Dadurch wärmt sich der Boden rasch auf, doch der heißesten Einstrahlung am Nachmittag entgeht er – ganz ähnliche Verhältnisse wie an der Côte d'Or. Wenn dann der Schatten der Berge im Westen über diese Lagen fällt, geht bei gut durchwärmtem Boden und warmer Luft die Abkühlung allmählich vonstatten. Auf Osthängen reifen die Trauben langsamer und später. Bei ansonsten gleichen Voraussetzungen sind es diese Faktoren, die Geschmack und Aroma stärken.

Aber, so sagen die Winzer weiter südlich in Oakville, diese Faktoren treffen auch für die «Oakville Bench» zu. Freilich mißfällt alles das denjenigen Winzern, die in beiden Orten,

USA

Links: In den Weinbergen unterhalb von Stag's Leap wird frühblühender Senf gesät und dann als «Gründüngung» untergepflügt. Unten: Das Napa Valley hat sich mit kraftvollem Cabernet einen Namen gemacht. Neben den klassischen Etiketten steht hier Schaumwein als neuer Star und Sangiovese als Ausblick in die Zukunft.

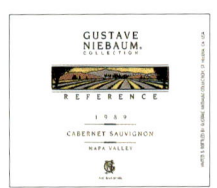
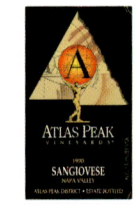

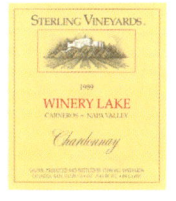

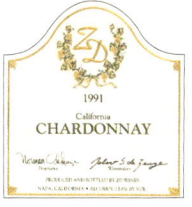

aber außerhalb der «Bench» (sofern es überhaupt eine gibt) Weinberge besitzen. So kam es zu der Entscheidung, daß Oakville und Rutherford jeweils als Ort insgesamt AVA-Status erhielten und die Bench zwar nicht vergessen wurde, aber unberücksichtigt blieb.

Südlich von Oakville wird an der Route 29 bei Yountville die Talsohle durch zwei Bodenerhebungen eingeengt, die den kühlen Luftstrom von der Bay her unterbrechen. Hinter einer dieser Erhebungen liegt nach Osten hin ein weiterer eigenständiger Bereich, der inzwischen ebenfalls AVA-Rang besitzt: Stag's Leap (benannt nach der darüber aufragenden Felsenklippe). Stag's Leap Wine Cellars und der Nachbar Clos du Val weisen hier den Weg mit Cabernets in zarterer, subtilerer Art, als sie in Rutherford und Oakville wachsen. Ihre Erfahrungen werden inzwischen von Silverado und Shafer Vineyards bestätigt.

Soweit die AVAs im Tal selbst. Die Sub-AVA-Bereiche in den Bergen ringsumher ließen sich leichter abgrenzen – Mount Veeder und Spring Mountain im Mayacamas-Gebirge, Howell Mountain im Norden und Atlas Peak im Osten. In den Bergen im Westen erbringen Riesling und Chardonnay seit langem die besten Weine, am Howell Mountain sind es Zinfandel, Cabernet und schließlich Merlot. Atlas Peak hat unter dem Einfluß von Antinori mit Sangiovese eröffnet.

Der Besucher des Napa Valley folgt zumeist zwei hochfrequentierten Routen: dem Highway 29 auf der Westseite oder dem romantischeren Silverado Trail im Osten.

Folgt man dem Highway 29 nordwärts, findet man den ersten größeren Weinbaubetrieb, Trefethen Vineyards, an der ersten Querstraße, der Oak Knoll Avenue. Bemerkenswert ist dieser Betrieb nicht nur wegen seiner weiten, tadellos gepflegten Anbaufläche und der schönen alten Holzhalle, sondern auch wegen der Eleganz seiner Weine. Hier ist das kühlere Ende des Tals, wie Riesling, Chardonnay und auch Cabernet durch nervige, ausgewogene Art bezeugen.

Fährt man auf der Oak Knoll Avenue bis zum Silverado Trail und auf diesem nordwärts, dann kommt man in den AVA-Bereich Stag's Leap (Hirschsprung).

Am Highway 29 ist die nächste Station, die man nicht auslassen darf, einige Meilen weiter die Domaine Chandon mit ihren Schaumweinkellern und ihrem bewunderungswürdigen Restaurant. Gleich hinter Oakville, auf dem «Benchland» und inmitten seiner hochrenommierten Weinberge, befinden sich in einem Backsteingebäude im Missionsstil Robert Mondavis Weinbaubetrieb, wohl der einflußreichste in Amerika, und ihm gegenüber an der Route 29 der extravagante Opus One Vineyard – beides Touristenattraktionen, die beinahe Disneyland den Rang ablaufen.

Von hier aus talaufwärts drängen sich die berühmten Namen immer dichter zusammen: Inglenook, Beaulieu, Louis Martini – um St. Helena konzentrieren sich die meisten. Unmittelbar nördlich der kleinen, charmanten Stadt kann die Beringer Winery mit ausgedehnten Kellern und hervorragenden Weinen hinter ihrem nostalgisch-altdeutschen «Rhine House» aufwarten. Auch Charles Krug ist einer der großen alten Namen des Napa Valley, die noch aus dem 19. Jahrhundert überkommen sind. Freemark Abbey an der Straße, 1895 gegründet und 1967 wiedergegründet, hat einen sehr hohen Qualitätsstand, aber das läßt sich auch von einem Dutzend weiterer kleiner Betriebe in diesem Spitzenabschnitt des Tals sagen, von Smith-Madrone am Spring Mountain im Westen über das von Robert Louis Stevenson so geliebte Haus Schramsberg bis zu den spektakulären Weinbaubetrieben Phelps und Chappellet im Osten.

Hier oben wird das Tal immer enger und die Landschaft immer schöner. Vor Calistoga erreicht man dann die letzte Station, die man als Tourist besucht haben muß: Sterling, das Flaggschiff unter den Weingütern von Seagram, thront wie ein griechisches Kloster auf einem steilen Hügel mitten im Tal. Hinauf kommt man mit einer kanariengelben Seilbahn. Gleich dahinter liegt Clos Pegase, ein Weinbaubetrieb, der sich in Luxor am Nil wahrhaftig nicht fremdartig ausnehmen würde.

Napa: Die Qualitätsfaktoren

Es wird gern behauptet, daß in Kalifornien jedes Jahr ein guter Jahrgang sei. Im Central Valley mag dies stimmen. Die Weinbaugebiete in den Küstenlandstrichen aber haben zu ungünstige Witterungsbedingungen, ein unterschiedlicheres Mikroklima und verschiedenartigere Bodenstrukturen, als daß solche Verallgemeinerungen gültig wären.

Inzwischen hat es sich schon herausgestellt, daß bestimmte Traubensorten in bestimmten Lagen besonders gut gedeihen. Der Martha's Vineyard Cabernet bewies das als erster; heute ist diese Erkenntnis bereits stark verbreitet, wie aus der Besprechung der Napa-AVAs auf Seite 258 hervorgeht.

Die nebenstehenden Karten stellen den ersten Versuch dar, die grundlegenden Qualitätsfaktoren für einen kleinen Bereich, nämlich das nördliche Napa Valley, im Detail aufzuzeichnen. Sie wurden speziell für unseren Atlas von James und Lloyd Lider von der University of California ausgearbeitet.

Drei leicht meßbare Faktoren beeinflussen die Entscheidung des Winzers in Napa, welche Reben er an welchen Stellen anpflanzen soll. In der Praxis kommen allerdings noch viele weitere Faktoren ins Spiel.

Der erste Faktor ist der Boden. In diesem Bereich gibt es zwei hauptsächliche Bodentypen: den «Hanglagenboden», einen kieshaltigen Lehm, der guten Wasserabzug hat und sich rasch erwärmt, an den unteren Berghängen; und dann den schwereren Tonboden in der Talsohle. In der Regel bringen die Hanglagen eine feinere Qualität und werden meist Cabernet und Chardonnay vorbehalten. Merlot, Sauvignon Blanc und Sémillon gedeihen auch auf der Talsohle gut.

Der zweite Faktor ist die Durchschnittstemperatur, errechnet nach der auf Seite 253 beschriebenen Methode. Schon in diesem kleinen Bereich lassen sich drei Temperaturzonen unterscheiden. Es gibt jedoch zahllose kleine Nischen mit unregelmäßig verteilten Klimaunterschieden (siehe Karte unten), die das Entstehen von Weinen mit besonderem Charakter begünstigen können.

Der dritte Faktor ist die Gefährdung durch Spätfröste im Frühjahr, die sich auf der Talsohle am schlimmsten auswirken, weil sich die kalte Luft hier absetzt. Frostgeschädigte Reben treiben oft nach der ersten, erfrorenen Blüte noch eine zweite, deren Trauben dann später reifen als die von der ersten Blüte übriggebliebenen. Dieser ungleichmäßige Reifezustand beeinträchtigt die Qualität.

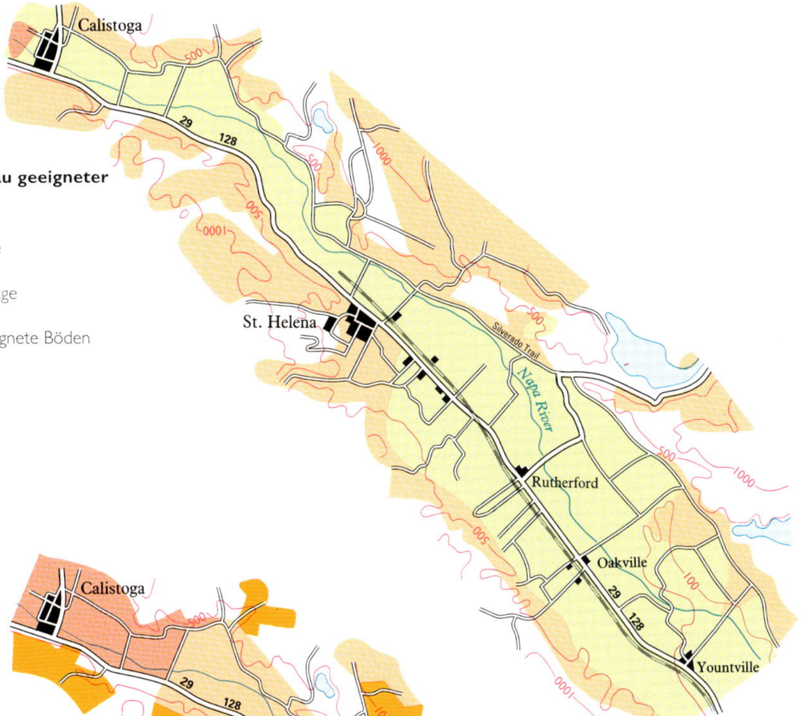

Für Weinbau geeigneter Boden
- Tallage
- Hanglage
- ungeeignete Böden

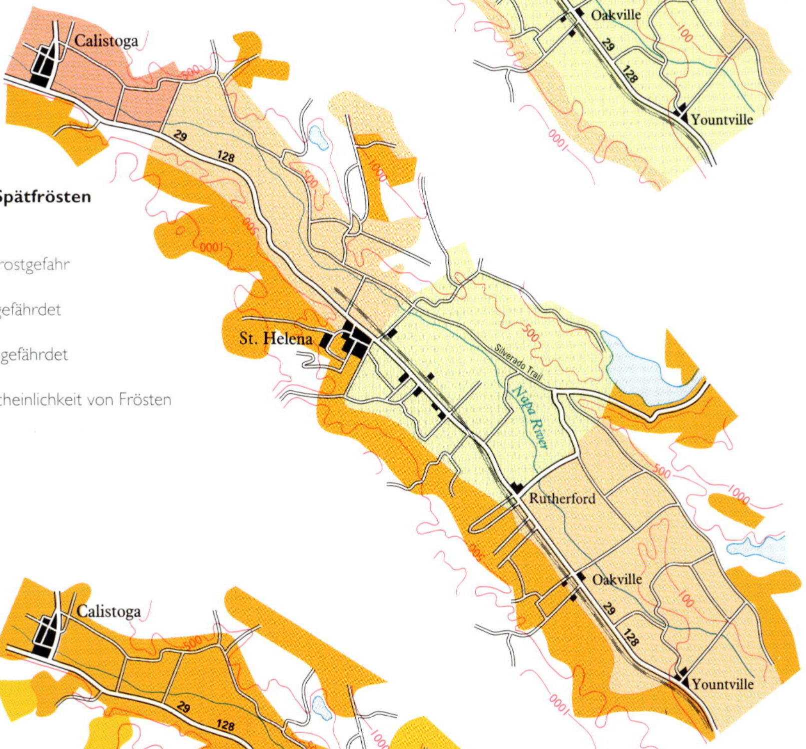

Gefahr von Spätfrösten (–2°C)
- keine Frostgefahr
- wenig gefährdet
- stärker gefährdet
- Wahrscheinlichkeit von Frösten

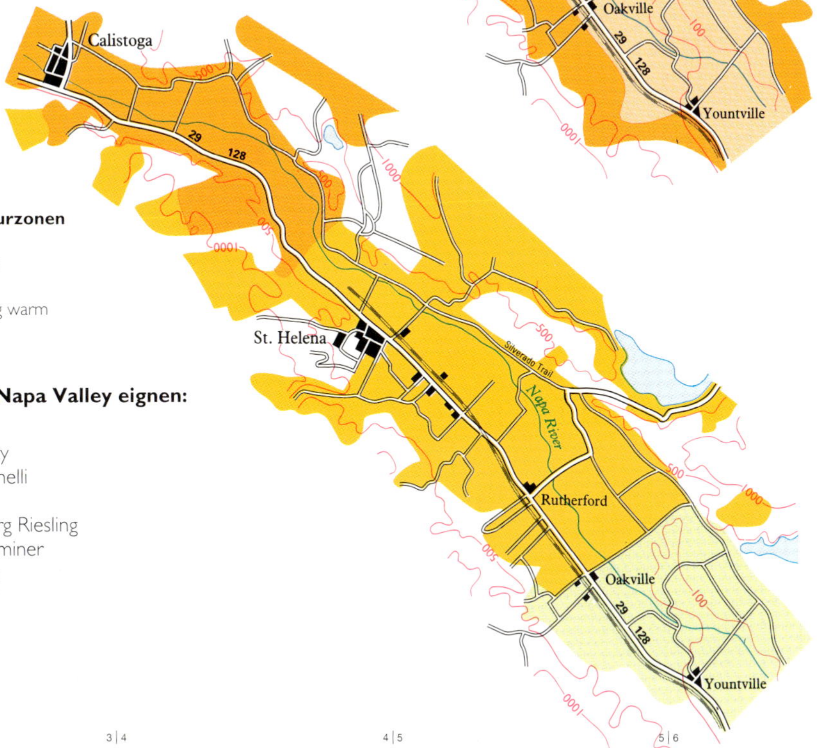

Temperaturzonen
- warm
- mäßig warm
- kühl

Einige Rebsorten, die sich für die drei Temperaturzonen im Napa Valley eignen:

Warm	Mäßig warm	Kühl
Petite Sirah	Cabernet Sauvignon	Chardonnay
Zinfandel	Zinfandel	Muscar Canelli
Cabernet Sauvignon	Sémillon	Sylvaner
Sauvignon Blanc	Refosco (Mondeuse)	Johannisberg Riesling
Barbera	Napa Gamay	Gewürztraminer
Grenache	Merlot	Pinot Blanc
Gamay	Gamay Beaujolais	Pinot Noir
Carignane	Chenin Blanc	
	Gray Riesling	

Südlich der San Francisco Bay

Das Gebiet südöstlich der Bucht von San Francisco ist ebenso altes Weinland wie das Napa Valley. Hier gibt es weniger Weinbaubetriebe, aber einige von ihnen zählen zu den berühmtesten Namen Kaliforniens. Der trockene, kieshaltige Boden im Livermore Valley bringt Weißwein hervor, insbesondere Sauvignon, wie er nirgendwo sonst in Kalifornien in schönerer Eigenart entsteht.

Paul Masson und Almaden in Saratoga und Los Gatos waren die Pioniere und jahrelang die Spitzenreiter des Weinbaus hier. In den 1960er Jahren hatte die stürmische Besiedelung des Lands um die Bucht die dortigen Weinbaubetriebe zur Suche nach neuen Anbaugebieten gezwungen. Durch Klimastudien der Universität von Kalifornien ermutigt, zogen sie nach Süden.

Almaden war der erste Erzeuger, der sich in großem Stil mit Neuanpflanzungen von Cabernet- und Chardonnay-Reben bei Paicines im San Benito County festlegte. Doch die Universität meinte, man solle noch weiter nach Süden gehen. Paul Masson, Mirassou und Wente Bros ließen sich im Salinas Valley nieder, das sich unmittelbar nördlich von Monterey zum Ozean hin öffnet und dadurch für einen stetigen Strom kühler Meeresluft an den Nachmittagen sorgt. Es war bereits bekannt, daß in diesem Tal Salat und Gemüse ausgezeichnet gediehen. Mit großem Enthusiasmus ging man daran, Reben anzupflanzen, die schließlich 12 000 ha vor allem zwischen Gonzales und King City bedeckten. Leider erwies es sich, daß die «Klimaanlage» nur zu gut funktioniert. An einem warmen Tag strömt feuchtkalte Luft von der Küste her das Tal hinauf, und zwar mit solcher Wucht, daß sie die Triebe von den Reben reißt. Trotzdem entstanden manche bemerkenswerte Weine, z. B. ein Zinfandel, der erst im Dezember reifte.

Ein großer Teil der Reben ist inzwischen wieder gerodet worden; der noch immer beachtliche Rest wird maschinell abgeerntet und liefert aus kühlem Klima Konsumweine für Großunternehmen wie Delicato im Central Valley.

Soweit bisher abzuschätzen ist, dürfte in diesem Tal noch näher am Meer als in Arroyo Seco (AVA seit 1983) kaum Qualitätswein erzielbar sein – Wente und Mirassou verarbeiten Trauben aus diesem Bereich. Jekel bringt dort fast überreifen Chardonnay und Cabernet sowie gehaltvollen Riesling hervor. Inzwischen konzentriert man sich auf Neuanpflanzungen südlich von King City bis hin zur County-Grenze von San Luis Obispo, aber auch auf die Hänge im Westen des Tals im 1992 geschaffenen AVA-Bereich Santa Lucia Highlands.

Weinkellereien haben sich in den neuen Anbaugebieten nicht in großer Zahl niedergelassen, dagegen mehr in den Santa Cruz Mountains, wo es kaum Rebenanpflanzungen gibt. Den guten Ruf dieses schönen Gebirgsbereichs mit seinen großen Wäldern begründete Martin Ray in den 1950er Jahren. Seine exzentrischen, teuren Weine gaben Anlaß zu Ärger und Amusement. Gerade umgekehrt steht es mit den Erzeugnissen seines geistigen Nachfolgers, Randall Grahm von Bonny Doon – der ist ein Witzbold, aber auch ein genialer Improvisator; seinen höchst originellen Verschnitten gibt er scherzhafte Namen wie Le Cigare Volant und Le Sophiste. Seine Inspiration bezieht er von der Rhône – er nennt sich selbst einen «Rhône-Ranger» – und neuerdings aus Italien. In Kalifornien früher nie übermäßig ernstgenommene Traditionen dienen jetzt als Wegweiser in die Zukunft. Ridge Vineyards ist heute der führende Betrieb mit Cabernet-Weinen aus der extrem hohen Lage Montebello, die oft sehr gut und langlebig ausfallen. (Ridge erzeugt auch feinen Napa-Cabernet unter dem Namen York Creek sowie hochgeschätzten Zinfandel aus Nord-Sonoma.)

In fast dieselbe Qualitätsklasse gehört – freilich mit ganz anderen Weinen – der abgelegene Chalone Vineyard auf einem sonnenverbrannten 600 m hohen Kalksteinhügel an der Straße, die von Soledad zum Pinnacles National Monument hinaufführt. Chalone (mit eigenem AVA-Bereich) produziert Chardonnay und Pinot Noir, die von der Überzeugung künden, daß der Corton irgendwie von Burgund in den Westen ausgewandert sei. Dieser Gedanke muß auch dem Einzelgänger Josh Jensen gekommen sein, dem Gründer von Calera, der 30 km weiter nördlich in demselben Gebirge (Mount Harlan AV) Pinot Noir anbaut. Der Boden stimmt, nur ist die Sonne zu heiß.

Unten links: Blick über die Weinberge von Smith & Hook zum Pinnacles National Monument. Hier wächst überaus kräuterwürziger Cabernet. Unten: Faßlager von Ridge Vineyards bei Santa Clara. Ridge Cabernet und Zinfandel zählen zu den feinsten Rotweinen Kaliforniens.

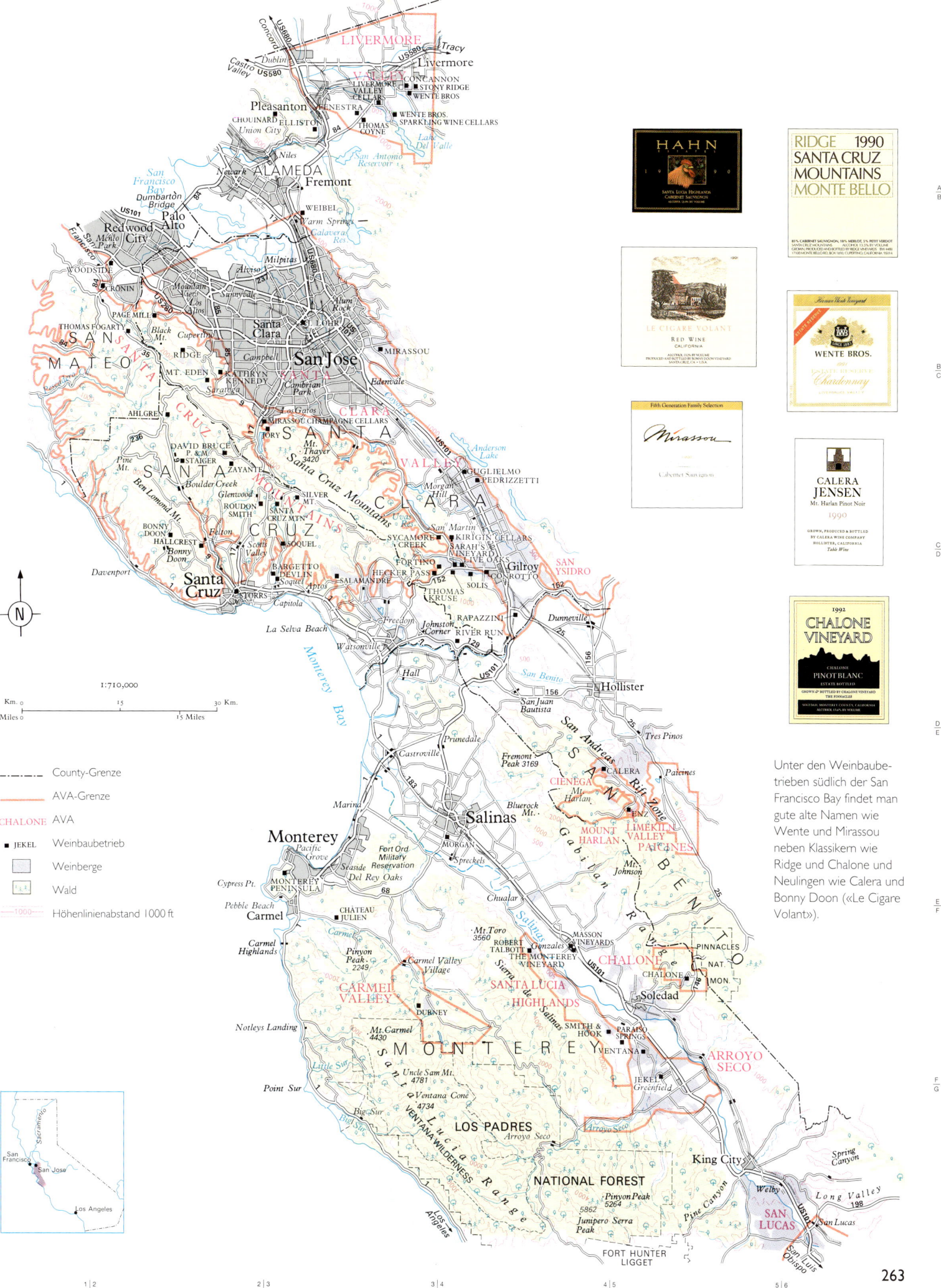

Unter den Weinbaubetrieben südlich der San Francisco Bay findet man gute alte Namen wie Wente und Mirassou neben Klassikern wie Ridge und Chalone und Neulingen wie Calera und Bonny Doon («Le Cigare Volant»).

South Central Coast

Wenn die Sonne über den jungen Reben in Paso Robles aufgeht, lichtet sich der Nebel. Heiße Tagestemperaturen bringen hier wuchtigen Zinfandel zur Reife. Auch Rebsorten aus dem Rhône-Tal und Norditalien werden erprobt.

Das Schema ist allmählich bereits vertraut: Eine Lücke, die ein Fluß durch die Gebirgskette an der Küste genagt hat, öffnet der kalten, nebligen Meeresluft den Zugang zu einem fruchtbaren Tal, und schon werden die Viehherden und die Apfelbäume von der Weintraube verdrängt.

In San Luis Obispo und Santa Barbara gab es um 1980 schon so viele Reben an so vielen Stellen, daß man sich ernsthaft daranmachen konnte, auch ihre jeweiligen Qualitäten genauer in Augenschein zu nehmen.

Inzwischen sind hier sechs AVAs eingerichtet. Im Norden erfaßt die Appellation Paso Robles einen weiten Landstrich mit bewaldeten Hügeln westlich vom Highway 101 und welligem Grasland östlich davon. Der Ruhm von Paso Robles stützt sich zur Zeit weitgehend auf schweren Zinfandel; Templeton ist das eigentliche Zentrum. Die Gegend gilt als Region II oder noch wärmer, die kühlende Brise vom Ozean her hat keinen direkten Zutritt. Die besten Lagen sind daher die in größeren Höhen.

Der Pionierbetrieb der neuen Generation ist in dieser Gegend HMR, 1964 als Hoffmann Mountain Ranch gegründet und mit Pinot Noir, Riesling und Chardonnay-Trauben aus der Umgebung groß geworden. Zinfandel wäre vermutlich besser gewesen. Inzwischen hat sich bei Adelaide auch die aus Châteauneuf-du-Pape stammende Familie Perrin mit ihrem Beaucastel Estate niedergelassen und baut Rhône-Trauben an. Martin Brothers ist einer der wenigen Betriebe, die sich ernsthaft mit italienischen Rebsorten, vor allem Nebbiolo, befassen, während sich Meridian (vormals Estrella River) durch seine Hügellage und durch Cabernet auszeichnet.

Edna Valley über dem Cuesta-Paß ist ganz anders geartet. Während die Meeresluft kaum an Paso Robles herankommt, wirbelt sie hier geradezu von der Morro Bay herein und kühlt das Tal oberhalb von San Luis Obispo so stark ab, daß sein Klima zur Region I zählt. Bisher scheint sich in diesem Gebiet die Chardonnay-Traube am besten zu bewähren. Edna Valley Vineyards (mit dem berühmten Chalone verbunden) ist der wichtigste Verarbeitungsbetrieb, allerdings kaufen auch auswärtige Weinkellereien hier Trauben ein. Das Champagner-Haus Deutz hat in Arroyo Grande inzwischen eine Schaumweinkellerei gebaut, und die Corbett Canyon Winery läßt Großes erhoffen.

Das Santa Maria Valley, weiter südlich im Santa Barbara County, hat womöglich noch kühleres Klima. Das zum Pazifik hin flache Land stellt der Meeresluft nichts in den Weg, so daß die Weinberge hier schon ab Mittag im Nebel liegen und die Frucht unreif und übermäßig säurehaltig ausfällt. Fast alles Land ist im Besitz von Farmern und nicht von Weinkellereien, so daß die Einzellagennamen ungewöhnlich stark im Vordergrund stehen. Bien Nacido, Cambria und Byron lautet die Reihenfolge talaufwärts, wobei es von Lage zu Lage etwas wärmer wird. Am geschütztesten sind Rancho Sisquoc sowie das in einem Canyon allein gelegene Foxen. Die besten Trauben, hauptsächlich Chardonnay, wachsen am Südhang. Mit ihrer fruchtigen Intensität und kräftigen Säure erinnern sie oft an Neuseeland.

Ein besonders interessanter, in seiner Experimentierfreude selbst von Bonny Doon in Santa Cruz kaum übertroffener Betrieb ist Au Bon Climat und sein Partner Qupé.

Jenseits der Solomon Hills ist es wieder wärmer und beständiger. Der AVA-Bereich Santa Ynez Valley besteht aus einem abwechselnd von Eichen und Weinbergen geprägten Hügelland bei Solvang – einem Ort, der ganz und gar so dänisch ist wie sein Name. In dieser Gegend bewähren sich Sauvignon Blanc, die Cabernets und Merlot am besten.

Firestone ist der größte Betrieb und zusammen mit seinem Stallgefährten J. Carey ein Muster an Zuverlässigkeit und Preiswürdigkeit. An zweiter Stelle steht Zaca Mesa. Babcock, Brander und Gainey sind hochangesehene Namen. Das Hauptinteresse beansprucht in Santa Ynez allerdings die Gegend im Westen bei Lompoc zum Ozean hin, wo der Anbaubetrieb Sanford & Benedict eine besonders für Pinot Noir und Chardonnay geeignete, geschützte Nordlage einnimmt. Die Sanford Winery verarbeitet einen Teil der Trauben und verkauft den Rest des Leseguts. Der Pinot Noir hat sich in den richtigen Händen bisher als der beste Kaliforniens erwiesen.

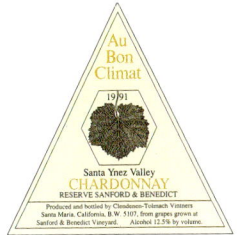

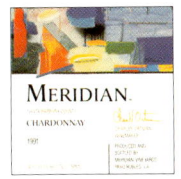

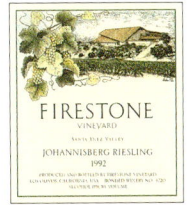

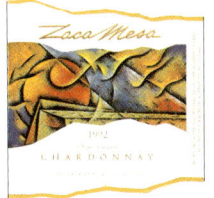

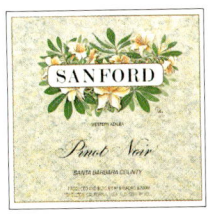

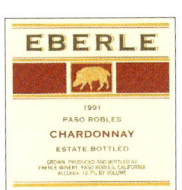

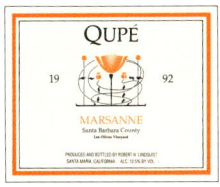

Links: Die Etiketten oben und unten stammen aus einem Weinbaubetrieb in Santa Maria, der keine Tabus kennt. In den 1980er Jahren vollbrachte Firestone hier an der Küste Pioniertaten, die regelmäßig Schlagzeilen machten.

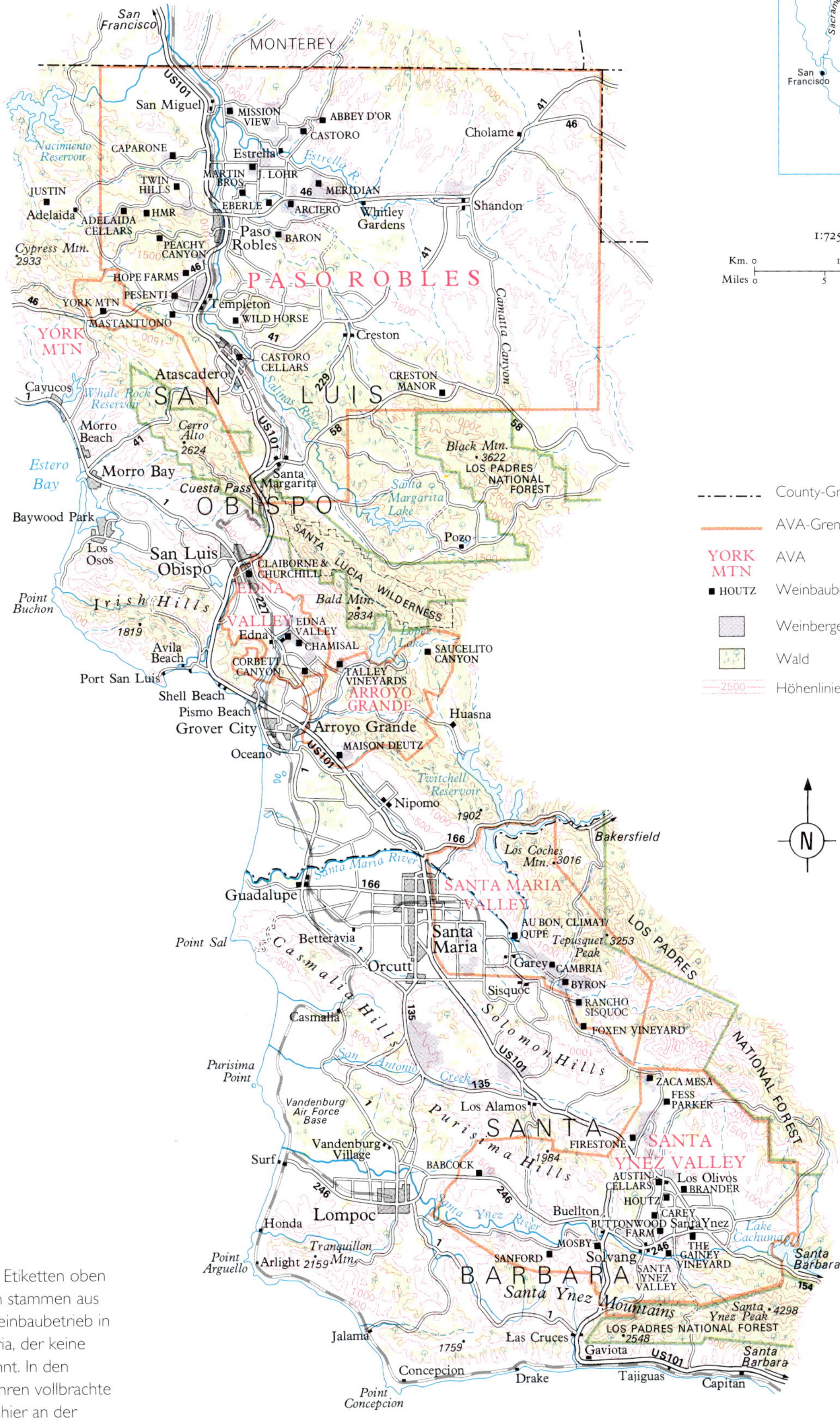

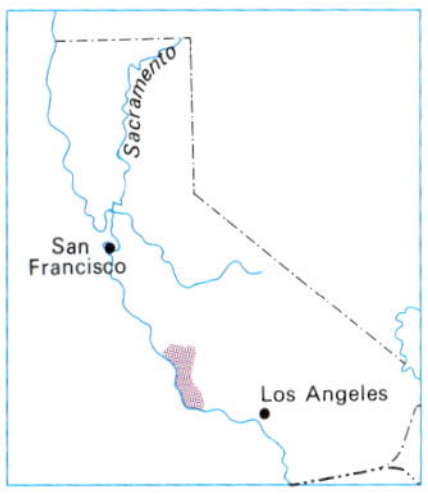

1:725,000

Km. 0 – 10 – 20 Km.
Miles 0 – 5 – 10 Miles

County-Grenze
AVA-Grenze
YORK MTN — AVA
HOUTZ — Weinbaubetrieb
Weinberge
Wald
2500 — Höhenlinienabstand 500 ft

Central Valley

Wenn man den ganzen Wein Amerikas in eine Flasche füllen könnte, dann würde alles bis auf ein Glas aus dem gigantischen Weingarten des Central Valley stammen.

Hier ist alles anders als im Bergland an der Küste. Der Boden ist fruchtbar und völlig flach. Die Rebe steht neben Obstbäumen und trägt Tafel-, Rosinen- und Weintrauben. Die Gesamtrebfläche ist fast doppelt so groß wie in Bordeaux, wird aber nur zu einem Drittel für den Weinbau genutzt, wovon wiederum ein Drittel auf die Weißweinrebsorte Colombard entfällt, gefolgt von Chenin Blanc mit 12 %. Bei den Rotweintrauben führt der Zinfandel mit 10 %, dann folgen Grenache, Barbera und Carignane mit jeweils etwa der Hälfte dieses Bestands. Die größte Anbaufläche nimmt jedoch die auch für Weingewinnung geeignete Rosinentraube Thompson Seedlees in Anspruch, nämlich ein knappes Drittel der Gesamtfläche von 223 000 ha.

Das Klima ist zuverlässig, stetig, oft drückend heiß. Über den größten Teil des Tals hinweg schirmen die Berge entlang der Küste gegen alle Einflüsse des Pazifischen Ozeans ab. Auf der Skala der University of California wird es weitgehend als Region V geführt. In diesem Klima entstehen Trauben mit immens hohem Zuckergehalt und praktisch keiner Säure. So war das Beste, was das Tal leisten konnte, schwerer, süßer Dessertwein, bis ihm schließlich die Technologie zu Hilfe kam.

Noch vor 30 Jahren tranken die Amerikaner zu 70 % schweren Wein und zu 30 % leichten Tafelwein. Heute hat sich das Verhältnis umgekehrt. Das Central Valley hat die Gewohnheiten der amerikanischen Weintrinker durch neue, leichte Weine in zuverlässiger Bereitung und bei vernünftigen Preisen mitgeformt. Die Universität Kalifornien lieferte die Mittel dazu in Form neuer Traubensorten, neuer Anbaumethoden und neuer Weinerzeugungstechniken – ganz abgesehen von den neuen Weinfachleuten.

Verschiedene der neuen Sorten, vor allem Ruby Cabernet und Rubired, haben sich bereits als kalifornische Standardsorten durchgesetzt. Daneben wirkt sich auch als Verbesserung aus, daß ungeeignete alte Rebsorten abgeschafft wurden.

Die neuen Anbaumethoden bestehen in der Hauptsache in der hohen Erziehung unter Anwendung verschiedener Hilfsmittel, um ein möglichst dichtes Laubdach über den Trauben hervorzubringen, außerdem im Versprühen von Nebeln zum Abkühlen der Weinpflanzungen bei heißem Wetter sowie in der Einführung maschineller Ernteverfahren.

In den Kellereien zeigen sich die großen Neuentwicklungen in Tanks aus Edelstahl, in denen Most und Wein gegen Sauerstoff geschützt sind, ferner in Pressen, Pumpen und Filtern verschiedenster Ausführungen – vor allem aber in der Form der Temperaturregelung. Mehr als alles andere hat die Kühltechnik im Central Valley die Gewinnung guter, leichter Weine möglich gemacht.

Der Vergleich mit Erdölraffinerien drängt sich beim Anblick der Großkellereien im Central Valley geradezu auf. Hier die Franzia Winery in Ripon.

Die Führung haben bei diesen Neuentwicklungen die Gebrüder Ernst und (der inzwischen verstorbene) Julio Gallo übernommen. Der Familienbetrieb in Modesto ist heute das größte Weinerzeugungsunternehmen der Welt. Schon die statistischen Daten sind überwältigend: 3600 ha Rebfläche, eine Produktion von fast 100 Millionen Kisten, dazu die größte Flaschenfabrik westlich vom Mississippi.

Das Haus Gallo hat einen großen Einfluß auf den Weingeschmack Amerikas – wie könnte es auch anders sein, da jede dritte oder vierte Flasche aus seiner Erzeugung stammt (genaue Ziffern liegen nicht vor). Es nimmt seine Verantwortung ernst und liefert vom Anfängerkurs, bestehend aus Apfelwein und anderen «Popweinen», alles bis zu «Burgundern» und «Chablis» in bester Qualität und darüber hinaus bis hin zu vollreifen, trockenen sortenreinen Weinen. 1990 kamen Cabernet und Chardonnay als besonders hochwertige Weine heraus. Gallo, wie andere gute Erzeuger im Tal, beschränkt sich nicht auf Trauben, die hier gewachsen sind, sondern bezieht auch Lesegut – zum Teil aus eigenem Anbau von der North Coast, u. a. aus dem Napa Valley und North Sonoma.

Aber auch andere Weinbaubetriebe im San Joaquin Valley nehmen sich ihrer Größe nach eher wie Ölraffinerien aus. Guild in Lodi ist eine Winzergenossenschaft, deren Weine im italienischen Stil – Marke Cribari – außerordentlich beliebt sind. Heute ist der Betrieb zusammen mit Cresta Blanca und den überaus erfolgreichen Cook's Champagne Cellars im Besitz von Canandaigua in New York.

Zu den Marken der Wine Group gehören Colony, Italian Swiss Colony, Petri und Lejon. Die Franzia Winery gibt auf allen ihren Weinen «made and bottled in Ripon» an. Heublein in Madera vereinigt in sich auch einige früher hoch angesehene Namen, u. a. Almaden und Inglenook Navalle, die heute leider auf Konsumwein-Niveau abgesunken sind.

Nicht ganz so groß sind die (anspruchsvolleren) Weinbaubetriebe Delicato in Manteca, Bronco in Ceres und Woodbridge Cellars von Robert Mondavi – das Haus Mondavi strebt mit den Woodbridge-Weinen weitere Verbreitung an.

Nur von einem Teil dieses Tals kann man sagen, daß er sich in Charakter und Stil von dem Rest unterscheidet. Es ist das nördliche Ende, wo sich der San Joaquin River nach Westen wendet. Der Einfluß der hier noch weit entfernten Bay macht sich dennoch durch kühlere Nächte bemerkbar. Lodi, das Herz

USA

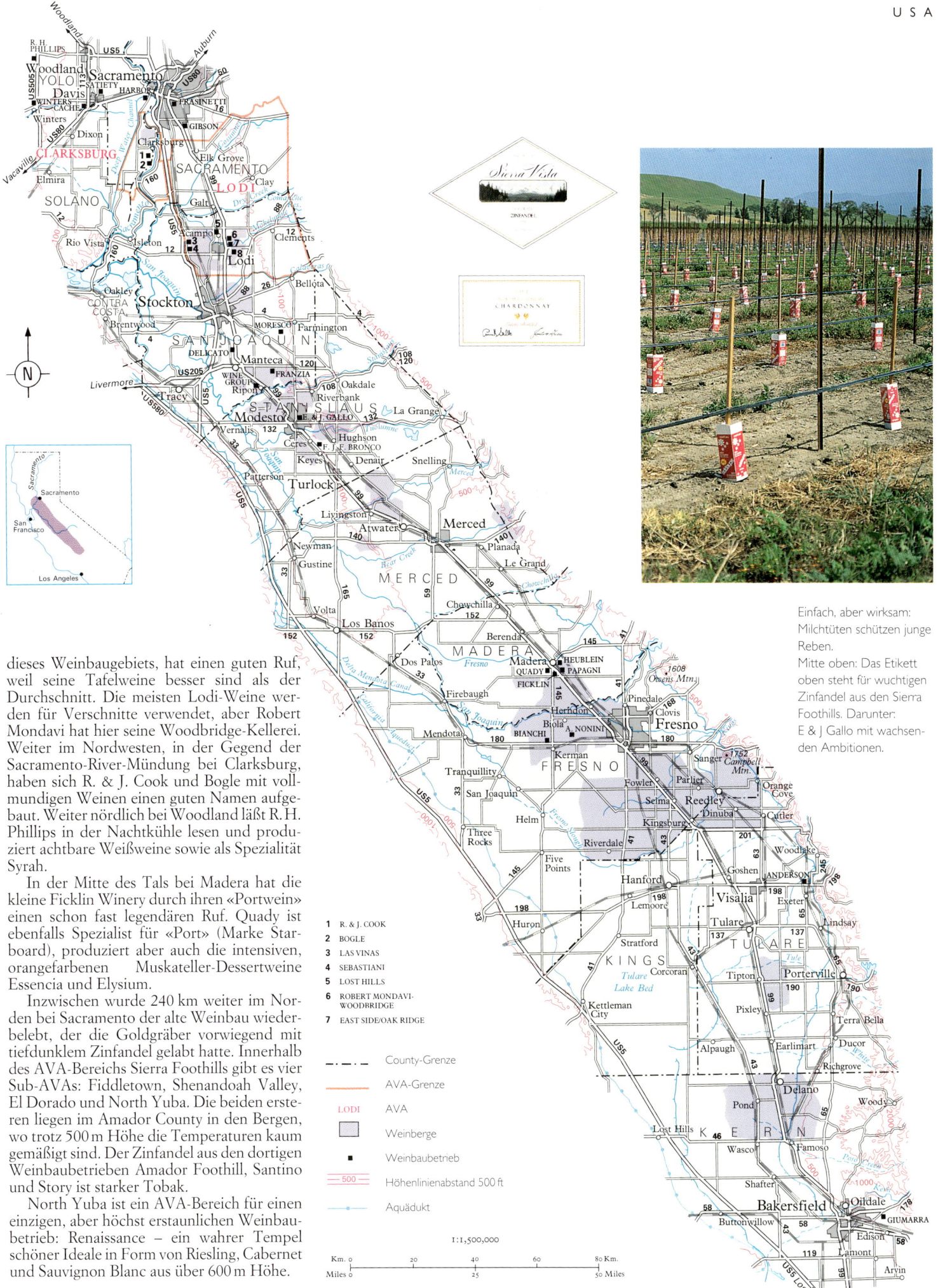

Einfach, aber wirksam: Milchtüten schützen junge Reben.

Mitte oben: Das Etikett oben steht für wuchtigen Zinfandel aus den Sierra Foothills. Darunter: E & J Gallo mit wachsenden Ambitionen.

dieses Weinbaugebiets, hat einen guten Ruf, weil seine Tafelweine besser sind als der Durchschnitt. Die meisten Lodi-Weine werden für Verschnitte verwendet, aber Robert Mondavi hat hier seine Woodbridge-Kellerei. Weiter im Nordwesten, in der Gegend der Sacramento-River-Mündung bei Clarksburg, haben sich R. & J. Cook und Bogle mit vollmundigen Weinen einen guten Namen aufgebaut. Weiter nördlich bei Woodland läßt R. H. Phillips in der Nachtkühle lesen und produziert achtbare Weißweine sowie als Spezialität Syrah.

In der Mitte des Tals bei Madera hat die kleine Ficklin Winery durch ihren «Portwein» einen schon fast legendären Ruf. Quady ist ebenfalls Spezialist für «Port» (Marke Starboard), produziert aber auch die intensiven, orangefarbenen Muskateller-Dessertweine Essencia und Elysium.

Inzwischen wurde 240 km weiter im Norden bei Sacramento der alte Weinbau wiederbelebt, der die Goldgräber vorwiegend mit tiefdunklem Zinfandel gelabt hatte. Innerhalb des AVA-Bereichs Sierra Foothills gibt es vier Sub-AVAs: Fiddletown, Shenandoah Valley, El Dorado und North Yuba. Die beiden ersteren liegen im Amador County in den Bergen, wo trotz 500 m Höhe die Temperaturen kaum gemäßigt sind. Der Zinfandel aus den dortigen Weinbaubetrieben Amador Foothill, Santino und Story ist starker Tobak.

North Yuba ist ein AVA-Bereich für einen einzigen, aber höchst erstaunlichen Weinbaubetrieb: Renaissance – ein wahrer Tempel schöner Ideale in Form von Riesling, Cabernet und Sauvignon Blanc aus über 600 m Höhe.

1 R. & J. COOK
2 BOGLE
3 LAS VINAS
4 SEBASTIANI
5 LOST HILLS
6 ROBERT MONDAVI-WOODBRIDGE
7 EAST SIDE/OAK RIDGE

Der Südwesten

In Kalifornien wurden einst die ersten Mission-Reben dort, wo heute Los Angeles steht, und bis hinauf nach Pasadena gepflanzt. Aber die Ausbreitung der Städte und der Smog haben die Weinfelder schon lange aus ihrer ursprünglichen Heimat in Kalifornien vertrieben. Von Los Angeles aus wanderte die Rebe nach Westen in die ehemalige Wüste von Cucamonga. Zu Anfang des 20. Jahrhunderts entstand dort ein großer, blühender Weingarten, der «einfache Tafelweine und feine Dessertweine» hervorbrachte. Aber lange bevor die Mission-Traube nach Kalifornien kam, wurde sie schon in Arizona, New Mexico und bei El Paso in Texas von den spanischen Missionaren für ihre Zwecke angebaut.

Texas nimmt überhaupt einen besonderen Platz in der Geschichte der Rebe und sogar des Weinbaus ein. Es ist nämlich das botanische Herz Amerikas als «Vinland», denn von den insgesamt 36 Arten der Gattung *Vitis* sind nicht weniger als 15 in Texas heimisch. In der Reblauszeit kam dem besondere Bedeutung zu, als Thomas V. Munson aus Denison, Texas, auf der Suche nach einer reblausfesten Unterlage Hunderte von Kreuzungen zwischen *Vitis vinifera* und einheimischen Reben züchtete. In Zusammenarbeit mit Professor Viala von der Universität Montpellier führte er viele resistente Unterlagsreben ein, die nicht nur den französischen, sondern den ganzen europäischen Weinbau retteten.

Dagegen wurde dem Weinbau in Texas von der Prohibition der Garaus gemacht. Um 1920 hatte es hier zahlreiche Weinbaubetriebe gegeben, doch die Wiederbelebung kam nur langsam in Gang, so daß noch heute die Hälfte der 254 Countys in Texas «trocken» steht. Das neue Weingesetz von 1977 ermutigte dann die ersten Pioniere, Llano Estacado und Pheasant Ridge, sich in 1200 m Höhe bei Lubbock niederzulassen. Diese Gegend bietet tiefgründigen, fruchtbaren, kalkhaltigen Boden, strahlenden Sonnenschein, kühle Nächte und sehr kalte Winter. Die Luft ist trocken, Regen gibt es im Frühsommer, heftige Wettereinbrüche sind ziemlich selten. Nach ersten Versuchen mit *Vinifera*- und Hybridreben produzieren nun beide Betriebe Chardonnay, Sauvignon, Chenin, Cabernet und Merlot in ähnlicher Qualität, wie sie in Nordkalifornien zustande kommt.

Das bei weitem größte Weinunternehmen in Texas befindet sich 320 km weiter südlich bei Ford Stockton, wo die an Land reiche University of Texas 1984 in Zusammenarbeit mit den Domaines Cordier aus Bordeaux über 400 ha bestockte und nun ein Programm an Sortenweinen unter der Marke Ste Geneviève produziert.

Gute Qualitätsaussichten bietet auch das etwas vage als Hill Country bezeichnete Gebiet südlich von Lubbock und westlich von Austin, in dem bereits drei AVA-Bereiche abgesteckt worden sind: Texas Hill Country und Fredericksburg (mit je 200 ha und 10 Weinbaubetrieben) sowie Bell Mountain (für einen einzigen, auf Cabernet spezialisierten Weinbaubetrieb gleichen Namens).

In New Mexico wäre ohne die Rocky Mountains kaum an Weinbau zu denken. Hier ist in großen Höhen das Klima so kühl, daß – wie im Norden – nur Hybridreben hart genug dafür sind. Landwirtschaftlich nutzbares Land gibt es nur im Rio Grande Valley von 2000 m Höhe bei Santa Fe bis hinab auf 1300 m bei Truth or Consequences. Die drei AVA-Bereiche heißen – von Norden nach Süden – Middle Rio Grande (mit Anderson Valley, dem größten und vielleicht besten Weinbaubetrieb in New Mexico), Mimbres Valley und Mesilla Valley.

Bislang hat sich New Mexico einen Namen mit Schaumwein gemacht; an der Spitze steht die Gruet Winery, gefolgt von Domaine Mont-Jallon und Domaine Cheurlin.

Der Südosten von Arizona mit dem einzigen AVA-Bereich Sonoita hat vieles mit dem Süden von New Mexico gemeinsam. Die Weinbaubetriebe Callaghan und Santa Cruz sehen ihre größte Chance offenbar mit Merlot und Sauvignon Blanc.

Colorado weiter im Norden verfügt inzwischen über neun Weinbaubetriebe im Schutz des Grande Valley am Colorado River bei Grand Junction in 1200 m Höhe. Die besten Weine dieser Gegend – von Chardonnay, Merlot, Riesling und sogar Viognier und Shiraz (Colorado ist trendbewußt) – sollen in ihrer aromatischen Intensität Ähnlichkeit mit Weinen aus dem Columbia Valley haben.

Inzwischen ist im Süden Kaliforniens die Rebe südwärts und näher zum Ozean vorgedrungen.

Rancho California (auch Temecula genannt) ist durch einen Korridor, den Rainbow Gap, mit dem Ozean verbunden. Durch ihn

Ohne die kühlenden Rocky Mountains gäbe es in New Mexico keine Weinberge. Die La Chiripada Winery bei Dixon bringt preisgekrönte Weine hervor, u. a. Special Reserve Riesling und Vidal/Villard-Blanc-Verschnitt.

In der Domaine Mont-Jallon wird Schaumwein «gerüttelt». Viele französische Häuser betätigen sich in New Mexico und Texas mit Still- und Schaumweinen. Die Gewächse aus beiden Staaten können sich durchaus mit kalifornischen Weinen messen.

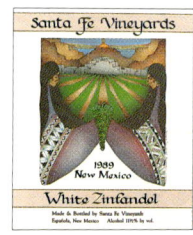
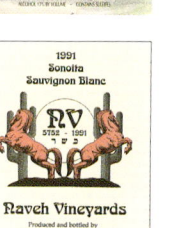

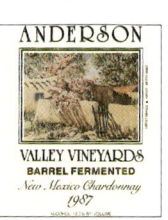

USA / MEXIKO

Mexiko

strömt kühle Luft in dieses sonst subtropische Gebiet ein. Als Pionier betätigte sich in diesem Gebiet Anfang der 70er Jahre Ely Callaway. Er setzte sich von Anfang an hohe Qualität als Ziel und begnügte sich mit kleinen Erträgen.

Ganz unerwartet erwies sich die lange Wachstumsperiode mit relativ kühlen Spätsommern als günstiger für weiße als für rote Trauben. Nach zehn Jahren Erfahrung befaßt sich Callaway nur noch mit Weißwein, wobei der Herbstnebel sogar die Erzeugung üppiger «botrytisierter» Weine ermöglicht. Eine Reihe kleinerer Weinbaubetriebe hat sich angeschlossen, ohne jedoch die roten Rebsorten zu vernachlässigen. Die Qualität der weißen Trauben von Temecula ist so gut, daß ein Avocado-Farmer aus Fallbrook, jenseits der County-Grenze in San Diego, seinen guten Namen (Culbertson) auf eine Schaumweinproduktion von Pinot Noir, Chardonnay und Chenin Blanc aus Temecula setzte.

Hernando Cortez gründete 1524 den mexikanischen Weinbau. 450 Jahre lang hat dann der Wein in Mexiko einen Dornröschenschlaf gehalten. Erst vor 15 Jahren ist er aufgewacht, hat aber seither mehr Fortschritte gemacht als in seiner ganzen Geschichte.

Der Wandel begann mit der Anpflanzung edler Traubensorten – zunächst im Guadalupe-Tal bei Ensenada in Baja California, dann auch in der Provinz Querétaro, aber in einer Höhe von 2000 m. Als Pioniere betätigten sich die Bodegas Santo Tomas in Ensenada, Bodegas Pinson mit ihrer Marke Don Eugenio und L. A. Cetto mit inzwischen 1200 ha in Baja California. Cetto produziert bemerkenswert erfolgreiche Weine von der Nebbiolo-Traube aus seiner Heimat Piemont, aber auch von Cabernet und Petite Syrah. Die Weißweine sind kaum interessant. Dennoch blieb es Pedro Domecq aus Spanien vorbehalten, den mexikanischen Wein auf einen neuen Kurs zu bringen. Rund die Hälfte der Anbaufläche im Guadalupe-Tal gehört dieser Firma, und sie bringt dort ihren sehr erfreulichen Standardwein Los Reyes sowie den hochwertigen Verschnitt Château Domecq hervor.

In Querétaro leisteten die Cavas de San Juan bei San Juan del Río mit achtbarem Cabernet und Pinot Noir die Pionierarbeit. Domecq ist in den Querétaro-Bergen zu ihnen gestoßen, und Pinson hat weiter im Norden bei Zacatecas Neupflanzungen angelegt.

Der jüngste mexikanische Weinbaubetrieb wurde 1988 im Guadalupe-Tal gegründet: Monate Xanic, ein 60-ha-Gut von einer Qualität, wie es sie in Mexiko bisher nicht gab.

Schade ist nur, daß der Geschmack der Mexikaner weit hinter den Möglichkeiten des modernen Weinbaus in Mexiko herhinkt. Um rentabel arbeiten zu können, müssen sich die meisten Bodegas vorwiegend auf süße Weine minderer Qualität stützen – vor allem aber auf Brandy zum Mischen mit dem Nationalgetränk: Coca Cola.

Unten und links: Im Grand Valley in Colorado wachsen gute Weine von klassischen Rebsorten. Arizona hat ähnlichen Wein in New Mexico. In Texas blüht der Weinbau, seit 1977 das neue Gesetz herauskam; Cetto liegt in Mexiko an der Spitze.

269

Der Pazifische Nordwesten

Nördlich von Mendocino bilden die Küstenberge keine fortlaufende Kette mehr, die durch gelegentliche Lücken den Nebel vom Meer her durchläßt, vielmehr stehen sie kreuz und quer, überschüttet von ständigem Sprühregen. Erst an der Grenze zu Oregon reiht sich die Gebirgskette wieder als schützende Mauer vor dem Meer auf. Die warme Strömung im Nordpazifik bringt Regen anstatt Nebel und mäßigt die Temperaturen, die hier sonst sehr viel strenger wären.

Mit einem Wort, die Klimaverhältnisse sind eher europäisch. Es erscheint seltsam, daß der Weinbau hier keine längere Geschichte hat, aber es ist nun einmal gerade knapp 30 Jahre her, seit die Pioniere in Oregon und Ost-Washington den ersten Anfang machten.

Heute kann der Nordwesten zwei blühende Weinbauregionen aufweisen. In West-Oregon erkannte man bald, daß das sanfte Klima Wein in einem Stil hervorbringen konnte, wie er in Kalifornien nicht zustande kommt: Wein mit mäßiger Alkoholstärke, gutem Säuregehalt und schöner Ausgeglichenheit, würzig, aber nicht aufdringlich. Der Pinot Noir, der um diese Zeit die Kalifornier zur Verzweiflung brachte, erreichte hier die frische Saftigkeit leichterer Burgunder. Der Chardonnay erbrachte delikate Weine und der Riesling rassige. Freilich hat die Sache auch einen Haken: viel Regen, vor allem zur Zeit der Lese.

In Ost-Washington (und im östlichen Oregon) sieht die Welt ganz anders aus. Regen ist hier selten. Die hochaufragenden Cascades halten alle Niederschläge bis auf 250 mm im Jahr ab. In diesem fast wüstengleichen Land ist Bewässerung notwendig. Aber der Columbus River hat Wasser, soviel man will, und der blaue Himmel sorgt für lange, warme Tage, die in scharfem Gegensatz zu den kühlen Nachttemperaturen stehen.

Die Trauben entwickeln in diesem nördlichen kontinentalen Klima einen ganz anderen Geschmack als die verhaltene Subtilität von Oregon oder die großzügige Fruchtigkeit von Kalifornien. Sie reifen zuverlässig, aber langsam. Die nächtlichen Temperaturen erhalten in ihnen die Säure bei aller Reife in erstaunlich hohem Maß, und daraus ergibt sich ein intensiver, lang anhaltender Geschmack.

Obwohl beide Weinbauregionen in den 1980er Jahren kräftig zugenommen haben (auch an Renommee) und bis 1992 auf insgesamt 8000 ha angewachsen sind, verfügt Oregon doch erst über die Hälfte der Rebfläche von Washington. (Die gesamte Traubenanbaufläche ist doppelt so groß, jedoch entfällt die Hälfte auf die Concord und ähnliche Sorten, die zu Fruchtsaft und Konfitüre verarbeitet werden.) Um die Perspektiven zurechtzurücken, sei gesagt, daß der Nordwesten insgesamt nur etwa zwei Drittel der *Vinifera*-Anbaufläche des Napa Valley aufbringt.

Die Zahl der Weinbaubetriebe ist in Oregon und Washington mit jeweils 90 inzwischen die gleiche, doch in Washington sind sie meist größer und auch reichlicher ausgestattet.

Junge Pinot-Noir-Reben im Willamette Valley bei Dundee (Oregon). In dieser grünen Region bedeutet Regen zur unrechten Zeit ein Risiko, das aber selbst gebürtige Burgunder auf sich nehmen.

Die acht größten Weinbaubetriebe Washingtons erbringen 95% der Produktion, während die sieben größten Betriebe Oregons nur ein Drittel des Gesamtvolumens produzieren.

Diese Unterschiede beruhen auf dem Terrain. Der Weinbau Oregons konzentriert sich vor allem in den dichtbesiedelten Tälern bei Portland, wo seit einem Jahrhundert Viehzucht, Obst- und Ackerbau betrieben werden. Die Weinberge mußten sich in die weithin genutzte Landschaft einfügen. In Washington ergriff die Weinrebe dagegen von der steppenartigen Einöde hinter den Bergen Besitz, wo Monokultur mit Bewässerung die einzige Form der landwirtschaftlichen Nutzung ist.

Oregon übt mit überaus strengen Gesetzen die Kontrolle über die drei AVA-Bereiche aus und noch über zwei weitere, in die es sich mit Washington teilt und deren Charakter auch mehr dorthin tendiert. Das Willamette Valley (s. Seite 273) ist bei weitem am stärksten entwickelt. Das Umpqua Valley südlich davon ist geschützter, im Sommer wärmer, im Herbst trockener, verfügt aber nur über 200 ha Rebfläche und zehn Weinbaubetriebe. Sein Ruf beruht vorwiegend auf Riesling etwa von Hillcrest und Callahan Ridge. Noch weiter im Süden verspricht das Rogue Valley an der Grenze zu Kalifornien mit wärmerem und viel trockenerem Klima ebenfalls Gutes. Die dortigen Spitzenbetriebe – Bridgeview, Valley View, Siskiyou und Foris – haben vor allem Cabernet und Merlot im Visier, erregen aber auch mit Gewürztraminer und anderen Weißweinen Aufsehen.

Schließlich sind noch die mit Washington geteilten AVA-Bereiche zu nennen, ein kleines Stück Columbia Valley und ein noch kleineres von Walla Walla, wo ein weniger extremes, dafür feuchteres Klima herrscht als in Yakima und vielversprechender Chardonnay, Cabernet und Merlot wachsen. Die etwa 1980 von Leonetti eingeleitete Erschließung reicht mit dem Seven Hills Vineyard nach Oregon hinein. Der gemeinsam von der Woodward Canyon Winery und Chalone (Kalifornien) bewirtschaftete Canoe Ridge Vineyard setzt Zeichen für die Zukunft.

Nach 20jährigen Experimenten hat sich als der bedeutendste Wein für Oregon der Pinot Noir und für Washington der Merlot, gefolgt von Cabernet, Sémillon, Riesling, Sauvignon und Chardonnay, herausgeschält.

Weitab von dieser Karte im Osten ist das vielleicht erstaunlichste Qualitätsweinbaugebiet der USA zu finden: im Snake River Valley in Idaho. Hier hat die Familie Symms Pionierarbeit geleistet. Wie im östlichen Washington ist das Klima kontinental, vielleicht etwas extremer, weil das Tal weiter im Süden, dafür aber beträchtlich höher gelegen ist (820 m).

Die Ste Chapelle Winery von Symms ist inzwischen die viertgrößte im Nordwesten. Sie verarbeitete anfänglich in der Hauptsache Trauben aus Washington. Als sich aber die Qualität der Frucht aus der eigenen Ranch bei Caldwell herausstellte, wurde Idaho zum eigenständigen Erzeugergebiet von großartigem Chardonnay sowie von Riesling und Chenin Blanc (oft als Spätlesen). Der Chardonnay vereint Intensität mit seidiger Fülle. Bei solchem Erfolg konnte man nicht lange allein bleiben – in Idaho gibt es jetzt zehn Weinbaubetriebe.

British Columbia betrat etwas früher, jedoch recht zögernd die Weinbauszene. Das Zentrum des kleinen Gebiets ist das Okanagan Valley, 300 km östlich von Vancouver, wo sich ein langer, schmaler See in Nord-Süd-Richtung erstreckt. Seit 45 Jahren werden hier Hybridreben angebaut, aber erst seit 15 Jahren sind Versuche mit *Vinifera*-Reben erfolgreich verlaufen. Gewürztraminer, Riesling (nicht der minderwertige «Okanagan Riesling») und Chardonnay liefern hier angenehme, leichte Weine.

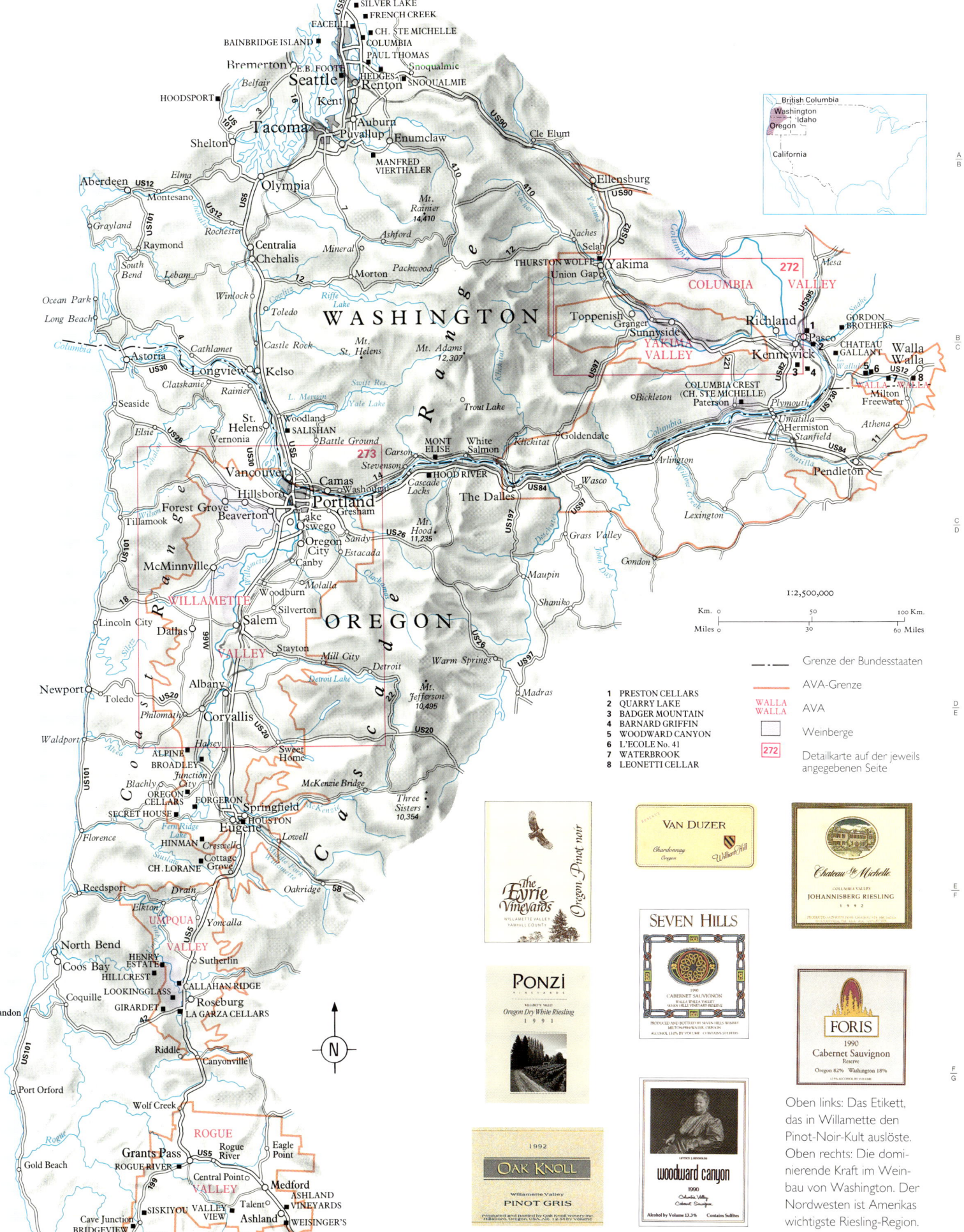

Yakima

Das Yakima Valley ist als Weinbauland nur etwas älter als das Willamette Valley. 1974 wurde hier Hinzerling als erste Kellerei gegründet, doch die Trauben aus diesem Gebiet waren in Seattle bereits vorher berühmt. Anfang der 1960er Jahre bereiteten Wissenschaftler der University of Washington den ersten Wein von Yakima-Trauben – und sie waren hochzufrieden damit. 1966 produzierten sie als Associated Vintners einen Riesling und einen Gewürztraminer, die großes Aufsehen erregten.

Im darauffolgenden Jahr kam André Tchelistcheff, der inzwischen verstorbene Nestor der Kellertechnik im Napa Valley, nach Seattle, probierte den Gewürztraminer und nannte ihn den besten, der je in Amerika entstanden sei. Als Berater der American Wine Growers half er dann 1967, den ersten Cabernet, Sémillon und Grenache Rosé hervorzubringen.

Das Tal des Yakima River weist ein Klima auf, in dem feine Weintrauben fast zur Vollendung reifen. Wo ausreichend bewässert werden kann – die Weinberge müssen sich mit älteren Rechten anderer Pflanzungen abfinden –, kommt der Rebe zugute, daß das Krankheitsrisiko durch den regenlosen Sommer und Herbst verringert wird, während die heißen Tage und kühlen Nächte in vielen Traubensorten wundervoll klar definierte Geschmacksnuancen hervorrufen.

Die bisher größten Rotweinerfolge waren Merlots, beispielsweise von Columbia Winery, The Hogue Cellars und Chateau Ste Michelle, dicht gefolgt von Cabernets aus denselben Kellereien, aber auch von Staton Hills und Covey Run. Bei Weißwein führt der Menge nach Chardonnay, der Qualität nach aber Riesling, Sémillon und Sauvignon.

Das Yakima Valley ist eine bizarre Weinbaulandschaft. Ältere Anpflanzungen nehmen

Den ersten Ruhm errang sich Washington mit Sémillon, Gewürztraminer und Merlot, doch die Nachfrage nach Chardonnay und Cabernet steigt ständig. In den Kellern von Chateau Ste Michelle gärt Chardonnay in Fässern, was sich erstaunlicherweise sanfter auswirken kann als Ausbau im Faß.

sich aus wie große grüne Scheiben von 800 m Durchmesser auf einer gelbbraunen, gestrüppbewachsenen Fläche. Den Mittelpunkt einer solchen Scheibe bildet ein mächtiges Pumpwerk, aus dem Wasser in eine 1/2 km lange Rinne strömt, die auf Schienen zwischen den Reben im Kreis läuft. Heute brauchen die Pflanzungen nicht mehr rund zu sein; das neue Tropfbewässerungssystem paßt sich an jede beliebige Form an. Aber immer noch heben sie sich auffallend grün gegen das Braun der Umgebung ab.

Die Spitze im Weinbau von Washington hält das früher von Tchelistcheff geleitete Chateau Ste Michelle. Das Unternehmen selbst befindet sich noch immer in Seattle, weit entfernt von seinem Weinbergbesitz im Columbia und Yakima Valley, der ein Viertel der mit *Vinifera*-Reben bestockten Rebfläche Washingtons von insgesamt 4 900 ha ausmacht. Es produziert ein durchaus beständiges Weinprogramm, u.a. mit exzellentem Cabernet und Merlot, sehr schmackhaftem Riesling und Chardonnay, äußerst sauberem, trockenem Pinot-Noir-Schaumwein sowie beachtlichem Sémillon. Auch bei der Columbia Winery, dem Pionierbetrieb der 1960er Jahre (damals Associated Vintners), spielt der Sémillon eine große Rolle; seine vollen Qualitäten kommen erst nach vier bis fünf Jahren Reifezeit zum Vorschein. The Hogue Cellars bietet ebenfalls bemerkenswerten Sémillon.

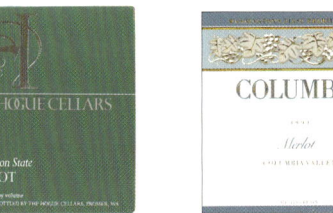 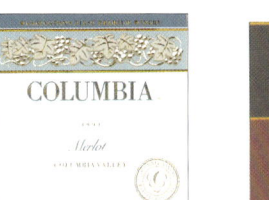 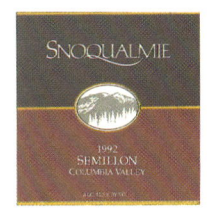 

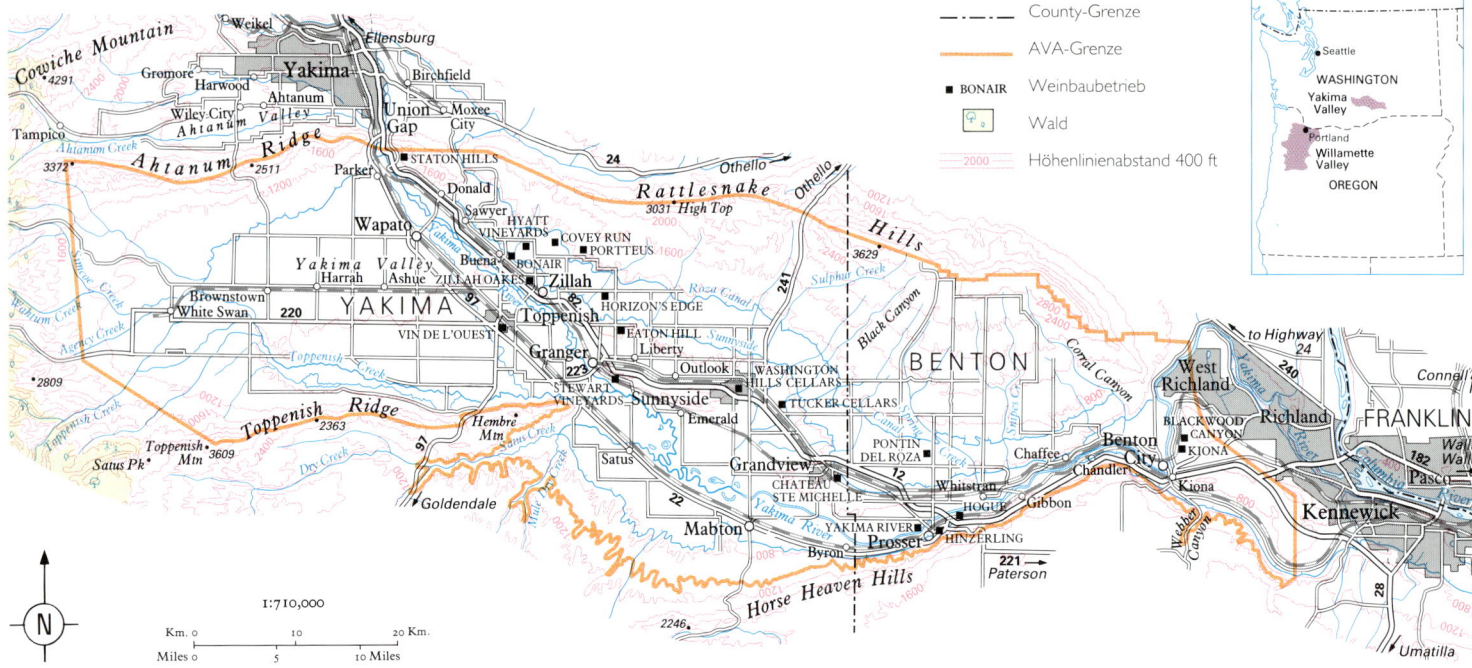

Willamette

Als Weinbaugebiet wurde das Willamette Valley gegen Ende der 1960er Jahre von David Lett mit seinen Eyrie Vineyards bei Dundee im Yamhill County und durch die Gründung der Knudsen Erath Winery geschaffen.

Hätte Lett Chardonnay oder Cabernet und nicht zufällig Pinot Noir gepflanzt, dann hätte der Ruhm auf sich warten lassen. So aber sind Oregon und Pinot Noir seit 1970 auf Gedeih und Verderb miteinander verknüpft. Unter dem grauen Himmel dieses grünen Weidelands wächst, was Kalifornien bisher so gut wie völlig versagt geblieben ist: ein Wein, bei dem man die Illusion hat, man trinke feinen roten Burgunder. Mehr als ein Drittel der Rebfläche Oregons ist mit Pinot Noir bestockt, ein Viertel entfällt auf Chardonnay, und der im Schwinden begriffene Riesling hat noch 15% Anteil. Ihm folgen Pinot Gris (mit der einzigen größeren Anbaufläche in Amerika) und Gewürztraminer.

Im Willamette Valley sind die Größenverhältnisse burgundisch bescheiden. Wie an der Côte d'Or stellen auch in Dundee 10 ha einen stattlichen Besitz dar – mindestens war das noch vor kurzem so, bis große Investoren hier Morgenluft witterten. Abgesehen von Letts Weinen waren die meisten in der Anfangszeit duftig, aber ätherisch. Erst um die Mitte der 1980er Jahre erlangten die wenigen kraftvolleren Exemplare im Alter eindrucksvolle Art. (1993 befand sich ein 1978er Pinot Noir von Knudsen Erath auf seinem Höhepunkt, während ein dunkler, intensiver 1980er Eyrie noch nach weiterer Reifezeit verlangte.) Ob dies oder etwas anderes sie überzeugte, jedenfalls kamen Prominente aus anderen Gegenden herbei – z. B. Stag's Leap und William Hill aus Kalifornien, Brian Croser aus Australien, vor allem aber Robert Drouhin aus Burgund und Laurent-Perrier aus der Champagne.

Am kühlsten sind die Sommer im nördlichen Teil des Willamette Valley, im Washington County. Die meisten Weinberge liegen an Hängen, vor Spätfrösten geschützt, und erbringen aromatische Weißweine. Montinore ist mit 200 ha der größte Weinbaubetrieb, Tualatin (durch Gewürztraminer berühmt) der älteste. Ponzi und Oak Knoll wurden 1970 gegründet, Shafer entstand 1980.

Im Yamhill County ist es etwas wärmer, es kommen aber auch mehr Fröste vor: Deshalb sind hier möglichst steile Südhänge hoch über den Frostlöchern am günstigsten. Weiter südlich im Polk und Benton County sind die Verhältnisse bei noch wärmerem Klima ungleichmäßiger, die Weinberge stärker verstreut.

Die Orte McMinnville, Yamhill und Newberg umschließen den Kern dieses Bereichs, die roten Berge von Dundee mit ihrem eisenhaltigen, vulkanischen Boden. Bedeutungsvoll ist vor allem die lange, kühle Wachstumsperiode. Die lange Zeit am Weinstock verleiht dem Pinot Noir wie auch dem Riesling eine reiche Geschmackspalette.

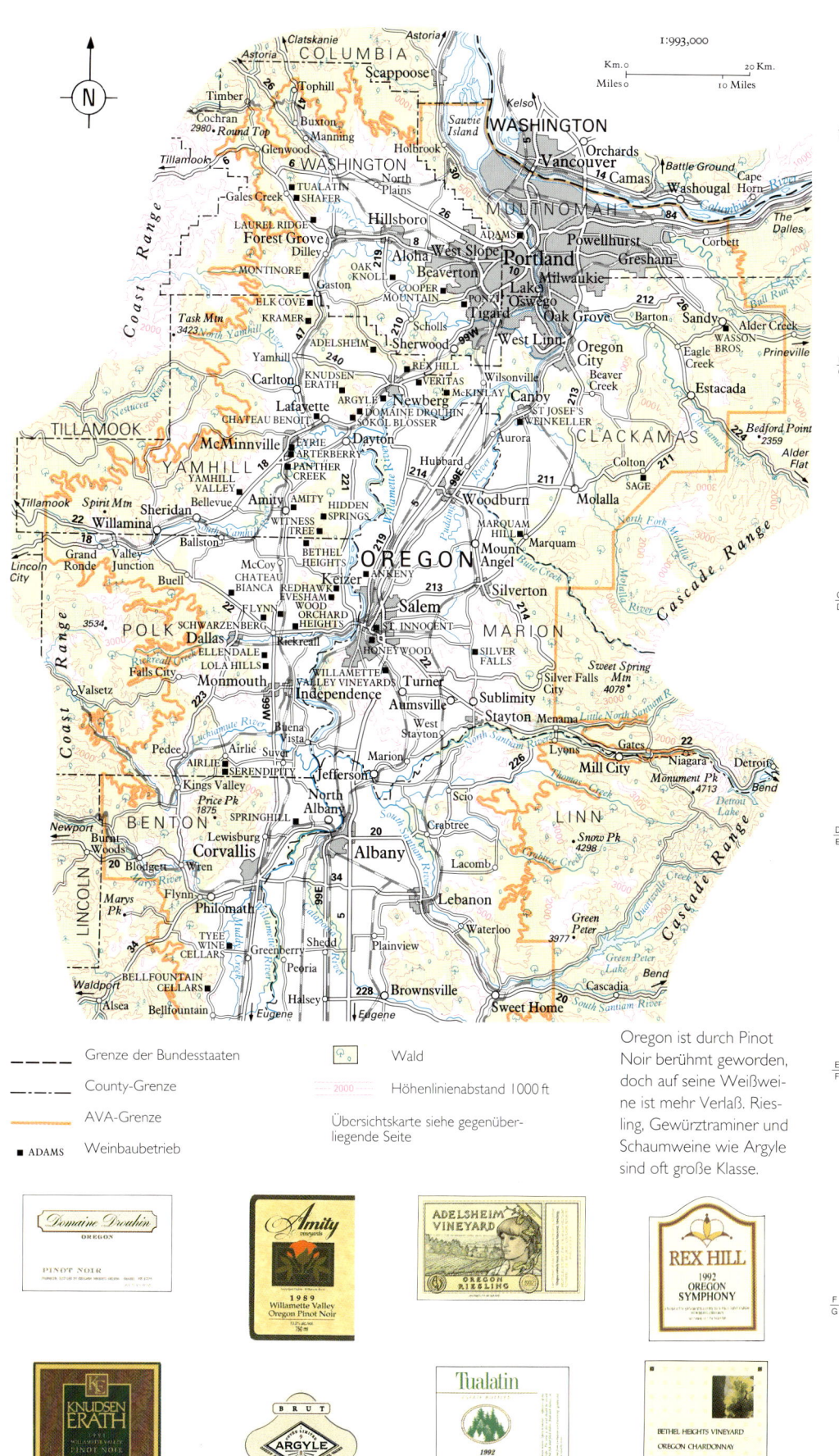

Oregon ist durch Pinot Noir berühmt geworden, doch auf seine Weißweine ist mehr Verlaß. Riesling, Gewürztraminer und Schaumweine wie Argyle sind oft große Klasse.

New York, der Osten und Ontario

In den Staaten im Osten hat sich beim Wein der Schwerpunkt entscheidend verlagert – wenigstens im Bewußtsein der Kenner, wenn auch noch nicht kommerziell. Der Weinbau der alten Schule beruht nach wie vor auf dem oberen Staat New York, um die tiefen Gletschergräben der Finger Lakes, südlich vom Ontario-See, doch inzwischen hat sich die Verlagerung nach Osten und Süden hin, zur Küste und zu den Staaten am mittleren Atlantik vollzogen.

Obwohl die Seen das Klima mäßigen, bleibt es doch streng und kontinental, mit kurzer Wachstumsperiode und langem, bitterkaltem Winter. Der Weinbau begann hier in den 50er und 60er Jahren des vorigen Jahrhunderts, und damals waren die amerikanischen Reben die einzigen, die im Osten angebaut werden konnten. Sie nehmen heute 10 500 von den 13 400 ha Gesamtrebfläche im Staat New York ein.

Doch die erfolgreiche Einführung zunächst von franco-amerikanischen Hybridreben, dann von *Vinifera*-Sorten drängt den traditionellen Weinbau immer stärker in den Hintergrund. Der Marktanteil der neuen Sorten läßt bisher ihre Bedeutung zwar noch nicht erkennen, aber allen Anzeichen nach liegt bei ihnen die Zukunft.

Maßgeblich für die Bestrebungen um die Einführung europäischer Rebsorten war Dr. Konstantin Frank, dessen Unternehmen mit dem pointierten Namen Vinifera Wines die ersten Erfolge mit Riesling und Chardonnay an den Finger Lakes hatte. Seine Riesling-Trockenbeerenauslese von 1961 war eine Sensation. Franks inzwischen klar bewiesene Behauptung lautete, daß *Vinifera*-Reben, auf die richtige Unterlage veredelt und im Winter geschützt, ebenso widerstandsfähig sind wie die amerikanischen Reben oder die Hybriden. Sie gelangen auch ebenso gut zur Reife.

1976 gab ein neues Weingesetz den Weg für kleine, flexible Betriebe frei, und ihr Lehrmeister war Frank. Zwar blieben die Finger Lakes das Zentrum des Weinbaus, doch die Apostel der neuen Lehre zogen am Hudson River entlang zum Erie-See, und vor allem setzten sie sich auf Long Island fest.

Dort pflanzten die Pioniere Alex und Louisa Hargrave 1973 die ersten Reben zwischen Kartoffeln in das sandige Schwemmland der North Fork am östlichen Ende der Insel. Der Ozean bewirkt hier einen langsameren Gang der Jahreszeiten: Er verzögert den Austrieb und sorgt für lange milde Witterung, so daß ebensoviel Wachstumstage wie im Napa Valley zustande kommen.

Auf Long Island ist die Rebfläche von 530 ha nur mit *Vinifera*-Sorten besetzt (47 % Chardonnay), und es gibt dort 16 Weinbaubetriebe, die 90 % der höherwertigen Weine im Staat New York produzieren. Auf der Insel gibt es zwei AVA-Bereiche: North Fork sowie Hamptons oder South Fork (kühler und kleiner). Bedell, Bidwell, Gristina, Lenz, Palmer und Pindar sind North-Fork-Betriebe mit einer treuen Anhängerschaft in New Yorker Restaurants. Bridgehampton, Le Rêve und Sag Pond repräsentieren den Bereich Hamptons; Banfi ist in Old Brookville für sich.

Eifrig bemüht ist auch der Bereich Hudson River mit 400 ha und mehr Weinbaubetrieben als auf Long Island; am bekanntesten sind Benmarl (vor allem Hybriden), Clinton (Schaumwein), Rivendell und Millbrook mit höchst eindrucksvollen *Vinifera*-Weinen.

Insgesamt verfügt der Staat New York über sechs AVA-Bereiche; der größte ist Erie-Chautauqua mit 8 000 ha (zum Teil in Ohio). Woodbury Vineyards mit gutem Chardonnay, Riesling und Schaumwein hält sich hier hervorragend gegen eine Flut von Concord und Catawba. Die Finger Lakes (Cayuga Lake ist ein kleiner AVA-Bereich für sich) sind nach wie vor mit 85 % der Gesamtproduktion von New York und 48 Weinbaubetrieben am bedeutendsten. Das bei weitem größte Unternehmen (zugleich das drittgrößte der USA) ist die Canandaigua Wine Co., zu deren Konzernbesitz Guild, Widmers, Manischewitz (einschl. koscherem Wein) und andere Marken gehören. Die besten Betriebe sind Vinifera Wine Cellars (heute im Besitz von Frank *fils*) und dessen Schaumwein-Sproß Chateau Frank, die Hermann J. Wiemer Vineyard in Dundee am Lake Seneca und Wagner Vineyards.

Auch Ohio kann auf eine lange Weinbautradition in der Gegend von Chautauqua zurückblicken. Hybridreben sind hier ebenfalls auf dem Rückzug. Amerikanische Trauben und Experimente mit europäischen Sorten versprechen mehr Erfolg, vor allem auf den Inseln am Südrand des Sees bei Sandusky.

In Michigan gibt es überraschend viele Anbaubetriebe. Sie alle machen sich den tiefen Michigan-See als Wärmespeicher zunutze. Manche, von Tabor Hill bis Chateau Grand Travers, haben es geschafft, neben Wein von den widerstandsfähigeren Hybridreben auch achtbaren Chardonnay und Riesling, ja sogar Merlot und Gamay zustande zu bringen.

In Kanada bietet sich als Weinbaugebiet das südliche Ontario vor allem dort an, wo der Halbinsel Niagara die mildernde Wirkung der Seen im Norden und Süden zugute kommt. Bis in die 1970er Jahre konnte man die dürftigen Sherrys kaum ernst nehmen. Es gibt sie zwar noch, aber sie sind über der Entdeckung, daß in Ontario feiner Riesling, Chardonnay, Gewürztraminer und Auxerrois sowie anständiger Gamay, Pinot Noir und Cabernet wachsen können, fast in Vergessenheit geraten. Brights, der größte Weinbaubetrieb, experimentierte bereits in den 1950er Jahren mit Chardonnay, jedoch erfolglos. Chateau Gai probierte es in den 1960er Jahren mit Schaumwein. Aber erst gegen Ende der 1970er Jahre befaßten sich der neue Inniskillin Estate am Niagara River und das nahegelegene Chateau des Charmes ernstlich mit *Vinifera*-Reben und ermutigten ihre Nachbarn, diesem Beispiel zu folgen.

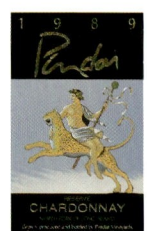

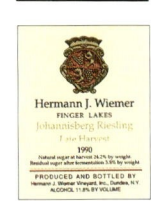
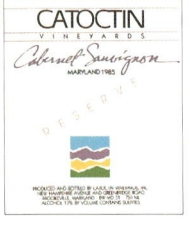
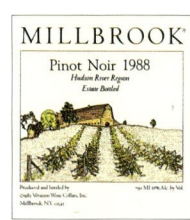
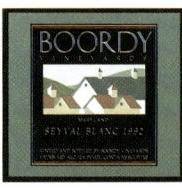

Zwar beherrschen amerikanische Reben und Hybriden noch den Norden und Osten, doch von Oregon bis Virginia wächst die Zahl und Qualität der klassischen Rebsorten ständig. Unten: Die Finger Lakes in New York sind seit einem Jahrhundert das Kernland des Weinbaus. Heute macht ihnen Long Island den Rang streitig.

USA / KANADA

Die Weinbaubetriebe in Ontario haben eine Vinters' Quality Alliance zur Prüfung und Etikettierung von Weinen nach strengen Qualitätsmaßstäben gegründet. Der große Durchbruch aber bestand für sie in der Entdeckung, daß ihnen Eiswein ohne weiteres zuwächst. 1991 errang der Vidal-Eiswein von Inniskillin in Bordeaux einen Grand Prix d'Honneur.

Im Norden hat der Weinbau mit der Winterkälte und der kurzen Wachstumsperiode zu kämpfen. In den Staaten an der mittleren Atlantikküste, von New Jersey bis Virginia, muß man sich dagegen mit Krankheiten und feuchten Sommern herumschlagen. Pennsylvania verfügt über zwei Weinbaugebiete im Nordwesten als Teil des Lake-Erie-Gebiets, im Süden in den AVA-Bereichen Lancaster und Cumberland Valley. Im Lancaster Valley wurde der moderne Weinbau bei Conestoga ins Leben gerufen. Die Erzeugerbetriebe Allegro, Chaddsford, Naylor und Twin Brook sind noch zwischen Hybridreben und *Vinifera*-Sorten gespalten.

Maryland und Delaware leisten keinen großen Beitrag. Der AVA-Bereich Catoctin Valley ist hauptsächlich mit Chardonnay und Cabernet bestockt. Die Basignani Winery und Boordy, wo Philip Wagner die franco-amerikanischen Hybriden einführte, haben sowohl diese als auch *Vinifera*-Reben im Bestand, dagegen neigt die Catoctin Winery mehr zu *Vinifera*.

In Virginia ist die Gesamtrebfläche größer als auf Long Island, doch der Bestand an *Vinifera*-Sorten ist gleich groß und die Zahl der Weinbaubetriebe dreimal so hoch. Virginia ist stolz auf seinen Weinbau und fördert ihn eindrucksvoll durch entsprechende Gesetze. Fünf AVA-Bereiche wurden bereits eingerichtet. Die Anpflanzungen konzentrieren sich vor allem auf den Osthang der Blue Ridge Mountains bei Charlottesville.

Das Kernstück bildet der nach Jeffersons Gutshaus benannte AVA-Bereich Monticello. Prince Michel und das Tochterunternehmen Rapidan River sind hier die größten Unternehmen, das erstere für Cabernet (vor allem Le Ducq), das zweite für Riesling. Horton (vormals Montdomaine) und Piedmont sind ebenfalls führend, und Barboursville im Besitz der italienischen Familie Zonin produziert sehr gute *Vinifera*-Weine, darunter eine luxuriöse Malvaxia Reserve, die auf weiteres neugierig macht.

Australien

Im australischen Weinbau dreht sich alles um starke Persönlichkeiten. Brian Croser hat Petaluma in Südaustralien einen großen Ruf verschafft.

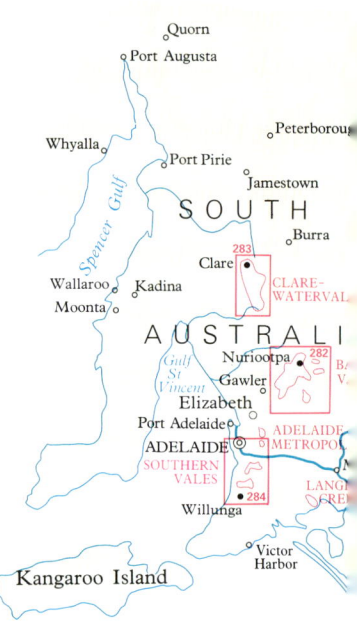

Von allen Ländern der Neuen Welt hat Australien die Weintraube am bereitwilligsten aufgenommen und den Weinbau am kräftigsten entwickelt. Heute werden in Australien rote und weiße Tafelweine sowie Dessertweine erzeugt, die sich neben den besten sehen lassen können. Der Weinbau hat große Bedeutung erlangt, obwohl er an der gesamten landwirtschaftlichen Produktion des Landes nur einen geringen Anteil ausmacht.

Weite Teile Australiens sind zu heiß und zu trocken für den Weinbau. Der «Evapo-Transpiration Index» gibt die Differenz zwischen Wärme und Feuchte an; wo die Verdunstung den Niederschlag übersteigt, entsteht Trockenheit.

Der Vergleich mit dem kalifornischen Wein liegt nahe. Mit wenigen Ausnahmen neigen die australischen Weine, ob weiß oder rot, zu fruchtiger Milde bei oft schlichter, aber delikater und stets früh genußreifer Art, während sich in Kalifornien der Geschmack der Trauben vielfach unter Alkoholstärke sowie bei Weißweinen unter Eichenholzaroma und bei Rotweinen unter Tannin verbirgt.

Während in beiden Ländern bei Weißweinen der Chardonnay die Vorherrschaft innehat, steht in Kalifornien inzwischen der Sauvignon Blanc auf der zweiten Stelle, in Australien jedoch nach wie vor der Riesling. Der australische «Rhine Riesling» gehört zu den großen eigenständigen und oft sehr feinen langlebigen Weinen der Welt und kann sich bei langer Lagerung bis zur Sublimität aufschwingen. Außerdem hat sich in Australien der sonst überall erst in zweiter Linie stehende Sémillon schon seit langem zu hohem Adel entwickelt.

Bei Rotwein war der Shiraz oder Syrah (nach seiner Heimat an der Rhône auch Hermitage genannt) lange Zeit der Favorit. Alter australischer Hermitage war schwer, oft ungehemmt tanninherb. In sorgfältigen, kreativen Händen aber kann er nach langer Faßlagerung und in wohlabgewogener Mischung mit anderen Sorten ganz superbe Rotwein erbringen. Penfolds' Grange Hermitage darf als das Premier Cru der südlichen Hemisphäre gelten.

So ausgezeichnet oder originell der Shiraz auch sein mag, wäre er von der allgemeinen

Die Karte zeigt das Verdunstungsprofil um 1500 mm, die Mindestgrenze für den Weinbau. Die Kurve an der Küste von Südaustralien, Victoria und Neusüdwales rührt von landeinwärts wehenden Meereswinden her.

Vorliebe für Cabernet Sauvignon beinahe vom Markt geschwemmt worden. Der Cabernet zieht – rein verarbeitet oder im Verschnitt mit Shiraz, Malbec oder Merlot – heute in Australien das Scheinwerferlicht fast ganz auf sich; dennoch kann Shiraz von alten Reben unverändert auf Bewunderung, Zuneigung – und hohe Preise rechnen.

Es sind neue, kühlere Lagen erschlossen worden, die Cabernet und Merlot vollkommen zusagen. Neuerdings hat auch der bekanntlich sehr anspruchsvolle Pinot Noir in den kühlsten Gegenden Fuß gefaßt. Aus dem Süden Victorias um Melbourne und aus dem nördlichen Tasmanien kommen ausgesprochen feste, duftige und saftige Pinot Noirs.

Der Weinbau hatte in Australien von vornherein einen guten Start. Die Flotte, mit der im Jahr 1788 die ersten echten Siedler eintrafen, hatte auch Weinreben in ihrer Fracht, und schon der erste Gouverneur ließ Wein anbauen. 1803 erschien in der *Sydney Gazette* ein aus dem Französischen übersetzter Artikel mit der Überschrift «Methode zur Herrichtung eines Stücks Land zwecks Anlegen eines Weinbergs».

Fast ganz Australien hat ein mittelmeerähnliches Klima, in dem die Rebe ja prachtvoll gedeiht. Melbourne liegt nahe dem 38. südlichen Breitengrad, also in denselben Breiten – parallel gesehen – wie Córdoba, Sizilien und San Francisco. So konnte man mit starken Weinen voller Süße rechnen – und solche brachte Australien denn auch über ein Jahrhundert lang mit Eifer hervor. Bald erkannte man, daß es bestimmte Gegenden mit beson-

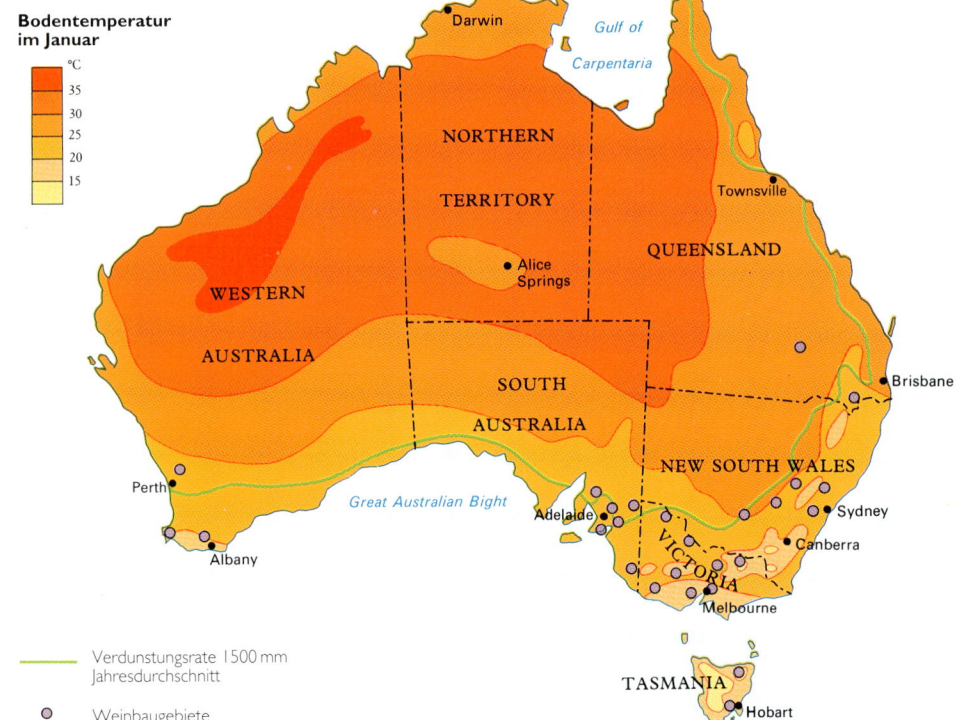

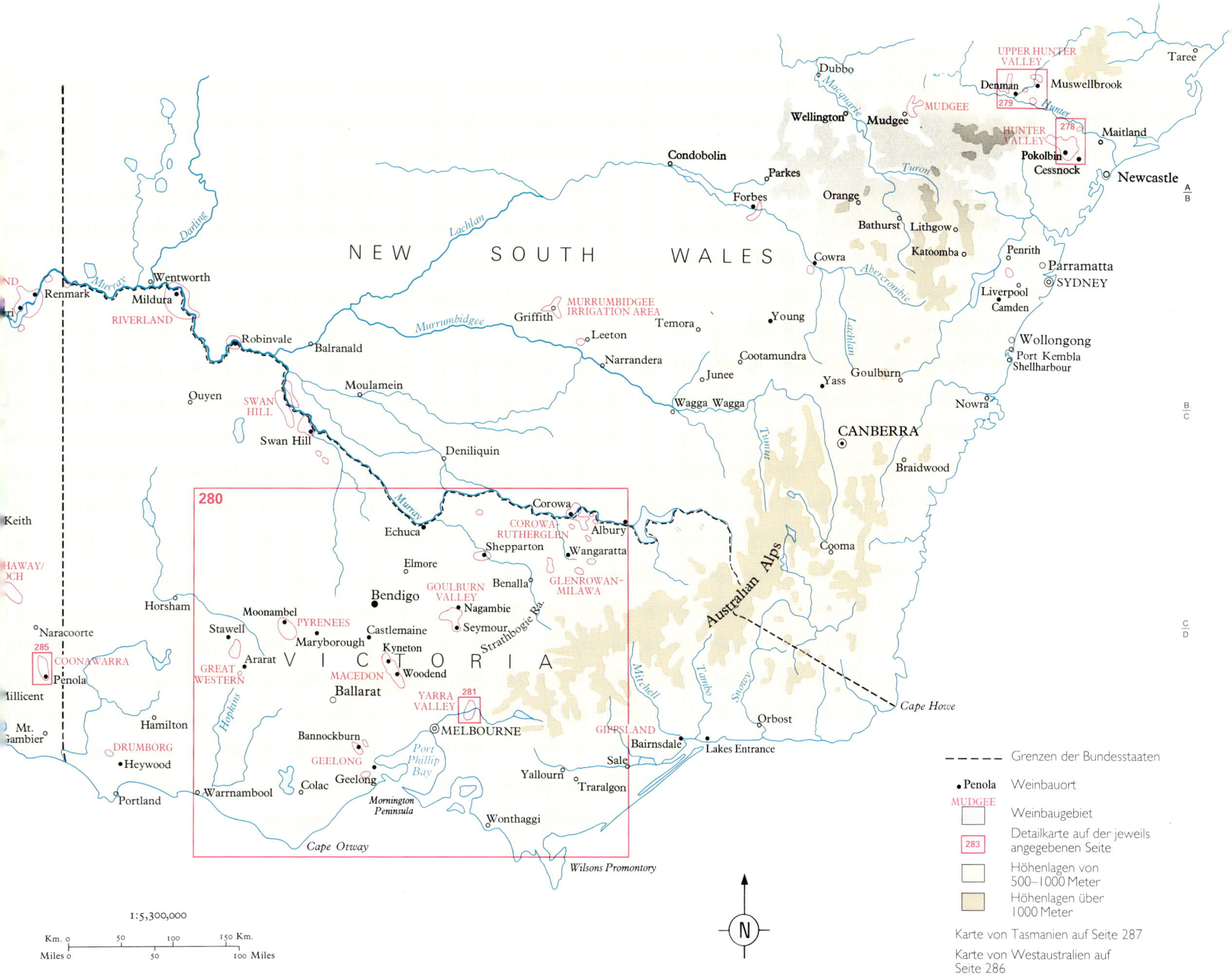

AUSTRALIEN

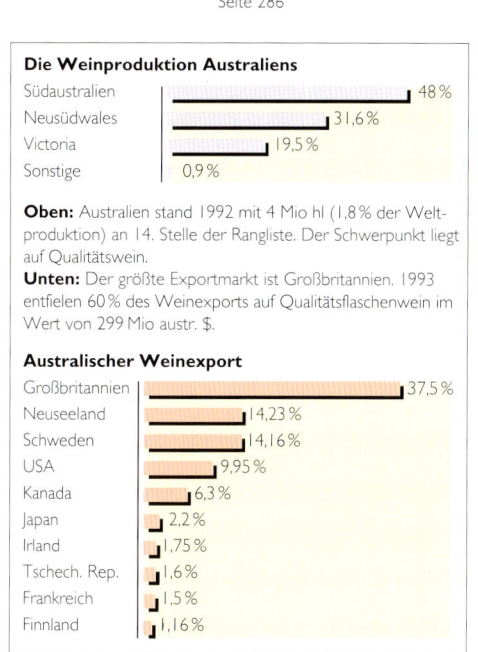

derem Boden und günstigem Mikroklima gab. Weitgehend sind es heute noch die Lagen von damals, die den besten Wein hervorbringen.

Beim «Stil» (das ist das beliebteste Weinfachwort Australiens) trat um 1960 der große Wandel ein. Die geregelte Gärung revolutionierte die Weißweinbereitung. Wein als erfrischendes Getränk war etwas ganz Neues. Dessertweine traten den Rückzug an; rasch überholte der Weißwein den roten. Selbst das Bier mußte Rückschläge hinnehmen.

Innerhalb einer Generation wurde Australien zur echten Weintrinkernation mit einem Pro-Kopf-Verbrauch, der doppelt so hoch ist wie in England und fast dreimal so hoch wie in den USA. Etwa 70 % entfallen auf sogenannten «Cask Wine» – eine Alltagsqualität, die in der Plastiktüte in einem Karton verkauft wird.

Für den Weltmarkt mußte freilich eine derart industrialisierte Produktion fein abgestimmt sein. Inzwischen ist das «Riverland», das Bewässerungsgebiet am Murry River, mit seiner mühelosen Erzeugung an zunehmend frischen, sortentypischen, zum Teil sogar sehr guten Weinen eines der Hauptzentren dieser Industrie geworden. Kaum jemand hatte auf die riesigen Genossenschaftsbetriebe Renmano und Berri geachtet, bis 1992 aus ihnen durch Zusammenschluß mit Hardys der zweitgrößte australische Weinbaukonzern BRL Hardy entstand. Nicht weit davon befindet sich bei Mildura der größte Weinbaubetrieb des Landes, die neue Lindemans-Zentrale Karadoc. Hier können allein 10 % des Gesamtertrags von Australien verarbeitet werden.

Die Weine der oberen Preisklasse haben sich inzwischen durch technische Zauberkunststücke und ständigen offenen Wettbewerb auf Ausstellungen immer mehr verfeinert. Den australischen Weinpreisrichtern ist der hohe Qualitätsstand der Gegenwart zu verdanken. In einem Land, das noch immer kein offizielles Appellationssystem hat und wo auf den Etiketten viel oder wenig stehen darf, kommt es ganz wesentlich auf das erfahrene Urteil an.

Die Weinproduktion Australiens

- Südaustralien: 48 %
- Neusüdwales: 31,6 %
- Victoria: 19,5 %
- Sonstige: 0,9 %

Oben: Australien stand 1992 mit 4 Mio hl (1,8 % der Weltproduktion) an 14. Stelle der Rangliste. Der Schwerpunkt liegt auf Qualitätswein.

Unten: Der größte Exportmarkt ist Großbritannien. 1993 entfielen 60 % des Weinexports auf Qualitätsflaschenwein im Wert von 299 Mio austr. $.

Australischer Weinexport

- Großbritannien: 37,5 %
- Neuseeland: 14,23 %
- Schweden: 14,16 %
- USA: 9,95 %
- Kanada: 6,3 %
- Japan: 2,2 %
- Irland: 1,75 %
- Tschech. Rep.: 1,6 %
- Frankreich: 1,5 %
- Finnland: 1,16 %

Neusüdwales

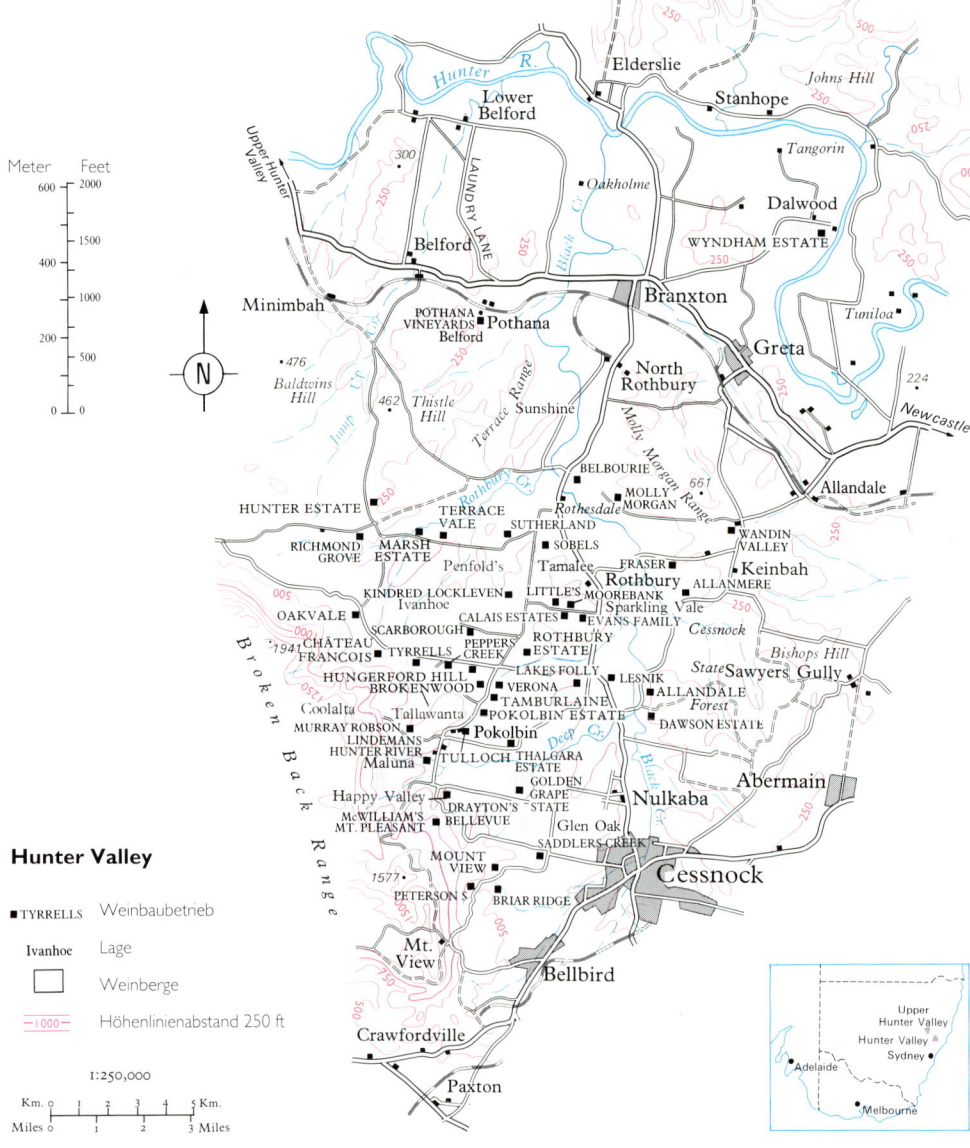

Neusüdwales, die Wiege des australischen Weins, ist längst von dem neuen Anbauzentrum Südaustraliens überrundet worden. Doch gibt es einen Bezirk 160 km nördlich von Sydney, dessen Weine weiterhin einen besonders guten Namen haben: das Hunter Valley.

Obwohl er so weit im Norden liegt, konzentrierte sich der Bereich Hunter als einer der ersten Australiens ganz auf Tischwein. Die Produktion ist allerdings nur klein. Hier (östlich von Branxton) wurden schon 1828 Reben gepflanzt, der Boden aber, dem der Hunter-Wein seinen großen Ruf verdankt, findet sich weiter im Süden in den Vorbergen des Broken-Back-Gebirges. An ihrer Ostseite gibt es einen Streifen verwitterten Basalt, ein Anzeichen früherer Vulkantätigkeit.

Als das nördlichste der Weinbaugebiete der Spitzenklasse Australiens hat das Hunter Valley ein schon fast subtropisches Klima mit sehr heißen Sommern und oft viel Nässe im Herbst. Allerdings wird die extreme Hitze und Sonneneinstrahlung oft dadurch gemildert, daß der Himmel mit Wolken bedeckt ist und ein diffuses Licht herrscht. Dadurch wird der Reifevorgang in die Länge gezogen.

Hermitage bzw. Shiraz ist die klassische Rotweintraube und Sémillon die traditionelle weiße Traube. Der Hunter Hermitage ist ziemlich weich und erdig, aber nachhaltig und würzig und entwickelt mit der Zeit eine schöne Vielfalt. Auch der Pinot Noir gedeiht hier überraschend gut. Eine Mischung von Pinot Noir und Hermitage wird oft als der beste Wein im Hunter Valley angesehen. Der Cabernet hat hier weniger Bedeutung als in anderen Bereichen.

Die weißen Hunter-Weine des alten Stils waren voll und golden, weich und trügerisch leicht im Geschmack, solange sie jung waren. Milde Weine dieser Art sind meist nicht sehr gut haltbar – ganz anders der «Hunter-Honigwein», wie seine Liebhaber ihn nennen. Sein Aroma wird durch das Alter nur intensiviert, vertieft und im Gefüge abgerundet. Die moderne Technik läßt ihn in der Jugend frischer und aromatischer ausfallen, die eigentliche Größe des «Hunter Riesling», wie dieser Sémillon-Wein hier nun einmal heißt, kommt aber erst nach Jahren zum Vorschein.

Ganz groß in Mode ist, wie fast überall in Australien, der Chardonnay. In den 70er Jahren schaffte dann Murry Tyrrell mit dem Chardonnay, was Max Lake mit dem Cabernet gelungen war: Er stellte mit seinem Vat 47 einen neuen Maßstab auf. Heute entstehen aus der Chardonnay-Traube unter dem Himmel des Hunter Valley Weine von überraschender Delikatesse.

Früher beherrschten zwei große Weinbauunternehmen das Hunter Valley. Lindemans (heute im Besitz von Penfolds und in ganz Australien vertreten) zeigt starke Präsenz mit den Weißweinen, die seinen Ruf begründeten. McWilliams ist insofern untypisch, als es das einzige große und alte Unternehmen ist, das seine Tätigkeit fast ganz auf einen einzigen Staat, nämlich New South Wales, beschränkt. Der größte Teil seiner Produktion stammt aus dem Bewässerungsgebiet Murrumbidgee; außerdem besteht eine Partnerschaft mit Brands Laira in Coonawarra. Sein Banner hat McWilliams jedoch auf dem Mount Pleasant bei Pokolbin aufgepflanzt, dort verarbeitet er Trauben aus den Nachbargebieten Rosehill und Lovedale.

Ebenfalls alte Namen sind Draytons Bellevue, Tulloch und vor allem die Familie Tyrrell, die nach 120 Jahren geruhsamen Lebens in der nunmehr verjüngten Region die Führung übernommen hat. Neues Blut kam mit Max Lake herein, dem bald ein Syndikat unter der Leitung von Len Evans folgte, das den spektakulären Rothbury Estate baute. Wenn ein Betrieb die Hunter-Valley-Tradition verkörpert, dann Rothbury – vor allem mit Sémillon, auch wenn heute der Chardonnay von Hunter- und Cowra-Trauben der Bestseller ist.

Hungerford Hill folgte kurz darauf, ist aber zwischen dem Hunter Valley und Coonawarra geteilt und verschneidet oft Weine der beiden Regionen. Als dritter größerer Betrieb kam Saxonvale hinzu; viel kleiner waren Brokenwood und Petersons. Um diese Zeit verkaufte Penfolds das damalige «Dalwood» an Brian McGuigan, der es in 20 Jahren zum blühenden (1990 von Orlando übernommenen) Wyndham Estate entwickelte.

Der Verkauf von Dalwood durch Penfolds leitete eine Verlagerung in das obere Hunter Valley nach Denman bei Muswellbrook ein – später wurde der Besitz an Rosemount Estate verkauft.

Hier ist der geringen Niederschläge wegen Bewässerung unumgänglich. Dessenungeachtet hat Rosemount – heute auch in Coonawarra und McLaren Vale präsent – einen überaus gehaltvollen Chardonnay-Stil entwickelt, der sich bis hin zu dem spektakulären Einzellagenwein «Roxburgh» durch äußerst entgegenkommende Art auszeichnet. Mountarrow (vormals Arrowfield) stand dem anfänglich nicht weit nach; allerdings hätte man vermutet, der Erfolg von Rosemount würde mehr Konkurrenten in das obere Hunter Valley ziehen.

Noch weiter im Westen liegt über 450 m hoch auf den Westhängen des Great Dividing Range der kleine Distrikt Mudgee (Seite 277), der sich seit den 1970er Jahren ebenfalls kräftig rührt. Seine Spezialität ist intensiver Chardonnay und Cabernet. Montrose ist der größte Betrieb hier, Huntington der beste, Craigmoor der älteste und Botobolar auf organische Methoden eingeschworen.

A U S T R A L I E N

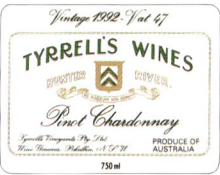 

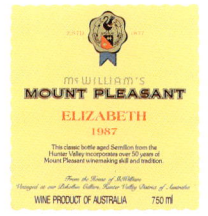 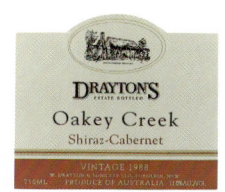

Die Spitzenlage von Rosemount heißt Roxburgh. Chardonnay aus dieser Lage ist beispielhaft für Australien: süß, toastwürzig, vollmundig, eingängig, aber schwer – Weine dieser Art feiern international große Triumphe.

Links: Chardonnay wurde von Tyrrell und Cabernet von Lake's im Hunter Valley eingeführt. Rothburys Sémillon ist ein Klassiker, doch Rosemount setzt im Upper Hunter die Maßstäbe.

Für das Bewässerungsgebiet Murrumbidgee, 480 km weiter südwestlich bei Griffith, wo kanalisiertes Wasser aus dem Murrumbidgee River den Busch in Obst- und Weinland verwandelt, ist eine eigene Karte nicht nötig. Nachdem hier lange Zeit Weine (meist gespritete) minderer Qualität entstanden, erlebte Murrumbidgee in der Ära der Kühltechnik eine Wiedergeburt. McWilliams leistete mit leichten Weinen von erstaunlicher Frische und Qualität von bewässertem Land bei Hanwood große Vorarbeit.

Einige weitere Bereiche in Neusüdwales weisen zum Teil in die Vergangenheit, zum Teil aber auch in die Zukunft. In Camden bei Sydney am Nepean River fanden einst erste Experimente statt. Von aktuellem Interesse ist Cowra, 80 km weiter westlich in 550 m Höhe, dessen üppige Chardonnays in den 1970er Jahren von Petaluma verarbeitet wurden; 1981 siedelte sich Rothbury hier an, und andere Betriebe sind gefolgt. Die Rebfläche beträgt inzwischen über 400 ha und wächst stetig weiter.

Etwas weiter südlich bei Young und höher als Cowra liegen die Hilltops mit einem halben Dutzend kleiner Weinbaubetriebe, und auch bei der Hauptstadt Canberra tut sich einiges.

Upper Hunter Valley

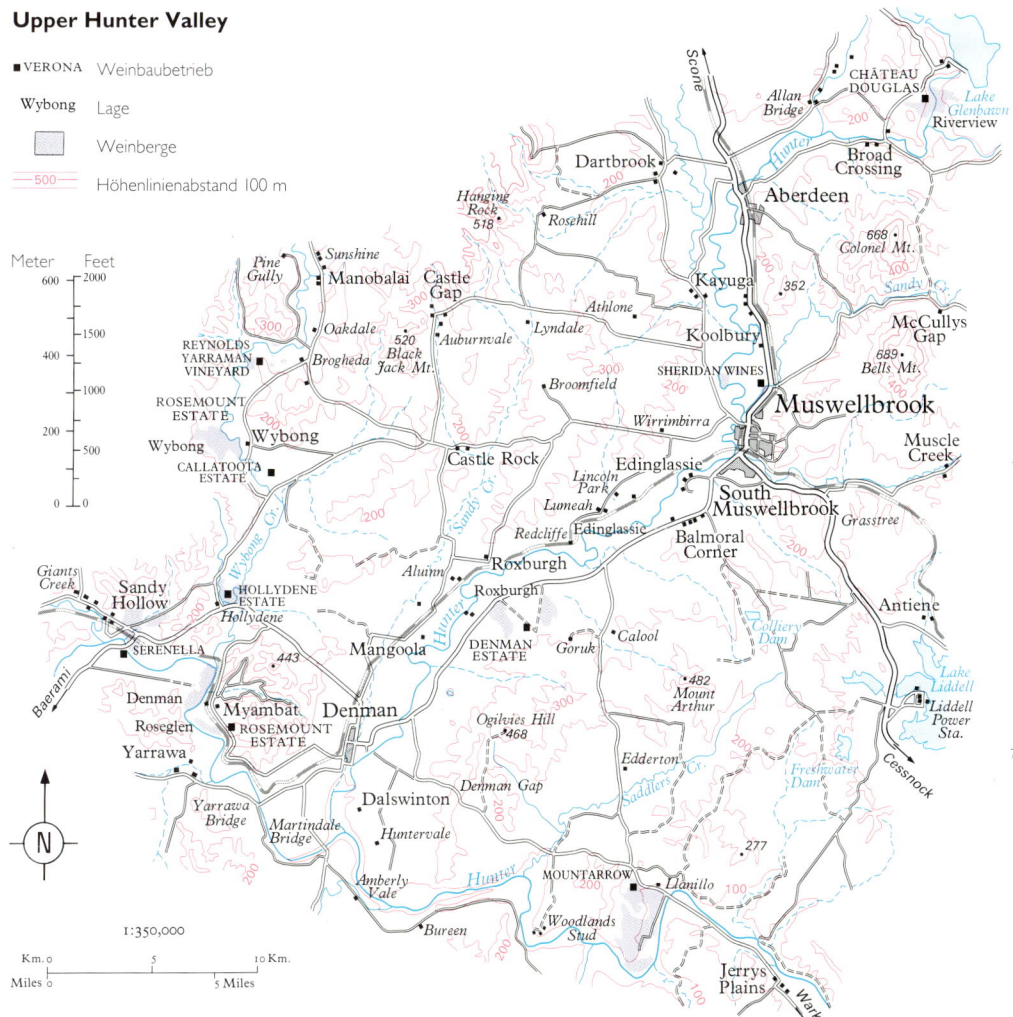

Victoria

Gegen Ende des 19. Jahrhunderts gab es in Victoria so viele Weinberge wie in Neusüdwales und Südaustralien zusammen. Doch die Reblaus, die nie nach Südaustralien vorgedrungen ist, richtete hier ein verheerendes Zerstörungswerk an.

Mit zum Bedeutendsten, was überlebte, gehört die Region im Nordosten am Murray River und über die Grenze nach New South Wales hinein um Rutherglen und Corowa. Zusammen mit Wangaratta und Milawa blieb dieses Gebiet bei gespriteten Dessertweinen, unter ihnen der «Liqueur», ein Muscat de Frontignan, und der «Tokay», ein Muscadelle (kein Verwandter des ungarischen Tokajers). Für sie stehen Namen wie Morris, Baileys, Brown Brothers, Campbells, Chambers Rossewood und Stanton & Killeen. Leckermäulern hat die Welt kaum Besseres zu bieten. Die traditionellen Tischweine aus Nordost-Victoria finden sich in dem majestätischen Bundarra Hermitage von Bailey's würdig vertreten.

Brown Brothers aus Milawa schaute sich außerhalb des Distrikts, in Whitelands oberhalb des King River Valley, nach kühlen Wachstumsbedingungen um. Das Familienunternehmen hat mit delikaten, trockenen Weißweinen beste Erfahrungen gemacht. Erstaunlicherweise hat inzwischen der Chardonnay hier Fuß gefaßt. St. Leonard und Morris haben vollreife Beispiele zu bieten, und HJT Vineyards produziert in Glenrowan ein bemerkenswertes Muster an Ausgewogenheit.

Von den anderen noch übriggebliebenen älteren Weinbaugebieten Victorias liegen die größten am Murray River. Es sind bewässerte Gebiete, wo früher nur Trauben für Dessertweine und Brandy wuchsen. Hier im «Riverland» (Karte Seite 277) macht die Grenze zwischen Victoria und Südaustralien keinen Unterschied aus. Die bedeutenden Zentren sind Renmark (in Südaustralien) und Mildura, wo das Haus Mildara(!) seit langem mit die besten «Sherrys» Australiens produziert. Dem allgemeinen Trend hin zum Tischwein schließt sich auch das Riverland an. Chardonnay und Cabernet in beachtlicher Qualität und zu günstigen Preisen leiteten hier einen Boom ein. Mildara kaufte einen größeren Besitz in Coonawarra, schloß sich mit Wolf Blass zusammen, erwarb eine Reihe von Qualitätsweinbetrieben in Südaustralien und Victoria und setzte sich damit an die Spitze des Einstiegs in die Klasse der feinen Weine.

Der durch den ausgezeichneten Seppelt's Sekt berühmt gewordene Distrikt Great

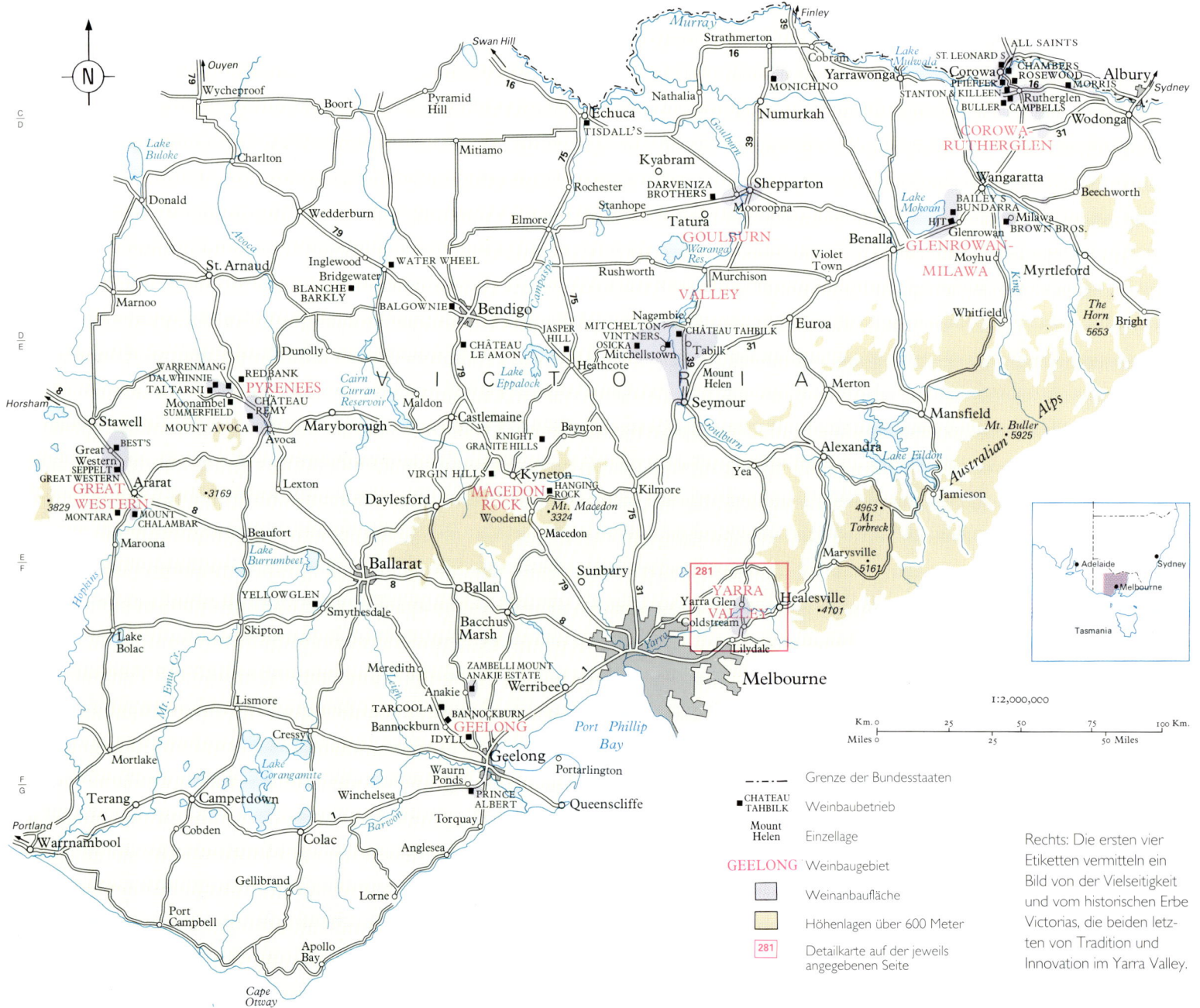

Rechts: Die ersten vier Etiketten vermitteln ein Bild von der Vielseitigkeit und vom historischen Erbe Victorias, die beiden letzten von Tradition und Innovation im Yarra Valley.

Western hat ebenfalls nie aufgegeben. Er liegt am westlichen Ende des Great Dividing Range auf kalkreichem Boden. Seppelt und die vergleichsweise winzige Firma Best's produzieren hier seit langem gute Weine, aber auch Schaumweine.

Ein weiterer Distrikt, der nie ganz verschwunden ist, obwohl er bis auf einen Betrieb zusammenschmolz, lag am Goulburn River. Chateau Tahbilk in Tabilk wirkt mit Gutshof, Garten, Stallungen und Weinkellerei wie eine Filmkulisse aus dem viktorianischen Victoria. Der Tahbilk Cabernet ist gebaut wie der Latour – für die Unsterblichkeit. Das gilt auch für den Marsanne von der aus dem Rhône-Tal hierher verpflanzten gleichnamigen Traube. Seit 1969 hat Tahbilk einen würdigen Nachbarn, die ehrgeizige Mitchelton Winery in Nagambie, die aus Goulburn und Coonawarra stammende Trauben verarbeitet.

Pyrenees ist der (wohl scherzhaft gemeinte) Name des Hügellands östlich von Great Western zwischen Avoca und Moonambel. Hier ist es nicht übermäßig kühl; die Prunkstücke der Gegend sind kräftige Cabernets von Taltarni und Dalwhinnie. Erstaunlicherweise produzieren Chateau Remy und Taltarni auch Schaumwein.

Bendigo weiter im Osten ist allenfalls noch wärmer. Typisch für die Gegend sind die üppigen Rotweine von Balgownie, der aber auch Chardonnay und Pinot Noir erzeugt. In Ballarat stellt Yellowglen Schaumwein her, als ob das Klima keine Rolle spielte.

Die interessantesten Entwicklungen in Victoria sind in den letzten 20 Jahren jedoch durch die Suche nach gutem Weinbauland in kühleren Regionen zustande gekommen, die entweder zum Meer oder in die Berge führten. Die Tisdall Winery in Echuca verarbeitet Trauben vom Mount Helen in den Strathbogie Ranges und verwandelt sie in sehr lebendigen Chardonnay und auch Riesling.

In den Macedon Ranges zwischen Kyneton und Sunbury nördlich von Melbourne wird es fast schon zu kalt. Virgin Hills hat bei Kyneton eine hochgelegene Stelle gefunden, die dem Cabernet-Verschnitt des Hauses ein Gepräge kühler Konzentration verleiht.

Inzwischen stehen bei Geelong am Meer Bannockburn und Idyll und auf der Mornington Peninsula südlich von Melbourne der Dromana Estate, Stoniers Merricks und Hickinbotham an der Spitze der jeweiligen Regionen – sie alle haben das Versuchsstadium hinter sich und bringen wundervoll lebendige, eine brillante Zukunft ankündigende Geschmacksnuancen hervor.

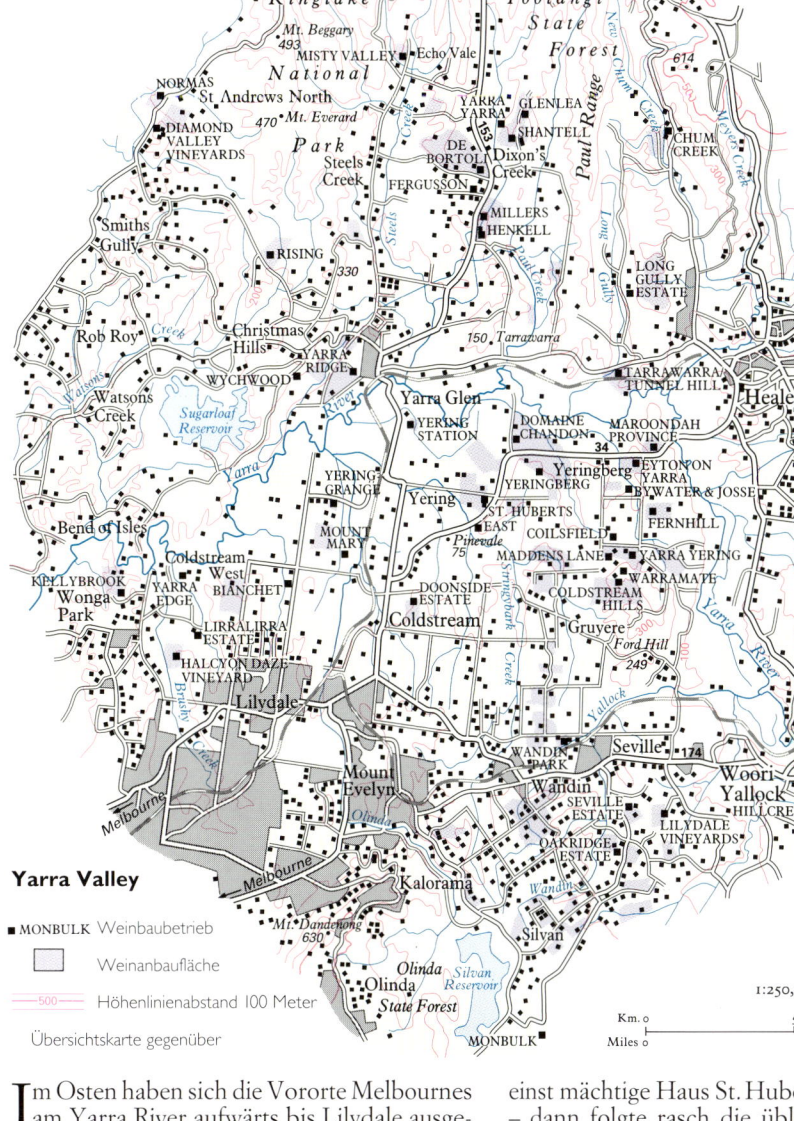

Yarra Valley

■ MONBULK Weinbaubetrieb
　Weinanbaufläche
—500— Höhenlinienabstand 100 Meter
　Übersichtskarte gegenüber

1:250,000

Im Osten haben sich die Vororte Melbournes am Yarra River aufwärts bis Lilydale ausgedehnt. Sowohl die historische Erfahrung als auch die neueren Weine geben zu erkennen, daß dies das aussichtsreichste Gebiet Victorias, ja ganz Australiens für alle Traubensorten ist, die ein kühles Klima brauchen.

Zwischen etwa 1840 und 1920 produzierten die (vorwiegend Schweizer) Winzer im Yarra Valley die feinsten leichten Tischweine Australiens. Dann kam der Weinbau hier 40 Jahre lang zum Erliegen. Nur die Yeringberg Winery blieb intakt. Die besten Weine aus dem Yarra Valley haben jene seltene Qualität, die als «Rasse» bezeichnet wird, doch weder das Klima noch der Boden bieten eine ausreichende Erklärung hierfür.

Die Topographie des Tals ist komplex, es kommen steile und flache Hänge in Höhen zwischen 50 und 400 m und in allen Himmelsrichtungen vor. Der Boden reicht von grauem Sand oder Tonlehm bis zu lebhaft roter fruchtbarer Vulkanerde. Der Weinbau im Tal wurde in den 1960er Jahren wiedergeboren, als das einst mächtige Haus St. Huberts neu eröffnete – dann folgte rasch die übliche Schar weinfanatischer Doktoren. Drei von ihnen, Carrodus mit Yarra Yering, Middleton mit Mount Mary und McMahon mit Seville Estate, setzten in kleinem Maßstab hohe Standards und halten sie konsequent aufrecht. Später kamen Dr. Lance mit Diamond Valley und der Weinbuchautor James Halliday mit Coldstream Hills.

Wenn in dieser Gegend, die bereits harmonischen Chardonnay und sauberen Cabernet hervorbringt, jemals eine Rebsorte die Vorherrschaft erringen sollte, dann der Pinot Noir, dessen Rotwein hier mit seinem reintönigen, steinig-fruchtigen und doch üppigen Geschmack der Côte d'Or doch bemerkenswert nahe kommt. Er liefert aber auch die Grundlage für den bisher besten Schaumwein Australiens. 1988 eröffnete das Haus Moët & Chandon im Yarra Valley die Domaine Chandon. Seit der Freigabe der ersten Cuvées im Jahr 1989 ist das Yarra Valley allerdings kein Geheimtip mehr.

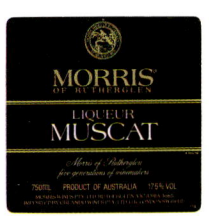     

Südaustralien: 1

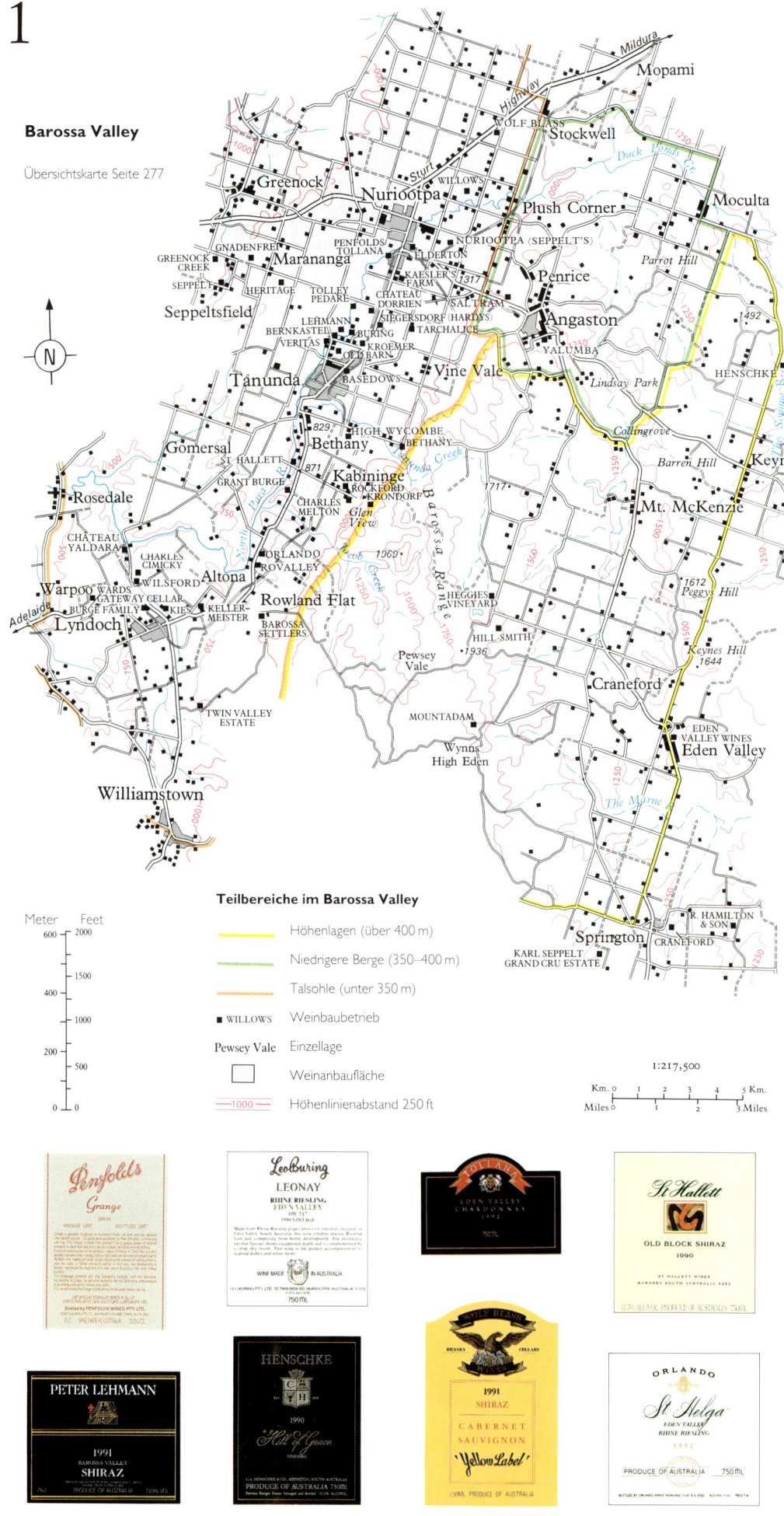

Adelaide, die Hauptstadt Südaustraliens und des heutigen australischen Weinbaus, ist von Weinbergen umgeben. Sie erstrecken sich nach Süden durch die Southern Vales und über die Mount Lofty Ranges bis Langhorne Creek, von Watervale 130 km nach Norden in die Berge bis Clare, vor allem nach Nordosten in das Barossa Valley. Hier war ursprünglich deutsches Siedlungsgebiet.

Mit 7100 Hektar ist das Barossa Valley das größte Qualitätsweinbaugebiet Australiens. Es zieht sich etwa 30 km weit am Para River entlang und breitet sich dann nach Osten in das nächste Tal aus, vom 230 m hoch gelegenen Lyndoch bis in eine Höhe von 550 m im Barossa Range, wo sich die Weingärten zwischen Felsenbergen verlieren.

Fast alle bedeutenderen Weinbauunternehmen Australiens haben sich hier angesiedelt, angefangen mit Gramp's, dessen Gründer 1847 am Jacob's Creek die ersten Reben pflanzte, bis zu Lindeman aus New South Wales, dem heute auch Leo Buring, der großartigste Riesling-Spezialist im Barossa Valley, gehört. Die Firma Penfolds hat hier Besitzungen, darunter das Gut Kalimna (das als Quelle mindestens eines Teils des berühmten «Grange Hermitage» gelten darf) und die Kaiser Stuhl Cooperative. Außerdem verfügt sie über riesige Kellereien in Nuriootpa. Die Firma Seppelt nahm ihren Ursprung um 1850 in Seppeltsfield, Smith um etwa dieselbe Zeit in Yalumba in Angaston.

Der Weinbau im Barossa Valley begründete seinen Ruf mit einigen der besten Dessertweine Australiens. Als die modernen Zeiten nach Tischwein verlangten, fuhr das Barossa Valley mit dem Rhine Riesling am besten. Die Anbauer stellten nämlich fest, daß ihr Wein um so frischer und fruchtiger ausfiel, je höher sie in die Berge im Osten hinaufzogen. Gramp bepflanzte die Kuppe eines Schieferbergs, auf dem ein Schaf kaum einen Halm gefunden hätte, nannte ihn den «Steingarten» und bescherte dem australischen Riesling eine neue Dimension. Heute wachsen die meisten Rieslinge hoch oben in den Bergen im Osten, im Eden Valley, im Pewsey Vale und bei Springton, während das eigentliche Barossa Valley westlich davon Shiraz, Grenache und Cabernet für Tafelwein und «Port» trägt. Es gibt auch Ausnahmen. Henschke bringt bei Keyneton hoch droben in den Bergen mit den allerbesten australischen Shiraz hervor, Mountadam sehr feinen Cabernet und sogar Pinot Noir.

Viele Barossa-Rotweine waren früher langweilig und trocken. Heute aber haben die Erzeuger gelernt, was durch frühere Lese und Mischen mit Trauben aus anderen Gegenden, vor allem vielleicht aber auch durch Alterung in kleinen Fässern, gewonnen werden kann. Leider sind die Goldmedaillen eher den extrem eichenholzgewürzten Weinen, z. B. denen von Wolf Blass, zugefallen und nicht den tieferen, aber unauffälligeren Produkten von St. Hallett oder Peter Lehmann.

AUSTRALIEN

Der Distrikt Clare hat nur knapp ein Viertel der Größe von Barossa, aber eine fast ebenso lange Geschichte und eine so eigenständige Qualität im Wein, daß er einige der tüchtigsten Erzeuger und Kellermeister an sich gezogen hat. Der älteste Markenname des Gebiets, Quelltaler, war über viele Jahre einer der im Ausland bekanntesten. (Die Firma heißt heute Eaglehawk und gehört Mildara/Wolf Blass.)

Kalksteinboden und ein wärmeres Klima als im Barossa Valley lassen den Stil von Clare robust und «mit festem Körper» ausfallen. Die Rotweine sind durchaus nicht saftiger oder delikater als die aus dem Barossa Valley, haben aber mehr «Rückgrat». Die Rotweine von Leasingham, Mitchell, Tim Knappstein, Jim Barry und Wendouree sind die besten Beispiele.

Der Riesling aus Clare wird u. a. von Petaluma, Mitchell, Tim Knappstein, Leasingham und selbstverständlich auch Eaglehawk zu Weinen mit Rasse und Delikatesse verarbeitet.

Clare Valley

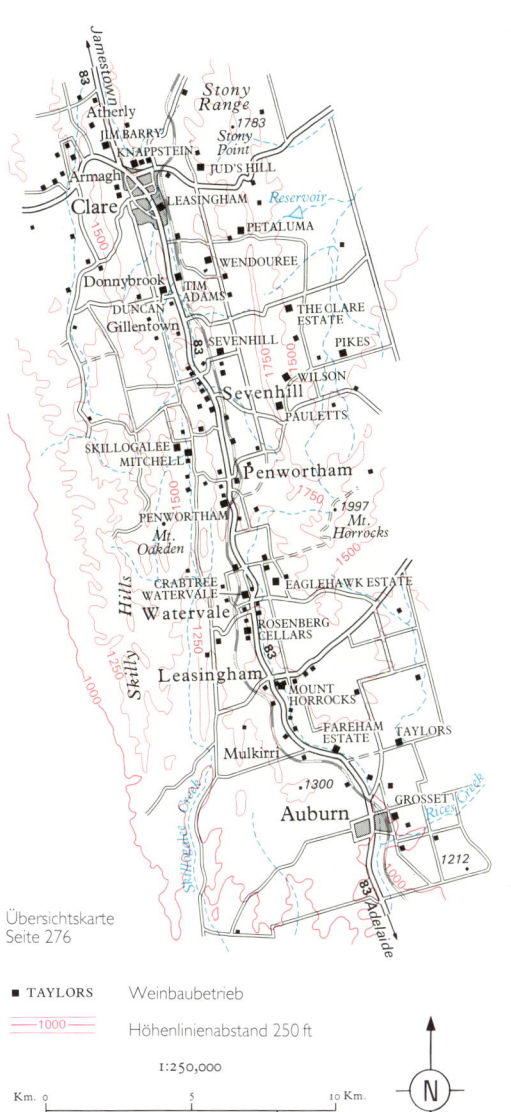

Oben: Die alte Lage Hill of Grace von Henschke hoch oben im Eden Valley bringt Shiraz in schönster Vollkommenheit hervor.
Unten rechts: Aus dem Clare Valley kommt der Rhine Riesling von Petaluma (der Name der edlen Traube wird in Australien gelegentlich etwas strapaziert).
Unten links: Der majestätische Grange Hermitage von Penfolds führt die großen Namen aus Barossa an. Riesling und Shiraz sind die Klassiker dieser Region. Clare bringt seinem warmen Klima zum Trotz ausgewogenen, langlebigen trockenen Riesling hervor.

 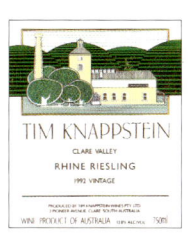 

283

Südaustralien: 2

Southern Vales

Hardy's und Ch. Reynella repräsentieren die Anfänge des Weinbaus in den Southern Vales; Petaluma verkörpert den Aufstieg der Mount Lofty Ranges.

Der Distrikt Southern Vales beginnt fast in den südlichen Außenbezirken von Adelaide. Er ist das älteste Weinbaugebiet Südaustraliens. John Reynell, der Gründer von Reynella, pflanzte hier 1838 seine Reben. Rund 150 Jahre lang waren die Chateau-Reynella-Rot- und «Port»-Weine stets hochgeachtet, und die von Reynell erbauten unterirdischen Keller sind für den australischen Weinbau ein historischer Ort. Heute ist hier der Sitz der fast ebenso alten Firma Thomas Hardy & Sons (inzwischen Teil eines der vier großen Weinbaukonzerne Australiens, BRL Hardy). Der junge Tom Hardy arbeitete 1850 bei John Reynell, bevor er sich die Besitzung Tintara kaufte.

Die natürlichen Voraussetzungen könnten für die Rebe kaum besser sein als in diesem Küstenlandstrich, der einen schmalen Streifen zwischen den schützenden Mount Lofty Ranges und dem mäßig warmen Meer bildet. Es gibt hier gewöhnlich ausreichend Niederschlag, warme, aber nicht glühendheiße Sommer, gute Luftbewegung und daher wenig Frostgefahr und dennoch eine recht kühle Lesezeit. Eine der berühmtesten alten Lagen ist Penfolds' «Grange» – aus ihr kommt wenigstens ein kleiner Teil des legendären Hermitage noch heute. Das Piccadilly Valley am Mount Lofty wurde in den 1970er Jahren durch Brian Croser von Petaluma sowie durch die Bridgewater Mill Winery als sehr kühle Gegend für Chardonnay und Pinot Noir erschlossen. (Die grandiosen Cabernets von Petaluma stammen aus Coonawarra, die Rieslinge aus Clare.)

Den Weinbergen in der Nähe der Stadt folgten bald weitere jenseits des Onkaparinga River im McLaren Vale, wo schwerer «Port» und kräftiger Shiraz, aber auch lebendiger Chardonnay, Riesling und sogar Sauvignon Blanc wachsen. Heute suchen die Weinerzeuger neue Lagen jedoch zunehmend in den kühlen Ausläufern des umgebenden Gebirges.

Die vielen Betriebsverschmelzungen haben große Veränderungen unter den geachteten alten Namen in den Southern Vales herbeigeführt. Seaview Cabernet ist inzwischen eine Penfold-Marke. D'Arenberg bleibt unbeirrt bei sehr schweren Rotweinen. Am besten findet der Charakter der Gegend in den Weinen von Thomas Hardy, Geoff Merrill, Woodstock und Wirra Wirra Ausdruck.

Inzwischen bringt ein paar Kilometer weiter östlich eines der kleinsten Weinbaugebiete Australiens eigenwillige, salzige Weine hervor. Langhorne Creek (Seite 277) hat Schwemmlandboden, der vom absichtlich zu Überschwemmungen veranlaßten Bremer River bewässert wird. Bleasdale heißt der Weinberg, den Frank Potts in den 1860er Jahren hier anlegte. Er fällte auch die gewaltigen Gummibäume, die in dem tiefgründigen Boden gediehen, und verarbeitete sie unter anderem zu seiner Kelter, zu Jachten und zu einem Klavier.

AUSTRALIEN

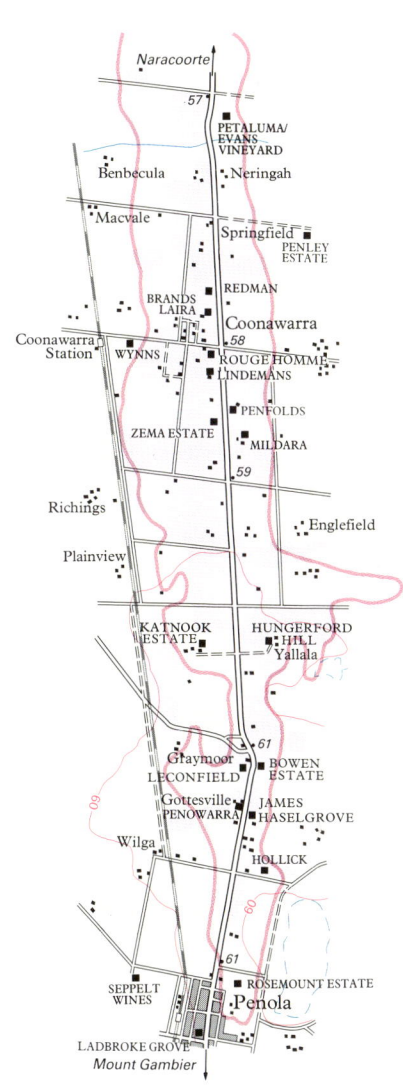

Schon um 1860 wurden Siedler auf ein sehr eigentümliches Land 400 km südlich von Adelaide und das im wesentlichen mediterrane Klima aufmerksam. Unmittelbar nördlich und östlich des Orts Penola fand sich auf einem langen, schmalen Stück (14 km lang und 1,5 km breit) vollkommen ebenen Landes ein deutlich roter, krümeliger Boden. In nur 45 cm Tiefe befand sich reiner Kalkstein und in nur 1,50 m Tiefe ein konstanter Grundwasserstand.

Für den Obstbau konnte es kein besser geeignetes Land geben. John Riddoch gründete die Penola Fruit Company, und um 1900 brachte das Land mit dem Namen Coonawarra große Mengen eines recht ungewöhnlichen Weins, vor allem Shiraz, hervor, der einen geringen Alkoholgehalt hatte, aber äußerst frisch und fruchtig war.

Das lag nicht nur am Boden. Coonawarra liegt ziemlich viel weiter im Süden und ist deshalb kühler als alle anderen Weinbaugebiete Südaustraliens, und die offene, von antarktischen Strömungen bespülte und den ganzen Sommer über von Westwinden bestrichene Küste ist nur 80 km entfernt. Im Frühjahr gibt es hier Fröste und zur Lesezeit Regen.

Dieses Weinbaugebiet, das ganz anders geartete Weine hervorbrachte, als man sie sonst kannte, wurde lange Zeit nur von wenigen geschätzt. Erst seit dem Beginn des Weinbooms in den 60er Jahren erkannte man sein gutes Potential.

Ein großer Teil des genau begrenzten Weinbaugebiets gehört Farmern, die ihre Trauben an Weinkellereien, z. B. an Petaluma in Adelaide, verkaufen. Mit 690 ha ist Wynn einer der größten Grundbesitzer. Mildara besitzt 250 ha, Lindeman 200 ha, Hungerford Hill (aus dem Hunter Valley) 140 ha. Penfolds erwarb inzwischen den 200 ha großen Katnook Estate. Andere, z. B. Bowen's, Brands Laira, Hollicks, Rouge Homme und Leconfield, sind weit kleiner.

Es ist fast ein Wunder, daß der einsame Flecken rote Erde namens Coonawarra – inzwischen dank seiner Weine voll Charakter und Intensität der berühmteste Cabernet-Bereich Australiens – überhaupt entdeckt wurde.

Die ursprüngliche Spezialität von Coonawarra war Shiraz. Ende der 60er Jahre jedoch bewies Mildara, daß die Bedingungen hier für Cabernet fast ideal waren, und baute auch Riesling mit einigem Erfolg an. Heute ist der Chardonnay sehr gefragt, und deshalb muß der Riesling dieser Modetraube weichen, während Sauvignon Blanc, Pinot Noir und Merlot mit gutem Erfolg reichlich angebaut werden. Allerdings festigen die Bordeaux-Rebsorten ihre Vorherrschaft.

Coonawarra konnte, da es durch seinen exzentrischen Bodentyp strenge natürliche Grenzen aufwies, die Nachfrage nach Weinen seiner besonderen Art nicht befriedigen. Fleißiges Suchen in weiter nördlich und näher am Meer gelegenen Landstrichen brachte bei Padthaway (Seite 277) eine Alternative mit ähnlichem Boden (der jedoch bewässert werden muß) zum Vorschein. Seit Ende der 1970er Jahre sind viele Weinkellereien, an ihrer Spitze Seppelts, Lindmans und Hardys, mit Trauben aus dieser Gegend so hochzufrieden, daß ihr für Weißwein fast ein ebenso hoher Rang zuerkannt wird wie Coonawarra für Rotwein. Lindemans Estate und Eileen Hardy Chardonnay sind großartige Beispiele.

Coonawarra hat nur Raum für wenige Weinbaubetriebe. Padthaway, 80 km weiter im Norden, bietet Weißweintrauben ebenso gute Wachstumsbedingungen, wie sie in Coonawarra für Rotweintrauben herrschen.

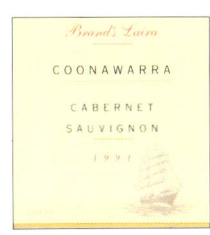 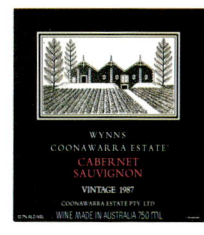  

Westaustralien

Die ersten Kolonisten in Westaustralien waren mit dem Weinbau ziemlich genauso schnell bei der Hand wie die in New South Wales. Im Swan River Valley, etwas oberhalb der Hauptstadt Perth, fand 1834 die erste Weinlese statt. Die glühende Sommerhitze und trockene Winde aus dem Landesinneren brachten wochenlang Temperaturen bis zu 38 °C, und so war es den ersten Winzern von vornherein klar, daß ihre Stärke im Dessertwein liegen mußte.

Das hat sich für die Trauben aus dem Swan Valley bis heute bewahrheitet. Trotzdem wurde der Weinbau erst richtig durch ein Experiment bekannt, bei dem 1937 ein trockener Weißwein aus der Chenin-Blanc-Traube entstand: Houghton's «White Burgundy» wurde selbst im Osten des Kontinents ein großer Erfolg. Ursprünglich war er ein mächtiger, goldener Wein mit intensiver Geschmacksfülle. Heute ist er ein weicher, aber lebendiger, trockener Wein mit feiner Honigwürze – Australiens Weißwein-Bestseller, ein Verschnitt aus Chenin Blanc, Muscadelle und neuerdings auch Chardonnay, der obendrein durch Flaschenreife immer besser wird. Es dauerte aber nochmals 30 Jahre, bis man in Westaustralien endlich merkte, welche Möglichkeiten in anderen Gegenden dieses ungeheuer großen und fast leeren Landes steckten.

In Perth sind die Sommer glühend heiß, aber rund 30 km an der Küste südwärts macht sich der Einfluß der antarktischen Strömung und der landeinwärts wehenden Westwinde bemerkbar. Als die Suche nach Bereichen mit kühlem Klima gegen Ende der 60er Jahre einsetzte, kamen in Westaustralien zwei solche Gebiete mit sehr unterschiedlichen Verhältnissen zum Vorschein.

Bei dem ersten handelt es sich um die Region Margarete River am Küstenvorsprung bei Cape Mentelle. «Der Margaret» hat mediterranes Klima mit nassen, milden Wintern, jedoch mit trocken-warmen, durch den landeinwärts wehenden Wind gemäßigten Sommern. In Australien gibt es wenige Landschaften, die so grün und mit so herrlichen Eukalyptus- und Akazienwäldern gesegnet sind wie dieses Gebiet.

Die zweite ist die heutige Lower Great Southern Region, die in den 1960er Jahren mit Mount Barker ihren Anfang nahm und dann allmählich landeinwärts bis Frankland sowie von der Hafenstadt Albany aus an der Küste entlang nach Westen ausgedehnt wurde. Die Temperaturen liegen hier im Durchschnitt viel niedriger, insbesondere im Herbst, und das bringt eine lange, kühle Reifezeit bei mäßigen Niederschlägen.

Die ersten Weine kamen in den 1970er Jahren heraus. Vasse Felix war das erste Etikett vom Margaret River, es folgte Moss Wood. Kennern fiel sowohl bei den Rotweinen (Cabernet, Shiraz, Pinot Noir, Merlot und ein

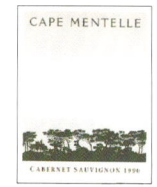

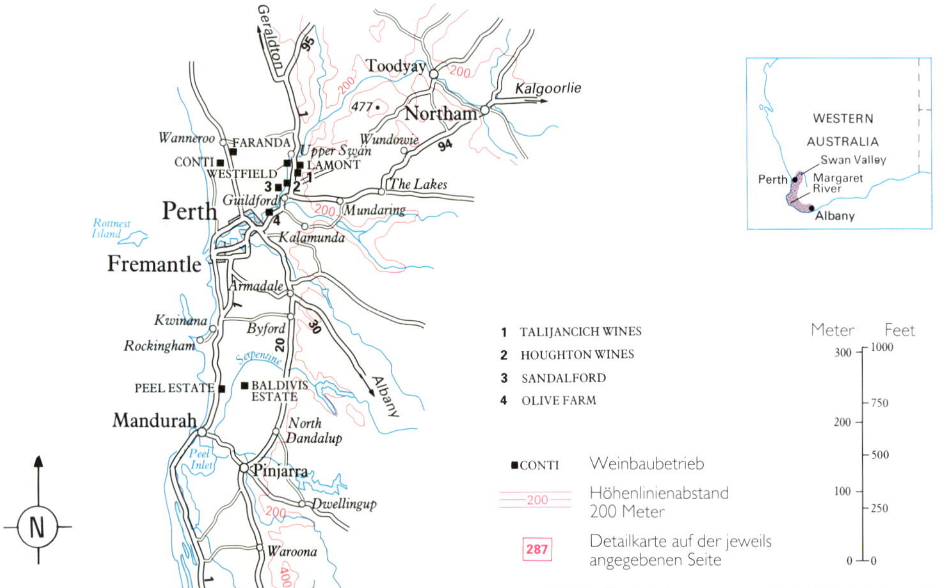

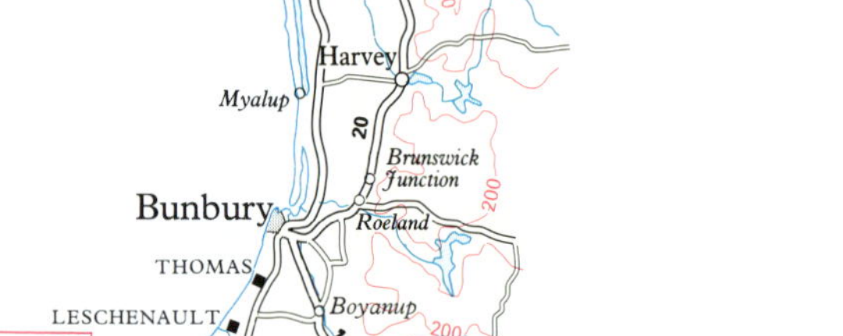

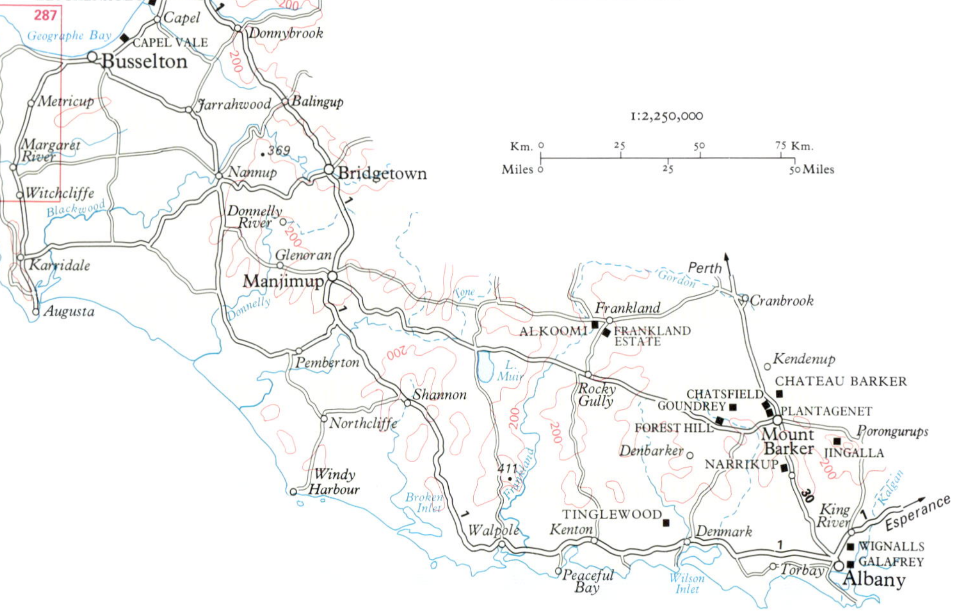

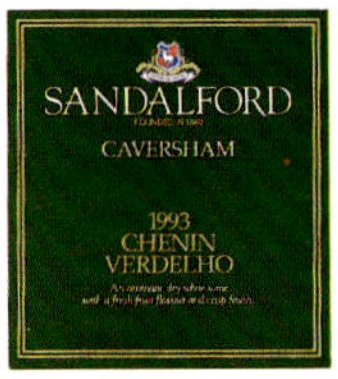

Oben links: Houghton und Sandalford sind seit langem in Perth beheimatet. Der Bereich Margaret River trat in den 1970er Jahren mit den obigen Etiketten in Erscheinung. Mount Barker an der Südküste ist das jüngste Weinbaugebiet.

AUSTRALIEN

Tasmanien

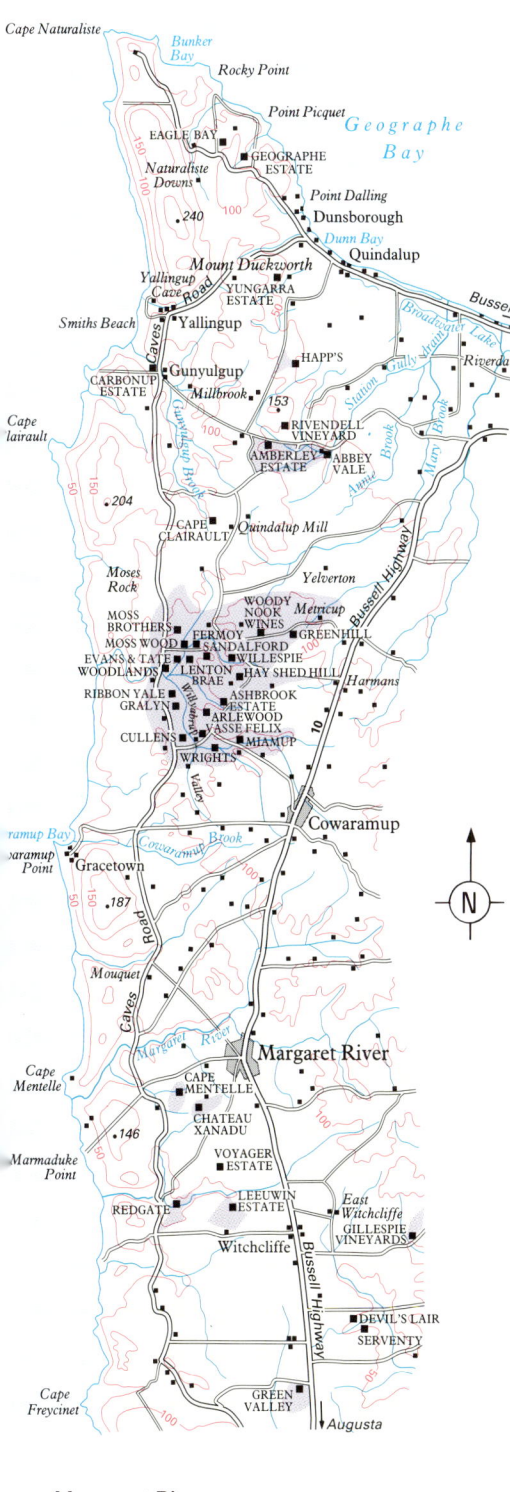

wenig Zinfandel) als auch bei den Weißweinen (Chardonnay, Sémillon, Sauvignon und Riesling) eine durchaus bemerkenswerte Geschmackskonzentration auf. Sandalford, der Nachbar und Rivale von Houghton im Swan Valley, zog mit einer großen Plantage bald nach. Robert Mondavi aus Kalifornien war begeistert und unterstützte Denis Horgan bei der Erschließung des 90 ha großen Leeuwin Estate. Der erste Triumph war Chardonnay: voll, intensiv, eichenholzwürzig, ausdrucksstark. Bald folgte ein ebenso intensiver, langgereifter Cabernet. Köstlich saftiger Riesling ist die dritte Leeuwin-Spezialität.

Heute gibt es hier 30 Weinbaubetriebe. International am bekanntesten ist Cape Mentelle mit intensivem, aber verhaltenem Cabernet und dem besten Zinfandel Australiens (inzwischen hat der denselben Besitzern gehörende Weinbaubetrieb Cloudy Bay in Neuseeland ein weit größeres Renommee).

Der Bereich Margaret River kann als das Coonawarra des Westens gelten – seine besten Cabernets sind nämlich genauso harmonisch und markant. Gute Beispiele hierfür produzieren Cape Clairaults, Cullens, Moss Wood und Vasse Felix. Der klassische Weißwein vom Margaret River ist dagegen schwerer zu definieren. Der Sémillon fällt hier oft so aromatisch aus wie der Sauvignon; die beiden werden auch oft miteinander (und mit Chenin Blanc) verschnitten. Cape Mentelle, Cape Clairault und Evans & Tate dürfen als Musterbeispiele gelten.

Wenn Mount Barker anfänglich langsamer wuchs als der Bereich Margaret River, so ist er doch nicht weniger aussichtsreich. Die Trauben weisen hier im äußersten Süden ein ebenso kräftig eigenständiges Aroma auf. Die Rotweine (vorwiegend Cabernet) sind straffer im Gefüge, die Weißweine, insbesondere Riesling, sehr würzig und ausgewogen.

Die Pionierarbeit am Mount Barker leisteten Forest Hill (ein staatliches Forschungsprojekt) sowie Plantagenet. Zusammen mit Alkoomi in Frankland blieb Plantagenet Spitzenreiter, bis gegen Ende der 1980er Jahre Goundrey Weines mit frischem Kapital zum größten Unternehmen in der Region wurde. Houghton (inzwischen auch nördlich von Perth im relativ kühlen Moondah Brook an der Küste ansässig) verarbeitet Lesegut aus der Lower Great Southern Region und vom Margaret River. Beide Weinbaugebiete haben bewiesen, daß sie mit die besten Weine Australiens hervorbringen können. Wird es ihnen aber auch gelingen, die weite Entfernung zu den wichtigsten Märkten zu überbrücken?

Das Potential Westaustraliens ist allerdings bei weitem noch nicht erforscht. Eine staubiggraue Bodenformation namens Tuart Sands südlich von Perth bringt mit hocharomatischen Weißweinen und delikaten Rotweinen eine weitere Dimension ins Spiel. Capel Vale ist hier mit lebhaftem Chardonnay und Riesling führend, und östlich von Perth in den Darling Ranges sind Experimente im Gang.

Die Suche nach einem kühlen Klima führt in Australien logischerweise nach Süden zur Insel Tasmanien. Nur eine Handvoll Weinbaubetriebe gibt es bislang hier, der älteste ist in Hobart an der Küste ansässig. Alle Anzeichen deuten darauf hin, daß an dieser Stelle Rotweintrauben, insbesondere Cabernet, gut gedeihen; aber auch Riesling, Chardonnay, manchmal auch Pinot Noir können hier ein ungewöhnlich lebendiges und delikates Aroma hervorbringen. Der tasmanische Riesling könnte wahrhaftig an der Mosel gewachsen sein. Und die australischen Schaumweinhersteller behaupten, aus dem Pinot Noir/Chardonnay-Verschnitt von der Insel beinahe Champagner herausschmecken zu können. Der erste rein tasmanische Schaumwein, Clover Hill, erschien 1993.

Der Weinbaubetrieb in Hobart heißt Moorilla. Das Klima der Gegend ist imstande, ähnlichen Cabernet hervorzubringen wie ein mittelgutes Jahr im Médoc. Der Riesling fühlt sich hier noch mehr zu Hause. Pipers Brook und Heemskerk hocken dicht beieinander auf einem Hügel an der Nordspitze der Insel. Das einzige, was in diesem aus dem dichten, blütenreichen Busch Tasmaniens herausgehauenen Weinbaugebiet nicht so ideal erscheint, ist der Wind vom Meer her. An den Hängen zum Meer hin muß das Weinlaub durch Abschirmungen geschützt werden. Aber die Reife geht langsam und mit großer Sicherheit vor sich. Der Geschmack fällt dementsprechend intensiv aus. Die künftigen Weinjahrgänge sind ein Genuß, mit dem man jetzt schon bestimmt rechnen kann.

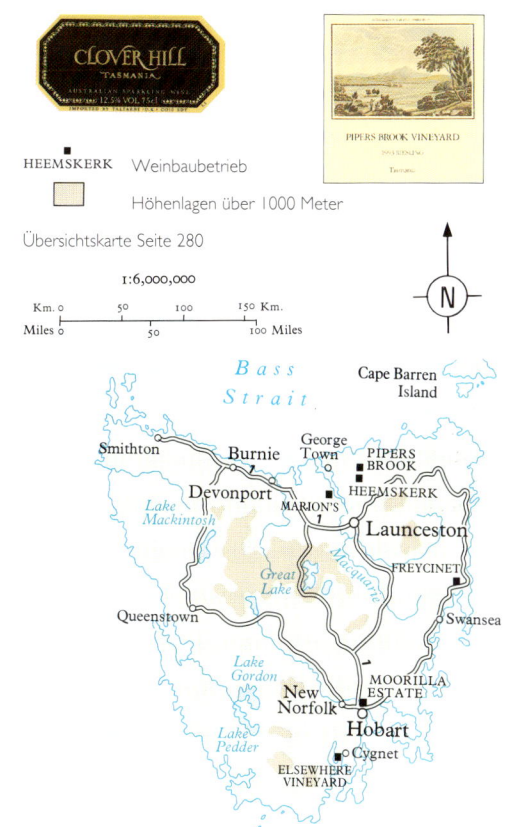

287

Neuseeland

Eine so revolutionäre Entwicklung der Methoden und Techniken, wie sie Neuseeland in 15 Jahren aus einer Fußnote im Weltweinkatalog in ein nicht mehr zu übersehendes eigenes Kapitel verwandelte, hat der moderne Weinbau noch nie erlebt.

Bis 1970 wußten nur die Einheimischen, was es an guten Rot- und Weißweinen bei Auckland und an der Ostküste der Nordinsel gab. Um 1960 belief sich die Anbaufläche Neuseelands auf knapp 400 ha, in der Hauptsache nördlich von Auckland. 1980 betrug sie 5600 ha, davon 800 ha in der neuen Region Marlborough auf der Südinsel.

Im ersten Boom waren allerdings minderwertige Traubensorten an ungeeigneten Stellen gepflanzt worden. Es kam zu einem erschreckenden Preisverfall. Mit staatlicher Förderung wurde gegen Ende der 1980er Jahre ein Drittel der Anbaufläche wieder gerodet und dadurch eine Stabilisierung erreicht. Bis 1993 war die Rebfläche dann wieder auf 6000 ha angewachsen, und die Preise blieben trotz Rezession bemerkenswert stabil. Im gleichen Zeitraum steigerte der Chardonnay seinen Anteil von 10 % auf 20 % der Anbaufläche und verdrängte damit den Müller-Thurgau vom ersten Platz.

In Neuseeland liegt der Weinbau zwischen dem 35. und 45. südlichen Breitengrad – im Vergleich mit Europa gesehen also zwischen Marokko und Bordeaux. Allerdings wird die geographische Lage durch den Pazifik, durch die kräftigen Westwinde und durch die Einwirkung der Gebirge auf die Niederschläge so beeinflußt, daß überall kühlere Wachstumsbedingungen herrschen, als die Zahlen vermuten lassen. Diese relative Kühle verleitete anfänglich die meisten Winzer dazu, sich Deutschland zum Vorbild zu nehmen, und so wurde viel zuviel Müller-Thurgau angepflanzt.

Das Weinbaugebiet bei Auckland, vor allem im Huapai Valley, wurde zu Beginn des 20. Jahrhunderts von Siedlern aus Dalmatien geschaffen, die in den Kauriwäldern um die Hauptstadt in der Gummigewinnung arbeiteten. Sie ließen sich von dem regnerischen, subtropischen Klima nicht abschrecken.

Eine Wolkendecke sorgt wie im Hunter Valley in Australien für eine Milderung der Sonneneinstrahlung und dadurch für gleichmäßige Reifebedingungen. Regen zur Lesezeit bringt häufig Fäuleprobleme. Die beste Antwort hierauf bestand darin, Weinberge auf einer Insel im Meer anzulegen, wo es nicht soviel regnet. Die Stony Ridge und Goldwater Cabernets von Waiheke Island legen Zeugnis für ein Mikroklima ab, das sich für die Bordeaux-Rebsorten hervorragend eignet.

Von den Weinkellereien, die Lesegut aus Huapai verarbeiten, ist Kumeu River am erfolgreichsten. Auch Matua Valley verwendet weitgehend Frucht aus der näheren Umgebung. Die meisten übrigen Weinkellereien in Auckland (z. B. Babich, Collards, Delegat's, Nobilo's, Selaks und Villa Maria) beziehen vor allem die Weißweintrauben aus anderen Anbaugebieten. Die größten Firmen, Montana und Corban's, beauftragen Kellereien in Gisborne, Hawke's Bay oder Marlborough mit der Vorverarbeitung und nehmen den Ausbau in Auckland vor. Oft jedoch werden Weißweintrauben über riskant große Strecken in die Kelterhäuser transportiert.

Auch an der Hawkes Bay an der mittleren Ostküste der Nordinsel wurde schon seit mehr als einem Jahrhundert etwas Weinbau betrieben. Die klimatischen Voraussetzungen sind hier sehr günstig, weil der Ruapehu und die anderen hohen Gipfel des Zentralgebirges den Regen abfangen. Aus der Vogelschau erkennt man recht deutlich die vielschichtigen Gletschermoränen- und Schwemmlandböden, die sich aus dem Gebirge zum Meer hinziehen. Manche hier in den 1960er Jahren von Tom

Unten: Neuseeland wurde zuerst durch Sauvignon Blanc berühmt. Inzwischen hat sich gezeigt, daß hier auch Riesling, Chardonnay, Cabernet und Pinot Noir gut gedeihen.

McDonald für McWilliam's (aus Neusüdwales) produzierte Cabernets ließen damals schon erkennen, wo in diesem Bereich die besten Chancen liegen. Als in den 1970er Jahren Neuanpflanzungen in Angriff genommen wurden, war folgerichtig die Hawke's Bay die erste Region, die vor allem mit Cabernet erweitert wurde. Inzwischen ist sie von Marlborough in der Rebfläche überholt worden, doch die gleichmäßigsten Rotweine Neuseelands wachsen auch weiterhin hier. Der Cabernet von Te Mata gilt allgemein als der beste im Land, gefolgt von Vidal und Villa Maria. 1990 ließ der Weinbaugigant Montana die alte McDonald Winery (die Marke heißt jetzt Church Road) mit großen Ambitionen für Cabernet wieder aufleben.

Chardonnay und Sauvignon von der Hawke's Bay werden fast ebenso hochgeschätzt. Das Lesegut wird meist nach Auckland (oder an die Bay of Plenty, wo Morton Estate viel davon verarbeitet) gebracht. Te Mata und Vidal, die wichtigsten Erzeuger am Ort, bringen exzellente Weine hervor.

Die Poverty Bay nördlich der Hawke's Bay bei Gisborne (auch als Name für den Weinbaubereich gebräuchlich) bietet bei fruchtbarerem Boden ähnliche Umweltbedingungen, jedoch ist der Schutz der Berge nicht so ausgeprägt, und es gibt daher insbesondere im Herbst mehr Wolken und Regen. Auch die Reblaus macht hier Schwierigkeiten. Gisborne ist ausschließlich Weißweingebiet und noch stark mit Müller-Thurgau besetzt, liefert aber auch sehr brauchbaren Chardonnay. Der Gewürztraminer zeichnet sich jedoch besonders aus, vor allem der von Matawhero.

Bei einer Weinprobe in London im Jahr 1983 wurde klar, daß Neuseeland im Begriff war, eine der großen Weinbauregionen der Neuen Welt zu werden. Damals machte Sauvignon Blanc aus Marlborough tiefen Eindruck. In den 1970er Jahren hatte die Montana Wine Co. zunächst vorsichtig den Weg zur Südinsel eingeschlagen. 1980 produzierte sie den ersten Sauvignon Blanc und eröffnete mit ihm ein Füllhorn ungeahnter Geschmacksnuancen.

Das große Potential dieses Weins wurde u. a. von David Hohnen von Cape Mentelle in Westaustralien erkannt. 1985 brachte er den Cloudy Bay heraus, der inzwischen zur Legende geworden ist. Weitere beachtenswerte Namen sind Hunter's und Vavasour.

1990 bereits übertraf Marlboroughs Rebfläche die aller anderen Bereiche Neuseelands. 1993 erreichte sie 2000 ha und war damit weit größer als die an der Hawke's Bay und in Gisborne. Der steinige Boden von Marlborough, wo gelegentlich mit Bewässerung nachgeholfen werden muß, bringt auch bei Chardonnay und Riesling ungewöhnliche Qualitäten hervor. Es ist auch kaum zu bezweifeln, daß die Rotweine bald ähnliches Format erreichen. Die kräftige Säure der Trauben (Entsäuerung und malolaktische Säureumwandlung sind stets erforderlich) macht sie auch für Schaumwein bestens geeignet. Deutz, Le Brun und der Pelorus von Cloudy Bay sind hierfür hervorragende Beispiele.

Inzwischen geht die Suche nach günstigen Kombinationen von Klima und Boden weiter. Der kleine Bereich Nelson bei Marlborough bietet mehr Niederschläge und fruchtbareren Boden, auf dem dieselben Trauben, insbesondere Riesling (führend ist Seifried Estate), Chardonnay und Gewürztraminer gedeihen.

Unmittelbar gegenüber liegt auf der Nordinsel der etwas wärmere und trockenere kleine Bereich Wairarapa um Martinborough, der sich gern als Neu-Burgund sieht. Die acht Weinbaubetriebe, an ihrer Spitze Ata Rangi, Martinborough und Palliser Estate, haben sich bereits mit lebendigen sortenreinen Pinot Noirs hervorgetan. Auch der Chardonnay gedeiht hier gut und zeigt kräftige Säure, und der Riesling bietet schöne Aussichten.

Ziemlich weit südlich von Marlborough werden bei Christchurch im Hügelland von Canterbury die für kühles Klima geeigneten Rebsorten bis an die Grenzen getestet. Die Hoffnungen beruhen auf der trockenen, sonnigen Sommerwitterung. Noch weiter im Süden verleiht ein besonderes Mikroklima im Sommer der Central Otago Region zwischen Lake Wanaka und Queenstown Aussicht auf Erfolg.

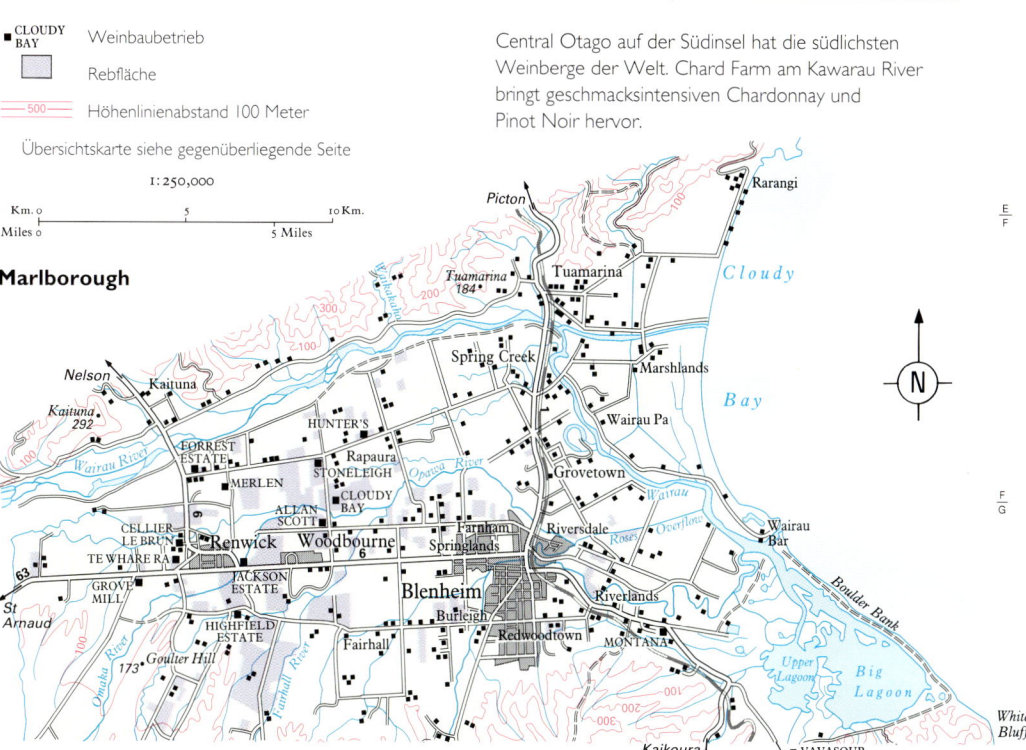

Central Otago auf der Südinsel hat die südlichsten Weinberge der Welt. Chard Farm am Kawarau River bringt geschmacksintensiven Chardonnay und Pinot Noir hervor.

Südafrika

In der Kap-Provinz wechseln sich üppige und öde Landstriche ab. Blauschattige Felsen ragen aus grünem Weideland empor. Kleine Bewässerungsbäche winden sich zwischen kahlen Felsblöcken. Ein nahezu ideales Klima mit wenig Sommerregen gibt der Rebe alles, was sie braucht. Aus diesen elysischen Gefilden kam im 18. und 19. Jahrhundert einer der allergrößten Weine der Welt: der legendäre Constantia, den europäische Höfe dem Yquem, Tokajer und Madeira vorzogen.

Die holländischen Gouverneure der ersten Kolonialzeit waren dem Weinbau freundlich gesinnt – der zweite, Van de Stel, legte den Constantia-Weinberg an und gab Stellenbosch seinen Namen. Später wurde der Weinbau durch die Politik behindert. Zunächst ließ man die Zügel schießen, dann zog man sie allzu fest an, so daß sich erst in den 1970er Jahren ein aussichtsreicheres Szenario entwickelte, das in den 1980er Jahren seine ersten Früchte trug.

Anders als sonst in der Neuen Welt beruht der Weinbau Südafrikas stark auf genossenschaftlichen Grundlagen. Knapp 5000 Traubenanbauer verfügen über 100 000 ha Rebfläche, deren Ertrag größtenteils in 70 Genossenschaftskellereien gelangt. Mehr als die Hälfte wird destilliert oder zu Mostkonzentrat verarbeitet (Südafrika ist der größte Konzentratproduzent der Welt). Allein schon durch ihre Größe sind viele dieser Kellereien imstande, durchaus passablen Wein höchst preiswert hervorzubringen, wovon die Supermärkte Nordeuropas profitieren.

Am anderen Ende des Spektrums stehen rund 80 Weingüter, reine Erzeugerbetriebe, die nur eigenes Lesegut verarbeiten. Zur mengenmäßigen Produktion tragen sie wenig, zu Qualität und Prestige jedoch wesentlich bei.

Aus den Schwierigkeiten, mit denen die Weinbauern früher zu kämpfen hatten, erwuchs ein mächtiges Erbe in Form eines Gremiums für die Kontrolle der Preise und die Aufnahme der Überschüsse. Es ist die KWV, eine Art von nationaler Genossenschaft mit fünf Kellereien und mit modernsten Weinverarbeitungsanlagen in Paarl. Bis 1992 arbeitete die KWV allerdings auch mit einem Quotensystem, das alle Bestrebungen, neue Reben an neuen Stellen zu pflanzen, im Keim erstickte. Am schlimmsten aber war, daß gute Reben kaum zur Verfügung standen. Bis vor kurzem noch verhinderte ein absurdes Quarantänesystem fast alle Importe. Die bewährteste Weißweinrebe war der Steen, mit dem heute noch ein Drittel der Rebfläche besetzt ist. Auch Sémillon gab es, aber Chardonnay und Sauvignon Blanc, Riesling, Cabernet, Merlot und Pinot Noir waren praktisch nicht zu haben.

1972 führte die südafrikanische Regierung, um internationale Akzeptanz bemüht, ein ausgedehntes System zur Kontrolle von «Wines of Origin», das sich mit den EG-Bestimmungen vergleichen läßt, ein. Darin sind 13 Herkunftsbereiche festgelegt. Gleichzeitig wird der Gebrauch von Begriffen wie «Estate» und «Superior» sowie Jahrgangs- und Rebsortenangaben geregelt. Die Grundidee war gut, bewirkte aber keine Wunder. Erst seit Ende der 1980er Jahre stehen ausreichend gesunde und ausgereifte Reben der Spitzensorten für Versuche zur Verfügung.

Die vorherrschenden Westwinde mäßigen das Klima am Kap selbst – je weiter südlich und westlich und je näher an der Küste, desto kühler und regenreicher ist es. Bis noch vor kurzem galt alles Land nördlich und westlich vom Drakensteinberg bei Paarl und Franschhoek als nur für Dessert- und Destillierwein geeignet. Bewässerung ist dort unumgänglich, aber inzwischen wird von manchen Gegenden

Weinregionen
Boberg (Paarl und Tulbagh)
Breede River Valley (Robertson, Swellendam, Tulbagh und Worcester)
Coastal (Constantia, Durbanville, Paarl, Stellenbosch, Swartland und Tulbagh)
Klein-Karoo (siehe Karte)
Olifants River (siehe Karte)
Lower Orange (außerhalb der Karte)

jenseits der Berge, vor allem von Robertson, mit größerer Achtung gesprochen.

Die meistangebaute Rotweintraube ist der Cinsaut, der in Südafrika oft bessere Weine liefert als in Südfrankreich. 1925 wurde er mit Pinot Noir gekreuzt, und das Ergebnis war der Pinotage, eine echte Kap-Spezialität mit Verwendungsmöglichkeiten für frische Primeurs ebenso wie für tiefe, vollmundige Rotweine. Auf den Pinot Noir selbst wurden wenig Hoffnungen gesetzt, bis ein Unvoreingenommener ihn ganz nah am Meer an der südlichsten Stelle pflanzte, die er finden konnte. So brachte Hamilton-Russell's Gut Hermanus einen fast ebenso wichtigen Wendepunkt in der Geschichte des Weinbaus in Südafrika wie einst der Constantia. Auch Shiraz hat Fuß gefaßt, und Merlot bewährt sich, doch wie immer ist Cabernet Sauvignon die qualitativ dominierende Rebsorte.

Die Weißweinerzeugung wird vollständig vom Steen – das ist der hier gebräuchliche Name der Loire-Traube Chenin Blanc – beherrscht. Der Boden Südafrikas scheint dieser Sorte sehr zu behagen, und ihr von Natur aus hoher Säuregehalt ermöglicht frische und lebendige Weine, auch noch nach sehr heißen Sommern. Ihre schönste Tugend aber ist ihre große Vielseitigkeit: Der Steen liefert alles, sogar Schaumwein und «Sherry».

Sémillon (oder «Green Grape») und der sogenannte Cape Riesling (Crouchen Blanc) sowie Colombard werden mit Erfolg angebaut, auch Palomino für Sherry, aber die übrigen traditionellen weißen Sorten sind zweitrangig. Für Süßweine bauen die Farmer im Landesinneren roten Muscadel und Muscat of Alexandria (hier heißt er Hanepoot) an.

Außerhalb der Kap-Region selbst zeichnet sich insbesondere Robertson durch eine Reihe von bewährten Weingütern und guten Genossenschaftskellereien aus. Das Breede River Valley ist sehr warm und trocken; fast die gesamte Weinanbaufläche wird bewässert. In der großen Region Worcester entstehen Massenprodukte ohne besonderes Renommee (nur die Genossenschaftskellerei Nuy hat guten Wein zu bieten). In Worcester ist der Hauptsitz der KWV-Brandyproduktion.

Bei Bonnievale jedoch, wo eine kühle Meeresbrise auf Warmluft stößt, kommt am Tag Dunst und in der Nacht Tau zustande. In den 1970er Jahren erschnupperte der junge Danie de Wet, der in Deutschland studiert hatte, was in dieser Luft lag, und begann mit trockenen Weißweinen zu experimentieren. Auf De Wetshof führte er die kühle Gärtechnik ein, und heute kommen aus diesem Gut und von einigen Nachbarn, u.a. Weltvrede und Van Loveren, gute Chardonnays, Sauvignon Blancs und sogar Rieslinge und Gewürztraminer.

Auf der anderen Seite des Kaps ermöglicht Meeresluft vom Atlantik her den Genossenschaftskellereien in Swartland und Piketberg und weiter nördlich in Vredendal die Chance, frische Tischweine zu produzieren.

Oben: Die schroffen Spitzen des Drakensteinbergs werfen lange Schatten über die Weingüter von Paarl. Unten: Gute Weine wachsen heute auch in Robertson im Osten und am Olifants River im Norden.

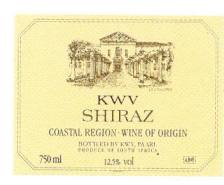 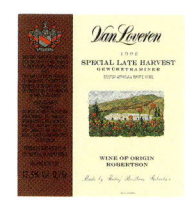
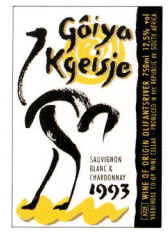 
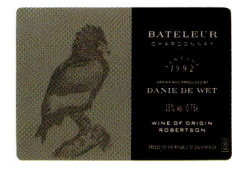 

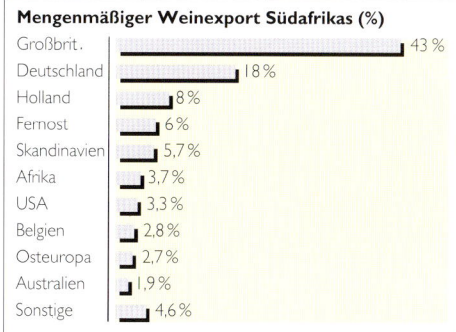

Oben: Südafrikas Weinexport stieg 1993 um 14 % auf 18 Mio l; davon ging die Hälfte nach Großbritannien. Der Export macht nur 7,7 % des Weinabsatzes aus.
Unten: Auf Qualitäts- und Spitzenweine entfallen 51 % der Produktion. «Certified Wines» müssen Herkunfts-, Sorten- und Jahrgangsbestimmungen entsprechen.

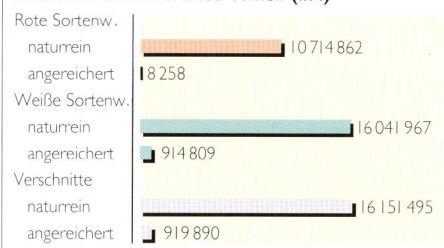

Paarl und Stellenbosch

Paarl und Stellenbosch bilden das Zentrum des Weinbaus am Kap. Die meisten Weingüter und mehrere der besten Genossenschaftskellereien Südafrikas sowie die drei größten Weinfirmen finden auf dieser Karte ihren Platz. Paarl ist seit langem Mittelpunkt der Sherry- und Dessertweinindustrie und Sitz der KWV. Stellenbosch ist reich an Schönheiten der kapholländischen Architektur.

Seit rund 100 Jahren sorgen die südafrikanischen Sherry- und Portweine für Wohlstand. Paarl-Sherry ist nach wie vor die beste Imitation des spanischen Originals. Auch der Port verdient in seinen Ruby- und Tawny-Versionen der besseren Art wahrhaft Beachtung.

Heute aber ist Tischwein stärker gefragt, und nachdem die entsprechenden Reben endlich zur Verfügung standen, bewiesen die Weinerzeuger von Stellenbosch als erste, daß sie neben exzellentem einheimischem Pinotage auch guten Chardonnay, Cabernet und Sauvignon Blanc hervorbringen konnten.

Die auf Steen beruhenden Weißweine im alten Kap-Stil waren seit jeher süffig. Die Rotweine dagegen fielen meist sehr stämmig, derb, tanninherb und trocken aus. Bis Ende 1980 kamen dann allmählich die Trauben und die Techniken auf, die den bisherigen Stand revolutionierten. Heute bringen sie mit jedem Jahrgang neue Erfolge.

Der Boden in Stellenbosch ist im Westen (dem traditionellen Steen-Land) leicht und sandig, am Fuß der Berge bei Simonsberg, Stellenbosch, Drakenstein und Franschhoek im Osten herrscht dagegen verwitterter Granit vor. Im Norden ist das Klima wärmer.

Die besten Weine kommen aus Weingütern um Stellenbosch, das für Brisen aus dem Süden von der False Bay her frei zugänglich ist, oder aus Lagen hoch oben in den Bergen, wo sich kühlende Winde auswirken können. (Die Weingüter sind bestrebt, ihren Weinen den Charakter des jeweiligen *terroir* mitzugeben.) Zu den kühleren Bereichen zählt Franschhoek, eine ursprünglich von Hugenotten angelegte Siedlung. Die Namen erstklassiger Weingüter legen Zeugnis davon ab: La Motte, l'Omarins und Thelema.

Südlich von Stellenbosch liegen die Spitzengüter Meerlust, Rust-en-Vrede, Vrieshof und Blaauwklippen, die sich insbesondere durch Rotwein (vor allem Zinfandel) auszeichnen. Nördlich von Stellenbosch drängen sich an Westhängen die ebenfalls vorwiegend durch Rotwein bekannten Güter Rustenberg, Delheim, Kanonkop und Le Bonheur. Simonsig und Villiera, ebenfalls ausgezeichnete Erzeugerbetriebe, liegen etwas tiefer. Stellenbosch ist auch Basis der großen Kellerei Bergkelder, die viele Spitzenweine verarbeitet und ein eigenes Verschnittprogramm Fleur du Cap mit hohem Qualitätsstand führt.

Auf dem Weg nach Paarl sind hervorragende Namen wie Backsberg, Fairview, Warwick und Glen Carlou anzutreffen, und der Musterbetrieb Nederburg der South African Winefarmers produziert ein umfangreiches Programm mit guten Cabernets, besonders denkwürdigen Riesling-Spätlesen und dem einzigartigen Steen-Dessertwein Edelkeur.

Die alten Farmen am Kap sind die Châteaux Südafrikas – ihre Architektur ist stets eine Augenweide. Schoongezicht (oben), der Kern des berühmten Rustenberg Estate, liegt am Rand eines National Preservation Area. Unten: Der historische Kapwein Constantia ist als Vin de Constance wiedererstanden. Hamilton-Russell liegt noch weiter im Süden.

Zwei kleine, aber hochbedeutsame Bereiche liegen außerhalb der Karte am Meer. Der eine ist das historische Constantia mit drei Weingütern: Groot Constantia, Klein Constantia und Buitenverwachting – die beiden letzteren haben derzeit absolute Spitzenweine, vor allem Chardonnays, zu bieten. Seit 1986 erzeugt Klein Constantia auch den Vin de Constance, einen dem alten Constantia nachempfundenen Muskateller mit ölig-rauchigem Geschmack und starken Anklängen an Orangen.

Als besonders bedeutungsvoll hat sich aber wohl erwiesen, daß Tim Hamilton-Russell mit Chardonnay und Pinot Noir in den 1970er Jahren über die Elgin Hills und an Somerset West vorüber in den äußersten Süden bis fast zur Küste bei Hermanus gezogen ist. Hier stehen die Reben geschützt im Hemel-en-Aarde Valley und zeigten bereits um die Mitte der 1980er Jahre, daß das Land am Kap mit beiden Rebsorten sehr wohl in internationalen Kreisen bestehen kann. Hamilton-Russells Kellermeister, Peter Finlayson, hat sich inzwischen mit Paul Bouchard aus Burgund zu einer neuen Unternehmung in der Nachbarschaft zusammengetan.

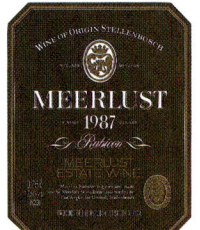 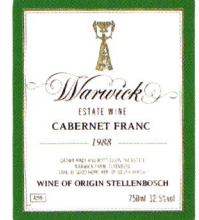

Südamerika

Oben: Die Weinberge Chiles und Argentiniens haben eines gemeinsam: die 6000 m hohen Andengipfel als Hintergrund. Ohne die nie versiegende Zufuhr von Schmelzwasser wären in Chile die meisten und in Argentinien alle Weinberge öde Steppe.

Rechts: Die ersten drei Etiketten stammen aus Bolivien, Uruguay bzw. Brasilien. Colon in San Juan (Argentinien) muß auf Bezeichnungen wie «Beaujolais» verzichten, wenn sie exportieren will.

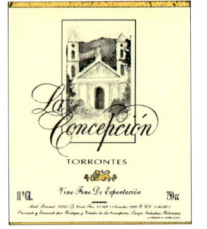

Südamerika erzeugt jede zwölfte Flasche Wein in der Welt. Argentinien steht in der Weltweinerzeugung an fünfter Stelle; freilich bekam das Ausland bis in die 1980er Jahre hinein vom argentinischen Wein wenig zu sehen, der unersättliche heimische Markt verbrauchte alles. Die Argentinier sind wie die Franzosen und Italiener an Wein gewöhnt, doch wie diese trinken auch sie immer weniger: der Verbrauch ist in nur zwölf Jahren von 76 auf 52 l pro Kopf gesunken.

Künftig aber wird man wohl mehr von Argentinien hören. Das Land braucht Export, und zudem beginnt sein Wein mit dem chilenischen (Seiten 296/297) auf einem Qualitätsniveau in Wettbewerb zu treten, das in der Welt nicht mehr unbeachtet bleiben kann.

Bislang gab es nur wenige Weine mit individuellem Interesse, alles in allem ist der Weinbau auf Massenproduktion ausgerichtet. Von 1800 Weinbaubetrieben bewegen sich höchstens 40 auf internationalen Qualitätsstand zu, ein rundes halbes Dutzend sogar sehr schnell. Ansonsten deckt ein breiter Strom sauberer, süffiger Standardweine von reifen, gesunden Trauben die Inlandsnachfrage. Der einfache Wein Argentiniens erinnert an Italien oder Spanien in der Zeit vor einer Generation: Der Firngeschmack hat noch viele Freunde. 70 % der argentinischen Weinfelder liegen im Staat Mendoza am Fuß der Anden, auf gleicher geographischer Höhe wie Marokko, das zweitgrößte Rebenareal befindet sich in San Juan. Salta, der nördlichste Bereich, liegt auf gleicher südlicher Breite wie Miami auf nördlicher, während im Süden Rio Negro (mit 2,5 % der Rebfläche Argentiniens) auf demselben Breitengrad liegt wie die Hawke's Bay in Neuseeland.

Im Regenschatten der Anden ist Bewässerung notwendig; sie erfolgt aus einem Kanalnetz, das vor Jahrhunderten von Indianern begonnen worden war. Die Höhenlage zwischen 600 und 950 m wirkt sich günstig aus, weil die kühlen Nachttemperaturen den Geschmack der Trauben kräftigen. In der trockenen Luft entwickeln sich kaum Krankheiten, und so erbringen die meist ungepfropften Reben bei reichlicher Wasserversorgung Erträge von durchschnittlich 70 hl/ha.

Neben der inzwischen im Schwinden begriffenen traditionellen Criolla (der Mission-Traube Kaliforniens) wird vor allem Malbec angebaut. Die in Bordeaux einst verbreitete und in Cahors unter dem Namen Auxerrois berühmt gewordene Traube hat nirgendwo sonst auf der Welt so große Bedeutung erlangt wie in Argentinien. Die Anpflanzungen von Cabernet und Pinot Noir mehren sich inzwischen, und die besten Cabernets wetteifern bereits mit denen aus Chile. Allgemein sind die Rotweine (zum Teil auch von italienischen Trauben) weit besser als die Weißweine, die entweder in sherryähnlicher Form (Pedro Ximénez aus Spanien ist die Hauptrebsorte, und die Namen Jerez und Champagne werden unbekümmert gebraucht) oder aber alkohol-

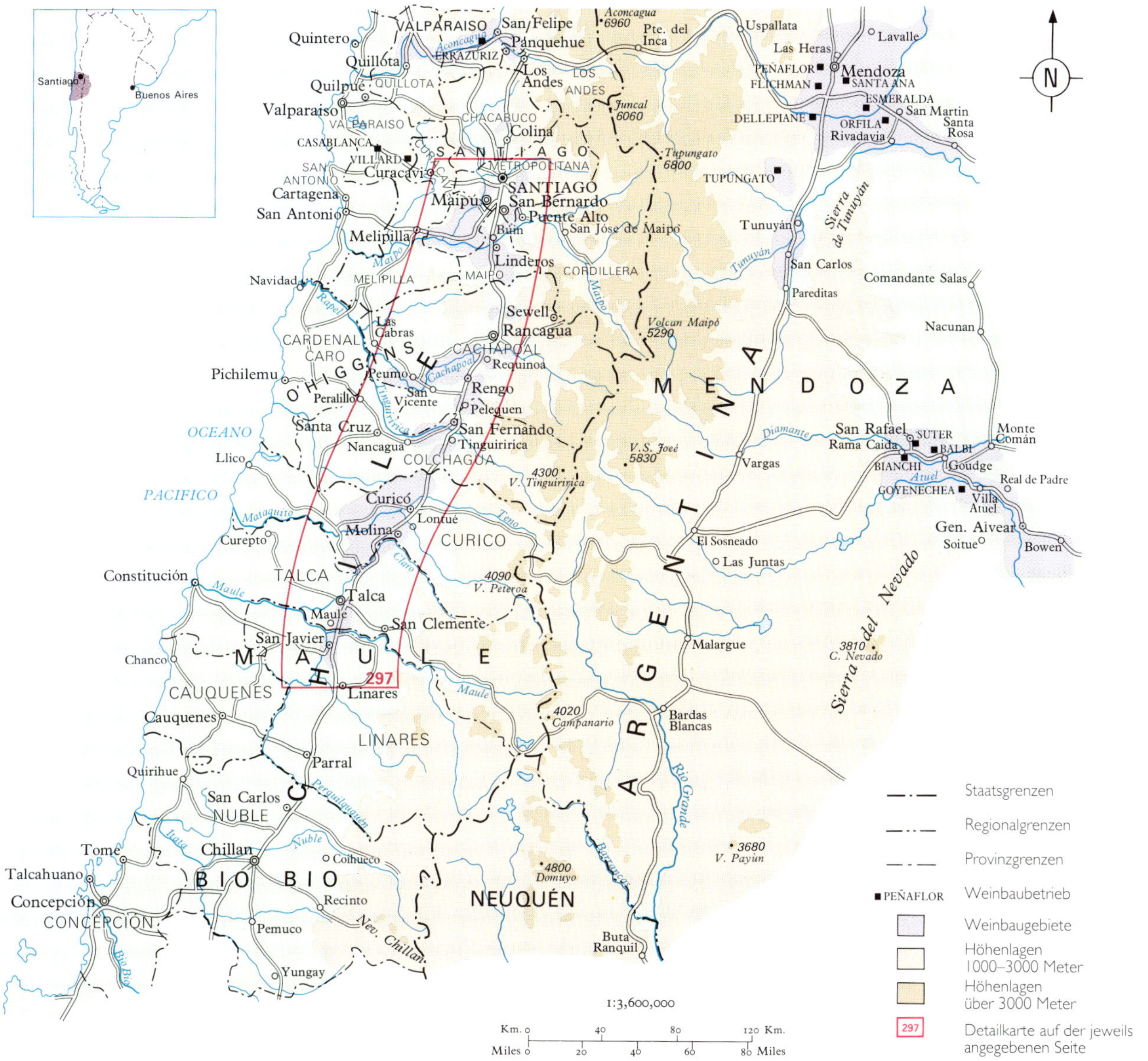

SÜDAMERIKA

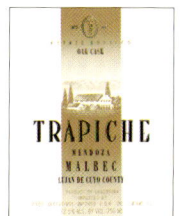

Oben: Torrontes ist ein Beispiel für die in Argentinien üblichen weichen, oft oxidierten Weißweine. Trapiche und Weinert haben im modernen Weinbau des Landes eine führende Stellung.

stark und trocken auftreten. Der populäre Torrontes ist sowohl in der altmodischen bräunlichen als auch in der neumodischen fruchtigen Version recht süffig. Die Rebsorte dürfte wohl aus Galicien in Nordspanien stammen; vielleicht ist sie eine Abart der auf Madeira noch heimischen, jedoch selten gewordenen Terrantez-Traube.

Chardonnay, Sauvignon, Sémillon, Chenin Blanc und sogar Riesling wurden inzwischen neu eingeführt; Argentinien will den Beweis antreten, daß es mit einiger Übung auch mit diesen Trauben umgehen kann.

Zwei Firmen beherrschen mengenmäßig den Weinbau: Peñaflor und Santa Ana. 1973 erwarb Peñaflor die prestigeträchtige Bodega Trapiche und führt mit ihr die modernen Bestrebungen an.

In den 1980er Jahren wurde San Telmo nach kalifornischen Vorbildern als nur mit Qualitätsrebsorten arbeitender Betrieb gegründet. Derzeit produzieren die Bodegas Catena, Weinert und Norton in Mendoza, Etchart in Cafayete in der Provinz Salta und Canale in Rio Negro mit die besten Weine Argentiniens.

Brasilien und Uruguay verfügen über eine florierende Weinindustrie für den heimischen Markt. Das Zentrum des brasilianischen Weinbaus, die Provinz Rio Grande do Sul, liegt auf demselben Breitengrad wie Mendoza. Hier gibt es reichlich Regenfälle, und das Klima ist mild und feucht. Da die Vinifera-Reben sich bisher nicht bewährten, wurden amerikanische Reben angebaut. Auf eine Studie der Universität Kalifornien hin sind neue Pflanzungen angelegt worden, und Unternehmen wie National Distillers, Cinzano, Pedro Domecq und Moët & Chandon bemühen sich intensiv um den wachsenden brasilianischen Markt. Cinzano bringt von Rebenfeldern bei Recife, nur 10° vom Äquator entfernt, zweimal im Jahr eine Traubenernte ein. Die Gegend ist trocken, und die Reben werden durch Einstellen der Bewässerung zur Vegetationsruhe und zur Ausbildung neuer Knospen gebracht.

Uruguay erzeugt beträchtliche Mengen an Wein. Hier werden traditionell vor allem französische Rebsorten angebaut (u. a. Tannat aus Madiran); der größte Teil der Rebfläche von 20 000 ha liegt am Mündungsgebiet des Rio de la Plata westlich von Montevideo in feucht-warmem Klima. Der Spitzenerzeuger Juan Carrau hat jedoch seinen Besitz im Norden des Landes, in Rivera an der Grenze zu Brasilien (auch jenseits der Grenze in Caixas do Sul). Carraus Marke Pujol (für Cabernet, Merlot und Sauvignon) tritt manchmal auf dem Exportmarkt in Erscheinung.

Die größte Überraschung aus diesen Regionen ist ein Wein von ganz erstaunlicher Qualität aus Peru. Die Weinberge von Tacama in der Provinz Ica profitieren von dem nicht weit entfernten kalten Pazifik in ganz ähnlicher Weise wie die Weinberge Kaliforniens. Dort wird (anfänglich unterstützt von Prof. Peynaud aus Bordeaux) Cabernet, Sauvignon Blanc und ein Schaumwein nach dem klassischen Verfahren erzeugt.

Chile

Die von Weinbergen umgebene chilenische Hauptstadt Santiago ist von Mendoza aus mit dem Flugzeug in 50 Minuten zu erreichen, aber es muß dabei die höchsten Gipfel der Anden, eine 6000 m hohe Wand in Eis erstarrter Felszacken, überwinden. So befinden sich die Zentren des chilenischen und des argentinischen Weinbaus fast Seite an Seite, und doch liegen Welten dazwischen.

Mendoza verdankt seine günstigen Wachstumsbedingungen der Höhenlage, Chile dagegen der Tatsache, daß es zwischen den Anden und dem Pazifik eingequetscht liegt. Einerseits senkt sich die Kühle von den Gipfeln herab, andererseits kriecht sie vom Humboldtstrom landeinwärts. Die Atacama-Wüste im Norden bekommt alle paar Jahre einmal Regen ab, im Süden dagegen nimmt er kein Ende. In diesem seltsam schmalen Land findet man jede gewünschte Niederschlagsmenge in den mit Kiesboden angefüllten Tälern, die sich auf der Zentralebene wie die Gradstriche auf einem Thermometer ausnehmen und auf ihrem Weg zum Meer das flache Küstengebirge durchbrechen.

Pedro de Valdivia, der Gründer von Santiago, entschied sich für 370 mm Niederschlag und eine mittlere Jahrestemperatur zwischen 8 und 23 °C, d. h. etwa zwischen Lyon und Marseille. Im Sommer regnet es praktisch nie. Zum Glück hatten das schon die Inkas bemerkt und ein erstaunliches Netz von Kanälen und Gräben zur Bewässerung von 1,2 Millionen ha Land entworfen. So ist es kein Wunder, daß hier oft vom Garten Eden gesprochen wird.

Der Weinbau begann in Chile zu Anfang des 16. Jahrhunderts. Damals gab Cortés den grausigen Befehl, die spanischen Siedler sollten 1000 Reben für jeweils 100 tote Indianer pflanzen. 1578 kaperte «der Pirat» Drake ein spanisches Schiff, das 1770 Weinschläuche von Chile nach Peru bringen sollte. Der alte Weinbau beruhte auf der País-Traube (in Argentinien Criolla, in Kalifornien Mission), auf die heute noch über ein Drittel des Gesamtertrags entfällt. Interessanter sind verschiedene Muskateller, aus denen der Nationalschnaps Pisco gebrannt wird.

Nachdem Chile die Unabhängigkeit errungen hatte, nahm in den 1850er Jahren der moderne Weinbau seinen Anfang mit dem Eintreffen französischer Winzer und Reben, die von den meist baskischen Großgrundbesitzern Santiagos ins Land geholt wurden. Im gemäßigten Klima und auf den fruchtbaren Böden wuchs makellose Frucht in Fülle. Eine Generation später galt das 1000-ha-Weingut der Familie Errázuriz in Panquehue im Aconcagua-Tal (Seite 295) als das größte der Welt.

Auf leichtem, aber fruchtbarem Boden und regulierbarer Wasserzufuhr macht der Trau-

Unten: Pferde sind in den Weinbergen Chiles selten geworden, doch der klimabestimmende Schutzwall der Anden beherrscht überall das Bild. Gegenüber: Weine aus dem Maipo-Tal bewähren sich im Export seit langem, nun tritt Casablanca als neuer Bereich hinzu.

benanbau keine Schwierigkeiten. Die Reblaus ist bis heute noch nicht nach Chile vorgedrungen. Wer einen neuen Weinberg anlegen will, braucht nur Stecklinge im Abstand von 2 m in den Boden zu stecken. Ein Jahr darauf sind bereits die schönsten Weinstöcke gewachsen, und nach drei Jahren tragen sie zum ersten Mal Frucht.

Die meisten neuen Reben kamen aus Bordeaux. Noch heute ist Cabernet Sauvignon die Standardrotweintraube, und Malbec, Merlot und Petit Verdot stehen ihm zur Seite; Sémillon und in geringerem Umfang Sauvignon sind die üblichen Weißweintrauben. Auch Riesling und Pinot Noir bringen guten Wein (heute sind sie allerdings nicht mehr in Mode). Chardonnay wurde erst vor kurzem verbreiteter angepflanzt.

Bei so günstigen Voraussetzungen gelangte der Weinbau bald zu Wohlstand. Um die Jahrhundertwende gab es viele große Bodegas mit mächtigen Fässern, zum Teil aus bosnischer Eiche, größtenteils aber aus *rauli,* einer einheimischen Buchenart. Bis in die 1980er Jahre belieferte Chiles Weinbau den südamerikanischen Markt auf unverändertern Grundlagen, wohl wissend, daß die Techniken und Methoden inzwischen hoffnungslos veraltet waren, doch die politischen Umstände verhinderten jede Modernisierung. Es war schmerzlich zu sehen, wie gute Weine durch alte, unsaubere Fässer beeinträchtigt wurden. Um 1990 trat endlich ein Wandel zum Besseren ein.

Aus unserer Karte geht hervor, wie sich Weinberge und Weinbaubetriebe im langen, breiten Zentraltal an zwei Punkten konzentrieren: im alten, vom Maipo bewässerten Zentrum bei Santiago und in dem neueren um Curicó weiter im Süden, das von den Flüssen Tinguiricia, Teno, Mataquito und Claro versorgt wird.

Ganz im Norden liegt außerhalb dieser Detailkarte das Aconcagua-Tal, das nach dem von Santiago aus sichtbaren höchsten Andengipfel (7000 m) benannt ist. In dieser für guten Cabernet bekannten Gegend wird die Wärme durch kühle Meeresluft gemildert, die von der Flußmündung her einsickert. Ebenfalls außerhalb der Karte, jedoch im Südwesten, liegt 100 km von Talca entfernt in den Küstenbergen der Bereich Cauquenes, der gegenwärtig für Weißweintrauben erschlossen wird. Aus kalifornischer Sicht sind Cauquenes und auch Casablanca (am Nordwestrand der Karte) dem nördlichen Sonoma, wo sich die Meeresnebel maßgeblich auf die Qualität auswirken, recht ähnlich. Allerdings ist es hier so trocken, daß auf Tropfbewässerung nicht verzichtet werden kann.

Von den Maipo-Weingütern darf Cousiño Macul bei Santiago als Musterbeispiel einer großen Plantage aus dem 19. Jahrhundert gelten. Eine schöne Allee englischer Eichen führt zu ihm hin, und auch der Park ist berühmt. Der Don Matías Cabernet (die alten Bodegas nennen ihre besseren Weine stets «Don» X oder Y) bildet einen guten Ausgangspunkt für das Verständnis des alten chilenischen Weinstils: dunkel, konzentriert und ungeheuer tanninherb. Im Kontrast hierzu steht ganz in der Nähe als klarer Vertrauensbeweis aus Bordeaux ein Gemeinschaftsunternehmen von Bruno Prats (Cos d'Estournel) und Paul Pontallier (Château Margaux).

Concha y Toro, die bekannteste Bodega Chiles, hat ihren Hauptsitz in Pirque über dem Maipo-Tal. Sie ist die größte der alteingesessenen großen vier Weinfirmen des Landes, die über bedeutenden Eigenbesitz verfügen, aber auch umfangreiche Zukäufe tätigen, um alles, vom Alltagswein bis zur Spitzenqualität (bei Concha y Toro ist es der Don Melchor Cabernet) bieten zu können.

Santa Rita, der nächstgrößte Betrieb mit der exzellenten Marke Casa Real, liegt nur wenige Kilometer entfernt. San Pedro hat seinen Sitz in Lontué bei Curicó. Von Santa Carolina, der vierten großen, mehrfach preisgekrönten Bodega, ist seit dem Erscheinen des Jahrgangs 1993 viel die Rede. Er stammt aus der Hand des aufsehenerregenden jungen Kellermeisters Ignacio Recabarren, der übrigens in der kühlen Region Casablanca eine Weißweingegend sieht, die sich mit Neuseeland messen kann.

Ein stets hochgeschätztes Weingut mit alter Exportgeschichte und neuen Ideen ist Undurraga im Maipo-Tal westlich von Santiago. Doch die überzeugendsten Anzeichen für neue Ambitionen mit Chiles makelloser Frucht und moderner Technik kommen nicht von den Giganten, sondern von José Canepa, einer unromantischen Obstbaufirma italienischen Ursprungs. Sie unterhält in Valparaíso eine Bodega, die selbst in Chiles dunkelsten Tagen noch saubere Cabernets exportierte. Die neue Anlage von Canepa bei Santiago wurde (mit Beratung durch E & J Gallo) als erste in größerem Maßstab mit Edelstahltanks ausgestattet. Ausrüstungen dieser Art waren erstmals 1975 von der Familie Torres aus Katalonien nach Curicó mitgebracht worden.

Seither betrafen Investitionen aus dem Ausland vor allem den Erwerb des Weinguts Los Vascos bei Peralillo im westlichen Zentraltal durch die Rothschilds von Château Lafite sowie eine neue kalifornische Leitung für das Haus Errázuriz, das heute unter dem Namen Caliterra technisch führend ist.

Inländische Talente gründeten das Unternehmen Discover Wine, dessen Montes Alpha aus Curicó im leichteren Stil beständig zu den besten Cabernets Chiles zählt.

Die neue Generation kleinerer Betriebe nach kalifornischem Vorbild macht einen sehr guten Eindruck. Die Gefahr liegt allgemein darin, daß im Bemühen um die notwendigen Gewinne der Bewässerungshahn zu weit aufgedreht wird. Bislang ist der chilenische Weinbau der neuen Ära vor allem eine reichsprudelnde Quelle leichter, fruchtiger Weine mit gutem Cru-Bourgeois-Standard. Nun wartet die Welt auf die Grands Crus aus Chile.

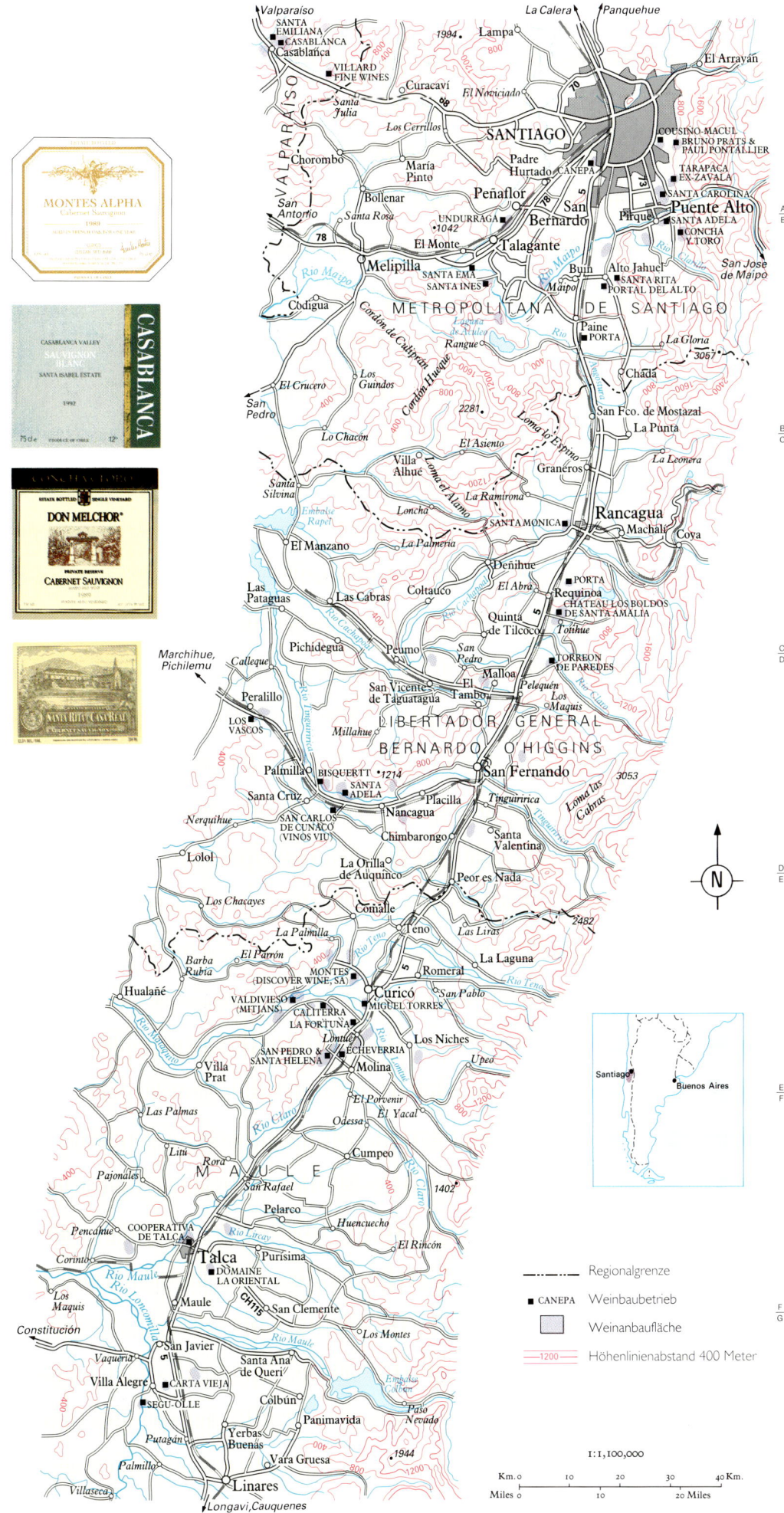

England und Wales

Früher dachte man, England liege zu weit im Norden, als daß hier Trauben zur Reife gelangen könnten – und außerdem sei es viel zu regnerisch.

Tatsächlich aber waren im frühen Mittelalter die englischen Klosterweinberge umfangreich und allen Überlieferungen zufolge auch recht angesehen. Und hätte sich England nicht 1152 Bordeaux angeeignet (durch die Heirat Heinrichs II. mit Eleonora von Aquitanien), dann gäbe es sie wohl heute noch. So aber schwanden sie im späten Mittelalter dahin, und in den 1950er Jahren begann in Hambledon und Hampshire die Renaissance.

Heute verfügen England und Wales wieder über rund 800 ha Rebfläche, weit verstreut über die südliche Hälfte des Landes, am dichtesten in Kent und Sussex mit zahlreichen kleinen Pflanzungen (insgesamt rund 440) quer durch den Süden bis Somerset (weiter westlich fällt zuviel Regen), in den Flußtälern von Themse und Severn sowie in East Anglia, der trockensten Gegend Englands.

Das größte Weingut ist Denbies in Surrey mit 100 ha. Rund 140 Kellereien verarbeiten inzwischen den Ertrag, der 1992 insgesamt 3,5 Millionen Flaschen ergab.

Bis 1992 war Tafelwein der höchste Rang, den englischer Wein in der EG beanspruchen durfte. Seither steht ihm auch der Qualitätsweinstatus offen – das hat dem jungen Weinbau mächtigen Auftrieb gegeben.

Der Löwenanteil der Erzeugung entfällt auf Weißwein. Die beliebtesten Reben sind Müller-Thurgau und Seyval Blanc. Beide reifen früh und sind widerstandsfähig gegen Krankheiten. Deutsche Neuzüchtungen, insbesondere Reichensteiner, Bacchus und Schönburger, aber auch Kerner und Huxelrebe, werden gern angebaut. Die meisten Weine sind Verschnitte, und in ihnen bewährt sich die französische Tafeltraube Madeleine Angevine. Pinot Noir wird in sehr geringen Mengen angebaut. Wie in Deutschland und oft in Burgund muß dem Wein gewöhnlich mit Zucker nachgeholfen werden. In England gibt es heute erfahrene Weinbauern, die fast jedes Jahr gute Weißweine zustande bringen. Es besteht eine rege Nachfrage (auch im Ausland) nach aromatischen und originellen, leichten Weinen der Art, wie sie in England und Wales erzeugt werden.

England produziert heute fast nur Weißwein, meist von deutschen Rebsorten, aber auch etwas Rotwein.

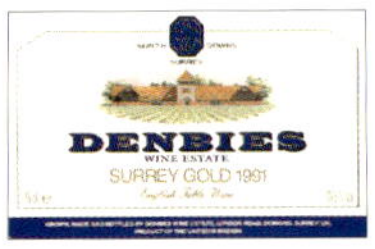

Nur ein einziges Weingut, Denbies auf den Surrey Downs, hat mit 100 ha stattliches Format.

HARLING ■ Weinberg

1:3,225,000

Allgemeines Register, Ortsregister und Dank

Allgemeines Register

Die alphabetische Reihenfolge wurde ohne Berücksichtigung von Beiwörtern wie de, du, von usw. aufgestellt.
* Verweist auf die Haupteintragung zum Stichwort. Die Namen aller Châteaux sind im Ortsregister unter C aufgeführt.

Abú Hummus 242
Abbaye, Clos de l' 117
Abîmes 137
Abruzzo 186
Acacia 257
Achaia-Clauss 238
Aconcagua Valley 296
Adelaida 264
Adelaide 282, 284
Afames 244
Afghanistan 246
Afrika 12; Nord- 245; Süd- 290–3
Agiorgitiko 238
Aglianico 194
Aglianico del Vulture 194
Ägypten 242
Ahera, Dom. d' 244
Ahr 142
Ai-Danil 241
Aigle 220
Aïn-Bessem Bouira 245
Aïn-Merane 245
Airén 24, 198
Aisne 76
Ajaccio 140
Alba 172, 174
Alba Julia 237
Albana di Romagna 178
Albaner Berge 193
Albany 286
Albariño 196, 211
Albarola 172
Albenga 172
Albi 112
Alcamo 194
Alcobaça 209
Aldebrö 227
Aleatico 186, 194
Alella 205
Alenquer 209
Alentejo 209, 215*
Aleria 140
Alesme, Ch. d' 94
Alessandria 174
Alexander Valley 255
Alexandria 242
Alföld 226
Algarve 208
Algeria 245
Alghero 194
Aliança, Caves 210
Alicante Bouschet 215, 245
Aligoté: Bulgarien 234; Chablis 73; Côte Chalonnaise 68; Moldova 241; Rumänien 236
Alkoomi 287
Allegrini 183
Allegro 275
Allias, Familie 118
Almacenista 199
Almaden 262, 266
Almansa 198
Almeirin 209
Aloxe-Corton 62
Alsheim 163
Altenberg 123
Alterung 40–1
Altesse 137
Alupka 240, 241
Alushta 241
Alvarinho 24, 211
Alzey 162, 163
Alzinger 225
Amador County 267
Amador Foothill 267
Amandiers, Clos des 123
Amarante 211
Amarone 183
Amboise 114
American Wine Growers 272
Amerika 12; Nord- 250–1*; Kalifornien 252–67, Osten 274–5, Pazif. Nordwesten 270–3, Südwesten 268–9; siehe auch Mexiko, New York, Ontario; Süd- 294–7; siehe auch Argentinien, Chile
Amindeo 238
Amontillado 199, 207
Amoureuses, Les 67
Ampelographie 24
Ampuis 126
Ampurdán 205
Amselfelder 232
Anapa 241
Anatolien 242
Ancenis 114
Ancona 186
Andalusien 196, 207
Anderson Valley 256, 268
Andron Blanquet, Ch. 86
Angers 116
Anghelu Ruju 194
Angludet, Ch. d' 94

Añina 201
Anjou 114, 116*
Ankialos 238
Annaberg 161
Anneraux, Ch. des 102
Anselmi 182
Ansonica 186
Antinori, Familie 188, 191, 192, 260
Aosta 172
Appellation(s) 9; Bordeaux 81; Communale 58; Côte d'Or 58; d'Origine Contrôlée (AOC) 52, 130, 138; d'Origine Garantie 245; Rhône 128; Simple 138
Approved Viticultural Areas (AVA) 251, 252
Apremont 137
Apulien 194
Aquileia 180
Aragón 196, 204
Aragonez 215
Aramon 134
Aranda 206
Aranda de Duero 206
Arbanats 96
Arbin 137
Arbois 137
Archambeau, Ch. d' 96
Arcins 93
Arcins, Ch. d' 92
Ardon 220
Arenberg 281
Arhanes 238
Arinto 24
Arizona 251, 268
Arkadien 238
Arkansas 251
Arlot, Clos des 67
Armagnac 110, 111
Armailhac, Ch. d' 88
Armenien 241
Arnauld, Ch. 92
Arneis 174
Aromakreis 45
Arrabida 209
Arrosée, Ch. l' 104
Arrowfield 278
Arroyo Grande 264
Arroyo Seco 262
Arsac 94
Asenovgrad 234
Aserbaidschan 241
Asien 246–8
Asprinio 194
Assmannshausen 156
Associated Vintners 272
Asti 172, 255
Asti Spumante 174
Asturien 196
Aszár-Neszmély 227
Ata Rangi 289
Atatürk, Kemal 242
Athen 238
Atlas Peak 260
Attica 238
Au Bon Climat 264
Aubance River 116
Aube 76
Audebert 117
Auckland 288, 289
Auslese 121
Ausone, Ch. 104
Australien 276–87*; Süd- 282–4; West- 286–7; siehe auch Coonawarra, New South Wales, Tasmanien, Victoria, Yarra
Auxerre 73
Auxerrois 112, 274, 294
Auxey-Duresses 61
Avellino 194
Avelsbach 148
Avensan 92
Avignonesi 191
Avila 206
Avize 78
AXA 88, 94
Axarqua 207
Ay 78
Ayler Kupp 146
Ayse 137
Ayu-Dag 241
Azay-le-Rideau 114

Babcock 264
Babeasca 236
Babich 288
Bacalhoa, Quinta de 209
Bacchus 26, 167, 298
Backsberg 292
Bad Dürkheim 161
Bad Kreuznach 154
Bad Münster 155

Bad Vöslau 224
Badacsony 227
Badacsonyi 227
Baden 224
Baden, Markgraf von 164
Baden-Württemberg 164–5
Badische Bergstraße 164
Badischer Winzerkeller 164
Badstube 152
Baga 210
Baileys 280
Bairrada 208, 209, 210*
Baku 241
Balaton 226–7
Balatonboglár 227
Balatonfüred 227
Balatoni 227
Balbaina 201
Balgownie 281
Balilcata 194
Balti 241
Banat 237
Bandol 136
Banfi 274
Bannockburn 281
Banyuls 132
Barbaresco 174, 176*
Barbastro 198
Barbé, Ch. 108
Barbe, Ch. de 108
Barbeito 217
Barbera: Italien 174, 177; Kalifornien 266; Südamerika 294
Barboursville 275
Barca Velha 209
Barcelos 211
Bardolino 178, 183
Barjac, de 125
Barolo 174, 176*
Barossa Valley 282
Barracão 210
Barreyres, Ch. 92
Barry, Jim 283
Barsac 96, 100–1*
Barton, Familie 36, 91
Bas-Armagnac 111
Bas-Médoc 84–5
Bas-Rhin 122
Basel 219
Basignani 275
Bass Charrington 94
Basserman-Jordan, von 160
Bastei 155
Basto 211
Bastor Lamontagne, Ch. 100
Batailley, Ch. 88
Bâtard-Montrachet 61
Batterieberg 153
Baudoin, Le Clos 118
Baume, Dom. de la 134
Baux-de-Provence, Les 128
Bay of Plenty 289
Béarn 112
Beau-Site, Ch. 86
Beaucastel, Ch. 128, 130, 264
Beaujolais 54, 55, 70–2*
Beaujolais-Villages 70
Beaulieu 116, 249, 290
Beaulieu Vineyards 258
Beaume 127
Beaumont, Ch. 92
Beaune 58, 62–3*
Beaunois 73
Beblenheim 123
Becker 122
Bedell 274
Beerenauslese 121
Bégadan 84
Béguey 96
Beiras 209
Bel Arbors 256
Bel Orme Tronquoy de Lalande, Ch. 86
Bel-Air, Ch. de 102
Belair, Ch. 104
Belgrave, Ch. 91
Bell Mountain 268
Bella Oaks 258
Bellapais 244
Belle Epoque 78
Bellefont-Belcier, Ch. 102
Bellegarde 128
Bellet, Ch. 136
Bellevue La Forêt, Ch. 112
Belvedere 191
Bendigo 281
Benede-Orange 290
Benediktinermönche 14
Benmarl 274
Benton 273
Benziger-Glen Ellen 254
Bereich 142

Bereich Bernkastel 152
Bergamo 172
Bergerac 109
Bergheim 123
Bergkelder 292
Beringer 260
Berlou 134
Bern 218
Bernkastel 152–3*
Berri 277
Bertani 182, 183
Bessas 127
Best 281
Bévy 57
Bewässerung 19, 296
Bex 220
Beychevelle, Ch. 91
Béziers 134
Bianco della Lega 186
Bianco Vergine 191
Bianco Vergine Valdichiana 186
Biancolella 194
Bical 210
Bidwell 274
Bielersee 218
Bien Nacido 264
Bienvenues Bâtard Montrachet 61
Biferno 186
Bikavér 227
Bingen 162–3
Biondi-Santi 190, 191
Bischöfliche Weingüter 146, 148
Bischöfliches Konvikt 146
Bischöfliches Priesterseminar 146
Blaauwklippen 292
Blagny 61
Blaignan 84
Blanc de Blancs 78
Blanc de la Salle 172
Blanc de Morgex 172
Blanchot 74
Blanck 217
Blandy 217
Blanquette de Limoux 112, 132
Blass, Wolf 280, 282
Blatina 232
Blauburgunder: Österreich 223, 224; Schweiz 218, 219
Blaufränkisch 223, 226, 231
Blaye 108
Bleasdale 284
Blue Ridge Mountains 275
Blue-stalk (Kéknyelü) 226, 227
Böckelheim, Schloß 155
Bockenheim 161
Bodenheim 163
Bogazkere 242
Bogdanusa 232
Bogle 267
Böhmen 230
Bolgheri 191
Bolla 183
Bollinger 77
Bologna 178
Bonacossi, Conte 186
Bonarda 24; Italien 172, 177; Südamerika 294
Bonheur, Le 292
Bonifacio 140
Bonnes-Mares, Les 67
Bonnet, Ch. 72, 97
Bonnezeaux 116
Bonnievale 291
Bonny Doon 262
Boordy Vineyards 251, 275
Borba 215
Bordeaux 13, 14, 16–17, 21, 24, 28–9, 80–108*, Appellations 81; Universität von 17, 83
Borderies 110–11
Borges, H. M. 217
Bosco 172
Bosnien-Herzegowina 232
Botobolar 278
Botrytis cinerea 100, 228, 236; siehe auch Edelfäule
Botticino 178
Bouchard 62
Bouchard, Paul 292
Bouchet 106
Boudriotte, La 59
Bougros 74
Bourdieu, Ch. 108
Bourdieu, Ch. Le 86
Bourg 108
Bourg, Clos de 118
Bourgeois 55, 58
Bourgogne Aligoté 55
Bourgogne Grand Ordinaire 55
Bourgogne Passe-Tout-Grains 55
Bourgogne Rouge 68
Bourgueil 117*

Bouscaut, Ch. 98
Bousquet, Ch. du 108
Bousse d'Or, La 61
Boutari 238
Bouvier 231
Bouzeron 68
Bouzy 78
Bowen's 285
Boyd-Cantenac, Ch. 94
Brachetto d'Acqui 174
Braga 211
Bramaterra 172
Branaire-Ducru, Ch. 91
Brand 123, 278
Brander Winery 264
Brand's 285
Brandy 214, 241, 256; siehe auch Cognac
Brane-Cantenac, Ch. 94
Branxton 278
Brasilien 295
Brasonyos-Csaszar 227
Bratislava 230
Braune Kupp 146
Brauneberg 150, 152
Bredif, Marc 118
Breede River Valley 291
Breganze 178
Breisach 164
Bremmer Calmont 153
Brescia 172, 178
Bressandes 62
Breton 117
Bricco Asili 176
Bricco Rocche 176
Bridgehampton 274
Bridgeview 270
Bridgewater Mill 284
Brights 274
British Columbia 251, 270
Broadbent, Michael 44
Brochon 67
Brokenwood 278
Brolio 188
Bronco 266
Brouilly 72
Brown Brothers 280
Brückstück 153
Bruderberg 148
Bruderschaft 150
Brudersberg 163
Brûlesécaille, Ch. 108
Brun, Le 289
Brunate 176
Brundlmayer 225
Brunello 186, 190–1
Brunello di Montalcino 190
Bual 217
Buçaco 210
Bucelas 209
Bué 119
Buena Vista 254, 257
Bugey 137
Buhl, von 160
Buitenverwachting 292
Bulgarien 234–5*
Bullay 153
Bundarra Shiraz 280
Bündner Herrschaft 218
Burgenland 223
Bürgerspital 167
Burges 127
Burgos 206
Burgund 13, 16, 21–2, 54–75*
Burgweg 154
Bürklin-Wolf 160
Bussia 176
Buttafuoco 177
Butten 228–9
Buxy 68
Buzet 112
Buzbag 242
Buzzetto 172
By 84
Byron 264
Bzenec 230

Cabernet Bosché 258
Cabernet Franc 24; Loire 114, 116–18; Midi 132; Pomerol 106; St-Emilion 104–5; 108, 109
Cabernet Sauvignon 21, 24, 25*; Australien 276, 278–87 passim; Bordeaux 28, 84–107 passim; Bulgarien 234; China 247; Griechenland 238; Italien 171, 174, 178, 180–6 passim, 192; Japan 248; Kalifornien 255, 260, 261, 264; Libanon 242; Marokko 245; Mexiko 269; Midi 132; Moldova 241; Neuseeland 23, 288–9; Österreich 223, 224;

Ontario 274; Oregon 270; Portugal 209; Rumänien 236, 237; Serbien 232; Spanien 198, 204–6 passim; Südafrika 291–2; Südamerika 294; Texas 268; Ungarn 226; Washington 270; Yakima 272; Zypern 244
Cabrières 134
Cadarca 237
Ca'del Bosco 178
Cadillac 96, 97
Cádiz 200
Cafayete 295
Cahors 112
Cailleret, Le 61
Cairanne 130
Caixas do Sul 295
Calamin 220
Calera 262
Caliterra 297
Callaghan 268
Callahan Ridge 270
Callaway, Ely 269
Calon-Ségur, Ch. 86, 94
Calvi 140
Camarate 209
Cambria 264
Camden 279
Camensac 91
Campania 194
Campbells 280
Campo Fiorin 183
Campo Rotaliano 184
Campomarino 186
Canale 295
Canandaigua Wine Co. 266, 274
Canberra 279
Cannonau 194
Cannubi 176
Canoe Ridge Vineyard 270
Canon, Ch. 104
Canon-Fronsac 102
Cantemerle, Ch. 94
Cantenac 94
Cantenac-Brown, Ch. 94
Canterayne 86
Canterbury 289
Cap Bon 245
Cap Corse 140
Caparede 209
Capbern Gasqueton, Ch. 86
Cape Clairault 287
Cape Mentelle 287, 289
Cape Province 290
Cape Riesling 291
Capel Vale 287
Capri 194
Caramany 132
Carbonnieux, Ch. 98
Carcassonne 132
Carcavelos 209
Cardonne, Ch. La 84
Carema 172
Carey, J. 264
Carignan 27*; Kalifornien 266; Marokko 245; Midi 132; Spanien 202
Cariñena 196, 202
Carmel Valley 242
Carmes Haut-Brion, Ch. Les 98
Carmignano 186, 188
Carmo, Quinta do 215
Carneros 254, 255, 257*
Carneros, Dom. 257
Carneros Creek 257
Carnuntum 223
Caronne Ste-Gemme, Ch. La 92
Carras, John 238
Carras, Ch. 238
Carras, Dom. 238
Carrascal 201
Carrau, Juan 295
Carrodus, Dr. 281
Caruades 88
Carsin, Ch. 97
Cartaxo 209
Carvalhais, Quinta dos 211
Cartizze 180
Caruel 108
Caruso 194
Carvalho 209
Casa Real 297
Casablanca (Chile) 296
Cassis 136
Casteggio 177
Castel del Monte 194
Castel Gandolfo 193
Castel Pujol 295
Castelldaccia 194
Castell 166
Casteller 184
Castelli Romani 193
Castello della Sala 192

300

ALLGEMEINES REGISTER

Castello di Roncade 180
Castelvin 92
Castiglioncello 191
Castiglione Falletto 176
Castile 196
Castillo Ygay 202
Castres 96
Catawba 27*, 250
Catena 295
Catoctin Valley 275
Catone 193
Cauquenes 296
Cava 204
Cayuga, Lake 274
Cazes, Jean-Michel 88
Cazetiers 67
Cellatica 178
Cembra Valley 184
Cencibel 198
Central Valley 266–7*
Cephalonia 238
Cerasuolo 186, 194
Cérons 96
Certan-de-May, Ch. 106
Cesanese 186
César 73
Cesare Mondavi Selection Cabernet 258
Cessnock 278
Cetto, L. A. 269
Ceves 266
Cevetto 176
Chablais 220
Chablis 54, 55, 73–5*
Chacolí 196
Chadsford 275
Chagny 68
Chaintré 69
Chaize, Ch. de la 72
Chalk Hill 255
Chalone Vineyard 262, 270
Chambers Rosewood 280
Chambert-Marbuzet, Ch. 86
Chambertin 58, 66, 67
Chambolle 66–7
Chambolle-Musigny 67
Champagne 13, 16, 17, 24, 76–9*
Champagne Roederer 256
Champans 61
Champanski 241
Chandon, Dom. 38, 260, 281
Changyu 247
Chanson 62
Chante-Alouette 127
Chantebled, Ch. 245
Chantegrive, Ch. 96
Chapelle-Heulin, La 114
Chapitre, Clos du 67
Chapoutier 127
Chappellet 258, 260
Chardonnay 23, 25*; Australien 276, 278, 280, 284, 285, 286, 287; British Columbia 270; Bulgarien 234; Chablis 73; Champagne 78; China 247; Colorado 268; Côte de Beaune 59; Côte d'Or 57, 58; Deutschland 164; Idaho 270; Italien 174, 183, 186, 192; Japan 248; Kalifornien 255, 257, 260, 261, 264; Michigan 274; Neuseeland 288, 289; New York 274; Ontario 274; Oregon 270, 273; Österreich 222–4; Rumänien 236; Schweiz 218; Slowenien 231; 296; Spanien 204, Südafrika 290, 291, 292; Südamerika 295, 205; Texas 268; Ungarn 226, 227; Washington 270; Yakima 272; Zypern 244
Chardonne 220
Charente 110
Charlottesville 275
Charmes, Les 61, 67
Charmes, Ch. des 274
Charneco 209
Charta 159
Chasan 26
Chassagne 58
Chassagne-Montrachet 58, 59
Chasse-Spleen, Ch. 92
Chasselas 24, 26; Deutschland 164; Elsaß 121; Savoyen 137; Schweiz 218, 220
Château, das klassische 36–7
Château-Chalon 137
Châteauneuf-du-Pape 24, 124, 128, 130–1*
Châtillon-en-Diois 124
Chautauque 274
Chaves 209
Chavignol 119
Cheefoo (Yantai) 247
Cheilly 59
Chellah 245
Chénas 72
Chêne Marchand, Clos du 119
Chênes, Clos des 61
Chenin Blanc 25*; Anjou 116; Australien 286; Idaho 270; Kalifornien 266; Südafrika 291; Südamerika 295; Texas 268; Vouvray 118
Cheurlin, Dom. 268
Cheval Blanc, Ch. 104
Chevalier, Dom. de 98
Chevalier d'Ars 92
Chevalier-Montrachet 58, 61
Chevalier de Rhodes 238
Cheverny 114
Chianti 24, 186, 188–9*
Chiaretto del Garda 178, 183
Chiavennasca 177
Chicane, Ch. 96
Chignin 137
Chile 296–7
China 246–7
Chinon 117
Chiroubles 72
Chisinau 241
Chitry-le-Fort 73
Christchurch 289
Church Road 289
Chusclan 128, 130
Chyorniye Glaza 241
Cigare Volant, Le 262, 263
Cincinnati 250
Cinqueterre 172
Cinsaut 132, 134, 242, 245, 291
Cinzano 295
Cirò 194
Cissac, Ch. 86
Citran, Ch. 92
Clairette de Die 125
Clairette du Languedoc 134
Clape, La 125, 134
Clare Valley 283, 284
Clare, Ch. La 84
Clarke, Ch. 92
Clarksburg 267
Clear Lake 256
Clerc Milon 88
Clicquot, Veuve 77, 78
Climens, Ch. 100
Clinet, Ch. 106
Clinton 274
Clos L'Eglise, Ch. 106
Clos, Les 74
Clos Fourtet, Ch. 104
Clos-René 106
Closerie Grand-Poujeaux, Ch. 92
Cloudy Bay 287, 289
Clover Hill 287
Cloverdale 255
Cocumont 112
Codorníu 204, 205, 257
Cognac 110–11
Colares 209
Coldstream Hills 281
Collards 288
Collavini 180
Colli Altotiberini 186
Colli Berici 178
Colli del Trasimeno 186
Colli Euganei 178
Colli Lanuvini 193
Colli Martani 192
Colli Orientali del Friuli 180, 183
Colli Perugini 192
Colli Piacentini 172
Colli Senesi 190
Collio 183*, 231
Collio Goriziano 183
Collioure 132
Colmar 122, 123
Colombard 266, 291
Colony 266
Colorado 268
Columbia Winery 272
Combettes, Les 61
Comblanchien 57
Combottes 67
Commandaria 244
Commaraine, Clos de la 62
Comme, La 59
Completer 219
Comtes de Champagne 78
Conca de Barberá 205
Concha y Toro 297
Concord 250, 251
Conde de Santar 211
Condrieu 124, 126*
Conegliano 178, 180
Conestoga 275
Connétable 91
Conseillante, Ch. La 106
Constantia 17, 290, 291, 292
Conthey 220
Contres 114
Contrie, Clos de la 117
Controliran 234
Cook, R. & J. 267
Cook's Champagne Cellars 266
Coonawarra 23, 278, 280, 281, 284, 285*
Copertino 194
Corban 288
Corbett Canyon 264
Corbières 132–3
Corbin, Ch. 104
Cordier, Dom. 96, 268
Corgoloin 57
Cornas 124
Corowa 280
Cortaillod 218
Cortés, Hernando 269
Cortese di Gavi 174
Corton 16, 56, 57, 58, 62
Corton-Charlemagne 62
Corvina 183
Corvo 194
Cos d'Estournel, Ch. 86
Cos Labory, Ch. 86
Cossart 217
Coste, Pierre 96
Costières: de Nîmes 128; du Gard 128
Côte, La (Schweiz) 220
Côte de Beaune 54, 55, 56, 57, 58, 59–63*
Côte des Blancs 78
Côte Blonde 126
Côte Brune 126
Côte de Castillon 102
Côte Chalonnaise 55, 68*
Côte de Dijon 67
Côte des Francs 102
Côte de Nuits 16, 54, 55, 56, 57, 58, 64–7*
Côte d'Or 54, 55, 56–8*
Côte Rôtie 23, 124, 126*
Coteaux d'Aix en Provence 136
Coteaux d'Ardèche 128
Coteaux des Baux 136
Coteaux de Cap Corse 140
Coteaux de Carthage 245
Coteaux du Languedoc 128, 134
Coteaux du Layon 116
Coteaux du Loir 114
Coteaux de Mascara 245
Coteaux de Pierrevert 136
Coteaux de Tlemcen 245
Coteaux du Tricastin 125, 128
Coteaux d'Utique 245
Coteaux Varois 136
Coteaux du Vendômois 114
Coteaux du Vernon 126
Coteaux du Zaccar 245
Côtes de Brouilly 72
Côtes de Cabardès 132
Côtes de Duras 112
Côtes du Frontonnais 112
Côtes de Gascogne 112
Côtes du Lubéron 136
Côtes de la Malepère 132
Côtes du Marmandais 112
Côtes de Meliton 238
Côtes de Montravel 109
Côtes de Provence 136
Côtes du Rhône 124, 128, 130; -Villages 124, 130
Côtes de Roussillon 132; -Villages 132
Côtes du Ventoux 128
Côtes du Vivarais 128
Cotesti 236
Cotnari 236
Coufran, Ch. 86
Couhins, Ch. 98
Coulanges-la-Vineuse 73
Coulée de Serrant, La 22, 116
Couly 117
Couquèques 84
Courcel 62
Couronne, Ch. La 88, 89
Cousiño Macul 296
Coutet 100
Covey Run 272
Cowra 279
Craigmoor 278
Cramant 78
Crémant: d'Alsace 121; de Bourgogne 68; de la Loire 114
Crépy 137
Cresta Blanca 266
Crianza de Castilla la Vieja, Bodegas de 206
Cribari 266
Cricova 241
Criolla 245, 294, 296
Criots, Les 61
Cristal 78
Crock, Ch. Le 86
Croft 213
Croix-de-Gay, Ch. La 106
Croix-Millorit, Ch. La 108
Croizet-Bages 89
Croser, Brian 273, 284
Crouchen Blanc 290
Crozes-Hermitage 127
Cruzeau, Ch. 98
Csarfas 228
Csopak 227
Cucamonga 268
Culbertson 269
Cullens 287
Cumberland Valley 275
Curicó 296, 297
Cussac 92
Cuvaison 257
Cuvée du Président 245
Cuvée Napoléon 112
Cvicek 231

Dafnes 238
Dahra 245
Dalmatien 232
Dalwhinnie 281
Dalwood 278
D'Ambra 194
Dames de la Charité 62
Daniel, John 258
Dão 208, 211*
D'Arenberg 284
Dauzac 94
de Wet, Danie 291
De Wetshof 291
Dealul Mare 236
Debrö 227
Deidesheim 160
Dekantieren 46
Delaunay, Marc 117
Delaware 248, 250, 275
Delegat 288
Delheim 292
Delicato 262, 266
Demestika 238
Denbies 298
Denman 278
Denominación de Origen (Calificada) DO(C) 196, 204
Denominación Especifica DE 196
Denominazione di Origine Controllata (e Garantita) DOC(G) 170–1, 178
Desertas 216
Desmirail 94
Deutsche Weinakademie 158
Deutschland 9, 142–68*; *siehe auch* Baden-Württemberg, Franken, Mosel, Nahe, Pfalz, Rheingau, Rheinhessen, Ruwer, Saale-Unstrut, Saar, Sachsen
Deutz 264, 289
Dézaley 220
Dézize 59
Dhron 150
Dhroner Hofberger 150
Di Majo, Luigi 186
Di Rosa, Rene 257
Diamond Valley 281
Diano d'Alba 174, 176
Die 124
Dimiat 234
Dingac 232
Discover Wine Ltda 297
Dobrogea 236
Dogliani 174
Doisy: -Daëne; -Dubroca; -Védrines, Chx 100
Doktor 152
Dolceacqua 172
Dolcetto 174, 176
Dôle 220
Doluca 242
Dom Pérignon 16, 77, 78
Domecq, Pedro 269
Domecq, Ch. 269
Dominique, Ch. La 104
Don Eugenio 269
Don Matas Cabernet 296
Don Melchor Cabernet 297
Donauland-Carnuntum 223
Donnafugata 194
Donnaz 172
Donnici 194
Doosberg 158
Dopff 122
Dopff & Irion 123
Dordogne 81, 97, 109
Dornfelder 161
Dorsheim 155
Doué-la-Fontaine 116
Douro 212–13
Dragasani 237
Dragon Eye 247
Drava 231, 232
Draytons Bellevue 278
Dromana Estate 281
Drouhin, Maurice 62
Drouhin, Robert 273
Dry Creek Valley 255
Dubœuf, Georges 72
Duboscq, Henri 86
Duca Badoglio 180
Duca Enrico 194
Ducasse, Ch. 88–9
Ducq, Le 275
Ducru-Beaucaillou, Ch. 91
Ducs, Clos des 61
Duero 196, 198, 206*
Duhart-Milon, Ch. 88
Dumazet, Pierre 126
Dundee 273, 274
Durbach 164
Durfort-Vivens, Ch. 94
Dürkheimer 161
Dürnstein 225
Dutruch Grand Poujeaux, Ch. 92
Dynasty 247

Eaglehawk 283
Ebro 196, 198
échelle des crus 78
Echevronne 57
Echézeaux 64
Echuca 281
Edelfäule 100, 228
Edelkeur 292
Edelzwicker 121
Eden Valley 282
Edes 229
Edmeades 256
Edna Valley Vineyards 264
Eger 227
Eglise-Clinet, Ch. L' 106
Eguisheim 123
Ehrenfelser 26
Eichberg 123
Eiche 41*, 252
Eileen Hardy Chardonnay 285
Einzellage 142
Eisenstadt 223
Eiswein 168
Eitelsbach 148
Ekigana 26
El Bierzo 196
El Dorado 267
Elba 186
Elsaß 120–3*
Eltville 158–9
Elysium 267
Emerald-Riesling 26
Emir 242
Enclos, L' 106
Enfer d'Arvier 172
England 298
Enkirch 153
Enoteca 188
Ensenada 269
Entre-Deux-Mers 81, 97–7*
Epenots 62
Epernay 78
Epesses 220
Epirus 238
Erbach 144
Erbacher Siegelsberg 158
Erbaluce di Caluso 174
Erden 152
Erie-Chautauqua 274
Errázuriz 297
Escadre, Ch. l' 108
Escherndorf 167
Eshcol 38
Essencia 229, 267
Est! Est!! Est!!! 186
Estrella River 264
Estremadura 209
Estremoz 215
estufas 217
Etchart 295
ETKO 244
Etna 194
Etoile, L' 137
Etschtaler 184
Etyek 227
Euboea 238
Evangile, Ch. L' 106
Evans & Tate 287
Evans, Len 278
Evans Vineyard 285
Extremadura 198
Extrísimo Bach 205
Eyquem, Ch. 108
Eyrie Vineyards 273
Ezerjó: Serbien 232; Slowakische Republik 230; Ungarn 226, 227

Faedo 184
Fairview 292
Faiveley 64, 68
Falanghina 186
Falfas, Ch. 108
Falkenstein 223
Falkensteiner Hofberg 146
Far Niente 38
Fargues, Ch. 100
Faugères 134
Favonio 194
Fayau, Ch. 97
Faye 116
Féchy 220
Federspiel 225
Feldebrö 227
Felsenkopf 150
Fendant 220
Feriani, Ch. 245
Fernández, Alejandro 206
Ferrand, Ch. de 102
Ferreira 209
Ferrière 94
Fès 245
Feteasca: Alba 226, 236, 237; Neagra 236, 237; Regala 236, 237
Fetzer 256
Feytit-Clinet, Ch. 106
Fiano 194
Ficklin 267
Fiddletown 267
Fieuzal, Ch. de 98
Figari 140
Figeac, Ch. 104
Finger Lakes 250, 274
Finlayson, Peter 292
Fino 199
Firestone 264
Fitou 132
Fixin 67
Flagey 64
Fleur du Cap 292
Fleur-Pétrus, Ch. La 106
Fleurie 72
Florence 188
Focsani 236
Foggia 194
Folatières, Les 61
Folle Blanche 24
Fombrauge, Ch. 102
Fonbadet 89
Fonpiqueyre 89
Fonréaud, Ch. 92
Fonsalette, Ch. de 130
Fonscolombe, Ch. 136
Fonseca 209, 211; J. M. da 209
Fontanafredda 176
Forastera 194
Forest Hill 287
Foris 270
Forst 160
Forster Mariengarten 160
Fort Stockton 268
Fortant de France 134
Fortia, Ch. 130
Forts de Latour, Les 88
Fourcas-Dupré, Ch. 92
Fourcas-Hosten, Ch. 92
Fourchaume 74
Foxen Canyon 264
France 9, 12, 52–140; *siehe auch* Anjou, Armagnac, Barsac, Beaujolais, Bergerac, Blaye, Bordeaux, Bourg, Bourgueil, Burgund, Chablis, Champagne, Châteauneuf-du-Pape, Chinon, Cognac, Corbières, Côte de Beaune, Côte Chalonnaise, Côte de Nuits, Côte d'Or, Côte Rôtie, Elsaß, Entre-Deux-Mers, Gevrey-Chambertin, Graves, Jura, Korsika, Languedoc, Libournais, Loire, Mâconnais, Margaux, Médoc, Minervois, Muscadet, Pauillac, Pessac-Léognan, Pomerol, Pouilly, Provence, Rhône, Roussillon, St-Emilion, St-Estèphe, St-Julien, Sancerre, Sauternes, Savoyen, Südwesten, Vouvray
Franciacorta 172, 178
Francusa 236
Frangy 137
Frank, Dr. Konstantin 251, 274
Frank, Ch. 274
Franken 73, 166–7*
Frankland 286, 287
Frankova 230
Franschhoek 290, 292
Franzia 266
Frascati 186, 193
Frauenberg 153
Frecciarossa 177
Fredericksburg 268
Freemark Abbey 258, 260
Freie Weingärtner 225
Freinsheim 161
Freisa 174
Freixenet 204
Frescobaldi 186
Freslier, Dom. 118
Freundstück 160
Frickenhausen 167
Friedrich-Wilhelm-Gymnasium 146
Friuli 178, 180–1*
Fronsac 102
Frontignan 134
Fronton 112
Fruska Gora Hills 232
Fuchsgeschmack 250–1, 274
Fuissé, Ch. de 69
Fukushima 248
Furmint 24; Österreich 223; Slowenien 231; Ungarn 226, 227, 228
Furth 225

Gaensbronnel, Clos 123
Gaffelière, Ch. La 104
Gai, Ch. 274
Gaillac 112
Gaillat, Ch. 96
Gainey Winery 264
Gaja, Angelo 176
Galestro 186
Galicien 196
Galilee 242
Galizin, Prinz Lev 240–1
Gallais, Le 146
Gallais-Bellevue 84
Gallo, E. & J. 255, 266
Gamay 24, 25*, 60; Beaujolais 70; Bulgarien 234; Michigan 274; Ontario 274; Schweiz 218, 220; Serbien 232
Gambellara 178
Gamla 242
Gamza 226, 234
Gard 134
Gardasee 178, 183
Gardera, Ch. 96
Garganega 24, 178, 183
Garnacha 202, 204, 206; Tinta 26, 196, 198; *siehe auch* Grenache
Garrafeira 208

ALLGEMEINES REGISTER

Gärung 32, 33–7
Gattinara 172
Gaunoux 62
Gauriac 108
Gavi 174
Gay, Ch. Le 106
Gazin, Ch. 106
Gebiet 142
Geelong 281
Geisenheim 156
Genevrières, Les 61
Genf 218, 220
Genua 172
Georges de Latour Private Reserve 258
Georgien 241
Germain-Robin 256
German Wine Academy 158
Gerümpel 160
Gevrey-Chambertin 58, 66–7*
Gewürztraminer 27*; British Columbia 270; Bulgarien 234; Deutschland 163, 164; Elsaß 120–1, 123; Kalifornien 25–6; Neuseeland 289; Ontario 274; Oregon 272, 273; Rumänien 236, 237; Spanien 204; Südafrika 291; Yakima 272
Geyserville 252
Ghemme 172
Ghisonaccia 140
Ghurdjaani 241
Gianaclis, Nestor 242
Gigondas 130
Gilbey 84, 86
Gilette, Ch. 100
Gimmeldingen 160
Girò 194
Gironde 81
Gisborne 288, 289
Giscours 94
Givry 68
Glana, Ch. du 91
Glen Carlou 292
Glenrowan 280
Gloria, Ch. 90
Gloria Ferrer 257
Glun 125
Goldbächel 160
Goldtröpfchen 150
Goldwater 288
gönci 228–9
Gonzales 262
Gorizia 183
Goria-Gesetz 171
Gornja-Radgona 231
Goron 220
Gottweig 225
Goulbourn River 281
Goumenissa 238
Goundrey Wines 287
Goutte d'Or 61
«Governo» 188
Graach 152
Graciano 202
Gräfenberg 159
Graham 213
Grahm, Randall 262
Grainhübel 160
Gramp's 282
Gran Coronas Mas la Plana 204
Gran Furore Divina Costiera 194
Gran Sangre de Toro 204
Grancey, Ch. 62
Grand Palais 238
Grand Poujeaux, Ch. 88–9
Grand Roussillon 132
Grand Travers, Ch. 274
Grande Dame, La 78
Grande Rue, La 64
Grands Echézeaux 64
Grange Hermitage 276, 282, 284
Grão Vasco 211
Grasa 236
Grasevina 232
Grauburgunder 164
Grave del Friuli 180
Grave Trigant de Boisset, La 106
Graves 81, 96–7*
Gravières, Les 59
Great Plain 226
Great Wall 247
Great Western 281
Grechetto 186, 192
Greco di Gerace 194
Greco di Tufo 194
«Green Grape» 291
Green Valley 255
Gréfieux 127
Grenache 25*, 26; Australien 282; Kalifornien 266; Marokko 245; Midi 132; Rhône 124; Spanien 198; Yakima 272; Zypern 244; siehe auch Garnacha
Grenouilles, Les 74
Gressier Grand Poujeaux, Ch. 92
Grèves 62
Greysac 84
Greystone 38
Grézillac 97

Griechenland 9, 13, 238–9*
Grignolino 174
Grillet, Ch. 126
Griñon, Marqués de 206
Grinzing 224
Gris de Boulaouane 245
Gristina 274
Grk 232
Groot Constantia 292
Gros Plant 114
Grosseto 190
Großkarlbach 161
Großlage 142
Großlagenfrei 167
Grottaferrata 72
Gruaud-Larose, Ch. 91
Gruet 268
Grumello 177
Grüner Veltliner 223, 224, 225, 230
Grünstadt 160
Guadalupe-Tal 269
Guado al Tasso 191
Guebwiller 123
Guenoc 256
Guerneville 255
Guerrieri-Rizzardi 183
Guerry, Ch. 108
Guigal, Marcel 126
Guild 266, 274
Guiraud, Ch. 100
Gumpoldskirchen 224
Gumza 234
Gundlach-Bundschu 254
Guntersblum 163
Guoignière 127
Gutedel 164, 167
Gyöngyös 227

Hajós 226
Halkidiki 238
Hallgarten 158
Halliday, James 281
Halozan 231
Hambledon 298
Hamilton-Russell, Tim 291, 292
Hammelburg 167
Hammondsport 250
Hamptons 274
Hanepoot 291
Hanteillan, Ch. 86
Hanwood 279
Hanzell 252, 254
Haraszthy, Agoston 250, 254
Hardy, Thomas 284
Hardy's 134, 277, 284, 285
Hargrave, Alex und Louisa 274
Haro 202
Hárslevelü 226, 227, 228
Harsovo 234
Haskovo 234
Hatschbourg 123
Hattenheim 158
Hauner, Carlo 194
Haut-Bages-Averous, Ch. 88, 89
Haut-Bages-Libéral, Ch. 89
Haut-Bages-Monpelou, Ch. 89
Haut-Bailly, Ch. 98
Haut-Batailley, Ch. 88
Haut-Benauge, Ch. 97
Haut-Brion, Ch. 16, 98
Haut-Comtat 127
Haut-Lieu, Clos Le 118
Haut-Marbuzet, Ch. 86
Haut-Médoc 84, 86
Haut-Montravel 109
Haut-Rhin 122
Haut-Sarpe, Ch. 102
Haux, Ch. de 97
Hawke's Bay 288–9
He Ze 247
Healdsburg 255
Hecker Pass 262
Heemskerk 287
Hefe 34
Heilbronn 164
Heitz 23, 252, 258
Hemel-en-Aarde Valley 292
Hendelberg 158
Hengst 123
Hennessy 110
Henriques & Henriques 217
Henschke 282
Hérault 134
Hermann J. Wiemer Vineyard 274
Hermannsberg 155
Hermannshöhle 155
Hermanus 291
Hermitage 124, 127*, 276, 278
Herrenberg 148, 161
Herrschaft 218
Hervelets 67
Heublien 266
Heuriger 223, 224
Hickinbotham 281
Hilgard, Eugene 251
Hill, William 273
Hillcrest 270
Hilltops, The 279
Hine 110
Hinzerling 272

Hipping 163
Hirtzberger 225
HJT Vineyards 280
HMR (Hoffmann Mountain Ranch) 264
Hobart 287
Hochar, Serge 242
Hochheim 159
Hofstück 160
Hogue Cellars 272
Hohe Domkirche 146
Hoheburg 160
Hohenmorgen 160
Hohnen, David 289
Hollicks 285
Hongkong 247
Honigberg 159
Honigsäckel 161
Horgan, Denis 287
Horney, Dr. G. 21
Hortevie 91
Horton 275
Hospices de Beaune 62
Hosten, Ch. 92
Houghton 287
Houghton's «White Burgundy» 286
Hounza 241
Howell Mountain 260
Huadong 247
Huapai Valley 288
Hubert 230
Hudson River 274
Huet, Gaston 118
Hugel 122
Hügelland 223
Humbrecht 122
Hungerford Hill 278, 285
Hunter Valley 278
Hunter's 289
Huntington 278
Husch 256
Huxelrebe 298
Hvar 232
Hyams, Edward 246

Ialeveni 241
Ica 295
Idaho 251, 270
Idyll 281
Igé 69
Il Greppo 190
Ile de Beauté, L' 140
Ilios 238
Illats 96
Incisa della Rochetta, Marchese 191
Indicacões de Proveniência Regulamentada (IPR) 209
Indicazione Geografica Tipica (IGT) 171
Indien 246
Inferno 177
Inglenook 38, 258, 260
Inglenook Cabernet 252
Inglenook Navalle 266
Inniskillin 274, 275
Inselwein 218
Institut National de Recherche Agricole (INRA) 26
Institut National des Appellations d'Origine (INAO) 7, 8, 52, 58, 74
Insua, Quinta da 211
Iphofen 166
Irancy 73, 75
Iron Horse Vineyards 255
Irouléguy 112
Ischia 194
Iseosee 178
Isonzo 180
Israel 242
Issan, Ch. d' 94
Istituto Agrario Provinciale 184
Italian Swiss Colony 218, 255, 266
Italien 9, 12, 17, 170–95*; Mitte 186–7; Nordosten 178–9; Süden 194–5; siehe auch Alto Adige, Barbaresco, Barolo, Bolgheri, Castelli Romani, Chianti, Collio, Friaul, Lombardei, Pavese, Piemont, Südtirol, Toskana, Trentino, Umbrien, Veneto, Venezia Giulia, Verona

J. P. Vinhos 209
Jaboulet 125
Jaboulet, Paul 127
Jacob's Creek 282
Jacquère 137
Jacquet 217
Jadot 62
Jalle de Tiqueterre 92
Jamek 225
Jamet 117
Japan 247–8
Jarnac 111
Jasnières 114
Jefferson, Thomas 250
Jekel 262
Jensen, Josh 262

Jerez de la Frontera 196, 199*
Jerusalem 231
Jesuiten 242
Jesuitengarten 160
Ji Nan 247
Joching 225
Joguet 117
Johannisberg 156, 218
Johannisberg, Schloß 144, 158
Joly, Nicolas 22
Jordan 255
Joseph 117
Jugoslawien, ehemaliges 232–3
Juhfark 226
Juffer 150
Juliénas 72
Juliusspital 167
Jumilla 198
Jura 112
Jurançon 112
Jyonohira 248

Kadarka: Bulgarien 234; Rumänien 237; Serbien 232; Ungarn 226, 227
Kahlenberg 154, 224
Kaiser Stuhl Cooperative 282
Kaiserstuhl 164
Kakhetian 241
Kalabrien 194
Kalecik Karasi 242
Kalifornien 252–67*, 268; Baja California 269; Carneros 257; Central Valley 266–7; Lake County 256; Mendocino 256; Napa 258–61; Sonoma 254–5; Südlich der San Francisco Bay 262–3; South Central Coast 264–5; Universität (Davis) 26, 45, 252, 260, 266
Kalimna Estate 282
Kalkofen 160
Kallstadt 161
Kalokhorio 244
Kalterersee 178
Kamptal (Kamptal-Donauland) 223
Kanada 251, 274–5
Kanarische Inseln 207
Kanonkop 292
Karadoc 277
Karlovo 234
Karthäuserhofberg 148
Kasel 148
Katalonien 196, 198, 204–5*
Katnook Estate 285
Katoyi 238
Kava Nemea 238
Kavaklidere 242
Kayersberg 123
Kéfraya, Ch. 242
Kékfrankos 226, 227
Kéknelyü 226, 227
Kellerschimmel 229
Kendall-Jackson 256
Kennewick 272
Kenwood 254
KEO 244
Kerner 26, 27*; Deutschland 162, 167; England und Wales 298; Slowenien 231
Kesten 150
Keyneton 282
Khan Khrum 234
Kiedrich 144, 159
Kientzheim 123
Kikyogahara Merlot 248
Kimmeridge 73, 74
King City 262
Kinheim 153
Kirchberg 152
Kirchenstück 160
Kirwan, Ch. 94
Kistler 254
Kitterlé 123
Klein Constantia 292
Klemens V. 98
Klevner 121, 218
Klima siehe Wetter
Klingelberger 164
Kloch 223
Kloster Eberbach 14, 158
Klosterneuburg 224
Klüsserath 150
Knappstein, Tim 283
Knight's Valley 255, 260
Knipperlé 123
Knudsen Erath 273
Knyphausen 158
Kobnert 161
Kofu 248
Kohlensäuremaischung 34, 70
Kokkineli 238
Konocti Cellars 256
Korbel 254
Korcula 232
Korsika 140
Koshu 248
Kosovo 232
Kouros 238
Kourtakis 238
Kraichgau 164
Krankheiten 19; siehe auch Reblaus

Krems 225
Kremstal 223, 225
Kreta 238
Krim 240–1
Kroatien 232
Kronenberg 154
Krötenpfuhl 154
Krug 77, 78
Krug, Charles 252, 258, 260
Kruzevac 232
Ksara 242
Kuehn 122
Kues 152
kuevri 137
Kumeu River 288
Kupfergrube 155
Kurfürstlay 152
Kutjevo 232
KWV 290, 292
Kyneton 281

Labarde 94, 108
Labégorce, Ch. 94
Labégorce-Zédé, Ch. 94
Lac des Roches 238
Lacoste, Ch. 88–9
Lacrima Christi 194
Ladoucette 118
Lafaurie-Peyraguey 100
Lafite, Ch. 16, 82, 86, 88, 297
Lafite-Rothschild, Ch. 84, 88
Lafleur, Ch. 106
Lafleur-Gazin, Ch. 106
Lafon-Rochet, Ch. 86
Lagarde-Paréol 130
Lago di Caldaro 178
Lagrange, Ch. 90, 91
Lagrein 184
Lagrima 207
Lagune, Ch. La 94
Laira 278, 285
Lake, Max 278
Lake County 256
Lalande 102
Lalande-Borie, Ch. 91
Lalande-de-Pomerol 102
Lamarque 92
Lamarque, Ch. de 92
Lamblot 245
Lambrays, Clos des 67
Lambrusco 178
Lamé-Delille-Boucard 117
Lamezia 194
Lancaster Valley 275
Lance, Dr. 281
Lancers 208
Landmark 254
Landonne, La 126
Landiras, Ch. de 96
Landwein 168
Lanessan, Ch. 92
Langenlois 225
Langenmorgen 160
Langhorne Creek 284
Langoa Barton, Ch. 36, 91
Langoiran 96
Langon 96
Languedoc 13, 134–5*
Laona 244
Lar dos Barros 198
Larcis-Ducasse, Ch. 102
Larmat, Louis 8
Larose-Trintaudon, Ch. 91
Lascombes, Ch. 94
Laski Riesling 231, 232
Lassalle 84
Latisana 180
Latium 186
Latour, Louis 62, 68
Latour, Ch. 22–3, 28, 82, 88
Latour à Pomerol, Ch. 106
Latour-de-France 132
Latricières 67
Lauds 127
Laudun 128, 130
Laujac 84
Laumersheim 161
Launay, Ch. 97, 108
Laurel Glen 254
Laurensanne 108
Laurent-Perrier 98, 273
Laurentiuslay 150
Lavau 245
Lavaut 67
Lavaux 220
Laville Haut-Brion, Ch. 98
Lavillotte, Ch. 86
Le Roy, Baron 130
Leacock 217
Leányka 226, 227, 230, 236
Leasingham 283
Leconfield 285
Leeuwin Estate 287
Lehmann, Peter 282
Leinhöhle 160
Leiste 166
Leiterchen 150
Leiwen 150
Lejon 266
Lemberger 164
Lemnos 238
Lemps 125

Lenchen 158
Lendava 231
Lenz 274
Lenz Moser 225
Leo Buring 282
Léognan 98
León 196, 206
León, Jean 205
Léoville 90
Léoville-Barton, Ch. 36, 91
Léoville-Las Cases, Ch. 84, 90–1
Léoville-Poyferré, Ch. 91
Lérida 205
Lesparre 84
Lessini 183
Lessona 172
Lestage, Ch. 92
Lett, David 273
Leverano 194
Libanon 242
Libournais 102–3
Libourne 106
Lichine, Alexis 94
Lider, James und Lloyd 260
Liebfrauenmilch 162
Lieser 152
Ligré 117
Ligurien 172
Lilian-Ladouys, Ch. 86
Lilydale 281
Lima 211
Limassol 244
Limberger 230
Limnio 238
Limoux 132
Lindemans 277, 278, 282, 285
Lingenfelder, Rainer 161
Linsenbusch 160
Lipari 194
Lirac 130
Lison 180
Lissabon 208, 209*
Listan 27
Listel 128
Listrac 92
Livadia 241
Livermore Valley 262
Liversan, Ch. 89
Livran, Ch. 84
Ljutomer-Ormoz 231
Llano Estacado 268
Locorotondo 194
Lodi 266
Loel 244
Logroño 202
Loire 13, 114–15*; 178; siehe auch Oltrepò Pavese, Valtellina
Long Island 250, 274
Longworth, Nicholas 250
Lontué 297
López de Heredia 202
Los Gatos 262
Los Reyes 269
Los Vascos 297
Lösnich 153
Loubens, Ch. 96
Loudenne, Ch. 84, 86
Loupiac 96
Loupiac-Gaudiet, Ch. 96
Lousteau-Vieil, Ch. 96
Louvière, Ch. La 98
Lovedale 278
Lovico Suhindol 234
Lower Great Southern Region 286
Lubbock 251, 268
Lucca 211
Lugana 178
Lugny 69
Lumière, Ch. 248
Lump 167
Lunel 134
Lungarotti 186
Lungarotti, Dr. Giorgio 186, 192
Lurton, Familie 97, 98
Lussac 102
Lutry 220
Luxembourg 150
Luzern 219
Lynch-Bages, Ch. 86, 88
Lynch-Moussas, Ch. 89

Macabeo 202, 204
MacCarthy-Moula, Ch. 86
Macharnudo 200, 201
McCrea 254
McDonald, Tom 288–9
McDowell Valley 256
McGuigan, Brian 278
McLaren Vale 278, 284
McMahon, Dr. 281
McMinnville 273
Mâcon, -Prissé, -Clessé, -Lugny, -Villages, -Viré 69
Mâconnais 54, 55, 69*
Maculan, Fausto 178
Macvin du Jura 137
Mád 228
Madeira 17, 216–17*
Madeira Wine Company 217
Madeleine Angevine 298

Madera 266, 267
Madiran 112
Magarach 240
Magdelaine, Ch. 104
Magence, Ch. 96
Magny-les-Villers 57
Magon 245
Mähren 230
Maier 225
Mailberg 223, 225
Maindreieck 167
Mainviereck 167
Maipo Valley 296, 297
Makedonien 232, 238
Makhachkala 248
Málaga 17, 196, 198, 207*
Malartic-Lagravière, Ch. 98
Malat-Brundlmayer 225
Malbec 24; Australien 276; Bourg 108; Cahors 112; Midi 132; Moldova 241; Südamerika 294, 296
Malescasse, Ch. 92
Malescot St-Exupéry, Ch. 94
Malmsey 216, 217, 238
Malvasia: Griechenland 238; Italien 172, 183, 188, 193; Languedoc 116; Madeira 216; siehe auch Malmsey
Malvasia Bianco 186
Malvasia di Casorzo d'Asti 174
Malvasia Riojana 202
Malvaxia Reserve 275
Malvedos 213
Malvoisie de Corse 140
Mancha, La 198
Mandement 220
Manischewitz 274
Mannberg 158
Mann's 248
Manteca 266
Mantinia 238
Manzanilla 199
Maranges 57, 59
Marastina 232
Marbuzet, Ch. de 82, 86
Marcobrunn 158
Maréchal, Clos de la 64
Marestel 137
Marey-les-Fussey 57
Margaret River 286–7
Margaux 83, 84, 88, 94–5*
Margaux, Ch. 52, 94
Maria Gomes 210
Maribor 231
Mariengarten 160
Marino 193
Markgräflerland 164
Markobrunn 144
Marlborough 288, 289*
Marne 76
Marokko 245
Marquis d'Alesme 94
Marquis de St-Estèphe 86
Marquis de Terme, Ch. 94
Marsala 17, 194
Marsannay 67
Marsanne 125, 281
Marselan 26
Martell 110
Martha's Vineyard 23, 258, 261
Martillac 98
Martin Brothers 264
Martinafranca 194
Martinborough 289
Martinenga 176
Martini 252, 254
Martini, Louis 260
Martinsthal 159
Maryland 251, 275
Marzemino 184
mas 127
Mas de Daumas Gassac 134
Mascarello 176
Masi 183
Masía Bach 205
Massandra 241
Masseria Di Majo Norante 186
Masson, Paul 262
Mastroberardino 194
Matanzas Creek Winery 254
Matawhero 289
Mateus 208, 209
Matrasa 241
Matua Valley 288
Maucaillou, Ch. 92
Maures 136
Maury 132
Mauves 125
Mauvezin, Ch. 92
Mauzac 112
Mavrodaphne 238
Mavron 244
Mavrud 234
Maximim Grünhaus 148
Mayacamas 258
Mazis 67
Mazouna 245
Mazuelo 202
Méal 127
Mecsek 226
Médéa Hills 245
Medjerdah Valley 245

Médoc 81, 83–5*; Mitte 92–3; Süden 94–5
Médoc Noir 225
Meerlust 292
Meersburg 164
Meknès 245
Melbourne 276
Melnik 230, 234
Meloisey 57
Menaudat, Ch. Le 108
Mendoce 108
Mendocino 256
Mendoza 294, 295
Menetou-Salon 114
Ménétréol 119
Mercian 248
Mercurey 68
Meridian 264
Merler Fettgarten 153
Merlot 24, 27*; Arizona 268; Australien 276, 285, 287; Bas-Médoc 84; Bordeaux 82; Bourg 108; Bulgarien 234; Colorado 268; Italien 178, 180, 183; Japan 248; Kalifornien 260, 261, 264; Michigan 274; Midi 132; Moldova 241; Marokko 245; Oregon 270; Pomerol 106; Portugal 209; Rumänien 236, 237; Schweiz 218; St-Emilion 104; Südafrika 290, 295; Südamerika 296; Texas 268; Ungarn 226, 227; Washington 270; Yakima 272
Merrill, Geoff 284
Mertesdorf 148
Mesca 198
Mesilla Valley 268
Mesland 114
Mesnil, Le 78
Messeto 191
Messias 210
Metsovo 238
Metternich, Graf Wolff- 164
Meursault 56, 60–1*
Meursault-Villages 58
Mexiko 250, 269*
Meyney, Ch. 86
Meynieu, Ch. Le 86
Mezesfeher 226
Mézesmály 228
Mezzalombardo 184
Mezzacorona 184
Michelmark 159
Michelsberg 150
Michigan 251, 274
Middle Rio Grande 268
Middleton, Dr. 281
Midi 9, 132–5*
Mikolov 230
Milawa 280
Mildara 280, 285
Mildara-Wolf Blass 283
Mildura 280
Miles 217
Millbrook 274
Mimbres Valley 268
Minervois 132–3*, 134
Minheim 150
Minho 208, 211*
Minis 237
Miraflores 201
Miralduolo 192
Mirassou 262
Mireval 134
Mission: Amerika 250, 268; Marokko 245; Südamerika 294, 296
Mission Haut-Brion, Ch. La 98
Missouri 251
Mitchell 283
Mitchelton 281
Mittelbergheim 123
Mittelhaardt 160–1
Mittelheim 158
Modena 178
Modesto 266
Modra 230
Modra Frankinja 231
Moët & Chandon 281, 295
Moldawien 236
Moldova 236, 240–1*
Molette 137
Molise 186
Mollina 207
Mommessin 67
Monbazillac, Ch. 109
Monção 211
Mondavi, Robert 252, 258, 260, 267, 287
Mondeuse 137, 180
Monfalletto 176
Monforte d'Alba 176
Monica 194
Moniga del Garda 178
Monprivato 176
Monsecco 172
Mont, Le 118
Mont-Jallon, Dom. 268
Mont de Milieu 74
Mont d'Or, Dom. du 220

Mont-sur-Rolle 220
Montagne 102
Montagne de Reims 78
Montagny 68
Montalcino 190, 191
Montana 288, 289
Montdomaine 275
Monte Rosso 254
Monte Xanic 269
Montebello 262
Montecarlo 186
Montefalco 192
Montélimar 124
Montenegro 232
Monteporzio 193
Montepulciano 186, 190, 191
Montepulciano d'Abruzzo 186
Monterminod 137
Montes Alpha 297
Monthélie 61
Monthil 84
Monticello 275
Montilla 198, 207*
Montille, de 62
Montinore 273
Montlouis 118
Montmélian 137
Montpellier 26
Montpeyroux 134
Montrachet 16, 58, 59, 60–1
Montravel 109
Montrose 278
Montrose, Ch. 86
Monts Damnés, Les 119
Monts-Luisants 67
Monts du Tessala 245
Moondah Brook 287
Moorilla 287
Mór 227
Moravenka 230
Morey 66, 67
Morgeot 59
Morgon 72
Morillon 223
Morio-Muskat 167
Moristel 198
Mornag, Ch. 245
Mornington Peninsula 281
Morra, La 174, 176
Morris 281
Morton Estate 289
Moscatel 197
Moscatel de Setúbal 208, 209
Moscato 177, 194
Moscato d'Asti 174
Mosel 150–3; siehe auch Bernkastel, Piesport
Mosel Kabinett 142
Moselle 13
Moss Wood 286–7
Mostar 232
Motte, La 292
Mouchão 215
Mouches, Clos des 62
Moueix, Jean-Pierre 102, 106
Moulin à Vent 72
Moulin de la Rose 91
Moulin Touchais 116
Mouline, La 126
Moulinet, Ch. 106
Moulis 92
Mount Barker 287
Mount Harlan 262
Mount Helen 281
Mount Mary 281
Mount Pleasant 278
Mount Veeder 260
Mountadam 282
Mountarrow 278
Mourvèdre 132
Mouton-Baronne, Ch. 88
Mouton-Rothschild, Ch. 88
Mudgee 278
Muga 202
Mukuzani 241
Müller, Egon 146
Müller-Thurgau 26, 27*; Deutschland 142, 162, 164, 167; England und Wales 298; Italien 177; Neuseeland 288, 289; Österreich 223, 224; Schweiz 218, 219; Slowenien 231; Tschechische Republik 230
Munson, Thomas V. 268
Münsterer Dautenpflänzer 155
Münster-Sarmsheim 155
Muret 127
Murfatlar 236
Murray River 277
Murrumbidgee Irrigation Area 278, 279
Musar, Ch. 242
Muscadelle 280, 286
Muscadet 114–15
Muscat 25*, 26, 130, 134; Australien 280; Bulgarien 234; China 247; Elsaß 120–1, 123; Griechenland 238; Tunesien 245
Muscat of Alexandria 244, 248, 291

Muscat Blanc à Petits Grains 228
Muscat de Frontignan 134, 280
Muscat de Kelibia 245
Muscat de la Pierre Rouge 241
Muscat de Rivesaltes 132
Muscat Ottonel 234, 236–7
Muscat Silvaner 231
Musigny 58, 66–7
Muskat-Ottonel 223
Muskateller 240, 280
Muswellbrook 278

Nackenheim 163
Nagambie 281
Nagano 248
Nagyburgundi 226
Nahe 154–5; Staatsdomäne 155
Nairac 100
Nantoux 57
Naoussa 238
Napa Valley 23, 38, 252, 257, 258–61*
Naparevli 241
Narince 242
Narvaux 61
National Distillers 295
Nava del Rey 206
Navarra 198, 204
Navarro 256
Naylor 275
Néac 102
Neapel 194
Nebbiolo 27*; Italien 172, 174, 176, 177; Kalifornien 264; Mexiko 269; Österreich 223
Nectar 238
Nederburg 292
Neef 153
Negro 244
Negroamaro 194
Negru de Purcar 241
Néive 176
Nelson 289
Nemea 238
Nerthe, Ch. La 130
Neuberger 224
Neuchâtel 218
Neumagen 150
Neuseeland 288–9
Neusiedler See 223
Neustadt 160
Neustift 224
New Jersey 250
New Mexico 251, 268
New South Wales 278–9
New York 250, 251, 274–5*
Newberg 273
Newton Vineyard 258
Nicoresti 236
Nieder-Walluf 159
Niederberg Helden 152
Niederhausen 155
Niedermennig 146
Niellucio 140
Nierstein 162, 163
Niersteiner Domtal 163
Niersteiner Gutes Domtal 163, 168
Nitra 230
Nizerand 70
Nizza 136
Nobilo 288
Noble, Dr. Ann 45
Nobunaga, Oda 247
Noizay 118
Nordafrika 245
Nordheim 167
Norheim 155
North Fork 274
North Yuba 267
Norton 295
Nosiola 184
Nostrano 218
Noto 194
Noval, Quinta do 213
Novara 172
Nové Mesto 230
Nové Zámky 230
Novi Pazar 234
Novy Saldorf 230
Novy Svet 241
Nozet, Ch. du 119
Nuits-St-Georges 64–5
Nuragas 194
Nuriootpa 282
Nußbien 160
Nußdorf 224
Nuy 291
Nyon 220

Oak Knoll 273
Oakville 258, 260
Ober-Walluf 159
Oberloiben 225
Ockfener Bockstein 146
Odobesti 236
Oeste 209
Oestrich 158
Ohio 250, 251, 274
Oidium 19, 217, 218
Oisly et Thésée 114, 118
Okanagan Valley 270

Oküzgözü 242
Olaszrizling 226, 227
Old Brookville 274
Oliena 194
Olivier, Ch. 98
Olmo, Dr. H. 26
Oloroso 199
Oltenia 237
Oltrepò Pavese 172, 177*
Omar Khayyám 246
ONIVIN 138
Ontario 251, 274–5*
Opimian 13
Opol 232
Oppenheim 163
Optima 26
Opus One 258, 260
Ordonnac 84
Oregon 251, 270
Oremus 228
Oriachovitza 234
Orlando 278
Orléans 114
Ormarins, l' 292
Ormes de Pez, Ch. Les 86
Ormes Sorbet, Ch. Les 84
Ornellaia 191
Ortenau 164, 165
Orvieto 186, 192
Osmanisches Reich 242
Otago, Central 289
Othello 244
Oudart, Louis 176
Ovada 174

Paarl 290, 291, 292–3*
Paceta 202
Padthaway 281, 285
Padua 178
Palava 230
Palette 136
Palliser Estate 289
Palmer 274
Palmer, Ch. 94
Palo cortado 199
Palomino 24, 27*; Spanien 200; Südafrika 291; Zypern 244
Pamid 234
Pancas, Quinta das 209
Panciu 236
Panquehue 296
Pantelleria 194
Pape Clément, Ch. 98
Paradiso, Fattoria 178
Parducci 256
Parellada 204
Parker, Robert 45
Parrína 186
Parry, Michael 247
Paso Robles 264
Pasteur, Louis 40
Patras 238
Patriarche 62
Patrimonio 140
Pauillac 83, 84, 88–9*
Paulinshofberg 150
Paveil de Luze, Ch. 92
Pavie, Ch. 104
Pavlikeni 234
Pavlov 231
Pays Nantais 114
Pécharmant 109
Pechstein 160
Pedesclaux, Ch. 89
Pedro Domecq 199, 295
Pedro Ximénez 24, 207, 294
Pedroncelli 255
Pegase, Clos 260
Pelee Island 274
Peljesac Peninsula 232
Peloponnes 238
Pelorus 289
Penafiel 211
Peñafiel 206
Peñaflor 295
Penedès 204, 205
Penfolds 241, 276, 278, 282, 284–5
Pennsylvania 275
Penola Fruit Colony 285
Pernand 62
Pernod-Ricard 247
Perrier-Jouët 78
Perrière, La (Fixin) 67
Perrière, La (Vougeot) 64
Perrières, Les (Corton) 62
Perrières, Les (Meursault) 61
Perrin 264
Persien 246
Perth 286, 287
Peru 295
Perugia 186, 192
Pesos, Quinta dos 209

Pesquera de Duero 206
Pesquera 206
Pessac-Léognan 96, 98–9*
Petaluma 279, 283, 284, 285
Petersons 278
Petit Chablis 74
Petit Mont, Le Clos du 118
Petit Rouge 172
Petit Verdot 24, 296
Petit-Village, Ch. 106
Petri 266
Pettenthal 163
Pewsey Vale 282
Peynaud, Emile 206, 295
Peyrabon, Ch. 89
Pez, Ch. de 86
Peza 238
Pezinok 230
Pfalz 142, 160–1*
Pheasant Ridge 268
Phélan-Ségur, Ch. 86
Phelps Winery 260
Phillips, R. H. 267
Philo 256
Phönizier 12
Piacines 262
Piave 180
Pibran, Ch. 88, 89
Pic St Loup 134
Piccadilly Valley 284
Pichler, F. X. 225
Pichon-Baron, Ch. 88
Pichon-Lalande, Ch. 88
Picolit 183
Picpoul de Pinet 134
Picutener 172
Piedmont 275
Piemont 172, 174–5*
Pieropan 182
Pierreclos 69
Piesport 150–1
Piesporter Michelsberg 150
Piesporter Treppchen 150
Pietroasa 236
Pigato 172
Piketberg 291
Pindar 274
Pineau d'Aunis 114
Pineau de la Loire 116
Pinhão 212, 213
Pinot Auxerrois 121
Pinot Blanc 27*; Deutschland 164; Elsaß 120, 121; Italien 177, 178, 180, 183, 186; Slowenien 231; Ungarn 226
Pinot Gris: Deutschland 164; Elsaß 120–1, 123; Italien 177, 183; Oregon 273; Rumänien 236, 237; Slowenien 231; Ungarn 226
Pinot Meunier 78, 164
Pinot Noir 24, 25*, 26; Australien 276, 278, 281, 282, 284, 285, 287; Bulgarien 234; Chablis 73; Champagne 78; Côte Chalonnaise 68; Côte d'Or 57, Deutschland 142, 156, 164; Elsaß 121; 58; England und Wales 298; Italien 177, 178, 183; Kalifornien 255, 264; Mexiko 269; Neuseeland 289; Ontario 274; Oregon 270, 273; Rumänien 236, 237; Schweiz 218, 220; Serbien 232; Slowakische Republik 230; Spanien 204; Südafrika 291, 292; Südamerika 294, 296; Ungarn 226; Yakima 272
Pinotage 26, 291, 292
Pinson, Bodegas 269
Piper-Heidsieck 255
Pipers Brook 287
Pirie, Andrew 287
Pirque 297
Pisco 296
Pitesti 237
Pitigliano 186
Planalto 209
Planalto-Mirandès 209
Plantagenet 287
Plattensee 226–7
Plavac Mali 232
Plavina 232
Pleasant Valley Wine Co. 250
Pleven 234
Plovdiv 232
Plovdiv 234
Plozner 180
Podensac 96
Podravje 231
Poebene 178
Poggio alle Gazze 191
Pointe, Ch. La 106
Pojer & Sandri 184
Pokolbin 278
Pol Roger 77, 78
Polk 273
Pollino 194
Pomal 202
Pomerol 102, 106–7*
Pomino 186

ALLGEMEINES REGISTER

Pommard 58, 62
Pommery 256
Pompadour 246
Poniatowski, Fürst 118
Pontac 86
Pontallier, Paul 297
Pontet-Canet, Ch. 88
Ponzi 273
Poona 246
Porta dos Cavaleiros 211
Portets 96
Porto Santo 216
Porto Vecchio 140
Portugal 9, 208–17*; *siehe auch* Alentejo, Bairrada, Dao, Douro, Madeira, Minho, Portwein
Portugieser 224
Portwein 16, 17, 208, 212–13, 214–15*, 292
Poruzot 61
Posip 232
Postup 232
Potensac, Ch. 84
Potter 256
Potts, Frank 284
Pouget 94
Pouilly 114, 119*; -Fuissé 69; -Fumé 119; -Loché 69; -Vinzelles 69
Pouilly-sur-Loire 119
Poverty Bay 289
Prager 225
Pramaggiore 180
Prats, Bruno 297
Preignac 100
Prémeaux 64
Preuses, Les 74
Prieuré, Ch. 94
Primitivo 194
Prince Michel 275
Priorato 205
Priorato Dulce 205
Procanico 186
Prokupac 232
Propriano 140
Prosecco 178, 180
Prosek 232
Protos 206
Provence 13, 136*
provignage 18
Provins 220
Prugnolo Gentile 190, 191
Ptolémées, Cru des 242
Ptuj 231
Pucelles, Les 61
Puerto de Santa Maria 201
Puisseguin 102
Puligny 60
Puligny-Montrachet 61
Purcari 241
puttonyos 229
Puy-Blanquet, Ch. 102
Puygueraud, Ch. 102

Quady 267
Qualitätswein bestimmter Anbaugebiete (QbA) 168
Qualitätswein mit Prädikat (QmP) 168
Quarts de Chaume 116
Quarts de Moncontour 118
Quelltaler 283
Queretaro 269
Quincy 114
Quintarelli 183
Qupé 264

Rabat 245
Rabelais (Aïn-Merane) 245
Rablay 116
Raboso 180
Raca 230
Racke 257
Radgona 231
Raffault 117
Rahoul, Ch. 96
Raimat 205
Rainbow Gap 268–9
Rákóczi 228
Ramage la Batisse, Ch. 89
Ramisco 209
Ramitello 186
Rancho California 268
Rancho Sisquoc 264
Rangen 123
Ranina 231
Rapidan River 275
Rapitalà 194
Rappu 140
Rapsani 238
Raucoule 127
Rauenthal 144, 159
Rauenthaler Berg 159
Rausan-Ségla, Ch. 94
Rauzan-Gassies, Ch. 94
Ravello 194
Ravenna 178
Raventos 205
Ray, Martin 262
Rayas 199
Rayas, Ch. 130
Raymond-Lafon, Ch. 100
Reblaus 17–19*, 202, 217, 218, 250, 268, 280, 289
Rebsorten 9, 24–7*
Rebula 231
Recabarren, Ignacio 297
Rechbächel 160
Recife 295
Recioto 177, 183
Red Misket 234
Redwood 256
Refosco: Italien 180, 183; Savoyen 137; Slowenien 231
Regaleali 194
Réggio Emilia 178
Régnié 72
Regua 212
Reichensteiner 26, 298
Reine Cléopatre 242
Reinhartshausen, Schloß 158
Reiterpfad 160
Remy, Ch. 281
Rémy Martin 110, 247
Renaissance 267
Renardes, Les 62
Renault (Mazouna) 245
Renmano 277
Renmark 280
Respide, Ch. 96
Retsina 238
Retz 223
Reuilly 114
Rêve, Le 274
Reynell, John 284
Reynella, Ch. 284
Reynolds 215
Reynon, Ch. 96
Rharb 245
Rhein 13
Rheingau 21, 144, 156–9*
Rheinhessen 142, 162–3*
Rhodos 238
Rhoditis 238
Rhône 13; Mitte 130–1; Norden 124–5; Süden 128–9
Rías Baixas 196
Ribeiro 209
Ribera de Burgos 206
Ribera del Duero 206
Ribolla 183, 231
Ricasoli, Baron 188
Ricaud, Ch. 96
Richebourgs, Les 64
Riddoch, John 285
Ridge Vineyards 255, 262
Rieslaner 167
Riesling 21, 24*, 26; Australien 276, 282, 284, 285, 287; British Columbia 270; Bulgarien 234; China 247; Colorado 268; Deutschland 142, 146, 156, 160–4 *passim;* Georgien 241; Idaho 270; Italien 177, 178, 183; Japan 248; Kalifornien 255, 256, 260, 264; Neuseeland 289; New York 274; Ontario 274; Oregon 270, 273; Österreich 224, 225; Slowakische Republik 230; Slowenien 231; Südafrika 290–2 *passim;* Südamerika 295, 296; Tschechische Republik 230; Washington 270; Yakima 272
Rieussec, Ch. 100
Rijeka 232
Rio Grande do Sul 295
Rio Grande Valley 268
Rio Negro 294, 295
Rioja 196, 198, 202–3*, 204
Ripasso 183
Ripon 266
Riquewihr 123
Riscal, Marqués de 206
Rishon-le-Zion 242
Riunite 178
Rivella, Ezio 191
Rivendell 274
Rivera 295
Riverland 276–7, 280
Rivesaltes 132
Rizvanee 231
Rkatsiteli 24, 234, 240, 241
Robert (Taughrite) 245
Robert Mondavi Reserve Cabernet 258
Robertson 291
Robola 238
Rocche di la Morra 176
Roche, Clos de la 67
Roche aux Moines, La 116
Rochecorbon 118
Rochefort 116
Rochegude 130
Rochemorin, Ch. 98
Rochepot, La 57
Rödelsee 166
Rodet 68
Roeda 213
Roederer 77, 78, 287
Rogliano 140
Rogue Valley 270
Rohrendorf 225
Roi, Le Clos du 62
Romagna 178
Romanée, La 64
Romanée-Conti 64
Romanée-Conti, Dom. de la 64, 68
Romanée-St-Vivant 64
Romanesti, Ch. 241
Romanovs 241
Rombola 238
Römer 12–13
Romorantin 114
Rosé d'Anjou 116
Rose Muscat 241
Rose-Pauillac, La 89
Rosehill 278
Rosemount Estate 278
Rossese 172
Rosso Cònero 186
Rosso Piceno 186
Rotenfels 155
Rotgipfler 224
Rothbury 278, 279
Rothenberg 163
Rothschild, Baron Edmond de 92, 242
Rothschild, Baronne Philippine de 88
Rothschild, Dom. 215
Röttgen 153
Roudnice nad Labem 230
Rouge d'Alsace 121
Rouge de Guerrouane 245
Rouge Homme 285
Rouget, Ch. 106
Roupeiro 215
Roussanne 125
Roussette 137
Rousset, Ch. 108
Rousset-les-Vignes 128
Roussillon 132–3
Roxburgh 278
Rozay, Ch. du 126
Ruapehu 288
Ruban 230
Rubesco 186, 192
Rubino di Cantavenna 174
Rubired 266
Ruby Cabernet 26, 266
Rüdesheim 156–7
Rüdesheimer Berg 144, 156
Rueda 206
Rugiens, Les 62
Ruländer: Deutschland 164; Österreich 223; Rully 68; Rumänien 236–7; Slowakische Republik 230; Tschechische Republik 230
Rumänien 236–7
Ruppertsberg 160
Russe 234
Russian River 255
Rußland 240–1
Rust 223
Rust-en-Vrede 292
Rustenberg 292
Ruster Ausbruch 223
Rutherford 252, 258, 260
Rutherglen 280
Ruwer 148–9
Ruzica 232

Saale-Unstrut 167
Saar 146–7
Sablet 130
Sachsen 167
Sadilly 241
Sag Pond 274
Sagrantino 192
Sahari, Dom. de 245
St-Amour 72
St-Aubin 116
St-Bris-le-Vineux 73
St-Chinian 134
St-Christoly 84
St-Christophe 102
St-Denis, Clos 67
St-Désirat 125
St-Emilion 16, 102, 104–5*
St-Estèphe 83, 84, 86–7*
St Esteve Sesrovires 205
St-Etienne 102
St-Fiacre 114
St Francis Xavier 247
St. Gallen 219
St-Georges, Ch. 102
St-Georges, Les 64
St-Germain, Ch. 84
St-Germain-d'Esteuil 84
St-Gervais 130
St Hallett 282
St. Helena 252, 258, 260
St-Hippolyte 102
St Huberts 281
St-Jacques, Clos 67
St Jean, Ch. 254, 255
St-Jean, Clos 59
St-Jean de Minervois 134–5
St-Jean-de-Muzols 125
St-Jean-de-la-Porte 137
St-Joseph 125
St-Julien 83, 84, 90–1*
St-Lambert 89
St.-Laurent 90, 91, 102
St Laurents 224
St.-Laurent-Traube 230
St Leonards 280
St. Michael 150
St-Nicolas-de-Bourgueil 117
St-Pantaléon-les-Vignes 128
St-Péray 125
St. Peters-Insel 218
St-Pierre, Ch. 91, 96
St-Pierre-de-Mons 96
St-Romain 61
St Sadurní d'Anoia 204
St-Saphorin 220
St-Saturnin 134
St-Saveur 89
St-Seurin 84
St-Seurin-de-Cadourne 86
St-Tropez 136
St-Urbain, Clos 123
St-Véran 69
St-Yzans 84
Ste Chapelle Winery 270
Ste-Croix-du-Mont 96
Ste Genevieve 268
Ste-Hune, Clos 123
Ste Michelle, Ch. 272
Saintsbury 257
Sakar 234
Salem, Schloß 164
Salento 194
Sales, Ch. de 106
Salice Salentino 194
Salinas Valley 262
Salo 178
Salon 78
Salta 294, 295
Salvagnin 220
Samos 238
Samperi 194
Sampigny 59
San Diego 250
San Giorgio 192
San Guido 191
San Joaquin Valley 266–7
San Juan 294
San Juan del Río, Cavas de 269
San Luis Obispo 262, 264
San Michele 184
San Pedro 297
San Sebastián 196
San Telmo 295
Sancerre 73, 114, 119*
Sandalford 287
Sandgrub 159
Sandusky 274
Sanford & Benedict 264
Sangiovese dei Colli Pesaresi 186
Sangiovese 24, 27*; Italien 178, 188; Kalifornien 260; Korsika 140; Österreich 223; Südamerika 294
Sangiovese di Romagna 186
Sangioveto 27
Sangioveto Grosso 190
Sangue di Giuda 177
Sanlúcar de Barrameda 199, 200–1
Santa Ana 295
Santa Barbara 264
Santa Carolina 297
Santa Cruz 268
Santa Lucia Highlands 262
Santa Maddalena 178
Santa Maria Valley 264
Santa Rita 297
Santa Rosa 255
Santa Tomas, Bodegas 269
Santa Ynez Valley 264
Sant'Angelo Scalo 191
Santenay 57, 59*
Santi, Clemente 190
Santiago 296
Santino 267
Santorin 238
Sanz 206
São João 210
Saône 58
Saperavi 241
Saratoga 262
Sardinien 194
Sarget 91
Sárospatak 228
Sartènais 140
Sassella 177
Sassicaia 191
Satigny 220
Satov 230
Saumagen 161
Saumur 114
Saumur-Champigny 114, 117
Saussignac 109
Sauternes 81, 96, 100–1*
Sauvignon Blanc 21, 25*; Arizona 268; Australien 284, 285, 287; Chablis 73; Griechenland 238; Israel 242; Italien 178, 183, 186; Kalifornien 255, 261, 264; Neuseeland 289; Oregon 270; Österreich 223; Pouilly 119; Rumänien 236; Sancerre 119; Serbien 232; Slowenien 231; Südafrika 290; Südamerika 295, 296; Texas 268; Tschechische Republik 230; Ungarn 226, 227; Washington 270; Yakima 272, 291, 292, 295
Sauvignon de St-Bris 73
Sava Valley 231
Savagnin 24, 137
Savatiano 238
Savennières 116
Savigny 16, 62
Savoyen 137
Savuto 194
Saxonvale 278
Scalabrone 191
Schaffhausen 219
Schafiser 218
Scharffenberger Cellars 256
Scharlachberg 162
Scharzhof 146
Scharzhofberg 146
Scheurebe 161
Schiava 24, 184
Schilcher 223
Schillerwein 164
Schloßberg 123
Schloßböckelheim 154–5
Schloßkapelle 155
Schlumberger 123
Schoenenbourg 123
Scholtz, Bodegas 207
Schönborn, Graf 159
Schönborn, Schloß 158
Schönburger 298
Schönhell 158
Schoonmaker, Frank 251
Schorlemer, von 152
Schramsberg 258, 260
Schwarze Katz 153
Schwarzriesling 164
Schweiz 218–21; *siehe auch* Tessin, Waadt, Wallis
Sciacarello 140
Sciacchetrà 172
Scuppernong 251
Seagram 257, 260
Seaview Cabernet 284
Seewein 164
Segarcea 237
Segonzac 111
Segonzac, Ch. 108
Segovia 206
Seguin, Dr. Gérard 83
Ségur, Marquis de 86
Seibel 26
Seifried Estate 289
Sekt 146, 168
Selaks 288
Sélection des Grains Nobles 121
Sella & Mosca 194
Semeli 244
Sémillon 25*; Australien 276, 278, 287; Japan 248; Kalifornien 261; Oregon 270; Südafrika 290; Südamerika 295–6; Türkei 242; Washington 270; Yakima 272
Seppelt 280, 281, 282, 285
Seppeltsfield 282
Serbien 232
Sercial 217
Sered 230
Sérine 27; *siehe auch* Syrah
Serra, Junípero 250
Serralunga 174
Serralunga 174
Serralunga d'Alba 176
Serrig 146
Serriger Herrenberg 146
Sète 134
Setúbal 209
Seven Hills Vineyard 270
Sevilla 200
Seville Estate 281
Sèvre-et-Maine 114
Seyssel 137
Seyval Blanc 27*, 298
Seyve-Villard 26
Sforzato 177
Sfursat 177
Shafer 260, 273
Shandong 246–7
Shenandoah Valley 267
Sherry (Jerez) 17, 199, 200–1*, 241, 244, 292
Shiraz: Australien 276, 278, 282, 284, 285, 287; Colorado 268; Rhône 124; Südafrika 291; Zypern 244; *siehe auch* Syrah
Shiraz (Persien) 246
Shumen 234
Siaurac, Ch. 102
Sichel, Peter 94
Sidi Selem 245
Siebeldingen 160
Siebenbürgen 237
Siegendorf 225
Siena 188, 190
Sierra Foothills 267
Sierre 220
Sievering 224
Sigalas-Rabaud, Ch. 100
Silvaner 27*; Deutschland 142, 162, 164, 167; Slowakische Republik 230; *siehe auch* Sylvaner
Silverado Trail 260
Silverado Vineyards 260
Simburesti 237
Simi 255
Simmern, Baron Langwerth von 158, 159
Simone, Ch. 136
Simonsig 292
Sion 220
Sipon 231
Siran 94
Siskiyou 270
Sithonia 238
Sitia 238
Sizilien 12, 194*
Skalli 134
Slawonien 232
Sliven 234
Slowakische Republik 230
Slowenien 231
Smaragd 225
Smart, Dr. Richard 21
Smederevka 232
Smederevo 232
Smith Haut-Lafitte, Ch. 98
Smith-Madrone 260
Smith's 282
Smokvica 232
Snake River Valley 270
Soave 178, 182
Sociando-Mallet, Ch. 86
SODAP 244
SODEVI 245
Sogrape 209, 211
Solaia 188
Solera-Verfahren 199
Solutré-Pouilly 69
Solvang 264
Somló 227
Somontano 198
Sonoita 268
Sonoma Valley 250, 252, 254*, 257; Mountain 254; Norden 255
Sonoma Vineyards 255
Sonoma-Cutrer «Les Pierres» 254
Sophiste, Le 262
Sopron 223, 227
Sorbara 178
Sor Tildin 176
Sorni 184
Soussac 97
Soussans 92, 94
South African Winefarmers 292
South Fork 274
Southern Vales 284
Souverain, Ch. 252, 255
Sowjetunion, ehemalige 240
Spanien 9, 12, 196–207*; *siehe auch* Duero, Jerez, Katalonien, Málaga, Montilla, Rioja, Rueda, Sherry
Spanna 172
Spätburgunder 142, 164
Spätlesen 142
Spielberg 161
Spiers 160
Spitz 225
Sporen 123
Spring Mountain 260
Springton 282
Squinzano 194
Staatliche Hofkellerei 167
Stag's Leap 260, 273
Stambolo 234
Stanton & Killeen 280
Starboard 267
Staton Hills 272
Stauceni 241
Staufenberg, Schloß 164
Steen 290, 291, 292
Stefanesti 237
Steiermark 223
Steigerwald 166, 167
Stein 166, 225
Steinberg 9, 14, 144, 158
Steiner Hund 225
Steinfeder 225
Steingarten 282
Steinmorgen 159
Steinwein 166
Stellenbosch 290, 292–3*
Sterling 257, 260
Stierblut 226, 227
Stoniers Merricks 281
Stony Hill 252
Stony Ridge 288
Story 267
Strong, Rodney 255
Stuttgart 164
Südafrika 290–3; *siehe auch* Paarl, Stellenbosch
Südamerika 294–7; *siehe auch* Chile
Südaustralien 282–4
Südbahn 224
Südliche Weinstraße 160
Südtirol 178, 184, 185*
Suduiraut, Ch. 100
Sultanine 242
Suntory 248
Svetozarevo 232
Svitschtov 234
Swan Valley 286, 287
Swartland 291
Sydney 276
Sylvaner 27*; Elsaß 120, 121, 123; Italien 178; Schweiz 220; *siehe auch* Silvaner
Symington 217
Symms 270

ALLGEMEINES REGISTER

Syrah 27*; Australien 276; Marokko 245; Mexiko 269; Midi 132; Rhône 124; *siehe auch* Shiraz
Szamorodni 229
Szaraz 229
Szekszárd 226
Szepsi 228
Szürkebarát 226, 227

Tabilk 281
Tabor Hill 274
Tacama 295
Tâche, La 64
Tafelwein 168
Tahbilk, Ch. 281
Taille Pied 61
Taittinger 77, 78
Talbot, Ch. 91
Taltarni 281
Taluau 117
Tamaioasa 236
Tanazukuri-System 247–8
Tanca Farrà 194
Tanesse, Ch. 96
Tannat 112, 295
Taranto 194
Tarcal 228
Tardi 245
Tarik 245
Tarnave 237
Tarragona 205
Tart, Clos de 67
Tasmanien 276, 287*
Tasso 191
Tastes, Ch. de 96
Taughrite 245
Taurasi 194
Tavel 130
Távora 213
Tayac, Ch. 92
Taylor 213
Tchelistcheff, André 272
Te Mata 289
Tébourba 245
Tedeschi 183
Temecula 268–9
Templeton 264
Temperatur 50
Tempranillo 24; Portugal 215; Spanien 198, 202, 204, 206
Ténarèze 111
Teran 231
Terminologie *siehe* Wein, Sprache
Teroldego 184
Teroldego Rotaliano 184
Terra Alta 205
Terra Rossa 268
Terrey-Gros-Cailloux, Ch. 91
terroir 7, 9, 22–3*
Tertre, Ch. du 94
Tesseron 86
Tessin 218
Texas 251, 268
Texas Hill Country 268
Thalabert, Dom. de 127
Thann 123
Thau, Ch. de 108
Theil Grand Poujeaux, Ch. 92
Thelema 292
Thermenregion 223, 224
Thesaly 238
Thésée 118
Thessaloniki 238
Thibar, Ch. 245
Thivin, Ch. 72
Thompson Seedless 266
Thouarcé 116
Thrace 242
Tianjin 247
Ticino 218
Tierra Los Barros 198
Tiger's Milk 231

Tignanello 188
Tillets 61
Tinta Mole 217
Tintara 284
Tintas 24
Tinto del País 206
Tinto Fino 206
Tisdall 281
Tocai 178, 183; Friulano 183
Tocai di Lison 180
Tokaj 226, 228
Tokajer 9, 17, 228–9*, 230, 236
Tokay d'Alsace 121
Toledo 206
Tondonia 202
Tonnerre 73
Torbato 194
Torcolato 178
Torgiano 186, 192
Torrebianco 194
Torremilanos 206
Torres 204, 297
Torres Vedras 209
Torrontes 295
Torto 213
Toskana 12, 186, 190–1*
Touchais 116
Toulouse 112
Toumilon, Ch. 96
Tour de By, Ch. La 84
Tour Carnet, Ch. La 91
Tour Figeac, Ch. La 104
Tour Haut-Brion, Ch. La 98
Tour du Haut-Moulin, Ch. 92
Tour-Martillac, Ch. La 98
Tour de Mons, Ch. La 92
Tour St-Bonnet, Ch. La 84
Touraine 114, 116
Tournon 125
Toutigeac, Ch. 97
Traben-Trarbach 153
Tracy, Ch. de 119
Traiser Bastei 155
Traiskirchen 224
Trakya 242
Tramini 226
Traminac 232
Traminer: Deutschland 167; Italien 183; Österreich 223; Slowakische Republik 230; Slowenien 231; Tschechische Republik 230
Trapiche 295
Trás os Montes 209
Trasimenischer See 192
Trastavere 193
Trebbia-Tal 172
Trebbiano 183, 186, 188, 193
Trefethen 38, 260
Treiso 176
Trentino 178, 184–5*
Treppchen 153
Tres Torres 204
Trévallon, Dom. de 128
Treviso 180
Trient 184
Trier 13, 146, 148
Trimbach 122
Trittenheim 150
Trockenbeerenauslesen 156
Trollinger 142, 164
Tronquoy-Lalande, Ch. 86
Troodos-Gebirge 244
Trotanoy, Ch. 106
Tsantalis 238
Tsantalis Agiorgitiko 238
Tschechische Republik 230
Tsimlyanskoye 241
Tsinandali 241
Tsingtau 246–7
Tua 213
Tualatin 273
Tuart Sands 287
Tuilerie, Ch. de la 128

Tulloch 278
Tunesien 245
Tuniberg 164
Tunis 245
Turckheim 123
Türkei 242
Turque, La 126
Twanner 218
Twin Brook 275
Tyrrell 278

Udine 180
Ugni Blanc 24, 110, 186
Ukiah 256
Ull de Llebre 204
Umbrien 192
Umpqua Valley 270
Underloiben 225
Undurraga 297
Ungarn 223, 226–9*; *siehe auch* Tokajer
Ungeheuer 160
Ungstein 161
Unico 206
Union des Négociants en Vin du Valais 220
Unterhaardt 161
Untermosel 153
Uruguay 295
Utiel-Requena 198
Ürzig 152–3

Vacqueyras 130
Val, Clos du 260
Val di Chiana 191
Valais 218, 220–1*
Valbuena 206
Valbuena de Duero 206
Valdadige 184
Valdepeñas 198
Valdobbiadene 180
Valençay 114
Valencia 198
Valeyrac 84
Valgella 177
Valladolid 206
Vallagarina 184
Valle d'Aosta 172
Vallée de la Marne 78
Vallet 114
Valley View 270
Valmur 74
Valpaços 209
Valparaíso 297
Valpolicella 178, 183
Valréas 130
Valtellina 172, 177*, 178
Valtice 230
Van der Stel 290
Van Loveren 291
Var 136
Vargellas 213
Varna 234
Varoilles, Les 67
Vasse Felix 286–7
Vat-47 278
Vaucrains 64
Vaud 218, 220–1*
Vaudésir 74
Vavasour 289
Vega Sicilia 206
Veldenz 152
Velké Pavlovice 230
Velletri 193
Vendange tardive 121
Venegazzù 180
Veneto 180–1
Venezia Giulia 178, 180–1*
Verband Deutscher Prädikatsweingüter (VDP) 142
Vercelli 172
Verdea 238
Verdejo 206
Verdelho 216, 217

Verdicchio 186
Verdignan 86
Verdiso 178, 180
Verduzzo 180
Vereinigte Hospizien 146
Vergisson 69
Vermentino 110, 172
Vernaccia 194
Vernaccia di San Gimignano 186
Vernatsch 184
Vernay, Georges 126
Verona 180, 182–3*
Verpelét 227
Vertheuil 86
Vertou 114
Vespolina 172
Vesuvio 194
Vétroz 220
Vicenza 178
Victoria 276, 280–1*
Vidal 289
Vieille Ferme, La 128
Vieux Château Landon 84
Vieux Château Certan 106
Vieux Télégraphe, Ch. Le 130
Vigne de l'Enfant Jésus 62
Vignelaure, Ch. 136
Vignes, Jean-Louis 250
Vila Nova da Gaia 214
Vilafranca del Penedès 204
Vilagrande, Barone 194
Villa Banfi 191
Villa Doluca 242
Villa Maria 288, 289
Villa Neva 242
Villány 226
Villaudric 112
Villefranche 70
Villegeorge, Ch. 92
Villeneuve 220
Villers-Fontaine 57
Villette 220
Villeveyrac 134
Villiera 292
Vin de: cépage 132, 138; garde 16, 41; paille 137; pays 52, 134, 138–9*; primeur 16; terroir 138
Vin de Constance 292
Vin Fou 137
vin gris 116, 121, 245
Vin Santo 184, 191
Vin-Union 220
Vinho Surdo 217
Vinho Verde 208, 211
Vini da tavola 170–1
Vinifera, La 108
Vinifera Wine Cellars 274
Vino Nobile di Montepulciano 186, 191
Vins Délimités de Qualité Supérieure (VDQS) 52, 138, 139
Vins Doux Naturels (VDN) 132, 140
Vintner's Quality Alliance 275
Viognier 126, 268
Vion 125
Viré 69
Virgin Hills 281
Virginia 250, 275
Vis 232
Visanto 238
Viseu 211
Viti 218
Viticole des Salins du Midi, Dom. 128
Vitis: labrusca 250; rotundifolia 251; vinifera 24; vinifera orientalis 247
Vittoria 194
Viura 198, 202
Voegtlingshofen 123

Vollrads, Schloß 144, 156, 158
Volnay 16, 58, 61
Volnay-Santenots 61
Vosne-Romanée 58, 64
Vougeot, Clos de 14, 54, 64
Vouvray 114, 118*
Vranac 232
Vrancea 236
Vraye-Croix-de-Gay, Ch. 106
Vredendal 291
Vriesenhof 292
Vugava 232

Waadt 218, 220–1*
Wachau 223, 225*
Wachenheim 160–1
Wagner, Philip 251, 275
Wagner Vineyards 274
Waiheke Island 288
Wairarapa 289
Waldrach 148
Wales 298
Walker, Hiram 247
Walla Walla 270
Wallhausen, Schloß 155
Wallachia 236
Wallis 218, 220–1*
Wanaka Lake 289
Wangaratta 280
Warwick Estate 292
Washington 251, 270
Wasserros 159
Wawerner Herrenberger 146
Wehlen 152
Wei Fang 247
Weibel 256
Weil, Dr. 159
Wein: Entwicklung 9, 10, 14–17, 298; Geschichte 10, 12–13; Lagerung 46; Notizen und Noten 44–5; Servieren 48–50; Sprache 42–5; Temperatur 50; Trinkreife 40–1; Verbrauch 10
Weinbereitung 16–17, 32–7*; Amerika 270, 274; Australien 276–7; Chablis 74; Champagne 76–7; Cognac 111; Côte Rôtie 126; Deutschland 142, 144, 160, 162, 164; Elsaß 120, 121; Georgien 241; Griechenland 238; Italien 176; Jahresablauf 30–1; Kalifornien 266; Madeira 217; Madiran 112; Midi 132; Neuseeland 288; Pazifischer Nordwesten 270; Portwein 214–15; Rhône 124, 130; Römer 12–13; Sauternes 100; Spanien 196, 199, 202; Südafrika 290; Tokajer 228–9
Weingesetz 8–9; Bulgarien 234; Deutschland 142, 168; Frankreich 52; Italien 171, 188; Madeira 217; Marokko 245; Österreich 222; Pazifischer Nordwesten 270; Portugal 208; Spanien 196; Südafrika 290–1
Weinviertel 223
Weißburgunder: Deutschland 164, 167; Österreich 223, 224
Weißenkirchen 225
Weißherbst 164
Welschriesling 27*; Bosnien-Herzegowina 232; Österreich 223; Rumänien 236, 237
Weltvrede 291
Wendouree 283
Wente Bros. 262
Westaustralien 286–7
Westhalten 123
Wetter 28–9*, 54, 82, 144, 253, 261, 276
Whitlands 280
Widmers 274
Wien 223, 224*

Wienert 295
Willamette 270, 273*
Williams & Selyem 255
Willm 123
Wiltingen 146
Winery Lake 257
Winkel 158
Winningen 153
Wintrich 150, 152
Wintzenheim 123
Wirra Wirra 284
Woiwodina 232
Wonnegau 162, 163
Woodbridge Cellars 267
Woodbury Vineyards 274
Woodland 267
Woodstock 284
Woodward Canyon 270
Worcester 291
Worms 162
Woronzov, Graf Mikhail 240
Württemberg 164
Würzburg 166, 167
Würzgarten 152, 158
Wyndham Estate 278
Wynns 285

Xarel-lo 204
Xinjan Urgur 247
Xynisteri 244
Xynomavro 238

Yakima 270, 272*
Yalumba 282
Yamanashi 248
Yamhill County 273
Yantai (Cheefoo) 247
Yantra-Tal 234
Yarden 242
Yarra Valley 281
Yarra Yering 281
Yecla 198
Yellowglen 281
Yerasa 244
Yeringberg 281
Yonne 73
York Creek 262
Young, Robert 254
Yountville 260
Yquem, Ch. d' 100
Yvorne 220

Zaca Mesa 264
Zacatecas 269
Zaco 202
Zaer 245
Zakinthos 238
Zamorna 206
Zanella 178
Zell 153
Zellerbach, James D. 251, 254
Zeltingen 152
Zemmour 245
Zenkoji 247
Zichron-Yaacov 242
Zierfändler 224
Zilavka 232
Zind-Humbrecht 123
Zinfandel 27*; Australien 287; Kalifornien 255, 256, 260, 262, 264, 266; Südafrika 292
Zinnkoepfle 123
Zisterzienser 14, 22
Zitsa 238
Znojmo 230
Zonin 275
Zoopiyi 244
Zotzenberg 123
Zuckergehalt 26
Zupa 232
Zupskocrno 232
Zürich 219
Zweigelt 223, 224
Zypern 244

Ortsregister

Dieses Register enthält Orts- und Lagennamen sowie Weingüter und allgemeine geographische Bezeichnungen mit Verweisen auf die jeweiligen Landkarten. Sämtliche Châteaux (z. B. Château Palmer) sind unter C aufgeführt. Alle Orts- und Lagennamen, die mit le, la oder les beginnen, sind unter dem Hauptnamen zu finden (z. B. Perrières, les). Die auf den Karten verzeichneten Weinerzeuger wurden ebenfalls in das Register aufgenommen.

Aarau 219 E3
Aargau 219 E3
Abacas 210 E2
Abalos 202 B5, 203 F3
Abaújszántó 229 E1
Abbaye de Morgeot 59 G5
Abbaye de Valmagne, L' 135 C3
Abbazia di Rosazzo 183 B4
Abbey d'Or 265 B4
Abbey Vale 287 C2
Aberdeen, *Australien* 279 E5
Aberdeen, *USA* 271 B2
Abergement-le-Grand 137 E5
Abermain 278 C6
Abilene 269 D5
Abîmes, les 137 D2
Abrantes 208 D4
Abtei 152 D5
Abtey 163 B4
Abtsberg, *Bernkastel* 153 E2
Abtsberg, *Ruwer* 149 E3
Abtsfronhof 161 C5
Abtswind 166 B6
Abû Hummus 243 F2
Acacia 257 F5
Acampo 267 B2
Acapulco 269 G5
Acciarella 193 G5
Achadas da Cruz 216 A5
Achern 165 D2
Achkarren 165 E1
Achleiten 224 F6
Acquasparta 192 E5
Acqui Terme 175 E6
Adams 273 B5
Adana 243 D4
Adapazari 243 B3
Adelaida 265 B2
Adelaida Cellars 265 B3
Adelaide 276 B6, 284 B2
Adelaide Metropolitan 276 B6
Adelberg 163 C4
Adelsheim 273 B4
Adgestone 298 G4
Adorigo 210 G4
Aetna Springs 259 A3
Afyonkarahisar 243 C3
Agde 135 D2, 138 D6
Agematsu 248 D2
Agenais 139 E4
Aglianico del Vulture 195 B4
Agrigento 195 G2
Agritiusberg 147 B5
Agua Alta, Qta da 210 F4
Agua Caliente 254 F5
Aguada de Baixo 214 E5
Agua de Pena 217 C5
Agualva-Cacém 209 F4
Aguascaltentes 269 F5
Águeda 214 E5
Aguiar da Beira 215 E6
Aguilar 207 B4
Agyag 229 E1
Ahlgren 263 C2
Ahr 143 A2
Ahtanum 272 E2
Aia Nuova 191 A4
Aigle 221 C1
Aignan 113 E2
Aigrefeuille-sur-Maine 114 C3, 115 G5
Aigrots, les 62 E3
Aiguamúrcia 205 F2
Aigues-Mortes 129 F2, 139 D2
Aiguillon 113 D3
Aïn-Bessem Bouira 245 B4
Aïn-Merane 245 B4
Aire-sur-l'Adour 113 E2
Airlie 273 D4
Aiud 237 C3
Aix-en-Provence 129 F6, 136 A1
Aix-les-Bains 137 C2
Ajaccio 140 F4
Akhisar 243 C2
Akron 275 C2
Aksaray 243 C4
Aksehir 243 C3
Ala 184 G4
Alaminos 244 G3
Alamo, El 201 C1
Alamos, Los 265 F4
Alandroal 213 E6
Alaric 133 C3
Alba, *Italien* 173 E3, 175 D3, 176 E3
Alba, *USA* 275 C4
Alba Iulia 237 C3
Albana di Romagna 179 F3, 187 A5
Albano Laziale 193 E5
Albany, *Australien* 286 G4
Albany, *USA* 271 D2, 273 E4, 275 B5
Albarca 205 F1
Albersweiler 161 C1
Albertshofen 166 B5
Albi 113 D6
Albinyana 205 F3
Albosággia 177 B3
Al-Boulaida (Blida) 245 A4
Albrechtsburg 143 A4
Albuquerque 269 D4
Albury 277 C4, 280 C6
Alcácer do Sal 208 E4
Alcalde 201 C2
Alcobaça 208 C3
Alcover 205 F2
Aldeanueva 203 C3
Aldeno 184 D5
Alderbrook 255 C5
Alder Creek 273 B6
Aldinga 284 E1
Aldinga Beach 284 E1
Aleatico di Gradoli 187 D3
Aleatico di Puglia 195 B4
Alegria, Qta da 211 F2
Aleixar, l' 205 F1
Aleksinac 233 E5
Alella 197 B6, 205 E5
Alenquer 208 D3
Aléria 140 F5
Alès 129 D2, 139 B1
Alessándna 173 E4, 175 C6
Alexander Valley 255 B4
Alexandra 280 E4
Alexandria 275 D4
Alexandroupoli 239 B5
Alexandrovo 235 B3
Alezio 195 C6
Alf 143 B2
Alfaraz 201 D2
Alfaro 203 C4
Alforja 205 F1
Algarrobo 200 B4
Algés 209 F5
Alghero 195 C1
Algueirao Mem Martins 209 E4
Alicante 197 D5
Alijó 208 A5
Alió 205 F2
Aliquippa 275 C2
Al-Iskandariya (Alexandria) 243 F2
Aljarafe 197 D2
Al-Jazair (Algiers) 245 A4
Aljustrel 208 E4
Alkoomi 286 F3
Al-Ladhiqiya (Latakia) 243 D5
Allandale 278 B6
Allanmere 278 C5
Allan Scott 289 G4
Allegro 275 D4
Allemans-du-Dropt 97 F4
Allentown 275 C4
Allobrogie 139 F4
Allots, aux 65 F3
All Saints 280 C5
Almáchar 207 D5
Almada 209 F5
Almansa 197 C4
Almeirim 208 D4
Almocadén 201 B3
Almoçageme 209 E3
Almoster 205 F1
Aloha 273 B5
Aloxe-Corton 55 C5, 57 E4, 63 F3
Alpaugh 267 F5
Alpine 271 E2
Alsea 273 E3
Alsenz 155 D5
Alsheim 143 C4, 163 C5
Altafulla 205 F2
Altamura 259 F5
Altärchen 151 G2
Altdorf 219 F4
Alte Badstube am Doktorberg 153 F2
Altenbaumburg 155 C6
Altenberg, *Österreich* 223 C4
Altenberg, *Ruwer* 149 E1
Altenberg, *Saar* 147 A5
Altenberg de Bergheim 123 D5
Altenburg, *Österreich* 225 G3
Altenburg, *Frankreich* 123 C3
Altenburg, *Deutschland* 143 A5, 167 D4
Alto 293 G2
Alto Adige 179 B3, 184 G6
Alto Jahuel 297 B6
Alto Jiloca-Daroca 197 B4
Altona 282 C4
Altoona 275 C3
Alushta 240 C2
Aluze 68 C3
Alvaçes do Corgo 210 E1
Alvito 213 F4
Alzey 163 C4
Amadora 209 F5
Amarante 215 C6
Amarela, Qta 210 E5
Amares 215 B5
Amarillo 269 D5
Amarquillo 201 C2
Amasya 243 B5
Ambarès-et-Lagrave 80 E3
Amberley Estate 287 C2
Ambès 108 G4
Amboise 115 B2
Ambonnay 79 D5
Amelia 192 F5
Amélie-les-Bains-Palalda 133 G3
Amery 284 D2
Amfissa 239 C3
Amindeo 239 B2
Amity 273 C4
Amizetta 263 C4
Amman 243 F5
Ammerschwihr 123 C2
Amorgos 239 E5
Amorosa 201 C4
Amoureuses, les 66 F2
Ampuis 126 C4
Ampurdán Costa Brava 197 A6
Amtgarten 152 G5
Anadia 214 F5
Anaferas 201 E3
Anakie 280 F3
Anan 248 E3
Anapa 240 C3
Ancas 214 F5
Ancenis 114 B3
Ancienne Cure, Dom. de l' 109 D4
Ancona 187 C6
Andau 222 D4
Andel 153 G1
Andermatt 219 F4
Anderson 267 E5
Anderson, S 259 E5
Anderson Valley 256 C2
Anderson Valley Vyds 269 D4
Andes, Los 295 A3
Andlau 120 B4
Andosilla 203 B3
Andrew Garrett 284 E2
Andriano (Andrian) 185 C5
Andros 239 D4
Angad 245 B3
Angaston 282 B5
Angelo, D' 275 C1
Angers 114 B5
Anglesea 280 G3
Angles, les 61 F5
Anglisidhes 244 G3
Angwin 259 B3
Anières 220 C4
Animas 201 D1
Añina 201 C2
Añinas 201 D2
Ankara 243 B4
Ankeny 273 C4
Ankialos 239 C3
Annaba (Bône) 245 A5
Annaberg 161 A4
Annecy 137 B3
Annemasse 137 B3
Annonay 125 B3
Anoia 197 B6
Anse 71 F4
Anshan 246 A6
Antakya 243 D5
Antalya 243 D3
Antequera 207 C4
Antiene 279 F6
Antinori 189 C3
Antofagusta 294 F1
Antoniusberg 147 G3
Antonius-Brunnen 147 F2
Anzio 193 G4
Aosta 173 C2
Apetlon 222 D4, 223 C5
Apollo Bay 280 G2
Apotheke 151 F2
Appenzell 219 E5
Appiano (Eppan) 185 D5
Apples 220 A5
Apremont 137 C2
Aprica 177 B5
Aprilia 187 F3, 193 F4
Apt 129 E5
Aquila, L' 187 E5
Aquileia 179 C6, 181 C5
Arad 237 C2
Aradhippou 244 F4
Aranda de Duero 206 E5
Aranibal 201 E1
Aranyos 229 G4
Ararat 277 D2, 280 E1
Arbignieu 137 C2
Arbin 137 C2
Arboç, L' 205 F3
Arbois 137 E6
Arborea 195 D1
Arbresle, l' 71 G3
Arbues, les 60 G3
Arbus 113 F1
Arciero 265 B3
Arco 184 E3
Arco da Calheta 216 C6
Arco de São Jorge 217 A3
Arcos de Valdevez 215 A5
Arcs, les 136 B5
Ardailhou, L' 138 D6
Ardea 193 F4
Ardenno 177 B1
Ardila 201 C3
Ardillats, Les 71 C2
Ardoise, l' 130 E6
Ardon 221 C3
Arenberg, D' 284 D2
Arévalo 206 G2
Arezzo 187 B4
Arganil 215 G4
Argelès-sur-Mer 133 G5
Argens 136 A4, 139 G4
Argensol 131 D2
Argentario 187 D2
Arges 237 D3
Argillas, aux 65 F2
Argillières, les, *Chambolle-Musigny* 66 F2
Argillières, les, *Prémeaux-Prissey* 64 F4
Argyle 273 C4
Arhanes 239 F5
Ariccia 193 E5
Arizona Vyds 269 D3
Arlay 137 F4
Arles 129 F4, 139 C2
Arlewood 287 D2
Arlight 265 F3
Arlot, Clos 64 F4
Armagh 283 D5
Armagnac, Bas 113 E2
Armagnac, Haut 113 E3
Armavir 240 C4
Armida 255 C5
Armusèries, les 118 B2
Arnas 71 E3
Arnedo 203 C2
Arnex-sur-Nyon 220 B4
Amozelo, Qta do 211 G4
Arosa 215 B5
Arouca 215 D5
Árpád-Hegy 229 F1
Arrábida 208 E3
Arraiolos 213 E4
Arrançon 101 E5
Arrayán, El 297 A6
Arrecife 207 F6
Arrowood 254 F4
Arroyo Grande 265 D3
Arroyo Seco 263 F5
Arruda 208 D3
Arsac 95 E2
Arsos 244 F4
Arsures, les 137 E6
Arta 239 C2
Artena 193 E6
Arterberry 273 C4
Artés 197 B6
Artigues 89 D4
Artiguillon 85 G3
Artsyz 240 B1
Arve et Lac 219 F1
Arve et Rhône 219 G1
Arvelets, les, *Fixin* 67 E4
Arvelets, les, *Pommard* 61 E6, 62 E1
Arvin 267 G6
Arzier 220 B4
Aschaffenburg 143 B5
Ascó 204 F5
Ascoli Piceno 187 E5
Asenovgrad 235 D3
Ashbrook Estate 287 D2
Ashburton 288 E3
Ash Coombe 298 F6
Ashland 271 G3
Ashland Vyds 271 G3
Ashtarak 240 D5
Ashton, *Australien* 284 A4
Ashton, *Südafrika* 290 F3
Ashton Hills 284 A4
Ashue 272 F2
Assisi 192 C6
Assmannshausen 157 D1
Asti 173 E3, 175 C4
Astipalaia 239 E5
Astley 298 E4
Astoria 271 C2
Ászár-Neszmély 226 E2
Atacama 294 F1
Atalaya 200 B5
Atascadero 265 C3
Athées, aux 65 G2
Atherly 283 D5
Athets, les 66 F3
Athienou 244 F4
Athinai 239 D4
Atlantic City 275 D5
Atlas Peak 259 E6
Attilafelsen 165 E1
Atwater 267 C3
Aubenas 129 B3
Auberdière, l' 118 C3
Aubignan 131 E5
Au Bon Climat/Qupé 265 E4
Aubonne 220 A5
Aubuis, les 117 F3
Auburn, *Australien* 283 F6
Auburn, *USA* 271 A3
Auckland 288 B4
Audignac, Clos d' 61 F4
Auen 155 C3
Auersthal 222 B3
Auf der Heide 153 C3
Auf der Wiltingerkupp 147 B3
Auflangen 162 E4, 163 B5
Auggen 165 F1
Aumerade, Dom. de l' 136 C3
Aumsville 273 D5
Auriac-sur-Dropt 109 C4
Aurora 273 C5
Ausejo 203 C2
Aussy, les 61 F4
Austin 269 E5
Austin Cellars 265 F5
Autun 55 D4
Auxerre 55 A3, 73 E3
Auxey-Duresses 57 F3, 61 E1
Avallon 55 B3
Avaux, Clos des 62 F3
Avaux, les 62 F3
Aveiro 208 B4
Avellino 195 C3
Avelsbach 149 F2
Avenay-Val d'Or 79 D4
Avezzano 187 F4, 195 A2
Aviano 181 B3
Avignon 129 E4, 139 C3
Avila Beach 265 D3
Avinyonet 205 E4
Avio 184 G3
Avize 79 F3
Avoca 280 E2
Avoine 117 E2
Avusy 220 D3
Ay 79 D3
Aydie 113 F2
Ayent 221 C4
Ayios Efstratios 239 C5
Ayios-Nikolaos 239 F5
Ayl 147 D2
Ayse 137 B3
Aytos 235 C5
Azay-le-Rideau 115 B1
Azenhas do Mar 209 E3
Azov 240 B3
Azumi 248 C3
Az-Zarqa (Zarqua) 243 F5

Babcock 265 F4
Babillères, les 66 F2
Bacau 237 C5
Bacchus Marsh 280 F3
Backsberg 293 E3
Badacsony 226 F2
Bad Bergzabern 143 D3, 161 D1
Bad Cannstatt 165 D4
Bad Dürkheim 161 A2, C4
Bad Dürrenberg 167 C4
Baden, *Deutschland* 143 F3
Baden, *Österreich* 222 C3, 224 F2
Baden, *Schweiz* 219 E4
Baden-Baden 165 D3
Badener Berg 224 F2
Badenweiler 165 F1
Badger Mountain 271 F4
Badia a Coltibuono 189 E5
Badische Bergstraße Kraichgau 143 D5, 165 C3
Bad Kreuznach 143 B3, 155 C5, 163 B3
Bad Mergentheim 143 C6
Bad Münster a. S. 155 C6, F2
Bad Pirawarth 222 B3
Badstube 153 F2
Bad Vöslau 222 C3, 224 G1
Baena 207 B5
Bafra 243 B5
Bagat 113 C4
Bagauste, Qta de 210 G2
Bagborough 298 F4
Bagno a Rípoli 189 B4
Bagnols-sur-Cèze 129 D3, 139 B2
Baia-Mare 237 B3
Baião 215 C6
Baiken 159 E3
Bailén 197 D3
Baileys Bundarra 280 D5
Bainbridge Island 271 A3
Bairnsdale 277 D4
Bairrada 208 B4
Bairro 210 E1
Baja 226 G3
Bajo Aragón, Medio 197 B5
Bajo Aragón, Occidental 197 B5
Bajo Aragón, Oriental 197 B5
Bajo-Ebro Montsiá 197 B5
Bakersfield 267 G6
Bakers Gully 284 D3
Baki (Baku) 240 D6
Ba'labakk (Baalbek) 243 E5
Balatonboglár 226 F2
Balatonfüred 226 F2
Balatonfüred-Csopak 226 F2
Balatonmellék 226 F1
Balbaina Alta 201 D1
Balbaina Baja 201 D1
Balbi 295 C4
Balcon de l'Hermitage, le 127 A5
Baldivis Estate 286 D2
Baleira, Qta da 211 F3
Balgownie 280 D3
Balikesir 243 B2
Ballaison 137 A3
Ballan 280 F3
Ballarat 277 D2, 280 F2
Ballston 273 C4
Balmes Dauphinoises 139 D4
Balmoral Corner 279 F5
Balranald 277 B2
Balti 240 A1, 241 E5
Baltimore 275 D4
Banat, *Rumänien* 237 C2
Banat, *ehem. Jugoslawien* 233 C5
Banc, le 60 D1
Bandiera 255 A3
Bandol 136 C2
Bandon 271 F1
Banfi 275 C5
Banja Luka 233 C3
Bannay 119 E3
Bannockburn 277 D2, 280 F3
Baños de Ebro 203 G3
Banos, Los 267 D3
Banská Bystrica 230 G4
Banya 235 C3
Bányász 229 E2
Banyeres del Penedès 205 F3
Bányi-Hegy 229 C6
Banyuls 133 F5
Banyuls-sur-Mer 133 G5
Banzão 209 E3
Baodi 246 B4
Baoding 246 C3
Baraillot 99 A1
Baraques 67 F2
Baraques de Gevrey-Chambertin, les 67 F2
Baratas, Qta das 210 F5
Barbadillo 201 G2
Barbaresco 175 D3, 176 E3
Barbechat 115 E5
Barbera d'Alba 175 E3, 176 E3
Barbera d'Asti 175 B4
Barberà de la Conca 205 E2
Barbera del Monferrato 173 E4, 175 C4
Barbières, les 61 E3
Barboursville 275 E3
Barcelona 205 E5
Barcelos 208 A4, 215 B5
Barco, El 201 C2
Bardas Blancas 295 D3
Bardolino 179 D2, 182 E3
Bardolino Classico 179 C2, 182 F3
Bardonnex 220 D4
Bargetto 263 D3
Barguins, les 118 B3
Bari 195 B5
Barizey 68 D3
Barjols 136 A3
Barkham Manor 298 F5
Barletta 195 B4
Barnard Griffin 271 F4
Barnsgate Manor 298 F5
Barolo 175 E3, 176 F2
Baron 265 B3
Barone de Cles 185 F4
Barone Ricasoli 189 F5
Barossa Settlers 282 C4
Barossa Valley 276 B6
Barottes, les 66 F2
Barr 120 B4
Barrameda 200 A5
Barraud, chez 111 F2
Barraults, Clos des 68 C4
Barre Dessus, la 61 F2
Barre, en la 61 F2
Barre, la, *Montlouis-sur-Loire* 118 C4
Barre, la, *Volnay* 61 F4
Barre, la, *Vouvray* 118 B3
Barrières, aux 65 F3
Barrilário, Qta do 210 G2
Barrios, Los 201 F2
Barrô, *Portugal* 214 E5
Barro, *USA* 259 C3
Barrydale 290 F4
Barsac 80 G4, 96 F6, 101 A5
Bar-sur-Aube 76 E6
Bar-sur-Seine 76 E5
Bártfi 229 E2
Barton 273 B6
Barton Manor 298 G4
Basedows 282 B4
Basel 143 G3, 165 G1, 219 D3
Basignani 275 D4
Basket Range Wines 284 A4
Bassano del Grappa 179 C4
Bas Santenay 59 F3
Basse Goulaine 115 F4
Bassens 80 E3, 96 C4
Bastei 155 F1
Bastia 140 D5
Basto 215 C6
Bâtard-Montrachet 60 G3
Bathurst 277 B5
Batiaz, La 221 D2
Battaudes, les 59 G5
Battenburg 161 A2
Batterieberg 153 C4
Bat'umi 240 D4
Baudes, les 66 F3
Baudines, les 59 F5
Baule 115 A3
Baulet, Clos 66 F4
Baume, Dom. de la 133 B6, 135 C1
Baumgarten 223 C4
Ba Xian 246 C3
Bayern (Main) 143 B5
Baynton 280 E3
Bay of Plenty 288 B5
Bayonne 112 F5
Bayon-sur-Gironde 108 F2
Bayrut (Beirut) 243 E4
Bayt Lahm (Bethlehem) 243 F4
Baywood Park 265 C3
Béarn 112 F6
Bearsted 298 F5
Beaucaire 129 E4, 139 C2
Beaucanon 259 D4
Beauder, Clos 61 E6
Beaufort 280 E2
Beaujeu 71 C2
Beaulieu, *UK* 298 G4
Beaulieu, *USA* 259 D4
Beaulieu-sur-Layon 114 B5, 116 C4
Beaumes 127 C5
Beaumes-de-Venise 129 D5, 131 D5
Beaumont-en-Véron 117 F3
Beaumonts, les 63 F2
Beaumont-sur-Vesle 79 B6
Beaune 55 D5, 57 E4, 62 G4
Beaupouyet 109 A4
Beau Puy 117 C2
Beauregard 59 F4
Beaurepaire 59 E3
Beauroy 75 C2
Beauvais 117 C3
Beaux Bruns, aux 66 F3
Beaux Fougets, les 62 F2
Beaux Monts Bas, les 65 F5
Beaux Monts Hauts Rougeots 65 E5
Beaux Monts, les Hauts 65 E5
Beaver Creek 273 C5
Beaverton 271 C3, 273 B5
Beblenheim 120 D4, 123 D3
Becamil, Dom. de 93 B4
Bechtheim 163 C5
Bechtolsheim 163 C4
Bédarieux 135 B1, 138 D5
Bedell 275 C5
Beechworth 280 D6
Be'er Sheva (Beersheba) 243 F4
Bégadan 85 C3
Bègles 80 F3, 96 D4
Begnins 220 B4
Begues 205 F4
Beijing (Peking) 246 B3
Beijing Winery 246 B4
Beilstein 143 B2, 165 C4
Beja, *Portugal* 208 E4, 213 G4
Beja, *Tunesien* 245 A6
Béjaia (Bougie) 245 A5
Bekaa 243 E5
Békéscsaba 226 F5
Bel Air 72 D4
Bel-Air, *Gevrey-Chambertin* 66 E6
Bel-Air, *Vouvray* 118 B3
Bélaye 113 C4

ORTSREGISTER

Belbourie 278 B5
Belcher 293 D4
Beleymas 109 A6
Belford 278 B4
Bélissand 62 F3
Bell Ana 191 A5
Bellbird 278 D5
Belle Croix 65 F1
Bellegarde 129 F3
Bellerose 255 C4
Belletins, les 119 F3
Belleville 71 D4, 72 F6
Bellevue 273 C4
Bellevue Cave Coop. 85 F4
Bellfountain 273 E4
Bellfountain Cellars 273 E4
Bellheim 161 C3
Bellingham 293 F5
Bellinzona 219 G4
Bell Mountain 269 E5
Bell Mountain Vyds 269 E5
Bellmunt del Priorat 204 F6
Bellota 267 B3
Belltall 205 E2
Belluno 179 B4, 181 B2
Bellvei del Penedès 205 F3
Bellville 290 F2
Belvedere, *Italien* 191 C3
Belvedere, *USA* 255 D5
Belvès-de-Castillon 103 D6
Belz 161 D5
Bemposta 209 D5
Benais 117 C3
Benalla 277 C3, 280 D5
Benavente 197 B2
Benbecula 285 B5
Bendigo 277 C3, 280 D3
Bend of Isles 281 C3
Benevento 195 B3
Benfeld 120 B5
Beniarrés 197 C5
Beni M'tir 245 B2
Beni Sadden 245 B2
Benissanet 204 G5
Benmarl 275 C5
Bennwihr 120 D4, 123 C3
Benoites, les 59 G5
Bénovie, La 139 C1
Bensheim 165 A3
Benton City 272 G5
Benziger-Glen Ellen 254 F4
Beograd (Belgrad) 233 D5
Bérange 139 C1
Berenda 267 D4
Beresford/Bosanquet 284 C2
Bergamo 173 C5
Bergbieten 120 A4
Berg-Bildstock 159 F6
Bergerac 109 B5
Bergères-les-Vertus 79 G3
Bergerie, la 60 G2
Bergfeld 259 B5
Bergheim 120 D4, 123 D5
Bergholtz 120 F3, 122 B1
Bergholtz-Zell 122 B2
Berg Kaisersteinfels 157 E2
Bergkirche 162 D5
Bergkloster 163 C4
Berg Roseneck 157 F3
Berg Rottland 157 F3
Berg Schloßberg 157 E2
Berg-Schlößchen 147 E2
Bergweingärten 223 B4
Beringer 259 D3
Berkane 245 B3
Bern 219 E3
Bernardine, La 131 F2
Berner Oberland 219 F3
Bernex 220 C3
Bernkastel, *Australien* 282 B4
Bernkastel (Mittelmosel) 143 B2, 151 B1, 153 B1
Bernkastel-Kues 143 B2, 153 F2
Bernot, Clos 59 G6, 60 G1
Bernouil 73 D6
Berre-l'Étang 129 G5
Berri 277 B1
Berson 108 D3
Bertaud, Dom. de 136 C5
Berthet, Clos 63 D4
Berthiers, les 119 F4
Bertineau 103 B3
Bertins, les 61 F5
Berzé-la-Ville 69 E3
Berzé-le-Châtel 69 D3
Besenello 184 D5
Besigheim 165 C4
Bessan 138 D6
Bessards, les 127 C4
Bessay 72 A5
Best's 280 E1
Betanzos 197 A2
Bethany 282 C4
Bethel Heights 273 C4
Betsek 229 F3
Bettelhaus 161 B5
Betteravia 265 E4
Beugnons 75 E2
Beurig 147 F2
Beuttes, les 60 G2
Bevagna 192 D6
Bex 221 C2
Beychevelle 91 D5
Beyerskloof 293 E2
Bézannes 79 A3
Béziers 133 B5, 135 D1, 138 D6
Bianchet 281 C4
Bianchi, *Argentinien* 295 C4
Bianchi, *USA* 267 D4
Bianco Capena 187 E4
Bianco dei Coloi Maceratesi 187 D6
Bianco della Valdinievole 187 A3
Bianco dell'Empolese 187 A3
Bianco del Metauro 187 C6
Bianco di Custoza 179 D2, 182 G3
Bianco di Pitigliano 187 D3
Bianco di Scandia 179 E2
Bianco Pisano di San Torpé 187 A2
Bianco Vergine Valdichiana 187 C4, 190 E6
Bianzone 177 B4
Biard 111 F2
Biarritz 112 F5
Biaune, la 72 C5
Bibbiano 189 F3
Bidarray 112 G5
Bidaude, la 66 E4
Bidaudières, les 118 B4
Biddenden 298 F5
Biebelhausen 147 D3
Biel 219 E2
Bielersee 219 E2
Biella 173 D3
Bienvenues Bâtard Montrachet 60 G3
Bierzo 197 A2
Bievaux 59 E3
Biferno 187 G6, 195 B3
Bigorre 139 D4
Biharia 237 B2
Bijeljina 233 C4
Bildstock 162 F3
Bilhorod Dnistrovs'kyy 241 F6
Billard 67 F2
Billaux, les 103 B1
Billy-le-Grand 79 C6
Bingen 143 B3, 155 A6, 157 F2, 163 B3
Bingerbrück 155 A6
Binghampton 275 C4
Binissalem 197 C6
Bin Xian 246 D4
Biola 267 D4
Birchfield 272 E2
Bisbal del Penedès, La 205 F3
Bischofsberg 157 E3
Bischofsgarten 161 D5
Bischofskreuz 161 C2
Bisquertt 297 D4
Bisseuil 79 D4
Bissey-sous-Cruchaud 68 F3
Bissy-la-Mâconnaise 69 B5
Bitola 233 G5
Bizarron, El 201 E2
Bizerte 245 A6
Blaauwklippen 293 G2
Blacé 71 E3
Black Mountain 255 C5
Blackwood Canyon 272 G5
Blagny 60 F4
Blagny, Sous 60 F5
Blagoevgrad 235 D1
Blaj 237 C3
Blancafort 205 E2
Blanc, Clos, *Pommard* 61 F6, 62 F1
Blanc, Clos, *Vougeot* 65 F6, 66 F2
Blanchards, les 66 F4
Blanche Barkly 280 D2
Blanches, ez 61 E4
Blanches Fleurs 62 F6
Blanches, les 61 F1
Blanchisserie, la 62 F4
Blanchot 75 D4
Blanchot Dessous 60 G2
Blanchot Dessus 60 G2
Blanquefort 80 E3, 96 C3
Blanquette de Limoux 133 E5
Blaye 80 D2, 108 D1
Bleinschwiller 120 C4
Blenheim, *Neuseeland* 288 D4, 289 G5
Blenheim, *USA* 275 E3
Bléré 115 B2
Blewitt Springs 284 D2
Blodgett 273 E3
Blois 115 B3
Blonay 221 B1
Blottières, les 117 C4
Blütengrund 167 C3
Boada de Roa 206 E4
Boaventura 217 A2
Boa Vista, Qta da 210 F2
Boavista, Qta da 210 F4
Bobadilla, SA 201 G1
Boboshevo 235 D1
Boca 173 C4
Bockenau 155 C4
Bockenheim 161 A2
Bockfließ 222 B3
Bockstein 147 E4
Bodenheim 163 B5
Bodensee 143 G5, 165 F4
Bodogonera, La 201 E2
Bodrogkeresztúr 229 G3
Bodrogolaszi 229 D5
Bodrogszegi 229 F3
Bogle 267 E3
Boglyoska 229 C6
Böhlig 161 D5
Böhlitz-Ehrenberg 167 C4
Bohorca 200 B4
Boiches, les 62 F5
Boichot, en 59 G3
Boirettes, les 59 G5
Bois de Blagny, le 60 E5
Bois de Chassagne 59 F5
Bois de Noël et Belles Filles, Sous le 63 D4
Bois-d'Oingt, le 71 F2
Bois Fleury 119 F4
Bois Gibault 119 F4
Bois-Rideau, le 118 B3
Boisse 109 C6
Bolandse 293 B4
Bolgheri 187 B2, 191 A5
Bolhrad 241 G5
Bollenar 297 A4
Bollène 129 D4
Bologna 179 E3
Bolzano (Bozen) 179 B3, 185 C6
Bomboly 229 F3
Bom Dia, Qta do 210 F4
Bomfim, Qta do 210 E6
Bommes 101 F3
Bompas 133 F4
Bom Retiro, Qta do 210 F5
Bonair 272 F3
Bondues, les 60 G2
Bonete, El 201 B4
Bonfoi 293 F1
Bonheur, Le 293 E2
Bonifacio 140 G4
Bonn 143 A2
Bonnes Mares, les 66 E3
Bonneville-et-St-Avit-de-Fumadières 109 B4
Bonnezeaux 114 B5, 116 D6
Bonnievale 290 F3
Bonny Doon 263 C2
Bonny-sur-Loire 115 B5
Bons Feuvres, les 62 F3
Boordy 275 D4
Boort 280 C2
Boppard 143 B3
Borba 208 D5, 213 D6
Bordeaux 80 E3, 96 D4, 99 A4
Borex 220 B4
Borgo Carso 193 F6
Borgo Conventi 183 D5
Borgo del Tiglio 183 C5
Borgo Flora 193 F6
Borgo Montello 193 G5
Borgo Podgora 193 F6
Borgo Priolo 177 F3
Borgo Santa Maria 193 G5
Borgoratto Mormorolo 177 G4
Borjas del Campo, Les 205 F1
Borkút 229 F3
Bormes-les-Mimosas 136 C4
Borna 167 C4
Borne, la Grande 59 G5
Bornheim 163 C4
Borniques, les 66 F2
Borova 243 C2
Bortoli, De 281 A4
Bosc, Dom. de 133 B6, 135 D2
Boschendal 293 F4
Boschetto 193 E6
Boschis 176 F2
Bosenheim 155 C6
Bosnasco 177 E6
Bosquets, Les 131 D4
Bosset 109 A5
Bossey 137 B3
Bossière, la 67 D1
Bossières 65 G4
Boston 275 B6
Botarell 205 F1
Botaveau 59 E2
Botevgrad 235 C2
Bothy 298 F4
Botou 246 C3
Bottelary 293 E1
Botticino 179 C2
Bottière, la 72 A5
Bou 115 A4
Bouaye 114 C2
Bouchaine 257 F5
Boucharey 126 B3
Bouchassy 130 G6
Bouchère, la 61 E4
Bouchères, les 60 F6
Boucherottes, les 62 F2
Bouchot, le 119 F4
Bouchots, les 66 E4
Boudières, les 67 E4
Boudots, aux 65 F3
Boudrières, les 60 G4
Boudriottes 59 G6
Bouglon 113 C2
Bougros 75 D3
Bougy-Villars 220 A4
Bouillargues 129 E3
Boulaouane 245 B1
Boulay, Le 115 A2
Bouliac 96 D4
Boulmeau 63 F3
Boulotte, la 63 F3
Boulou, le 133 G4
Bouniagues 109 B6
Bourbonnais 139 B4
Bourdigny 220 C3
Bourg 80 D3, 108 G3
Bourg-Bassot 68 C4
Bourg-Charente 111 D2
Bourg-en-Bresse 55 F6
Bourgeots, les 63 E1
Bourges 115 C5
Bourgnac 109 A5
Bourgneuf-en-Retz 114 C2
Bourgneut-Vallée-d'Or 68 C3
Bourgogne, La 293 G6
Bourgueil 114 B6, 117 D2
Bouscat, le 80 E3, 96 C4
Bouscaut, le 99 E5
Bousse d'Or 61 F4
Bousselots, aux 65 F2
Boutenac 133 C4
Boutières, aux 63 E2
Boutières, les 63 F2
Boutiers-St-Trojan 110 C6
Boutoc 101 E4
Boutoillottes, aux 67 F4
Boutonniers, les 61 E2
Bouzeron 68 A4
Bouznika 245 B2
Bouzy 79 D5
Bovernier 221 D2
Bovlei 293 B6
Bowen 295 C5
Bowen Estate 285 D6
Boxing 246 D4
Boyes Hot Springs 254 F5
Boyton 298 E5
Boze Down 298 F4
Bra 175 D2
Branesti 241 F5
Brachetto d'Acqui 175 D5
Braga 208 A4, 215 B5
Bragança 208 A5
Bragão, Qta do 210 D5
Braidwood 277 C5
Brain-sur-Allonnes 114 B6
Bramaterra 173 C3
Bramois 221 C3
Brand 123 B1
Brander 265 F5
Brands Laira 285 B5
Branxton 278 B5
Bras 136 B3
Brasov 237 C4
Bratenhöfchen 153 F2
Bratislava 230 G3
Brauneberg 151 B5, 152 G5
Braune Kupp 147 B3
Braunfels 147 C4
Braunweiler 155 B5
Brazey, les 66 F3
Brda 233 B1
Breaky Bottom 298 F5
Breclav 230 G3
Breganze 179 C3
Breisach 143 F3
Breisgau 143 F3, 165 E2
Breitl 225 G2
Brelance 60 G4
Bremblens 220 A5
Bremerton 271 A3
Brentonico 184 F4
Brentwood 267 B2
Bréry 137 F5
Bréscia 173 D6, 179 C1
Brescul, en 62 E2
Bressandes, les, *Aloxe-Corton* 63 F4
Bressandes, les, *Beaune* 62 E5
Brestnik 235 D3
Bréterins, les 61 D2
Bretzenheim 155 B6
Breuillards, les 119 E4
Brevau 59 E3
Breynets, le 72 C6
Brézé 114 C6
Brezovo 235 C3
Briar Ridge 278 D4
Bricco Asili 176 E4
Bricco Bussia 176 F2
Bricco di Niéve 176 E4
Bricco Roche 176 F2
Bridgehampton 275 C5
Bridgeport 275 C5
Bridgetown 286 F2
Bridgeview 271 G2
Bridgewater 280 D2, 284 B4
Bridgewater Mill 284 B4
Brienz 219 F3
Brig 219 F3, 221 C6
Bright 280 D6
Brighton 284 B2
Brighton 298 G5
Brights 275 B3
Brignoles 136 B3
Bri, La 293 G6
Brinas 203 F1
Brindisi 195 C6
Brins, les Hauts 61 E4
Briones 203 F2
Brno (Brünn) 230 F3
Broad Crossing 279 D6
Broadfield 298 E4
Brochon 67 E3
Brockton 275 B6
Brokenwood 278 C4
Bronco, F J F 267 C3
Broni 177 E5
Bronzolo (Branzoll) 185 D6
Brookings 271 G1
Brouillards, les 61 F5
Brouilly 55 F5, 72 F4
Brouquet 101 G4
Brown Bros 280 D5
Brownstown 272 F2
Brownsville 273 E4
Broze 113 D6
Bruc, El 205 D4
Bruchsal 165 C3
Bruck am der Mur 222 E1
Brückchen 162 E4
Brückes 155 C2
Bruderberg 149 D4
Brudersberg 162 C4
Bruderschaft 150 E1
Brue-Auriac 136 A3
Bruges 80 E3, 96 C4
Brugg 219 D4
Bruisyard 298 E6
Brûlées, aux 65 F4
Brûlées, les 64 G6
Brunate 176 F2
Brunelle, la 67 F2
Brunello di Montalcino 187 C3, 190 F2
Brunettes et Planchots, les 63 F3
Brunn 222 C3
Bruno Prats & Paul Pontallier 297 A6
Brureaux, les 72 B5
Brussonnes, les 59 G5
Brutocao 256 C4
Bruyères, les, *Aloxe-Corton* 63 F4
Bruyères, les, *Beaujolais* 72 E4
Bruyères, les Petites 119 E4
Bucelas 208 D3, 209 D5
Bucherats, les 72 A5
Buchillon 220 B5
Buckingham Valley 275 D4
Bucuresti 237 D4
Budapest 226 E3
Büdesheim 155 A6
Bué 119 F2
Buehler 259 D4
Buell 273 C4
Buellton 265 F5
Buena 272 F3
Buena Vista, *Cameros* 257 F5
Buena Vista, *Sonoma* 254 G5
Buena Vista, *Willamette* 273 D4
Buenos Aires 294 F2
Buffalo 275 B3
Büglio in M. 177 A2
Bühl 165 D2
Bühlertal 165 D3
Buin 295 B3, 297 B5
Buisson Certaut, le 60 G6
Bükkalja 226 E5
Bulcy 119 G5
Bullas 197 D4
Bullay 143 B2
Buller 280 C5
Bully 71 G2
Bunbury 286 E1
Burdur 243 C3
Burg 222 E3
Burgas 235 C5
Burgberg 153 E3
Burge, Familie 282 C3
Burgess 259 C3
Burggarten 225 G3
Burglay 151 C3, 153 B3
Burg Layen 155 A6
Burg Lichteneck 165 E2
Burg Neuenfels 165 F1
Burg Rodenstein 163 D5
Burgsponheim 155 C4
Burgstall 225 G2
Burgweg, *Franken* 166 C6
Burgweg, *Nahe* 154 F6, 155 C5
Burgweg, *Rheingau* 157 F5
Burgy 69 B5
Burg Zähringen 165 E2
Buring 282 B4
Burkheim 165 E1
Burleigh 289 G5
Burnie 287 F5
Burnside 284 A3
Burnt Woods 273 E3
Buronnes, les 119 E2
Burra 276 B6
Burrweiler 161 C2
Bursa 243 B2
Bur Sa'id (Port Said) 243 F3
Bursinel 220 B4
Bursins 220 B4
Buschenberg 224 F6
Busselton 286 F1
Bussia Soprana 176 G2
Bussière, la 66 F4
Bussières, *Beaujolais* 72 F4
Bussières, *Mâconnais* 69 E3
Bussières, les 66 F3
Busslay 152 C6
Bussolengo 182 G4
Bussy 220 A5
Busto Arsizio 173 D4
Buta Ranquil 295 E3
Butay, le 115 G4
Butteaux 75 F2
Buttes, les 61 F5
Buttonwillow 267 G5
Buttonwood Farm 265 F5
Búttrio 183 B3
Buvilly 137 E5
Buxton 273 A4
Buxy 68 F3
Buzau 237 D5
Buzet 113 D2
Byala 235 B4
Byala Slatina 235 B2
Byron, *Kalifornien* 265 E5
Byron, *Washington* 272 G4
Bywater & Josse 281 B5
Bzenec 230 F3
Bzenec/Strážnice 230 F3

Caballo, El 201 E2
Cabana, Qta da 210 F2
Cabardès 139 G2
Cabassers 204 F6
Cabeceiras de Basto 215 B6
Cabestany 133 F4
Cabeza Gorda 200 A5
Cabeza Vaca 200 A4
Cabezudo 200 B4
Caborca 269 E3
Cabra 207 B4
Cabra del Camp 205 E2
Cabras, Las 295 B2, 297 C4
Cabrera de Igualada 205 E3
Cabrière, Clos 293 G6
Cabrières, *Châteauneuf-du-Pape* 131 E2
Cabrières, *Coteaux du Languedoc* 135 B2
Cabrils 205 E6
Cacak 233 D5
Cacc'e Mmitte di Lucera 195 B4
Cacchiano 189 F5
Cache 267 A1
Cadalen 113 D6
Caderousse 131 E1
Cadillac 80 F4, 96 F6
Cadima 214 G4
Cagliari 195 E2
Cagnina di Romagna 179 F4
Cahors 113 C4
Cahul 241 G5
Cahuzac-sur-Vère 113 D6
Cailleret 59 F6, 60 F1
Cailleret Dessus, les 61 F3
Cailleret, en 61 F4
Cailleret, le 60 F3
Caillerie, la 118 B2
Cailles, les 64 F5
Caillettes, les 63 F3
Cain Cellars 259 D2
Caiolo 177 B3
Cairanne 129 D4, 131 B4
Cakebread 259 E4
Calafell 205 F3
Calafia 259 F6
Calahorra 203 C3
Calais Estates 278 C5
Calamin 220 A6
Calatayud 197 B4
Calcinaia 189 D4
Caldaro (Kalterer) 184 G6, 185 A3
Caldaro (Kaltern) 185 D5
Caldas da Rainha 208 D3
Caldelas 215 B5
Calderin 201 E2
Caledon 290 G3
Calera 263 E4
Calero 201 C3
Calheta 216 C6
Calistoga 259 B2
Caliterra 297 E4
Calitzdorp 290 F5
Callaghan Vyds 269 D3
Callahan Ridge 271 F2
Callatoota Estate 279 F4
Callaway Winery 269 D2
Callezuela 200 A5
Calliano 184 E5
Calotta 275 B3
Calouère 66 E4
Caltagirone 195 G3
Caltanissetta 195 F3
Calulu Park 281 C6
Calvi 140 E4
Calvignano 177 F4
Camacha 217 C4
Câmara de Lobos 217 D2
Camaret-sur-Aigues 131 D3
Camas 271 C3, 273 B6
Cambrai 284 E3
Cambria 265 E4
Cambridge 275 B6
Cambrils de Mar 205 G1
Camden, *Australien* 277 B6
Camden, *USA* 275 D4
Caminha 215 A4
Campalli 189 F4
Campanário 217 C2
Campanhã, Qta de 210 F1
Campbells 280 C5
Camperdown 280 G1
Campidano di Terralba 195 D1
Campillos 207 C4
Campix 200 D6
Camp Meeker 255 E4
Campobasso 195 B3
Campo de Borja 197 B4
Campo de Cartagena 197 D5
Campo di Carne 193 F4
Campo Iémini 193 F4
Campoleone 193 E4
Campomaggio 189 E4
Campoverde 193 F5
Campsegret 109 A6
Camus 110 G5
Canais, Qta dos 211 F4
Canakkale 243 B1
Canal, Qta do 210 G2
Cañamero 197 C3
Canandaigua 275 B3
Canariera, La 201 C4
Canberra 277 C5
Canby 271 D3, 273 C5
Candia dei Colli Apuani 173 F6, 179 F1
Cane End 298 F4
Canéjean 96 D3
Canelones 294 F2
Canepa 297 A5
Canet, Champ 60 F4
Canet-en-Roussillon 133 F5
Canevino 177 G5
Cangas de Narcea 197 A2
Cangé 118 D5
Cangzhou 246 C3
Canhas 216 C6
Caniçal 217 B5
Caniço 217 D4
Canière, la 59 G6, 60 G1
Cannonau di Sardegna 195 D2
Cannubi 176 F2
Canon-Fronsac 102 C5
Canonja, La 205 F2
Cantanhede 214 G4
Cantarranas 201 D2
Canteloup 99 C4
Cantenac 95 C4
Canterayne Cave Coop. 89 C2
Canterbury 288 E3
Canton 275 C2
Cantonade 131 G1
Canyelles 205 F4
Canyonville 271 F2
Cáorle 181 D4
Caparone 265 B3
Capçanes 204 G6
Cap Corse 140 D5
Cape Barren Island 287 F6
Cape Clairault 287 C2
Cape Horn 273 B6
Capel Vale 286 E1
Cape Mentelle 287 E1
Cape Town (Kapstadt) 290 F1
Capirete 201 C4
Capitan 265 G5
Caplane 101 F3
Caplong 109 B4
Capo Rizzuto 195 E5
Capri 195 C3
Capriano del Colle 173 D6, 179 D1
Caprino Veronese 182 E3
Capriva del Friuli 183 C5
Cap Rock Winery 269 D5
Caradeux, en 63 D4
Carano 193 F5
Carbon-Blanc 96 C4
Carbonup Estate 287 C1
Carcassonne 133 C2, 138 E4
Carcassonne, Cité de 138 E4
Carcavelos 208 D3, 209 F4
Cardazzo 177 E6
Carden Park 298 E3
Cardeuse, la 59 G5
Carelles Dessous 61 F4
Carelle-sous la Chapelle 61 F4
Carema 173 D3
Carey 265 F5
Carignano del Sulcis 195 E1
Cariñena 197 B4
Carlton 273 C4
Carme 205 E3
Carmel 263 F3
Carmel Valley 263 F3
Carmen, El 201 C4
Carmenet 254 F5
Carmignano 187 A3
Carmo, Qta do 213 D5
Carmo, Snr do 210 F4
Carnaxide 209 F5
Carneros Creek 257 E5
Carneros, Dom. 257 E5
Carneros, Los 257 E5
Carnuntum 222 F4
Ca'ronesca-Ipplis 183 B4
Carougeot 67 F1
Carpentras 129 D5, 131 F5, 139 B3
Carquefou 114 B3
Carquelin, le 72 C5
Carrascal 200 C4, 201 C4
Carregal do Sal 215 F5
Carreña, La 201 B3
Carré Rougeaud, le 67 F2
Carrés, les 67 F3
Carretey, le Grand 101 A4
Carrières, les 66 F3
Carr Taylor 298 F5

ORTSREGISTER

Carruades de Lafite 89 B4
Cars 108 D2
Carso 179 C6
Cartagena 295 B2
Carta Vieja 297 G3
Cartaxo 208 D4
Carthage 245 A6
Carvalhas, Qta das 210 F5
Carvalheira, Qta da 210 F6
Casa Nuestra 259 B5
Casablanca, *Chile* 297 A4
Casablanca, *Marokko* 245 B2
Casabon 201 D2
Casale Monferrato 175 A5
Casalino 189 F4
Casape 193 C6
Cascadia 273 E5
Cascina Francia 176 G3
Cascina San Lorenzo 193 F4
Casenuove 189 D4
Caserio Tabajete 201 B2
Caserta 195 B3
Casmalia 265 E4
Cassan 138 D6
Cassereau, le 118 A3
Casse-Têtes, les 61 F1
Cassière, la 59 E3
Cassiers, les 119 F4
Cassis 136 C1
Castá 230 G3
Castanet 113 D6
Castedo 211 D1
Castéggio 177 F4
Castel del Monte 195 B4
Castèl Gandolfo 193 E4
Castèl Ginnetti 193 E6
Castelinho, Qta do 211 F2
Castell 166 B6
Castella, Le 193 F5
Castellammare 195 C3
Castellar del Vallès 205 E5
Castellbisba 205 E4
Castelldefels 205 F4
Casteller 179 C3, 184 G6
Castellet 205 F3
Castelli Grevepesa 189 C3
Castellina 189 E4
Castellina in Chianti 189 E4
Castell'in Villa 189 G5
Castello dell'Acqua 177 B4
Castello di Cerreto 189 G5
Castello di Montefiorallе 189 D4
Castello di Nipozzano 189 A6
Castello di Rencine 189 F3
Castello di Uzzano 189 D4
Castello di Volpaia 189 E4
Castelloli 205 D3
Castellone, il 193 F6
Castellvi de la Marca 205 F3
Castelnaudary 138 D3
Castelnau-d'Auzan 113 E2
Castelnau-le-Lez 135 B4
Castelnuovo Berardenga 189 G6
Castelnuovo di Verona 182 G3
Castelo Borges, Qta do 210 G4
Castelo Branco 208 C5
Castelo de Paiva 215 D5
Castelo Rodrigo 208 B5
Castel Oualou 130 F6
Castel Roubine 136 A4
Castelviel 97 E1
Castets 112 E6
Castets, les 60 D2
Castiglione 176 F2
Castiglione del Lago 192 C4
Castillo del Majuelo 201 C3
Castillo, El 201 C4
Castillon 110 G5
Castillon-la-Bataille 103 E6
Castione Andevenno 177 B2
Castle 298 F4
Castle Gap 279 E4
Castlemaine 277 D3, 280 E3
Castle Rock 279 E4
Castoro 265 B3
Castoro Cellars 265 C3
Castries 135 B4
Castro del Rio 207 A4
Caswell 255 E4
Catalan 138 F5
Catamarca 294 F1
Catània 195 F4
Catanzaro 195 E5
Catignano 189 G4
Catllar, El 205 F2
Catoctin 275 D4
Catus 113 C4
Catusseau 103 C2, 107 E4
Caumette, Dom. de la 133 B6, 135 D1
Cauquenes 295 D2
Caussan 85 E3
Caux Pézenas 138 D6
Cavadinha, Qta da 210 E5
Cavaillon 129 E5, 139 C3
Cavaion Veronese 182 F3
Cave 193 D6
Cavédine 184 D4
Cave Junction 271 G2
Cave, la 61 E4
Cave Spring 275 B3
Cavríglia 189 E5
Caymus 259 D4
Cayucos 265 C2
Cazaiac 241 G5
Cazaubon 113 E2
Cazes, Dom. 133 F4
Cazetiers, les 67 E2
Cazetiers, Petits 67 E2
Cazouls-les-Béziers 133 B5, 135 C1
Cazzano di Tramigna 183 G1
Cebreros 197 C3
Cecchina 193 E4
Cedrasco 177 B2
Céggia 181 D3
Cegléd 226 F4
Celeirós 210 D5
Celigny 220 B4
Cellatica 173 D6, 179 C1
Celle, la 136 B3
Cellier aux Moines 68 D4
Cellier des Templiers 133 G5
Cellier Le Brun 289 G3
Cellier, Sous le 61 E3
Celorico de Basto 215 C6
Cembra 184 B6, 185 G5
Cenon 80 E3, 96 C4
Centralia 271 B2
Central Otago 288 E3
Central Point 271 G2
Cents Vignes, les 62 E5
Cerasuolo di Vittoria 195 G3
Cerbère 133 G5
Cercié 71 D3, 72 F4
Cercot 68 E3
Cercueils, les 67 F1
Ceres, *Südafrika* 290 F2
Ceres, *USA* 267 C3
Céret 133 G3, 138 G5
Ceretta 176 F2
Cerhov 230 G6
Cerignola 195 B4
Cerna 189 F3
Cernay 120 G3
Cerons 80 F4, 96 F6
Cerro de Santiago 201 C3
Cerro Pelado 201 C2
Cerro Viejo, El 201 D3
Certaldo 189 D1
Cerveteri 187 E3
Cervignano 181 C5
Cesanese del Piglio 187 F4, 195 B2
Cesanese di Affile 187 F4, 195 A2
Cesanese di Olevano Romano 187 F4, 195 B2
Ceske Budejovice 230 F2
Cessenon 138 D5
Cessnock 277 A6, 278 D5
Cestas 80 F2, 96 E3
Cestayrols 113 D6
Cetto, L A 269 D2
Ceuta 245 B2
Cévennes 139 C2
Chabiots, les 66 F2
Chablais 219 F2, 221 B2
Chablis 55 A3, 73 E5, 75 D4
Chaboeufs, les 64 F6
Chacolí de Guetaria 197 A4
Chada 297 B6
Chaddsford 275 D4
Chaffee 272 G5
Chaffots, les 66 E4
Chagny 55 D5, 57 G3, 68 A4
Chaignots, aux 65 F3
Chailles 115 B2
Chaillots, les 63 F4
Chaînes Carteaux 64 F5
Chainey, le 59 D2
Chaintré 55 F5, 69 G4
Chalandins, les 65 G5
Chaliots, les 64 G6
Chalk Hill, *Australien* 284 D2
Chalk Hill, *USA* 255 D5
Chalone 263 F5
Chalonnes-sur-Loire 114 B4
Châlons-sur-Marne 76 C5
Chalon-sur-Saône 55 D5
Chalumeaux, les 60 F4
Chamard 275 C5
Chambers Rosewood 280 C5
Chambertin 66 E6
Chambertin Clos de Bèze 66 E6
Chambery, *Pessac Léognan* 99 D4
Chambéry, *Savoyen* 137 C2
Chambolle-Musigny 55 C6, 57 C5, 66 E2
Chambost-Allières 71 E2
Chambraste 119 F3
Chambres, les 60 G2
Chamery 79 B3
Chamirey 68 C3
Chamisal 265 D3
Chamonix 293 G6
Chamoson 221 C3
Champagne de Savigny 62 F6
Champans, en 61 F4
Champeaux 67 E2
Champerrier du Bas 67 F2
Champerrier du Dessus 67 E2
Champéry 221 C1
Champigny 114 C6
Champillon 79 D3
Champlains, les 68 D4
Champlots, les 60 E3
Champonnet 67 E1
Champs, En 67 E2
Champs Fulliot, les 61 F3
Champs, les Grands 61 F5
Champs Pimonts 62 F4
Champ-sur-Layon, le 116 E4
Champtin 119 F2
Champtoceaux 114 B3
Chamusça 208 D4
Chanay 137 B2
Chançay 118 A5
Chanceleiros 210 F4
Chanco 295 D1
Chancy 220 D3
Chandler 272 G5
Chandlers Hill 284 C3
Chandon, Dom., *Australien* 281 B5
Chandon, Dom., *USA* 259 E4
Chânes 69 G4, 71 B4
Chanière, la 61 E6, 62 D1
Chaniot, au 60 F4
Chanlin 61 E5
Chanlins-Bas, les 61 E5
Chanlins-Hauts, les 61 E5
Channing Rudd 256 D6
Chanoniers, les 72 A4
Chantada 197 A2
Chante Alouette 127 C4
Chapel Hill 284 D2
Chapelle-Basse-Mer, la 115 E5
Chapelle Chambertin 66 F6
Chapelle-de-Guinchay, La- 71 B4
Chapelle des Bois 72 C4
Chapelle-Heulin, la 115 F5
Chapelle, la 127 B4
Chapelle, Petite 66 F6
Chapelle Reugne, la 61 E2
Chapelle-sur-Erdre, la 114 B3
Chapelle-sur-Loire, la 117 D3
Chapelle-Vaupelteigne, la 75 B2
Chapelot 75 D4
Chapître, Clos du 67 E2
Chapitre, le 118 C4
Chaponnières, les 61 F5
Chappellet 259 D5
Charbonnières 69 D5
Charbonnières, les 64 F4
Chardannes, les 66 F3
Chardonnay 69 A6
Chardonne 221 A1
Chardonnereux, les 62 G3
Chardons, aux Champs 63 E2
Chareau, Clos 59 G5
Charentais 139 B4
Charentay 71 D3, 72 G4
Charles Cimicky 282 C3
Charles F. Shaw 259 C3
Charles Krug 259 C3
Charles Melton 282 C4
Charleston 275 E2
Charlottesville 275 E3
Charlton 280 D2
Charmes, aux 66 F5
Charmes Chambertin 66 F6
Charmes Dessous, les, *Santenay* 59 E2
Charmes-Dessous, les, *Meursault* 60 G5
Charmes-Dessus, les 60 G5
Charmes, les, *Chambolle* 66 F2
Charmes, les, *Puligny* 60 G5
Charmes, les Champs des 67 F3
Charmois, le 60 F2
Charmois, les 65 F1
Charmots, les 62 E1
Charmotte, la 65 F2
Charmotte, la Petite 65 F2
Charnay-lès-Mâcon 69 F4
Charneca 209 D6
Charnières, les 63 D2
Charolles 55 E4
Charondo, Qta do 210 F6
Charpignat 137 C2
Charrat 221 D2
Charreux 67 F2
Charrières, les, *Chassagne* 60 G2
Charrières, les, *Morey St-Denis* 66 F5
Charron, en 59 D3
Charrons, les Grands 61 F1
Charrons, les Petits 61 F1
Chassagne 59 F6, 60 F2
Chassagne du Clos St-Jean 60 F1
Chassagne-Montrachet 55 D5, 60 G2
Chasseignes, les 119 E3
Chasselas 69 F3
Chasselay 71 G4
Châtain 103 B3
Châtains 75 E2

Château

Abbaye-Skinner, de l' 87 E2
Abbé-Gorsse de Gorsse, L' 95 A2
Agassac, d' 95 G6
Aiguille, d' 103 C6
Alberts, les 108 B2
Alesme, d' 95 B2
Amon, le 280 E3
Andron-Blanquet 87 G4
Aney 93 C5
Angélus, l' 105 D3
Angludet, d' 95 D3
Annereaux, des 103A1, 107A2
Anseillan 87 G5, 89 A5

Château

Aquería, d' 130 G6
Arche, d', *Margaux* 95 F6
Arche, d', *Sauternes* 101 F3
Arche-Lafaurie, d' 101 F3
Arche-Pugneau, d' 101 E4
Arche-Vimeney, d' 101 F3
Armailhac, d' 89 B5
Arnauton 102 B6
Arrosée, l' 105 E4
Aubépin, l' 101 F3
Augey, d' 101 D4
Ausone 103 D3, 105 D4
Badon 103 D3
Balestard-la-Tonnelle 105 D5
Barbé 108 D2
Barbe Blanche, de 103 A5
Barbe, de 108 E2
Barbeyrolles 136 C5
Baret 99 C4
Barette 101 F4
Barker 286 G4
Barrails, les 103 B6
Barreyres 93 E6
Basque, le 103 B5
Bastienne, la 103 B3
Bastor Lamontagne 101 D5
Batailley 89 E4
Bayard 103 C4
Beaucastel, de 131 E2
Beaulac-Dodijos 101 C4
Beaulieu 108 F3
Beaumont, de 108 E2
Beauregard 107 E4
Beau-Séjour 103 C5
Beauséjour, *Montagne* 103 B4
Beauséjour, *St-Emilion* 103 D3
Beauséjour, *St-Estèphe* 87 E5
Beau Séjour Bécot 105 D4
Beauséjour Duffau-Lagarosse 105 D4
Beauséjour-Picard 87 E4
Beau-Site 87 D4
Beau-Site Haut-Vignoble 87 D4
Bécade, la 93 D2
Bèdou, le 108 D2
Belair, *Blaye* 108 C2
Belair, *St-Emilion* 103 D3, 105 D4
BelAir, *Bourg* 108 F3
Bel-Air, *Lussac* 103 A5
Bel-Air, *Puisseguin* 103 C5
Bel-Air, *Pomerol* 107 D3
Bel-Air, de 103 B1, 107 B3
Bel-Air-Marquis-d'Aligre 95 B1
Belgrave 91 D3
Belingard 109 D4
Bellefont-Belcier 103 D3, 105 E5
Bellegrave, *Bas-Médoc* 85 A2
Bellegrave, *Pauillac* 89 E5
Bellerive 85 A3
Bellerose 89 B5
Belles-Graves 103 B2, 107 C5
Bellevue, *Blaye* 108 E2
Bellevue, *Pomerol* 107 D3
Bellevue, *St-Emilion* 105 D3
Bellevue, de, *Beaujolais* 72 D4
Bellevue, de, *Montagne* 103 B4
Bel-Orme Tronquoy-de-Lalande 87 B4
Benoit 273 C4
Bergat 105 D5
Berliquet 105 D4
Berthou 108 F3
Bertineau de St-Vincent 103 B3
Beychevelle 91 D5
Beyzac 87 E3
Bianca 273 C4
Bidou 108 E2
Binet 103 C5
Biston-Brillette 93 G3
Blaignan 85 E4
Blanzac 103 E6
Blissa 108 F3
Bodet 102 C6
Boldos de Santa Amalia, Los 297 C5
Bonalgue 107 E2
Bondieu, le 109 D3
Bonneau 103 C4
Bonneau-Livran 87 C4
Bon Pasteur, le 107 D6
Boscq, le, *Bas-Médoc* 85 C5
Boscq, le, *St-Estèphe* 87 D4
Boswell 259 B5
Boulay, du 118 D6
Bourdieu 108 C2
Bourdieu, le, *Bas-Médoc* 85 B3
Bourdieu, le, *St-Estèphe* 87 F2
Bourgneuf-Vayron 107 D3
Bourgueneuf, de 107 D3
Bournac 85 D3
Bourseau 103 B1, 107 A4
Bouscaut 99 E5
Bousquet, du 108 F4
Bouyot, du 101 B4
Boyd-Cantenac 95 C4
Branaire-Ducru 91 D5
Brane-Cantenac 95 C3
Brégançon, de 136 C4
Brehot 103 D5
Breuil, du 87 G3

Château

Briante, de 72 F4
Bridane, la 91 C5
Brillette 93 F3
Brousseau 103 E4
Broustet 101 B4
Brown-Léognan 99 D3
Brûlesécaille 108 F4
By, de 85 C4
Cabanne, la 107 D4
Cadet-Bon 105 C5
Cadet-Piola 103 D3, 105 C4
Caillavel 109 D4
Caillou 101 B3
Caillou, le, *Bergerac* 109 D4
Caillou, le, *Bourg* 108 G4
Caillou, le, *Pomerol* 107 E4
Calon 103 B4
Calon-Ségur 87 D5
Cambon la-Pelouse 95 E4
Camensac 91 D3
Cameron 101 E3
Camperos 101 B4
Canon, *Canon-Fronsac* 102 C5
Canon, *St-Emilion* 103 D3, 105 D4
Canon-Chagneau 103 B3
Canon de Brem 102 C6
Canon-la-Gaffelière 105 E4
Cantegril 101 B4
Cantegrive 103 B6
Cantelaude 95 D4
Canteloup, *Bas-Médoc* 85 E4
Canteloup, *St-Estèphe* 87 E5
Cantemerle 95 E5
Cantenac-Brown 95 C2
Cantereau 107 D3
Cantin 103 D5
Canuet 95 B2
Capbern Gasqueton 87 D5
Cap de Faugères 103 D5
Cap de Haut 93 D6
Capdelong 91 C5
Cap-de-Mourlin 105 C5
Capet-Guillier 103 E4
Capitans, des 72 A5
Carbonnieux 99 E4
Cardonne, la 85 F3
Carelle, la 108 C2
Carles, de 102 A6
Carrie 105 A4
Carte et le Chatelet, la 105 D4
Caruel 108 G3
Cassat 103 C5
Castelot, le 103 D3
Castel Viaud 103 B1, 107 A3
Castera, du 85 F4
Cause, le 103 D4
Cazals Viel 133 B5, 135 C1
Cazenove, de 133 F4
Certan de May 107 D5
Certan Giraud 107 D5
Certan, Vieux 107 D5
Chadène 102 B5
Chais, le 103 C5
Chaize, de la 72 G3
Chambert-Marbuzet 87 F5
Chantegrive 103 E3
Chapelle de Lescourts, la 103 D2
Chapelle-Madeleine 105 D4
Charmail 87 C4
Charmes, des 275 B3
Charron 108 C1
Chaumes, les 108 B2
Chauvin 103 C3, 105 B3
Chêne-Vieux 103 C5
Chesnaye, la 93 B4
Cheval Blanc 103 C2, 105 B2, 107 E5
Chevre 259 F5
Chevrol Bel Air 103 B2
Christoly 108 G5
Cissac 87 G2
Citadelle, de la 108 G3
Civrac 108 F3
Clare, la 85 C3
Clarière Laithwaite, la 103 D5
Clarke 93 F2
Clauzet 87 F4
Clerc-Milon 89 B5
Climens 101 C4
Clinet 107 D4
Cloquet, Vieux 107 C3
Clos de l'Oratoire 105 C5
Clos des Jacobins 103 C3
Clos Maisières 103 E6
Clotte Blanche, la 108 G3
Clotte, la 105 D5
Clusière, la 105 E5
Combrillac 109 D4
Commanderie, de la 103 A2
Commanderie, la, *Pomerol* 107 F3
Commanderie, la, *St-Estèphe* 87 F4
Condamine Bertrand, la 135 C2
Cones-Sebizeaux, les 108 D1
Conseillante, la 103 C2, 105 A2, 107 E5
Corbin 103 B3, 105 B3
Corbin-Michotte 105 B3
Cordeillan-Bages 89 D5

Château

Cos d'Estournel 87 G5, 89 A5
Cos Labory 87 G5, 89 A4
Côte Haut-Brion, la 99 A2
Coubet 108 E2
Coucheroy 99 E4
Coucy 103 C5
Coufran 87 B4
Couhins 99 D5
Couronne, la 89 E4, 91 B4
Court les Mûts 109 D3
Couspaude, la 105 D5
Coustolle 102 B6
Coutelin-Merville 87 F3
Coutet, *Barsac* 101 B4
Coutet, *St-Emilion* 105 D3
Couvent des Jacobins 105 D5
Crock, le 87 F5
Croix Bigorre 103 C6
Croix-de-Gay, la 107 D5
Croix-du-Casse, la 107 E3
Croix, la, *Fronsac* 102 B6
Croix, la, *Lalande-de-Pomerol* 103 B2
Croix, la, *Pomerol* 107 E4
Croix Landon, la 85 D3
Croix-Millorit, de la 108 F2
Croix St-Georges, la 107 E4
Croix Taillefer, la 107 F4
Croizet-Bages 89 D5
Croque Michotte 103 C2, 105 A3, 107 E6
Croûte Charlus 108 G4
Croûte Courpon 108 G4
Cruzeau 103 C1
Cruzelles, les 103 B2, 107 B5
Curebéasse, de 136 B5
Curé Bon la Madeleine 105 D4
Dalem 102 A6
Dassault 105 C5
Dauphine, de la 102 C6
Dauzac 95 D5
Dauzay, de 117 F3
Debaun 255 D5
Désert, le 99 E4
Desmirail 95 C3
Destieux 103 D4
Deyrem-Valentin 95 A2
Dian 93 C5
Doisy-Daëne 101 C4
Doisy-Dubroca 101 C3
Doisy-Védrines 101 C4
Dominique, la 105 B3, 107 E6
Domen 282 B4
Douglas 279 D6
Doumayne 103 C1
Ducru-Beaucaillou 91 D5
Dudon 101 B4
Duhart-Milon Rothschild 87 G4, 89 A4
Duplessis Fabre 93 G2
Durfort-Vivens 95 B3
Eglise-Clinet, l' 107 D4
Enclos, l' 107 C3
Escadre, l' 108 D2
Estang, de l' 103 C6
Evangile, l' 103 C2, 105 A2, 107 D5
Eyquem 108 F2
Eyquems, les 108 F5
Fabas 133 C2
Falfas 108 F3
Fargues, de 101 G6
Fatin 87 E5
Faures, des 103 B6
Faurie-de-Souchard 105 C5
Ferrade, la 99 B4
Ferran 99 G6
Ferrand 107 F3
Ferrand, de 103 D4
Ferrasse, *Castillon* 103 E6
Ferrasse, *St-Etienne* 103 E5
Ferrière 95 B2
Feytit-Clinet 107 C4
Fieuzal, de 99 G3
Figeac 103 C2, 105 B2
Filhot 101 G3
Fines Roches, des 131 F2
Fleur du Roy, la 103 C2, 107 E4
Fleurie, de 72 C5
Fleur-Milon, la 89 B5
Fleur-Pétrus, la 103 B2, 107 D5
Fleur-Pourret, la- 105 C4
Flojague, de 103 D6
Fombrauge 103 D4
Fonbadet 89 E5
Fongaban 103 B6
Fonplégade 105 E4
Fonroque 103 C3, 105 C4
Fontaine, la 102 B6
Font de Loup, de la 131 F3
Font-Petite 87 F5
Fortia 131 F2
Fougas 108 F4
Fourcas-Hosten 93 F2
Fournas Bernadotte, le 89 D3
Fournas, le 89 D2
Fourney 103 E4
France, de 99 G3
France, la 85 E3
Francois 278 C4
Franc-Maillet 107 D6

Château

Franc-Mayne 105 C3
Frank 275 B4
Gaby, du 102 C6
Gaffelière, la 103 D3, 105 E4
Gaillardet 103 E6
Gallant 271 C6
Galoupet, de 136 C4
Garcinières, des 136 C5
Garde, la, *Blaye* 108 C2
Garde, la, *Martillac* 99 G6
Gardine, de la 131 F2
Gardiole, la Grande 131 E2
Garélle, la 103 E3
Garraud 103 B3
Gay, le 103 B2, 107 D5
Gazin, *Blaye* 108 E2
Gazin, *Fronsac* 102 B5
Gazin, *Léognan* 99 F2
Gazin, *Pomerol* 107 D6
Gilet Bayard 103 C4
Gilette 101 C6
Gironville 95 D5
Gironville, de 95 F5
Giscours 95 D4
Glana, du 91 D5
Gloria 91 D5
Gombaude-Guillot 107 D3
Gontet 103 C5
Gontier 108 D1
Gorce, la 85 E4
Goujon 103 B2
Gourgazaud, de 133 B3
Grand Barrail-Lamarzelle Figeac (Hôtel) 105 C2
Grand-Bigaroux 103 D3
Grand Corbin, de 105 B4
Grand Corbin Despagne 105 A3
Grand-Corbin-Manuel 105 A4
Grandes-Murailles 105 D4
Grandis 87 C4
Grand-Jour 108 G5
Grand-Mayne 103 D3, 105 C3
Grand Mazerolle, le 108 C2
Grand Moulin, *Bas-Médoc* 85 F5
Grand Moulin, *Corbières* 133 C4
Grand-Moulinet 107 C3
Grand Ormeau 107 B5
Grand Pontet 105 C4
Grand Poujeaux 93 E4
Grand-Puy-Ducasse 89 D6
Grand-Puy-Lacoste 89 D4
Grand Soussans, du 93 F6
Grand Tuillac 103 C6
Grange de Lescure, la 103 F2
Grange-Neuve, de 107 D3
Granges d'Or, les 85 D4
Grate-Cap 107 E4
Graulet 108 D2
Graulet, la 108 E2
Gravas 101 C4
Grave, de la 108 F3
Grave Figeac, la 105 A2
Gravet 103 D2
Grave Trigant de Boisset, la 107 C4
Greysac 85 B4
Grézan, de 133 A5, 135 C1
Grillet 126 D2
Grillon 101 C4
Grivière, la 85 E3
Gros Moulin 108 G4
Gruaud-Larose 91 D4
Guadet St-Julien 105 D5
Guerry 108 F4
Gueyrosse 103 D1
Guibeau 103 B6
Guillemot 103 D4
Guillotin 103 C5
Guillou 103 C3
Guionne 108 F4
Guiraud 101 G4
Guiraud, le 108 E2
Guitard 103 B4
Guiteronde 101 C3
Guitignan 93 F3
Hallet 101 B4
Hannetot, le 99 E4
Hanteillan 87 F3
Haut-Bages-Averous 89 D5
Haut-Bages-Libéral 89 E5
Haut-Bages-Monpelou 89 D4
Haut-Bailly 99 F4
Haut-Ballet 103 B3
Haut-Batailley 89 F4, 91 B3
Haut-Bergey 99 F3
Haut-Bernon 103 B5
Haut-Bommes 101 F3
Haut-Breton-Larigaudière 95 A1
Haut-Brion 99 A2
Haut-Corbin 105 A4
Haute-Faucherie 103 B3
Hauterive 85 G4
Haut-Gardère 99 G3
Haut Madère 99 C4
Haut-Madrac 89 D3
Haut-Maillet 107 D6
Haut-Marbuzet 87 F5
Haut-Nouchet 99 G6
Haut Piquat 103 B4
Haut-Sarpe 103 D4, 105 D5
Haye, la 87 F4

ORTSREGISTER

Château
Heaumes, les 108 E2
Hère, le 101 F3
Hontemieux 85 E4
Hortevie 91 D5
Houissant 87 F5
Hourbanon 85 F2
Hourtin-Ducasse 89 D3
Hourtou 108 F4
Hoyt Beauséjour 103 E5
Huchat, 102 B5
Issan, d' 95 B3
Jacobins, Clos des 105 C3
Jacques-Blanc 103 E4
Jappe-Loup 103 D5
Jarousse, la 103 C6
Jaubertie, de la 109 D4
Jau, de 133 E4
Jean-Blanc 103 E4
Jeandeman 102 B6
Jean-Faure 105 B3
Jean Loron, de 72 B6
Jouans, les 103 E2
Julien 263 F3
Juliénas, de 72 A5
Junayme 102 C6
Kefraya 243 E5
Kirwan 95 C3
Labarde 108 F4
Labégorce 95 A2
Labégorce-Zédé 95 A2
Laborde 103 A1
Labrède 108 F4
Labrousse 108 C1
Lacoste 103 B5
Lafaurie-Peyraguey 101 F3
Laffitte-Carcasset 87 E4
Lafite-Rothschild 87 G5, 89 A5
Lafitte Cante Loup 95 G5
Lafleur 103 B2, 107 D5
Lafleur-Gazin 107 D5
Lafon, *Bas-Médoc* 85 E3
Lafon, *Sauternes* 101 F4
Lafon-Rochet 87 G4, 89 A4
Lagrange, *Pomerol* 107 D5
Lagrange, *St-Julien* 91 D3
Lagüe 102 C6
Lagune, la 95 F5
Lagurgue 95 B2
Lalande-Borie 91 D4
Lalibarde 108 F3
Lamarque, de 93 D5
Lamarzelle 105 C2
Lamothe, *Bourg* 108 F4
Lamothe, *Sauternes* 101 G3
Lamothe Bouscaut 99 E5
Lamothe-Cissac 87 G2
Lamothe-Guignard 101 G3
Lamourette 101 F3
Lamouroux, de 95 B2
Landat 87 F2
Lanessan 91 E4
Langlade 103 C4
Langoa-Barton 91 C5
Laniote 105 C4
Lapelletrie 103 D4, 105 D6
Lapeyronie 103 E6
Larcis-Ducasse 103 D3, 105 E5
Larmande 105 C5
Larose-Trintaudon 91 C3
Laroze 105 C3
Larrivaux 87 G3
Larrivet Haut-Brion 99 F4
Lartigue 87 F5
Lascombes 95 B2
Lassègue 103 D4
Latour 89 F6, 91 B5
Latour à Pomerol 103 B2, 107 C4
Latour-Gayet 108 B2
Latour Haut-Brion 99 A3
Latour Martillac 99 G6
Laujac 85 C1
Launay 108 E3
Laurensanne 108 F3
Laurets, des 103 C5
Laussac 103 E6
Lavergnotte 103 E6
Laville Haut-Brion 99 A3
Lavillotte 87 E3
Lavinot-la-Chapelle 103 B3
Léoville-Barton 91 C5
Léoville-Las-Cases 91 C5
Léoville-Poyferré 91 C5
Lescaneaut, de 103 F6
Lescours 103 D2
Lestage 103 C5
Lestage-Simon 87 C4
Lieujan 89 D2
Ligondras 95 D2
Lilian Ladouys 87 G4
Lionnat 103 B5
Liot 101 C4
Liversan 89 C2
Livran 85 G3
Lorane 271 E2
Loudenne 85 E6, 87 A4
Loumède 108 D3
Louvière, la 99 E4
Lucas 103 B5
Ludon Pommiès-Agassac 95 G6
Lumière 248 D4

Château
Lussac 103 B5
Lynch-Bages 89 D6
Lynch-Moussas 89 D3
Macau 108 F5
MacCarthy Moula 87 F5
Magdelaine 103 D3, 105 D4
Maison Blanche 103 B3
Malangin 103 C5
Malartic-Lagravière 99 F3
Malescot St-Exupéry 95 B3
Malle, de 101 D6
Malleprat 99 F6
Malleret, de 95 G4
Manissy, de 130 G6
Marbuzet, de 87 F5
Marchand 103 B4
Maréchaude, la 103 B2, 107 B4
Margaux 95 B3
Marquis de Terme 95 B2
Marsac Séguineau 95 A2
Martinens 95 C2
Martinet 103 D1
Matras 105 D4
Maucaillou 93 E4
Maucamps 95 E6
Maucoil 131 E2
Mauras 101 E3
Maurens 103 D4
Mausse, le 102 B5
Mauvanne, de 136 C4
Mauvezin 105 C5
Mayne-Blanc 103 A5
Mayne, du, *Barsac* 101 B4
Mayne, du, *Preignac* 101 D4
Mayne, le 103 C5
Mayne-Vieil, le 102 A6
Mazeris 102 B5
Mazeyres 107 D2
Mazeyres, Clos 107 D1
Ménaudat, le 108 B1
Mendoce 108 E2
Menota, de 101 B4
Meyney 87 E5
Meynieu, le 87 E2
Miaudoux, les 109 D3
Michel-de-Montaigne 109 D3
Milhau-Lacugue 133 B5, 134 C6
Mille Secousses, de 108 G4
Minière 117 D3
Minuty 136 C5
Mission Haut-Brion, la 99 A3
Moines, des 103 A2
Monbadon, de 103 B6
Monbazillac, de 109 D4
Monbousquet 103 E3
Monbrison 95 E2
Moncets 103 B2
Monconseil 108 E2
Mondou 103 D3
Montaiguillon 103 C3
Montbrun 95 B3
Montelena 259 B1
Monthil 85 B2
Montlabert 105 B3
Montmarin, de 133 B6, 135 D2
Montmirail, de 131 D5
Montrose 87 F5
Morin 87 D4
Mouleyre, la 103 D5
Moulin-à-Vent, *Listrac-Médoc* 93 G1
Moulin à Vent, *Pomerol* 103 B2, 107 C5
Moulin-Blanc, *Néac* 103 B3
Moulin Blanc, *Lussac* 103 B5
Moulin-de-Cadet 105 C4
Moulin-de-Castillon 85 D5
Moulin de Courrech 103 B6
Moulin-de-la-Rose 91 D5, 93 A4
Moulin des Laurets 103 C5
Moulinet 107 B3
Moulin Pey-Labrie 102 B5
Moulin-Riche 91 C3
Moulin Rompu, le 108 G3
Moulin Rouge, du 93 B4
Moulin St-Georges 105 D4
Moulins de Calon 103 B4
Mouton-Rothschild 89 B5
Musar 243 E5
Musset, *Pomerol* 103 A2
Musset, *Montagne* 103 C4
Myrat 101 B4
Nairac 101 A4
Négrit 103 B3
Nenin 103 C2, 107 E3
Nerthe, de la 131 F2
Nervers, de 72 G4
Nodot 108 F3
Nodoz 108 F4
Notton-Baury 95 D3
Nouvelles, de, *Corbières* 133 E3
Nouvelles, de, *Fitou* 133 E4
Nozay, de 119 E3
Nozet, du 119 F4
Olivier 99 E3
Ormeau, Grand 103 B2
Ormes-de-Pez, Les- 87 E4
Ormes Sorbet, les 85 D4

Château
Pabeau 85 F5
Pailhas 103 E4
Palmer 95 B3
Panigon 85 D2
Panisseau, de 109 D3
Pape Clément 99 A1
Pape, le 99 F4
Papeterie, la 103 C2
Paradis, du 103 F4
Pardaillan 108 D2
Parsac 103 C5
Partarieu 101 F6
Patâche 107 C4
Patâche d'Aux 85 C3
Pavie 103 D3, 105 E5
Pavie-Décesse 105 E5
Pavie-Macquin 105 D5, E5
Paynal, le 109 D3
Pech-Celeyran 133 C5, 135 D1
Pedesclaux 89 B5
Peillan, le 103 E3
Peillon-Claverie 101 G5
Perenne 108 C2
Pernaud 101 C4
Perrière, la 103 B5
Perron 103 B2, 107 A4
Perruchon 103 A5
Petit Bigaroux 103 E3
Petit Faurie de Soutard 105 C5
Petit Gravet 103 D3
Petits Amauds, les 108 D2
Petit-Village 103 C2, 107 E4
Pétrus 103 B2, 107 D5
Peychaud 108 E3
Peyguilhem 102 A6
Peymartin 91 C3
Peyrabon 89 C2
Peyredoulle 108 E2
Peyre-Lebade 93 F3
Peyron 101 G6
Peyroutas 103 E3
Pez, de 87 E4
Phélan Ségur 87 E5
Piada 101 C4
Pibran 89 C5
Picard 87 E5
Pichon-Longueville (Baron) 89 E5, 91 B4
Pichon-Longueville-Comtesse-de-Lalande 89 E5, 91 B4
Pick, du 101 D4
Pierrière, la 103 D6
Pierreux, de 72 G3
Pinet 108 D3
Pin, le 107 E4
Piot 101 C5
Pipeau, *Fronsac* 102 B5
Pipeau, *St-Laurent* 103 E4
Pique-Segue 109 D3
Plagnac 85 D3
Plain Point 102 B5
Plaisance 103 C3
Plantes, les 101 A5
Plantey, le 85 E5
Plantier-Rose 87 E4
Platanes, des 103 E5
Pleytegeat 101 E5
Plince 107 E3
Pointe, la 107 E3
Pomys 87 F4
Poncier, de 72 C5
Pontac-Lynch 95 B3
Pontac-Monplaisir 99 D5
Pont de Langon, du 99 D5
Pont de Pierre 103 A4
Pontet-Canet 89 C5
Pontet-Clauzure 105 C4
Pontoise-Cabarrus 87 C4
Pontus 102 B6
Potelle 259 F3
Potensac 85 F4
Pouget 95 C4
Poujeaux 93 E4
Poumey 99 D2
Poupille 103 D6
Pres, les 72 D4
Pressac, de 103 D5
Preuillac 85 F3
Prieuré-Lichine 95 C3
Prost 101 A5
Puy Arnaud 103 D6
Puy-Blanquet Camille 103 D4
Puy-Castéra 87 G3
Puy, le 103 C5
Queyron 103 E3
Quinault 103 D1
Rabaud-Promis 101 E4
Raissac, de 133 B5, 135 D1
Ramage la Batisse 89 B2
Rasclet 103 E3
Raspail 131 C5
Rausan-Ségla 95 B2
Raux, du 93 C5
Rauzan-Gassies 95 B2
Rayas, du 131 F2
Raymond-Lafon 101 E4
Rayne-Vigneau 101 F3
Réal Martin 136 B3
Remparts, les 101 D4
Remy 280 E2

Château
Rétout, du 93 D4
Rêve d'Or 107 C3
Rey, de 133 F4
Reynella 284 C2
Reysson 87 E2
Rèze, la 133 C3
Richards, les 108 E4
Richelieu 102 C6
Rieussec 101 F5
Rigaillou 99 D4
Rigaud 103 C5
Ripeau 103 C3, 105 B3
Rivereau 108 F4
Rivière, de la 102 B5
Robin 103 C4
Roc de Boissac, du 103 B5
Roc de Joanin 103 C6
Rochemorin 99 F5
Rocher Bellevue 103 E5
Rocher-Corbin 103 B3
Rochers, des 101 C5
Rocheyron 103 D4
Roland 87 G5, 89 A5
Rolland 101 B5
Romefort 93 D5
Romer-du-Hayot 101 E5
Roques, de 103 B5
Roudier 103 C4
Rouet 102 B5
Rouget 107 C4
Roumieu 101 C4
Rousselle 108 E2
Rousset 108 F3
Roux, de 136 B4
Rozay, du 126 C2
Rozier 103 D4
Ruat Petit-Poujeaux 93 G2
St-Amand 101 B5
St-André 103 B3
St-André Corbin 103 C3
St-Bonnet 85 C5
Ste-Marguerite 136 C4
Ste Michelle, *Seattle* 271 A3
Ste Michelle, *Yakima* 272 G4
Ste-Roseline 136 B5
St-Estèphe 87 F4
St-Georges 103 C4
St-Georges Côte Pavie 105 E4
St-Georges Macquin 103 C3
St-Germain 108 D2
St Jean, *Green Valley* 255 E5
St Jean, *Sonoma* 254 D4
St-Jean de Baron 103 F5
St-Martin, de 136 B4
St Maur 136 C5
St-Paul 87 C4
St-Philippe, de 103 C6
St-Pierre 91 D5, 93 A4
St-Saturnin 85 C3
St-Vincent 102 B5
Sales, de 103 B1, 107 B2
Salle, la 108 B1
Sanctuaire, le 103 B6
Sansonnet 105 D5
Saransot-du-Pré 93 E2
Sassay, de 117 G3
Sassenage (Mont-Jallon) 269 D4
Segonzac 108 C1
Ségriers, de 130 F5
Selle, de 136 B4
Semeillan-Mazeau 93 F1
Serre, la 105 D5
Siaurac 103 B3
Sigalas-Rabaud 101 E4
Signat 102 B5
Sigognac 85 E5
Simon 101 B4
Simone 136 B1
Sipian 85 B2
Siran 95 C5
Smith Haut-Lafitte 99 E5
Sociando-Mallet 87 C5
Soucarde 108 F3
Soudars 87 B4
Soutard 103 C3, 105 C5
Souverain 255 B4
Suau 101 B5
Suduiraut 101 E4
Surbezy-Cartier 133 D4
Tahbilk 280 D4
Tailhas, du 105 C1, 107 F4
Taillefer 103 C2, 107 F3
Talbot 91 C4
Tayac, *Bourg* 108 G2
Tayac, *Soussans* 93 G5
Temple, le 85 B2
Terrefort 95 D5
Terrey-Gros-Cailloux 91 D4
Tertre-Daugay 105 E3
Tertre, du 95 D2
Tessendey 102 B6
Teynac 91 D4
Teyssier 103 E3
Teyssier, le 103 B5
Thau, de 108 F2
Thivin 72 F4
Tiregand, de 109 D4
Touilla 101 E6
Toumalin 102 B6
Tourans 103 D4
Tour Bigorre 103 D6
Tour Blanche, la, *Bas-Médoc* 85 D5

Château
Tour-Blanche, la, *Sauternes* 101 F3
Tour-Camet, la 91 D2
Tour de By, la 85 B4
Tour de Grenet 103 A5
Tour de Marbuzet 87 F5
Tour-de-Pez, La 87 E3
Tour de Ségur, la 103 A5
Tour des Termes 87 D4
Tour d'Horable 103 E6
Tour du Mirail, la 87 G2
Tour du Pin Figeac, la 103 C2, 105 B2, 107 E5
Tour-du-Roc 93 F5
Tour-Figeac, la 105 B2, 107 F4
Tour Fonrazade 105 D2
Tour Haut-Caussan 85 E3
Tour Léognan, la 99 E4
Tournefeuille 103 B2, 107 C6
Tour Pibran, la 89 C5
Tour-Prignac, la 85 E2
Tour St-Bonnet, la 85 C4
Tour St-Joseph 87 G2
Tours, des 103 C4
Tour Seran, la 85 C4
Tourteran 89 C2
Tracy, de 119 F4
Trapaud 103 D5
Treille des Girondins, la 103 E5
Trimoulet 103 C3, 105 B5
Trinquevèdel, de 130 G6
Trois Moulins 105 D4
Tronquoy-Lalande 87 E5
Troplong-Mondot 105 D5
Trotanoy 103 C2, 107 D4
Trotte Vieille 103 D3, 105 D5
Tuilerie, la 108 E3
Tuilière, la 108 E2
Valade, la 102 B6
Valoux 99 E5
Vaudieu, de 131 F2
Verdet 103 D1
Verdignan 87 B4
Vernon 103 C6
Vernous 85 F2
Vésinerie 103 C5
Veyrac 103 D5
Viaud, de 103 B1, 107 A3
Victoria 87 F3
Videlot 103 D1
Vieux Certan 103 C2
Vieux-Château-Landon 85 D3
Vieux Chênes, des 103 B4
Vieux Chevrol 103 B2, 107 B6
Vignelaure 136 A2
Villars 102 A6
Villemaurine 105 D5
Vincent 95 B3
Violette, la 107 D4
Vrai-Canon-Bouché 102 C5
Vrai-Canon-Boyer 102 C5
Vray-Croix-de-Gay 107 D5
Woltner 259 C3
Xanadu 287 E1
Yaldara 282 C3
Yon 103 C4
Yon-Figeac 103 C2, 105 C3
Yquem, d' 101 F4
Châteaubernard 110 D6
Château-Chalon 137 F5
Châteaumeillant 53 D3, 139 F2
Châteauneuf-du-Pape 129 D4
Châteaurenard 129 E4
Châteauthébaud 115 F4
Château-Thierry 76 B3
Châteauvert 136 A3
Chatelots, les 66 F3
Chatenay 72 C3
Chatenière, la 60 E3
Châtenois 120 C4
Châtillon 71 G3
Chatsfield 286 G4
Chaudefonds-sur-Layon 116 C2
Chaume 116 C3
Chaume de Talvat 75 F2
Chaumées, les 60 F2
Chaumes de Narvaux, les 60 F6
Chaumes des Casse-Têtes 61 F1
Chaumes et la Voierosse, les 63 E3
Chaumes, les, *Aloxe-Corton* 63 E3
Chaumes, les, *Chassagne* 59 G6, 60 G1
Chaumes, les, *Côte Chalonnaise* 68 D3
Chaumes, les, *Meursault* 60 F5
Chaumes, les, *Vosne-Romanée* 65 F4
Chaux, les 127 B6
Chavanay 126 F1
Chaves 208 A5
Chavignol 119 F2
Chazay-d'Azergues 71 G4
Chazière 67 E2
Cheffes 114 A5
Chehalis 271 B2
Cheilly 55 D5
Cheleiros 209 E4
Chellah 245 B2
Chemarin, Grand 119 F3
Chemillé 114 C4
Cheminots, aux 67 F4
Chemnitz 143 A5
Chénas 55 F5, 72 B5
Chénelette 71 C1
Chêne Marchand, Clos du 119 F2
Chênes, Clos des 61 F4
Chênes, les, *Beaujolais* 72 D5
Chênes, les, *Chassagne* 60 G1
Chenevery, Bas 66 F4
Chenevery, les 66 F4
Chenevières, les 67 F4
Chenevières, les Basses 67 F4
Chenevottes, les 60 F2
Chengde 246 A4
Chenôve 57 B5
Chenys, Champs 66 F6
Cherasco 176 F1
Cherbaudes 67 F1
Chermont 275 E3
Chers, les 72 A5
Cheseaux, aux 66 F5
Chessy 71 G3
Chester 275 D4
Chétives Maisons, les 119 F5
Cheurlin, Dom. 269 D4
Cheusots, aux 67 E4
Chevagny-lès-Chevrières 69 E4
Chevalier, Dom. de 99 G2
Chevalier Montrachet 60 F3
Chevalière, La 126 B4
Chevalières, les 61 F1
Chevret, en 61 F3
Chevrette 117 C2
Chevrol 103 B2, 107 C6
Chexbres 221 A1
Chianciano 190 F5
Chianciano Terme 190 F5
Chianti 187 B4, 190 F4, G2
Chianti Classico 187 B3
Chianti Geografico, Agricoltori del 189 F5
Chicama 275 C6
Chichée 75 E5
Chicheng 246 B3
Chiddingstone 298 F5
Chienis 184 E4
Chieri 175 B2
Chieti 187 F6
Chignin 137 C2
Chigny-les-Roses 79 B4
Chihuahua 269 E4
Chilènes, les 62 F5
Chilford Hundred 298 E5
Chillan 295 D2
Chille 137 G4
Chillon 221 B1
Chimbarongo 297 D5
Chimney Rock 259 F5
Chindrieux 137 C2
Chino 248 C3
Chinon 114 C6, 117 F4
Chióggia 179 D4
Chiópris-Viscone 183 C4
Chiquet 99 B2
Chiripada Winery, La 269 D4
Chiroubles 55 F5, 72 C4
Chirpan 235 D3
Chisinau 240 B1, 241 F5
Chitry 73 E4
Chiuro 177 B4
Chiveau, en 61 E6
Chlmec 230 G6
Chlumcany 230 E2
Cholame 265 B4
Cholet 114 C4
Chorombo 297 A4
Chouacheux, les 62 F3
Chouillet, au 65 F2
Chouilly 79 E3
Chouinard 263 A3
Choully 220 C3
Chouzé-sur-Loire 117 E2
Chowchilla 267 D4
Christchurch 288 E4
Christian Bros 259 D3
Christiano, Qta do Dr. 210 F6
Christies Beach 284 C1
Christmas Hills 281 B4
Christopher Creek 255 C5
Chum Creek 281 A5
Chur 219 F5
Chusclan 129 D4
Ciadîr Lunga 241 G5
Ciampino 193 D4
Cibio, Qta do 211 E1
Cibonne, Clos 136 C3
Cienega 263 E4
Cigales 197 B3
Cigognola 177 E5
Cilento 195 C4
Cinfães 215 D6
Cinq Cantons, les 131 F5
Cinque Terre 173 F5
Cissac-Médoc 87 G2
Cisterna di Latina 193 F6
Citernes, les 63 F3
Citrusdal 290 D2
Città della Pieve 192 D4
Citta di Castello 192 B5
Ciuciuleni 241 E4
Ciudad de México 269 G5
Ciudad Juárez 269 D4
Ciudad Victoria 269 F5
Ciumai 241 G5
Civezzano 184 C5
Cividale del Friuli 181 B5, 183 A4
Civrac-en-Médoc 85 D3
Claiborne & Churchill 265 D3
Clairette du Languedoc 135 D5
Clanwilliam 290 D2
Clape, la 135 E1
Clapière, Dom. de la 136 C3
Clare 276 B6, 283 D5
Clare Estate, The 283 D6
Clarendon 284 C3
Clare-Watervale 276 B6
Clarksburg 267 A2
Claude, les Champs 59 G5
Claveries, les 101 G5
Clavoillon 60 G4
Clay 267 A2
Clear Lake 256 C5
Clearlake Highlands 256 C6
Clearlake Oaks 256 C5
Clearlake Park 256 C5
Cle Elum 271 A4
Clémenfert 67 E4
Clements 267 B2
Clermont-l'Hérault 135 B2
Clessé 55 E5, 69 C5
Cleveland 275 C2
Climat du Val 61 D2
Cline Cellars 257 F4
Clinton 275 C5
Clisson 114 C3, 115 G5
Clocher, Clos du 107 D4
Clomée, en 67 F4
Clos du Bois 255 B5
Clos, le 118 B4
Clos, Le 126 C3
Clos, les 66 E2
Clos, Les 75 D4
Clos, les Petits 59 F5
Closeau, au 67 F1
Closeaux, les 61 E1
Clou des Chênes, le 61 E3
Cloudy Bay 289 F4
Clous, aux 63 D1
Clous Dessous, les 61 F1
Clous Dessus, les 60 E6
Clous, les 61 E3
Cloux, les 68 A4
Cloverdale 255 A3, 256 D4
Clovis 267 D5
Cluj-Napoca 237 B3
Cobden 280 G1
Cobram 280 C4
Cochem 143 B2
Cochran 273 A4
Codevilla 177 F3
Codigua 297 B4
Codolet 130 E6
Codorníu Napa 257 E5
Codróipo 181 C4
Cognac 110 D5
Cognac et Vins Charentais, Coop. de 110 G6
Cogolin 136 C5
Cohn, B R 254 F4
Coihueco 295 D2
Coilsfield 281 C5
Coimbra 208 C4
Coin 207 D4
Coin, le 126 C2
Coinsins 220 B4
Coka 233 B5
Colac 277 D2, 280 G2
Colares 208 D3, 209 E3
Colbún 297 G4
Coldstream 280 F4, 281 C4
Coldstream Hills 281 C5
Coldstream West 281 C3
Cole Ranch 256 C3
Colima 269 G5
Colina 295 B3
Colinele Tutovei 237 C5
Collan 73 D6
Collavini 183 B4
Collbató 205 D4
Colldejou 204 G6
Colle di Val d'Elsa 189 F2
Colli Albani 187 F3, 193 E4
Colli Altotiberini 187 C5, 192 B4
Colli Amerini 187 D4, 192 F5
Colli Berici 179 D3
Colli Bolognesi 179 F3, 187 A4
Colli del Trasimeno 187 C4, 192 C4
Colli di Bolzano 179 B3, 185 B3
Colli di Luni 173 G6
Colli di Parma 173 E6, 179 E1
Colli Euganei 179 D3
Colli Fidrentini 189 B3
Colli Fiorentini 187 B4
Colli Lanuvini 193 E5
Colli Martani 187 D4, 192 D5
Colli Morenici Mantovani del Garda 179 D2
Colline Lucchesi 187 A3
Collines de la Moure 139 D1
Collines Rhodaniennes 139 C4
Collio Goriziano o Collio 179 B6, 181 C6, 183 C5, D5
Colli Orientali del Friuli 179 B6, 181 B5, 183 B4
Collioure 133 G5
Colli Perugini 187 C4, 192 D5

ORTSREGISTER

Colli Piacentini 173 E5
Colli Senesi 187 B3, 189 F2
Colli Tortonesi 173 E4
Collonges 221 D2
Colmar 120 E4, 123 C1
Colmenar 207 D5
Colognola ai Colli 183 G1
Cologny 220 C4
Colombette, Dom. de la 133 B5, 135 C1
Colombier 109 B6
Colombier, Le 131 C5
Colombière, la 65 G4
Colonia 294 F2
Colonna 193 D5
Colorina 177 B2
Coltanco 297 C5
Colton 273 C6
Columbia 271 A3
Columbia Crest (Ch. Ste Michelle) 271 C5
Columbia Valley 271 B5
Columbus 275 D1
Comalle 297 E4
Comandante Salas 295 B5
Combards, les 59 F6, 60 F1
Combe, au Bas de 65 F3
Combe au Moine 67 E2
Combe Brûlée 65 E4
Combe, Clos de la 107 C3
Combe Danay, la 61 D3
Combe de Lavaut 67 D1
Combe, Dom. de la 107 C3
Combe d'Orveau, la 66 E1
Combe Roy, En 67 E4
Combes Dessous, les 61 F5
Combes Dessus, les 61 F5
Combes du Bas 67 F2
Combes du Dessus 67 E2
Combes, les, *Aloxe-Corton* 63 F3
Combes, les, *Beaujolais* 72 G4
Combes, les, *St-Aubin* 60 F2
Combes, les, *Volnay* 61 F5
Combettes, les 60 G4
Combotte, la 61 E5
Combottes, aux, *Chambolle-Musigny* 66 F3
Combottes, aux, *Gevrey-Chambertin* 66 F5
Combottes, les 66 F3
Commaraine, Clos de la 61 F6, 62 E1
Comme Dessus 59 F4
Comme, la 59 F4
Communes, aux 65 G4
Como 173 C5
Compania, La 201 B3
Comps 108 F3
Comrat 241 F5
Comté de Grignan 139 C4
Comtés Rhodaniens 139 G3
Comté Tolosan 139 G2
Conca de Barberà 197 B5, 205 E2
Conca de Tremp 197 B5
Concannon 263 A3
Concepción, *Chile* 295 E1
Concepcion, *USA* 265 G4
Concha, La 201 D2
Concha y Toro 297 B6
Concord 275 B6
Condado de Huelva 197 D2
Condemennes, les 66 F2
Condobolin 277 A4
Condom 113 E3
Condorcet 131 G2
Condrieu 125 A4, 126 D3
Conegliano 181 C2
Conesa 205 E2
Connardises, ez 63 E2
Conn Creek 259 D4
Conn Valley 259 C4
Conrotto 263 D4
Consorzio Agrario Provinciale di Siena 189 E3
Constanta 237 E5
Constanti 205 F2
Constantia 290 F1,G1
Constitución 295 C2
Conthey 221 C3
Conti 286 C2
Conti Bossi Fedrigotti-Foianeghe 184 E4
Conti Formentini 183 C6
Conti Martini 184 A5
Conti Serristori 189 B3
Contres 115 B3
Contrie, la 117 D2
Cook, R & J 267 E3
Coolalta 278 C4
Coolawin/Normans 284 C3
Cooma 277 C5
Coonawarra 277 D1, 285 B6
Coonawarra Station 285 B5
Cooper Mountain 273 B5
Coorara 284 C2
Coos Bay 271 F1
Cootamundra 277 B4
Copera, La 201 C4
Copertino 195 C6
Coppet 220 C4
Coquille 271 F1
Coquimbo 294 F1
Corbeaux, les 67 E1
Corbera d'Ebre 204 G5
Corbères-Abères 113 F2
Corbett 273 B6
Corbett Canyon 265 D3
Corbeyrier 221 B1
Corbières 133 E5, 135 D5
Corbins, les 61 F2
Corbonod 137 B2
Corcelles-en-Beaujolais 72 D5
Corchuelo, El 201 D2
Corcolle 193 C5
Corcoran 267 F5
Cordes 113 D6
Cordoba, *Argentinien* 294 F2
Córdoba, *Spanien* 207 A4
Cori 187 F3, 193 E6
Coriole 284 D2
Cormans 183 C5
Cormóns 181 C5
Cormontreuil 79 A4
Cornellà de Llobregat 205 E5
Cornesti 241 F5
Cornières, les 59 E2
Corno di Rosazzo 183 B4
Cornudella de Montsant 204 F6
Corowa 277 C3, 280 C5
Corowa-Rutherglen 277 C3, 280 D5
Corpus Christi 269 E6
Corregidor, El 201 C4
Corregidor Viejo, El 201 C4
Corsier 220 C4
Cortadedos 201 D2
Corte 140 E4
Cortese dell'Alto Monferrato 173 E3, 175 D5
Cortese di Gava 173 E4
Corti, Le 189 C3
Cortina d'Ampezzo 179 B4
Corton Charlemagne 63 E4
Corton, le 63 E4
Cortons, les 60 F3
Coruche 208 D4
Çorum 243 B4
Corvallis 271 E2, 273 E4
Corvées, aux, *Gevrey-Chambertin* 67 F1
Corvées, aux, *Prémeaux-Prissey* 64 F4
Corvino San Quirico 177 F4
Cosentino 259 E4
Cosenza 195 D4
Cosne-Cours-sur-Loire 115 B6
Costa-Albondón 197 E4
Costa de Bo, Qta da 210 F3
Costalunga 183 G2
Costa, Qta da 210 D5
Costello 259 F5
Costermano 182 E3
Costers del Segre 197 B5
Coswig 167 C6
Cotas 210 D6
Coteau des Bois, le 65 F1
Coteau de Vincy 220 B4
Coteaux Charitois 139 F4
Coteaux d'Ancenis 53 D1
Coteaux de Bessilles 138 D6
Coteaux de Cèze 139 B2
Coteaux de Coiffy 139 C4
Coteaux de Fenouillèdes 138 F4
Coteaux de Fontcaude 138 D5
Coteaux de Glanes 139 E4
Coteaux de la Cabrerisse 138 E5
Coteaux de Languedoc 134 D6
Coteaux de l'Ardèche 139 A4
Coteaux de l'Aubance 116 C4
Coteaux de Laurens 138 D5
Coteaux de Miramont 138 E4
Coteaux de Murviel 138 D5
Coteaux de Narbonne 138 E5
Coteaux d'Enserune 138 D5
Coteaux de Peyriac 138 D4
Coteaux de Pierrevert 53 F5, 139 G3
Coteaux de Salagou 138 C6
Coteaux des Baronnies 139 C4
Coteaux du Cher et de l'Arnon 139 B4
Coteaux du Grésivaudan 139 D4
Coteaux du Languedoc 133 B5
Coteaux du Libron 138 D6
Coteaux du Littoral Audois 138 E5
Coteaux-du-Pont-du-Gard 139 C2
Coteaux du Quercy 139 F4
Coteaux du Termenès 138 E4
Coteaux du Vendômois 53 C2
Coteaux et Terrasses de Montauban 139 G4
Coteaux Flaviens 139 C2
Côte Blonde 126 B4
Côte Boudin 126 B4
Côte Brune 126 B4
Côte de Bréchain 75 D5
Côte de Brouilly 55 F5, 72 F4
Côte de Fontenay 75 C4
Côte des Prés Girots 75 D6
Côte, la 119 E2
Côte, La 219 F1
Côte Roannaise 53 D4, 139 F3
Côte Rôtie 126 B3
Côte Rôtie, *Beaujolais* 72 D4
Côte Rôtie, *Morey-St-Denis* 66 E4
Côtes Catalanes 138 F5
Côtes, Clos les 109 D4
Côtes d'Auvergne 53 E3, 139 F2
Côtes de Beaune, Hautes 57 F3
Côtes de Castillon 80 E5
Côtes de Duras 97 E3, 113 C2
Côtes de Francs 80 E5
Côtes de Gascogne 139 C4
Côtes de la Malepère 53 G3, 133 C1, 139 G2
Côtes de Lézignan 138 E5
Côtes de l'Orbe 219 F1
Côtes de Meliton 239 B4
Côtes de Montestruc 139 C4
Côtes de Nuits, Hautes 57 C4
Côtes de Pérignan 138 E5
Côtes de Prouille 138 E3
Côtes de St-Mont 113 E2
Côtes de Thau 138 D6
Côtes de Thongue 138 D6
Côtes de Toul 53 B4
Côtes du Brian 138 D5
Côtes du Brulhois 53 F2, 113 D4
Côtes du Cabardès et de l'Orbiel 53 G3, 133 B1
Côtes du Céressou 138 D6
Côtes du Condomois 139 C4
Côtes du Forez 53 E4, 139 F3
Côtes du Frontonnais 113 E5
Côtes du Lastours 138 D4
Côtes du Marmandais 53 F2, 113 C2
Côtes du Roussillon 133 E5
Côtes du Roussillon-Villages 133 F5
Côtes du Tarn 139 F4
Côtes du Vidourle 139 C1
Côtes du Vivarais 53 F4, 129 C3
Cotesti 237 C5
Côte Vermeille, La 138 G5
Cotnari 237 B4
Coton, en 67 E3
Cottage Grove 271 E2
Cotum & Sons Ltd, H 254 E3
Coucherias, aux 62 E4
Couëron 114 B2
Coufouleux 113 E5
Coulée de Serrant 116 A3
Couquèques 85 D4
Cour, Champ de 72 C5
Cour-Cheverny 115 B3
Courgis 75 F2
Courmayeur 173 C2
Coumonterral 135 B3
Couronne, La 293 G6
Courthil, Sous le 60 F4
Courts, les sous 61 E3
Courvoisier 110 F5
Cousiño-Macul 297 A6
Cousse, le Haut 118 A4
Coussergues, Dom. de 133 B6, 135 D2
Coutras 80 D4
Cova da Beira 208 C5
Covas do Douro 210 E4
Covelinhas 210 F3
Coventry 298 E4
Covey Run 272 F3
Covilhã 208 C5
Covurlui 237 C5
Cowaramup 287 D2
Cowra 277 B5
Coya 297 C5
Crabtree, *Australien* 283 E5
Crabtree, *USA* 273 D5
Crafers 284 B4
Craiova 237 D3
Craipillot 67 E1
Crais, les, *Fixin* 67 F4
Crais, les, *Santenay* 59 E2
Crais, les Petits 67 E4
Cramant 79 F3
Craneford 282 D5, E6
Crans 221 C4
Crans près Céligny 220 B4
Crapousuets, les 63 F3
Cras, aux, *Beaune* 62 F4
Cras, aux, *Nuits-St-Georges* 65 F3
Cras, les, *Aloxe-Corton* 63 F3
Cras, les, *Chambolle-Musigny* 66 E3
Cras, les, *Meursault* 61 F3
Cras, les, *Pommard* 61 F5
Crâs, les, *Vougeot* 65 F6, 66 F2
Cras, les Grands 72 E4
Crassier 220 B4
Crasto, Qta do 210 F3
Cravant 73 F4
Cravant-les-Coteaux 117 F5
Crawfordville 278 D4
Cray 118 C6
Crays, les 61 E2
Crechelins, en 67 F3
Crèches-sur-Saône 69 G4
Creixell 205 F3
Crema 173 D5
Crema, La 255 E4
Cremona 173 E6, 179 D1
Créole 67 E3
Créon 96 D5
Créot, le 67 E3
Créots, les 60 D3
Crépy 137 A3
Cres 233 C1
Crès, le 135 B4
Cressy 280 F2
Crest 125 F5
Creston 265 C4
Creston Manor 265 C4
Crètevent 67 F3
Crets, ez 60 G1
Creusot, le 55 D5
Creux Baissants, les 66 E2
Creux de la Net 63 D3
Creux de Tillet 61 D2
Creysse 109 B6
Crézancy-en-Sancerre 119 F2
Crichton Hall 263 F5
Crickley Windward 298 F4
Cricova 241 F5
Criots, les, *Chassagne* 60 G2
Criots, les, *Meursault* 61 F3
Crisana 237 C2
Crissier 220 A6
Crna Gora 233 F4
Croffta 298 F3
Croisettes, les 67 E3
Croix, aux 66 F3
Croix Blanche, la, *Fixin* 67 F4
Croix Blanche, la, *Pommard* 62 F1
Croix Blanche, la, *Vosne-Romanée* 65 G3
Croix, Dom. de la 136 C5
Croix, la 127 C5
Croix Noires, les 61 F5
Croix Planet, la 61 G5
Croix Rameau, la 65 F4
Croix Rouges, aux 65 G2
Croix Sorine 59 E3
Croix-Valmer, la 136 C5
Croix Viollette, la 67 E3
Croizet-Eymard 110 G5
Cromin, le 61 F2
Cronin 263 B2
Cros Martin 61 G4
Crosswoods 275 C6
Crotone 195 D5
Crotots, les 60 F6
Crots, aux 65 F1
Crottes, ez 59 G5
Crouin 110 D5
Croyen, Champ 60 G4
Crozes-Hermitage 127 A4
Cru Barjuneau 101 G3
Cru Caplane 101 F4
Cruces, Las 265 G5
Cru Commarque 101 G3
Cru de Bergeron 101 E3
Cruet 137 C2
Cru La Clotte 101 B5
Cru Lanère 101 G3
Cruots ou Vignes Blanches, les 65 F5
Cru Rousset 108 E3
Cru Thibaut 101 G5
Cruzille 69 A5
Csengöd 226 F3
Csongrád 226 G4
Csopak 226 F2
Cuadrados, Los 201 D1
Cuba 213 F4
Cubelles 205 F3
Cubuk 243 B4
Cuco, El 201 D1
Cucugnan 138 F4
Cuéllar 206 F3
Cuerno del Oro, El 201 B3
Cuers 136 C3
Cuevas de San Marcos 207 C5
Cuis 79 E3
Culiasán 269 F4
Cullens 287 D1
Cully 220 A6
Cumberland 275 D3
Cumières 79 D2
Cumpeo 297 F4
Cunèges 109 B5
Cúneo 173 F2
Cunit 205 F3
Curacavi 295 B3, 297 A5
Curepto 295 C2
Curicó 295 C2, 297 E4
Currais, Qta dos 210 F1
Curral das Freiras 217 C2
Cutler 267 E5
Cuvaison 259 B2
Cuzcurrita de Rió Tirón 202 B4
Cygnet 287 G6
Czirόka 229 D4
Dachsberg 158 E3
Dafnes 239 F4
Dahlenheim 120 A4
Dahra 245 B4
Daignac 96 D6
Dalboki 235 C4
Dalian (Lüda) 246 C5
Dallas, *Oregon* 271 D2, 273 D4
Dallas, *Texas* 269 D6
Dalla Valle 259 D5
Dalles, The 271 C4
Dalmatia 233 D2
Dalswinton 279 G4
Dalwhinnie 280 E1
Dalwood 278 A5
Damazan 113 D2
Dambach-la-Ville 120 C4
Damery 79 D2
Damianitza 235 D2
Damodes, aux 65 F3
Dancka 229 F2
Danguemins, les 66 E2
Dannemoine 73 D6
Dannevirke 288 D5
Dão 208 B4
Darbonnay 137 F5
Dardagny 220 C3
Dargaville 288 B4
Darlington 284 B2
Darmstadt 143 B4
Dartbrook 279 D5
Darveniza Brothers 280 D4
Daubhaus 162 G5
Daubos 89 E5, 91 B4
Davayé 69 F4
David Bruce 263 C2
Davis 267 A1
Davis Bynum 255 D5
Davos 219 F5
Dawson Estate 278 C5
Daylesford 280 E3
Dayton 273 C4
Dazeshan 246 D5
Dázio 177 B1
Deák-Barát 229 G3
Dealu Bujorului 237 C5
Dealu Mare 237 D4
Dealurile Buzaului 237 D4
Dealurile Craiovei 237 D3
Deboné 275 C2
Debrecen 226 E5
Déduits, les 72 C5
Deer Park 259 C3
Dehesilla 200 B4
Dehlinger 255 E5
Deidesfeld 161 B2
Deidesheim 143 C4, 161 B2, F5
Delaire 293 F3
Delamain 110 G6
Delano 267 F5
Dél-Balaton 226 F2
Delgardo Zuleta 201 G1
Delheim 293 E3
Delicato 267 B2
Dellchen 154 F6
Dellepiane 295 B4
Denair 267 C3
Denbies 298 F5
Denicé 71 E3
Deñihue 297 C5
Deniliquin 277 C3
Denizli 243 C2
Denman 277 A6, 279 F3, F4
Denman Estate 279 F5
Dents de Chien 60 F3
Derbent 240 C6
Dérée, en 67 E2
Dernière, Champ 60 G2
Dernière chez Edouard 60 D2
Dernière la Grange 66 F3
Dernière la Tour 60 D3
Dernière le Four, *Auxey-Duresses* 61 D2
Dernière le Four, *Chambolle-Musigny* 66 E2
Dernière le Four, *Vosne-Romanée* 65 F4
Dernière les Crais 59 E2
Desenzano del Garda 182 G1
Desloch 155 D4
Dessewffy 229 G4
Detroit, *Michigan* 275 B1
Detroit, *Oregon* 273 D6
Dettelbach 166 B5
Deutelsberg 159 F1
Deutschherrenberg 152 C5
Deutschkreutz 222 D3
Deutschlandsberg 222 F1
Deutsch Schützen 222 E3
Deva 237 C2
Devesas 210 F1
Devil's Lair 287 F2
Devlin 263 D3
Devonport 287 F5
Devonvale 293 F1
Dézaley 220 A6
Dezhou 246 D3
Dezize 55 D5
Dezsëffy 229 G4
Dhali 244 F3
Dhoros 244 G2
Dhron 151 D2
Diamond Creek 259 C2
Diamond Oaks 255 B4
Diamond Valley Vyds 281 A3
Diano d'Alba 176 F3
Didiers, les 64 F5
Dieli Donné 293 F6
Dienheim 143 B4, 162 G5, 163 B5
Dietlingen 165 C3
Dieulefit 129 C5
Digoine l'Hermitage, la 68 A4
Digrazia 275 C5
Dijon 55 C6, 57 A6
Dilley 273 B4
Dimashq (Damaskus) 243 E5
Dimtcha 235 B3
Dinuba 267 E5
Diognières, les 127 C5
Diosig 237 B2
Diren 243 B5
Dirmstein 161 A2
Disznókö 229 F3
Dittelsheim 163 C5
Dixon 267 A1
Dixon's Creek 281 A4
Dizy-Magenta 79 D3
Djakovica 233 F5
Djidjelli 245 A5
Döbeln 167 C5
Dobrich (Tolbukhin) 235 B5
Dobrogea 237 D5
Doganella 193 F6
Doix, les Bas 66 F2
Doix, les Hauts 66 F2
Doktor 153 F2
Doktorberg 149 F5
Dolcetto d'Alba 173 E3, 175 E3, 176 G2
Dolcetto d'Asti 175 D5
Dolcetto delle Langhe Monregalesi 173 F3
Dolcetto di Acqui 173 E4, 175 E5
Dolcetto di Diano d'Alba 175 E3, 176 F3
Dolcetto di Dogliani 173 E3, 175 F2
Dolcetto di Ovada 173 E4
Dolegna del Collio 183 B5
Doluca 243 B2
Domane 147 E3
Domblans 137 F4
Domblick 163 D4
Domherr, *Piesport* 151 C2
Domherr, *Rheinhessen* 163 B4
Domherrenberg 149 D2
Domini-Kanerberg 149 E5
Dominode, la 63 E1
Dommartin 71 G4
Domodossola 173 C3
Domprobst 153 E1
Dona Elvira 200 B4
Donald, *Australien* 280 D1
Donald, *USA* 272 F2
Doña Mencia 207 B5
Donauland 222 F4
Dongying 246 C4
Donnafugata 195 F2
Donnerskirchen 222 D3, 223 B4
Donnici 195 D4
Donnybrook 283 D5
Donolga 284 E1
Don Valley 281 C6
Doonside Estate 281 C4
Dooms, De 290 F3
Doosberg 158 F5
Dorino Livon 183 C5
Dormans 78 D5
Domava 231 B5
Doro Princic 183 C5
Dorsheim 155 B6
dos d'Ane, Sous le 60 F5
Dos Palos 267 D3
Douby 72 D4
Doué-la-Fontaine 114 C5
Doukkala 245 C1
Douvaine 137 A3
Douville 109 A6
Drachenstein 157 E3
Dragasani 237 D3
Dragon Seal Winery 246 B3
Draguignan 136 A5
Drake 265 G4
Drama 239 A4
Drayton's Bellevue 278 C4
Dresden 143 A4, 167 D6
Dressoles, les 61 G3
Drouhin, Dom. 273 C4
Drumborg 277 D1
Dry Creek 255 C4
Dry Creek Valley 255 B3
Dubasari 241 F5
Dubbo 277 A5
Dubois 118 B4
Dubrovnik 233 F3
Duckhorn 259 C3
Ducor 267 F6
Ducs, Clos de 61 E5
Duillier 220 B4
Dulce Nombre 201 C4
Dully 220 B4
Dunajská Streda 230 G4
Dunaújváros 226 F3
Duncan 283 D5
Duncan Peak 256 C3
Dunn 259 B3
Dunnewood Vyds 256 B3
Dunolly 280 E2
Dunsborough 287 B2
Duplek 231 B4
Durango 269 F4
Duras 97 F3, 109 C4, 113 C2
Durbach 165 D2
Durban 133 E4
Durbanville 290 F2
Duresses, Bas des 61 E2
Duresses, les 61 E2
Durney 263 F3
Dürnstein 222 B1, 225 G1
Durots, les 61 G3
Durtal 114 A5
Duxoup 255 B4
Dve Mogili 235 B4
Dyson 284 E1
Eagle Bay 287 B2
Eagle Creek 273 B6
Eaglehawk Estate 283 E6
Eagle Point 271 G3
Earlimart 267 F5
East 281 B4
East Side/Oak Ridge 267 F3
Eaton Hill 272 F3
Eauze 113 E2
Eberbach 143 C5
Eberle 265 B3
Ebemburg 155 C6
Ebersberg 162 E3
Echaillé 60 D2
Echandens 220 A5
Echanges, aux 66 F3
Echards, ez 61 F4
Echeverria 297 E4
Echézeaux, aux 66 F5
Echézeaux du Dessus 65 F5
Echézeaux, les 66 E2
Echézeaux, les Grands 65 F5
Echo, Clos de l' 117 F3
Echoppes, les 99 A2
Echo Vale 281 A4
Echuca 277 C3, 280 C3
Écija 207 B3
Eckelsheim 163 C4
Ecole No. 41, L' 271 G4
Ecu, à l' 62 E5
Ecublens 220 A6
Ecueil 79 B3
Ecusseaux, les 61 E2
Edelberg 153 B4
Edelmann 158 F4
Edenkoben 161 C2
Eden Valley 282 D6
Eden Valley Wines 282 D6
Edinglassie 279 F5
Edison 267 G6
Edmeades 256 C2
Edna 265 D3
Edna Valley 265 D3
Eersterivier Valleise 293 G1
Egelsee 225 F3
Eger 226 E4
Eggenburg 222 B2
Eglantine 298 E4
Eglise, Clos l' 107 C4
Eglise, Dom. de l' 107 D5
Eglise-Neuve-d'Issac 109 A5
Egna 185 E5
Eguisheim 120 E4, 122 C5
Ehrenberg 149 G6
Ehrenhausen 222 G2
Ehrenstetten 165 F2
Eibelstadt 166 C4
Eibingen 157 E5
Eichberg 159 E1
Eichhoffen 120 B4
Eira Velha, Qta do 210 E5
Eisenstadt 222 D3, 223 C3
Eitelsbach 149 D4
Elâzig 243 C6, D6
Elbhänge 167 D6
Elchberg 122 C5
Elciego 202 B6, 203 G4
Elderslie 278 A5
Elderton 282 B4
Elena 235 C4
Elham Valley 298 F6
Elisenberg 152 G6
Elizabeth, *Australien* 276 B6
Elizabeth, *USA* 275 C5
Elk Cove 273 B4
Elk Grove 267 A2
Elkhovo 235 D4
Ellendale 273 D4
Ellensburg 271 B4
Ellergrub 153 C4
Elliston 263 A3
Elmham Park 298 E6
Elmira, *Kalifornien* 267 A1
Elmira, *New York* 275 C4
Elmore 277 C3, 280 D3
Elms Cross 298 F4
Elne 133 F4
Elöhegy 229 D4, G3
Elsewhere Vyd 287 G6
Elster 161 E5
Eltville am Rhein 143 B4, 159 G4
Elvas 208 D5
Embrazées, les 59 F5
Emerald 272 F3
Emeringes 71 B3, 72 B4
Emilio Lustau 201 G2
Emprunt, l' 131 G1
Encostas d'Aire 208 C4
Encostas da Nave 208 B5
Endingen 165 E2
Engelgrube 151 E1
Engelmannsberg 158 F6
Engelsberg, *Franken* 166 B5
Engelsberg, *Rheinhessen* 162 B5
Englefield 285 C6
Enkirch 153 B4
Enna 195 F3
Enseignères, les 60 G3
Ensenada 269 D2
Ensisheim 120 F4
Entraigues-sur-Sorgues 131 G4

ORTSREGISTER

Entre-Deux-Mers 80 F4, 97 E1
Entre Deux-Velles, les 67 E4
Enumclaw 271 A3
Enzan 248 D4
Epaisse, l' 117 C2
Epenotes, les 62 F2
Epenots, les Grands 62 F1
Epenots, les Petits 62 F2
Epernay 76 B4, 79 E3
Epesses 220 A6
Epinottes, les 75 E3
Epiré 116 A3
Episkopi 244 G2
Epointures, les 67 F1
Erbach 159 G2
Erbaluce di Caluso 173 D3
Erdek 243 B2
Erden 152 C6
Erdöhorváti 229 D4
Eregli 243 D4
Ergot, en 66 F6
Erie 275 C2
Erlenbach, *Baden-Württemberg* 165 C4
Erlenbach, *Franken* 166 B3
Ermite, l' 127 B4
Erntebringer 158 E3
Eröbénye 229 E3
Errazuriz 295 A3
Ersingen 165 C3
Erstein 120 B5
Ervedosa do Douro 211 F1
Erzincan 243 C6
Eschau 120 B5
Eschbach 161 D1
Escherndorf 166 B5
Escolives-Ste-Camille 73 F3
Eskisehir 243 B3
Esmeralda 295 B4
Esparreguera 205 E4
Espinho 210 F5
Espluga de Francoli, L' 205 E1
Esposende 215 B4
Essaouira 245 C1
Essarts, les 59 G6, 60 G1
Essertines 220 C3
Esslingen 165 D4
Estacada 273 C6
Est! Est!! Est!!! 187 D3
Esteves, Los 201 B4
Estoril 209 F4
Estournelles 67 D2
Estreito da Calheta 216 B6
Estreito de Câmara de Lobos 217 C2
Estrella 265 B3
Estremoz 208 D5, 213 D5
Esvres 115 B1
Esztergom 226 E3
Etelois, aux 66 F6
Etna 195 F3
Etoile, l', *Jura* 137 G4
Etoile, l', *Vouvray* 118 B4
Etoy 220 A5
Etréchy 79 G3
Etroyes 68 C4
Etyek 226 F3
Euchariusberg 147 A5
Eugene 271 E2
Euroa 280 D4
Euxinograd 235 B6
Evans & Tate 287 D1
Evans family 278 C5
Evensen 259 E4
Evêque, Clos l' 68 C4
Evesham 273 D4
Evionnaz 221 C2
Evocelles, les 67 E3
Evois, les 117 C3
Évora 208 E4, 213 E4
Evorilla 200 A5
Evouettes, les 221 B1
Evvoia 239 C3
Ewig Leben 166 B4
Exeter 267 E5
Extremo 215 A5
Eymet 109 C5
Eyrans 108 B2
Eyrenville 109 C6
Eyrie 273 C4
Eysines 80 E2, 96 C3
Eyton on Yarra 281 B5

Fabriano 187 C5
Facelli 271 A3
Faconnières, les 66 F5
Fadèze, Dom. de la 135 C3
Fafe 215 C5
Faial 217 B4
Fairendes, les 59 F6
Fairendes, les Petites 59 F5
Fairhall 289 G4
Fairview 293 D3
Fajã da Ovelha 216 B5
Falcognana 193 D4
Faleno dei Colli Ascolani 187 C5
Falerno del Massico 195 B2
Falkenberg 151 C2
Falkenstein 222 B3
Falklay 153 B4
Fall Creek Vyds 269 D5
Falletto 176 F2
Fall River 275 C6
Falls City 273 D3
Falset 204 F6
Famagusta 244 F5
Famines, les 61 G4
Famoso 267 G5
Fanhões 209 E5
Fara 173 D4
Faranda 286 C2
Fareham Estate 283 F6
Farfao, Qta do 211 G6
Farges, les 72 C4
Fargues 101 F6
Farmington 267 B3
Farnham 289 G5
Far Niente 259 E4
Faro, *Italien* 195 E4
Faro, *Portugal* 208 F4
Farra d'Isonzo 183 D5
Fatarella, La 204 F5
Fattoria Altomena 189 A5
Faubard, Clos 59 F4
Faubourg de Bouze 62 F4
Faugères 133 E5, 135 D5
Favaios 210 D6
Favray, Grand 119 E5
Favray, Petit 119 E5
Faye-d'Anjou 116 D5
Fayssac 113 D6
Féchy 220 A5
Feguine, Clos de la 62 E4
Fehring 222 F2
Feilbingert 155 C5
Feilding 288 D5
Felanitx 197 C6
Feldebrö 226 E4
Felgueiras 215 C5
Fels, *Deutschland* 147 B2
Fels, *Österreich* 222 B2
Felsenberg 154 G4
Felseneck 155 F2
Felsen, In den 154 G3
Felsenkopf 151 G1
Felsensteyer 154 F5
Felslay 149 E4
Fenestra 263 A3
Fengrun 246 B4
Feodosiya 240 C3
Fergusson 281 A4
Ferianes 200 C4
Fermoselle 197 B2
Fermoy 287 C1
Fernan-Núñez 207 A4
Fernhill 281 B5
Ferrad, Qta da 210 G3
Ferradosa, Qta da 211 F3
Ferrara 179 E3
Ferrari 184 C5
Ferrari-Carano 255 B4
Ferreira do Alentejo 213 G4
Ferres 151 C1
Ferrière, le 193 F5
Fès 245 B2
Fess Parker 265 F5
Fetters Hot Springs 254 F4
Fetzer 256 B3, C4
Feuerberg 161 A2, 161 B4
Feuersteige 223 C3
Feurer Kogl 223 B4
Feusselottes, les 66 F2
Fèves, les 62 E5
Feydieu 95 F4
Fiano d'Avellino 195 C3
Fichots, les 63 E3
Ficklin 267 D4
Fiefs-Vendéens 52 D6, 139 F1
Field Stone 255 C5
Fiésole 189 A4
Fiètres, les 63 F3
Figari 140 G4
Figline Valdarno 189 C5
Figuerola del Camp 205 E2
Filzen, *Piesport* 151 B4
Filzen, *Saar* 147 B2
Finagra 213 F5
Findling 162 D4
Finócchio 193 D5
Firebaugh 267 D3
Firelands 275 C1
Firenze 187 A4, 189 A3
Firestone 265 F5
Firvida 210 F1
Fitou 133 E5
Fiuggi 187 F4
Five Points 267 E4
Fixin 55 C6, 57 B5, 67 E4
Fläche 159 E1
Flaugeac 109 C5
Flaujagues 109 B3
Flèche, la 114 A6
Flein 165 C4
Fleix, le 109 B4
Fleurance 113 E3
Fleurie 55 F5, 72 C5
Fleurières, les 64 G6
Fleurieux-sur-l'Arbresle 71 G3
Fleurville 69 C6
Fleys 73 E5, 75 D6
Flichman 295 A4
Floirac 80 E3, 96 D4
Flora Springs 259 D3
Florimont 123 C1
Florina 239 B2
Flynn 273 D4, E4
Focsani 237 C5
Foggia 195 B4
Fogliano Redipuglia 183 D5
Fojo, Qta do 210 D5
Folatières, les 60 F4
Folgaria 184 E5
Folgosa 210 F3
Folie à Deux 259 B5
Folie, la 118 A4
Foligno 187 D4, 192 D6
Follette, La 275 C4
Folligberg 223 C3
Fondemens, les 67 F4
Fondis, les 117 D1
Fonréaud 93 G1
Fonroque 109 C5
Fonsalade, Dom. de 133 A5, 135 C1
Fontaine de Vosne 65 G3
Fontaine de Vosne, la 65 G3
Fontaine Sot 60 G2
Fontainhas, Qta das 211 G6
Fontana di Papa 193 E4
Fontanafredda 176 F2
Fontanelas 209 E3
Fontelo 210 G2
Fonteny 67 E1
Fonterutoli 189 F4
Fontevraud-l'Abbaye 114 C6
Fontfroide 133 C4, 134 E6
Fonthill 298 F4
Fontmurée, Clos 103 B4
Font-Remeu 138 F3
Fontrubi 205 E3
Fontscaldes 205 E2
Foote, E B 271 A3
Foppiano 255 C5
Foradori 184 A5
Forbes 277 B4
Forcalqueiret 136 B3
Force, la 109 B5
Forcine, la 117 D1
Forest Grove 271 C2, 273 B4
Forest Hill 286 G3
Forest Hills 255 D4
Forestville 255 E4
Forêts, les, *Chablis* 75 E3
Forêts, les, *Prémeaux-Prissey* 64 F5
Forgeron 271 E2
Forges, les 61 F2
Foris 271 G2
Forjães 215 B4
Forlì 179 F4, 187 A5
Forman 259 D3
Fornos de Algodres 215 F6
Forrás 229 G3
Forrest Estate 289 F3
Forst 155 C2
Forst an der Weinstraße 161 B2, E5
Försterlay 153 C1
Forthof 225 G3
Fortino 263 D4
Fort Médoc 93 C6
Forts de Latour, Les 89 F5, 91 B4
Fortunago 177 G4
Fortuna, La 297 E4
Fortune, la 68 A4
Fosses, les 61 E2
Fossignano 193 F4
Fos-sur-Mer 129 G4
Fouchères, les 66 F2
Fougeray, le 118 B3
Fougueyrolles 109 B4
Foujouin 118 B4
Foulot, en 59 D2
Foulot, le 62 F4
Founex 220 B4
Fourchaume, la 75 C3
Fourches, aux 63 E2
Four Corners 259 C3
Fourneaux, aux 63 E2
Fourneaux, les, *Chablis* 75 D6
Fourneaux, les, *Santenay* 59 E2
Fournières, les 63 F3
Fours 108 B2
Fourtet, Clos 103 D3, 105 D4
Fowler 267 E5
Foxen Vineyard 265 E5
Foz de Temilobos, Qta da 210 G2
Foz, Qta da 210 E5, G2
Frades, Qta dos 210 G3
Fraisse 109 A5
Francemont 59 F5
Francesco Bertolli 189 F3
Franche-Comté 139 D4
Franciacorta 173 C6, 179 C1
Franciscan 259 D4
Frangy 137 B2
Franken 143 B6
Frankenberg 167 D5
Frankenberger Schloßstück 166 C6
Frankenthal 157 E2
Frankfurt 143 B4
Frankland Estate 286 F3
Franschhoek 290 F2, 293 G6
Franzia 267 B2
Frapin 110 G5
Frascati 187 F3, 193 D5
Fraser 278 C5
Frasinetti 267 A2
Fratelli Ormanni 189 E3
Frauenfeld 219 D4
Frauengärten 224 F6
Frauenkirchen 223 C6
Frauenweingärten 225 G2
Frêche, le 113 E2
Fredericksburg 269 E5
Freemark Abbey 259 C3
Freiberg 143 A4, 167 C5
Freiburg 143 F3, 165 E2
Freimersheim 161 C2
Freinsheim 161 A2
Freisa d'Asti 173 E3, 175 C4
Freisa di Chieri 173 E3, 175 B2
Freital 167 D6
Freixial 209 D5
Fréjus 136 B5
Frelonnerie, la 118 D3
Fremantle 286 C2
Fremières, les, *Chambolle-Musigny* 66 F3
Fremières, les, *Morey-St-Denis* 66 F4
Fremiers, les 61 F5
Fremiets, les 61 F5
Fremont 263 A3
French Creek 271 A3
Fresno 267 D5
Fréterive 137 G5
Frétille, Sous 63 D5
Freundstück 161 E5
Frey 256 B3
Freyberg 143 A5
Freycinet 287 G6
Fribourg 219 F2
Frickenhausen 166 C5
Frionnes, les 60 D3
Frithsden 298 F5
Fritz 255 B4
Froehn 123 C3
Frog's Leap 259 C3
Froichots, les 66 F5
Fronhof 161 C5
Fronsac 80 E4, 102 C6
Frontera 207 G4
Frontignan 135 C3
Fronton 113 E5
Frosinone 187 F4, 195 B2
Fuchs 147 E2
Fuchsberg 157 F5
Fuchsen-Locherhöhe 223 C5
Fuchsmantel 161 C4
Fuées, les 66 E3
Fuencaliente 207 G4
Fuenmayor 202 B6
Fuentespina 206 E5
Fuerteventura 207 G5
Fuissé 55 F5, 69 F4
Fujimi 248 D3
Fuji-Yoshida 248 D4
Fulleda 205 E1
Fully 221 D2
Fulton 255 D5
Fumane 182 F4
Funchal 217 D3
Fundação Eugénio Almeida 213 E4
Fürsteneck 165 D2
Fürstentum 123 C3
Fusine 177 B2
Fu Xian (Wafangdian) 246 B6
Fyé 75 C5

Gabbiano 189 C3
Gabiano 175 A4
Gabrielli 256 B3
Gabrovo 235 C3
Gageac-et-Rouillac 109 B5
Gaierhof 184 A5
Gaillac 113 D6
Gain, Champ 60 F4
Gainey Vineyard 265 F5
Gainfarn 224 G1
Gain, les Champs 59 F6, 60 G1
Gaisböhl 161 G5
Gaispfad 153 D4
Gai Xian 246 B6
Gaja 176 G2
Galafrey 286 G4
Galafura 210 F2
Galati 237 D5
Gales Creek 273 B4
Galienne, Dist. de 110 F6
Galippe, la 117 F6
Gallega Carrahola 201 E2
Gallicano nel Lázio 193 C6
Gallina 176 E4
Gallo, E & J 267 C3
Galt 267 A2
Galuches, les 117 D3
Gamaires, les 66 F3
Gamay 60 E3
Gamay à l'Est, le Bas de 60 E3
Gamay, Sur 60 E3
Gambellara 179 D3, 183 G2
Gamets, les 61 E2
Gamets, les Petits 61 G4
Gamlitz 222 G2
Gampel 221 C5
Gan 113 G2
Gäncä 240 D5
Gandesa 204 G5
Gan Eden 255 E5
Garanches 72 G4
Garancille 111 F3
Garcia 204 F6
Garcia, Qta do 210 G1
Garda 182 E3
Garde, la 136 C3
Gardière, la 117 C1
Gardone Riviera 182 E1
Gardonne 109 B5
Gárdony 229 F1
Garengue, la 101 C5
Garenne, Clos de la 60 F4
Garenne ou sur la Garenne, la 60 F4
Garéoult 136 B3
Garey 265 E4
Gargouillot, en 61 G3
Garidells, Els 205 F2
Garraf 205 F4
Garrants, les 72 C5
Garrigues, Les 130 G6
Gärtchen 151 C3
Garza Cellars, La 271 F2
Gaspar, Florido Cano 201 G1
Gassin 136 C5
Gaston 273 B4
Gates 273 D6
Gattinara 173 D4
Gau-Bickelheim 163 B4
Gau-Bischofsheim 163 B5
Gaudets, les 72 D4
Gaudichots, les 65 F4
Gaudichot/la Tache, les 65 F4
Gaudrelle, la 118 B3
Gauer Estate 255 C5
Gauriac 108 F2
Gauthey, le Clos 61 E3
Gavà 205 F4
Gaviota 265 G5
Gavoty, Dom. 136 B4
Gawler 276 B6
Gaziantep 243 D5
Gazzah 243 F4
Geaune 113 F1
Gedersdorf 222 B2
Geelong 277 D3, 280 F3
Gehm 159 E4
Geierslay 151 D3
Geisberg, *Deutschland* 147 E4
Geisberg, *Frankreich* 123 C4
Geisberg, *Österreich* 225 G3
Geisenheim 157 F6, 158 G1
Geispolsheim 120 A5
Gela 195 G3
Gelida 205 E4
Gellibrand 280 G2
Gelos 113 F2
Genadendal 290 F3
Genaivrières, aux 65 G4
Genavrières, les 66 E5
General Alvear 295 C5
Genet, Clos 59 E3
Genêt, en 62 E6
Genève 137 A3, 219 G1, 220 C4
Genevrières Dessous, les 60 G5
Genevrières Dessus, les 60 F6
Genevrières et le Suchot, les 63 F3
Genheim 155 A5
Genova 173 F4
Gensac 97 D3, 109 B3
Gensac-la-Pallue 111 E1
Gensingen, *Nahe* 155 B6
Gensingen, *Rheinhessen* 163 B3
Genzano di Roma 193 E5
Geographe Estate 287 B2
George 290 F6
George Town 287 F6
Gera 143 A5
Geria, La 207 F6
Germolles 68 D4
Gerümpel 161 E5
Gevrey-Chambertin 55 C6, 57 B5, 67 E2
Geyser Peak 255 B4
Geyserville 255 B4
Ghemme 173 C4
Ghioroc 237 C2
Ghisonaccia 140 F5
Ghurdjaani 240 C5
Giacosa 176 E4
Gibassier, les 67 F4
Gibbon 272 G4
Gibson 267 A2
Gien 115 A5
Gifford's Hall 298 E5
Gigondas 129 D4, 131 C5
Gigotte, la 61 F4
Gillentown 283 E5
Gillespie Vyds 287 F2
Gilly 220 B4
Gilroy 263 D4
Gimarets, les 72 C6
Gimbsheim 163 C5
Gimileo 203 F2
Ginestar 204 G5
Ginestet 109 A5
Gioia del Colle 195 C5
Gippsland 277 D4
Girard 263 D4
Girardet 271 F2
Girardières, les 118 B3
Girarmes, les 119 F4
Girò di Cagliari 195 E2
Giroussens 113 E5
Gisborne 288 C6
Giulianello 193 E6
Giumarra 267 G6
Givry 55 D5, 68 D4
Gizeux 114 B6
Gland 220 B4
Glarus 219 E5
Gleiszellen-Gleishorbach 161 D1
Gleizé 71 E4
Glen Carlou 293 D3
Glenelg 284 B2
Glen Ellen 254 E4
Glenlea 281 A5
Glen Oak 278 C5
Glenora 275 B4
Glenouze 114 C6
Glenrowan-Milawa 277 C3, 280 D5
Glenwood 273 B4
Glöck 162 D5
Gloeckelberg 123 D5
Gloria Ferrer 257 F4
Gnadenfrei 282 B4
Godeaux, les 63 D2
Godeaux, Petits 63 D2
Godenano Secondo 189 E3
Godiasco 177 G3
Godramstein 161 C2
Godstone 298 F5
Goede Hoop 292 F6
Goedgeloof 292 F6
Goldatzel 158 E2
Goldbachel 161 D5
Gold Beach 271 G1
Goldberg, *Burgenland* 223 B4
Goldberg, *Kremstal* 225 F3
Goldberg, *Rheingau* 158 E4
Goldberg, *Saar* 147 C2
Goldendale 271 C4
Goldene Luft 162 C4
Golden Grape State 278 C4
Goldert 122 C4
Goldrube 153 C3
Goldschatz 152 G6
Goldtröpfchen 151 C1
Goldwingert 152 B5
Golferenzo 177 F5
Golop 229 E1
Gols 222 D4, 223 B6
Gomera 207 G4
Gomersal 282 C3
Gómez Palacio 269 E5
Gondeville 111 E4
Gondomar 215 C5
Gönnheim 161 B2
Gonzalez Byass 201 G2
Goosecross 259 E5
Gordon Brothers 271 B6
Gorges 115 G5
Gorges de l'Hérault 138 C6
Gorges de Narvaux, les 60 F6
Gorges et Côte de Millau 53 F3, 139 G2
Gorizia 179 C6, 181 C6, 183 C6
Gorna 233 A3
Gornja Radgona 231 A5
Gornjeradgonske Gorice 231 B5
Goshen 267 E5
Göttersitz 167 C3
Gottesacker, *Deutschland* 159 F5
Gottesäcker, *Österreich* 223 B4
Gottesfuß 147 B4
Gotteshilfe 163 C5
Gottesthal 158 F5
Gottesville 285 D5
Göttlesbrunn 222 C3
Götzenfels 155 F1
Goudge 295 C5
Goudins, Champs 65 G4
Gouin, en 60 D3
Goujonne, la 59 G6, 60 G1
Goulburn 277 B5
Goulburn Valley 277 C3, 280 D4
Goulots, les 67 E2
Goumenissa 239 B3
Goundrey 286 G3
Gouttes d'Or, les 61 F1
Gouveia 215 F6
Gouvinhas 210 F3
Goyenechea 295 C5
Graach a. d. Mosel 153 E1
Graacher Schäferei 153 E2
Graben 153 F2
Grace, Familie 259 B5
Gracetown 287 D1
Gradignan 80 F3, 96 D4, 99 C2
Gradisca 181 C6
Gradisca d'Isonzo 183 D5
Grado 181 D5
Graeser 259 C1
Grafenberg, *Piesport* 151 D1
Gräfenberg, *Rheingau* 159 E2
Grafenstück 161 A2
Grafschafter Sonnenberg 152 G5
Grainhübel 161 F5
Gralyn 287 D1
Graminier 131 F5
Granada, La 205 E3
Gran Canaria 207 G5
Grand Boise, Dom. 136 B2
Grand Clos, les 59 F5
Grande Côte, la 119 F2
Grande Montagne, la 60 F1
Grande-Motte, la 135 B5
Grande Rue, la 65 F4
Grandes Bastes, les 118 A4
Grandes-Vignes, Clos des 101 C6
Grand, Le 267 C4
Grand-Maison, Dom. 99 E4
Grand Mont 117 C3
Grand River 275 C2
Grand Ronde 273 C3
Grands-Champs, les, *Auxey-Duresses* 61 E2
Grands Champs, les, *Puligny* 60 G4
Grandview 272 G4
Graneros 297 C5
Grange des Quatre-Sous, La 133 B4, 134 C6
Grange, La 267 C3
Granger 271 B5, 272 F3
Granit 235 C3
Granja-Amareleja 208 E5, 213 F6
Grant Burge 282 C4
Grants Pass 271 G2
Gratallops 204 F6
Graton 255 E5
Graubünden 219 F5
Grauves 79 F3
Gravains, aux 63 D2
Grave del Friuli 179 B5, 181 B4
Graves 80 F3, 96 E4
Graves de Vayres 80 A5, 96 G3
Gravières, les 59 F4
Gravina 195 C5
Gravner 183 C6
Graymoor 285 D5
Graz 222 F1
Greater Auckland 288 B4
Great Wall Winery 246 B3
Great Western 277 D2, 280 E1
Greco di Bianco 195 F5
Greco di Tufo 195 B3
Green & Red 259 C5
Greenberry 273 E4
Greenhill 287 C2
Greenock 282 A4
Greenock Creek 282 B4
Green Valley, *Australien* 287 F2
Green Valley, *USA* 255 E4
Greenwood Ridge 256 C2
Gréffieux, les 127 C4
Greiz 143 A5
Grenouilles 75 D4
Gresham 271 C3, 273 B6
Grésigny 68 B4
Greta 278 B5
Greve in Chianti 189 D4
Grèves, les, *Aloxe-Corton* 63 F4
Grèves, les, *Beaune* 62 F5
Grèves, sur les 62 E4
Grevilly 69 A5
Greymouth 288 E3
Grezzana 182 F5
Grgich Hills 259 D4
Griffith 277 B3
Grignolino d'Asti 175 C4
Grignolino del Monferrato Casalese 173 D3, 175 A4
Grigoriopol 241 F5
Grille, la 117 F3
Grillés, les Champs 72 A5
Grimisuat 221 C3
Grimma 167 C5
Grinzane Cavour 176 F2
Grinzing 222 C3, 224 B2
Griotte Chambertin 66 F6
Gristina 275 C5
Groendal 293 F6
Grombalia 245 B6
Gromore 272 E1
Groseilles, les 66 F3
Gros Plant du Pays Nantais 52 D6
Groß-Bottwar 165 C4
Großenhain 167 C6
Großer Hengelberg 151 D1
Großer Herrgott 151 C3
Grosset 283 F6
Grosseto 187 C2
Großhöflein 222 D3
Großkarlbach 161 A2
Groth 259 E4
Grottaferrata 193 D5
Grove Hill Wines 284 A4
Grove Mill 289 G3
Grover City 265 D3
Grovetown 289 F5
Groznyy 240 C5
Grozon 137 E5
Grudovo 235 C5
Gruenchers, les, *Chambolle-Musigny* 66 F3
Gruenchers, les, *Morey-St-Denis* 66 F4
Gruet Winery 269 D4
Grumello 177 B3
Grund 158 G2
Grünstadt 161 A2
Gruyaches, les 60 G5
Gruyere 281 C5
Guadalajara 269 F5
Guadalupe, *Mexiko* 269 D2
Guadalupe, *USA* 265 E3
Guado al Tasso 191 C4
Guanajuato 269 F5
Guarda 208 B5

ORTSREGISTER

Gueberschwihr 120 E3, 122 B4
Guebwiller 120 F3, 122 A1
Guelma 245 B5
Guenoc 256 D6
Guenoc Valley 256 D6
Guerchère 59 G5
Guérets, les 63 E3
Guéripes, les 66 E2
Guerneville 255 D4
Guernewood Park 255 D3
Guerrouane 245 B2
Gués d'Amant, les 118 B2
Guetottes 63 C1
Guettes, aux 63 D2
Gueulepines, les 67 F3
Guglielmo 263 C4
Guiães 210 E3
Guiamets, Els 204 G6
Guilherand 125 E4
Guillattes, les 72 C6
Guimarães 208 A4, 215 C5
Guinelay, En 72 B6
Güldenmorgen 162 G5, 163 C5
Guldental 155 B5
Gumiel del Mercado 206 E4
Gumpöldskirchen 222 C3, 224 E2
Gundelsheim 165 B4
Gundersheim 163 D5
Gundlach-Bundschu 254 G5, 257 E4
Guntersblum 143 B4, 163 C5
Gunterslay 151 D2
Guntramsdorf 222 C3, 224 E2
Gunyulgup 287 C1
Gustine 267 C3
Gutenberg 158 G3
Gutenhölle 154 F5
Gutental 155 C2
Gutes Domtal 163 B5
Gutleuthaus 162 G5
Guttenberg 161 D2
Gy 220 C4
Gyöngyös 226 E4
Gyopáros 229 D4
Györ 226 E2

Hacienda 255 D4
Hackham 284 D2
Hadres 222 B2
Hafner 255 B5
Hagafen 259 F5
Hagerstown 275 D3
Hahnheim 163 B5
Haie Martel, la 117 G5
Haillan, le 96 C3
Hainburg 222 C4
Hainfeld 161 C2
Hajós 226 F2
Hajós-Vaskút 226 G3
Hakuba 248 B3
Halab 243 D5
Halbjoch 223 B4
Halbturn 222 D4
Halcyon Daze Vyd 281 C3
Halfpenny Green 298 E4
Hallcrest 263 D2
Halle 143 A5
Hallett Cove 284 C2
Hallgarten 158 E5
Haloze 231 C4, 233 B2
Halsey 273 E4
Haltingen 165 F1
Hamah 243 E5
Hambach 161 B2
Hameau de Blagny 60 F4
Hamilton, *Australien* 277 D2
Hamilton, *Kanada* 275 B2
Hamilton, *Neuseeland* 288 B4
Hamilton & Son, R 282 E6
Hamlet Hill 275 C6
Hamm 147 C2
Hammerstein 149 F2
Handley 256 C2
Hanford 267 E5
Hanging Rock 280 E3
Hanna 255 E5
Hannersdorf 222 E3
Hanns Kornell 259 C2
Hansenberg 158 F2
Hanzell 254 F5
Happ's 287 C2
Happy Valley 278 C4
Harbor 267 A2
Hardy 110 F5
Hargesheim 155 B5
Hargrave 275 C5
Harling 298 E6
Haro 202 B5, 203 F1
Harpersfield 275 C2
Harrah 272 F2
Harrisburg 275 D4
Harrison 259 D5
Harsovo 235 D2
Hartenberg 293 E1
Hartford 275 C5
Harvey 286 E2
Harwood 272 E2
Häschen 151 D1
Hasensprung 158 F3
Haslach 143 F4
Hassel 159 F1
Hastings 288 C5
Hastings 298 F5
Hatalos 229 F3
Hâtes, les 59 F3
Hato 200 B3
Hatschbourg 122 C4
Hattenheim 158 F6
Hattstatt 120 E4, 122 C4
Haugsdorf 222 B2
Haussatz 223 C3
Haut-Benauge, Entre-Deux-Mers 80 F4, 96 G3
Haut-Comtat 53 F4, 139 G3
Haute-Goulaine 115 F4
Hauterive en Pays d'Aude 138 E5
Hautés, les 61 E1
Haut-Langoiran 96 E5
Haut-Lieu, le 118 B3
Haut-Médoc 80 D2
Haut-Peyraguey, Clos 101 F4
Haut Santenay 59 E2
Hauts Champs, les 117 C3
Hauts-de-Badens 138 E4
Hautvillers 79 D3
Haux 96 E5
Havens 259 G6
Hawera 288 C4
Hawke's Bay 288 C5
Haye-Fouassière, la 115 F5
Hay Shed Hill 287 D2
Haza Pozo 200 A5
Healdsburg 255 C5
Healesville 280 F4, 281 B5
Heathcote 280 E3
Heathfield 284 B4
Hecker Pass 263 D3
Hedges 271 A3
Heemskerk 287 F6
Hefa (Haifa) 243 F4
Heggies Vineyard 282 C5
Heidelberg, *Deutschland* 143 C4, 165 B3
Heidelberg, *Südafrika* 290 F4
Heilbronn 143 D5, 165 C4
Heiligenbaum 162 E4
Heiligenberg 158 D6, 159 F1
Heiligenborn 147 G4
Heiligenstock 159 F2
Heimberg 154 F3
Heißenstein 122 A1
Heitz Wine Cellars 259 D4
Hejian 246 C3
Held 150 F6
Helenenkloster 152 G6
Helm 267 E4
Hendelberg 158 D6
Henderson 288 B4
Hengshui 246 C3
Hengst 122 C6
Henkell 281 A4
Hennessy 110 F5, F6, G6
Henry Estate 271 F2
Henschke 282 B6
Heppenheim 165 A3
Heras, Las 295 A4
Herbues, aux, *Fixin* 67 E4
Herbues, aux, *Nuits-St-Georges* 65 G2
Herbues, les 66 F3
Herbuottes, les 66 F5
Hercegkút 229 D5
Hercegovina 233 D3
Herdade de Madeira 213 E5
Herdade do Mouchão 213 E4
Heritage 282 B4
Hermance 220 C4
Hermannsberg 154 G4
Hermannshöhle 154 G4
Hermanus 290 G2
Hermigua 207 G4
Hermiston 271 C5
Hermosillo 269 E3
Hernals 224 B2
Herndon 267 D4
Herrenberg, *Bernkastel* 152 B6
Herrenberg, *Franken* 166 B6
Herrenberg, *Piesport* 151 B4
Herrenberg, *Rheinhessen* 162 F5
Herrenberg, *Pfalz* 161 B4
Herrenberg, *Ruwer* 149 E4
Herrenberg, *Saar* 147 A4
Herrenberger 147 D2
Herrengarten 162 F6, G6
Herrenmorgen 161 A4
Herrgottsacker 161 F5
Herrlich 161 D2
Herrnbaumgarten 222 B3
Herrschaft 219 E5
Hervelets, les 67 E4
Herxheim 161 D2
Hess Collection Winery 259 F4
Hessische Bergstraße 143 C4
Hétszölö 229 G4
Heublein 267 D4
Heuchelberg 165 C4
Heywood 277 D1
Hidalgo del Parral 269 E4
Hidden Cellars 256 C3
Hidden Spring 298 F5
Hidden Springs 273 C4
Hierro 207 G4
Hietzing 224 C2
Highfield Estate 289 G4
High Wycombe 282 C4
Hillcrest, *Australien* 281 C6
Hillcrest, *USA* 271 F2
Hillebrand Estates 275 B3
Hillsboro 271 C2, 273 B4
Hill-Smith 282 C5
Himmelreich 152 C5, 153 E1
Hims (Homs) 243 E5
Hine 110 G5
Hinkelstein 155 C1
Hinman 271 E2
Hinter der Burg 224 G5
Hinterkirch 157 D2
Hinter-Kirchen 224 G6
Hinter-Seiber 224 G5
Hintós 229 F3
Hinzerling 272 G4
Hipping 162 D4
Hitzendorf 222 F1
Hitzlay 149 E5
H. J.T. 280 D5
Hlohovec 230 G4
Hlohovec/Trnava 230 G4
H. M. R. 265 B3
Hobart 287 G6
Hochbenn 161 B4
Hochmess 161 A2, B4
Hochstadt 161 C2
Hochstätten 155 D5
Hochstraßer 225 G2
Hódmezövásárhely 226 G4
Hodonín 230 G3
Hoeppslei 147 G4
Hofäcker 223 B5, C5
Hofberg, *Bernkastel* 152 D5
Hofberg, *Saar* 147 A4
Hofberger 151 D1
Hofgarten 155 D1
Höflein 222 C3
Hofrat 166 B5
Hofsatz 223 B4
Hofstatter, J 185 E5
Hofstück 161 B2, F6
Hogue 272 G4
Hoheburg 161 G5
Hohenberg 165 C3
Hohenmorgen 161 F5
Hohenneuffen 165 D4
Hohenrain 159 F2
Hohenwarth 222 B2
Höhereck 225 G2
Hohrodberg 120 E3
Hohwald, le 120 B4
Hokitika 288 E3
Holbrook 273 B5
Hold-Völgy 229 F2
Höll 155 F1
Hölle, *Österreich* 223 C5
Hölle, *Pfalz* 162 E5
Hölle, *Rheingau* 158 F2
Hölle, *Saar* 147 B3
Höllenberg 157 D2
Höllenpfad 161 A2
Hollerin 225 G2
Hollick 285 D6
Hollister 263 D4
Hollybush 298 G4
Hollydene Estate 279 F4
Homburg 166 B3
Homme, L' 115 A1
Homme, l' 127 C5
Homme Mort, l' 75 B3
Honda 265 F3
Honeywood 273 D4
Honig 259 B6
Honigberg, *Bernkastel* 152 E5
Honigberg, *Franken* 166 B5
Honigberg, *Rheingau* 158 F3, 159 F2
Honigsäckel 161 A2, B5
Hood River 271 C3
Hoodsport 271 A2
Hope Farms 265 B3
Hop Kiln 255 D5
Hörecker 147 B3
Horizon's Edge 272 F3
Hornillo, El 200 B5
Hornstein 223 B3
Horowhenua 288 D4
Horra, La 206 E4
Horsham 277 C2
Horton 275 E3
Horton Estate 298 F4
Hossú-Hegy 229 D5
Hostalets, Els 205 E4
Hotaka 248 C3
Hotinja vas 231 B4
Houghton Wines 286 C1
Houillères, les 60 G3
Houston, *Oregon* 271 E2
Houston, *Texas* 269 E6
Houtz 265 F5
Howell Mountain 259 B3
Hradec Králové 230 E3
Huadong Winery 246 D5
Huailai 246 B3
Hualañé 297 E3
Huanghua 246 C4
Huasna 265 D4
Hubbard 273 C5
Hubertuslay 153 C1
Hughson 267 C3
Hugo 284 D3
Hühnerberg 153 E4
Huismes 117 E3
Hunawihr 120 D4, 123 C4
Hund 225 G3
Hundsheim 225 G3
Hungerford Hill, *Coonawarra* 285 C6
Hungerford Hill, *Hunter* 278 C4
Hungriger Wolf 155 C2
Hunter Estate 278 B4
Hunter's 289 F4
Hunter Valley 277 A6
Huntington 275 E1
Huntly 288 B4
Hurbanovo 230 G4
Husi 237 C5
Hurigny 69 E5
Huron 267 E4
Husch 256 C2
Husseau 118 C5
Husseren-les-Châteaux 122 C5
Hustopece 230 F3
Hustopece/Hodonín 230 F3
Hütte 147 B5
Hvar 233 D2
Hyatt Vyds 272 F3
Hyères 136 C3

Ialoveni 241 F5
Iasi 237 B5
Icod de los Vinos 207 G4
Idhra 239 D4
Idyll 280 F3
Igé 69 D4
Igualada 205 D3
Ihringen 165 E1
Iida 248 D3
Ikaria 239 D5
Ile-Bouchard, l' 117 G6
Ile de Beauté 139 B4
Ile Margaux, Dom. de l' 95 A4
Ile-Rousse, l' 140 E4
Illa, L' 205 E2
Illasi 183 G1
Illats 96 F5
Ille-sur-Têt 133 F3
Illkirch-Graffenstaden 120 A6
Illmitz 222 D4, 223 C5
Illzach 120 G4
Iiyama 248 B4
Imperia 173 G3
Imperial (State) Cellar 229 D4
Impruneta 189 C3
Ina 248 D3
Inca, Pte del 295 A3
Incisa in Val d'Arno 189 C5
Independence 273 D4
Inferno 177 B3
Ingelheim 143 B3, 163 B4
Ingenheim 161 D2
Ingersheim 120 E4, 123 C1
Inglenook 263 D4
Ingleses, Qta dos 211 G6
Ingleside Plantation 275 E4
Inglewood 280 D2
Ingoldby 284 D2
Inniskillin 275 B3
Interlaken 219 F3
Ioannina 239 C2
Ios 239 E5
Iphofen 166 C5
Iraklion 239 F5
Irancy 55 B3, 73 F4
Irbid 243 F5
Irlas, Las 205 F1
Ironbank 284 C3
Iron Horse 255 E4
Irouléguy 112 G6
Irsch 147 E4
Iscar 206 F3
Ischia 195 C2
Isera 184 E4
Iskenderun 243 D5
Isläcker 223 C4
Isle-sur-la-Sorgue, l' 129 E5
Isleton 267 B2
Isola Bella 193 F5
Isonzo 179 C6, 181 C6, 183 D5
Isparta 243 C3
Issan 95 B3
Issigeac 109 C6
Istanbul 243 B2
Isten-Hegy 229 F2
Istra 233 C1
Istres 129 F4
Istria-Babadag 237 D5
Ivanhoe 278 C4
Ivaylovgrad 235 D4
Izmayil 241 G5
Izmir 243 C1
Izmit 243 B3

Jachères, aux 65 G4
Jackson Estate 289 G4
Jacques, les 72 C6
Jacquines, les 65 G3
Jade Mountain 255 A3
Jadida, El 245 B1
Jaeger-Inglewood 259 A6
Jalama 265 G4
Jambles 68 E3
James Haselgrove 285 D6
Jamestown, *Australien* 276 A6
Jamestown, *USA* 275 C3
Jamieson 280 E5
Jara, La 200 B3
Jardim do Mar 216 B5
Jardin de la France 139 F2
Jardinito, El 201 C4
Jarnac 111 D4
Jarolières, les 61 F5
Jarrons, Hauts 63 E1
Jas d'Esclans, Dom. du 136 B5
Jasper Hill 280 E3
Jászberény 226 E4
Javernière 72 E4
Javrezac 110 C5
Jaxu 112 G6
Jefferson 273 D4
Jekel 263 F5
Jemciujina 241 F5
Jena 143 A5
Jendreau, Champs 59 G6
Jepson 256 C3
Jerez 197 E2
Jerez de la Frontera 201 D4
Jerrys Plains 279 G5
Jersey City 275 C5
Jesuitenberg 147 C2
Jesuitengarten, *Pfalz* 161 E5
Jesuitengarten, *Rheingau* 158 G3
Jesuitengarten, *Ruwer* 149 F5
Jeunelotte, la 60 F4
Jeunes Rois, les 67 E3
Jianchang 246 B5
Jiaonan 246 D5
Jiao Xian 246 D5
Jihlava 230 F3
Jim Barry 283 D5
Jimo 246 D5
Jinan 246 D3
Jingalla 286 G4
Jining 246 C3
Jinzhou 246 A5
Ji Xian 246 B4
Joching 224 G5
Johannisberg, *Rheingau* 143 B3, 157 D3, 158 F2, 159 G1
Johannisberg, *Ruwer* 149 D5
Johannisbrünnchen 153 F2
Johnson 275 B3
Johnson's Alexander Valley 255 C5
Johnson Turnbull 259 B6
Johnstown 275 D3
Jois 222 C3
Jolivet, Clos du 117 D3
Joncosa, La 205 F3
Jongieux 137 C2
Jonquières 131 E3
Jordan, *Südafrika* 292 F6
Jordan, *USA* 255 C5
Jory 263 C3
José de Soto 201 G1
José Medina y Cia 201 G1
Josef Brigl 185 D5
Joseph Phelps 259 D4
Josephshöfer 153 E1
Jota, La 259 C4
Jouènes, les 61 E2
Jouères, les 61 G4
Jouise 67 F1
Journaux, les 67 F3
Journoblot, en 60 G2
Jouy-lès-Reims 79 A2
Judd's Hill 259 C4
Jud's Hill 283 D5
Juffer 151 B4, 152 F5
Juffer Sonnenuhr 151 A5, 152 F5
Jujen Bryag 235 C5
Jujuy 294 F2
Juliénas 55 F5, 72 A5
Jullié 71 B3, 72 A4
Jully-lès-Buxy 68 G3
Jumilla 197 D4
Junco, Qta do 210 E5
Junee 277 B4
Jungfer 158 E6
Juntas, Las 295 C4
Jurançon 113 F1
Jussy 220 C4
Justice, la 67 F2
Justin 265 B2
Jutruots, les 66 E2
Ju Xian 246 E4
Jyonohira 248 D4

Kabininge 282 C4
Kableshkovo 235 C5
Kadina 276 B5
Kaeffer-Kopf 123 C2
Kaesler's Farm 282 B4
Kafels 154 F6
Kahlenberg, *Deutschland* 155 D2
Kahlenberg, *Österreich* 224 B2
Kaikohe 288 A4
Kaikoura 288 E4
Kaiserberg 224 F6
Kaisergarten 223 C5
Kaiserpfalz 163 B4
Kaiserstuhl-Tuniberg 143 F3, 165 E1
Kaitaia 288 A4
Kaituna 289 F3
Kalamata 239 E3
Kalbspflicht 159 F3
Kalecik 243 B4
Kalkofen 161 A4, F5
Kallstadt 161 A2, A5
Kalocsa 226 F3
Kalokhorio 244 G3
Kalorama 281 D4
Kaltenleutgeben 224 D1
Kambos 244 F2
Kamen Bryag 235 B6
Kammer 151 A4
Kamptal 222 E4
Kandel 161 D2
Kangarilla 284 D3
Kangaroo Island 276 C5
Kanonkop 293 E2
Kanzem 147 B3
Kanzlerberg 123 D5
Kapela 231 A5, 233 A3
Kapellchen 151 C3
Kapellenpfad 155 D2
Kapellenweg 224 E2
Kapfenberg 222 E1
Kapitel-Weingarten 223 C5
Kaposvár 226 G2
Kappelrodeck 165 D3
Kapuvar 226 E2
Karabük 243 B4
Karabunar 235 C3
Karaman 243 D4
Karcag 226 F5
Kardhitsa 239 C3
Kardinalsberg 153 F1
Karlovac 233 B2
Karlovo 235 C3
Karlovy Vary 230 E1
Karlsberg 147 B5
Karl Seppelt Grand Cru Estate 282 E5
Karlsruhe 143 D4, 165 C3
Karlstejn 230 F2
Karnobat 235 C5
Károlyfalva 229 C5
Karpathos 239 F6
Karthäuserhofberg 149 D5
Karuizawa 248 C4
Kasel 143 C2, 149 E4
Kassaváros 229 E1
Kastoria 239 B2
Kathikas 244 F1
Kathryn Kennedy 263 C2
Katnook Estate 285 C5
Katoomba 277 B5
Katsunuma 248 D4
Kätzchen 151 A4
Katzenthal 120 D3, 123 C1
Kauzenberg in den Mauern 155 D2
Kauzenberg Oranienberg 155 E2
Kauzenberg-Rosenhügel 155 D2
Kavadarci 233 G5
Kavaklidere 243 B4
Kavalla 239 B4
Kavarna 235 B6
Kavuga 279 E5
Kawerau 288 C5
Kayseri 243 C5
Kaysersberg 120 D3, 123 B3
Kazanluk 235 C3
Kea 239 D4
Kecskemét 226 F4
Kefallinia 239 D2
Kehrnagel 149 E5
Keinbah 278 C5
Keith 277 C1
Keizer 273 C4
Kellerberg 225 G2
Kellereigenossenschaft Greis-Bozen 185 C6
Kellereigenossenschaft Terlan 185 C5
Kellermeister 282 C3
Kellybrook 281 C3
Kelokedhara 244 G2
Kelseyville 256 C5
Kelso 271 C2
Kendall-Jackson 256 C4
Kenitra 245 B2
Kennewick 271 C5, 272 G6
Kent 271 A3
Kent Rasmussen 257 E6
Kenwood 254 E4
Kerc' 240 B3
Kerkira (Korfu) 239 C1
Kerman 267 D4
Kertz 154 G5
Keskin 243 C4
Kessler 122 B1
Kesten 151 B3
Keszthely 226 F2
Kettleman City 267 F4
Kettmeir, G 185 D5
Keyes 267 C3
Keyneton 282 C6
Khalkis 239 C4
Khania 239 F4
Khan Krum 235 B4
Khaskovo 235 D4
Kherson 240 B2
Khios 239 D5
Khoulou 244 F1
Kickelskopf 155 F1
Kidricevo 231 C4
Kiedrich 159 E2
Kientzheim 120 D3, 123 C2
Kies 282 C3
Kieselberg 161 F5
Kikyogahara 248 C3
Kilani 244 G2
Kilis 243 D5
Kilmore 280 E3
Kilzberg 158 F2
Kincsem 229 E4
Kindenheim 161 A2
Kindred Lockleven 278 C4
King City 263 G5
Kingersheim 120 G4
Kingsburg 267 E5
Kings Valley 273 D4
Kinheim 153 C1
Kintzheim 120 C4
Kiona 272 G5
Király 229 F3
Király-Hegy 229 D5
Kirchberg, *Bernkastel* 152 G6
Kirchberg, *Franken* 166 B5
Kirchberg, *Österreich* 222 B2, 223 B5
Kirchberg, *Saar* 147 B2
Kirchberg de Ribeauvillé 123 C5
Kirchenpfad 157 E5
Kirchensatz 223 B6
Kirchenstück 161 E5
Kirchenweinberg 165 C4
Kirchheim 161 A2
Kirchlay 153 C2
Kirchplatte 162 D3
Kirigin Cellars 263 C4
Kirklareli 243 A2
Kirrweiler 161 C2
Kirschheck 154 F6
Kirschroth 155 D3
Kirsehir 243 C4
Kisköros 226 F3
Kiskunfélegyháza 226 F4
Kiskunhalas 226 G3
Kiskunság 226 F4
Kiso-Fukushima 248 D2
Kistler 254 D4
Kithira 239 E3
Kithnos 239 D4
Kitterle 122 A1
Kitzingen 166 B5
Klamm 154 G5
Klaus, *Deutschland* 158 G2
Klaus, *Österreich* 224 F6
Kläuserweg 157 F6, 158 G2
Klavdhia 244 F4
Klein Karoo 290 F4
Klein Zalze 293 G1
Klettgau 219 D4
Klöch 222 F2
Klosterberg, *Bernkastel* 152 D5
Klosterberg, *Nahe* 154 F6
Klosterberg, *Rheingau* 157 E4, 158 E4, 159 E2
Klosterberg, *Saar* 147 E3
Klostergarten, *Piesport* 150 F6, 151 B4
Klostergarten, *Pfalz* 161 E6
Klostergarten, *Rheinhessen* 162 D4
Klosterkellerei Muri 185 C6
Klosterlay 157 E4
Kloster Liebfrauenberg 161 D2
Klosterneuburg 222 C3, 224 A2
Klostersatz 225 G2
Klüsserath 150 E5
Knapp 275 B4
Knappstein 283 D5
Knight Granite Hills 280 E3
Knights Valley 255 C6
Knudsen Erath 273 C4
Koblenz 143 A3
Kobnert (Kallstadt) 161 A2, A5
Kobuchizawa 248 D4
Kocher-Jagst-Tauber 143 C5
Koelenhof 293 D1
Kofu 248 D4
Kögel 225 F3
Kohfidisch 222 E3
Kollmitz 224 G5
Komagane 248 D3
Komarevo 235 B3
Komárno 230 G4
Kommlingen 147 A4
Komoro 248 C4
Königsbach 161 B2
Königsberg 153 C4
Königsfels 154 F3
Königsgarten 161 C2
Königswingert 161 D4
Konjic 233 D3
Konocti 256 C5
Konrad Estate 256 B3
Konstanz 143 G5, 165 G4
Kontinentalna Hrvatska 233 B3
Konya 243 C3
Konz 147 A3
Koolbury 279 E5
Koopmanskloof 292 E6
Kopf 165 D4
Kophinou 244 G3
Köporos 229 F2
Korbel 255 D4
Korcula 233 E2
Korinthos 239 D3
Korno 284 D2
Kos 239 E6
Koshoku 248 B3
Kosice 230 G6
Kosovo 233 F5
Kotor 233 E4
Kötsag 229 G4

ORTSREGISTER

Koumi 248 C4
Kövágó 229 F1, F3
Kövenig 153 C3
Köves 229 F1
Kövesd 229 G3
Köves-Hegy 229 C6
Köwerich 150 F6
Kozani 239 B2
Kralevo 235 B4
Králövsky 230 G6
Kramer 273 B4
Kramolin 235 B3
Kranzberg 162 D4
Krasnodar 240 B3
Kräuterhaus 153 D3
Kreidkeller 161 A4
Krems 222 B1, 225 F4
Kremstal 222 E4, 224 F3
Krettnach 147 A5
Kreutles 225 G2
Kreuz 162 G5
Kreuzberg 153 E3
Kreuznach 143 B3, 155 E1
Kreuzweingarten 223 C3
Kreuzwingert 151 C2
Kriti (Kreta) 239 F4
Kroemer 282 B4
Krondorf 282 C4
Krone 149 F5
Kronenberg, *Nahe* 155 B6, D1
Kronenberg, *Pfalz* 161 A5
Krötenbrunnen 162 F5, 163 C5
Krötenpfuhl 155 D2
Kröv 153 C2
Krupina 230 G4
Kruzevac 233 E5
Ksara 243 E5
Ktima 244 G1
Kurdzhali 235 D3
Kumeu/Huapai 288 B4
Kunde 254 E4
Kupfergrube 154 G4
Kupp, *Ruwer* 149 F2
Kupp, *Saar* 147 D2
Kurfürstenberg 149 F5
Kurfürstenstück 163 B4
Kurfürstlay 151 B4, 152 G6
Kurzberg 223 B6
Kütahya 243 C3
K'ut'aisi 240 C4
Kutjevo 233 C4
Kútpatka 229 E4
KWV 293 D4
Kyabram 280 D4
Kyneton 277 D3, 280 E3
Kyrenia 244 E3
Kythrea 244 E4
Kyustendil 235 C1

Labarde 95 D4
Labastida 202 A5, 203 F2
Labastide d'Armagnac 113 E2
Labico 193 D6
Laborie 293 D4
Labrousse 89 C1
Lackawanna 275 B3
Lacomb 273 E5
Laconnex Soral 220 D3
Lacrima di Morro 187 C6
Ladbroke Grove 285 E5
Ladismith 290 F5
Ladoix-Serrigny 55 C5
Ladoschen 225 G3
Lafare 131 D6
Lafayette 273 C4
Lafões 208 B4
Lagares, Qta dos 210 D6
Laghetto 193 D5
Lagnieu 137 B1
Lagoa 208 F4
Lagos 208 F4
Lagrasse 133 C3
Laguardia 202 B6, 203 F4
Laguian 113 F2
Laguna de Duero 206 E2
Laguna, La 297 E5
Lahr 165 E2
Laives (Leifers) 185 D6
Laiwu 246 D4
Laixi 246 D5
Laiyang 246 D5
Laize 69 D5
Lajes, Qta das 210 F6
Lake Bolac 280 F1
Lake Oswego 271 C3, 273 B5
Lakeport 256 C4
Lakes Entrance 277 D4
Lakes Folly 278 C5
Lakespring 263 F5
Lakewood 275 C2
Lalande-de-Pomerol 80 E4, 103 B2, 107 A3
Lalden 221 C6
Lamagdelaine 113 C5
Lamberhurst 298 F5
Lambert Bridge 255 C4
Lambertuslay 152 F5
Lamborn, Familie 259 B3
Lambots, les 61 E5
Lambrays, Clos des 66 F4
Lambrusco di Sorbara 179 E2
Lambrusco Grasparossa di Castelvetro 179 E2
Lambrusco Mantovano 179 D2
Lambrusco Reggiano 179 E2
Lambrusco Salamino di Santa Croce 179 E3
Lamego 208 B5
Lamezia 195 E5
Lamia 239 C3
Lamont, *Australien* 286 C2
Lamont, *USA* 267 G6
Lamonzie-Montastruc 109 B6
Lamonzie-St-Martin 109 B5
Lamoreaux Landing 275 B4
Lamothe 101 D4
Lamothe-Montravel 109 B3
Lampa 297 A5
Lana 185 B4
Lancaster 275 D4
Lancié 71 C4, 72 D5
Landau in der Pfalz 143 D4, 161 C2
Lande, la 117 C2
Landerrouat 109 C4
Landmark, *Chalk Hill* 255 D5
Landmark, *Sonoma* 254 D4
Landonne, La 126 B4
Landreau, le 115 F5
Landry, Clos 62 F3
Landskroon 293 C3
Langeais 115 B1
Langenberg 159 E5
Langenlois 222 B2
Langenlonsheim 143 B3, 155 B6
Langenmorgen 161 F4
Langenstück 159 F4
Langfang 246 B3
Langhorne Creek 276 C6
Langlade 129 E3
Langon 80 G4, 96 F6
Languettes, les 63 E4
Lania 244 G2
Lannepax 113 E3
Lanouais 109 B6
Lansac 108 F4
Lantigné 71 C3
Lanúvio 193 E5
Lanzarote 207 F6
Lanzerac 293 F2
Lapis 229 F3
Lapithos 244 E3
Lapuebla de Labarca 202 B6
Largillière, en 62 E1
Lariano 193 E6
Larisa 239 C3
Larkmead 259 C2
Larnaca 244 F4
Larrets, les 66 E4
Larsen 110 G5
Laruns 113 G2
Lasseube 113 G1
Lasseubetat 113 G1
Lastra a Signa 189 B2
Latina 187 F3, 195 B2
Latisana 179 C5, 181 C4
Latresne 96 D4
Latricières Chambertin 66 F5
Lattes 135 B4
Laubenheim, *Nahe* 155 B6
Laubenheim, *Rheinhessen* 163 B5
Laudamusberg 151 F1
Laudun 129 D4, 130 E5
Lauffen 165 C4
Laujar 197 D4
Laujuzan 113 E2
Laumersheim 161 A2
Launceston 287 F6
Launching Place 281 C6
Laurel Glen 254 E3
Laurel Ridge 273 B4
Laurentiusberg 149 G6
Laurentiuslay 151 F1
Laurier, Dom. 255 D4
Lausanne 219 F2, 220 A6
Lavalle 295 A4
Lavaut Saint Jacques 67 E1
Lavaux 219 F2, 221 A1
Lavey-Morcles 221 C2
Laveyssière 109 A5
Lavières, aux 65 F3
Lavières, les 63 E2
Lavigny 137 G5
Lavínio-Lido di Enea 193 G4
Lavis 184 B5, 185 G4
Lavrottes, les 66 F3
Lawndale 254 D3
Lawrence 275 B6
Lay 153 F2
Lazise 182 F3
Lazy Creek 256 C2
Leasingham 283 D5, F5
Lebanon 273 E5
Lecce 195 C6
Lecco 173 C5
Lèches, les 109 A5
Léchet, Côte de 75 D2
Lechinta 237 B3
Leconfield 285 D6
Leeds Castle 298 F5
Leeford 298 F5
Leeton 277 B4
Leeuwen Jagt, De 293 C3
Leeuwin Estate 287 E2
Lefka 244 F2
Lefkoniko 244 E4
Leftwich Vyds 269 E5
Legé 114 C3
Legyesbénye 229 G1
Lehmann 282 B4
Leibnitz 222 F1
Leimen 165 B3
Leinhöhle 161 F4
Leinsweiler 161 C1
Leipzig 143 A5, 167 C4
Leiria 208 C4
Leistadt 161 A4
Leiterchen 151 F2
Leiwen 150 G6
Leling 246 C4
Lelo, Qta do 210 F6
Lembeye 113 F2
Lembras 109 B6
Lemoore 267 E4
Lenart v Sl. goricah 231 B4
Lenchen 158 F5
Lengenfeld 222 B1
Lengfurt 166 B3
Lens 221 C4
Lenton Brae 287 D1
Lenz 275 C5
Léognan 80 F3, 96 E4, 99 F3
León 269 F5
Leonetti Cellar 271 G4
Leschenault 286 E1
Leskovac 233 E6
Lesnik 278 C5
Lesparre-Médoc 80 C1, 85 F1
Lessini Durello 179 C3, 183 F2
Lessona 173 D3
Lesvos 239 C5
Letten 161 E6
Letterlay 153 B3
Lettweiler 155 D5
Leuk 221 C4
Leurey, au 64 F4
Leutschach 222 G1
Leverano 195 C6
Lèves-et-Thoumeyragues, les 109 B4
Levice 230 G4
Levin 288 D4
Levkas 239 C2
Lèvrier, Champ 72 E4
Levrière, la 62 F1
Levrons, les 60 G4
Levski 235 B3
Lewisburg 273 E4
Lexton 280 E2
Leynes 69 G4, 71 B4
Leyssac 87 F4
Leytron 221 C2
Leza 203 F4
Lézignan 133 C4, 134 D5
Lézignan-Corbières 133 C3, 138 E5
Lhuis 137 C1
Liaocheng 246 D3
Liards, aux Grands 63 E2
Liards, aux Petits 63 D1
Liards, les Bas 63 E1
Liberec 230 E2
Liberty 272 F3
Libourne 103 C1, 107 E1
Lichtensteinerin 224 F6
Lichtgartl 224 G5
Lido de Iésolo 181 E3
Lido dei Pini 193 F4
Liébana 197 A3
Liebenberg 224 F6
Liebfrauenberg 147 B2
Liebfrauenmorgen 163 D5
Lieser 152 F6
Liesing 224 D2
Lievland 293 E3
Ligist 222 F1
Lignano Sabbiadoro 181 D5
Ligné 114 B3
Lignes, les 117 E2
Lignorelles 75 A1
Ligny-le-Châtel 73 D5
Ligondras 95 D2
Ligré 117 G4
Ligueux 109 B4
Lilliano 189 F3
Lilydale 280 F4, 281 C4
Lilydale Vyds 281 C5
Lima, *Peru* 294 F1
Lima, *Portugal* 215 A5
Limas 71 E3
Limassol 244 G3
Limekiln Valley 263 E5
Limmattal 219 E4
Limnos 239 B4
Limoux 133 D1, 138 E4
Limozin, le 60 G6
Linares 295 D2, 297 G4
Lincoln 298 D5
Lincoln City 271 D2
Lindelberg 165 C5
Lindemans 285 B5
Lindemans Hunter River 278 C4
Linden 275 D3
Linderos 295 B3
Lindsay 267 E6
Lingolsheim 120 A5
Lingyuan 246 A4
Linqing 246 D3
Linsenbusch 161 G5
Linyi 246 D3
Liparita Cellars 259 C4
Lipnita 237 E5
Lirac 129 E4, 130 F5
Lirralirra Estate 281 C3
Lisboa 208 D3, 209 F5
Lisle-sur-Tarn 113 D6
Lismore 280 F2
Lison-Pramaggiore 179 C5, 181 C4
Lissieu 71 G4
Listrac-Médoc 80 D2
Lithgow 277 B5
Litomerice 230 E2
Little Denby 298 G2
Little's 278 C5
Live Oaks 263 D4
Livermore 263 A3
Livermore Valley 263 A3
Livermore Valley Cellars 263 A3
Liverpool, *Australien* 277 B6
Liverpool, *USA* 275 C2
Livingston, *Merced* 267 C3
Livingston, *Napa* 259 B6
Livio Felluga 183 B4
Livorno 187 A2
Livron-sur-Drôme 125 F4
Lizzano 195 C5
Ljubljana 233 B2
Ljutomer 231 B6, 233 B3
Ljutomersko-Ormoske Gorice 231 B6
Llacuna, La 205 E3
Llana Estacado Winery 269 D5
Llanerch 298 F3
Llico 295 C2
Lloà 204 F6
Loachausses, les 65 F5
Loach, De 255 E5
Locarno 219 G4
Loché 69 F4
Locorotondo 195 C5
Löcse 229 E3
Loddiswell 298 G3
Lodève 138 C6
Lodi 267 A2, B2
Lodoline 189 F4
Loges, les 119 F4
Logroño 203 B1
Lohr, J 263 B3, 265 B3
Loiben 222 B1
Loibenberg 225 G2
Loja 207 C5
Lokoya 259 F4
Lola Hills 273 D4
Lolières, les 63 F5
Lolol 297 D4
Lolonis 256 B3
Lom 235 B2
Lombardes, les 59 G6, 60 G1
Lompoc 265 F4
Lonay 220 A5
Londe-les-Maures, la 136 C4
London 275 B2
London Wines 275 B2
Long 259 D5
Longecourts, les 64 F5
Longères, les 61 E3
Long Gully Estate 281 B5
Longhua 246 A4
Longkou 246 C5
Longvic 57 B6
Longview 271 C2
Longwood 284 C4
Lons le Saunier 137 G4
Lontué 295 C2
Lopera 197 D3
Lorch 143 B3
Loreley 143 A3
Lorettoberg 165 F1
Lorgues 136 B4
Lorimer, De 255 B5
Loriol-du-Comtat 131 F5
Lormont 80 E3, 96 C4
Lorne 280 G2
Loroil-sur-Drôme 125 F4
Loroux-Bottereau, le 114 B3, 115 E5
Lörrach 165 F1
Lösnich 152 C6
Lößnitz 167 C6
Lost Hills 267 F3, G5
Loubès-Bernac 109 C5
Louis Martini 259 D3
Louisvale 293 F1
Loumy 230 E2
Loupiac 80 F4, 96 F6
Lourdes 113 G2
Louroujina 244 F4
Lousa 209 E5
Lousada 215 C5
Louvazim, Qta do 211 F6
Louvois 79 C5
Lovech 235 B3
Lower Belford 278 A4
Lower Hutt 288 D4
Lozanne 71 G3
Lozitza 235 B3
Luan 246 B4
Lubbock 269 D5
Lucca 187 A3
Lucena 207 B4
Lucenay 71 F3
Lucerne 256 C5
Luchets, les 61 E1
Lucq-de-Béarn 113 G1
Ludes 79 B4
Ludon-Médoc 95 F6
Ludwigsburg 165 C4
Ludwigshöhe 163 C5
Lugana 179 D2, 182 G2
Lugano 219 G4
Luginsland 161 D5
Lugny 55 E5, 69 B5
Luins 220 B4
Lukovit 235 B2
Lully 220 A5, C3
Lunas 109 A5
Lunel 129 F2, 135 B5, 139 D1
Luraule, en 61 F1
Lurets, les 61 F4
Lüshun 246 C5
Luso 214 F6
Lussac 80 E5, 103 B5
Lussault-sur-Loire 118 C6
Lüßwiese 223 C5
Lussy 220 A5
Lutry 220 A6
Lutterbach 120 G3
Lutzmannsburg 222 E3
Luzech 113 C4
Luzern 219 E4
Luzin 126 F1
Lyaskovets 235 B4
Lymington 298 G4
Lynchburg 275 E3
Lyndoch 282 C3
Lyon 55 G5
Lyons 273 D5
Lys, les 75 D3
Lytton Springs 255 C5
Lyubimets 235 D4

Mabton 272 G3
Macabrée, la 61 E1
Ma Carrées, les 66 F2
Macau 95 D6
Macedon 277 D3, 280 E3
Macedon Rock 280 E3
Mácere 193 D6
Machalí 297 C5
Machamudo Alto 201 B3
Machamudo Bajo 201 C3
Macherelles, les 60 F2
Machico 217 C5
Mâcon 55 F5, 69 F5, 71 A4
Macvale 285 B5
Mád 229 F2
Madalena do Mar 216 C6
Maddens Lane 281 C5
Madera 267 D4
Madères, les 118 B5
Madiran 113 F2
Madison Vineyard 269 D4
Magdalenen-Kreuz 157 E5
Maglieri 284 D3
Magnotta 275 B3
Magura 235 B1
Maia 215 C4
Mailberg 222 B2
Mailly 79 B5
Maina 200 B5
Maindreieck 143 B6, 166 B5
Mainviereck 143 B5
Mainxe 111 F3
Mainz 143 B4, 163 A5
Maipú 295 B3
Mairan, Dom. de 133 B5, 134 D6
Maisdon-sur-Sèvre 115 G5
Maison Blanche, la 127 C5
Maison Brûlée 66 F4
Maison Deutz 265 D4
Maitland 277 A6
Maizières Basses 65 F5
Maizières, Hautes 65 F5
Makhachkala 240 C5
Makioka 248 D4
Maladière, la, *Condrieu* 126 D2
Maladière, la, *Santenay* 59 E3
Maladières, les, *Chambolle-Musigny* 66 F3
Maladières, les, *Nuits-St-Georges* 64 G6
Málaga 197 E3, 207 D5
Malargue 295 D3
Malatya 243 C6
Malconsorts, au Dessus des 65 F4
Malconsorts, aux 65 F4
Maldon 280 E2
Maligny 73 D5, 75 A2
Mallemort 129 F5
Mallia 244 G2
Malloa 297 D5
Mallorca 197 D6
Malmesbury 290 F2
Malokarpatská 230 G3
Malpoiriers, les 61 G2
Maltroie, la 60 G1
Maluna 278 C4
Malvasia delle Lipari 195 E3
Malvasia di Bosa 195 D1
Malvasia di Cagliari 195 E2
Malvasia di Casorzo d'Asti 175 B4
Malvasia di Castelnuovo don Bosco 175 B3
Malvedos, Qta dos 211 E1
Malverne, Clos 293 F1
Malviera 209 F3
Mambourg 123 C3
Mancha, La 197 C4
Manchester 275 B6
Manchuela 197 C4
Mandelberg 123 C3
Mandelgarten 161 C5
Mandelgraben 151 B4, 152 G5
Mandelhöhe 161 C2
Mandement, Le 219 G1, 220 C3
Mándria, Cle. della 193 F5
Mandrolisai 195 D2
Mandurah 286 D2
Manfred Vierthaler 271 B3
Mango 176 E4
Mangoola 279 F4
Mangualde 215 F5
Maniago 181 B3
Manjimup 286 F2
Mann's 248 D4
Mannaberg 165 B3
Mannberg 159 F1
Mannheim 143 C4, 165 B3
Manning 273 B4
Manobalai 279 E4
Manoir de Gravoux 103 D6
Mansfield 280 E5
Manstree 298 G3
Manteca 267 B2
Mantinia 239 D3
Mantova 179 D2
Manuelas, Qta das 210 D5
Manuel de la Calle 201 G1
Manukau 288 B4
Manzanillos 201 C4
Manzano 183 C4
Manzano, El 297 C4
Maramures 237 B3
Marananga 282 B4
Marano di Valpolicella 182 E5
Maras 243 D5
Marbach 165 C4
Marbuzet 87 F5
Marça 204 F6
Marcamps 108 G5
Marcé 117 C2
Marchais, les 67 E1
Marchampt 71 D2
Marches de Bretagne 139 E4
Marches, les 137 D2
Marckolsheim 120 D5
Marckrain 123 C3
Marcobrunn 159 G2
Marco de Canaveses 215 C6
Marconnets, Bas 63 E1
Marconnets, Dessus de 62 E6
Marconnets, les 62 E6
Marconnets, les Hauts 62 E6
Marcorino 176 E4
Mardeuil 79 D2
Mardie 115 A4
Mareau, en 61 E6
Maréchale, Clos de la 64 F3
Maréchaudes, le Clos des 63 F5
Maréchaudes, les 63 F4
Marenca-Rivette 176 F2
Marestel 137 C2
Mareuil-le-Port 78 D6
Mareuil-sur-Ay 79 D4
Margaret River 287 E2
Margaux 80 D2, 95 B3
Margueron 109 B4
Mariages, les 62 F5
Mariano del Friuli 183 D4
María Pinto 297 A5
Mariazell 222 D1
Maribor 231 B4, 233 A2
Mariborski Vinorodni 231 B4
Marienberg 284 C3
Marienburg 166 B4
Mariengarten 161 B2, E5
Marienholz 149 D4
Marignane 129 G5
Marihernandez 201 D1
Marimacho 200 A5
Marimar Torres 255 E4
Marin 137 A3
Marina Danieli 183 B3
Marina di San Lorenzo 193 F4
Maring-Noviand 152 F5
Marino 187 F3, 193 D5
Marinot 60 D2
Marion, *Australien* 284 B2
Marion, *USA* 273 D5
Marion's 287 F6
Mario Schiopetto 183 C5
Marissou 68 B4
Markgraf Babenberg 166 C5
Markgräflerland 143 G3, 165 F1
Markham 259 C3
Markkleeberg 167 C4
Markko 275 C2
Markranstädt 167 C4
Markt Einersheim 166 C6
Marktheidenfeld 166 B3
Mark West 255 D5
Marlborough 288 D4
Marlengo (Marling) 185 A4
Marlenheim 120 A4
Marmande 113 C2
Marmella 205 E3
Mamoo 280 D1
Maroona 280 E1
Maroondah Province 281 B5
Marquam 273 C5
Marquam Hill 273 C5
Marquis de St-Estèphe Cave Coop. 87 E4
Marrakech 245 C1
Marsac 95 A2
Marsala 195 F2
Marsannay 55 C6
Marsannay-la-Côte 57 B5
Marsciano 192 D5
Marseille 129 G5, 136 B1
Marsh Estate 278 B4
Marshlands 289 F5
Marsillargues 129 F2
Marssac-sur-Tarn 113 D6
Marston 259 D3
Martell 110 F5, G6
Martellère, la 117 C2
Marten 223 C5
Martha's Vineyard 275 C6
Martignano 184 C5
Martigny 219 G2, 221 D2
Martigny-Bourg 221 D2
Martigny-Combe 221 D2
Martigues 129 G5
Martillac 99 G6
Martina 195 C5
Martinazo 201 B4
Martinborough 288 D5
Martin Bros 265 B3
Martinenga 176 E3
Martini & Prati 255 E5
Martin Miguel 200 A5
Martinsberg 223 B4
Martinstein 155 C3
Martinsthal 159 E4
Martorell 205 E4
Martorelles 205 E5
Maruko 248 C3
Maryborough 277 D2, 280 E2
Marysville 280 E4
Mas Amiel 133 E3
Mas Blanc, Dom. de 133 G5
Mascara 245 B4
Mas Crémat, Dom. du 133 E4
Mas de Daumas Gassac 135 B3
Mas Jullien 135 B2
Maslin 284 E1
Maslin Beach 284 E1
Masllorenç 205 F2
Masnou, El 205 E6
Masó, La 205 F2
Maspujols 205 F1
Masquefa 205 E4
Masroig, El 204 F6
Massa 173 G6
Massandra 240 C2
Masseto 191 B5
Massongy 137 A3
Masson Vyds 263 F4
Mastantuono 265 C3
Masterton 288 D5
Masures, les 59 F6, 60 G1
Matanzas Creek 254 E3
Matapozuelos 206 F2
Matera, *Italien* 195 C5
Matera, *USA* 259 B2
Matheisbildchen 153 F2
Mathéou 95 C2
Matino 195 C6
Matosinhos 215 C4
Mátraalja 226 E4
Matsukawa 248 D3
Matsumoto 248 C3
Mattersburg 222 D3
Matzen 222 B3
Maubourguet 113 F2
Mäuerchen, *Rheingau* 157 E5
Mäuerchen, *Ruwer* 149 E4
Mauguio 129 F2, 135 B4
Maulbronn 165 C3
Maule 295 C2, 297 F4
Maurens 109 A5
Maures 136 B5, 139 G4
Maunce Came Winery 269 D2
Maury 133 F5
Mäushöhle 161 F5
Mautern 225 G3
Mauvanne 136 C4
Maximiner 149 D3
Maxwell 284 E2
Mayacamas 259 F4
Mayat, Dom. de 109 D3
Maykop 240 C4
Mazatlán 269 F4
Mazeray, Clos de 61 F1
Mazière, la, *Fixin* 67 E4
Mazière, la, *Gevrey-Chambertin* 67 F3
Mazion 108 C2
Mazis Chambertin 67 E1
Mazo, El 207 G4
Mazotos 244 G4
Mazouna 245 B4
Mazoyères 66 E5
Mazoyères Chambertin 66 F5
McCoy 273 C4
McCullys Gap 279 E6
McDowell Valley 256 C4
McKinlay 273 C5
McLaren Vale 284 E2
McMinnville 271 D2, 273 C4
McWilliam's Mount Pleasant 278 C4
Mealhada 208 B4, 214 F5

ORTSREGISTER

Méal, le 127 C4
Meckenheim 161 B2
Mecsek 226 G3
Meda 208 B5
Meddersheim 155 C4
Médéa, *Algerien* 245 B4
Medea, *Italien* 183 D4
Medford 271 G3
Medgidia 237 D5
Medidora 200 B4
Medina del Campo 206 F2
Mediona 205 E3
Médoc 80 C1
Medoquine, la 99 A3
Meerlust 292 G6
Meersburg 165 F4
Meerspinne 161 B2
Meggyes 229 F1
Megyer 229 C5
Mehrholzchen 158 E5
Meinert 293 E1
Meinier 220 C4
Meisenberg 149 F6
Meisenheim 155 D4
Meißen 143 A4, 167 C6
Meix au Maire, le 67 F3
Meix-Bas Champ 67 E3
Meix Bas, le 67 E4
Meix Bataille, le 61 E3
Meix Chavaux, les 61 E2
Meix, Clos des 60 G3
Meix de Mypont, le 61 E3
Meix des Duches 67 E1
Meix-Fringuet 67 F3
Meix Gagnes, les 61 G1
Meix Garnier, le 61 E3
Meix Goudard, les 60 G2
Meix, les, *Aloxe-Corton* 63 F3
Meix, les, *Puligny* 60 G3
Meix Pelletier 60 G4
Meix Rentier 66 F4
Meix Tavaux, le 61 F2
Méjanelle, la 129 F2, 135 B4
Meknès 245 B2
Mel 181 B1
Melbourne 277 D3, 280 F4
Melegoldal 229 G3
Meleto 189 F5
Melgaço 215 A5
Melilla 245 B3
Melini 189 E2
Mélinots 75 E2
Melipilla 295 B2, 297 B4
Melissa 195 D5
Melk 222 C1
Mellecey 68 D4
Melnik, *Bulgarien* 235 D2
Mělník, *Tschech. Republik* 230 E2
Menama 273 D5
Mendavia 203 B2
Mendota 267 D4
Mendoza 294 F2, 295 A4
Menetou-Salon 115 B5
Ménétréol-sous-Sancerre 119 F3
Menétru-le-Vignoble 137 F5
Menoyia 244 G3
Mentrida 197 C3
Meon Valley 298 F4
Méounes-lès-Montrieux 136 B3
Meranese di Collina 179 A2, 185 A3
Merano (Meran) 179 A3, 185 A4
Merced 267 C3
Mercian 248 D4
Mercuès 113 C5
Mercurey 55 D5, 68 C4
Meredith 280 F2
Meredyth 275 D3
Meridian 265 B4
Mérignac 80 E2, 96 D3
Merlen 289 F4
Merlion 259 G5
Merouco, Qta do 211 E1
Merrill/Mount Hurtle 284 C2
Merryvale/Sunny St. Helena 259 B5
Merry Vintners 255 E5
Merseburg 167 C3
Mersin 243 D4
Mertesdorf 149 D5
Mértola 208 F5
Merton 280 E4
Mescoules 109 C5
Mesilla Valley 269 D4
Mesland 115 B2
Meslerie, la 118 A4
Mesnay 137 E6
Mesneux, Les 79 A3
Mesnil-sur-Oger, Le 79 F3
Messas 115 A3
Messina 195 E4
Messoirano 176 D4
Messzeláto 229 F3
Mestervölgy 229 G3
Mestre 179 D4, 181 E2
Mesves-sur-Loire 119 G5
Meszes-Major 229 E3
Métsovo 239 B2
Mettenheim 163 C5
Meung-sur-Loire 115 A3
Meursault 55 D5, 57 F3, 61 F2
Meuselwitz 167 D4
Mévelle 67 E1
Mézesmály 229 G3
Mézières 119 F5
Mezözombor 229 G2
Mezzane di sotto 182 F6
Mezzocorona 184 A5, 185 F4
Mezzocorona, C.S. Cooperative di 185 F4
Mezzolombardo 184 B5, 185 F4
Miamup 287 D2
Michelmark 159 F2
Michelons 72 B5
Michelsberg, *Pfalz* 161 B5
Michelsberg, *Piesport* 151 D2
Michurin 235 C6
Micot, Clos 61 F5
Middelvlei 293 F2
Middlebrook 284 E2
Middle Rio Grande Valley 269 D4
Middletown 256 D6
Miège 221 C4
Miery 137 F5
Mignotte, la 62 E4
Miguel Torres 297 E4
Miklavz 231 B4
Mikonos 239 D5
Mikulov 230 G3
Milano, *Italien* 173 D5
Milano, *USA* 256 C3
Milat 259 B5
Milawa 280 D5
Mildara 285 C6
Mildura 277 B2
Milesti 241 F5
Milieu, Qta 211 E2
Milikouri 244 F2
Millandes, les 66 F4
Millbrook 275 C5
Mill City 273 D5
Mill Creek 255 C4
Millers 281 A4
Milletière, la 118 D1
Millicent 277 D1
Milly 75 D3
Milly-Lamartine 69 E3
Milos 239 E4
Milton Freewater 271 C6
Milwaukie 273 B5
Mimbres Valley 269 D4
Minamimaki 248 C4
Minas Gerais 294 F2
Minerve 133 B3, 134 D5
Minervois 133 E5, 135 D5
Minheim 151 D3
Minimbah 278 B4
Minis 237 C2
Minobu 248 E4
Minowa 248 D3
Minzac 109 A3
Mirabell Heights 255 D5
Miraflores 200 C4
Miramas 129 F4
Mirambeau 108 G3
Mirande 113 F3
Mirassou 263 B3
Mirassou Champagne Cellars 263 C3
Miravet 204 G5
Mirebeau 99 G5
Mireille, Clos 136 C4
Misiones 294 F
Miskolc 226 E4
Mission View 265 B3
Mistelbach 222 B3
Misty Mountain 275 D3
Misty Valley 281 A4
Mitans, les 61 F5
Mitcham 284 B3
Mitchell 283 E5
Mitchellstown 280 E4
Mitchelton Vintners 280 E4
Mitiamo 280 D3
Mitomi 248 D4
Mitsero 244 F3
Mittelbergheim 120 B4
Mittelburgenland 222 F4
Mittelhaardt Deutsche Weinstraße 143 C3, 161 D4
Mittelheim 158 G4
Mittelhölle 158 F2
Mittelrhein 143 A3
Mittelwihr 120 D4, 123 C3
Mittweida 167 D5
Miyun 246 B3
Mizil 237 D4
Miziya 235 B2
Mladina 233 B2
Mljet 233 E3
Moana 284 D1
Mocenni 189 F4
Mochamps, les 66 F5
Mochis, Los 269 E4
Moculta 282 B6
Módena 179 E2
Modesto 267 C3
Mödling 224 E2
Modra 230 G3
Modry Kamen 230 G5
Mogofores 214 F5
Mogyorósok 229 E3
Mohács 226 G3
Molalla 273 C5
Molar, El 204 F6
Moldava nad Bodvou 230 G5
Moldovia 237 B5
Molfetta 195 B5
Molina 295 C2, 297 E4
Molineuf 115 B2
Molins de Rei 205 E5
Mollenbrunnen 155 D1
Mollina 207 C4
Molly Morgan 278 B5
Molsheim 120 A4
Mombies, les 66 F3
Mombrier 108 E4
Monbadon 103 B6
Monbazillac 109 B5
Monbulk 281 D5
Monção 215 A5
Mönchberg 154 F5, 155 C2
Monchenevoy, Dessus de 63 C2
Mönchhof 222 D4
Monchique 208 F4
Mönchspfad 157 E6, 158 F1
Moncontour 118 B2
Mondéjar-Sacedón 197 B4
Mondim de Basto 215 C6
Monein 113 F1
Monemvasia 239 E3
Monestier 109 B5
Monéteau 73 D3
Monfalcone 181 C6
Monfalletto 176 F2
Monfaucon 109 A4
Monforte d'Alba 175 E3, 176 G2
Monhow Valley 298 F4
Monica di Cagliari 195 E2
Monica di Sardegna 195 D2
Monichino 280 C4
Moniga del Garda 182 F1
Monim, le Bas de 60 D2
Monistrol d'Anoia 205 E4
Monjos, Els 205 F3
Monmadales 109 B6
Monmouth 273 D4
Monnaz 220 A5
Monnet, J G 110 G5
Monnières 115 F5
Monok 229 F1
Monopoli 195 B5
Monprivato 176 F2
Monsaguel 109 C6
Monsanto 189 E3
Monségur 97 F3
Monsheim 143 C4
Montagliari 189 D4
Montagliari e Castellinuzza 189 D4
Montagnac-la-Crempse 109 A6
Montagna in V. 177 B3
Montagne 80 E4, 103 C4
Montagne, la Grande 59 F6
Montagne Saint Désiré 62 E2
Montagnieu 137 C1
Montagny 55 D5
Montagny-lès-Buxy 68 G3
Montagu 290 F3
Montaigus, Clos des 68 C3
Montalcino 190 F2
Montalto Pavese 177 F4
Montana, *Neuseeland* 289 G5
Montana, *Schweiz* 221 C4
Montana, *Spanien* 201 C1
Montana (Mikhaylovgrad) 235 B2
Montanas, Las 254 E5
Montánchez 197 C2
Montans 113 D6
Montara 280 E1
Montarsino 176 F3
Montazeau 109 B4
Mont-Baudile 138 C6
Montbellet 69 B6
Montblanc 205 E2
Montblanquet 205 E1
Montbré 79 B4
Montbrió del Camp 205 F1
Montcada i Reixac 205 E5
Montcaret 109 B3
Mont Caume 136 C2, 139 G4
Montceau, en 60 E3
Mont-Chambord 115 B3
Montcuq 113 C4
Mont de la Grage 138 D5
Mont de Milieu 75 D5
Monte 217 C3
Monte Aribaldo 176 E4
Montebello 177 F3
Montebelluna 181 C1
Montecalvo Versiggia 177 F5
Montecarlo 187 A3
Montecchia di Crosara 183 F1
Monte Comán 295 C5
Montecompatri 193 D5
Montecompatri Colonna 193 D5
Monte di Leva 193 E3
Montedor 215 B4
Montée de Tonnerre 75 D4
Monte, El 297 B5
Montée Rouge 62 E3
Montefalco 187 D4, 192 D6
Monteforte d'Alpone 183 G2
Montélimar 125 G4, 129 C4
Mont Elise 271 C3
Montello e Colli Asolani 179 C4
Montels 113 D6
Montemayor 207 A4
Montemor-o-Novo 208 D4, 213 E4
Monteneubel 153 B4
Montepaldi 189 C2
Monte Pòrzio Catone 193 D5
Montepulciano 190 F4
Montepulciano d'Abruzzo 187 E6, F6
Monterey 263 E3
Monterey Peninsula 263 E3
Monterey Vineyard 263 F4
Monteriggioni 189 F3
Monte Rio 255 E3
Monte Rosso 254 F5
Monterrey 269 E5
Montes (Discover Wine, SA) 297 E4
Montesano 271 B2
Montescano 177 E5
Montescudaio 187 B3
Montespèrtoli 189 C2
Montestefano 176 E4
Monteux 131 G5
Montevarchi 189 E6
Monte Xanic 269 D2
Montfaucon 130 F6
Montferri 205 F2
Montgat 205 E6
Monthélie 55 D5, 61 E3
Monthey 221 C1
Monthoux 137 C2
Monticello Cellars 259 F5
Montigny 119 G1
Montigny-lès-Arsures 137 E6
Montilla 207 B4
Montilla-Moriles 197 D3, 207 B4
Montinore 273 B4
Mont, le 118 B3
Montlouis 115 B2
Montlouis-sur-Loire 118 C4
Montmains 75 E3
Montmelas-St-Sorlin 71 E3
Montmélian 137 C2
Montorio Veronese 182 G6
Montpellier 129 F2, 135 B4, 139 D1
Montpeyroux, *Bergerac* 109 A3
Montpeyroux, *Coteaux du Languedoc* 135 B2
Mont-Rachet 60 F3
Montrachet, le 60 G3
Mont-Redon 131 E2
Montrésor 115 C2
Montreuil-Bellay 114 C5
Montreux 219 F2, 221 B1
Montrevenots, les 62 E2
Montrichard 115 B2
Mont-roig del Camp 205 G1
Mont St John 257 E5
Monts Damnés, les 119 F2
Monts du Tessala 245 B3
Monts, les Petits 65 F4
Monts Luisants 66 E5
Mont-sur-Rolle 220 B5
Montu Becc. 177 E5
Montuni Del Reno 179 E3
Monza 173 D5
Monzel 151 B3
Monzingen 155 C3
Moonambel 277 C2, 280 E2
Moonta 276 B5
Moor, De 259 E4
Moorebank 278 C5
Moorilla Estate 287 G6
Moorlynch 298 F3
Mooroopna 280 D4
Moorreesburg 290 E2
Mopami 282 A6
Moquegua 294 F
Moques 119 E4
Mór 226 E3
Móra d'Ebro 204 G5
Móra la Nova 204 G5
Morais, les 63 F4
Morancé 71 F3
Morand, la 63 D4
Moraro 183 C5
Mörbisch am See 222 D3, 223 C4
Morein 75 D6
Moreira 215 C4
Morell, El 205 F2
Morellino di Scansano 187 C3
Morena 193 D4
Morera, La 204 F6
Moresco 267 B3
Môreson Blois 293 F5
Morey-St-Denis 55 C6, 66 F4
Morgan, *Australien* 276 B6
Morgan, *USA* 263 E4
Morgenhof 293 F2
Morgeot 59 F5
Morges 220 A5
Morgon 55 F5, 72 E4
Mori 184 E4
Morichots, les 59 G6, 60 G1
Moriers, les 72 C5
Moriles 207 B4
Morjot, Champs de 59 G5
Moroges 68 E3
Morphett Vale 284 D2
Morphou 244 F2
Morra, La 175 E2, 176 F2
Morris 280 C5
Morro Bay 265 C3
Morro Beach 265 C3
Mortágua 215 G4
Mortlake 280 F1
Morton 271 B3
Mós 211 G6
Mosby 265 F5
Moscadello di Montalcino 187 C3, 190 F1
Moscato d'Asti 175 D4, 176 E4
Moscato di Cagliari 195 E2
Moscato di Noto 195 G4
Moscato di Sardegna 195 E2
Moscato di Siracusa 195 G4
Moscato di Sorso Sennori 195 C2
Moscato di Trani 195 B5
Moscavide 209 E6
Mosconi 176 G2
Mosel 143 B2
Mosel-Saar-Ruwer 143 B2
Moseltor 143 C1
Mosny, Clos de 118 D5
Moson-magyaróvár 226 E2
Moss Brothers 287 C1
Mossel Bay 290 G6
Mossettes, les 119 E3
Moss Wood 287 C1
Most 230 E2
Mostaganem 245 B3
Mostar 233 D3
Motello e Colli Asolani 181 C1
Motrot, en 67 E2
Motta di Livenza 181 C3
Motte, la 136 B5
Motte, La 293 F5
Motueka 288 D4
Motz 137 B2
Mouchère, Clos de la 60 G4
Mouches, Clos des 59 F3
Mouches, le Clos des 62 E2
Mouchottes, les 60 G2
Mouille, la, *Fixin* 67 F4
Mouille, la, *Gevrey-Chambertin* 67 F3
Moulamein 277 B2
Mouleydier 109 B6
Moulin-à-Vent 55 F5, 72 C6
Moulin Cruottes Moyne, aux 63 D1
Moulin de Périès 133 C5, 134 D6
Moulin Landin, au 61 F1
Moulin, le 72 C4
Moulin Moine, le 61 E2
Mouline, la 95 E2
Mouline, La 126 C4
Moulineuf 110 F6
Moulis-en-Médoc 80 D2
Mounic 101 F6
Mountadam 282 D5
Mountain House 256 D4
Mount Angel 273 C5
Mountarrow 279 G5
Mount Avoca 280 E2
Mount Barker 286 G4
Mount Chalambar 280 E1
Mount Eden 263 C2
Mount Evelyn 281 C4
Mount Gambier 277 D1
Mount Harlan 263 E4
Mount Helen 280 E4
Mount Horrocks 283 F6
Mount McKenzie 282 C5
Mount Mary 281 C4
Mount Veeder 259 F4
Mount View 278 D4
Moura, *Alentejo* 208 E5, 213 F5
Moura, *Alto Douro* 210 F4
Mourão 208 E5, 213 F6
Mourenx 113 F1
Moussard 119 E4
Mousse, le Clos de la 62 F4
Moutier Amet 63 E1
Mouton-Excelsior 293 G6
Moutoullas 244 F2
Mouzillon 115 F5
Moxee City 272 E2
Moxheim 155 C3
Moyhu 280 D5
Mudgee 277 A5
Mues, Dessous les 60 G2
Mühlberg 154 F3
Mühlpoint 225 G2
Mulató 229 E3
Muldersbosch 293 E1
Mülheim 152 G5
Mulhouse 120 G4
Mulkirri 283 F5
Müllheim 165 F1
Mumm Napa Valley 259 D4
Mundelsheim 165 C4
Muniesa 197 B5
Münster-Sarmsheim 155 A6
Muntenia 237 D4
Münzlay 152 E6
Muratie 293 E2
Murchison 280 D4
Mure 248 B3
Murées, les 60 F1
Murets, les 127 C5
Murfatlar 237 D5
Murger de Monthélie, au 61 E2
Murgers, aux 65 F3
Murgers des dents de chien, les 60 F3
Murphy-Goode 255 B5
Murray Bridge 276 C6
Murray Robson 278 C4
Murrumbidgee Irrigation Area 277 B3
Murs, les Grands 66 F2
Mürzzuschlag 222 D2
Muscat de Frontignan 135 E5
Muscat de Lunel 135 E5
Muscat de Mireval 135 E5
Muscat de St-Jean de Minervois 133 F5, 135 E5
Muscle Creek 279 E6
Musenhang 161 E5
Musigny, les 65 F6, 66 F2
Musigny, les Petits 65 F6, 66 F1
Mussara, la 205 F1
Müstert 151 C2
Muswellbrook 277 A6, 279 E5
Mutigny 79 D4
Mutzig 120 A4
Muy, le 136 B5
Myambat 279 F4
Myans 137 C2
Myrtleford 280 D6

Nackenheim 162 B5, 163 B5
Nacktarsch 153 B2
Nacunan 295 B5
Nagambie 277 C3, 280 D4
Nagano 248 B3
Nagiso 248 D2
Nago 184 E3
Nagozelo do Douro 211 F2
Nagykanizsa 226 G2
Nahe 143 C3
Nájera 202 B5
Nakano 248 B4
Naked Mountain 275 D3
Nakotomi 248 E4
Nal'chik 240 C4
Nälles (Nals) 185 B5
Nalys 131 F2
Namiai 248 E2
Nancagua 295 C2, 297 D5
Nangong 246 D3
Nantes 114 B3, 115 F4
Naoussa 239 B3
Napa 257 E6, 259 G5
Napa Creek 259 D4
Napa, Dom. 259 D4
Napa Ridge 255 B4
Napa Valley 257 E5, 259 C4
Napier 288 C5
Napoléon, Clos 67 E4
Nápoles, Qta de 210 F3
Napoli 195 C3
Naracoorte 277 C1
Narbantons, les 63 E1
Narbonne 133 C4, 134 E6, 138 E5
Nardo 195 C6
Nami 192 F5
Narrandera 277 B4
Narrenkappe 155 C2
Narrikup 286 G4
Narvaux-Dessus, les 60 F5
Narveaux-Dessous, les 60 F6
Nasco di Cagliari 195 E2
Nastringues 109 B4
Natale, De 255 D5
Nathalia 280 C4
Natters 221 C6
Naumberg 143 A5, 167 C3
Nava de la Asunción 206 G3
Nava del Rey 206 F1
Nava de Roa 206 E4
Navarridas 202 B6, 203 F4
Navarra 197 A4
Navarrete 202 B6
Navarro 256 C2
Navidad 295 B2
Naxos 239 E5
Naylor 275 D4
Nazoires, les 66 F2
Néac 103 B2, 107 C6
Nebbiolo d'Alba 175 D3, 176 E2
Neckar 143 E5
Neckarsulm 165 C4
Neckenmarkt 222 D3
Nederburg 293 C5
Neethlingshof 293 F1
Negrar 182 F5
Neipperg 165 C4
Néive 176 E4
Nelas 215 F5
Nelson 288 D4
Nemea 239 D3
Nemi 193 E5
Néoules 136 B3
Nérac 113 D3
Neringah 285 B5
Nérolle, la 111 F3
Nervo 255 B4
Nesebur 235 C5
Neszmely 226 E3
Nettuno 193 G4
Neuchâtel 219 E2
Neufeld 223 C4, C5
Neuillé 114 B6
Neumagen 151 E1
Neunkirchen 222 D2
Neuquen 294 G
Neusiedl am See 222 C4, 223 B5
Neusiedlersee 222 F4
Neusiedlersee-Hügelland 222 F4
Neustadt an der Weinstraße 143 C4, 161 B2
Neuweier 165 D3
Nevsehir 243 C4
Newark 275 C5
New Bedford 275 C6
Newberg 273 C4
New Brighton 288 E4
Newcastle 277 A6
New Hall 298 F5
New Haven 275 C5
Newlan 263 F5
Newman 267 C3
New Norfolk 287 G6
New Plymouth 288 C4
Newport 271 D2
Newton 259 D3
New York 275 C5
Niagara 273 D6
Niagara Falls 275 B3
Nicastro 195 E5
Nice 256 C5
Nichelini 259 D5
Niches, Los 297 E5
Nicoresti 237 C5
Nicosia 244 F3
Niculitel 237 D5
Niebaum-Coppola 259 E4
Niederberghelden 152 F6
Niederemmel 151 C2
Niederhausen 154 G5, 155 C5
Niederkirchen 161 F6
Niederleuken 147 E2
Niedermennig 147 A5
Niedermorschwihr 120 E3, 123 B1
Niedermoschel 155 D5
Nieder-Olm 143 B4, 163 B5
Niederotterbach 161 D2
Nieder-Wiesen 163 C3
Nierstein 143 B4, 162 E4, 163 B5
Nies'chen 149 E4
Nigde 243 C4
Nikopol 235 B3
Niksie 233 E4
Nîmes 129 E3, 139 C2
Nimis 181 A5
Nipomo 265 E4
Nirasaki 248 D4
Nis 233 E6
Nisavsko-Juznomoravski 233 E6
Nisporeni 241 F5
Nissley 275 D4
Nitra 230 G4
Nizza Monferrato 175 D5
Noblaie, la 117 G3
Nogaro 113 E2
Nogent-sur-Seine 76 D3
Nogueira 210 E2
Noirets, les 63 D4
Noirots, les 66 F3
Noizay 118 B5
Noizons, les 62 E2
Noizons, les Petits 62 E1
Nolay 57 F2
Nolthalten 120 C4
Nomi 184 E5
Nonini, A 267 D4
Nonnenberg, *Bernkastel* 152 E6
Nonnenberg, *Rheingau* 159 E4
Nonnengarten, *Nahe* 154 F6
Nonnengarten, *Pfalz* 161 B5
Nonnenstück 161 E6
Noons 284 E2
Nordheim 166 B5
Norfolk 275 E4
Norheim 154 F6, 155 C5
Norieta, La 201 C4
Normas 281 A3
North Albany 273 D4
Northam 286 C3
North Bend 271 F1
Northland/Matakana 288 B4
North Plains 273 B4
North Rothbury 278 B5
Northwood 255 E4
Norton Summit 284 A4
Nort-sur-Erdre 114 B3
Norwood 284 A3
Nosroyes, les 60 G4
Nosroyes, les Petits 60 G4
Nou de Gaya, La 205 F2
Noue, Champ de la 119 E3
Nova do Roncão, Qta 210 E6
Nova Kakhovka 240 B2
Noval, Qta do 210 E5
Novara 173 D4
Nova Zagora 235 C4
Novello 176 G2
Nove Mesto 230 G6
Nové Zamky 230 G4
Novi Becej 233 C5
Novi Pazar 235 B5
Novi Sad 233 C5
Novorossiysk 240 C3
Novo Selo 235 A1
Novy Svet 240 C2

ORTSREGISTER

Novy Saldorf 230 G3
Nowra 277 B5
Noyer, Dom. du 136 C4
Nozzole 189 C4
Nuestra Señora de la Consolacion 201 E3
Nuestra Señora de la Esperanza 201 D4
Nuestra Señora del Valle 201 D1
Nueva Carteya 207 B4
Nuevo Laredo 269 E5
Nuits-St-Georges 55 C6, 57 D5, 65 F2
Nulkaba 278 C5
Nulles 205 F2
Numurkah 280 C4
Nuoro 195 D2
Nuovo di Presciano, Cle. 193 F5
Nuragus di Cagliari 195 E2
Nuriootpa 276 B6, 282 B4
Nuriootpa (Seppelt's) 282 B5
Nußberg 224 B3
Nußbien 161 G4
Nußbrunnen 159 F1
Nußriegel 161 A5, B5
Nußwingert 151 E1
Nutbourne Manor 298 F5
Nyetimber 298 F5
Nyíregyháza 226 E5
Nyon 220 B4
Nyulaszó 229 F2
Nyzhn'ohirskyy 240 B2

Oakdale 267 B3
Oak Grove 273 B5
Oak Knoll 273 B4
Oakley 267 B2
Oakmont 254 D3
Oakridge Estate 281 D5
Oakvale 278 C4
Oakville 259 E4
Oasis Vineyard 275 D3
Oaxaca 269 G6
Oberberg, *Nahe* 154 F6
Oberberg, *Rheingau* 159 E5
Oberemmel 147 C5
Obere Teilung 223 C5
Oberhausen 155 C5
Ober-Hilbersheim 163 B4
Oberkirch 165 D2
Oberland 219 E5
Oberleinach 166 B4
Oberloiben 225 G2
Obermorschwihr 122 C4
Obermosel 143 C1
Obernai 120 B4
Ober-Olm 163 B5
Oberrhein 143 D4, G3, G5
Obervolkach 166 B5
Obester 256 C2
Óbidos 208 D3
Obuse 248 B4
Oc, D' 139 G2
Oceano 265 D3
Ockenheim 163 B3
Ockfen 147 E3
Odemira 208 F4
Odenas 71 D3, 72 G4
Odernheim 155 D4
Oderzo 181 C3
Odesa 240 B2, 241 F6
Odinstal 161 E4
Odobesti 237 C5
Oeiras 209 F4
Oestrich 158 F5
Offenburg 143 E3, 165 D2
Offstein 163 D5
Ofir 215 B4
Oger 79 F3
Oggau 222 D3, 223 C4
Ohakune 288 C5
Ohligsberg 151 D3
Ohrid 233 G5
Oiã 214 E5
Oildale 267 G6
Oiry 79 E4
Óis do Bairro 214 F5
Oisly 115 B3
Okaya 248 C3
Olaszliszka 229 E4
Ölberg 161 G4, D4
Olbia 195 C2
Old Barn 282 B4
Old Clarendon 284 C3
Old Luxters 298 F5
Old Noarlunga 284 D2
Olerdola 205 F4
Olesa de Bonesvalis 205 E4
Olesa de Montserrat 205 E4
Oliena 195 D2
Olifantsrivier 290 D2
Olinda 281 D4
Oliva Gessi 177 F4
Olive Farm 286 C1
Oliveira do Bairro 214 E5
Oliveira do Hospital 215 G5
Olivella 205 F4
Oliverhill 284 D2
Olivier, l' 118 C1
Olivos, Los 265 F5
Ollauri 202 B5, 203 F1
Ollon 221 C2
Olomouc 230 F3
Ölspiel 166 C4
Olten 219 E3
Oltenia 237 D2
Oltrepò Pavese 173 E5, 177 F4
Olympia 271 B3
Omachi 248 B3
Omells de Na Gaïa, Els 205 E1
Omodhos 244 G2
Ond 229 F2
Onkelchen 154 F6
Onverwacht 293 A5
Oppenheim 143 B4, 162 F5, 163 B5
Optima 255 C5
Opus One 259 B6
Ora (Auer) 185 E6
Oradea 237 B2
Orange, *Australien* 277 B5
Orange, *Frankreich* 129 D4, 139 B3
Orange Cove 267 E5
Orbaneja 201 C2
Orbel 162 E4
Orbost 277 D4
Orchards 273 B5
Orcutt 265 E4
Ordensgut 161 C2
Ordonnac 85 F5
Ordu 243 B5
Oregon Cellars 271 E2
Oregon City 271 D3, 273 B5
Oremus 229 C6
Orfila 295 B4
Oriental, Dom. La 297 F4
Orilla de Auquinco, La 297 D5
Oristano 195 D1
Orlando 282 C4
Orléans 115 A4
Ormarins, L' 293 F4
Ormeau, en l', *Chassagne* 59 G6
Ormeau, en l', *Volnay* 61 F4
Orme, en l' 62 E6
Orme, les Clos de l' 66 F2
Ormes, aux 65 G4
Ormes, Clos des 66 F5
Ormesson, Dom. d' 133 C3, 135 C2
Ornoz 231 C6, 233 B3
Ornato 176 G3
Ornellaia 191 C3
Orotava-Los Realejos, La 207 G4
Orschwihr 120 F3, 122 B2
Orschwiller 120 C4
Orta Nova 195 B4
Ortenau 143 E4, 165 D2
Ortenberg 165 D2
Orthez 113 F1
Orveaux, En 65 F5
Orvieto 187 D4, 192 E4
Orvieto Classico 187 D4
Oryahovica 235 C4
Oryakhovo 235 B2
Osborne y Cia 201 G2
Oschatz 167 C5
Oschelskopf 161 A5
Oshawa 275 B3
Osicka 280 E3
Osijek 233 C4
Osos, Los 265 C3
Ossès 112 G6
Ost. dell'Osa 193 C5
Osterberg, *Deutschland* 161 A5
Osterberg, *Frankreich* 123 C4
Osterhöll 155 D1
Osthofen 163 C5
Ostrava 230 F4
Ostrov 237 E5
Ostuni 195 C5
Ostwald 120 A5
O'Sullivan Beach 284 C1
Osuna 207 C3
Otard-Dupuy 110 F5
Otsuki 248 D5
Ottakring 224 B2
Ouahran (Oran) 245 B3
Oude Nektar 293 G3
Oudtshoorn 290 F6
Ouintine, la 131 F5
Oujda 245 B3
Ourentã 214 F5
Outlook 272 F3
Ouvrées, Clos de 60 61 F3
Ouyen 277 B2
Overberg 290 G3
Overgaauw 293 F1
Oyon 203 B1
Ozenay 69 A6
Ozurget'i 240 C4

Paarl 290 F2, 293 C4
Paarl Valley 293 B5
Pachino Eloro 195 G3
Pachs 205 E3
Pacific Union College 259 C4
Paços de Ferreira 215 C5
Padova 179 D4
Padre Hurtado 297 A5
Padthaway/Keppoch 277 C1
Pag 233 C2
Pagadebit di Romagna 179 F4, 187 A5
Paganilla 200 C5
Page Mill 263 B2
Pagliaia, La 189 F5
Pagliarese 189 G5
Paglieri 176 E3
Paicines 263 E5
Paillère, la 99 B3
Paillot 119 E4
Paine 297 B5
Pajore 176 E3
Pajzos 229 E5
Pakhna 244 G2
Paks 226 F3
Palacios, Los 197 D2
Palavas-les-Flots 135 B4
Palazzo al Bosco 189 C3
Palermo 195 F2
Palestrina 193 D6
Palette 136 A1
Palhaça 214 E4
Pallet, le 115 F5
Pallud, en 67 F1
Palma, La 201 C2, 207 F4
Palmanova 181 C5
Palmas de Gran Canaria, Las 207 G5
Palmela 208 D4
Palmer 275 C5
Palmerston North 288 D5
Palmilla 297 D4
Palo Alto 263 B2
Palomino y Vergara 201 G2
Paloumey 95 F5
Pamhagen 222 D4
Pampa, La 294 G2
Panamena, La 201 C3
Panascal, Qta do 210 G5
Panciu 237 C5
Paneretta 189 E3
Panesa Baja, La 201 B4
Panimavida 297 G4
Panjas 113 E2
Pannonhalma-Sokoróalja 226 E2
Pano Lefkara 244 G3
Pano Panayia 244 F2
Pano Platres 244 F2
Panquehue 295 A3
Panshan 246 A6
Pantano Borghese 193 C5
Panther Creek 273 C4
Papagni 267 D4
Papakura 288 B4
Pape, Clos du 101 F5
Papes, Clos des 131 F2
Paphos 244 G1
Pápu 226 F2
Paquiers, aux 59 E2
Parada do Bispo 210 G1
Paradelinha 210 D5
Paradies 153 C2
Paradiesgarten, *Nahe* 155 D4
Paradiesgarten, *Pfalz* 161 F4
Paradis, le 119 F3
Paraiso, El 201 D2
Paraiso Springs 263 F5
Parana 294 F2
Parantoux, Clos 65 F4
Parc, Clos du 117 F3
Pardaillan 109 C4
Parducci 256 B3
Paredes 215 C5
Paredes de Coura 215 A5
Paredes do Bairro 214 F5
Pareditas 295 B4
Pargny-lès-Reims 79 A2
Parker 272 F2
Parkes 277 A4
Parlier 267 E5
Parma 173 E6, 179 D2
Parnac 113 C4
Paroisse Cave-Coop. La 87 C4
Paros 239 E4
Parpalana 201 F3
Parradero, El 201 C3
Parral 295 D2
Parramatta 277 B6
Parras 269 F5
Parrina 187 C2
Parsac 103 C5
Parterre, le 60 F1
Partridge 298 G4
Pasco 271 C6, 272 G6
Pas de Chat, les 66 F2
Pasignano 189 C2
Paso, El 269 D4
Paso Robles 265 B3
Pasquelles, les 60 F2
Pasquiers, les 61 G4
Passadoura, Qta da 210 D5
Passenans 137 F5
Passetemps 59 F3
Pastori 255 B4
Pastranilla, La 200 C5
Pastrengo 182 F3
Pataguas, Las 297 C4
Paterberg 162 F5
Paterhof 162 G5
Paterno 195 F3
Paterson, *New Jersey* 275 C5
Paterson, *Washington* 271 C5
Patócs 229 E2
Patrai (Patras) 239 D2
Patras 239 D3
Patrimonio 140 D5
Patritti 284 B2
Patterson 267 C2
Pâtureau, le Petit 119 E3
Pau 113 F2
Pauillac 80 C2, 89 D6
Paulands, les 63 F4
Paúl do Mar 216 B5
Paules, les 62 F3
Pauletts 283 E6
Paulinsberg, *Piesport* 151 B3
Paulinsberg, *Ruwer* 149 E4
Paulinshofberger 151 B4
Paulinslay 151 A4
Paul Thomas 271 A3
Paupillot, au 60 G4
Pave, le 72 F4
Pavia 173 D5
Pavillon Blanc 95 B1
Pavillon-Cadet 105 C4
Pavlikeni 235 B3
Pavlov 230 G3
Pavlovice 230 F3
Pavona 193 E4
Paxton 278 D4
Payneham 284 A3
Pays du Torgan 138 E4
Paz, La 294 F2
Pazardzhik 235 D3
Pcinsko-Osogovski 233 F6
Peachy Canyon 265 B3
Pec 233 E4
Pécharmant, Dom. du Haut 109 D4
Pechstein 161 E5
Pecs 226 G3
Pécsi 229 E3, G3
Pedee 273 D4
Pedrizzetti 263 C4
Pedro Domecq 269 F5
Pedro Domecq, SA 201 G1
Pedrogão, Qta do 210 F6
Pedroncelli 255 B4
Pedrosa de Duero 206 E4
Peel Estate 286 D2
Pegase, Clos 259 C2
Pego, Qta do 210 G5
Peissy 220 C3
Pekre 233 B2
Pélago 189 B5
Pelagonijsko-Poloski 233 G5
Pelarco 297 F4
Pelequen 295 C3
Peljesac 233 E3
Pellèrin, le 114 B2
Pelles-Dessous, les 61 G1
Pelles Dessus, les 61 F1
Pemuco 295 E2
Penafiel, *Portugal* 208 B4, 215 C5
Peñafiel, *Spanien* 206 E4
Peñaflor 295 A4, 297 A5
Penalva do Castelo 215 F5
Pendleton 271 C6
Penedès 197 B6, 205 F4
Peney 220 C3
Penfolds 278 C4, 285 B5
Penfolds/Tollana 282 B4
Penglai 246 C5
Penley Estate 285 B6
Pennes-Mirabeau, les 129 G5
Penola 277 D1, 285 E5
Penowarra 285 D5
Penrice 282 B5
Penrith 277 B6
Penshurst 298 F5
Pentro di Isernia 187 G5, 195 B3
Penwortham 283 E5
Penzing 224 C2
Peor es Nada 297 E5
Peoria 273 E4
Peppers Creek 278 C4
Pepperwood 256 C2
Perafort 205 F2
Peral, El 200 A5
Peralillo 295 C2, 297 D4
Perchots, les 61 F2
Perchtoldsdorf 222 C3, 224 D2
Perclos, les 60 G2
Perdrix, aux 64 F4
Perdrix, aux Champs 65 F3
Perelli-Minetti, M 259 A6
Pergine Valsugana 184 C6
Pernand-Vergelesses 55 C5, 63 D4
Pernik 235 C1
Pérolles, les 59 F2
Pérols 135 B4
Péronne 69 C5
Perpignan 133 F4, 138 F5
Perréon, Le 71 D2
Perrière, la, *Fixin* 67 E3
Perrière, la, *Gevrey-Chambertin* 67 F1
Perrière, la, *Sancerre* 119 E3
Perrière Noblot, en la 65 F3
Perrières, aux 60 F5
Perrières, Clos des 60 F5
Perrières Dessous, les 60 F5
Perrières Dessus, les 60 F5
Perrières, les, *Aloxe-Corton* 63 F4
Perrières, les, *Beaune* 62 E6
Perrières, les, *Meursault* 60 F5
Perrières, les, *Nuits-St-Georges* 64 F6
Perrières, les, *Pommard* 62 F2
Perrières, les, *Puligny* 60 G4
Perrières, les, *St-Aubin* 60 D2
Perriers, les Champs 67 F2
Perroy 220 B5
Pertaringa 284 E2
Perth 286 C2
Pertuis 129 F6
Pertuisots 62 F3
Perugia 187 C4, 192 C5
Perushtitsa 235 D3
Pesanella, La 189 E4
Pesaro 187 B6
Pescantina 182 F4
Pescara 187 F6
Peschiera del Garda 182 G2
Pesenti 265 B3
Peso da Regua 210 F1
Peso, Qta do 210 F1
Pesquera de Duero 206 E4
Pessac 80 F2, 96 D4, 99 A2
Pessac-sur-Dordogne 109 B4
Pessione 175 B2
Petaluma 283 D5, 284 B4
Petaluma/Evans Vyd 285 A5
Peterborough 276 A6
Petersberg 163 C4
Peterson S 278 D4
Petit Bois 99 A4
Petite Crau 139 C3
Petit Figeac 105 B2
Petit-Poujeaux, le 93 G3
Petits Grands Champs, les 60 G4
Petõ 229 D4
Petone 288 D4
Petrich 235 E2
Pettenthal 162 C4, C5
Peuillets, les 63 E1
Peumo 295 C2, 297 D5
Peutes Vignes, les 61 F3
Peux Bois 60 F3
Pewsey Vale 282 D4
Peymilou 109 B5
Peyrassol, Com. de 136 B4
Pez 87 E4
Peza 239 F5
Pézenas 133 A6, 135 C2, 138 D6
Pézerolles, les 62 E2
Pezinok 230 G3
Pfaffenberg, *Deutschland* 158 G6
Pfaffenberg, *Österreich* 225 G3
Pfaffengrund 161 B2
Pfaffenheim 120 E3, 122 C3
Pfaffenstein 154 G5
Pfaffental 225 F1
Pfaffstätten 224 F2
Pfalz 143 D3
Pfarrgarten 155 B5
Pfastatt 120 G4
Pfersigberg 122 C5
Pfieffer 280 C5
Pfingstberg 122 B2
Pfingstweide 154 F5
Pforzheim 143 D4, 165 C3
Pheasant Ridge Winery 269 D5
Philadelphia 275 D4
Philip Togni 259 C2
Phillips, R H 267 A1
Philomath 273 E4
Phoenix 269 D3
Piacenza 173 E5
Pian d'Albola 189 E5
Pian-Médoc, le 95 G4
Piave 181 D2
Piazza Armerina 195 F3
Piazze, Le 189 F3
Picasses, les 117 E3
Piccadilly 284 B4
Piccadilly Fields 284 B4
Pichidegua 297 C4
Pichilemu 295 C2
Pichl Point 224 G5
Picotins, Grands 63 F1
Picotins, les Petits 63 F1
Picpoul de Pinet 135 C2
Pic St-Loup 135 A4
Picton 288 D4
Pièce Fitte, la 61 E3
Pièce sous le Bois, la 60 F5
Pied d'Aloue 75 D5
Piedmont 275 D3
Pienza 190 F4
Piera 205 E4
Pierelle, la 127 B5
Pierola 205 D4
Pierreclos 69 E3
Pierrefeu-du-Var 136 C3
Pierre, la 72 C6
Pierrelatte 129 C4
Pierres, les 60 G2
Pierres, Les 254 G4
Pierreux 72 G4
Pierre Virant 66 E4
Pierry 79 E2
Piesport 143 B2, 151 C2
Pietra de'Giorgi 177 F5
Pighin 183 C5
Pignans 136 B4
Pikes 283 E6
Piketberg 290 E2
Pikkara 284 E2
Pile e Lamole, Le 189 D4
Piles, Les 205 E2
Pilgerpfad 163 C5
Pillnitz 167 D6
Pilos 239 E2
Pilton Manor 298 F4
Pimentiers, les 63 F1
Pimont, Champs 62 E3
Pimont, En 60 C2
Pimpala 284 C2
Pina Cellars 259 D4
Pince-Vin 67 F2
Pinchons, les 72 B5
Pindar 275 C5
Pineaux, les 117 F3
Pinedale 267 D4
Pinell de Brai, El 204 G5
Pine Ridge 259 E5
Pinerolo 173 E2
Pinesse, la 101 C4
Pingdu 246 D5
Pinhao 210 E5
Pinhel 208 B5
Pinjarra 286 D2
Pin, le, *Chinon* 117 E4
Pin, le, *Jura* 137 G4
Pins, les 117 C2
Pinson 269 F5
Pintéus 209 E5
Pintray 118 D6
Piper Sonoma 255 D5
Pipers Brook 287 F6
Pira 205 E2
Pirgos 239 D2
Pirna 143 A4, 167 D6
Pirolette 72 A6
Pirque 297 B6
Pirramimma 284 E2
Pisa 187 A2
Pismo Beach 265 D3
Pissouri 244 G2
Pistoia 187 A3
Pitangeret 60 F2
Pitesti 237 D3
Pitois, Clos 59 F5
Pitschental 225 F3
Pittsburgh 275 D2
Pittsfield 275 B5
Pitures Dessus 61 E5
Pixley 267 F5
Pizay 72 E5
Places, les 60 G2
Plache 223 B6
Placilla 297 D5
Plá de Manlleu 205 E3
Plá del Penedès, El 205 E3
Plainoiseau 137 G4
Plainview, *Australien* 285 C5
Plainview, *USA* 273 E4
Plaisance 113 F2
Plaisir de Merle 293 E3
Plaiurile Drîncei 237 D2
Plam 259 F5
Planada 267 C4
Planalto-Mirandês 208 A6
Planches-près-Arbois, les 137 E6
Planchots de la Champagne, les 63 F1
Planchots du Nord, les 63 F1
Planes, Dom. des 136 B5
Planig 155 B6
Plantagenet 286 G4
Plante du Gaie 60 G2
Plantes au Baron 64 F5
Plantes, les, *Chambolle-Musigny* 66 F2
Plantes, les, *Monthelie* 61 E3
Plantes, les, *Sancerre* 119 E3
Plantes Momières, les 59 G5
Plantigone ou Issart 67 E1
Plassac 108 E1
Plateaux, les 65 F1
Platerie, la 117 C3
Platière, la, *Chassagne* 59 G6, 60 G1
Platière, la, *Pommard* 62 E1
Plâtre, le 72 D5
Pleasanton 263 A3
Pleven 235 B3
Plice, la 59 G4
Pljevlja 233 E4
Ploesti 237 D5
Plovdiv 235 D3
Pluchots, les 61 F4
Plume la Poule 99 B3
Plures, les 61 F3
Plush omer 282 B5
Plymouth Colony 275 B6
Plzen 230 F1
Poboleda 204 F6
Poca, Qta da 210 F4
Pocerina 233 D4
Podersdorf am See 222 D4, 223 B5
Podravje 233 A3
Podunajská 230 G4
Poggibonsi 189 E2
Poggio Reale 189 A5
Poggiridenti 177 B3
Poiares 210 F2
Poinchy 75 D3
Point du Jour, le 72 C5
Pointes, aux 63 D1
Pointes d'Angles 61 F5
Pointes de Tuvilains, les 62 F3
Poirets, les Hauts 64 F6
Poirets Saint-Georges, les 64 F6
Poirier du Clos, le 60 G1
Poisets, les 64 F5
Poisot, le 61 G5
Poisots, les Grands 61 G5
Poisots, les Petits 61 G5
Poissenot 67 D1
Pojer & Sandri 184 B5
Pokolbin 277 A6, 278 C4
Pokolbin Estate 278 C4
Polba de Claramunt, La 205 D3
Polesovice 230 F3
Poli 193 C6
Poligny 137 F5
Polis 244 F1
Pollero, El 200 D6
Pollino 195 D5
Polmassick 298 G2
Polski Trumbesh 235 B4
Pomerol 80 E4
Pomézia 193 E4
Pomino 187 B4, 189 A6
Pommard 55 D5, 57 E4, 61 F5, 62 E1
Pommeraye, la 114 B4
Pommière, La 126 B3
Pomorie 235 C5
Pomport 109 B5
Ponce 201 C3
Poncey 68 E4
Pond 267 F5
Pontac 99 C5
Ponta Delgada 217 A2
Ponta do Pargo 216 A5
Ponta do Sol 217 C1
Pontaix, les 127 A4
Pontassieve 189 A5
Pontcharra-sur-Turdine 71 G1
Ponteirq 113 C4
Pont d'Armenterra, El 205 E2
Pont de Crozes 127 A4
Pont de la Maye, le 99 B4
Ponte da Barca 215 B5
Ponte de Lima 215 B5
Ponte in V. 177 B4
Pont-Evêque 125 A5
Pontigny 73 D4
Pontils 205 E2
Pontin del Roza 272 G4
Pontons 205 E3
Pontremoli 173 F6
Pont-St-Esprit 129 D4
Ponzi 273 B5
Pope Valley 259 B3
Popovo 235 B4
Poprad 230 F5
Pordenone 179 C5, 181 B3
Porirua 288 D4
Porlottes, les 66 E2
Porrera 204 F6
Porroux, les 66 F4
Porta 297 B5, C5
Port Adelaide 276 B6
Portal del Alto 297 B6
Portalegre 208 D5
Portarlington 280 F3
Port Augusta 276 A5
Port Campbell 280 G1
Port-de-Bouc 129 G4
Port de Fos 139 D3
Porte Feuilles ou Murailles du Clos 65 G5
Portel 213 F5
Portela, Qta da 210 G2
Porterville, *Südafrika* 290 E2
Porterville, *USA* 267 F6
Portes Feuilles, les 67 E3
Portes-lès-Valence 125 E4
Port Guyet 117 D1
Portimão 208 F4
Port Kembla 277 B6
Portland, *Australien* 277 D1
Portland, *USA* 271 C3, 273 B5
Port-la-Nouvelle 133 D5, 134 E6
Port Noarlunga 284 D1
Port Noarlunga South 284 D1
Porto 208 B4, 215 C4
Porto da Cruz 217 B4
Porto de Bois, Qta de 211 G5
Porto e Douro 208 B5
Portogruaro 181 C4
Porto Moniz 216 A6
Porto, Qta do 210 F5
Port Orford 271 G1
Porto Tolle 179 E4
Porto-Vecchio 140 G4, G5
Port Pirie 276 A6
Port-Ste-Foy-et-Ponchapt 109 B4
Port-St-Louis-du-Rhône 129 G4
Port San Luis 265 D3
Portteus 272 F3
Port Valais 221 B1
Port-Vendres 133 G5, 138 F5
Port Willunga 284 E1
Porusot Dessus, les 60 F6
Porusot, le 60 F6
Posavje 233 B2
Possonnière, la 116 B2
Postalésio 177 B2
Postaller 224 G5
Pot Bois 59 F6, 60 F1
Potenza 195 C4
Potets, les 59 E2
Pothana 278 B4
Pothana Vyds 278 B4

ORTSREGISTER

Potter Valley 256 A3
Pougets, les 63 E4
Pouilly 69 F4
Pouilly-Fuissé 69 F3
Pouilly-Loché 69 F4
Pouilly-sur-Loire 115 B6, 119 G4
Pouilly-Vinzelles 69 G4
Poulaillères, les 65 F5
Poulettes, les 64 F6
Poussie, la 119 F2
Poutures, les 61 F5
Pouvray 118 B4
Pouyalet, le 89 B5
Povardarski 233 F5
Poverty Bay 288 C6
Povoa de Lanhoso 215 B5
Póvoa de Varzim 215 C4
Powellhurst 273 B5
Poyebade, la 72 F3
Poysdorf 222 B3
Pozáldez 206 F2
Pozo 265 C4
Pradell de la Teixeto 204 F6
Prades 133 F2, 138 F4
Pradet, le 136 C3
Prado 215 B5
Prager 259 D3
Praha (Prag) 230 F2
Praia da Adraga 209 E3
Praia das Maças 209 E3
Prälat 152 B6
Prangins 220 B4
Prarons-Dessus, les 59 G4
Prat de Llobregat, El 205 F5
Prática di Mare 193 E3
Prayssac 113 C4
Prazeres 216 B5
Préau 67 E3
Pré de la Folie, le 65 G4
Pré de Manche, le 61 F3
Preignac 101 C6
Preignes-le-Vieux 133 B6, 135 D2
Prellenkirchen 222 C4
Premariacco 183 B4
Prmeaux-Prissey 64 F4
Premià de Mar 205 E6
Premières Côtes de Bordeaux 80 F3, 96 E5
Prepotto 183 B5
Presinge 220 C4
Preslav 235 B5
Presov 230 F5
Pressoir, le 117 F6
Preston 255 B4
Preston Cellars 271 F4
Preuses 75 C4
Prévaux, les 63 F1
Preverenges 220 A6
Prévoles, les 62 F3
Priego de Córdoba 207 B5
Prieur-Bas, Clos 67 F1
Prieur, Clos 67 F1
Prieuré d'Amilhac 133 B6, 135 C1
Prieuré de Ramejan 133 B5, 134 D6
Prieuré St-Jean-de Bebian 133 A6, 135 C2
Prievidza 230 G4
Prignac-en-Médoc 85 E2
Prignac-et-Marcamps 108 G4
Prigonrieux 109 B5
Prilep 233 G5
Primitivo di Manduria 195 C6
Primorska Hrvatska 233 D2
Primorska Slovenija 233 B1
Prince Albert 280 G3
Prince de Polignac 110 G5
Prince Michel 275 E3
Principauté d'Orange 139 B3, 139 G4
Priorato 197 B5, 204 F6
Priory 298 F5
Prissé 69 F4
Pristina 233 F5
Pritchard Hill 259 D5
Privas 125 F3
Prizren 233 F5
Procès, les 65 F1
Propiano 140 F4
Prosecco di Conegliano Valdobbiádene 179 C4, 181 C2
Prosser 272 G4
Provadiya 235 B5
Provence, Haute 293 F6
Provence, La 293 F6
Provesende 210 E5
Providence 275 C6
Provins 76 D3
Pruliers, les 64 F6
Pruliers, les Hauts 64 F6
Pruniers, aux Champs des 63 F2
Pruzilly 69 G3, 71 B3, 72 A5
Psara 239 C5
Ptuj 231 C5, 233 B3
Pucelles, les 60 G3
Puch, le 101 C5
Puebla 269 G6
Puente Alto 295 B3, 297 A6
Puente Genil 207 B4
Puerto del Rosario 207 G6
Puget-Ville 136 B3
Puiatti 183 D5
Puigpelat 205 F2
Puisac, le 119 F5
Puisieux 79 B5
Puisseguin 80 E5, 103 C5
Puits, le 60 D2
Puits Merdreaux 60 G1
Puits, Sous le 60 F4
Pujaut 131 G1
Pujols 97 D2
Pulchen 147 B2
Pulham 298 E6
Puligny-Montrachet 55 D5, 57 F3, 60 G4
Pulkau 222 B2
Pully 220 A6
Punta, La 297 B6
Pupillin 137 E6
Purbach am Neusiedlersee 222 C3, 223 B4
Purcari 241 F6
Purísima 297 F4
Puyallup 271 A3
Puyguilhem 109 C5
Puy-l'Evêque 113 C4
Pyramid Hill 280 C2
Pyrenees 277 C2, 280 E2

Qacentina 245 B5
Qianxi 246 B4
Qingdao 246 D5
Qingdao Winery 246 D5
Qing Xian 246 C3
Qinhuangdao 246 B5
Quady 267 D4
Quai du Vin 275 B2
Quail Ridge 259 F6
Quarry Lake 271 F4
Quartier des Fleurs 123 C2
Quartiers de Nuits, les 65 F5
Quartiers, les 63 D5
Quarts-de-Chaume 116 C3
Quatourze 134 E6
Quatre Vents, les 72 C5
Queenscliffe 280 G3
Queenstown 287 G5
Quel 203 C3
Querceto e Santa Lucia 189 C3
Quercia, La 189 D4
Querétaro 269 F5
Quéribus 133 E3
Quéron, Clos 117 G6
Queue de Hareng 67 E3
Queyssac 109 B6
Quillan 133 E1, 138 F4
Quillota 295 A2
Quilpué 295 A2
Quincy 115 C4
Quindalup 287 B2
Quinta Grande 217 D2
Quintero 295 A2
Quintigny 137 G4
Quinhue 295 D2
Quivira 255 C4
Quorn 276 A6

Rabastens 113 E5
Rabat 245 B2
Rabbit Ridge 255 D5
Rablay-sur-Layon 116 D4
Raboatun 201 D4
Raca 230 G3
Race 231 B4
Racha, La 201 C2
Radda in Chianti 189 E4
Radebeul 143 A4, 167 C6
Radenci 231 A5
Radgona 231 A5, 233 A2
Radizelj 231 B4
Rafanelli, A 255 C4
Rafour, le 126 D3
Raguenières, les 117 C3
Ragusa 195 G3
Raiding 222 D3
Raignots, aux 65 F4
Rama Caida 295 C4
Ram Allah 243 F4
Rambla, La 207 B4
Rancagua 295 B3, 297 C5
Ranché, en la 60 D3
Rancho, El 201 D2
Rancho Sisquoc 265 E5
Randersacker 166 B4
Randogne 221 C4
Rangiora 288 E3
Rapaura 289 F4
Rapazzini 263 D4
Rapidan River 275 D3
Rapsani 239 B3
Rarangi 289 E5
Raron 221 C5
Rásiy 229 E4
Rasquera 204 G5
Rastatt 165 C3
Rasteau 129 D4, 131 B4
Ratausses, les 63 F1
Rátka 229 F2
Ratosses, les 63 F2
Rauenthal 159 D4
Raul 147 C5
Rausch 147 F2
Rauzan 97 D1
Ravelles, les 60 E4
Ravenna 179 F4, 187 A5
Ravensburg 166 B3
Ravenswood 254 F5
Raviolles, aux 65 G3
Raymond, *Kalifornien* 259 D4
Raymond, *Washington* 271 B2
Razac-de-Saussignac 109 B4
Razac-d'Eymet 109 C5
Razgrad 235 B4
Razlog 235 D2
Reading 275 C4
Real de Padre 295 C5
Réas, aux 65 F3
Réas, le Clos des 65 G4
Rebeninha 210 E6
Rebichets, les 60 F2
Rebstöckel 161 B2
Recas 237 C2
Réchaux, la 67 D4
Rechbächel 161 D5
Rechnitz 222 E3
Recinto 295 E2
Redavalle 177 E4
Redbank 280 E2
Redgate 287 E1
Redhawk 273 C4
Redi Vazzoler 183 C5
Redman 285 B5
Redondo 208 E5, 213 E5
Redrescut 63 E1
Redwood City 263 B2
Redwoodtown 289 G5
Redwood Valley 256 B3
Reedley 267 E5
Reedsport 271 F1
Refène, la 61 F6, 62 E1
Referts, les 60 G4
Reggio di Calabria 195 F4
Réggio nell'Emilia 179 E2
Régnié 72 E3
Régnié-Durette 72 E3
Régnippière, la 115 F6
Régua 200 B5
Reguengos 208 E5, 213 F5
Reguengos de Monsaraz 208 E5, 213 F5
Rehbach 162 C5, 163 B5
Rehborn 155 D4
Reigny 119 F2
Reims 76 B4, 79 A4
Reinsport 151 D2
Reiterpfad 161 F5
Reland, le Clos 59 G6, 60 G1
Remanenzen 223 C5
Rémigny 59 G5
Remilly, en 60 F3
Remlingen 166 B3
Remstal-Stuttgart 143 E5, 165 D4
Rémy Martin 110 F5
Renardes, les 63 F5
Renault 275 D5
René, Clos 107 D2
Rengo 295 C3
Renmark 277 B1
Renqiu 246 C3
Renton 271 A3
Renwick 289 G4
Réole, la 80 G5, 97 F2
Requinoa 295 B3, 297 C5
Resende 215 D6
Restigné 117 D3
Retórbido 177 F3
Retz, *Frankreich* 139 E4
Retz, *Österreich* 222 A2
Retzbach 166 A4
Retzstadt 166 A4
Reuilly 115 C4
Reulle-Vergy 57 C4
Reus 205 F1
Reverend, Dom. du 133 E3
Reversées, les 62 F4
Rex Hill 273 C4
Reynella 284 C2
Reynolds Yarraman Vyd 279 E4
Rezé 114 C3, 115 F4
Rharb 245 B2
Rhazir 243 E5
Rhebokskloof 293 B4
Rhein 143 A3, C4
Rheinberg 159 G5
Rheinblick 163 C5
Rheingarten 159 G1
Rheingau 143 B4
Rheingrafenstein 163 C3
Rheinhessen 143 C3
Rheintal 219 E5
Rias Baixas 197 B1
Riba, La 205 F2
Ribalonga 211 E2
Ribaudy 126 G1
Ribbon Yale 287 D1
Ribeauvillé 120 D4, 123 D4
Ribeira Brava 217 C1
Ribeira da Janela 216 A6
Ribeira de Pena 215 B6
Ribeira, Qta da 210 D5
Ribeiro 197 A2
Ribera del Arlanza, La 197 B3
Ribera del Cea, La 197 A3
Ribera del Duero 197 B3, 206 E4
Ribera del Sil 197 A2
Ribera de Salamanca, La 197 B2
Ribnita 241 E5
Ricard-Bisquit Dubouché 110 F5
Richarde, en la 60 F3
Richard Hamilton 284 E2
Richardson 257 E4
Richeaume, Dom. 136 A2
Richebourg, le 65 F4
Richemone, la 65 F3
Richgrove 267 F6
Richings 285 C5
Richland 271 B5, 272 F5
Richmond 275 E4
Richmond Grove 278 B4
Rickreall 273 D4
Riddes 221 D3
Riddle 271 F2
Ridge 263 B2
Riebeek-West 290 F2
Riefring 223 B4
Riegersburg 222 F2
Riera de Gaià, La 205 F2
Riesa 143 A4, 167 C5
Rieti 187 E4
Riex 220 A6
Rignano sull'Arno 189 B5
Rijeka 233 B2
Rilly-la-Montagne 79 B4
Rimauresq, Dom. de 136 B4
Rimavská Sobota 230 G5
Rimini 187 B5
Rimpar 166 B4
Riocaud 109 B4
Rio Dell 255 D4
Rio Grande do Sul 294 F2
Rioja 197 A4
Rioja Alavesa 202 B6
Rioja Alta 202 B6
Rioja Baja 203 C2
Rioja, La 294 F2
Rio Negro 294 G2
Rio Nido 255 D4
Rions 96 F5
Riotte, la 66 F4
Riottes, les, *Monthélie* 61 E3
Riottes, les, *Pommard* 62 F1
Rio Vista 267 B2
Ripaille 137 A3
Ripon 267 B2
Riquewihr 120 D3, 123 C3
Riscle 113 E2
Rishon-le-Zion 243 F4
Rising 281 B4
Ritchie Creek 259 C2
Ritsch 150 F5
Rittergarten 161 B4
Ritterpfad 147 C2
Rittersberg 165 B4
Ritzling 224 G5
Riudecols 205 F1
Riudoms 205 F1
Rivadavia 295 B4
Riva del Garda 184 E3
Rivanazzano 177 G3
Rivaux, les 61 E3
Rivaz 220 B6
Rivendell 275 C5
Rivendell Vyd 287 C2
Riverbank 267 B3
Riverdale 267 E4
Riverland 277 B1, B2
Riverlands 289 G5
River Road 255 D5
River Run 263 D4
Riversdale 289 G5, 290 F5
Riverview 279 D6
Rivesaltes 133 F4
Riviera del Garda 182 E1
Riviera del Garda Bresciano 179 C2
Riviera Ligure di Ponente 173 F3
Rivière, au dessus de la 65 G3
Rivolet 71 E2
Rivoli Veronese 182 E3
Rixheim 120 G4
Rizhao 246 E5
Rizokarpaso 244 D6
Roa de Duero 206 E4
Rõaix 129 D4, 131 B5
Roanoke 275 E2
Robardelle 61 F4
Robert Keenan 259 C2
Robert Mondavi 259 E4
Robert Mondavi-Woodbridge 267 F3
Robert Pecota 259 B1
Robert Pepi 259 E4
Robert Sinksey 259 E5
Robertson 290 F3
Robert Stemmler 255 C4
Robertsvlei 293 G5
Robert Talbott 263 F4
Robinvale 277 B2
Rob Roy 281 B3
Rocafort de Querait 205 E2
Rocallaura 205 E1
Rocca di Papa 193 D5
Rocca Màssima 193 E6
Rocca Priora 193 D5
Rocca Susella 177 G3
Rocche di Castiglione 176 F2
Rocche di La Morra 176 F2
Roc de Puisseguin 103 C5
Rocfort 118 B5
Roche, *Schweiz* 221 B1
Roche, *USA* 257 G4
Roche aux Moines, la 116 A3
Roche, Clos de la 66 F5
Rochecorbon 118 B2
Rochefort-sur-Loire 114 B4, 116 B3
Rochegrés 72 B5
Rochegude 129 D4
Roche, la 126 B4
Rochelle, la, *Beaujolais* 72 B5
Rochelle, la, *Chinon* 117 F3
Rochepot, la 57 F3
Rochère, la 118 B5
Rocheservière 114 C3
Roches, les 118 B2
Roche, Sous la, *St-Aubin* 60 E3
Roche, Sous la, *Santenay* 59 E3
Roches, Sur 61 E5
Rochester, *Australien* 280 D3
Rochester, *USA* 275 B3
Rochette-St Jean 117 F4
Roche-Vineuse, La 69 E4
Rochioli 255 D5
Rockford 282 C4
Rock Lodge 298 F5
Rocoules, les 127 C5
Roda de Bera 205 F3
Rödchen 159 E5
Rödelsee 166 B5
Rodern 120 D4, 123 D5
Rodhos 239 E6
Rodney Strong 255 D5
Rodonyà 205 F2
Roéda, Qta de 210 F6
Roederer 256 C2
Roero 173 E3, 175 D3
Rogaska Slatina 231 D4
Rogatec 231 D4
Rognac 129 F5
Rognet-Corton, le 63 F5
Rogue River 271 G2
Rogue Valley 271 G2
Rohrendorf 222 B2
Roi, Clos du, *Aloxe-Corton* 63 E4
Roi, Clos du, *Beaune* 62 E6
Roi, le Clos du 119 F2
Roichottes 63 D2
Roilette, la 72 C5
Rolle 220 B5
Roma 187 E3
Romagniens, les 61 E3
Romanèche-Thorins 71 C4, 72 C6
Romanée Conti, la 65 F4
Romanée, la 59 F5, 65 F4, 67 D1
Romanée St-Vivant 65 F4
Romaneira, Qta da 210 E6
Romanel-sur-Morges 220 A5
Romano, El 201 C4
Romans d'Isonzo 183 D4
Romarigo, Qta de 210 F1
Rombauer 259 A5
Romeral 297 E5
Römerhang 153 C1
Römerlay 149 F5
Romorantin-Lanthenay 115 B3
Ronca 183 G2
Roncé 117 G6
Ronceret, le 61 F4
Roncière 64 F6
Roncières 75 E2
Ronco del Gnemiz 183 C4
Ronds, les Champs 61 E3
Rongcheng 246 D6
Roquebrun 133 A5, 134 C6
Roquebrussanne, la 136 B3
Roquemaure 131 F1
Roquemaure, la 59 G5
Roriz, Qta do 211 E1
Rorschwihr 123 D5
Rosacker 123 C4
Rosaliakapelle 223 D3
Röschitz 222 B2
Roseburg 271 F2
Rosedale 282 C3
Rose, Familie 255 D5
Roseglen 279 F3
Rosemount Estate 279 E3, F4, 285 D5
Rosenberg, *Bernkastel* 153 D1
Rosenberg, *Nahe* 154 F5
Rosenberg, *Piesport* 151 D2
Rosenberg, *Rheinhessen* 162 C4
Rosenberg, *Saar* 147 C5
Rosenberg Cellars 283 F5
Rosenbühl 161 A2
Rosengärtchen 151 E1
Rosengarten, *Bernkastel* 153 D4
Rosengarten, *Nahe* 154 F5, 155 B5
Rosengarten, *Rheingau* 157 F4
Rosenheck 154 G5
Rosenlay 152 F5
Rosental 223 B3
Rose-Pauillac, la 89 C5
Rosettes, les 117 G3
Rosey 68 F3
Rosheim 120 B4
Rossano 195 D5
Rossas 215 B6
Rossatz 225 G1
Rossese di Dolceacqua 173 G3
Ross McLaren 284 D1
Rosso Barletta 195 B4
Rosso Canosa 195 B4
Rosso Conero 187 C6
Rosso di Cengnola 195 B4
Rosso di Montalcino 187 C3, 190 G2
Rosso Piceno 187 D6
Rosso Piceno Superiore 187 E6
Roßtal 166 A4
Roßwein 167 D5
Rostov-na-Donu 240 B4
Rotenfels 154 F6
Rotenfelser im Winkel 155 F2
Roterd 151 D1
Rothbury 278 C5
Rothbury Estate 278 C4
Rothenberg, *Rheingau* 157 F6, 158 G1, 159 E4
Rothenberg, *Rheinhessen* 162 B5
Rothenhof 225 G2
Rothental 225 G2
Rotlei 149 F2
Rotorua 288 C5
Rott 165 A3
Rottendorf 166 B5
Roudnice nad Labem 230 E2
Roudon Smith 263 C2
Rouffach 120 F3, 122 C3
Rouffiac 113 D6
Rouffignac-de-Sigoulès 109 B5
Rouge Homme 285 B5
Rougeots, les 61 F1
Rougeotte, la 61 F5
Rouges du Bas, les 65 F5
Rouges du Dessus, les 65 E5
Round Hill 259 D4
Rourell, El 205 F2
Rousseau, Grand Clos 59 D2
Rousselle, la 60 G4
Roussenski Briag 235 B4
Rousset-les-Vignes 129 C5
Roussillon 125 B4
Rouvrettes, les 63 E1
Rovalley 282 C4
Rovereto 179 C3, 184 E4
Rovescala 177 F6
Rovigo 179 D4
Rowland Flat 282 C4
Roxburgh 279 F5
Roxheim 155 B5
Royal Tokay Wine Co. 229 F2
Rozendal 293 F2
Rozova Dolina 235 C3
Rubino di Cantavenna 175 A4
Rubzi 235 A1
Ruchè di Castagnole Monferrato 175 B5
Ruchots, les 66 F4
Ruchottes du Bas 67 E1
Ruchottes du Dessus 67 E1
Ruchottes, Grandes 59 F5
Rüdesheim 157 F4
Rudolf Carli Erben 185 B5
Rudolfsheim 224 C2
Rue au Porc 61 G6
Rue aux Vaches, la 60 G4
Rueda 197 B3, 206 F2
Rue de Chaux 65 F1
Rue de Vergy 66 E4
Rue de Vergy, en la 66 E4
Rue Rousseau 60 G3
Ruffey-sur-Seille 137 F4
Ruffieux 137 B2
Rufina 187 A4, 189 A5, B5
Rugiens-Bas, les 61 F5
Rugiens-Hauts, les 61 E5
Rührsdorf 224 G6
Rui Diaz 201 D3
Ruino 177 G5
Rully 55 D5, 57 G3, 68 B4
Ruppertsberg 161 B2, F5
Ruppertsburg 143 C4
Ruse, *Bulgarien* 235 B4
Ruse, *Slowenien* 231 B3
Rushan 246 D5
Rushworth 280 D4
Russian River 255 D4
Russilly 68 D3
Russin 220 C3
Rust 222 D3, 223 C4
Rustenberg 293 F3
Rust-en-Vrede 293 G2
Rute 207 B5
Rutherford 259 D3, D4
Rutherford Hill 263 D4
Rutherford Vintners 259 D3
Rutherglen 280 C5
Ruwer 149 C3
Ruyère 72 D4
Ryecroft 284 D2

Saarbrücken 143 D2
Saarburg 143 C1, 147 F3
Saarfeilser-Marienberg 147 D3
Saar-Ruwer 143 C1, 147 D4, 149 E5
Sabazan 113 E2
Sables-du-Golfe-du-Lion 139 D1
Sables, les 131 D2
Sablet 129 D4, 131 C5
Sablons, les 117 D2
Sabrosa 208 A5
Sabugo 209 E4
Sacile 181 C3
Sackträger 162 F5
Sacramento 267 A2
Sacy 73 F5, 79 B3
Saddlers Creek 278 D5
Sadillac 109 C5
Sadova 237 E3
Sadova-Corabia 237 E3
Saering 122 B1
Safi 245 C1
Sage 273 C6
Sagrado 183 D5
Sagrado, Qta do 210 F5
Sahel 245 B1
Sahy 230 G4
Saillans 102 A6
Saillon 221 D2
St-Aignan, *Fronsac* 102 B5
St-Aignan, *Touraine* 115 B3
St-Aigne 109 B6
St-Albain 69 C6
St-Amour 55 F5, 72 A6
St-Amour-Bellevue 72 A6
St-Andelain 119 F4
St-André-de-Cubzac 80 E3
St-André-et-Appelles 109 B4
St Andrews 259 F6
St Andrews North 281 A3
St-Androny 108 B1
St. Anna 222 F2
St-Antoine-de-Breuilh 109 B4
St Arnaud 280 D1
St-Aubin 55 D5, 60 D2
St-Aubin-de-Cadelech 109 C5
St-Aubin-de-Lanquais 109 B6
St-Aubin de Luigné 116 C2
St-Baillon, Dom. 136 B4
St-Barthélemy-d'Anjou 114 B5
St-Boi de Llobregat 205 E5
St-Bouize 119 F3
St-Brice 111 D1
St-Brice Cave Vinic. 85 E5
St-Bris, *Pessac* 99 B4
St-Bris, *Yonne* 55 A3
St-Bris-le-Vineux 73 F4
St-Capraise-d'Eymet 109 C6
St-Cernin-de-Labarde 109 B6
St-Chamas 129 F5
St-Chinian 133 E5, 135 D5
St-Christol 129 F2, 135 A5
St-Christoly-Médoc 85 C5
St-Christophe-des-Bardes 103 D4
St-Ciers-de-Canesse 108 E2
St Clement 259 C3
St-Clément-de-la-Place 114 B4
St-Corbian 87 D4
St-Crespin-sur-Moine 115 G6
St-Cugat del Vallès 205 E5
St-Cyprien 133 F5
St-Cyr-sur-le-Rhône 126 A5
St-Denis, Clos, *Morey-St-Denis* 66 F4
St Denis, Clos, *Vougeot* 65 F5
St-Denis-de-Vaux 68 D3
St-Désert 68 E3
St-Didier 137 G4
St-Dizier 76 D6
St-Drézéry 129 F2, 135 A4
Ste-Colombe 103 D5
Ste-Croix-du-Mont 80 G4, 96 F6
Ste-Eulalie-d'Eymet 109 C5
Ste-Foy 109 B5
Ste-Foy-Bordeaux 97 E3
Ste-Foy-la-Grande 80 E6, 109 B4
Ste-Gemme-en-Sancerrois 119 E3
Ste Genevieve Vyds (Cordier Estates) 269 E5
Ste-Innocence 109 C5
Ste-Marie-aux-Mines 120 C3
Ste-Marie d'Alloix 137 D2
Ste-Maure-de-Touraine 115 C1
Ste-Menehould 76 B6
St-Emilion 80 E4, 103 C3, D3, 105 D4
Ste-Radegonde 109 B3
Ste-Radegonde-de-Touraine 118 C1
St-Estèphe 80 C2, 87 D5
St-Esteve Sesrovires 205 E4
St-Etienne-de-Baïgorry 112 G6
St-Etienne de-Lisse 103 D5
St-Etienne-des-Oullières 71 D3
St-Etienne-la-Varenne 71 D3
Ste-Vertu 73 F6
St-Feliu de Llobregat 205 E5
St-Félix de-Foncaude 97 E1
St-Fiacre-sur-Maine 115 F4
St-Florent-le-Vieil 114 B4
St-Forgeux 71 G1
St Francis, *Australia* 284 C2
St Francis, *USA* 254 D3
St. Gallen 219 E5
St-Genès-de-Blaye 108 C1
St-Genès-de-Castillon 103 D5
St-Genès-de-Lombaud 96 E5
St-Gengoux-de-Scisse 69 B4
St-Geniès-de-Comolas 130 F6
St-Genis de Vilasar 205 E6
St. Georgen 222 D3
St-Georges 80 E4, 103 C4
St-Georges-Blancaneix 109 A5
St-Georges-de-Reneins 71 D4

ORTSREGISTER

St-Georges-d'Orques 135 B3
St-Georges, les 64 F5
St-Georges-sur-Loire 114 B4
St-Géraud-de-Corps 109 A4
St-Germain-d'Esteuil 85 F4
St-Germain-les-Arlay 137 F4
St-Gervais 129 D3
St-Gervais-sur-Couches 57 G2
St-Gèry 109 A5
St-Gilles 129 F3
St. Goar 143 B3
St. Goarshausen 143 B3
St Gregory, Dom. 256 C3
St Hallett 282 C4
St Helena 259 D3
St Helens 271 C3
St-Herblain 114 B2
St-Hilaire, Dom. de 135 C2
St-Hilaire-St-Florent 114 B6
St-Hippolyte, *Alsace* 120 D4, 123 D6
St-Hippolyte, *St-Emilion* 103 D4
St-Hippolyte, *Touraine* 115 C2
St Huberts 281 B4
St Innocent 273 D4
St-Jacques, le Clos 67 E2
St-Jaume dels Domenys 205 F3
St-Jean Cave Coop. 85 C3
St-Jean, Clos 60 F2
St-Jean-d'Ardières 72 F6
St-Jean-de-Braye 115 A4
St-Jean-de-la-Porte 137 C3
St-Jean-de Vaux 68 D3
St-Jean-d'Eyraud 109 A5
St-Jean-Pied-de-Port 112 G6
St Josef's Weinkeller 273 C5
St-Joseph 72 D3
St-Julien 71 E3
St-Julien-Beychevelle 80 D2, 91 C5
St-Julien-de-Concelles 115 E5
St-Julien-de-Crempse 109 A6
St-Julien-d'Eymet 109 C5
St Kereszt 229 G3
St-Lager 71 D3, 72 F4
St-Lamain 137 F5
St-Lambert 89 E5
St-Lambert-du-Lattay 116 D3
St-Laurent 119 E5
St-Laurent-de-la-Salanque 133 E4
St-Laurent-des-Arbres 130 F6
St-Laurent-des-Combes 103 D4
St-Laurent-des-Vignes 109 B5
St-Laurent-Médoc 91 D1
St-Léonard 221 C3
St Leonards 280 C5
St-Livres 220 A5
St-Llorenc d'Hortons 205 E4
St-Lothain 137 F5
St-Loubès 80 E3
St-Louis 131 F3
St-Lumine-de-Clisson 115 G5
St-Macaire 80 G4, 96 F6
St-Magne-de-Castillon 103 E5
St-Mamest 109 A6
St-Mard-de-Vaux 68 D3
St. Margarethen i. Bgl. 222 D3, 223 C4
St. Martin 155 C2
St-Martin-Belle-Roche 69 D6
St-Martin-d'Arrossa 112 G6
St-Martin-de-Crau 129 F4
St-Martin-de-Gurçon 109 A4
St-Martin-de-la-Garrigue 135 C2
St-Martin, Dist. de 110 F6
St-Martin-Lacaussade 108 C1
St-Martin-le-Beau 118 E6
St-Martin-sous-Montaigu 68 C4
St-Martin-sur-Nohain 119 E5
St-Matré 113 C4
St-Maurice 221 C2
St-Maurice-de Satonnay 69 C5
St-Maurice-l'Exil 125 A4
St-Maurice-sur-Eygues 129 D4
St-Maximin-la-Ste-Baume 136 B3
St-Méard-de-Gurçon 109 A4
St-Médard-en-Jalles 96 C3
St-Même 111 F4
St. Michael 150 E6
St-Michel-de-Fronsac 102 B5
St-Michel-de-Montaigne 109 B3
St-Michel-sur-Rhône 126 E2
St. Moritz 219 F5
St-Nazaire 114 B1
St-Nexans 109 B6
St Nicholas of Ash 298 F6
St-Nicolas-de-Bourgueil 114 B6, 117 C2
St. Nikolaus 158 F4
St-Pantaléon-les-Vignes 129 C5
St-Paul, *Blaye* 108 C2
St-Paul, *Chinon* 117 G4
St-Pedro de Ribes 205 F4
St-Pedro de Riudebitlles 205 E3
St-Péray 125 D4
St-Perdoux 109 C6
St-Pey-d'Armens 103 E4
St-Philbert-de-Grand-Lieu 114 C2
St-Philippe-d'Aiguille 103 C6
St-Pierre-de-Clages 221 C3
St-Pierre-des-Corps 115 B1
St-Pierre-d'Eyraud 109 B5
St. Pölten 222 C2
St Pons 138 D5
St-Pourçain 53 D3, 139 F2
St-Prex 220 A5
St-Quinti de Mediona 205 E3
St-Rémy 109 A4
St-Roman-de-Malegarde 131 A4
St-Sadurní d'Anoia 205 E4
St-Saphorin 220 B6
St-Sardos 139 G4
St-Satur 119 F3
St-Saturnin 135 B2
St-Sauveur 109 B6
St-Sauveur-Lalande 109 A4
Saintsbury 257 E5
St-Sébastien-sur-Loire 114 B3, 115 F4
St-Sernin 109 C4
St-Seurin-de-Bourg 108 F3
St-Seurin-de-Cadourne 87 C4
St-Seurin-de-Cursac 108 C2
St-Sigismond 114 B4
Saints Jacques, aux 65 F3
Saints Juliens, aux 65 F2
St. Stefan 222 F1
St-Sulpice, *France* 113 E5
St-Sulpice, *Switzerland* 220 A5
St-Sulpice-de-Faleyrens 103 E2
St Supery 259 D4
St-Symphorien, *Nuits-St-Georges* 65 F1
St-Symphorien, *Touraine* 115 B1
St-Symphorien-d'Ancelles 71 B4
St Tamás 229 F2
St-Trélody 85 F2
St-Trojan, *Bourg* 108 E3
St-Trojan, *Cognac* 110 C6
St-Tropez 136 C5
St-Vérand 69 G3, 71 B4
St-Victor 133 D3
St-Vincençe dels Horts 205 E5
St-Vivien 109 B4
St-Yzans-de-Médoc 85 E5
Sais 245 B2
Sajgó 229 E3
Sakar 235 D4
Sakonnet 275 C6
Saku 248 C4
Salamandre 263 D3
Sale 277 D4
Salem 271 D2, 273 D4
Salernes 136 A4
Salerno 195 C3
Salgesch 221 C4
Salgótarjáno 226 E4
Salice Salentino 195 C6
Sálice Terme 177 G3
Salies-de-Béarn 112 F6
Salignac 110 G5
Salinas 263 E4
Salinillas de Buradon 203 E1
Salins 221 C3
Salins d'Hyères, les 136 C4
Salishan 271 C3
Salle, La 69 D6
Salles-Arbuissonas-en-Beaujolais 71 E3
Salò 182 E1
Salomó 205 F2
Salomon, Clos 68 D4
Salon-de-Provence 129 F5, 139 D3
Salou 205 G1
Salpetrière, la 117 C2
Salta 294 F
Saltillo 269 F5
Salto Grillo 200 A4
Saltram 282 B5
Salvador 259 F5
Salvador, El 201 B4
Salvagnac 113 D5
Salzberg 165 C4
Samaniego 202 A5, 203 F3
Samokov 235 C2
Samonac 108 F3
Samos 239 D5
Samothraki 239 B5
Sampigny 55 D5
Samsun 243 B5
Samtredia 240 C4
San Adrián 203 B3
San Antonio, *Chile* 295 B2
San Antonio, *Spanien* 201 C3
San Antonio, *USA* 269 E5
San Bernardo 295 B3, 297 A5
San Bonifacio 183 G2
San Borondon 200 B4
San Carlos, *Argentinien* 295 B4
San Carlos, *Chile* 295 D2
San Carlos de Cunaco (Vinos Viu) 297 D4
San Casciano in Val di Pesa 189 C3
San Cesáreo 193 D5
San Clemente 295 C2, 297 F4
San Colombano al Lambro 173 D5
San Cristovão do Douro 210 E5
San Daniele del Friuli 181 B4
San Diego 269 D2
San Dona di Piave 181 D3
San Esteban de Gormaz 206 E6
San Fausto de Campcentellas 205 E5
San Felice 189 F5
San Felice del Benaco 182 E1
San Felipe 295 A3
San Fernando 295 C3, 297 D5
San Floriano del Collio 183 C6
San Francisco de Mostazal 297 B5
San Gimignano 189 E1
San Giovanni al Natisone 183 C4
San Giovanni Ilarione 183 F1
San Giustino 192 B4
San Gregório da Sássola 193 C6
San Isidro 201 C4
San Javier 295 D2, 297 G3
San Joaquin 267 E4
San Jose, *Uruguay* 294 F2
San Jose, *USA* 263 B3
San Jose de Maipo 295 B3
San Juan, *Argentinien* 294 F2
San Juan, *Spanien* 201 D2
San Juan del Río 269 F5
San Julian 201 D2
San Lorenzo Isontino 183 D5
San Lucas 263 G5
San Luis 294 F2
San Luis Obispo 265 D3
San Luis Potosi 269 F5
San Mamede de Ribatua 211 D1
San Marino 187 B5
San Martin 295 B4
San Martino Buonalbergo 182 G6
San Martino della Battaglia 179 D2
San Martino di Castrozza 179 B4
San Marti Sarroca 205 E3
San Mateo 197 B5
San Michele all'Adige 185 G4
San Miguel, *Jerez* 201 C4
San Miguel, *Kan. Inseln* 207 G5
San Miguel, *USA* 265 B3
San Pedro & Santa Helena 297 E4
San Pedro de Premiá 205 E6
San Pietro in Cariano 182 F4
San Pietro Vara 259 B1
San Quírico d'Órcia 190 F3
San Rafael, *Argentinien* 295 C4
San Rafael, *Spanien* 201 C4
San Remo 173 G3
San Salvatore Monferrato 175 B6
San Severo 195 B4
San Vicente de Taguatagua 295 C3, 297 D5
San Vincente 202 B5
San Vincente de la Sonsierra 203 F2
San Vito al Tagliamento 181 C4
San Vito al Torre 183 D4
San Vito di Negrar 182 F5
San Vittorino 193 C5
San Ysidro 263 D4
Sance 69 E5
Sancerre 115 B5, 119 F3
Sanchez Romate 201 G2
Sandalford, *Margaret River* 287 D2
Sandalford, *Swan Valley* 286 C1
Sandanski 235 D2
Sandberg 147 B3
Sand Castle 275 C4
Sandeman 201 G2
Sandgrub 159 E3
Sandhurst 298 F5
Sandorini 239 E5
Sandy 273 B6
Sandy Hollow 279 F3
Sanford 265 F4
Sangalhos 214 E5
Sanger 267 D5
Sangiovese dei Colli Pesaresi 187 B6
Sangiovese di Romagna 179 F3, 187 B5
Sankt Alban 163 B5
Sankt Rochuskapelle 163 B3
Sanlúcar de Barrameda 200 A4
Santa Adela 297 B6, D4
Sant'Ambrogio di Valpolicella 182 F4
Santa Ana 295 A4
Santa Ana de Queri 297 G4
Sant'Anna di Isola 195 E5
Santa Barbara, Qta de 210 G1
Santa Brigida 207 G5
Santa Carolina 297 A6
Santa Catarina 294 F2
Santa Caterina 183 B5
Santa Clara 263 B2
Santa Clara Valley 263 C3
Santa-Coloma de Querait 205 E2
Santa Comba Dão 215 G4
Santa Cruz, *Chile* 295 C2, 297 D4
Santa Cruz, *Madeira* 217 C5
Santa Cruz, *Spanien* 201 E1
Santa Cruz, *USA* 263 D2
Santa Cruz de la Palma 207 G4
Santa Cruz de Tenerife 207 G5
Santa Cruz Mountain 263 C3
Santa Cruz Mountains 263 C2
Santa Cruz Winery 269 D3
Santa Ema 297 B5
Santa Emilia 201 C2
Santa Emiliana 297 A4
Santa Fe, *Argentinien* 294 F2
Santa Fe, *USA* 269 D4
Santa Fe Vyds 269 D4
Santa Honorata 201 D2
Santa Ines 297 B5
Santa Isabel 201 B3
Santa Lucia Highlands 263 F4
Santa Maddalena 185 A3
Santa-Margarida de Montbuí 205 D3
Santa Margarita 265 C3
Santa Maria 265 E4
Santa-Maria de Miralles 205 E3
Santa Maria di Cavamonte 193 D5
Santa Maria d. Versa 177 F5
Santa Maria Valley 265 E4
Santa Marta de Penaguião 210 E1
Santa Monica 297 C5
Santana 217 A3
Santa-Oliva 205 F3
Santa Palomba 193 E4
Santa-Perpètua 205 E2
Santa Prócula 193 E4
Santarém 208 D4
Santa Rita 297 B6
Santa Rosa, *Argentinien* 295 B5
Santa Rosa, *USA* 255 E6
Santa Teresa 201 C2
Santa Teresa de Jesus 201 D2
Santa Valentina 297 D5
Santa Ynez 265 F5
Santa Ynez Valley 265 F5
Santedame 189 E3
Santenay 55 D5, 57 G3, 59 F3
Santenots Blancs, les 61 F3
Santenots Dessous, les 61 F3
Santenots du Milieu, les 61 F3
Santiago 295 B3, 297 A6
Santiago del Estero 294 F2
Santillana 200 A4
Santo Antonio 217 C3
Santo da Serra 217 C4
Santo Domingo 201 B2
Santo Stefano 189 C4
Santo Tirso 215 C5
Santo Tomas 269 D2
São Domingos de Rana 209 F4
São Gonçalo, *Alto Douro* 210 F1
São Gonçalo, *Madeira* 217 D4
São João. da Pesqueira 211 F2
São Jorge 217 A3
São Lourenço do Bairro 214 F5
São Luis, Qta 210 F4
São Martinho 217 D3
São Martinho, Qta de 211 E2
São Paulo 294 F2
São Roque 217 C3
São Roque do Faial 217 B4
São Vicente 217 A1
Sapa de B., Qta da 210 F5
Sarah's Vineyard 263 D4
Sarajevo 233 D4
Sárazsadany 229 E5
Sarcignan 99 C4
Sardine 99 B2
Sarica-Niculitel 237 D5
Sárospatak 226 D5, 229 D5
Sarottes, les 67 F4
Sarral 205 E2
Sarrians 131 E4
Sarry, Dom. de 119 G2
Sartène 140 F4
Sarzedinho 210 F6
Sasalja 229 E2
Sassari 195 C1
Sassella 177 B2
Sassicaia 191 B4
Sátão 215 E5
Satiety 267 A2
Satigny 220 C3
Sátoraljaújhely 226 D5, 229 C6
Satov 230 G3
Sattui, V 259 D3
Satus 272 G3
Satz 223 C4
Sätzen 225 G2
Saucelito Canyon 265 D4
Saucours, les 63 D1
Saules, aux 65 G4
Saulieu 55 C4
Saumagen 161 A4
Saumur 114 B6
Saunières, les 59 E2
Saussignac 109 B5
Saussilles, le Bas des 62 E2
Saussilles, les 62 E2
Saute aux Loups 117 G4
Sauternes 80 G4, 96 G6, 101 G3
Sauve, la 96 D6
Sauvetat-du-Dropt, la 109 C5
Sauveterre 131 G1
Sauveterre-de-Guyenne 80 F5, 97 E1
Sauvignon de St-Bris 53 C3, 139 F3
Sauzet 113 C4
Savennières 114 B4, 116 B3
Savièse 221 C3
Savignac-de-Duras 109 C4
Savigny 55 C5
Savigny-en-Véron 117 F2
Savigny-lès-Beaune 57 E4, 63 C1
Savogna d'Isonzo 183 D5
Savona 173 F4
Savuto 195 D5
Sawyer 272 F2
Sawyers Gully 278 C5
Saxon 221 D2
Scalabrone 191 C4
Scandicci 189 B3
Scappoose 273 A5
Scarborough 278 C4
Sceaux, les 62 F4
Schaffhausen 219 D4
Schalkstein 165 C4
Scharffenberger 256 C2
Scharzberg 147 C4
Scharzhofberg 147 C4
Schatzberg 224 E2
Schatzgarten 153 C3
Scheidterberg 147 D2
Schenectady 275 B5
Schenkenböhl 161 B2, C5
Schießlay 150 F5
Schild 166 B6
Schiltigheim 120 A6
Schio 179 C3
Schivatschevo 235 C4
Schkeuditz 167 C4
Schlangengraben 147 C3
Schliengen 165 F1
Schloß 162 F5
Schloßberg, *Baden-Württemberg* 165 B3
Schloßberg, *Bernkastel* 152 D6, 153 B4
Schlossberg, *Elsaß* 123 B3
Schloßberg, *Franken* 166 B6
Schloßberg, *Pfalz* 161 D4
Schloßberg, *Rheingau* 158 F3, 159 G2
Schloßberg, *Rheinhessen* 162 F5
Schloßberg, *Saar* 147 B3
Schloßböckelheim 143 C3, 154 G4, 155 C5
Schloßgarten 158 G2
Schloßheide 158 E2
Schloß Hohenreschen 162 E3
Schloß Johannisberg 158 F2
Schloßkapelle 155 B6, C1
Schloßkellerei Rametz 185 A5
Schloß Ludwigshöhe (Edenkoben) 161 C2
Schloß Neuenberg 143 A5
Schloß Reinhartshausen 158 G5
Schloß Rodeck 165 D2
Schloß Saarfelser Schloßberg 147 G3
Schloß Saarsteiner 147 G3
Schloß Schwabsburg 162 E3
Schloß Staufenberg 165 D2
Schloß Vollrads 158 F3
Schloßweinberg 167 C6
Schnait 165 D4
Schneider 223 B4
Schnepfenflug an der Weinstraße 161 B2, D5
Schoden 147 D3
Schoenenbourg 123 C4
Scholls 273 B5
Schönberg 222 B2
Schöneberg 155 B5
Schönhell 158 E5
Schomsheim 163 B4
Schozachtal 165 C4
Schrammel 223 C5
Schramsberg 259 C2
Schreck 225 F3
Schreiberberg 225 F1
Schriesheim 165 B4
Schubertslay 151 C1
Schug 257 F4
Schütt 225 G2
Schutter-Lindenberg 165 E2
Schützen 222 D3
Schützenhaus 158 F6
Schützenhütte 162 F5
Schwabsburg 162 E3
Schwaigern 165 C4
Schwanfeld 166 A5
Schwarzenberg 273 D4
Schwarzenstein 158 F3
Schwarzerde 161 A2
Schwarzlay 153 D2
Schwechat 222 C3
Schwegenheim 161 C3
Schweich 143 B2
Schweigen 161 D1
Schweigenberg 167 C3
Schwenningen 143 F4, 165 E3
Schwyz 219 E4
Sciacca 195 F2
Sciez 137 A3
Scio 273 D5
Scott Creek 284 C3
Scotts Bottom 284 C3
Scranton 275 C4
Seacliff 284 B2
Seaford 284 D1
Seaside 271 C2
Seattle 271 A3
Seaview 284 D2
Sebastiani, *Lodi* 267 F3
Sebastiani, *Sonoma* 254 G5
Sebastopol 255 E5
Sebes-Apold 237 C3
Seca, La 206 F2
Séchet 75 E3
Secovce 230 G6
Secret House 271 E2
Secuita, La 205 F2
Seebach 161 C4
Seeweingarten 223 C5
Segarcea 237 E3
Segonzac 111 G2
Segonzac, Dist. de 110 F6
Segu-Olle 297 G3
Séguret 129 D4, 131 B5
Seia 215 F5
Seignelay 73 D3
Seigneurie de Peyrat 133 A6, 135 C2
Seillon-Source-d'Argens 136 B3
Seixal 217 A1
Seixo, Qta do 210 F5
Selah 271 B4
Sélestat 120 C4
Sellicks Beach 284 F1
Sellicks Hill 284 F1
Selma 267 E5
Selnica 231 A4
Selva del Camp, La 205 F1
Selvapiana 189 A5
Semblançay 115 B1
Sembrancher 221 D2
Semons 126 C3
Senan 205 E1
Sénas 129 F5
Senec 230 G4
Senhora da Ribeira, Qta da 211 F5
Señor, El 200 B4
Senouillac 113 D6
Senozan 69 D6
Sentier du Clou, Sur le 60 D2
Sentiers, les 66 F3
Sentilj 231 A4
Seppelt 282 B4
Seppelt Great Western 280 E1
Seppeltsfield 282 B4
Seppelt Wines 285 D5
Septèmes-les-Vallons 129 G5
Septemvri 235 D2
Sequoia Grove 259 E4
Sered 230 G4
Serédi 229 E4
Serendipity 273 D4
Serenella 279 F3
Serifos 239 D4
Sérignan 133 B6, 135 D1
Serpa 213 G5
Serpens, les 61 F5
Serpentières, aux 63 D2
Serraboella 176 E4
Serrada 206 F2
Serra de Agua 217 C2
Serrai 239 A3
Serra, La 176 F2
Serralunga d'Alba 175 E3, 176 G3
Serra, Qta da 210 F6
Serres-et-Montguyard 109 C5
Serrières-de-Briord 137 C1
Serrières-en-Chautagne 137 B2
Serrig 147 G3
Serta 208 C4
Serventy 287 F4
Serviès 133 C2
Sète 135 C3, 139 D1
Settlement, The 284 C2
Setúbal 208 E3
Seurey, les 62 F4
Sevastopol' 240 C2
Sevenhill 283 E5
Sevilen 243 C2
Seville 281 C5
Seville Estate 281 C5
Sevlievo 235 C3
Sewell 295 B3
Seyches 113 C2
Seymour 277 C3, 280 E4
Sèyne, la 136 C3
Seyssel 137 B3
Shabla 235 B6
Shadow Brook 259 A6
Shafer, *Kalifornien* 259 E5
Shafer, *Oregon* 273 B4
Shafter 267 G5
Shandon 265 B4
Shantell 281 A4
Sharpham 298 G3
Shawsgate 298 E6
Shedd 273 E4
Shell Beach 265 D3
Shellharbour 277 B6
Shelton 271 A2
Shepparton 277 C3, 280 D4
Sheridan 273 C4
Sheridan Wines 279 E5
Sherwood 273 B5
Shimobe 248 E4
Shinonoi 248 B3
Shinshushin-Machi 248 B3
Shiojiri 248 C3
Shouguang 246 D4
Shumen 235 B5
Sibenik 233 D2
Sicelle 189 D3
Sidi-bel-Abbes 245 B3
Sidi Slimane 245 B2
Siebeldingen 161 C1
Siebengebirge 143 A2
Siegelsberg 159 G2
Siegendorf-i. Bgl. 222 D3, 223 C4
Siegersdorf (Hardys) 282 B4
Siena 187 B3, 189 G4
Sierra de Salamanca, La 197 B2
Sierra de San Cristobal 201 F3
Sierre 219 F3, 221 C4
Sifnos 239 E4
Sigean 133 D4, 134 E6
Signes 136 B3
Signorello 259 F5
Signy-Avenex 220 B4
Sigolsheim 120 D4, 123 C2
Sigoulès 109 B5
Siklós 226 G3
Silikou 244 G2
Silistra 235 A5
Sillery 79 B5
Silval, Qta do 210 D5
Silvan 281 D5
Silverado 259 E5
Silverado Hill 259 F6
Silver Falls 273 D5
Silver Falls City 273 D5
Silver Lake 271 A3
Silver Mountain 263 C3
Silver Oak 259 E4
Silverton 271 D3, 273 C5
Sima 229 D3
Sîmburesti 237 D3
Simferopol' 240 C2
Simi 255 C5
Simleul-Silvaniei 237 B3
Simondium 293 E4
Simonsig 293 E2
Simonstown 290 G1
Simonsvlei 293 D3
Sines 208 E3
Singen 165 F3
Singleyrac 109 C5
Sino-French Joint Venture Winery 246 B3
Sinop 243 B4
Sintra 208 D3, 209 E4
Sion 219 G2, 221 C3
Sionnières, les 66 F4
Siracusa 195 G4
Siscani 241 F5
Siria 237 C2
Sirmione 182 F2
Siros 239 D4
Siskiyou 271 G2
Sisquoc 265 E4
Sitges 205 F4
Sitia 239 F5
Sitzendorf 222 B2
Sivas 243 C5
Sizies, les 62 F3
Sizzano 173 D4
Skalica 230 G3
Skalice/Záhorská 230 G3
Skikda 245 A5
Skillogalee 283 E5
Skipton 280 F2
Skíros 239 C4
Skopje 233 F5
Sky 259 F4
Slaviantzi 235 C5
Slavonski Brod 233 C4
Sliboticko-Horgoska Pecara 233 B5
Sliven 235 C4
Slovenska Bistrica 231 C3
Slovenska Konjice 231 C3
Slovenské 230 G6
Smarje pri Jeisah 231 D3
Smederevo 233 D5
Smith & Hook 263 F4
Smith-Madrone 259 C2
Smiths Gully 281 A3
Smithton 287 F5
Smolenice 230 G4
Smolyan 235 D3
Smythesdale 280 F2
Snelling 267 C3
Snoqualmie 271 A3
Soave 179 C3, 183 F2, G2
Soave Classico 179 D3, 183 G2
Sobels 278 C5
Sobernheim 155 C4
Sochi 240 C4
Sofiya 235 C2
Soissons 76 A3
Soitue 295 C5
Soke 243 C2
Sokhumi 240 C4
Sokol Blosser 273 C4
Soledad 263 F5
Solis 263 D4
Solitude, Dom. de la 99 G5

ORTSREGISTER

Solitude, La 131 F2
Solivella 205 E2
Sologny 69 E3
Solon, Clos 66 F4
Solopaca 195 B3
Solothum 219 E3
Sol, Qta do 210 G2
Soltvadkert 226 F3
Solutré-Pouilly 55 F5, 69 F4
Solvang 265 F5
Sombernon 55 C5
Sombor 233 C4
Somerset West 290 F2
Somló 226 F2
Somloire 114 C5
Sommerach 166 B5
Sommerberg 123 B1
Sommerhausen 166 C4
Sommières 129 E2
Somontano 197 B5
Sondrio 173 B6, 177 B3
Songe, en 67 E2
Sonnay 117 F5
Sonnenberg, *Nahe* 154 F6
Sonnenberg, *Österreich* 223 C4
Sonnenberg, *Rheingau* 159 F4
Sonnenberg, *Ruwer* 149 G6
Sonnenberg, *Saar* 147 A5, C3
Sonnenbom 155 B6
Sonnenbühl 165 D4
Sonnenglanz 123 C3
Sonnenlay 152 G5, G6
Sonnenufer 165 F4
Sonnenuhr 151 F1, D6
Sonoita 269 D3
Sonoita Vyds 269 D3
Sonoma 254 G5, 257 E4
Sonoma Creek 257 F4
Sonoma-Cutrer 255 D5
Sonoma Mountain 254 F4
Sonoma Valley 254 E4, 257 E4, F4
Sooss 224 F1
Sopraceneri 219 G4
Sopron 226 E1
Soquel 263 D3
Sorbé, Clos 66 F4
Sorbés, les 66 F4
Sordes, les 66 F2
Sorgentière, la 67 F4
Sorgues 129 E4
Soriano 294 F2
Sorì Tildin 176 E3
Sorni 184 G6, 185 F6
Sorocai 241 E5
Sosneado, El 295 C4
Sotillo de la Ribera 206 E4
Sottoceneri 219 G4
Soublecause 113 F2
Soultz-Haut-Rhin 120 F3
Soultzmatt 120 F3, 122 B3
Soumard 119 F5
Soumard, le Petit 119 F4
Soumensac 109 C5
Soussans 95 A1
Sousse 245 B6
Soutelo do Douro 211 E1
Southbrook Farms 275 B3
Southem Vales 276 C6
Southem Vales Co-op 284 E2
South Muswellbrook 279 F5
Spaargebirge 167 C6
Spabrücken 155 B4
Spannberg 222 B3
Sparkling Vale 278 C5
Sparti 239 E3
Sp.-Duplek 231 B4
Spello 192 D6
Speyerdorf Lachen 161 B2
Spezia, La 173 F5
Spiàggia di Rio Torto 193 F3
Spiegel 122 B1
Spiegelberg 162 E4, 163 B5
Spielberg 161 B4
Spielfeld 222 G2
Spier 293 G1
Spieß 161 F4
Spießheim 163 C4
Spilimbergo 181 B4
Spitz 222 B1
Split 233 D2
Spodnje Hoce 231 B4
Spoleto 192 E6
Sporen 123 C3
Spottswoode 259 D3
Sprendlingen 163 B4
Spriana 177 A3
Spring Creek 289 F5
Springfield, *Australien* 285 B6
Springfield, *Mass.* 275 B5
Springfield, *Oregon* 271 E2
Springhill 273 D4
Springlands 289 G4
Spring Mountain 259 D2, D3
Springton 282 E5
Squinzano 195 C6
Sredisce 231 C6
Srednje Slov. Gorice 231 B5
Sremski Karlovci/Fruska Gora 233 C4
Stag's Leap 259 B6, E5
Stag's Leap Wine Cellars 259 E5
Staiger, P & M 263 C2
Stainz 222 F1
Stalden 221 C6
Stambolovo 235 D4
Stanhope, *New South Wales* 278 A5
Stanhope, *Victoria* 280 D4
Stanton & Killeen 280 C5
Staple 298 F6
Staplecombe 298 F3
Stara Zagora 235 C4
Starkenburg, *Hessische Bergstraße* 143 C4
Starkenburg, *Bernkastel* 153 D4
Starkenburg, *Baden-Württemberg* 165 B3
Stary Plzenec 230 F1
Staton Hills 272 F2
Staüceni 241 F5
Staudemheim 155 C4
Staufen 165 F1
Staufenberg 165 C4
Stawell 277 D2, 280 E1
Stayton 271 D3, 273 D5
Steele 256 D6
Steels Creek 281 A4
Stefanesti 237 D4
Stefanslay 151 B3
Steffensberg 153 B3
Steigerdell 155 F1
Steigerwald 166 C5
Steil 157 D2
Stein 225 F3
Steinacker 161 A4, A5
Stein am Rain 224 G5
Steinbach 165 D2
Steinberg, *Nahe* 154 G4, 155 C2
Steinberg, *Pfalz* 161 B4, C4
Steinberg (Ortsteil) 159 E1
Steinberger 147 B3
Steinert 122 C3
Steinertal 225 G2
Steingrubler 122 C6
Steinhardt 155 C4
Steinmächer 159 F4
Steinmorgen 159 F3
Steinmühle 223 B3
Steinriegl 224 G5
Steinwandl 224 G5
Steinwingert 154 G5
Steinzeiler 223 C3
Stellenbosch 290 F2, 293 F2
Stellenbosch Farmers' 293 F2
Stellenzicht 293 G2
Steltzner 259 B6
Stephanus-Rosengärtchen 153 G2
Sterling 259 A5
Stetten 165 D4
Steuk 275 C1
Stewart Vyds 272 F3
Steyer 154 F5
Stift 161 E5
Stiftsberg 165 C4
Stirling 284 B4
Stim 147 E2
Stockerau 222 B2
Stockton 267 B2
Stockwell 282 A5
Stonegate 259 C2
Stoneleigh 289 F4
Stonestreet, J 255 C5
Stonington 275 C6
Stony Hill 259 C2
Stony Ridge 263 A3
Storrs 263 D2
Storybook Mountain 259 B1
Stradella 177 E5
Straden 222 F2
Straldzha 235 C5
Strand 290 G2
Strandja 235 D4
Strasbourg 120 A5
Strass 222 B2
Stratford, *Kings* 267 E4
Stratford, *Napa* 259 C3
Strathmerton 280 C4
Straznice 230 G3
Streda nad Bodrogom 230 G6
Strem 222 F3
Stromberg 165 C4
Stúrovo 230 G4
Stuttgart 143 E5, 165 D4
Subirats 205 E4
Sublimity 273 D5
Subotica 233 B5
Suceava 237 B4
Suchot, en 67 E3
Suchots, les 65 F4
Südburgenland 222 F4
Südliche Weinstraße 143 D3
Südoststeiermark 222 F4
Südsteiermark 222 F4
Südtirol 179 B3, 184 G6
Sugarloaf Ridge 254 E4
Suizhong 246 B5
Sukhindol 235 B3
Sullivan 259 D4
Sulmona 187 F5, 195 A2
Sulzfeld 166 C5
Sumadijsko-Velikomoravski 233 D5
Summerfield 280 E2
Summerhome Park 255 D4
Summertown 284 B4
Summit Lake 259 B3
Sunbury 280 F3
Sungurlare 235 C5
Sunnyside 271 B5, 272 F3
Sunshine 278 B5
Suntory 248 D4
Superin 225 G1
Surf 265 F3
Sury-en-Vaux 119 E2
Susaka 248 B4
Sussenberg, *Deutschland* 152 F6
Süssenberg, *Österreich* 225 G2
Suter 295 C4
Sutherland 278 B4
Sutherlin 271 F2
Sutter Home 259 D3
Suver 273 D4
Suwa 248 C3
Suzon 99 A4
Svetozarevo 233 D5
Svilengrad 235 D4
Svishtov 235 B3
Swan 255 D5
Swan Hill 277 C2
Swansea 287 G6
Swanson 259 E4
Swartland 290 E1
Swedish Hill 275 B4
Sweet Home 271 E3, 273 E5
Swellendam 290 F4, G3
Sybillenstein 163 C4
Sycamore Creek 263 C4
Sydney 277 B6
Sylvie 67 F2
Sympérieux 126 D1
Syracuse 275 B4
Szár-Hegy 229 D4
Szarvas 226 F4, 229 G3
Szeged 226 G4
Szegfű 229 D5
Szegi 229 F3
Szegilong 229 F4
Székesfehérvar 226 F3
Szekszárd 226 G3
Szentvér 229 E4
Szerelmi 229 G4
Szerencs 229 G1
Szolnok 226 F4
Szölö-Hegy 229 E1
Szombathely 226 F1

Tabilk 280 E4
Tábr 230 F2
Tábua, *Dão* 215 G5
Tabua, *Madeira* 217 C1
Taburno 195 B3
Tache, la 65 F4
Tacna 294 F1
Tacoma 271 A3
Taconera, La 201 E3
Taft Street 255 D4
Tai'an 246 D3
Taillan-Médoc, le 96 C3
Taille Pieds 61 F4
Tain-l'Hermitage 125 D4, 127 C4
Taissy 79 A4
Tajiguas 265 G5
Takato 248 D3
Talagante 297 B5
Talamona 177 B1
Talca 295 C2, 297 F4
Talca, Cooperativa de 297 F4
Talcahuano 295 D1
Talence 80 F3, 96 D4, 99 A3
Talent 271 G3
Talijancich Wines 286 C1
Tallawanta 278 C4
Talley Vyds 265 D4
Tállya 226 E5, 229 E2
Talmettes, les 63 D2
Taltami 280 E1
Tamalee 278 C5
Tamarit 205 F2
Tambo, El 297 D5
Tamburlaine 278 C4
Tamisot 67 F2
Tampico, *Mexiko* 269 F6
Tampico, *USA* 272 E1
Tanami 284 E3
Tanger 245 B2
Tangshan 246 B4
Tanunda 282 B4
Tapogliano 183 D4
Tarabulus (Tripoli) 243 E5
Taraclia 241 G5
Taradeau 136 B4
Taranto 195 C5
Tarapaca 294 F1
Tarapaca ex-Zavala 297 A6
Tarare 71 F1
Tarascon 129 E4
Tarbes 113 G2
Tarcal 229 G3
Tarcento 181 A5
Tarchalice 282 B4
Tarcoola 280 F3
Tarczal, De 184 E4
Taree 277 A6
Targon 96 E6
Tarnave 237 C3
Tarragona 197 B5, 205 F1, G2
Tarrawarra/Tunnel Hill 281 B5
Tarres 205 E1
Tártano 177 B2
Tartaras 126 B3
Tart, Clos de 66 F4
Tartegnin 220 B4
Tasko 243 C4
Tatabánya 226 E3
Tatura 280 D4
Taubenberg 159 E4
Taubenhaus 153 E3
Tauberfranken 143 C5
Taughrite 245 B4
Taumarunui 288 C4
Taupe, la 66 E1
Taupine, la 61 E3
Taupo 288 C5
Tauranga 288 B5
Taurasi 195 B3
Tauriac 108 F5
Tauxières-Mutry 79 D5
Tavannes, Clos de 59 G4
Tavannes, les 62 F1
Tavel 129 E4, 130 G6
Tavemes 136 A3
Tavers 115 A3
Tavira 208 F5
Taylors 283 F6
T'bilisi 240 D5
Tecate 269 D2
Tedo, Qta do 210 F3
Téglio 177 B4
Teià 205 E6
Teil, le 125 G3
Teixeira, Qta da 210 E6
Tekirdag 243 B2
Te Kuiti 288 C4
Tel Aviv-Yafo 243 F4
Telegrafo, El 201 C4
Telhada, Qta da 211 G6
Tellières, les 67 F3
Temecula 269 D2
Temora 277 B4
Tempier, Dom. 136 C2
Templeton 265 B3
Tenareze 113 E3
Tenerife 207 G5
Tenna 184 D6
Teno 297 E5
Tenuta 'Ricavo' (Hotel) 189 E3
Tequisquiapan 269 F5
Teramo 187 E5
Terang 280 G1
Terciona 189 C3
Tercios, Los 201 E2
Teremia Mare 237 C1
Terézia 229 G3
Terlago 184 C4
Terlano (Terlan) 185 B5, 185 B3
Termenès 133 D3
Termeno (Tramin) 185 E5
Tèrmini Imerese 195 F2
Ternay 114 C6
Terni 187 D4, 192 E6
Teroldego Rotaliano 179 B2, 184 G6, 185 B3
Terra Alta 197 B5
Terra Bella 267 F6
Terrace Vale 278 B4
Terracina 187 G4, 195 B2
Terra Feita, Qta da 210 E5
Terras de Bouro 215 B5
Terre Ferme, La 131 F3
Terres 61 F1
Terres Blanches, les 64 F4
Terres, les Grandes 59 G5
Terroirs Landais 139 F4
Tesson, le 61 F1
Tête de Clos 59 F5
Teteven 235 C2
Têtière, la 60 G2
Tetouan 245 B2
Teufelstor 166 B5
Teuillac 108 E4
Teurons, le Bas des 62 F4
Teurons, les 62 F4
Te Whare Ra 289 G3
Texas High Plains 269 D5
Texas Hill Country 269 E5
Thalgara Estate 278 C4
Thames 288 B5
Thames Valley 298 F5
Thann 120 G3
Thasos 239 B4
Thauvenay 119 F3
Theilheim 166 B5
Thelema 293 F3
Thénac 109 C5
Theodorshalle 155 E2
Thermenregion 222 F4
Thesée 115 B2
Thessaloniki 239 B3
Thézac-Perricard 139 D4
Thiernère, la 118 B4
Thira (Santorini) 239 E5
Thivai 239 D3
Thomas 286 E1
Thomas Coyne 263 A3
Thomas Femhill 284 D2
Thomas Fogarty 263 B2
Thomas Hardy 284 D2
Thomas Kruse 263 D4
Thomas Sellards 255 E5
Thonon-les-Bains 137 A3
Thorey, aux 65 F2
Thorins, les 72 B5
Thomcroft 298 F5
Thouarcé 114 B5, 116 E5
Thouars 114 C5
Three Choirs 298 F4
Three Rocks 267 E4
Thuir 133 F3
Thun 219 F3
Thüngersheim 166 B4
Thurgau 219 D5
Thüringen 143 A5
Thurston Wolfe 271 B4
Thurtal 219 D5
Tiana 205 E5
Tianjin 246 C4
Ticino 219 F4
Tiefenbrunner 185 E5
Tierra de Barros 197 C2
Tiffon 110 G5
Tigard 273 B5
Tighina 241 F5
Tijsseling 256 C3
Tijuana 269 D2
Tilcoco, Qta de 297 C5
Tillamook 271 C2
Tillets, les 60 F6
Tillières 115 F6
Tim Adams 283 D5
Timber 273 A4
Timisoara 237 C1
Timocki 233 D6
Timpert 149 E4
Tinglewood 286 G3
Tinguiririca 295 C3
Tinos 239 D4
Tinqueux 79 A3
Tions, les Champs 67 F4
Tipton 267 F5
Tirano 177 A5
Tirant, Champ 60 D1
Tiraspol' 240 B1, 241 F6
Tire 243 C2
Tirgu-Mures 237 C3
Timaveni 237 C3
Tisdall's 280 D3
Titograd 233 E4
Titov Veles 233 F5
Tivissa 204 G6
Tizon 201 C2
Tlemcen 245 B3
Todi 192 E5
Togura 248 B3
Toisières, les 61 E3
Tokaj 226 E5, 229 G4
Tokajhegyalja 226 E5
Tokájská 230 G6
Tokat 243 B5
Tokoroa 288 C5
Tolcsva 229 D4
Toledo, *Ohio* 275 C1
Toledo, *Oregon* 271 D2
Tolima 294 E1
Tolley Pedare 282 B4
Tolmezzo 179 B5
Tolochenaz 220 A5
Tomar 208 C4
Tome 295 D1
Tondela 215 F4
Tonnerre 73 D6
Toodyay 286 C2
Tophill 273 A4
Topolcany 230 G4
Topolos at Russian River Vyds 255 E5
Topons, les 64 F5
Toppe Marteneau, la 63 E3
Toppenish 271 B5, 272 F3
Tórbole 184 E3
Tordesillas 206 F2
Torgiano 187 C4, 192 D5
Torino 173 D3, 175 A1
Toro 197 B3
Toro, El 201 E1
Toronto 275 B3
Torquay 280 G3
Torrão 215 D5
Torrazza Coste 177 F3
Torre Alta, La 200 D6
Torre de Fontaubella, La 204 F6
Torre de l'Espanyol, La 204 F5
Torredembarra 205 F2
Torre di Santa Maria 177 A3
Torre Gaia 193 C4
Torrelles de Foix 205 E3
Torremontalbo 202 B6, 203 G3
Torrenieri 190 F2
Torre Nova 193 C4
Torreón 269 F5
Torreon de Paredes 297 D5
Torreperogil 197 D3
Torre, Qta da 210 G1
Torre Rosazzo 183 B4
Torres 208 D3
Torricella Verzate 177 F4
Torri del Benaco 182 E2
Torrita di Siena 190 E4
Torroja del Priorat 204 F6
Torrox 201 F3
Torvaianica 193 F3
Toulifaut 118 B2
Toulon 136 C3
Toulouse 113 E5
Toulouse-le-Château 137 F4
Tour-de-Peilz, la 221 B1
Tour du Bief, la 72 B5
Toumon-sur-Rhône 125 D4, 127 C3
Toumus 55 E6
Tours 115 B1
Tours-sur-Marne 79 D5
Tourves 136 B3
Toussaints, les 62 E5
Touwsriver 290 E3
Touzac 113 C4
Toyoseto 248 C4
Toyoshima 248 C3
Toyotomi 248 D4
Traben-Trarbach 153 D3
Trabzon 243 B6
Tracy 267 B2
Tracy-sur-Loire 119 F3
Traisen 154 F6, 155 C5
Traiskirchen 224 F2
Traismauer 222 B2
Tranquillity 267 E4
Transilvania 237 C3
Trapani 195 F1
Trappenberg 161 B2
Traralgon 277 D4
Tras le Puy 130 F6
Traulsen 259 B2
Travaillan 131 C3
Travamelle Val di Pesa 189 D2
Travers de chez Edouard, les 60 D2
Travers de Marinot, les 60 D2
Traversins, les Champs 65 F5
Trebbiano d'Abruzzo 187 F6
Trebbiano di Romagna 179 F4, 187 A5
Trèbes 133 C2
Tre Cancelli 193 G5
Trefethen 259 F5
Tregnago 183 F1
Trélazé 114 B5
Trencin 230 G4
Trentadue 255 B5
Trentino 179 C2, 184 G6, 185 B3
Trento 179 B3, 184 C5
Trenton 275 D5
Trépail 79 C5
Treppchen, *Bernkastel* 152 B6
Treppchen, *Piesport* 151 C2
Très Girard 66 F4
Tresivio 177 B3
Treux, les 65 F5
Treviso 179 C4, 181 D2
Trézin, le 60 F4
Tribourg 65 F1
Trier 143 C1
Trieste 179 C6
Trikkala 239 C2
Trinidad 201 C3
Trinidad, La 201 D2
Trittenheim 151 G1
Trnava 230 G4
Troësmes 75 C2
Trois Follots 61 E6
Trois-Puits 79 A4
Troyan 235 C3
Troyes 76 E4
Truchard 257 E5
Truel 131 G1
Truffière, la 60 F4
Tsadha 244 G1
Tsiandali 240 C5
Turgovishte 235 B4
Tualatin 273 B4
Tuamarina 289 F5
Tua, Qta do 211 E2
Tübingen 143 E5, 165 D4
Tucker Cellars 272 F4
Tucson 269 D3
Tudal 259 C3
Tudela de Duero 206 E3
Tudelilla 203 C2
Tuilerie, la 101 F5
Tula, La 201 E1
Tulare 267 E5
Tulbagh 290 E2
Tulloch 278 C4
Tulocay 259 G6
Tunis 245 A6
Tunuyán 295 B4
Tupin 126 C3
Tupungato 295 B4
Turckheim 120 E3, 123 B1
Turlock 267 C3
Turner 273 D4
Turque, La 126 B3
Tursan 113 E1
Tutrakan 235 A4
Tuvilains, les 62 F3
Tuyaux, aux 65 G2
Tuzla 233 C4
Twin Brook 275 D4
Twin Hills 265 B3
Twin Valley Estate 282 D3
Tyee Wine Cellars 273 E4
Tyland 256 C3
Tyrrells 278 C4

Überland 223 C5
Überlingen 143 G5, 165 F4
Uchizy 69 A6
Údine 179 B6, 181 B5
Ueda 248 C3
Uenohara 248 D5
Uettingen 166 B3
Uiterwyk 292 F6
Uitkyk 293 E2
Ukiah 256 B3
Ullastrell 205 E4
Umbertide 192 C5
Umpqua Valley 271 F2
Umriss 223 C4
Undurraga 297 B5
Ungeheuer 161 E5
Ungheni 241 F4
Ungsberg 153 E3
Ungstein 161 A2, B5
Union Gap 271 B4, 272 E2
Union Wine (Douglas Green Wines) 293 A5
Unkenbach 155 D5
Unley 284 A3
Unterberg 147 B2
Untere Lüss 223 C5
Untere Weißen 223 C5
Unterer Vogelsang 223 C4
Unterer Wald 223 C4
Unterloiben 225 G2
Untersee 219 D4
Untertürkheim 165 D4
Upper Hunter Valley 277 A6
Upper Hutt 288 D4
Upper Lake 256 B4
Upper Sturt 284 B4
Urágya Birsalmas 229 F2
Uraidla 284 B4
Urbán 229 F2
Urbellt 147 B3
Urfé 139 E4
Ürgüp 243 C4
Ürzig 152 B5
Usak 243 C2
Uspallata 295 A4
Usuda 248 C4
Utica 275 B4
Utiel-Requena 197 C4
Uvrier 221 C3
Uzès 129 E3, 139 C2
Uzunköprü 243 B1

Vác 226 E3
Vacalar 210 G2
Vacaria, Qta da 210 F1
Vache, la 61 E6
Vacqueyras 129 D4, 131 D4
Vaillons 75 E2
Vaison-la-Romaine 129 D5
Valais 219 G3, 221 C4
Valbuena de Duero 206 E3
Valcalepio 173 C5
Valcargado 201 B2
Val, Clos du 259 F5
Valdadige (Etschtaler) 179 B2, 184 G6
Val d'Agly 138 F4
Val d'Arbia 187 B3
Val de Cesse 138 D5
Val de Dagne 138 E4
Valdejalón 197 B4
Val de Malhadas, Qta de 211 G5
Val de Montferrand 139 C1
Valdeorras 197 A2
Valdepeñas 197 C4
Valdespino, A R 201 G1
Valdevimbre-Los Oteros 197 A2
Valdivieso (Mitjans) 297 E4
Valdobbiádene 181 C1
Val d'Orbieu 138 E4
Valea Lui Mihai 237 B2
Valea Nucarilor 237 D6
Vale de Cambra 215 D5
Vale de Figueira 211 G3
Vale de Figueira, Qta do 210 F5
Valença 215 A4
Valenca do Douro 210 F5
Valençay 53 D2
Valence 125 E4
Valencia 197 C5
Valença do Minho 208 A4
Valette-du-Var, la 136 C3
Valeyrac 85 A3
Valgella 177 B4
Valladolid 206 E2
Vallclara 205 E1
Valldosera 205 E3
Val, le 136 B3
Valle d'Aosta 173 C2
Valle de Güimar 207 G5
Valle del Cauca 294 E1
Valle de Monterrey 197 B2
Vallée de l'Aude, La Haute 138 E4
Vallée de l'Orb, La Haute 138 D5
Vallée de Nouy, la 118 B3
Vallée du Paradis, La 138 E5
Vallée, la 119 E2
Valle Isarco 179 A3
Vallerots, les 64 F5
Vallet 114 C3, 115 F5
Valley Junction 273 C3
Valley of the Moon 254 F4
Valley View 271 G2
Vallmoll 205 F2
Vallromanas 205 E6
Valls 205 F2
Valmontone 193 D6
Valmur 75 D4

GAZETTEER

Valongo 215 C5
Valozières, les 63 F4
Valpaços 208 A5
Valpantena 179 C3, 182 F5
Valparaiso 295 A2
Valpolicella 179 C3, 183 F6
Valpolicella Classico 179 C3, 182 F4
Valréas 129 C4
Val St-Grégoire 123 B1
Valsetz 273 D3
Valtellina 173 B6, 179 B1
Valtice 230 G3
Vámosújfalu 229 E4
Vancouver 271 C3, 273 B5
Vandenburg Village 265 F4
Vár 229 E2
Varades 114 B4
Varages 136 A3
Vara Gruesa 297 G4
Varazdino 233 B3
Varen 221 C4
Varese 173 C4
Vargas 295 C4
Vargellas, Qta da 211 G4
Vár-Hegy 229 C6, E2, F3
Varna 235 B6
Varognes, les 127 C4
Varoilles, les 67 D1
Varosa 208 B5
Varot 68 B4
Vasa 244 G2
Vascos, Los 297 D4
Vasse Felix 287 D2
Vau Breton, le 117 G4
Vaucoupin 75 E5
Vaucrains, les 64 F5
Vaud 219 F1, 220 A5
Vaudemanges 79 D6
Vaudésir 75 C4
Vau de Vey 75 D1
Vaudois 221 C1
Vaufegé 118 B3
Vaufoynard 118 B1
Vaugiraut 75 E4
Vaugondy 118 A4
Vaulorent 75 C4
Vaumuriens-Bas, la 61 E5
Vaumuriens-Hauts, les 61 E5
Vaunage, La 139 C2
Vaupulent 75 C3
Vau, Qta do 211 E1
Vauvert 129 F3
Vaux Dessus, les 59 E2
Vaux, en 61 E5
Vaux-en-Beaujolais 71 D2
Vauxrenard 71 B3
Vavasour 289 G6
Vavatsinia 244 F3
Vayres 80 E4
Veaugues 119 G2
Végardo 229 D6
Vega Sicilia 206 E3
Veitshöchheim 166 B4
Velddrif 290 E1
Veldenz 152 G5
Velha, Qta 210 F1
Veliko Turnovo 235 C4
Vélines 109 B4
Velke 230 F3
Velké Zernoseky 230 E2
Velky Krtis 230 G5
Vellé, au 67 E2
Velle, Sous la 61 E2
Velle, Sous le 61 E2
Velle, Sur la 61 E3
Velletri 187 F3, 193 E5
Vendôme 115 A2
Vendrell, El 205 F3
Venezia 179 D4, 181 E2
Ventana 263 F5
Venthône 221 C4
Ventosa do Bairro 214 F5
Ventozelo, Qta de 210 F6
Vera Cruz 201 C2
Veracruz 269 G6
Verano, El 254 G4
Vérargues 129 F2, 135 A5
Vercelli 173 D4
Verchers-sur-Layon, les 114 C5
Vercots, les 63 E3
Vercots, les Petits 63 F3
Verdelais 96 F6
Verdicchio dei Castelli di Jesi 187 C5
Verdicchio di Matelica 187 C5
Verdigny 119 E2
Verdon, *Bergerac* 109 B6
Verdon, *Var* 139 G4
Verduno 176 F2
Vérenay 126 B5
Vergelesses, Basses 63 E2
Vergelesses, Ile des 63 E3
Vergelesses, les 63 E3
Vergelesses, les Basses 63 E3
Vergennes, les 63 F5
Verger, Clos de 61 F6, 62 E1
Vergers, les 60 F2
Vergisson 55 F5, 69 F3
Vérin 126 D2
Veritas, *Australien* 282 B4
Veritas, *USA* 273 C5
Verlieux 126 E2
Vermarain à l'Est, Bas de 60 D3
Vermarain à l'Ouest, Bas de 60 D3
Vermentino di Gallura 195 C2
Vermenton 73 G4
Vernaccia di Oristano 195 D1
Vernaccia di Serrapetrona 187 D5
Vernalis 267 C2
Vernois, le 137 G4
Vernonia 271 C2
Vernou-sur-Brenne 118 B4
Veroia 239 B3
Véroilles, les 66 E3
Verona, *Australien* 278 C4
Verona, *Italien* 179 D2, 182 G5
Vérottes, les 62 F3
Verpelét 226 E4
Verrazzano 189 D3
Verrillats, les 72 B5
Verroilles ou Richebourgs, les 65 F4
Verseuil, en 61 F4
Verthamon 99 A2
Vertheuil 87 E2
Vertou 114 C3, 115 F4
Vertus 79 G3
Veryan 298 G2
Verzé 55 E5, 69 D4
Verzenay 79 B5
Verzy 79 B5
Vésenaz 220 C4
Vesuvio 195 C3
Vesuvio, Qta do 211 G5
Veszprém 226 F2
Veteran Heights 259 C4
Vetioz 221 C3
Vetrun 235 C2
Vevey 219 F2, 221 B1
Veyras 221 C4
Vezzano 184 C4
Viana 203 B1
Viana do Alentejo 213 F4
Viana do Castelo 208 A4, 215 B4
Viansa 257 F4
Vibo Valéntia 195 E4
Vicairies 119 E3
Vicenza 179 C3
Vic-Fézensac 113 E3
Vich 220 B4
Vichon 259 E4
Vicomté d'Aumelas, La 138 D6
Victor Harbor 276 C6
Vide Bourse 60 G3
Vidigueira 208 E4, 213 F4
Vidin 235 A1
Vieille Montagne, La 259 A5
Vieira do Minho 215 B6
Vienne 125 A4
Vierzon 115 C4
Vieux Moulin, Le 130 G6
Vieux Télégraphe, Le 131 F3
Vieux-Thann 120 G3
Vigan, le 138 C6
Vignale 189 E4
Vignamaggio 189 D4
Vignavecchia 189 E5
Vigneau, Clos du 117 C1
Vigne au Saint, la 63 E3
Vigne Blanche 59 F5
Vigne dal Leon 183 B4
Vigne Derrière 59 F6, 60 F1
Vigne Rondes, aux 65 F3
Vignes aux Grands, les 67 E3
Vignes Belles 66 F6
Vignes Blanches, les 61 F3
Vignes Franches, les 62 F3
Vignes, les 119 E2
Vignes, les Grands, *Auxey-Duresses* 61 E1
Vignes, les Grands, *Prémeaux-Prissey* 64 F4
Vignes Rondes, les 61 E3
Vigness Moingeon 60 D3
Vigneux 65 F4
Vignobles Barde 109 D3
Vignobles de Pagnon 109 D3
Vignois 67 F3
Vignois, aux 67 F4
Vignonet 103 F3
Vignots, les 62 D1
Vignottes, les 64 F3
Vihiers 114 C5
Viladecans 205 F5
Vila do Conde 215 C4
Vila do Rei 209 E6
Vilaflor 207 G5
Vilanova 209 D5
Vila Nova de Cerveira 215 A4
Vila Nova de Famalicão 215 C5
Vila Nova de Gaia 208 B4
Vilanova de Prades 205 E1
Vilaplana del Camp 205 F1
Vila Real 208 A5
Vilarinho de Cotas 210 E5
Vilarinho dos Freires 210 F1
Vila-rodona 205 F2
Vila Seca 215 B4
Vila-seca de Soleina 205 G1
Vila Velha, Qta da 211 E1
Vilaverd 205 E2
Vila Verde 215 B5
Vila Viçosa 213 E6
Vilella Baixa, La 204 F6
Villa Alegre 297 G3
Villa Alhué 297 C5
Villa Arceno 189 G6
Villa Atuel 295 C5
Villabuena de Alava 202 B5, 203 F3
Villa Fornace 177 F5
Villafranca del Penedès 205 E3
Village, *Gevrey-Chambertin* 67 E2
Village, *Pommard* 62 F1
Village, *Vosne-Romanée* 65 G4
Village, au 61 F2
Village, le, *Aloxe-Corton* 63 F3
Village, le, *Chambolle-Musigny* 66 E2
Village, le, *Morey-St-Denis* 66 F4
Village, le, *Pernand-Vergelesses* 63 D4
Village, le, *Pommard* 61 F6
Village, le, *Puligny* 60 G3
Village, le, *Santenay* 59 F3
Village, le, *Savigny-lès-Beaune* 63 D1
Village, le, *St-Aubin* 60 D2
Village, le, *Volnay* 61 F4
Village, le, *Vougeot* 65 G6, 66 F2
Villa Grande 255 E3
Villa Helena 259 A6
Villamblard 109 A6
Villamediana de Iregua 203 B1
Villa Mount Eden 259 D4
Villanova i la Geltrú 205 F4
Villány 226 G3
Villány-Siklós 226 G2
Villa Prat 297 E4
Villar de Alava, El 202 A6
Villard 295 B2
Villard Fine Wines 297 A4
Villardeau 119 E5
Villarosa 189 F3
Villatte, la 117 D2
Villaudric 113 E5
Villaviciosa de Córdoba 197 D3
Villa Zapu 259 F4
Ville-Dommange 79 A2
Villefranche-de-Lonchat 109 A3
Villefranche-sur-Saône 55 G5, 71 E4
Villegouge 102 A5
Ville-la-Grand 137 B3
Villemajou, Dom. de 133 C4
Villenave-d'Ornon 80 F3, 96 D4, 99 D5
Villeneuve, *Frankreich* 108 E2
Villeneuve, *Schweiz* 221 B1
Villeneuve-de-Duras 109 C4
Villeneuve-de-Marsan 113 E1
Villeneuve-lès-Avignon 129 E4
Villeneuve-Renneville-Chevigny 79 G4
Villers-Allerand 79 B4
Villers-aux-Noeuds 79 B3
Villers-Marmery 79 C6
Villesse 183 E4
Villette 220 A6
Villette-lès-Arbois 137 E5
Villiera 293 D1
Villiers 119 E5
Villiersdorp 290 F2
Villié-Morgon 71 C3, 72 D4
Villingen 165 E3
Villy 75 A2
Vilobi del Penedès 205 E3
Vimbodi 205 E1
Vinag 231 B4
Vinas, Las 267 F3
Vina Vista 255 B4
Vin de l'Ouest 272 F3
Vinebre 204 F5
Vineburg 254 G5
Vineland Estates 275 B3
Vine Vale 282 B5
Vinhos Verdes 208 A4
Vini Affini, Societa Esportazione 189 D4
Vini del Piave 179 C4
Vinifera Wine Cellars 275 B3
Vinon 119 G3
Vino Nobile di Montepulciano 187 C3, 190 E6, F5
Vinos de Madrid 197 C3
Vinoteca 275 B3
Vins de Lavilledieu 53 F2, 113 D4
Vins de l'Orléanais 53 C2
Vins de Moselle 53 B5
Vins d'Entraygues et du Fel 53 F3, 139 G2
Vins des Coteaux du Giennois 53 C3
Vins d'Estaing 53 F3, 139 G2
Vins du Bugey 53 E5, 139 F3
Vins du Haut Poitou 53 D2, 139 F2
Vins du Thouarsais 53 D1, 139 F2
Vins du Tursan 53 G1
Vinsobres 129 C5
Vinyols i els Arcs 205 G1
Vinzel 220 B4
Vinzelles 55 F5, 69 G4
Violès 131 D4
Violettes, les 65 G5
Violet Town 280 D4
Vionnaz 221 C1
Vionne, la 67 F4
Vipava 233 B1
Viré 55 E5, 69 C5
Vireuils Dessous, les 61 E1
Vireuils Dessus, les 61 E1
Vireux, les 61 E1
Virgin Hills 280 E3
Virginie, Dom. 133 B5, 135 C1
Virna, La 126 B5
Viricu-le-Grand 137 C2
Virondot, en 59 F6
Vis 233 D2
Visalia 267 E5
Visan 129 D4
Viseu 208 B4, 215 F5
Visp 219 G3, 221 C6
Visperterminen 221 C6
Vistrenque, La 139 C2
Viterbo 187 D3
Viticulteurs Reunis 110 G6
Vitrolles 129 G5
Vitry-le-François 76 C6
Vittório Veneto 179 C4, 181 B2
Vitusberg 159 F5
Vivier, le 72 C5
Viviers 129 C4
Vlasotinci 233 E6
Vlottenburg 293 G1
Voegtlinshofen 120 E3, 122 C4
Vogelsang, *Nahe* 155 C2
Vogelsang, *Österreich* 223 C4
Vogelsang, *Rheingau* 158 F3
Vogelsang, *Saar* 147 G4
Vogelsgärten 163 C5
Voghera 177 F3
Vogtei Rötteln 165 F1
Voillenot Dessous 60 G2
Voillenots Dessus, les 60 G2
Voipreux 79 G4
Voiteur 137 F5
Voitte 60 G4
Volano 184 E5
Volkach 166 B5
Volnay 55 D5, 61 E4
Volos 239 C3
Volpara 177 F5
Volta 267 D3
Volxheim 163 C3
Vongnes 137 C2
Vorbourg 122 C2
Vorder-Seiber 224 G5
Voriai Sporádhes 239 C4
Vösendorf 224 D2
Vosger, Champs de 67 F4
Vosgros 75 E4
Vöslauer Hauerberg 224 F1
Vosne, en 67 E2
Vosne-Romanée 55 C6, 57 C5, 65 G4
Vougeot 55 C6, 65 G6, 66 F2
Vougeot, Clos de 65 F5, 66 F1
Vougeots, les Petits 65 F6, 66 F2
Voulte-sur-Rhône, la 125 E4
Vouni 244 G2
Vouvray 115 B1, 118 C3
Vouvry 221 B1
Voyager Estate 287 E2
Vrâble 230 G4
Vranje 233 F6
Vratsa 235 B2
Vredandal 290 C1
Vredenheim 293 G1
Vriesenhof 293 G2
Vufflens-le-Château 220 A5
Vukovar 233 C4
Vulcanesti 241 G5
Vulkanfelsen 165 E1
Vullierens 220 A5
Vully 219 E2
Vychodoslovenská 230 G6

Wachau 222 E4
Wachenheim 163 D4
Wachenheim an der Weinstraße 143 C4, 161 B2, D4
Wachtberg 225 F4
Wagga Wagga 277 C4
Wagner 275 B4
Wåhring 224 B2
Waiau 288 E4
Waiheke Island 288 B4
Waikato 288 B4
Waipukurau 288 D5
Wairarapa 288 D4
Wairau Bar 289 G6
Wairau Pa 289 F5
Wairoa 288 C5
Waldäcker 223 B6
Waldböckelheim 143 B3, 155 C5
Waldheim 167 D5
Waldlaubersheim 155 A5
Waldrach 149 G5
Waldrue Heights 254 E3
Waldulm 165 D2
Walkenberg 159 F5
Wallaroo 276 B5
Walla Walla 271 C6
Wallhausen 155 B5
Walluf 159 G6
Walporzheim Ahrtal 143 A2
Wamakers-Vallei 293 A5
Wandin 281 C5
Wandin Park 281 C5
Wandin Valley 278 B5
Wanganui 288 C4
Wangaratta 277 C3, 280 D5
Wapato 272 F2
Wards Gateway Cellar 282 C3
Warpoo 282 C3
Warramate 281 C5
Warrenmang 280 E2
Warrnambool 277 D2, 280 G1
Wartbühl 165 D4
Warwick 293 E2
Wasco 267 G5
Washington 275 D4
Washington Hills Cellars 272 F3
Washougal 271 C3, 273 B6
Wasseros 159 E3
Wasson Bros 273 B6
Waterbrook 271 G4
Waterbury 275 C5
Waterloo 273 E5
Watervale 283 E5, F5
Water Wheel 280 D2
Watsons Creek 281 B3
Watzelsdorf 222 B2
Waum Ponds 280 G3
Wawern 147 C2
Wedderburn 280 D2
Wehlen 143 B2, 152 E6
Weibel, *Mendocino* 256 B3
Weibel, *Santa Clara* 263 B3
Weiden 222 C4
Weifang 246 D4
Weihai 246 C6
Weikel 272 E2
Weilberg 161 A4
Weimar 143 A5
Weinböhla 167 C6
Weinheim 165 B3
Weinland 219 D4
Weinolsheim 163 C5
Weinsberg 165 C4
Weinsheim 155 C5
Weinsteige 165 D4
Weinviertel 222 E4
Weisenheim am Sand 161 A2
Weisenstein 153 G1
Weisinger's 271 G3
Weißenfels 143 A5, 167 C3
Weißenkirchen 222 B1, 224 G5
Weißer Stein 224 D2
Weitenberg 224 F5
Welgemeend 293 D3
Wellington, *Australien* 277 A5
Wellington, *Neuseeland* 288 D4
Wellington, *Südafrika* 290 F2, 293 A5
Wellington, *USA* 254 E4
Wellington Wynboere 293 A5
Wellow 298 F4
Welmoed 292 G6
Wendelsheim 163 C4
Wendouree 283 D5
Wente Bros 263 A3
Wente Bros Sparkling Wine Cellars 263 A3
Wentworth 277 B2
Wermuth 259 A5
Wembee 280 F3
Wertheim 143 C6
Westfield 286 C2
Westhalten 120 F3, 122 B3
Westhofen 163 C5
West Linn 273 B5
Westport 288 D3
Westport Rivers 275 C6
West Richland 272 F5
West Slope 273 B5
West Stayton 273 D5
Weststeiermark 222 F4
Wettolsheim 120 E3, 122 C6
Whakatane 288 C5
Whaler 256 C3
Whangarei 288 A4
Wheeling 275 D2
Whitehall Lane 259 B6
White Oak 255 C5
White Rock 259 F5
White Salmon 271 C4
White Swan 272 F1
Whitfield 280 D5
Whitley Gardens 265 B4
Whitstone 298 G3
Whitstran 272 G4
Whyalla 276 A5
Wickham 298 F4
Widmer 275 B3
Wiemar 275 B4
Wien 222 C3, F4, 224 B3
Wiener Neustadt 222 D3
Wiesbaden 143 B4
Wiesloch 165 B3
Wignalls 286 G4
Wildcat 254 G5
Wildendürnbach 222 A3
Wild Horse 265 C3
Wildsau 159 E5
Wiley City 272 E2
Wilga 285 D5
Wilkes Barre 275 C4
Willamette Valley 271 D2
Willamette Valley Vyds 273 D4
Willamina 273 C3
Willespie 287 D2
William Hill 259 F6
Williams & Humbert 201 G1, G2
Williams & Selyem 255 D5
Williamsburg 275 E4
Williamstown 282 D3
William Wheeler 255 C4
Willows 282 A5
Willunga 276 C6, 284 E2
Wilmington 275 D4
Wilsford 282 C3
Wilson 283 E6
Wilson's 284 A4
Wilsonville 273 C5
Wiltingen 147 C3
Winchelsea 280 G2
Windesheim 155 B5
Windmeul 293 B4
Windsor, *Kanada* 275 B1
Windsor, *USA* 255 D5
Wineck-Schloßberg 123 C2
Wine Group 267 B2
Winkel 158 G3
Winningen 143 A3
Winterhausen 166 C4
Winters 267 A1
Winterthur 219 D4
Wintrich 151 C3
Wintzenheim 120 E3, 122 C6
Winzenheim 155 B6, C2
Wipfeld 166 A5
Wirra Wirra 284 E2
Wisdom & Warter 201 G2
Wisselbrunnen 159 F1
Wissembourg 143 D3
Wisset 298 E6
Witchcliffe 287 F2
Witness Tree 273 C4
Wittelsheim 120 G3
Wittenheim 120 G4
Wittlich 143 B2
Wodonga 280 C6
Wolf 153 C3
Wolf Blass 282 A5
Wolf Creek 271 G2
Wolfsheim 163 B4
Wolfsmagen 165 A3
Wolfsworth 223 C5
Wolkersdorf 222 B3
Wollongong 277 B6
Wolxheim 120 A5
Wonga Park 281 C3
Wonnegau 143 C4
Wonthaggi 277 D3
Woodbourne 289 G4
Woodburn 271 D3, 273 C5
Woodbury 275 B3
Woodend 277 D3, 280 E3
Woodlake 267 E6
Woodland, *Kalifornien* 267 A1
Woodland, *Washington* 271 C3
Woodlands 287 D1
Wood Orchard Heights 273 D4
Woodside 263 B2
Woodstock, *Australien* 284 D3
Woodstock, *USA* 275 C5
Woodward Canyon 271 G4
Woody 267 F6
Woody Nook Wines 287 C2
Woonsocket 275 B6
Woori Yallock 281 C6
Wootton 298 F4
Worcester, *Südafrika* 290 F2, F3
Worcester, *USA* 275 B6
Worms 143 C4, 163 D5
Wörrstadt 163 B4
Wren 273 E4
Wrexham 298 D3
Wrights 287 D2
Wuenheim 120 F3
Wülfen 159 E4
Wunnenstein 165 C4
Württemberg 143 D5
Württembergisch Unterland 143 D5, 165 C4
Würzberg 143 B6, 166 B4
Wurzen 167 C5
Würzgarten, *Bernkastel* 152 B5
Würzgarten, *Rheingau* 158 E5
Wybong 279 E3, E4
Wycheproof 280 C1
Wychwood 281 B4
Wyndham Estate 278 A6
Wynns 285 B5
Wynns High Eden 282 D5

Xanthi 239 A4
Xingcheng 246 B5
Xinji 246 C3
Xinjin 246 B6
Xintai 246 D4

Yakima 271 B4, 272 E2
Yakima River 272 G4
Yakima Valley 271 C5
Yallala 285 C6
Yallingup 287 B1
Yalloum 277 D3
Yalta 240 C2
Yalumba 282 B5
Yamanashi 248 D4
Yambol 235 C4
Yamhill 273 B4
Yamhill Valley 273 C4
Yanggu 246 D3
Yanqing 246 B3
Yanshan 246 C4
Yantai 246 C5
Yantai Chang Yu Pioneer Winery 246 C5
Yarra Burn 281 C6
Yarra Edge 281 C3
Yarra Glen 280 F4, 281 B4
Yarra Junction 281 C6
Yarra Ridge 281 B4
Yarra Valley 277 D3, 280 F4
Yarrawa 279 G3
Yarrawonga 280 C5
Yarra Yarra 281 A4
Yarra Yering 281 C5
Yass 277 B5
Yea 280 E4
Yecla 197 D4
Yellowglen 280 F2
Yens 220 A5
Yerasa 244 G2
Yerbas Buenas 297 G4
Yerevan 240 D5
Yering 281 B4
Yeringberg 281 B5
Yering Grange 281 B4
Yering Station 281 B4
Yerushalayim (Jerusalem) 243 F4
Yetto 284 D2
Ye Xian 246 D5
Yialousa 244 E5
Yingkou 246 B6
Ynocente 201 C3
Yonkers 275 C5
York 275 D4
York Mountain 265 C2, C3
Young 277 B4
Youngstown 275 C2
Yountville 259 E4
Yuncheng 246 E3
Yungarra Estate 287 B2
Yungay 295 E2
Yverdon, *Schweiz* 219 F2
Yverdon, *USA* 259 C2
Yvorne 219 F2, 221 B1

Zaca Mesa 265 F5
Zacatecas 269 F5
Zaccar 245 A4
Zadar 233 C2
Zaer 245 B2
Zagarolo 187 F4, 193 C5, D6
Zagreb 233 B3
Zahodnomoravski 233 E5
Zakinthos (Zante) 239 D2
Zalaegerszeg 226 F1
Zalhostice 230 E2
Zambelli Mount Anakie Estate 280 F3
Zambujal, Qta do 210 F2
Zandwijk 293 D4
Zarzuela 201 D2
Zarzuela, La 201 D2
Zayante 263 C2
Z-D 259 D4
Zehnmorgen 162 D5
Zeiskram 161 C2
Zeitz 143 A5, 167 D4
Zeletin 237 C5
Zell 143 B2
Zell (Untermosel) 143 A2
Zellenberg 120 D4, 123 C4
Zeltingen-Rachtig 152 D5
Zema Estate 285 C5
Zemmour 245 B2
Zenata 245 B2
Zeneggen 221 C5
Zenevredo 177 E5
Zeni 184 B5
Zeppwingert 153 C4
Zerhoun 245 B2
Zermatt 219 G3
Zemez 219 F6
Zemograd 240 B4
Zeutern 165 C3
Zg.-Duplek 231 B4
Zhanhua 246 C4
Zhucheng 246 D5
Zhuo Xian 246 B3
Zibo 246 D4
Zichron-Yaacov 243 F4
Ziem 275 D3
Ziersdorf 222 B2
Zilina 230 F4
Zillah 272 F3
Zillah Oakes 272 F3
Zimbro, Qta do 211 E2
Zinfandel 259 D4
Zingarini 193 E3
Zinnkoepfle 122 B3
Zistersdorf 222 B3
Zitsa 239 B2
Zlaté Moravoe 230 G4
Z Moore 255 D5
Znojmo 230 G3
Znojmo/Mikulov 230 F3
Zoete Inval, De 293 D4
Zollturm 153 D4
Zonguldak 243 B3
Zoopiyi 244 G2
Zsadányi 229 E4
Zuckerberg 162 F5
Zug 219 E4
Zugdádi 240 C4
Zupa 233 D5
Zürich 219 E4
Zwenkau 167 C4
Zwickau 143 A5

Dank

Frankreich: F. André (ONIVIN, Avignon); Anthony Barton (Bordeaux), Alain Berger und Agnès Payan (INAO, Paris); Jean-Claude Berrouet (Château Pétrus); Paul Bonfils und Prof. Denis Boubals (Montpellier); Stéphanie Bouachon (CIVCRVR, Avignon); Pierre Bouard (CIVA, Alsace); Yves Cariou (CIVAS, Angers); Cognac Information Centre (London) und Bureau National Interprofessionel du Cognac; Philippe Cottin (Château Mouton-Rothschild); Pascal Delbeck (Château Ausone); Jean Delmas (Château Haut Brion); M. Duhaze (CIVRB, Bergerac); André Enders (Comité Interprofessionnel des Vins de Champagne); Eric Fournier (Syndicat Viticole de St-Emilion); Alain Fraty (INAO, Mâcon); Catherine Frugère (CIVCP, Provence); François Gaignet; Bill Hardy; Nicolas Joly (La Coulée de Serrant); Edouard Kabakian (INAO, Gaillac); Tony Laithwaite und Claudie Gomme (La Clarière, Castillon); C. Lamoulie (BNIA, Armagnac); Jacques de Lamy (Conseil Interprofessionnel des Vins Fitou, Corbières et Minervois); Prof. Noël Leneuf (Dijon); Christian Le Sommer (Château Latour); Le Comte de Lur Saluces (Ch. d'Yquem); Alain Macaire (Office National des Forêts); Jean-Laurent Maillard (ANIVIT, Paris); Catherine Manac'h und Sylvie Vallejo (SOPEXA, London); Anne Marbot (CIVB, Bordeaux); Jean Miailhe (Syndicat des Crus Bourgeois du Médoc); Christine Ontivero (CIVDN, Perpignan); Paul Pontallier (Château Margaux); Gérard Potel (Volnay); Bruno Prats und Claudine Izabelle (Syndicat des Grands Crus Classés du Médoc); Lucien Rateau (BIVB, Beaune); Gilbert Rokvam (Château Lafite); Philippe Roudié (Université de Bordeaux); Peter A. Sichel (Château d'Angludet, Cantenac); Société Civile du Cheval Blanc (St-Emilion); Robert Tinlot (OIV, Paris); Georges Vernay (Condrieu); Claude Vialade-Salvagnac (Maison des Terroirs en Corbières); James E. Wilson (Colorado).
Deutschland: Bernhard Breuer; Gary and Marlies Grosvenor; Tan Harrington, Martin Olheim und Barbara Tysome (German Wine Information Service, London); Fritz Haag; Dr. Franz Werner Michel (Deutsches Weininstitut, Mainz); Stuart S. Pigott; Michael Prinz zu Salm-Salm und Hilke Nagel (Verband Deutscher Prädikats- und Qualitätsweingüter); Manfred Völpel (Deinhard, Koblenz)
Italien: Marchese Lodovico Antinori, Christa Sutta und Claudia Stagi (Tenuta dell'Ornellaia); Marchese Piero und Albiera Antinori. Dr. Gioacchino la Franca und Valeria Nebbio (Italian Trade Centre, London); Professor Mario Fregoni; Alois Lageder (Alto Adige); Andreas März; Marchese Niccolò Incisa della Rocchetta (Tenuta San Guido).
Spanien: Wines from Spain (London); John Radford; Jan Read; Bartolmé Vergara (Jerez).
Portugal: Dr. José Leitão und Oliveira Silva (Portuguese Government Trade Office, London); David Orr; Baron Eric de Rothschild; Paul Symington (Silva & Cosens Ltd).
Madeira: Richard Blandy; John Cossart (Henriques & Henriques); Madeira Wine Company, Funchal; Paul Symington (Silva & Cosens Ltd).
Schweiz: Daniel Lehmann (Société des Exportateurs de Vins Suisses, Lausanne), Anja Tschannen (Bern).
Österreich: Fritz Ascher und Peter Schleimer (Österreichische Weinmarketingservice GmbH, Wien); Geoffrey Kelly (Austrian Wine Information Service, London).
Ungarn: Prof. Dr. Á. Ásvány (Országos Borminösitö Intézet); Dr. Julius László; Istvan Müller (Tokaj Kereskedőház Rt); Samuel Tinon, Peter Vinding-Diers (Royal Tokaji Wine Company); Hungarian Wine Traders Association.
Tschechische und Slowakische Republik: Vladimir Moskvan.
Slowenien und ehemaliges Jugoslawien: Ian Wraight, Pegasus Trade (Slowenien); Profs Kos und Sikovec, V. Milat, B. Stancl, Joco Znidarsic (Ljubljana).
Bulgarien: Ivan Zahariev (Bulgarian Vintners Co. Ltd); Margo Todorov (Domaine Boyar).
Rumänien: Dr. Julius László; Dan Muntean (Halewood Vintners Ltd, Liversedge); Romanian Embassy (London).
Griechenland: Y. Boutaris (J. Boutari & Son, Thessaloniki); Maggie McNie und Colin Deane (Greek Wine Bureau, London); Maria Xanthopoulou (Tsantalis SA, Halkidiki).
Rußland, Ukraine, Moldova: Dr. sc. Günter R. W. Arnold; Martyn Assirati (Russian Wine Company); Prince Yuri Galitzine; David Molyneux-Berry MW; Anthony Taylor und Cécile Debroas; Serena Sutcliffe MW (Sotheby's, London).
Östliche Mittelmeerländer: Serge Hochar (Château Musar, Beirut); Mehmet A. Masman (Kavaklidere Saraplari AS, Ankara); Adam Montefiore (Golan Heights Winery); Ephraim Sofer (Carmel, Rishon-le-Zion).
Zypern: Stelios Damianou (KEO UK Ltd); Andreas Hambakis (Cyprus Trade Centre, London); Cleopatra Vrionides (ETKO Ltd, Limassol).
Nordafrika: Jean-Philippe Azais (Wm Pitters International); Comptoir des vins du Maroc (Bruxelles); Sincomar Parlier & Fermaud (Casablanca).
Asien: Jean-Marc Lieberherr, Nobuko Nishioka (Jardines Wine and Spirits KK); Gabriel Tam (Huadong Winery); Denis Degache (Dragon Seal Wines).
USA: *Kalifornien*: Bob und Harolyn Thompson; Donn und Molly Chappellet; James Lider (Napa); Andrew Montague und Fiona Leyland (Wine Institute of California, London); Stephanie Short (Wine Institute of California, San Francisco); Janet Trefethen und Jan Stuebing (Trefethen Winery).
Südwesten und Mexiko: John J. Baxevanis; Tim H. Dodd (Texas Wine Marketing Research Institute, Lubbock); Susan Dunn (Texas Dept of Agriculture, Austin); Sarah Jane English (Austin); Richard Jones (Sapello, New Mexico); Mexican Tourist Office (London); Francisco Mora-Figueroa (Domecq Internacional, SA); Ellen Veseth (New Mexico); Blanca Villarello (Mexican Embassy, London).
Paz. Nordwesten: David R. Beaudry; Kenneth Christie MW; Marie Hardie (Washington Wine Commission); Kelly Olsen (Idaho Department of Agriculture); Roxanne Langer (Pacific Northwest Wine Coalition, Seattle); Doreen Waitt (Oregon Wine Advisory Board).
Nordosten: Howard Goldberg (*New York Times*); Jim Trezise (New York Wine & Grape Foundation).
Kanada: British Columbia Wine Institute; Richard Feldkamp (Château des Charmes, Ontario); Michel Phaneuf.
Australien: Australian High Commission (London); Len Evans; Sue Bussau (Margaret River Wine Industry Association); Graeme Haggart; James Halliday; Hazel Murphy und Cameron Hills (Austrade/Australian Wine Export Council, London/Magill, SA).
Neuseeland: Vicky Bishop (New Zealand Trade Development Board, London); Bob Campbell (Auckland); Philip Gregan und Kate Kumarich (Wine Institute of New Zealand, Auckland); Kevin Judd (Marlborough).
Südafrika: Tim Hamilton-Russell; Dr. Julius László (Montestell Wines); John und Erica Platter; Rupert Ponsonby und Lucy Meager (Wines of South Africa, London); Nick Pryke (Bergvlei).
Argentinien: Alejandro Castro (Asociacion Vitivinicola Argentina); Dereck Foster (Buenos Aires); Eduardo Rodolfo Garat (Bodegas y Vinedos Santa Ana).
Chile: Jorge Eyzaguirre; Douglas Murray, Aurelio Montes (Discover Wine Lda); Jan Read; F. Hafemann und H. Saez (Embassy of Chile, London); Wines of Chile (London).
England und Wales: Cdr G. L. Bond MBE (English Vineyards Association); Stephen Skelton.

Außerdem: Berry Bros & Rudd (London); Michael Broadbent MW (Christie's, London); Caxton Tower Wines (Middlesex); Deinhard & Co. (London); Alison Franks; Hiram-Walker Group; Harvey's of Bristol; House of Hallgarten (Luton); O. W. Loeb (London); Mentzendorff (London); Mark Savage MW; Office International de la Vigne et du Vin (OIV), Paris; Comités Interprofessionnels in Frankreich, Weinbauämter in Deutschland, Consorzi in Italien, Consejos Reguladores in Spanien, Handelsattachés der Botschaften aller weinbautreibenden Länder in London; zahlreiche Universitätsfakultäten sowie unzählige Weinerzeuger, Weinhändler und Weinfreunde in aller Welt.

Fotos

Soprintendenza Archeologica delle Province di Napoli e Casserta 13 *o*; Ashmolean Museum, Oxford 12 *u*; Aspect Picture Library /Brian Seed 291; Bavaria Verlag /Rudolf Holtappel 164; Bayerische Landesanstalt für Weinbau u. Gartenbau, Würzburg/Veitshochheim/Bildarchiv Kurt Furtner 166 *u*; Berry Bros & Rudd 16 *u*; Anthony Blake Photo Library /Gerrit Buntrock 156 *ol*/Bohnacker /F. Prenzel 186; Boys Syndication /Michael Boys 171, 190; Bridgeman Art Library 246; Cephas Picture Library /Jerry Alexander 260 /Nigel Blythe 146, 148, 149, 247, /R & K Muschenetz 264, / Fred R. Palmer 274, /Alain Proust 18 *u*, /Mick Rock 23 *u*, 28 *o*, 34 *u*, 52, 65 *l*, 98, 121, 124, 182, 185, 188, 192, 194, 196, 198 *o*, 202, 204 *o*, 204 *l*, 222, 227, 234, 236*l*, 238, 252, 257, 262*l*, 262 *r* 266, 272, 276, 283 *o*, /Peter Stowell 230; Christie's London 44; Colorific 28 *u*, Crown Zellerbach Corp. 250–1; Sally Cushing 47 *r*, Denbies Wine Estate 298; Robert Dieth 150, 152, 156 *or*, 163 *ul*, 167; Patrick Eagar 63, 66, 74 *l*, 119, 127, 156 *u*, 279, 283 *u*, 285; Editions des Deux Coqs d'Or 92; Mary Evans Picture Library /I R & G Cruikshank 6; Explorer /F. Jalain 54, 58, 60, 128, / Ly Loirat 232, /C. Nardin 140, /P. Thomas 23 *o*, /Rapa 220, 221; D. J. Flanagan / Buffalo 250–1, Werner Forman Archive 14 *o*; Konstantin Frank 250–1; Giraudon 15 *o*, 40 *o*, Guy Gravett 73, 102, 104 *l*/Susan Griggs Agency / Monique Jacot 218; Peter Hallgarten 157; Robert Harding Picture Library 46 *o*, /Fin Costello 198 *u*, /Nedra Westwater 267, /Adam Woolfit 81 *ul*, 81 *ur*, 81 *o*, 162; Historisches Museum der Pfalz, Speyer/ Rhein 41; Michael Holford Photographs 14–15 *u*; Claude Huyghens 110; Tim Imrie 46–7 *u*, 47 *o*; By Courtesy of the Italian State Tourist Office (E.N.I.T.) London l 78, 193; Hugh Johnson 209, 214 *l*, 214 *r*; Nicolas Joly 114; Kevin Judd 289; Fred Lyons 268 *u*, 268 *o*; Pierre Mackiewicz 18; Giles MacDonogh 236 *r*; Mauritius Bildagentur 225; James Merrell /Bibendum, 81 Fulham Rd, London SW3 51, /Pfälzer Weinprobierstube in der Residenz München, 80085 München 141, /La Famiglia, 7 Laughton St, London SW10 169 / Clarke's, 124 Kensington Church St, London W8 249; Bruno Murialdo 174; Musée des Arts et Traditions Populaires, Paris 34 *or*; Picturepoint 216; Reading Museum 13 *or*; Reed Consumer Books Picture Library /Kim Sayer 50, /Alan Williams 180; Réunion des Musées Nationaux /Philippe Mercier 16 *o*; Marc Riboud 104 *o*; David Ross 86; The John Rylands University Library of Manchester 14 *o*; Scope /Jean-Luc Barde 68–9, 200 *r*, /Frederic Hadengue 28 *m*, /Jacques Guillard 65 *r*, 74 *r*, 116–17, 122, 130, 136, 200*l*, 210, 211, 212–13, /Michel Guillard 22, 82, 84, 90 *u*, 90 *o*, 97, 100, 228 *u*, / Jacques Sierpinski 110, /Jean-Daniel Sudres 106; Sotheby's 240; Rodney Todd-White 166 *o*; Tokaj House of Commerce Co., 228 *o*; Viña Santa Ema 296; Visionbank /Colin Maher 9, 17, 163 *ur*, /Jon Wyand 154, 172; Philip Wagner 250–1; Alan Williams 109, 134, 138; Wines of South Africa / Schoongezicht, Rustenberg Estate 292–3; Zefa Picture Library 70, 112, / Allstock/David Barnes 258, /W. Hasenberg 294, /John M. Roberts 270, / Rossenbach 160; Joco Znidarsic 231.

Illustrationen

Revisionen, Illustrationen und Diagramme für diese Ausgabe: Fiona Bell-Currie 25, 27; Bill Donohoe 32–3, 35; Paul Drayson 41; Paul Hogarth 2–3, 30–1; Lovell Johns 11; Radius 10, 17 *r*; Colin Rose 82, 144; Sue Sharples 20; Ed Stuart 56; Paul Tilby 50, 52, 54, 83, 111, 142, 170, 198, 211, 252, 277, 291; Keith Williams 45; Annabel Wilson 36–7, 38–9

Ursprüngliche Illustrationen: Norman Barber, Roger Bristow, Marilyn Bruce, Ray Burrows, David Cook, Diagram, Chris Forsey, David Fryer, Gilchrist Studios, Grundy & Northedge, Patrick Leeson, Michael McGuinness, Vernon Mills, Peter Morter, Shirley Parfitt, Charles Pickard, Quad, Rodney Shackell, Sue Sharples, Lesli Sternberg, Alan Suttie, Peter Wrigley.

Bildbeschaffung: Anna Smith